中國城市競爭力年鑒2013
Yearbook of China City Competitiveness 2013

總 編 輯
總評價師
桂强芳　薛鳳旋

內 容 簡 介

《中國城市競爭力年鑒 2013》（以下簡稱《年鑒》）由一眾專業的資深專家團隊分工編寫，數十位國內外著名專家、學者、教授、經濟學家、權威人士多次審閱、論證與評估。數易其稿，終於出爐。《年鑒》編著過程中，堅持資料獲取的準確與時效、城市評價的客觀與公正，將科學態度與求實精神結合；利用中國城市競爭力研究會自主研發的 GN 指標體系，對涵蓋港澳台在內的城市競爭力及相關要素進行研究、評估，最後將城市綜合競爭力和成長競爭力兩個研究成果集中展示。《年鑒》統分兩大部分：第一部分，對城市綜合競爭力、成長競爭力及其分項指標等進行評估、排名；第二部分為點評內容，參考城市綜合競爭力和成長競爭力的排名現狀，對中國 30 個最具綜合競爭力和成長競爭力的城市分別以精准言詞進行點評，期收點睛之效。

中國城市發展的新夢想已拋錨起航，中國城市發展突飛猛進，《年鑒》客觀公正、全面系統地記載了中國城市的華麗轉身與細微變化，所涉內容的深度與廣度是城市首腦、政府、決策機構、科研教學機構、投資人、商界研究決策時的重要參考。

中國城市競爭力年鑒 2013

著　　述：中國城市競爭力研究會
編　　輯：《中國城市競爭力年鑒》編輯委員會
總 編 輯：桂強芳　薛鳳旋
出版發行：中國城市競爭力研究會　《中國城市》雜誌社
地　　址：香港灣仔軒尼詩道 338 號北海中心 29 樓 D 室
電　　話：（852）25277992　25277979　25277980
傳　　真：（852）25277995
網　　址：www.china-citynet.com　www.c-china.cn
深圳地址：深圳市深南中路國際科技大廈三十一層
電　　話：86-755-83279594　83279518　83279666
傳　　真：86-755-83760148
訂購電話：（852）25277992（香港）　86-755-83279594（深圳）
承　　印：深圳市天邦包裝印刷有限公司
開　　本：889X1194　1/16
國際書號：ISBN 978-988-12933-0-5
定　　價：800.00 港幣
2013 年 10 月第一版第 1 次印刷

序　言

中國城市發展夢想新起航

回顧過去的 2012 年，世界政治環境風雲變幻，全球經濟持續下行，經濟復蘇步履蹣跚，面臨的挑戰超出預期。2012 年是動蕩的一年，年内日本釣魚島“國有化”事件讓中日關系降到歷史冰點；全球目光聚焦朝鮮，静觀 80 後的金正恩能否完成政權的平穩過渡；叙利亞政治危機解决進程舉步維艱，宗教問題引發叙利亞、埃及、突尼斯和也門等國的反美浪潮，令全球政局難言平静。2012 年也是世界大選之年，美國大選奥巴馬成功連任；普金重掌俄羅斯政權；馬英九取得連任；年底韓國也選舉出自己的第一位女總統樸槿惠……。全球政局多變因素導致了世界經濟的復雜性和多變性，2012 年世界經濟增長乏力，國際貨幣基金組織（IMF）在 2011 年 10 月曾預測 2012 年全球經濟增長 4%，但一年之後，IMF 就將全球經濟增速下調至 3.3%，這一增速低于 2011 年 3.8% 的增長率，遠低于 2010 年 5.1%，是近 10 年僅次于 2008 年和 2009 年的第三個最低增速。發達經濟體經濟增長形勢同樣不容樂觀，據 IMF 估測，2012 年發達經濟體整體 GDP 增長 1.3%，其中美國 2.2%，日本 2.2%；歐元區 −0.4%，陷入衰退已成定局；其他發達經濟體 1.5%，未能達到世界 3.3% 的平均水平。經濟增速持續放緩，使得世界各國和各地區都面臨着嚴重的就業難題和債務問題。貿易糾紛增多，大宗商品價格和金融市場動蕩加劇，加上歐元區不確定因素加劇，希臘是否會退出歐元區懸疑猶存，法國主權信用評級先後被標準普爾和穆迪公司下調，種種迹象表明，歐債危機至今仍未能解除，這將是世界經濟復蘇的最主要風險，全球經濟或將持續震蕩。

2012 年，面對復雜嚴峻的國際經濟形勢和國内改革發展穩定的繁重任務，中國按照穩中求進的總基調，及時加强和改善宏觀調控，實現了經濟社會發展的穩中有進。2012 年，全年國内生產總值 519322 億元，按可比價格計算，比上年增長 7.8%，進一步鞏固其世界第二大經濟體的地位。全年 CPI 比上年上漲 2.6%，大幅低于年初預定 4% 的調控目標，全年 CPI 同比漲幅爲近三年新低。全年糧食總產量 58957 萬噸，糧食生產實現連續 9 年豐收。

2012 年是成就夢想的中國年，過去的一年，中國在多個領域獲得突破，取得重大的歷史性成就：中國第一艘航空母艦“遼寧艦”按計劃完成建設和試驗試航後交付入列；天宫一號與神舟九號飛船首次載人交會對接任務圓滿完成，飛天夢想再次飛翔；莫言成爲首個獲得諾貝爾文學獎的中國作家，圓了國人翹首多年的諾獎夢想；三峽工程最後一臺巨型機組正式交付投産，至此，世界裝機容量最大的水電站32臺機組全部投産；全國高鐵運營裏程達9356公裏，居世界第一位。這一切的一切爲中國人民帶來的驚喜令人目不暇接。年底第十八次全國代表大會隆重召開，順利實現了全面的權利交接，以習近平爲核心的新一代領導人掌舵中國，繼續放飛夢想，起航遠行。

盡管成就斐然，但在城市發展過程中仍舊面臨着産業結構調整任務艱巨、人口紅利消失、城市房價居高不下等諸多隱憂和偏差。過去30多年，中國的工業化進程，帶動第一産業比重迅速下降，第二産業迅速提高，大量的勞動力從第一産業向第二産業進行轉移。現如今，第二産業越來越飽和，工業的諸多領域産能過剩問題已經顯現；而隨着計劃生育政策的持續推進，中國的人口紅利逐漸消失殆盡，伴隨而來的是勞動力缺乏、社會老齡化後果正在惡化；勞動力的缺乏勢必引起勞動力成本的高漲，企業招工困難、投入加大、邊際回報率下降等問題。中國的城鎮化道路使大量農民工涌入城市，城市高額的房價讓大批的農民工衹能成爲城市的建設者而非居住者，由此帶來"空巢老人"、"留守兒童"等社會問題也將進一步困擾着中國的城市化進程。

要解决城市發展過程中的問題，打破行業壟斷，促進技術進步，鼓勵創新，并以新的理念來優化人力資本，改革創新勢在必行。好在中國城市的管理者們及時洞察問題，未雨綢繆，提出走新型城鎮化道路，建設美麗中國。從基礎設施建設、産業布局、經濟發展等多個方面出發，以人爲本，從社會生産方式轉變、社會發展的角度全面研究城鎮化，在發展的過程中做到保護生態文明、促進民生、發展新産業、優化産業結構，建設生態、文明、和諧的新城市。

道路曲折，但前途一片光明，展望未來，2013年將是中國調整産業結構、實現經濟新增長的關鍵年；更是新領導班子，全面落實新一届政府經濟社會施政綱領、全面確立和落實經濟發展戰略的關鍵年。盡管世界經濟充滿變數，前景不被看好，但隨着中國經濟政策的不斷落實，我們有理由相信，2013年將是中國經濟面對國内外復雜形勢下，充滿朝氣的經濟增長年。

2012年也是中國城市競爭力研究會年鑒出版史上具有重要意義的一年，《中國城市競爭力年鑒（2012）》英文版由天窗專業出版社首次出版發行，在社會各界引起强烈反響，這是中國城市競爭力研究會年鑒出版史上的一大盛事，也將其影響力進一步推向世界各個國家和地區。

《中國城市競爭力年鑒（2013）》是由中國城市競爭力研究會收集整理大量原始數據數據，不斷創新研究方法，經過精密分析測算之後編寫而成的研究中國城市的權威性讀物。年鑒記録着中國各級城市過去一年的出色表現，展現出各級城市過去一年所取得的輝煌成就，爲各級政府的城市規劃建設提供了堅實的資料基礎，是中國城市首腦們在城市建設過程中的重要參考。

值此《中國城市競爭力年鑒（2013）》出版之際，謹向中國城市的領導者和建設者們祝賀；感謝爲《中國城市競爭力年鑒（2013）》的編寫和發行過程中付出努力的所有人士；希望各界人士爲《中國城市競爭力年鑒》的編寫繼續提供寶貴意見和建議。

中國城市競爭力研究會會長　桂强芳 教授

2013年7月　香港

《中國城市競爭力年鑒》研究中心

主　任　陳日清
副主任　董東冬
助理主任　左　峰　亓愛鳳　童陽　王子玲　陳孝晏　謝龍音　薛克芹　周懿姝

《中國城市競爭力年鑒》編輯部

主　任　董東冬
副主任　許琴飛
責任編輯　王議霄
美術編輯　曾令龍　黃福富

《中國城市競爭力年鑒》客戶中心

客戶總監　謝　黎
客戶經理　劉曉娜　劉玉雙

《中國城市競爭力年鑒》海外中心

主　任　黃元平
副主任　魏珊珊　徐穎均

《中國城市競爭力年鑒》廣告部

廣告總監　胡玉貞
廣告經理　李銳韶　徐海源　黃　伍

《中國城市競爭力年鑒》網路資料中心

主　任　李榮華
副主任　杜　炯
數據員　李雪增　王小芳　張　肖　曹學良　王　超　鐘　雯

《中國城市競爭力年鑒》評估師中心

主　任　張銘軒
副主任　王晨陽　刁潔雨　龔偉平
評估師　戴與惺　謝榮激　謝曉明　吳　傑　姜洪濱　李繼紅　朱彩梅
陳永紅　陳　莉　鐘衛東　袁長輝　劉紅麗　嚴東海　羅嘉偉

《中國城市競爭力年鑒》發行部

主　任　劉建文
副主任　徐海源　劉金明　李銳韶　符　蓉　滕滿春

目　錄

■ 會長桂强芳向惠州市頒發“2012 中國最具幸福感城市”獎牌，惠州市委書記黃業斌接牌

惠民之州 幸福之城

幸福惠州 冠冕幸福廣東

桂强芳會長親赴惠州授牌

Most Happy City in Happy Guangdong- Huizhou

——千個人有一千個幸福的理由，不同的城市有不同的幸福內涵。2012年8月16日，中國城市競爭力研究會會長桂強芳一行專程走進惠州，授牌儀式在惠州市富力萬麗酒店隆重舉行。

中共惠州市委書記、市人大常委會主任黃業斌，市委常委、宣傳部長黃雁行，市委常委、秘書長範中杰，副市長劉冠賢以及惠州市各部辦委局負責人出席了授牌儀式。儀式由黃雁行主持。

桂強芳代表中國城市競爭力研究會向惠州市頒發相關牌匾，黃業斌代表惠州市接受牌匾。

2012年7月10日，中國城市競爭力研究會在香港發布了“2012中國城市分類優勢排行榜”。其中，惠州以93.47分入選“2012中國最具幸福感城市排行榜”三甲，以81.55分入選“2012中國十佳宜居城市排行榜”第四名，憑借“幸福文化”這一特色被評爲“2012中國最具特色文化競爭力十佳城市”。惠州，是惠民之州幸福城。桂強芳強調，城市幸福感是指城市市民主體對所在城市的認同感、歸屬感、安定感、滿足感，以及外界人群的向往度、贊譽度，惠州這次獲得三大殊榮實至名歸！

桂強芳對惠州取得的成就表示誠摯的祝賀，他表示，中國城市競爭力研究會自成立起，就開始關注惠州，對惠州的發展變化進行了深入持續的研究。近年來，惠州市委、市政府勇于創新，銳意進取，不僅在經濟建設上取得令人矚目的成就，而且在創建最具幸福感城市上取得重要成效，尤其是在改善民生上取得豐碩成果，呈現出安定團結、和諧發展的大好局面，使惠州在中國城市的競爭中脱穎而出。最後，桂強芳希望惠州創造更加精彩、更加輝煌的明天。中國城市競爭力研究會將一如既往關注惠州的成長與發展，把惠州作爲研究會的重點研究對象。

“這次惠州在2012中國最具幸福感城市排行榜中名次提升了，并蟬聯了這一金牌，同時還多得了宜居和文化兩塊‘金牌’，市委、市政府和全市人民很珍惜這三塊‘金牌’。”黃業斌在講話中說，這些殊榮的獲得，是惠州市委、市政府團結帶領全市人民幹出來的。一座幸福的城市關鍵是要始終做到關注民生、改善民生，爲群衆辦好事實事，讓發展的成果惠及千家萬户；在推進新型工業化過程中，惠州始終堅持保護好綠水青山，營造宜居宜業宜游的人居環境。這些殊榮的獲得，也是中國城市競爭力研究會關心支持幫助的結果。惠州將以這次獲獎爲新動力和新起點，加大與中國城市競爭力研究會互相了解、互相支持、互相合作的力度，進一步宣傳、推介惠州，提升惠州的知名度、美譽度。

“我們不僅要把現有‘金牌’鞏固好，還要爭取獲得更多的‘金牌’。”黃業斌再一次表示，鞏固和爭獲“金牌”的過程，就是推動科學發展的過程，就是老百姓得到實惠的過程，就是改善和保障民生的過程，就是加强交流合作的過程。

■ 惠州城市風光

宜商濟南　斬獲三金

桂强芳會長一行赴濟南授牌

Jinan City, Suitable for Business, Awarded 3 Golden Metals

"四面荷花三面柳，一城山色半城湖"。天下泉城濟南再獲殊榮，2012年10月11日，中國城市競爭力研究會桂强芳一行親赴濟南，向濟南市授予"2012中國十佳宜商城市"、"2012中國最具幸福感城市"和"2011中國最具競爭力100强城市"三塊獎牌。

濟南市委副書記、市長楊魯豫在濟南龍奥大厦會見了中國城市競爭力研究會桂强芳一行，并代表濟南受贈牌匾。

中國城市競爭力研究會運用自主研發的GN城市評價指標體系，已連續11届發布中國城市競爭力排行榜，在社會上樹立了自身的權威性和公信力。今年7月，在中國城市競爭力研究會在香港浸會大學發布的"2012中國城市競爭力分類優勢排行榜"中，濟南入選"2012中國十佳宜商城市"第三名、"中國最具幸福感城市"第33名、"2011中國最具競爭力100强城市"第22名。

■ 桂强芳会长向济南市颁发"2012年中国十佳宜商城市"奖牌，济南市长杨鲁豫代表市政府接牌

楊魯豫向研究會一行簡要介紹了濟南經濟社會的發展情況，感謝中國城市競爭力研究會一直以來對濟南的關心、關注、支持，以及對濟南做出的客觀、科學的評價。楊魯豫指出，當前濟南和衆多城市一樣，在面臨新一輪發展機遇的同時，也面臨城市間競爭的挑戰，需要進一步提升核心競爭力。今年以來，全市按照"加快科學發展、建設美麗泉城"的工作部署，着力發展實力經濟，通過抓項目、抓投資和轉方式、調結構等措施，不斷增强發展動力、提高發展效率，經濟社會保持平穩較快發展。他表示，希望中國城市競爭力會繼續關心、支持濟南的發展。

桂强芳表示，濟南交通區位優勢明顯、環境優美、歷史悠久、人杰地靈、文化燦爛，是一個非常有競爭力的城市，近年來的發展日新月异，書寫着城市蓬勃發展、迅速崛起的美好畫卷。中國城市競爭力研究會運用客觀、科學、公正的指標體系研究城市，濟南取得的各項殊榮實至名歸，這更是濟南歷届市委市政府帶領濟南人民長期共同努力的成果。

桂强芳再次表示，中國城市競爭力研究會將一如既往地關注濟南的成長和發展，願以研究團隊的智慧和專業領域的經驗，幫助濟南提升城市競爭力、打造城市品牌，讓濟南更具國際化。

大湖名城 創新高地 大合肥正在加速崛起

桂强芳會長一行赴合肥授牌

Famous Lake City, Innovation Highland, Large Hefei Is Rapidly Rising Up

三國故地，包公故裏，淮右襟喉，江南唇齒，這裏美麗的風光和人文底蘊交織成熠熠生輝的徽山皖水。2012 年 10 月 19 日，中國城市競爭力研究會會長桂強芳一行親赴合肥，向合肥市政府授予“2012 中國最具開發潛力十佳城市”、“2012 中國十佳和諧發展城市”、“2011 中國最具競爭力百强城市”三塊獎牌，合肥市委副書記、市長張慶軍代表市政府接受牌匾，授牌儀式在市政務中心舉行。

■ 桂强芳会长向合肥颁发“2012 中国最具开发潜力十佳城市”奖牌，合肥市长张庆军代表市政府接牌

合肥市委副書記、市長張慶軍，市委常委、宣傳部長林存安，市政府秘書長孔向陽，市政府副秘書長鄭家餘，市委宣傳部副部長甄奎出席了授牌儀式。

桂强芳表示，“每次來到合肥，都會收獲一份驚奇和喜悦。2006 年合肥 GDP 剛過千億，2009 年已經突破 2000 億元，今年僅上半年就達到 1751.7 億元，一個蓬勃向上、具有極大後發優勢的新合肥正展現在世人面前。”合肥近年來快速發展所取得的輝煌成就，在中國城市建設發展史上可謂獨樹一幟引人矚目，樹立了很好的典範。“此次城市競爭力評價中，合肥在‘十佳和諧發展城市’、‘最具開發潛力十佳城市’中均榜上有名，可謂是實至名歸。”桂强芳强調，合肥這幾年在綜合競爭力上的表現，大家有目共睹，我們對合肥輝煌的明天充滿期待。今後，中國城市競爭力研究會將一如既往地關注合肥的成長與進步，努力爲合肥的城市建設與發展作出積極貢獻。

張慶軍對中國城市競爭力研究會給予合肥的高度評價表示感謝。他在授牌儀式上表示，“十一五”以來，合肥已成爲全國發展最快的省會城市之一，主要經濟指標增速位居省會城市前列。今年以來，面對復雜嚴峻的宏觀經濟形勢，全市上下扎實進取，開拓創新，經濟社會繼續保持高開穩進的良好態勢。特別值得一提的是，區劃調整以來，合肥地域面積、人口規模及經濟體量都發生了很大變化，爲下一步加快發展奠定了堅實基礎。

“近年來，合肥在加快城市化進程中，不斷加强民生改善，百姓幸福感切實增强，城市對外形象進一步提升。”張慶軍强調，當前，合肥正在緊緊圍繞“新跨越、進十强”的奮鬥目標和“大湖名城、創新高地”的戰略定位，加快建設現代化新興中心城市，并朝着區域性特大城市方向邁進。中國城市競爭力研究會對城市競爭力的評價很有價值，對合肥的發展是一個極大的鼓舞和促進。希望桂强芳一行在合肥期間多走走、多看看，對合肥發展多提寶貴意見。

幸福撫順　後勁十足

桂强芳會長赴撫順授牌

Happy Fushun, Bright Future

“文章是案頭之山水，山水是地上之文章”，清朝文學家張潮于徜徉撫順大地——秀美的山水、厚重的歷史和輝煌的成就時曾言。2012 年 12 月 27 日，中國城市競爭力研究會會長桂强芳一行親赴撫順，向撫順市授予“2012 中國最具幸福感城市”和“2012 中國最具成長競爭力城市”牌匾，撫順市長王桂芬代表市政府接受牌匾，授牌儀式在友誼酒店舉行。撫順市委常委、秘書長李剛，副市長魏紅江等十位領導參加了會見。

■ 桂强芳会长向抚顺市授牌，市长王桂芬代表市政府接牌

桂强芳在發言中說道，撫順山清水秀、人杰地靈、物華天寶、資源豐富、歷史悠久，在近代工業文明當中産生積極的歷史影響，在城市現代化進程當中做了巨大工作。撫順市近年的成長競爭力方面的進步卓越，是城市發展的坐標，同時是經濟發展的楷模,也是城市幸福感建設的標杆。近年，撫順的城市建設工程，獨樹一幟，開創歷史的先河。比較城市的競爭優勢，撫順具有優秀的資源禀賦，人文基礎以及文化背景，這都促使撫順在 2012 年的評選當中，處于領先的地位。撫順這幾年的經濟發展速度飛快，同時經濟增長質量有保證，尤其在推動城市化、城鎮化，在城市發展建設道路上獨具特點。所以，撫順獲得這兩項殊榮是實至名歸的。

王桂芬對桂强芳專程來撫授匾表示歡迎和感謝。王桂芬表示，撫順被授予兩項殊榮，對正處于全面加快建設的撫順來説，是一種鼓勵和鞭策。近年來，撫順堅持執政爲民理念，聚精會神搞建設，一心一意謀發展，經濟建設、城市面貌發生了巨大變化。在重鑄撫順輝煌的過程中，雖然撫順與發達城市比仍有差距，但全市人民在不斷奮鬥的過程中，重拾自信并獲得比較幸福感。群衆的認可不僅體現了政府與群衆的關系越來越密切，同時也證明撫順政府的工作思路是符合黨的十八大精神的。當前，國内外經濟形勢依然嚴峻，撫順面臨的困難還很多，但撫順業已夯實現代産業和實體經濟之基，有國家發展戰略和政策的支持，有全市人民的支持，撫順的成長性巨大，未來之路一定會更美好。

桂强芳表示，希望撫順在王市長的帶領下，能走向新的輝煌，邁向新的巔峰，更上一層樓。研究會將會利用智力、信息、香港國際平臺等方面條件爲撫順市提供全方位、多角度、專業化的支援，爲撫順新的歷史輝煌貢獻研究會最大的力量。

在贈牌儀式上，王桂芬市長代表撫順市政府向桂强芳會長贈送新賓滿族剪紙畫禮品。

中國最具幸福感城市排行榜

青島蟬聯三甲　兩度奪魁

桂强芳會長一行赴青島贈牌

Qingdao Wins Top Three and Champion Again

黄海之濱的明珠青島，水清沙白碧連天，天空湛澈藍如璽，是帆船中心之都，是旅游的聖地，是幸福名城。2012年8月28日，中國城市競爭力研究會會長桂强芳一行親赴青島，在授牌儀式上向青島市授予“2012中國最具幸福感城市排行榜”第1名、“2012中國十佳宜游城市排行榜”第2名、“2012中國最具競爭力100强城市”三塊金牌。

授牌儀式在青島府新大厦舉行。桂强芳會長代表中國城市競爭力研究會向青島頒發相關牌匾，青島市副市長劉明君代表青島接受牌匾。據悉，青島已經連續三年進入中國最具幸福感城市排行榜前三甲，并且兩度奪魁。

■ 桂强芳會長向青島市頒發“2012中國最具幸福感城市”獎牌，青島市副市長劉明君代表接牌

“青島獲得2012中國最具幸福感城市的榮譽實至名歸。”桂强芳表示，青島不僅在經濟方面獨樹一幟，長足發展，更在民生建設、宜游城市建設方面做了很多努力，這些成果都是有目共睹的。城市幸福感不是抽象的，城市幸福是指城市市民主體對所在城市的認同感、歸屬感、安定感、滿足感，以及外界人士的向往度、贊譽度，這些方面青島在全國兩百多個地級市裏的表現都很優秀，經過研究會專家團體的綜合評點，客觀公正地評選出青島爲最具幸福感城市第一名。

劉明君對中國城市競爭力研究會給予青島的高度評價表示感謝。他表示，這次獲獎是榮譽也是壓力，幸福城市是具體的，包括讓人向往的方方面面内容，關鍵是讓老百姓真正感覺到幸福。

“這次評選肯定了青島的工作，所以才得以在衆多北方城市中乃至全國範圍内脱穎而出，爲打造‘幸福城市’，我們需要做出更多的努力。”劉明君强調，下一步，青島會按照市委、市政府指示，努力實現“率先科學發展，實現藍色跨越，加快建設國際化、現代化宜居城市”這一大目標，繼續推動幸福城市的建設。

■ 清澈秀美的浉河

中國 信陽
山水名城 國土茶都

中共十八大報告提出“五位一體”協同發展，努力建設美麗中國，實現民族永續發展的宏偉願景。信陽順應時代潮流，適時提出建設“美麗信陽”這一宏偉藍圖。

信陽地處亞熱帶向暖温帶過渡地帶，在中國地理南北分界綫上，氣候温暖，光照充足，四季分明。擁有國家級自然保護區 3 個、省級自然保護區 7 個；水土保持良好，空氣環境質量居全省第一，水環境質量是河南省最好城市之一，人居環境良好，是國家級生態建設示範市。2009-2013 年，信陽市連續五年入選中國十佳宜居城市。

信陽自身條件優越，“藍天白雲，青山緑水”、“北國江南，江南北國”、“山水信陽，休閑茶都”，是信陽城市的真實寫照，。市委書記郭瑞民用“大山有別，水佳爲淮。人言皆信，日升曰陽”，畫龍點睛地解讀了“信陽”的環境、資源、發展與美學意蘊。“大山有別”：信陽當前實施振興大別山戰略的城市個性美；“水佳爲淮”：信陽具有獨具特色的山水生態資源稟賦美；“人言皆信”：信陽地域人文道德和政府誠信建設美；“日升曰陽”：信陽人民的生活充滿陽光、信陽的事業發展充滿陽光，信陽的生態產業、旅游產業充滿陽光，“信陽——中部新型信息化產業朝陽之城”必將冉冉崛起。市長喬新江，也用六個美——“信陽之美，美在山水；信陽之美，美在文化；信陽之美，美在茶香；信陽之美，美在便捷；信陽之美，美在朋友；信陽之美，美在前景”，爲信陽美麗城市的特色與發展做了高度的概括。

■ 珠海风光

中國　柳州
壹山壹园　一景一奇

柳州“三江四合，抱城壶”，柳江如帶，蜿蜒回流，奇峰環列，錯落有致，青山環繞，水抱城池，山、水、城渾然一體，是具有中國南方喀斯特天生麗質的一座城池。喀斯特地貌的自然景觀多樣性、生物生態多樣性、資源稟賦多樣性、地域文化多樣性、民俗風情多樣性，加之自然美和人文美、歷史美與當代美、城市美與田園美的盡力完美結合，使這個城市“壹山壹園 一景一奇”。瀏覽而去，像觀賞一個個精彩各异的“天然大盆景”，也如同去讀一頁頁象形不同的景觀大字典。“山青、水秀、洞奇、石美”，“壯歌、瑶舞、苗節、侗樓”，形象地概括了這座國家歷史文化名城和優秀旅遊城市的美學底蘊與風情魅力所在。

■ 第十一届中国城市竞争力排行榜新闻发布会现场，从左至右依次为：中国城市竞争力研究会副会长乔惠民研究员、副会长谢贤程博士、会长桂强芳教授、副会长黄良会博士、副会长刘岩嵩教授、高级顾问郑伟民教授。

第十一届中國城市競爭力排行榜在港發布

The 11th Chinese Urban Competitiveness List Released in Hong Kong

■ 会长桂强芳

12 月 5 日，由中國城市競爭力研究會、世界城市合作組織中國委員會聯合主辦的第十一届 (2012) 中國城市競爭力排行榜新聞發布會、第二届香港論壇、第二届“讓城市更優秀　城市頒獎禮”在香港銅鑼灣世貿中心隆重舉行。來自全國 20 個省市的首腦官員及港粵企業家共 300 餘人匯聚一堂，把脉城市未來，共同探討中國城市發展新方向，以此促進城市更好更快成長。

中央人民政府駐香港特別行政區聯絡辦公室經濟部副部長楊益、孫文秀，惠州市委書記、市人大主任黃業斌，哈爾濱市副市長魏偉，信陽市長喬新江，梅州市長譚君鐵，合肥市副市長孫斌，惠州市委常委黃雁行，肇慶市副市長陳宣群，安順市副市長郭偉誼，深圳市福田區區長楊洪，惠州市委常委、秘書長範中杰，深圳市光明新區管委會主任張恒春，信陽市副市長張富治，深圳市蛇口工業區有限公司總經理楊天平，濟南市政府副秘書長邢建亞，青島市政府副秘書長張軍，聊城市政府秘書長許曉東，信陽市政府秘書長李第民，牡丹江市政府秘書長趙士元，梅州市政府秘書長朱國城，徐州市政府副秘書長馬利生，

■ 中央人民政府驻香港特别行政区联络办公室经济部副部长孙文秀与桂强芳会长为获“十大风云首脑”城市领导及其代表颁奖，从左至右依次为：抚顺市副秘书长王咏，济南市政府副秘书长邢建亚，中联办经济部副部长孙文秀，惠州市委书记黄业斌，桂强芳会长，合肥市副市长孙斌。

欽州市政府副秘書長黄毅，撫順市副秘書長王咏，柳州市委宣傳部副部長陽天，常州市市政府研究室副主任黄澍等上百名城市官員及中國城市競爭力研究會會長桂强芳教授出席活動。

據中國城市競爭力研究會介紹，活動前夕，中華人民共和國外交部駐香港特别行政區特派員公署特派員宋哲等14位來自香港和内地城市政府的領導、專家學者及社會精英爲這次盛會題詞祝賀，濟南、信陽等7個城市市政府紛紛發來賀電賀信。此外，中央政治局常委、前天津市委書記張高麗因要到北京參加十八大會議無法出席，特安排工作人員給中國城市競爭力研究會回電表示不便參會，并對研究會的盛情邀請表示感謝。

在新聞發布會上，中國城市競爭力研究會按照自主創立的GN評估指標體系，根據翔實的基礎資料及大量的調查研究，對包括内地及港澳臺在内的中國34個省市、自治區及297個地級以上城市之綜合競爭力、成長競爭力、以及單項、專項競爭力和分類優勢進行研究評價比較，産生了最新研究成果。發布會上共發布了《2012中國城市綜合競爭力排行榜》、《2012中國城市成長競爭力排行榜》、《2012中國城市十大風雲首腦排行榜》、《2012中國最安全城市排行榜》、《2012中國十大杰出女市長排行榜》、《2012世界城市綜合競爭力排行榜》、《2012中國城市最具競爭力經濟新區排行榜》等多個榜單，其中在《2012中國城市綜合競爭力排行榜》上，香港以14879.18分蟬聯榜首，上海以14606.91分、北京以14491.8分分别位居第二、三名。

中國城市競爭力研究會會長桂强芳在新聞發布會上致辭時説，在新一輪信息化、經濟全球化和高新技術産業化發展的時代背景下，城市的發展呈現出了新的發展趨勢，今天的城市是一個復雜的、快捷的、網絡型、結構型的城市區域，城市作爲創新的樞紐，知識經濟和文化經濟的再植入成爲最新特徵。面對資源約束趨緊、環境污染嚴重、生態系統退化的嚴峻形勢，必須樹立尊重自然、順應自然、保護自然的生態文明理念，把生態文明建設融入到經濟建設、政治建設、文化建設、社會建設各方面和全過程，努力建設美麗新城市，實現城市永續發展。

繼首屆“香港論壇”成功舉行，經過一年的磨礪和累積，“香港論壇”已成爲國内城市政要、商界領袖、專家學者相聚交流的標志性平臺。第二屆論壇以“中國城市發展新方向”爲主題，圍繞“新戰略、新定位、新角色”的主題思想，來自13個不同城市政府政要及企業領袖就此發表了精彩演講，并與現場的嘉賓、商界精英進行了互動交流。

當晚，備受矚目的2012屆“讓城市更優秀　城市頒獎禮”在此隆重舉行，共頒發出16個獎項，“2012中國城市十大風雲首腦”、“2012中國最具幸福感城市”、“2012中國最具開發潛力十佳城市”等各獎項一一揭曉。

第十一屆中國城市競爭力排行榜
Ranking List of City Competitiveness of China

—— 2012 中國城市綜合競爭力排行榜 ——

一個城市的綜合實力就是一個城市整合自身經濟資源、社會資源、環境資源與文化資源參與區域資源配置競爭及國際資源配置競爭的能力。

《GN 中國城市綜合競爭力評價指標體系》涵蓋經濟、社會、環境、文化四大系統，由包括綜合經濟競爭力、產業競爭力、財政金融競爭力、商業貿易競爭力、基礎設施競爭力、社會體制競爭力、環境 / 資源 / 區位競爭力、人力資本教育競爭力、科技競爭力和文化形象競爭力等在內的 10 項一級指標、50 項二級指標、217 項三級指標綜合計算而成。

2012 中國城市綜合競爭力排行榜

排名	城市	分數	排名	城市	分數	排名	城市	分數
1	香港	14879.18	11	南京	4896.885	21	東莞	3196.22
2	上海	14606.91	12	武漢	4667.626	22	西安	3101.895
3	北京	14491.8	13	澳門	4631.254	23	長沙	3090.457
4	廣州	8406.352	14	大連	4614.554	24	廈門	3069.617
5	深圳	8362.434	15	青島	4321.728	25	昆明	2780.438
6	天津	6759.605	16	成都	4250.889	26	新北	2684.862
7	蘇州	6758.717	17	寧波	4041.734	27	鄭州	2627.046
8	杭州	6481.384	18	瀋陽	3985.773	28	高雄	2466.358
9	臺北	5921.367	19	濟南	3686.057	29	佛山	2452.859
10	重慶	5853.09	20	無錫	3638.864	30	哈爾濱	2424.287

—— 2012 中國城市成長競爭力排行榜 ——

城市成長競爭力就是城市在動態發展的過程中，充分挖掘其潛在的潛能，不斷完善城市的社會組織體制，展示其創新活力并依據城市可持續發展的內在規律逐步提升自身綜合競爭力的能力。

《GN 中國城市成長競爭力評價指標體系》由實力指數、潛力指數、活力指數、能力指數四大指標綜合而成，包括 4 項一級指標，29 項二級指標，67 項三級指標。

2012 中國城市成長競爭力排行榜

排名	城市	分數	排名	城市	分數	排名	城市	分數
1	天津	21.32377	11	大連	9.378379	21	廈門	6.491769
2	重慶	20.49319	12	濟南	8.950791	22	昆明	6.340066
3	深圳	16.82642	13	南京	8.262742	23	無錫	5.776301
4	上海	15.49074	14	澳門	8.241389	24	長沙	5.452798
5	北京	13.73837	15	瀋陽	7.95511	25	煙臺	5.431135
6	廣州	13.18019	16	武漢	7.703695	26	臺北	5.430101
7	蘇州	12.25264	17	合肥	7.454894	27	西安	5.344438
8	青島	10.61297	18	鄂爾多斯	6.790007	28	長春	5.335011
9	杭州	10.4746	19	寧波	6.681376	29	鄭州	5.32111
10	香港	9.875944	20	成都	6.643903	30	佛山	6.491769

—— 2012 中國城市十大風雲首腦排行榜 ——

風雲首腦主要特徵是：具國際國內影響力，領導、決策、學習、創新能力强，組織能力突出，性格魅力獨特，對突發事件有很强的反應和處置能力。

《GN 中國城市首腦經營管理素質效能評估指標體系》由包括個人能力、城市經濟影響力、社會影響力、環境影響力在內的 4 項一級指標、36 項二級指標構成。

2012 中國城市十大風雲首腦排行榜

城市首腦	經典語錄
天津市委書記張高麗	認真解決群眾反映強烈的突出問題！
廣州市委書記萬慶良	必須從"生死存亡"的高度來加強防腐！
武漢市委書記阮成發	武漢當仁不讓要成爲中部中心城市！
長春市委書記高廣濱	再造一個新長春!
惠州市委書記黃業斌	幸福惠州要讓人人幸福！
徐州市委書記曹新平	以制度化培護誠信成長！
合肥市委書記吳存榮	絕對不允許當官做老爺的想法！
濟南市市長楊魯豫	不能讓市民滿意，還叫什麼市長？
廈門市市委書記於偉國	建設生態文明，只有起點、沒有終點！
新北市市長朱立倫	只要我當新北市長一天 沒核安就沒核四！

2012 中國最安全城市排行榜

安全城市的主要特徵是：當年無重特大安全事故，社會治安良好，投資環境優越，生產事故少發，消費品安全，生態可持續發展，能爲市民、企業、政府提供良好的信息網絡環境和强有力的信息安全保障。

《GN 中國最安全城市評價指標體系》由包括社會安全、經濟安全、生態安全、信息安全、公衆安全感在内的 5 項一級指標、10 項二級指標、55 項三級指標構成。

2012 中國最安全城市排行榜								
排名	城市	總分	排名	城市	總分	排名	城市	總分
1	澳門	94.48	11	鄂爾多斯	83.26	21	新餘	75.98
2	深圳	94.29	12	玉溪	82.66	22	四平	74.77
3	臺北	92.90	13	柳州	81.70	23	哈爾濱	73.89
4	煙臺	91.77	14	珠海	81.48	24	南寧	72.35
5	南京	89.28	15	金華	79.89	25	南昌	72.05
6	厦門	88.44	16	長春	79.59	26	重慶	70.94
7	瀋陽	86.74	17	徐州	79.42	27	惠州	69.47
8	威海	86.46	18	克拉瑪依	78.99	28	廣州	67.36
9	無錫	84.94	19	衢州	77.88	29	秦皇島	66.87
10	鄭州	83.92	20	合肥	76.32	30	常熟	66.74

2012 中國十大杰出女市長排行榜

排名	2012 中國十大傑出女市長排行榜	得分
1	黑龍江省大慶市市長-夏立華	94.63
2	福建省泉州市市長-黃少萍	92.84
3	浙江省嘉興市市長-魯俊	92.22
4	山東省威海市市長-張惠	91.36
5	江蘇省鎮江市市長-朱曉明	90.66
6	遼寧省撫順市市長-王桂芬	89.56
7	廣東省江門市市長-龐國梅	88.98
8	福建省漳州市市長-吳洪芹	88.02
9	内蒙古自治區通遼市市長-胡達古拉	87.36
10	河南省三門峽市市長-趙海燕	85.33

杰出女市長的主要特徵是：具國際國内影響力，領導、決策、學習、創新能力强，組織能力突出，性格魅力獨特，對突發事件有很强的反應和處置能力的女性市長。

《GN 中國杰出女市長排行指標體系》由包括海内外影響力、領導力、決策力、學習力、創新力、組織力、親和力、個性魅力、應對突發事件能力等 9 項一級指標、38 項二級指標構成。

2012 世界城市綜合競爭力排行榜

2012 世界城市綜合競爭力排行榜					
排名	城市	得分	排名	城市	等分
1	美國紐約	97.61	16	奧地利維也納	86.72
2	英國倫敦	97.17	17	美國波士頓	86.08
3	日本東京	96.87	18	美國三藩市	84.48
4	法國巴黎	96.22	19	德國法蘭克福	83.44
5	美國洛杉磯	96.06	20	瑞士蘇黎世	82.59
6	美國芝加哥	95.27	21	中國上海	81.9
7	中國香港	95.14	22	比利時布魯塞爾	80.5
8	韓國首爾	93.91	23	荷蘭阿姆斯特丹	80.28
9	美國華盛頓	92.88	24	瑞典斯德哥爾摩	80.13
10	俄羅斯莫斯科	91.54	25	阿根廷布宜諾斯	78.91
11	新加坡新加坡	90.94	26	日本大阪	78.64
12	澳大利亞悉尼	90.67	27	西班牙馬德里	77.69
13	中國北京	90.1	28	義大利羅馬	76.72
14	德國柏林	89.62	29	巴西聖保羅	75.14
15	加拿大多倫多	87.98	30	加拿大蒙特利爾	74.72

世界城市的特徵是：在政治、經濟、文化某一或綜合方面具有很强的影響力，經濟規模大、對外開放程度高、社會體系健全，綜合服務能力强，和全世界或大多數國家發生經濟、政治、科技和文化交流關系，有着全球性影響的先進城市。

《GN 世界城市綜合競爭力評價指標體系》涵蓋了經濟、社會、環境、文化、國際化五大系統，由包括綜合經濟競爭力、産業競爭力、財政金融競爭力、商業貿易競爭力、基礎設施競爭力、社會體制競爭力、環境、資源、區位競爭力、人力資本教育競爭力、科技競爭力、文化形象競爭力等在内的 10 項一級指標、50 項二級指標構成、218 項三級指標。

2012 中國城市最具競爭力經濟新區排行榜

經濟新區的競爭力主要特徵爲：經濟運行良好，對外開放程度高，未來成長潛力巨大，基礎設施配套完善。

《GN 中國城市經濟新區競爭力評價指標體系》由包括經濟發展指數、開放度指數、成長潛力指數和開發區環境建設指數在内的 4 項一級指標、10 項二級指標和 32 項三級指標構成。

2012 中國城市最具競爭力經濟新區排行榜		
排名	經濟新區	總分
1	上海浦東新區	89.44
2	天津濱海新區	88.66
3	重慶兩江新區	87.53
4	深圳前海新區	86.23
5	浙江舟山群島新區	85.83
6	河南鄭州新區	84.97
7	瀋陽沈北新區	84.02
8	陝西西鹹新區	83.44
9	廣州南沙新區	83.17
10	甘肅蘭州新區	82.58

2012 中國國際化城市排行榜

2012 中國國際化城市排行榜					
排名	城市	總分	排名	城市	總分
1	香港	91.23	16	西安	79.29
2	上海	90.56	17	昆明	78.78
3	北京	89.22	18	武漢	77.32
4	澳門	85.35	19	東莞	76.11
5	深圳	84.86	20	哈爾濱	75.14
6	廣州	84.56	21	瀋陽	74.58
7	杭州	83.74	22	廈門	72.76
8	蘇州	83.25	23	鄭州	71.88
9	天津	82.39	24	濟南	70.64
10	青島	82.02	25	福州	69.85
11	大連	81.77	26	珠海	65.35
12	重慶	81.35	27	無錫	63.20
13	南京	81.00	28	南寧	61.33
14	成都	79.79	29	威海	60.96
15	寧波	79.54	30	佛山	60.30

國際化城市是指形成發達開放性經濟主體，并通過整合世界資源進行持續發展的城市。其特徵是：國際影響力大、開放度高、經濟發達、制度健全、管理有序、綜合服務能力强、城市具相當規模。

《GN 中國國際化城市評價指標體系》包括城市國際影響指數、對外開放指數、城市經濟指數、城市社會發展指數、城市綜合服務能力指數、城市規模指數在内的 6 項一級指標、16 項二級指標、47 項三級指標。

2012 中國世界級大都市排行榜

世界級大都市是指有能力整合全球資源，在世界經濟、政治、文化事務中具有全球影響力的國際一流大都市。其特徵是：主要的金融中心、跨國公司總部所在地、國際性機構的集中地、第三産業的高度增長、主要制造業中心、世界交通的重要樞紐、城市人口達到一定標準。

《GN 中國世界級大都市評價指標體系》由包括城市規模指數、國際影響指數、對外開放指數、城市經濟指數、城市社會發展指數、城市綜合服務能力指數在内的 6 項一級指標、14 項二級指標、62 項三級指標組成。

2012 中國世界級大都市排行榜		
排名	城市	總分
1	香港	92.13
2	上海	91.32
3	北京	90.44
4	臺北	88.91

—— 2012 國際友好城市排行榜 ——

國際友好城市特徵是：在國際上締結友好城市多、級別檔次高，城市間來往密切，在政治、經貿、文化、教育、人才、城市建設、環境保護等領域建立了緊密的交流與合作。

《GN 國際友好城市評價指標體系》包括對外友好城市規模指數、經濟交流指數、文化交流指數、人才交流指數、政治交流指數、城市建設交流指數、環境保護交流指數、友好城市機制指數 8 項一級指標、28 項二級指標。

2012 國際友好城市排行榜					
排名	城市	總分	排名	城市	總分
1	香港	98.86	16	濟南	86.99
2	上海	96.89	17	長春	82.56
3	北京	96.67	18	蘇州	82.36
4	臺北	95.96	19	武漢	81.59
5	哈爾濱	93.70	20	揚州	81.36
6	重慶	92.86	21	成都	80.28
7	澳門	92.70	22	廈門	79.92
8	廣州	91.38	23	昆明	79.28
9	天津	90.88	24	南京	78.27
10	深圳	89.72	25	南寧	76.04
11	杭州	89.49	26	武漢	65.80
12	大連	88.96	27	烏魯木齊	64.52
13	無錫	88.56	28	南通	63.59
14	青島	87.59	29	徐州	62.72
15	西安	87.45	30	瀋陽	61.58

—— 2012 中國區域中心城市排行榜 ——

2012 中國區域中心城市排行榜		
排名	經濟區域	中心城市
1	泛珠“9+2”經濟區	香港、廣州
2	長三角經濟區	上海
3	珠三角經濟區	廣州、深圳
4	環渤海經濟區	北京 、天津
5	成渝經濟區	重慶、成都
6	山東半島藍色經濟區	青島
7	遼寧沿海經濟區	大連
8	海峽西岸經濟圈	福州、廈門
9	瀋陽經濟圈	瀋陽
10	長江中游經濟區	武漢
11	中原經濟區	鄭州
12	關中經濟區	西安
13	皖江經濟區	合肥
14	長株潭經濟區	長沙
15	圖們江經濟區	長春
16	江蘇沿海經濟區	連雲港、鹽城、南通
17	廣西北部灣經濟區	南寧、欽州
18	廣佛肇經濟區	廣州、佛山
19	蒙中經濟區	呼和浩特
20	鄱陽湖生態經濟區	南昌

區域中心城市特徵是：經濟發達、功能完善，在一定的區域範圍內，具有較强的聚集力、輻射力和綜合服務能力，能够主導和帶動該區域經濟快速發展。

《GN 中國區域中心城市評價指針體系》通過該城市在區域中的經濟發展水平、產業發展水平、基礎設施建設水平、金融業發展水平、科教發展水平、綜合服務能力、區域輻射力、區域聚集力 8 個一級指標、13 個二級指標、27 個三級指標衡量。

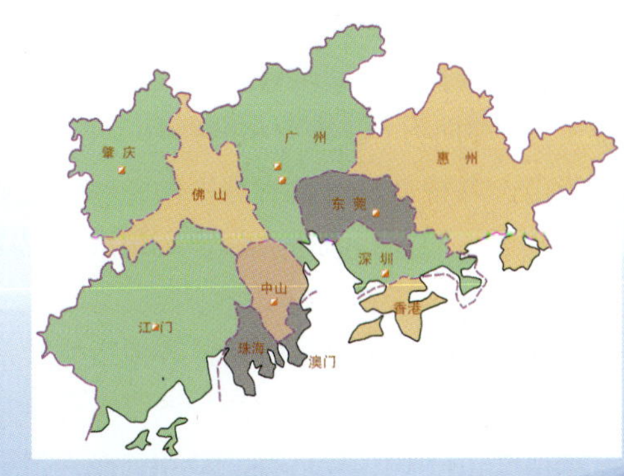

2012 中國縣級市綜合競爭力排行榜

城市綜合競爭力是指一個城市整合自身經濟資源、社會資源、環境資源與文化資源參與區域資源配置競爭及國際資源配置競爭的能力。

《GN 中國縣級市綜合競爭力評價指標體系》涵蓋經濟、社會、環境、文化四大系統，由包括綜合實力競爭力指數、產業競爭力指數、財政金融競爭力指數、商業貿易競爭力指數、基礎設施競爭力指數、社會體制競爭力指數、環境 / 資源 / 區位競爭力指數、人力資本教育競爭力指數、科技競爭力指數和文化形象競爭力指數等在內的 10 項一級指標、50 項二級指標、217 項三級指標組成。

2012 縣級市綜合競爭力排行榜								
排名	城市	分數	排名	城市	分數	排名	城市	分數
1	昆山市	14930.8	11	義烏市	2228.839	21	榮成市	1919.261
2	江陰市	14108	12	增城市	2753.008	22	膠州市	2140.461
3	張家港市	9809.26	13	遷安市	2826.765	23	膠南市	1867.99
4	常熟市	9097.43	14	諸暨市	3066.527	24	文登市	1622.619
5	吳江市	6408.965	15	海城市	2335.907	25	樂清市	1444.487
6	晉江市	4962.907	16	丹陽市	2283.533	26	平度市	2167.511
7	宜興市	4059.717	17	即墨市	2358.425	27	福清市	2348.859
8	慈溪市	3359.228	18	滕州市	2430.368	28	鄒城市	1856.076
9	太倉市	3152.612	19	溫嶺市	2120.78	29	海門市	1801.278
10	龍口市	2564.484	20	余姚市	2006.725	30	江都市	1444.487

2012 中國縣級市成長競爭力排行榜

城市成長競爭力就是城市在動態發展的過程中，充分挖掘潛能，不斷完善社會體制，展示創新活力，并依據城市可持續發展的內在規律逐步提升自身綜合競爭力的能力。

《GN 中國縣級市成長競爭力評價指標體系》由能力指數、活力指數、實力指數、潛力指數在內的 4 項一級指標、29 項二級指標、67 項三級指標組成。

2012 縣級市成長競爭力排行榜								
排名	城市	分數	排名	城市	分數	排名	城市	分數
1	昆山市	25874.94	11	丹陽市	10573.48	21	鄒城市	7721.66
2	江陰市	21002.11	12	龍口市	9844.12	22	海城市	7579.96
3	張家港市	19400.43	13	增城市	9572.00	23	膠南市	7398.32
4	常熟市	17596.66	14	義烏市	9504.31	24	啓東市	7168.27
5	吳江市	14003.25	15	諸暨市	9258.76	25	平度市	6859.95
6	樂清市	13337.25	16	遷安市	9120.82	26	壽光市	6343.27
7	晉江市	12686.90	17	太倉市	8750.56	27	文登市	6268.73
8	宜興市	11303.60	18	即墨市	8682.49	28	新泰市	6201.16
9	慈溪市	11185.30	19	膠州市	8203.16	29	上虞市	6120.75
10	里安市	11077.49	20	福清市	7863.09	30	江都市	6099.90

2012 中國文化競爭力十强縣排行榜

文化競爭力是指由城市競爭力派生出的概念，指各種文化因素在推進經濟社會和人的全面發展中所產生的凝聚力、導向力、鼓舞力和推動力。文化競爭力强縣（或縣級市）其特徵是：具有豐富的各類文化資源，文化機構及其產品形象和競爭力强，文化活動氛圍好且經常舉辦。

《GN 中國文化競爭力强縣評價指標體系》包括經濟實力、文化資源、文化產業、城市文化事業在內的 4 項一級指標、11 項二級指標、60 項三級指標組成。

2012 中國文化競爭力十強縣排行榜		
排名	縣	總分
1	山東曲阜市	86.08
2	甘肅敦煌市	85.66
3	浙江東陽市	84.02
4	雲南玉龍縣	82.40
5	北京延慶縣	81.60
6	安徽 歙縣	80.01
7	四川閬中縣	79.08
8	河南孟津縣	76.99
9	福建泰寧縣	75.45
10	廣東博羅縣	73.27

—— 2012 中國綠色競爭力十强縣排行榜 ——

綠色競爭力强縣（或縣級市）的特徵是：良好的生態環境，豐富的資源優勢，獨具特色的産業結構。

《GN 中國綠色競爭力强縣評估指標體系》由包括環境優化指數、資源稟賦指數、安全美譽指數和經濟發展指數 4 項一級指標、16 項二級指標構成。

2012 中國綠色競爭力十強縣排行榜		
排名	城市	總分
1	廣東省增城市	86.58
2	江西省婺源縣	82.21
3	山東省榮成市	80.89
4	江蘇省宜興市	79.66
5	浙江省義烏市	78.82
6	福建省沙縣	76.56
7	浙江省紹興縣	75.87
8	吉林省通化縣	73.29
9	山東省招遠市	72.22
10	河南省商城縣	70.81

—— 2012 中國十佳地級城區政要排行榜 ——

十佳地級（含副地級）城區政要是指：在地級城區政要中具有較强的影響力，政績突出，口碑良好的城區政要。

《GN 中國城市政要經營管理素質效能評估指標體系》由包括影響力、領導决策力、學習創新力、親和力等 4 項一級指標、12 項二級指標構成。

2012 中國十佳地級城區政要排行榜	
地級城區政要	為政理念
上海市徐匯區委書記孫繼偉	徐匯資源豐富，"點燃"優勢資源最關鍵
廣東省廣州市荔灣區委書記周亞偉	給外來工保障房增歸屬感
江蘇省南京市江甯區委書記周謙	關注百姓、服務百姓
廣東省深圳市鹽田區委書記郭永航	"國富民窮"不是幸福
浙江省杭州市西湖區委書記王立華	要讓城鄉更美麗百姓更幸福
黑龍江省哈爾濱市香坊區委書記孫洪慶	綠色城區 "香"飄萬裡
福建省厦門市湖裏區委書記劉育生	建設"五個中心"，打造"五個湖裏"
吉林省長春市南關區委書記王鐵茗	站在更高起點建設南部新城
山東省濟南市長清區委書記王京文	多點發力迎頭趕上先進縣區
陝西省西安市蓮湖區委書記張民生	打造中心城區特色文化品牌

—— 2012 中國十佳縣級市政要排行榜 ——

2012 中國十佳縣級市政要排行榜	
縣級市政要	爲政理念
江蘇省張家港市委書記徐美健	在轉型升級中再創新輝煌
山東省膠州市委書記張德平	以特色贏得競爭優勢
江蘇省靖江市委書記陳明冠	盡心盡力 爲民服務
山西省汾陽市委書記王志強	創造文明城市 造福一方百姓
湖南省武岡市委書記王春生	推進武岡創新崛起
山東省即墨市委書記劉贊鬆	五年內重塑江北商貿名城
遼寧省莊河市委書記焦正家	以轉變謀發展 以發展惠民生
河南省鞏義市委書記舒慶	勇當鄭州都市區建設示範區
廣東省普甯市委書記陳聲亮	服裝名城 輝煌再現
黑龍江省雙城市委書記魯志民	創先爭優 服務全局

十佳縣級政要特徵是：在縣級市政要中具有較强的影響力，政績突出，口碑良好。

《GN 中國城市政要經營管理素質效能評估指標體系》由包括影響力、領導决策力、學習創新力、親和力等 4 項一級指標、12 項二級指標構成。

2012 中國十佳行政縣政要排行榜

十佳行政縣政要特徵是：在行政縣政要中具有較强的影響力，政績突出，口碑良好。

《GN 中國城市政要經營管理素質效能評估指標體系》由包括影響力、領導決策力、學習創新力、親和力等 4 項一級指標、12 項二級指標構成。

2012 中國十佳行政縣政要排行榜	
行政縣政要	爲政理念
天津市靜海縣委書記孫文魁	小事抓出大民生
山東省濱州市鄒平縣委書記王傳民	描繪和諧鄒平新畫卷
四川省成都市雙流縣委書記高志堅	中國西部的新能源城
江蘇省南通市海安縣委書記單曉鳴	降流通成本是控物價良藥
北京密雲縣委書記汪先永	做好新形勢下群眾工作
浙江省台州市玉環縣委書記張加波	文化引領 提升實力
福建省福州市連江縣委書記高明	構建“三城三基地”
江蘇省宿遷市泗洪縣委書記徐德	增激情動力 求更大突破
廣東省湛江市徐聞縣委書記鐘力	“三打”要打出徐聞長治久安的晴天
河南省信陽市光山縣委書記文宗鋒	千言萬語 不如一做

2012 中國十佳縣級城區政要排行榜

2012 中國十佳縣級城區政要排行榜	
縣級城區政要	為政理念
江蘇省無錫市濱湖區區委書記朱渭平	幸福濱湖，民生為首
廣東省佛山市順德區委書記梁維東	以城市升級引領轉型發展
湖南省長沙市天心區委書記陳獻春	以“大天心“的眼光規劃天心
陝西省寶雞市金台區區委書記李興安	新金台：綠色、現代、平安
福建省福州市馬尾區委書記馬必鋼	以更高的站位建設馬尾新城
浙江省寧波市海曙區區委書記彭朱剛	民生為本，人才優先
四川省綿陽市遊仙區區委書記丁湘	解放思想、整合資源
河北省衡水市桃城區委書記王世昆	發展城市經濟 建設和諧幸福新桃城
山西省長治市郊區區委書記王輔剛	抓機遇迎挑戰 奮力躋身全國百強縣區
雲南省昆明市東川區委書記孔貴華	“治理小江 保衛長江”

十佳縣級城區政要是指：在縣級城區政要中具有較强的影響力，政績突出，口碑良好的城區政要。

《GN 中國城市政要經營管理素質效能評估指標體系》由包括影響力、領導決策力、學習創新力、親和力等 4 項一級指標、12 項二級指標構成。

2012 中國十佳行政鎮政要排行榜

2012 中國十佳行政鎮政要排行榜	
行政鎮政要	爲政理念
廣東省東莞市長安鎮黨委書記楊曉棠	製造業是“命根子”
四川省巴州區恩陽鎮黨委書記楊超	讓古鎮煥發蓬勃生機
江蘇省江陰市華士鎮黨委書記繆紅	解放思想寬眼界 創新實踐當率先
吉林省榆樹市弓棚鎮黨委書記高洪洲	走上可持續發展快車道
上海市嘉定區馬陸鎮黨委書記劉駿	堅持把“轉型、整合、作風”六個字作爲工作重點
江蘇省常州市武進區湖塘鎮黨委書記黃劍明	湖塘鎮保障著四十多萬人的安居樂業
漢中南鄭縣大河坎鎮鎮委書記王光紅	我們要讓後進村的群眾享受到我們鎮經濟發展的成果！
浙江省諸暨市店口鎮黨委書記張壯雄	我們現在工作的中心就是“人”
吉林省龍井市東盛湧鎮黨委書記俞英俊	引領全鎮致富，提高村民收入
廣東省惠州市惠陽區鎮隆鎮黨委書記陳黨生	全力打造宜居宜業新鎮隆

十佳鎮政要的特徵是：在行政鎮政要中具有較强的影響力，政績突出，口碑良好。

《GN 中國城市政要經營管理素質效能評估指標體系》由包括影響力、領導決策力、學習創新力、親和力等 4 項一級指標、12 項二級指標構成。

2012 中國十佳美麗城市排行榜

美麗城市的主要特徵是城市規劃設計合理，基礎設施完善，建築個性鮮明且整體協調，文化底蘊深厚，自然環境優美。

《GN 中國美麗城市評價指標體系》由包括城市規劃設計美、城市基礎設施美、城市建築美、城市文明美、城市自然環境美和城市視覺美在內的 6 項一級指標、17 項二級指標、62 項三級指標組成。

2012 中國十佳美麗城市排行榜			
排名	城市	美態定位 2012	總分
1	大連	北方時尚美	94.07
2	南京	秦淮古風美	93.16
3	銀川	西夏古都美	91.08
4	聊城	江北水城美	88.83
5	咸陽	秦川帝都美	88.12
6	瀘州	江陽酒城美	87.64
7	包頭	草原鋼城美	86.39
8	普洱	古道茶香美	85.31
9	敦煌	石窟壁畫美	84.52
10	常德	武陵桃源美	83.45

■ 大連

2012 中國十大美麗鄉鎮排行榜

美麗鄉鎮的主要特徵是規劃設計合理，歷史遺迹保存完善，特色建築個性鮮明，文化底蘊深厚，自然環境優美。

《GN 中國美麗鄉鎮評價指標體系》由包括規劃設計美、歷史遺風美、特色建築美、鄉村文明美、自然環境美和公衆口碑美在內的 6 項一級指標、14 項二級指標、43 項三級指標組成。

■ 浙江烏鎮

2012 中國十大美麗鄉鎮排行榜			
排名	鄉鎮	美態定位 2012	總分
1	浙江烏鎮	古韻悠長美	94.16
2	江西婺源	徽風婺色美	93.03
3	雲南和順	文化魅力美	92.14
4	江蘇周莊	水鄉風情美	89.57
5	浙江雁蕩	海上名山美	89.12
6	四川丹巴	空谷佳人美	88.71
7	湖南芙蓉	湘西聚落美	87.16
8	新疆三工河鄉	天人合一美	84.79
9	江蘇長涇	東舜名鎮美	83.88
10	山東門樓鎮	萊夷果香美	82.85

—— 2012 中國城市核心企業排行榜 ——

城市核心企業的特徵是：在行業中處于龍頭地位、具有極强的核心競爭優勢 、代表城市精神、富有社會責任感、企業文化獨特、創利能力强、對城市財政貢獻大、產品市場占有率高、管理先進 、運作高效。

《GN 中國城市核心企業評價指標體系》包括盈利模式指數，管理模式指數，企業文化指數，社會貢獻指數 4 項一級指標，14 項二級指標，32 項三級指標。

排名	城市	企業
1	香港	和記黃埔有限公司
2		香港上海滙豐銀行有限公司
3		太古股份有限公司
4		新鴻基地產發展有限公司
5		怡和控股有限公司
6	上海	光明食品(集團)有限公司
7		上海汽車工業(集團)總公司
8		上海複星高科技集團有限公司
9		上海綠地（集團）有限公司
10		上海紡織控股(集團)公司
11	北京	聯想控股有限公司
12		中國民生銀行股份有限公司
13		國美電器控股有限公司
14		北大方正集團有限公司
15		北京索愛普天移動通信有限公司
16	深圳	華爲技術有限公司
17		中國平安保險(集團)股份有限公司
18		招商銀行股份有限公司
19		中興通訊股份有限公司
20		萬科企業股份有限公司
21	廣州	廣汽本田汽車有限公司
22		廣州萬寶集團有限公司
23		廣州富力地產股份有限公司
24		廣州佳都集團有限公司
25		廣州百貨企業集團有限公司
26	臺北	臺灣鴻海精密工業股份有限公司
27		國泰人壽保險股份有限公司
28		仁寶電腦集團
29		華碩電腦股份有限公司
30		宏碁集團
31	蘇州	江蘇沙鋼集團有限公司
32		華芳集團有限公司
33		江蘇永鋼集團有限公司
34		江蘇澳洋實業（集團）有限公司
35		蘇州華成汽車貿易集團有限公司
36	天津	天津市物資集團總公司
37		天津冶金集團有限公司
38		天津一汽豐田汽車有限公司
39		天津榮程聯合鋼鐵集團有限公司
40		天津三星通信技術有限公司
41	杭州	廣廈控股創業投資有限公司
42		萬向集團公司
43		杭州娃哈哈集團有限公司
44		浙江恒逸集團有限公司
45		阿裡巴巴集團股份有限公司
46	南京	南京斯威特集團有限公司
47		中國太平洋建設集團有限公司
48		蘇寧電器集團公司
49		雨潤食品產業集團有限公司
50		江蘇力聯實業集團

排名	城市	企業
51	澳門	澳門旅遊娛樂有限公司
52		保利達集團
53		威尼斯人（澳門）股份有限公司
54		澳門名嘉集團有限公司
55		永利澳門有限公司
56	重慶	重慶力帆實業(集團)公司
57		重慶小康汽車控股有限公司
58		太極集團有限公司
59		隆鑫控股有限公司
60		宗申產業集團有限公司
61	青島	海爾集團公司
62		海信集團有限公司
63		山東六和集團有限公司
64		青島鋼鐵控股集團有限責任公司
65		青島啤酒股份有限公司
66	東莞	廣東步步高電子工業有限公司
67		廣東志成冠軍集團有限公司
68		廣東豐泰集團有限公司
69		東莞市東糖集團有限公司
70		東莞新世紀豪園商住開發有限公司
71	大連	大連大商集團有限公司
72		東北特殊鋼集團有限責任公司
73		大連冰山集團有限公司
74		大連萬達集團股份有限公司
75		大連獐子島漁業集團股份有限公司
76	武漢	東風汽車有限公司
77		武漢中百集團股份有限公司
78		武漢武商集團股份有限公司
79		冠捷顯示科技(武漢)有限公司
80		武漢中商集團股份有限公司
81	寧波	雅戈爾集團股份有限公司
82		奧克斯集團有限公司
83		杉杉投資控股有限公司
84		寧波寶新不銹鋼有限公司
85		浙江遠大進出口有限公司
86	成都	四川科倫藥業股份有限公司
87		四川水井坊股份有限公司
88		四川藍光和駿實業股份有限公司
89		成都紅旗連鎖有限公司
90		納愛斯成都有限責任公司
91	瀋陽	瀋陽遠大企業集團有限公司
92		瀋陽機床（集團）有限責任公司
93		北方重工集團有限公司
94		瀋陽化工集團有限公司
95		遼寧百科集團(控股)股份有限公司
96	廈門	廈門金龍汽車股份有限公司
97		廈門華僑電子股份有限公司
98		廈門夏商集團有限公司
99		廈門象嶼集團有限公司
100		廈門夏新電子股份有限公司

排名	城市	企業
101	無錫	江蘇華西集團公司
102		江蘇三房巷集團有限公司
103		紅豆集團有限公司
104		江陰澄星實業集團有限公司
105		無錫興達泡塑公司
106	佛山	美的集團有限公司
107		佛山電器照明股份有限公司
108		廣東格蘭仕企業（集團）公司
109		廣東志高空調有限公司
110		佛山市海天調味食品有限公司
111	煙臺	南山集團有限公司
112		山東玲瓏橡膠有限公司
113		山東魯花集團有限公司
114		山東叢林集團有限公司
115		煙臺張裕集團有限公司
116	昆明	雲南南磷集團股份有限公司
117		雲南昆明鋼鐵集團有限責任公司
118		雲南英茂集團有限公司
119		雲南官房企業集團控股公司
120		昆明諾仕達企業（集團）有限公司
121	濟南	山東魯能集團有限公司
122		浪潮集團有限公司
123		力諾集團有限責任公司
124		魯銀投資集團股份有限公司
125		九陽股份有限公司
126	鄭州	鄭州宇通集團有限公司
127		鄭州三全食品股份有限公司
128		鄭州思念食品有限公司
129		鄭州日產汽車有限公司
130		河南中孚實業股份有限公司
131	西安	西安楊森製藥有限公司
132		西安海星科技投資控股有限公司
133		金花企業集團股份有限公司
134		西安瑞新電力電子有限責任公司
135		陝西西安法士特齒輪有限責任公司
136	哈爾濱	哈藥集團有限公司
137		九三糧油工業集團有限公司
138		哈飛汽車工業集團有限公司
139		黑龍江倍豐農業生產資料集團有限公司
140		黑龍江農墾北大荒商貿集團有限公司
141	福州	興業銀行股份有限公司
142		福建捷聯電子有限公司
143		福建華閩進出口有限公司
144		福耀玻璃工業集團股份有限公司
145		冠城大通股份有限公司
146	長沙	湖南華菱鋼鐵集團有限責任公司
147		湖南中煙工業有限責任公司
148		長沙中聯重工科技發展股份有限公司
149		三一集團有限公司
150		南方建材股份有限公司

排名	城市	企業
151	長春	亞泰集團
152		長春歐亞集團股份有限公司
153		長春海外製藥集團有限公司
154		長春皓月清真肉業股份有限公司
155		修正藥業集團
156	中山	樂百氏集團
157		華帝燃具股份有限公司
158		嘉華電子有限公司
159		廣東長青（集團）股份有限公司
160		中山公用事業集團股份有限公司
161	珠海	珠海格力電器股份有限公司
162		珠海羅西尼表業有限公司
163		金山軟體股份有限公司
164		麗珠藥業集團股份有限公司
165		珠海華髮實業股份有限公司
166	合肥	合肥華泰集團
167		榮事達集團
168		合肥美菱股份有限公司
169		安徽安凱汽車股份有限公司
170		安徽江淮汽車股份有限公司
171	南昌	江西銅業集團公司
172		匯仁集團有限公司
173		江鈴汽車集團公司
174		江西洪都航空工業股份有限公司
175		誠志股份有限公司
176	威海	山東百聖源集團有限公司
177		山東黑豹集團有限公司
178		威海力豐電子有限公司
179		華隆(乳山)食品工業有限公司
180		威海正昌食品有限公司
181	紹興	海亮集團有限公司
182		浙江中成控股集團有限公司
183		浙江寶業建設集團有限公司
184		浙江八達建設集團有限公司
185		浙江龍盛控股有限公司
186	常州	中天鋼鐵集團有限公司
187		百興集團有限公司
188		創生控股有限公司
189		亞邦投資控股集團有限公司
190		常柴股份有限公司
191	溫州	正泰集團
192		美特斯邦威集團
193		天正集團
194		紅蜻蜓集團
195		長城電器集團
196	南通	江蘇文峰集團
197		南通四建集團有限公司
198		江蘇綜藝集團
199		江蘇中聯科技集團
200		南通江海電容器有限公司

注：2012 中國城市核心企業排行榜上榜的一共有 300 家企業，因版面原因，此處祇刊登出了 200 家企業。全部榜單可以中國城市競爭力研究會網站查詢。

新角色 新定位 新方向

群賢匯聚香港論壇 共謀城市發展之舵

City Leaders Convergent Hong Kong Forum,a Total of Palm Urban Ddevelopment of the Rudder

■ 出席第二届香港论坛启动仪式的城市领导(从左至右):徐州市政府副秘书长马利生,抚顺市副秘书长王咏,庄士中国投资有限公司副主席李世慰,安顺市副市长郭伟谊,肇庆市副市长陈宣群,中国城市竞爭力研究会会长桂强芳,惠州市委书记黄业斌,中央人民政府驻香港特别行政区联络办公室经济部副部长杨益,信阳市长乔新江,哈尔滨市副市长魏伟,深圳福田区人民政府区长杨洪,牡丹江市政府秘书长赵士元,济南市政府副秘书长邢建亚。

2012 年 12 月 5 日,以“中國城市發展新方向”爲主題的第二屆香港論壇在香港銅鑼灣世貿中心隆重舉行,華燈璀璨,高朋滿座,政要嘉賓圍繞“新戰略、新定位、新角色”的主題做了精彩演講,這次論壇是一次智慧的碰撞,是一場思想的盛宴。年鑒編輯部摘録了其演講嘉賓的重要觀點摘要刊出,爲進一步分析探討當前中國城市發展的新環境與新思路,以推動中國城市更好更快發展提供可參考意見。

今後一段時期，中國城市化將快速發展

城市是人類文明的重要組成部分，在現代社會扮演重要角色。改革開放以來，中國城市化經歷了起點低、進步快的歷程，突出表現在三個方面：一是城鎮人口迅速增加，城市化水平大幅度提高，從 1978 到 2012 年，城鎮人口從 1.7 億人增加 6.9 億人，城市化水平從 17.9% 提升到 51.27%，達到世界平均水平。第二，城市數量和規模在不斷擴大，形成若幹具有國際影響力的城市群。從 1978 到 2012 年，城市數量從 193 個增加到 657 個，像環渤海、長三角、珠三角這大城市群，以不足全國 4% 的國土面積、18% 左右的人口創造了 40% 的國家生產總值。第三，市政公路設施、服務能力、人居環境逐步改善。

但與發達國家相比，中國城市化水平還是比較低。目前，發達國家的城市化域在 80% 左右，一些人均收入與我們差不多的周邊國家也達到 60% 以上，相比之下中國城市化發展還有很大潛力。國家要實現現代化，在推進工業化必須同步推進城市化，十八大報告中提出未來中國城市化發展的道路是促進工業化、信息化、城鎮化和農村現代化同步發展，今後一段時期，將是中國城市化快速發展的時期。

楊 益

中央人民政府驻香港特别行政区联络办公室经济部副部长

保持生態之美 暢享城市生活

建設生態文明是城市的新方向，是城市可持續發展的必由之路。生態文明涵蓋經濟、人文等方面。包含六個層面：一是構建人、城市、自然和諧共生的環境生態。惠州在發展中始終把保護環境作爲生命綫。二是構建速度、質量、效率相協調的經濟生態，既要金山銀山，又要綠水青山。三是構建共享的、均等民生生態，經濟要發展，成果要共享，我們 70% 以上的財政都用于民生。四是構建包容、開放并進的文化生態，文化是根，弘揚先進文化，讓老百姓共享文化成果。五是構建和諧、穩定、公平的社會生態。六是構建爲民、務實、清廉的政府生態，服務理念貫穿城市發展的全過程。

惠州的發展主要堅持科學發展理念，衹要耐得住暫時的落後，就一定可以避免發達地區經歷過的先發展後治理之路，處理好人與人、人與自然、人與社會的關系，按照“五位一體”安排工作，城市的發展就能沿着正確的方向發展。

黄業斌

惠州市委书记

魏　偉

哈尔滨市副市长

實施新戰略 着力推動城市科學發展

城市發展必須依托土地和自然條件搞好謀篇布局，充分拉開發展骨架。合理的城市布局，能縮短人流、物流、信息流、資金流的流動空間和時間，城市空間布局應合理利用城市的土地和自然條件，科學調整城市密度和城市形態，提高城市發展空間。

城市發展必須堅持交通主導地位，着力構建現代交通體系。當前城市的發展，交通的主導作用越來越突顯，綜合交通能力成爲衡量城市現代化水平的首要標志和基礎設施載體功能的第一要素。

城市發展必須牢固樹立生態立市意識，增强城市可持續發展能力。建設生態文明，關系人民福祉，關乎城市長遠發展。

城市發展必須傳承歷史文脉，彰顯城市特色。在加快城市建設發展過程中，我們必須對過去城市特色模糊、發展模式雷同的現象進行理性反思，依托各自城市自然的、歷史的特色，在推動自然發展城市特色的基礎上，挖掘和保護既有建築遺産，延展歷史文脉。

城市發展必須强化運行管理，營造良好環境面貌。

宜居信陽的生態發展之路

信陽市立足信陽實際，致力于消除經濟活動對大自然的穩定與和諧構成的威脅，堅決摒弃“經濟逆生態化、生態非經濟化”的傳統做法，大力發展綠色、循環、低碳産業。信陽市將突出以人爲本，着力建設生態城市；將遵循自然規律，着力保護生態環境，持之以恒地推進生態文明建設，走好宜居信陽的生態發展之路。

信陽堅持科學發展，着力構建生態文明。堅持以領導方式轉變加快發展方式轉變，嚴格遵循自然規律、經濟規律和社會發展規律，從傾力打造和諧的自然生態、繁榮的經濟生態、良好的社會生態三大重點領域安排布局生態文明建設；從嚴格環境準入機制、建立齊抓共管機制、完善評價考核機制、强化政策保障機制四個方面健全保障機制；從加强生態道德教育、積極開展生態創建、培育生態文化品牌三個着力點推進生態文化建設，有力推進了生態文明建設，實現了生態、經濟、社會三大效益的同步提升。

喬新江

信阳市市长

譚君鐵

梅州市市长

綠色經濟崛起是梅州的首要任務

綠色的經濟崛起，是幸福梅州的源泉。梅州作爲廣東省的生態發展區，我們把加快推動綠色經濟崛起，作爲建設富庶美麗幸福梅州的首要任務，致力推動新型工業化和新型城市化融合發展，堅持産城互動，以産興城，以城帶鄉，以産業的蓬勃發展來推動城市加快發展。

宜業宜居的環境，是幸福梅州的港灣。我們牢固樹立生態文明理念，堅定不移地守住綠水青山的環境保護綫，既開發利用自然，又保護、撫育自然，保持了人文與自然的和諧發展。

我們努力讓山更綠，努力讓空氣更清新，城市空氣質量優良率常年保持在100%。我們踐行城市讓生活更美好的理念，努力建設森林裏的宜居城鄉和別具一格、宜居宜業宜游的山水文化精致慢城，打造一個有個性、有特色、讓人記得住的城市，讓梅州成爲真正讓人們放慢脚步、放鬆心情、放飛夢想，享受休閑慢生活的好地方。

孫 斌
合肥市副市长

打造大湖名城 建設創新高地

現在的合肥，上下同心、衹爭朝夕，謀求發展的氛圍前所未有。現在的合肥，區位優越、生態宜居，大湖名城呼之欲出。現在的合肥，要素齊備、創新不斷，產業發展的條件得天獨厚。

打造大湖名城，建設創新高地，是合肥未來城市發展的新方向，是合肥城市發展戰略的新定位。目前的合肥，正在全力建設現代化新興中心城市，并朝着區域性特大城市方向闊步前進。朝氣蓬勃的合肥，爲海内外投資者提供了廣闊的發展空間、巨大的市場商機和難得的發展機遇。

肇慶——美麗中國版圖上的綠色明珠

肇慶歷史文化源遠流長、人居環境生態優美、區位交通優勢突出、區位交通優勢突出，現在正邁向城市擴容提質新時代。

去年，肇慶市確立了“兩區引領兩化”戰略，以肇慶高新區引領新型工業化，以肇慶新區引領新型城市化，着力打造珠三角科學發展實驗區、廣東新型工業化基地、中國宜居文化名城、國際知名旅游會展勝地，努力建設成爲能够代表珠三角科學發展成果的城市。在科學定位的基礎上，肇慶的旅游業方興未艾。2011年肇慶接待游客2400多萬人次，旅游收入接近150億元。肇慶正在全力擦亮老景點、打造新景區，把得天獨厚的綜合資源優勢轉化爲富有特色的旅游產業優勢，加快創建“廣東省旅游綜合改革示範市”，努力建設成爲“國際知名旅游會展勝地”。

陳宣群
肇庆市副市长

郭偉誼
安顺市副市长

城市轉型的新坐標

如何實現人與人、人與城市、城市與自然和諧共生是社會轉型升級的重要問題。近年來安順堅持科學發展，因地制宜，提出建設實力安順、宜居安順、開放安順、平安安順的發展方向。特別是國務院關于《進一步促進貴州社會又快又好發展》的文件，安順搶抓機遇，把生態文明融入經濟建設、社會建設、民生改善各個方面，從工業化、城鎮化、農業現代化和旅游産業化“四化”同步進行，在加快經濟發展的同時，引導城市走可持續發展的道路，建設美麗的安順，大力實施工業化。安順着力改善城市面貌，努力打造山在城中，城在綠中，山環水繞、人行景中的山水園林城市風貌，扎實推進全國園林城市、衛生城市、文明城市和環保模範城市的工作。大力推動旅游産業化，充分發揮生態環境特色、文化底蘊深厚、旅游資源豐富的組合優勢，建設生態環境優美、文化内涵豐富、旅游特色鮮明的世界知名國内一流的旅游目的地和休閑度假基地。

建設法治化、智慧型、高品質國際化先導城區

要實現“建設法治化、智慧型、高品質國際化先導城區”的戰略目標，福田區將從以下幾個方面來謀劃和推動：一是推動產業發展的“高端化”，促進現代服務業和總部經濟集聚發展，着力培育幸福導向型產業和戰略性新興產業，引導轄區企業大膽“走出去”、“引進來”，參與國際競爭與合作，把福田打造成爲具有國際影響力的區域性金融服務中心、商貿物流中心、時尚創意中心。二是加快城市品質的“國際化”，堅持“高水平規劃、高質量建設、高效能管理”，規劃建設一批教育、衛生、通信、環境等重大基礎設施，加快建設國際化的居住社區、服務體系，以一流的基礎設施、城市功能、城市品質來吸引國際人才、技術、資本、信息等要素資源。三是促進文化發展的“多元化”，通過大力引進文化體育名人，舉辦具有國際影響力的文化活動和賽事，營造濃厚的國際文化氛圍，促進多元文化的交流匯聚，建設高品質、國際化的文化强區。四是實現營商環境的“優質化”，通過構建公平正義、誠實信用的法治環境，公開透明、廉潔高效的政務環境，舒適便利、優美宜居的生活環境，打造適宜創業、適宜發展的國際營商環境。

楊　洪

深圳市福田区区长

光明新區的建設與發展

張恒春

深圳市光明新区管委会主任

光明新區作爲深圳原特區外的區域，與深圳中心區存在着明顯的二元分割的區域不平衡發展特徵。借鑒世界城市發展經驗，積極探索城市功能與產業功能的有機融合，加强統籌協調，優化資源配置。通過基礎設施、城區環境、產業與社區配套的建設，積極承接和吸納深圳中心區的輻射擴散，逐漸縮小與深圳核心區差距，形成與深圳核心區協調互補、共同發展的新格局。

通過培育主導產業、建立產業基礎設施和公共服務、加强區域內產業的互動聯系、促進產業聯盟和網絡的發展以及構建支撑創新的文化與制度環境等進一步强化對經濟活動主體的吸引力和區域主體之間的相互促進，增强區域的內生增長活力。

就發展而言，光明新區的戰略選擇必須立足于深圳大區域經濟發展的現存條件與現實需求，轉變政府職能、建設現代新城、發展總部經濟、促進產業集群、完善公共配套。

在中俄地區友好合作　示範城市建設中共贏發展

結合牡丹江資源優勢、特色優勢、產業優勢、市場優勢，重點介紹六個潛力比較大的投資領域：打造綠色有機食品之都、投資旅游業、打造進出口加工基地、建設中俄科技信息產業園、辟建國際物流大通道、投資重大城市基礎設施建設。

當前，牡丹江市正在搶抓牡綏地區列入國家“十二五”規劃、牡丹江獲批中俄地區友好合作示範城市的歷史機遇，圍繞工業化、城鎮化、農業現代化、國際化“四化”并舉，强力推進現代產業城市、一體化發展先行城市、沿邊開放先導城市、生態宜居城市、和諧幸福城市“五城”建設，力爭用五年時間再造一個牡丹江經濟。

趙士元

牡丹江市政府秘书长

轉型，讓徐州更美好

徐州是傳統的老工業基地，也是資源枯竭型城市，近年來我們緊密結合徐州實際，牢牢抓住江蘇省委、省政府振興徐州老工業基地這一重大戰略部署，突出轉型升級這條主綫，加快推進經濟轉型、城市轉型、社會轉型和生態轉型，着力推動“五個轉變”：一是加快推進“三重一大”，推動經濟總量由小到大轉變；二是加快轉變發展方式，推動産業層次由低到高轉變；三是加快建設中心城市，推動城市功能由弱到强轉變；四是加快實施生態再造，推動生態環境由灰到緑轉變；五是加快增進民生幸福，推動人民生活由安居到宜居轉變。初步走出了一條具有徐州特色的城市轉型發展和老工業基地振興之路，開創了歷史上最好最快的黃金發展期。

馬利生

徐州市政府副秘书长

王　咏

抚顺市政府副秘书长

撫順：堅持工業立市不動摇

地處中國東北的撫順，地理位置優越、資源豐富，是第四增長極的核心部分，屬于沈陽經濟區的核心部位。

工業是撫順經濟的生命綫。直面世界經濟復蘇减緩、市場需求减弱、原材料持續漲價等不利因素帶來的諸多挑戰，撫順市委和市政府早謀劃、早安排，立足新起點堅定不移地實施工業强市戰略，遵循發展先進、提升傳統、淘汰落後的行動綱領，扎實推進“工業强市”的各項工作，努力實現工業經濟實現又好又快發展。

蛇口國際化宜商宜居生態城區建設經驗

30多年過去了，蛇口已從昔日偏僻荒蕪的小漁村，發展成爲今天適宜人居、具有濃鬱國際化氣息的現代化緑色濱海城區。如今，面臨激烈的市場競爭、品牌重塑、産業升級與優化和可持續發展的挑戰，我們正在努力將蛇口打造成國際化宜商宜居生態城區，構建區域服務和創新中心，樹立生産、生活、生態和諧發展的現代化地區標杆，我們的基本思路是：

建立國際化城區指標體系，以香港等先進地區爲城市標杆，尋找與標杆城市、城區的差距，與再造新蛇口的具體工作實施相結合，逐項改善，分步實施，努力在國際化、宜商、宜居、生態化四個方面做出表率，引領現代化城區發展的新方向。

楊天平

深圳市蛇口工业区有限公司总经理

2013中国城市分类优势排行榜揭晓

2013 China City Classified Advantage Ranking List Is Released

■ 会长桂强芳

六月的香港，驕陽似火。2013年6月18日，由中國城市競爭力研究會、香港理工大學公共政策研究所主辦的"2013中國城市分類優勢排行榜暨香港競爭力基本評價新聞發佈會"在香港世貿中心隆重舉行。中國城市競爭力研究會會長桂强芳教授，中國城市競爭力研究會副會長薛鳳旋教授，高級顧問鄭偉民教授，副會長謝賢程博士、黄良會博士、魏達志教授、何智榮教授、劉岩松教授等出席發佈會。

中國城市競爭力研究會作爲中國最早涉及城市競爭力研究的一個學術機構，其第年年中發布的"中國城市分類優勢排行榜"已經成爲具有權威性和公信力的知名品牌，得到社會各界的廣泛認可。此次發佈會揭曉的榜單包括"2013中國省區、直轄市綜合競爭力排行榜"、"2013全球國際金融中心城市排行榜"、"2013中國十佳開發潛力城市排行榜"、"2013中國十佳宜居城市排行榜"、"2013中國最具幸福感城市排行榜"、"2013中國十大省區、直轄市招商引資競爭力排行榜"、2013中國食品安全十佳城市排行榜"、"2013中國十佳空氣質量城市排行榜"、"2013中國十大美麗鄉鎮排行榜"以及"2013年中國最具競爭力百强縣排行榜"等25個榜單。

香港競爭力下降

憑其獨特優勢，在本次排行榜中，香港分别打入中國十大創富城市排行榜、中國食品安全十佳城市排行榜的冠軍位置。但與去年香港勇奪五冠的卓越成績相比，香港2013年的表現有所下降，在"2013中國省區、直轄市綜合競爭力排行榜"和"2013中國省區、

直轄市成長競爭力排行榜”中，分別下降3位和4位。

作爲亞太地區主要的國際金融、貿易、船運、旅遊和信息中心，雖説香港擁有全球最繁忙的貨櫃港和全球主要黄金交易中心，但近十年香港經濟增速緩慢，而中國内地經濟快速增長，使得香港與内地城市的差距越來越小，同時香港對内地城市經濟的影響力也隨之下降。中國内地城市的迅速崛起，朝着國際化城市目標前進，使得香港的國際地位開始受到來自内地城市的强力挑戰，其自身競爭力也開始下降。

■ 深圳城市风貌

深圳穩奪三冠

本次排行榜中，深圳仍然强勢保持着上年的冠軍寶座，即在十大創新城市排行榜、十佳宜商城市排行榜、十佳宜業城市排行榜中穩居榜首。深圳作爲中國重要的國際門户，世界上發展最快、中國經濟最發達的城市之一，現已發展爲有一定影響力的國際化城市，曾創造舉世矚目的“深圳速度”，“自主創新”是這座城市發展的不變主題。

風雨十五載，中國城市競爭力研究會自1998年成立以來，從中國城市研究出發，不斷超越、創新。始終堅持立足香港、服務中國、走向世界，讓世界了解中國、讓中國走向世界的宗旨與方向；秉承獨立、客觀、公正的原則，匯集了世界各地的城市研究專家和學者的研究成果，通過精心研制、自主創立形成了“GN評估指標體系”。分類優勢排行榜采用該體系，根據翔實的基礎資料及大量的調查研究，組織上百名專家、學者，歷時一年，對包括内地及港澳台在内的中國34個省市、自治區及358個地級以上城市（州、地區、盟）之綜合競爭力、成長競爭力、以及單項、專項競爭力和分類優勢進行研究比較，産生的最新研究成果。

應邀參加本次發佈會的媒體有香港衛視、鳳凰衛視、亞洲電視、無綫電視、香港電臺、新華通訊社香港分社、中新社、成報、文匯報、大公報、信報、明報、南華早報、蘋果日報、新報、東方日報、澳門日報、香港商報、星島日報、太陽報、香港經濟日報、香港經濟導報、中國經濟時報、深圳特區報、晶報、深圳商報、南方都市報、廣州日報、深圳商報、廣東電視臺、深圳電視臺、鳳凰網、新華網、新浪網、搜狐網、人民網等數十家主流媒體。

2013中國城市分類優勢排行榜
2013 China City Classified Advantage Ranking List

中國城市分類優勢排行榜是由中國城市競爭力研究會發佈，按照自主創立的GN評估指標體系，根據翔實的基礎資料及大量的調查研究，對包括內地及港澳台在內的中國385個地級以上城市(包括州、地區、盟)之綜合競爭力、成長競爭力、單項或專項競爭力進行評價比較，產生了最新研究成果中國城市分類優勢排行榜。中國城市競爭力研究會每年共發佈兩期排行榜，分類優勢排行是每年七月發佈的中期榜單。

2013中國省區、直轄市綜合競爭力排行榜

中國城市競爭力研究會對中國省區綜合競爭力的總體評價，是以經濟、地理與行政劃分爲基礎，對中國兩岸四地省、區、直轄市及特別行政區進行系統而全面的研究與評價。

《GN中國省區、直轄市綜合競爭力評價指標體系》涵蓋經濟、社會、環境、文化四大系統，由包括經濟競爭力指數，產業競爭力指數，財政金融競爭力指數，商業貿易競爭力指數，基礎設施競爭力指數，社會體制競爭力指數，環境、資源、區位競爭力指數，人力資本教育競爭力指數，科技競爭力指數和文化形象競爭力指數在內的10項一級指標、50項二級指標、217項三級指標組成。

排名	省域	總分	排名	省域	總分
1	廣東	30910.14	18	內蒙古	12528.07
2	江蘇	29538.63	19	安徽	12476.45
3	山東	26854.87	20	重慶	11264.36
4	浙江	23147.24	21	黑龍江	10879.33
5	香港	19527.43	22	陝西	10786.84
6	台灣	18927.53	23	廣西	10669.98
7	上海	17333.13	24	吉林	10575.56
8	北京	17014.21	25	山西	10293.23
9	天津	16587.94	26	雲南	10196.66
10	河南	16128.20	27	江西	9709.05
11	河北	16071.88	28	貴州	7676.58
12	遼寧	15602.15	29	新疆	6978.14
13	澳門	15364.44	30	甘肅	6762.83
14	福建	14919.64	31	海南	6666.88
15	四川	14423.33	32	寧夏	6222.24
16	湖北	14384.08	33	青海	5443.62
17	湖南	13244.46	34	西藏	4457.66

2013中國省區、直轄市成長競爭力排行榜

省區成長競爭力是指其在動態發展的過程中，充分挖掘其潛在的潛能，不斷完善社會組織體制，展示其創新活力並依據可持續發展的內在規律逐步提升自身綜合競爭力的能力。

《GN中國省區、直轄市成長競爭力評價指標體系》由包括實力指數、潛力指數、活力指數、能力指數在內的4項一級指標，29項二級指標，67項三級指標組成。

■ 天津

排名	省域	總分	排名	省域	總分
1	天津	96.47	18	遼寧	81.43
2	江蘇	94.75	19	湖南	79.37
3	四川	93.33	20	安徽	78.96
4	廣東	92.14	21	浙江	78.25
5	重慶	91.68	22	雲南	78.14
6	內蒙古	91.02	23	河北	77.95
7	山東	90.88	24	江西	77.61
8	吉林	89.69	25	福建	76.88
9	貴州	88.74	26	黑龍江	76.44
10	台灣	88.14	27	山西	75.64
11	陝西	85.99	28	廣西	74.32
12	北京	84.65	29	新疆	72.98
13	湖北	83.72	30	海南	72.53
14	上海	82.85	31	甘肅	71.95
15	河南	81.89	32	寧夏	71.14
16	澳門	81.59	33	青海	70.96
17	香港	81.28	34	西藏	69.88

2013全球國際金融中心城市排行榜

國際金融中心城市是指聚集大量金融機構和相關服務產業，全面集中開展國際資本借貸、債券發行、外匯交易、保險等金融服務業城市或地區。國際金融中心城市能够提供最便捷的國際融資服務、最有效的國際支付清算系統、最活躍國際金融交易場所。金融市場齊全、服務業高度密集、對周邊地區甚至全球具有輻射影響力是國際金融中心城市基本特徵。

《GN 全球國際金融中心城市評價指標體系》由包括金融環境、金融規模和聚集度、金融效率、金融風險防御、金融國際化和金融創新在内的 6 項一級指標，17 項二級指標，74 項三級指標構成。

■ 紐約

排名	城市	總分	排名	城市	總分
1	紐約	98.65	11	波士頓	79.28
2	倫敦	96.78	12	悉尼	77.85
3	香港	95.54	13	華盛頓	76.74
4	東京	92.65	14	首爾	73.18
5	新加坡	91.03	15	聖保羅	70.84
6	法蘭克福	89.22	16	三藩市	67.69
7	芝加哥	87.79	17	多倫多	66.24
8	蘇黎世	85.24	18	莫斯科	64.61
9	上海	83.63	19	温哥華	63.46
10	巴黎	81.06	20	阿姆斯特丹	61.53

2013中國十佳開發潛力城市排行榜

城市開發潛力是指城市未來經濟、社會、體制、文化等各方面具有的發展空間。其特徵是：地域位置獨特，潛能豐富，十一五規劃奠定的基礎好，十二五規劃發展的潛力大，國家扶持力度大，政策支持優勢明顯，投資者關注度高。

《GN 中國城市開發潛力評價指標體系》由包括投資潛力指數、支援優勢指數、政策扶持指數、政策傾向度指數在内的 4 項一級指標，14 項二級指標，49 項三級指標組成。

排名	城市	總分
1	哈爾濱	92.36
2	鄭州	91.39
3	廈門	91.06
4	南寧	90.33
5	貴陽	89.36
6	呼和浩特	89.16
7	吉林	88.25
8	東營	87.95
9	六盤水	87.46
10	梧州	87.06

■ 哈爾濱

2013中國十佳宜居城市排行榜

宜居城市是指對城市適宜居住程度的綜合評價。其特徵是:環境優美,社會安全,文明進步,生活舒適,經濟和諧,美譽度高。

《GN 中國宜居城市評價指標體系》由包括生態環境健康指數、城市安全指數、生活便利指數、生活舒適指數、經濟富裕指數、社會文明指數、城市美譽度指數在內的 7 項一級指標，47 項二級指標。

排名	城市	總分
1	威海	85.23
2	珠海	83.56
3	金華	83.15
4	惠州	82.82
5	台中	79.63
6	信陽	77.89
7	南寧	76.68
8	衢州	75.77
9	曲靖	74.78
10	香港	73.45

■ 威海

2013中國十佳宜爭城市排行榜

宜遊城市是指對城市作爲旅遊目的地的綜合實力評價。其特徵是：旅遊資源特色鮮明、旅遊業發展較好、旅遊功能設施完備、城市環境好、遊客滿意度高、城市旅遊產品豐富。

《GN 中國宜遊城市評價指標體系》由包括旅遊資源指數，旅遊业发展指數，市容市貌指數，基礎建設指數，社會安全指數、市民素質指數在內的 6 項一級指標、12 項二級指標、52 項三級指標組成。

■ 呼倫貝爾

排名	城市	總分
1	呼倫貝爾	92.58
2	台北	90.84
3	煙台	89.09
4	揚州	86.87
5	麗江	84.61
6	肇慶	83.53
7	洛陽	80.82
8	濰坊	78.84
9	安順	76.35
10	嘉興	74.87

2013中國十佳誠信政府排行榜

誠信政府是指政府在指導和參與經濟社會活動過程中表現出的守信程度。其特徵是：信守承諾，政務公開，履約率高，依法依規辦事，公共形象好，投資者滿意度高，經濟開放度高，經濟發達。

《GN 中國誠信政府評價指標體系》由包括政府行爲能力指數，政務公開指數，政府公共形象指數和經濟行爲指數在内的 4 項一級指標、16 項二級指標、60 項三級指標組成。

排 名	城 市	總 分
1	台中	92.05
2	澳門	91.13
3	香港	88.16
4	煙台	86.82
5	哈爾濱	85.94
6	鄂爾多斯	85.88
7	南京	83.41
8	濱州	80.83
9	四平	80.46
10	撫順	79.37

■ 台中

2013中國十佳高效政府排行榜

高效政府是指城市在行政過程當中的效率水平。其特徵是：行政程序化、法制化、規範化，決策科學，辦事效率高，公平、公正、公開，公務員素質高，機構精簡。

《GN 中國高效政府評價指標體系》由包括政府影響指數、政府職能指數、政府潛力指數在内的 3 項一級指標、16 項二級指標、68 項三級指標組成。

■ 天津

排 名	城 市	總 分
1	天津	83.19
2	濟南	81.76
3	武漢	79.86
4	南京	77.47
5	煙台	75.48
6	福州	74.46
7	西安	72.95
8	石家莊	69.68
9	徐州	67.88
10	遼源	66.09

2013中國十大創新城市排行榜

創新城市是指以科技創新爲動力、以文化創新爲基礎、以增强自主創新能力爲主導、以轉變經濟增長方式爲中心、以提高城市競爭能力爲目標的城市。其特徵是：具備創新意識，積聚創新資源，發揮創新作用，創造創新成果，把創新作爲基本驅動力推動城市的發展，高端輻射或引領其所在城市群以及更大範圍的其他區域。

《GN 中國創新城市評價指標體系》由包括經濟創新指數、政治創新指數、科教創新指數、文化創新指數、生態環境創新指數在内的 5 項一級指標、26 項二級指標、106 項三級指標組成。

排名	城市	總分
1	深圳	92.43
2	合肥	86.94
3	蘇州	84.72
4	天津	83.67
5	廣州	81.02
6	青島	79.82
7	南京	78.54
8	大連	77.18
9	杭州	76.21
10	西安	74.78

■ 深圳

2013中國十佳投資環境城市排行榜

城市投資環境是指城市對投資者所能提供的現有支持條件。其特徵是：城市經濟發展現狀良好，基礎設施完善，配套設施充足，法制建設完備，投資扶持能力强，投資回報率高。

《GN 中國城市投資環境評價指標體系》由包括經濟發展指數，資源狀況指數，城市形象指數和政府行爲指數在内的 4 項一級指標、16 項二級指標、51 項三級指標組成。

■ 濟南

排名	城市	總分
1	濟南	93.36
2	昆明	92.86
3	徐州	91.35
4	煙台	91.11
5	四平	90.66
6	牡丹江	90.26
7	濟寧	89.86
8	玉溪	89.66
9	欽州	89.36
10	南通	88.77

2013中國最具幸福感城市排行榜

■ 青島

城市幸福感是指城市市民主體對所在城市的認同感、歸屬感、安定感、滿足感，以及外界人群的向往度、贊譽度。其特徵是：市民普遍感到城市宜居宜業，地域文化獨特、空間舒適美麗、生活質量良好，生態環境優化，社會文明安全，社會福利及保障水平較高。

《GN 中國幸福感城市評價指標體系》由包括滿足感指數，生活品質指數，生態環境指數，社會文明指數，經濟福利指數在內的 5 項一級指標、18 項二級指標、51 項三級指標組成。

排名	城市	總分	排名	城市	總分
1	青島	96.18	16	香港	77.07
2	杭州	95.44	17	柳州	77.04
3	惠州	94.37	18	昆明	76.83
4	哈爾濱	94.21	19	合肥	76.61
5	南京	93.48	20	通化	76.49
6	煙台	92.06	21	金華	76.37
7	成都	91.66	22	大連	76.33
8	蘇州	90.04	23	東營	76.19
9	寧波	89.77	24	麗江	75.68
10	信陽	89.59	25	徐州	75.49
11	濟南	88.96	26	紹興	75.27
12	珠海	88.42	27	揚州	75.15
13	肇慶	88.02	28	撫順	74.83
14	重慶	87.79	29	梅州	74.70
15	威海	87.46	30	無錫	74.65

2013中國十佳特色文化競爭力城市排行榜

特色文化競爭力是指一座城市所蘊含的獨特習俗與精神內涵已成爲城市發展的重要推動力量。其特徵是：城市文化個性鮮明突出、充滿活力、包容性强、影響力大，對當代社會經濟産生積極提升作用，形成了具有代表性與獨特性的積極向上的城市文化主題旋律。

《GN 中國文化競爭力城市評價指標體系》由包括活力指數、包容性指數、影響力指數、獨特性指數在內的 4 項一級指標、8 項二級指標、38 項三級指標組成。

排名	城市	文化特色	總分
1	敦煌	絲路文化	93.18
2	開封	古都文化	92.07
3	銀川	西夏文化	91.77
4	大同	平城文化	90.59
5	呼倫貝爾	草原文化	89.16
6	承德	皇苑文化	88.94
7	撫順	雷鋒文化	87.84
8	寶雞	仰紹文化	86.72
9	聊城	水城文化	85.08
10	瀘州	美酒文化	84.83

■ 敦煌

2013中國十大省區、直轄市招商引資競爭力排行榜

省區招商引資競爭力是指通過吸收投資而提升自身競爭力的發展能力。其特徵是：招商規模大、招商力度强、政策開放度高、招商成效顯著。

《GN 中國省區、直轄市招商引資競爭力評價指標體系》由包括招商成效指數、招商規模指數、招商强度指數、潛在發展指數在內的 4 項一級指標，11 項二級指標，42 項三級指標組成。

■ 貴州貴陽

排 名	省 域	總 分
1	貴州	91.35
2	山東	90.36
3	香港	90.12
4	廣東	89.69
5	四川	88.55
6	黑龍江	87.46
7	河北	87.31
8	內蒙古	86.85
9	雲南	85.93
10	江西	84.36

2013中國十大創富城市排行榜

排 名	城 市	創富特色	總 分
1	香港	最具活力創富城市	90.81
2	深圳	創造財富最快城市	89.67
3	北京	總部經濟創富城市	88.19
4	上海	最具創富能力城市	87.53
5	天津	最具創富潛力的城市	86.28
6	廣州	多元經濟創富城市	85.25
7	台北	最具創意財富城市	83.959
8	蘇州	民營經濟創富最快城市	81.89
9	重慶	西部財富增量最大城市	79.88
10	澳門	娛樂業創富城市	77.96

■ 香港

創富城市是指城市現實與潛在的綜合創造財富能力。其特徵是：財富總量高，人均財富多，經濟開放度高，財富創造力强，創富機會廣，持續創富能力强。

《GN 中國創富城市評價指標體系》由包括經濟創富力指數，創富機會指數，資本創富能力指數，創富支援力指數在內的 4 項一級指標、12 項二級指標、45 項三級指標組成。

2013中國十佳食品安全城市排行榜

食品安全（food safety）指食品無毒、無害，符合應當有的營養要求，對人體健康不造成任何急性、亞急性或者慢性危害。同時，食品安全也是大衆話題，需要政府的持續監督管理。

《GN 中國食品安全城市評價指標體系》由食品質量安全、食品法規、食品安全監督與管理、食品安全技術與資金支持和食品安全信息、教育、交流和培訓及食品安全反饋在內的 6 個一級指標、17 個二級指標和 52 個三級指標構成。

排名	城市	總分
1	香港	96.32
2	澳門	94.91
3	齊齊哈爾	92.94
4	延邊	88.85
5	牡丹江	85.84
6	銀川	76.63
7	通化	74.49
8	佳木斯	72.91
9	錦州	71.73
10	烏蘭察布	70.16

■ 香港

2013中國十佳招商引資競爭力城市排行榜

招商引資競爭力城市是指通過吸收投資而提升自身競爭力的發展能力的城市。其特徵是：招商規模大、招商力度强、政策開放度高、招商成效顯著。

《GN 中國招商引資競爭力評價指標體系》由包括招商成效指數、招商規模指數、招商强度指數、潛在發展指數在內的 4 項一級指標，11 項二級指標，42 項三級指標組成。

■ 煙台

排名	城市	總分
1	煙台	96.38
2	徐州	95.36
3	哈爾濱	93.26
4	長春	91.36
5	鄂爾多斯	90.36
6	濟寧	89.55
7	南昌	88.97
8	洛陽	88.16
9	昆明	87.49
10	包頭	85.22

2013中國十佳宜商城市排行榜

宜商城市的主要特徵是商業環境好、政策法規完善、社會安全穩定、商業機會多、金融支持力度大、商業結算便利 。

《GN 中國宜商城市評價指標體系》由包括城市基礎狀況、城市商業開發環境、城市商業運營支持、結業管理環境、商家向往度在內的 5 項一級指標、14 項二級指標、76 項三級指標組成。

■ 上海

排名	城市	總分
1	深圳	95.35
2	上海	92.74
3	濟南	85.93
4	南京	83.83
5	杭州	82.41
6	鄭州	81.01
7	煙台	80.10
8	東莞	79.51
9	寧波	76.20
10	長沙	74.78

2013中國十佳宜業城市排行榜

宜業城市特徵是就業機會充分，就業成本低、就業環境好，政策法規完善、政府扶持力度大。

《GN 中國宜業城市指標體系》由就業機會指數、就業成本指數、就業環境指數、政策法規指數、政府扶持力度指數 5 項一級指標、12 項二級指標、30 項三級指標組成。

排名	城市	總分
1	深圳	90.78
2	蘇州	86.52
3	杭州	84.75
4	南京	84.27
5	寧波	78.83
6	長沙	77.65
7	鄭州	75.90
8	東莞	72.92
9	福州	71.57
10	唐山	69.79

■ 深圳

2013中國十佳空氣質量城市排行榜

空氣質量城市是指城市空氣質量日均值達到國家一級標準，空氣質量爲優，區域污染物濃度很低（二氧化硫、二氧化氮、PM10、PM2.5、臭氧等等），符合自然保護區、風景名勝區空氣質量要求。

《GN 中國空氣質量城市指標體系》由環境指針系統、政策法規系統、基礎設施系統 3 項一級指標，25 項二級指標組成。

排名	城市	總分
1	三亞	86.64
2	延邊	85.58
3	林芝	84.71
4	呼和浩特	82.92
5	惠州	81.52
6	黑河	79.54
7	南寧	77.83
8	黔南	76.29
9	昆明	75.59
10	舟山	73.57

■ 三亞

2013中國十佳品牌城市排行榜

品牌城市的主要特徵是：地域文化卓具特色，品牌個性鮮明，品牌建設科學有效，品牌價值較高，成功商業品牌較多，危機處理得當，知名事件與個人影響積極健康，整體美譽度高。

《GN 中國品牌城市評價指標體系》由包括城市品牌資產指數、品牌個性指數、品牌建設指數、品牌管理指數、品牌效用指數在內 5 項一級指標，17 項二級指標，71 項三級指標組成。

■ 長春

排名	城市	品牌形象	總分
1	長春	東方影都 北國春城	94.17
2	海口	碧海藍天 假日天堂	92.83
3	威海	黃金海岸 避暑勝地	89.35
4	西寧	天路起點 花兒故鄉	88.21
5	保定	京畿重地 冀北干城	85.49
6	河源	客家古邑 廣東綠穀	83.68
7	自貢	西部鹽都 天府燈城	80.34
8	銅仁	梵天淨土 武陵正源	79.86
9	湘潭	湖湘之源 偉人故里	76.43
10	馬鞍山	皖江詩城 醇香茶干	75.62

2013中國十佳城市風貌排行榜

城市風貌是指通過建築與自然環境、人文景觀結合,以展現出城市獨特形象與感染力。其特徵是:城市與自然生態的和諧,現代與傳統的和諧,建築色彩的和諧,城市與景觀和諧,人的社會活動與城市環境的和諧。

《GN 中國城市風貌評價指標體系》由包括城市與自然和諧度指數、現代與傳統和諧度指數、建築景觀和諧度指數、社會活動和諧度指數在內的 4 項一級指標、12 項二級指標、37 項三級指標組成。

排名	城市	風貌特色	總分
1	林芝	太陽寶座 高原江南	92.14
2	泰安	五嶽之尊 國山之麓	89.58
3	普洱	多彩瀾湄 曼妙茶香	88.62
4	高雄	水岸花香 西湖八景	84.57
5	岳陽	洞庭古郡 瀟湘名樓	83.89
6	阿拉善盟	沙漠綠洲 賀蘭駝鄉	82.75
7	漢中	秦巴天府 漢家發祥	81.63
8	南充	三國源頭 西部綢都	80.97
9	丹東	鴨綠之畔 英雄之城	80.51
10	酒泉	祁連走廊 航天地標	79.86

■ 林芝

2013中國十佳優質生活城市排行榜

優質生活城市主要特徵是:收入 – 消費結構合理,自然環境良好,氣候資源優越,社會保障穩健,文娛休閒豐富,人口素質較好,生活便利,經濟、社會、文化、環境協調發展,能夠滿足居民物質和精神生活需求,帶給居民良好的生活感受。

《GN 中國優質生活城市評價指標體系》包括收入 – 消費結構指數,自然環境指數,氣候資源指數,社會保障指數,文娛休閒指數,人口素質指數 6 項一級指標,11 項二級指標,46 項三級指標。

■ 杭州

排名	城市	總分
1	杭州	94.83
2	珠海	90.08
3	常州	86.13
4	日照	83.69
5	齊齊哈爾	82.48
6	張家口	80.01
7	益陽	78.13
8	梅州	77.29
9	雙鴨山	75.69
10	北海	73.58

2013中國十佳和諧發展城市排行榜

和諧發展城市是指人與自然、社會與經濟、政府與市民的共生、有序狀態，是對城市和諧有效發展綜合評價。其特徵是：民主法治、公平正義、誠信友愛、充滿活力、安定有序、人與自然和諧相處。

《GN 中國和諧發展城市評價指標體系》由包括生活品質指數，公平正義指數，民主法治指數，社會安全指數，生態人文指數、城市活力指數在內的 6 項一級指標、12 項二級指標、42 項三級指標組成。

■ 金華

排 名	城 市	總 分
1	金華	96.37
2	合肥	89.45
3	銀川	83.99
4	東營	82.78
5	揚州	81.31
6	吉林	76.58
7	欽州	76.46
8	大埋	73.29
9	黔西南	71.76
10	棗莊	70.04

2013中國十大美麗鄉鎮排行榜

美麗鄉鎮的主要特徵是規劃設計合理，歷史遺迹保存完善，特色建築個性鮮明，文化底蘊深厚，自然環境優美。

《GN 中國美麗鄉鎮評價指標體系》由包括規劃設計美、歷史遺風美、特色建築美、鄉村文明美、自然環境美和公衆口碑美在內的 6 項一級指標、14 項二級指標、43 項三級指標組成。

排 名	鄉 鎮	美態定位 2013	總 分
1	貴州黔西南下五屯鎮	萬峰田園美	91.34
2	雲南玉溪嘎灑鎮	茶馬風情美	90.25
3	四川甘孜州巴底鄉	空谷佳人美	89.37
4	山西晉城北留鎮	皇城相府美	86.88
5	重慶合川淶灘鎮	渠江古寨美	86.45
6	廣東陽江河土朗鎮	淩霄岩景美	85.06
7	湖南長沙灰湯鎮	溫泉休閒美	84.59
8	浙江杭州浦陽鎮	三江風月美	82.28
9	貴州黔南盤江鎮	金海雪山美	81.36
10	新疆阿勒泰禾木鄉	最北草原美	79.87

■ 貴州黔西南萬峰田園

2013年中國最具競爭力百强縣排行榜

中國城市競爭力研究會對中國縣（縣級市）綜合競爭力的總體評價，是以經濟、地理與行政劃分爲基礎，對中國内地地省、區、直轄市所轄縣(縣級市)進行系統而全面的研究與評價。

《GN 中國縣（縣級市）綜合競爭力評價指標體系》涵蓋經濟、社會、環境、文化四大系統，由包括經濟競爭力指數、産業競爭力指數、財政金融競爭力指數、商業貿易競爭力指數、基礎設施競爭力指數、社會體制競爭力指數、環境/資源/區位競爭力指數、人力資本教育競爭力指數、科技競爭力指數和文化形象競爭力指數在内的10項一級指標、50項二級指標、217項三級指標組成。

排名	城市	總分	排名	城市	總分
1	昆山市	95.81	51	招遠市	78.64
2	江陰市	95.68	52	泰興市	78.30
3	張家港市	94.89	53	溧陽市	77.91
4	常熟市	94.67	54	石獅市	77.63
5	晉江市	94.35	55	文登市	77.09
6	宜興市	93.57	56	富陽市	76.86
7	紹興縣	91.84	57	准格爾旗	76.62
8	太倉市	91.51	58	興化市	76.57
9	慈溪市	91.04	59	遵化市	76.28
10	遷安市	90.86	60	邳州市	76.15
11	龍口市	90.69	61	新鄭市	76.08
12	滕州市	89.57	62	鞏義市	75.94
13	丹陽市	89.50	63	桐鄉市	75.83
14	諸暨市	89.24	64	新密市	75.67
15	義烏市	89.11	65	東台市	75.36
16	海城市	89.08	66	大石橋市	75.21
17	增城市	88.68	67	東港市	75.19
18	即墨市	87.75	68	萊西市	74.93
19	榮成市	87.03	69	海安縣	74.85
20	神木縣	86.13	70	兗州市	74.57
21	莊河市	85.83	71	沭陽縣	74.46
22	新泰市	85.46	72	任丘市	74.36
23	溫嶺市	85.38	73	如東縣	73.92
24	膠州市	85.06	74	龍海市	73.77
25	長沙縣	84.84	75	登封市	73.59
26	鄒平縣	84.34	76	滎陽市	73.34
27	章丘市	84.02	77	普蘭店市	73.13
28	鄒城市	83.84	78	遼中縣	73.11
29	海門市	83.66	79	開原市	72.87
30	平度市	83.50	80	靈寶市	72.74
31	南安市	82.74	81	青州市	72.58
32	余姚市	82.41	82	府穀縣	72.39
33	肥城市	82.34	83	高密市	72.17
34	靖江市	82.16	84	南昌縣	72.13
35	如皋市	82.07	85	長樂市	71.96
36	壽光市	81.92	86	新民市	71.69
37	瀏陽市	81.86	87	蓬萊市	71.45
38	啓東市	81.74	88	沛縣	71.36
39	福清市	81.49	89	藁城市	71.27
40	雙流縣	80.97	90	潮安縣	70.91
41	瓦房店市	80.86	91	禹州市	70.87
42	樂清市	80.62	92	平湖市	70.55
43	廣饒縣	80.40	93	景洪市	70.32
44	萊州市	80.24	94	安達市	69.93
45	諸城市	79.94	95	安寧市	69.72
46	武安市	79.85	96	宜良縣	69.59
47	庫爾勒市	79.61	97	瑞麗市	69.56
48	海寧市	79.39	98	東興市	69.13
49	瑞安市	78.98	99	仁懷市	68.76
50	上虞市	78.76	100	醴陵市	68.58

■ 昆山市

■ 江陰市

■ 珠海风光

中國　珠海

綠島銀灘　紅樹香灣

珠海，從昔日一個經濟落後的邊陲小縣，一躍成爲新型花園城市。它於 1980 年成爲經濟特區，位於廣東省珠江口的西南部，是珠江三角洲南端的一個重要城市，東與香港隔海相望，南與澳門相連，西鄰新會、台山市，北與中山市接壤。

珠海自然環境優美，山清水秀，海域廣闊，有一百多個海島，素有“百島之市”美稱。城市規劃和建設獨具匠心，突出旅遊意識，自然和諧，優雅别致，極富海濱花園情調和現代氣息。1991 年，珠海以整體城市形象爲景觀被國家旅遊局評爲“中國旅遊勝地四十佳”之一，以圓明新園、東澳島、共樂園、珠海漁女、農科中心、飛沙灘、珠海烈士陵園、黄楊山景區、淇澳島等爲代表的珠海十景深受國内外遊客喜歡。

■ 珠海香炉湾

對話美麗城市 邀您同行

“中國最美麗城市”香港揭曉

"China's most beautiful city" Hongkong unveiled

關注城市發展，傳遞城市新態勢，“2013《中國城市》創刊十周年，邀您與美麗城市同行”頒獎禮於2013年8月15日在香港南洋酒店隆重舉行。香港政府領導、中聯辦領導、國内城市政府主管領導、傳媒界、文化界等知名人士應邀出席活動。當晚，“2013中國最美麗城市”新鮮出爐。

據主辦方《中國城市》雜誌社介紹,活動前夕，香港特區政府商務及經濟發展局長蘇錦樑、香港特區政府規劃署署長凌嘉勤，中央人民政府駐香港特區聯絡辦公室經濟部副部長、貿易處負責人楊益，中央人民政府駐香港特區聯絡辦公室宣傳文體部副部長劉漢祺等16位香港和内地政府的領導及專家學者、社會精英及台灣競爭力論壇、香港新聞工作聯會、《中國經濟時報》、香港《鏡報》等爲這次盛會題詞祝賀。四平、三門峽、鄂爾多斯、杭州、煙台等城市政府紛紛發來賀電賀信。

《中國城市》雜誌，是中國城市競爭力研究會主辦的，國内外發行、國内唯一定位於城市高端並以品牌城市爲宣傳主體對象的綜合期刊。自2003年創刊以來，一直致力於探索中國城市發展的新思

■ 青岛城市风光

■ 鹏城深圳

杭州西湖全景

路、新對策，爲各城市的規劃與建設、管理與升級提供了良好的經驗，進而帶動中國城市健康向上發展。

當晚，“2013 中國最美麗城市”排行榜揭曉無疑是最大亮點，備受矚目的“邀您與美麗城市同行”頒獎禮在此舉行，20 個中國最美麗城市名單將逐一公佈。隨後，上榜美麗城市到會代表通過視頻與演講相結合的形式，分享建設美麗城市經驗之道，見證美麗城市創建之路。

本次活動由《中國城市》雜誌社主辦，中國城市競爭力研究會、世界城市合作組織作爲本次活動的學術支持單位。據了解，“2013 中國最美麗城市”排行榜是中國城市競爭力研究會自首屆美麗城市排行榜以來第 7 個年度的又一項成果展示。根據《GN 中國美麗城市評價指標體系》，從城市人居環境美、城市規劃設計美、城市建築美、城市基礎設施美、城市視覺美和城市文明美等方面提出嚴格的指標，產生的最新研究成果。

信阳南湾湖风光

2013 中國最美麗城市榜單

香港	青島	杭州	珠海
哈爾濱	信陽	惠州	大連
牡丹江	徐州	聊城	深圳
台中	肇慶	欽州	昆明
煙台	拉薩	貴陽	柳州

秀美牡丹江

惠州大亚湾

2013中國最美麗城市點評

The China's most beautiful city comments of 2013

東方之珠 動感之都——香港

香港與悉尼、溫哥華、三藩市和里約熱內盧被譽爲全球最美麗的五個海港。香港是一座最具有美學設計的城市，它的美是一種華洋交駁的美，依托優美的天然環境，巧妙利用城市一切資源，規避人口高承載的困擾，城市的輪廓依天然地形勾劃，觀景廊讓我們可以眺望遠方的景物，如地標、山脊線、水域、郊外景色和其他自然景物等，努力向人們提供視覺調劑空間。

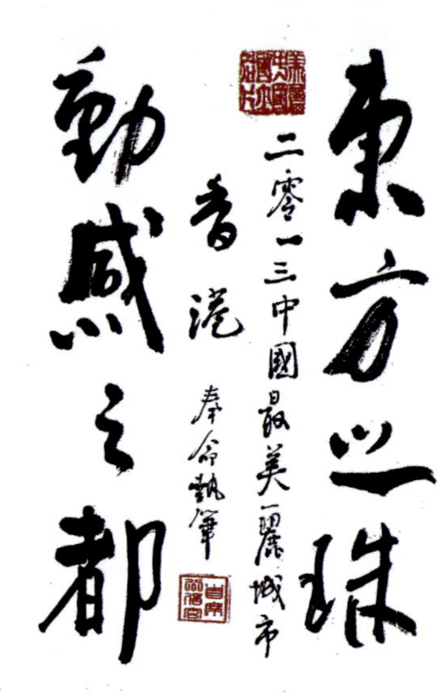

奧運衝浪 世園競帆——青島

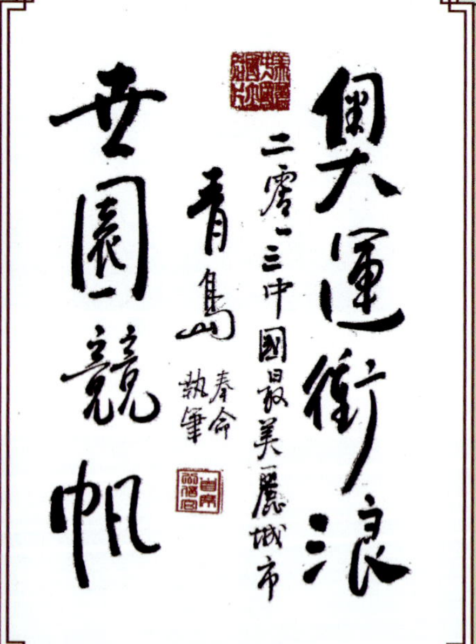

深厚的齊魯文化底蘊與現代藍色經濟文明交流碰撞，孕育出獨特的當代青島文化形象。秉承自身美學城市定位，造就了經濟與社會協調發展、人與自然和諧共處、地域個性突出、山海景觀優美、環境整潔、功能完善、生活舒適的城市環境。目前正籌辦中的2014年青島世界園藝博覽會舉世矚目，屆時中華園、國際園、綠業園三大片區百個展園將向全球展示多彩而迷人的造園美、造景美、造型美。

西子美眸 天下傾心

杭州

二零一三中國最美麗城市

奉命執筆

西子美眸　天下傾心——杭州

西湖的美，在於晴中見瀲灧，雨中顯空蒙，無論雨雪晴陰都能成景，湖區以蘇堤和白堤的優美風光見稱。西湖之妙，在於湖裏山中，山屏湖外，湖和山相得益彰。杭州的城市美學創造，最大功勞在於再造了一個西湖——西溪國家濕地公園，是罕見的城中次生濕地，曾與西湖、西泠並稱杭州“三西”，是目前國內第一個也是唯一的集城市濕地、農耕濕地、文化濕地於一體的國家濕地公園，被稱爲“杭州之腎”。

綠島銀灘 紅樹香灣——珠海

她的景觀神韵，可以到百島百灘、蜿蜒鶉嶺、黃楊金台、九洲文博、飛沙踏浪中去尋覓和捕捉，她的景觀形象，就如象征她的美麗漁女，秀色飄逸，風姿妖嬈。

在沿海處大規模開發建設和工業化的進程中，珠海市采取有力措施保護城市的生態環境，科學安排城市布局，采取富有彈性、利於生態平衡和環境保護的大分散、小集中的組團式城市結構，合理安排國土與人居承載、建築密度和景觀層次度，美化建築外觀和街景，追求人工建築與自然環境的協調融合，維護着原有的自然美、沉靜美、文脉美，營造着嶄新的城市美、動感美、開放美，讓海内外旅遊者久久記住那裡的“綠島銀灘，紅樹香灣”。

綠島銀灘 紅樹香灣

珠海

二零一三中國最美麗城市

奉命執筆

酷美冰城 夏日聖地

哈爾濱

二零一三中國最美麗城市

奉命執筆

酷美冰城　夏日聖地——哈爾濱

幾乎在所有去過哈爾濱旅遊觀光的人們，都説哈爾濱是個酷美、洋氣的城市。哈爾濱四季皆美：春看山野挂綠、滿城丁香；夏享酷而不熱，清凉宜人；秋賞秋高氣爽、層林盡染；冬覽銀裝素裹、雪韵冰情。近年來，“酷”城哈爾濱依托自身資源禀賦和比較優勢，集中展示城市生命中的大氣、洋氣、靈氣，以及特立“酷”行、充滿個性的神韵和凉爽夏天的主基調，進一步提升和傳播“酷美冰城 黑土夏都”的城市形象。

山水名城
國土茶都
信陽
二零一三中國最美麗城市
奉命執筆

山水名城 國土茶都——信陽

大山有别，水佳爲淮。人言皆信，日升曰陽。這 16 個字畫龍點睛地解讀了“信陽”的環境、資源、發展與美學意藴：“大山有别”是解讀信陽當前實施振興大别山戰略的城市個性美，“水佳爲淮”是解讀信陽不可多得的山水生態資源稟賦美，“人言皆信”是解讀信陽地域人文道德和政府誠信建設美，“日升曰陽”，是解讀信陽人民的生活充滿陽光、信陽的事業發展充滿陽光，信陽的生態産業、旅遊産業充滿陽光。

苧蘿西子 客家僑都——惠州

“門前大亞灣，屋後羅浮山。北回歸線牽來一幅畫，畫裏春色滿園。湖上飛白鷺，城中聞鷓鴣，半城山色半城湖……”著名歌唱家張也的歌聲，形象傳播了“苧蘿西子 客家僑都”惠州的美景與美質。

爲了追求城市的美麗，惠州市用近 5 年時間將經濟總量從 1000 億元做到到 2368 億元，與此同時，空氣質量優良率和城市飲用水源達標率長年保持 100%，森林覆蓋率達到 60.84%。土地開發强度在 11%左右，遠遠低於珠三角平均水平。而今，“踐行生態文明，建設‘美麗惠州’”，進一步打造時代之美、社會之美、生活之美、百姓之美、環境之美，是惠州不變的理想。

苧蘿西子
客家僑都
惠州
二零一三中國最美麗城市
奉命執筆

黄渤中宸
浪漫海韻
大連
二零一三中國最美麗城市
奉命執筆

黄渤中宸 浪漫海韵——大連

“北方明珠”大連地理位置優越，位於中國遼東半島最南端，如同一枚定海神針，直插黄海與渤海分水線之間，是京津的門户，是東北地區最大的貿易口岸。作爲國際名城和全東北最具開放活力的門户城市，大連在城市的開拓發展、改造升級過程中，始終將經濟社會發展的現實主義與城市特有的浪漫風格、美學氣質結合起來，打造了“浪漫之都”的城市固定品牌，因此，無論是驅之地利、驅之財富，還是驅其浪漫，驅其美麗，大連已成爲國内外大公司、商社財團搶灘中國北方市場的首選之地。

林海雪鄉
塞北江南
牡丹江
二零一三中國最美麗城市
奉命執筆

林海雪鄉 塞北江南——牡丹江

一個城市的名字，充滿國色天香的意味，人未至心先醉了。牡丹江地形多樣，森林茂密，土地肥沃，水源充足，風光旖旎，景色天成。有着地下森林是世界著名的“火山口”原始森林、東北最大的人工湖蓮花湖山清水秀、森林虎園驚心動魄，世界第二大火山熔岩堰塞湖鏡泊湖靜中有動，湖中波平如鏡，瀑布雄奇壯觀。每年冬來早，大海林一帶十月份便瑞雪飄飄，積雪深厚，雪質優良，雪量豐富。因此，美麗的牡丹江，享有“林海雪鄉，塞北江南”之稱。

九州之鼎 兩漢之源——徐州

歷史上爲華夏九州之一，自古便是北國鎖鑰、南國門户、兵家必爭之地和商賈雲集中心。徐州有超過六千年的文明史和四千年的建城史，史上曾爲蚩尤本據，黃帝初都，彭國國都、徐國國都、宋國國都，楚國國都。徐州是漢高祖劉邦、南唐烈祖李昪、南朝宋武帝劉裕、後梁太祖朱温的故里，是著名的千年帝都，有“九朝帝王徐州籍”之說。徐州是兩漢文化的發源地、中國佛教的發源地，有“彭祖故國、劉邦故里、項羽故都”之稱，因其擁有大量文化遺産、名勝古迹和深厚的歷史底蘊而形成特有的“古城美”。

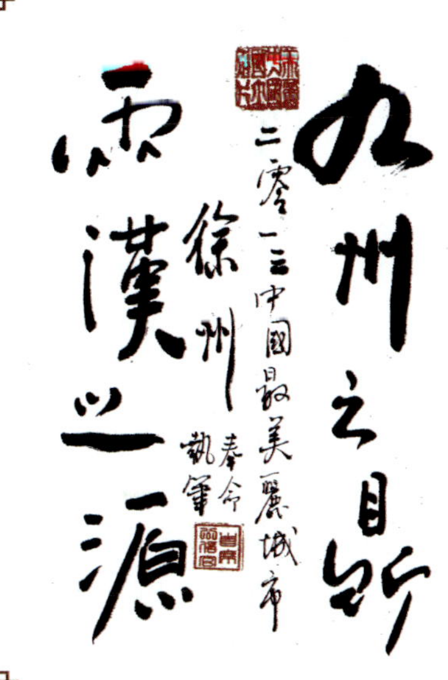

江北水城
運河古都
聊城
二零一三中國最美麗城市
奉命執筆

江北水城 運河古都——聊城

聊城，古稱“東昌”，是《水滸傳》、《金瓶梅》、《老殘遊記》等古典文學名著的主要故事背景地之一，是一座歷史悠久的文化名城，光岳曉晴、巢父遺牧、崇武連墻、綠雲春曙、秋瓦鋪瓊、聖泉携雨、仙閣雲護、鐵塔烟霏等，合稱聊城八大勝景。素有“上有天堂，下有蘇杭，過了濟寧便是東昌”的美譽。而今，“江北水城，運河古都”成爲美麗聊城的固定形象符號，已傳遍全國，深入人心。

青春基地
創新前沿
深圳
二零一三中國最美麗城市
奉命執筆

青春基地 創新前沿——深圳

地處山海之間的深圳，四季草木葱籠，城市整潔美麗，綠道條條林蔭、公園植被繁茂，正以其特有的方式，爲自己的美麗城市增光添美。在城市規劃上，早在2005年，深圳就創新劃定了國內第一條生態控制線。目前，深圳市974平方公裏土地正式納入了基本生態控制線範圍，約佔全市陸地總面積的50%。全市共建成綠道2209.67公裏，實現了全市每平方公裏土地擁有1公裏綠道的目標。

喜鵲登枝 鳳凰來栖——臺中

臺中因氣候温和，環境優美，有“寧静之都”的美稱。四季如春的氣候，使臺中被認爲是臺灣最適於居住的城市。筏子溪、旱溪一西一東流經市郊，并有柳川、綠川、梅川貫穿市區，讓地景更添嫵媚。臺中的旅遊資源以藝術人文展示館爲主，如自然科學博物館、臺灣美術館、臺中市立文化中心、臺中民俗公園、豐樂雕塑公園等；若要欣賞自然風光或享受娛樂遊憩，則須至東北郊的大坑風景區一帶，當地以亞哥花園、東山樂園最具知名度。

喜鵲登枝
鳳凰來栖
臺中
二零一三中國最美麗城市
奉命執筆

七星捧月
千里入畫
肇慶
二零一三中國最美麗城市
奉命執筆

七星捧月 千里入畫——肇慶

“七星捧月”，講的是肇慶星湖與七星岩，中國最美的七座喀斯特水上峰林，閃耀如北鬥，城市中央一汪生態親水美景，朗朗如滿月；而“千里入畫”，指的是肇慶千里旅遊畫廊，是對肇慶市五百公里山水名勝環形廊道的概括。

肇慶地處粵西珠江主幹流之畔，北回歸線重要地標節點之上，是嶺南文化發祥地，“大珠三角”和“廣佛肇”城市群聯通西南各省的重要交匯點，是中國南方喀斯特地貌由東往西延伸的起點景觀地。

三娘美灣　白豚故園——欽州

欽州依山臨海，風光迷人，是一座現代化的濱海旅遊城市。涇如玉帶，島如明珠，人在船上坐，舟在涇中走。在欽州灣蔚藍的海面上，百餘個形態各异的小島散布其中，島與島之間被七十二條彎曲的水道環繞，這些水道被稱爲“七十二涇”，享有“南國蓬萊”的美名。

值得一提的是，每年10月至11月，會有大量的白海豚遊弋在欽州的三娘灣，是喜好獵奇的旅遊者不可錯過的時機，漁船觀光、品海鮮、沐海風，觀賞珍奇的中華白海豚，盡享藍天碧海、人歡魚躍的情趣。

國際春城　泛亞夏都——昆明

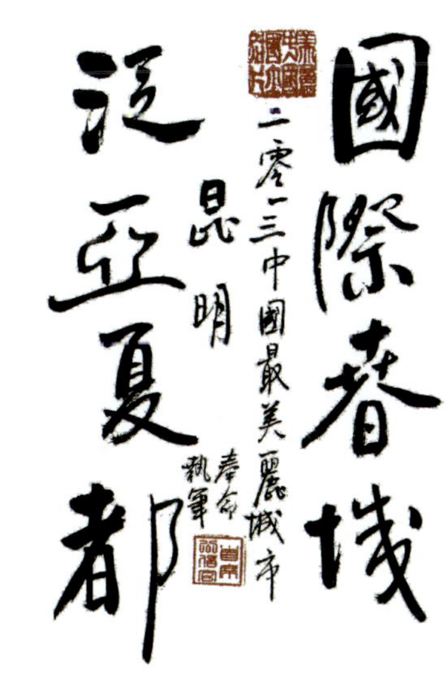

在上個世紀下半葉，昆明是一個神秘而遥遠的邊城，對她的最初印象大都源于一首《滇池圓舞曲》：“曙光像輕紗飄浮在滇池上，山上的龍門映在水中央，像一位散發的姑娘在夢中，睡美人兒躺在滇池旁”……這是對美麗春城很抒情很浪漫的描繪。近年來，隨着七彩雲南環保行動、滇池水質加緊治理、生態環境與文化遺産增大保護與修復力度、城市低碳綠色政策不斷推行、國際大通道橋頭堡戰略漸進推進等，春城亦然彩雲藍天，群鷗翔集，西山擁綠，草海泛波，都市氣派中又凸顯難抑的春光美色。

山海仙邦　激情金灘——煙臺

煙臺全市海岸線長達909.3公裏，有近代開埠最早的煙臺山領事館基地遺址、人間仙境——蓬萊閣、萊州雲峰山魏碑刻石等名勝古迹，有海上仙山長島、芝罘島、養馬島、崆峒島、大小基岩島嶼60多個，這些美麗海島像一顆顆燦爛的珍珠鑲嵌在大海之中，每年吸引了大批中外遊客前來觀光旅遊。第三屆亞洲沙灘運動會在煙臺海陽舉行，使得煙臺“山海仙邦 激情金灘”的名聲進一步在海内外傳揚。

陽光之城
二零一三中國美麗城市
拉薩
奉命執筆
心靈之家

陽光之城　心靈之家——拉薩

西藏，以世界屋脊的偉岸形象屹立在世界的東方，拉薩，亦漸漸揭開神秘的面紗，以其特有的壯美的神韵吸引着世界的目光。人們憧憬拉薩的神奇環境，這片雪域高原一直被視爲人類生存的一方净土。在這一塵不染的聖地，發展了藏傳佛教，滋養了藏民，孕育了獨特的民族文化。藏式建築的造型優美大方，色彩豐富，流暢的金瓦飛檐，在這些藝術的融合交匯中去尋覓“陽光之城 心靈之家”，去發現千古聖殿，聖境天堂。

避暑之都　爽爽山城——貴陽

曾被地理學界稱爲世界喀斯特首府的貴陽，其美麗，首先是天生的。山水林洞泉處處可見，移步移景，就像在一個個綠色盆景中穿行，加之現代城市建設中重視生態文明與空間優化，城市建築景觀線、綠色景觀線、山地景觀線、田園景觀線高低錯落，富于層次感和節律感，美而養眼。貴陽近幾年城市林帶、綠地與園林景觀日益生長豐滿，加之紅楓湖、百花湖、阿哈湖等嚴加保護，爲城市添綠、添氧、添凉，美而養身。

避暑之都
二零一三中國最美麗城市
貴陽
奉命執筆
爽爽山城

壹山壹園
二零一三中國最美麗城市
柳州
奉命執筆
一景一奇

壹山壹園　一景一奇——柳州

柳州“三江四合，抱城壺”，柳江如帶，蜿蜒回流，奇峰環列，錯落有致，青山環繞，水抱城池，山、水、城渾然一體，是具有中國南方喀斯特天生麗質的一座城池。喀斯特地貌的自然景觀多樣性、生物生態多樣性、資源稟賦多樣性、地域文化多樣性、民俗風情多樣性，加之自然美和人文美、歷史美與當代美、城市美與田園美的盡力完美結合，使這個城市“壹山壹園 一景一奇”。瀏覽而去，像觀賞一個個精彩各异的“天然大盆景”，也如同去讀一頁頁象形不同的景觀大字典。“山青、水秀、洞奇、石美”，“壯歌、瑶舞、苗節、侗樓”，形象地概括了這座國家歷史文化名城和優秀旅遊城市的美學底蘊與風情魅力所在。

金海納福
雪山呈祥
中國最美麗鄉鎮
貴州貴定盤江金海雪山

金海納福　雪山呈祥——金海雪山

青山綠水鴛鴦鳥，翠柏銀杏布依家。"金海雪山"景區内漫山遍野，種植着油菜和李子樹，每到春分時節，萬畝金黄的油菜花和千頃雪白的李子花交相輝映，形成舉世罕見的"金海雪山"美景。

夏天的金海雪山，又别是一番景色，金燦燦的油菜花田换成了綠油油的稻田，金海變成了綠海，雪山變成了花果山。

清澈見底的瓮城河水，倒映着烟霧繚繞的群山與漫山的花兒，分外妖嬈；布依姑娘穿上精美的民族盛裝，唱着優美的布依民歌，令遊人沉醉。

2013年，憑借"金海雪山"景區悠久的布依文化，盤江被中國城市競爭力研究會和香港理工大學等機構評選爲"中國十大美麗鄉鎮"。

目前，"金海雪山"景區由貴州旅遊發展有限責任公司與當地政府一道，進一步加大"金海雪山"景區的旅遊基礎設施建設，爲將"金海雪山"打造成"春有花賞、夏有水戲、秋有鮮果、冬有美味"的全季候休閒旅遊目的地而不懈奮鬥。

被譽爲"中華布依第一寨"的"金海雪山"
30代傳人；
600多年歷史；
青瓦房、封火牆、古朝門、濃鬱的布
依文化、美麗的布依姑娘……
宛如一幅動人的水墨畫，向人們展
示着布依村落的濃鬱風情；
天眞爛漫的孩子在"金海雪山"，體驗
的是無拘無束，收獲的是歡樂；
熱戀中的情侶在"金海雪山"，看到的
是藍天碧水，收獲的是浪漫；
城裏呆久的老人在"金海雪山"，被吸引
的是民族風情，收獲的是自在悠閒。

贵旅集团 GUIZHOU TOURISM GROUP **貴州旅遊發展有限責任公司**

貴州旅遊發展有限責任公司是貴州省國資委出資成立的貴州首家大型旅遊産業發展公司，是貴旅集團旗下的全資子公司，主要經營範圍是酒店、旅遊景區、會展、文化娱樂、文藝演出、旅行社、旅遊地産、旅遊交通、特色旅遊産品開發、商貿、物流；旅遊類項目投資等。目前下轄貴定縣金海雪山旅遊開發有限責任公司、貴定縣人與自然旅遊開發有限責任公司、鬥篷山劍江風景名勝管理開發有限責任公司、貴州希泉旅業有限公司、貴州旅遊文化融資擔保有限公司等，正在開發建設都匀305温泉旅遊小鎮項目等。公司以市場手段爲主，對相關旅遊業資源進行整合及開發，形成以旅遊酒店、景區、旅遊地産三大産業爲支柱的旅遊業投融資平臺及上市主體。

香港競爭力基本評價

Basic evaluation of Hong Kong's competitiveness

近年來，中國大陸經濟快速發展，香港經濟發展則日趨滯後。2013年分類優勢排行榜《中國省區綜合競爭力》和《中國省區成長競爭力》榜單中，香港排名均大幅下滑，在《中國十佳高效政府》中，一直高居榜首的香港更是跌出榜單之外。

歷史經驗表明，"危機"往往催生新的轉機，"拐點"也時常醞釀新的起點。對於香港而言，實際上將迎來戰略提升、產業調整、資源優化整合、再塑金身的歷史性良機。中國城市競爭力研究會通過對比分析香港最具國際競爭力的十大優勢和影響香港競爭力提升的十大劣勢，提出提升香港競爭力的十大戰略構想，旨在促進港府正視缺點與不足，確立香港的競爭戰略與策略，保持長久競爭優勢。

優勢分析

1、全世界最具競爭力、最自由開放的經濟體

在全球多家咨詢智庫機構的調查研究結果中，香港均被評爲最自由開放的經濟體，並將繼續保持到2015年。香港連續13年被美國傳統基金會評爲全球最自由經濟體系。2013年安永聯合經濟學人智庫針對全球60大經濟體分別就貿易開放、資本流動、科技交流、文化整合、居住環境、教育環境等多個方面評比分析，香港再次榮居榜首，並連續保持了3年。

2、四大核心産業，最具競爭力的基石

香港四大核心産業——金融、貿易及物流、旅遊、工商業資源及專業服務極具國際競爭力。離岸人民幣清算平臺的參加銀行已達204家，隨着人民幣跨境使用和離岸市場各類金融活動日益增加，交易金額大幅上升；貿易及物流業亦從簡單地搬運貨櫃箱向供應鏈管理、第三方物流等方向發展；香港也不斷提升接待能力，爲旅遊業注入新動力，並帶動相關行業快速發展；專業服務業以國際一流水平服務於各行各業。

3、健全完善的法律制度，競爭力最堅實制度基礎

香港之所以能够成爲全球最具競爭力的經濟體，正是因爲其法律制度之完善。香港法直接、全方位、大量繼受了英國法的基礎，並在此基礎上發展出本土的判例法和制定法，從而形成了一套以英國普通法爲基礎的完備法律制度。優良之法律體系、司法獨立和公平高效使香港法制得到國際美譽。

4、全球視野國際化人才，拼搏的港人，競爭力最重要人力資源

香港人的拼搏精神在全世界有口皆碑。正是廣大香港居民百年來的全力拼搏、努力工作，才成就了今日香港整體經濟的繁榮與昌盛。港人的智慧、精明、勤奮、實幹是香港提升核心競爭力的重要人力資源。

5、專業敬業的香港公務員隊伍，競爭力重要的戰略資源

香港政府公務員數量較少，僅佔其勞動人口的5%。他們各司其職，負責制定、執行公共政策，爲民衆提供專業服務，推動着香港特區的高效運轉。香港公務員隊伍素以穩定、專業、廉潔、高效享譽全球。

6、公平、正義、自由的香港價值觀，最具競爭力現代理念

公平競爭、穩定、正義、自由等是香港的核心價值觀。香港是一個經濟發展程度與社會文明程度均很高的城市，憑借着自由、公平競爭的經濟政策，和諧與穩定的社會環境，務實、拼搏的港人精神，帶動香港經濟在上世紀60、70年代迅速增長，並在80年代實現騰飛。

7、廉潔、守信、透明的香港政府，最具競爭力行政主體

香港廉政公署肅貪反腐的廉政體系，成爲各國學習的典範。香港政府的廉潔除了擁有良好的制度和優異的公務員職業操守外，主要是廉政公署的獨立運作以及社會對政府的監督廣泛而自由。香港政府廉潔守信，財政

預算公開透明，並接受公衆的查詢和質詢，是香港最具競爭力的行政主體。

8、背靠內陸的獨特優勢，最具競爭力要素條件

內地的改革開放爲香港提供了廣闊的舞台，促進了香港經濟自 1980 年起的穩定和高速的發展。目前，香港是內地第四大貿易伙伴、最大的外資來源地、最重要的經濟合作伙伴和內地對外投資的最大目的地。

9、享譽全球的國際聲譽，最具競爭力無形資産

2012 年，特區政府委托顧問公司進行了一項全球性的意見調查，發現國際社會普遍認爲香港是東西方文化精髓匯聚的地方，是名副其實的世界級大都會。在國際商界眼中，香港是一個非常有實力的品牌。各國外機構爭相進駐香港，一個重要原因是：因爲中國的崛起及亞洲經濟的增長，使香港繼續保持世界金融、貿易、旅遊、航運及信息中心的地位，處處充滿着勃勃商機。

10、安全及優良的營商和社會治安環境，最具吸引力投資條件

香港是一個沒有貿易障礙的免稅港，政府在經濟方面干預少，金融與銀行業限制少。社會治安環境方面，香港依然是世界上最安全的城市。香港良好的營商和社會治安環境，是吸引投資的最佳條件。

劣勢分析

1、缺乏長期競爭戰略規劃，龍頭地位恐不保

八十年代後期，內地廉價的資源優勢短期內維持了香港製造業的成本優勢。但在製造業大量外遷時，香港政府並沒有適時出台相關的産業引導政策，由此引發的製造業空心化問題。據《2012 中國城市競爭力年鑒》數據顯示，香港的産業競爭力指標排名明顯落後於上海、深圳、廣州、蘇州等內地城市（如圖一）。若港府不對香港進行長期的全面戰略規劃，香港的龍頭地位恐將不保。

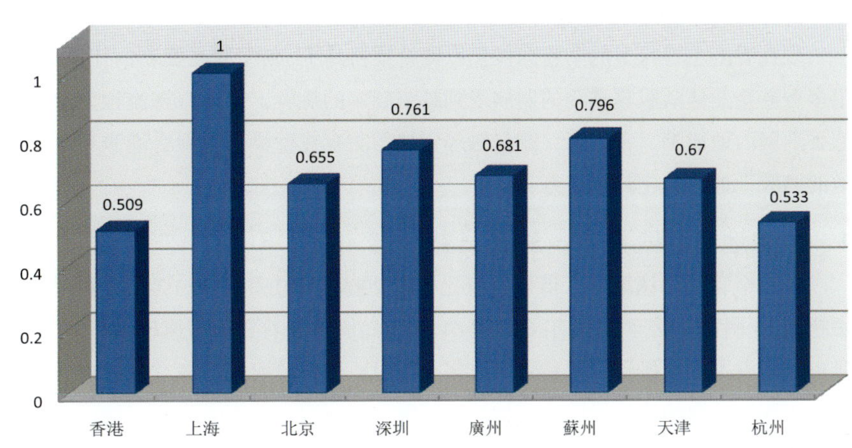

■ 圖一

注：數據源于《2012 中國城市競爭力年鑒》

表一 上海、北京超過香港的時間表　單位：億元

城市	2009 年 GDP	2010 年 GDP	2011 年 GDP	2012 年 GDP
香港	14576	15196	15436	16145
上海	14900	16872	19196	20101
北京	11866	13778	16000	17801

表二 內地部分城市 GDP 預計超過香港的時間　單位：億元

	2013 年	2014 年	2015 年	2016 年
香港	16371.42	16600.62	16833.02	17068.69
深圳	14245.09	15669.60	17236.56	17236.56
廣州	14974.09	16546.37	18283.73	20203.53
蘇州	13224.83	14560.53	16031.15	17650.29
天津	14663.33	16686.88	18989.66	21610.24
重慶	13017.42	14787.79	16798.93	19083.59

注：按 2012 年 GDP 增長率估算

2、産業結構單一，實體經濟缺乏，難保長遠競爭優勢

現在香港主要是以三産業爲主，産業結構失衡，金融服務業佔據龍頭，而金融業最容易受到全球經濟波動的干擾。2012 的增長率僅有 1.4%，爲近幾年新低，競爭優勢也逐漸喪失。反觀內地，經濟迅速增長，上海和北京 GDP 總量先後於 2009 年和 2011 年超過香港（如表一），內地其他城市也都有一舉超過香港的整體趨勢（如表二）。

3、服務業面臨激烈競爭，競爭力弱化

現在香港主導行業的業務開展仍以傳統業務爲主，新型服務業務的比重較少，很多香港企業傳統服務業務的開展受到越來越多的挑戰。口岸服務流程繁瑣，加上香港與內地律師、會計師、測量師等資格認證存在壁壘，阻礙香港服務業向內地的擴散，進而弱化其競爭力。

4、金融地位面臨挑戰，威脅日益俱增

香港金管局數據顯示，港元貸存比率從 2009 年 10 月的 69.1%，不到兩年暴漲超過 15 個百分點至 2011 年 6 月達 84.2%。這就意味着貸款增速超過存款增速，股市不斷震蕩，給投資、置業者帶來多重壓力。中國政府對上海“金融中心”的定位，深圳前海的開發，以及新加坡、首爾等外圍城市的不斷强大，使得香港的金融地位面臨更大挑戰。

5、貿易航運地位倍受考驗，衝擊巨大

由於外國在中國的採購活動增多，帶動外企及民企的出口，使得內地直接出口大增。內地特別是珠三角地區的深圳鹽田、蛇口、廣州南沙、珠海高欄等港口群及上海、天津、青島等港口的崛起，都有一舉超越香港的趨勢（如圖二）；內地港口的强勢崛起，以及香港的碼頭處理費名目繁多、港口成本過高（如表三）、碼頭工潮增加等因素嚴重阻礙了香港貿易航運的發展，影響到香港的競爭力提升。

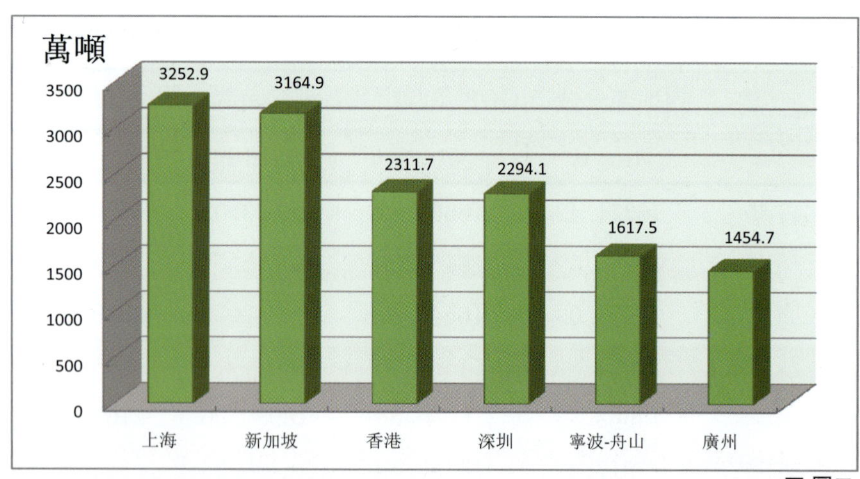

■ 圖二

表三　亞洲主要港口的貨櫃處理費用一覽表 單位：港元

港口	往美國		往歐洲	
貨櫃尺寸	20’	40’	20’	40’
香港	2,140	2,855	2,065	2,750
深圳	1,100	2,100	1,100	2,100
高雄	1,060	1,365	1,154	1,460
新加坡	865	1,285	865	1,285
吉隆玻	608	905	593	694
曼谷	554	835	554	835
斧山	600	810	593	800
上海	515	686	515	686

6、土地供求失衡，房地産業、旅遊業存遠憂隱患

目前香港土地的開發率僅爲 23.7%，其中住宅用地的開發面積僅爲 76 平方公里，僅佔土地總面積的 6.8%。由於香港以供開發的土地短缺，導致房地産價格虛高，嚴重阻礙香港經濟社會的和諧與發展。目前，高昂的地價和生活成本，已經成爲香港經濟社會的一個重大問題，這將極大削弱香港的國際競爭力。

香港本地旅遊業成長潛力和成長空間有限。隨着旅遊資源的不斷開發深入，香港地域面積狹窄、旅遊資源相對匱乏，市場接待能力相對受限和旅遊産業運營成本趨高等矛盾日益突出，使香港旅遊業的比較優勢不斷喪失；內地和香港周邊國家旅遊市場的興起和在旅遊軟硬件設施上的加大投入，與香港旅遊市場形成强力競爭，對香港的亞洲旅遊龍頭地位不斷提出挑戰。同時由於各國放寬對中國內地遊客的旅遊簽證限制和台灣地區開放內地居民赴台旅遊，同樣會對香港的旅遊市場帶來深遠影響。

7、政府管治步履艱難，行政效率低下

內地政府在民主方面雖不如香港，決策也相對不够民主化，但決定的事務都能立即實施，效率頗高；香港政府則不一樣，政府決策一項規劃，通常是經多次咨詢與討論，否決與再次否決的無限重複，很多決策都是一拖再拖，毫無效率可言。

8、社會紛爭，貧富擴大，內耗加劇，發展受阻

香港經濟增長緩慢甚至是停滯，由此帶來貧富差距擴大、物價上漲等深層次社會問題，嚴重阻礙香港經濟的健康有序發展。香港的部份民衆實際上並沒有真正享受到經濟發展所帶

來的各種利益，生活水平也没有得到實質性提升。

9、國内資源未盡其用，中港文化差异帶來的新挑戰

香港背靠中國大陸，對内地豐富的資源没有做到物盡其用。CEPA 的順利簽署以及中央“一個根本宗旨”、“三個推進方向”等對港政策以及去年 7 月胡錦濤到港把前海 6 大類的 22 項政策帶到香港，香港在戰略上引導中國的資本走向全球，工作做得非常少；如何向世界推廣内地做得非常少，如何和珠三角或深圳共同形成一個國際大都會來形成引領内地的一個經濟增長極方面思考的非常少，做得非常少。

10、創新動力不足，科技創新停滯不前

科技人才儲備不足和科技人才結構不合理是香港所面臨的突出問題。2010 年香港研發人員只有 2.41 萬，每萬名勞動力中研發人員數僅爲芬蘭的 1/3，韓國的 2/3 左右，與創新强國相比存在明顯差距。2010 年香港的研發總額（包括政府、工商機構和高等教育）爲 133 億港元，佔境内生産總值的 0.76%，創新投資比例與科技强國及内地部分城市相比也是差距懸殊(如圖三)。《2012 中國城市競爭力年鑒》數據顯示，香港的科技創新競爭力得分爲 0.796，落後於内地北京、上海等城市。

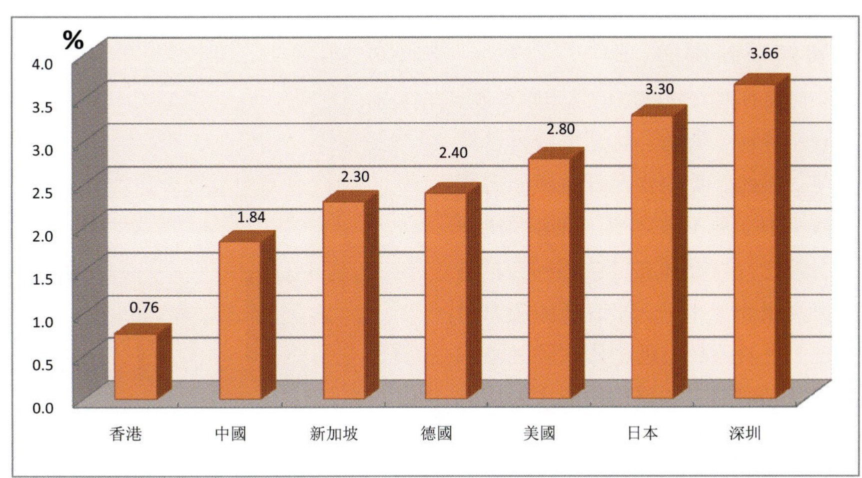

■ 圖三 香港和其他國家、地區 R&D 投入比例圖

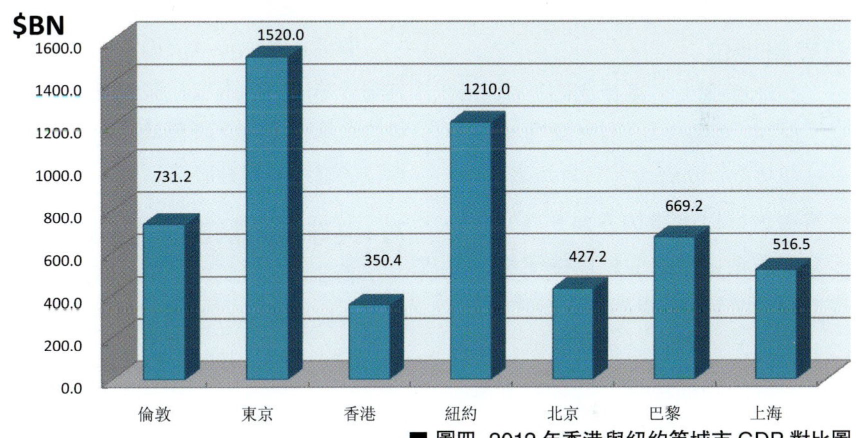

■ 圖四 2012 年香港與紐約等城市 GDP 對比圖

注：布魯金斯學會按購買力换算的 2012 的 GDP

香港競爭力提升戰略構想

1、制定香港競爭力戰略規劃

香港政府應根據香港的實際情況，配合未來世界，特别是國家經濟發展預測，立即啓動香港競爭力研究，制定香港競爭戰略提升規劃，確立香港近、中、遠期的競爭策略。港府應明確香港的競爭優勢和影響其競爭力提升的劣勢，確定香港的戰略目標，並依據戰略目標制定香港經濟發展規劃。

2、確立創建世界級大都市的戰略目標

香港在進一步的發展過程中，應把香港定位瞄準紐約、倫敦、巴黎、東京、新加坡等國際一流城市，確立創建世界級大都市的戰略目標。在實現此戰略目標的過程中，應從以下幾個方面努力：(1) 進一步發揮、完善全球服務功能，增强香港在全球資源分配、控制決策和定價能力；(2) 進一步提升香港先發引領能力，發揮其引領、輻射、帶動作用；(3) 進一步完善香港中心城區的綜合服務功能體系，完善香港中心城區功能；(4) 進一步在制度、科技等領域創新，在信息技術、新材料、新能源等高新技術領域實現突破，使香港成爲新産業革命引導者；(5) 進一步加强與中國大陸的聯繫，深度參與大陸經濟發展過程。

3、積極尋找經濟增長新動力，培育競爭新優勢

目前香港實體經濟已經出現警號，金融、貿易、旅遊、航運業威脅已經顯現。因此，香港要在日益激烈的國際競爭中立於不敗之地，就必須更新發展理念，鼓勵和支持各類創新，不斷提高服務業水平，培育新的經濟增長點，更要善於借助中國大陸經濟未來的蓬勃發展，拓展與中國大陸交流合作的廣度和深度，促進優勢互補、互利共贏。

4、强化金融、貿易、航運、旅遊戰略地位

香港應進一步强化國際金融、貿易、航運、旅遊中心的戰略地位，力保龍頭地位。在實現這一目標過程中，應努力做好以下幾個方面：(1) 進一步完善香港金融業的軟硬件環境，拓展金融市場空間，提高香港金融實力；(2) 航運業應進行結構性調整，減低成本，進一步機械化，提高航運業的服務水平；(3) 加强與內地各省市的經貿合作，提高香港貿易服務能力；(4) 對香港旅遊資源進行優化配置，多渠道拓展高檔訪港客源，增强香港旅遊業競爭力。

5、以經濟建設爲核心，構建有序發展的和諧社會

香港是經濟城市，不應淪爲政治城市，當下香港社會各界應把握珠三角的發展和整個大陸經濟騰飛的大好機遇，大力發展經濟，而不應被政治爭拗所影響，以致錯失難得的發展機遇。

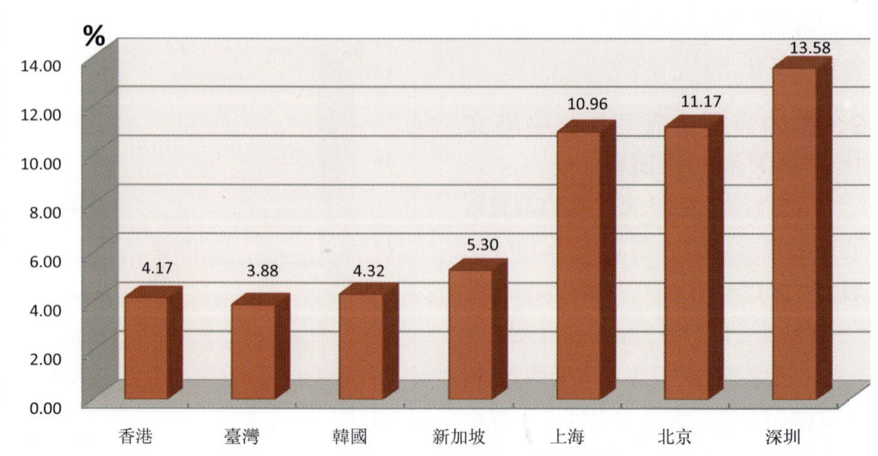

■ 圖五 亞洲四小龍及其他城市 2000-2012 年 GDP 平均增長率比較圖

6、整合全球高端資源，優化資源分配

香港在進一步發展過程中，利用國家經濟崛起的契機和吸引力，以加大全球高端資源的整合力度，發展爲中國大陸及亞洲各國服務的總部經濟，引導全球高科技企業在港設立研發基地，引入全球尖端人才，爲香港經濟的發展和香港國際地位的進一步提升服務。

7、與珠三角緊密合作,用足用好中央對港政策

香港要加强與珠三角地區的緊密合作，充分利用和落實好中央政府政策措施，使香港民衆能充分享受到香港經濟發展所帶來的利益。加强與中央政府的溝通，及時處理分歧，避免矛盾，增强互信。

8、學習借鑒新加坡、韓國、台灣成功經驗

香港應當學習借鑒新加坡、韓國、台灣等城市國家和地區的先進經濟體的經驗，在城市佈局、產業結構、社會制度建設等方面完善規劃設計，大膽改革創新，深挖香港發展潛力。(如圖五)

9、發展高新科技產業，提升科技競爭優勢

爲激發香港的創新活力，發展高科技產業，提升香港科技競爭力，應重點從以下幾個方面努力：(1) 加强科技基礎設施建設，加大科技創新投入，成立科技創新發展基金，促進科技創業；(2) 加强科技創新人才的引進與培育，放寬香港的人才輸入限制，廣納科技人才，同時加强香港本地科技人才的培養；(3) 鼓勵香港的大學與企業合作，加强與大陸的科技交流合作，形成產學研聯盟，提高科技成果的轉化率。

10、完善土地供求機制，引導房地產市場規範發展

香港政府應完善土地供給機制，降低土地成本和房地產市場價格，爲市民提供一個讓香港民衆滿意的生活居住條件。措施如下：(1) 制定新的香港城市戰略規劃，高度重視本港土地空間的高效利用；(2) 完善土地供求機制，滿足香港經濟社會發展對土地的合理需求，平衡土地供求；(3) 研究制定房地產市場的政策措施，引導房地產市場健康發展；(4) 加快房屋建造進度，加大房屋供給，穩定房價。(此文有刪減，來源：中國城市競爭力研究會)

Zhaoqing

■ 人间仙境七星岩

中國·肇慶

七星捧月 千里入畫

肇慶地處粵西珠江主幹流之畔，北回歸線重要地標節點之上，是嶺南文化發祥地，“大珠三角”和“廣佛肇”城市群聯通西南各省的重要交匯點，是中國南方喀斯特地貌由東往西延伸的起點景觀地。

值得稱贊的是，這個城市以星湖——鼎湖山風景區爲核心，美學匠心獨運，城市中央景觀水體牽動七星綠島，中心最美綠道牽動全境千里生態與人文景觀廊道，包括西江、綏江、梅庵、宋城墻、悦城龍母祖廟、德慶學宮、盤龍峽、金林水鄉、孔廟、懷集燕岩、世外桃源、燕峰峽漂流、新崗林場、廣寧竹海大觀、寶錠山、封開龍山、千層峰、廣信文化園、楊池古村等數十個景觀、景點、景物一線穿珠，整合一體，從而形成了一張多元化、連續性的美麗城市名片。

第一篇　2012 年度中國城市綜合競爭力排行榜[①]

1.1 綜合競爭力的四維度：經濟、社會、環境、文化

現代城市的綜合實力是一個多維度、多層次、複雜的結構系統，它是該城市經濟實力的體現。根據《中國城市綜合競爭力比較評估指標體系》[②]，研究發現：現代城市的綜合實力是指一個城市整合自身經濟資源、社會資源、環境資源與文化資源參與區域資源配置競爭及國際資源配置競爭的能力，是城市經濟、社會、環境等綜合發展能力的集中體現。該指標反應了城市在一定區域內與外界發生物質、能量、資訊交流與集聚的能力，也體現了城市的生產能力、交流能力、科技創新能力及社會全面進步和對外影響力等。從某個角度來說，資源是稀缺的。隨著全球化浪潮的進一步發展，資源的分配主要依賴於市場的驅動，在此背景下，資源的流動能實現向最有效率的地方積聚。因而對一個城市綜合競爭力的分析可以從資源的主要積聚方向來考察，通常爲經濟系統、社會系統、環境區位系統、文化系統四個方面。其中經濟系統是指由相互聯繫和相互作用的若干經濟元素結合而成的，具有特定功能的有機整體。廣義的經濟系統指物質生產系統和非物質生產系統中相互聯繫、相互作用的若干經濟元素組成的有機整體。一個城市的經濟系統能反映該城市在創造財富、吸引和整合各種資源進行生產以滿足市民的物質需要的能力，它直接與城市居民的生活水準息息相關。一般而言，人們認爲城市的競爭力就是指經濟系統的競爭力，一個城市經濟系統競爭力在整個城市綜合競爭力價值體系中佔有重要地位。

我會對城市綜合競爭力價值評價體系的研究得出，經濟系統在城市綜合競爭力中處於核心地位，它在整體評價體系的十大一級單項競爭力指標中，包涵了五大單項競爭力。即經濟競爭力、產業競爭力、財政金融競爭力、商業貿易競爭力與基礎設施競爭力。經濟競爭力是由城市各種生產要素結合而形成的整體實力和發展效益及發展水準，以及由此決定的對所在區域乃至國家的作用和影響力。它是一個城市的經濟“競爭”之力，更注重品質和效率，其考察物件不僅包括各種發展要素總量或規模所形成的靜態經濟實力，還需考慮經濟發展水準、人均指標以及單位指標，如人均 GDP 等。經濟競爭力是一個相對概念，它注重比較城市間競爭力的高低，並且著眼于過去與現實，強調城市經濟發展潛力與增長後勁。 經濟競爭力從城市的綜合經濟表現來考察城市創造財富、集聚和整合各種資源進行生產的能力，同時其自身體現了城市居民參與財富分配的能力，它是城市綜合競爭力的顯示性體現。產業競爭力指某國或某一地區的某個特定產業相對於他國或地區同一產業在生產效率、滿足市場需求、持續獲利等方面所體現的競爭能力。它從城市的產業結構、產業效率、產業集聚能力等方面考察城市參與區域產業分工及國際產業分工方面的相對競爭優勢，產業競爭力在城市綜合競爭力中具有非常重要的作用，它是城市發展的基石；城市財政金融競爭力是城市財政競爭力和金融競爭力的統稱，該指標體現了城市在公共財政及其金融體系在集聚資本方面的相對優勢，在當今的社會化大生產背景下，資本密集型及技術密集型生產都需要大量的資金，而資金又是相對稀缺的資源，擁有有效的財政融資能力和發達的城市金融系統，能刺激城市消費，保證和促進城市經濟的有效運行。因此城市財政金融體系是一個城市持續發展的基本

① 中國城市競爭力比較評估指標體系的設置及其評估方法請參見附錄 1 及附錄 2。另外，某城市在一特定分項競爭力或整體競爭力上得分爲負，只是說明其競爭力水準在整體平均水準之下，而不是其競爭力爲負值。具體的說明請見附錄 1 及附錄 2。

② 具體的指標體系請參見附錄 1。

支撐條件;城市商業貿易競爭力則是城市在區域性及全球性商品貿易流通中的地位及輻射能力的體現,它衡量的是一個城市商貿往來的活躍程度及經濟發展的主要原動力。城市起源於商業貿易,商業貿易作爲城市的重要功能,在一定程度反映了城市的流通能力和市場的活躍性。此外,城市基礎設施競爭力是指城市在爲經濟發展和居民生活提供基本的公共設施方面的能力,滿足經濟發展需求和居民生活需要的完善的配套公共設施建設,是保證城市人才流、資訊流、物流、價值流發揮有效作用的基本物質條件。

作爲城市社會系統中的唯一維度——城市社會體制競爭力,該維度體現了城市在社會公平、社會保障、社會治安、醫療保健及社會管理方面的能力,它是城市綜合競爭力的軟環境體現。城市社會體制競爭力受城市綜合競爭力的影響,是後者的體現與結果,同時城市社會體制競爭力也反作用於城市綜合競爭力。較強的城市社會體制競爭力說明一個城市社會風氣較好,社會安定及社會保障體系完善,城市人文環境和諧。這無論對於經濟發展還是居民生活都是重要的保障。城市環境、資源、區位競爭力是環境區位系統的唯一維度,它體現了城市在自然環境、自然資源與自然區位的相對優勢。一個城市的自然環境、自然資源與自然區位從某種程度上來說是先天形成的,它也是城市後天發展的產物。城市對自然環境的重視進而保護,使得先天的自然環境得以延續。這既是對自然的尊重,也是城市可持續發展的選擇。優良的自然環境、良好的自然區位將會促進城市的發展,優化居民的生活環境,提升城市的綜合競爭力。

城市文化系統是城市綜合競爭力中的軟性系統之一,它是城市對人力資本、人力教育資源、科學技術資源和文化形象資源的整合能力並使其爲城市持續發展服務的能力。它包括人力資本教育競爭力、科技競爭力與文化形象競爭力三個單項競爭力。城市人力資本教育競爭力是指城市在吸引人才、集聚人才、培育人才方面的能力,它是城市競爭力的制高點。一個城市對人才重視,且採取相應的政策留住人才,建立配套的人才引進機制,這都有利於城市的經濟建設。二十一世紀,不論是國家競爭力還是城市競爭力,其關鍵都集中體現在人才的競爭力上。城市科技競爭力是城市在科研投入、科研實力與科研成果轉換方面的能力,“科學技術是第一生產力”,城市在科技方面的相對優勢會極大的促進城市經濟的發展,使其生產效率遠遠高於同類城市,從而在資源配置上獲得有利的地位。城市文化形象競爭力是城市在歷史文化、市民意識、城市景觀和城市氛圍上區別於其他城市的能力,這種相對區別能使該城市在集聚各種資源上與其他城市相比,具備一定的優勢。擁有較強文化形象競爭力的城市往往會獲得良好的知名度和美譽度,這兩者在城市開放和集聚資源方面具有相當重要的作用,特別是對人才、資本的吸引。城市知名度和美譽度本身也是城市文化形象競爭力構成的重要因素。

1.2 四維度的十項一級指標

如上所述,《中國城市綜合競爭力比較評估指標體系》(以下如未作特殊說明,都簡稱《比較評估體系》)涵蓋了經濟、社會、人文及文化、環境四大系統,也體現了整個城市系統的經營管理能力、學習能力、創新能力、開放能力、聚集能力、可持續發展能力。它包括一級指標(單項競爭力)10 個,二級指標 50 個,三級指標 216 個。在 2012 年的中國城市競爭力比較評估工作中,我們根據《比較評估指標體系》對 296 個城市[①]包括香港、澳門以及臺灣省的新北、臺北、台中、台南、高雄、基隆、新竹和嘉義進行了評估計算,計算發現在 296 個城市綜合競爭力排名中,有 86 個城市處於平均水準之上(即有 86 個城市的綜合競爭力

[①] 2011 年 7 月 14 日,國務院下發《關於同意安徽省撤銷地級巢湖市及部分行政區劃調整的批復》檔,地級巢湖市被一拆爲三,分別併入合肥、蕪湖、馬鞍山 3 市。2011 年 8 月 22 日,地級巢湖市正式解體。因此 2012 年只分析 296 個城市。

得分爲正數，以下同)，占 29.05%。綜合競爭力原始得分的標準差爲 23.435[①], 與 2011 年基本相當，這表明城市之間的綜合競爭力差異較爲穩定。在最具競爭力的 50 個城市中，沿海城市（即屬於沿海省份的城市）有 38 個，占 76%，這說明目前不同地區城市競爭力之間的差別比較大，並且具有較強競爭力的城市都集中於東部沿海省份[②]，中西部省份的城市相對而言，其綜合競爭力水準比較低。城市綜合競爭力所有排名請見表 1.1。

表1.1 2012年度中國城市綜合競爭力排行榜

系統	經濟					社會	環境	人文及文化				
城市	經濟實力競爭力	產業競爭力	財政金融競爭力	商業貿易競爭力	基礎設施競爭力	社會體制競爭力	環境資源區位競爭力	人力資本教育競爭力	科技競爭力	文化形象競爭力	綜合競爭力	排名
香港	1	0.465	1	1	0.651	1	0.872	0.883	0.658	0.8	14879.2	1
上海	0.667	1	0.779	0.59	0.976	0.971	0.932	0.867	0.847	0.819	14606.9	2
北京	0.549	0.645	0.81	0.799	1	0.952	0.854	1	1	1	14491.8	3
廣州	0.459	0.657	0.427	0.431	0.734	0.828	0.791	0.705	0.455	0.59	8406.35	4
深圳	0.452	0.78	0.451	0.394	0.758	0.715	0.773	0.587	0.478	0.618	8362.43	5
天津	0.423	0.681	0.371	0.369	0.627	0.737	0.659	0.623	0.462	0.425	6759.6	6
蘇州	0.395	0.792	0.329	0.374	0.418	0.946	0.707	0.488	0.395	0.518	6758.72	7
杭州	0.326	0.532	0.367	0.352	0.54	0.684	1	0.55	0.415	0.532	6481.38	8
臺北	0.324	0.349	0.439	0.4	0.406	0.815	0.586	0.751	0.528	0.448	5921.37	9
重慶	0.388	0.484	0.373	0.284	0.843	0.629	0.674	0.613	0.345	0.435	5853.09	10
南京	0.291	0.485	0.293	0.273	0.561	0.546	0.706	0.606	0.423	0.469	4896.88	11
武漢	0.281	0.449	0.287	0.255	0.599	0.587	0.616	0.6	0.407	0.488	4667.63	12
澳門	0.528	0.332	0.447	0.376	0.255	0.69	0.477	0.65	0.27	0.411	4631.25	13
大連	0.309	0.472	0.308	0.252	0.445	0.84	0.672	0.501	0.364	0.383	4614.55	14
青島	0.282	0.51	0.269	0.235	0.453	0.741	0.683	0.461	0.367	0.416	4321.73	15
成都	0.294	0.414	0.312	0.234	0.664	0.615	0.668	0.536	0.278	0.405	4250.89	16
寧波	0.271	0.545	0.307	0.283	0.429	0.72	0.572	0.404	0.356	0.369	4041.73	17
瀋陽	0.275	0.461	0.288	0.25	0.493	0.607	0.612	0.486	0.36	0.429	3985.77	18
濟南	0.219	0.364	0.259	0.214	0.438	0.757	0.577	0.537	0.381	0.443	3686.06	19
無錫	0.289	0.541	0.275	0.28	0.376	0.551	0.599	0.423	0.312	0.426	3638.86	20
東莞	0.281	0.523	0.26	0.25	0.398	0.694	0.457	0.378	0.295	0.372	3196.22	21
西安	0.218	0.354	0.298	0.183	0.481	0.619	0.466	0.493	0.322	0.481	3101.89	22
長沙	0.248	0.44	0.268	0.227	0.428	0.624	0.459	0.517	0.343	0.345	3090.46	23
廈門	0.243	0.449	0.244	0.262	0.392	0.674	0.572	0.391	0.336	0.316	3069.62	24
昆明	0.192	0.306	0.236	0.198	0.386	0.775	0.679	0.364	0.277	0.405	2780.44	25
新北	0.3	0.268	0.373	0.377	0.38	0.539	0.405	0.475	0.278	0.266	2684.86	26
鄭州	0.225	0.399	0.269	0.21	0.435	0.61	0.476	0.495	0.282	0.323	2627.05	27
高雄	0.271	0.25	0.355	0.336	0.399	0.631	0.44	0.456	0.231	0.244	2466.36	28
佛山	0.289	0.554	0.291	0.254	0.322	0.498	0.432	0.341	0.234	0.333	2452.86	29
哈爾濱	0.215	0.329	0.267	0.202	0.376	0.457	0.506	0.473	0.332	0.445	2424.29	30
長春	0.203	0.439	0.242	0.187	0.35	0.583	0.536	0.422	0.286	0.349	2360.66	31
台中	0.259	0.249	0.344	0.331	0.428	0.6	0.404	0.424	0.24	0.249	2279.43	32
煙臺	0.221	0.488	0.239	0.21	0.347	0.606	0.552	0.289	0.221	0.332	2199.46	33
福州	0.218	0.392	0.252	0.222	0.366	0.467	0.547	0.373	0.286	0.374	2195.83	34
中山	0.212	0.426	0.256	0.203	0.293	0.652	0.431	0.36	0.289	0.36	2148.53	35
珠海	0.222	0.431	0.226	0.241	0.326	0.612	0.519	0.348	0.244	0.297	2081.04	36
合肥	0.206	0.382	0.209	0.19	0.372	0.515	0.513	0.417	0.348	0.311	2047.45	37
常州	0.225	0.424	0.239	0.205	0.323	0.523	0.585	0.353	0.238	0.323	2026.24	38
南通	0.213	0.45	0.263	0.186	0.287	0.629	0.517	0.333	0.243	0.307	2005.49	39
紹興	0.193	0.385	0.243	0.197	0.324	0.613	0.504	0.252	0.227	0.395	1793.1	40
南昌	0.185	0.325	0.224	0.174	0.333	0.552	0.526	0.4	0.245	0.349	1643.54	41
溫州	0.195	0.354	0.27	0.218	0.294	0.636	0.389	0.347	0.237	0.325	1618.85	42
台南	0.235	0.23	0.326	0.299	0.326	0.574	0.379	0.398	0.235	0.241	1606.25	43

① 標準差說明城市在競爭力上的分散程度，標準差越大說明城市之間在某項競爭力（或指標）上的分散程度越大，也就是城市之間的差異越大。我們這裏使用原始得分來計算標準差，即未將所得分乘以 100 來計算方差（請讀者參見附錄 1）(以下同)。

② 東部沿海省份（直轄市、特別行政區）是指北京、天津、河北、遼寧、上海、江蘇、浙江、福建、山東、廣東、廣西、海南、香港、澳門及臺灣。

表1.1 2012年度中國城市綜合競爭力排行榜

系統	經濟					社會	環境	人文及文化				
城市	經濟實力競爭力	產業競爭力	財政金融競爭力	商業貿易競爭力	基礎設施競爭力	社會體制競爭力	環境資源區位競爭力	人力資本教育競爭力	科技競爭力	文化形象競爭力	綜合競爭力	排名
石家莊	0.19	0.345	0.256	0.161	0.346	0.491	0.479	0.388	0.268	0.33	1557.12	44
泉州	0.218	0.499	0.247	0.184	0.31	0.494	0.478	0.28	0.142	0.357	1531.91	45
嘉興	0.182	0.399	0.246	0.196	0.274	0.566	0.464	0.267	0.205	0.375	1439.18	46
太原	0.255	0.348	0.238	0.173	0.338	0.514	0.415	0.398	0.245	0.261	1413.19	47
基隆	0.224	0.239	0.293	0.296	0.25	0.59	0.403	0.417	0.219	0.218	1350.19	48
新竹	0.239	0.202	0.29	0.315	0.261	0.596	0.363	0.462	0.209	0.216	1344.53	49
唐山	0.221	0.358	0.252	0.174	0.343	0.632	0.507	0.297	0.187	0.203	1336.08	50
嘉義	0.214	0.238	0.289	0.258	0.264	0.725	0.362	0.388	0.212	0.209	1322	51
淄博	0.188	0.433	0.224	0.178	0.325	0.521	0.504	0.246	0.199	0.241	1125.57	52
威海	0.156	0.363	0.221	0.177	0.271	0.556	0.559	0.256	0.226	0.269	1110.6	53
海口	0.164	0.273	0.209	0.169	0.307	0.574	0.562	0.298	0.193	0.345	1080.42	54
南寧	0.175	0.273	0.216	0.16	0.278	0.501	0.51	0.371	0.251	0.289	1042.81	55
貴陽	0.164	0.268	0.205	0.168	0.303	0.491	0.538	0.36	0.23	0.302	969.97	56
舟山	0.162	0.287	0.201	0.177	0.313	0.703	0.448	0.257	0.189	0.283	956.36	57
大慶	0.205	0.422	0.217	0.155	0.292	0.534	0.367	0.352	0.195	0.238	920.08	58
台州	0.176	0.327	0.249	0.191	0.301	0.484	0.485	0.241	0.181	0.313	901.59	59
東營	0.182	0.386	0.211	0.167	0.245	0.526	0.468	0.253	0.197	0.269	880.7	60
惠州	0.189	0.442	0.223	0.196	0.251	0.606	0.346	0.262	0.254	0.236	854.46	61
濰坊	0.177	0.386	0.227	0.189	0.286	0.515	0.437	0.269	0.199	0.251	837.09	62
徐州	0.193	0.359	0.224	0.158	0.303	0.468	0.442	0.316	0.2	0.288	757.87	63
鎮江	0.19	0.353	0.221	0.161	0.252	0.434	0.423	0.29	0.208	0.312	641.6	64
江門	0.175	0.372	0.24	0.173	0.246	0.441	0.393	0.292	0.199	0.289	600.73	65
鄂爾多斯	0.21	0.417	0.208	0.188	0.337	0.364	0.403	0.289	0.171	0.232	590.82	66
蘭州	0.154	0.287	0.21	0.164	0.274	0.534	0.329	0.336	0.242	0.311	560.89	67
烏魯木齊	0.179	0.304	0.211	0.172	0.326	0.51	0.347	0.331	0.214	0.226	500.64	68
金華	0.169	0.3	0.243	0.188	0.228	0.5	0.447	0.275	0.179	0.235	422.09	69
呼和浩特	0.175	0.275	0.209	0.177	0.281	0.432	0.436	0.291	0.195	0.255	417.8	70
秦皇島	0.136	0.273	0.235	0.142	0.225	0.458	0.56	0.283	0.197	0.274	409.75	71
韶關	0.139	0.242	0.225	0.144	0.211	0.534	0.477	0.238	0.215	0.346	388.7	72
湖州	0.167	0.329	0.23	0.171	0.247	0.508	0.443	0.246	0.146	0.269	343.67	73
包頭	0.213	0.328	0.197	0.197	0.34	0.493	0.346	0.284	0.166	0.178	330.45	74
濟寧	0.171	0.326	0.231	0.174	0.244	0.357	0.497	0.235	0.19	0.281	307.15	75
泰安	0.155	0.309	0.213	0.176	0.218	0.57	0.436	0.227	0.191	0.219	278.14	76
揚州	0.19	0.37	0.223	0.165	0.251	0.449	0.399	0.259	0.18	0.203	267.36	77
汕頭	0.181	0.357	0.232	0.17	0.212	0.385	0.418	0.242	0.191	0.264	227.94	78
鞍山	0.174	0.327	0.228	0.175	0.279	0.476	0.382	0.233	0.182	0.207	193.86	79
泰州	0.168	0.362	0.226	0.158	0.233	0.477	0.389	0.256	0.165	0.222	173.66	80
臨沂	0.166	0.35	0.237	0.165	0.272	0.368	0.411	0.233	0.183	0.235	128.34	81
聊城	0.135	0.301	0.212	0.158	0.186	0.519	0.471	0.172	0.186	0.287	103.25	82
銀川	0.14	0.245	0.206	0.161	0.278	0.433	0.364	0.258	0.192	0.284	54.77	83
廊坊	0.135	0.296	0.228	0.152	0.219	0.567	0.403	0.255	0.179	0.196	46.14	84
營口	0.151	0.312	0.226	0.147	0.239	0.51	0.419	0.203	0.184	0.203	8.53	85
連雲港	0.146	0.279	0.206	0.143	0.229	0.533	0.419	0.241	0.172	0.244	5.54	86
三亞	0.171	0.228	0.202	0.163	0.145	0.545	0.546	0.232	0.183	0.214	-41.57	87
邯鄲	0.16	0.308	0.234	0.133	0.279	0.354	0.469	0.262	0.162	0.209	-50.53	88
漳州	0.16	0.323	0.22	0.153	0.191	0.465	0.461	0.229	0.146	0.217	-58.77	89
莆田	0.162	0.339	0.226	0.145	0.207	0.503	0.413	0.211	0.136	0.215	-75.67	90
克拉瑪依	0.176	0.353	0.189	0.172	0.27	0.525	0.279	0.271	0.162	0.162	-83.49	91
淮安	0.162	0.304	0.25	0.147	0.218	0.405	0.432	0.223	0.151	0.229	-88.76	92
鹽城	0.175	0.304	0.233	0.165	0.23	0.405	0.432	0.267	0.14	0.199	-98.41	93
桂林	0.15	0.253	0.214	0.134	0.2	0.407	0.452	0.268	0.187	0.257	-125.37	94
蕪湖	0.171	0.336	0.192	0.152	0.284	0.408	0.361	0.245	0.196	0.168	-150.61	95
衢州	0.139	0.269	0.213	0.152	0.191	0.499	0.417	0.231	0.167	0.234	-171.67	96
龍岩	0.144	0.308	0.21	0.162	0.193	0.47	0.427	0.202	0.136	0.239	-175.69	97
萊蕪	0.144	0.292	0.176	0.147	0.195	0.483	0.379	0.241	0.182	0.224	-183.13	98
吉林	0.159	0.283	0.224	0.151	0.251	0.389	0.353	0.274	0.203	0.182	-202.24	99

表1.1 2012年度中國城市綜合競爭力排行榜

系統	經濟					社會	環境	人文及文化				
城市	經濟實力競爭力	產業競爭力	財政金融競爭力	商業貿易競爭力	基礎設施競爭力	社會體制競爭力	環境資源區位競爭力	人力資本教育競爭力	科技競爭力	文化形象競爭力	綜合競爭力	排名
撫順	0.157	0.294	0.236	0.129	0.243	0.495	0.382	0.246	0.178	0.219	-215.21	100
德州	0.138	0.306	0.221	0.163	0.223	0.454	0.396	0.178	0.183	0.201	-227.52	101
岳陽	0.155	0.298	0.228	0.142	0.231	0.494	0.37	0.242	0.133	0.207	-233.26	102
宜昌	0.158	0.287	0.186	0.164	0.248	0.484	0.411	0.187	0.156	0.197	-266.08	103
棗莊	0.148	0.296	0.205	0.154	0.214	0.446	0.418	0.17	0.185	0.217	-270.35	104
保定	0.16	0.315	0.248	0.144	0.265	0.274	0.4	0.271	0.184	0.214	-284.54	105
馬鞍山	0.165	0.33	0.184	0.148	0.247	0.445	0.327	0.229	0.192	0.179	-293.87	106
本溪	0.162	0.301	0.232	0.143	0.234	0.378	0.346	0.232	0.182	0.181	-330.21	107
商丘	0.13	0.234	0.229	0.131	0.197	0.703	0.293	0.193	0.145	0.28	-335.46	108
濱州	0.136	0.315	0.197	0.158	0.203	0.496	0.394	0.169	0.174	0.192	-349.46	109
拉薩	0.149	0.174	0.1	0.139	0.189	0.204	0.403	0.263	0.213	0.217	-359.26	110
盤錦	0.155	0.235	0.23	0.151	0.246	0.449	0.402	0.185	0.173	0.178	-400.15	111
滄州	0.148	0.296	0.232	0.136	0.245	0.335	0.396	0.241	0.174	0.188	-421.96	112
嘉峪關	0.158	0.315	0.167	0.157	0.238	0.461	0.238	0.191	0.154	0.172	-431.05	113
齊齊哈爾	0.139	0.264	0.225	0.127	0.191	0.396	0.346	0.207	0.168	0.188	-437.32	114
湛江	0.155	0.319	0.215	0.151	0.216	0.408	0.415	0.24	0.173	0.227	-449.94	115
洛陽	0.165	0.304	0.212	0.164	0.283	0.265	0.278	0.225	0.158	0.296	-477.61	116
曲靖	0.134	0.234	0.189	0.135	0.179	0.574	0.332	0.19	0.148	0.32	-486.67	117
柳州	0.151	0.346	0.191	0.132	0.213	0.33	0.38	0.234	0.186	0.182	-493.05	118
晉中	0.144	0.269	0.22	0.142	0.192	0.484	0.338	0.21	0.153	0.23	-495.27	119
攀枝花	0.149	0.285	0.186	0.146	0.235	0.529	0.288	0.201	0.143	0.185	-547.67	120
新餘	0.152	0.334	0.201	0.142	0.186	0.492	0.367	0.158	0.151	0.19	-553.41	121
日照	0.137	0.307	0.191	0.156	0.204	0.348	0.416	0.195	0.179	0.183	-566.13	122
綿陽	0.141	0.265	0.201	0.149	0.198	0.441	0.323	0.268	0.179	0.197	-568.38	123
西寧	0.129	0.243	0.182	0.134	0.241	0.403	0.353	0.187	0.174	0.23	-569.43	124
銅陵	0.147	0.313	0.183	0.153	0.228	0.414	0.36	0.191	0.15	0.188	-590	125
錦州	0.14	0.278	0.238	0.142	0.225	0.365	0.338	0.238	0.18	0.191	-597.35	126
襄陽	0.163	0.316	0.221	0.148	0.194	0.391	0.393	0.171	0.161	0.197	-600	127
株洲	0.148	0.328	0.216	0.142	0.231	0.253	0.42	0.264	0.151	0.184	-604.95	128
麗水	0.133	0.262	0.226	0.156	0.177	0.381	0.368	0.232	0.141	0.251	-619.63	129
菏澤	0.139	0.275	0.233	0.154	0.206	0.424	0.413	0.162	0.18	0.234	-620.14	130
三明	0.141	0.25	0.21	0.147	0.19	0.371	0.417	0.228	0.14	0.209	-626.31	131
肇慶	0.152	0.283	0.215	0.148	0.152	0.328	0.364	0.208	0.186	0.263	-628.31	132
榆林	0.161	0.35	0.212	0.148	0.185	0.439	0.307	0.239	0.143	0.212	-665.12	133
遼陽	0.14	0.312	0.223	0.13	0.218	0.33	0.394	0.221	0.17	0.19	-672.03	134
九江	0.145	0.268	0.21	0.139	0.201	0.471	0.4	0.192	0.146	0.185	-673.01	135
烏海	0.159	0.298	0.204	0.147	0.251	0.434	0.28	0.233	0.148	0.142	-675.32	136
梅州	0.126	0.235	0.227	0.135	0.166	0.43	0.383	0.22	0.18	0.221	-680.01	137
遵義	0.137	0.256	0.19	0.13	0.194	0.399	0.399	0.201	0.138	0.198	-691.82	138
湘潭	0.138	0.341	0.214	0.14	0.219	0.349	0.35	0.227	0.125	0.194	-699.18	139
茂名	0.144	0.292	0.234	0.14	0.16	0.335	0.372	0.213	0.167	0.221	-708.33	140
南平	0.137	0.235	0.21	0.136	0.189	0.459	0.374	0.194	0.153	0.222	-714.85	141
宿遷	0.135	0.27	0.204	0.129	0.181	0.451	0.363	0.204	0.16	0.204	-716.94	142
十堰	0.126	0.326	0.213	0.135	0.184	0.268	0.404	0.199	0.182	0.206	-748.23	143
清遠	0.135	0.311	0.216	0.14	0.189	0.453	0.305	0.206	0.181	0.178	-752.61	144
荊門	0.128	0.256	0.216	0.13	0.164	0.512	0.386	0.172	0.15	0.202	-753.42	145
臨汾	0.163	0.287	0.225	0.126	0.197	0.444	0.305	0.19	0.143	0.176	-757.69	146
邢臺	0.132	0.269	0.229	0.13	0.211	0.321	0.372	0.236	0.167	0.185	-764.32	147
南陽	0.15	0.273	0.222	0.163	0.212	0.387	0.311	0.2	0.154	0.181	-771.57	148
蚌埠	0.126	0.251	0.199	0.141	0.192	0.503	0.341	0.191	0.168	0.186	-777.01	149
松原	0.128	0.241	0.201	0.135	0.173	0.429	0.302	0.202	0.133	0.166	-777.8	150
新鄉	0.132	0.281	0.217	0.143	0.217	0.352	0.323	0.209	0.163	0.183	-778.41	151
鄂州	0.16	0.279	0.196	0.124	0.183	0.373	0.367	0.133	0.144	0.188	-786.88	152
平頂山	0.13	0.29	0.215	0.133	0.197	0.329	0.307	0.226	0.155	0.179	-787.44	153
咸陽	0.127	0.284	0.222	0.12	0.184	0.323	0.349	0.212	0.144	0.26	-793.38	154
河源	0.119	0.278	0.21	0.117	0.136	0.376	0.397	0.204	0.177	0.203	-795.88	155

表1.1 2012年度中國城市綜合競爭力排行榜

系統	經濟					社會	環境	人文及文化				
城市	經濟實力競爭力	產業競爭力	財政金融競爭力	商業貿易競爭力	基礎設施競爭力	社會體制競爭力	環境資源區位競爭力	人力資本教育競爭力	科技競爭力	文化形象競爭力	綜合競爭力	排名
潮州	0.126	0.265	0.221	0.15	0.17	0.364	0.338	0.179	0.176	0.205	-820.34	156
鐵嶺	0.122	0.227	0.226	0.134	0.2	0.368	0.384	0.194	0.176	0.171	-842.7	157
安陽	0.13	0.277	0.21	0.14	0.233	0.335	0.342	0.204	0.146	0.172	-846.49	158
朔州	0.175	0.328	0.21	0.128	0.195	0.367	0.338	0.195	0.154	0.142	-867.72	159
寧德	0.132	0.218	0.185	0.135	0.194	0.434	0.342	0.2	0.136	0.224	-876.48	160
運城	0.155	0.285	0.216	0.119	0.168	0.468	0.308	0.186	0.146	0.152	-877.36	161
丹東	0.142	0.286	0.24	0.15	0.224	0.28	0.316	0.195	0.18	0.208	-882.86	162
淮南	0.144	0.249	0.193	0.127	0.213	0.343	0.32	0.254	0.159	0.168	-888.66	163
玉溪	0.131	0.3	0.186	0.113	0.143	0.354	0.359	0.198	0.153	0.228	-904.09	164
阜新	0.123	0.217	0.214	0.126	0.186	0.422	0.365	0.21	0.16	0.202	-904.91	165
大同	0.162	0.263	0.209	0.136	0.231	0.27	0.284	0.273	0.187	0.169	-905.62	166
宜春	0.133	0.26	0.22	0.129	0.156	0.425	0.364	0.16	0.146	0.196	-920.74	167
宜賓	0.137	0.289	0.199	0.143	0.182	0.44	0.266	0.172	0.14	0.156	-922.27	168
葫蘆島	0.129	0.215	0.222	0.132	0.189	0.458	0.345	0.18	0.109	0.173	-932.64	169
承德	0.132	0.257	0.22	0.118	0.187	0.303	0.332	0.205	0.169	0.193	-934.5	170
常德	0.145	0.332	0.224	0.14	0.18	0.38	0.367	0.199	0.128	0.182	-935.49	171
延安	0.135	0.306	0.201	0.113	0.178	0.421	0.298	0.194	0.138	0.218	-938.29	172
張家口	0.133	0.237	0.225	0.112	0.206	0.346	0.342	0.22	0.172	0.191	-950.42	173
黃石	0.135	0.291	0.201	0.145	0.202	0.192	0.363	0.183	0.172	0.199	-950.84	174
黃山	0.129	0.258	0.207	0.133	0.182	0.405	0.361	0.176	0.149	0.183	-950.9	175
萍鄉	0.135	0.261	0.219	0.136	0.18	0.296	0.334	0.189	0.179	0.204	-956.25	176
長治	0.171	0.312	0.205	0.136	0.184	0.256	0.334	0.229	0.167	0.168	-957.52	177
北海	0.142	0.27	0.206	0.134	0.173	0.331	0.402	0.185	0.151	0.175	-965.56	178
贛州	0.152	0.267	0.216	0.136	0.187	0.361	0.362	0.216	0.151	0.212	-966.1	179
許昌	0.125	0.322	0.21	0.137	0.187	0.319	0.32	0.166	0.148	0.165	-975.12	180
鷹潭	0.118	0.262	0.187	0.14	0.153	0.459	0.431	0.162	0.111	0.18	-979.59	181
白山	0.13	0.225	0.219	0.123	0.187	0.541	0.226	0.204	0.157	0.176	-981.91	182
焦作	0.13	0.303	0.217	0.144	0.216	0.286	0.319	0.188	0.139	0.177	-982.33	183
呂梁	0.158	0.334	0.215	0.115	0.159	0.369	0.264	0.217	0.181	0.156	-987.85	184
安慶	0.135	0.255	0.208	0.139	0.197	0.427	0.377	0.186	0.148	0.192	-990.43	185
通化	0.13	0.248	0.222	0.124	0.187	0.356	0.326	0.182	0.145	0.166	-1001.42	186
張家界	0.114	0.222	0.201	0.121	0.152	0.362	0.381	0.152	0.112	0.26	-1002.36	187
孝感	0.127	0.222	0.226	0.142	0.183	0.419	0.347	0.179	0.169	0.173	-1003.82	188
雲浮	0.119	0.229	0.222	0.129	0.146	0.411	0.353	0.188	0.174	0.234	-1005.33	189
漯河	0.129	0.317	0.196	0.142	0.157	0.472	0.295	0.148	0.143	0.156	-1009.13	190
揭陽	0.138	0.292	0.227	0.167	0.159	0.408	0.315	0.183	0.175	0.192	-1011.21	191
朝陽	0.123	0.232	0.239	0.124	0.18	0.479	0.233	0.184	0.162	0.201	-1015.45	192
樂山	0.141	0.255	0.209	0.128	0.214	0.365	0.368	0.181	0.153	0.143	-1017.18	193
金昌	0.122	0.306	0.181	0.138	0.175	0.393	0.234	0.175	0.136	0.176	-1029.54	194
郴州	0.141	0.286	0.225	0.141	0.199	0.321	0.389	0.211	0.113	0.183	-1057.35	195
景德鎮	0.127	0.231	0.219	0.136	0.161	0.218	0.39	0.195	0.154	0.2	-1058.84	196
上饒	0.143	0.215	0.223	0.13	0.18	0.388	0.331	0.197	0.144	0.216	-1061.12	197
雞西	0.124	0.205	0.223	0.136	0.215	0.442	0.287	0.208	0.148	0.163	-1063.3	198
白城	0.115	0.183	0.202	0.114	0.152	0.417	0.291	0.179	0.143	0.193	-1067.7	199
汕尾	0.124	0.24	0.214	0.135	0.158	0.544	0.291	0.161	0.176	0.216	-1083.78	200
德陽	0.137	0.271	0.201	0.147	0.178	0.451	0.33	0.238	0.14	0.173	-1084.53	201
石嘴山	0.13	0.255	0.212	0.133	0.228	0.404	0.223	0.147	0.139	0.135	-1085.66	202
三門峽	0.116	0.281	0.208	0.143	0.175	0.358	0.273	0.168	0.146	0.149	-1087.92	203
滁州	0.124	0.251	0.197	0.141	0.164	0.416	0.309	0.173	0.147	0.164	-1092.87	204
牡丹江	0.135	0.208	0.236	0.151	0.201	0.375	0.273	0.217	0.161	0.161	-1101.16	205
佳木斯	0.126	0.187	0.226	0.144	0.198	0.28	0.322	0.213	0.15	0.196	-1102.92	206
遼源	0.122	0.237	0.21	0.125	0.175	0.482	0.267	0.208	0.139	0.158	-1108.67	207
通遼	0.137	0.256	0.198	0.135	0.199	0.352	0.273	0.202	0.144	0.143	-1111.37	208
陽江	0.132	0.257	0.221	0.138	0.159	0.369	0.319	0.167	0.165	0.178	-1131.67	209
六安	0.132	0.241	0.199	0.135	0.19	0.431	0.301	0.175	0.145	0.176	-1139.48	210
寶雞	0.141	0.286	0.211	0.149	0.2	0.296	0.287	0.205	0.179	0.182	-1144.74	211

表1.1 2012年度中國城市綜合競爭力排行榜

系統	經濟					社會	環境	人文及文化				
城市	經濟實力競爭力	產業競爭力	財政金融競爭力	商業貿易競爭力	基礎設施競爭力	社會體制競爭力	環境資源區位競爭力	人力資本教育競爭力	科技競爭力	文化形象競爭力	綜合競爭力	排名
陽泉	0.151	0.288	0.207	0.133	0.221	0.297	0.277	0.255	0.147	0.146	-1146.21	212
宣城	0.13	0.263	0.205	0.141	0.173	0.453	0.302	0.184	0.15	0.184	-1146.32	213
鶴壁	0.112	0.267	0.195	0.13	0.164	0.41	0.276	0.158	0.149	0.163	-1147.65	214
銅川	0.144	0.26	0.21	0.122	0.164	0.457	0.292	0.181	0.132	0.18	-1150.67	215
衡陽	0.151	0.29	0.235	0.138	0.217	0.186	0.361	0.242	0.129	0.198	-1162.89	216
四平	0.125	0.215	0.219	0.131	0.163	0.349	0.307	0.202	0.141	0.173	-1172.58	217
信陽	0.136	0.231	0.221	0.138	0.191	0.432	0.305	0.182	0.149	0.18	-1186.6	218
淮北	0.134	0.258	0.187	0.124	0.178	0.293	0.321	0.227	0.157	0.166	-1191.66	219
周口	0.127	0.245	0.237	0.141	0.181	0.381	0.267	0.191	0.146	0.188	-1193.31	220
鶴崗	0.12	0.188	0.221	0.134	0.174	0.415	0.3	0.192	0.139	0.193	-1195.51	221
益陽	0.131	0.265	0.218	0.136	0.153	0.439	0.334	0.195	0.118	0.167	-1201.64	222
晉城	0.132	0.303	0.191	0.133	0.19	0.173	0.334	0.218	0.14	0.151	-1219.19	223
玉林	0.128	0.272	0.218	0.132	0.175	0.369	0.354	0.171	0.141	0.188	-1233.71	224
呼倫貝爾	0.158	0.197	0.198	0.149	0.211	0.385	0.178	0.223	0.155	0.169	-1238.41	225
欽州	0.144	0.222	0.204	0.111	0.157	0.377	0.288	0.168	0.147	0.195	-1245.83	226
雙鴨山	0.118	0.176	0.222	0.126	0.171	0.421	0.27	0.186	0.135	0.173	-1254.81	227
來賓	0.123	0.206	0.173	0.113	0.136	0.447	0.319	0.169	0.134	0.138	-1255.54	228
吉安	0.136	0.219	0.221	0.121	0.161	0.4	0.38	0.161	0.14	0.196	-1258.31	229
開封	0.118	0.231	0.211	0.152	0.169	0.378	0.284	0.178	0.147	0.185	-1260.62	230
赤峰	0.143	0.247	0.212	0.12	0.206	0.362	0.304	0.203	0.147	0.14	-1262.96	231
梧州	0.131	0.243	0.206	0.124	0.183	0.305	0.311	0.195	0.142	0.178	-1263.03	232
黃岡	0.122	0.207	0.228	0.121	0.18	0.277	0.331	0.171	0.163	0.184	-1274.67	233
池州	0.13	0.224	0.204	0.124	0.161	0.441	0.251	0.17	0.144	0.193	-1279.37	234
貴港	0.122	0.253	0.204	0.123	0.144	0.423	0.359	0.163	0.136	0.158	-1284.19	235
防城港	0.142	0.302	0.193	0.127	0.178	0.352	0.304	0.183	0.139	0.173	-1284.65	236
濮陽	0.113	0.263	0.217	0.133	0.164	0.265	0.33	0.172	0.145	0.166	-1285.03	237
阜陽	0.131	0.22	0.226	0.14	0.18	0.386	0.322	0.185	0.138	0.169	-1286.55	238
七台河	0.123	0.253	0.22	0.127	0.159	0.423	0.251	0.205	0.113	0.172	-1287.61	239
亳州	0.119	0.204	0.218	0.134	0.14	0.444	0.279	0.164	0.141	0.172	-1298.7	240
荊州	0.135	0.236	0.221	0.141	0.164	0.37	0.384	0.177	0.156	0.184	-1300.58	241
自貢	0.14	0.301	0.217	0.13	0.171	0.34	0.279	0.175	0.138	0.169	-1306.08	242
忻州	0.131	0.253	0.226	0.128	0.171	0.416	0.237	0.208	0.155	0.17	-1313.34	243
瀘州	0.14	0.279	0.213	0.132	0.183	0.374	0.266	0.152	0.139	0.168	-1318.99	244
駐馬店	0.12	0.218	0.225	0.148	0.187	0.374	0.257	0.173	0.146	0.182	-1319.91	245
伊春	0.114	0.186	0.219	0.123	0.219	0.489	0.293	0.151	0.138	0.186	-1320.25	246
漢中	0.109	0.201	0.213	0.124	0.151	0.418	0.299	0.189	0.153	0.185	-1320.31	247
崇左	0.116	0.22	0.203	0.123	0.13	0.476	0.272	0.166	0.139	0.148	-1324.9	248
內江	0.135	0.281	0.219	0.137	0.166	0.404	0.269	0.154	0.14	0.177	-1327.03	249
資陽	0.13	0.258	0.219	0.138	0.148	0.398	0.3	0.138	0.134	0.162	-1329.36	250
隨州	0.124	0.239	0.214	0.139	0.151	0.398	0.355	0.143	0.145	0.177	-1334.73	251
綏化	0.122	0.181	0.231	0.14	0.141	0.418	0.31	0.175	0.136	0.174	-1346.11	252
宿州	0.131	0.216	0.214	0.12	0.153	0.377	0.309	0.193	0.141	0.17	-1349.75	253
邵陽	0.126	0.22	0.23	0.121	0.177	0.351	0.33	0.196	0.123	0.177	-1358.54	254
遂寧	0.134	0.232	0.213	0.135	0.158	0.392	0.307	0.166	0.148	0.16	-1382.05	255
撫州	0.144	0.214	0.22	0.112	0.152	0.394	0.287	0.176	0.145	0.203	-1401.75	256
婁底	0.155	0.254	0.194	0.127	0.219	0.309	0.375	0.152	0.115	0.155	-1402.35	257
咸寧	0.121	0.246	0.212	0.142	0.163	0.319	0.347	0.129	0.159	0.193	-1407.03	258
渭南	0.127	0.21	0.216	0.123	0.183	0.313	0.306	0.184	0.13	0.195	-1415.68	259
懷化	0.119	0.203	0.225	0.122	0.163	0.408	0.26	0.206	0.114	0.174	-1419.39	260
永州	0.128	0.234	0.221	0.134	0.174	0.396	0.263	0.186	0.102	0.194	-1420.99	261
南充	0.142	0.232	0.227	0.131	0.186	0.377	0.266	0.163	0.136	0.152	-1426.56	262
酒泉	0.151	0.209	0.195	0.144	0.168	0.454	0.206	0.153	0.14	0.149	-1432.97	263
廣元	0.124	0.216	0.172	0.122	0.151	0.427	0.302	0.177	0.113	0.205	-1445.9	264
眉山	0.128	0.241	0.218	0.115	0.146	0.393	0.273	0.152	0.135	0.152	-1477.45	265
河池	0.109	0.181	0.179	0.13	0.15	0.432	0.329	0.182	0.14	0.149	-1490.65	266
安順	0.129	0.195	0.159	0.121	0.132	0.448	0.36	0.156	0.136	0.133	-1517.95	267

表1.1 2012年度中國城市綜合競爭力排行榜

系統	經濟					社會	環境	人文及文化				
城市	經濟實力競爭力	產業競爭力	財政金融競爭力	商業貿易競爭力	基礎設施競爭力	社會體制競爭力	環境資源區位競爭力	人力資本教育競爭力	科技競爭力	文化形象競爭力	綜合競爭力	排名
達州	0.131	0.207	0.227	0.127	0.183	0.333	0.277	0.151	0.129	0.155	-1537.98	268
雅安	0.115	0.184	0.184	0.131	0.147	0.367	0.306	0.166	0.145	0.155	-1545.06	269
六盤水	0.132	0.245	0.175	0.106	0.16	0.333	0.316	0.153	0.132	0.15	-1619.64	270
廣安	0.134	0.218	0.228	0.126	0.149	0.38	0.348	0.144	0.131	0.149	-1624.42	271
衡水	0.112	0.25	0.229	0.125	0.179	0.1	0.371	0.195	0.139	0.169	-1639.06	272
安康	0.116	0.185	0.206	0.111	0.155	0.359	0.246	0.2	0.136	0.173	-1667.94	273
巴彥淖爾	0.121	0.208	0.16	0.132	0.167	0.36	0.284	0.184	0.142	0.124	-1697.76	274
賀州	0.122	0.22	0.187	0.106	0.133	0.346	0.285	0.173	0.135	0.158	-1705.39	275
百色	0.114	0.196	0.185	0.118	0.157	0.294	0.302	0.192	0.141	0.166	-1715.56	276
黑河	0.111	0.1	0.219	0.148	0.153	0.435	0.275	0.1	0.137	0.172	-1736.82	277
天水	0.114	0.197	0.207	0.123	0.145	0.374	0.178	0.156	0.143	0.172	-1808.71	278
白銀	0.112	0.239	0.178	0.111	0.157	0.324	0.161	0.182	0.141	0.173	-1892.39	279
烏蘭察布	0.116	0.17	0.2	0.133	0.162	0.241	0.251	0.199	0.146	0.143	-1931.89	280
保山	0.123	0.207	0.191	0.123	0.123	0.24	0.273	0.148	0.145	0.159	-1962.77	281
吳忠	0.106	0.198	0.196	0.125	0.142	0.278	0.247	0.168	0.14	0.143	-1967.57	282
固原	0.1	0.176	0.163	0.1	0.141	0.389	0.185	0.206	0.139	0.163	-2005.21	283
張掖	0.104	0.166	0.199	0.123	0.152	0.403	0.161	0.135	0.141	0.15	-2008.12	284
普洱	0.126	0.148	0.184	0.119	0.134	0.31	0.284	0.176	0.147	0.101	-2037.14	285
慶陽	0.112	0.227	0.206	0.117	0.141	0.377	0.102	0.16	0.132	0.132	-2043.49	286
平涼	0.106	0.201	0.192	0.117	0.128	0.355	0.156	0.167	0.143	0.148	-2045.68	287
武威	0.122	0.182	0.208	0.124	0.144	0.299	0.209	0.153	0.136	0.116	-2074.71	288
麗江	0.123	0.19	0.186	0.109	0.142	0.259	0.24	0.19	0.139	0.119	-2092.71	289
臨滄	0.12	0.137	0.173	0.126	0.11	0.358	0.238	0.173	0.155	0.105	-2120.78	290
巴中	0.12	0.159	0.209	0.123	0.138	0.252	0.244	0.13	0.128	0.15	-2154.5	291
昭通	0.125	0.209	0.171	0.12	0.106	0.306	0.218	0.164	0.134	0.1	-2184.61	292
商洛	0.12	0.184	0.202	0.138	0.192	0.142	0.143	0.157	0.137	0.143	-2342.94	293
中衛	0.105	0.208	0.188	0.126	0.13	0.199	0.182	0.142	0.13	0.128	-2414.58	294
定西	0.101	0.132	0.195	0.112	0.1	0.293	0.1	0.179	0.1	0.131	-2693.59	295
隴南	0.105	0.159	0.162	0.1	0.105	0.253	0.103	0.158	0.1	0.121	-2868.28	296

第二篇　2012 年度中國城市成長競爭力排行榜

2.1 成長競爭力：動態發展比較

城市是一個動態發展的概念，而城市競爭力也是一個動態發展的過程。爲了衡量城市動態發展，我們提出了城市成長競爭力這個概念。城市成長競爭力是指城市在動態發展的過程中，充分挖掘其潛在的潛能，不斷完善城市的社會組織體制，展示其創新活力並依據城市可持續發展的內在規律逐步提升自身綜合競爭力的能力。城市的發展與增長是一個動態的、多維的系統，城市成長競爭力是城市綜合、發展潛力、制度活力與實現能力“四位一體”的四維系統。在我們的理論框架下，《中國城市成長競爭力比較評估指標體系》包含一級指標 4 個，二級指標 29 個、三級指標 67 個（具體請參見附錄 2）。城市成長競爭力排行依據“GN 中國城市成長競爭力評價指標體系”評估，包括實力指數、潛力指數、活力指數、能力指數四項一級指標。

2.2 成長競爭力四項一級指數

實力指數是將城市綜合競爭力指數化而得到。它包括城市綜合經濟、城市產業實力、城市財政金融實力、城市商業貿易實力、城市基礎設施實力、城市社會體制實力、城市環境資源區位實力、城市人力教育實力、城市科技實力、城市文化形象實力等十項指數。一個城市的成長與其綜合實力是密切相關的，因爲城市的發展與成長不僅需要資源，也依賴自身在競爭中的相對優勢。從某種意義上來說，城市發展所需要的資源具有稀缺性，城市在資源配置的過程難免不會遇到“贏家通吃”的局面，即在城市的局部區域性競爭或國際性競爭中，強者決定了資源配置的規則，而弱者只能依附於強者的遊戲規則，而自身得不到規則的制定權，因而很難保障和爭取自身利益。在這樣的情形下，具有最強競爭力的城市往往會贏得更多的資源，而競爭力不強的城市有可能會被更加的弱化，從而形成強者愈強，弱者愈弱的結果，即我們通常所說的“馬太效應”。因而，城市之間的各種發展不平衡也是自然而然的結果。城市的發展是有一定的邊界限制的，雖然到目前爲止學術界並未很好的回答“城市的邊界到底是什麼”這個問題，但是城市規模的無限制擴大將會帶來許多的城市病問題，如污染嚴重、交通堵塞等。這些問題已經伴隨著不斷的城市化過程在各個國家不同程度的出現了。由於各個城市在資源配置過程中的不同地位，以及城市邊界問題的存在，現實中出現了各種規模不等、競爭力參差不齊的各種城市並存的局面，即城市發展的不平衡問題。縱觀世界城市發展史，我們發現，如今所形成的城市群、城市帶，都是由一個或幾個中心城市帶動周邊城市不斷發展，實現整體城市群或城市帶的實力增強。城市群或城市帶中的城市雖然存在資源配置上的競爭，但它們的關係更多的體現在資源配置的互補性上，例如城市間勞動力、自然資源商品等資源的互通有無。此外城市與城市之間還出現了分工的細化，區域經濟中不同功能的城市也相伴而生，並且這些城市之間的功能具有非常強的互補性。例如勞動密集型的製造業和使用土地較多的製造業，會向勞動力和土地成本更加低廉的周邊城市轉移，這樣提高了資源的利用效率也節約了城市的發展成本。從表 2. 1 中可以看出，上海、北京、香港、深圳的實力指數都相對比較大。其中香港的實力指數最大爲 1.

潛力指數體現了城市在發展過程中在人力資本、金融資本、市場潛力、區位、可持續發展等多方面的潛在能力。它包括居民消費潛力指數、金融資本潛力指數、人力資本潛力指數、市場潛力指數、區位指數、自然資源指數、環境品質指數與可持續發展指數 8 個二級指標。潛力指數主要刻畫了城市的內在增長力，從其包含的指標可以看出，該指數主要關注的是一個城市經濟發展所需的各種人力、資金、市場等驅動因素。較高的潛力指數反映了城市未來較好的經濟增長前景。從 2012 年度中國城市成長競爭力排行榜中可以看出，在潛力指數的排名中，深圳名列前茅，上海、青島位居二三名。

活力指數是反映城市在軟環境方面活力的指標。一般來說，這種軟環境是城市在其發展與變遷過程中經過長時間積澱下來的，具有一定的繼承性和歷史性，它不僅僅體現在城市社會管理組織的行爲與各種規章制度上，也體現在城市的氛圍和城市居民的精神風貌上。當然，城市的管理者和城市居民也可以通過學習、創新在短時期內改善這種軟環境。城市良好的軟環境不僅是城市發展的助推器，對於提高城市居民的生活水準和生活品質上也有著非常重要的作用。活力指數包括文化力指數、學習力指數、創新力指數、法制力指數、應變力指數、開放力指數和行銷力指數 7 個二級指標。其中學習力與創新力是城市保持活躍性的關鍵，也是城市軟實力的集中體現。在 2012 年度，城市活力指數排名中，前三名也延續了 2011 年度的情形，深圳、上海、蘇州依然位列三甲。

能力指數刻畫的是城市在促進經濟發展、提高社會保障水準和集聚各種資源方面的能力，它包括經濟增長能力、社會保障能力、城市吸引能力和城市流通能力 4 個二級指標。它分別從城市的經濟功能、社會功能、集聚功能三個角度來分析城市在提升整體發展水準方面的能力。能力指數一定程度上反映了城市未來的發展潛力。在 2012 年度，城市能力指數排名中，澳門、拉薩、忻州位列前三。

通過對 2012 年 296 個城市成長競爭力的計算，我們發現有 107 個城市處於平均水準之上，比 2011 年少了三個，占 36. 15%。成長競爭力得分的標準差爲 4. 054，相比 2011 年有所增加，這說明城市之間的成長競爭力的差異可能有逐步加大的趨勢。從下表中可得知，東部沿海城市在城市成長競爭力排名中較靠前。

城市成長競爭力及一級指標具體排名見表 2. 1[①]。

表 2. 1 2012 年度中國城市成長競爭力排行榜

城市	實力指數	排名	潛力指數	排名	活力指數	排名	能力指數	排名	成長競爭力得分	排名
天津	0.588	6	0.787	15	0.641	8	0.818	5	2132.38	1
重慶	0.542	10	0.914	4	0.472	35	0.783	10	2049.32	2
深圳	0.67	5	1	1	1	1	0.563	215	1682.64	3
上海	0.986	3	1	1	0.985	2	0.618	146	1549.07	4
北京	0.98	1	0.904	5	0.838	4	0.773	11	1373.84	5
廣州	0.672	4	0.894	6	0.753	5	0.601	172	1318.02	6
蘇州	0.588	6	0.757	16	0.912	3	0.604	161	1225.26	7
青島	0.465	15	0.972	3	0.637	9	0.541	238	1061.3	8
杭州	0.574	8	0.847	7	0.637	9	0.555	224	1047.46	9
香港	1	2	0.799	12	0.742	6	0.387	283	987.59	10
大連	0.479	14	0.837	8	0.584	16	0.662	90	937.84	11
濟南	0.432	19	0.804	11	0.523	26	0.526	251	895.08	12
南京	0.494	11	0.735	23	0.603	13	0.573	203	826.27	13
澳門	0.48	13	0.543	106	0.45	40	1	1	824.14	14
瀋陽	0.448	18	0.718	24	0.495	30	0.608	157	795.51	15
武漢	0.482	12	0.753	17	0.483	33	0.663	89	770.37	16
合肥	0.349	37	0.699	30	0.436	45	0.712	40	745.49	17
鄂爾多斯	0.275	66	0.696	31	0.225	152	0.732	23	679	18
寧波	0.45	17	0.707	29	0.633	11	0.533	246	668.14	19
成都	0.461	16	0.83	9	0.496	29	0.765	12	664.39	20
廈門	0.401	24	0.736	22	0.605	12	0.693	57	649.18	21

[①] 該排名由於是對綜合實力指數化後的排名，由於我們只取三位小數，因此在綜合實力上得分非常相近的城市其指數化得分將相同，因而排名也相同，有可能與第一節所述的排名有比較小的差異，請讀者注意區分。

表 2.1 2012 年度中國城市成長競爭力排行榜

城市	實力指數	排名	潛力指數	排名	活力指數	排名	能力指數	排名	成長競爭力得分	排名
昆明	0.386	25	0.819	10	0.462	38	0.66	91	634.01	22
無錫	0.43	20	0.646	42	0.583	17	0.575	200	577.63	23
長沙	0.402	23	0.656	40	0.431	48	0.668	87	545.28	24
煙臺	0.357	33	0.748	19	0.343	74	0.593	183	543.11	25
臺北	0.546	9	0.744	21	0.564	18	0.128	289	543.01	26
西安	0.403	22	0.461	175	0.372	66	0.609	154	534.44	27
長春	0.365	31	0.795	13	0.434	46	0.642	115	533.5	28
鄭州	0.379	27	0.696	31	0.439	44	0.671	82	532.11	29
佛山	0.37	29	0.627	53	0.535	22	0.544	234	531.44	30
福州	0.357	33	0.669	35	0.475	34	0.664	88	525.34	31
東莞	0.408	21	0.561	89	0.729	7	0.487	268	521.42	32
中山	0.354	35	0.593	67	0.599	14	0.607	158	497.39	33
南通	0.347	39	0.664	38	0.557	19	0.601	172	485.19	34
珠海	0.351	36	0.648	41	0.546	20	0.609	154	477.98	35
惠州	0.289	55	0.558	95	0.546	20	0.736	20	419.93	36
常州	0.348	38	0.557	96	0.527	25	0.591	186	416.84	37
嘉興	0.318	46	0.604	64	0.534	23	0.544	234	396.78	38
江門	0.276	65	0.587	70	0.508	27	0.658	93	388.76	39
南昌	0.329	41	0.671	34	0.391	62	0.632	127	377.97	40
石家莊	0.324	44	0.621	57	0.446	41	0.604	161	375.2	41
泉州	0.323	45	0.586	71	0.454	39	0.621	143	365.47	42
紹興	0.336	40	0.536	112	0.529	24	0.534	245	357.65	43
韶關	0.265	71	0.673	33	0.507	28	0.535	242	345.55	44
溫州	0.328	42	0.516	132	0.589	15	0.455	275	338.91	45
貴陽	0.295	57	0.642	46	0.38	64	0.792	8	319.54	46
徐州	0.284	61	0.566	87	0.444	42	0.649	103	306.04	47
舟山	0.294	58	0.542	107	0.493	31	0.57	208	298.75	48
漳州	0.242	89	0.644	43	0.414	55	0.682	65	281.77	49
呼和浩特	0.267	75	0.714	26	0.299	87	0.526	251	280.27	50
唐山	0.313	50	0.749	18	0.298	88	0.582	192	256.84	51
威海	0.302	54	0.792	14	0.306	84	0.479	271	242.18	52
汕頭	0.257	78	0.533	113	0.49	32	0.576	198	233.23	53
聊城	0.251	82	0.708	28	0.285	96	0.642	115	228.69	54
連雲港	0.246	85	0.497	149	0.467	37	0.603	167	228.12	55
湖州	0.263	72	0.524	120	0.469	36	0.523	253	226.83	56
銀川	0.248	91	0.631	52	0.348	69	0.585	191	216.56	57
揚州	0.259	77	0.509	139	0.425	51	0.606	159	197.05	58
鹽城	0.24	91	0.552	102	0.406	60	0.617	147	179.75	59
南寧	0.298	56	0.591	68	0.348	69	0.627	137	178.79	60
營口	0.246	85	0.541	108	0.278	98	0.651	100	176.16	61
三亞	0.243	83	0.639	48	0.263	105	0.724	30	170.71	62
鎮江	0.278	64	0.49	153	0.43	49	0.597	179	168.84	63
鐵嶺	0.203	163	0.553	100	0.214	180	0.65	102	166.76	64
哈爾濱	0.368	30	0.745	20	0.418	54	0.606	159	165.95	65
肇慶	0.214	126	0.504	142	0.422	52	0.682	65	157.19	66
淮安	0.241	94	0.49	153	0.42	53	0.641	118	149.05	67
大慶	0.292	59	0.713	27	0.263	105	0.533	246	145.55	68
湛江	0.223	95	0.632	51	0.413	56	0.649	103	143.81	69
曲靖	0.221	111	0.577	76	0.434	46	0.549	229	140.96	70
台州	0.291	60	0.567	86	0.442	43	0.432	278	140.27	71
淄博	0.303	52	0.577	76	0.277	99	0.602	168	139.21	72
宜昌	0.232	105	0.64	47	0.232	136	0.744	17	138.86	73
濰坊	0.288	62	0.62	58	0.29	95	0.56	218	132.39	74
泰安	0.26	76	0.623	56	0.297	89	0.541	238	129.4	75
秦皇島	0.266	69	0.549	103	0.317	80	0.636	123	123.23	76
泰州	0.254	80	0.496	150	0.409	59	0.581	195	122.63	77
東營	0.29	63	0.66	39	0.27	102	0.62	145	119.91	78
衢州	0.237	99	0.549	103	0.43	49	0.514	257	119.71	79

表 2. 1 2012 年度中國城市成長競爭力排行榜

城市	實力指數	排名	潛力指數	排名	活力指數	排名	能力指數	排名	成長競爭力得分	排名
海口	0.3	53	0.633	50	0.364	67	0.57	208	114.84	80
吉林	0.235	103	0.611	62	0.209	192	0.639	120	113.83	81
齊齊哈爾	0.223	148	0.638	49	0.225	152	0.611	152	107.04	82
濟寧	0.261	74	0.715	25	0.255	110	0.527	249	100.69	83
莆田	0.242	89	0.523	121	0.335	76	0.677	72	99.17	84
七台河	0.18	231	0.439	198	0.211	183	0.361	285	84.43	85
綿陽	0.217	121	0.499	146	0.358	68	0.736	20	75.42	86
廊坊	0.248	83	0.643	44	0.281	97	0.604	161	75.35	87
金華	0.267	69	0.468	170	0.41	58	0.509	259	71.4	88
龍岩	0.237	101	0.582	74	0.296	90	0.6	175	55.59	89
蕪湖	0.238	96	0.523	121	0.252	115	0.74	18	55.01	90
三明	0.214	134	0.509	139	0.315	81	0.675	77	52.61	91
揭陽	0.194	141	0.47	168	0.308	83	0.7	49	44.95	92
桂林	0.239	96	0.568	85	0.291	93	0.57	208	39.83	93
宿遷	0.209	138	0.426	214	0.383	63	0.617	147	34.63	94
錦州	0.215	121	0.461	175	0.215	178	0.621	143	31.35	95
咸陽	0.205	156	0.489	155	0.192	228	0.576	198	28.85	96
商丘	0.228	98	0.512	136	0.375	65	0.508	261	18.01	97
柳州	0.22	120	0.476	165	0.236	128	0.536	241	17.13	98
茂名	0.21	134	0.518	127	0.395	61	0.486	269	12.24	99
臨沂	0.252	81	0.575	81	0.253	113	0.573	203	11.83	100
佳木斯	0.19	231	0.559	92	0.237	127	0.628	135	10.88	101
防城港	0.18	209	0.354	257	0.232	136	0.736	20	10.33	102
株洲	0.215	121	0.613	60	0.236	128	0.609	154	10.29	103
鞍山	0.255	79	0.393	232	0.242	122	0.56	218	8.33	104
岳陽	0.234	101	0.607	63	0.232	136	0.604	161	5.91	105
棗莊	0.232	105	0.585	72	0.242	122	0.565	213	1.25	106
菏澤	0.214	108	0.667	36	0.255	110	0.669	86	0.78	107
松原	0.206	211	0.538	110	0.223	158	0.592	184	-1.23	108
包頭	0.262	73	0.485	160	0.201	212	0.61	153	-1.62	109
邯鄲	0.243	87	0.625	54	0.23	141	0.598	178	-7.37	110
濱州	0.228	110	0.604	64	0.247	119	0.549	229	-7.59	111
雙鴨山	0.182	256	0.463	173	0.22	164	0.701	46	-9.53	112
蘭州	0.274	67	0.559	92	0.346	72	0.732	23	-12.21	113
朝陽	0.194	189	0.1	296	0.222	162	0.643	112	-13.79	114
襄陽	0.215	118	0.525	118	0.195	222	0.728	26	-18.01	115
清遠	0.207	129	0.393	232	0.318	79	0.448	276	-18.49	116
德州	0.234	103	0.556	97	0.271	101	0.642	115	-18.85	117
潮州	0.204	159	0.448	192	0.346	72	0.624	140	-27.82	118
白山	0.196	178	0.229	292	0.247	119	0.715	34	-28.73	119
日照	0.217	129	0.56	90	0.269	103	0.629	134	-29.19	120
呼倫貝爾	0.183	242	0.316	272	0.203	206	0.64	119	-30.62	121
麗水	0.214	126	0.453	191	0.411	57	0.535	242	-32.8	122
宜賓	0.199	200	0.399	230	0.175	261	0.722	31	-36.08	123
四平	0.186	247	0.489	155	0.234	132	0.729	25	-37.01	124
綏化	0.177	242	0.667	36	0.21	188	0.622	142	-38.22	125
鶴崗	0.185	223	0.258	287	0.248	117	0.672	80	-43.16	126
梅州	0.211	129	0.576	79	0.291	93	0.582	192	-44.2	127
白城	0.191	260	0.304	277	0.188	237	0.725	29	-52.24	128
荊門	0.207	133	0.522	124	0.209	192	0.675	77	-56.11	129
滄州	0.224	114	0.618	59	0.223	158	0.602	168	-59.21	130
湘潭	0.21	134	0.491	151	0.247	119	0.643	112	-61.8	131
烏魯木齊	0.271	68	0.438	200	0.348	69	0.714	37	-64.65	132
保定	0.231	99	0.518	127	0.233	134	0.573	203	-67.09	133
雲浮	0.194	163	0.498	147	0.296	90	0.562	217	-69.44	134
赤峰	0.181	218	0.576	79	0.198	217	0.71	42	-77.48	135
鄂州	0.206	184	0.532	114	0.209	192	0.647	108	-77.78	136
南平	0.209	134	0.458	180	0.303	85	0.565	213	-84.47	137

表 2. 1 2012 年度中國城市成長競爭力排行榜

城市	實力指數	排名	潛力指數	排名	活力指數	排名	能力指數	排名	成長競爭力得分	排名
汕尾	0.19	148	0.354	257	0.342	75	0.626	138	-89.8	138
通化	0.195	216	0.457	182	0.183	244	0.726	28	-90.09	139
景德鎮	0.192	226	0.553	100	0.183	244	0.591	186	-95.11	140
遼陽	0.211	125	0.436	205	0.208	196	0.635	124	-95.71	141
十堰	0.208	144	0.408	224	0.269	103	0.468	274	-96.61	142
黑河	0.157	277	0.489	155	0.234	132	0.502	264	-96.89	143
榆林	0.212	112	0.44	197	0.16	273	0.7	49	-98.8	144
宜春	0.199	167	0.462	174	0.229	144	0.59	189	-99.99	145
河源	0.205	159	0.537	111	0.296	90	0.549	229	-103.19	146
孝感	0.195	169	0.47	168	0.192	228	0.674	79	-103.25	147
玉溪	0.2	178	0.584	73	0.21	188	0.57	208	-105.84	148
樂山	0.194	189	0.491	151	0.185	241	0.67	83	-109.31	149
晉中	0.22	116	0.577	76	0.251	116	0.549	229	-111.34	150
巴彥淖爾	0.159	274	0.588	69	0.188	237	0.543	236	-116.18	151
新餘	0.217	118	0.412	222	0.26	108	0.631	128	-116.64	152
張家界	0.195	218	0.424	216	0.22	164	0.63	131	-117.99	153
銅陵	0.216	129	0.556	97	0.236	128	0.499	266	-118.4	154
三門峽	0.19	242	0.511	137	0.192	228	0.582	192	-123.75	155
雞西	0.192	195	0.459	178	0.216	175	0.682	65	-124.13	156
寧德	0.201	173	0.439	198	0.302	86	0.698	53	-125.72	157
牡丹江	0.19	200	0.461	175	0.219	166	0.715	34	-128.99	158
九江	0.211	121	0.57	84	0.224	155	0.648	106	-129.4	159
安慶	0.195	148	0.643	44	0.228	145	0.626	138	-131.47	160
陽江	0.188	200	0.459	178	0.309	82	0.697	54	-131.48	161
咸寧	0.174	226	0.516	132	0.177	253	0.7	49	-132.7	162
平頂山	0.206	184	0.531	115	0.2	214	0.55	227	-135.45	163
萊蕪	0.236	107	0.457	182	0.274	100	0.4	282	-135.68	164
阜陽	0.18	211	0.517	130	0.208	196	0.556	223	-136.17	165
遼源	0.189	209	0.306	276	0.227	147	0.651	100	-136.48	166
漢中	0.178	235	0.466	171	0.198	217	0.63	131	-136.99	167
西寧	0.217	144	0.5	144	0.319	78	0.566	212	-137.53	168
安陽	0.203	169	0.613	60	0.172	265	0.519	255	-138.68	169
丹東	0.201	148	0.371	249	0.205	204	0.63	131	-151.66	170
鷹潭	0.196	173	0.566	87	0.224	155	0.594	182	-152.35	171
贛州	0.196	143	0.455	186	0.255	110	0.543	236	-153.87	172
黃岡	0.181	255	0.438	200	0.201	212	0.649	103	-154.39	173
池州	0.181	235	0.368	251	0.227	147	0.591	186	-154.45	174
貴港	0.18	218	0.429	210	0.226	150	0.302	286	-156.79	175
遵義	0.21	157	0.572	82	0.177	253	0.71	42	-157.57	176
太原	0.317	47	0.432	208	0.331	77	0.509	259	-161.29	177
盤錦	0.225	114	0.523	121	0.177	253	0.647	108	-163.25	178
郴州	0.192	159	0.522	124	0.221	163	0.613	151	-165.51	179
運城	0.201	163	0.484	163	0.235	131	0.721	32	-165.93	180
瀘州	0.179	224	0.348	261	0.191	233	0.678	71	-167.17	181
新鄉	0.206	157	0.528	117	0.172	265	0.753	14	-168.97	182
北海	0.196	178	0.516	132	0.211	183	0.822	4	-169.38	183
阜新	0.2	159	0.437	204	0.211	183	0.643	112	-171.79	184
欽州	0.182	247	0.331	269	0.261	107	0.789	9	-175.24	185
開封	0.182	224	0.498	147	0.192	228	0.623	141	-176.78	186
梧州	0.181	247	0.378	242	0.24	125	0.682	65	-179.57	187
衡陽	0.186	178	0.502	143	0.176	258	0.646	110	-179.78	188
延安	0.198	163	0.458	180	0.18	249	0.437	277	-181.32	189
朔州	0.201	154	0.56	90	0.223	158	0.815	6	-183.96	190
宿州	0.177	247	0.518	127	0.199	216	0.599	177	-185.11	191
六安	0.188	200	0.443	194	0.218	170	0.571	206	-186.08	192
本溪	0.229	112	0.339	265	0.206	202	0.646	110	-189.12	193
黃石	0.197	207	0.443	194	0.218	170	0.694	56	-189.38	194
吉安	0.182	195	0.54	109	0.21	188	0.614	149	-189.41	195

表 2.1 2012 年度中國城市成長競爭力排行榜

城市	實力指數	排名	潛力指數	排名	活力指數	排名	能力指數	排名	成長競爭力得分	排名
葫蘆島	0.198	199	0.402	229	0.218	170	0.595	181	-193.34	196
德陽	0.19	148	0.525	118	0.258	109	0.75	15	-194.25	197
渭南	0.174	256	0.471	166	0.195	222	0.635	124	-195.38	198
荆州	0.18	178	0.579	75	0.223	158	0.652	96	-195.41	199
亳州	0.18	252	0.438	200	0.23	141	0.631	128	-197.72	200
馬鞍山	0.231	108	0.507	141	0.23	141	0.505	263	-199.79	201
張家口	0.197	173	0.337	266	0.248	117	0.527	249	-200.82	202
萍鄉	0.197	189	0.428	211	0.191	233	0.652	96	-200.94	203
通遼	0.189	235	0.522	124	0.177	253	0.68	70	-201.17	204
高雄	0.371	28	0.464	172	0.209	192	0.114	290	-203.65	205
淮南	0.2	189	0.432	208	0.195	222	0.58	197	-212.64	206
安康	0.161	273	0.405	227	0.151	281	0.686	63	-213.96	207
邢臺	0.207	148	0.427	212	0.207	200	0.51	258	-214.39	208
內江	0.178	211	0.373	247	0.191	233	0.713	39	-220.14	209
滁州	0.19	218	0.457	182	0.193	225	0.687	61	-220.63	210
寶雞	0.187	184	0.513	135	0.198	217	0.672	80	-222.12	211
撫順	0.235	87	0.289	282	0.227	147	0.637	122	-223.42	212
資陽	0.178	235	0.442	196	0.179	250	0.692	58	-223.52	213
烏海	0.211	138	0.271	285	0.211	183	0.794	7	-226.09	214
承德	0.198	200	0.242	290	0.231	140	0.478	272	-226.72	215
許昌	0.196	200	0.484	163	0.183	244	0.687	61	-231.82	216
自貢	0.179	218	0.329	270	0.21	188	0.739	19	-234.82	217
蚌埠	0.206	141	0.571	83	0.226	150	0.695	55	-237.59	218
漯河	0.194	184	0.51	138	0.211	183	0.631	128	-237.9	219
遂寧	0.175	226	0.383	237	0.187	239	0.67	83	-238.9	220
基隆	0.314	48	0.424	216	0.208	196	0.101	294	-240.29	221
黃山	0.197	173	0.372	248	0.202	209	0.56	218	-241.56	222
洛陽	0.221	116	0.38	240	0.185	241	0.604	161	-244.19	223
南陽	0.206	144	0.545	105	0.175	261	0.529	248	-246.47	224
新北	0.382	26	0.393	232	0.225	152	0.106	291	-250.33	225
達州	0.167	268	0.359	256	0.16	273	0.537	240	-252.6	226
宣城	0.187	173	0.438	200	0.207	200	0.67	83	-254.14	227
廣安	0.163	252	0.53	116	0.184	243	0.701	46	-254.25	228
石嘴山	0.19	252	0.34	264	0.202	209	0.614	149	-258.6	229
周口	0.185	207	0.406	226	0.181	248	0.535	242	-260.75	230
來賓	0.182	268	0.364	253	0.182	247	0.604	161	-261.1	231
百色	0.158	276	0.378	242	0.196	221	0.363	284	-262.11	232
上饒	0.192	178	0.375	245	0.232	136	0.574	202	-263.09	233
台中	0.361	32	0.413	221	0.219	166	0.102	293	-263.23	234
伊春	0.179	211	0.414	218	0.214	180	0.425	279	-263.29	235
常德	0.198	138	0.554	99	0.206	202	0.709	44	-264.78	236
邵陽	0.177	231	0.485	160	0.219	166	0.652	96	-265.84	237
益陽	0.185	194	0.455	186	0.193	225	0.55	227	-266.84	238
拉薩	0.227	235	0.625	54	0.162	271	0.861	2	-269.16	239
淮北	0.185	231	0.448	192	0.218	170	0.592	184	-269.59	240
眉山	0.171	265	0.405	227	0.166	268	0.66	91	-269.8	241
玉林	0.183	189	0.485	160	0.224	155	0.488	267	-270.85	242
崇左	0.178	260	0.316	272	0.204	205	0.474	273	-271.02	243
雅安	0.167	272	0.426	214	0.157	275	0.699	52	-271.51	244
永州	0.173	242	0.313	274	0.233	134	0.652	96	-272.74	245
濮陽	0.18	256	0.559	92	0.119	295	0.508	261	-294.32	246
衡水	0.162	270	0.598	66	0.145	286	0.555	224	-294.42	247
長治	0.197	169	0.456	185	0.2	214	0.648	106	-300.15	248
晉城	0.184	260	0.487	159	0.19	236	0.587	190	-301.66	249
信陽	0.185	184	0.454	190	0.164	269	0.56	218	-302.18	250
鶴壁	0.187	242	0.414	218	0.175	261	0.628	135	-303.38	251
攀枝花	0.218	126	0.347	262	0.179	250	0.677	72	-307.06	252
南充	0.173	247	0.334	268	0.155	278	0.686	63	-313.1	253

表 2. 1 2012 年度中國城市成長競爭力排行榜

城市	實力指數	排名	潛力指數	排名	活力指數	排名	能力指數	排名	成長競爭力得分	排名
撫州	0.174	226	0.337	266	0.253	113	0.601	172	-318.11	254
婁底	0.174	226	0.471	166	0.203	206	0.482	270	-319.62	255
烏蘭察布	0.147	280	0.5	144	0.17	267	0.602	168	-319.88	256
酒泉	0.173	264	0.37	250	0.154	279	0.712	40	-319.91	257
嘉義	0.312	51	0.351	259	0.202	209	0.104	292	-320.15	258
保山	0.146	281	0.391	236	0.215	178	0.581	195	-320.18	259
駐馬店	0.179	235	0.435	206	0.153	280	0.558	222	-327.56	260
懷化	0.173	260	0.309	275	0.219	166	0.681	69	-327.89	261
焦作	0.196	195	0.488	158	0.126	293	0.517	256	-330.69	262
銅川	0.187	195	0.455	186	0.213	182	0.717	33	-340.08	263
廣元	0.172	256	0.342	263	0.192	228	0.677	72	-351.84	264
普洱	0.142	285	0.427	212	0.127	292	0.571	206	-353.21	265
克拉瑪依	0.241	93	0.517	130	0.203	206	0.288	287	-365.29	266
台南	0.327	43	0.364	253	0.216	175	0.1	295	-371.13	267
呂梁	0.195	169	0.303	278	0.228	145	0.635	124	-372.09	268
隨州	0.178	216	0.35	260	0.198	217	0.756	13	-373.45	269
昭通	0.135	292	0.393	232	0.137	289	0.688	60	-386.56	270
新竹	0.314	48	0.381	238	0.208	196	0.1	295	-395.27	271
河池	0.17	266	0.408	224	0.193	225	0.152	288	-401.95	272
臨汾	0.207	144	0.414	218	0.216	175	0.692	58	-403.05	273
六盤水	0.163	270	0.374	246	0.176	258	0.715	34	-404.37	274
巴中	0.136	291	0.27	286	0.173	264	0.714	37	-406.98	275
麗江	0.139	289	0.282	283	0.148	284	0.728	26	-407.64	276
忻州	0.179	211	0.324	271	0.239	126	0.832	3	-414.89	277
賀州	0.159	274	0.36	255	0.217	174	0.501	265	-428.8	278
臨滄	0.138	290	0.379	241	0.163	270	0.676	76	-431.09	279
嘉峪關	0.224	154	0.409	223	0.177	253	0.677	72	-432.36	280
吳忠	0.146	281	0.455	186	0.156	276	0.602	168	-436.13	281
金昌	0.193	235	0.303	278	0.178	252	0.551	226	-439.3	282
安順	0.168	267	0.435	206	0.176	258	0.405	281	-440.35	283
平涼	0.142	285	0.299	280	0.144	287	0.655	95	-440.78	284
天水	0.154	278	0.376	244	0.151	281	0.563	215	-448.35	285
慶陽	0.142	285	0.206	293	0.131	291	0.747	16	-452.06	286
陽泉	0.187	200	0.394	231	0.161	272	0.701	46	-463.23	287
武威	0.14	288	0.381	238	0.136	290	0.6	175	-477.12	288
商洛	0.127	293	0.295	281	0.1	296	0.702	45	-493.66	289
固原	0.144	283	0.368	251	0.147	285	0.656	94	-494.86	290
大同	0.2	167	0.257	288	0.242	122	0.418	280	-500.16	291
白銀	0.149	279	0.237	291	0.187	239	0.546	233	-504.94	292
張掖	0.144	283	0.279	284	0.139	288	0.575	200	-514.37	293
中衛	0.123	294	0.25	289	0.124	294	0.638	121	-626.28	294
定西	0.109	295	0.126	295	0.156	276	0.597	179	-630.67	295
隴南	0.1	296	0.136	294	0.15	283	0.522	254	-698.58	296

第三篇 2012 年度中國城市單項競爭力排行榜

3.1 城市經濟競爭力排名及二級指標分值

城市經濟競爭力，是城市各種生產要素綜合而成的整體實力和發展效益及水準，以及由此決定的對所在區域乃至國家的作用和影響力。它是一個城市的經濟“競爭”之力，注重經濟品質和效率，考察物件不僅包括各種發展要素總量或規模所形成的靜態經濟實力，還需考慮經濟發展水準、人均指標以及單位指標，如人均 GDP 等。城市經濟競爭力是一個相對概念，它不但比較城市間競爭力的高低，而且還著眼于過去與現實，強調城市的發展潛力與增長後勁。城市經濟競爭力的評價主要是看該城市的經濟整體實力是否雄厚，經濟運轉是否有效，經濟是否穩定、健康、高速地發展，經濟水準發展所處階段是否有利於改善人民生活等。城市只有滿足以上要求才可能具有較強的經濟競爭力，反之則缺乏經濟競爭力。城市經濟競爭力在城市經濟系統中起著非常重要的作用，它從城市的綜合經濟表現來考察城市創造財富、集聚和整合各種資源進行生產的能力，在一定程度上，城市經濟競爭力也反映了城市居民參與財富分配的能力，它是城市綜合競爭力的顯示性表現。在我們的理論框架下，城市經濟競爭力是直接體現城市規模、效率和居民生活水準相對優勢的競爭力指標。雖然城市規模是否存在一個合理的邊界，在學術界還沒有一個明確的結論。但是城市規模的擴大卻是規模經濟的結果，也是產業集聚和城市規模擴張互動機制的結果，因此我們都把城市規模指標看做體現城市經濟競爭力一個重要指標。2012 年，城市規模指數排名中，上海北京香港重慶等城市繼續排在前列。上海規模指數爲 1，北京爲 0.876，香港達到 0.759，重慶的規模指數爲 0.712。從排名可以看出，一個城市的城市規模指數與其經濟競爭力是存在相關性的。城市效率指數反映了城市居民人均創造財富的能力、單位城市面積創造財富的規模和城市政府經營城市能力。它是城市對各種資源利用程度的評價和政府管理能力、人均財富值多少的放映。在 2012 年度城市效率指數排名中，澳門香港繼續排在前列，而內陸城市大多排名在十五名之後，僅有克拉瑪依、深圳、太原、上海、北京位於前十五名。這與其自身土地面積、人口規模及財富總值、政府治理水準有關。城市國際吸引指數體現了城市在吸收國外資本方面、參與世界市場競爭的能力，資本的本性在於其可獲利性，國外資本的流入也反映了城市在某些方面的相對優勢，例如該城市的廉價勞動力市場或人才供給充足、廣闊的消費市場，以及一個城市爲引進外資，採取的優惠鼓勵政策與完善的配套措施等因素。國際資本的流入一定程度上可以彌補城市資金短缺，加速城市產業的升級。在 2012 年國際吸引力指數排名中，香港、上海北京、廣州、深圳等主要沿海城市指數較高。這些城市都是對外開放較早的城市，並且現有的經濟環境與政策上的便利也爲這些城市吸引國際投資、參與世界競爭提供了機會與支援。城市居民在財富分配及消費分配方面的表現也是一個城市綜合經濟實力的體現。城市居民生活指數刻畫了城市居民分享財富的能力，也反映了居民的消費結構與消費能力。城市發展的根本是爲了提高城市居民的生活水準及生活品質，而城市居民財富的增長、消費結構的提升和消費能力的增強也會促進城市的發展，從而形成一個良性的發展態勢。在城市居民生活指數化後，2012 年，前十名全是港澳臺的城市，其中香港的該指數爲 1，臺北爲 0.692，排名第二，澳門、新竹隨後，而大陸排名前三的爲東莞、深圳、杭州。由此可以看出，在城市效率指數尤其是城市居民生活指數方面，大陸城市還有進一步提升的空間。

在我們《比較評估指標體系》的框架下，城市經濟競爭力比較評估指標體系包括城市規模指數、城市效率指數、城市國際吸引指數和城市居民生活指數等 4 個二級指標，城市人口規模、城市 GDP、人均可支配收入等 16 個三級指標。它涵蓋了城市 GDP、城市財政、城市居民生活水準等多個方面，並且是現代城市經濟生活中最重要的方面。在 2012 年 296 個城市經濟競爭力排名中，有 78 個城市處於平均水準之上，占 26. 35%。經濟競爭力得分的標準差爲 4. 092。比 2011 年的 4.24 有所下降，這表明城市經濟競爭力的差異延續了之前的下降趨勢。城市經濟競爭力的所有排名請見表 3.1。

表 3. 12012 年城市經濟競爭力排名

城市	城市規模	排名	城市效率	排名	城市國際	排名	城市居民	排名	經濟競爭力	排名
香港	0.759	3	0.501	2	1	1	1	1	4001.55	1
上海	1	1	0.328	14	0.464	2	0.294	15	2402.86	2
北京	0.876	2	0.318	15	0.328	3	0.254	34	1837.89	3
澳門	0.232	71	1	1	0.248	8	0.617	3	1735.49	4
廣州	0.671	5	0.303	21	0.285	4	0.297	14	1403.33	5
深圳	0.616	7	0.361	6	0.276	5	0.31	12	1372.08	6
天津	0.643	6	0.297	22	0.255	6	0.244	44	1231.24	7
蘇州	0.593	8	0.24	49	0.254	7	0.277	20	1097.64	8
重慶	0.712	4	0.207	78	0.183	11	0.223	79	1061.82	9
杭州	0.435	10	0.264	34	0.202	10	0.308	13	764.4	10
臺北	0.24	63	0.407	3	0.113	63	0.692	2	756.72	11
大連	0.395	15	0.254	43	0.23	9	0.24	48	682.17	12
新北	0.315	30	0.346	9	0.117	50	0.493	6	641.02	13
成都	0.473	9	0.214	72	0.161	18	0.234	61	610.28	14
南京	0.396	14	0.287	25	0.164	15	0.257	30	598.35	15
無錫	0.414	13	0.263	37	0.154	19	0.272	23	590.45	16
佛山	0.392	16	0.309	20	0.146	23	0.269	24	588.75	17
青島	0.42	12	0.218	69	0.162	17	0.264	27	553.01	18
東莞	0.33	26	0.287	25	0.167	14	0.328	11	551.42	19
武漢	0.433	11	0.248	47	0.148	21	0.227	73	549.98	20
瀋陽	0.391	17	0.264	34	0.171	13	0.199	143	522.1	21
寧波	0.387	18	0.229	59	0.152	20	0.282	19	502.62	22
高雄	0.248	57	0.339	11	0.113	63	0.487	7	500.48	23
台中	0.242	62	0.339	11	0.113	63	0.441	9	445.91	24
太原	0.382	19	0.341	10	0.109	85	0.151	256	426.66	25
長沙	0.378	20	0.223	62	0.138	28	0.218	88	392.92	26
廈門	0.233	69	0.312	18	0.164	15	0.288	16	369.81	27
新竹	0.109	293	0.361	6	0.105	116	0.577	4	346.82	28
台南	0.195	118	0.329	13	0.11	80	0.42	10	328.24	29
鄭州	0.358	22	0.214	72	0.124	36	0.179	191	281.01	30
常州	0.274	43	0.258	40	0.145	24	0.23	69	279.44	31
基隆	0.106	295	0.351	8	0.105	116	0.518	5	275.89	32
珠海	0.167	186	0.317	16	0.178	12	0.262	28	267.75	33
煙臺	0.345	24	0.192	92	0.128	34	0.21	109	263.06	34
唐山	0.368	21	0.209	75	0.11	80	0.181	186	260.83	35
濟南	0.318	28	0.235	53	0.117	50	0.214	101	250.67	36
泉州	0.328	27	0.154	169	0.137	29	0.26	29	249.95	37
西安	0.314	31	0.237	51	0.132	31	0.179	191	247.46	38
福州	0.301	34	0.185	101	0.14	25	0.256	31	245.38	39
哈爾濱	0.356	23	0.199	87	0.113	63	0.182	183	233.59	40
嘉義	0.1	296	0.367	5	0.105	116	0.458	8	230.52	41
包頭	0.259	52	0.285	27	0.112	71	0.242	46	225.39	42
南通	0.311	32	0.184	102	0.139	26	0.215	99	222.81	43
中山	0.212	94	0.297	22	0.121	39	0.285	17	216.86	44
鄂爾多斯	0.287	38	0.261	38	0.111	74	0.206	123	210.68	45
合肥	0.292	36	0.224	61	0.119	43	0.207	120	189.59	46
大慶	0.278	39	0.281	28	0.104	129	0.183	181	183.81	47
長春	0.318	28	0.208	77	0.113	63	0.178	194	175.7	48
溫州	0.29	37	0.158	154	0.107	98	0.274	22	135.65	49
紹興	0.264	48	0.168	135	0.121	39	0.269	24	127.42	50
徐州	0.302	33	0.183	103	0.119	43	0.174	208	125.99	51
昆明	0.254	55	0.207	78	0.119	43	0.231	67	120.6	52

表 3. 12012 年城市經濟競爭力排名

城市	城市規模	排名	城市效率	排名	城市國際	排名	城市居民	排名	經濟競爭力	排名
鎮江	0.216	90	0.209	75	0.136	30	0.253	36	113.97	53
石家莊	0.331	25	0.158	154	0.104	129	0.177	195	113.61	54
揚州	0.237	66	0.186	100	0.148	21	0.214	101	111.95	55
惠州	0.224	80	0.196	90	0.139	26	0.243	45	109.72	56
淄博	0.262	51	0.249	44	0.108	91	0.163	233	105.92	57
南昌	0.245	60	0.206	80	0.128	34	0.193	157	89.45	58
嘉興	0.234	67	0.176	118	0.13	33	0.236	56	76.08	59
東營	0.227	78	0.271	31	0.104	129	0.176	201	74.38	60
汕頭	0.186	146	0.249	44	0.105	116	0.284	18	72.19	61
烏魯木齊	0.202	106	0.28	29	0.109	85	0.183	181	61.3	62
濰坊	0.3	35	0.151	180	0.113	63	0.157	242	52.94	63
台州	0.246	59	0.169	133	0.104	129	0.255	32	46.3	64
克拉瑪依	0.119	292	0.407	3	0.1	263	0.169	219	45.52	65
朔州	0.231	72	0.277	30	0.102	175	0.127	289	42	66
江門	0.208	98	0.182	105	0.131	32	0.238	51	40.94	67
鹽城	0.264	48	0.153	174	0.123	37	0.187	168	40.9	68
南寧	0.243	61	0.189	97	0.107	98	0.217	93	39.3	69
呼和浩特	0.212	94	0.232	56	0.111	74	0.204	126	39.25	70
鞍山	0.221	85	0.215	71	0.118	46	0.19	161	35.92	71
三亞	0.125	289	0.288	24	0.123	37	0.249	38	24.49	72
蕪湖	0.194	121	0.235	53	0.109	85	0.221	84	22.31	73
長治	0.264	48	0.204	82	0.102	175	0.146	263	22.13	74
濟寧	0.267	47	0.141	209	0.111	74	0.208	117	21.22	75
金華	0.233	69	0.155	167	0.118	46	0.227	73	10.79	76
泰州	0.229	74	0.164	144	0.121	39	0.21	109	8.19	77
湖州	0.18	157	0.195	91	0.121	39	0.255	32	2.54	78
臨沂	0.278	39	0.142	205	0.106	108	0.169	219	-1.75	79
洛陽	0.256	54	0.157	159	0.117	50	0.159	239	-8.39	80
馬鞍山	0.158	213	0.249	44	0.11	80	0.236	56	-8.68	81
海口	0.146	246	0.264	34	0.109	85	0.236	56	-11.57	82
貴陽	0.199	110	0.222	64	0.103	153	0.207	120	-13.46	83
臨汾	0.268	46	0.178	114	0.101	224	0.131	285	-17.76	84
襄陽	0.238	65	0.176	118	0.105	116	0.186	171	-18.51	85
淮安	0.205	102	0.202	83	0.117	50	0.181	186	-18.72	86
莆田	0.169	179	0.221	65	0.108	91	0.249	38	-19.27	87
大同	0.207	101	0.23	57	0.104	129	0.17	216	-19.97	88
舟山	0.14	260	0.255	42	0.109	85	0.252	37	-20.83	89
本溪	0.162	202	0.236	52	0.116	55	0.214	101	-23.18	90
榆林	0.24	63	0.165	139	0.1	263	0.201	138	-24.49	91
邯鄲	0.272	45	0.134	237	0.106	108	0.163	233	-28.44	92
鄂州	0.14	260	0.266	33	0.105	116	0.238	51	-28.46	93
保定	0.273	44	0.121	275	0.106	108	0.179	191	-30.62	94
漳州	0.213	92	0.139	216	0.116	55	0.245	42	-30.91	95
吉林	0.234	67	0.191	94	0.107	98	0.146	263	-35.66	96
烏海	0.14	260	0.312	18	0.1	263	0.173	210	-36.08	97
宜昌	0.231	72	0.181	107	0.104	129	0.171	215	-38.49	98
嘉峪關	0.129	283	0.313	17	0.1	263	0.19	161	-39.62	99
呼倫貝爾	0.278	39	0.14	212	0.111	74	0.117	292	-41.67	100
呂梁	0.247	58	0.161	150	0.102	175	0.169	219	-42.36	101
撫順	0.169	179	0.23	57	0.108	91	0.204	126	-46.75	102
威海	0.203	105	0.187	98	0.116	55	0.176	201	-50.27	103
運城	0.275	42	0.154	169	0.102	175	0.114	294	-52.64	104
岳陽	0.222	83	0.168	135	0.104	129	0.19	161	-53.31	105
湛江	0.219	88	0.148	187	0.101	224	0.232	64	-53.77	106
婁底	0.229	74	0.161	150	0.102	175	0.191	160	-54.44	107
泰安	0.229	74	0.162	149	0.107	98	0.177	195	-55.4	108
盤錦	0.162	202	0.235	53	0.115	60	0.182	183	-56.84	109
蘭州	0.191	133	0.218	69	0.1	263	0.181	186	-59.87	110
新餘	0.146	246	0.26	39	0.106	108	0.188	167	-67.4	111

表 3. 12012 年城市經濟競爭力排名

城市	城市規模	排名	城市效率	排名	城市國際	排名	城市居民	排名	經濟競爭力	排名
贛州	0.222	83	0.114	285	0.114	61	0.226	76	-68.16	112
肇慶	0.192	129	0.144	200	0.116	55	0.238	51	-69.73	113
柳州	0.193	127	0.18	110	0.102	175	0.216	98	-71.8	114
營口	0.173	169	0.199	87	0.112	71	0.202	132	-72.16	115
酒泉	0.221	85	0.171	129	0.104	129	0.168	223	-72.9	116
衡陽	0.225	79	0.129	246	0.107	98	0.21	109	-75.15	117
陽泉	0.167	186	0.248	47	0.102	175	0.164	231	-75.48	118
桂林	0.195	118	0.137	226	0.117	50	0.232	64	-76.72	119
南陽	0.259	52	0.124	265	0.103	153	0.155	246	-80.77	120
攀枝花	0.147	243	0.229	59	0.102	175	0.222	81	-82.46	121
拉薩	0.158	213	0.173	124	0.107	98	0.268	26	-83.1	122
株洲	0.198	113	0.165	139	0.106	108	0.202	132	-85.99	123
棗莊	0.186	146	0.201	84	0.103	153	0.177	195	-88.64	124
滄州	0.254	55	0.128	252	0.104	129	0.146	263	-89.8	125
銅陵	0.133	276	0.257	41	0.104	129	0.196	150	-92.85	126
連雲港	0.19	135	0.158	154	0.118	46	0.184	177	-98.53	127
九江	0.191	133	0.142	205	0.114	61	0.21	109	-101.9	128
常德	0.221	85	0.153	174	0.104	129	0.161	238	-101.99	129
撫州	0.165	194	0.147	191	0.103	153	0.276	21	-105.9	130
萊蕪	0.133	276	0.27	32	0.102	175	0.166	227	-106.81	131
晉中	0.224	80	0.177	116	0.103	153	0.117	292	-108.29	132
龍岩	0.178	160	0.165	139	0.103	153	0.221	84	-108.98	133
茂名	0.208	98	0.14	212	0.101	224	0.202	132	-109.16	134
欽州	0.171	173	0.164	144	0.102	175	0.239	50	-109.21	135
銅川	0.129	283	0.24	49	0.1	263	0.217	93	-109.44	136
淮南	0.147	243	0.221	65	0.101	224	0.206	123	-109.81	137
上饒	0.198	113	0.113	288	0.108	91	0.242	46	-112.18	138
赤峰	0.229	74	0.154	169	0.101	224	0.137	280	-113.26	139
丹東	0.163	200	0.173	124	0.116	55	0.201	138	-115	140
北海	0.149	235	0.181	107	0.103	153	0.247	40	-117.98	141
防城港	0.136	271	0.219	67	0.102	175	0.221	84	-118.17	142
南充	0.194	121	0.136	230	0.101	224	0.228	71	-119.06	143
樂山	0.174	166	0.163	148	0.102	175	0.223	79	-121.53	144
綿陽	0.194	121	0.148	187	0.102	175	0.204	126	-122.19	145
寶雞	0.185	149	0.17	130	0.102	175	0.189	164	-122.22	146
郴州	0.197	115	0.136	230	0.109	85	0.196	150	-122.38	147
三明	0.181	154	0.145	197	0.103	153	0.228	71	-123.53	148
錦州	0.173	169	0.172	127	0.11	80	0.186	171	-125.6	149
自貢	0.161	206	0.18	110	0.1	263	0.222	81	-126.38	150
遼陽	0.155	223	0.198	89	0.104	129	0.197	149	-126.45	151
瀘州	0.178	160	0.156	161	0.1	263	0.22	87	-127.46	152
銀川	0.158	213	0.219	67	0.101	224	0.167	225	-127.89	153
菏澤	0.223	82	0.127	257	0.102	175	0.168	223	-130.24	154
衢州	0.154	227	0.174	120	0.103	153	0.232	64	-130.67	155
韶關	0.16	207	0.161	150	0.107	98	0.227	73	-131.89	156
齊齊哈爾	0.197	115	0.148	187	0.101	224	0.186	171	-133.37	157
揭陽	0.194	121	0.119	279	0.103	153	0.226	76	-135.71	158
德州	0.216	90	0.133	241	0.102	175	0.164	231	-135.87	159
湘潭	0.172	171	0.178	114	0.106	108	0.177	195	-136.74	160
日照	0.17	176	0.201	84	0.108	91	0.142	270	-138.72	161
遵義	0.208	98	0.125	263	0.1	263	0.193	157	-138.74	162
通遼	0.211	96	0.161	150	0.101	224	0.135	282	-139.6	163
南平	0.166	189	0.138	219	0.104	129	0.245	42	-140.88	164
德陽	0.181	154	0.14	212	0.102	175	0.218	88	-141.52	165
宜賓	0.187	142	0.138	219	0.101	224	0.213	105	-141.73	166
吉安	0.179	158	0.12	277	0.108	91	0.234	61	-144.16	167
濱州	0.201	107	0.153	174	0.104	129	0.153	254	-144.19	168
秦皇島	0.166	189	0.174	120	0.11	80	0.175	205	-145.8	169
信陽	0.194	121	0.124	265	0.102	175	0.207	120	-148.02	170

表 3.12012 年城市經濟競爭力排名

城市	城市規模	排名	城市效率	排名	城市國際	排名	城市居民	排名	經濟競爭力	排名
宿遷	0.189	139	0.157	159	0.104	129	0.166	227	-148.49	171
牡丹江	0.183	152	0.158	154	0.113	63	0.155	246	-148.65	172
清遠	0.164	196	0.139	216	0.108	91	0.231	67	-149.44	173
安慶	0.192	129	0.127	257	0.103	153	0.204	126	-149.72	174
荊州	0.187	142	0.128	252	0.101	224	0.217	93	-150.06	175
黃石	0.165	194	0.166	138	0.104	129	0.198	145	-150.13	176
聊城	0.217	89	0.136	230	0.102	175	0.142	270	-151.75	177
萍鄉	0.148	240	0.191	94	0.103	153	0.196	150	-151.85	178
延安	0.174	166	0.165	139	0.1	263	0.189	164	-152.4	179
內江	0.169	179	0.147	191	0.101	224	0.222	81	-152.86	180
廊坊	0.194	121	0.15	182	0.106	108	0.158	241	-152.99	181
淮北	0.139	265	0.192	92	0.102	175	0.212	106	-153.97	182
遂寧	0.156	222	0.151	180	0.101	224	0.24	48	-154.13	183
廣安	0.159	211	0.137	226	0.1	263	0.254	34	-155.71	184
曲靖	0.2	109	0.129	246	0.1	263	0.184	177	-156.56	185
宜春	0.187	142	0.128	252	0.105	116	0.198	145	-158.21	186
麗水	0.154	227	0.144	200	0.113	63	0.218	88	-161.17	187
張家口	0.187	142	0.143	202	0.102	175	0.18	190	-161.85	188
陽江	0.158	213	0.15	182	0.105	116	0.218	88	-162.86	189
晉城	0.192	129	0.177	116	0.102	175	0.12	291	-162.9	190
寧德	0.17	176	0.132	244	0.101	224	0.229	70	-163.62	191
邢臺	0.205	102	0.116	284	0.103	153	0.177	195	-164.14	192
新鄉	0.205	102	0.136	230	0.104	129	0.146	263	-165.18	193
承德	0.184	151	0.137	226	0.104	129	0.184	177	-166.76	194
六盤水	0.16	207	0.142	205	0.1	263	0.234	61	-166.95	195
六安	0.177	165	0.133	241	0.102	175	0.208	117	-167.47	196
宿州	0.174	166	0.138	219	0.102	175	0.205	125	-167.62	197
梧州	0.159	211	0.134	237	0.103	153	0.238	51	-168.23	198
忻州	0.209	97	0.158	154	0.102	175	0.105	295	-170.04	199
益陽	0.171	173	0.142	205	0.102	175	0.202	132	-170.34	200
阜陽	0.185	149	0.128	252	0.101	224	0.196	150	-171.68	201
達州	0.19	135	0.108	294	0.101	224	0.217	93	-171.88	202
玉溪	0.158	213	0.17	130	0.101	224	0.189	164	-172.2	203
平頂山	0.192	129	0.146	194	0.102	175	0.154	252	-172.46	204
商丘	0.199	110	0.123	270	0.101	224	0.175	205	-172.89	205
池州	0.132	280	0.179	112	0.107	98	0.21	109	-173.06	206
宣城	0.155	223	0.156	161	0.103	153	0.21	109	-173.33	207
白山	0.151	232	0.187	98	0.102	175	0.175	205	-173.6	208
安陽	0.196	117	0.138	219	0.102	175	0.155	246	-174.6	209
通化	0.166	189	0.146	194	0.103	153	0.201	138	-175.33	210
資陽	0.171	173	0.135	234	0.1	263	0.21	109	-175.38	211
石嘴山	0.128	287	0.223	62	0.1	263	0.17	216	-175.56	212
焦作	0.186	146	0.15	182	0.106	108	0.146	263	-176.1	213
西寧	0.141	256	0.181	107	0.1	263	0.2	142	-178.55	214
安順	0.14	260	0.146	194	0.101	224	0.247	40	-181.32	215
黃山	0.132	280	0.165	139	0.118	46	0.196	150	-181.62	216
葫蘆島	0.149	235	0.179	112	0.105	116	0.173	210	-181.66	217
漯河	0.152	231	0.182	105	0.107	98	0.157	242	-181.9	218
玉林	0.178	160	0.125	263	0.101	224	0.202	132	-182.06	219
永州	0.183	152	0.129	246	0.105	116	0.177	195	-184.07	220
荊門	0.172	171	0.145	197	0.102	175	0.181	186	-184.97	221
眉山	0.158	213	0.14	212	0.101	224	0.214	101	-186.44	222
松原	0.188	140	0.156	161	0.102	175	0.133	283	-186.56	223
孝感	0.178	160	0.124	265	0.102	175	0.195	156	-187.29	224
咸陽	0.195	118	0.138	219	0.101	224	0.143	269	-187.63	225
景德鎮	0.138	267	0.174	120	0.105	116	0.196	150	-188.1	226
周口	0.213	92	0.1	296	0.102	175	0.159	239	-188.42	227
渭南	0.188	140	0.122	272	0.111	74	0.157	242	-189.59	228
普洱	0.155	223	0.127	257	0.101	224	0.236	56	-191.55	229

表 3. 12012 年城市經濟競爭力排名

城市	城市規模	排名	城市效率	排名	城市國際	排名	城市居民	排名	經濟競爭力	排名
潮州	0.148	240	0.124	265	0.107	98	0.235	60	-193.33	230
邵陽	0.19	135	0.109	292	0.101	224	0.187	168	-193.81	231
蚌埠	0.16	207	0.155	167	0.103	153	0.176	201	-194.57	232
佳木斯	0.162	202	0.156	161	0.104	129	0.169	219	-194.8	233
梅州	0.167	186	0.113	288	0.105	116	0.217	93	-195.52	234
十堰	0.164	196	0.15	182	0.102	175	0.176	201	-196.15	235
四平	0.179	158	0.134	237	0.101	224	0.172	213	-197.4	236
昭通	0.168	185	0.122	272	0.1	263	0.212	106	-198.33	237
許昌	0.201	107	0.129	246	0.103	153	0.13	288	-198.83	238
雞西	0.149	235	0.17	130	0.101	224	0.173	210	-201.48	239
廣元	0.15	234	0.147	191	0.1	263	0.208	117	-201.71	240
汕尾	0.149	235	0.127	257	0.104	129	0.226	76	-202.75	241
隨州	0.148	240	0.143	202	0.101	224	0.21	109	-203.24	242
滁州	0.17	176	0.128	252	0.102	175	0.186	171	-204.99	243
七台河	0.107	294	0.213	74	0.102	175	0.185	175	-207.21	244
阜新	0.142	252	0.174	120	0.102	175	0.172	213	-208.53	245
保山	0.142	252	0.152	178	0.101	224	0.204	126	-209.67	246
來賓	0.143	250	0.167	137	0.1	263	0.182	183	-210.23	247
麗江	0.138	267	0.135	234	0.112	71	0.211	108	-210.26	248
朝陽	0.166	189	0.143	202	0.102	175	0.167	225	-210.48	249
貴港	0.142	252	0.15	182	0.102	175	0.201	138	-212.07	250
武威	0.142	252	0.173	124	0.1	263	0.174	208	-212.47	251
遼源	0.14	260	0.183	103	0.103	153	0.157	242	-212.87	252
鐵嶺	0.164	196	0.148	187	0.104	129	0.155	246	-213.5	253
黃岡	0.193	127	0.105	295	0.102	175	0.165	229	-213.74	254
金昌	0.128	287	0.206	80	0.1	263	0.151	256	-214.12	255
綏化	0.19	135	0.118	282	0.1	263	0.155	246	-214.3	256
賀州	0.13	282	0.169	133	0.102	175	0.193	157	-215.41	257
巴彥淖爾	0.166	189	0.164	144	0.102	175	0.131	285	-216.6	258
咸寧	0.157	221	0.135	234	0.102	175	0.187	168	-217.93	259
駐馬店	0.199	110	0.109	292	0.102	175	0.139	276	-221.19	260
臨滄	0.146	246	0.114	285	0.101	224	0.237	55	-221.99	261
鶴崗	0.134	275	0.2	86	0.101	224	0.139	276	-222.3	262
商洛	0.147	243	0.126	261	0.102	175	0.215	99	-222.54	263
巴中	0.149	235	0.138	219	0.1	263	0.198	145	-222.86	264
河源	0.153	229	0.123	270	0.104	129	0.198	145	-226.46	265
懷化	0.181	154	0.114	285	0.101	224	0.162	237	-226.96	266
亳州	0.162	202	0.134	237	0.102	175	0.17	216	-227.45	267
雲浮	0.145	249	0.121	275	0.103	153	0.218	88	-227.91	268
鷹潭	0.129	283	0.152	178	0.102	175	0.199	143	-232.74	269
開封	0.178	160	0.126	261	0.103	153	0.139	276	-233.43	270
雙鴨山	0.151	232	0.164	144	0.102	175	0.141	273	-233.57	271
安康	0.153	229	0.141	209	0.1	263	0.165	229	-240.46	272
三門峽	0.164	196	0.141	209	0.104	129	0.133	283	-240.51	273
烏蘭察布	0.169	179	0.124	265	0.101	224	0.154	252	-242.03	274
崇左	0.138	267	0.129	246	0.103	153	0.202	132	-243.36	275
白城	0.16	207	0.139	216	0.101	224	0.149	258	-244.68	276
雅安	0.141	256	0.137	226	0.1	263	0.185	175	-249.08	277
伊春	0.123	291	0.19	96	0.101	224	0.142	270	-249.52	278
百色	0.155	223	0.118	282	0.101	224	0.184	177	-250.31	279
天水	0.143	250	0.153	174	0.105	116	0.147	260	-250.94	280
張家界	0.133	276	0.154	169	0.111	74	0.147	260	-253.13	281
濮陽	0.163	200	0.133	241	0.101	224	0.14	275	-254.91	282
鶴壁	0.136	271	0.172	127	0.102	175	0.131	285	-258.82	283
慶陽	0.158	213	0.129	246	0.1	263	0.153	254	-259.04	284
白銀	0.141	256	0.156	161	0.1	263	0.147	260	-259.33	285
衡水	0.169	179	0.119	279	0.101	224	0.141	273	-260.82	286
黑河	0.158	213	0.12	277	0.101	224	0.155	246	-267.36	287
河池	0.136	271	0.112	290	0.101	224	0.203	131	-274.48	288

表 3. 12012 年城市經濟競爭力排名

城市	城市規模	排名	城市效率	排名	城市國際	排名	城市居民	排名	經濟競爭力	排名
漢中	0.169	179	0.119	279	0.1	263	0.127	289	-274.65	289
平涼	0.136	271	0.13	245	0.1	263	0.163	233	-288.23	290
吳忠	0.133	276	0.145	197	0.1	263	0.145	268	-290.09	291
隴南	0.139	265	0.122	272	0.1	263	0.163	233	-292.5	292
中衛	0.129	283	0.154	169	0.1	263	0.136	281	-293.41	293
張掖	0.141	256	0.156	161	0.1	263	0.1	296	-301.05	294
定西	0.137	270	0.111	291	0.104	129	0.148	259	-315.96	295
固原	0.125	289	0.138	219	0.1	263	0.138	279	-318.73	296

3.2 城市產業競爭力排名及二級指標分值

產業是城市發展的基石，而城市本身也是產業分工與發展的結果。城市產業的形成是一個歷史的發展過程，隨著社會生產力的發展和社會分工的不斷深化而城市產業也逐漸形成。產業演進與城市發展之間是存在相關性的。如第二產業向第三產業轉變，使得城市功能從生產型功能向服務型功能轉變。產業內部結構轉變也會引起城市功能的細化與主要功能的變化。同樣，城市發展也反作用於產業變化，城市功能的確定，通過影響產業選擇，也會影響到產業結構的變遷。城市產業結構是城市社會再生產過程中形成的各產業之間及其內部各行業之間的比例關係和結合狀況。從世界城市化的進程來看，以勞動密集型的生活消費品製造業爲主的工業是促進城市發展的最初驅動力。發達國家進入後工業化階段後，城市發展的主要動力由製造業變成了第三產業。一般來說，不同城市在其產業結構變遷的過程中，往往會依據自身在區域競爭中的比較優勢，來選擇幾個能體現出自身優勢的產業作爲支撐城市發展的主導產業群。城市主導產業是那些相對於其他產業而言能夠更多的採用先進的科學技術、保持較高的增長速度並且能夠帶動城市其他產業發展的產業部門。城市產業競爭力是城市在發展其產業佈局的過程中，能夠體現出來的相對於其他城市而言的產業優勢。 產業競爭力又稱產業國際競爭力，它是一個國家或地區產業對於該國或該地區資源稟賦結構（比較優勢）和市場環境的反映和調整能力。它是一個比較的概念，產業競爭力的內涵涉及兩個基本方面的問題：一個是比較的內容，一個是比較的範圍。即產業競爭力比較的內容就是產業競爭優勢，而產業競爭優勢最終體現於產品、企業及產業的市場實現能力上。產業競爭力是一個區域的概念。因此，產業競爭力分析主要關注影響區域經濟發展的各種因素，如產業集聚、產業轉移、區位優勢等。

由於統計資料的匱乏，在我們的城市產業競爭力比較評估指標體系中並沒有將主導產業的差異明顯地表現出來，我們只是在相對宏觀的層面上，對城市三次產業在創造財富上的不同能力以及在城市 GDP 所占比重兩方面來對城市的產業競爭力進行考察。並且在我們的評估體系中，我們把工業放在了一個比較重要的地位，其原因之一在於我國目前正處於工業化發展的階段，其次我們認爲提升製造能力也是我國作爲一個勞動力資源相對豐富的國家的必然選擇。我們的城市產業競爭力比較評估體系包括產業規模指數、產業貢獻指數、產業效率指數、產業結構指數、產業國際化指數和產業集群指數 6 個二級指標，限額以上工業企業數、產品市場認同度等 29 個三級指標。產業規模是指一類產業的產出規模或經營規模，產業規模可用生產總值或產出量表示。產業規模指數是產業規模的指數化，它刻畫的是三次產業創造財富的規模。在 2012 年，城市產業規模指數排名中，上海、北京、蘇州、重慶、廣州與 2011 年一樣繼續排名前四。貢獻率是分析經濟效益的一個指標，它是指有效或有用成果數量與資源消耗及占用量之比，即產出量與投入量之比。第一、二、三產業增量與國內生產總值增量之比，即爲各產業的貢獻率。顧名思義，產業貢獻指數是指數化了的產業貢獻。該指數反映了城市產業的市場影響力及其利稅貢獻能力。在表 3.2 中，我們可以看到，上海、蘇州、深圳、天津的市場影響力及其利稅貢獻能力較大，與同類城市比較，位居前四名。產業效率指數刻畫的是產業從業者生產效率與工業企業的經營狀況間的關係。在該指數的排名中，2012 年鄂爾多斯雖然房地產泡沫破裂，但由於其煤炭和天然氣的資源優勢，繼續排在第一位，而北上廣深等經濟發達城市，排名卻相對靠後。產業結構是指國民經濟各產業部門之間以及各產業部門內部的構成。社會生產的產業結構或部門結構是在一般分工和特殊分工的基礎上產生和發展起來的。產業結構指數是工業化水準、服務化水準與產業製造能力的體現。合理的產業結構是經濟持續有效發展的保障。我們的統計結果發現，在城市產業結構指數排名中，深圳、上海、泉州、蘇州等大部分東部沿海城市賦值都較高，排名靠前。產業國際化指數反映了城市產業在吸收國際資本的能力及外資企業對該地區產業發展的貢獻度。從下面表中可以得到，在該指標排名中，上海、蘇州、深圳、東莞的產業國際化程度一如繼往的位於前四。產業集群是指在某個特定產業中相互關聯的、在地理位置上相對集中的若干企業和機構的集合。產業集群的崛起是產業發展適應經濟全球化和競爭日益激烈的新趨勢，是爲創造競爭優勢而形成的一種產業空間組織形式，它具有的群體競爭優勢和集聚發展的規模效益是其他形式無法比擬的。產業集群指數反映了一個城市產業的集聚水準。上海、深圳、北京、天津、蘇州、廣州的產業集群指數較高，這說明了這些城市的產業與產業之間無論在互補性還是規模上都彼此影響較大，產業之間聯繫緊密。在 2012 年 296 個城市產業競爭力排名中，有 113 個城市處於平均水準之上，比 2011 年少了 4 個，占 38.18%。產業競爭力得分的標準差爲 8.254。比 2011 年的 8.50 有所下降，與 2010 年持平，這在一定程度上說明不同城市之間的產業競爭力的差距在最近幾年沒有一個明確的上升或下降趨勢。城市產業競爭力所有二級指標排名及產業競爭力排名請見表 3.2.1、表 3.2.2。

表 3.2.1 2012 年城市產業競爭力排名

城市	規模指數	排名	貢獻指數	排名	效率指數	排名	結構指數	排名
上海	1	1	1	1	0.539	67	0.99	2
蘇州	0.681	3	0.733	2	0.553	54	0.893	4
深圳	0.623	7	0.671	3	0.485	120	1	1
天津	0.628	6	0.65	4	0.538	68	0.816	8
廣州	0.633	5	0.504	6	0.564	50	0.825	6
北京	0.733	2	0.504	6	0.441	163	0.815	9
佛山	0.445	12	0.514	5	0.604	27	0.678	26
寧波	0.48	10	0.406	11	0.505	105	0.797	12
無錫	0.458	11	0.474	8	0.53	77	0.745	16
杭州	0.492	9	0.416	10	0.456	143	0.82	7
東莞	0.333	27	0.29	32	0.657	12	0.582	87
青島	0.444	13	0.379	14	0.623	19	0.779	14
泉州	0.341	24	0.338	21	0.573	44	0.92	3
煙臺	0.39	18	0.441	9	0.627	18	0.714	19
南京	0.385	20	0.349	18	0.533	71	0.711	21
重慶	0.675	4	0.342	19	0.404	193	0.704	23
大連	0.433	15	0.332	22	0.51	97	0.686	25
香港	0.6	8	0.228	52	0.643	16	0.509	168
瀋陽	0.406	17	0.384	13	0.57	47	0.646	40
南通	0.357	22	0.33	23	0.651	13	0.644	41
武漢	0.407	16	0.312	26	0.456	143	0.712	20
廈門	0.22	71	0.236	49	0.447	153	0.815	9
惠州	0.221	70	0.226	54	0.543	63	0.812	11
長沙	0.365	21	0.265	37	0.918	2	0.663	31
長春	0.305	33	0.321	24	0.606	25	0.627	50
淄博	0.28	42	0.367	15	0.632	17	0.688	24
珠海	0.171	126	0.215	62	0.402	195	0.878	5
中山	0.235	58	0.25	44	0.533	71	0.653	34
常州	0.311	32	0.306	27	0.503	106	0.627	50

表 3.2.1 2012 年城市產業競爭力排名

城市	規模指數	排名	貢獻指數	排名	效率指數	排名	結構指數	排名
大慶	0.287	40	0.352	17	0.62	21	0.657	33
鄂爾多斯	0.233	59	0.299	28	1	1	0.574	96
成都	0.434	14	0.274	34	0.477	125	0.671	29
嘉興	0.284	41	0.26	38	0.451	147	0.789	13
鄭州	0.337	25	0.403	12	0.581	41	0.631	47
福州	0.302	34	0.241	46	0.52	89	0.653	34
東營	0.243	57	0.358	16	0.561	52	0.648	37
濰坊	0.335	26	0.34	20	0.531	75	0.63	48
紹興	0.3	36	0.298	29	0.446	154	0.711	21
合肥	0.265	46	0.255	40	0.589	33	0.614	59
江門	0.218	72	0.239	47	0.467	133	0.635	44
揚州	0.257	52	0.298	29	0.557	53	0.594	78
濟南	0.325	29	0.242	45	0.491	117	0.63	48
威海	0.223	66	0.197	82	0.61	24	0.65	36
泰州	0.247	55	0.27	35	0.591	31	0.597	75
徐州	0.302	34	0.296	31	0.534	69	0.545	130
唐山	0.39	18	0.319	25	0.302	263	0.615	58
汕頭	0.178	112	0.19	94	0.587	36	0.583	84
溫州	0.318	31	0.228	52	0.399	197	0.735	17
西安	0.28	42	0.147	192	0.466	134	0.675	27
鎮江	0.228	63	0.225	55	0.479	124	0.647	39
克拉瑪依	0.137	209	0.214	64	0.509	98	0.721	18
榆林	0.205	83	0.267	36	0.809	3	0.574	96
臨沂	0.275	44	0.254	41	0.583	39	0.557	116
臺北	0.262	49	0.152	180	0.495	112	0.513	161
太原	0.186	102	0.154	173	0.575	43	0.648	37
柳州	0.188	98	0.2	79	0.533	71	0.607	61
石家莊	0.325	29	0.284	33	0.552	55	0.58	91
湘潭	0.158	155	0.179	117	0.725	9	0.562	110
莆田	0.157	159	0.162	149	0.526	81	0.606	62
蕪湖	0.174	122	0.184	104	0.525	83	0.641	43
呂梁	0.15	177	0.2	79	0.775	5	0.601	67
新餘	0.132	227	0.172	128	0.546	60	0.599	71
澳門	0.145	193	0.102	294	0.732	8	0.473	210
常德	0.209	81	0.177	122	0.806	4	0.483	193
馬鞍山	0.146	189	0.178	118	0.551	57	0.644	41
哈爾濱	0.328	28	0.15	186	0.412	185	0.578	94
湖州	0.2	86	0.192	88	0.507	99	0.633	45
包頭	0.23	61	0.178	118	0.449	152	0.621	54
朔州	0.133	225	0.18	115	0.775	5	0.536	136
株洲	0.186	102	0.162	149	0.662	11	0.589	80
台州	0.288	38	0.202	77	0.451	147	0.619	55
鞍山	0.226	65	0.194	87	0.548	58	0.616	57
濟寧	0.292	37	0.258	39	0.496	111	0.541	133
十堰	0.15	177	0.191	90	0.399	197	0.601	67
南昌	0.23	61	0.185	103	0.454	146	0.603	66
漳州	0.211	79	0.182	112	0.586	37	0.515	158
許昌	0.195	90	0.231	51	0.687	10	0.581	88
湛江	0.204	84	0.213	65	0.548	58	0.443	237
漯河	0.147	187	0.207	69	0.588	35	0.6	69
襄陽	0.216	73	0.17	131	0.522	86	0.553	122
嘉峪關	0.102	293	0.144	201	0.4	196	0.751	15
濱州	0.199	88	0.224	57	0.542	65	0.624	53
保定	0.252	54	0.212	68	0.543	63	0.542	131
銅陵	0.121	252	0.143	205	0.507	99	0.66	32
遼陽	0.145	193	0.203	76	0.58	42	0.589	80
營口	0.167	131	0.215	62	0.436	169	0.56	111
長治	0.152	173	0.18	115	0.646	14	0.61	60

表 3. 2. 1 2012 年城市產業競爭力排名

城市	規模指數	排名	貢獻指數	排名	效率指數	排名	結構指數	排名
清遠	0.172	123	0.205	71	0.46	138	0.58	91
泰安	0.233	59	0.237	48	0.53	77	0.576	95
邯鄲	0.264	47	0.213	65	0.439	165	0.532	140
龍岩	0.17	127	0.184	104	0.584	38	0.538	135
日照	0.163	140	0.166	138	0.457	139	0.56	111
延安	0.153	167	0.204	72	0.529	79	0.569	101
昆明	0.223	66	0.166	138	0.437	167	0.598	72
金昌	0.105	289	0.156	166	0.529	79	0.674	28
德州	0.227	64	0.254	41	0.521	88	0.559	115
烏魯木齊	0.162	144	0.204	72	0.386	207	0.568	103
鹽城	0.288	38	0.219	59	0.433	172	0.518	151
洛陽	0.254	53	0.217	61	0.422	179	0.598	72
淮安	0.207	82	0.187	101	0.499	109	0.533	138
晉城	0.137	209	0.191	90	0.592	30	0.58	91
焦作	0.186	102	0.225	55	0.511	96	0.606	62
防城港	0.114	273	0.157	161	0.571	46	0.453	223
自貢	0.141	201	0.156	166	0.605	26	0.526	144
聊城	0.222	68	0.254	41	0.534	69	0.554	121
本溪	0.148	185	0.142	208	0.349	237	0.619	55
金華	0.26	51	0.204	72	0.412	185	0.598	72
玉溪	0.144	196	0.187	101	0.562	51	0.566	105
岳陽	0.214	75	0.184	104	0.52	89	0.557	116
烏海	0.116	265	0.173	127	0.408	188	0.625	52
滄州	0.247	55	0.221	58	0.507	99	0.513	161
棗莊	0.194	92	0.197	82	0.451	147	0.563	108
廊坊	0.192	95	0.191	90	0.518	93	0.553	122
撫順	0.159	150	0.178	118	0.425	177	0.595	76
揭陽	0.185	107	0.204	72	0.531	75	0.521	149
萊蕪	0.129	233	0.158	157	0.372	216	0.605	64
茂名	0.202	85	0.166	138	0.616	22	0.44	241
黃石	0.143	198	0.15	186	0.384	208	0.632	46
衡陽	0.212	77	0.178	118	0.596	28	0.487	190
平頂山	0.188	98	0.164	144	0.443	161	0.6	69
宜賓	0.162	144	0.192	88	0.552	55	0.55	126
陽泉	0.117	259	0.143	205	0.532	74	0.588	82
蘭州	0.157	159	0.164	144	0.371	217	0.595	76
宜昌	0.211	79	0.2	79	0.285	271	0.605	64
臨汾	0.151	176	0.154	173	0.645	15	0.56	111
舟山	0.134	223	0.15	186	0.48	123	0.536	136
郴州	0.175	117	0.188	97	0.589	33	0.525	145
丹東	0.149	180	0.152	180	0.611	23	0.513	161
寶雞	0.164	136	0.148	191	0.465	135	0.583	84
攀枝花	0.128	236	0.151	185	0.354	230	0.666	30
運城	0.153	167	0.126	251	0.76	7	0.494	183
咸陽	0.181	109	0.184	104	0.519	91	0.505	172
吉林	0.213	76	0.153	177	0.432	174	0.533	138
肇慶	0.176	114	0.165	141	0.422	179	0.497	178
內江	0.148	185	0.16	153	0.623	19	0.516	155
新鄉	0.186	102	0.195	85	0.457	139	0.566	105
三門峽	0.155	164	0.213	65	0.483	122	0.583	84
瀘州	0.149	180	0.168	135	0.523	84	0.511	165
連雲港	0.187	101	0.19	94	0.413	184	0.492	185
鄂州	0.124	247	0.142	208	0.356	228	0.587	83
河源	0.13	231	0.17	131	0.404	193	0.553	122
錦州	0.166	133	0.195	85	0.519	91	0.475	205
安陽	0.194	92	0.201	78	0.462	136	0.56	111
呼和浩特	0.186	102	0.147	192	0.472	130	0.523	147
菏澤	0.2	86	0.218	60	0.506	102	0.491	187

表 3. 2. 1 2012 年城市產業競爭力排名

城市	規模指數	排名	貢獻指數	排名	效率指數	排名	結構指數	排名
南寧	0.222	68	0.156	166	0.379	210	0.503	176
南陽	0.261	50	0.171	129	0.457	139	0.511	165
海口	0.125	244	0.129	243	0.397	199	0.482	194
秦皇島	0.155	164	0.138	218	0.444	157	0.504	174
玉林	0.161	146	0.144	201	0.582	40	0.445	233
德陽	0.169	129	0.184	104	0.432	174	0.53	141
北海	0.123	248	0.132	232	0.5	108	0.437	245
宿遷	0.188	98	0.163	146	0.522	86	0.478	199
衢州	0.149	180	0.157	161	0.457	139	0.563	108
邢臺	0.19	96	0.177	122	0.433	172	0.51	167
晉中	0.145	193	0.145	196	0.546	60	0.557	116
九江	0.168	130	0.163	146	0.456	143	0.555	120
新北	0.344	23	0.206	70	0.294	266	0.517	153
貴陽	0.161	146	0.139	217	0.365	224	0.573	99
贛州	0.19	96	0.153	177	0.476	126	0.486	191
鶴壁	0.127	239	0.157	161	0.405	191	0.581	88
潮州	0.135	218	0.149	189	0.474	128	0.55	126
綿陽	0.172	123	0.16	153	0.432	174	0.518	151
益陽	0.153	167	0.141	212	0.59	32	0.434	248
齊齊哈爾	0.164	136	0.167	136	0.485	120	0.411	268
宣城	0.141	201	0.182	112	0.566	49	0.474	206
濮陽	0.156	162	0.188	97	0.416	181	0.541	133
大同	0.135	218	0.131	237	0.393	204	0.542	131
麗水	0.144	196	0.17	131	0.523	84	0.522	148
鷹潭	0.116	265	0.184	104	0.54	66	0.53	141
萍鄉	0.134	223	0.183	111	0.342	244	0.568	103
宜春	0.165	134	0.152	180	0.567	48	0.494	183
銅川	0.104	290	0.136	222	0.312	257	0.557	116
淮北	0.129	233	0.161	152	0.288	269	0.565	107
黃山	0.115	268	0.13	240	0.573	44	0.481	197
資陽	0.15	177	0.184	104	0.545	62	0.458	220
陽江	0.146	189	0.158	157	0.512	95	0.433	251
承德	0.159	150	0.174	125	0.468	132	0.496	179
荊門	0.158	155	0.157	161	0.444	157	0.507	169
通遼	0.182	108	0.182	112	0.472	130	0.445	233
遵義	0.158	155	0.188	97	0.517	94	0.477	201
樂山	0.152	173	0.157	161	0.381	209	0.55	126
安慶	0.176	114	0.174	125	0.488	119	0.476	203
石嘴山	0.112	277	0.119	267	0.344	241	0.593	79
婁底	0.147	187	0.146	195	0.461	137	0.514	160
貴港	0.136	216	0.159	156	0.45	150	0.451	224
忻州	0.122	251	0.167	136	0.596	28	0.488	189
七台河	0.113	276	0.163	146	0.321	252	0.553	122
桂林	0.18	110	0.155	171	0.476	126	0.47	214
滁州	0.158	155	0.16	153	0.493	114	0.446	232
蚌埠	0.146	189	0.145	196	0.416	181	0.472	211
高雄	0.271	45	0.235	50	0.248	283	0.504	174
三明	0.175	117	0.138	218	0.474	128	0.492	185
衡水	0.161	146	0.145	196	0.494	113	0.472	211
淮南	0.137	209	0.129	243	0.21	290	0.57	100
台中	0.263	48	0.197	82	0.282	272	0.506	170
通化	0.136	216	0.129	243	0.424	178	0.529	143
赤峰	0.175	117	0.17	131	0.396	202	0.474	206
咸寧	0.138	207	0.152	180	0.498	110	0.474	206
六盤水	0.123	248	0.165	141	0.368	220	0.569	101
銀川	0.139	204	0.152	180	0.32	253	0.548	129
周口	0.215	74	0.191	90	0.506	102	0.41	271
梧州	0.137	209	0.132	232	0.407	189	0.52	150

表 3. 2. 1 2012 年城市產業競爭力排名

城市	規模指數	排名	貢獻指數	排名	效率指數	排名	結構指數	排名
西寧	0.128	236	0.127	249	0.293	267	0.581	88
韶關	0.143	198	0.136	222	0.308	262	0.516	155
六安	0.153	167	0.156	166	0.501	107	0.414	266
松原	0.178	112	0.171	129	0.379	210	0.447	226
眉山	0.138	207	0.14	213	0.436	169	0.491	187
汕尾	0.128	236	0.116	276	0.341	246	0.47	214
基隆	0.115	268	0.1	296	0.49	118	0.506	170
隨州	0.13	231	0.132	232	0.44	164	0.45	225
白銀	0.114	273	0.121	261	0.311	258	0.525	145
嘉義	0.108	285	0.102	294	0.492	116	0.5	177
張家口	0.164	136	0.142	208	0.317	254	0.482	194
遼源	0.121	252	0.122	260	0.374	215	0.513	161
荆州	0.176	114	0.14	213	0.397	199	0.425	255
梅州	0.141	201	0.143	205	0.444	157	0.447	226
盤錦	0.163	140	0.147	192	0.291	268	0.477	201
南平	0.157	159	0.132	232	0.434	171	0.455	222
永州	0.159	150	0.133	228	0.506	102	0.408	273
曲靖	0.175	117	0.158	157	0.354	230	0.496	179
商丘	0.196	89	0.162	149	0.45	150	0.424	257
朝陽	0.154	166	0.165	141	0.439	165	0.474	206
南充	0.167	131	0.156	166	0.37	219	0.434	248
遂寧	0.135	218	0.145	196	0.416	181	0.458	220
信陽	0.194	92	0.14	213	0.446	154	0.421	259
開封	0.175	117	0.154	173	0.446	154	0.442	238
景德鎮	0.125	244	0.131	237	0.255	282	0.574	96
台南	0.212	77	0.19	94	0.244	284	0.495	181
雲浮	0.131	228	0.144	201	0.364	226	0.447	226
三亞	0.104	290	0.105	291	0.322	250	0.413	267
慶陽	0.118	257	0.175	124	0.526	81	0.424	257
鐵嶺	0.163	140	0.188	97	0.376	213	0.447	226
白山	0.125	244	0.127	249	0.288	269	0.517	153
池州	0.117	259	0.124	255	0.365	224	0.472	211
張家界	0.106	286	0.123	259	0.493	114	0.425	255
欽州	0.139	204	0.116	276	0.309	260	0.403	275
孝感	0.17	127	0.149	189	0.322	250	0.516	155
邵陽	0.159	150	0.144	201	0.442	162	0.411	268
崇左	0.126	243	0.136	222	0.444	157	0.365	280
阜陽	0.159	150	0.153	177	0.412	185	0.4	276
賀州	0.117	259	0.116	276	0.345	240	0.435	246
吉安	0.156	162	0.158	157	0.366	223	0.441	240
寧德	0.152	173	0.136	222	0.437	167	0.447	226
駐馬店	0.195	90	0.145	196	0.351	236	0.419	261
廣安	0.135	218	0.13	240	0.405	191	0.444	235
阜新	0.127	239	0.132	232	0.273	275	0.415	265
宿州	0.153	167	0.133	228	0.392	205	0.386	278
廣元	0.12	255	0.119	267	0.371	217	0.41	271
四平	0.163	140	0.134	227	0.355	229	0.416	263
葫蘆島	0.133	225	0.13	240	0.225	288	0.515	158
上饒	0.172	123	0.154	173	0.346	239	0.461	219
撫州	0.149	180	0.129	243	0.342	244	0.465	218
渭南	0.153	167	0.133	228	0.311	258	0.495	181
酒泉	0.12	255	0.12	266	0.354	230	0.482	194
昭通	0.123	248	0.121	261	0.379	210	0.447	226
巴彥淖爾	0.142	200	0.137	220	0.315	256	0.439	244
牡丹江	0.149	180	0.121	261	0.316	255	0.411	268
中衛	0.104	290	0.116	276	0.367	221	0.42	260
保山	0.115	268	0.117	273	0.397	199	0.356	284
達州	0.165	134	0.129	243	0.367	221	0.44	241

表 3. 2. 1 2012 年城市產業競爭力排名

城市	規模指數	排名	貢獻指數	排名	效率指數	排名	結構指數	排名
黃岡	0.18	110	0.142	208	0.375	214	0.416	263
來賓	0.127	239	0.125	253	0.279	274	0.419	261
雞西	0.129	233	0.114	280	0.349	237	0.353	287
亳州	0.139	204	0.131	237	0.387	206	0.397	277
懷化	0.146	189	0.137	220	0.344	241	0.47	214
新竹	0.117	259	0.14	213	0.227	287	0.505	172
漢中	0.135	218	0.121	261	0.364	226	0.444	235
平涼	0.111	281	0.119	267	0.354	230	0.435	246
吳忠	0.109	283	0.125	253	0.323	249	0.466	217
天水	0.115	268	0.107	288	0.258	281	0.434	248
呼倫貝爾	0.164	136	0.155	171	0.353	234	0.359	282
百色	0.137	209	0.133	228	0.266	278	0.478	199
安順	0.109	283	0.118	271	0.3	265	0.44	241
麗江	0.102	293	0.119	267	0.344	241	0.427	253
鶴崗	0.116	265	0.124	255	0.259	280	0.336	288
佳木斯	0.137	209	0.128	248	0.352	235	0.266	294
伊春	0.112	277	0.118	271	0.328	247	0.241	295
安康	0.118	257	0.124	255	0.309	260	0.426	254
雅安	0.117	259	0.135	226	0.215	289	0.485	192
商洛	0.114	273	0.11	284	0.302	263	0.429	252
白城	0.127	239	0.111	283	0.272	276	0.407	274
武威	0.112	277	0.109	285	0.231	286	0.373	279
河池	0.131	228	0.124	255	0.242	285	0.442	238
綏化	0.161	146	0.126	251	0.407	189	0.31	292
雙鴨山	0.131	228	0.121	261	0.281	273	0.279	293
固原	0.1	296	0.107	288	0.395	203	0.322	291
拉薩	0.101	295	0.109	285	0.1	296	0.479	198
烏蘭察布	0.137	209	0.103	292	0.195	293	0.476	203
張掖	0.111	281	0.113	281	0.261	279	0.354	285
隴南	0.106	286	0.117	273	0.325	248	0.357	283
巴中	0.117	259	0.108	287	0.267	277	0.363	281
普洱	0.115	268	0.112	282	0.184	294	0.354	285
臨滄	0.112	277	0.117	273	0.209	291	0.328	290
定西	0.106	286	0.103	292	0.165	295	0.335	289
黑河	0.121	252	0.107	288	0.199	292	0.1	296

表 3. 2. 2 2012 年城市產業競爭力排名（續）

城市	國際化指數	排名	產業集群指數	排名	城市產業競爭力	排名
上海	1	1	1	1	5577.19	1
蘇州	0.948	2	0.64	5	3931.28	2
深圳	0.756	3	0.811	2	3836.81	3
天津	0.51	6	0.693	4	3052.85	4
廣州	0.631	5	0.584	6	2870.58	5
北京	0.416	11	0.745	3	2772.33	6
佛山	0.394	15	0.54	7	2049.49	7
寧波	0.475	7	0.473	13	1983.88	8
無錫	0.414	12	0.49	11	1953.42	9
杭州	0.351	21	0.516	8	1876.95	10
東莞	0.67	4	0.514	9	1804.8	11
青島	0.38	16	0.356	44	1706.92	12
泉州	0.466	8	0.254	124	1614.73	13
煙臺	0.364	19	0.306	70	1529.89	14
南京	0.34	23	0.493	10	1505.11	15
重慶	0.221	51	0.479	12	1500.3	16
大連	0.349	22	0.447	16	1408.92	17
香港	0.305	29	0.472	14	1347.37	18
瀋陽	0.253	41	0.434	19	1321.99	19

表 3.2.2 2012 年城市產業競爭力排名（續）

城市	國際化指數	排名	產業集群指數	排名	城市產業競爭力	排名
南通	0.378	17	0.295	81	1231.08	20
武漢	0.267	35	0.467	15	1225.05	21
廈門	0.457	9	0.438	17	1224.52	22
惠州	0.442	10	0.344	46	1169.56	23
長沙	0.15	124	0.247	135	1149.02	24
長春	0.333	25	0.392	26	1147.21	25
淄博	0.178	85	0.387	28	1100.63	26
珠海	0.411	13	0.427	22	1082.98	27
中山	0.402	14	0.43	21	1039.82	28
常州	0.311	28	0.436	18	1026.7	29
大慶	0.123	202	0.431	20	1011.81	30
鄂爾多斯	0.16	102	0.22	166	971.5	31
成都	0.218	53	0.376	32	947.8	32
嘉興	0.319	27	0.26	115	832.16	33
鄭州	0.162	99	0.249	128	824.55	34
福州	0.368	18	0.261	114	775.73	35
東營	0.156	111	0.317	59	727.97	36
濰坊	0.203	67	0.26	115	722.6	37
紹興	0.262	38	0.271	101	720.99	38
合肥	0.214	57	0.339	50	692.89	39
江門	0.363	20	0.304	74	617.84	40
揚州	0.242	44	0.271	101	602.22	41
濟南	0.155	114	0.337	51	552.27	42
威海	0.281	33	0.228	157	546.99	43
泰州	0.24	45	0.233	150	533.39	44
徐州	0.169	90	0.314	60	514.4	45
唐山	0.194	76	0.325	55	505.08	46
汕頭	0.211	59	0.39	27	496.28	47
溫州	0.158	106	0.283	91	475.94	48
西安	0.198	72	0.36	42	474.41	49
鎮江	0.285	32	0.263	111	468.63	50
克拉瑪依	0.104	276	0.402	24	461.55	51
榆林	0.114	244	0.157	264	444.44	52
臨沂	0.185	81	0.264	108	440.68	53
臺北	0.336	24	0.363	40	436.3	54
太原	0.143	135	0.381	30	427.04	55
柳州	0.223	48	0.331	53	409.37	56
石家莊	0.146	128	0.204	191	399.31	57
湘潭	0.137	153	0.303	76	369.97	58
莆田	0.249	42	0.344	46	352.37	59
蕪湖	0.196	74	0.306	70	329.75	60
呂梁	0.169	90	0.146	278	316.78	61
新餘	0.223	48	0.341	48	311.92	62
澳門	0.207	63	0.37	35	300.44	63
常德	0.143	135	0.223	162	299.18	64
馬鞍山	0.159	105	0.311	64	281.38	65
哈爾濱	0.18	83	0.357	43	279.17	66
湖州	0.223	48	0.244	139	277.98	67
包頭	0.133	164	0.368	37	267.77	68
朔州	0.119	222	0.256	120	265.22	69
株洲	0.141	143	0.256	120	264.13	70
台州	0.173	87	0.258	118	262.61	71
鞍山	0.126	191	0.275	97	261.9	72
濟寧	0.166	93	0.238	145	252.3	73
十堰	0.288	30	0.34	49	250.71	74
南昌	0.215	55	0.29	86	246.09	75
漳州	0.323	26	0.177	232	228.95	76
許昌	0.121	215	0.158	261	223.27	77

表 3. 2. 2 2012 年城市產業競爭力排名（續）

城市	國際化指數	排名	產業集群指數	排名	城市產業競爭力	排名
湛江	0.27	34	0.281	92	192.47	78
漯河	0.167	92	0.226	158	183.39	79
襄陽	0.198	72	0.276	96	171.25	80
嘉峪關	0.1	284	0.384	29	163.28	81
濱州	0.141	143	0.191	208	163.02	82
保定	0.166	93	0.218	175	161.02	83
銅陵	0.15	124	0.314	60	146.76	84
遼陽	0.153	122	0.234	148	140.33	85
營口	0.204	64	0.313	62	137.58	86
長治	0.128	183	0.193	201	137.42	87
清遠	0.288	30	0.203	193	134.32	88
泰安	0.127	189	0.192	204	114.96	89
邯鄲	0.199	71	0.25	127	113.39	90
龍岩	0.186	80	0.232	152	109.04	91
日照	0.201	68	0.326	54	99.84	92
延安	0.105	274	0.306	70	96.04	93
昆明	0.142	139	0.304	74	94.21	94
金昌	0.1	284	0.291	85	94.16	95
德州	0.137	153	0.18	227	90.96	96
烏魯木齊	0.113	249	0.407	23	78.21	97
鹽城	0.209	61	0.212	184	76.81	98
洛陽	0.123	202	0.246	136	76.75	99
淮安	0.172	88	0.27	103	74.22	100
晉城	0.163	98	0.201	195	72.2	101
焦作	0.139	150	0.188	210	66.35	102
防城港	0.265	37	0.303	76	58.55	103
自貢	0.124	196	0.298	80	55.42	104
聊城	0.118	226	0.172	242	53.89	105
本溪	0.204	64	0.365	38	50.47	106
金華	0.16	102	0.212	184	47.32	107
玉溪	0.115	238	0.264	108	44.53	108
岳陽	0.131	171	0.233	150	33.25	109
烏海	0.103	278	0.378	31	28.23	110
滄州	0.155	114	0.194	199	18.2	111
棗莊	0.133	164	0.281	92	17.96	112
廊坊	0.196	74	0.182	223	13.53	113
撫順	0.133	164	0.306	70	-3.45	114
揭陽	0.191	78	0.181	224	-15.4	115
萊蕪	0.118	226	0.394	25	-16.79	116
茂名	0.128	183	0.264	108	-20.87	117
黃石	0.194	76	0.278	95	-28.48	118
衡陽	0.128	183	0.206	190	-31.98	119
平頂山	0.143	135	0.248	129	-34.42	120
宜賓	0.123	202	0.209	189	-40.33	121
陽泉	0.117	232	0.273	99	-51.35	122
蘭州	0.122	208	0.346	45	-56.15	123
宜昌	0.144	132	0.312	63	-56.5	124
臨汾	0.123	202	0.153	271	-56.74	125
舟山	0.157	109	0.31	65	-59.85	126
郴州	0.133	164	0.172	242	-62.45	127
丹東	0.171	89	0.188	210	-63.93	128
寶雞	0.128	183	0.274	98	-65.12	129
攀枝花	0.119	222	0.32	56	-73.88	130
運城	0.115	238	0.142	281	-74.38	131
咸陽	0.162	99	0.218	175	-77.69	132
吉林	0.13	176	0.293	82	-86.27	133
肇慶	0.267	35	0.237	146	-86.56	134
內江	0.122	208	0.187	213	-103.22	135

表 3. 2. 2 2012 年城市產業競爭力排名（續）

城市	國際化指數	排名	產業集群指數	排名	城市產業競爭力	排名
新鄉	0.148	126	0.193	201	-103.91	136
三門峽	0.155	114	0.154	270	-104.52	137
瀘州	0.111	255	0.269	104	-121.01	138
連雲港	0.215	55	0.241	141	-121.03	139
鄂州	0.124	196	0.374	33	-122.29	140
河源	0.259	40	0.211	186	-129.26	141
錦州	0.16	102	0.219	171	-129.63	142
安陽	0.111	255	0.192	204	-136.16	143
呼和浩特	0.204	64	0.192	204	-151.23	144
菏澤	0.137	153	0.168	250	-154.58	145
南寧	0.156	111	0.288	87	-163.94	146
南陽	0.123	202	0.192	204	-164.26	147
海口	0.187	79	0.373	34	-167.03	148
秦皇島	0.245	43	0.223	162	-169.94	149
玉林	0.211	59	0.175	234	-176.32	150
德陽	0.141	143	0.234	148	-180.86	151
北海	0.216	54	0.287	89	-187.98	152
宿遷	0.122	208	0.221	165	-190.96	153
衢州	0.135	158	0.218	175	-196.22	154
邢臺	0.201	68	0.181	224	-196.99	155
晉中	0.132	169	0.162	256	-198.16	156
九江	0.157	109	0.181	224	-204.53	157
新北	0.1	284	0.218	175	-208.86	158
貴陽	0.131	171	0.292	83	-210.25	159
贛州	0.228	47	0.157	264	-211.56	160
鶴壁	0.115	238	0.267	107	-217.17	161
潮州	0.22	52	0.143	280	-227.83	162
綿陽	0.127	189	0.248	129	-230.2	163
益陽	0.131	171	0.224	160	-233.96	164
齊齊哈爾	0.144	132	0.288	87	-240.91	165
宣城	0.136	157	0.16	259	-248.37	166
濮陽	0.122	208	0.219	171	-249.5	167
大同	0.124	196	0.309	67	-249.78	168
麗水	0.118	226	0.169	248	-256.82	169
鷹潭	0.111	255	0.162	256	-257.06	170
萍鄉	0.11	260	0.28	94	-263.75	171
宜春	0.154	119	0.12	290	-268.27	172
銅川	0.135	158	0.361	41	-273.39	173
淮北	0.121	215	0.333	52	-286.23	174
黃山	0.114	244	0.217	179	-286.51	175
資陽	0.106	273	0.188	210	-287.55	176
陽江	0.212	58	0.174	236	-294.3	177
承德	0.108	267	0.211	186	-295.86	178
荊門	0.128	183	0.22	166	-299.48	179
通遼	0.162	99	0.184	219	-299.53	180
遵義	0.108	267	0.17	246	-304.12	181
樂山	0.117	232	0.241	141	-306.85	182
安慶	0.122	208	0.179	228	-308.97	183
石嘴山	0.117	232	0.299	79	-312.62	184
婁底	0.114	244	0.22	166	-314.74	185
貴港	0.164	95	0.241	141	-324.24	186
忻州	0.104	276	0.131	285	-325.08	187
七台河	0.102	280	0.319	57	-327.04	188
桂林	0.135	158	0.189	209	-327.64	189
滁州	0.155	114	0.185	215	-342.06	190
蚌埠	0.158	106	0.248	129	-344.37	191
高雄	0.1	284	0.22	166	-345.19	192
三明	0.139	150	0.172	242	-349.51	193

表 3.2.2 2012 年城市產業競爭力排名（續）

城市	國際化指數	排名	產業集群指數	排名	城市產業競爭力	排名
衡水	0.133	164	0.184	219	-350.71	194
淮南	0.129	179	0.369	36	-358.85	195
台中	0.1	284	0.223	162	-358.86	196
通化	0.118	226	0.229	155	-365.68	197
赤峰	0.132	169	0.219	171	-372.97	198
咸寧	0.144	132	0.165	252	-377.34	199
六盤水	0.125	193	0.195	198	-384.75	200
銀川	0.138	152	0.246	136	-387.85	201
周口	0.134	161	0.121	289	-389.52	202
梧州	0.18	83	0.172	242	-401.9	203
西寧	0.142	139	0.256	120	-403.05	204
韶關	0.182	82	0.248	129	-412.09	205
六安	0.146	128	0.178	229	-418.86	206
松原	0.13	176	0.231	153	-419.11	207
眉山	0.128	183	0.201	195	-422.46	208
汕尾	0.261	39	0.217	179	-430.46	209
基隆	0.1	284	0.215	181	-432.71	210
隨州	0.146	128	0.229	155	-435.98	211
白銀	0.125	193	0.309	67	-436.98	212
嘉義	0.1	284	0.215	181	-444.36	213
張家口	0.155	114	0.251	126	-447.85	214
遼源	0.121	215	0.255	123	-449.78	215
荊州	0.145	131	0.23	154	-463.18	216
梅州	0.201	68	0.14	282	-468.77	217
盤錦	0.121	215	0.292	83	-469.29	218
南平	0.154	119	0.178	229	-470.34	219
永州	0.141	143	0.17	246	-472.14	220
曲靖	0.121	215	0.193	201	-472.67	221
商丘	0.109	263	0.169	248	-473.8	222
朝陽	0.111	255	0.149	275	-491.72	223
南充	0.116	237	0.243	140	-492.18	224
遂寧	0.115	238	0.214	183	-494.29	225
信陽	0.113	249	0.183	222	-495.96	226
開封	0.113	249	0.163	254	-496.68	227
景德鎮	0.124	196	0.253	125	-496.9	228
台南	0.1	284	0.225	159	-508.6	229
雲浮	0.229	46	0.163	254	-517.2	230
三亞	0.148	126	0.364	39	-520.11	231
慶陽	0.112	253	0.118	292	-530.34	232
鐵嶺	0.123	202	0.165	252	-532.07	233
白山	0.131	171	0.248	129	-547.32	234
池州	0.119	222	0.24	144	-556.99	235
張家界	0.126	191	0.173	240	-566.24	236
欽州	0.164	95	0.303	76	-567.45	237
孝感	0.142	139	0.137	283	-568.85	238
邵陽	0.114	244	0.166	251	-583.68	239
崇左	0.209	61	0.161	258	-586.17	240
阜陽	0.122	208	0.185	215	-587.94	241
賀州	0.143	135	0.262	112	-589.82	242
吉安	0.174	86	0.13	286	-597.64	243
寧德	0.129	179	0.123	288	-601.36	244
駐馬店	0.125	193	0.185	215	-604.23	245
廣安	0.115	238	0.185	215	-604.64	246
阜新	0.142	139	0.31	65	-606.22	247
宿州	0.121	215	0.224	160	-617.94	248
廣元	0.12	221	0.258	118	-619.72	249
四平	0.134	161	0.202	194	-623.3	250
葫蘆島	0.118	226	0.259	117	-624.72	251

表 3. 2. 2 2012 年城市產業競爭力排名（續）

城市	國際化指數	排名	產業集群指數	排名	城市產業競爭力	排名
上饒	0.158	106	0.114	294	-626.23	252
撫州	0.134	161	0.174	236	-633.41	253
渭南	0.122	208	0.158	261	-661.29	254
酒泉	0.11	260	0.178	229	-671.07	255
昭通	0.111	255	0.186	214	-671.92	256
巴彥淖爾	0.156	111	0.175	234	-679.37	257
牡丹江	0.154	119	0.211	186	-683.65	258
中衛	0.113	249	0.236	147	-683.94	259
保山	0.13	176	0.248	129	-684.73	260
達州	0.108	267	0.155	267	-686.33	261
黃岡	0.137	153	0.12	290	-686.76	262
來賓	0.153	122	0.245	138	-692.62	263
雞西	0.14	147	0.262	112	-706.96	264
亳州	0.105	274	0.184	219	-715.29	265
懷化	0.115	238	0.125	287	-721.42	266
新竹	0.1	284	0.22	166	-729.59	267
漢中	0.109	263	0.155	267	-734.62	268
平涼	0.1	284	0.2	197	-737.59	269
吳忠	0.108	267	0.173	240	-758.81	270
天水	0.109	263	0.269	104	-767.72	271
呼倫貝爾	0.131	171	0.151	274	-770.74	272
百色	0.119	222	0.159	260	-775.12	273
安順	0.114	244	0.204	191	-785.59	274
麗江	0.117	232	0.157	264	-824.96	275
鶴崗	0.107	272	0.307	69	-837.76	276
佳木斯	0.164	95	0.219	171	-845.2	277
伊春	0.129	179	0.319	57	-857.49	278
安康	0.118	226	0.145	279	-863.39	279
雅安	0.117	232	0.155	267	-870.62	280
商洛	0.101	283	0.174	236	-873.5	281
白城	0.14	147	0.174	236	-877.87	282
武威	0.102	280	0.286	90	-885.65	283
河池	0.124	196	0.153	271	-892.61	284
綏化	0.14	147	0.1	296	-892.78	285
雙鴨山	0.112	253	0.273	99	-930.66	286
固原	0.1	284	0.176	233	-937.47	287
拉薩	0.1	284	0.269	104	-945.76	288
烏蘭察布	0.108	267	0.134	284	-984.21	289
張掖	0.109	263	0.194	199	-1009.97	290
隴南	0.1	284	0.107	295	-1064.97	291
巴中	0.102	280	0.149	275	-1069.26	292
普洱	0.124	196	0.152	273	-1158.21	293
臨滄	0.11	260	0.118	292	-1238.12	294
定西	0.103	278	0.149	275	-1278.65	295
黑河	0.129	179	0.158	261	-1534.05	296

3.3 城市財政金融競爭力排名及二級指標分值

城市財政是城市提供各種公共品的重要經濟保障，其主要職能是爲基礎設施建設、教育、公共安全等公共服務提供資金來源。在中國，財政的作用還在於政府可以利用財政支出來推動政府投資從而促進地方經濟增長。城市財政支出爲交通設施、通訊設施、教育設施、文化設施與衛生設施的建設，公共事業發展，社會福利、社會保障事業的舉辦，社會穩定和治安維持提供財力保證。合理的城市財政預算支出，既是城市經濟公共事業的方面發展的資金保證，也是城市免於地方債務危機的前提。金融系統是有關資金的流動、集中和分配的一個體系。它是由連接資金盈餘者和資金短缺者的一系列金融仲介機構和金融市場共同構成的一個有機體。金融系統是家庭、公司和政府執行其金融決策，融通資金有無的體系，包括股票、債券和其他證券的市場，也涉及到銀行和保險公司等金融仲介機構。資金通過金融系統從資金盈餘方流向資金短缺方。這些資金通常通過金融仲介機構發生流動。城市金融是一個城市集聚資金進行社會化大生產的保障，也是城市資金流的樞紐。良好的城市金融系統能解決區域性資金周轉需求，爲區域性經濟發展提供推動力。完善的金融配套設施，也是城市增強其國際競爭力的的主要措施。中國改革開放以來，許多城市面臨著資金短缺問題。如何增強城市公共財政實力，提高城市金融體系的融資能力，將對城市經濟的發展起著非常重要的作用。城市財政金融競爭力是城市在公共財政和金融體系上的相對優勢，具有較強城市財政金融競爭力的城市，其發展必然要超出其他城市，它是城市發展的助推器。

在我會《比較評估指標體系》的研究框架下，城市財政金融競爭力比較評估指標體系包括財政金融規模指數、財政金融效率指數、金融資本品質指數、金融資本可獲得指數與金融業人力資本指數 5 個二級指針，和財政預算內收入、年末儲蓄總金額、資本使用率等 18 個三級指標。財政金融規模指數是城市公共財政實力與金融機構現金流規模的反映。財政金融規模指數賦值越高，意味著該城市的公共財政實力與及金融系統的籌融資能力越強，出現政府違約、政府資金周轉緊張的概率越低。較高的財政金融規模指數在一定程度上既是良好財政預算政策的體現，也是城市金融系統發達程度的反映。在表 3. 3. 1 中，我們可以得到，2012 年城市財政金融規模指數排名較前的有香港、上海、北京、重慶、深圳，總體而言，中國各城市的財政金融規模指數整體並不高，並且城市之間的差距巨大。財政金融效率指數則反映了城市公共財政與金融機構現金流規模的人均水準及增長水準。區別于財政金融規模指數對總量的刻畫，財政金融效率指數則反映的是人均財政金融資源的佔有量，且它是一個動態指標。較高的財政金融效率指數的賦值，說明城市資金融通的能力較強，且能滿足未來對資金的需求。類似的，依下表資料分析，我們發現澳門的財政金融效率指數最高，賦值爲 1，這可能既受澳門人口規模的影響，也取決於它本身豐富的金融現金流，此外香港爲 0. 963。從總樣本城市的指數值來看，被評價城市總體的城市財政金融效率指數水準除澳門、香港外都比較低。這表明中國大多數城市有待於提高整體的公共財政能力和加強城市金融系統的建設，以此保證各城市自身未來經濟發展的融資需求。金融資本品質指數反映的是金融機構資本使用的品質。資本品質較高，則意味著資本壞賬損失率較低，金融機構的風險敞口相對較小，即金融機構融通資金的仲介作用能有效發揮。縱觀 2012 年樣本城市的金融資本品質指數排名可知，北京、香港、上海排名在前，其賦值分別爲 1、0. 953, 0. 893。金融資本可獲得指數是城市企業與居民獲取金融資本便利性的體現，同時也是城市金融業活力的體現。此外該指標也刻畫了一個城市金融系統的發達程度。在城市企業與居民面臨資金流問題時，能方便快捷的實現資本融通，則意味著該城市的金融資本可獲得指數較高，城市經濟發展居民消費來自資金方面的壓力較小。研究發現，香港的該指數排名第一，此外上海爲 0. 747，北京爲 0. 701。從整體情況來看，除國內一線城市外，我們所考察的城市的金融資本可獲得性指數並不高，這意味著中國企業與居民在資金融通方面還是存在瓶頸的，這有待於中國從制度安排上作進一步的改革。金融業人力資本指數則反映了城市從事金融業人員的多少，它從一個側面顯示了城市金融業的發達程度及金融業在一個城市產業中的地位。一個城市金融業越發達，它對不同程度的金融人才的需求也越大。在研究的 296 個城市中，我們發現，2012 年，北京、上海、香港、深圳排名居前四位，其賦值依次爲 1、0. 874，0. 855，0. 470。顯然，該指數值的高低，一方面取決於該城市的經濟發達程度，另一方也受該城市自身產業結構和政策因素的影響。例如香港作爲亞洲金融中心之一，其金融從業人員較多是自然而然的結果，此外上海除受本身經濟發達程度影響外，也取決於政策上中國有意將上海打造爲另外的亞洲金融中心。政策上的支持也爲上海吸引了很多金融從業人才。結合對各城市此 5 個二級指標和 18 個三級指標的賦值分析，總體而言，在 2012 年 296 個城市財政金融競爭力排名中，有 69 個城市處於平均水準之上，比 2011 年少了近 30 個，占 23.31%。其中香港、北京、上海、深圳財政金融競爭力排名居前四位。財政金融競爭力得分的標準差爲 6.229。，比 2011 年的 6.24 有所下降，這說明城市之間的財政金融競爭力的差距有縮小趨勢。城市財政金融競爭力具體排名請見表 3.3。

表 3.3 2012 年城市財政金融競爭力排名

城市	財政金融規模指數	排名	財政金融效率指數	排名	金融資本品質指數	排名	金融資本可獲得指數	排名	金融業人力資本指數	排名	財政金融競爭力	排名
香港	1	1	0.963	2	0.953	2	1	1	0.855	3	6172.76	1
北京	0.888	3	0.385	4	1	1	0.701	3	1	1	4646.28	2
上海	0.972	2	0.332	13	0.893	3	0.747	2	0.874	2	4397.79	3
深圳	0.45	5	0.329	14	0.577	169	0.447	6	0.47	4	1769.77	4
澳門	0.309	12	1	1	0.556	190	0.199	53	0.158	75	1736.99	5
臺北	0.245	19	0.394	3	0.74	7	0.516	4	0.308	13	1673.25	6
廣州	0.401	7	0.291	18	0.641	99	0.464	5	0.365	7	1576.95	7
新北	0.207	26	0.335	12	0.754	5	0.26	24	0.382	6	1143.85	8
重慶	0.471	4	0.197	77	0.577	169	0.282	17	0.412	5	1137.79	9
天津	0.44	6	0.265	22	0.546	199	0.332	8	0.33	9	1124.32	10
杭州	0.322	10	0.301	17	0.524	219	0.373	7	0.359	8	1090.68	11
高雄	0.203	28	0.358	7	0.741	6	0.235	34	0.315	10	997.53	12
台中	0.181	37	0.342	11	0.74	7	0.231	37	0.309	11	911.87	13
蘇州	0.352	8	0.283	20	0.518	224	0.332	8	0.221	28	786.02	14
台南	0.162	60	0.348	10	0.73	10	0.214	44	0.263	20	766.17	15
成都	0.31	11	0.236	37	0.53	211	0.293	15	0.27	19	655.84	16
大連	0.268	15	0.286	19	0.508	234	0.275	18	0.276	18	619.1	17
寧波	0.276	14	0.259	26	0.477	261	0.312	11	0.281	17	614.7	18
西安	0.211	24	0.229	43	0.52	221	0.303	12	0.301	14	536.55	19
南京	0.277	13	0.264	24	0.466	269	0.323	10	0.204	31	500.18	20
基隆	0.123	197	0.364	5	0.713	19	0.183	67	0.175	52	497.84	21
佛山	0.211	24	0.238	36	0.598	147	0.297	14	0.192	37	480.29	22
新竹	0.119	224	0.351	8	0.713	19	0.183	67	0.177	49	472.26	23
嘉義	0.119	224	0.36	6	0.712	21	0.182	69	0.169	58	470.29	24
瀋陽	0.253	16	0.248	32	0.509	233	0.267	21	0.245	23	458.8	25
武漢	0.25	18	0.25	29	0.482	258	0.252	28	0.285	15	451.2	26
無錫	0.253	16	0.265	22	0.483	254	0.266	22	0.189	41	353.84	27
溫州	0.197	32	0.195	79	0.557	188	0.298	13	0.194	35	318.82	28
青島	0.244	20	0.228	45	0.484	253	0.25	30	0.231	25	310.9	29
鄭州	0.235	21	0.234	38	0.477	261	0.248	31	0.239	24	304.03	30
長沙	0.207	26	0.228	45	0.448	275	0.26	24	0.285	15	300.67	31
哈爾濱	0.202	29	0.19	90	0.51	232	0.27	20	0.258	21	295.18	32
南通	0.201	30	0.228	45	0.589	160	0.205	48	0.197	34	258.32	33
東莞	0.195	34	0.2	71	0.614	129	0.223	40	0.173	55	231.92	34
濟南	0.198	31	0.226	49	0.423	283	0.231	37	0.309	11	225.11	35
中山	0.153	66	0.23	41	0.564	180	0.274	19	0.149	98	199.91	36
石家莊	0.176	42	0.188	93	0.542	203	0.229	39	0.247	22	199.17	37
唐山	0.173	46	0.169	187	0.618	122	0.19	61	0.228	26	171.52	38
福州	0.19	36	0.229	43	0.473	264	0.254	26	0.203	32	167.01	39
淮安	0.342	9	0.193	81	0.516	227	0.168	94	0.146	106	155.11	40
台州	0.164	56	0.2	71	0.52	221	0.241	33	0.218	29	143.64	41
保定	0.151	73	0.164	213	0.684	42	0.172	82	0.192	37	135.53	42
泉州	0.16	64	0.18	122	0.598	147	0.244	32	0.159	74	129.79	43
嘉興	0.166	53	0.23	41	0.498	240	0.262	23	0.168	59	125.66	44
廈門	0.215	23	0.276	21	0.409	291	0.254	26	0.149	98	102.88	45
金華	0.166	53	0.216	57	0.544	200	0.219	41	0.176	51	102.35	46
紹興	0.171	50	0.216	57	0.466	269	0.284	16	0.167	60	100.67	47
長春	0.181	37	0.192	86	0.492	244	0.235	34	0.214	30	92.02	48

表 3. 3 2012 年城市財政金融競爭力排名

城市	財政金融規模指數	排名	財政金融效率指數	排名	金融資本品質指數	排名	金融資本可獲得指數	排名	金融業人力資本指數	排名	財政金融競爭力	排名
江門	0.144	91	0.179	131	0.675	55	0.168	94	0.162	66	78.19	49
丹東	0.152	71	0.199	75	0.689	36	0.164	115	0.122	219	75.63	50
朝陽	0.147	80	0.186	103	0.686	40	0.152	159	0.152	86	67.2	51
常州	0.197	32	0.252	28	0.499	237	0.195	56	0.155	81	65.12	52
煙臺	0.179	40	0.204	65	0.563	181	0.144	201	0.226	27	64.98	53
太原	0.173	46	0.249	30	0.453	272	0.218	42	0.193	36	58.11	54
錦州	0.145	88	0.181	117	0.675	55	0.168	94	0.145	111	55.08	55
臨沂	0.147	80	0.162	223	0.662	75	0.159	130	0.183	44	49.39	56
周口	0.122	201	0.145	269	0.778	4	0.126	270	0.155	81	48.16	57
昆明	0.216	22	0.212	61	0.453	272	0.205	48	0.201	33	46.15	58
撫順	0.146	83	0.196	78	0.656	82	0.167	98	0.138	134	41.16	59
牡丹江	0.127	174	0.167	194	0.709	22	0.139	236	0.172	57	40.24	60
秦皇島	0.141	102	0.188	93	0.59	159	0.211	46	0.161	70	38.35	61
衡陽	0.138	117	0.157	240	0.704	27	0.147	181	0.161	70	31.09	62
邯鄲	0.15	75	0.15	258	0.662	75	0.161	123	0.179	46	29.47	63
茂名	0.118	237	0.152	254	0.724	11	0.177	73	0.129	173	26.76	64
菏澤	0.144	91	0.165	203	0.706	25	0.145	192	0.14	125	21.03	65
鹽城	0.172	49	0.183	111	0.569	176	0.177	73	0.184	43	20.78	66
本溪	0.139	113	0.2	71	0.637	104	0.17	90	0.138	134	12.9	67
汕頭	0.135	127	0.167	194	0.675	55	0.167	98	0.146	106	12.62	68
滄州	0.139	113	0.154	247	0.688	38	0.149	167	0.162	66	8.7	69
濟寧	0.162	60	0.179	131	0.583	166	0.162	121	0.191	39	-1.11	70
綏化	0.135	127	0.15	258	0.734	9	0.146	188	0.126	193	-1.64	71
邵陽	0.123	197	0.149	262	0.705	26	0.165	108	0.143	115	-2.61	72
盤錦	0.14	106	0.217	56	0.617	124	0.159	130	0.14	125	-2.73	73
湖州	0.142	100	0.213	59	0.492	244	0.251	29	0.148	103	-9.6	74
商丘	0.124	192	0.163	216	0.719	13	0.147	181	0.129	173	-10.47	75
邢臺	0.131	152	0.152	254	0.676	52	0.165	108	0.151	90	-13.24	76
衡水	0.116	246	0.175	156	0.698	31	0.142	217	0.146	106	-16.76	77
廣安	0.113	259	0.179	131	0.723	12	0.144	201	0.118	230	-18.63	78
廊坊	0.152	71	0.206	63	0.609	136	0.157	140	0.14	125	-19.83	79
鞍山	0.163	57	0.193	81	0.591	158	0.169	92	0.147	104	-20.3	80
岳陽	0.175	44	0.142	276	0.655	83	0.152	159	0.15	92	-21.18	81
黃岡	0.126	181	0.165	203	0.69	35	0.154	150	0.134	147	-25.04	82
濰坊	0.173	46	0.183	111	0.574	173	0.171	88	0.157	77	-27.73	83
梅州	0.127	174	0.165	203	0.675	55	0.159	130	0.138	134	-32.12	84
達州	0.119	224	0.155	246	0.719	13	0.143	208	0.134	147	-32.24	85
南充	0.125	186	0.16	230	0.669	68	0.149	167	0.163	65	-32.56	86
揭陽	0.116	246	0.152	254	0.715	17	0.166	106	0.117	242	-33.49	87
營口	0.15	75	0.186	103	0.628	111	0.162	121	0.132	155	-33.75	88
阜陽	0.13	157	0.145	269	0.716	16	0.132	258	0.15	92	-33.96	89
泰州	0.166	53	0.203	68	0.549	196	0.174	78	0.158	75	-34.36	90
鐵嶺	0.151	73	0.153	252	0.677	50	0.154	150	0.132	155	-34.96	91
麗水	0.132	148	0.187	100	0.589	160	0.2	51	0.139	130	-36.73	92
孝感	0.119	224	0.175	156	0.659	79	0.172	82	0.131	159	-38.67	93
忻州	0.142	100	0.178	144	0.665	72	0.146	188	0.13	165	-39.19	94
莆田	0.12	214	0.175	156	0.644	95	0.184	66	0.13	165	-39.39	95
佳木斯	0.115	249	0.162	223	0.681	45	0.173	79	0.126	193	-40.55	96
珠海	0.163	57	0.32	15	0.427	281	0.133	254	0.19	40	-41.77	97
郴州	0.132	148	0.164	213	0.676	52	0.167	98	0.118	230	-43.56	98
駐馬店	0.121	208	0.162	223	0.709	22	0.143	208	0.127	188	-44.18	99
臨汾	0.146	83	0.165	203	0.654	87	0.145	192	0.149	98	-44.72	100
懷化	0.125	186	0.165	203	0.675	55	0.16	128	0.132	155	-45.15	101
齊齊哈爾	0.126	181	0.144	272	0.668	71	0.168	94	0.149	98	-48.27	102
張家口	0.138	117	0.163	216	0.648	90	0.159	130	0.145	111	-49.08	103
韶關	0.129	164	0.147	266	0.62	120	0.216	43	0.13	165	-49.69	104

表 3.3 2012 年城市財政金融競爭力排名

城市	財政金融規模指數	排名	財政金融效率指數	排名	金融資本品質指數	排名	金融資本可獲得指數	排名	金融業人力資本指數	排名	財政金融競爭力	排名
吉林	0.133	144	0.144	272	0.673	63	0.159	130	0.147	104	-51.38	105
常德	0.13	157	0.168	190	0.673	63	0.15	163	0.133	152	-51.6	106
南昌	0.162	60	0.227	48	0.419	285	0.233	36	0.177	49	-52.9	107
徐州	0.179	40	0.179	131	0.534	210	0.175	77	0.174	54	-52.96	108
淄博	0.153	66	0.193	81	0.549	196	0.197	55	0.142	117	-56.22	109
上饒	0.145	88	0.176	151	0.654	87	0.141	223	0.135	144	-59.33	110
惠州	0.153	66	0.177	148	0.529	215	0.205	48	0.165	61	-60.89	111
揚州	0.16	64	0.193	81	0.565	178	0.176	75	0.141	121	-62.07	112
遼陽	0.145	88	0.204	65	0.633	107	0.143	208	0.118	230	-62.91	113
雞西	0.117	241	0.163	216	0.693	32	0.15	163	0.125	201	-63.63	114
南陽	0.135	127	0.168	190	0.638	103	0.143	208	0.16	73	-67.66	115
雙鴨山	0.118	237	0.167	194	0.693	32	0.15	163	0.118	230	-68.72	116
葫蘆島	0.144	91	0.179	131	0.639	102	0.147	181	0.13	165	-70.18	117
雲浮	0.117	241	0.169	187	0.676	52	0.163	118	0.114	255	-72.5	118
通化	0.121	208	0.17	183	0.664	73	0.15	163	0.136	140	-72.73	119
咸陽	0.122	201	0.16	230	0.64	101	0.172	82	0.142	117	-73	120
信陽	0.12	214	0.166	198	0.691	34	0.13	263	0.138	134	-74.19	121
威海	0.143	98	0.185	105	0.601	144	0.158	138	0.146	106	-74.57	122
德州	0.128	169	0.166	198	0.623	113	0.165	108	0.153	85	-74.72	123
潮州	0.11	273	0.157	240	0.688	38	0.171	88	0.111	266	-76.61	124
荆州	0.113	259	0.143	275	0.7	29	0.153	156	0.134	147	-76.76	125
鶴崗	0.115	249	0.165	203	0.703	28	0.141	223	0.118	230	77.76	126
陽江	0.11	273	0.163	216	0.679	46	0.166	106	0.118	230	-78.31	127
鎮江	0.149	78	0.226	49	0.491	246	0.187	63	0.161	70	-79.28	128
吉安	0.139	113	0.175	156	0.653	89	0.143	208	0.128	181	-79.89	129
永州	0.12	214	0.144	272	0.715	17	0.133	254	0.133	152	-80.95	130
襄陽	0.124	192	0.179	131	0.629	110	0.154	150	0.145	111	-81.81	131
晉中	0.14	106	0.14	281	0.658	81	0.138	242	0.164	64	-82.22	132
七台河	0.121	208	0.178	144	0.674	62	0.133	254	0.131	159	-83.81	133
漳州	0.135	127	0.184	106	0.559	187	0.198	54	0.141	121	-86.82	134
宜春	0.141	102	0.179	131	0.648	90	0.132	258	0.133	152	-86.88	135
承德	0.133	144	0.181	117	0.603	140	0.154	150	0.155	81	-87.57	136
撫州	0.14	106	0.173	170	0.655	83	0.144	201	0.121	222	-87.58	137
景德鎮	0.129	164	0.195	79	0.619	121	0.161	123	0.118	230	-91.44	138
伊春	0.107	286	0.18	122	0.685	41	0.142	217	0.116	248	-91.63	139
黑河	0.125	186	0.16	230	0.689	36	0.134	252	0.126	193	-92.33	140
四平	0.112	264	0.145	269	0.7	29	0.147	181	0.129	173	-93.83	141
白山	0.119	224	0.166	198	0.661	77	0.157	140	0.123	209	-94	142
資陽	0.112	264	0.162	223	0.683	44	0.148	177	0.124	206	-94.26	143
萍鄉	0.128	169	0.19	90	0.612	132	0.169	92	0.121	222	-94.64	144
內江	0.108	282	0.154	247	0.709	22	0.141	223	0.119	228	-96.45	145
玉林	0.12	214	0.154	247	0.684	42	0.144	201	0.126	193	-100.76	146
眉山	0.115	249	0.172	174	0.677	50	0.153	156	0.106	288	-102.83	147
益陽	0.113	259	0.142	276	0.672	65	0.154	150	0.143	115	-103.15	148
亳州	0.115	249	0.166	198	0.669	68	0.145	192	0.128	181	-103.88	149
大慶	0.125	186	0.176	151	0.576	172	0.181	71	0.15	92	-107.28	150
濮陽	0.112	264	0.128	289	0.719	13	0.145	192	0.124	206	-107.46	151
焦作	0.124	192	0.135	283	0.655	83	0.147	181	0.162	66	-107.53	152
自貢	0.108	282	0.149	262	0.664	73	0.16	128	0.135	144	-112.84	153
新鄉	0.134	136	0.156	245	0.647	92	0.149	167	0.131	159	-113.29	154
渭南	0.122	201	0.148	265	0.643	96	0.147	181	0.157	77	-114.31	155
清遠	0.134	136	0.18	122	0.595	154	0.172	82	0.127	188	-114.36	156
贛州	0.149	78	0.16	230	0.611	133	0.146	188	0.149	98	-114.63	157
運城	0.12	214	0.147	266	0.679	46	0.135	250	0.14	125	-115.05	158
南寧	0.174	45	0.206	63	0.429	280	0.194	58	0.188	42	-115.89	159
株洲	0.135	127	0.154	247	0.611	133	0.176	75	0.131	159	-118.58	160

表 3. 3 2012 年城市財政金融競爭力排名

城市	財政金融規模指數	排名	財政金融效率指數	排名	金融資本品質指數	排名	金融資本可獲得指數	排名	金融業人力資本指數	排名	財政金融競爭力	排名
荊門	0.11	273	0.183	111	0.631	108	0.157	140	0.126	193	-121.14	161
湛江	0.13	157	0.171	181	0.596	152	0.167	98	0.139	130	-124.55	162
呂梁	0.144	91	0.174	166	0.618	122	0.142	217	0.13	165	-125.95	163
肇慶	0.136	124	0.178	144	0.596	152	0.167	98	0.124	206	-127.52	164
平頂山	0.135	127	0.13	287	0.655	83	0.137	245	0.156	79	-129.31	165
湘潭	0.122	201	0.153	252	0.635	105	0.165	108	0.129	173	-130.52	166
阜新	0.129	164	0.182	115	0.622	116	0.139	236	0.129	173	-134.5	167
桂林	0.137	121	0.183	111	0.571	175	0.167	98	0.136	140	-134.57	168
隨州	0.1	296	0.17	183	0.679	46	0.148	177	0.106	288	-136.09	169
汕尾	0.114	258	0.149	262	0.678	49	0.156	145	0.107	281	-136.14	170
宿州	0.115	249	0.166	198	0.659	79	0.138	242	0.128	181	-136.29	171
衢州	0.126	181	0.204	65	0.483	254	0.212	45	0.152	86	-138.16	172
遂寧	0.109	279	0.151	257	0.675	55	0.159	130	0.107	281	-139.64	173
泰安	0.141	102	0.161	228	0.594	156	0.155	148	0.146	106	-139.91	174
十堰	0.134	136	0.191	87	0.577	169	0.164	115	0.123	209	-142.75	175
漢中	0.115	249	0.163	216	0.622	116	0.156	145	0.14	125	-143.1	176
瀘州	0.13	157	0.175	156	0.623	113	0.144	201	0.123	209	-145.01	177
聊城	0.126	181	0.141	279	0.624	112	0.155	148	0.151	90	-146.1	178
榆林	0.153	66	0.218	54	0.499	237	0.186	64	0.119	228	-149.03	179
石嘴山	0.121	208	0.2	71	0.613	130	0.143	208	0.111	266	-151.64	180
洛陽	0.153	66	0.172	174	0.549	196	0.149	167	0.165	61	-151.7	181
咸寧	0.113	259	0.176	151	0.622	116	0.161	123	0.116	248	-151.91	182
赤峰	0.134	136	0.175	156	0.613	130	0.133	254	0.138	134	-153.53	183
開封	0.117	241	0.158	238	0.675	55	0.136	248	0.109	274	-156.05	184
東營	0.131	152	0.239	34	0.476	263	0.193	60	0.127	188	-156.25	185
寶雞	0.12	214	0.175	156	0.603	140	0.157	140	0.128	181	-160.52	186
烏魯木齊	0.171	50	0.249	30	0.413	287	0.165	108	0.165	61	-161.14	187
九江	0.138	117	0.184	106	0.544	200	0.172	82	0.135	144	-164.24	188
三明	0.12	214	0.176	151	0.541	206	0.194	58	0.139	130	-164.63	189
許昌	0.121	208	0.174	166	0.643	96	0.135	250	0.113	259	-164.76	190
安陽	0.127	174	0.132	286	0.635	105	0.14	232	0.156	79	-165.02	191
龍岩	0.13	157	0.159	237	0.53	211	0.2	51	0.15	92	-165.91	192
河源	0.117	241	0.167	194	0.616	125	0.163	118	0.117	242	-166.5	193
遼源	0.108	282	0.165	203	0.642	98	0.152	159	0.117	242	-166.62	194
南平	0.119	224	0.173	170	0.541	206	0.195	56	0.142	117	-166.81	195
朔州	0.133	144	0.191	87	0.589	160	0.145	192	0.121	222	-167.52	196
銅川	0.119	224	0.188	93	0.598	147	0.149	167	0.123	209	-168.32	197
蘭州	0.144	91	0.221	51	0.465	271	0.158	138	0.178	47	-168.86	198
樂山	0.127	174	0.188	93	0.6	145	0.141	223	0.122	219	-171.11	199
呼和浩特	0.15	75	0.233	39	0.412	288	0.181	71	0.178	47	-172.93	200
合肥	0.195	34	0.218	54	0.371	294	0.188	62	0.182	45	-172.96	201
海口	0.136	124	0.239	34	0.412	288	0.21	47	0.152	86	-173.85	202
巴中	0.105	289	0.154	247	0.669	68	0.143	208	0.111	266	-174.88	203
大同	0.14	106	0.16	230	0.574	173	0.157	140	0.144	114	-175.27	204
三門峽	0.122	201	0.181	117	0.616	125	0.128	269	0.129	173	-179.57	205
安慶	0.129	164	0.174	166	0.597	151	0.142	217	0.132	155	-179.92	206
武威	0.102	295	0.172	174	0.67	66	0.12	276	0.116	248	-180.92	207
鄂爾多斯	0.181	37	0.305	16	0.39	292	0.141	223	0.13	165	-181.04	208
陽泉	0.131	152	0.221	51	0.539	208	0.14	232	0.129	173	-189.54	209
天水	0.115	249	0.157	240	0.66	78	0.132	258	0.108	279	-193.23	210
黃山	0.134	136	0.201	69	0.561	183	0.137	245	0.128	181	-193.83	211
慶陽	0.131	152	0.172	174	0.646	93	0.113	286	0.112	262	-194.68	212
銀川	0.14	106	0.233	39	0.441	277	0.159	130	0.173	55	-196.15	213
連雲港	0.168	52	0.179	131	0.483	254	0.172	82	0.15	92	-196.64	214
安康	0.112	264	0.179	131	0.603	140	0.144	201	0.123	209	-200.05	215
梧州	0.119	224	0.173	170	0.593	157	0.156	145	0.118	230	-200.79	216

表 3.3 2012 年城市財政金融競爭力排名

城市	財政金融規模指數	排名	財政金融效率指數	排名	金融資本品質指數	排名	金融資本可獲得指數	排名	金融業人力資本指數	排名	財政金融競爭力	排名
北海	0.12	214	0.179	131	0.599	146	0.145	192	0.117	242	-201.14	217
棗莊	0.129	164	0.141	279	0.585	165	0.173	79	0.127	188	-205.76	218
貴陽	0.176	42	0.213	59	0.433	279	0.159	130	0.162	66	-206.8	219
長治	0.144	91	0.175	156	0.542	203	0.141	223	0.154	84	-206.9	220
宣城	0.137	121	0.187	100	0.561	183	0.149	167	0.118	230	-209.88	221
貴港	0.111	269	0.126	290	0.67	66	0.145	192	0.11	271	-212.17	222
宿遷	0.146	83	0.181	117	0.535	209	0.167	98	0.116	248	-212.26	223
欽州	0.143	98	0.177	148	0.561	183	0.161	123	0.107	281	-212.88	224
池州	0.135	127	0.193	81	0.55	195	0.145	192	0.125	201	-213.44	225
烏海	0.127	174	0.261	25	0.487	249	0.139	236	0.122	219	-217.54	226
崇左	0.121	208	0.178	144	0.609	136	0.129	264	0.112	262	-223.96	227
商洛	0.11	273	0.16	230	0.646	93	0.115	284	0.123	209	-227.89	228
白城	0.11	273	0.157	240	0.609	136	0.149	167	0.12	226	-228.91	229
三亞	0.163	57	0.257	27	0.427	281	0.17	90	0.104	292	-229.05	230
綿陽	0.146	83	0.184	106	0.483	254	0.163	118	0.152	86	-235.57	231
德陽	0.134	136	0.174	166	0.519	223	0.164	115	0.141	121	-235.83	232
舟山	0.141	102	0.24	33	0.42	284	0.182	69	0.134	147	-236.29	233
松原	0.108	282	0.15	258	0.603	140	0.153	156	0.126	193	-236.38	234
延安	0.162	60	0.17	183	0.525	217	0.154	150	0.123	209	-237.34	235
新餘	0.128	169	0.191	87	0.565	178	0.139	236	0.112	262	-239.11	236
黃石	0.118	237	0.179	131	0.543	202	0.173	79	0.116	248	-239.18	237
張家界	0.113	259	0.15	258	0.641	99	0.129	264	0.11	271	-241.53	238
烏蘭察布	0.111	269	0.18	122	0.622	116	0.1	296	0.127	188	-247.43	239
蚌埠	0.127	174	0.177	148	0.56	186	0.134	252	0.13	165	-255.55	240
張掖	0.104	292	0.165	203	0.611	133	0.129	264	0.123	209	-256.84	241
宜賓	0.131	152	0.18	122	0.517	225	0.151	162	0.142	117	-258.26	242
六安	0.13	157	0.168	190	0.569	176	0.139	236	0.12	226	-258.35	243
呼倫貝爾	0.135	127	0.163	216	0.595	154	0.102	294	0.139	130	-260.35	244
通遼	0.13	157	0.187	100	0.552	191	0.129	264	0.123	209	-263.69	245
濱州	0.14	106	0.18	122	0.493	243	0.165	108	0.134	147	-267.11	246
包頭	0.146	83	0.171	181	0.48	260	0.141	223	0.175	52	-272.07	247
滁州	0.132	148	0.18	122	0.551	194	0.131	262	0.123	209	-272.33	248
漯河	0.109	279	0.158	238	0.615	127	0.126	270	0.113	259	-277.21	249
吳忠	0.122	201	0.19	90	0.562	182	0.129	264	0.112	262	-277.98	250
鄂州	0.105	289	0.169	187	0.579	167	0.146	188	0.114	255	-278.41	251
鶴壁	0.112	264	0.136	282	0.615	127	0.143	208	0.109	274	-285.1	252
酒泉	0.103	293	0.182	115	0.586	164	0.116	282	0.125	201	-287.42	253
定西	0.111	269	0.17	183	0.623	113	0.113	286	0.1	296	-287.46	254
婁底	0.116	246	0.108	294	0.63	109	0.141	223	0.118	230	-295.61	255
淮南	0.133	144	0.18	122	0.511	230	0.141	223	0.131	159	-300.53	256
防城港	0.119	224	0.201	69	0.53	211	0.14	232	0.103	294	-306.1	257
平涼	0.115	249	0.164	213	0.604	139	0.108	290	0.114	255	-306.58	258
蕪湖	0.144	91	0.22	53	0.442	276	0.145	192	0.131	159	-306.82	259
柳州	0.134	136	0.188	93	0.472	265	0.148	177	0.141	121	-316.35	260
日照	0.123	197	0.188	93	0.489	247	0.147	181	0.136	140	-317.47	261
晉城	0.132	148	0.172	174	0.499	237	0.143	208	0.138	134	-319.04	262
保山	0.124	192	0.172	174	0.552	191	0.132	258	0.108	279	-322.6	263
遵義	0.137	121	0.176	151	0.523	220	0.122	275	0.129	173	-322.79	264
克拉瑪依	0.118	237	0.351	8	0.319	295	0.137	245	0.121	222	-335.62	265
曲靖	0.14	106	0.142	276	0.53	211	0.149	167	0.117	242	-336.03	266
中衛	0.109	279	0.184	106	0.557	188	0.12	276	0.105	290	-346.05	267
賀州	0.106	288	0.157	240	0.598	147	0.114	285	0.105	290	-346.83	268
淮北	0.119	224	0.173	170	0.526	216	0.142	217	0.109	274	-347.96	269
鷹潭	0.126	181	0.199	75	0.494	241	0.136	248	0.11	271	-350.99	270
玉溪	0.138	117	0.168	190	0.481	259	0.149	167	0.125	201	-357.42	271
攀枝花	0.125	186	0.163	216	0.511	230	0.138	242	0.126	193	-358.71	272

表 3.3 2012 年城市財政金融競爭力排名

城市	財政金融規模指數	排名	財政金融效率指數	排名	金融資本品質指數	排名	金融資本可獲得指數	排名	金融業人力資本指數	排名	財政金融競爭力	排名
宜昌	0.134	136	0.184	106	0.436	278	0.167	98	0.13	165	-358.98	273
麗江	0.136	124	0.188	93	0.516	227	0.117	281	0.107	281	-359.61	274
寧德	0.119	224	0.181	117	0.452	274	0.161	123	0.136	140	-366.23	275
百色	0.125	186	0.147	266	0.542	203	0.139	236	0.109	274	-366.52	276
普洱	0.147	80	0.179	131	0.517	225	0.11	288	0.107	281	-372.31	277
馬鞍山	0.135	127	0.18	122	0.469	268	0.14	232	0.126	193	-372.43	278
雅安	0.115	249	0.16	230	0.508	234	0.144	201	0.125	201	-377	279
銅陵	0.122	201	0.175	156	0.487	249	0.142	217	0.117	242	-386.25	280
西寧	0.111	269	0.207	62	0.416	286	0.149	167	0.15	92	-387.42	281
金昌	0.105	289	0.122	291	0.587	163	0.124	272	0.114	255	-397.66	282
河池	0.117	241	0.129	288	0.579	167	0.106	291	0.113	259	-414.06	283
白銀	0.107	286	0.133	285	0.552	191	0.123	273	0.118	230	-423.36	284
萊蕪	0.119	224	0.117	293	0.525	217	0.148	177	0.111	266	-436.35	285
六盤水	0.139	113	0.161	228	0.485	252	0.12	276	0.109	274	-445.36	286
臨滄	0.12	214	0.165	203	0.516	227	0.103	293	0.103	294	-462.4	287
來賓	0.119	224	0.172	174	0.489	247	0.116	282	0.107	281	-462.46	288
廣元	0.128	169	0.179	131	0.384	293	0.165	108	0.128	181	-469.64	289
昭通	0.128	169	0.165	203	0.471	266	0.12	276	0.111	266	-475.61	290
嘉峪關	0.103	293	0.162	223	0.471	266	0.123	273	0.115	254	-508.59	291
固原	0.11	273	0.119	292	0.507	236	0.12	276	0.104	292	-543.97	292
隴南	0.12	214	0.134	284	0.486	251	0.11	288	0.107	281	-549.96	293
巴彥淖爾	0.124	192	0.175	156	0.411	290	0.101	295	0.128	181	-566.19	294
安順	0.127	174	0.104	295	0.494	241	0.104	292	0.116	248	-576.56	295
拉薩	0.123	197	0.1	296	0.1	296	0.185	65	0.118	230	-1048.78	296

3.4　城市商業貿易競爭力排名及二級指標分值

商業貿易是指專門從事商品收購、調運、儲存和銷售等經濟活動的部門。在中國，一般對內稱商業，對外稱貿易。它是商品交換的表現形式，同時也將工業和農業、城市和鄉村、生產和消費聯繫起來。城市起源於商業貿易，它是商業集聚的結果。縱觀國內外城市發展歷史，就會發現，城市的出現或壯大，都離不開城市商業貿易往來的作用。城市商業貿易的發展不僅能夠加強城市在人流、物流、資訊流、資金流方面的樞紐作用，而且也有利於改善城市就業問題，並且能夠帶動其他產業如餐飲業等第三產業的發展。在現代城市的發展過程當中，城市尤其是中心城市，其功能開始逐漸向商貿中心、文化中心、金融中心、資訊中心、技術中心轉變。因此，大力發展城市的商業貿易競爭力對於提升城市在區域經濟的核心作用顯得尤爲重要。

在我們的比較評估體系中，城市商業貿易競爭力比較評估指標體系包括國內商貿規模指數、外貿指數、商貿機構指數、商貿人力資本指數、居民消費指數 5 個二級指標，批發零售貿易業商品銷售總額、外貿依存度等 18 個三級指標。國內商貿規模指數反映的是國內商業貿易規模和商貿水準，體現了一個城市的商業集聚能力。從我們 2012 年城市商貿規模指數排名中，發現北京、上海、廣州城市排名前三位，其賦值分別爲 1、0.867、0.648。顯而易見，經濟越發的城市，商業貿易活動越頻繁。經濟發達程度與商業貿易活動的活躍性彼此相互促進。但總體而言，在被觀察物件中，除部分工業重鎮或部分東部沿海城市，中國城市的商貿規模指數數值並不高。這從另一個側面反映了中國城市的整體經濟發達程度。其次，外貿指數刻畫的是城市的外貿規模和外貿水準，顯然以對外出口產業爲主的城市，往往具有較高的外貿規模。從貿易指數排名發現， 2012 年貿易指數的前三位與去年一致還爲香港、上海、深圳。觀察 296 個城市的排名發現，沿海城市的外貿指數排名都比較靠前，這主要是這些城市自身的地理位置及經濟結構使然。商貿機構指數是限額以上批發零售企業規模的指數化。從該指數的排名中發現，北京、上海、天津、蘇州、廣州排在前 5 名，而深圳則位於第 11 位。雖然深圳的商業貿易競爭力水準排在第六，但其限額以上批發零售企業規模卻比不上天津蘇州等城市，這從一個側面放映了深圳外貿企業的整體規模大小。商貿人力資本指數則是指城市從業商業貿易的人員規模。一個城市商業貿易越發達，其商業貿易競爭力越強，則從事商業貿易的人員也應該越多。在該指數排名中，北京、香港、上海排名前三，基本與其商業貿易競爭力排名一致。此外居民消費指數的評估也包含在商業貿易競爭力指標體系中，從整體情況來看，大陸城市由於居民可支配收入水準較港澳臺城市差距過大，因此都未出現在此項指數前十的排名當中。在 2012 年 296 個城市商業貿易競爭力排名中，香港、北京、上海、廣州、臺北、深圳等主要的貿易城市排在前列。並且有 72 個城市處於平均水準之上，比上一年度增加了 6 個，占 24.32%。但是商業貿易競爭力得分的標準差為 6.518。比 2011 年有增加，這在一定程度上表明城市間的商業貿易競爭力的差距並未延續此前的縮小趨勢。城市商業貿易競爭力具體排名請見表 3.4。

表 3.4 2012 年城市商業貿易競爭力排名

城市	國內商貿規模指數	排名	外貿指數	排名	商貿機構指數	排名	商貿人力資本指數	排名	居民消費指數	排名	商業貿易競爭力	排名
香港	0.35	13	1	1	0.265	13	0.931	2	1	1	6334.32	1
北京	1	1	0.372	5	1	1	1	1	0.266	24	4812.54	2
上海	0.867	2	0.433	2	0.646	2	0.424	3	0.302	15	3222.07	3
廣州	0.648	3	0.236	9	0.479	5	0.317	8	0.337	11	2018.3	4
臺北	0.159	87	0.202	18	0.158	61	0.323	7	0.717	2	1780.29	5
深圳	0.43	7	0.393	3	0.273	11	0.302	9	0.29	17	1737.74	6
新北	0.171	71	0.217	12	0.174	45	0.413	4	0.538	6	1608.65	7
澳門	0.241	29	0.217	12	0.169	49	0.283	12	0.611	4	1602.72	8
蘇州	0.436	5	0.382	4	0.488	4	0.137	46	0.247	28	1587.72	9
天津	0.503	4	0.266	6	0.5	3	0.24	13	0.235	38	1546.23	10
杭州	0.435	6	0.208	16	0.453	6	0.29	10	0.27	22	1415.32	11
高雄	0.16	86	0.203	17	0.16	57	0.335	5	0.506	7	1300.32	12
台中	0.159	87	0.202	18	0.158	61	0.33	6	0.498	8	1261.74	13
新竹	0.136	158	0.175	35	0.13	114	0.184	21	0.629	3	1139.44	14
台南	0.151	94	0.193	25	0.149	68	0.286	11	0.455	10	1016.22	15
基隆	0.136	158	0.174	37	0.13	114	0.181	23	0.571	5	991.26	16
重慶	0.354	12	0.196	22	0.349	8	0.211	15	0.243	30	905.74	17
寧波	0.335	14	0.224	10	0.343	9	0.169	28	0.256	26	897.01	18
無錫	0.361	10	0.213	15	0.408	7	0.143	39	0.228	44	872.03	19
南京	0.4	8	0.197	21	0.271	12	0.204	16	0.234	39	817.85	20
廈門	0.275	22	0.222	11	0.279	10	0.162	30	0.269	23	738.64	21
嘉義	0.135	166	0.173	40	0.129	121	0.172	26	0.464	9	703.17	22
武漢	0.393	9	0.181	31	0.222	21	0.219	14	0.218	61	682.8	23
佛山	0.322	15	0.196	22	0.237	15	0.121	69	0.307	14	673.28	24
大連	0.287	20	0.245	8	0.227	18	0.154	33	0.241	31	658.24	25
瀋陽	0.359	11	0.174	37	0.256	14	0.171	27	0.247	28	641.63	26
東莞	0.212	42	0.263	7	0.185	42	0.104	226	0.319	13	641.47	27
珠海	0.223	37	0.217	12	0.215	25	0.141	43	0.29	17	573.8	28
青島	0.306	17	0.201	20	0.22	22	0.148	36	0.237	36	529.58	29
成都	0.32	16	0.195	24	0.189	39	0.186	18	0.222	53	524.5	30
長沙	0.296	18	0.164	52	0.203	28	0.194	17	0.232	41	466.46	31
福州	0.277	21	0.176	33	0.201	31	0.173	25	0.231	43	429.51	32
溫州	0.246	26	0.157	66	0.234	16	0.131	48	0.271	21	398.32	33
濟南	0.294	19	0.155	83	0.212	26	0.177	24	0.212	72	371.31	34
煙臺	0.246	26	0.184	28	0.234	16	0.128	52	0.22	58	342.86	35
鄭州	0.272	23	0.163	56	0.227	18	0.167	29	0.202	89	339.58	36
常州	0.239	30	0.186	27	0.203	28	0.116	85	0.236	37	306.31	37
中山	0.203	47	0.184	28	0.196	34	0.108	160	0.259	25	290.12	38

表 3.4 2012 年城市商業貿易競爭力排名

城市	國內商貿規模指數	排名	外貿指數	排名	商貿機構指數	排名	商貿人力資本指數	排名	居民消費指數	排名	商業貿易競爭力	排名
哈爾濱	0.255	25	0.15	111	0.165	52	0.184	21	0.223	49	280.19	39
昆明	0.218	39	0.165	46	0.187	41	0.185	19	0.2	96	251.15	40
紹興	0.203	47	0.175	35	0.192	37	0.125	56	0.24	33	245.46	41
包頭	0.212	42	0.155	83	0.142	83	0.117	81	0.293	16	238.99	42
嘉興	0.203	47	0.178	32	0.207	27	0.135	47	0.216	64	237.17	43
惠州	0.166	75	0.189	26	0.126	129	0.118	78	0.283	19	234.26	44
台州	0.205	45	0.165	46	0.175	44	0.125	56	0.241	31	197.97	45
合肥	0.224	34	0.165	46	0.171	46	0.142	41	0.215	67	187.74	46
濰坊	0.22	38	0.162	61	0.195	35	0.128	52	0.216	64	179.88	47
金華	0.202	50	0.164	52	0.165	52	0.125	56	0.24	33	175.87	48
鄂爾多斯	0.183	60	0.128	265	0.128	123	0.102	266	0.332	12	173.67	49
長春	0.224	34	0.163	56	0.127	127	0.157	31	0.223	49	167.32	50
南通	0.227	32	0.173	40	0.201	31	0.114	102	0.198	98	157.27	51
泉州	0.215	40	0.164	52	0.166	51	0.127	54	0.218	61	143.28	52
西安	0.267	24	0.166	45	0.149	68	0.185	19	0.148	269	134.59	53
淄博	0.224	34	0.155	83	0.191	38	0.125	56	0.194	110	100.56	54
舟山	0.165	78	0.176	33	0.147	72	0.121	69	0.226	46	92.89	55
威海	0.199	51	0.163	56	0.156	66	0.121	69	0.217	63	89.26	56
呼和浩特	0.212	42	0.153	94	0.137	97	0.12	74	0.232	41	86.42	57
泰安	0.179	63	0.148	138	0.224	20	0.12	74	0.203	86	84.91	58
鞍山	0.178	64	0.156	74	0.188	40	0.114	102	0.216	64	73.36	59
唐山	0.213	41	0.148	138	0.141	88	0.129	51	0.22	58	67.21	60
南昌	0.19	56	0.165	46	0.147	72	0.114	102	0.221	56	65.64	61
濟寧	0.195	53	0.153	94	0.218	23	0.116	85	0.187	137	65.54	62
江門	0.173	69	0.168	43	0.142	83	0.115	92	0.226	46	63.01	63
太原	0.243	28	0.15	111	0.147	72	0.149	35	0.18	174	61.63	64
克拉瑪依	0.124	220	0.146	179	0.131	112	0.122	66	0.272	20	49.78	65
烏魯木齊	0.231	31	0.156	74	0.164	54	0.131	48	0.178	181	48.83	66
湖州	0.177	67	0.163	56	0.147	72	0.111	127	0.222	53	42.89	67
汕頭	0.184	59	0.151	104	0.133	107	0.117	81	0.234	39	37.02	68
海口	0.18	62	0.141	226	0.183	43	0.14	44	0.194	110	27.71	69
貴陽	0.162	84	0.142	217	0.139	91	0.157	31	0.211	73	19.89	70
揭陽	0.147	105	0.143	211	0.202	30	0.106	187	0.22	58	12.26	71
東營	0.172	70	0.156	74	0.155	67	0.122	66	0.207	80	12.2	72
臨沂	0.204	46	0.153	94	0.198	33	0.113	112	0.171	204	-0.95	73
鹽城	0.17	74	0.157	66	0.164	54	0.118	78	0.198	98	-3.16	74
揚州	0.181	61	0.172	42	0.139	91	0.111	127	0.195	106	-4.36	75
宜昌	0.163	80	0.149	121	0.16	57	0.143	39	0.191	121	-6.33	76
蘭州	0.191	55	0.148	138	0.136	99	0.125	56	0.207	80	-9.13	77
洛陽	0.177	67	0.154	93	0.168	50	0.123	63	0.188	130	-11.75	78
德州	0.166	75	0.147	154	0.216	24	0.112	120	0.182	158	-13.33	79
三亞	0.124	220	0.155	83	0.114	202	0.144	37	0.228	44	-14.34	80
南陽	0.165	78	0.148	138	0.159	60	0.14	44	0.189	128	-18.63	81
龍岩	0.147	105	0.15	111	0.141	88	0.118	78	0.225	48	-21.14	82
銀川	0.149	101	0.148	138	0.143	80	0.115	92	0.223	49	-31.04	83
石家莊	0.227	32	0.157	66	0.131	112	0.144	37	0.155	253	-31.59	84
鎮江	0.178	64	0.164	52	0.148	71	0.114	102	0.186	144	-34.44	85
南寧	0.196	52	0.116	281	0.158	61	0.153	34	0.192	115	-36.94	86
徐州	0.187	58	0.156	74	0.17	47	0.115	92	0.169	213	-50.96	87
濱州	0.153	92	0.155	83	0.16	57	0.106	187	0.202	89	-52.25	88
聊城	0.157	89	0.151	104	0.164	54	0.109	148	0.197	101	-56.62	89
泰州	0.166	75	0.165	46	0.145	77	0.116	85	0.182	158	-56.69	90
嘉峪關	0.131	186	0.152	100	0.121	151	0.103	242	0.239	35	-60.52	91
麗水	0.145	110	0.149	121	0.135	101	0.106	187	0.221	56	-67.67	92
日照	0.146	109	0.174	37	0.123	142	0.109	148	0.195	106	-70.25	93
大慶	0.189	57	0.149	121	0.124	136	0.111	127	0.196	104	-77.96	94
菏澤	0.161	85	0.149	121	0.194	36	0.109	148	0.17	209	-80.92	95

表 3.4 2012 年城市商業貿易競爭力排名

城市	國內商貿規模指數	排名	外貿指數	排名	商貿機構指數	排名	商貿人力資本指數	排名	居民消費指數	排名	商業貿易競爭力	排名
棗莊	0.15	96	0.149	121	0.17	47	0.113	112	0.186	144	-82.14	96
漳州	0.15	96	0.161	62	0.133	107	0.108	160	0.193	113	-92.83	97
銅陵	0.136	158	0.16	63	0.12	157	0.104	226	0.213	71	-94.5	98
開封	0.145	110	0.131	257	0.145	77	0.12	74	0.211	73	-98.06	99
蕪湖	0.149	101	0.155	83	0.135	101	0.107	174	0.199	97	-98.77	100
衢州	0.15	96	0.15	111	0.13	114	0.105	205	0.208	79	-99.37	101
廊坊	0.145	110	0.156	74	0.119	166	0.109	148	0.206	82	-100.87	102
牡丹江	0.141	124	0.168	43	0.134	104	0.107	174	0.185	148	-105.63	103
盤錦	0.141	124	0.146	179	0.137	97	0.123	63	0.196	104	-106.26	104
吉林	0.178	64	0.133	253	0.13	114	0.106	187	0.209	77	-108.67	105
湛江	0.163	80	0.143	211	0.119	166	0.115	92	0.204	84	-109.76	106
潮州	0.134	171	0.157	66	0.119	166	0.103	242	0.211	73	-113.17	107
丹東	0.14	130	0.158	65	0.133	107	0.11	135	0.192	115	-115.34	108
寶雞	0.139	137	0.142	217	0.109	232	0.112	120	0.222	53	-119.25	109
綿陽	0.142	118	0.15	111	0.112	212	0.105	205	0.214	70	-119.79	110
呼倫貝爾	0.143	115	0.132	254	0.136	99	0.11	135	0.215	67	-123	111
肇慶	0.138	142	0.157	66	0.12	157	0.11	135	0.197	101	-128.05	112
黑河	0.112	269	0.163	56	0.102	284	0.112	120	0.211	73	-128.96	113
榆林	0.142	118	0.146	179	0.158	61	0.105	205	0.188	130	-130.21	114
襄陽	0.155	90	0.149	121	0.149	68	0.113	112	0.176	191	-131.04	115
駐馬店	0.132	178	0.147	154	0.158	61	0.117	81	0.182	158	-131.52	116
馬鞍山	0.14	130	0.156	74	0.118	174	0.105	205	0.201	93	-131.98	117
德陽	0.136	158	0.147	154	0.116	189	0.103	242	0.215	67	-134.76	118
淮安	0.147	105	0.156	74	0.123	142	0.11	135	0.188	130	-137	119
烏海	0.136	158	0.109	284	0.121	151	0.102	266	0.255	27	-138.8	120
萊蕪	0.145	110	0.155	83	0.126	129	0.103	242	0.192	115	-139.1	121
營口	0.136	158	0.157	66	0.132	111	0.109	148	0.187	137	-140.16	122
三明	0.138	142	0.149	121	0.145	77	0.108	160	0.188	130	-140.74	123
攀枝花	0.134	171	0.148	138	0.121	151	0.102	266	0.209	77	-143.45	124
黃石	0.142	118	0.147	154	0.125	132	0.124	62	0.183	156	-149.45	125
莆田	0.139	137	0.155	83	0.118	174	0.109	148	0.19	126	-153.44	126
焦作	0.137	150	0.15	111	0.128	123	0.111	127	0.187	137	-156.77	127
韶關	0.142	118	0.147	154	0.103	276	0.111	127	0.204	84	-157.67	128
保定	0.171	71	0.156	74	0.129	121	0.117	81	0.157	244	-158.78	129
酒泉	0.194	54	0.119	279	0.116	189	0.107	174	0.203	86	-159.98	130
佳木斯	0.127	205	0.157	66	0.105	263	0.112	120	0.195	106	-162.61	131
本溪	0.133	176	0.155	83	0.123	142	0.105	205	0.188	130	-165.66	132
新鄉	0.137	150	0.132	254	0.146	76	0.116	85	0.189	128	-167.88	133
連雲港	0.149	101	0.157	66	0.141	88	0.109	148	0.162	233	-168.79	134
宜賓	0.131	186	0.142	217	0.124	136	0.106	187	0.201	93	-169.74	135
三門峽	0.13	189	0.14	229	0.133	107	0.115	92	0.191	121	-170.13	136
株洲	0.15	96	0.142	217	0.13	114	0.114	102	0.18	174	-172.03	137
秦皇島	0.152	93	0.137	238	0.128	123	0.108	160	0.19	126	-173.89	138
岳陽	0.148	104	0.136	240	0.118	174	0.122	66	0.188	130	-175.13	139
錦州	0.14	130	0.15	111	0.125	132	0.107	174	0.184	153	-175.15	140
孝感	0.138	142	0.147	154	0.119	166	0.131	48	0.171	204	-175.68	141
漯河	0.137	150	0.148	138	0.125	132	0.109	148	0.185	148	-176.09	142
晉中	0.139	137	0.146	179	0.125	132	0.115	92	0.181	167	-178.36	143
新餘	0.125	216	0.159	64	0.11	230	0.101	282	0.193	113	-178.76	144
咸寧	0.127	205	0.147	154	0.134	104	0.106	187	0.187	137	-179.1	145
蚌埠	0.132	178	0.149	121	0.119	166	0.104	226	0.192	115	-180.39	146
滁州	0.122	231	0.144	208	0.12	157	0.103	242	0.202	89	-182.87	147
荊州	0.143	115	0.145	203	0.113	207	0.108	160	0.191	121	-183.35	148
郴州	0.143	115	0.15	111	0.135	101	0.112	120	0.169	213	-183.73	149
周口	0.138	142	0.135	244	0.138	94	0.116	85	0.182	158	-185.16	150
宣城	0.124	220	0.149	121	0.118	174	0.101	282	0.198	98	-185.26	151
阜陽	0.13	189	0.147	154	0.114	202	0.108	160	0.192	115	-188.12	152

表 3.4 2012 年城市商業貿易競爭力排名

城市	國內商貿規模指數	排名	外貿指數	排名	商貿機構指數	排名	商貿人力資本指數	排名	居民消費指數	排名	商業貿易競爭力	排名
茂名	0.171	71	0.135	244	0.143	80	0.108	160	0.168	217	-188.24	153
安陽	0.135	166	0.149	121	0.138	94	0.115	92	0.167	219	-188.68	154
常德	0.142	118	0.144	208	0.111	218	0.113	112	0.187	137	-189.26	155
湘潭	0.133	176	0.151	104	0.113	207	0.114	102	0.181	167	-191.8	156
鷹潭	0.122	231	0.165	46	0.109	232	0.103	242	0.181	167	-193.29	157
綏化	0.121	240	0.146	179	0.104	272	0.105	205	0.205	83	-193.35	158
清遠	0.141	124	0.156	74	0.118	174	0.106	187	0.174	193	-193.93	159
安慶	0.131	186	0.146	179	0.12	157	0.106	187	0.187	137	-194.64	160
拉薩	0.14	130	0.153	94	0.111	218	0.107	174	0.18	174	-195.23	161
隨州	0.129	195	0.149	121	0.112	212	0.103	242	0.192	115	-198.24	162
九江	0.127	205	0.153	94	0.109	232	0.11	135	0.182	158	-201.59	163
陽江	0.15	96	0.145	203	0.102	284	0.11	135	0.184	153	-202.89	164
金昌	0.138	142	0.184	28	0.112	212	0.102	266	0.147	273	-204.33	165
信陽	0.138	142	0.147	154	0.13	114	0.123	63	0.16	238	-204.6	166
商洛	0.117	255	0.148	138	0.103	276	0.103	242	0.202	89	-205.57	167
衡陽	0.14	130	0.126	270	0.116	189	0.115	92	0.197	101	-206.12	168
資陽	0.121	240	0.124	271	0.111	218	0.101	282	0.223	49	-208.57	169
內江	0.121	240	0.141	226	0.112	212	0.101	282	0.203	86	-211.13	170
許昌	0.137	150	0.135	244	0.139	91	0.108	160	0.178	181	-211.76	171
大同	0.138	142	0.147	154	0.124	136	0.125	56	0.156	251	-217.29	172
長治	0.145	110	0.143	211	0.143	80	0.112	120	0.157	244	-217.41	173
益陽	0.126	211	0.147	154	0.112	212	0.108	160	0.185	148	-217.64	174
滄州	0.151	94	0.14	229	0.122	148	0.11	135	0.17	209	-220.77	175
南平	0.135	166	0.143	211	0.122	148	0.11	135	0.174	193	-221.96	176
萍鄉	0.123	225	0.148	138	0.107	248	0.101	282	0.191	121	-222.17	177
雞西	0.118	251	0.149	121	0.106	256	0.11	135	0.186	144	-222.49	178
贛州	0.129	195	0.151	104	0.106	256	0.106	187	0.181	167	-223.36	179
景德鎮	0.123	225	0.149	121	0.107	248	0.109	148	0.182	158	-224.64	180
梅州	0.132	178	0.15	111	0.106	256	0.104	226	0.181	167	-225.12	181
通遼	0.126	211	0.146	179	0.115	197	0.105	205	0.183	156	-225.25	182
松原	0.141	124	0.132	254	0.106	256	0.106	187	0.195	106	-226.71	183
遂寧	0.121	240	0.147	154	0.111	218	0.102	266	0.188	130	-227.85	184
汕尾	0.142	118	0.142	217	0.105	263	0.103	242	0.185	148	-227.88	185
寧德	0.129	195	0.149	121	0.118	174	0.106	187	0.173	197	-228.03	186
六安	0.125	216	0.146	179	0.116	189	0.103	242	0.181	167	-231.24	187
十堰	0.138	142	0.142	217	0.13	114	0.142	41	0.14	283	-231.31	188
曲靖	0.122	231	0.146	179	0.118	174	0.106	187	0.179	177	-231.77	189
北海	0.137	150	0.152	100	0.103	276	0.106	187	0.173	197	-233.04	190
永州	0.123	225	0.148	138	0.127	127	0.107	174	0.17	209	-233.31	191
桂林	0.139	137	0.138	235	0.111	218	0.121	69	0.171	204	-233.62	192
鐵嶺	0.129	195	0.141	226	0.122	148	0.104	226	0.179	177	-233.77	193
亳州	0.12	247	0.147	154	0.111	218	0.105	205	0.182	158	-234.14	194
西寧	0.141	124	0.148	138	0.121	151	0.116	85	0.155	253	-236.44	195
鶴崗	0.115	259	0.146	179	0.113	207	0.113	112	0.177	186	-237.56	196
邯鄲	0.163	80	0.138	235	0.142	83	0.115	92	0.142	279	-240.29	197
陽泉	0.147	105	0.146	179	0.118	174	0.11	135	0.159	239	-240.61	198
石嘴山	0.12	247	0.149	121	0.116	189	0.103	242	0.177	186	-241.09	199
黃山	0.124	220	0.148	138	0.118	174	0.109	148	0.169	213	-241.9	200
烏蘭察布	0.121	240	0.146	179	0.101	291	0.105	205	0.185	148	-244.17	201
濮陽	0.125	216	0.138	235	0.123	142	0.114	102	0.173	197	-244.31	202
晉城	0.134	171	0.147	154	0.128	123	0.113	112	0.155	253	-245.3	203
平頂山	0.141	124	0.102	289	0.142	83	0.12	74	0.187	137	-246.26	204
柳州	0.163	80	0.102	289	0.138	94	0.126	55	0.174	193	-247.74	205
葫蘆島	0.13	189	0.147	154	0.114	202	0.105	205	0.169	213	-251.6	206
玉林	0.128	201	0.14	229	0.111	218	0.109	148	0.177	186	-252.36	207
瀘州	0.126	211	0.122	276	0.123	142	0.105	205	0.194	110	-253.03	208
巴彥淖爾	0.121	240	0.147	154	0.106	256	0.103	242	0.179	177	-253.23	209

表 3.4 2012 年城市商業貿易競爭力排名

城市	國內商貿規模指數	排名	外貿指數	排名	商貿機構指數	排名	商貿人力資本指數	排名	居民消費指數	排名	商業貿易競爭力	排名
商丘	0.137	150	0.146	179	0.124	136	0.111	127	0.153	260	-255.73	210
南充	0.128	201	0.145	203	0.108	237	0.106	187	0.172	202	-259	211
四平	0.132	178	0.147	154	0.119	166	0.102	266	0.165	225	-260.31	212
雅安	0.115	259	0.146	179	0.101	291	0.102	266	0.184	153	-262	213
荊門	0.132	178	0.142	217	0.123	142	0.121	69	0.15	265	-263.84	214
邢臺	0.14	130	0.146	179	0.117	185	0.11	135	0.153	260	-263.86	215
遵義	0.128	201	0.127	267	0.113	207	0.108	160	0.186	144	-264.89	216
鶴壁	0.115	259	0.148	138	0.12	157	0.105	205	0.167	219	-265.5	217
上饒	0.127	205	0.152	100	0.111	218	0.108	160	0.157	244	-267.42	218
遼陽	0.135	166	0.136	240	0.116	189	0.104	226	0.171	204	-267.79	219
河池	0.137	150	0.148	138	0.104	272	0.105	205	0.164	226	-268.33	220
自貢	0.13	189	0.129	262	0.117	185	0.103	242	0.182	158	-269.3	221
宿遷	0.13	189	0.149	121	0.12	157	0.102	266	0.158	241	-272.27	222
撫順	0.155	90	0.137	238	0.142	83	0.106	187	0.141	281	-275.06	223
宜春	0.124	220	0.149	121	0.108	237	0.106	187	0.162	233	-275.84	224
雲浮	0.118	251	0.152	100	0.116	189	0.107	174	0.157	244	-277.39	225
朔州	0.129	195	0.13	258	0.126	129	0.114	102	0.164	226	-278.09	226
樂山	0.128	201	0.134	250	0.112	212	0.107	174	0.173	197	-281.14	227
忻州	0.122	231	0.136	240	0.121	151	0.113	112	0.161	236	-283.74	228
防城港	0.113	265	0.153	94	0.108	237	0.103	242	0.162	233	-285.95	229
七台河	0.112	269	0.145	203	0.1	296	0.102	266	0.178	181	-286.36	230
婁底	0.123	225	0.148	138	0.115	197	0.105	205	0.156	251	-287.67	231
淮南	0.126	211	0.124	271	0.111	218	0.114	102	0.177	186	-288.52	232
達州	0.139	137	0.114	283	0.107	248	0.104	226	0.191	121	-291.92	233
齊齊哈爾	0.14	130	0.143	211	0.109	232	0.105	205	0.154	257	-291.94	234
中衛	0.105	291	0.146	179	0.108	237	0.101	282	0.171	204	-296.11	235
臨滄	0.107	288	0.146	179	0.102	284	0.101	282	0.173	197	-297.64	236
廣安	0.12	247	0.147	154	0.134	104	0.1	294	0.148	269	-298.07	237
臨汾	0.136	158	0.147	154	0.124	136	0.111	127	0.136	287	-298.98	238
雙鴨山	0.11	276	0.15	111	0.107	248	0.114	102	0.154	257	-299.31	239
阜新	0.125	216	0.14	229	0.115	197	0.105	205	0.159	239	-299.62	240
衡水	0.132	178	0.151	104	0.111	218	0.107	174	0.144	277	-300.55	241
吳忠	0.107	288	0.147	154	0.107	248	0.102	266	0.166	223	-302.75	242
遼源	0.122	231	0.123	273	0.114	202	0.101	282	0.182	158	-305.46	243
淮北	0.122	231	0.147	154	0.107	248	0.101	282	0.157	244	-308.33	244
武威	0.109	280	0.146	179	0.104	272	0.103	242	0.166	223	-309.85	245
池州	0.116	257	0.129	262	0.117	185	0.104	226	0.172	202	-310.28	246
朝陽	0.126	211	0.13	258	0.119	166	0.104	226	0.164	226	-310.95	247
梧州	0.122	231	0.134	250	0.105	263	0.103	242	0.17	209	-312.18	248
鄂州	0.132	178	0.135	244	0.105	263	0.116	85	0.153	260	-313.72	249
通化	0.137	150	0.121	278	0.124	136	0.103	242	0.164	226	-314.73	250
漢中	0.116	257	0.128	265	0.115	197	0.109	148	0.167	219	-315.46	251
貴港	0.119	250	0.136	240	0.105	263	0.102	266	0.167	219	-317.24	252
伊春	0.11	276	0.146	179	0.103	276	0.101	282	0.163	231	-317.84	253
白山	0.127	205	0.143	211	0.102	284	0.105	205	0.155	253	-320.11	254
天水	0.112	269	0.147	154	0.108	237	0.106	187	0.153	260	-320.57	255
張掖	0.113	265	0.144	208	0.108	237	0.103	242	0.158	241	-320.74	256
保山	0.108	283	0.147	154	0.106	256	0.104	226	0.157	244	-320.96	257
渭南	0.105	291	0.146	179	0.117	185	0.11	135	0.149	267	-321.37	258
巴中	0.11	276	0.129	262	0.103	276	0.104	226	0.178	181	-321.76	259
崇左	0.106	290	0.155	83	0.105	263	0.103	242	0.15	265	-321.81	260
懷化	0.122	231	0.135	244	0.111	218	0.106	187	0.157	244	-325.51	261
銅川	0.11	276	0.105	286	0.109	232	0.103	242	0.201	93	-330.19	262
廣元	0.117	255	0.13	258	0.108	237	0.103	242	0.168	217	-330.46	263
黃岡	0.136	158	0.101	292	0.119	166	0.113	112	0.175	192	-332.94	264
邵陽	0.122	231	0.142	217	0.11	230	0.105	205	0.147	273	-333.07	265
吉安	0.118	251	0.151	104	0.108	237	0.105	205	0.14	283	-334.61	266

表 3.4 2012 年城市商業貿易競爭力排名

城市	國內商貿規模指數	排名	外貿指數	排名	商貿機構指數	排名	商貿人力資本指數	排名	居民消費指數	排名	商業貿易競爭力	排名
安順	0.108	283	0.13	258	0.103	276	0.104	226	0.174	193	-335.6	267
張家界	0.113	265	0.134	250	0.105	263	0.105	205	0.163	231	-338.44	268
咸陽	0.132	178	0.14	229	0.12	157	0.11	135	0.131	289	-340.39	269
昭通	0.108	283	0.146	179	0.104	272	0.102	266	0.154	257	-340.48	270
赤峰	0.134	171	0.103	288	0.113	207	0.107	174	0.179	177	-342.5	271
宿州	0.115	259	0.147	154	0.108	237	0.104	226	0.144	277	-343.51	272
普洱	0.108	283	0.147	154	0.108	237	0.103	242	0.147	273	-347.65	273
運城	0.135	166	0.14	229	0.121	151	0.107	174	0.128	290	-351.39	274
百色	0.111	274	0.127	267	0.105	263	0.105	205	0.164	226	-357.28	275
承德	0.13	189	0.145	203	0.12	157	0.107	174	0.12	294	-360.96	276
慶陽	0.111	274	0.119	279	0.101	291	0.1	294	0.177	186	-363.55	277
河源	0.118	251	0.146	179	0.102	284	0.108	160	0.134	288	-365.89	278
平涼	0.113	265	0.146	179	0.101	291	0.103	242	0.141	281	-366.94	279
呂梁	0.127	205	0.148	138	0.115	197	0.108	160	0.115	295	-378.04	280
眉山	0.121	240	0.101	292	0.114	202	0.1	294	0.178	181	-379.15	281
白城	0.123	225	0.123	273	0.105	263	0.107	174	0.148	269	-386.9	282
延安	0.115	259	0.123	273	0.111	218	0.108	160	0.145	276	-396.02	283
玉溪	0.129	195	0.146	179	0.118	174	0.115	92	0.1	296	-396.84	284
來賓	0.108	283	0.102	289	0.102	284	0.102	266	0.181	167	-397.92	285
張家口	0.134	171	0.101	292	0.12	157	0.111	127	0.148	269	-404.12	286
定西	0.104	293	0.127	267	0.102	284	0.102	266	0.153	260	-404.99	287
撫州	0.123	225	0.135	244	0.118	174	0.104	226	0.121	292	-406.56	288
欽州	0.1	296	0.151	104	0.108	237	0.104	226	0.121	292	-407.5	289
白銀	0.112	269	0.142	217	0.106	256	0.102	266	0.128	290	-407.72	290
安康	0.112	269	0.122	276	0.116	189	0.104	226	0.142	279	-411.63	291
麗江	0.109	280	0.1	295	0.107	248	0.112	120	0.161	236	-423.7	292
賀州	0.109	280	0.105	286	0.103	276	0.102	266	0.158	241	-447.05	293
六盤水	0.115	259	0.115	282	0.107	248	0.103	242	0.138	286	-450.86	294
隴南	0.102	295	0.107	285	0.103	276	0.101	282	0.14	283	-492.3	295
固原	0.103	294	0.1	295	0.101	291	0.101	282	0.149	267	-493.99	296

3.5 城市基礎設施競爭力排名及二級指標分值

現代城市基礎設施是城市生產、生活的物質基礎，它是爲城市經濟發展和居民生活提供基本條件的公共設施，它包括交通、能源、郵政、資訊、環保、水務等方面的設施，城市基礎設施是城市賴以形成和發展的基礎，也是城市在逐步形成與逐步發展過程中的直接產物，它是和一個城市的發展水準息息相關，並且也直接影響一個城市的發展與成長。從某種程度上來說，基礎設施的狀況直接決定城市系統的發展。一個城市基礎設施發展水準的高低，會直接影響到該城市人才流、資訊流、物流、價值流。因此，許多城市都把大力發展一個城市的基礎建設當作發展城市的前提。

城市基礎設施競爭力比較評估指標體系包括基礎設施投資指數、基礎設施供應指數、居民居住指數、交通設施指數、對外交通設施指數、資訊化設施指數與基礎設施人力資本指數 7 個二級指標，固定資產投資水準、年供水量等 30 個三級指標。基礎設施投資指數反映了城市固定資產投資和房地產開發投資水準，基礎設施供應指數則體現了與居民生活息息相關的水、電、氣的供應水準和普及水準，居民居住指數是居民居住條件的反映，交通設施指數和對外交通設施指數則描述了城市對內對外交通設施的水準，資訊化設施指數則反映了城市郵政、通信設施水準與電腦的普及率。基礎設施人力資本指數是城市從事基礎設施行業的人員規模，它也從一個側面反映了城市基礎設施的水準。一般而言，在某項指數排名靠前者，其在該指數的發展水準相對較高，從而未來的發展空間也會相對有限，而那些排名落後的城市，雖然目前取得的成就較小，但其未來的發展空間相對來說也會比較廣闊。

在 2012 年 296 個城市基礎設施競爭力排名中，有 91 個城市處於平均水準之上，比 2011 年減少 3 個，占 30.74%。基礎設施競爭力得分的標準差為 9.888。與 2011 年基本持平，這表明城市之間的基礎設施競爭力差距保持比較穩定的狀態。城市基礎設施競爭力具體排名請見表 3.5.1、表 3.5.2。

表 3.5.1 2012 年城市基礎設施競爭力排名

城市	基礎設施投資指數	排名	基礎設施供應指數	排名	城市居民居住指數	排名	交通設施指數	排名
北京	0.986	2	0.708	4	0.684	282	0.827	2
上海	0.868	4	1	1	0.805	194	0.731	4
重慶	1	1	0.385	11	0.953	5	0.802	3
深圳	0.348	32	0.776	2	0.482	293	1	1
廣州	0.544	10	0.667	5	0.718	273	0.712	5
成都	0.68	6	0.34	21	0.842	110	0.626	6
香港	0.527	11	0.569	7	0.708	280	0.425	20
天津	0.874	3	0.444	9	0.776	245	0.614	7
武漢	0.599	8	0.402	10	0.846	100	0.532	9
南京	0.523	13	0.71	3	0.756	262	0.562	8
杭州	0.487	16	0.343	19	0.661	285	0.434	18
瀋陽	0.686	5	0.309	24	0.931	8	0.463	15
西安	0.527	11	0.271	37	0.84	116	0.481	12
青島	0.477	17	0.244	52	0.81	180	0.461	16
大連	0.604	7	0.265	41	0.768	251	0.438	17
濟南	0.355	30	0.253	47	0.818	156	0.429	19
鄭州	0.468	19	0.304	27	0.85	89	0.361	33
寧波	0.385	26	0.26	43	0.676	283	0.369	31
台中	0.187	109	0.355	17	0.787	225	0.472	13
長沙	0.504	15	0.268	39	0.9	19	0.392	27
蘇州	0.576	9	0.281	33	0.861	64	0.409	24
臺北	0.186	111	0.483	8	0.717	274	0.37	30
高雄	0.192	98	0.373	12	0.779	240	0.499	11
東莞	0.243	60	0.628	6	0.959	3	0.311	50
廈門	0.243	60	0.363	15	0.654	286	0.338	41
昆明	0.369	28	0.252	48	0.885	33	0.309	52
新北	0.231	66	0.365	14	0.717	274	0.425	20
無錫	0.475	18	0.305	26	0.817	161	0.354	36
哈爾濱	0.412	23	0.234	54	0.721	272	0.314	46
合肥	0.505	14	0.235	53	0.795	214	0.404	25
福州	0.41	25	0.206	71	0.715	277	0.317	45
長春	0.43	21	0.231	56	0.795	214	0.425	20
煙臺	0.42	22	0.172	102	0.872	48	0.326	42
石家莊	0.464	20	0.197	76	0.857	73	0.371	29
唐山	0.411	24	0.288	30	0.808	186	0.32	44
包頭	0.305	39	0.281	33	0.882	36	0.394	26
太原	0.214	78	0.315	23	0.583	289	0.341	39
鄂爾多斯	0.324	35	0.161	116	0.895	24	0.503	10
南昌	0.324	35	0.25	49	0.78	239	0.26	89
台南	0.16	159	0.347	18	0.786	229	0.467	14
珠海	0.166	145	0.367	13	0.606	288	0.351	37
烏魯木齊	0.162	153	0.322	22	0.71	279	0.373	28
淄博	0.248	53	0.257	45	0.857	73	0.421	23
紹興	0.257	50	0.146	151	0.775	247	0.229	118
常州	0.36	29	0.261	42	0.836	129	0.309	52
佛山	0.327	34	0.357	16	0.825	146	0.289	68
舟山	0.144	200	0.194	79	0.647	287	0.247	99
泉州	0.247	55	0.158	123	0.896	22	0.24	106
海口	0.142	208	0.234	54	0.547	291	0.279	78

表 3.5.1 2012 年城市基礎設施競爭力排名

城市	基礎設施投資指數	排名	基礎設施供應指數	排名	城市居民居住指數	排名	交通設施指數	排名
徐州	0.332	33	0.194	79	0.801	200	0.3	61
貴陽	0.234	64	0.269	38	0.577	290	0.266	83
台州	0.215	76	0.163	113	0.797	206	0.278	79
溫州	0.22	68	0.188	88	0.54	292	0.303	56
中山	0.189	103	0.26	43	0.84	116	0.251	94
大慶	0.216	73	0.246	51	0.858	70	0.291	65
南通	0.352	31	0.185	92	0.827	141	0.24	106
濰坊	0.376	27	0.156	126	0.912	13	0.301	59
蕪湖	0.254	51	0.214	66	0.779	240	0.356	35
洛陽	0.3	40	0.207	69	0.85	89	0.252	93
呼和浩特	0.214	78	0.229	58	0.879	40	0.321	43
鞍山	0.245	59	0.231	56	0.809	184	0.295	63
邯鄲	0.312	37	0.155	128	0.829	138	0.362	32
南寧	0.284	41	0.221	63	0.777	244	0.304	55
銀川	0.179	117	0.226	60	0.787	225	0.36	34
蘭州	0.176	126	0.257	45	0.741	268	0.302	57
嘉興	0.28	42	0.151	135	0.81	180	0.227	120
臨沂	0.259	48	0.171	104	0.896	22	0.351	37
威海	0.246	57	0.152	133	0.893	26	0.265	85
克拉瑪依	0.113	282	0.268	39	0.871	49	0.301	59
保定	0.278	43	0.138	169	0.861	64	0.289	68
嘉義	0.103	295	0.287	32	0.802	199	0.34	40
新竹	0.108	287	0.307	25	0.786	229	0.299	62
澳門	0.107	290	0.341	20	0.456	294	0.231	115
鎮江	0.246	57	0.204	74	0.807	189	0.238	110
吉林	0.276	44	0.195	78	0.827	141	0.236	114
惠州	0.217	69	0.216	65	0.84	116	0.238	110
揚州	0.252	52	0.165	110	0.812	174	0.223	123
烏海	0.121	266	0.277	36	0.845	103	0.262	87
基隆	0.107	290	0.289	29	0.714	278	0.311	50
宜昌	0.205	85	0.161	116	0.781	236	0.216	133
馬鞍山	0.181	116	0.225	61	0.808	186	0.28	77
湖州	0.185	112	0.174	100	0.778	243	0.248	96
盤錦	0.176	126	0.192	82	0.835	132	0.302	57
江門	0.172	135	0.188	88	0.79	222	0.212	141
東營	0.247	55	0.184	93	0.864	61	0.288	70
滄州	0.259	48	0.126	219	0.841	114	0.313	48
濟寧	0.26	47	0.141	162	0.867	54	0.267	82
撫順	0.175	130	0.229	58	0.743	265	0.276	80
西寧	0.146	192	0.205	72	0.759	258	0.314	46
營口	0.217	69	0.189	86	0.822	151	0.29	67
嘉峪關	0.1	296	0.281	33	0.844	106	0.285	73
攀枝花	0.132	241	0.249	50	0.842	110	0.238	110
本溪	0.147	190	0.223	62	0.784	233	0.275	81
安陽	0.199	89	0.17	106	0.871	49	0.208	152
泰州	0.272	46	0.162	114	0.795	214	0.21	147
岳陽	0.188	108	0.158	123	0.914	12	0.253	92
株洲	0.195	92	0.171	104	0.875	43	0.288	70
大同	0.161	156	0.176	98	0.799	202	0.291	65
鹽城	0.311	38	0.137	174	0.813	171	0.197	163
連雲港	0.238	62	0.151	135	0.821	153	0.237	113
銅陵	0.14	215	0.213	67	0.762	256	0.285	73
金華	0.193	93	0.132	187	0.33	295	0.249	95
石嘴山	0.126	254	0.205	72	0.853	82	0.313	48
錦州	0.162	153	0.173	101	0.817	161	0.263	86
秦皇島	0.16	159	0.17	106	0.739	269	0.283	75
丹東	0.177	125	0.148	141	0.782	235	0.246	100

表 3.5.1 2012 年城市基礎設施競爭力排名

城市	基礎設施投資指數	排名	基礎設施供應指數	排名	城市居民居住指數	排名	交通設施指數	排名
德州	0.224	67	0.132	187	0.861	64	0.248	96
陽泉	0.13	247	0.19	84	0.827	141	0.218	129
廊坊	0.216	73	0.132	187	0.799	202	0.245	102
婁底	0.132	241	0.125	223	0.874	46	0.229	118
湘潭	0.167	142	0.194	79	0.85	89	0.218	129
伊春	0.111	283	0.196	77	0.806	192	0.305	54
淮安	0.276	44	0.198	75	0.816	167	0.195	167
泰安	0.236	63	0.134	178	0.836	129	0.181	185
遼陽	0.145	198	0.19	84	0.779	240	0.283	75
新鄉	0.234	64	0.14	164	0.89	27	0.187	180
衡陽	0.168	140	0.153	131	0.836	129	0.243	103
焦作	0.204	86	0.169	108	0.881	37	0.214	137
湛江	0.149	184	0.151	135	0.743	265	0.197	163
雞西	0.114	280	0.175	99	0.764	254	0.241	104
棗莊	0.178	121	0.161	116	0.829	138	0.239	109
樂山	0.154	176	0.148	141	0.807	189	0.16	234
淮南	0.144	200	0.189	86	0.746	264	0.246	100
柳州	0.217	69	0.221	63	0.819	155	0.211	144
南陽	0.248	53	0.132	187	0.903	15	0.202	159
汕頭	0.137	223	0.303	28	0.722	271	0.167	210
呼倫貝爾	0.167	142	0.113	270	0.817	161	0.215	135
邢臺	0.208	83	0.134	178	0.855	78	0.287	72
韶關	0.146	192	0.144	156	0.842	110	0.168	206
莆田	0.155	172	0.178	97	0.816	167	0.142	263
菏澤	0.166	145	0.121	241	0.816	167	0.294	64
赤峰	0.191	101	0.148	141	0.812	174	0.211	144
張家口	0.208	83	0.149	138	0.822	151	0.254	91
日照	0.182	115	0.162	114	0.796	207	0.219	126
濱州	0.197	91	0.147	146	0.916	11	0.202	159
黃石	0.148	187	0.18	95	0.803	196	0.208	152
牡丹江	0.157	166	0.182	94	0.764	254	0.207	154
九江	0.191	101	0.128	210	0.823	150	0.223	123
鐵嶺	0.209	82	0.129	207	0.806	192	0.231	115
寶雞	0.189	103	0.147	146	0.844	106	0.219	126
桂林	0.202	88	0.143	158	0.811	179	0.193	170
通遼	0.173	133	0.154	129	0.846	100	0.225	122
郴州	0.179	117	0.134	178	0.861	64	0.204	156
佳木斯	0.128	252	0.142	160	0.785	232	0.266	83
綿陽	0.192	98	0.147	146	0.818	156	0.193	170
平頂山	0.175	130	0.153	131	0.868	53	0.214	137
臨汾	0.153	178	0.125	223	0.845	103	0.178	191
商丘	0.192	98	0.136	176	0.887	28	0.21	147
安慶	0.189	103	0.132	187	0.812	174	0.212	141
朔州	0.135	227	0.133	184	0.837	125	0.198	162
萊蕪	0.129	249	0.213	67	0.855	78	0.227	120
襄陽	0.193	93	0.161	116	0.833	135	0.191	174
寧德	0.139	218	0.116	264	0.742	267	0.153	247
遵義	0.157	166	0.146	151	0.848	94	0.168	206
龍岩	0.164	151	0.133	184	0.798	204	0.152	250
商洛	0.125	258	0.108	289	0.886	30	0.144	262
蚌埠	0.157	166	0.16	120	0.717	274	0.255	90
晉中	0.149	184	0.125	223	0.856	75	0.179	189
衢州	0.151	183	0.145	154	0.792	221	0.187	180
漳州	0.199	89	0.126	219	0.788	224	0.175	197
信陽	0.217	69	0.12	248	0.886	30	0.165	218
齊齊哈爾	0.152	181	0.149	138	0.776	245	0.195	167
三明	0.193	93	0.129	207	0.76	257	0.166	214

表 3.5.1 2012 年城市基礎設施競爭力排名

城市	基礎設施投資指數	排名	基礎設施供應指數	排名	城市居民居住指數	排名	交通設施指數	排名
六安	0.155	172	0.119	250	0.808	186	0.23	117
晉城	0.143	203	0.127	214	0.837	125	0.195	167
南平	0.166	145	0.124	230	0.775	247	0.12	282
清遠	0.212	81	0.143	158	0.758	261	0.161	231
拉薩	0.109	286	0.288	30	0.664	284	0.181	185
葫蘆島	0.142	208	0.139	166	0.796	207	0.204	156
許昌	0.189	103	0.122	235	0.856	75	0.217	132
贛州	0.187	109	0.118	255	0.813	171	0.197	163
駐馬店	0.176	126	0.113	270	0.899	20	0.211	144
白山	0.131	245	0.144	156	0.839	122	0.197	163
通化	0.173	133	0.132	187	0.856	75	0.165	218
承德	0.183	114	0.14	164	0.781	236	0.261	88
阜新	0.134	230	0.164	111	0.784	233	0.205	155
聊城	0.193	93	0.13	199	0.846	100	0.22	125
新餘	0.166	145	0.179	96	0.861	64	0.178	191
南充	0.174	132	0.13	199	0.786	229	0.164	224
榆林	0.214	78	0.109	285	0.739	269	0.16	234
咸陽	0.215	76	0.132	187	0.837	125	0.168	206
十堰	0.141	211	0.157	125	0.787	225	0.186	182
長治	0.156	170	0.149	138	0.842	110	0.178	191
梧州	0.149	184	0.131	195	0.825	146	0.146	256
孝感	0.159	162	0.113	270	0.874	46	0.145	259
瀘州	0.148	187	0.148	141	0.818	156	0.167	210
達州	0.164	151	0.117	261	0.81	180	0.16	234
渭南	0.176	126	0.119	250	0.875	43	0.175	197
鄂州	0.126	254	0.192	82	0.805	194	0.14	265
宜賓	0.156	170	0.131	195	0.812	174	0.158	240
黃山	0.155	172	0.138	169	0.827	141	0.164	224
宿遷	0.216	73	0.137	174	0.845	103	0.167	210
周口	0.193	93	0.106	291	0.918	10	0.182	184
阜陽	0.136	226	0.121	241	0.787	225	0.24	106
朝陽	0.159	162	0.126	219	0.818	156	0.186	182
黃岡	0.178	121	0.109	285	0.954	4	0.165	218
常德	0.165	150	0.13	199	0.884	34	0.18	187
上饒	0.203	87	0.109	285	0.85	89	0.212	141
萍鄉	0.166	145	0.147	146	0.864	61	0.166	214
衡水	0.152	181	0.122	235	0.859	69	0.209	150
曲靖	0.178	121	0.152	133	0.847	97	0.188	179
防城港	0.143	203	0.139	166	0.902	17	0.152	250
淮北	0.137	223	0.164	111	0.794	217	0.215	135
延安	0.171	136	0.125	223	0.79	222	0.141	264
德陽	0.162	153	0.134	178	0.817	161	0.165	218
麗水	0.132	241	0.13	199	0.705	281	0.158	240
邵陽	0.161	156	0.117	261	0.838	124	0.192	173
遼源	0.143	203	0.188	88	0.852	84	0.19	176
玉林	0.167	142	0.124	230	1	1	0.164	224
金昌	0.105	294	0.138	169	0.876	42	0.21	147
三門峽	0.17	137	0.119	250	0.867	54	0.147	254
鶴崗	0.111	283	0.159	121	0.794	217	0.216	133
永州	0.189	103	0.127	214	0.903	15	0.15	253
北海	0.155	172	0.148	141	0.866	58	0.159	238
松原	0.179	117	0.134	178	0.84	116	0.193	170
宣城	0.179	117	0.118	255	0.803	196	0.17	202
忻州	0.14	215	0.116	264	0.852	84	0.151	252
雙鴨山	0.125	258	0.133	184	0.796	207	0.166	214
自貢	0.133	237	0.156	126	0.796	207	0.165	218
潮州	0.115	275	0.187	91	0.77	249	0.146	256

表 3.5.1 2012 年城市基礎設施競爭力排名

城市	基礎設施投資指數	排名	基礎設施供應指數	排名	城市居民居住指數	排名	交通設施指數	排名
開封	0.153	178	0.138	169	0.813	171	0.201	161
運城	0.159	162	0.122	235	0.887	28	0.154	246
酒泉	0.141	211	0.146	151	0.841	114	0.177	195
巴彥淖爾	0.159	162	0.126	219	0.834	133	0.162	230
內江	0.135	227	0.121	241	0.826	145	0.163	228
梅州	0.117	273	0.119	250	0.867	54	0.178	191
銅川	0.107	290	0.169	108	0.821	153	0.18	187
鶴壁	0.134	230	0.145	154	0.849	93	0.17	202
濮陽	0.154	176	0.129	207	0.852	84	0.161	231
荊州	0.161	156	0.132	187	0.817	161	0.173	200
滁州	0.184	113	0.118	255	0.794	217	0.191	174
荊門	0.145	198	0.138	169	0.855	78	0.165	218
咸寧	0.146	192	0.128	210	0.863	63	0.136	273
四平	0.146	192	0.131	195	0.853	82	0.177	195
懷化	0.139	218	0.117	261	0.866	58	0.157	244
烏蘭察布	0.126	254	0.13	199	0.843	108	0.209	150
吉安	0.178	121	0.112	276	0.871	49	0.145	259
景德鎮	0.143	203	0.159	121	0.851	87	0.168	206
池州	0.138	222	0.134	178	0.831	137	0.169	205
六盤水	0.132	241	0.122	235	0.807	189	0.213	139
茂名	0.123	260	0.127	214	0.814	170	0.125	279
七台河	0.115	275	0.172	102	0.8	201	0.189	178
呂梁	0.142	208	0.108	289	0.812	174	0.159	238
揭陽	0.157	166	0.141	162	0.855	78	0.121	281
陽江	0.134	230	0.135	177	0.894	25	0.12	282
汕尾	0.134	230	0.142	160	0.798	204	0.219	126
遂寧	0.153	178	0.123	234	0.848	94	0.126	278
白銀	0.115	275	0.154	129	0.759	258	0.241	104
欽州	0.148	187	0.118	255	0.902	17	0.175	197
百色	0.168	140	0.12	248	0.848	94	0.16	234
漯河	0.139	218	0.147	146	0.881	37	0.158	240
宜春	0.169	139	0.116	264	0.858	70	0.153	247
安康	0.133	237	0.118	255	0.818	156	0.137	272
益陽	0.147	190	0.124	230	0.865	60	0.156	245
宿州	0.141	211	0.122	235	0.824	149	0.167	210
鷹潭	0.122	263	0.118	255	0.81	180	0.158	240
黑河	0.115	275	0.109	285	0.796	207	0.146	256
肇慶	0.16	159	0.139	166	0.759	258	0.166	214
張家界	0.111	283	0.121	241	0.938	6	0.147	254
撫州	0.17	137	0.125	223	0.851	87	0.153	247
白城	0.126	254	0.121	241	0.878	41	0.161	231
張掖	0.108	287	0.13	199	0.768	251	0.17	202
廣元	0.146	192	0.127	214	0.752	263	0.138	268
隨州	0.127	253	0.13	199	0.883	35	0.145	259
漢中	0.131	245	0.106	291	0.84	116	0.138	268
河池	0.135	227	0.113	270	0.924	9	0.139	267
廣安	0.137	223	0.111	279	0.875	43	0.113	287
資陽	0.144	200	0.113	270	0.899	20	0.12	282
雅安	0.134	230	0.124	230	0.834	133	0.13	276
眉山	0.143	203	0.127	214	0.817	161	0.131	275
雲浮	0.129	249	0.116	264	0.77	249	0.111	288
三亞	0.14	215	0.207	69	0.1	296	0.218	129
天水	0.122	263	0.128	210	0.781	236	0.136	273
武威	0.115	275	0.122	235	0.839	122	0.203	158
貴港	0.139	218	0.131	195	0.881	37	0.138	268
玉溪	0.134	230	0.121	241	0.858	70	0.12	282
吳忠	0.119	270	0.125	223	0.796	207	0.19	176

表 3.5.1 2012 年城市基礎設施競爭力排名

城市	基礎設施投資指數	排名	基礎設施供應指數	排名	城市居民居住指數	排名	交通設施指數	排名
麗江	0.118	272	0.119	250	0.907	14	0.164	224
固原	0.106	293	0.13	199	0.829	138	0.248	96
綏化	0.141	211	0.113	270	0.794	217	0.213	139
慶陽	0.146	192	0.11	281	0.766	253	0.172	201
亳州	0.134	230	0.11	281	0.867	54	0.163	228
巴中	0.123	260	0.112	276	0.843	108	0.105	294
來賓	0.129	249	0.128	210	0.933	7	0.117	286
河源	0.122	263	0.125	223	0.796	207	0.138	268
普洱	0.121	266	0.114	269	0.847	97	0.124	280
賀州	0.133	237	0.121	241	0.984	2	0.108	292
安順	0.108	287	0.115	268	0.84	116	0.129	277
中衛	0.114	280	0.112	276	0.837	125	0.179	189
崇左	0.13	247	0.11	281	0.847	97	0.11	289
平涼	0.123	260	0.111	279	0.87	52	0.14	265
保山	0.119	270	0.11	281	0.886	30	0.108	292
臨滄	0.12	268	0.103	294	0.833	135	0.104	295
昭通	0.133	237	0.105	293	0.809	184	0.109	291
隴南	0.12	268	0.1	296	0.825	146	0.1	296
定西	0.116	274	0.102	295	0.803	196	0.11	289

表 3.5.2 2012 年城市基礎設施競爭力排名(續)

城市	對外交通設施指數	排名	資訊化設施指數	排名	基礎設施行業人力資本指數	排名	基礎設施競爭力	排名
北京	0.797	4	0.785	3	1	1	6068.62	1
上海	1	1	0.795	2	0.643	3	5879.73	2
重慶	0.836	3	0.423	83	0.754	2	4820.04	3
深圳	0.639	7	1	1	0.388	16	4144.13	4
廣州	0.866	2	0.611	12	0.462	10	3953.41	5
成都	0.731	5	0.505	35	0.537	7	3395.33	6
香港	0.69	6	0.598	14	0.611	5	3289.05	7
天津	0.371	16	0.617	11	0.398	15	3100.14	8
武漢	0.468	11	0.529	30	0.565	6	2877.2	9
南京	0.365	17	0.531	28	0.317	26	2573.85	10
杭州	0.393	12	0.599	13	0.621	4	2411.69	11
瀋陽	0.266	34	0.496	38	0.36	18	2038.8	12
西安	0.361	20	0.503	36	0.401	14	1944.66	13
青島	0.525	10	0.439	71	0.285	39	1718.5	14
大連	0.363	18	0.512	34	0.249	48	1653.76	15
濟南	0.319	25	0.494	41	0.468	9	1598.36	16
鄭州	0.277	32	0.496	38	0.406	13	1573.16	17
寧波	0.341	23	0.594	15	0.417	12	1531	18
台中	0.558	8	0.444	68	0.3	32	1520.16	19
長沙	0.288	30	0.499	37	0.323	25	1515.8	20
蘇州	0.244	39	0.582	16	0.196	82	1441.51	21
臺北	0.388	13	0.537	27	0.293	34	1341.53	22
高雄	0.363	18	0.439	71	0.304	30	1286.47	23
東莞	0.236	43	0.635	8	0.132	237	1281.29	24
廈門	0.361	20	0.631	10	0.291	35	1229.23	25
昆明	0.282	31	0.513	33	0.346	20	1183.98	26
新北	0.238	41	0.464	57	0.367	17	1135.81	27
無錫	0.184	85	0.55	20	0.219	60	1108.71	28
哈爾濱	0.226	51	0.442	69	0.424	11	1102.13	29
合肥	0.211	60	0.38	97	0.289	36	1076.11	30
福州	0.233	46	0.578	17	0.31	27	1023.31	31
長春	0.195	71	0.346	123	0.278	41	895.2	32

表 3. 5. 2 2012 年城市基礎設施競爭力排名(續)

城市	對外交通設施指數	排名	資訊化設施指數	排名	基礎設施行業人力資本指數	排名	基礎設施競爭力	排名
煙臺	0.319	25	0.44	70	0.22	59	874.71	33
石家莊	0.207	64	0.338	127	0.286	38	868.41	34
唐山	0.228	50	0.337	129	0.287	37	843.91	35
包頭	0.272	33	0.42	85	0.191	90	822.78	36
太原	0.23	48	0.562	19	0.307	29	803.03	37
鄂爾多斯	0.384	14	0.317	147	0.137	228	794.16	38
南昌	0.173	105	0.491	44	0.348	19	764.8	39
台南	0.148	153	0.425	81	0.264	42	710.45	40
珠海	0.232	47	0.679	5	0.161	158	706.6	41
烏魯木齊	0.188	77	0.566	18	0.258	46	706.36	42
淄博	0.246	38	0.355	117	0.24	50	696.5	43
紹興	0.17	112	0.493	42	0.478	8	695.43	44
常州	0.205	65	0.547	21	0.15	193	687.44	45
佛山	0.212	57	0.446	67	0.176	116	674.35	46
舟山	0.55	9	0.547	21	0.166	142	601.02	47
泉州	0.177	94	0.541	25	0.332	21	579.3	48
海口	0.338	24	0.67	6	0.209	67	557.08	49
徐州	0.3	28	0.33	135	0.229	55	527.29	50
貴陽	0.252	36	0.414	87	0.332	21	526.91	51
台州	0.242	40	0.478	48	0.308	28	508.95	52
溫州	0.214	54	0.49	45	0.33	23	450.99	53
中山	0.165	121	0.726	4	0.124	269	441.99	54
大慶	0.131	210	0.452	61	0.282	40	439.27	55
南通	0.199	67	0.459	60	0.192	85	395.13	56
濰坊	0.205	65	0.309	157	0.208	68	390.08	57
蕪湖	0.174	101	0.451	64	0.178	114	370.47	58
洛陽	0.176	96	0.306	162	0.304	30	367.41	59
呼和浩特	0.153	139	0.469	52	0.192	85	352.94	60
鞍山	0.179	90	0.439	71	0.201	73	337.92	61
邯鄲	0.218	53	0.211	259	0.261	45	331.39	62
南寧	0.199	67	0.345	125	0.222	58	327.64	63
銀川	0.189	75	0.363	108	0.247	49	327.26	64
蘭州	0.153	139	0.423	83	0.264	42	297.87	65
嘉興	0.185	81	0.543	23	0.197	79	295.15	66
臨沂	0.25	37	0.264	203	0.189	95	275.43	67
威海	0.214	54	0.467	55	0.182	102	274.69	68
克拉瑪依	0.102	287	0.634	9	0.149	197	263.74	69
保定	0.175	98	0.263	205	0.299	33	224.89	70
嘉義	0.102	287	0.54	26	0.17	134	218.42	71
新竹	0.106	280	0.527	32	0.181	104	190.88	72
澳門	0.101	292	0.641	7	0.223	57	143.32	73
鎮江	0.149	151	0.473	50	0.162	154	121.14	74
吉林	0.173	105	0.377	98	0.18	107	113.47	75
惠州	0.166	119	0.461	58	0.155	178	112.18	76
揚州	0.145	160	0.496	38	0.181	104	111.07	77
烏海	0.143	168	0.468	54	0.175	121	110.04	78
基隆	0.137	187	0.467	55	0.179	109	102.1	79
宜昌	0.184	85	0.302	169	0.325	24	90.63	80
馬鞍山	0.185	81	0.448	66	0.13	248	82.11	81
湖州	0.181	88	0.492	43	0.176	116	78.9	82
盤錦	0.124	227	0.483	47	0.153	183	72.17	83
江門	0.175	98	0.543	23	0.168	137	70.8	84
東營	0.127	222	0.424	82	0.138	224	64.68	85
滄州	0.173	105	0.269	202	0.225	56	62.12	86
濟寧	0.22	52	0.254	214	0.212	63	56.72	87
撫順	0.129	214	0.434	75	0.192	85	47.56	88
西寧	0.122	234	0.452	61	0.183	101	31.15	89

表 3. 5. 2 2012 年城市基礎設施競爭力排名(續)

城市	對外交通設施指數	排名	資訊化設施指數	排名	基礎設施行業人力資本指數	排名	基礎設施競爭力	排名
營口	0.167	117	0.364	106	0.155	178	18.36	90
嘉峪關	0.114	258	0.529	30	0.104	294	12.34	91
攀枝花	0.163	124	0.45	65	0.14	221	-18.66	92
本溪	0.178	93	0.369	101	0.173	129	-25.77	93
安陽	0.166	119	0.302	169	0.256	47	-28.67	94
泰州	0.158	132	0.427	79	0.146	206	-34.42	95
岳陽	0.23	48	0.236	230	0.205	70	-44.55	96
株洲	0.171	110	0.297	174	0.179	109	-46.51	97
大同	0.236	43	0.282	186	0.18	107	-48.38	98
鹽城	0.167	117	0.32	144	0.192	85	-56.82	99
連雲港	0.172	108	0.349	120	0.179	109	-59.35	100
銅陵	0.132	209	0.432	76	0.16	162	-68.08	101
金華	0.192	73	0.531	28	0.234	52	-68.37	102
石嘴山	0.112	264	0.414	87	0.152	186	-68.72	103
錦州	0.149	151	0.37	100	0.19	92	-93.64	104
秦皇島	0.139	177	0.386	94	0.196	82	-98.97	105
丹東	0.135	191	0.46	59	0.167	141	-106.74	106
德州	0.157	134	0.352	118	0.168	137	-109.38	107
陽泉	0.151	146	0.452	61	0.162	154	-128.33	108
廊坊	0.135	191	0.4	91	0.165	146	-142.42	109
婁底	0.376	15	0.219	250	0.154	180	-143.08	110
湘潭	0.131	210	0.346	123	0.201	73	-143.32	111
伊春	0.109	268	0.438	74	0.142	215	-145.07	112
淮安	0.146	159	0.289	180	0.163	152	-148.79	113
泰安	0.148	153	0.338	127	0.217	61	-150.47	114
遼陽	0.142	171	0.397	92	0.143	212	-151.08	115
新鄉	0.134	202	0.352	118	0.189	95	-158.62	116
衡陽	0.19	74	0.233	234	0.235	51	-159.43	117
焦作	0.156	136	0.313	154	0.174	125	-168.47	118
湛江	0.309	27	0.282	186	0.186	99	-170.27	119
雞西	0.142	171	0.469	52	0.159	165	-177.96	120
棗莊	0.197	69	0.309	157	0.16	162	-181.12	121
樂山	0.184	85	0.368	104	0.233	53	-182.55	122
淮南	0.179	90	0.286	183	0.211	65	-187.66	123
柳州	0.141	173	0.29	178	0.159	165	-191.82	124
南陽	0.187	79	0.161	291	0.23	54	-201.66	125
汕頭	0.12	242	0.416	86	0.156	174	-201.9	126
呼倫貝爾	0.194	72	0.357	114	0.188	97	-205.82	127
邢臺	0.145	160	0.212	257	0.2	76	-206.29	128
韶關	0.148	153	0.429	77	0.201	73	-206.85	129
莆田	0.145	160	0.49	45	0.145	208	-236.21	130
菏澤	0.208	63	0.227	240	0.17	134	-245.59	131
赤峰	0.152	143	0.332	132	0.176	116	-247.81	132
張家口	0.144	164	0.256	208	0.179	109	-248.58	133
日照	0.212	57	0.292	175	0.138	224	-265.55	134
濱州	0.138	181	0.342	126	0.138	224	-272.75	135
黃石	0.123	230	0.314	152	0.21	66	-279.59	136
牡丹江	0.135	191	0.383	95	0.156	174	-285.18	137
九江	0.16	129	0.255	213	0.202	72	-286.06	138
鐵嶺	0.148	153	0.309	157	0.157	171	-291.57	139
寶雞	0.125	226	0.314	152	0.173	129	-292.2	140
桂林	0.189	75	0.282	186	0.165	146	-295.44	141
通遼	0.212	57	0.238	228	0.151	191	-299.42	142
郴州	0.213	56	0.232	235	0.177	115	-300.79	143
佳木斯	0.123	230	0.365	105	0.164	149	-306.53	144
綿陽	0.148	153	0.317	147	0.169	136	-311.37	145
平頂山	0.179	90	0.227	240	0.175	121	-318.69	146

表 3. 5. 2 2012 年城市基礎設施競爭力排名(續)

城市	對外交通設施指數	排名	資訊化設施指數	排名	基礎設施行業人力資本指數	排名	基礎設施競爭力	排名
臨汾	0.162	126	0.369	101	0.173	129	-319	147
商丘	0.176	96	0.239	225	0.166	142	-320.05	148
安慶	0.174	101	0.282	186	0.166	142	-321.27	149
朔州	0.265	35	0.25	218	0.154	180	-332.8	150
萊蕪	0.121	239	0.328	136	0.13	248	-335.76	151
襄陽	0.165	121	0.234	233	0.182	102	-338.96	152
寧德	0.162	126	0.47	51	0.166	142	-342.59	153
遵義	0.185	81	0.321	142	0.161	158	-345.43	154
龍岩	0.14	174	0.371	99	0.197	79	-348.47	155
商洛	0.356	22	0.256	208	0.124	269	-358.55	156
蚌埠	0.174	101	0.292	175	0.138	224	-359.27	157
晉中	0.171	110	0.322	140	0.174	125	-361.43	158
衢州	0.144	164	0.414	87	0.129	250	-364.83	159
漳州	0.135	191	0.334	131	0.176	116	-365.75	160
信陽	0.157	134	0.201	268	0.214	62	-365.78	161
齊齊哈爾	0.172	108	0.244	223	0.212	63	-368.39	162
三明	0.134	202	0.383	95	0.161	158	-371.38	163
六安	0.21	61	0.239	225	0.162	154	-375.57	164
晉城	0.169	115	0.356	115	0.141	219	-376.63	165
南平	0.138	181	0.477	49	0.151	191	-379.31	166
清遠	0.153	139	0.348	122	0.143	212	-381.45	167
拉薩	0.103	286	0.356	115	0.159	165	-382.25	168
葫蘆島	0.144	164	0.322	140	0.176	116	-384.92	169
許昌	0.151	146	0.263	205	0.15	193	-394.24	170
贛州	0.196	70	0.224	244	0.175	121	-395.13	171
駐馬店	0.17	112	0.167	288	0.207	69	-396.02	172
白山	0.114	258	0.401	90	0.14	221	-396.55	173
通化	0.131	210	0.364	106	0.145	208	-399.29	174
承德	0.129	214	0.239	225	0.16	162	-399.78	175
阜新	0.122	234	0.362	109	0.149	197	-401.55	176
聊城	0.151	146	0.228	238	0.159	165	-403.83	177
新餘	0.138	181	0.313	154	0.128	253	-404.97	178
南充	0.235	45	0.235	231	0.168	137	-407.4	179
榆林	0.126	225	0.319	146	0.2	76	-413.26	180
咸陽	0.124	227	0.264	203	0.179	109	-417.16	181
十堰	0.124	227	0.305	166	0.19	92	-422.08	182
長治	0.155	137	0.279	192	0.164	149	-425	183
梧州	0.291	29	0.22	248	0.144	211	-425.76	184
孝感	0.144	164	0.208	262	0.262	44	-427.34	185
瀘州	0.153	139	0.256	208	0.204	71	-428.32	186
達州	0.237	42	0.212	257	0.185	100	-428.57	187
渭南	0.135	191	0.262	207	0.188	97	-429.99	188
鄂州	0.113	262	0.36	111	0.175	121	-431.3	189
宜賓	0.17	112	0.271	200	0.193	84	-433.48	190
黃山	0.135	191	0.393	93	0.125	266	-436.87	191
宿遷	0.128	219	0.298	173	0.132	237	-444.87	192
周口	0.177	94	0.156	292	0.192	85	-448.01	193
阜陽	0.209	62	0.208	262	0.159	165	-449.25	194
朝陽	0.122	234	0.337	129	0.154	180	-453.11	195
黃岡	0.135	191	0.224	244	0.191	90	-453.47	196
常德	0.152	143	0.199	271	0.197	79	-454.16	197
上饒	0.186	80	0.187	280	0.147	203	-454.57	198
萍鄉	0.137	187	0.332	132	0.123	273	-456.18	199
衡水	0.127	222	0.29	178	0.152	186	-462.9	200
曲靖	0.162	126	0.183	281	0.172	132	-464.41	201
防城港	0.151	146	0.305	166	0.149	197	-467.25	202
淮北	0.165	121	0.274	196	0.124	269	-471.34	203

表 3.5.2 2012 年城市基礎設施競爭力排名(續)

城市	對外交通設施指數	排名	資訊化設施指數	排名	基礎設施行業人力資本指數	排名	基礎設施競爭力	排名
延安	0.116	250	0.427	79	0.127	257	-472.1	204
德陽	0.134	202	0.309	157	0.163	152	-472.38	205
麗水	0.135	191	0.428	78	0.15	193	-477.2	206
邵陽	0.163	124	0.188	278	0.2	76	-479.8	207
遼源	0.105	282	0.308	161	0.118	287	-490.07	208
玉林	0.143	168	0.206	265	0.161	158	-490.95	209
金昌	0.102	287	0.361	110	0.129	250	-491.28	210
三門峽	0.127	222	0.306	162	0.165	146	-491.38	211
鶴崗	0.119	244	0.326	138	0.136	230	-499.48	212
永州	0.174	101	0.173	286	0.174	125	-502.64	213
北海	0.134	202	0.32	144	0.121	281	-508.9	214
松原	0.128	219	0.273	197	0.129	250	-509.97	215
宣城	0.148	153	0.332	132	0.116	289	-511.58	216
忻州	0.175	98	0.315	151	0.133	235	-522.86	217
雙鴨山	0.116	250	0.349	120	0.159	165	-525.25	218
自貢	0.138	181	0.306	162	0.147	203	-527.61	219
潮州	0.109	268	0.369	101	0.14	221	-531.85	220
開封	0.135	191	0.227	240	0.156	174	-541.39	221
運城	0.136	190	0.28	190	0.141	219	-546.15	222
酒泉	0.108	271	0.323	139	0.123	273	-552.06	223
巴彥淖爾	0.107	274	0.306	162	0.148	201	-557.51	224
內江	0.188	77	0.216	253	0.168	137	-560.31	225
梅州	0.122	234	0.285	184	0.164	149	-560.38	226
銅川	0.104	285	0.317	147	0.131	242	-577.44	227
鶴壁	0.122	234	0.273	197	0.142	215	-580.07	228
濮陽	0.116	250	0.209	261	0.19	92	-582.52	229
荊州	0.123	230	0.235	231	0.162	154	-582.56	230
滁州	0.139	177	0.242	224	0.127	257	-583.21	231
荊門	0.138	181	0.226	243	0.156	174	-583.89	232
咸寧	0.128	219	0.317	147	0.131	242	-589.41	233
四平	0.133	207	0.254	214	0.135	232	-590.16	234
懷化	0.151	146	0.205	266	0.181	104	-591.86	235
烏蘭察布	0.118	247	0.229	236	0.152	186	-596.98	236
吉安	0.14	174	0.217	252	0.157	171	-603.5	237
景德鎮	0.107	274	0.256	208	0.136	230	-604.09	238
池州	0.129	214	0.312	156	0.108	293	-607.22	239
六盤水	0.185	81	0.192	276	0.127	257	-608.44	240
茂名	0.131	210	0.302	169	0.171	133	-610.45	241
七台河	0.121	239	0.273	197	0.119	284	-616.03	242
呂梁	0.155	137	0.302	169	0.12	283	-618.82	243
揭陽	0.108	271	0.277	193	0.153	183	-620.34	244
陽江	0.107	274	0.289	180	0.157	171	-622.59	245
汕尾	0.107	274	0.245	221	0.126	261	-626.26	246
遂寧	0.158	132	0.201	268	0.174	125	-629.24	247
白銀	0.12	242	0.215	254	0.131	242	-633.27	248
欽州	0.159	131	0.183	281	0.132	237	-634.54	249
百色	0.139	177	0.203	267	0.146	206	-636.24	250
漯河	0.117	249	0.238	228	0.134	234	-638.03	251
宜春	0.14	174	0.193	275	0.152	186	-646.08	252
安康	0.168	116	0.275	195	0.125	266	-654.27	253
益陽	0.145	160	0.196	273	0.142	215	-667.44	254
宿州	0.152	143	0.208	262	0.137	228	-669.92	255
鷹潭	0.134	202	0.291	177	0.126	261	-670.81	256
黑河	0.114	258	0.321	142	0.15	193	-671.27	257
肇慶	0.113	262	0.249	219	0.135	232	-671.82	258
張家界	0.137	187	0.249	219	0.126	261	-675.56	259
撫州	0.129	214	0.175	285	0.152	186	-677.32	260

表 3.5.2 2012 年城市基礎設施競爭力排名(續)

城市	對外交通設施指數	排名	資訊化設施指數	排名	基礎設施行業人力資本指數	排名	基礎設施競爭力	排名
白城	0.112	264	0.271	200	0.125	266	-677.47	261
張掖	0.102	287	0.327	137	0.131	242	-678.22	262
廣元	0.135	191	0.303	168	0.122	279	-680.44	263
隨州	0.115	255	0.28	190	0.119	284	-682.84	264
漢中	0.123	230	0.277	193	0.147	203	-687.17	265
河池	0.133	207	0.201	268	0.148	201	-694.39	266
廣安	0.18	89	0.228	238	0.128	253	-698.37	267
資陽	0.138	181	0.245	221	0.128	253	-703.85	268
雅安	0.105	282	0.287	182	0.132	237	-715.04	269
眉山	0.121	239	0.252	217	0.133	235	-724.63	270
雲浮	0.108	271	0.359	113	0.123	273	-725.94	271
三亞	0.16	129	0.36	111	0.123	273	-729.14	272
天水	0.107	274	0.283	185	0.142	215	-731.87	273
武威	0.101	292	0.223	246	0.121	281	-737.4	274
貴港	0.135	191	0.198	272	0.123	273	-740.68	275
玉溪	0.114	258	0.256	208	0.132	237	-746.72	276
吳忠	0.116	250	0.22	248	0.122	279	-751.73	277
麗江	0.107	274	0.223	246	0.118	287	-753.74	278
固原	0.106	280	0.177	284	0.1	295	-760.11	279
綏化	0.119	244	0.128	294	0.149	197	-760.19	280
慶陽	0.115	255	0.253	216	0.111	292	-762.5	281
亳州	0.139	177	0.188	278	0.116	289	-768.1	282
巴中	0.143	168	0.211	259	0.153	183	-785.05	283
來賓	0.115	255	0.189	277	0.126	261	-800.81	284
河源	0.112	264	0.214	255	0.143	212	-806.69	285
普洱	0.119	244	0.229	236	0.126	261	-818.83	286
賀州	0.102	287	0.179	283	0.123	273	-824.59	287
安順	0.129	214	0.213	256	0.128	253	833.47	288
中衛	0.116	250	0.195	274	0.1	295	-849.48	289
崇左	0.112	264	0.218	251	0.131	242	-851.78	290
平涼	0.118	247	0.167	288	0.124	269	-866.11	291
保山	0.101	292	0.165	290	0.145	208	-904.89	292
臨滄	0.1	295	0.171	287	0.115	291	-1006.39	293
昭通	0.109	268	0.1	296	0.131	242	-1037.87	294
隴南	0.1	295	0.137	293	0.127	257	-1045.5	295
定西	0.105	282	0.11	295	0.119	284	-1089.15	296

3.6 城市社會體制競爭力排名及二級指標分值

城市是一個體制及制度安排的載體，並且本身就是一個體制演進與變遷的結果。城市社會體制是城市在社會保障、社會公平、社會治安、醫療保障及城市社會管理活動的一切活動與體制的總和，而城市社會體制競爭力則是城市在社會保障、社會公平、社會治安、醫療保障和城市社會管理活動所體現出來的相對優勢。管理是人類社會所賴以生存的一種職能，城市管理是城市政府行爲、城市政策（包括財稅政策、金融政策、產業政策、土地政策、城市發展戰略等）及社會組織行爲的總稱。社會體制的完善和發展將有利於城市經濟的發展，有利於城市居民生活水準和品質的提高，有利於城市社會穩定。

城市社會體制競爭力比較評估指標體系包括社會公平保障指數、社會治安指數、醫療保健指數與社會管理指數 4 個二級指標，失業率、刑事案件發生率、平均預期壽命等 20 個三級指標。社會公平保障指數從失業率、基尼指數、社會保障覆蓋率等方面來考察城市社會公平保障體制的完善程度，社會治安指數從刑事案件發生率、刑事案件偵破率和社會安全民眾滿意度來考察城市的社會治安水準，醫療保健指數則反映了城市的醫療設施和居民的醫療保健水準，城市社會管理指數體現了城市政府的管理能力。

在 296 個城市社會體制競爭力排名中，有 124 個城市處於平均水準之上，比 2011 年增加了 4 個，占 41.89%。社會體制競爭力得分的標準差爲 3.544。繼續延續 2010 年以來的下降趨勢。這說明城市之間由於相互學習與借鑒，社會體制競爭力差距有逐年縮小趨勢。城市社會體制競爭力所有排名如表 3.6。

表 3.6 2012 城市社會體制競爭力排名

城市	社會公平保障指數	排名	社會治安指數	排名	醫療保健指數	排名	社會管理指數	排名	社會體制競爭力	排名
香港	1	1	0.423	145	0.438	132	0.945	3	1451.19	1
上海	0.843	2	0.976	2	0.468	100	0.783	4	1376.95	2
北京	0.84	3	0.806	12	0.533	51	0.688	7	1327.37	3
蘇州	0.476	13	1	1	0.717	7	0.964	2	1310.81	4
大連	0.571	5	0.568	58	0.832	3	0.383	53	1034.28	5
廣州	0.567	6	0.65	40	0.678	15	0.611	13	1002.57	6
臺北	0.464	18	0.447	126	0.885	2	0.49	24	971.02	7
昆明	0.427	25	0.701	24	0.684	10	0.674	9	865.03	8
濟南	0.478	11	0.828	9	0.556	42	0.679	8	818.56	9
青島	0.46	19	0.881	4	0.575	35	0.587	15	777.3	10
天津	0.595	4	0.632	45	0.579	33	0.42	44	765.76	11
嘉義	0.209	282	0.444	128	1	1	0.47	30	735.03	12
寧波	0.438	23	0.824	11	0.56	41	0.618	12	721.83	13
深圳	0.437	24	0.748	15	0.389	187	1	1	710.93	14
商丘	0.389	48	0.745	17	0.679	14	0.47	30	679.55	15
舟山	0.364	93	0.784	14	0.681	13	0.493	22	677.25	16
東莞	0.337	140	0.643	42	0.61	23	0.75	6	655.74	17
澳門	0.473	15	0.416	151	0.511	66	0.776	5	643.92	18
杭州	0.521	7	0.826	10	0.457	109	0.512	20	628.38	19
廈門	0.381	62	0.841	7	0.576	34	0.53	18	603.6	20
中山	0.387	51	0.667	36	0.594	27	0.501	21	547.13	21
溫州	0.366	90	0.801	13	0.484	85	0.627	11	503.34	22
唐山	0.387	51	0.67	35	0.678	15	0.255	130	494.95	23
高雄	0.311	184	0.433	139	0.719	6	0.472	28	490.51	24
南通	0.393	46	0.729	18	0.566	37	0.422	42	486.66	25
重慶	0.52	8	0.567	59	0.446	121	0.485	25	484.85	26
長沙	0.445	21	0.368	179	0.639	19	0.357	58	472.19	27
西安	0.478	11	0.477	106	0.53	54	0.425	41	460.63	28
成都	0.374	75	0.555	62	0.615	21	0.417	45	450.86	29
紹興	0.386	53	0.846	6	0.405	168	0.631	10	444.4	30
珠海	0.408	34	0.61	50	0.475	92	0.578	17	440.59	31
鄭州	0.393	46	0.524	84	0.641	18	0.322	68	436.79	32
瀋陽	0.485	9	0.576	55	0.498	76	0.368	57	428.2	33
惠州	0.358	102	0.486	102	0.644	17	0.398	50	425.36	34
煙臺	0.384	57	0.614	49	0.551	43	0.451	36	425.04	35
台中	0.239	270	0.439	132	0.742	4	0.463	34	411.67	36
新竹	0.252	265	0.437	135	0.72	5	0.466	32	400.48	37
基隆	0.263	257	0.438	134	0.694	8	0.472	28	384.13	38
武漢	0.469	17	0.456	121	0.491	82	0.414	47	376.27	39
長春	0.471	16	0.718	20	0.468	100	0.284	89	365.34	40
海口	0.331	154	0.434	137	0.625	20	0.408	48	344.26	41
曲靖	0.373	77	0.636	43	0.484	85	0.479	26	342.6	42
台南	0.247	267	0.44	130	0.683	12	0.466	32	342.04	43
泰安	0.341	131	0.579	54	0.59	28	0.353	61	331.44	44
廊坊	0.339	135	0.635	44	0.613	22	0.264	120	323.91	45
嘉興	0.308	191	0.831	8	0.43	135	0.585	16	323.2	46
威海	0.389	48	0.53	77	0.494	79	0.421	43	297.06	47

表 3.6 2012 城市社會體制競爭力排名

城市	社會公平保障指數	排名	社會治安指數	排名	醫療保健指數	排名	社會管理指數	排名	社會體制競爭力	排名
南昌	0.359	99	0.677	31	0.469	99	0.435	38	286.43	48
無錫	0.416	30	0.748	15	0.356	219	0.491	23	282.16	49
南京	0.383	59	0.861	5	0.289	275	0.611	13	269.53	50
三亞	0.408	34	0.344	189	0.575	35	0.284	89	266.7	51
汕尾	0.313	179	0.32	202	0.689	9	0.27	104	263.84	52
白山	0.41	32	0.431	141	0.564	39	0.238	158	258.15	53
新北	0.268	254	0.436	136	0.601	26	0.458	35	252.49	54
大慶	0.286	227	0.464	117	0.684	10	0.216	198	239.71	55
韶關	0.345	121	0.651	39	0.418	149	0.515	19	239.44	56
蘭州	0.375	73	0.486	102	0.494	79	0.392	52	237.92	57
連雲港	0.397	40	0.666	37	0.472	96	0.28	93	237.12	58
攀枝花	0.426	27	0.222	273	0.564	39	0.285	87	227.1	59
東營	0.318	173	0.559	61	0.538	48	0.354	60	217.15	60
克拉瑪依	0.371	79	0.261	244	0.607	24	0.278	95	216.37	61
常州	0.376	71	0.714	21	0.398	178	0.408	48	209.57	62
淄博	0.351	111	0.549	64	0.5	74	0.347	63	204.38	63
聊城	0.342	129	0.6	52	0.467	102	0.396	51	200.86	64
合肥	0.372	78	0.679	29	0.413	156	0.38	54	190.65	65
濰坊	0.377	70	0.526	82	0.483	88	0.317	69	188.21	66
太原	0.338	138	0.371	177	0.607	24	0.24	153	186.99	67
荊門	0.418	29	0.4	162	0.5	74	0.26	125	182.06	68
烏魯木齊	0.427	25	0.396	165	0.455	112	0.326	66	175.77	69
營口	0.368	84	0.416	151	0.549	44	0.248	142	175.18	70
湖州	0.361	96	0.904	3	0.317	253	0.437	37	172.38	71
蚌埠	0.323	165	0.538	70	0.543	46	0.261	124	158.79	72
莆田	0.334	145	0.56	60	0.534	50	0.241	151	157.6	73
南寧	0.476	13	0.265	243	0.441	128	0.292	79	153.16	74
金華	0.384	57	0.704	23	0.418	149	0.272	102	151.24	75
衢州	0.344	123	0.679	29	0.446	121	0.311	71	147.17	76
佛山	0.37	82	0.543	68	0.377	202	0.476	27	146.01	77
濱州	0.343	126	0.53	77	0.51	68	0.263	122	140.81	78
撫順	0.367	86	0.434	137	0.507	70	0.27	104	137.57	79
岳陽	0.398	38	0.303	217	0.512	65	0.268	108	135.52	80
泉州	0.363	94	0.706	22	0.451	116	0.226	183	135.38	81
包頭	0.424	28	0.374	176	0.502	73	0.187	246	133.47	82
新餘	0.317	174	0.544	66	0.52	60	0.275	97	128.39	83
貴陽	0.332	151	0.401	161	0.547	45	0.271	103	127.97	84
石家莊	0.328	159	0.696	25	0.386	190	0.428	39	126.89	85
伊春	0.311	184	0.523	86	0.541	47	0.249	141	122.96	86
台州	0.367	86	0.672	33	0.419	148	0.266	112	109.73	87
宜昌	0.343	126	0.403	158	0.523	58	0.268	108	109.41	88
晉中	0.346	118	0.46	118	0.531	53	0.21	207	108.88	89
萊蕪	0.298	208	0.53	77	0.532	52	0.266	112	105.65	90
遼源	0.323	165	0.385	169	0.584	30	0.192	239	104.14	91
朝陽	0.396	42	0.416	151	0.453	114	0.265	116	95.37	92
泰州	0.38	66	0.69	26	0.386	190	0.265	116	90.81	93
鞍山	0.441	22	0.347	187	0.456	110	0.193	236	88.36	94
崇左	0.329	158	0.299	221	0.586	29	0.2	222	87.28	95
漯河	0.365	91	0.396	165	0.515	63	0.195	233	78.4	96
九江	0.309	190	0.504	97	0.524	56	0.229	176	75.09	97
龍岩	0.343	126	0.622	47	0.413	156	0.306	72	72.9	98
徐州	0.381	62	0.546	65	0.381	197	0.327	65	67.23	99
運城	0.344	123	0.449	125	0.509	69	0.205	216	66.84	100
福州	0.357	104	0.628	46	0.331	236	0.426	40	65.21	101
漳州	0.365	91	0.601	51	0.42	146	0.235	165	59.12	102
嘉峪關	0.295	214	0.268	239	0.582	32	0.245	146	48.02	103
南平	0.248	266	0.618	48	0.505	71	0.286	83	44.11	104

表 3.6 2012 城市社會體制競爭力排名

城市	社會公平保障指數	排名	社會治安指數	排名	醫療保健指數	排名	社會管理指數	排名	社會體制競爭力	排名
鷹潭	0.32	170	0.524	84	0.475	92	0.246	144	42.52	105
秦皇島	0.335	142	0.721	19	0.372	206	0.304	75	41.26	106
葫蘆島	0.386	53	0.487	101	0.408	165	0.258	128	41.22	107
哈爾濱	0.402	36	0.666	37	0.276	279	0.379	55	38.08	108
銅川	0.344	123	0.248	257	0.488	83	0.325	67	37.62	109
酒泉	0.481	10	0.166	288	0.45	119	0.148	282	31.92	110
德州	0.354	108	0.531	76	0.409	163	0.286	83	31.59	111
清遠	0.402	36	0.342	191	0.412	158	0.286	83	29	112
宣城	0.333	148	0.522	87	0.454	113	0.24	153	28.08	113
德陽	0.312	180	0.275	234	0.525	55	0.284	89	24.03	114
宿遷	0.326	161	0.685	27	0.395	182	0.268	108	21.79	115
揚州	0.376	71	0.68	28	0.322	249	0.306	72	18.79	116
盤錦	0.382	61	0.439	132	0.407	166	0.265	116	17.87	117
安順	0.383	59	0.286	226	0.467	102	0.231	170	16.4	118
來賓	0.275	249	0.306	213	0.584	30	0.207	213	11.62	119
棗莊	0.294	216	0.543	68	0.423	142	0.351	62	10.69	120
馬鞍山	0.367	86	0.537	71	0.401	175	0.235	165	7.56	121
臨汾	0.281	239	0.418	148	0.524	56	0.24	153	4.54	122
亳州	0.395	43	0.488	100	0.41	161	0.18	256	3.47	123
雞西	0.298	208	0.47	114	0.492	81	0.231	170	0.35	124
綿陽	0.351	111	0.284	228	0.459	107	0.293	78	-1.95	125
池州	0.311	184	0.467	116	0.495	78	0.193	236	-3.79	126
江門	0.333	148	0.574	57	0.329	240	0.417	45	-3.93	127
宜賓	0.362	95	0.22	275	0.511	66	0.193	236	-6.51	128
榆林	0.356	105	0.24	261	0.47	97	0.275	97	-9.1	129
益陽	0.371	79	0.248	257	0.461	105	0.256	129	-9.27	130
黑河	0.332	151	0.506	96	0.424	140	0.245	146	-18.47	131
鎮江	0.306	194	0.647	41	0.388	188	0.287	82	-20.93	132
寧德	0.261	259	0.599	53	0.445	124	0.296	77	-21.3	133
烏海	0.394	45	0.384	170	0.403	170	0.22	192	-22.46	134
銀川	0.322	167	0.544	66	0.365	208	0.356	59	-24.46	135
信陽	0.359	99	0.403	158	0.448	120	0.189	244	-26.72	136
河池	0.312	180	0.305	215	0.518	61	0.208	211	-26.74	137
呼和浩特	0.385	55	0.444	128	0.358	218	0.289	81	-27.52	138
六安	0.325	163	0.417	149	0.488	83	0.171	264	-28.63	139
梅州	0.369	83	0.33	197	0.416	152	0.266	112	-32.82	140
松原	0.305	196	0.551	63	0.443	127	0.216	198	-34.31	141
廣元	0.352	110	0.252	254	0.441	128	0.292	79	-39.49	142
安慶	0.312	180	0.455	122	0.452	115	0.231	170	-40.64	143
宜春	0.33	156	0.534	74	0.404	169	0.236	161	-45.23	144
菏澤	0.315	176	0.522	87	0.421	144	0.236	161	-47.87	145
七台河	0.301	203	0.46	118	0.473	95	0.197	227	-50.37	146
貴港	0.293	217	0.312	208	0.535	49	0.176	261	-50.72	147
阜新	0.388	50	0.382	172	0.392	186	0.216	198	-51.64	148
雙鴨山	0.359	99	0.473	110	0.384	193	0.237	160	-54.21	149
延安	0.381	62	0.206	279	0.393	185	0.331	64	-54.78	150
孝感	0.346	118	0.28	231	0.444	126	0.252	136	-59.07	151
漢中	0.36	97	0.163	289	0.474	94	0.228	178	-62.38	152
綏化	0.286	227	0.513	93	0.445	124	0.235	165	-62.9	153
白城	0.398	38	0.451	124	0.362	210	0.196	232	-64.24	154
忻州	0.305	196	0.486	102	0.42	146	0.254	132	-67.28	155
滁州	0.335	142	0.447	126	0.394	184	0.264	120	-67.34	156
鶴崗	0.324	164	0.508	94	0.38	199	0.278	95	-70.61	157
銅陵	0.301	203	0.525	83	0.415	154	0.241	151	-73.3	158
雲浮	0.312	180	0.283	229	0.451	116	0.279	94	-80.54	159
鶴壁	0.276	246	0.351	185	0.523	58	0.166	267	-82.73	160
湛江	0.38	66	0.343	190	0.38	199	0.229	176	-87.69	161

表 3.6 2012 城市社會體制競爭力排名

城市	社會公平保障指數	排名	社會治安指數	排名	醫療保健指數	排名	社會管理指數	排名	社會體制競爭力	排名
揭陽	0.273	250	0.298	222	0.479	90	0.285	87	-88.53	162
蕪湖	0.346	118	0.575	56	0.324	246	0.275	97	-88.7	163
懷化	0.348	114	0.349	186	0.403	170	0.246	144	-90.13	164
桂林	0.277	244	0.302	219	0.505	71	0.217	196	-91.75	165
黃山	0.311	184	0.425	144	0.397	180	0.281	92	-96.05	166
鹽城	0.295	214	0.676	32	0.352	222	0.254	132	-97.9	167
淮安	0.32	170	0.671	34	0.297	271	0.317	69	-97.91	168
石嘴山	0.211	280	0.267	241	0.566	37	0.245	146	-99.54	169
內江	0.371	79	0.288	224	0.412	158	0.197	227	-100.52	170
張掖	0.395	43	0.157	293	0.446	121	0.154	278	-100.88	171
西寧	0.338	138	0.416	151	0.359	214	0.299	76	-100.96	172
吉安	0.261	259	0.521	89	0.466	104	0.174	262	-109.15	173
遵義	0.273	250	0.22	275	0.517	62	0.221	190	-112.3	174
隨州	0.339	135	0.375	175	0.409	163	0.2	222	-114.9	175
資陽	0.347	116	0.212	278	0.459	107	0.18	256	-115.57	176
永州	0.412	31	0.323	200	0.334	234	0.219	194	-119.75	177
齊齊哈爾	0.263	257	0.499	98	0.456	110	0.187	246	-120.81	178
撫州	0.266	255	0.52	90	0.402	172	0.269	107	-125.98	179
眉山	0.358	102	0.242	260	0.418	149	0.204	217	-127.07	180
金昌	0.333	148	0.274	235	0.41	161	0.252	136	-128.89	181
遂寧	0.314	177	0.318	203	0.43	135	0.223	187	-131.7	182
襄陽	0.378	68	0.286	226	0.371	207	0.221	190	-133.32	183
吉林	0.378	68	0.399	163	0.345	227	0.198	226	-137.92	184
固原	0.303	201	0.227	270	0.47	97	0.21	207	-138.63	185
上饒	0.276	246	0.519	91	0.414	155	0.201	221	-141.98	186
南陽	0.34	133	0.308	210	0.424	140	0.169	266	-143.29	187
阜陽	0.305	196	0.472	111	0.402	172	0.185	250	-145.66	188
呼倫貝爾	0.397	40	0.255	248	0.399	177	0.12	291	-148.32	189
汕頭	0.283	233	0.486	102	0.326	245	0.372	56	-149.81	190
周口	0.385	55	0.34	193	0.361	213	0.156	276	-158.44	191
麗水	0.282	237	0.496	99	0.383	195	0.239	156	-160.43	192
廣安	0.283	233	0.247	259	0.479	90	0.19	243	-160.98	193
常德	0.353	109	0.341	192	0.355	220	0.231	170	-162.22	194
本溪	0.375	73	0.367	180	0.346	226	0.181	252	-166.38	195
開封	0.293	217	0.337	194	0.425	138	0.213	202	-167.07	196
欽州	0.322	167	0.419	147	0.375	204	0.203	219	-168.26	197
慶陽	0.45	20	0.162	290	0.332	235	0.164	270	-169.3	198
宿州	0.26	263	0.508	94	0.421	144	0.187	246	-169.46	199
南充	0.32	170	0.193	283	0.438	132	0.213	202	-170.62	200
河源	0.381	62	0.315	207	0.299	269	0.286	83	-173.35	201
牡丹江	0.326	161	0.44	130	0.359	214	0.202	220	-175.95	202
瀘州	0.308	191	0.253	253	0.407	166	0.255	130	-176.79	203
天水	0.281	239	0.335	195	0.435	134	0.207	213	-177.2	204
駐馬店	0.31	188	0.269	238	0.423	142	0.208	211	-178.36	205
鄂州	0.218	277	0.381	173	0.482	89	0.216	198	-179.92	206
三明	0.276	246	0.519	91	0.359	214	0.252	136	-184.04	207
荊州	0.331	154	0.316	205	0.383	195	0.2	222	-188.19	208
陽江	0.155	294	0.383	171	0.498	76	0.306	72	-190.29	209
玉林	0.345	121	0.28	231	0.395	182	0.162	273	-190.66	210
呂梁	0.161	293	0.423	145	0.515	63	0.233	168	-190.87	211
鐵嶺	0.355	107	0.41	155	0.307	259	0.239	156	-192.31	212
臨沂	0.29	221	0.532	75	0.33	238	0.26	125	-192.75	213
雅安	0.237	271	0.256	247	0.484	85	0.226	183	-194.82	214
朔州	0.287	226	0.472	111	0.365	208	0.226	183	-196.82	215
錦州	0.368	84	0.408	156	0.301	266	0.213	202	-199.61	216
樂山	0.341	131	0.191	284	0.398	178	0.204	217	-201.2	217
潮州	0.291	219	0.312	208	0.381	197	0.273	100	-203.2	218

表 3.6 2012 城市社會體制競爭力排名

城市	社會公平保障指數	排名	社會治安指數	排名	醫療保健指數	排名	社會管理指數	排名	社會體制競爭力	排名
鄂爾多斯	0.41	32	0.268	239	0.33	238	0.143	285	-203.74	219
張家界	0.367	86	0.37	178	0.291	273	0.248	142	-207.38	220
赤峰	0.303	201	0.407	157	0.374	205	0.194	234	-209.19	221
贛州	0.36	97	0.535	73	0.244	284	0.253	135	-210.93	222
巴彥淖爾	0.304	200	0.302	219	0.439	130	0.117	292	-213.66	223
安康	0.298	208	0.236	266	0.4	176	0.244	150	-216.93	224
臨滄	0.29	221	0.345	188	0.425	138	0.142	286	-219.37	225
三門峽	0.33	156	0.389	168	0.344	229	0.192	239	-219.86	226
濟寧	0.288	225	0.528	81	0.311	256	0.262	123	-222.69	227
通化	0.233	272	0.38	174	0.46	106	0.165	269	-223.83	228
平涼	0.356	105	0.181	286	0.416	152	0.104	295	-226.66	229
玉溪	0.332	151	0.222	273	0.377	202	0.21	207	-228.08	230
邯鄲	0.261	259	0.426	143	0.384	193	0.222	188	-230.59	231
通遼	0.335	142	0.403	158	0.329	240	0.181	252	-234.19	232
防城港	0.374	75	0.25	256	0.319	251	0.209	210	-234.45	233
新鄉	0.316	175	0.332	196	0.353	221	0.217	196	-234.79	234
邵陽	0.3	206	0.232	268	0.38	199	0.252	136	-236.72	235
湘潭	0.299	207	0.206	279	0.385	192	0.254	132	-241.87	236
四平	0.334	145	0.475	109	0.298	270	0.192	239	-243.44	237
日照	0.286	227	0.537	71	0.302	264	0.245	146	-245.99	238
賀州	0.271	252	0.295	223	0.411	160	0.199	225	-249.14	239
張家口	0.265	256	0.53	77	0.331	236	0.23	175	-250.4	240
淮南	0.285	230	0.43	142	0.336	233	0.227	179	-257.48	241
自貢	0.281	239	0.308	210	0.351	223	0.266	112	-265.21	242
安陽	0.285	230	0.252	254	0.397	180	0.18	256	-277.65	243
滄州	0.203	283	0.47	114	0.429	137	0.162	273	-278.06	244
茂名	0.28	243	0.36	184	0.327	243	0.267	111	-279.53	245
六盤水	0.27	253	0.316	205	0.362	210	0.238	158	-283.29	246
達州	0.348	114	0.278	233	0.316	254	0.186	249	-283.6	247
北海	0.342	129	0.238	263	0.327	243	0.192	239	-288.94	248
遼陽	0.31	188	0.322	201	0.35	225	0.159	275	-291.1	249
柳州	0.351	111	0.254	252	0.307	259	0.197	227	-292.88	250
平頂山	0.314	177	0.303	217	0.319	251	0.22	192	-295.39	251
肇慶	0.296	213	0.393	167	0.285	276	0.273	100	-296.49	252
白銀	0.301	203	0.274	235	0.31	257	0.265	116	-308.43	253
咸陽	0.334	145	0.189	285	0.301	266	0.259	127	-311.26	254
郴州	0.281	239	0.237	265	0.351	223	0.236	161	-315.41	255
邢臺	0.189	289	0.367	180	0.451	116	0.152	279	-316.25	256
咸寧	0.298	208	0.365	182	0.276	279	0.27	104	-319.29	257
許昌	0.241	269	0.317	204	0.402	172	0.163	271	-321.45	258
渭南	0.284	232	0.225	271	0.343	231	0.222	188	-337.04	259
普洱	0.321	169	0.206	279	0.345	227	0.142	286	-342.74	260
婁底	0.261	259	0.417	149	0.302	264	0.227	179	-347	261
昭通	0.233	272	0.223	272	0.439	130	0.117	292	-353.27	262
梧州	0.307	193	0.306	213	0.306	261	0.17	265	-358.02	263
承德	0.198	285	0.476	107	0.362	210	0.184	251	-361.31	264
武威	0.339	135	0.145	294	0.343	231	0.1	296	-372.57	265
陽泉	0.291	219	0.231	269	0.359	214	0.112	294	-378.22	266
萍鄉	0.289	223	0.432	140	0.243	286	0.231	170	-379.24	267
寶雞	0.34	133	0.203	282	0.273	281	0.197	227	-379.53	268
百色	0.347	116	0.307	212	0.225	288	0.206	215	-386.37	269
淮北	0.198	285	0.471	113	0.324	246	0.227	179	-387.52	270
定西	0.289	223	0.267	241	0.309	258	0.181	252	-388.47	271
焦作	0.277	244	0.255	248	0.306	261	0.194	234	-406.19	272
丹東	0.168	292	0.364	183	0.388	188	0.177	259	-422.4	273
佳木斯	0.181	291	0.457	120	0.321	250	0.227	179	-423.02	274
吳忠	0.257	264	0.258	246	0.3	268	0.218	195	-427.07	275

表 3.6 2012 城市社會體制競爭力排名

城市	社會公平保障指數	排名	社會治安指數	排名	醫療保健指數	排名	社會管理指數	排名	社會體制競爭力	排名
黃岡	0.337	140	0.33	197	0.213	291	0.174	262	-429.15	276
保定	0.21	281	0.476	107	0.296	272	0.181	252	-437.13	277
大同	0.218	277	0.397	164	0.27	282	0.25	140	-449.17	278
十堰	0.226	274	0.24	261	0.324	246	0.211	206	-454.17	279
洛陽	0.305	196	0.288	224	0.244	284	0.163	271	-459.8	280
濮陽	0.282	237	0.234	267	0.29	274	0.149	281	-462.05	281
麗江	0.306	194	0.174	287	0.279	277	0.134	289	-476.7	282
長治	0.215	279	0.261	244	0.329	240	0.166	267	-484.47	283
隴南	0.246	268	0.238	263	0.305	263	0.151	280	-491.07	284
株洲	0.192	288	0.16	291	0.344	229	0.236	161	-492.04	285
巴中	0.297	212	0.255	248	0.225	288	0.189	244	-493.79	286
烏蘭察布	0.2	284	0.283	229	0.315	255	0.156	276	-523.57	287
保山	0.225	275	0.305	215	0.26	283	0.197	227	-526.74	288
景德鎮	0.283	233	0.453	123	0.1	296	0.226	183	-583.05	289
拉薩	0.328	159	0.16	291	0.11	295	0.233	168	-618.79	290
中衛	0.283	233	0.217	277	0.159	293	0.177	259	-632.63	291
黃石	0.187	290	0.255	248	0.22	290	0.212	205	-650.19	292
衡陽	0.222	276	0.131	295	0.242	287	0.142	286	-666.95	293
晉城	0.196	287	0.272	237	0.201	292	0.146	284	-701.12	294
商洛	0.129	295	0.1	296	0.279	277	0.122	290	-781.35	295
衡水	0.1	296	0.324	199	0.153	294	0.148	282	-890.14	296

3.7 城市環境資源區位競爭力排名及二級指標分值

城市環境水準、自然資源水準和區位水準具有先天性，按照聯合國環境規劃署給自然資源的定義：自然資源是指一定條件下，能夠產生經濟價值，以提高人類當前和未來福利的自然環境因素的總和。從這個意義上來說，城市的環境水準、自然資源水準與區位水準都可以歸入自然資源的範疇，傳統意義上的自然資源如土地資源、礦產資源、水力資源、生物資源、海洋資源都具有一定程度的不可再生性，它是經濟發展的先天性基礎，也是社會財富的來源。環境是人類賴以生存的自然條件，良好的自然環境可以提高人類的生活品質，同時自然環境也對經濟的發展具有非常重要的影響，目前環保產業也成了國民經濟中的重要組成部分。區位水準除了先天性的因素，如良好的地理位置外，在很大程度上也是後天歷史發展的結果，如交通區位、經濟區位、政治區位和文化區位是在一定歷史條件下所形成的，雖然它在一定程度上也受自然地理位置的影響，但是其在經濟的發展過程中，也有可能發生較大的改變。城市環境資源區位競爭力是城市在自然環境、自然資源和區位水準上的相對優勢。良好的城市環境資源區位競爭力有利於國民經濟的發展，而國民經濟的發展也會提升城市環境資源區位競爭力。

城市環境資源區位競爭力比較評估指標體系包括區位指數、自然資源指數、環境資源指數、環境品質指數與環境改善投入指數 5 個二級指標，自然區位優勢度、土地資源絕對豐富度等 27 個三級指標。區位指數考察了自然環境優勢、交通便利程度、經濟區位優勢、政治區位優勢及文化區位優勢。自然資源指數考察了土地資源、農產品資源、礦產能源三個方面的絕對量與人均擁有量。環境資源指數則考察了城市在城市綠化、自然災害、山水環境等方面的表現。環境品質指數則度量了城市在生活污水及垃圾處理、空氣品質以及工業廢水、工業二氧化硫、工業煙塵、工業固體廢物的處理方面的成就。環境改善投入指數則體現了城市在環境保護方面的投入力度。

在 2012 年 296 個城市環境資源競爭力排名中，有 120 個城市處於平均水準之上，比上一年度減少了 12 個，占 40. 54%。環境資源競爭力得分的標準差爲 4. 351。與 2010 年、2011 年基本持平，這表明城市間的環境資源競爭力總體差距處於一個比較穩定的水準。城市環境資源區位競爭力所有排名見表 3. 7。

表 3.7 2012 年城市環境資源區位競爭力排名

城市	區位指數	排名	自然資源指數	排名	環境資源指數	排名	環境品質指數	排名	環境改善投入指數	排名	環境資源區位競爭力	排名
杭州	0.649	9	0.241	266	0.642	11	0.79	50	1	1	2124.35	1
上海	1	1	0.205	277	0.877	3	0.693	117	0.506	4	1893.07	2
香港	0.978	3	0.1	296	0.596	16	0.726	92	0.596	3	1687.34	3
北京	1	1	0.248	264	0.477	50	0.644	144	0.644	2	1628.32	4
廣州	0.737	5	0.191	279	0.914	2	0.792	49	0.312	12	1413.04	5
深圳	0.715	7	0.128	289	1	1	0.818	31	0.225	34	1352.33	6
蘇州	0.583	13	0.197	278	0.729	6	0.736	86	0.393	5	1126.32	7
南京	0.649	9	0.209	274	0.797	4	0.751	76	0.289	16	1122.13	8
青島	0.583	13	0.452	128	0.675	8	0.939	4	0.247	25	1043.83	9
昆明	0.561	16	0.389	177	0.66	9	0.982	2	0.255	24	1030.13	10
重慶	0.561	16	0.613	40	0.555	25	0.748	78	0.392	6	1014.94	11
大連	0.605	12	0.327	229	0.765	5	0.842	18	0.211	43	1008.36	12
成都	0.561	16	0.375	190	0.656	10	0.914	7	0.268	19	992.72	13
天津	0.737	5	0.32	234	0.461	57	0.682	124	0.388	7	962.28	14
武漢	0.627	11	0.263	257	0.457	63	0.787	53	0.335	9	818.72	15
瀋陽	0.671	8	0.322	232	0.477	50	0.683	123	0.321	10	804.62	16
無錫	0.451	31	0.186	280	0.721	7	0.831	26	0.217	37	759.95	17
臺北	0.89	4	0.113	295	0.414	101	0.726	92	0.179	91	714.78	18
常州	0.407	40	0.177	283	0.611	14	0.788	52	0.317	11	712.58	19
濟南	0.561	16	0.494	97	0.483	45	0.787	53	0.24	28	684.23	20
寧波	0.495	25	0.258	260	0.545	27	0.793	48	0.263	21	668.55	21
廈門	0.561	16	0.149	286	0.623	12	0.848	14	0.155	157	667.05	22
海口	0.517	22	0.209	274	0.495	40	0.967	3	0.191	70	634.02	23
秦皇島	0.407	40	0.442	135	0.599	15	0.898	8	0.18	88	627.34	24
威海	0.363	49	0.719	20	0.612	13	0.923	5	0.143	201	624.26	25
煙臺	0.363	49	0.653	27	0.587	19	0.834	24	0.197	61	600.41	26
福州	0.539	21	0.299	247	0.514	34	0.782	57	0.201	56	581.27	27
三亞	0.341	57	0.303	242	0.535	29	1	1	0.214	40	577.94	28
貴陽	0.451	31	0.364	201	0.578	20	0.758	68	0.196	63	552.39	29
長春	0.495	25	0.726	18	0.372	146	0.637	151	0.309	14	545.22	30
南昌	0.473	27	0.392	173	0.438	75	0.804	40	0.231	32	511.92	31
珠海	0.407	40	0.234	268	0.525	30	0.838	21	0.207	48	488.46	32
南通	0.385	45	0.392	173	0.551	26	0.829	30	0.177	95	481.02	33
合肥	0.473	27	0.42	156	0.48	47	0.76	65	0.187	77	464.94	34
南寧	0.429	35	0.368	199	0.525	30	0.662	134	0.232	31	455.98	35
唐山	0.232	109	0.594	44	0.305	203	0.922	6	0.358	8	444.71	36
哈爾濱	0.517	22	0.724	19	0.385	132	0.443	266	0.31	13	443.09	37
淄博	0.232	109	0.377	187	0.513	36	0.848	14	0.273	18	437.24	38
紹興	0.32	62	0.266	255	0.594	17	0.747	79	0.22	35	436.15	39
濟寧	0.232	109	0.758	16	0.485	44	0.865	12	0.209	45	411.07	40
台州	0.298	65	0.331	227	0.522	32	0.831	26	0.197	61	371.2	41
石家莊	0.451	31	0.454	124	0.389	126	0.679	126	0.228	33	350.03	42
泉州	0.385	45	0.325	231	0.562	23	0.777	59	0.122	265	348.61	43
韶關	0.276	74	0.509	87	0.494	41	0.871	9	0.169	115	344.47	44
澳門	0.429	35	0.121	291	0.541	28	0.726	92	0.16	142	343.27	45
鄭州	0.583	13	0.286	252	0.332	185	0.601	172	0.237	29	339.21	46
聊城	0.21	124	0.772	14	0.466	55	0.834	24	0.194	67	323.52	47
邯鄲	0.232	109	0.547	64	0.393	119	0.759	66	0.297	15	315.5	48
東營	0.21	124	0.607	41	0.515	33	0.839	19	0.177	95	314.47	49
西安	0.517	22	0.311	238	0.362	163	0.553	208	0.256	23	305.82	50
嘉興	0.298	65	0.332	226	0.455	64	0.816	32	0.207	48	300.51	51

表 3.7 2012 年城市環境資源區位競爭力排名

城市	區位指數	排名	自然資源指數	排名	環境資源指數	排名	環境品質指數	排名	環境改善投入指數	排名	環境資源區位競爭力	排名
漳州	0.32	62	0.547	64	0.461	57	0.845	16	0.136	230	290.11	52
長沙	0.429	35	0.333	225	0.334	183	0.717	98	0.242	27	282.88	53
東莞	0.451	31	0.184	281	0.561	24	0.651	139	0.113	287	275.24	54
桂林	0.232	109	0.627	33	0.502	38	0.703	110	0.196	63	259.1	55
舟山	0.429	35	0.351	211	0.389	126	0.786	55	0.145	189	245.46	56
金華	0.254	91	0.207	276	0.463	56	0.772	61	0.233	30	240.14	57
湖州	0.32	62	0.21	273	0.446	70	0.814	33	0.175	101	227.96	58
徐州	0.385	45	0.418	157	0.415	99	0.616	166	0.208	47	224.12	59
高雄	0.473	27	0.138	287	0.418	93	0.633	155	0.181	84	218.45	60
濰坊	0.21	124	0.616	39	0.47	52	0.755	72	0.181	84	208.86	61
呼和浩特	0.341	57	0.672	25	0.258	239	0.732	89	0.246	26	205.53	62
泰安	0.21	124	0.536	69	0.435	79	0.835	23	0.18	88	204.36	63
淮安	0.298	65	0.316	236	0.434	81	0.692	118	0.214	40	191.32	64
佛山	0.363	49	0.257	261	0.431	84	0.739	83	0.161	137	191.25	65
鹽城	0.254	91	0.617	38	0.446	70	0.538	220	0.257	22	190.03	66
鷹潭	0.232	109	0.43	147	0.39	124	0.867	10	0.188	75	185.92	67
中山	0.276	74	0.18	282	0.573	22	0.759	66	0.116	282	185.7	68
龍岩	0.21	124	0.539	67	0.467	54	0.734	87	0.184	82	174.86	69
鎮江	0.276	74	0.215	271	0.418	93	0.8	42	0.187	77	159.2	70
株洲	0.276	74	0.472	113	0.392	121	0.8	42	0.158	151	148.34	71
營口	0.276	74	0.405	167	0.434	81	0.731	90	0.169	115	147.08	72
連雲港	0.298	65	0.336	223	0.458	62	0.705	109	0.16	142	146.02	73
汕頭	0.298	65	0.176	284	0.487	43	0.742	81	0.145	189	142.55	74
棗莊	0.21	124	0.483	105	0.445	72	0.776	60	0.169	115	142.41	75
衢州	0.254	91	0.436	143	0.468	53	0.782	57	0.127	254	140.41	76
三明	0.276	74	0.469	116	0.491	42	0.606	169	0.171	110	140.13	77
日照	0.166	185	0.416	158	0.461	57	0.844	17	0.162	135	136.8	78
太原	0.407	40	0.3	246	0.278	225	0.575	194	0.274	17	133.87	79
湛江	0.298	65	0.424	153	0.337	182	0.831	26	0.166	124	131.82	80
莆田	0.298	65	0.311	238	0.46	60	0.789	51	0.112	289	126.17	81
菏澤	0.144	214	0.825	9	0.455	64	0.714	101	0.17	113	125.69	82
臨沂	0.188	158	0.618	37	0.497	39	0.689	119	0.15	172	119.26	83
宜昌	0.144	214	0.663	26	0.447	69	0.794	45	0.16	142	117.58	84
新北	0.407	40	0.122	290	0.411	107	0.541	214	0.201	56	100.32	85
台中	0.363	49	0.129	288	0.418	93	0.633	155	0.179	91	96.14	86
十堰	0.166	185	0.5	95	0.574	21	0.642	146	0.134	238	93.86	87
拉薩	0.473	27	0.336	223	0.316	197	0.734	87	0.1	296	93.39	88
基隆	0.429	35	0.121	291	0.412	106	0.633	155	0.14	211	92.35	89
廊坊	0.21	124	0.596	43	0.376	141	0.813	34	0.152	167	91.82	90
鄂爾多斯	0.21	124	0.513	85	0.331	186	0.794	45	0.206	50	90.7	91
盤錦	0.21	124	0.56	60	0.367	154	0.697	113	0.216	39	88.31	92
北海	0.298	65	0.45	130	0.439	73	0.657	137	0.141	208	87.28	93
九江	0.254	91	0.508	88	0.419	91	0.716	99	0.145	189	82.23	94
保定	0.276	74	0.454	124	0.382	135	0.709	105	0.168	119	81.43	95
遵義	0.122	251	0.576	51	0.483	45	0.751	76	0.157	154	79.3	96
揚州	0.276	74	0.296	249	0.391	123	0.767	63	0.158	151	77.39	97
河源	0.232	109	0.431	146	0.402	110	0.849	13	0.117	279	72.68	98
德州	0.188	158	0.627	33	0.48	47	0.609	168	0.167	121	68.93	99
滄州	0.232	109	0.575	52	0.362	163	0.761	64	0.16	142	68.15	100
濱州	0.166	185	0.708	21	0.48	47	0.689	119	0.128	250	62.79	101
遼陽	0.254	91	0.402	169	0.417	97	0.638	150	0.185	81	60.24	102
江門	0.276	74	0.291	251	0.367	154	0.801	41	0.149	179	58.49	103
襄陽	0.144	214	0.522	77	0.413	105	0.707	108	0.209	45	58.45	104
景德鎮	0.188	158	0.427	150	0.436	77	0.806	38	0.125	257	45.96	105
泰州	0.276	74	0.347	214	0.396	116	0.694	114	0.16	142	45.57	106
郴州	0.188	158	0.566	59	0.439	73	0.582	189	0.202	55	44.14	107
溫州	0.341	57	0.235	267	0.454	67	0.593	177	0.138	220	43.65	108

表 3.7 2012 年城市環境資源區位競爭力排名

城市	區位指數	排名	自然資源指數	排名	環境資源指數	排名	環境品質指數	排名	環境改善投入指數	排名	環境資源區位競爭力	排名
荊門	0.144	214	0.567	58	0.414	101	0.727	91	0.177	95	33.78	109
荊州	0.144	214	0.689	23	0.436	77	0.66	136	0.169	115	28.78	110
鐵嶺	0.254	91	0.767	15	0.317	195	0.642	146	0.177	95	26.27	111
梅州	0.254	91	0.519	80	0.34	180	0.74	82	0.153	161	23.02	112
撫順	0.276	74	0.227	269	0.398	112	0.595	175	0.206	50	19.88	113
鞍山	0.254	91	0.426	151	0.388	130	0.544	210	0.22	35	19.54	114
張家界	0.1	279	0.449	131	0.514	34	0.718	96	0.147	184	18.49	115
柳州	0.276	74	0.339	219	0.396	116	0.574	195	0.196	63	13.39	116
吉安	0.21	124	0.572	54	0.397	114	0.711	103	0.139	216	12.8	117
台南	0.363	49	0.152	285	0.418	93	0.541	214	0.166	124	11.62	118
萊蕪	0.188	158	0.257	261	0.45	68	0.784	56	0.13	245	10.04	119
安慶	0.21	124	0.591	45	0.323	191	0.81	36	0.139	216	4.89	120
婁底	0.122	251	0.39	175	0.389	126	0.752	73	0.203	53	-3.07	121
南平	0.276	74	0.481	109	0.429	85	0.543	211	0.151	168	-7.21	122
邢臺	0.232	109	0.555	62	0.358	166	0.668	130	0.159	149	-12.15	123
茂名	0.276	74	0.524	76	0.36	165	0.573	196	0.176	100	-14.62	124
衡水	0.188	158	0.705	22	0.32	194	0.813	34	0.123	264	-16.59	125
岳陽	0.188	158	0.515	83	0.304	204	0.81	36	0.164	132	-20.42	126
麗水	0.21	124	0.382	182	0.422	88	0.669	129	0.146	188	-26.49	127
樂山	0.144	214	0.357	207	0.368	153	0.752	73	0.193	68	-27.76	128
鄂州	0.122	251	0.568	57	0.398	112	0.757	70	0.15	172	-29.09	129
大慶	0.188	158	0.911	4	0.364	160	0.589	181	0.153	161	-29.78	130
新餘	0.21	124	0.266	255	0.384	133	0.709	105	0.171	110	-29.79	131
常德	0.144	214	0.462	120	0.377	139	0.768	62	0.161	137	-31.14	132
阜新	0.276	74	0.534	71	0.397	114	0.541	214	0.149	179	-36.47	133
肇慶	0.254	91	0.47	115	0.417	97	0.576	192	0.14	211	-39.57	134
宜春	0.21	124	0.43	147	0.367	154	0.699	112	0.156	155	-39.73	135
銀川	0.363	49	0.514	84	0.168	277	0.694	114	0.186	80	-40.36	136
新竹	0.363	49	0.114	294	0.414	101	0.541	214	0.14	211	-43.04	137
宿遷	0.254	91	0.438	141	0.455	64	0.494	248	0.153	161	-44.87	138
黃石	0.144	214	0.377	187	0.428	87	0.631	158	0.191	70	-45.45	139
贛州	0.232	109	0.518	81	0.4	111	0.541	214	0.171	110	-46.4	140
嘉義	0.363	49	0.115	293	0.414	101	0.541	214	0.138	220	-47.73	141
衡陽	0.188	158	0.424	153	0.382	135	0.666	132	0.168	119	-50.93	142
黃山	0.188	158	0.367	200	0.511	37	0.566	202	0.131	243	-50.98	143
蕪湖	0.21	124	0.379	185	0.328	187	0.739	83	0.166	124	-51.42	144
安順	0.144	214	0.44	139	0.459	61	0.65	142	0.144	195	-55.24	145
銅陵	0.21	124	0.346	215	0.316	197	0.797	44	0.151	168	-55.58	146
玉溪	0.21	124	0.525	75	0.333	184	0.758	68	0.127	254	-58.06	147
貴港	0.21	124	0.406	166	0.387	131	0.577	191	0.188	75	-59.18	148
隨州	0.1	279	0.31	240	0.591	18	0.542	213	0.137	225	-73.03	149
玉林	0.232	109	0.484	103	0.407	109	0.564	204	0.144	195	-73.64	150
吉林	0.276	74	0.645	29	0.264	235	0.596	174	0.175	101	-77.52	151
西寧	0.385	45	0.338	221	0.244	252	0.572	198	0.177	95	-78.04	152
雲浮	0.21	124	0.484	103	0.377	139	0.689	119	0.12	272	-78.64	153
湘潭	0.166	185	0.375	190	0.38	138	0.738	85	0.136	230	-89.09	154
咸陽	0.122	251	0.683	24	0.301	207	0.649	143	0.212	42	-91.32	155
廣安	0.122	251	0.415	160	0.371	148	0.836	22	0.115	284	-96.39	156
咸寧	0.1	279	0.638	31	0.435	79	0.584	187	0.163	133	-98.32	157
烏魯木齊	0.341	57	0.299	247	0.363	162	0.484	255	0.153	161	-99.24	158
孝感	0.122	251	0.441	136	0.415	99	0.694	114	0.143	201	-99.31	159
齊齊哈爾	0.254	91	1	1	0.27	232	0.403	272	0.203	53	-100.7	160
本溪	0.254	91	0.37	195	0.39	124	0.485	253	0.179	91	-100.77	161
惠州	0.298	65	0.319	235	0.322	193	0.589	181	0.159	149	-101.68	162
包頭	0.166	185	0.504	90	0.304	204	0.666	132	0.195	66	-101.95	163
葫蘆島	0.188	158	0.37	195	0.419	91	0.583	188	0.154	160	-106.89	164
寧德	0.232	109	0.483	105	0.429	85	0.509	237	0.128	250	-115.5	165

表 3.7 2012 年城市環境資源區位競爭力排名

城市	區位指數	排名	自然資源指數	排名	環境資源指數	排名	環境品質指數	排名	環境改善投入指數	排名	環境資源區位競爭力	排名
張家口	0.254	91	0.441	136	0.342	176	0.547	209	0.165	129	-116.02	166
安陽	0.144	214	0.555	62	0.208	270	0.839	19	0.181	84	-117.14	167
蚌埠	0.188	158	0.531	74	0.288	221	0.725	95	0.15	172	-119.46	168
晉中	0.21	124	0.653	27	0.301	207	0.619	164	0.15	172	-127.88	169
潮州	0.232	109	0.224	270	0.352	171	0.711	103	0.124	261	-128.13	170
錦州	0.276	74	0.544	66	0.342	176	0.496	247	0.15	172	-128.44	171
朔州	0.232	109	0.534	71	0.266	234	0.745	80	0.121	269	-128.53	172
長治	0.21	124	0.329	228	0.271	230	0.714	101	0.17	113	-142.12	173
益陽	0.122	251	0.437	142	0.373	144	0.679	126	0.153	161	-143.83	174
萍鄉	0.188	158	0.313	237	0.381	137	0.637	151	0.142	205	-144.1	175
晉城	0.21	124	0.454	124	0.308	201	0.641	149	0.156	155	-144.46	176
曲靖	0.166	185	0.642	30	0.277	226	0.644	144	0.172	109	-150.8	177
承德	0.21	124	0.469	116	0.367	154	0.521	230	0.161	137	-151.23	178
上饒	0.21	124	0.342	217	0.41	108	0.561	205	0.132	240	-151.78	179
黃岡	0.122	251	0.441	136	0.432	83	0.591	179	0.144	195	-153.76	180
德陽	0.144	214	0.48	110	0.375	143	0.601	172	0.158	151	-156.17	181
濮陽	0.144	214	0.411	164	0.248	247	0.867	10	0.138	220	-156.81	182
邵陽	0.166	185	0.535	70	0.364	160	0.616	166	0.135	236	-157.6	183
河池	0.144	214	0.357	207	0.392	121	0.651	139	0.139	216	-160.87	184
蘭州	0.341	57	0.385	180	0.212	268	0.506	240	0.2	58	-161.37	185
馬鞍山	0.21	124	0.378	186	0.295	210	0.703	110	0.135	236	-166.87	186
通化	0.166	185	0.604	42	0.292	216	0.521	230	0.21	44	-171.78	187
新鄉	0.144	214	0.364	201	0.248	247	0.831	26	0.148	181	-179.07	188
綿陽	0.144	214	0.373	192	0.355	170	0.619	164	0.165	129	-182.02	189
佳木斯	0.188	158	0.944	3	0.239	253	0.484	255	0.19	73	-183.4	190
阜陽	0.188	158	0.532	73	0.249	245	0.709	105	0.144	195	-184.2	191
淮北	0.21	124	0.349	212	0.344	174	0.657	137	0.112	289	-187.77	192
許昌	0.144	214	0.354	209	0.294	212	0.756	71	0.143	201	-191.95	193
淮南	0.188	158	0.302	244	0.298	209	0.651	139	0.167	121	-192.29	194
陽江	0.254	91	0.396	170	0.311	200	0.57	200	0.136	230	-193.65	195
來賓	0.144	214	0.273	254	0.393	119	0.636	154	0.138	220	-195.29	196
焦作	0.166	185	0.373	192	0.235	256	0.715	100	0.184	82	-195.73	197
丹東	0.254	91	0.359	205	0.327	189	0.449	264	0.18	88	-203.03	198
六盤水	0.166	185	0.413	162	0.438	75	0.521	230	0.115	284	-205.12	199
揭陽	0.188	158	0.364	201	0.367	154	0.603	171	0.12	272	-208.39	200
梧州	0.21	124	0.345	216	0.421	89	0.454	261	0.13	245	-220.92	201
南陽	0.122	251	0.587	47	0.232	257	0.637	151	0.2	58	-222.9	202
綏化	0.144	214	0.967	2	0.215	266	0.585	185	0.16	142	-224.91	203
宿州	0.188	158	0.571	55	0.261	237	0.667	131	0.122	265	-227.99	204
滁州	0.21	124	0.487	102	0.342	176	0.485	253	0.144	195	-229.65	205
運城	0.188	158	0.625	36	0.257	240	0.588	183	0.15	172	-230.86	206
平頂山	0.144	214	0.463	118	0.224	262	0.718	96	0.167	121	-234.93	207
遂寧	0.144	214	0.212	272	0.356	168	0.686	122	0.126	256	-235.32	208
榆林	0.122	251	0.448	133	0.26	238	0.586	184	0.217	37	-236.24	209
四平	0.232	109	0.79	13	0.245	251	0.389	275	0.192	69	-236.55	210
雅安	0.144	214	0.458	121	0.384	133	0.57	200	0.119	276	-237.89	211
渭南	0.144	214	0.471	114	0.312	199	0.487	252	0.206	50	-238.17	212
信陽	0.122	251	0.416	158	0.264	235	0.682	124	0.173	105	-240.71	213
臨汾	0.188	158	0.488	100	0.295	210	0.51	236	0.174	103	-242.03	214
清遠	0.254	91	0.507	89	0.304	204	0.488	250	0.13	245	-243.15	215
赤峰	0.166	185	0.8	12	0.229	260	0.595	175	0.145	189	-244.84	216
防城港	0.21	124	0.295	250	0.369	152	0.506	240	0.136	230	-245.11	217
廣元	0.122	251	0.339	219	0.376	141	0.516	235	0.174	103	-250.83	218
松原	0.188	158	0.876	6	0.306	202	0.428	269	0.136	230	-251.6	219
百色	0.144	214	0.458	121	0.42	90	0.454	261	0.137	225	-252.15	220
宣城	0.166	185	0.263	257	0.289	218	0.752	73	0.111	292	-252.76	221
六安	0.166	185	0.432	145	0.276	228	0.624	162	0.15	172	-255.57	222

表 3.7 2012 年城市環境資源區位競爭力排名

城市	區位指數	排名	自然資源指數	排名	環境資源指數	排名	環境品質指數	排名	環境改善投入指數	排名	環境資源區位競爭力	排名
資陽	0.122	251	0.359	205	0.356	168	0.629	160	0.128	250	-260.01	223
鶴崗	0.166	185	0.539	67	0.224	262	0.573	196	0.191	70	-260.35	224
漢中	0.122	251	0.463	118	0.317	195	0.592	178	0.155	157	-261.75	225
延安	0.144	214	0.591	45	0.286	222	0.572	198	0.151	168	-263.9	226
漯河	0.122	251	0.369	197	0.206	271	0.805	39	0.145	189	-274.63	227
伊春	0.188	158	0.626	35	0.271	230	0.525	228	0.137	225	-282.59	228
商丘	0.122	251	0.579	48	0.231	258	0.662	134	0.153	161	-283.44	229
銅川	0.166	185	0.39	175	0.293	213	0.58	190	0.145	189	-287.16	230
白城	0.166	185	0.811	10	0.28	223	0.193	293	0.264	20	-287.91	231
汕尾	0.254	91	0.252	263	0.328	187	0.499	244	0.12	272	-288.81	232
攀枝花	0.166	185	0.429	149	0.365	159	0.432	268	0.148	181	-298.33	233
欽州	0.21	124	0.382	182	0.389	126	0.401	273	0.121	269	-301.16	234
寶雞	0.144	214	0.522	77	0.277	226	0.566	202	0.147	184	-302.02	235
撫州	0.21	124	0.376	189	0.37	151	0.415	270	0.129	248	-302.11	236
雞西	0.188	158	0.522	77	0.256	242	0.517	234	0.155	157	-302.44	237
賀州	0.144	214	0.362	204	0.371	148	0.53	225	0.117	279	-308.68	238
大同	0.254	91	0.449	131	0.249	245	0.39	274	0.181	84	-311.94	239
開封	0.166	185	0.577	50	0.239	253	0.531	224	0.161	137	-312.2	240
巴彥淖爾	0.166	185	0.83	8	0.117	293	0.576	192	0.187	77	-314.46	241
普洱	0.1	279	0.349	212	0.222	264	0.794	45	0.131	243	-314.89	242
烏海	0.166	185	0.243	265	0.274	229	0.508	238	0.189	74	-327.66	243
克拉瑪依	0.1	279	0.494	97	0.257	240	0.674	128	0.129	248	-329.75	244
亳州	0.166	185	0.458	121	0.292	216	0.56	206	0.118	278	-329.87	245
自貢	0.166	185	0.308	241	0.339	181	0.529	227	0.12	272	-331.29	246
洛陽	0.21	124	0.327	229	0.221	265	0.472	259	0.198	60	-332.99	247
達州	0.122	251	0.353	210	0.345	173	0.502	243	0.148	181	-335.72	248
陽泉	0.21	124	0.371	194	0.293	213	0.482	257	0.133	239	-337.24	249
鶴壁	0.144	214	0.386	178	0.246	250	0.631	158	0.137	225	-342.05	250
黑河	0.166	185	0.807	11	0.166	278	0.497	246	0.173	105	-343.54	251
保山	0.144	214	0.504	90	0.28	223	0.537	222	0.132	240	-349.21	252
牡丹江	0.166	185	0.634	32	0.197	275	0.554	207	0.147	184	-350.86	253
三門峽	0.144	214	0.501	94	0.225	261	0.642	146	0.122	265	-351.86	254
眉山	0.144	214	0.425	152	0.323	191	0.507	239	0.125	257	-351.91	255
通遼	0.166	185	0.876	6	0.237	255	0.349	281	0.173	105	-351.98	256
崇左	0.144	214	0.488	100	0.394	118	0.343	282	0.137	225	-355.01	257
雙鴨山	0.188	158	0.893	5	0.203	273	0.34	283	0.179	91	-361.16	258
內江	0.122	251	0.263	257	0.326	190	0.59	180	0.117	279	-365.23	259
遼源	0.166	185	0.337	222	0.293	213	0.53	225	0.125	257	-369.45	260
周口	0.144	214	0.483	105	0.289	218	0.475	258	0.142	205	-372.39	261
瀘州	0.144	214	0.321	233	0.358	166	0.464	260	0.122	265	-374.53	262
南充	0.144	214	0.405	167	0.372	146	0.375	278	0.14	211	-374.74	263
宜賓	0.122	251	0.502	93	0.341	179	0.437	267	0.132	240	-376.14	264
呂梁	0.188	158	0.477	111	0.289	218	0.415	270	0.136	230	-380.71	265
永州	0.122	251	0.393	172	0.371	148	0.379	277	0.147	184	-386.43	266
懷化	0.122	251	0.415	160	0.343	175	0.37	279	0.163	133	-394.37	267
駐馬店	0.144	214	0.434	144	0.19	276	0.604	170	0.141	208	-406.09	268
烏蘭察布	0.166	185	0.729	17	0.113	294	0.52	233	0.162	135	-425.2	269
七台河	0.166	185	0.517	82	0.205	272	0.498	245	0.139	216	-425.78	270
池州	0.144	214	0.386	178	0.247	249	0.543	211	0.124	261	-425.82	271
吳忠	0.122	251	0.556	61	0.165	279	0.538	220	0.165	129	-438.23	272
安康	0.122	251	0.369	197	0.231	258	0.628	161	0.103	295	-442.09	273
巴中	0.144	214	0.381	184	0.348	172	0.358	280	0.121	269	-450.35	274
麗江	0.1	279	0.34	218	0.256	242	0.522	229	0.141	208	-462.08	275
臨滄	0.1	279	0.396	170	0.213	267	0.622	163	0.111	292	-470.8	276
嘉峪關	0.122	251	0.281	253	0.165	279	0.585	185	0.166	124	-471.47	277
忻州	0.188	158	0.57	56	0.269	233	0.282	287	0.14	211	-473.38	278
金昌	0.122	251	0.44	139	0.151	283	0.536	223	0.166	124	-483.54	279

表 3.7 2012 年城市環境資源區位競爭力排名

城市	區位指數	排名	自然資源指數	排名	環境資源指數	排名	環境品質指數	排名	環境改善投入指數	排名	環境資源區位競爭力	排名
朝陽	0.21	124	0.422	155	0.373	144	0.116	294	0.142	205	-485.28	280
白山	0.166	185	0.444	134	0.251	244	0.259	289	0.173	105	-512.04	281
石嘴山	0.1	279	0.385	180	0.212	268	0.45	263	0.161	137	-521.86	282
昭通	0.122	251	0.451	129	0.199	274	0.488	250	0.119	276	-536.83	283
武威	0.122	251	0.491	99	0.134	288	0.49	249	0.138	220	-569.66	284
酒泉	0.1	279	0.475	112	0.147	284	0.446	265	0.16	142	-577.87	285
固原	0.1	279	0.579	48	0.161	282	0.387	276	0.116	282	-650.64	286
中衛	0.1	279	0.482	108	0.165	279	0.339	284	0.144	195	-659.11	287
呼倫貝爾	0.188	158	0.51	86	0.13	291	0.225	291	0.151	168	-673.65	288
天水	0.1	279	0.412	163	0.104	295	0.505	242	0.114	286	-674.12	289
白銀	0.1	279	0.503	92	0.133	289	0.33	286	0.124	261	-730.91	290
張掖	0.1	279	0.574	53	0.143	286	0.247	290	0.143	201	-732.06	291
平涼	0.1	279	0.497	96	0.147	284	0.277	288	0.128	250	-749.25	292
商洛	0.122	251	0.302	244	0.1	296	0.333	285	0.125	257	-793.24	293
隴南	0.1	279	0.303	242	0.118	292	0.194	292	0.106	294	-928.67	294
慶陽	0.1	279	0.453	127	0.131	290	0.1	296	0.113	287	-932.48	295
定西	0.1	279	0.411	164	0.135	287	0.102	295	0.112	289	-939.68	296

3.8 城市人力資本教育競爭力排名及二級指標分值

二十一世紀的競爭是人才的競爭，而人才的競爭力和一個國家和地區教育水準的高低密切相關。一個國家和地區人才素質和教育水準的高低直接影響它的競爭力。在當今全球化進程逐步加快的過程中，人才的流動不僅僅是國內範圍的流動，而且全球範圍內的人才流動也逐漸加快。世界各國對人才資源的開發和利用的競爭也日趨激烈。對於城市而言，人才資源已經成爲最爲稀缺的資源之一，如何開發和利用人才資源已成爲每個城市在激烈的區域性和國際性競爭中能否居於優勢地位的關鍵因素。城市要想提升自身的競爭力，就必須加強人才資源的開發和利用，也就是要營造吸引人才的環境和提升培養人才的教育水準。

城市人力資本教育競爭力比較評估指標體系包括人力資本規模指數、人力資本投入指數、人力資本素質指數、人力資本吸引指數和人力資本設施指數 5 個二級指標，人力資本規模、人力資本基本投入等 22 個三級指標。人力資本規模指數反映了城市在勞動力規模、勞動力儲備及教育支出上的相對數量，體現了人力的集聚能力，人力資本投入指數體現了城市在勞動力工資和教育上的投入水準，這是吸引人力資本的關鍵因素之一，人力資本素質指數則描述了城市居民的整體素質，它直接與城市的發展水準密切相關，具有高素質人力資本的城市，其發展也就具備了智力上的保障，人力資本吸引指數則刻畫了城市對外來人才的吸引程度，經濟越發達、社會體制越完善的城市其對人才的吸引力就越高。人力資本教育設施指數體現了城市在基礎教育和高等教育的基本狀況，也在一定程度上體現了城市對人力資本再生產的重視程度。

在 2012 年 296 個城市人力資本競爭力排名中，有 86 個城市處於平均水準之上，比 2011 年增加了 6 個，占 29.05%。人力資本競爭力得分的標準差爲 6.551。延續了 2010 年上升勢頭，這說明城市之間人力資本上的競爭愈發激烈，差距有所擴大，一線城市、中心城市對人才的聚集能力愈發明顯，這不僅會進一步造成一線城市、中心城市與三、四線城市在人才上的差距，也會導致發展的不平衡及一線城市、中心城市高房價、高擁堵等大都市病。城市人力資本教育競爭力具體排名請見表 3.8。

表 3.8 2012 年城市人力資本教育競爭力排名

城市	人力資本規模指數	排名	人力資本投入指數	排名	人力資本素質指數	排名	人力資本吸引指數	排名	人力資本教育設施指數	排名	人力資本教育競爭力	排名
北京	1	1	0.539	11	1	1	0.881	4	1	1	3838.06	1
香港	0.709	4	1	1	0.637	5	0.854	6	0.591	14	3239.77	2
上海	0.852	2	0.576	8	0.788	3	0.885	2	0.804	4	3158.8	3
臺北	0.367	24	0.959	2	0.523	17	0.854	6	0.567	15	2560.27	4
廣州	0.678	5	0.42	15	0.535	15	0.882	3	0.842	2	2327.39	5
澳門	0.202	181	0.862	3	0.467	26	0.672	18	0.644	10	2046.51	6
天津	0.6	7	0.429	14	0.559	11	0.707	12	0.664	8	1907.35	7
重慶	0.821	3	0.271	82	0.613	6	0.646	21	0.625	12	1854.95	8
南京	0.587	9	0.378	18	0.546	13	0.705	13	0.695	5	1817.36	9
武漢	0.644	6	0.301	51	0.509	19	0.619	23	0.834	3	1789.52	10
深圳	0.435	16	0.396	16	0.79	2	1	1	0.247	177	1719.96	11
杭州	0.516	12	0.385	17	0.575	9	0.705	13	0.495	22	1531.48	12
濟南	0.516	12	0.289	61	0.551	12	0.617	25	0.668	7	1465.8	13
成都	0.596	8	0.293	56	0.506	20	0.663	20	0.608	13	1461.29	14
長沙	0.442	15	0.293	56	0.644	4	0.595	29	0.553	17	1363.34	15
大連	0.374	23	0.35	26	0.61	7	0.718	10	0.43	26	1283.05	16
鄭州	0.533	11	0.25	108	0.463	29	0.598	28	0.659	9	1251.64	17
西安	0.552	10	0.286	63	0.461	30	0.536	32	0.627	11	1243.18	18
蘇州	0.408	17	0.358	21	0.593	8	0.684	17	0.379	35	1215.52	19
瀋陽	0.396	21	0.325	37	0.561	10	0.617	25	0.511	20	1205.31	20
新北	0.319	36	0.62	6	0.437	38	0.448	47	0.373	37	1148.76	21
哈爾濱	0.454	14	0.245	119	0.45	36	0.573	30	0.68	6	1136.43	22
新竹	0.153	281	0.777	4	0.389	62	0.448	47	0.305	89	1083.68	23
青島	0.403	19	0.294	54	0.541	14	0.699	15	0.419	28	1077.36	24
高雄	0.284	44	0.637	5	0.407	48	0.448	47	0.341	50	1050.27	25
台中	0.258	66	0.552	10	0.419	43	0.448	47	0.346	48	889.32	26
無錫	0.325	33	0.372	20	0.532	16	0.629	22	0.287	112	884.54	27
長春	0.377	22	0.272	78	0.478	23	0.488	37	0.533	18	878.39	28
基隆	0.152	283	0.618	7	0.419	43	0.448	47	0.319	70	852.72	29
合肥	0.364	25	0.298	53	0.476	24	0.537	31	0.46	24	852.2	30
寧波	0.352	28	0.342	30	0.46	31	0.668	19	0.285	115	782.65	31
南昌	0.4	20	0.266	86	0.374	80	0.488	37	0.557	16	762.97	32
太原	0.344	29	0.299	52	0.388	63	0.53	35	0.509	21	755.52	33
台南	0.218	136	0.534	12	0.407	48	0.448	47	0.317	74	753.55	34
廈門	0.29	43	0.319	41	0.46	31	0.697	16	0.305	89	717.7	35
石家莊	0.406	18	0.238	130	0.369	84	0.531	34	0.521	19	703.18	36
嘉義	0.144	291	0.574	9	0.414	47	0.448	47	0.279	125	702.05	37
東莞	0.258	66	0.357	22	0.382	70	0.866	5	0.208	243	653.09	38
福州	0.364	25	0.266	86	0.384	67	0.534	33	0.441	25	627.43	39
南寧	0.359	27	0.28	74	0.405	51	0.485	41	0.425	27	617.41	40
昆明	0.34	30	0.238	130	0.397	55	0.488	37	0.482	23	581.08	41
貴陽	0.329	32	0.238	130	0.513	18	0.456	45	0.36	41	560.82	42
中山	0.242	88	0.321	40	0.451	35	0.747	8	0.2	257	559.13	43
常州	0.271	53	0.341	31	0.488	22	0.484	42	0.249	172	526.17	44
大慶	0.203	179	0.351	25	0.464	28	0.45	46	0.341	50	516.35	45
珠海	0.247	81	0.283	68	0.442	37	0.718	10	0.232	202	497.74	46
溫州	0.331	31	0.29	59	0.4	53	0.618	24	0.257	155	490.68	47
佛山	0.233	97	0.288	62	0.458	34	0.74	9	0.176	280	462.04	48
蘭州	0.321	34	0.26	94	0.406	50	0.415	58	0.392	31	434.21	49
南通	0.272	52	0.304	50	0.459	33	0.488	37	0.253	162	422.67	50
烏魯木齊	0.247	81	0.313	43	0.503	21	0.361	69	0.287	112	412.42	51
徐州	0.304	39	0.26	94	0.418	45	0.445	56	0.296	101	334.62	52
海口	0.236	94	0.259	97	0.437	38	0.462	44	0.255	159	243.73	53
唐山	0.264	59	0.285	64	0.378	75	0.369	65	0.32	67	237.96	54
江門	0.226	113	0.282	71	0.471	25	0.418	57	0.196	260	213.64	55
呼和浩特	0.268	54	0.292	58	0.313	161	0.448	47	0.306	87	206.29	56
鎮江	0.23	103	0.29	59	0.466	27	0.296	91	0.257	155	199.57	57
煙臺	0.292	42	0.262	92	0.396	57	0.29	94	0.328	61	197.75	58

表 3.8 2012 年城市人力資本教育競爭力排名

城市	人力資本規模指數	排名	人力資本投入指數	排名	人力資本素質指數	排名	人力資本吸引指數	排名	人力資本教育設施指數	排名	人力資本教育競爭力	排名
鄂爾多斯	0.188	219	0.44	13	0.351	102	0.205	182	0.273	129	193.71	59
包頭	0.223	121	0.323	38	0.397	55	0.326	79	0.256	157	168.86	60
秦皇島	0.209	165	0.273	76	0.362	92	0.369	65	0.351	44	166.19	61
泉州	0.321	34	0.219	167	0.351	102	0.379	62	0.321	65	150.9	62
金華	0.277	48	0.305	49	0.383	69	0.337	74	0.207	245	122.8	63
吉林	0.226	113	0.236	138	0.418	45	0.368	67	0.287	112	119.94	64
大同	0.212	152	0.268	83	0.432	40	0.286	101	0.285	115	112.92	65
保定	0.314	37	0.207	197	0.376	78	0.326	79	0.314	79	105.11	66
克拉瑪依	0.167	269	0.344	28	0.391	60	0.225	170	0.3	93	104.97	67
濰坊	0.312	38	0.258	98	0.336	123	0.249	121	0.335	53	95.81	68
綿陽	0.231	101	0.242	121	0.399	54	0.402	61	0.25	171	89.88	69
桂林	0.255	71	0.234	142	0.362	92	0.326	79	0.334	55	88.34	70
嘉興	0.242	88	0.282	71	0.351	102	0.466	43	0.194	263	85.09	71
鹽城	0.267	55	0.23	148	0.424	42	0.283	107	0.277	126	80.78	72
株洲	0.203	179	0.25	108	0.393	59	0.288	97	0.329	59	66.49	73
拉薩	0.195	197	0.375	19	0.198	286	0.328	77	0.36	41	64.68	74
邯鄲	0.274	49	0.242	121	0.396	57	0.326	79	0.24	191	57.32	75
惠州	0.25	79	0.224	160	0.382	70	0.508	36	0.183	272	56.15	76
揚州	0.241	90	0.272	78	0.403	52	0.287	99	0.233	201	42.26	77
銀川	0.207	170	0.307	47	0.387	64	0.348	72	0.188	267	36.59	78
舟山	0.175	255	0.341	31	0.319	149	0.338	73	0.253	162	32.91	79
泰州	0.233	97	0.265	89	0.384	67	0.284	105	0.262	147	26.14	80
威海	0.221	127	0.252	103	0.38	73	0.291	93	0.291	108	25.21	81
廊坊	0.253	73	0.285	64	0.304	185	0.249	121	0.333	56	24.1	82
陽泉	0.18	242	0.327	34	0.339	121	0.266	118	0.283	119	21.03	83
淮南	0.191	211	0.346	27	0.346	112	0.245	138	0.249	172	19.12	84
東營	0.206	175	0.326	36	0.335	125	0.252	119	0.269	141	12.67	85
紹興	0.26	65	0.272	78	0.345	113	0.375	63	0.198	258	5.34	86
淄博	0.246	84	0.261	93	0.35	107	0.292	92	0.252	164	-23.05	87
湖州	0.207	170	0.281	73	0.345	113	0.414	59	0.181	275	-26.17	88
撫順	0.171	261	0.265	89	0.387	64	0.247	124	0.298	97	-26.82	89
蕪湖	0.233	97	0.279	75	0.328	133	0.288	97	0.263	146	-31.01	90
岳陽	0.222	125	0.188	240	0.431	41	0.245	138	0.296	101	-44.72	91
汕頭	0.209	165	0.206	199	0.329	131	0.614	27	0.157	290	-46.68	92
衡陽	0.263	61	0.202	209	0.376	78	0.242	150	0.305	89	-47.08	93
台州	0.252	77	0.312	44	0.326	135	0.29	94	0.185	271	-48.27	94
萊蕪	0.171	261	0.284	66	0.278	231	0.248	123	0.381	34	-49.67	95
連雲港	0.224	119	0.257	99	0.335	125	0.364	68	0.229	208	-49.83	96
滄州	0.245	85	0.25	108	0.311	169	0.246	133	0.323	62	-52.2	97
湛江	0.266	57	0.198	217	0.351	102	0.406	60	0.222	228	-57.26	98
榆林	0.221	127	0.327	34	0.286	213	0.162	238	0.316	76	-58.07	99
錦州	0.215	145	0.219	167	0.391	60	0.269	116	0.273	129	-66.57	100
德陽	0.189	218	0.294	54	0.324	138	0.324	86	0.232	202	-67.05	101
韶關	0.178	248	0.241	123	0.378	75	0.446	55	0.173	282	-67.85	102
邢臺	0.245	85	0.208	196	0.379	74	0.326	79	0.232	202	-75.37	103
濟寧	0.261	64	0.272	78	0.291	203	0.245	138	0.282	121	-79.4	104
柳州	0.22	134	0.284	66	0.306	180	0.33	76	0.221	229	-85.05	105
鞍山	0.192	209	0.247	115	0.373	81	0.27	114	0.255	159	-91.52	106
烏海	0.156	279	0.319	41	0.324	138	0.185	193	0.3	93	-91.73	107
臨沂	0.273	51	0.236	138	0.321	147	0.244	145	0.277	126	-92.19	108
三亞	0.191	211	0.266	86	0.356	98	0.298	90	0.229	208	-94.72	109
麗水	0.207	170	0.353	24	0.258	252	0.279	111	0.218	232	-96.4	110
本溪	0.153	281	0.246	117	0.373	81	0.274	113	0.285	115	-97.11	111
衢州	0.193	203	0.343	29	0.319	149	0.281	110	0.168	285	-101.29	112
長治	0.223	121	0.257	99	0.289	206	0.247	124	0.314	79	-110.77	113
馬鞍山	0.178	248	0.331	33	0.32	148	0.25	120	0.207	245	-112.97	114
漳州	0.227	110	0.221	164	0.283	220	0.37	64	0.285	115	-113.47	115

表 3.8 2012 年城市人力資本教育競爭力排名

城市	人力資本規模指數	排名	人力資本投入指數	排名	人力資本素質指數	排名	人力資本吸引指數	排名	人力資本教育設施指數	排名	人力資本教育競爭力	排名
三明	0.193	203	0.235	141	0.305	181	0.326	79	0.298	97	-115.44	116
湘潭	0.21	161	0.202	209	0.333	128	0.244	145	0.345	49	-120.96	117
淮北	0.18	242	0.323	38	0.312	164	0.245	138	0.223	223	-121.6	118
泰安	0.235	95	0.231	146	0.34	119	0.246	133	0.271	134	-123.55	119
平頂山	0.217	140	0.237	135	0.367	87	0.202	185	0.271	134	-129.33	120
洛陽	0.263	61	0.226	155	0.361	95	0.245	138	0.223	223	-130.56	121
淮安	0.267	55	0.25	108	0.363	90	0.323	87	0.123	295	-141.37	122
呼倫貝爾	0.188	219	0.247	115	0.312	164	0.185	193	0.347	46	-144.45	123
遼陽	0.173	258	0.241	123	0.312	164	0.228	166	0.335	53	-151.46	124
張家口	0.212	152	0.231	146	0.326	135	0.305	89	0.244	182	-155.83	125
梅州	0.21	161	0.199	215	0.305	181	0.278	112	0.332	58	-158.56	126
晉城	0.19	214	0.308	45	0.254	260	0.247	124	0.271	134	-165.38	127
呂梁	0.231	101	0.244	120	0.294	200	0.185	193	0.31	83	-174.13	128
牡丹江	0.202	181	0.205	200	0.369	84	0.168	204	0.316	76	-175.19	129
贛州	0.296	40	0.173	269	0.381	72	0.166	208	0.261	149	-179.6	130
佳木斯	0.193	203	0.203	206	0.357	97	0.186	192	0.315	78	-191.47	131
茂名	0.222	125	0.191	234	0.347	109	0.359	70	0.202	252	-193.17	132
咸陽	0.256	68	0.21	192	0.281	222	0.163	230	0.35	45	-197.37	133
莆田	0.212	152	0.217	173	0.278	231	0.323	87	0.271	134	-203.65	134
郴州	0.209	165	0.226	155	0.301	189	0.284	105	0.258	153	-205.42	135
阜新	0.183	233	0.188	240	0.307	176	0.224	172	0.365	40	-209.6	136
晉中	0.226	113	0.22	165	0.264	247	0.247	124	0.317	74	-210.67	137
新鄉	0.254	72	0.161	283	0.368	86	0.164	223	0.303	92	-215.55	138
肇慶	0.229	106	0.227	153	0.307	176	0.327	78	0.195	262	-216.78	139
遼源	0.155	280	0.182	250	0.307	176	0.225	170	0.392	31	-217.65	140
雞西	0.167	269	0.215	176	0.352	101	0.207	177	0.292	106	-218.05	141
忻州	0.227	110	0.186	244	0.255	257	0.247	124	0.367	39	-219.59	142
齊齊哈爾	0.221	127	0.203	206	0.25	263	0.325	85	0.3	93	-224.52	143
清遠	0.207	170	0.249	113	0.314	158	0.242	150	0.223	223	-227.49	144
固原	0.274	49	0.268	83	0.222	277	0.124	292	0.321	65	-229.47	145
懷化	0.219	135	0.213	183	0.31	172	0.162	238	0.318	73	-230.7	146
七台河	0.166	272	0.219	167	0.347	109	0.165	217	0.309	84	-233.17	147
寶雞	0.206	175	0.241	123	0.332	129	0.164	223	0.261	149	-233.59	148
承德	0.196	196	0.23	148	0.314	158	0.243	147	0.251	168	-236.32	149
宿遷	0.244	87	0.212	188	0.348	108	0.282	109	0.167	286	-240.13	150
白山	0.166	272	0.204	204	0.299	191	0.208	176	0.353	43	-241.29	151
河源	0.215	145	0.198	217	0.322	143	0.238	163	0.271	134	-241.33	152
安陽	0.232	100	0.2	214	0.359	96	0.181	201	0.247	177	-241.58	153
營口	0.182	237	0.232	144	0.354	100	0.27	114	0.189	266	-245.68	154
赤峰	0.223	121	0.246	117	0.31	172	0.185	193	0.241	188	-245.88	155
通遼	0.198	192	0.203	206	0.268	243	0.185	193	0.372	38	-247.67	156
松原	0.176	252	0.219	167	0.287	208	0.227	168	0.319	70	-247.85	157
龍岩	0.193	203	0.238	130	0.292	201	0.24	155	0.262	147	-249.78	158
四平	0.201	186	0.166	278	0.322	143	0.286	101	0.291	108	-249.93	159
遵義	0.265	58	0.25	108	0.241	269	0.156	282	0.291	108	-256.24	160
攀枝花	0.172	260	0.283	68	0.316	155	0.212	174	0.201	253	-256.27	161
南陽	0.282	45	0.169	275	0.362	92	0.16	255	0.243	184	-258.12	162
寧德	0.188	219	0.237	135	0.275	237	0.239	159	0.281	123	-259.28	163
安康	0.223	121	0.253	102	0.271	241	0.159	260	0.282	121	-261.93	164
烏蘭察布	0.149	288	0.238	130	0.275	237	0.185	193	0.347	46	-262.63	165
常德	0.199	191	0.209	194	0.335	125	0.223	173	0.248	175	-262.74	166
十堰	0.204	178	0.182	250	0.316	155	0.287	99	0.259	151	-266.43	167
玉溪	0.198	192	0.232	144	0.258	252	0.332	75	0.229	208	-269.09	168
上饒	0.264	59	0.17	274	0.365	89	0.166	208	0.236	195	-277.1	169
邵陽	0.226	113	0.181	254	0.329	131	0.202	185	0.272	132	-278.51	170
景德鎮	0.173	258	0.173	269	0.318	151	0.247	124	0.311	82	-283.18	171
日照	0.185	231	0.255	101	0.269	242	0.245	138	0.241	188	-284.6	172

表 3.8 2012 年城市人力資本教育競爭力排名

城市	人力資本規模指數	排名	人力資本投入指數	排名	人力資本素質指數	排名	人力資本吸引指數	排名	人力資本教育設施指數	排名	人力資本教育競爭力	排名
益陽	0.19	214	0.193	229	0.34	119	0.161	245	0.296	101	-284.78	173
丹東	0.171	261	0.196	220	0.307	176	0.269	116	0.276	128	-285.99	174
朔州	0.183	233	0.252	103	0.283	220	0.247	124	0.228	214	-286.85	175
梧州	0.195	197	0.214	179	0.322	143	0.283	107	0.201	253	-286.99	176
衡水	0.202	181	0.189	239	0.324	138	0.246	133	0.252	164	-287.23	177
南平	0.19	214	0.213	183	0.262	248	0.239	159	0.306	87	-288.3	178
鐵嶺	0.186	228	0.211	189	0.323	142	0.202	185	0.265	145	-288.64	179
延安	0.211	158	0.307	47	0.213	281	0.163	230	0.258	153	-293.04	180
宿州	0.224	119	0.213	183	0.305	181	0.239	159	0.221	229	-294.35	181
商丘	0.281	46	0.18	256	0.317	152	0.157	275	0.254	161	-295.5	182
鶴崗	0.166	272	0.224	160	0.298	193	0.226	169	0.268	142	-302.02	183
百色	0.221	127	0.222	162	0.249	264	0.161	245	0.322	63	-302.26	184
九江	0.239	91	0.182	250	0.317	152	0.207	177	0.251	168	-302.49	185
嘉峪關	0.134	292	0.357	22	0.262	248	0.176	202	0.18	277	-303.8	186
周口	0.294	41	0.171	272	0.328	133	0.156	282	0.236	195	-304.77	187
蚌埠	0.195	197	0.213	183	0.295	198	0.241	152	0.247	177	-306.65	188
銅陵	0.15	286	0.283	68	0.253	261	0.246	133	0.234	199	-307.9	189
麗江	0.202	181	0.225	159	0.191	292	0.165	217	0.395	30	-308.78	190
曲靖	0.247	81	0.248	114	0.255	257	0.204	183	0.22	231	-309	191
臨汾	0.226	113	0.174	266	0.257	254	0.247	124	0.312	81	-311.81	192
漢中	0.212	152	0.227	153	0.285	214	0.161	245	0.27	140	-316.15	193
萍鄉	0.178	248	0.186	244	0.387	64	0.207	177	0.205	247	-318.17	194
焦作	0.214	147	0.195	225	0.351	102	0.165	217	0.229	208	-319.83	195
雲浮	0.201	186	0.183	248	0.343	117	0.239	159	0.217	233	-321.48	196
西寧	0.174	256	0.251	107	0.168	295	0.354	71	0.271	134	-327.32	197
宜昌	0.225	118	0.169	275	0.37	83	0.167	205	0.226	218	-328.02	198
安慶	0.229	106	0.211	189	0.266	246	0.24	155	0.237	194	-329.63	199
雙鴨山	0.176	252	0.128	294	0.287	208	0.206	181	0.4	29	-330.17	200
運城	0.216	143	0.175	263	0.268	243	0.247	124	0.291	108	-333.11	201
永州	0.221	127	0.205	200	0.332	129	0.158	265	0.226	218	-333.4	202
盤錦	0.179	246	0.216	174	0.322	143	0.21	175	0.223	223	-336.51	203
阜陽	0.253	73	0.191	234	0.277	233	0.235	165	0.227	215	-337.58	204
北海	0.187	224	0.214	179	0.299	191	0.285	103	0.196	260	-337.86	205
巴彥淖爾	0.181	240	0.236	138	0.28	227	0.185	193	0.256	157	-340.77	206
宣城	0.19	214	0.252	103	0.277	233	0.161	245	0.244	182	-341.54	207
朝陽	0.197	195	0.226	155	0.277	233	0.202	185	0.246	181	-343.47	208
渭南	0.229	106	0.215	176	0.285	214	0.163	230	0.248	175	-344.06	209
防城港	0.159	278	0.226	155	0.281	222	0.163	230	0.3	93	-345.05	210
揭陽	0.249	80	0.163	281	0.363	90	0.241	152	0.158	289	-345.28	211
黃石	0.188	219	0.176	262	0.345	113	0.285	103	0.188	267	-346.22	212
通化	0.18	242	0.181	254	0.302	188	0.228	166	0.273	129	-350.09	213
白銀	0.193	203	0.263	91	0.207	283	0.163	230	0.297	100	-352.75	214
信陽	0.278	47	0.185	246	0.284	218	0.152	290	0.247	177	-354.24	215
河池	0.218	136	0.21	192	0.256	256	0.158	265	0.296	101	-354.58	216
銅川	0.183	233	0.241	123	0.238	271	0.165	217	0.298	97	-357.1	217
樂山	0.187	224	0.201	212	0.345	113	0.162	238	0.224	222	-359.56	218
葫蘆島	0.178	248	0.193	229	0.275	237	0.162	238	0.322	63	-364.22	219
白城	0.17	266	0.155	289	0.242	268	0.207	177	0.391	33	-365.93	220
潮州	0.181	240	0.178	258	0.312	164	0.29	94	0.209	239	-367.78	221
定西	0.263	61	0.209	194	0.215	280	0.161	245	0.292	106	-367.8	222
孝感	0.234	96	0.156	287	0.378	75	0.161	245	0.201	253	-367.98	223
德州	0.21	161	0.178	258	0.279	228	0.246	133	0.249	172	-370.87	224
開封	0.214	147	0.175	263	0.295	198	0.243	147	0.231	205	-373.89	225
廣元	0.208	169	0.222	162	0.308	175	0.156	282	0.21	237	-377.31	226
荊州	0.23	103	0.177	261	0.347	109	0.159	260	0.204	248	-378.84	227
黃山	0.17	266	0.23	148	0.227	276	0.243	147	0.267	143	-380.53	228
普洱	0.221	127	0.204	204	0.228	275	0.167	205	0.307	86	-382.7	229

表 3.8 2012 年城市人力資本教育競爭力排名

城市	人力資本規模指數	排名	人力資本投入指數	排名	人力資本素質指數	排名	人力資本吸引指數	排名	人力資本教育設施指數	排名	人力資本教育競爭力	排名
撫州	0.214	147	0.157	286	0.336	123	0.166	208	0.252	164	-384.13	230
六安	0.23	103	0.201	212	0.26	251	0.197	191	0.242	186	-385.55	231
自貢	0.165	275	0.215	176	0.315	157	0.238	163	0.188	267	-387.11	232
綏化	0.206	175	0.148	292	0.246	266	0.162	238	0.376	36	-388.97	233
金昌	0.145	290	0.308	45	0.222	277	0.166	208	0.227	215	-390.23	234
駐馬店	0.256	68	0.156	287	0.324	138	0.157	275	0.225	221	-397.3	235
滁州	0.218	136	0.211	189	0.257	254	0.241	152	0.203	250	-399.14	236
臨滄	0.221	127	0.199	215	0.211	282	0.167	205	0.32	67	-399.55	237
賀州	0.193	203	0.214	179	0.287	208	0.158	265	0.239	193	-400.55	238
宜賓	0.21	161	0.188	240	0.311	169	0.157	275	0.231	205	-402.24	239
聊城	0.201	186	0.19	237	0.285	214	0.204	183	0.234	199	-404.41	240
濮陽	0.211	158	0.202	209	0.314	158	0.163	230	0.201	253	-405.77	241
荊門	0.179	246	0.205	200	0.312	164	0.164	223	0.227	215	-405.8	242
黃岡	0.253	73	0.162	282	0.356	98	0.157	275	0.173	282	-407.43	243
襄陽	0.213	150	0.18	256	0.317	152	0.162	238	0.226	218	-407.92	244
玉林	0.229	106	0.213	183	0.305	181	0.157	275	0.182	274	-409.61	245
棗莊	0.207	170	0.23	148	0.268	243	0.245	138	0.16	287	-412.01	246
池州	0.182	237	0.237	135	0.262	248	0.16	255	0.235	198	-414.36	247
濱州	0.212	152	0.214	179	0.248	265	0.185	193	0.236	195	-418.72	248
來賓	0.198	192	0.23	148	0.279	228	0.158	265	0.208	243	-418.82	249
吳忠	0.195	197	0.268	83	0.235	272	0.124	292	0.229	208	-422.58	250
三門峽	0.185	231	0.233	143	0.281	222	0.165	217	0.204	248	-423.8	251
欽州	0.211	158	0.205	200	0.296	195	0.156	282	0.209	239	-423.91	252
陽江	0.124	293	0.174	266	0.339	121	0.24	155	0.223	223	-426.74	253
平涼	0.16	277	0.24	128	0.202	284	0.161	245	0.308	85	-430.52	254
崇左	0.191	211	0.182	250	0.24	270	0.157	275	0.319	70	-432.91	255
雅安	0.15	286	0.191	234	0.311	169	0.164	223	0.251	168	-434.74	256
許昌	0.169	268	0.198	217	0.3	190	0.161	245	0.241	188	-434.81	257
遂寧	0.182	237	0.196	220	0.343	117	0.158	265	0.181	275	-436.7	258
昭通	0.256	68	0.216	174	0.231	273	0.161	245	0.21	237	-445.51	259
亳州	0.227	110	0.196	220	0.275	237	0.156	282	0.215	235	-446.22	260
貴港	0.218	136	0.196	220	0.303	187	0.155	288	0.188	267	-449.88	261
南充	0.253	73	0.193	229	0.287	208	0.158	265	0.178	279	-450.85	262
菏澤	0.251	78	0.159	284	0.296	195	0.159	260	0.214	236	-452.19	263
鷹潭	0.151	285	0.172	271	0.367	87	0.166	208	0.197	259	-453.03	264
汕尾	0.186	228	0.187	243	0.29	204	0.24	155	0.18	277	-459.28	265
吉安	0.217	140	0.169	275	0.287	208	0.166	208	0.229	208	-460.85	266
慶陽	0.186	228	0.22	165	0.196	288	0.159	260	0.296	101	-464.57	267
宜春	0.183	233	0.175	263	0.313	161	0.166	208	0.216	234	-467.46	268
鶴壁	0.171	261	0.193	229	0.325	137	0.165	217	0.183	272	-473.4	269
隴南	0.237	93	0.193	229	0.193	290	0.1	296	0.32	67	-475.87	270
新餘	0.12	294	0.239	129	0.313	161	0.166	208	0.175	281	-477.25	271
商洛	0.106	295	0.185	246	0.255	257	0.164	223	0.333	56	-477.94	272
安順	0.213	150	0.218	172	0.187	293	0.157	275	0.267	143	-486.66	273
天水	0.238	92	0.178	258	0.221	279	0.16	255	0.259	151	-487.73	274
內江	0.171	261	0.194	227	0.292	201	0.159	260	0.209	239	-493.46	275
六盤水	0.201	186	0.26	94	0.198	286	0.16	255	0.193	264	-498.58	276
武威	0.202	181	0.166	278	0.194	289	0.163	230	0.329	59	-501.33	277
酒泉	0.162	276	0.252	103	0.192	291	0.17	203	0.24	191	-502.59	278
張家界	0.167	269	0.196	220	0.245	267	0.202	185	0.23	207	-504.04	279
瀘州	0.212	152	0.19	237	0.289	206	0.199	190	0.146	291	-504.95	280
眉山	0.176	252	0.207	197	0.281	222	0.158	265	0.191	265	-505.3	281
婁底	0.18	242	0.132	293	0.29	204	0.16	255	0.28	124	-506.19	282
伊春	0.149	288	0.117	295	0.279	228	0.161	245	0.34	52	-509.57	283
達州	0.217	140	0.195	225	0.304	185	0.156	282	0.141	292	-510.7	284
保山	0.194	201	0.166	278	0.231	273	0.166	208	0.272	132	-525.64	285
漯河	0.188	219	0.152	291	0.277	233	0.163	230	0.242	186	-528.59	286

表 3.8 2012 年城市人力資本教育競爭力排名

城市	人力資本規模指數	排名	人力資本投入指數	排名	人力資本素質指數	排名	人力資本吸引指數	排名	人力資本教育設施指數	排名	人力資本教育競爭力	排名
石嘴山	0.1	296	0.273	76	0.252	262	0.124	292	0.203	250	-529.58	287
廣安	0.192	209	0.219	167	0.285	214	0.15	291	0.129	294	-546.29	288
隨州	0.194	201	0.171	272	0.296	195	0.158	265	0.171	284	-553.86	289
中衛	0.2	190	0.241	123	0.202	284	0.104	295	0.209	239	-556.91	290
資陽	0.174	256	0.194	227	0.281	222	0.153	289	0.16	287	-575.78	291
張掖	0.187	224	0.174	266	0.176	294	0.162	238	0.283	119	-592.64	292
鄂州	0.152	283	0.1	296	0.31	172	0.164	223	0.252	164	-602.14	293
巴中	0.216	143	0.183	248	0.284	218	0.158	265	0.1	296	-617.59	294
咸寧	0.187	224	0.159	284	0.297	194	0.158	265	0.141	292	-622.72	295
黑河	0.209	165	0.153	290	0.1	296	0.164	223	0.243	184	-772.29	296

3.9 城市科技競爭力排名及二級指標分值

城市是人類社會文明最為集中的區域，它既是城市所處每個時代最先進最高端的科學技術的產物，也是該時代先進科學技術產生地。在當今“知識經濟”時代，哪個國家最先掌握了高科技，它便在國家競爭上佔領了制高點並引領著全世界的發展。同樣，具有“科技”優勢的城市也會在區域性競爭和國際性競爭上佔領了制高點。城市科技競爭力是城市在科研投入、科學研發、科研成果轉換方面的相對優勢。城市的科技水準和它的經濟發展是互動的、相互促進的，從總體上來看，中國由於整體科技水準相對比較低，科研投入不夠，因此，許多城市的發展並不是依靠自身的科技優勢來取得競爭的主動權，而是通過模仿吸收別人的科學技術並依靠中國廉價的勞動力來發展自身的產業，依靠這樣的方式所獲取的競爭力優勢是難以持續的，一旦失去廉價的勞動力來源，將嚴重制約這些城市和地區的發展。近年來中國沿海許多城市和地區所出現的“民工荒”而導致這些城市和地區的工業生產嚴重受損便充分地說明了“科學技術是第一生產力”的事實。由於科技水準在促進經濟發展，提升一個國家、地區乃至城市的競爭力上的重要作用，中國許多城市和地區也開始加大投入打造自身科技競爭力。

城市科技競爭力比較評估指標體系包括科技投入指數、科研人力資本指數、科研機構指數、科技創新指數和科研成果轉化指數 5 個二級指標，科技經費絕對投入量、科技成果轉換率等 18 個三級指標。科技投入指數度量了城市在科研投入上的力度，其通常是與一個城市科研能力成正比。科研機構指數則描述了一個城市在吸引科研機構上的能力。科技創新指數則展示了城市的科技創新水準，它是一個城市是否能夠佔領產業至高點的基石。科研成果轉化指數則體現了城市在科研成果與產業化之間如何建立通暢的轉化機制的能力。北京一直以來居於科技競爭力榜首，其主要是彙聚了一大批國內一流大學，比如北京大學、清華大學等國內頂尖高校，在這些高校內部也矗立著種類繁多的科研院所及各類國家級重點實驗室，這也就使得北京擁有大量的科研機構及科研人才，這些科研機構及科研人才也多數位於高校，他們通常也是學校的學術骨幹。如此多的科研機構及優秀的科研工作人員也理所當然的產生了大量優秀的科研成果，而在政府的大力宣導下，企業和研究機構之間有一種非常順暢的連接機制，在良好機制的運轉下這些科研成果也能夠較為容易的轉化成企業的現實生產力。

在 2012 年 296 個城市科技競爭力排名中，有 77 個城市處於平均水準之上，占 26.01%。科技競爭力得分的標準差為 7.491。進一步延續了 2010 年以來的緩慢上升趨勢，這表明城市之間的科技競爭力差距可能會進一步加大。城市科技競爭力具體排名見表 3.9。

表 3.9 2012 年城市科技競爭力排名

城市	科技投入指數	排名	科技人力資本指數	排名	科研機構指數	排名	科研創新指數	排名	科研成果轉化指數	排名	科技競爭力	排名
北京	0.935	2	1	1	1	1	1	1	1	1	6379.32	1
上海	1	1	0.567	2	0.815	4	0.787	3	0.998	2	5177.65	2
香港	0.658	3	0.535	3	0.517	22	0.782	4	0.715	7	3695.97	3
臺北	0.241	13	0.44	7	0.516	23	0.805	2	0.664	11	2674.84	4
深圳	0.615	4	0.535	3	0.36	34	0.281	13	0.548	22	2279.94	5
天津	0.318	5	0.337	14	0.677	6	0.579	5	0.526	28	2158.8	6
廣州	0.257	10	0.356	10	0.896	3	0.287	10	0.736	4	2099.13	7
南京	0.198	20	0.414	9	0.634	11	0.411	6	0.606	16	1847.35	8
杭州	0.265	8	0.457	6	0.58	15	0.257	20	0.646	13	1786.02	9
武漢	0.166	32	0.344	13	0.904	2	0.393	7	0.506	33	1720.97	10
蘇州	0.284	6	0.351	11	0.434	28	0.191	38	0.801	3	1633.97	11
濟南	0.139	64	0.313	17	0.803	5	0.229	25	0.688	9	1519.19	12
青島	0.156	43	0.336	15	0.477	26	0.258	19	0.732	5	1408.27	13
大連	0.262	9	0.345	12	0.526	21	0.279	14	0.534	25	1389.57	14
瀋陽	0.191	21	0.308	19	0.575	16	0.346	8	0.533	26	1351.88	15
寧波	0.232	15	0.329	16	0.381	32	0.279	14	0.631	15	1325.42	16
合肥	0.235	14	0.272	25	0.622	13	0.286	11	0.502	34	1259.5	17
重慶	0.187	23	0.251	30	0.65	10	0.283	12	0.554	21	1236.67	18
長沙	0.182	27	0.474	5	0.656	8	0.237	24	0.361	119	1224.55	19
廈門	0.186	24	0.31	18	0.412	30	0.239	23	0.636	14	1166.91	20
哈爾濱	0.155	45	0.292	21	0.654	9	0.269	16	0.5	35	1136.07	21
西安	0.128	85	0.415	8	0.662	7	0.211	31	0.409	87	1054.04	22
無錫	0.213	19	0.266	27	0.277	40	0.16	46	0.702	8	977.61	23
東莞	0.148	48	0.248	31	0.291	38	0.152	51	0.718	6	845.3	24
中山	0.164	36	0.268	26	0.279	39	0.15	52	0.658	12	797.13	25
福州	0.128	85	0.252	29	0.492	25	0.208	32	0.516	32	773.86	26
長春	0.122	117	0.308	19	0.555	18	0.216	29	0.417	80	773.48	27
鄭州	0.159	40	0.24	33	0.597	14	0.206	33	0.415	82	742.57	28
新北	0.273	7	0.19	48	0.32	36	0.261	17	0.416	81	713.02	29
成都	0.158	41	0.286	24	0.629	12	0.247	21	0.282	239	708.53	30
昆明	0.135	69	0.224	34	0.514	24	0.193	36	0.497	36	701.4	31
澳門	0.18	28	0.208	40	0.296	37	0.161	44	0.593	17	652.08	32
石家莊	0.128	85	0.191	45	0.549	19	0.26	18	0.406	88	634.13	33
惠州	0.132	71	0.205	41	0.182	79	0.129	142	0.675	10	520.69	34
南寧	0.123	108	0.209	39	0.445	27	0.188	40	0.452	63	502.34	35
太原	0.143	59	0.202	43	0.538	20	0.161	44	0.382	108	453.41	36
南昌	0.128	85	0.203	42	0.567	17	0.187	41	0.351	123	450.23	37
珠海	0.178	29	0.213	36	0.274	41	0.143	65	0.496	37	443.6	38
南通	0.166	32	0.216	35	0.227	51	0.141	72	0.533	26	438.92	39
蘭州	0.123	108	0.262	28	0.422	29	0.197	35	0.354	122	426.84	40
台中	0.242	12	0.167	60	0.267	42	0.204	34	0.388	105	414.23	41
常州	0.164	36	0.187	49	0.202	59	0.158	48	0.538	23	398.86	42
溫州	0.145	52	0.17	56	0.206	57	0.19	39	0.537	24	391.29	43
台南	0.224	18	0.164	61	0.228	50	0.217	28	0.399	96	377.94	44
佛山	0.166	32	0.211	37	0.194	66	0.138	84	0.518	31	369.23	45
高雄	0.246	11	0.168	59	0.266	44	0.219	27	0.323	163	342.51	46
貴陽	0.141	61	0.287	22	0.385	31	0.193	36	0.275	254	334.35	47
紹興	0.172	31	0.134	105	0.184	76	0.135	96	0.569	20	312.37	48
威海	0.153	46	0.13	117	0.179	83	0.14	77	0.589	19	306.65	49
煙臺	0.166	32	0.12	165	0.196	64	0.166	42	0.519	30	262.74	50
基隆	0.188	22	0.16	63	0.156	106	0.228	26	0.399	96	250.39	51
韶關	0.122	117	0.151	73	0.164	97	0.111	283	0.591	18	218.73	52
烏魯木齊	0.123	108	0.243	32	0.322	35	0.124	190	0.381	110	209.45	53
拉薩	0.231	16	0.191	45	0.199	61	0.115	260	0.382	108	198.57	54
嘉義	0.184	26	0.159	65	0.167	95	0.213	30	0.381	110	195.62	55
新竹	0.186	24	0.158	67	0.153	111	0.241	22	0.341	136	169.63	56

表 3.9 2012 年城市科技競爭力排名

城市	科技投入指數	排名	科技人力資本指數	排名	科研機構指數	排名	科研創新指數	排名	科研成果轉化指數	排名	科技競爭力	排名
鎮江	0.148	48	0.177	52	0.19	70	0.137	88	0.455	60	162.78	57
嘉興	0.162	38	0.151	73	0.188	72	0.142	68	0.449	64	142.58	58
吉林	0.121	122	0.136	98	0.183	78	0.128	154	0.522	29	124.51	59
徐州	0.13	76	0.16	63	0.209	56	0.16	46	0.421	78	102.34	60
淄博	0.136	68	0.138	89	0.192	67	0.137	88	0.467	54	92.73	61
濰坊	0.148	48	0.125	138	0.203	58	0.142	68	0.454	61	91.67	62
江門	0.128	85	0.187	49	0.149	118	0.116	252	0.47	50	88.8	63
秦皇島	0.109	236	0.135	102	0.178	86	0.146	59	0.491	39	78.18	64
東營	0.118	136	0.173	53	0.164	97	0.125	185	0.47	50	77.2	65
蕪湖	0.231	16	0.148	78	0.213	54	0.132	117	0.325	159	71.6	66
呼和浩特	0.117	144	0.169	57	0.362	33	0.149	55	0.324	162	60.38	67
大慶	0.109	236	0.287	22	0.249	48	0.137	88	0.286	233	58.63	68
海口	0.116	151	0.195	44	0.264	45	0.146	59	0.348	128	44.73	69
馬鞍山	0.141	61	0.139	87	0.182	79	0.138	84	0.433	72	39.34	70
銀川	0.117	144	0.169	57	0.267	42	0.14	77	0.376	112	38.72	71
泰安	0.122	117	0.118	174	0.173	89	0.12	225	0.496	37	30.89	72
汕頭	0.114	179	0.143	83	0.145	136	0.136	94	0.476	44	28.49	73
濟寧	0.138	65	0.117	180	0.17	92	0.123	201	0.469	52	17.1	74
舟山	0.149	47	0.149	77	0.16	100	0.121	219	0.426	76	11.12	75
大同	0.113	189	0.211	37	0.121	232	0.162	43	0.374	114	0.57	76
桂林	0.121	122	0.13	117	0.191	69	0.127	164	0.449	64	0.42	77
唐山	0.128	85	0.129	124	0.187	74	0.146	59	0.421	78	-0.54	78
肇慶	0.126	97	0.116	189	0.148	119	0.127	164	0.476	44	-10.19	79
聊城	0.118	136	0.123	148	0.138	152	0.148	56	0.46	56	-10.9	80
柳州	0.121	122	0.137	95	0.176	87	0.116	252	0.453	62	-14.21	81
棗莊	0.115	166	0.118	174	0.139	147	0.13	135	0.486	40	-15.9	82
營口	0.126	97	0.122	153	0.132	176	0.157	49	0.438	69	-23.9	83
保定	0.115	166	0.141	86	0.226	52	0.135	96	0.399	96	-24.23	84
臨沂	0.123	108	0.12	165	0.137	158	0.121	219	0.475	46	-33.09	85
德州	0.117	144	0.115	196	0.147	126	0.118	238	0.484	41	-33.56	86
三亞	0.175	30	0.142	85	0.18	81	0.12	225	0.363	118	-37.32	87
十堰	0.114	179	0.155	69	0.2	60	0.126	172	0.402	93	-39.84	88
本溪	0.116	151	0.138	89	0.134	169	0.15	52	0.427	75	-42.33	89
萊蕪	0.127	92	0.128	126	0.136	163	0.13	135	0.446	66	-42.35	90
鞍山	0.116	151	0.139	87	0.14	145	0.145	62	0.428	73	-44.48	91
台州	0.144	56	0.138	89	0.157	103	0.122	209	0.41	86	-46.55	92
呂梁	0.115	166	0.104	272	0.12	241	0.291	9	0.311	183	-51.47	93
清遠	0.114	179	0.114	203	0.121	232	0.127	164	0.481	42	-52.67	94
菏澤	0.118	136	0.102	289	0.127	204	0.131	129	0.48	43	-54.45	95
錦州	0.115	166	0.13	117	0.197	63	0.138	84	0.406	88	-54.73	96
丹東	0.112	205	0.135	102	0.142	141	0.135	96	0.44	68	-55.13	97
揚州	0.156	43	0.155	69	0.156	106	0.145	62	0.345	133	-57.97	98
梅州	0.115	166	0.131	113	0.131	181	0.124	190	0.457	59	-58.76	99
金華	0.162	38	0.134	105	0.192	67	0.116	252	0.369	117	-63.47	100
廊坊	0.124	105	0.13	117	0.21	55	0.126	172	0.396	102	-64.62	101
萍鄉	0.116	151	0.122	153	0.123	216	0.116	252	0.474	47	-66.64	102
寶雞	0.115	166	0.154	72	0.129	194	0.117	246	0.436	70	-67.23	103
日照	0.111	221	0.118	174	0.131	181	0.12	225	0.474	47	-67.96	104
綿陽	0.123	108	0.173	53	0.244	49	0.132	117	0.323	163	-68.27	105
撫順	0.116	151	0.133	107	0.173	89	0.14	77	0.405	90	-70.83	106
河源	0.115	166	0.114	203	0.122	219	0.12	225	0.469	52	-84.95	107
鐵嶺	0.129	81	0.112	212	0.141	144	0.134	104	0.428	73	-86.29	108
汕尾	0.107	258	0.114	203	0.122	219	0.123	201	0.474	47	-86.63	109
潮州	0.107	258	0.119	171	0.122	219	0.129	142	0.459	57	-91.98	110
揭陽	0.104	283	0.112	212	0.129	194	0.134	104	0.458	58	-93.99	111
西寧	0.106	270	0.191	45	0.256	47	0.124	190	0.306	192	-101.1	112
濱州	0.123	108	0.104	272	0.129	194	0.115	260	0.461	55	-103.1	113

表 3.9 2012 年城市科技競爭力排名

城市	科技投入指數	排名	科技人力資本指數	排名	科研機構指數	排名	科研創新指數	排名	科研成果轉化指數	排名	科技競爭力	排名
滄州	0.108	246	0.12	165	0.171	91	0.133	111	0.415	82	-106.11	114
雲浮	0.127	92	0.116	189	0.122	219	0.122	209	0.436	70	-107.73	115
湛江	0.104	283	0.13	117	0.148	119	0.111	283	0.445	67	-109.34	116
盤錦	0.114	179	0.136	98	0.125	209	0.139	82	0.405	90	-115.69	117
張家口	0.114	179	0.123	148	0.157	103	0.135	96	0.402	93	-119.62	118
黃石	0.116	151	0.126	133	0.142	141	0.129	142	0.411	85	-119.84	119
連雲港	0.147	51	0.13	117	0.139	147	0.148	56	0.35	124	-123.15	120
鄂爾多斯	0.126	97	0.111	218	0.123	216	0.128	154	0.425	77	-124.29	121
遼陽	0.123	108	0.114	203	0.144	138	0.132	117	0.401	95	-136.81	122
承德	0.113	189	0.121	159	0.158	102	0.123	201	0.403	92	-143.75	123
孝感	0.113	189	0.129	124	0.13	188	0.118	238	0.415	82	-145.43	124
蚌埠	0.158	41	0.126	133	0.159	101	0.132	117	0.331	144	-148.67	125
齊齊哈爾	0.118	136	0.148	78	0.155	108	0.143	65	0.342	135	-154.54	126
長治	0.118	136	0.121	159	0.168	94	0.117	246	0.39	104	-159	127
茂名	0.102	293	0.125	138	0.139	147	0.135	96	0.399	96	-159.45	128
衢州	0.144	56	0.127	130	0.143	139	0.123	201	0.361	119	-159.63	129
邢臺	0.107	258	0.12	165	0.146	134	0.143	65	0.386	106	-161.06	130
包頭	0.125	103	0.156	68	0.18	81	0.13	135	0.316	176	-170.41	131
陽江	0.112	205	0.117	180	0.122	219	0.136	94	0.398	100	-171.87	132
泰州	0.137	67	0.138	89	0.139	147	0.131	129	0.341	136	-173.15	133
新鄉	0.127	92	0.112	212	0.188	72	0.128	154	0.346	132	-189.64	134
黃岡	0.126	97	0.113	210	0.146	134	0.122	209	0.375	113	-193.06	135
邯鄲	0.115	166	0.128	126	0.153	111	0.117	246	0.371	116	-199.38	136
朝陽	0.115	166	0.109	233	0.111	280	0.135	96	0.393	103	-200.01	137
克拉瑪依	0.128	85	0.126	133	0.134	169	0.124	190	0.358	121	-202.38	138
襄陽	0.116	151	0.133	107	0.147	126	0.129	142	0.349	127	-206.66	139
牡丹江	0.131	74	0.123	148	0.169	93	0.126	172	0.33	148	-210.47	140
阜新	0.104	283	0.115	196	0.123	216	0.135	96	0.384	107	-216.1	141
宿遷	0.138	65	0.117	180	0.121	232	0.15	52	0.326	156	-218.05	142
淮南	0.122	117	0.131	113	0.162	99	0.126	172	0.327	154	-224.72	143
咸寧	0.118	136	0.131	113	0.132	176	0.127	164	0.348	128	-224.75	144
洛陽	0.124	105	0.147	81	0.138	152	0.128	154	0.318	171	-227.27	145
白山	0.112	205	0.161	62	0.124	215	0.124	190	0.325	159	-236.36	146
淮北	0.117	144	0.107	248	0.133	171	0.142	68	0.35	124	-238.9	147
荊州	0.106	270	0.128	126	0.19	70	0.137	88	0.309	187	-244.68	148
宜昌	0.127	92	0.132	111	0.157	103	0.133	111	0.3	209	-248.69	149
呼倫貝爾	0.121	122	0.148	78	0.122	219	0.122	209	0.323	163	-250.14	150
臨滄	0.111	221	0.102	289	0.112	266	0.115	260	0.397	101	-251.07	151
平頂山	0.116	151	0.125	138	0.147	126	0.111	283	0.35	124	-253.02	152
忻州	0.118	136	0.121	159	0.15	117	0.139	82	0.318	171	-253.47	153
朔州	0.112	205	0.137	95	0.112	266	0.129	142	0.338	139	-258.06	154
南陽	0.127	92	0.116	189	0.135	166	0.116	252	0.343	134	-258.85	155
景德鎮	0.112	205	0.138	89	0.155	108	0.129	142	0.311	183	-260.42	156
嘉峪關	0.106	270	0.151	73	0.133	171	0.128	154	0.316	176	-262.52	157
漢中	0.112	205	0.118	174	0.111	280	0.111	283	0.373	115	-265.74	158
南平	0.115	166	0.124	146	0.151	115	0.122	209	0.329	150	-266.46	159
晉中	0.114	179	0.123	148	0.187	74	0.128	154	0.303	203	-267.23	160
樂山	0.115	166	0.111	218	0.13	188	0.128	154	0.347	130	-267.7	161
玉溪	0.119	129	0.125	138	0.132	176	0.125	185	0.328	151	-268.89	162
淮安	0.145	52	0.122	153	0.165	96	0.141	72	0.256	274	-281.51	163
株洲	0.122	117	0.172	55	0.195	65	0.124	190	0.232	277	-282.34	164
北海	0.104	283	0.112	212	0.147	126	0.137	88	0.331	144	-282.82	165
新餘	0.121	122	0.151	73	0.125	209	0.113	274	0.308	188	-283.28	166
贛州	0.109	236	0.13	117	0.179	83	0.129	142	0.295	220	-284.12	167
宣城	0.145	52	0.104	272	0.112	266	0.135	96	0.308	188	-289.3	168
佳木斯	0.107	258	0.146	82	0.131	181	0.14	77	0.291	224	-290.95	169
銅陵	0.132	71	0.111	218	0.147	126	0.132	117	0.298	212	-292.99	170

表 3.9 2012 年城市科技競爭力排名

城市	科技投入指數	排名	科技人力資本指數	排名	科研機構指數	排名	科研創新指數	排名	科研成果轉化指數	排名	科技競爭力	排名
荆門	0.11	229	0.125	138	0.122	219	0.118	238	0.338	139	-295.02	171
信陽	0.112	205	0.111	218	0.136	163	0.138	84	0.319	169	-297.42	172
鶴壁	0.111	221	0.107	248	0.113	260	0.129	142	0.347	130	-297.58	173
黃山	0.144	56	0.11	228	0.114	256	0.131	129	0.298	212	-303.93	174
曲靖	0.116	151	0.102	289	0.128	200	0.126	172	0.336	141	-306.45	175
許昌	0.112	205	0.106	255	0.129	194	0.126	172	0.334	142	-307.31	176
烏海	0.125	103	0.118	174	0.12	241	0.131	129	0.305	194	-309.19	177
遂寧	0.107	258	0.155	69	0.111	280	0.141	72	0.281	242	-309.54	178
雞西	0.106	270	0.159	65	0.113	260	0.14	77	0.277	249	-310.85	179
安慶	0.129	81	0.108	241	0.137	158	0.134	104	0.297	215	-311.53	180
滁州	0.119	129	0.105	264	0.138	152	0.126	172	0.317	174	-315.97	181
欽州	0.103	289	0.104	272	0.121	232	0.141	72	0.331	144	-317.24	182
開封	0.114	179	0.117	180	0.139	147	0.122	209	0.313	181	-317.91	183
赤峰	0.108	246	0.133	107	0.12	241	0.128	154	0.308	188	-317.92	184
陽泉	0.117	144	0.136	98	0.135	166	0.133	111	0.279	246	-318.66	185
普洱	0.129	81	0.107	248	0.122	219	0.113	274	0.325	159	-320.14	186
安陽	0.124	105	0.104	272	0.128	200	0.11	290	0.331	144	-320.83	187
漳州	0.117	144	0.127	130	0.184	76	0.124	190	0.268	263	-321.99	188
三門峽	0.123	108	0.107	248	0.112	266	0.118	238	0.33	148	-322.44	189
湖州	0.141	61	0.135	102	0.151	115	0.118	238	0.256	274	-322.95	190
九江	0.108	246	0.122	153	0.174	88	0.107	295	0.308	188	-323.46	191
宜春	0.113	189	0.12	165	0.129	194	0.127	164	0.306	192	-324.34	192
烏蘭察布	0.109	236	0.117	180	0.133	171	0.123	201	0.317	174	-325.23	193
駐馬店	0.119	129	0.107	248	0.119	248	0.12	225	0.328	151	-325.48	194
周口	0.113	189	0.104	272	0.127	204	0.125	185	0.327	154	-326.56	195
運城	0.113	189	0.116	189	0.147	126	0.122	209	0.304	198	-327.36	196
六安	0.112	205	0.103	283	0.145	136	0.144	64	0.296	216	-328.79	197
隨州	0.113	189	0.103	283	0.112	266	0.121	219	0.339	138	-328.99	198
雅安	0.113	189	0.128	126	0.125	209	0.126	172	0.299	210	-330.43	199
保山	0.11	229	0.111	218	0.131	181	0.126	172	0.316	176	-330.87	200
商丘	0.112	205	0.103	283	0.152	114	0.119	236	0.318	171	-330.99	201
通化	0.134	70	0.124	146	0.122	219	0.121	219	0.284	237	-333.44	202
撫州	0.113	189	0.116	189	0.148	119	0.133	111	0.288	229	-334.32	203
濮陽	0.115	166	0.106	255	0.111	280	0.12	225	0.332	143	-334.34	204
通遼	0.119	129	0.109	233	0.13	188	0.115	260	0.316	176	-336.69	205
咸陽	0.108	246	0.112	212	0.216	53	0.111	283	0.282	239	-337.38	206
池州	0.132	71	0.109	233	0.137	158	0.108	294	0.304	198	-339.48	207
鄂州	0.107	258	0.125	138	0.125	209	0.123	201	0.305	194	-341.06	208
上饒	0.113	189	0.121	159	0.138	152	0.127	164	0.29	225	-342.35	209
天水	0.12	127	0.115	196	0.13	188	0.123	201	0.296	216	-344.72	210
攀枝花	0.116	151	0.136	98	0.126	206	0.129	142	0.274	256	-344.8	211
臨汾	0.112	205	0.105	264	0.138	152	0.134	104	0.298	212	-346.35	212
榆林	0.13	76	0.117	180	0.13	188	0.129	142	0.275	254	-346.43	213
漯河	0.106	270	0.108	241	0.131	181	0.12	225	0.319	169	-349.33	214
平涼	0.114	179	0.11	228	0.112	266	0.112	279	0.328	151	-349.89	215
白城	0.109	236	0.113	210	0.133	171	0.128	154	0.299	210	-351.6	216
巴彥淖爾	0.115	166	0.11	228	0.113	260	0.116	252	0.32	168	-353.3	217
梧州	0.103	289	0.109	233	0.112	266	0.129	142	0.321	166	-353.51	218
泉州	0.13	76	0.127	130	0.264	45	0.132	117	0.179	282	-353.57	219
張掖	0.113	189	0.117	180	0.126	206	0.114	269	0.305	194	-360.95	220
四平	0.104	283	0.122	153	0.14	145	0.12	225	0.295	220	-361.3	221
宿州	0.109	236	0.105	264	0.119	248	0.132	117	0.305	194	-362.41	222
亳州	0.105	280	0.103	283	0.12	241	0.132	117	0.311	183	-363.27	223
玉林	0.106	270	0.108	241	0.111	280	0.117	246	0.326	156	-364.5	224
麗水	0.142	60	0.123	148	0.143	139	0.109	292	0.258	272	-365.18	225
白銀	0.107	258	0.111	218	0.102	291	0.116	252	0.326	156	-365.23	226
百山	0.111	221	0.11	228	0.148	119	0.113	274	0.301	207	-365.24	227

表 3.9 2012 年城市科技競爭力排名

城市	科技投入指數	排名	科技人力資本指數	排名	科研機構指數	排名	科研創新指數	排名	科研成果轉化指數	排名	科技競爭力	排名
鹽城	0.145	52	0.132	111	0.154	110	0.133	111	0.208	279	-368.95	228
三明	0.116	151	0.121	159	0.142	141	0.12	225	0.276	252	-369.55	229
宜賓	0.119	129	0.115	196	0.12	241	0.13	135	0.28	243	-369.74	230
晉城	0.119	129	0.121	159	0.132	176	0.117	246	0.28	243	-370.94	231
內江	0.103	289	0.12	165	0.12	241	0.132	117	0.29	225	-371.9	232
德陽	0.111	221	0.112	212	0.148	119	0.121	219	0.286	233	-372.2	233
吳忠	0.113	189	0.106	255	0.114	256	0.118	238	0.311	183	-372.56	234
河池	0.112	205	0.108	241	0.121	232	0.111	283	0.313	181	-375.11	235
吉安	0.11	229	0.116	189	0.121	232	0.115	260	0.303	203	-375.16	236
酒泉	0.111	221	0.111	218	0.115	254	0.12	225	0.304	198	-375.19	237
防城港	0.103	289	0.105	264	0.102	291	0.132	117	0.315	180	-375.73	238
瀘州	0.108	246	0.106	255	0.138	152	0.132	117	0.285	236	-375.89	239
焦作	0.131	74	0.11	228	0.148	119	0.124	190	0.258	272	-376.94	240
麗江	0.126	97	0.111	218	0.126	206	0.1	296	0.302	206	-377.02	241
鶴崗	0.116	151	0.108	241	0.115	254	0.154	50	0.262	270	-378.13	242
崇左	0.11	229	0.109	233	0.133	171	0.11	290	0.304	198	-379.87	243
石嘴山	0.105	280	0.105	264	0.117	251	0.113	274	0.321	166	-380.71	244
遼源	0.106	270	0.125	138	0.137	158	0.134	104	0.264	266	-380.76	245
固原	0.129	81	0.105	264	0.114	256	0.112	279	0.296	216	-381.11	246
衡水	0.108	246	0.108	241	0.12	241	0.134	104	0.288	229	-382.5	247
自貢	0.11	229	0.118	174	0.112	266	0.118	238	0.296	216	-384.62	248
延安	0.123	108	0.111	218	0.122	219	0.126	172	0.273	257	-385.71	249
遵義	0.116	151	0.114	203	0.153	111	0.12	225	0.266	264	-386.05	250
阜陽	0.107	258	0.102	289	0.135	166	0.13	135	0.288	229	-387.08	251
伊春	0.114	179	0.115	196	0.114	256	0.13	135	0.276	252	-390.78	252
商洛	0.112	205	0.115	196	0.122	219	0.13	135	0.272	258	-392.75	253
黑河	0.11	229	0.106	255	0.113	260	0.131	129	0.288	229	-395.81	254
安順	0.118	136	0.107	248	0.122	219	0.131	129	0.269	261	-399.76	255
龍岩	0.119	129	0.126	133	0.132	176	0.122	209	0.252	276	-400.13	256
寧德	0.113	189	0.117	180	0.131	181	0.125	185	0.264	266	-400.39	257
金昌	0.112	205	0.125	138	0.102	291	0.114	269	0.286	233	-401.06	258
南充	0.109	236	0.104	272	0.136	163	0.126	172	0.279	246	-401.54	259
貴港	0.101	295	0.103	283	0.111	280	0.129	142	0.301	207	-401.74	260
武威	0.106	270	0.106	255	0.113	260	0.125	185	0.295	220	-402.2	261
綏化	0.108	246	0.106	255	0.111	280	0.137	88	0.28	243	-404.61	262
莆田	0.116	151	0.119	171	0.131	181	0.121	219	0.261	271	-404.94	263
安康	0.112	205	0.106	255	0.121	232	0.126	172	0.279	246	-405.48	264
雙鴨山	0.107	258	0.114	203	0.113	260	0.142	68	0.263	269	-407.54	265
賀州	0.107	258	0.106	255	0.112	266	0.113	274	0.303	203	-407.61	266
眉山	0.105	280	0.102	289	0.121	232	0.127	164	0.29	225	-408.64	267
資陽	0.112	205	0.104	272	0.102	291	0.112	279	0.304	198	-414.83	268
來賓	0.106	270	0.109	233	0.112	266	0.115	260	0.293	223	-418.74	269
昭通	0.12	127	0.102	289	0.111	280	0.111	283	0.29	225	-419.29	270
岳陽	0.116	151	0.181	51	0.147	126	0.115	260	0.178	283	-429.91	271
松原	0.1	296	0.119	171	0.122	219	0.122	209	0.269	261	-429.95	272
銅川	0.109	236	0.111	218	0.116	252	0.119	236	0.272	258	-432.44	273
慶陽	0.114	179	0.104	272	0.112	266	0.117	246	0.277	249	-434.48	274
六盤水	0.111	221	0.104	272	0.121	232	0.123	201	0.266	264	-437.92	275
廣安	0.104	283	0.104	272	0.111	280	0.122	209	0.282	239	-438.87	276
渭南	0.106	270	0.109	233	0.111	280	0.118	238	0.272	258	-449.69	277
中衛	0.113	189	0.102	289	0.1	296	0.109	292	0.284	237	-453.57	278
衡陽	0.11	229	0.143	83	0.179	83	0.115	260	0.191	281	-454.07	279
達州	0.108	246	0.107	248	0.119	248	0.115	260	0.264	266	-459.34	280
常德	0.108	246	0.138	89	0.147	126	0.116	252	0.209	278	-465.59	281
巴中	0.108	246	0.103	283	0.102	291	0.112	279	0.277	249	-466.83	282
湘潭	0.13	76	0.115	196	0.199	61	0.148	56	0.127	293	-491.35	283
邵陽	0.107	258	0.114	203	0.137	158	0.124	190	0.207	280	-505.95	284

表 3.9 2012 年城市科技競爭力排名

城市	科技投入指數	排名	科技人力資本指數	排名	科研機構指數	排名	科研創新指數	排名	科研成果轉化指數	排名	科技競爭力	排名
益陽	0.109	236	0.131	113	0.148	119	0.134	104	0.145	289	-548.04	285
婁底	0.113	189	0.105	264	0.129	194	0.126	172	0.177	284	-567.38	286
懷化	0.108	246	0.108	241	0.128	200	0.132	117	0.17	286	-572.1	287
七台河	0.102	293	0.117	180	0.116	252	0.128	154	0.175	285	-580.88	288
郴州	0.126	97	0.116	189	0.13	188	0.127	164	0.138	292	-583.68	289
廣元	0.113	189	0.126	133	0.112	266	0.124	190	0.155	288	-585.17	290
張家界	0.107	258	0.122	153	0.125	209	0.124	190	0.158	287	-587.88	291
鷹潭	0.108	246	0.137	95	0.125	209	0.141	72	0.114	294	-602.53	292
葫蘆島	0.117	144	0.109	233	0.112	266	0.133	111	0.139	290	-618.62	293
永州	0.111	221	0.133	107	0.128	200	0.114	269	0.1	296	-670.64	294
定西	0.13	76	0.105	264	0.112	266	0.114	269	0.111	295	-681.61	295
隴南	0.109	236	0.1	296	0.11	290	0.114	269	0.139	290	-685.54	296

3.10 城市文化形象競爭力排名及二級指標分值

城市是人類社會文明進步的產物，它是一個包含著經濟、政治、文化、環境等諸多因素的複雜而有序的動態系統。城市建設和發展水準，體現著城市的經濟、社會和文化狀況，因爲城市不僅僅是文明和進步的產物，而且是人類一切文明文化成果最爲集中的載體。城市文化形象不僅僅是城市在各種感觀上給人的印象和感受，而且是城市內部諸要素，包括歷史文化、市民意識、城市景觀及城市氛圍給人形成的一種潛在的和直觀的反映和評價，它代表著城市的特質和個性，是人們區別不同城市最重要的整體感觀評價和城市本身從整體上所體現的自身特質。城市文化形象是一種外部性很強的公共產品，良好的城市文化形象不僅使城市居民具有自豪感，有利於提升該城市的企業競爭力並且有利於促進該城市開放，提高該城市的綜合競爭力，城市文化形象競爭力是城市在歷史文化、市民意識、城市景觀和城市氛圍上所體現出來的區別於其他城市的整體感觀印象。雖然各個城市都有自身的特色，但是不同城市在人們心目中的文化形象也體現出不同的層次。而這種不同的層次也會對城市的發展起著難以估量的作用。良好的城市文化形象將有利於促進城市的經濟社會全面發展，有利於城市形成良好的凝聚力，有利於改善城市的投資環境，有利於促進旅遊業的發展，有利於促進城市的改革開放，有利於城市的可持續發展。

城市文化競爭力比較評估指標體系包括文化設施指數、文化意識指數、文化資源指數、城市營銷能力指數 4 個二級指標，每百萬人影劇院數、誠信意識指數等 16 個三級指標。文化設施指數是城市居民公共文化設施水準的體現，文化意識指數則刻畫了城市居民的精神風貌、市場意識，它不僅僅有著歷史的繼承性，也是城市居民在市場經濟條件下所形成的市場意識，它體現了城市的精神氛圍和整體氣質。文化資源指數則概括了城市人文文化資源的豐富度，人文精神是一種區別於科學精神的軟文化，它雖然沒有科學文化那樣對經濟發展和社會進步有著顯著的推動作用，但是它對於提高城市居民的生活品質有著非常重要的意義，並會間接地影響經濟發展和社會進步，而且這種作用將會越來越明顯。城市營銷能力指數是城市文化影響力的體現。

中國共產黨十七屆六中全會決定將文化產業打造爲國民經濟的支柱產業。這個決定非常及時的把握住了時代發展的脈搏，新中國成立以來，特別是改革開放 30 多年來，中國經濟增速長期高於世界經濟增速，經濟規模不斷增大，經濟實力顯著增強，國際影響力明顯提高。但是從目前中國文化產業發展現狀看，相對經濟發展的速度和規模，文化繁榮程度不夠，整體文化實力與經濟實力及國際影響力不相適應。中國作爲發展中國家的經濟大國，如果要想成爲經濟強國，必須要有繁榮的文化，要讓世界瞭解中華文化，要有能夠走出去的文化企業和產品。需要通過國際文化交流合作傳播中華文化，通過傳播中華文化，使中國的文化贏得尊重、加強溝通，增進理解與合作，使外界全面、準確認識當代中國的真實面貌，爲中國的現代化事業創造更加良好的國際環境。在全球化的大格局下，文化在綜合國力競爭中的地位和作用更加凸顯，維護國家文化安全任務艱巨。在中華民族復興的道路上，只有繁榮我們的文化，才能維護國家文化安全。因此，建設文化強國，是中華民族追求自強的必然選擇，是中國從經濟大國走向經濟強國的必然選擇，是中華民族復興的必然選擇。我們要在經濟實力日益雄厚的基礎上，物質文明和精神文明兩手抓，切實提升中國的文化實力。當代中華兒女都負有保護、傳承中華民族優秀文化的責任。要在國際競爭中贏得主動，就必須儘快形成自己的文化優勢，不斷增強中國文化的整體實力和擴大中華文化的國際影響力。從國內發展看，隨著中國經濟的發展，人民群眾收入水準的提高，在物質需求得到更多滿足的基礎上，豐富精神文化生活越來越成爲人民群眾的熱切願望，人民群眾對精神文化生活需求更廣泛、更深化、更多種多樣。文化發展同經濟社會發展和人民群眾越來越豐富的精神文化需求還不完全適應，某些束縛和制約文化產業發展的體制、政策性的因素尚未得到解決。文化在引領風尚、教育群眾、服務社會、推動發展等方面的作用尚未得到充分發揮。城市作爲國家整體發展的內部縮影，也應該責無旁貸的擔負起大力發展文化的重任，切實的將文化發展與經濟發展有機結合在一起。

在 296 個城市文化競爭力排名中，有 88 個城市處於平均水準之上，比上一年度增加了 4 個，占 29.73%。文化競爭力得分的標準差爲 5.466。比 2011 年的 5.739 有所下降，表明城市間的文化發展水準差距有所減少。城市文化競爭力具體排名請見表 3.10。

表 3.10 2012 年城市文化形象競爭力排名

城市	文化設施指數	排名	文化意識指數	排名	文化資源指數	排名	城市行銷能力指數	排名	城市文化形象競爭力	排名
北京	1	1	0.667	5	1	1	0.983	3	3922.18	1
上海	0.952	2	0.491	10	0.589	4	0.936	4	3001	2
香港	0.608	3	1	1	0.571	6	0.988	2	2902.94	3
深圳	0.568	4	0.719	4	0.196	191	1	1	1980.11	4
廣州	0.358	11	0.738	3	0.584	5	0.742	6	1836.99	5
杭州	0.37	8	0.53	7	0.605	3	0.639	10	1544.58	6
蘇州	0.276	22	0.792	2	0.335	43	0.828	5	1472	7
武漢	0.396	7	0.414	31	0.554	9	0.559	18	1316.13	8
西安	0.241	40	0.401	36	0.716	2	0.648	8	1280.28	9
南京	0.345	13	0.465	15	0.567	7	0.497	28	1223.5	10
臺北	0.399	6	0.352	54	0.402	22	0.635	11	1113.06	11
哈爾濱	0.37	8	0.427	27	0.483	12	0.483	35	1101.38	12
濟南	0.252	30	0.468	14	0.526	10	0.615	14	1089.46	13
重慶	0.262	26	0.439	20	0.563	8	0.536	21	1049.65	14
瀋陽	0.364	10	0.372	45	0.45	18	0.52	26	1015.92	15
無錫	0.307	18	0.564	6	0.385	26	0.486	34	1000.79	16
天津	0.301	19	0.35	57	0.477	13	0.627	13	997.31	17
青島	0.268	24	0.424	29	0.454	17	0.596	15	954.2	18
澳門	0.283	20	0.431	25	0.345	36	0.679	7	926.31	19
成都	0.258	27	0.432	22	0.471	15	0.525	25	897.68	20
昆明	0.24	43	0.432	22	0.423	21	0.633	12	896.73	21
紹興	0.25	31	0.515	8	0.351	34	0.559	18	844.05	22
大連	0.247	35	0.386	41	0.36	32	0.648	8	784.77	23
嘉興	0.327	14	0.449	17	0.293	55	0.45	42	745.84	24
福州	0.248	32	0.414	31	0.439	19	0.455	40	739.96	25
東莞	0.402	5	0.446	19	0.1	296	0.547	20	728.88	26
寧波	0.265	25	0.428	26	0.345	36	0.506	27	713.98	27
中山	0.22	50	0.456	16	0.338	41	0.53	23	665.43	28
泉州	0.322	15	0.402	35	0.349	35	0.342	66	650.58	29
南昌	0.189	77	0.39	39	0.458	16	0.452	41	611.02	30

表 3.10 2012 年城市文化形象競爭力排名

城市	文化設施指數	排名	文化意識指數	排名	文化資源指數	排名	城市行銷能力指數	排名	城市文化形象競爭力	排名
長春	0.247	35	0.412	33	0.364	29	0.432	47	610.4	31
韶關	0.19	74	0.469	13	0.28	60	0.588	16	594.27	32
海口	0.169	109	0.398	37	0.39	24	0.563	17	592.86	33
長沙	0.199	61	0.354	52	0.429	20	0.494	30	589.17	34
佛山	0.258	27	0.432	22	0.268	75	0.435	45	531.6	35
煙臺	0.236	44	0.374	44	0.308	52	0.492	31	526.57	36
石家莊	0.242	39	0.327	72	0.327	45	0.497	28	514.01	37
溫州	0.196	68	0.493	9	0.259	78	0.466	37	489.59	38
鄭州	0.198	63	0.332	69	0.391	23	0.463	38	479.64	39
常州	0.308	17	0.364	49	0.259	78	0.369	58	477.25	40
曲靖	0.145	189	0.449	17	0.311	51	0.533	22	464.78	41
廈門	0.198	63	0.39	39	0.304	53	0.478	36	444	42
台州	0.244	38	0.471	12	0.255	85	0.333	68	427.64	43
鎮江	0.357	12	0.348	58	0.239	102	0.251	133	420.82	44
合肥	0.171	105	0.366	48	0.381	28	0.433	46	419.01	45
蘭州	0.197	66	0.341	63	0.388	25	0.393	54	415.77	46
南通	0.159	134	0.49	11	0.28	60	0.426	49	395.53	47
貴陽	0.149	170	0.36	51	0.364	29	0.461	39	370.81	48
珠海	0.135	226	0.426	28	0.261	76	0.528	24	344.45	49
洛陽	0.209	52	0.232	148	0.512	11	0.25	134	343.48	50
江門	0.157	144	0.439	20	0.216	142	0.491	32	307.56	51
南寧	0.192	71	0.322	74	0.339	40	0.383	55	306.05	52
徐州	0.153	156	0.367	47	0.361	31	0.376	57	300.37	53
聊城	0.206	55	0.363	50	0.229	118	0.447	43	295.94	54
銀川	0.189	77	0.319	76	0.315	50	0.402	53	280.56	55
舟山	0.182	85	0.345	61	0.3	54	0.404	52	277.96	56
濟寧	0.27	23	0.333	68	0.243	94	0.292	89	263.86	57
商丘	0.13	245	0.418	30	0.293	55	0.42	50	261.34	58
秦皇島	0.133	235	0.392	38	0.338	41	0.353	62	232.47	59
東營	0.223	49	0.334	67	0.269	74	0.297	84	205.79	60
威海	0.13	245	0.38	42	0.235	110	0.488	33	202.81	61
湖州	0.156	148	0.406	34	0.222	133	0.418	51	202.38	62
新北	0.279	21	0.212	215	0.344	38	0.2	239	188.94	63
汕頭	0.201	59	0.319	76	0.196	191	0.436	44	176.62	64
肇慶	0.258	27	0.346	60	0.193	200	0.281	98	174.31	65
太原	0.199	61	0.197	250	0.383	27	0.315	74	164.73	66
咸陽	0.156	148	0.233	146	0.473	14	0.23	171	158.92	67
張家界	0.155	151	0.235	136	0.33	44	0.431	48	158.9	68
桂林	0.225	47	0.177	263	0.324	46	0.344	64	145.02	69
呼和浩特	0.192	71	0.23	152	0.344	38	0.308	76	131.22	70
麗水	0.205	57	0.295	92	0.248	91	0.32	72	113.64	71
濰坊	0.224	48	0.338	64	0.231	115	0.247	139	111	72
台中	0.248	32	0.217	194	0.319	47	0.21	217	102.94	73
高雄	0.241	40	0.215	202	0.318	49	0.203	227	78.51	74
連雲港	0.148	177	0.352	54	0.287	58	0.28	102	76.21	75
淄博	0.161	128	0.352	54	0.278	63	0.253	129	63.69	76
台南	0.232	45	0.218	191	0.319	47	0.199	243	60.89	77
龍岩	0.158	139	0.33	71	0.271	70	0.284	95	53.38	78
大慶	0.229	46	0.215	202	0.249	90	0.294	87	47.1	79
惠州	0.159	134	0.377	43	0.175	240	0.344	64	38.72	80
金華	0.194	70	0.313	84	0.215	146	0.284	95	32.52	81
臨沂	0.197	66	0.315	80	0.229	118	0.254	126	30.94	82
雲浮	0.241	40	0.314	81	0.173	244	0.237	162	28.82	83
衢州	0.179	94	0.325	73	0.223	131	0.285	92	27.48	84
菏澤	0.214	51	0.256	110	0.229	118	0.283	97	27.1	85
鄂爾多斯	0.146	182	0.338	64	0.198	185	0.368	59	18.53	86
晉中	0.321	16	0.135	273	0.214	150	0.201	233	8.48	87

表 3.10 2012 年城市文化形象競爭力排名

城市	文化設施指數	排名	文化意識指數	排名	文化資源指數	排名	城市行銷能力指數	排名	城市文化形象競爭力	排名
西寧	0.168	113	0.262	106	0.276	66	0.29	90	5.66	88
淮安	0.145	189	0.332	69	0.282	59	0.24	154	-0.87	89
玉溪	0.248	32	0.206	232	0.196	191	0.285	92	-5.44	90
湛江	0.123	264	0.353	53	0.215	146	0.346	63	-9.75	91
烏魯木齊	0.153	156	0.261	107	0.272	69	0.306	78	-16.54	92
寧德	0.141	205	0.307	88	0.27	72	0.27	109	-24.46	93
萊蕪	0.192	71	0.277	97	0.233	112	0.247	139	-26.51	94
泰州	0.154	153	0.336	66	0.213	154	0.281	98	-31.99	95
南平	0.166	117	0.303	89	0.245	93	0.244	145	-36.99	96
梅州	0.158	139	0.314	81	0.228	121	0.268	111	-39.4	97
茂名	0.122	267	0.317	79	0.236	109	0.331	69	-41.87	98
撫順	0.207	54	0.215	202	0.22	136	0.285	92	-47.72	99
泰安	0.126	254	0.322	74	0.216	142	0.337	67	-48.14	100
基隆	0.206	55	0.219	188	0.27	72	0.206	221	-55.45	101
延安	0.166	117	0.201	245	0.355	33	0.192	258	-56.64	102
棗莊	0.13	245	0.342	62	0.241	96	0.254	126	-60.85	103
漳州	0.153	156	0.308	87	0.228	121	0.265	114	-61.89	104
拉薩	0.156	148	0.214	208	0.238	104	0.357	61	-62.2	105
新竹	0.2	60	0.213	213	0.28	60	0.203	227	-63.82	106
上饒	0.159	134	0.267	102	0.273	68	0.235	164	-64.5	107
汕尾	0.187	81	0.302	91	0.192	202	0.244	145	-66.06	108
莆田	0.116	281	0.319	76	0.257	82	0.281	98	-70.99	109
保定	0.165	121	0.249	117	0.274	67	0.234	167	-73.06	110
三亞	0.137	220	0.314	81	0.153	271	0.383	55	-76.17	111
榆林	0.172	102	0.249	117	0.277	64	0.205	223	-83.16	112
贛州	0.181	89	0.224	172	0.277	64	0.21	217	-87.58	113
三明	0.15	169	0.287	95	0.233	112	0.252	131	-98.6	114
邯鄲	0.169	109	0.215	202	0.289	57	0.219	193	-99.05	115
嘉義	0.198	63	0.211	218	0.259	78	0.201	233	-99.51	116
丹東	0.171	105	0.256	110	0.202	176	0.278	104	-106.93	117
岳陽	0.159	134	0.218	191	0.25	88	0.28	102	-109.5	118
鞍山	0.178	96	0.246	120	0.217	141	0.25	134	-111.6	119
十堰	0.132	238	0.215	202	0.256	84	0.328	70	-114.86	120
廣元	0.196	68	0.234	139	0.208	162	0.229	173	-120.1	121
潮州	0.121	270	0.371	46	0.144	278	0.314	75	-122.29	122
宿遷	0.132	238	0.347	59	0.214	150	0.215	203	-126.2	123
萍鄉	0.166	117	0.226	166	0.206	166	0.297	84	-128.42	124
揚州	0.152	162	0.303	89	0.224	129	0.209	220	-129.58	125
撫州	0.19	74	0.229	154	0.223	131	0.218	196	-129.89	126
營口	0.139	210	0.216	199	0.241	96	0.319	73	-130.59	127
唐山	0.166	117	0.224	172	0.237	107	0.254	126	-131.3	128
河源	0.14	207	0.293	93	0.189	207	0.294	87	-131.53	129
荊門	0.138	214	0.268	100	0.237	107	0.259	121	-135.15	130
阜新	0.133	235	0.227	159	0.248	91	0.299	81	-138.29	131
德州	0.159	134	0.268	100	0.2	182	0.258	122	-140.72	132
朝陽	0.137	220	0.222	178	0.243	94	0.299	81	-142.58	133
景德鎮	0.149	170	0.228	157	0.23	117	0.281	98	-146.32	134
黃石	0.145	189	0.246	120	0.198	185	0.308	76	-152.3	135
鹽城	0.153	156	0.311	86	0.214	150	0.187	263	-153.19	136
遵義	0.176	99	0.188	258	0.224	129	0.268	111	-156.77	137
衡陽	0.131	243	0.249	117	0.271	70	0.225	176	-158.49	138
襄陽	0.161	128	0.251	115	0.238	104	0.202	231	-159.14	139
綿陽	0.13	245	0.234	139	0.185	219	0.365	60	-159.9	140
宜昌	0.208	53	0.201	245	0.192	202	0.222	181	-163.51	141
佳木斯	0.19	74	0.228	157	0.201	178	0.214	208	-164.2	142
吉安	0.177	97	0.214	208	0.239	102	0.205	223	-165.56	143
宜春	0.182	85	0.197	250	0.219	137	0.242	151	-166.05	144

表 3.10 2012 年城市文化形象競爭力排名

城市	文化設施指數	排名	文化意識指數	排名	文化資源指數	排名	城市行銷能力指數	排名	城市文化形象競爭力	排名
廊坊	0.169	109	0.235	136	0.232	114	0.203	227	-168.87	145
渭南	0.163	123	0.223	174	0.257	82	0.19	261	-173.21	146
欽州	0.119	273	0.242	127	0.215	146	0.322	71	-173.55	147
永州	0.149	170	0.22	185	0.259	78	0.221	186	-176.33	148
湘潭	0.172	102	0.217	194	0.17	252	0.296	86	-177.05	149
鶴崗	0.138	214	0.269	98	0.228	121	0.222	181	-179.94	150
白城	0.179	94	0.214	208	0.216	142	0.215	203	-181.14	151
承德	0.162	127	0.245	122	0.227	124	0.2	239	-181.36	152
池州	0.167	115	0.243	124	0.194	198	0.238	160	-182.12	153
咸寧	0.12	272	0.267	102	0.25	88	0.228	175	-184.42	154
安慶	0.153	156	0.226	166	0.231	115	0.235	164	-185.26	155
揭陽	0.157	144	0.313	84	0.163	260	0.212	213	-187.01	156
濱州	0.163	123	0.242	127	0.192	202	0.246	142	-187.25	157
錦州	0.152	162	0.234	139	0.206	166	0.257	123	-189.79	158
張家口	0.165	121	0.217	194	0.241	96	0.197	246	-192.52	159
新餘	0.134	230	0.229	154	0.227	124	0.265	114	-197.3	160
遼陽	0.134	230	0.26	108	0.206	166	0.255	125	-199.16	161
玉林	0.149	170	0.222	178	0.219	137	0.242	151	-205.65	162
銅陵	0.163	123	0.215	202	0.199	184	0.248	138	-207.2	163
齊齊哈爾	0.149	170	0.242	127	0.18	233	0.269	110	-208.89	164
滄州	0.145	189	0.226	166	0.225	127	0.234	167	-209.23	165
周口	0.132	238	0.239	130	0.26	77	0.197	246	-209.41	166
鄂州	0.13	245	0.227	159	0.255	85	0.223	178	-209.43	167
蚌埠	0.151	165	0.227	159	0.181	230	0.277	105	-215.31	168
伊春	0.189	77	0.25	116	0.118	290	0.253	129	-216.64	169
漢中	0.155	151	0.227	159	0.208	162	0.222	181	-220.76	170
九江	0.145	189	0.193	253	0.24	100	0.24	154	-221.18	171
攀枝花	0.134	230	0.239	130	0.216	142	0.243	147	-221.19	172
邢臺	0.185	82	0.216	199	0.174	241	0.216	201	-223.74	173
開封	0.138	214	0.256	110	0.188	210	0.25	134	-223.92	174
黃岡	0.16	131	0.223	174	0.203	173	0.219	193	-226.06	175
宣城	0.151	165	0.259	109	0.172	249	0.237	162	-226.33	176
荊州	0.124	262	0.225	169	0.241	96	0.24	154	-226.8	177
株洲	0.124	262	0.252	114	0.189	207	0.277	105	-230.24	178
郴州	0.132	238	0.225	169	0.184	221	0.299	81	-231.36	179
日照	0.114	284	0.29	94	0.176	239	0.271	108	-231.53	180
新鄉	0.149	170	0.239	130	0.218	140	0.194	251	-234.42	181
黃山	0.143	196	0.231	150	0.213	154	0.223	178	-234.79	182
柳州	0.126	254	0.19	255	0.215	146	0.306	78	-235.86	183
常德	0.145	189	0.191	254	0.186	214	0.303	80	-237.1	184
吉林	0.142	200	0.235	136	0.163	260	0.289	91	-237.41	185
寶雞	0.18	92	0.195	252	0.201	178	0.201	233	-238.58	186
駐馬店	0.146	182	0.231	150	0.225	127	0.195	248	-239.77	187
南陽	0.149	170	0.204	241	0.238	104	0.2	239	-243.41	188
本溪	0.157	144	0.207	230	0.201	178	0.229	173	-244.18	189
鷹潭	0.163	123	0.204	241	0.186	214	0.239	158	-246.61	190
信陽	0.136	223	0.229	154	0.253	87	0.17	272	-248.6	191
銅川	0.181	89	0.22	185	0.196	191	0.165	276	-248.74	192
平頂山	0.138	214	0.269	98	0.197	188	0.192	258	-253.01	193
馬鞍山	0.154	153	0.212	215	0.2	182	0.222	181	-253.28	194
清遠	0.146	182	0.267	102	0.162	263	0.221	186	-257	195
陽江	0.119	273	0.287	95	0.174	241	0.238	160	-257.19	196
盤錦	0.135	226	0.208	225	0.201	178	0.26	119	-258.1	197
包頭	0.247	35	0.14	271	0.159	266	0.16	277	-258.91	198
梧州	0.143	196	0.198	249	0.206	166	0.247	139	-260.27	199
隨州	0.18	92	0.216	199	0.153	271	0.218	196	-261.93	200
內江	0.142	200	0.237	133	0.183	225	0.232	169	-262.48	201

表 3.10 2012 年城市文化形象競爭力排名

城市	文化設施指數	排名	文化意識指數	排名	文化資源指數	排名	城市行銷能力指數	排名	城市文化形象競爭力	排名
邵陽	0.143	196	0.221	184	0.187	212	0.246	142	-262.52	202
焦作	0.152	162	0.211	218	0.21	160	0.2	239	-265.02	203
白山	0.146	182	0.21	221	0.202	176	0.225	176	-266.93	204
臨汾	0.202	58	0.134	274	0.203	173	0.193	254	-268.18	205
金昌	0.185	82	0.227	159	0.145	277	0.198	245	-268.47	206
六安	0.146	182	0.218	191	0.196	191	0.222	181	-270.86	207
北海	0.125	259	0.206	232	0.198	185	0.273	107	-274.86	208
懷化	0.16	131	0.209	223	0.168	255	0.232	169	-278.17	209
綏化	0.157	144	0.234	139	0.162	263	0.214	208	-280.26	210
防城港	0.153	156	0.19	255	0.205	171	0.215	203	-281.24	211
孝感	0.127	252	0.208	225	0.234	111	0.21	217	-281.29	212
安康	0.137	220	0.205	236	0.226	126	0.202	231	-282.02	213
葫蘆島	0.125	259	0.217	194	0.188	210	0.266	113	-282.42	214
雙鴨山	0.114	284	0.253	113	0.192	202	0.241	153	-282.59	215
白銀	0.151	165	0.211	218	0.209	161	0.186	264	-283.52	216
四平	0.131	243	0.225	169	0.177	237	0.256	124	-285.34	217
德陽	0.146	182	0.217	194	0.156	268	0.261	118	-285.61	218
天水	0.139	210	0.207	230	0.206	166	0.218	196	-286.5	219
七台河	0.138	214	0.243	124	0.156	268	0.245	144	-286.71	220
安陽	0.143	196	0.213	213	0.204	172	0.204	225	-287.88	221
亳州	0.117	279	0.245	122	0.193	200	0.235	164	-289.29	222
嘉峪關	0.175	101	0.205	236	0.186	214	0.167	275	-290.07	223
黑河	0.147	180	0.236	135	0.17	252	0.212	213	-290.21	224
鐵嶺	0.119	273	0.22	185	0.189	207	0.262	117	-294.69	225
宿州	0.122	267	0.21	221	0.221	135	0.22	191	-297.03	226
忻州	0.182	85	0.122	282	0.208	162	0.214	208	-298.15	227
自貢	0.119	273	0.234	139	0.184	221	0.243	147	-302.38	228
阜陽	0.111	288	0.202	244	0.211	159	0.26	119	-303.01	229
呼倫貝爾	0.183	84	0.112	291	0.24	100	0.173	271	-303.62	230
衡水	0.132	238	0.23	152	0.212	157	0.179	269	-304.81	231
大同	0.158	139	0.145	269	0.222	133	0.211	216	-305.5	232
蕪湖	0.133	235	0.208	225	0.184	221	0.24	154	-306.95	233
淮南	0.11	290	0.222	178	0.203	173	0.243	147	-310.49	234
瀘州	0.127	252	0.209	223	0.184	221	0.249	137	-310.77	235
長治	0.167	115	0.156	268	0.208	162	0.193	254	-311.13	236
益陽	0.134	230	0.222	178	0.192	202	0.204	225	-313.57	237
濮陽	0.138	214	0.222	178	0.186	214	0.201	233	-317.38	238
通化	0.125	259	0.214	208	0.179	235	0.243	147	-320.83	239
松原	0.112	287	0.214	208	0.183	225	0.265	114	-321.17	240
百色	0.176	99	0.163	266	0.173	244	0.201	233	-321.33	241
淮北	0.121	270	0.205	236	0.196	191	0.239	158	-321.78	242
許昌	0.135	226	0.223	174	0.187	212	0.194	251	-325.44	243
滁州	0.126	254	0.219	188	0.181	230	0.221	186	-331.01	244
雞西	0.118	278	0.219	188	0.196	191	0.215	203	-333.79	245
鶴壁	0.123	264	0.243	124	0.169	254	0.213	211	-334.95	246
固原	0.188	80	0.182	262	0.173	244	0.137	288	-336.19	247
資陽	0.14	207	0.267	102	0.112	293	0.221	186	-337.94	248
克拉瑪依	0.182	85	0.206	232	0.144	278	0.158	278	-340.99	249
牡丹江	0.126	254	0.234	139	0.173	244	0.199	243	-346.77	250
遂寧	0.122	267	0.234	139	0.165	258	0.216	201	-348.57	251
保山	0.113	286	0.189	257	0.212	157	0.218	196	-354.89	252
賀州	0.171	105	0.17	265	0.154	270	0.193	254	-357.72	253
遼源	0.142	200	0.223	174	0.132	285	0.22	191	-359.88	254
貴港	0.117	279	0.199	247	0.194	198	0.218	196	-360.76	255
漯河	0.11	290	0.232	148	0.181	230	0.201	233	-368.53	256
宜賓	0.136	223	0.227	159	0.142	281	0.206	221	-370.73	257
呂梁	0.142	200	0.137	272	0.219	137	0.191	260	-372.53	258

表 3.10 2012 年城市文化形象競爭力排名

城市	文化設施指數	排名	文化意識指數	排名	文化資源指數	排名	城市行銷能力指數	排名	城市文化形象競爭力	排名
雅安	0.142	200	0.212	215	0.149	273	0.194	251	-375.39	259
婁底	0.135	226	0.204	241	0.149	273	0.219	193	-376.7	260
達州	0.147	180	0.233	146	0.115	292	0.203	227	-376.95	261
南充	0.119	273	0.222	178	0.147	275	0.223	178	-388.41	262
運城	0.161	128	0.129	277	0.186	214	0.186	264	-392.8	263
眉山	0.13	245	0.227	159	0.116	291	0.23	171	-392.94	264
晉城	0.171	105	0.113	290	0.177	237	0.195	248	-393.4	265
巴中	0.136	223	0.237	133	0.107	294	0.213	211	-399.02	266
張掖	0.169	109	0.129	277	0.197	188	0.144	283	-400.5	267
六盤水	0.123	264	0.205	236	0.125	286	0.252	131	-401.52	268
三門峽	0.146	182	0.172	264	0.174	241	0.17	272	-404.72	269
河池	0.126	254	0.183	261	0.185	219	0.183	268	-405.06	270
廣安	0.14	207	0.206	232	0.122	288	0.215	203	-405.34	271
酒泉	0.181	89	0.118	286	0.182	228	0.145	282	-407.61	272
崇左	0.148	177	0.159	267	0.166	257	0.189	262	-408.81	273
平涼	0.154	153	0.119	284	0.214	150	0.154	281	-409.74	274
陽泉	0.139	210	0.132	275	0.179	235	0.212	213	-418.62	275
樂山	0.11	290	0.208	225	0.14	282	0.221	186	-434.3	276
吳忠	0.158	139	0.208	225	0.102	295	0.168	274	-436.5	277
通遼	0.139	210	0.143	270	0.197	188	0.156	280	-436.72	278
烏蘭察布	0.177	97	0.109	293	0.18	233	0.136	289	-437.98	279
商洛	0.168	113	0.128	280	0.173	244	0.143	284	-438.26	280
朔州	0.16	131	0.116	288	0.165	258	0.184	267	-439.88	281
烏海	0.158	139	0.129	277	0.16	265	0.177	270	-442.9	282
赤峰	0.116	281	0.131	276	0.213	154	0.185	266	-449.25	283
來賓	0.107	294	0.185	259	0.167	256	0.193	254	-460.19	284
石嘴山	0.128	251	0.199	247	0.144	278	0.142	285	-478.32	285
安順	0.11	290	0.205	236	0.123	287	0.195	248	-486.76	286
慶陽	0.172	102	0.1	296	0.183	225	0.1	296	-491.14	287
定西	0.144	195	0.11	292	0.182	228	0.141	287	-497.95	288
中衛	0.141	205	0.184	260	0.122	288	0.127	290	-513.81	289
巴彥淖爾	0.148	177	0.102	294	0.157	267	0.142	285	-532.88	290
隴南	0.151	165	0.102	294	0.171	250	0.103	295	-546.52	291
麗江	0.134	230	0.114	289	0.171	250	0.112	294	-560.02	292
武威	0.106	295	0.123	281	0.163	260	0.158	278	-574.36	293
臨滄	0.115	283	0.117	287	0.137	283	0.127	290	-629.02	294
普洱	0.111	288	0.119	284	0.136	284	0.114	293	-648.27	295
昭通	0.1	296	0.12	283	0.146	276	0.115	292	-654.97	296

第四篇　中國城市綜合競爭力三級指標分值

4.1 城市經濟實力競爭力三級指標分值

表 4.1.1 2012 年城市經濟實力競爭力三級指標分值

城市	城市人口規模	城區面積	GDP 規模	GDP 增長率	人均 gdp	地均 GDP	城市經營率	城市化率
北京	0.71	0.158	0.861	0.599	0.264	0.111	0.624	0.947
天津	0.501	0.142	0.628	0.65	0.273	0.111	0.438	0.83
石家莊	0.413	0.156	0.287	0.471	0.172	0.103	0.189	0.291
唐山	0.331	0.148	0.351	0.458	0.24	0.105	0.174	0.453
秦皇島	0.187	0.127	0.144	0.471	0.162	0.102	0.297	0.341
邯鄲	0.382	0.143	0.226	0.479	0.151	0.103	0.193	0.204
邢臺	0.316	0.144	0.161	0.454	0.128	0.101	0.186	0.151
保定	0.445	0.173	0.21	0.471	0.132	0.101	0.176	0.145
張家口	0.229	0.231	0.147	0.45	0.141	0.1	0.25	0.24
承德	0.202	0.24	0.146	0.475	0.154	0.1	0.239	0.206
滄州	0.317	0.15	0.216	0.483	0.163	0.102	0.165	0.128
廊坊	0.23	0.123	0.17	0.45	0.165	0.103	0.3	0.239
衡水	0.229	0.131	0.138	0.475	0.131	0.101	0.144	0.164
太原	0.225	0.125	0.394	0.446	0.412	0.11	0.298	0.793
大同	0.197	0.15	0.194	0.361	0.224	0.102	0.304	0.521
陽泉	0.136	0.116	0.151	0.572	0.275	0.103	0.335	0.556
長治	0.198	0.149	0.242	0.648	0.288	0.103	0.323	0.265
晉城	0.164	0.133	0.174	0.536	0.246	0.102	0.291	0.21
朔州	0.147	0.139	0.206	0.776	0.385	0.102	0.318	0.444
晉中	0.195	0.158	0.203	0.514	0.239	0.102	0.324	0.233
運城	0.254	0.15	0.243	0.646	0.218	0.102	0.17	0.182
忻州	0.189	0.189	0.165	0.761	0.191	0.101	0.368	0.221
臨汾	0.229	0.172	0.237	0.65	0.237	0.102	0.324	0.239
呂梁	0.21	0.175	0.22	0.581	0.24	0.101	0.329	0.127
呼和浩特	0.183	0.161	0.197	0.442	0.249	0.101	0.262	0.553
包頭	0.176	0.199	0.236	0.612	0.33	0.101	0.22	0.669
烏海	0.11	0.106	0.117	0.695	0.28	0.103	0.328	1
赤峰	0.229	0.42	0.157	0.612	0.152	0.1	0.203	0.308
通遼	0.191	0.311	0.162	0.576	0.185	0.1	0.215	0.285
鄂爾多斯	0.154	0.408	0.246	0.597	0.442	0.1	0.345	0.22
呼倫貝爾	0.173	1	0.148	0.567	0.182	0.1	0.233	0.153
巴彥淖爾	0.145	0.329	0.128	0.411	0.178	0.1	0.246	0.344
烏蘭察布	0.16	0.293	0.126	0.514	0.155	0.1	0.125	0.159
瀋陽	0.348	0.146	0.373	0.482	0.243	0.105	0.353	0.733
大連	0.303	0.145	0.384	0.532	0.284	0.105	0.369	0.547
鞍山	0.207	0.133	0.207	0.43	0.227	0.103	0.324	0.452
撫順	0.16	0.14	0.146	0.541	0.198	0.101	0.346	0.648
本溪	0.146	0.13	0.143	0.535	0.217	0.101	0.331	0.638
丹東	0.17	0.154	0.136	0.536	0.164	0.101	0.416	0.366
錦州	0.191	0.135	0.147	0.521	0.162	0.101	0.339	0.344
營口	0.169	0.119	0.152	0.548	0.194	0.103	0.379	0.42
阜新	0.15	0.137	0.117	0.539	0.142	0.1	0.304	0.445
遼陽	0.151	0.117	0.136	0.534	0.188	0.102	0.394	0.444
盤錦	0.136	0.114	0.147	0.548	0.259	0.103	0.332	0.496
鐵嶺	0.178	0.146	0.135	0.543	0.155	0.101	0.419	0.196
朝陽	0.188	0.17	0.132	0.546	0.143	0.1	0.383	0.219
葫蘆島	0.175	0.137	0.125	0.475	0.139	0.101	0.399	0.393
長春	0.334	0.173	0.283	0.524	0.198	0.102	0.212	0.509

表 4.1.1 2012 年城市經濟實力競爭力三級指標分值

城市	城市人口規模	城區面積	GDP 規模	GDP 增長率	人均 gdp	地均 GDP	城市經營率	城市化率
吉林	0.232	0.196	0.198	0.564	0.193	0.101	0.162	0.457
四平	0.199	0.15	0.14	0.654	0.148	0.101	0.144	0.228
遼源	0.13	0.118	0.118	0.601	0.177	0.101	0.165	0.423
通化	0.166	0.155	0.131	0.654	0.158	0.101	0.212	0.245
白山	0.133	0.162	0.119	0.658	0.174	0.1	0.227	0.494
松原	0.183	0.175	0.158	0.544	0.187	0.101	0.116	0.25
白城	0.157	0.191	0.12	0.662	0.144	0.1	0.161	0.296
哈爾濱	0.427	0.288	0.294	0.483	0.171	0.101	0.251	0.506
齊齊哈爾	0.262	0.251	0.144	0.515	0.128	0.1	0.227	0.293
雞西	0.151	0.18	0.118	0.552	0.144	0.1	0.24	0.496
鶴崗	0.126	0.152	0.109	0.556	0.149	0.1	0.239	0.642
雙鴨山	0.139	0.182	0.118	0.625	0.159	0.1	0.235	0.371
大慶	0.184	0.175	0.271	0.476	0.363	0.102	0.134	0.508
伊春	0.129	0.216	0.105	0.308	0.128	0.1	0.164	0.658
佳木斯	0.173	0.216	0.123	0.56	0.138	0.1	0.162	0.363
七台河	0.122	0.122	0.108	0.198	0.157	0.101	0.293	0.639
牡丹江	0.181	0.244	0.138	0.613	0.158	0.1	0.218	0.369
黑河	0.145	0.392	0.109	0.418	0.126	0.1	0.287	0.163
綏化	0.263	0.224	0.137	0.544	0.121	0.1	0.256	0.203
上海	0.817	0.122	1	0.463	0.265	0.134	0.627	0.954
南京	0.345	0.123	0.384	0.472	0.251	0.11	0.384	0.875
無錫	0.293	0.116	0.419	0.453	0.318	0.117	0.337	0.54
徐州	0.363	0.14	0.262	0.534	0.175	0.104	0.29	0.361
常州	0.237	0.115	0.263	0.478	0.254	0.109	0.357	0.653
蘇州	0.422	0.13	0.6	0.469	0.306	0.114	0.371	0.417
南通	0.322	0.128	0.286	0.473	0.206	0.106	0.321	0.32
連雲港	0.231	0.127	0.16	0.51	0.154	0.102	0.447	0.236
淮安	0.244	0.136	0.174	0.521	0.161	0.102	0.386	0.545
鹽城	0.321	0.16	0.225	0.502	0.168	0.102	0.314	0.247
揚州	0.233	0.123	0.218	0.478	0.213	0.104	0.289	0.31
鎮江	0.191	0.114	0.203	0.485	0.246	0.107	0.268	0.419
泰州	0.238	0.12	0.208	0.476	0.198	0.105	0.319	0.213
宿遷	0.241	0.13	0.156	0.505	0.146	0.102	0.322	0.334
杭州	0.367	0.159	0.425	0.393	0.259	0.105	0.427	0.653
寧波	0.332	0.135	0.38	0.389	0.257	0.107	0.39	0.425
溫州	0.38	0.142	0.255	0.369	0.166	0.103	0.299	0.233
嘉興	0.234	0.114	0.22	0.414	0.214	0.108	0.295	0.29
湖州	0.184	0.121	0.166	0.422	0.199	0.103	0.287	0.453
紹興	0.247	0.129	0.251	0.41	0.232	0.105	0.266	0.198
金華	0.261	0.139	0.21	0.41	0.184	0.103	0.284	0.247
衢州	0.159	0.131	0.137	0.43	0.179	0.101	0.241	0.369
舟山	0.128	0.105	0.13	0.442	0.234	0.106	0.36	0.737
台州	0.281	0.133	0.226	0.352	0.186	0.103	0.262	0.309
麗水	0.159	0.161	0.132	0.45	0.167	0.1	0.261	0.199
合肥	0.272	0.125	0.266	0.609	0.223	0.106	0.365	0.469
蕪湖	0.164	0.112	0.172	0.635	0.243	0.106	0.327	0.516
蚌埠	0.192	0.121	0.131	0.553	0.138	0.101	0.26	0.299
淮南	0.166	0.109	0.127	0.477	0.151	0.103	0.328	0.759
馬鞍山	0.136	0.106	0.148	0.475	0.266	0.108	0.329	0.524
淮北	0.159	0.11	0.12	0.477	0.142	0.102	0.248	0.529
銅陵	0.115	0.104	0.121	0.495	0.258	0.106	0.286	0.629
安慶	0.26	0.154	0.151	0.521	0.135	0.101	0.201	0.171
黃山	0.135	0.135	0.112	0.489	0.145	0.1	0.378	0.337
滁州	0.217	0.148	0.134	0.552	0.132	0.101	0.279	0.171
阜陽	0.332	0.135	0.134	0.471	0.109	0.101	0.222	0.251
宿州	0.261	0.135	0.132	0.54	0.117	0.101	0.16	0.331
六安	0.269	0.164	0.133	0.484	0.117	0.1	0.244	0.308
亳州	0.246	0.13	0.123	0.505	0.113	0.101	0.18	0.312

表 4.1.1 2012 年城市經濟實力競爭力三級指標分值

城市	城市人口規模	城區面積	GDP 規模	GDP 增長率	人均 gdp	地均 GDP	城市經營率	城市化率
池州	0.137	0.129	0.111	0.51	0.142	0.1	0.393	0.447
宣城	0.172	0.144	0.126	0.558	0.142	0.101	0.36	0.35
福州	0.316	0.146	0.27	0.511	0.199	0.103	0.304	0.334
廈門	0.204	0.105	0.214	0.597	0.241	0.118	0.528	1
莆田	0.18	0.115	0.143	0.564	0.167	0.103	0.218	0.686
三明	0.171	0.182	0.151	0.556	0.19	0.101	0.2	0.156
泉州	0.348	0.139	0.295	0.532	0.199	0.104	0.2	0.2
漳州	0.244	0.146	0.177	0.581	0.165	0.102	0.24	0.168
南平	0.176	0.193	0.136	0.479	0.158	0.1	0.207	0.208
龍岩	0.173	0.168	0.153	0.511	0.19	0.101	0.26	0.236
寧德	0.181	0.148	0.138	0.601	0.156	0.101	0.214	0.182
南昌	0.252	0.126	0.221	0.511	0.2	0.104	0.257	0.456
景德鎮	0.143	0.119	0.121	0.475	0.162	0.101	0.321	0.325
萍鄉	0.151	0.113	0.125	0.564	0.162	0.102	0.303	0.487
九江	0.242	0.167	0.153	0.519	0.142	0.101	0.265	0.18
新餘	0.129	0.111	0.131	0.524	0.233	0.103	0.303	0.765
鷹潭	0.128	0.113	0.114	0.483	0.167	0.101	0.327	0.241
贛州	0.356	0.24	0.157	0.491	0.12	0.1	0.272	0.126
吉安	0.244	0.19	0.135	0.503	0.125	0.1	0.303	0.162
宜春	0.263	0.166	0.145	0.503	0.128	0.101	0.292	0.236
撫州	0.216	0.167	0.129	0.491	0.126	0.1	0.335	0.326
上饒	0.3	0.181	0.146	0.515	0.121	0.101	0.308	0.11
濟南	0.307	0.129	0.302	0.413	0.225	0.106	0.262	0.601
青島	0.367	0.139	0.406	0.456	0.249	0.107	0.306	0.398
淄博	0.235	0.121	0.249	0.47	0.242	0.106	0.221	0.682
棗莊	0.21	0.116	0.168	0.424	0.175	0.104	0.219	0.595
東營	0.157	0.128	0.22	0.5	0.369	0.104	0.176	0.483
煙臺	0.312	0.149	0.326	0.476	0.237	0.104	0.213	0.317
濰坊	0.379	0.157	0.261	0.429	0.169	0.102	0.253	0.255
濟寧	0.347	0.14	0.231	0.42	0.162	0.103	0.257	0.184
泰安	0.266	0.127	0.203	0.449	0.176	0.103	0.222	0.327
威海	0.181	0.12	0.194	0.419	0.248	0.104	0.236	0.299
日照	0.181	0.119	0.151	0.473	0.179	0.103	0.212	0.461
萊蕪	0.134	0.108	0.123	0.413	0.187	0.103	0.25	1
臨沂	0.409	0.161	0.225	0.471	0.145	0.102	0.189	0.244
德州	0.268	0.137	0.186	0.458	0.161	0.102	0.174	0.166
聊城	0.275	0.131	0.185	0.484	0.157	0.102	0.172	0.241
濱州	0.211	0.134	0.18	0.47	0.19	0.102	0.259	0.217
菏澤	0.354	0.143	0.167	0.552	0.126	0.101	0.266	0.209
鄭州	0.365	0.126	0.329	0.544	0.209	0.108	0.364	0.557
開封	0.24	0.123	0.145	0.507	0.135	0.102	0.159	0.209
洛陽	0.299	0.154	0.221	0.491	0.174	0.102	0.237	0.281
平頂山	0.247	0.128	0.164	0.434	0.15	0.102	0.238	0.239
安陽	0.255	0.126	0.164	0.479	0.147	0.102	0.194	0.235
鶴壁	0.142	0.108	0.118	0.507	0.154	0.103	0.202	0.418
新鄉	0.272	0.129	0.164	0.581	0.141	0.102	0.23	0.217
焦作	0.204	0.114	0.162	0.528	0.173	0.104	0.199	0.274
濮陽	0.206	0.115	0.136	0.487	0.139	0.102	0.156	0.215
許昌	0.228	0.118	0.169	0.601	0.165	0.104	0.173	0.138
漯河	0.173	0.11	0.129	0.519	0.149	0.103	0.154	0.535
三門峽	0.163	0.137	0.143	0.515	0.185	0.101	0.221	0.178
南陽	0.416	0.194	0.198	0.438	0.131	0.101	0.143	0.208
商丘	0.324	0.138	0.156	0.418	0.124	0.101	0.151	0.24
信陽	0.285	0.167	0.153	0.434	0.13	0.101	0.127	0.219
周口	0.374	0.142	0.16	0.438	0.119	0.101	0.127	0.1
駐馬店	0.32	0.153	0.153	0.442	0.122	0.101	0.14	0.13
武漢	0.4	0.13	0.413	0.491	0.234	0.109	0.27	0.644
黃石	0.169	0.116	0.138	0.625	0.167	0.102	0.194	0.317

表 4.1.1 2012 年城市經濟實力競爭力三級指標分值

城市	城市人口規模	城區面積	GDP 規模	GDP 增長率	人均 gdp	地均 GDP	城市經營率	城市化率
十堰	0.198	0.184	0.134	0.43	0.14	0.1	0.231	0.202
宜昌	0.22	0.175	0.195	0.638	0.199	0.101	0.179	0.353
襄陽	0.266	0.17	0.195	0.633	0.169	0.101	0.135	0.417
鄂州	0.126	0.106	0.117	0.633	0.186	0.103	0.158	1
荊門	0.183	0.144	0.138	0.617	0.156	0.101	0.13	0.273
孝感	0.244	0.132	0.139	0.556	0.128	0.101	0.17	0.228
荊州	0.272	0.15	0.143	0.528	0.125	0.101	0.134	0.22
黃岡	0.287	0.162	0.143	0.552	0.122	0.101	0.179	0.105
咸寧	0.17	0.135	0.125	0.625	0.142	0.101	0.177	0.252
隨州	0.161	0.134	0.118	0.601	0.137	0.101	0.1	0.297
長沙	0.314	0.142	0.359	0.572	0.258	0.113	0.266	0.407
株洲	0.214	0.14	0.168	0.556	0.173	0.104	0.237	0.253
湘潭	0.179	0.118	0.147	0.568	0.173	0.108	0.207	0.341
衡陽	0.318	0.154	0.176	0.56	0.138	0.104	0.209	0.176
邵陽	0.315	0.174	0.137	0.499	0.113	0.101	0.172	0.141
岳陽	0.265	0.153	0.184	0.56	0.16	0.103	0.472	0.241
常德	0.272	0.165	0.179	0.556	0.154	0.102	0.185	0.272
張家界	0.139	0.134	0.108	0.552	0.129	0.101	0.229	0.343
益陽	0.228	0.143	0.136	0.519	0.129	0.102	0.139	0.322
郴州	0.237	0.17	0.157	0.564	0.149	0.102	0.225	0.194
永州	0.256	0.18	0.139	0.511	0.124	0.101	0.171	0.245
懷化	0.242	0.198	0.134	0.36	0.124	0.101	0.207	0.126
婁底	0.212	0.129	0.206	0.568	0.221	0.103	0.175	0.16
廣州	0.492	0.126	0.68	0.442	0.296	0.119	0.311	0.834
韶關	0.182	0.165	0.132	0.475	0.147	0.1	0.27	0.326
深圳	0.419	0.107	0.637	0.391	0.325	0.165	0.436	1
珠海	0.142	0.106	0.16	0.44	0.28	0.109	0.391	1
汕頭	0.262	0.107	0.154	0.469	0.136	0.107	0.233	0.987
佛山	0.319	0.113	0.387	0.445	0.272	0.118	0.211	1
江門	0.233	0.134	0.18	0.511	0.174	0.102	0.256	0.39
湛江	0.313	0.147	0.174	0.51	0.138	0.101	0.186	0.244
茂名	0.276	0.141	0.176	0.421	0.15	0.102	0.141	0.226
肇慶	0.216	0.155	0.156	0.579	0.158	0.101	0.272	0.178
惠州	0.237	0.14	0.193	0.576	0.183	0.102	0.291	0.432
梅州	0.226	0.157	0.127	0.535	0.121	0.1	0.246	0.117
汕尾	0.185	0.119	0.12	0.552	0.126	0.101	0.22	0.207
河源	0.186	0.155	0.121	0.516	0.127	0.1	0.207	0.141
陽江	0.169	0.128	0.13	0.588	0.153	0.101	0.166	0.286
清遠	0.209	0.168	0.141	0.32	0.144	0.101	0.258	0.208
東莞	0.351	0.109	0.317	0.306	0.21	0.122	0.253	1
中山	0.191	0.106	0.197	0.517	0.237	0.114	0.289	1
潮州	0.177	0.111	0.124	0.51	0.137	0.102	0.165	0.185
揭陽	0.278	0.119	0.152	0.575	0.13	0.103	0.153	0.159
雲浮	0.167	0.128	0.117	0.563	0.129	0.101	0.228	0.159
南寧	0.302	0.178	0.198	0.532	0.157	0.101	0.331	0.419
柳州	0.211	0.166	0.168	0.422	0.176	0.101	0.221	0.324
桂林	0.242	0.199	0.157	0.462	0.146	0.101	0.236	0.196
梧州	0.183	0.145	0.129	0.544	0.14	0.101	0.218	0.206
北海	0.141	0.112	0.117	0.723	0.155	0.102	0.267	0.407
防城港	0.12	0.122	0.113	0.605	0.188	0.101	0.273	0.615
欽州	0.19	0.138	0.124	0.8	0.13	0.101	0.424	0.394
貴港	0.222	0.138	0.124	0.23	0.118	0.101	0.157	0.401
玉林	0.265	0.146	0.142	0.43	0.125	0.101	0.174	0.2
百色	0.202	0.228	0.125	0.295	0.126	0.1	0.233	0.141
賀州	0.154	0.142	0.111	0.41	0.124	0.1	0.163	0.515
河池	0.199	0.217	0.118	0.116	0.118	0.1	0.192	0.138
來賓	0.159	0.148	0.117	0.511	0.135	0.1	0.239	0.448
崇左	0.155	0.162	0.117	0.41	0.138	0.1	0.257	0.199

表 4.1.1 2012 年城市經濟實力競爭力三級指標分值

城市	城市人口規模	城區面積	GDP 規模	GDP 增長率	人均 gdp	地均 GDP	城市經營率	城市化率
海口	0.157	0.108	0.129	0.479	0.163	0.104	0.323	1
三亞	0.114	0.107	0.108	0.556	0.178	0.102	0.683	1
重慶	1	0.394	0.566	0.65	0.16	0.101	0.484	0.498
成都	0.535	0.143	0.422	0.601	0.192	0.106	0.361	0.497
自貢	0.177	0.115	0.131	0.617	0.148	0.102	0.137	0.49
攀枝花	0.131	0.126	0.124	0.605	0.2	0.101	0.284	0.642
瀘州	0.225	0.143	0.136	0.629	0.131	0.101	0.257	0.334
德陽	0.206	0.121	0.148	0.617	0.153	0.102	0.195	0.219
綿陽	0.238	0.172	0.15	0.601	0.141	0.101	0.186	0.271
廣元	0.171	0.158	0.113	0.617	0.12	0.1	0.203	0.338
遂寧	0.195	0.119	0.122	0.601	0.125	0.101	0.145	0.43
內江	0.209	0.119	0.134	0.605	0.135	0.102	0.121	0.372
樂山	0.194	0.145	0.137	0.633	0.146	0.101	0.239	0.366
南充	0.29	0.144	0.142	0.605	0.12	0.101	0.156	0.301
眉山	0.186	0.125	0.126	0.605	0.134	0.101	0.177	0.289
宜賓	0.233	0.147	0.145	0.617	0.138	0.101	0.247	0.2
廣安	0.194	0.122	0.125	0.605	0.13	0.101	0.158	0.312
達州	0.265	0.159	0.142	0.601	0.125	0.101	0.15	0.117
雅安	0.14	0.154	0.11	0.605	0.135	0.1	0.213	0.271
巴中	0.196	0.144	0.11	0.601	0.108	0.1	0.115	0.393
資陽	0.208	0.128	0.133	0.638	0.134	0.101	0.149	0.263
貴陽	0.229	0.128	0.159	0.678	0.154	0.102	0.458	0.679
六盤水	0.182	0.135	0.123	0.658	0.132	0.101	0.374	0.205
遵義	0.286	0.209	0.147	0.674	0.125	0.1	0.245	0.162
安順	0.165	0.133	0.107	0.597	0.112	0.1	0.325	0.351
昆明	0.295	0.175	0.212	0.552	0.169	0.101	0.452	0.478
曲靖	0.277	0.203	0.151	0.515	0.13	0.1	0.277	0.164
玉溪	0.165	0.154	0.135	0.475	0.167	0.101	0.335	0.261
保山	0.172	0.17	0.109	0.515	0.113	0.1	0.313	0.394
昭通	0.257	0.18	0.116	0.581	0.104	0.1	0.26	0.195
麗江	0.131	0.175	0.102	0.654	0.116	0.1	0.433	0.178
普洱	0.173	0.261	0.108	0.56	0.111	0.1	0.469	0.169
臨滄	0.169	0.187	0.107	0.601	0.109	0.1	0.258	0.184
拉薩	0.11	0.205	0.104	0.963	0.171	0.1	0.362	0.455
西安	0.359	0.136	0.276	0.544	0.184	0.104	0.286	0.735
銅川	0.119	0.114	0.105	0.633	0.145	0.101	0.282	0.896
寶雞	0.21	0.164	0.149	0.572	0.153	0.101	0.159	0.411
咸陽	0.247	0.136	0.158	0.56	0.145	0.101	0.158	0.222
渭南	0.259	0.147	0.142	0.593	0.127	0.101	0.169	0.223
延安	0.162	0.231	0.146	0.43	0.195	0.1	0.448	0.246
漢中	0.2	0.197	0.124	0.613	0.126	0.1	0.147	0.195
榆林	0.198	0.255	0.202	0.593	0.233	0.101	0.275	0.193
安康	0.175	0.184	0.113	0.613	0.119	0.1	0.161	0.371
商洛	0.166	0.168	0.111	0.597	0.119	0.1	0.167	0.27
蘭州	0.207	0.146	0.158	0.593	0.166	0.101	0.255	0.671
嘉峪關	0.1	0.11	0.105	0.69	0.305	0.101	0.179	1
金昌	0.107	0.132	0.105	0.621	0.194	0.1	0.191	0.472
白銀	0.146	0.175	0.112	0.536	0.133	0.1	0.152	0.32
天水	0.195	0.151	0.111	0.471	0.109	0.1	0.189	0.392
武威	0.15	0.218	0.107	0.515	0.118	0.1	0.116	0.561
張掖	0.13	0.249	0.106	0.519	0.131	0.1	0.144	0.433
平涼	0.158	0.14	0.107	0.552	0.114	0.1	0.219	0.266
酒泉	0.127	0.789	0.117	0.613	0.18	0.1	0.121	0.447
慶陽	0.162	0.196	0.115	0.666	0.129	0.1	0.321	0.189
定西	0.178	0.172	0.103	0.499	0.1	0.1	0.183	0.205
隴南	0.174	0.199	0.103	0.491	0.102	0.1	0.215	0.253
西寧	0.162	0.127	0.119	0.479	0.137	0.101	0.214	0.491
銀川	0.156	0.132	0.14	0.471	0.19	0.101	0.318	0.621

表 4.1.1 2012 年城市經濟實力競爭力三級指標分值

城市	城市人口規模	城區面積	GDP 規模	GDP 增長率	人均 gdp	地均 GDP	城市經營率	城市化率
石嘴山	0.116	0.119	0.111	0.519	0.194	0.101	0.279	0.632
吳忠	0.133	0.172	0.107	0.515	0.13	0.1	0.278	0.316
固原	0.131	0.137	0.1	0.548	0.108	0.1	0.198	0.335
中衛	0.127	0.162	0.104	0.532	0.128	0.1	0.193	0.374
烏魯木齊	0.191	0.149	0.174	0.605	0.202	0.101	0.418	0.963
克拉瑪依	0.105	0.134	0.132	0.1	0.528	0.101	0.232	1
香港	0.316	0.104	0.833	0.331	0.562	0.26	0.566	1
澳門	0.11	0.1	0.205	1	1	1	1	1
新北	0.216	0.107	0.341	0.145	0.374	0.129	0.154	0.95
臺北	0.176	0.101	0.261	0.145	0.374	0.247	0.402	0.95
台中	0.177	0.108	0.262	0.145	0.374	0.118	0.188	0.95
台南	0.152	0.108	0.212	0.145	0.374	0.113	0.204	0.95
高雄	0.18	0.11	0.269	0.145	0.374	0.114	0.238	0.95
基隆	0.105	0.1	0.118	0.145	0.374	0.143	0.266	0.95
新竹	0.106	0.1	0.12	0.145	0.374	0.161	0.223	0.95
嘉義	0.101	0.1	0.111	0.145	0.374	0.168	0.266	0.95

表 4.1.2 2012 年城市經濟實力競爭力三級指標分值（續）

城市	城市化帶動率	實際利用外資總額	簽訂外資合同數	國際旅遊收入	人均國際旅遊收入	人均可支配收入	人均消費支出	恩格爾係數(逆)
北京	0.986	0.205	0.475	0.435	0.196	0.258	0.226	0.119
天津	0.93	0.28	0.236	0.194	0.141	0.218	0.192	0.528
石家莊	0.38	0.104	0.107	0.103	0.102	0.167	0.131	0.493
唐山	0.518	0.114	0.107	0.102	0.101	0.178	0.161	0.426
秦皇島	0.581	0.108	0.104	0.108	0.115	0.158	0.136	0.491
邯鄲	0.249	0.108	0.111	0.1	0.1	0.161	0.12	0.475
邢臺	0.199	0.104	0.104	0.1	0.1	0.137	0.13	0.555
保定	0.283	0.108	0.104	0.102	0.101	0.14	0.122	0.572
張家口	0.389	0.102	0.103	0.101	0.101	0.137	0.124	0.581
承德	0.251	0.101	0.102	0.105	0.108	0.137	0.12	0.602
滄州	0.215	0.104	0.106	0.102	0.101	0.149	0.128	0.416
廊坊	0.266	0.108	0.106	0.1	0.1	0.178	0.153	0.353
衡水	0.24	0.102	0.102	0.1	0.1	0.135	0.118	0.445
太原	0.915	0.105	0.109	0.111	0.115	0.159	0.147	0.378
大同	0.815	0.103	0.101	0.105	0.108	0.149	0.127	0.509
陽泉	0.664	0.101	0.112	0.1	0.102	0.157	0.128	0.468
長治	0.276	0.102	0.102	0.101	0.102	0.157	0.134	0.389
晉城	0.224	0.102	0.1	0.101	0.103	0.159	0.131	0.288
朔州	0.603	0.102	0.102	0.101	0.103	0.161	0.143	0.288
晉中	0.209	0.101	0.101	0.104	0.107	0.16	0.146	0.246
運城	0.164	0.101	0.102	0.102	0.102	0.139	0.116	0.337
忻州	0.203	0.1	0.101	0.103	0.106	0.139	0.123	0.288
臨汾	0.234	0.101	0.101	0.101	0.102	0.149	0.122	0.37
呂梁	0.1	0.103	0.101	0.101	0.101	0.142	0.107	0.56
呼和浩特	0.649	0.114	0.104	0.105	0.109	0.225	0.193	0.358
包頭	0.85	0.118	0.109	0.101	0.101	0.231	0.237	0.406
烏海	1	0.1	0.1	0.1	0.1	0.179	0.193	0.329
赤峰	0.435	0.101	0.102	0.101	0.101	0.132	0.129	0.414
通遼	0.341	0.1	0.102	0.101	0.101	0.133	0.13	0.401
鄂爾多斯	0.26	0.118	0.102	0.101	0.102	0.225	0.253	0.245
呼倫貝爾	0.195	0.101	0.1	0.118	0.139	0.138	0.145	0.294
巴彥淖爾	0.314	0.101	0.1	0.102	0.105	0.135	0.13	0.385
烏蘭察布	0.205	0.101	0.102	0.1	0.101	0.133	0.134	0.466
瀋陽	0.838	0.184	0.209	0.127	0.118	0.186	0.196	0.41
大連	0.674	0.266	0.209	0.153	0.145	0.193	0.192	0.562
鞍山	0.601	0.115	0.119	0.115	0.123	0.168	0.163	0.476
撫順	0.747	0.107	0.108	0.104	0.11	0.142	0.126	0.658

表 4.1.2 2012 年城市經濟實力競爭力三級指標分值（續）

城市	城市化帶動率	實際利用外資總額	簽訂外資合同數	國際旅遊收入	人均國際旅遊收入	人均可支配收入	人均消費支出	恩格爾係數(逆)
本溪	0.737	0.105	0.104	0.118	0.159	0.154	0.147	0.631
丹東	0.374	0.112	0.129	0.111	0.125	0.136	0.139	0.632
錦州	0.494	0.108	0.109	0.108	0.114	0.159	0.144	0.518
營口	0.573	0.114	0.122	0.102	0.106	0.165	0.148	0.558
阜新	0.537	0.102	0.104	0.101	0.102	0.12	0.116	0.598
遼陽	0.526	0.106	0.104	0.101	0.103	0.153	0.136	0.588
盤錦	0.657	0.115	0.111	0.106	0.124	0.19	0.165	0.397
鐵嶺	0.297	0.104	0.107	0.102	0.104	0.129	0.129	0.49
朝陽	0.283	0.102	0.103	0.101	0.101	0.122	0.119	0.57
葫蘆島	0.674	0.104	0.112	0.102	0.105	0.159	0.135	0.486
長春	0.717	0.112	0.118	0.109	0.107	0.164	0.17	0.424
吉林	0.579	0.107	0.123	0.101	0.102	0.156	0.158	0.343
四平	0.282	0.101	0.101	0.1	0.1	0.152	0.134	0.498
遼源	0.6	0.103	0.105	0.1	0.1	0.154	0.142	0.42
通化	0.341	0.103	0.102	0.101	0.102	0.154	0.135	0.606
白山	0.515	0.102	0.101	0.101	0.103	0.151	0.133	0.513
松原	0.398	0.102	0.1	0.1	0.101	0.155	0.151	0.31
白城	0.274	0.101	0.101	0.1	0.1	0.147	0.131	0.425
哈爾濱	0.712	0.112	0.119	0.109	0.105	0.161	0.165	0.455
齊齊哈爾	0.514	0.101	0.101	0.101	0.101	0.126	0.126	0.62
雞西	0.405	0.101	0.101	0.101	0.103	0.123	0.131	0.566
鶴崗	0.655	0.1	0.1	0.101	0.104	0.115	0.119	0.477
雙鴨山	0.415	0.1	0.1	0.102	0.107	0.132	0.123	0.442
大慶	0.91	0.106	0.103	0.1	0.1	0.182	0.156	0.435
伊春	0.679	0.101	0.101	0.1	0.1	0.1	0.107	0.541
佳木斯	0.512	0.102	0.11	0.102	0.105	0.116	0.131	0.565
七台河	0.806	0.1	0.1	0.102	0.111	0.139	0.119	0.604
牡丹江	0.325	0.102	0.103	0.12	0.14	0.121	0.132	0.5
黑河	0.175	0.102	0.101	0.1	0.1	0.121	0.132	0.5
綏化	0.116	0.101	0.101	0.1	0.1	0.121	0.132	0.5
上海	0.989	0.284	1	0.525	0.204	0.281	0.259	0.46
南京	0.883	0.147	0.189	0.165	0.146	0.244	0.201	0.507
無錫	0.527	0.155	0.176	0.132	0.128	0.247	0.197	0.568
徐州	0.614	0.117	0.147	0.11	0.107	0.154	0.131	0.508
常州	0.767	0.144	0.176	0.123	0.128	0.231	0.198	0.433
蘇州	0.402	0.241	0.454	0.183	0.145	0.269	0.215	0.505
南通	0.417	0.134	0.184	0.124	0.118	0.197	0.161	0.519
連雲港	0.382	0.118	0.132	0.107	0.109	0.146	0.125	0.574
淮安	0.638	0.117	0.156	0.102	0.102	0.148	0.136	0.539
鹽城	0.286	0.122	0.187	0.103	0.102	0.156	0.146	0.525
揚州	0.457	0.143	0.177	0.131	0.138	0.178	0.154	0.568
鎮江	0.439	0.127	0.133	0.131	0.156	0.209	0.159	0.644
泰州	0.294	0.123	0.15	0.105	0.106	0.184	0.149	0.551
宿遷	0.368	0.103	0.112	0.102	0.102	0.121	0.111	0.585
杭州	0.802	0.172	0.226	0.212	0.172	0.266	0.229	0.605
寧波	0.603	0.138	0.214	0.139	0.129	0.267	0.221	0.518
溫州	0.423	0.103	0.106	0.111	0.107	0.243	0.225	0.529
嘉興	0.27	0.127	0.169	0.115	0.119	0.245	0.192	0.442
湖州	0.471	0.115	0.17	0.108	0.116	0.229	0.188	0.556
紹興	0.187	0.116	0.154	0.112	0.114	0.267	0.209	0.491
金華	0.211	0.106	0.124	0.125	0.126	0.224	0.2	0.435
衢州	0.446	0.101	0.106	0.103	0.109	0.197	0.175	0.558
舟山	0.716	0.101	0.101	0.109	0.144	0.234	0.194	0.524
台州	0.367	0.102	0.106	0.104	0.104	0.242	0.206	0.493
麗水	0.282	0.101	0.103	0.119	0.15	0.191	0.18	0.505
合肥	0.718	0.124	0.117	0.108	0.108	0.174	0.166	0.525
蕪湖	0.724	0.112	0.11	0.102	0.105	0.171	0.156	0.607
蚌埠	0.507	0.105	0.104	0.1	0.101	0.143	0.138	0.524

表 4.1.2 2012 年城市經濟實力競爭力三級指標分值（續）

城市	城市化帶動率	實際利用外資總額	簽訂外資合同數	國際旅遊收入	人均國際旅遊收入	人均可支配收入	人均消費支出	恩格爾係數(逆)
淮南	0.722	0.102	0.101	0.101	0.101	0.143	0.133	0.651
馬鞍山	0.772	0.112	0.105	0.103	0.114	0.208	0.168	0.566
淮北	0.762	0.103	0.102	0.1	0.1	0.141	0.123	0.695
銅陵	0.844	0.105	0.105	0.1	0.101	0.171	0.155	0.511
安慶	0.304	0.104	0.103	0.102	0.102	0.141	0.136	0.639
黃山	0.469	0.103	0.102	0.12	0.182	0.147	0.136	0.596
滁州	0.269	0.102	0.105	0.101	0.101	0.14	0.141	0.561
阜陽	0.353	0.101	0.102	0.1	0.1	0.131	0.137	0.626
宿州	0.394	0.102	0.102	0.1	0.1	0.137	0.119	0.688
六安	0.263	0.102	0.104	0.101	0.101	0.135	0.133	0.671
亳州	0.359	0.103	0.1	0.1	0.1	0.144	0.128	0.517
池州	0.541	0.103	0.102	0.107	0.128	0.148	0.133	0.652
宣城	0.298	0.103	0.103	0.101	0.101	0.141	0.141	0.652
福州	0.507	0.12	0.143	0.156	0.144	0.205	0.184	0.617
廈門	1	0.128	0.192	0.172	0.215	0.26	0.226	0.545
莆田	0.84	0.104	0.106	0.109	0.117	0.174	0.152	0.716
三明	0.252	0.101	0.115	0.101	0.103	0.166	0.149	0.656
泉州	0.251	0.125	0.136	0.144	0.131	0.225	0.186	0.589
漳州	0.263	0.112	0.143	0.11	0.112	0.169	0.153	0.708
南平	0.261	0.101	0.111	0.104	0.109	0.159	0.139	0.758
龍岩	0.428	0.103	0.113	0.101	0.101	0.168	0.171	0.58
寧德	0.192	0.101	0.104	0.1	0.1	0.155	0.137	0.706
南昌	0.69	0.133	0.17	0.102	0.102	0.167	0.165	0.486
景德鎮	0.582	0.102	0.105	0.104	0.115	0.153	0.14	0.576
萍鄉	0.625	0.103	0.11	0.101	0.102	0.151	0.144	0.572
九江	0.47	0.111	0.14	0.106	0.107	0.146	0.134	0.657
新餘	0.844	0.109	0.109	0.1	0.101	0.159	0.153	0.508
鷹潭	0.284	0.102	0.106	0.101	0.103	0.145	0.135	0.616
贛州	0.207	0.114	0.145	0.102	0.101	0.133	0.132	0.75
吉安	0.171	0.107	0.124	0.102	0.103	0.144	0.114	0.792
宜春	0.155	0.106	0.109	0.101	0.101	0.134	0.127	0.65
撫州	0.34	0.103	0.113	0.101	0.102	0.135	0.1	1
上饒	0.149	0.108	0.121	0.102	0.102	0.144	0.127	0.8
濟南	0.763	0.12	0.12	0.108	0.106	0.226	0.186	0.406
青島	0.581	0.147	0.268	0.14	0.126	0.224	0.202	0.572
淄博	0.779	0.107	0.107	0.106	0.108	0.197	0.163	0.317
棗莊	0.546	0.104	0.108	0.101	0.101	0.162	0.14	0.486
東營	0.66	0.103	0.104	0.102	0.106	0.214	0.174	0.312
煙臺	0.441	0.119	0.156	0.125	0.12	0.209	0.184	0.428
濰坊	0.276	0.112	0.118	0.111	0.107	0.179	0.164	0.325
濟寧	0.264	0.108	0.117	0.111	0.108	0.18	0.151	0.546
泰安	0.315	0.102	0.106	0.112	0.112	0.181	0.16	0.405
威海	0.271	0.109	0.131	0.113	0.125	0.2	0.18	0.324
日照	0.812	0.106	0.106	0.106	0.113	0.161	0.149	0.334
萊蕪	1	0.102	0.105	0.1	0.101	0.19	0.162	0.34
臨沂	0.393	0.105	0.109	0.105	0.103	0.19	0.149	0.381
德州	0.24	0.102	0.106	0.101	0.101	0.16	0.142	0.437
聊城	0.193	0.102	0.102	0.101	0.101	0.164	0.154	0.319
濱州	0.222	0.105	0.104	0.101	0.101	0.179	0.157	0.323
菏澤	0.23	0.102	0.108	0.1	0.1	0.135	0.123	0.538
鄭州	0.448	0.131	0.121	0.11	0.106	0.172	0.154	0.446
開封	0.253	0.102	0.106	0.103	0.104	0.128	0.14	0.406
洛陽	0.33	0.12	0.108	0.11	0.109	0.162	0.146	0.402
平頂山	0.383	0.103	0.102	0.1	0.1	0.15	0.141	0.42
安陽	0.294	0.103	0.102	0.101	0.101	0.151	0.131	0.44
鶴壁	0.53	0.104	0.102	0.1	0.1	0.14	0.125	0.381
新鄉	0.296	0.105	0.106	0.1	0.1	0.146	0.138	0.401
焦作	0.222	0.105	0.103	0.105	0.108	0.146	0.138	0.403

表 4.1.2 2012 年城市經濟實力競爭力三級指標分值（續）

城市	城市化帶動率	實際利用外資總額	簽訂外資合同數	國際旅遊收入	人均國際旅遊收入	人均可支配收入	人均消費支出	恩格爾係數(逆)
濮陽	0.342	0.101	0.101	0.1	0.101	0.141	0.127	0.413
許昌	0.174	0.104	0.104	0.1	0.1	0.141	0.133	0.359
漯河	0.593	0.105	0.135	0.1	0.1	0.138	0.135	0.467
三門峽	0.152	0.107	0.102	0.101	0.101	0.14	0.138	0.366
南陽	0.251	0.103	0.106	0.1	0.1	0.14	0.137	0.45
商丘	0.224	0.102	0.102	0.1	0.1	0.133	0.113	0.59
信陽	0.277	0.103	0.103	0.1	0.1	0.126	0.119	0.718
周口	0.112	0.103	0.104	0.1	0.1	0.12	0.125	0.531
駐馬店	0.191	0.102	0.106	0.1	0.1	0.129	0.127	0.432
武漢	0.824	0.155	0.138	0.132	0.118	0.188	0.171	0.562
黃石	0.523	0.105	0.103	0.1	0.101	0.137	0.136	0.625
十堰	0.635	0.101	0.102	0.102	0.104	0.12	0.118	0.612
宜昌	0.518	0.103	0.102	0.104	0.105	0.144	0.142	0.495
襄陽	0.57	0.105	0.106	0.102	0.102	0.137	0.135	0.58
鄂州	1	0.102	0.135	0.1	0.1	0.138	0.129	0.789
荊門	0.36	0.103	0.103	0.101	0.101	0.141	0.13	0.563
孝感	0.214	0.103	0.105	0.101	0.101	0.138	0.131	0.621
荊州	0.371	0.101	0.104	0.101	0.101	0.137	0.131	0.705
黃岡	0.133	0.102	0.108	0.1	0.1	0.121	0.118	0.564
咸寧	0.272	0.103	0.103	0.1	0.101	0.122	0.123	0.636
隨州	0.464	0.101	0.102	0.101	0.103	0.142	0.144	0.646
長沙	0.588	0.137	0.141	0.129	0.123	0.205	0.187	0.464
株洲	0.52	0.107	0.115	0.101	0.102	0.179	0.149	0.53
湘潭	0.602	0.107	0.114	0.102	0.104	0.165	0.148	0.461
衡陽	0.291	0.107	0.119	0.101	0.101	0.145	0.142	0.64
邵陽	0.224	0.101	0.106	0.1	0.1	0.112	0.107	0.69
岳陽	0.491	0.103	0.11	0.103	0.103	0.159	0.148	0.527
常德	0.473	0.104	0.106	0.101	0.101	0.144	0.138	0.464
張家界	0.523	0.101	0.101	0.113	0.151	0.12	0.118	0.498
益陽	0.407	0.102	0.104	0.101	0.102	0.143	0.138	0.622
郴州	0.308	0.109	0.119	0.104	0.105	0.142	0.129	0.618
永州	0.309	0.107	0.107	0.101	0.101	0.14	0.125	0.558
懷化	0.235	0.101	0.102	0.1	0.1	0.119	0.116	0.563
婁底	0.323	0.102	0.104	0.101	0.101	0.14	0.119	0.626
廣州	0.921	0.166	0.326	0.411	0.237	0.271	0.277	0.454
韶關	0.511	0.104	0.11	0.107	0.114	0.165	0.155	0.641
深圳	1	0.171	0.544	0.311	0.214	0.286	0.255	0.519
珠海	1	0.12	0.149	0.181	0.392	0.227	0.23	0.502
汕頭	0.992	0.104	0.108	0.103	0.103	0.141	0.158	0.902
佛山	1	0.133	0.155	0.148	0.138	0.243	0.247	0.466
江門	0.574	0.118	0.145	0.132	0.14	0.191	0.182	0.578
湛江	0.558	0.101	0.102	0.102	0.101	0.142	0.144	0.728
茂名	0.395	0.101	0.106	0.101	0.101	0.134	0.127	0.664
肇慶	0.37	0.115	0.126	0.108	0.112	0.155	0.147	0.719
惠州	0.662	0.124	0.183	0.133	0.141	0.212	0.224	0.472
梅州	0.205	0.101	0.131	0.102	0.103	0.137	0.136	0.699
汕尾	0.297	0.105	0.106	0.101	0.101	0.13	0.126	0.766
河源	0.345	0.103	0.12	0.101	0.102	0.124	0.109	0.703
陽江	0.412	0.103	0.119	0.101	0.103	0.136	0.13	0.714
清遠	0.346	0.105	0.109	0.107	0.111	0.146	0.132	0.741
東莞	1	0.145	0.3	0.145	0.131	0.314	0.285	0.473
中山	1	0.112	0.134	0.118	0.133	0.227	0.215	0.623
潮州	0.225	0.102	0.108	0.109	0.118	0.128	0.145	0.768
揭陽	0.247	0.102	0.11	0.101	0.101	0.139	0.147	0.705
雲浮	0.24	0.101	0.108	0.102	0.104	0.136	0.131	0.712
南寧	0.731	0.106	0.117	0.104	0.103	0.165	0.149	0.613
柳州	0.7	0.101	0.102	0.102	0.103	0.163	0.139	0.636
桂林	0.343	0.1	0.104	0.133	0.14	0.164	0.141	0.691

表 4.1.2 2012 年城市經濟實力競爭力三級指標分值（續）

城市	城市化帶動率	實際利用外資總額	簽訂外資合同數	國際旅遊收入	人均國際旅遊收入	人均可支配收入	人均消費支出	恩格爾係數(逆)
梧州	0.321	0.103	0.104	0.102	0.103	0.152	0.136	0.749
北海	0.674	0.102	0.105	0.101	0.105	0.155	0.143	0.766
防城港	0.734	0.101	0.102	0.101	0.107	0.163	0.133	0.665
欽州	0.407	0.102	0.103	0.101	0.101	0.159	0.132	0.746
貴港	0.482	0.103	0.102	0.101	0.101	0.144	0.129	0.636
玉林	0.311	0.101	0.103	0.101	0.101	0.162	0.133	0.596
百色	0.234	0.1	0.1	0.101	0.101	0.148	0.129	0.563
賀州	0.581	0.101	0.101	0.103	0.108	0.146	0.123	0.61
河池	0.218	0.1	0.1	0.101	0.101	0.139	0.123	0.664
來賓	0.512	0.1	0.1	0.1	0.101	0.159	0.14	0.509
崇左	0.216	0.1	0.1	0.104	0.111	0.145	0.12	0.658
海口	1	0.112	0.108	0.102	0.107	0.154	0.15	0.707
三亞	1	0.103	0.103	0.116	0.233	0.163	0.157	0.729
重慶	0.745	0.205	0.153	0.147	0.109	0.161	0.17	0.605
成都	0.716	0.18	0.168	0.118	0.107	0.181	0.17	0.605
自貢	0.662	0.1	0.101	0.1	0.1	0.136	0.133	0.727
攀枝花	0.773	0.103	0.1	0.1	0.1	0.155	0.153	0.648
瀘州	0.529	0.101	0.101	0.1	0.1	0.144	0.139	0.691
德陽	0.326	0.103	0.103	0.1	0.1	0.15	0.153	0.643
綿陽	0.488	0.102	0.102	0.1	0.1	0.144	0.149	0.61
廣元	0.48	0.1	0.1	0.1	0.1	0.118	0.117	0.739
遂寧	0.403	0.1	0.102	0.1	0.1	0.129	0.137	0.8
內江	0.384	0.101	0.102	0.1	0.1	0.134	0.138	0.718
樂山	0.495	0.102	0.102	0.101	0.102	0.141	0.136	0.71
南充	0.378	0.1	0.103	0.1	0.1	0.12	0.122	0.804
眉山	0.354	0.102	0.1	0.1	0.1	0.136	0.129	0.702
宜賓	0.39	0.101	0.101	0.1	0.1	0.142	0.143	0.66
廣安	0.31	0.1	0.1	0.1	0.1	0.137	0.121	0.868
達州	0.17	0.101	0.1	0.1	0.1	0.119	0.125	0.752
雅安	0.304	0.101	0.1	0.1	0.1	0.139	0.135	0.574
巴中	0.391	0.1	0.1	0.1	0.1	0.118	0.122	0.69
資陽	0.343	0.1	0.101	0.1	0.101	0.142	0.151	0.63
貴陽	0.743	0.102	0.105	0.102	0.102	0.153	0.155	0.587
六盤水	0.382	0.1	0.1	0.1	0.1	0.13	0.109	0.829
遵義	0.319	0.1	0.101	0.1	0.1	0.142	0.134	0.6
安順	0.396	0.1	0.1	0.102	0.105	0.135	0.129	0.832
昆明	0.737	0.117	0.119	0.116	0.114	0.172	0.158	0.635
曲靖	0.324	0.1	0.1	0.1	0.1	0.147	0.135	0.553
玉溪	0.594	0.101	0.102	0.1	0.1	0.152	0.132	0.566
保山	0.426	0.101	0.101	0.101	0.103	0.139	0.12	0.676
昭通	0.341	0.1	0.1	0.1	0.1	0.117	0.109	0.772
麗江	0.367	0.1	0.1	0.113	0.161	0.129	0.116	0.731
普洱	0.237	0.101	0.101	0.1	0.101	0.127	0.114	0.837
臨滄	0.174	0.1	0.101	0.101	0.102	0.119	0.118	0.845
拉薩	0.208	0.1	0.1	0.105	0.15	0.153	0.143	0.849
西安	0.856	0.126	0.119	0.135	0.123	0.147	0.138	0.527
銅川	0.929	0.1	0.101	0.1	0.1	0.173	0.159	0.58
寶雞	0.567	0.1	0.101	0.103	0.105	0.172	0.164	0.461
咸陽	0.382	0.101	0.101	0.102	0.103	0.147	0.127	0.41
渭南	0.199	0.101	0.185	0.102	0.102	0.164	0.142	0.399
延安	0.186	0.1	0.1	0.1	0.101	0.135	0.121	0.622
漢中	0.237	0.1	0.101	0.1	0.101	0.161	0.129	0.318
榆林	0.163	0.1	0.101	0.1	0.1	0.136	0.13	0.648
安康	0.365	0.1	0.1	0.1	0.1	0.138	0.117	0.534
商洛	0.255	0.102	0.104	0.1	0.1	0.201	0.163	0.509
蘭州	0.802	0.1	0.101	0.1	0.1	0.154	0.147	0.502
嘉峪關	1	0.1	0.1	0.1	0.102	0.162	0.168	0.478
金昌	0.811	0.1	0.1	0.1	0.1	0.133	0.132	0.46

表 4.1.2 2012 年城市經濟實力競爭力三級指標分值（續）

城市	城市化帶動率	實際利用外資總額	簽訂外資合同數	國際旅遊收入	人均國際旅遊收入	人均可支配收入	人均消費支出	恩格爾係數(逆)
白銀	0.666	0.1	0.1	0.1	0.1	0.11	0.108	0.535
天水	0.611	0.1	0.141	0.1	0.1	0.11	0.108	0.535
武威	0.663	0.1	0.1	0.1	0.1	0.11	0.115	0.628
張掖	0.453	0.1	0.1	0.1	0.1	0.105	0.127	0.33
平涼	0.33	0.1	0.1	0.1	0.1	0.112	0.1	0.61
酒泉	0.344	0.102	0.124	0.101	0.103	0.14	0.147	0.479
慶陽	0.251	0.1	0.1	0.1	0.1	0.118	0.122	0.517
定西	0.228	0.1	0.135	0.1	0.1	0.104	0.106	0.556
隴南	0.306	0.1	0.1	0.1	0.1	0.103	0.102	0.625
西寧	0.708	0.1	0.103	0.1	0.1	0.132	0.12	0.676
銀川	0.674	0.101	0.104	0.1	0.101	0.155	0.162	0.419
石嘴山	0.738	0.1	0.101	0.1	0.1	0.143	0.134	0.507
吳忠	0.346	0.1	0.1	0.1	0.1	0.13	0.123	0.459
固原	0.433	0.1	0.1	0.1	0.1	0.123	0.114	0.467
中衛	0.499	0.1	0.1	0.1	0.1	0.131	0.122	0.426
烏魯木齊	0.987	0.102	0.107	0.113	0.123	0.134	0.128	0.589
克拉瑪依	1	0.1	0.1	0.1	0.1	0.159	0.186	0.37
香港	1	1	0.1	1	0.811	1	1	0.26
澳門	1	0.127	0.1	0.189	1	0.714	0.613	0.129
新北	0.986	0.108	0.1	0.125	0.135	0.525	0.521	0.215
臺北	0.998	0.105	0.1	0.117	0.135	0.766	0.713	0.116
台中	0.901	0.105	0.1	0.117	0.135	0.466	0.478	0.217
台南	0.741	0.104	0.1	0.112	0.135	0.452	0.443	0.237
高雄	0.879	0.106	0.1	0.117	0.135	0.537	0.495	0.22
基隆	0.855	0.101	0.1	0.102	0.135	0.525	0.546	0.264
新竹	0.968	0.101	0.1	0.103	0.135	0.642	0.623	0.1
嘉義	0.974	0.101	0.1	0.102	0.135	0.482	0.455	0.299

4.2 城市產業競爭力三級指標分值

表 4.2.1 2012 年城市產業競爭力三級指標分值

城市	限額以上工業企業數	就業總人數	農業財富創造能力	工業財富創造能力	服務業財富創造能力	產品的市場認同度	企業市場認同感遞增	企業利稅貢獻度	企業增值稅貢獻度	企業利稅增值稅占GDP比
北京	0.471	1	0.263	0.521	0.689	0.515	0.924	0.482	0.502	0.435
天津	0.528	0.45	0.291	0.703	0.334	0.586	1	0.652	0.707	0.904
石家莊	0.238	0.203	0.585	0.304	0.175	0.255	1	0.255	0.261	0.687
唐山	0.183	0.202	0.654	0.422	0.179	0.324	1	0.26	0.278	0.568
秦皇島	0.133	0.132	0.266	0.143	0.122	0.133	1	0.116	0.117	0.301
邯鄲	0.158	0.19	0.504	0.257	0.141	0.221	0.943	0.164	0.174	0.457
邢臺	0.153	0.154	0.349	0.182	0.118	0.15	1	0.144	0.153	0.603
保定	0.198	0.184	0.499	0.23	0.137	0.18	1	0.184	0.193	0.64
張家口	0.127	0.151	0.301	0.149	0.12	0.123	1	0.127	0.122	0.409
承德	0.128	0.128	0.283	0.154	0.115	0.135	1	0.141	0.147	0.743
滄州	0.202	0.159	0.432	0.237	0.145	0.179	1	0.211	0.196	0.702
廊坊	0.165	0.153	0.307	0.188	0.124	0.16	1	0.155	0.166	0.673
衡水	0.151	0.143	0.302	0.147	0.111	0.125	1	0.121	0.124	0.449
太原	0.125	0.203	0.14	0.197	0.151	0.157	1	0.128	0.126	0.266
大同	0.11	0.155	0.148	0.14	0.116	0.122	1	0.113	0.112	0.308
陽泉	0.109	0.124	0.109	0.129	0.108	0.116	1	0.116	0.116	0.568
長治	0.119	0.143	0.153	0.173	0.114	0.138	1	0.145	0.153	0.778
晉城	0.114	0.122	0.14	0.155	0.111	0.127	1	0.156	0.167	1
朔州	0.111	0.12	0.153	0.145	0.112	0.122	1	0.143	0.147	0.971
晉中	0.127	0.137	0.185	0.15	0.114	0.129	1	0.126	0.115	0.439
運城	0.129	0.123	0.286	0.143	0.116	0.133	1	0.105	0.105	0.148
忻州	0.116	0.121	0.165	0.122	0.109	0.111	1	0.127	0.131	0.962

表 4.2.1 2012 年城市產業競爭力三級指標分值

城市	限額以上工業企業數	就業總人數	農業財富創造能力	工業財富創造能力	服務業財富創造能力	產品的市場認同度	企業市場認同感遞增	企業利稅貢獻度	企業增值稅貢獻度	企業利稅增值稅占GDP比
臨汾	0.123	0.137	0.187	0.162	0.115	0.139	1	0.125	0.127	0.462
呂梁	0.131	0.128	0.157	0.17	0.11	0.141	1	0.16	0.167	1
呼和浩特	0.116	0.162	0.22	0.182	0.159	0.132	0.467	0.169	0.173	0.575
包頭	0.137	0.192	0.187	0.264	0.157	0.17	0.816	0.166	0.173	0.44
烏海	0.108	0.115	0.105	0.132	0.104	0.115	1	0.131	0.135	1
赤峰	0.131	0.139	0.333	0.167	0.118	0.134	1	0.144	0.15	0.646
通遼	0.129	0.128	0.334	0.184	0.115	0.151	1	0.151	0.153	0.662
鄂爾多斯	0.123	0.122	0.193	0.291	0.155	0.178	1	0.335	0.368	1
呼倫貝爾	0.123	0.14	0.339	0.146	0.118	0.12	1	0.133	0.139	0.587
巴彥淖爾	0.114	0.123	0.256	0.14	0.106	0.119	1	0.115	0.117	0.422
烏蘭察布	0.122	0.124	0.223	0.134	0.108	0.118	0.721	0.104	0.103	0.161
瀋陽	0.382	0.271	0.406	0.414	0.224	0.363	1	0.341	0.363	0.736
大連	0.352	0.324	0.553	0.425	0.22	0.309	0.933	0.329	0.308	0.636
鞍山	0.231	0.151	0.222	0.242	0.147	0.176	1	0.166	0.173	0.498
撫順	0.175	0.152	0.172	0.163	0.116	0.146	1	0.152	0.132	0.722
本溪	0.132	0.131	0.157	0.164	0.114	0.144	0.844	0.119	0.121	0.381
丹東	0.155	0.127	0.231	0.144	0.112	0.125	1	0.125	0.129	0.559
錦州	0.153	0.15	0.299	0.152	0.116	0.145	1	0.16	0.154	0.919
營口	0.188	0.148	0.201	0.167	0.119	0.164	1	0.169	0.176	1
阜新	0.123	0.13	0.222	0.117	0.105	0.111	1	0.109	0.111	0.448
遼陽	0.147	0.131	0.16	0.155	0.111	0.145	1	0.167	0.167	1
盤錦	0.137	0.157	0.207	0.174	0.111	0.145	1	0.13	0.104	0.331
鐵嶺	0.198	0.136	0.287	0.145	0.109	0.165	1	0.135	0.138	0.757
朝陽	0.165	0.141	0.278	0.139	0.109	0.126	1	0.13	0.135	0.74
葫蘆島	0.129	0.137	0.194	0.128	0.11	0.122	0.868	0.119	0.107	0.418
長春	0.185	0.227	0.432	0.312	0.174	0.258	1	0.323	0.299	0.932
吉林	0.162	0.146	0.355	0.209	0.138	0.158	0.937	0.138	0.121	0.29
四平	0.129	0.138	0.378	0.139	0.111	0.126	1	0.114	0.114	0.311
遼源	0.118	0.112	0.156	0.126	0.106	0.115	1	0.106	0.106	0.261
通化	0.131	0.124	0.185	0.138	0.111	0.122	1	0.11	0.111	0.293
白山	0.123	0.122	0.158	0.13	0.105	0.117	1	0.108	0.108	0.323
松原	0.133	0.133	0.351	0.168	0.117	0.134	1	0.151	0.145	0.655
白城	0.116	0.121	0.21	0.122	0.107	0.107	1	0.103	0.103	0.164
哈爾濱	0.176	0.282	0.642	0.27	0.202	0.157	0.728	0.16	0.147	0.258
齊齊哈爾	0.121	0.151	0.352	0.142	0.117	0.123	1	0.139	0.147	0.725
雞西	0.11	0.128	0.241	0.119	0.106	0.107	0.864	0.107	0.108	0.322
鶴崗	0.108	0.125	0.187	0.112	0.102	0.106	0.985	0.106	0.106	0.403
雙鴨山	0.109	0.13	0.258	0.119	0.104	0.109	1	0.106	0.106	0.289
大慶	0.133	0.17	0.225	0.396	0.122	0.202	1	0.473	0.418	1
伊春	0.108	0.119	0.181	0.107	0.102	0.105	1	0.103	0.103	0.304
佳木斯	0.116	0.137	0.292	0.114	0.111	0.108	1	0.111	0.113	0.386
七台河	0.106	0.115	0.129	0.123	0.103	0.111	1	0.118	0.122	0.964
牡丹江	0.126	0.146	0.261	0.135	0.117	0.112	1	0.11	0.11	0.237
黑河	0.107	0.13	0.253	0.103	0.104	0.102	1	0.101	0.101	0.142
綏化	0.109	0.133	0.451	0.12	0.114	0.108	1	0.113	0.116	0.332
上海	1	0.732	0.249	1	0.646	1	1	1	1	0.775
南京	0.31	0.334	0.287	0.388	0.246	0.342	1	0.328	0.294	0.622
無錫	0.53	0.311	0.238	0.499	0.236	0.461	0.923	0.405	0.47	0.84
徐州	0.283	0.215	0.471	0.284	0.163	0.243	1	0.278	0.279	0.88
常州	0.443	0.246	0.231	0.308	0.169	0.304	0.977	0.235	0.261	0.712
蘇州	0.83	0.401	0.305	0.754	0.311	0.789	0.95	0.58	0.69	0.834
南通	0.509	0.202	0.449	0.336	0.17	0.303	0.927	0.279	0.316	0.824
連雲港	0.188	0.154	0.34	0.165	0.124	0.153	1	0.155	0.164	0.735
淮安	0.228	0.182	0.357	0.178	0.129	0.167	1	0.157	0.148	0.58
鹽城	0.305	0.216	0.591	0.234	0.146	0.209	1	0.18	0.184	0.536
揚州	0.306	0.194	0.312	0.251	0.145	0.258	1	0.241	0.263	0.977
鎮江	0.267	0.177	0.207	0.237	0.142	0.212	1	0.175	0.189	0.612

表 4.2.1 2012 年城市產業競爭力三級指標分值

城市	限額以上工業企業數	就業總人數	農業財富創造能力	工業財富創造能力	服務業財富創造能力	產品的市場認同度	企業市場認同感遞增	企業利稅貢獻度	企業增值稅貢獻度	企業利稅增值稅占GDP比
泰州	0.315	0.181	0.299	0.238	0.141	0.233	1	0.217	0.234	0.906
宿遷	0.232	0.155	0.346	0.157	0.12	0.131	1	0.137	0.144	0.596
杭州	0.659	0.418	0.373	0.453	0.26	0.404	0.889	0.387	0.399	0.724
寧波	0.773	0.324	0.387	0.456	0.214	0.391	1	0.376	0.357	0.761
溫州	0.536	0.284	0.223	0.289	0.171	0.222	0.961	0.189	0.202	0.498
嘉興	0.494	0.197	0.267	0.265	0.145	0.24	1	0.205	0.225	0.731
湖州	0.291	0.16	0.237	0.187	0.125	0.175	1	0.149	0.156	0.604
紹興	0.398	0.236	0.296	0.293	0.158	0.287	0.956	0.235	0.258	0.764
金華	0.421	0.229	0.242	0.233	0.149	0.193	1	0.166	0.176	0.511
衢州	0.175	0.129	0.185	0.149	0.114	0.131	1	0.127	0.131	0.583
舟山	0.134	0.117	0.181	0.134	0.114	0.124	1	0.121	0.125	0.549
台州	0.493	0.2	0.311	0.254	0.155	0.197	1	0.163	0.173	0.438
麗水	0.188	0.123	0.183	0.138	0.113	0.131	1	0.132	0.138	0.769
合肥	0.219	0.215	0.274	0.279	0.16	0.204	1	0.237	0.249	0.774
蕪湖	0.195	0.152	0.165	0.188	0.117	0.159	1	0.15	0.146	0.648
蚌埠	0.145	0.131	0.258	0.135	0.11	0.121	1	0.124	0.117	0.512
淮南	0.13	0.134	0.162	0.146	0.108	0.122	0.8	0.116	0.117	0.441
馬鞍山	0.141	0.117	0.137	0.168	0.11	0.141	1	0.139	0.145	0.767
淮北	0.135	0.131	0.153	0.135	0.105	0.126	1	0.123	0.124	0.75
銅陵	0.114	0.111	0.113	0.14	0.105	0.135	1	0.111	0.112	0.406
安慶	0.181	0.148	0.304	0.163	0.115	0.137	1	0.15	0.143	0.705
黃山	0.126	0.11	0.152	0.114	0.106	0.108	1	0.108	0.109	0.45
滁州	0.165	0.142	0.295	0.14	0.11	0.127	1	0.13	0.131	0.664
阜陽	0.136	0.138	0.359	0.133	0.112	0.119	1	0.129	0.129	0.61
宿州	0.145	0.128	0.338	0.128	0.111	0.118	1	0.114	0.116	0.369
六安	0.154	0.126	0.309	0.133	0.111	0.122	1	0.128	0.131	0.651
亳州	0.121	0.136	0.28	0.121	0.108	0.109	1	0.113	0.114	0.434
池州	0.132	0.115	0.16	0.115	0.105	0.107	1	0.106	0.107	0.372
宣城	0.173	0.132	0.216	0.128	0.109	0.127	1	0.135	0.142	1
福州	0.254	0.24	0.471	0.273	0.178	0.218	1	0.211	0.227	0.572
廈門	0.218	0.251	0.13	0.225	0.155	0.203	1	0.2	0.208	0.742
莆田	0.171	0.129	0.215	0.157	0.114	0.134	1	0.131	0.136	0.592
三明	0.187	0.132	0.321	0.157	0.116	0.136	1	0.115	0.116	0.277
泉州	0.379	0.262	0.274	0.365	0.17	0.268	1	0.327	0.346	0.953
漳州	0.221	0.144	0.434	0.179	0.127	0.152	1	0.152	0.163	0.6
南平	0.167	0.131	0.309	0.135	0.113	0.12	1	0.113	0.115	0.329
龍岩	0.174	0.134	0.269	0.163	0.117	0.131	1	0.162	0.153	0.854
寧德	0.154	0.124	0.279	0.137	0.114	0.124	1	0.116	0.116	0.363
南昌	0.161	0.204	0.258	0.244	0.149	0.177	1	0.161	0.154	0.415
景德鎮	0.121	0.121	0.15	0.132	0.106	0.119	1	0.11	0.11	0.356
萍鄉	0.142	0.14	0.156	0.138	0.106	0.129	1	0.138	0.141	1
九江	0.147	0.161	0.229	0.17	0.118	0.142	1	0.139	0.132	0.53
新餘	0.118	0.107	0.15	0.148	0.109	0.134	1	0.131	0.136	0.787
鷹潭	0.109	0.113	0.143	0.124	0.104	0.14	1	0.124	0.129	1
贛州	0.147	0.212	0.378	0.159	0.121	0.135	1	0.129	0.134	0.44
吉安	0.14	0.151	0.288	0.143	0.11	0.131	1	0.127	0.13	0.598
宜春	0.145	0.121	0.317	0.159	0.11	0.134	1	0.125	0.127	0.469
撫州	0.142	0.148	0.257	0.137	0.109	0.12	1	0.11	0.112	0.305
上饒	0.139	0.201	0.299	0.155	0.114	0.133	1	0.127	0.132	0.498
濟南	0.208	0.327	0.382	0.302	0.213	0.224	0.864	0.239	0.233	0.53
青島	0.405	0.306	0.464	0.442	0.245	0.396	0.772	0.353	0.328	0.636
淄博	0.283	0.171	0.238	0.318	0.154	0.316	1	0.33	0.344	1
棗莊	0.196	0.151	0.254	0.2	0.122	0.177	0.731	0.168	0.177	0.779
東營	0.147	0.148	0.215	0.311	0.129	0.265	1	0.385	0.376	1
煙臺	0.285	0.225	0.539	0.418	0.179	0.381	0.71	0.433	0.504	1
濰坊	0.374	0.216	0.534	0.312	0.156	0.31	1	0.282	0.306	0.905
濟寧	0.31	0.175	0.521	0.267	0.146	0.209	0.928	0.236	0.255	0.829

表 4.2.1 2012 年城市產業競爭力三級指標分值

城市	限額以上工業企業數	就業總人數	農業財富創造能力	工業財富創造能力	服務業財富創造能力	產品的市場認同度	企業市場認同感遞增	企業利稅貢獻度	企業增值稅貢獻度	企業利稅增值稅占GDP比
泰安	0.189	0.16	0.356	0.235	0.14	0.2	0.951	0.203	0.217	0.781
威海	0.196	0.148	0.302	0.233	0.137	0.22	0.208	0.187	0.201	0.711
日照	0.145	0.128	0.232	0.167	0.118	0.154	0.606	0.147	0.156	0.735
萊蕪	0.124	0.115	0.151	0.139	0.108	0.142	0.957	0.12	0.122	0.585
臨沂	0.316	0.179	0.447	0.248	0.15	0.23	0.968	0.213	0.226	0.729
德州	0.274	0.144	0.376	0.21	0.129	0.21	0.878	0.215	0.228	1
聊城	0.228	0.139	0.391	0.213	0.125	0.214	1	0.199	0.214	0.953
濱州	0.166	0.139	0.304	0.203	0.129	0.206	0.913	0.176	0.184	0.757
菏澤	0.211	0.148	0.389	0.178	0.118	0.17	1	0.172	0.18	0.95
鄭州	0.246	0.258	0.263	0.381	0.19	0.266	1	0.456	0.514	1
開封	0.162	0.138	0.388	0.147	0.115	0.128	0.703	0.142	0.148	0.719
洛陽	0.197	0.176	0.346	0.272	0.139	0.21	1	0.182	0.174	0.517
平頂山	0.153	0.146	0.251	0.206	0.116	0.156	0.64	0.151	0.156	0.612
安陽	0.153	0.157	0.309	0.198	0.118	0.168	1	0.161	0.172	0.739
鶴壁	0.127	0.119	0.164	0.135	0.103	0.125	1	0.119	0.121	0.704
新鄉	0.167	0.15	0.306	0.183	0.117	0.16	1	0.155	0.166	0.748
焦作	0.158	0.152	0.233	0.204	0.114	0.173	1	0.18	0.191	0.987
濮陽	0.137	0.132	0.241	0.162	0.107	0.143	1	0.148	0.146	0.885
許昌	0.168	0.134	0.297	0.21	0.113	0.165	1	0.205	0.208	1
漯河	0.134	0.119	0.214	0.157	0.105	0.145	1	0.168	0.182	1
三門峽	0.136	0.123	0.192	0.172	0.11	0.159	1	0.167	0.179	1
南陽	0.178	0.193	0.627	0.224	0.128	0.156	1	0.152	0.15	0.414
商丘	0.141	0.145	0.493	0.164	0.116	0.139	1	0.136	0.141	0.518
信陽	0.164	0.151	0.478	0.155	0.117	0.128	1	0.121	0.123	0.336
周口	0.157	0.177	0.58	0.167	0.115	0.136	1	0.166	0.176	0.836
駐馬店	0.178	0.155	0.482	0.152	0.116	0.128	0.909	0.13	0.131	0.457
武漢	0.259	0.385	0.324	0.414	0.258	0.314	1	0.305	0.243	0.49
黃石	0.138	0.15	0.17	0.147	0.112	0.137	1	0.119	0.121	0.456
十堰	0.146	0.158	0.202	0.148	0.113	0.132	1	0.15	0.161	1
宜昌	0.166	0.189	0.332	0.209	0.125	0.155	1	0.174	0.183	0.741
襄陽	0.185	0.172	0.408	0.197	0.126	0.154	1	0.143	0.146	0.452
鄂州	0.126	0.118	0.168	0.126	0.104	0.118	1	0.119	0.107	0.557
荊門	0.162	0.143	0.29	0.141	0.111	0.133	1	0.132	0.121	0.571
孝感	0.163	0.19	0.325	0.142	0.113	0.127	1	0.127	0.124	0.498
荊州	0.167	0.164	0.403	0.138	0.114	0.123	1	0.119	0.122	0.391
黃岡	0.183	0.157	0.424	0.138	0.114	0.12	1	0.122	0.125	0.433
咸寧	0.142	0.129	0.233	0.127	0.108	0.116	1	0.122	0.126	0.681
隨州	0.131	0.14	0.214	0.12	0.106	0.113	1	0.11	0.111	0.421
長沙	0.24	0.244	0.365	0.402	0.205	0.216	1	0.283	0.269	0.585
株洲	0.178	0.147	0.263	0.189	0.121	0.146	1	0.136	0.138	0.454
湘潭	0.145	0.14	0.226	0.16	0.115	0.141	1	0.15	0.141	0.762
衡陽	0.159	0.208	0.447	0.178	0.127	0.151	1	0.15	0.157	0.57
邵陽	0.147	0.161	0.328	0.132	0.114	0.119	1	0.122	0.125	0.493
岳陽	0.174	0.183	0.383	0.202	0.125	0.176	1	0.155	0.138	0.48
常德	0.152	0.15	0.468	0.183	0.128	0.134	1	0.185	0.141	0.655
張家界	0.107	0.106	0.141	0.105	0.107	0.103	1	0.105	0.106	0.412
益陽	0.143	0.126	0.313	0.133	0.113	0.122	1	0.119	0.121	0.44
郴州	0.164	0.148	0.266	0.172	0.118	0.14	1	0.162	0.158	0.817
永州	0.139	0.14	0.35	0.132	0.115	0.116	1	0.117	0.118	0.373
懷化	0.132	0.165	0.228	0.133	0.114	0.119	1	0.116	0.119	0.415
婁底	0.134	0.14	0.231	0.143	0.11	0.13	1	0.12	0.119	0.456
廣州	0.475	0.514	0.347	0.598	0.464	0.482	0.92	0.529	0.503	0.572
韶關	0.129	0.143	0.226	0.133	0.115	0.121	1	0.118	0.113	0.376
深圳	0.544	0.599	0.109	0.663	0.38	0.628	1	0.635	0.726	0.871
珠海	0.171	0.18	0.143	0.18	0.127	0.185	1	0.161	0.174	0.815
汕頭	0.238	0.122	0.185	0.182	0.124	0.15	0.976	0.157	0.167	0.752
佛山	0.514	0.142	0.238	0.54	0.21	0.485	0.93	0.45	0.52	0.972

表 4.2.1 2012 年城市產業競爭力三級指標分值

城市	限額以上工業企業數	就業總人數	農業財富創造能力	工業財富創造能力	服務業財富創造能力	產品的市場認同度	企業市場認同感遞增	企業利稅貢獻度	企業增值稅貢獻度	企業利稅增值稅占GDP比
江門	0.275	0.203	0.254	0.206	0.131	0.202	1	0.193	0.198	0.88
湛江	0.144	0.156	0.48	0.17	0.128	0.137	1	0.199	0.199	1
茂名	0.141	0.144	0.46	0.171	0.133	0.138	0.908	0.163	0.145	0.559
肇慶	0.16	0.138	0.35	0.154	0.123	0.147	1	0.133	0.138	0.504
惠州	0.199	0.247	0.234	0.225	0.132	0.209	1	0.184	0.176	0.692
梅州	0.127	0.126	0.263	0.129	0.111	0.112	1	0.124	0.12	0.554
汕尾	0.123	0.121	0.202	0.124	0.108	0.111	1	0.104	0.105	0.201
河源	0.122	0.143	0.179	0.128	0.108	0.121	1	0.127	0.132	0.912
陽江	0.131	0.126	0.284	0.131	0.111	0.118	1	0.128	0.134	0.713
清遠	0.142	0.147	0.258	0.174	0.118	0.177	1	0.153	0.164	0.784
東莞	0.417	0.175	0.122	0.368	0.214	0.316	1	0.213	0.237	0.453
中山	0.372	0.202	0.167	0.232	0.139	0.232	1	0.189	0.207	0.771
潮州	0.166	0.121	0.153	0.136	0.11	0.12	0.973	0.12	0.125	0.609
揭陽	0.235	0.189	0.246	0.17	0.116	0.15	1	0.162	0.174	0.967
雲浮	0.131	0.132	0.232	0.118	0.106	0.112	1	0.115	0.118	0.628
南寧	0.165	0.237	0.421	0.179	0.149	0.134	1	0.145	0.144	0.395
柳州	0.149	0.161	0.244	0.202	0.119	0.167	1	0.179	0.149	0.74
桂林	0.142	0.153	0.367	0.159	0.121	0.124	1	0.136	0.141	0.536
梧州	0.124	0.123	0.205	0.14	0.107	0.119	1	0.112	0.113	0.358
北海	0.111	0.111	0.215	0.118	0.106	0.108	1	0.111	0.112	0.466
防城港	0.108	0.107	0.162	0.117	0.105	0.112	1	0.117	0.12	0.85
欽州	0.124	0.129	0.274	0.125	0.108	0.112	1	0.108	0.1	0.192
貴港	0.121	0.121	0.242	0.128	0.109	0.112	1	0.127	0.132	0.793
玉林	0.139	0.134	0.325	0.144	0.115	0.119	1	0.123	0.128	0.477
百色	0.113	0.122	0.238	0.135	0.107	0.114	1	0.114	0.115	0.406
賀州	0.11	0.114	0.184	0.115	0.103	0.104	1	0.105	0.104	0.273
河池	0.114	0.124	0.228	0.124	0.107	0.109	1	0.108	0.11	0.332
來賓	0.109	0.123	0.228	0.121	0.105	0.109	1	0.108	0.109	0.353
崇左	0.108	0.113	0.251	0.116	0.105	0.107	1	0.112	0.115	0.544
海口	0.109	0.159	0.15	0.115	0.121	0.111	1	0.114	0.113	0.367
三亞	0.1	0.106	0.141	0.103	0.107	0.101	1	0.101	0.101	0.13
重慶	0.484	0.61	1	0.642	0.259	0.353	1	0.309	0.303	0.41
成都	0.309	0.422	0.475	0.408	0.253	0.257	1	0.268	0.253	0.451
自貢	0.13	0.118	0.211	0.144	0.109	0.13	1	0.126	0.125	0.601
攀枝花	0.121	0.121	0.128	0.146	0.105	0.129	1	0.118	0.119	0.551
瀘州	0.13	0.13	0.243	0.148	0.109	0.128	1	0.137	0.134	0.749
德陽	0.156	0.13	0.3	0.164	0.111	0.141	1	0.152	0.149	0.804
綿陽	0.149	0.163	0.319	0.156	0.116	0.135	0.977	0.134	0.137	0.565
廣元	0.115	0.124	0.2	0.113	0.105	0.109	1	0.105	0.105	0.284
遂寧	0.123	0.121	0.244	0.129	0.106	0.118	1	0.12	0.116	0.571
內江	0.13	0.118	0.248	0.15	0.107	0.136	1	0.126	0.128	0.594
樂山	0.142	0.135	0.231	0.153	0.109	0.132	1	0.126	0.13	0.574
南充	0.126	0.148	0.365	0.147	0.111	0.131	0.95	0.133	0.131	0.587
眉山	0.129	0.116	0.236	0.135	0.106	0.12	1	0.115	0.117	0.46
宜賓	0.127	0.14	0.276	0.162	0.11	0.135	1	0.158	0.158	0.963
廣安	0.116	0.118	0.244	0.13	0.108	0.117	1	0.112	0.111	0.359
達州	0.125	0.137	0.356	0.148	0.11	0.124	0.903	0.115	0.116	0.321
雅安	0.119	0.115	0.166	0.117	0.103	0.108	1	0.109	0.111	0.553
巴中	0.104	0.118	0.207	0.109	0.104	0.104	1	0.101	0.101	0.134
資陽	0.129	0.116	0.299	0.141	0.107	0.132	1	0.14	0.146	0.952
貴陽	0.131	0.194	0.175	0.154	0.132	0.141	0.733	0.134	0.121	0.408
六盤水	0.11	0.117	0.138	0.135	0.108	0.115	1	0.128	0.132	0.878
遵義	0.128	0.145	0.284	0.145	0.12	0.118	1	0.162	0.167	1
安順	0.11	0.111	0.153	0.108	0.104	0.105	1	0.104	0.104	0.31
昆明	0.149	0.24	0.258	0.217	0.156	0.164	1	0.153	0.127	0.323
曲靖	0.127	0.16	0.341	0.163	0.115	0.128	1	0.145	0.128	0.568
玉溪	0.118	0.13	0.191	0.155	0.11	0.125	0.98	0.18	0.134	1

表 4.2.1 2012 年城市產業競爭力三級指標分值

城市	限額以上工業企業數	就業總人數	農業財富創造能力	工業財富創造能力	服務業財富創造能力	產品的市場認同度	企業市場認同感遞增	企業利稅貢獻度	企業增值稅貢獻度	企業利稅增值稅占GDP比
保山	0.106	0.11	0.204	0.107	0.104	0.102	1	0.104	0.105	0.307
昭通	0.112	0.122	0.198	0.119	0.105	0.105	0.902	0.113	0.106	0.417
麗江	0.103	0.103	0.134	0.104	0.102	0.101	1	0.103	0.103	0.358
普洱	0.105	0.124	0.197	0.108	0.103	0.102	1	0.102	0.103	0.228
臨滄	0.103	0.112	0.194	0.107	0.102	0.102	1	0.103	0.104	0.312
拉薩	0.102	0.116	0.112	0.104	0.105	0.101	1	0.102	0.101	0.195
西安	0.159	0.309	0.284	0.274	0.192	0.181	0.1	0.175	0.183	0.386
銅川	0.106	0.105	0.119	0.112	0.101	0.107	1	0.107	0.108	0.604
寶雞	0.126	0.141	0.237	0.174	0.113	0.134	1	0.128	0.122	0.417
咸陽	0.135	0.145	0.367	0.169	0.116	0.138	1	0.16	0.155	0.775
渭南	0.122	0.135	0.269	0.147	0.114	0.129	1	0.112	0.113	0.278
延安	0.105	0.128	0.193	0.177	0.108	0.134	1	0.199	0.166	1
漢中	0.119	0.134	0.245	0.122	0.109	0.111	1	0.109	0.106	0.276
榆林	0.134	0.132	0.221	0.248	0.124	0.152	1	0.291	0.328	1
安康	0.114	0.115	0.188	0.113	0.105	0.105	1	0.107	0.108	0.384
商洛	0.106	0.115	0.176	0.112	0.104	0.103	1	0.102	0.102	0.176
蘭州	0.124	0.18	0.144	0.163	0.128	0.149	0.86	0.159	0.12	0.579
嘉峪關	0.101	0.1	0.103	0.116	0.1	0.117	1	0.107	0.108	0.652
金昌	0.102	0.103	0.115	0.118	0.1	0.129	1	0.109	0.111	0.728
白銀	0.108	0.111	0.149	0.119	0.104	0.111	1	0.105	0.105	0.29
天水	0.108	0.12	0.179	0.111	0.105	0.104	1	0.101	0.101	0.124
武威	0.108	0.113	0.179	0.109	0.102	0.103	1	0.101	0.101	0.171
張掖	0.108	0.108	0.182	0.107	0.102	0.103	1	0.102	0.103	0.248
平涼	0.103	0.111	0.166	0.111	0.102	0.103	1	0.104	0.104	0.338
酒泉	0.113	0.108	0.171	0.124	0.106	0.11	1	0.109	0.102	0.271
慶陽	0.103	0.108	0.167	0.124	0.103	0.108	1	0.144	0.148	1
定西	0.103	0.113	0.163	0.102	0.102	0.101	1	0.1	0.1	0.1
隴南	0.104	0.109	0.158	0.103	0.102	0.101	1	0.103	0.103	0.331
西寧	0.111	0.127	0.132	0.137	0.114	0.128	1	0.115	0.11	0.175
銀川	0.118	0.145	0.153	0.145	0.117	0.122	0.923	0.132	0.13	0.621
石嘴山	0.115	0.112	0.124	0.121	0.103	0.111	0.55	0.112	0.113	0.641
吳忠	0.109	0.107	0.15	0.111	0.102	0.108	1	0.105	0.105	0.394
固原	0.1	0.107	0.139	0.1	0.101	0.1	1	0.1	0.1	0.173
中衛	0.104	0.1	0.143	0.106	0.102	0.104	1	0.102	0.103	0.288
烏魯木齊	0.124	0.172	0.126	0.172	0.138	0.147	1	0.186	0.176	0.89
克拉瑪依	0.104	0.112	0.105	0.177	0.102	0.14	1	0.207	0.19	1
香港	0.219	0.407	0.309	0.232	1	0.176	0.432	0.432	0.261	0.285
澳門	0.12	0.122	0.1	0.115	0.197	0.113	0.432	0.139	0.119	0.285
新北	0.26	0.344	0.21	0.303	0.296	0.211	0.846	0.229	0.163	0.327
臺北	0.207	0.262	0.174	0.237	0.232	0.119	1	0.187	0.142	0.327
台中	0.208	0.264	0.175	0.237	0.233	0.203	1	0.188	0.142	0.327
台南	0.177	0.215	0.153	0.196	0.193	0.216	0.871	0.162	0.13	0.327
高雄	0.214	0.272	0.178	0.243	0.239	0.27	1	0.192	0.145	0.327
基隆	0.115	0.119	0.111	0.117	0.117	0.102	0.619	0.113	0.106	0.327
新竹	0.116	0.12	0.112	0.119	0.119	0.148	0.92	0.113	0.106	0.327
嘉義	0.11	0.111	0.108	0.112	0.112	0.101	0.702	0.109	0.104	0.327

表 4.2.2 2012 年城市產業競爭力三級指標分值（續 1）

城市	從業者生產效率	企業銷售毛利率	資產/固定資產比率	銷售額/總資產比率	工業化發展水準	第二產業就業水準	第三產業發展水準	第三產業就業水準	產業製造能力	製造業人力資本指數
北京	0.185	0.286	0.957	0.467	0.284	0.295	0.807	0.797	0.74	0.273
天津	0.3	0.329	0.93	0.522	0.594	0.586	0.492	0.51	0.579	0.295
石家莊	0.348	0.301	0.745	0.684	0.552	0.459	0.433	0.634	0.248	0.177
唐山	0.455	0.244	0.1	0.396	0.656	0.632	0.345	0.425	0.257	0.21
秦皇島	0.269	0.198	0.94	0.415	0.453	0.466	0.502	0.625	0.154	0.197

表 4.2.2 2012 年城市產業競爭力三級指標分值（續 1）

城市	從業者生產效率	企業銷售毛利率	資產/固定資產比率	銷售額/總資產比率	工業化發展水準	第二產業就業水準	第三產業發展水準	第三產業就業水準	產業製造能力	製造業人力資本指數
邯鄲	0.276	0.208	0.789	0.523	0.613	0.488	0.349	0.605	0.158	0.134
邢臺	0.232	0.28	0.828	0.482	0.628	0.433	0.305	0.66	0.134	0.126
保定	0.261	0.311	0.996	0.568	0.585	0.513	0.358	0.581	0.205	0.15
張家口	0.198	0.338	0.708	0.254	0.49	0.439	0.44	0.64	0.141	0.151
承德	0.302	0.342	0.814	0.404	0.578	0.395	0.355	0.679	0.13	0.147
滄州	0.365	0.385	0.687	0.484	0.574	0.416	0.405	0.656	0.134	0.126
廊坊	0.263	0.286	0.908	0.601	0.606	0.52	0.371	0.573	0.168	0.184
衡水	0.191	0.265	0.927	0.67	0.574	0.314	0.315	0.776	0.124	0.13
太原	0.52	0.199	0.912	0.345	0.512	0.622	0.572	0.473	0.257	0.298
大同	0.325	0.218	0.819	0.245	0.553	0.604	0.493	0.49	0.124	0.139
陽泉	0.368	0.294	0.968	0.364	0.67	0.788	0.417	0.312	0.113	0.153
長治	0.57	0.339	0.921	0.314	0.735	0.65	0.322	0.441	0.15	0.18
晉城	0.527	0.507	0.745	0.242	0.715	0.699	0.343	0.395	0.114	0.134
朔州	0.783	0.488	0.733	0.329	0.639	0.513	0.399	0.528	0.108	0.127
晉中	0.477	0.28	0.855	0.316	0.619	0.608	0.392	0.486	0.142	0.17
運城	0.926	0.134	0.772	0.311	0.503	0.472	0.414	0.615	0.162	0.165
忻州	0.502	0.593	0.749	0.214	0.508	0.339	0.472	0.741	0.111	0.12
臨汾	0.621	0.232	0.845	0.393	0.658	0.425	0.364	0.659	0.136	0.144
呂梁	0.69	0.396	0.992	0.345	0.776	0.512	0.272	0.584	0.133	0.147
呼和浩特	0.302	0.534	0.718	0.32	0.419	0.351	0.63	0.733	0.136	0.168
包頭	0.29	0.289	0.836	0.4	0.612	0.64	0.462	0.449	0.18	0.26
烏海	0.226	0.503	0.716	0.308	0.804	0.793	0.29	0.302	0.107	0.182
赤峰	0.284	0.357	0.645	0.371	0.581	0.416	0.345	0.606	0.122	0.128
通遼	0.384	0.305	0.597	0.507	0.661	0.305	0.278	0.507	0.113	0.123
鄂爾多斯	1	0.708	0.793	0.311	0.662	0.491	0.413	0.575	0.118	0.151
呼倫貝爾	0.241	0.437	0.627	0.262	0.481	0.294	0.409	0.423	0.111	0.126
巴彥淖爾	0.238	0.262	0.661	0.29	0.636	0.333	0.254	0.581	0.109	0.13
烏蘭察布	0.226	0.152	0.531	0.186	0.592	0.244	0.332	0.824	0.106	0.117
瀋陽	0.314	0.285	0.906	0.662	0.572	0.464	0.481	0.625	0.293	0.226
大連	0.258	0.321	0.948	0.509	0.577	0.622	0.454	0.466	0.36	0.306
鞍山	0.385	0.275	0.883	0.485	0.614	0.638	0.441	0.441	0.199	0.244
撫順	0.195	0.328	0.759	0.556	0.662	0.706	0.375	0.37	0.153	0.234
本溪	0.267	0.189	0.752	0.322	0.701	0.685	0.348	0.406	0.152	0.265
丹東	0.257	0.3	0.987	0.806	0.58	0.468	0.374	0.614	0.13	0.167
錦州	0.201	0.366	0.812	0.743	0.541	0.415	0.382	0.611	0.132	0.155
營口	0.222	0.321	0.759	0.543	0.625	0.472	0.394	0.619	0.134	0.176
阜新	0.145	0.273	0.72	0.278	0.478	0.559	0.359	0.51	0.11	0.131
遼陽	0.236	0.403	0.974	0.664	0.711	0.621	0.325	0.449	0.136	0.203
盤錦	0.183	0.233	0.693	0.324	0.747	0.494	0.261	0.15	0.122	0.188
鐵嶺	0.206	0.211	0.68	0.577	0.597	0.487	0.293	0.502	0.111	0.122
朝陽	0.178	0.336	0.809	0.572	0.574	0.47	0.304	0.598	0.133	0.159
葫蘆島	0.16	0.278	0.628	0.184	0.529	0.614	0.428	0.463	0.146	0.195
長春	0.287	0.384	0.987	0.646	0.585	0.499	0.435	0.583	0.28	0.224
吉林	0.385	0.231	0.668	0.384	0.565	0.53	0.421	0.51	0.165	0.178
四平	0.22	0.213	0.698	0.464	0.488	0.434	0.32	0.606	0.136	0.158
遼源	0.266	0.182	0.707	0.451	0.634	0.529	0.356	0.521	0.104	0.123
通化	0.248	0.195	0.876	0.462	0.59	0.516	0.4	0.546	0.131	0.172
白山	0.191	0.195	0.595	0.435	0.677	0.441	0.316	0.505	0.117	0.171
松原	0.325	0.403	0.558	0.277	0.584	0.487	0.332	0.477	0.108	0.116
白城	0.203	0.196	0.663	0.292	0.516	0.176	0.384	0.7	0.109	0.126
哈爾濱	0.223	0.311	0.827	0.407	0.434	0.456	0.546	0.594	0.314	0.207
齊齊哈爾	0.19	0.451	0.957	0.429	0.465	0.379	0.401	0.501	0.159	0.159
雞西	0.159	0.326	0.857	0.295	0.483	0.515	0.342	0.294	0.111	0.134
鶴崗	0.118	0.302	0.673	0.307	0.53	0.493	0.286	0.211	0.108	0.144
雙鴨山	0.149	0.243	0.697	0.346	0.51	0.314	0.264	0.25	0.11	0.138
大慶	0.445	0.832	0.617	0.297	0.918	0.648	0.151	0.444	0.145	0.183
伊春	0.11	0.241	0.883	0.387	0.45	0.264	0.324	0.161	0.114	0.167

表 4.2.2 2012 年城市產業競爭力三級指標分值（續 1）

城市	從業者生產效率	企業銷售毛利率	資產/固定資產比率	銷售額/總資產比率	工業化發展水準	第二產業就業水準	第三產業發展水準	第三產業就業水準	產業製造能力	製造業人力資本指數
佳木斯	0.156	0.36	0.771	0.363	0.307	0.214	0.485	0.469	0.112	0.126
七台河	0.154	0.43	0.653	0.317	0.743	0.832	0.281	0.221	0.103	0.121
牡丹江	0.184	0.264	0.701	0.362	0.454	0.316	0.474	0.529	0.124	0.147
黑河	0.107	0.261	0.651	0.205	0.209	0.117	0.407	0.317	0.105	0.117
綏化	0.228	0.426	0.72	0.374	0.292	0.324	0.415	0.713	0.123	0.123
上海	0.287	0.302	0.857	0.653	0.481	0.498	0.614	0.596	1	0.307
南京	0.249	0.291	0.992	0.584	0.517	0.585	0.556	0.511	0.401	0.299
無錫	0.299	0.271	0.835	0.651	0.626	0.771	0.458	0.327	0.389	0.34
徐州	0.279	0.351	0.826	0.632	0.574	0.478	0.424	0.585	0.177	0.148
常州	0.231	0.234	0.771	0.806	0.625	0.608	0.443	0.488	0.207	0.224
蘇州	0.326	0.241	0.873	0.66	0.643	0.885	0.442	0.215	0.673	0.39
南通	0.349	0.278	0.956	0.799	0.622	0.708	0.398	0.371	0.292	0.24
連雲港	0.231	0.309	0.781	0.44	0.52	0.498	0.417	0.536	0.155	0.167
淮安	0.195	0.272	0.851	0.747	0.53	0.591	0.419	0.475	0.193	0.203
鹽城	0.225	0.248	0.756	0.601	0.535	0.579	0.394	0.465	0.204	0.176
揚州	0.253	0.281	0.887	0.765	0.623	0.704	0.402	0.394	0.187	0.204
鎮江	0.268	0.235	0.888	0.542	0.637	0.699	0.422	0.397	0.216	0.298
泰州	0.267	0.279	0.955	0.778	0.621	0.595	0.402	0.498	0.197	0.211
宿遷	0.213	0.339	0.92	0.647	0.513	0.507	0.399	0.586	0.137	0.142
杭州	0.215	0.291	0.703	0.702	0.543	0.665	0.521	0.435	0.583	0.394
寧波	0.255	0.291	0.895	0.583	0.628	0.805	0.429	0.296	0.505	0.382
溫州	0.185	0.247	0.679	0.656	0.594	0.823	0.475	0.277	0.422	0.287
嘉興	0.25	0.251	0.914	0.444	0.657	0.86	0.387	0.241	0.432	0.49
湖州	0.227	0.233	0.929	0.67	0.621	0.81	0.396	0.291	0.221	0.323
紹興	0.231	0.246	0.719	0.671	0.633	0.97	0.412	0.133	0.338	0.357
金華	0.187	0.244	0.819	0.554	0.583	0.621	0.464	0.477	0.197	0.197
衢州	0.251	0.278	0.859	0.49	0.62	0.542	0.39	0.555	0.139	0.198
舟山	0.309	0.277	0.902	0.404	0.518	0.489	0.48	0.607	0.127	0.232
台州	0.254	0.232	0.657	0.714	0.586	0.753	0.446	0.34	0.245	0.229
麗水	0.265	0.306	0.956	0.543	0.562	0.385	0.438	0.696	0.121	0.154
合肥	0.284	0.365	0.996	0.61	0.61	0.571	0.44	0.527	0.213	0.205
蕪湖	0.27	0.271	0.842	0.687	0.732	0.715	0.323	0.384	0.171	0.269
蚌埠	0.208	0.332	0.79	0.465	0.537	0.424	0.361	0.659	0.128	0.147
淮南	0.183	0.252	0.583	0.165	0.724	0.784	0.295	0.306	0.121	0.15
馬鞍山	0.438	0.293	0.816	0.436	0.779	0.77	0.287	0.329	0.143	0.271
淮北	0.158	0.277	0.72	0.293	0.727	0.875	0.282	0.227	0.117	0.145
銅陵	0.316	0.165	0.931	0.557	0.815	0.784	0.267	0.279	0.131	0.332
安慶	0.221	0.375	0.779	0.632	0.6	0.293	0.332	0.721	0.119	0.12
黃山	0.228	0.295	0.843	0.896	0.503	0.324	0.462	0.761	0.106	0.127
滁州	0.183	0.329	0.929	0.616	0.558	0.357	0.314	0.684	0.119	0.127
阜陽	0.194	0.406	0.736	0.462	0.449	0.387	0.357	0.698	0.123	0.116
宿州	0.231	0.251	0.675	0.542	0.435	0.44	0.365	0.627	0.114	0.114
六安	0.247	0.361	0.821	0.589	0.483	0.389	0.364	0.664	0.113	0.113
亳州	0.157	0.413	0.74	0.446	0.43	0.353	0.383	0.741	0.114	0.116
池州	0.182	0.271	0.782	0.428	0.53	0.308	0.408	0.767	0.106	0.125
宣城	0.182	0.356	0.964	0.783	0.537	0.391	0.384	0.679	0.12	0.143
福州	0.249	0.291	0.967	0.571	0.511	0.652	0.493	0.44	0.353	0.288
廈門	0.17	0.296	0.779	0.684	0.564	0.848	0.526	0.25	0.433	0.6
莆田	0.284	0.282	0.853	0.64	0.634	0.786	0.358	0.311	0.199	0.29
三明	0.299	0.186	0.817	0.582	0.559	0.5	0.357	0.568	0.136	0.178
泉州	0.247	0.373	0.962	0.66	0.678	1	0.385	0.1	0.689	0.483
漳州	0.325	0.302	0.888	0.689	0.519	0.686	0.391	0.335	0.212	0.224
南平	0.233	0.235	0.864	0.496	0.478	0.505	0.387	0.539	0.148	0.198
龍岩	0.291	0.496	0.938	0.509	0.603	0.638	0.36	0.442	0.148	0.202
寧德	0.29	0.24	0.776	0.471	0.49	0.33	0.412	0.744	0.111	0.122
南昌	0.239	0.26	0.837	0.546	0.603	0.584	0.441	0.486	0.209	0.214
景德鎮	0.209	0.208	0.607	0.273	0.685	0.621	0.33	0.409	0.141	0.238

表 4.2.2 2012 年城市產業競爭力三級指標分值（續 1）

城市	從業者生產效率	企業銷售毛利率	資產/固定資產比率	銷售額/總資產比率	工業化發展水準	第二產業就業水準	第三產業發展水準	第三產業就業水準	產業製造能力	製造業人力資本指數
萍鄉	0.153	0.365	0.6	0.503	0.712	0.598	0.304	0.496	0.12	0.16
九江	0.191	0.287	0.796	0.663	0.634	0.561	0.366	0.507	0.156	0.163
新餘	0.514	0.285	0.717	0.376	0.719	0.706	0.32	0.384	0.128	0.232
鷹潭	0.219	0.222	0.946	0.78	0.706	0.534	0.294	0.396	0.12	0.196
贛州	0.129	0.27	0.911	0.752	0.506	0.489	0.392	0.589	0.177	0.149
吉安	0.164	0.274	0.61	0.636	0.572	0.244	0.316	0.77	0.107	0.108
宜春	0.368	0.249	0.803	0.683	0.639	0.477	0.259	0.588	0.138	0.138
撫州	0.149	0.207	0.879	0.391	0.566	0.433	0.331	0.61	0.126	0.136
上饒	0.121	0.265	0.719	0.56	0.578	0.307	0.343	0.672	0.127	0.122
濟南	0.193	0.327	0.89	0.634	0.479	0.597	0.564	0.502	0.295	0.252
青島	0.296	0.273	0.879	0.903	0.553	0.748	0.497	0.349	0.524	0.357
淄博	0.39	0.315	0.837	0.741	0.694	0.79	0.37	0.307	0.271	0.3
棗莊	0.261	0.278	0.707	0.608	0.677	0.648	0.333	0.438	0.138	0.155
東營	0.449	0.449	0.673	0.434	0.813	0.702	0.251	0.382	0.157	0.249
煙臺	0.347	0.339	0.869	0.756	0.664	0.739	0.356	0.358	0.379	0.312
濰坊	0.278	0.275	0.872	0.657	0.629	0.638	0.359	0.456	0.296	0.215
濟寧	0.332	0.35	0.815	0.423	0.604	0.638	0.363	0.458	0.17	0.146
泰安	0.325	0.308	0.784	0.613	0.606	0.748	0.394	0.347	0.19	0.187
威海	0.362	0.247	0.912	0.721	0.631	0.774	0.386	0.323	0.236	0.358
日照	0.326	0.277	0.763	0.436	0.619	0.569	0.378	0.525	0.15	0.196
萊蕪	0.276	0.197	0.718	0.398	0.681	0.806	0.346	0.295	0.142	0.276
臨沂	0.307	0.276	0.856	0.775	0.57	0.541	0.414	0.543	0.205	0.156
德州	0.359	0.31	0.726	0.575	0.614	0.556	0.352	0.527	0.191	0.187
聊城	0.388	0.276	0.747	0.569	0.643	0.513	0.312	0.582	0.178	0.171
濱州	0.373	0.245	0.823	0.578	0.617	0.798	0.377	0.301	0.24	0.298
菏澤	0.273	0.308	0.733	0.696	0.598	0.334	0.31	0.75	0.139	0.125
鄭州	0.288	0.532	0.833	0.572	0.634	0.573	0.435	0.524	0.23	0.18
開封	0.236	0.405	0.747	0.472	0.493	0.39	0.353	0.682	0.142	0.149
洛陽	0.31	0.252	0.734	0.415	0.678	0.545	0.338	0.549	0.194	0.176
平頂山	0.271	0.283	0.817	0.444	0.745	0.679	0.264	0.418	0.17	0.176
安陽	0.23	0.282	0.753	0.652	0.693	0.69	0.28	0.407	0.156	0.158
鶴壁	0.198	0.251	0.765	0.557	0.789	0.804	0.192	0.29	0.127	0.194
新鄉	0.254	0.286	0.773	0.562	0.651	0.58	0.309	0.503	0.193	0.186
焦作	0.241	0.321	0.788	0.706	0.77	0.61	0.246	0.469	0.163	0.194
濮陽	0.232	0.324	0.657	0.559	0.746	0.646	0.207	0.453	0.119	0.128
許昌	0.362	0.428	0.923	0.77	0.769	0.573	0.212	0.524	0.151	0.163
漯河	0.284	0.404	0.75	0.812	0.782	0.669	0.184	0.429	0.164	0.234
三門峽	0.326	0.33	0.73	0.498	0.769	0.653	0.248	0.44	0.123	0.157
南陽	0.221	0.287	0.824	0.578	0.59	0.492	0.291	0.587	0.204	0.154
商丘	0.246	0.287	0.756	0.575	0.529	0.365	0.29	0.724	0.12	0.115
信陽	0.216	0.257	0.738	0.667	0.482	0.39	0.334	0.684	0.137	0.133
周口	0.176	0.471	0.809	0.651	0.517	0.344	0.263	0.724	0.139	0.124
駐馬店	0.204	0.315	0.668	0.412	0.479	0.435	0.325	0.648	0.143	0.132
武漢	0.229	0.293	0.905	0.472	0.518	0.614	0.551	0.48	0.42	0.273
黃石	0.171	0.204	0.861	0.495	0.646	0.83	0.373	0.26	0.205	0.331
十堰	0.145	0.416	1	0.244	0.617	0.612	0.372	0.478	0.21	0.275
宜昌	0.223	0.368	0.59	0.194	0.649	0.69	0.331	0.405	0.219	0.255
襄陽	0.262	0.261	0.945	0.602	0.588	0.603	0.35	0.481	0.21	0.206
鄂州	0.201	0.323	0.662	0.432	0.66	0.808	0.302	0.291	0.147	0.341
荊門	0.194	0.298	0.779	0.626	0.549	0.624	0.338	0.435	0.175	0.239
孝感	0.118	0.299	0.716	0.461	0.514	0.723	0.357	0.343	0.225	0.238
荊州	0.159	0.266	0.856	0.507	0.446	0.545	0.357	0.443	0.194	0.188
黃岡	0.172	0.321	0.726	0.488	0.437	0.581	0.355	0.494	0.163	0.154
咸寧	0.187	0.374	0.858	0.65	0.52	0.459	0.372	0.616	0.135	0.177
隨州	0.128	0.253	0.871	0.695	0.515	0.524	0.354	0.569	0.117	0.144
長沙	0.792	0.419	0.888	0.667	0.606	0.559	0.449	0.54	0.294	0.246
株洲	0.665	0.26	0.732	0.445	0.652	0.674	0.346	0.423	0.184	0.216

表 4.2.2 2012 年城市產業競爭力三級指標分值（續 1）

城市	從業者生產效率	企業銷售毛利率	資產/固定資產比率	銷售額/總資產比率	工業化發展水準	第二產業就業水準	第三產業發展水準	第三產業就業水準	產業製造能力	製造業人力資本指數
湘潭	0.647	0.345	0.816	0.504	0.631	0.709	0.356	0.392	0.152	0.202
衡陽	0.389	0.298	0.715	0.769	0.518	0.572	0.383	0.527	0.161	0.146
邵陽	0.295	0.328	0.611	0.555	0.439	0.447	0.405	0.632	0.118	0.114
岳陽	0.448	0.247	0.6	0.584	0.613	0.615	0.339	0.415	0.216	0.213
常德	0.621	0.609	0.86	0.498	0.523	0.569	0.376	0.527	0.151	0.148
張家界	0.422	0.496	0.668	0.233	0.292	0.271	0.669	0.815	0.101	0.108
益陽	0.571	0.274	0.646	0.479	0.464	0.415	0.392	0.676	0.127	0.134
郴州	0.523	0.411	0.632	0.45	0.621	0.471	0.355	0.624	0.126	0.131
永州	0.415	0.31	0.639	0.502	0.418	0.38	0.415	0.696	0.126	0.127
懷化	0.255	0.279	0.609	0.382	0.489	0.293	0.457	0.785	0.116	0.119
婁底	0.462	0.231	0.637	0.35	0.608	0.604	0.336	0.478	0.137	0.152
廣州	0.282	0.327	0.916	0.655	0.428	0.53	0.655	0.566	0.664	0.335
韶關	0.172	0.269	0.73	0.327	0.478	0.617	0.473	0.465	0.164	0.222
深圳	0.225	0.305	0.947	0.515	0.537	0.674	0.565	0.425	0.887	0.501
珠海	0.171	0.245	0.631	0.741	0.619	0.856	0.455	0.232	0.365	1
汕頭	0.415	0.329	0.822	0.553	0.634	0.509	0.412	0.589	0.16	0.159
佛山	0.225	0.283	0.997	0.855	0.705	0.64	0.378	0.46	0.261	0.219
江門	0.174	0.284	0.868	0.659	0.627	0.739	0.395	0.36	0.244	0.271
湛江	0.263	0.637	0.777	0.474	0.47	0.417	0.409	0.613	0.149	0.138
茂名	0.323	0.433	0.725	0.818	0.454	0.382	0.449	0.671	0.123	0.121
肇慶	0.285	0.244	0.704	0.505	0.481	0.564	0.432	0.53	0.169	0.193
惠州	0.149	0.256	0.943	0.899	0.665	0.921	0.375	0.181	0.466	0.521
梅州	0.22	0.5	0.793	0.358	0.471	0.366	0.412	0.726	0.125	0.132
汕尾	0.203	0.181	0.72	0.465	0.521	0.508	0.401	0.513	0.132	0.159
河源	0.132	0.363	0.803	0.536	0.583	0.653	0.382	0.441	0.169	0.225
陽江	0.231	0.408	0.859	0.571	0.485	0.442	0.38	0.619	0.117	0.139
清遠	0.192	0.239	0.744	0.772	0.639	0.658	0.344	0.433	0.185	0.222
東莞	0.52	0.206	0.818	0.685	0.577	0.471	0.522	0.624	0.149	0.132
中山	0.204	0.237	0.723	1	0.655	0.76	0.419	0.341	0.209	0.286
潮州	0.23	0.31	0.855	0.558	0.625	0.501	0.4	0.596	0.121	0.144
揭陽	0.142	0.352	0.926	0.796	0.647	0.357	0.337	0.708	0.118	0.117
雲浮	0.138	0.356	0.775	0.435	0.471	0.579	0.359	0.516	0.143	0.197
南寧	0.164	0.368	0.754	0.44	0.417	0.397	0.538	0.675	0.191	0.173
柳州	0.231	0.338	0.885	0.682	0.718	0.536	0.296	0.538	0.184	0.219
桂林	0.223	0.406	0.838	0.499	0.508	0.359	0.394	0.715	0.139	0.144
梧州	0.244	0.228	0.707	0.552	0.664	0.414	0.29	0.666	0.12	0.138
北海	0.275	0.366	0.877	0.471	0.483	0.461	0.381	0.585	0.12	0.172
防城港	0.284	0.39	0.998	0.527	0.566	0.344	0.377	0.588	0.106	0.141
欽州	0.189	0.249	0.735	0.311	0.48	0.348	0.348	0.703	0.109	0.117
貴港	0.229	0.529	0.744	0.379	0.519	0.296	0.369	0.785	0.115	0.12
玉林	0.246	0.352	0.992	0.681	0.507	0.404	0.375	0.645	0.129	0.128
百色	0.23	0.293	0.586	0.199	0.612	0.355	0.289	0.711	0.118	0.129
賀州	0.181	0.318	0.701	0.4	0.535	0.298	0.336	0.753	0.106	0.12
河池	0.179	0.294	0.632	0.181	0.525	0.374	0.351	0.685	0.115	0.124
來賓	0.175	0.274	0.673	0.282	0.539	0.389	0.302	0.617	0.113	0.136
崇左	0.242	0.432	0.8	0.375	0.436	0.393	0.349	0.568	0.118	0.15
海口	0.129	0.354	0.754	0.58	0.284	0.38	0.748	0.713	0.126	0.169
三亞	0.236	0.312	0.683	0.246	0.255	0.152	0.701	0.93	0.101	0.111
重慶	0.197	0.267	0.842	0.464	0.622	0.579	0.388	0.513	0.465	0.167
成都	0.212	0.315	0.963	0.49	0.509	0.65	0.537	0.449	0.387	0.208
自貢	0.305	0.276	0.734	0.969	0.646	0.538	0.316	0.557	0.122	0.146
攀枝花	0.234	0.227	0.767	0.348	0.826	0.819	0.234	0.275	0.15	0.322
瀘州	0.24	0.368	0.814	0.672	0.638	0.642	0.301	0.449	0.125	0.133
德陽	0.298	0.351	0.547	0.558	0.652	0.673	0.272	0.424	0.15	0.175
綿陽	0.178	0.297	0.798	0.601	0.554	0.582	0.361	0.512	0.176	0.188
廣元	0.147	0.217	0.828	0.527	0.448	0.238	0.397	0.85	0.106	0.114
遂寧	0.218	0.327	0.689	0.552	0.583	0.611	0.281	0.488	0.113	0.123

表 4.2.2 2012 年城市產業競爭力三級指標分值（續 1）

城市	從業者生產效率	企業銷售毛利率	資產/固定資產比率	銷售額/總資產比率	工業化發展水準	第二產業就業水準	第三產業發展水準	第三產業就業水準	產業製造能力	製造業人力資本指數
內江	0.33	0.247	0.82	0.917	0.685	0.644	0.243	0.445	0.123	0.134
樂山	0.218	0.264	0.798	0.396	0.67	0.685	0.287	0.399	0.152	0.186
南充	0.193	0.311	0.706	0.459	0.551	0.332	0.288	0.753	0.113	0.112
眉山	0.284	0.248	0.745	0.503	0.621	0.521	0.279	0.562	0.125	0.147
宜賓	0.23	0.429	0.957	0.578	0.672	0.675	0.265	0.422	0.168	0.181
廣安	0.259	0.244	0.64	0.566	0.548	0.317	0.333	0.767	0.1	0.101
達州	0.229	0.225	0.616	0.552	0.567	0.433	0.278	0.646	0.114	0.114
雅安	0.168	0.343	0.563	0.137	0.622	0.366	0.292	0.712	0.108	0.129
巴中	0.151	0.183	0.573	0.483	0.391	0.424	0.396	0.638	0.104	0.108
資陽	0.344	0.353	0.99	0.371	0.599	0.483	0.254	0.592	0.122	0.133
貴陽	0.15	0.269	0.84	0.436	0.466	0.598	0.581	0.497	0.194	0.216
六盤水	0.25	0.467	0.677	0.21	0.682	0.708	0.358	0.386	0.121	0.14
遵義	0.217	0.784	0.819	0.28	0.478	0.343	0.458	0.75	0.134	0.13
安順	0.17	0.274	0.811	0.219	0.437	0.329	0.478	0.74	0.11	0.125
昆明	0.178	0.266	0.793	0.654	0.516	0.486	0.525	0.603	0.234	0.211
曲靖	0.187	0.426	0.73	0.28	0.593	0.642	0.312	0.439	0.148	0.144
玉溪	0.238	0.747	0.851	0.38	0.7	0.534	0.301	0.547	0.133	0.178
保山	0.194	0.429	0.809	0.319	0.359	0.532	0.415	0.522	0.113	0.13
昭通	0.174	0.601	0.737	0.204	0.524	0.308	0.366	0.769	0.109	0.11
麗江	0.192	0.43	0.719	0.246	0.44	0.36	0.466	0.683	0.104	0.121
普洱	0.117	0.339	0.587	0.125	0.39	0.4	0.39	0.581	0.118	0.139
臨滄	0.154	0.423	0.532	0.1	0.405	0.262	0.34	0.701	0.107	0.118
拉薩	0.1	0.1	0.621	0.104	0.362	0.226	0.684	0.864	0.102	0.1
西安	0.185	0.287	0.915	0.584	0.496	0.504	0.559	0.591	0.367	0.267
銅川	0.207	0.302	0.705	0.261	0.698	0.605	0.323	0.487	0.106	0.142
寶雞	0.241	0.269	0.969	0.437	0.708	0.565	0.28	0.515	0.168	0.198
咸陽	0.258	0.417	0.859	0.531	0.591	0.502	0.312	0.585	0.157	0.163
渭南	0.243	0.186	0.727	0.277	0.559	0.479	0.37	0.586	0.145	0.146
延安	0.307	0.687	0.778	0.273	0.804	0.456	0.213	0.62	0.106	0.116
漢中	0.17	0.274	0.879	0.348	0.449	0.445	0.419	0.633	0.138	0.159
榆林	0.534	0.843	0.883	0.426	0.77	0.37	0.277	0.699	0.108	0.114
安康	0.19	0.398	0.604	0.29	0.454	0.211	0.426	0.873	0.104	0.11
商洛	0.174	0.232	0.795	0.275	0.471	0.327	0.411	0.744	0.105	0.114
蘭州	0.166	0.345	0.762	0.423	0.546	0.579	0.523	0.517	0.179	0.216
嘉峪關	0.341	0.192	0.793	0.285	0.896	0.899	0.195	0.201	0.122	0.615
金昌	0.248	0.165	0.859	0.831	0.886	0.84	0.161	0.209	0.127	0.416
白銀	0.211	0.192	0.795	0.268	0.621	0.586	0.351	0.478	0.123	0.175
天水	0.149	0.172	0.759	0.284	0.434	0.427	0.451	0.641	0.123	0.138
武威	0.149	0.228	0.659	0.246	0.458	0.298	0.358	0.664	0.107	0.123
張掖	0.183	0.287	0.671	0.199	0.409	0.339	0.376	0.625	0.109	0.144
平涼	0.167	0.347	0.975	0.157	0.534	0.42	0.333	0.65	0.104	0.113
酒泉	0.317	0.287	0.686	0.204	0.588	0.386	0.37	0.636	0.105	0.128
慶陽	0.297	1	0.55	0.201	0.677	0.1	0.272	0.631	0.101	0.103
定西	0.115	0.178	0.649	0.17	0.296	0.231	0.474	0.838	0.105	0.111
隴南	0.139	0.459	0.788	0.197	0.334	0.251	0.483	0.789	0.103	0.107
西寧	0.168	0.215	0.702	0.371	0.579	0.498	0.482	0.595	0.145	0.21
銀川	0.192	0.393	0.703	0.226	0.568	0.572	0.478	0.479	0.129	0.179
石嘴山	0.204	0.315	0.806	0.253	0.705	0.692	0.333	0.372	0.121	0.259
吳忠	0.206	0.219	0.799	0.285	0.576	0.363	0.338	0.668	0.109	0.139
固原	0.115	0.526	0.875	0.307	0.252	0.129	0.536	0.905	0.1	0.104
中衛	0.296	0.229	0.816	0.214	0.467	0.255	0.429	0.743	0.105	0.126
烏魯木齊	0.215	0.471	0.709	0.299	0.511	0.434	0.575	0.634	0.15	0.186
克拉瑪依	0.4	0.642	0.589	0.259	1	0.904	0.1	0.195	0.119	0.367
香港	0.453	0.975	0.461	0.365	0.1	0.162	1	1	0.179	0.16
澳門	0.738	0.681	0.461	0.365	0.103	0.252	0.997	0.845	0.11	0.205
新北	0.21	0.379	0.461	0.365	0.361	0.459	0.722	0.633	0.128	0.139
臺北	0.211	1	0.461	0.365	0.361	0.245	0.722	0.85	0.119	0.139

表 4.2.2 2012 年城市產業競爭力三級指標分值（續 1）

城市	從業者生產效率	企業銷售毛利率	資產/固定資產比率	銷售額/總資產比率	工業化發展水準	第二產業就業水準	第三產業發展水準	第三產業就業水準	產業製造能力	製造業人力資本指數
台中	0.21	0.343	0.461	0.365	0.361	0.496	0.722	0.566	0.119	0.139
台南	0.208	0.229	0.461	0.365	0.361	0.513	0.722	0.513	0.113	0.139
高雄	0.208	0.242	0.461	0.365	0.361	0.435	0.722	0.617	0.12	0.139
基隆	0.204	1	0.461	0.365	0.361	0.357	0.722	0.736	0.102	0.139
新竹	0.211	0.171	0.461	0.365	0.361	0.499	0.722	0.592	0.102	0.139
嘉義	0.207	1	0.461	0.365	0.361	0.331	0.722	0.742	0.101	0.139

表 4.2.3 2012 年城市產業競爭力三級指標分值（續 2）

城市	外資企業數	外資企業產出規模	外資企業貢獻度	外資企業平均產出能力	外資企業相對量	工業集中度	企業固定資產集中度	市區工業企業相對量	企業總資產規模
北京	0.297	0.368	0.578	0.263	0.366	0.984	0.987	0.957	0.646
天津	0.443	0.445	0.603	0.221	0.502	0.926	0.954	0.893	0.595
石家莊	0.119	0.12	0.188	0.231	0.167	0.25	0.401	0.16	0.191
唐山	0.118	0.153	0.272	0.454	0.207	0.611	0.722	0.474	0.217
秦皇島	0.117	0.122	0.579	0.257	0.344	0.667	0.133	0.52	0.144
邯鄲	0.108	0.136	0.312	0.621	0.17	0.37	0.549	0.268	0.202
邢臺	0.108	0.122	0.398	0.414	0.175	0.304	0.425	0.151	0.149
保定	0.125	0.119	0.265	0.195	0.223	0.378	0.463	0.177	0.18
張家口	0.106	0.106	0.269	0.226	0.202	0.681	0.564	0.374	0.141
承德	0.101	0.101	0.113	0.152	0.125	0.397	0.583	0.25	0.141
滄州	0.119	0.116	0.239	0.203	0.19	0.323	0.439	0.15	0.162
廊坊	0.131	0.123	0.356	0.187	0.339	0.26	0.369	0.24	0.151
衡水	0.109	0.104	0.195	0.153	0.183	0.424	0.47	0.22	0.12
太原	0.105	0.108	0.196	0.3	0.19	0.875	0.867	0.785	0.193
大同	0.102	0.102	0.153	0.2	0.187	0.849	0.872	0.411	0.149
陽泉	0.101	0.101	0.138	0.176	0.166	0.709	0.693	0.518	0.129
長治	0.101	0.102	0.138	0.4	0.122	0.3	0.294	0.259	0.17
晉城	0.102	0.106	0.27	0.403	0.176	0.366	0.435	0.227	0.156
朔州	0.101	0.101	0.134	0.257	0.137	0.663	0.761	0.32	0.13
晉中	0.105	0.104	0.186	0.182	0.193	0.189	0.182	0.321	0.149
運城	0.104	0.102	0.13	0.153	0.159	0.133	0.177	0.165	0.151
忻州	0.101	0.1	0.106	0.115	0.12	0.216	0.17	0.161	0.126
臨汾	0.103	0.103	0.149	0.225	0.153	0.189	0.219	0.192	0.15
呂梁	0.102	0.106	0.282	0.534	0.125	0.128	0.138	0.1	0.173
呼和浩特	0.106	0.115	0.409	0.415	0.267	0.261	0.369	0.39	0.143
包頭	0.107	0.107	0.172	0.218	0.194	0.838	0.843	0.762	0.187
烏海	0.1	0.1	0.102	0.12	0.116	1	1	1	0.122
赤峰	0.102	0.104	0.17	0.312	0.133	0.467	0.522	0.367	0.134
通遼	0.103	0.11	0.24	0.504	0.151	0.431	0.315	0.28	0.132
鄂爾多斯	0.103	0.112	0.207	0.582	0.16	0.189	0.259	0.304	0.222
呼倫貝爾	0.104	0.103	0.185	0.17	0.192	0.278	0.232	0.206	0.13
巴彥淖爾	0.102	0.105	0.243	0.438	0.153	0.338	0.261	0.377	0.126
烏蘭察布	0.102	0.1	0.113	0.12	0.148	0.188	0.12	0.203	0.136
瀋陽	0.196	0.203	0.363	0.23	0.269	0.805	0.772	0.721	0.3
大連	0.295	0.236	0.533	0.184	0.488	0.72	0.75	0.595	0.352
鞍山	0.116	0.106	0.157	0.142	0.16	0.516	0.638	0.434	0.179
撫順	0.114	0.105	0.181	0.146	0.193	0.758	0.904	0.54	0.135
本溪	0.107	0.119	0.408	0.446	0.198	0.896	0.943	0.742	0.163
丹東	0.123	0.107	0.309	0.139	0.301	0.39	0.386	0.389	0.118
錦州	0.112	0.112	0.271	0.213	0.216	0.513	0.53	0.361	0.127
營口	0.134	0.127	0.392	0.195	0.29	0.654	0.868	0.65	0.149
阜新	0.104	0.103	0.24	0.183	0.174	0.812	0.809	0.734	0.118
遼陽	0.107	0.11	0.248	0.266	0.174	0.478	0.647	0.361	0.137
盤錦	0.105	0.103	0.145	0.175	0.166	0.64	0.896	0.364	0.158
鐵嶺	0.109	0.105	0.152	0.168	0.144	0.252	0.254	0.27	0.141

表 4.2.3 2012 年城市產業競爭力三級指標分值（續 2）

城市	外資企業數	外資企業產出規模	外資企業貢獻度	外資企業平均產出能力	外資企業相對量	工業集中度	企業固定資產集中度	市區工業企業相對量	企業總資產規模
朝陽	0.104	0.101	0.126	0.132	0.127	0.283	0.199	0.282	0.121
葫蘆島	0.103	0.102	0.146	0.17	0.145	0.769	0.282	0.566	0.152
長春	0.127	0.233	0.653	0.681	0.258	0.901	0.832	0.565	0.241
吉林	0.105	0.106	0.169	0.235	0.142	0.685	0.684	0.539	0.158
四平	0.102	0.104	0.183	0.291	0.137	0.456	0.399	0.421	0.122
遼源	0.101	0.101	0.148	0.235	0.127	0.62	0.748	0.486	0.113
通化	0.103	0.102	0.144	0.171	0.141	0.582	0.667	0.267	0.125
白山	0.102	0.102	0.188	0.233	0.145	0.595	0.667	0.52	0.113
松原	0.101	0.103	0.155	0.379	0.116	0.411	0.672	0.346	0.141
白城	0.102	0.101	0.236	0.184	0.16	0.313	0.393	0.377	0.11
哈爾濱	0.119	0.121	0.323	0.23	0.226	0.761	0.786	0.691	0.201
齊齊哈爾	0.104	0.104	0.228	0.242	0.183	0.666	0.788	0.6	0.13
雞西	0.101	0.101	0.221	0.267	0.145	0.645	0.784	0.495	0.113
鶴崗	0.101	0.1	0.113	0.124	0.14	0.804	0.879	0.714	0.108
雙鴨山	0.1	0.1	0.119	0.217	0.114	0.665	0.831	0.549	0.112
大慶	0.104	0.105	0.137	0.25	0.159	0.944	0.974	0.866	0.227
伊春	0.102	0.101	0.186	0.133	0.227	0.839	0.917	0.769	0.107
佳木斯	0.103	0.103	0.327	0.219	0.185	0.553	0.529	0.435	0.111
七台河	0.1	0.1	0.101	0.108	0.12	0.844	0.855	0.775	0.114
牡丹江	0.106	0.103	0.284	0.168	0.209	0.431	0.594	0.391	0.114
黑河	0.101	0.1	0.2	0.139	0.17	0.341	0.348	0.278	0.104
綏化	0.102	0.102	0.225	0.224	0.174	0.106	0.1	0.153	0.11
上海	1	1	0.831	0.22	0.601	0.988	0.978	0.983	1
南京	0.227	0.259	0.553	0.25	0.402	0.908	0.935	0.801	0.333
無錫	0.347	0.341	0.554	0.217	0.388	0.485	0.513	0.66	0.47
徐州	0.127	0.132	0.252	0.244	0.172	0.633	0.756	0.411	0.203
常州	0.248	0.222	0.502	0.198	0.317	0.807	0.837	0.849	0.276
蘇州	0.931	0.898	0.891	0.215	0.671	0.332	0.363	0.328	0.771
南通	0.359	0.244	0.576	0.167	0.417	0.417	0.491	0.399	0.248
連雲港	0.134	0.127	0.438	0.195	0.291	0.477	0.667	0.286	0.154
淮安	0.127	0.119	0.294	0.186	0.205	0.617	0.697	0.484	0.142
鹽城	0.151	0.143	0.368	0.202	0.223	0.38	0.342	0.277	0.175
揚州	0.174	0.172	0.406	0.218	0.278	0.45	0.584	0.37	0.2
鎮江	0.204	0.173	0.527	0.184	0.411	0.447	0.519	0.327	0.204
泰州	0.163	0.167	0.433	0.229	0.245	0.344	0.422	0.262	0.2
宿遷	0.112	0.103	0.158	0.128	0.144	0.468	0.585	0.389	0.125
杭州	0.342	0.264	0.462	0.181	0.317	0.795	0.802	0.649	0.422
寧波	0.535	0.317	0.6	0.16	0.424	0.668	0.678	0.512	0.418
溫州	0.164	0.118	0.198	0.134	0.174	0.418	0.438	0.367	0.242
嘉興	0.314	0.186	0.512	0.148	0.372	0.284	0.282	0.244	0.269
湖州	0.193	0.131	0.38	0.139	0.343	0.484	0.45	0.433	0.168
紹興	0.25	0.176	0.372	0.161	0.351	0.194	0.266	0.196	0.306
金華	0.157	0.117	0.22	0.135	0.189	0.236	0.273	0.209	0.216
衢州	0.111	0.104	0.201	0.149	0.172	0.492	0.555	0.318	0.131
舟山	0.106	0.107	0.277	0.238	0.187	0.739	0.635	0.826	0.14
台州	0.164	0.123	0.256	0.144	0.181	0.414	0.459	0.363	0.206
麗水	0.107	0.102	0.146	0.138	0.138	0.323	0.335	0.225	0.132
合肥	0.127	0.146	0.398	0.308	0.212	0.756	0.787	0.552	0.197
蕪湖	0.124	0.126	0.381	0.227	0.227	0.771	0.764	0.509	0.157
蚌埠	0.106	0.106	0.292	0.213	0.17	0.66	0.593	0.479	0.12
淮南	0.103	0.103	0.182	0.22	0.142	0.95	0.992	0.727	0.157
馬鞍山	0.108	0.11	0.272	0.237	0.198	0.8	0.867	0.518	0.145
淮北	0.105	0.102	0.155	0.151	0.166	0.805	0.899	0.728	0.139
銅陵	0.103	0.106	0.229	0.307	0.212	0.881	0.771	0.641	0.133
安慶	0.11	0.103	0.154	0.136	0.159	0.399	0.433	0.199	0.125
黃山	0.103	0.1	0.137	0.118	0.16	0.543	0.489	0.496	0.106
滁州	0.112	0.107	0.274	0.174	0.192	0.367	0.434	0.297	0.123

表 4.2.3 2012 年城市產業競爭力三級指標分值（續 2）

城市	外資企業數	外資企業產出規模	外資企業貢獻度	外資企業平均產出能力	外資企業相對量	工業集中度	企業固定資產集中度	市區工業企業相對量	企業總資產規模
阜陽	0.104	0.102	0.163	0.16	0.149	0.399	0.388	0.346	0.117
宿州	0.103	0.102	0.16	0.165	0.134	0.492	0.658	0.403	0.113
六安	0.105	0.105	0.247	0.228	0.142	0.334	0.378	0.364	0.117
亳州	0.101	0.1	0.11	0.127	0.112	0.456	0.381	0.357	0.108
池州	0.103	0.101	0.16	0.127	0.149	0.56	0.72	0.46	0.108
宣城	0.11	0.105	0.206	0.156	0.167	0.224	0.409	0.254	0.119
福州	0.245	0.214	0.714	0.194	0.57	0.403	0.382	0.431	0.213
廈門	0.259	0.236	1	0.203	0.768	1	1	1	0.205
莆田	0.144	0.124	0.562	0.165	0.403	0.882	0.932	0.829	0.126
三明	0.119	0.105	0.2	0.134	0.209	0.326	0.374	0.238	0.128
泉州	0.412	0.272	0.772	0.166	0.659	0.324	0.412	0.247	0.237
漳州	0.207	0.149	0.717	0.155	0.537	0.287	0.277	0.28	0.148
南平	0.116	0.105	0.267	0.14	0.217	0.373	0.43	0.243	0.12
龍岩	0.128	0.112	0.358	0.152	0.29	0.556	0.506	0.429	0.133
寧德	0.107	0.103	0.182	0.149	0.167	0.152	0.217	0.131	0.122
南昌	0.123	0.136	0.415	0.29	0.282	0.631	0.58	0.608	0.166
景德鎮	0.104	0.102	0.161	0.148	0.196	0.566	0.752	0.434	0.126
萍鄉	0.102	0.101	0.12	0.162	0.122	0.704	0.821	0.532	0.119
九江	0.117	0.109	0.251	0.166	0.273	0.382	0.397	0.245	0.128
新餘	0.103	0.116	0.436	0.741	0.178	0.862	0.918	0.739	0.138
鷹潭	0.102	0.101	0.111	0.134	0.196	0.253	0.137	0.43	0.131
贛州	0.136	0.12	0.475	0.166	0.469	0.3	0.28	0.241	0.123
吉安	0.114	0.111	0.327	0.194	0.264	0.187	0.269	0.156	0.116
宜春	0.109	0.108	0.262	0.205	0.201	0.137	0.154	0.182	0.122
撫州	0.109	0.103	0.196	0.139	0.202	0.396	0.39	0.311	0.108
上饒	0.109	0.108	0.276	0.215	0.209	0.118	0.126	0.155	0.123
濟南	0.133	0.119	0.204	0.17	0.252	0.652	0.667	0.562	0.224
青島	0.399	0.256	0.458	0.163	0.59	0.557	0.638	0.314	0.304
淄博	0.13	0.146	0.247	0.287	0.181	0.783	0.713	0.819	0.233
棗莊	0.112	0.109	0.174	0.189	0.16	0.589	0.611	0.664	0.149
東營	0.108	0.122	0.19	0.437	0.182	0.48	0.631	0.444	0.243
煙臺	0.248	0.286	0.549	0.251	0.5	0.423	0.407	0.379	0.276
濰坊	0.169	0.157	0.286	0.199	0.227	0.286	0.405	0.227	0.254
濟寧	0.119	0.126	0.262	0.264	0.145	0.361	0.309	0.254	0.222
泰安	0.11	0.108	0.152	0.193	0.157	0.24	0.307	0.289	0.17
威海	0.188	0.172	0.5	0.198	0.552	0.296	0.494	0.307	0.184
日照	0.117	0.125	0.386	0.278	0.287	0.764	0.859	0.642	0.154
萊蕪	0.104	0.102	0.136	0.15	0.185	1	1	1	0.144
臨沂	0.134	0.138	0.302	0.235	0.178	0.514	0.607	0.362	0.178
德州	0.114	0.113	0.181	0.21	0.14	0.24	0.252	0.19	0.176
聊城	0.106	0.105	0.13	0.196	0.123	0.175	0.156	0.227	0.182
濱州	0.111	0.113	0.185	0.242	0.181	0.235	0.222	0.278	0.184
菏澤	0.111	0.11	0.192	0.208	0.146	0.267	0.317	0.229	0.14
鄭州	0.121	0.13	0.224	0.27	0.172	0.284	0.362	0.297	0.235
開封	0.104	0.101	0.131	0.143	0.127	0.286	0.365	0.216	0.125
洛陽	0.107	0.107	0.141	0.225	0.134	0.433	0.332	0.32	0.211
平頂山	0.103	0.107	0.191	0.403	0.127	0.516	0.576	0.365	0.16
安陽	0.103	0.102	0.117	0.165	0.131	0.332	0.476	0.226	0.143
鶴壁	0.102	0.101	0.135	0.167	0.144	0.527	0.794	0.611	0.12
新鄉	0.107	0.111	0.221	0.296	0.149	0.331	0.436	0.243	0.146
焦作	0.105	0.11	0.181	0.324	0.144	0.295	0.525	0.163	0.144
濮陽	0.103	0.103	0.149	0.208	0.141	0.383	0.742	0.273	0.127
許昌	0.105	0.104	0.144	0.208	0.136	0.229	0.298	0.169	0.143
漯河	0.102	0.116	0.336	0.199	0.127	0.582	0.271	0.652	0.122
三門峽	0.103	0.109	0.21	0.517	0.136	0.202	0.224	0.197	0.148
南陽	0.107	0.105	0.15	0.191	0.142	0.303	0.47	0.245	0.145
商丘	0.103	0.101	0.116	0.135	0.136	0.29	0.223	0.394	0.128

表 4.2.3 2012 年城市產業競爭力三級指標分值（續 2）

城市	外資企業數	外資企業產出規模	外資企業貢獻度	外資企業平均產出能力	外資企業相對量	工業集中度	企業固定資產集中度	市區工業企業相對量	企業總資產規模
信陽	0.102	0.101	0.131	0.169	0.119	0.386	0.51	0.232	0.117
周口	0.102	0.105	0.175	0.334	0.12	0.157	0.178	0.125	0.124
駐馬店	0.105	0.103	0.171	0.175	0.133	0.329	0.536	0.209	0.126
武漢	0.153	0.199	0.475	0.323	0.267	0.879	0.742	0.742	0.337
黃石	0.105	0.114	0.382	0.452	0.16	0.644	0.784	0.478	0.137
十堰	0.104	0.129	0.647	1	0.141	0.812	0.877	0.475	0.188
宜昌	0.11	0.11	0.214	0.214	0.178	0.522	0.825	0.354	0.215
襄陽	0.109	0.126	0.373	0.455	0.151	0.63	0.711	0.472	0.148
鄂州	0.102	0.102	0.168	0.184	0.146	1	1	1	0.115
荊門	0.106	0.104	0.177	0.171	0.152	0.506	0.589	0.352	0.122
孝感	0.11	0.105	0.226	0.162	0.178	0.182	0.198	0.24	0.124
荊州	0.109	0.105	0.244	0.173	0.163	0.505	0.61	0.424	0.123
黃岡	0.109	0.104	0.22	0.155	0.152	0.181	0.174	0.15	0.117
咸寧	0.106	0.104	0.245	0.175	0.17	0.357	0.303	0.323	0.112
隨州	0.106	0.103	0.251	0.166	0.19	0.467	0.771	0.391	0.109
長沙	0.122	0.119	0.209	0.201	0.178	0.424	0.407	0.264	0.21
株洲	0.11	0.108	0.213	0.191	0.166	0.649	0.715	0.291	0.143
湘潭	0.105	0.106	0.197	0.239	0.156	0.725	0.91	0.52	0.138
衡陽	0.107	0.105	0.167	0.188	0.159	0.361	0.596	0.335	0.125
邵陽	0.104	0.101	0.136	0.134	0.138	0.322	0.405	0.265	0.111
岳陽	0.108	0.108	0.169	0.22	0.152	0.497	0.619	0.329	0.141
常德	0.106	0.106	0.224	0.224	0.159	0.549	0.464	0.381	0.133
張家界	0.101	0.1	0.186	0.135	0.176	0.397	0.317	0.391	0.105
益陽	0.106	0.103	0.191	0.163	0.166	0.543	0.522	0.463	0.116
郴州	0.108	0.105	0.191	0.18	0.161	0.316	0.371	0.227	0.131
永州	0.109	0.103	0.226	0.141	0.212	0.35	0.356	0.323	0.111
懷化	0.102	0.101	0.138	0.16	0.133	0.176	0.213	0.161	0.117
婁底	0.102	0.101	0.131	0.182	0.127	0.488	0.624	0.27	0.132
廣州	0.455	0.549	0.894	0.252	0.574	0.907	0.942	0.81	0.46
韶關	0.116	0.108	0.347	0.158	0.369	0.641	0.627	0.403	0.129
深圳	0.669	0.671	0.854	0.22	0.742	1	1	1	0.728
珠海	0.215	0.198	0.901	0.202	0.895	1	1	1	0.191
汕頭	0.155	0.124	0.408	0.153	0.297	0.998	0.985	0.996	0.142
佛山	0.351	0.327	0.483	0.209	0.403	1	1	1	0.349
江門	0.273	0.193	0.696	0.165	0.59	0.661	0.643	0.608	0.174
湛江	0.116	0.133	0.667	0.344	0.275	0.738	0.822	0.399	0.134
茂名	0.114	0.103	0.153	0.126	0.26	0.804	0.785	0.32	0.118
肇慶	0.146	0.135	0.593	0.193	0.474	0.467	0.668	0.38	0.136
惠州	0.264	0.228	0.902	0.194	0.924	0.837	0.862	0.621	0.171
梅州	0.12	0.106	0.413	0.135	0.454	0.299	0.236	0.17	0.116
汕尾	0.117	0.11	0.667	0.169	0.459	0.526	0.713	0.262	0.11
河源	0.124	0.117	0.598	0.186	0.603	0.44	0.52	0.427	0.118
陽江	0.115	0.111	0.478	0.185	0.336	0.373	0.331	0.338	0.115
清遠	0.138	0.16	0.61	0.291	0.533	0.497	0.259	0.4	0.14
東莞	0.671	0.383	0.995	0.16	1	1	1	1	0.313
中山	0.322	0.231	0.739	0.171	0.508	1	1	1	0.194
潮州	0.142	0.111	0.467	0.131	0.415	0.233	0.236	0.258	0.117
揭陽	0.142	0.119	0.356	0.153	0.256	0.294	0.417	0.29	0.132
雲浮	0.117	0.109	0.554	0.159	0.369	0.234	0.415	0.307	0.113
南寧	0.113	0.109	0.27	0.18	0.201	0.725	0.763	0.55	0.133
柳州	0.106	0.13	0.409	0.732	0.157	0.862	0.797	0.594	0.163
桂林	0.106	0.104	0.204	0.178	0.171	0.385	0.445	0.306	0.123
梧州	0.112	0.107	0.351	0.175	0.335	0.333	0.336	0.372	0.113
北海	0.106	0.105	0.511	0.204	0.349	0.791	0.745	0.663	0.109
防城港	0.103	0.111	0.668	0.511	0.273	0.846	0.83	0.645	0.113
欽州	0.104	0.104	0.318	0.221	0.186	0.798	0.943	0.551	0.117
貴港	0.106	0.104	0.315	0.177	0.245	0.52	0.734	0.453	0.115

表 4.2.3 2012 年城市產業競爭力三級指標分值（續 2）

城市	外資企業數	外資企業產出規模	外資企業貢獻度	外資企業平均產出能力	外資企業相對量	工業集中度	企業固定資產集中度	市區工業企業相對量	企業總資產規模
玉林	0.111	0.111	0.494	0.222	0.238	0.393	0.449	0.208	0.116
百色	0.102	0.101	0.147	0.175	0.161	0.286	0.256	0.259	0.129
賀州	0.104	0.101	0.231	0.127	0.286	0.699	0.673	0.605	0.105
河池	0.101	0.101	0.169	0.19	0.144	0.377	0.217	0.197	0.123
來賓	0.101	0.102	0.263	0.301	0.168	0.654	0.74	0.352	0.114
崇左	0.103	0.105	0.485	0.307	0.252	0.284	0.399	0.273	0.11
海口	0.107	0.104	0.362	0.173	0.467	1	1	1	0.114
三亞	0.101	0.1	0.242	0.138	0.353	1	1	1	0.102
重慶	0.148	0.186	0.33	0.317	0.161	0.83	0.803	0.663	0.363
成都	0.15	0.162	0.363	0.249	0.22	0.675	0.655	0.55	0.279
自貢	0.102	0.103	0.157	0.241	0.136	0.758	0.765	0.686	0.122
攀枝花	0.101	0.101	0.136	0.243	0.127	0.858	0.655	0.793	0.139
瀘州	0.102	0.101	0.124	0.158	0.13	0.635	0.766	0.551	0.119
德陽	0.108	0.107	0.211	0.207	0.172	0.39	0.544	0.354	0.164
綿陽	0.106	0.104	0.172	0.171	0.163	0.642	0.493	0.454	0.141
廣元	0.101	0.101	0.16	0.164	0.144	0.633	0.777	0.504	0.108
遂寧	0.101	0.101	0.136	0.185	0.13	0.48	0.481	0.503	0.112
內江	0.102	0.102	0.144	0.257	0.129	0.39	0.397	0.37	0.117
樂山	0.103	0.102	0.138	0.179	0.136	0.549	0.576	0.419	0.138
南充	0.101	0.101	0.128	0.231	0.122	0.607	0.534	0.496	0.127
眉山	0.104	0.102	0.18	0.184	0.159	0.434	0.476	0.387	0.117
宜賓	0.101	0.102	0.131	0.352	0.114	0.463	0.579	0.197	0.137
廣安	0.101	0.101	0.133	0.195	0.129	0.34	0.579	0.272	0.11
達州	0.101	0.1	0.111	0.178	0.114	0.25	0.442	0.167	0.115
雅安	0.102	0.101	0.152	0.15	0.138	0.303	0.222	0.25	0.127
巴中	0.1	0.1	0.103	0.116	0.114	0.303	0.182	0.398	0.103
資陽	0.101	0.1	0.109	0.139	0.122	0.445	0.406	0.328	0.115
貴陽	0.107	0.103	0.179	0.158	0.209	0.772	0.478	0.73	0.147
六盤水	0.101	0.101	0.142	0.333	0.126	0.445	0.352	0.325	0.134
遵義	0.102	0.1	0.114	0.122	0.141	0.347	0.274	0.257	0.134
安順	0.101	0.1	0.14	0.155	0.131	0.435	0.478	0.439	0.113
昆明	0.116	0.109	0.188	0.165	0.261	0.653	0.604	0.693	0.169
曲靖	0.102	0.102	0.15	0.211	0.138	0.438	0.312	0.273	0.145
玉溪	0.103	0.101	0.129	0.148	0.174	0.702	0.752	0.347	0.133
保山	0.101	0.1	0.202	0.153	0.167	0.414	1	0.455	0.101
昭通	0.101	0.1	0.131	0.143	0.127	0.432	0.499	0.244	0.113
麗江	0.1	0.1	0.145	0.207	0.118	0.275	0.427	0.257	0.103
普洱	0.101	0.1	0.18	0.165	0.146	0.306	0.3	0.257	0.11
臨滄	0.101	0.1	0.123	0.117	0.166	0.149	0.13	0.221	0.114
拉薩	0.1	0.1	0.1	0.1	0.1	0.644	0.92	0.456	0.109
西安	0.121	0.132	0.353	0.285	0.275	0.835	0.807	0.79	0.178
銅川	0.1	0.101	0.187	0.341	0.131	0.969	0.981	0.95	0.112
寶雞	0.103	0.104	0.167	0.233	0.16	0.665	0.667	0.491	0.144
咸陽	0.107	0.11	0.281	0.276	0.194	0.525	0.428	0.39	0.135
渭南	0.102	0.102	0.154	0.199	0.153	0.213	0.167	0.278	0.148
延安	0.1	0.1	0.103	0.159	0.123	0.873	0.901	0.24	0.161
漢中	0.101	0.1	0.121	0.132	0.133	0.228	0.343	0.28	0.117
榆林	0.101	0.101	0.111	0.28	0.108	0.145	0.238	0.16	0.163
安康	0.101	0.1	0.157	0.166	0.125	0.261	0.285	0.281	0.106
商洛	0.1	0.1	0.1	0.103	0.11	0.401	0.455	0.251	0.107
蘭州	0.103	0.103	0.143	0.22	0.156	0.87	0.846	0.773	0.15
嘉峪關	0.1	0.1	0.1	0.1	0.1	1	1	1	0.13
金昌	0.1	0.1	0.1	0.1	0.1	0.906	0.792	0.439	0.123
白銀	0.101	0.101	0.161	0.245	0.145	0.875	0.812	0.637	0.121
天水	0.1	0.1	0.122	0.14	0.125	0.788	0.647	0.593	0.107
武威	0.1	0.1	0.104	0.112	0.115	0.767	0.833	0.614	0.105
張掖	0.101	0.1	0.124	0.13	0.131	0.415	0.542	0.337	0.107

表 4.2.3 2012 年城市產業競爭力三級指標分值（續 2）

城市	外資企業數	外資企業產出規模	外資企業貢獻度	外資企業平均產出能力	外資企業相對量	工業集中度	企業固定資產集中度	市區工業企業相對量	企業總資產規模
平涼	0.1	0.1	0.1	0.1	0.1	0.35	0.446	0.47	0.12
酒泉	0.102	0.1	0.118	0.119	0.179	0.494	0.216	0.31	0.124
慶陽	0.1	0.1	0.116	0.207	0.137	0.1	0.15	0.242	0.116
定西	0.1	0.1	0.105	0.109	0.116	0.285	0.3	0.296	0.103
隴南	0.1	0.1	0.1	0.1	0.1	0.14	0.143	0.175	0.105
西寧	0.102	0.103	0.212	0.276	0.192	0.57	0.541	0.632	0.131
銀川	0.104	0.104	0.2	0.22	0.2	0.547	0.509	0.481	0.146
石嘴山	0.102	0.101	0.141	0.15	0.163	0.758	0.85	0.6	0.124
吳忠	0.1	0.1	0.114	0.168	0.114	0.319	0.293	0.425	0.115
固原	0.1	0.1	0.1	0.1	0.1	0.337	0.31	0.518	0.101
中衛	0.1	0.1	0.131	0.182	0.129	0.525	0.542	0.612	0.111
烏魯木齊	0.104	0.101	0.12	0.146	0.171	0.997	0.983	0.98	0.168
克拉瑪依	0.1	0.1	0.102	0.134	0.127	1	1	1	0.155
香港	0.232	0.163	0.578	0.157	0.514	1	1	1	0.254
澳門	0.105	0.104	0.459	0.187	0.441	1	1	1	0.111
新北	0.1	0.1	0.1	0.1	0.1	0.528	0.583	0.441	0.105
臺北	0.225	0.183	0.674	0.18	0.546	1	1	1	0.101
台中	0.1	0.1	0.1	0.1	0.1	0.528	0.583	0.441	0.112
台南	0.1	0.1	0.1	0.1	0.1	0.528	0.583	0.441	0.114
高雄	0.1	0.1	0.1	0.1	0.1	0.528	0.583	0.441	0.107
基隆	0.1	0.1	0.1	0.1	0.1	0.528	0.583	0.441	0.1
新竹	0.1	0.1	0.1	0.1	0.1	0.528	0.583	0.441	0.108
嘉義	0.1	0.1	0.1	0.1	0.1	0.528	0.583	0.441	0.1

4.3 城市財政金融競爭力三級指標分值

表 4.3.1 2012 年城市財政金融競爭力三級指標分值

城市	財政預算內收入	財政預算內支出	年末儲蓄總餘額	年末貸款總餘額	財政收入占 GDP 比重	人均財政預算內收入	人均財政預算內支出	人均年末儲蓄額	人均年末貸款額	人均財政收入增長率
北京	0.837	0.836	1	0.515	0.603	0.215	0.22	0.432	0.244	0.792
天津	0.434	0.48	0.331	0.236	0.423	0.178	0.191	0.223	0.168	1
石家莊	0.15	0.182	0.187	0.17	0.19	0.113	0.114	0.154	0.142	1
唐山	0.16	0.187	0.16	0.16	0.175	0.123	0.127	0.149	0.15	0.774
秦皇島	0.121	0.135	0.121	0.12	0.291	0.121	0.13	0.144	0.143	1
邯鄲	0.135	0.168	0.129	0.133	0.194	0.11	0.112	0.114	0.119	1
邢臺	0.116	0.143	0.122	0.125	0.187	0.106	0.108	0.114	0.119	1
保定	0.127	0.171	0.141	0.148	0.177	0.106	0.108	0.117	0.124	0.983
張家口	0.118	0.146	0.118	0.119	0.247	0.112	0.125	0.122	0.127	1
承德	0.116	0.14	0.115	0.115	0.239	0.113	0.13	0.124	0.126	0.915
滄州	0.127	0.154	0.128	0.133	0.167	0.11	0.113	0.12	0.127	1
廊坊	0.132	0.146	0.128	0.128	0.298	0.121	0.125	0.139	0.14	1
衡水	0.107	0.127	0.116	0.12	0.147	0.104	0.109	0.119	0.127	1
太原	0.142	0.149	0.2	0.157	0.292	0.13	0.129	0.27	0.192	0.831
大同	0.116	0.132	0.123	0.122	0.297	0.114	0.123	0.145	0.142	0.785
陽泉	0.11	0.113	0.111	0.11	0.326	0.125	0.127	0.159	0.151	1
長治	0.123	0.135	0.119	0.116	0.316	0.12	0.126	0.135	0.131	0.694
晉城	0.116	0.121	0.118	0.113	0.286	0.121	0.123	0.151	0.139	0.775
朔州	0.116	0.121	0.11	0.11	0.311	0.129	0.136	0.138	0.138	0.897
晉中	0.119	0.13	0.116	0.118	0.316	0.117	0.121	0.129	0.135	0.697
運城	0.11	0.132	0.113	0.115	0.172	0.104	0.109	0.109	0.115	1
忻州	0.112	0.132	0.113	0.114	0.357	0.111	0.126	0.123	0.129	1
臨汾	0.122	0.14	0.118	0.12	0.316	0.115	0.121	0.122	0.127	0.88
呂梁	0.121	0.138	0.115	0.115	0.321	0.117	0.124	0.121	0.124	0.933

表 4.3.1 2012 年城市財政金融競爭力三級指標分值

城市	財政預算內收入	財政預算內支出	年末儲蓄總餘額	年末貸款總餘額	財政收入占 GDP 比重	人均財政預算內收入	人均財政預算內支出	人均年末儲蓄額	人均年末貸款額	人均財政收入增長率
呼和浩特	0.138	0.146	0.138	0.121	0.258	0.141	0.146	0.191	0.149	0.852
包頭	0.142	0.151	0.123	0.117	0.219	0.149	0.159	0.159	0.142	0.572
烏海	0.109	0.114	0.105	0.103	0.32	0.159	0.202	0.172	0.154	1
赤峰	0.116	0.157	0.111	0.112	0.203	0.11	0.134	0.111	0.114	0.951
通遼	0.119	0.146	0.106	0.105	0.214	0.118	0.141	0.106	0.107	1
鄂爾多斯	0.173	0.184	0.125	0.113	0.336	0.217	0.247	0.189	0.145	1
呼倫貝爾	0.116	0.154	0.11	0.11	0.231	0.119	0.166	0.122	0.123	0.731
巴彥淖爾	0.11	0.13	0.105	0.103	0.243	0.12	0.155	0.119	0.11	1
烏蘭察布	0.104	0.135	0.105	0.105	0.129	0.106	0.149	0.111	0.114	0.974
瀋陽	0.244	0.239	0.216	0.179	0.343	0.154	0.148	0.198	0.164	1
大連	0.255	0.264	0.222	0.182	0.358	0.171	0.174	0.227	0.181	1
鞍山	0.155	0.151	0.126	0.125	0.316	0.146	0.138	0.146	0.145	1
撫順	0.124	0.138	0.112	0.114	0.338	0.135	0.154	0.137	0.143	1
本溪	0.122	0.13	0.109	0.11	0.323	0.14	0.154	0.136	0.14	1
丹東	0.124	0.132	0.112	0.114	0.403	0.13	0.137	0.13	0.139	1
錦州	0.124	0.135	0.113	0.115	0.333	0.123	0.128	0.124	0.131	1
營口	0.13	0.135	0.113	0.113	0.368	0.138	0.141	0.132	0.136	1
阜新	0.108	0.121	0.106	0.106	0.311	0.114	0.132	0.12	0.123	1
遼陽	0.122	0.124	0.111	0.112	0.382	0.138	0.137	0.138	0.142	1
盤錦	0.124	0.127	0.111	0.111	0.324	0.154	0.162	0.155	0.158	1
鐵嶺	0.123	0.135	0.108	0.109	0.406	0.126	0.135	0.114	0.12	1
朝陽	0.119	0.138	0.109	0.111	0.373	0.119	0.133	0.115	0.121	1
葫蘆島	0.116	0.127	0.111	0.112	0.387	0.118	0.126	0.123	0.128	1
長春	0.155	0.201	0.171	0.15	0.213	0.121	0.133	0.16	0.14	1
吉林	0.121	0.154	0.118	0.12	0.164	0.114	0.131	0.121	0.128	0.882
四平	0.107	0.127	0.107	0.108	0.147	0.106	0.116	0.107	0.112	1
遼源	0.104	0.114	0.102	0.103	0.167	0.112	0.138	0.113	0.118	0.842
通化	0.109	0.13	0.107	0.108	0.21	0.112	0.135	0.116	0.121	1
白山	0.106	0.124	0.104	0.105	0.226	0.117	0.16	0.12	0.126	1
松原	0.108	0.124	0.106	0.106	0.121	0.108	0.118	0.107	0.11	0.88
白城	0.104	0.122	0.103	0.103	0.162	0.106	0.129	0.106	0.109	1
哈爾濱	0.173	0.22	0.186	0.162	0.248	0.12	0.126	0.15	0.135	0.957
齊齊哈爾	0.114	0.127	0.111	0.113	0.225	0.107	0.104	0.107	0.112	1
雞西	0.107	0.11	0.107	0.108	0.237	0.111	0.109	0.122	0.13	1
鶴崗	0.103	0.111	0.103	0.104	0.237	0.112	0.132	0.123	0.132	1
雙鴨山	0.106	0.117	0.105	0.106	0.233	0.114	0.134	0.121	0.128	1
大慶	0.128	0.132	0.122	0.121	0.138	0.13	0.128	0.149	0.147	0.73
伊春	0.101	0.114	0.104	0.104	0.166	0.105	0.139	0.121	0.129	1
佳木斯	0.105	0.13	0.108	0.109	0.164	0.106	0.131	0.116	0.122	1
七台河	0.106	0.11	0.102	0.103	0.287	0.122	0.136	0.12	0.127	1
牡丹江	0.112	0.135	0.111	0.113	0.217	0.113	0.134	0.121	0.13	1
黑河	0.104	0.123	0.104	0.105	0.282	0.109	0.142	0.114	0.121	1
綏化	0.114	0.149	0.107	0.109	0.252	0.106	0.119	0.1	0.106	1
上海	1	1	0.855	0.49	0.606	0.219	0.226	0.334	0.214	0.721
南京	0.261	0.244	0.288	0.184	0.372	0.161	0.151	0.265	0.169	0.868
無錫	0.259	0.231	0.222	0.174	0.328	0.176	0.16	0.234	0.177	0.955
徐州	0.168	0.187	0.136	0.13	0.284	0.123	0.122	0.122	0.119	1
常州	0.188	0.173	0.166	0.148	0.348	0.158	0.144	0.198	0.169	1
蘇州	0.381	0.324	0.302	0.214	0.36	0.182	0.163	0.234	0.171	0.902
南通	0.19	0.184	0.17	0.165	0.313	0.137	0.128	0.162	0.157	1
連雲港	0.143	0.151	0.116	0.112	0.432	0.129	0.129	0.119	0.114	1
淮安	0.143	0.672	0.116	0.113	0.375	0.126	0.127	0.117	0.114	1
鹽城	0.158	0.176	0.128	0.125	0.307	0.123	0.124	0.119	0.119	1
揚州	0.151	0.151	0.134	0.13	0.283	0.134	0.128	0.148	0.143	1
鎮江	0.142	0.14	0.131	0.123	0.263	0.141	0.135	0.166	0.148	1
泰州	0.152	0.157	0.132	0.128	0.318	0.134	0.131	0.143	0.138	0.958

表 4.3.1 2012 年城市財政金融競爭力三級指標分值

城市	財政預算內收入	財政預算內支出	年末儲蓄總餘額	年末貸款總餘額	財政收入占 GDP 比重	人均財政預算內收入	人均財政預算內支出	人均年末儲蓄額	人均年末貸款額	人均財政收入增長率
宿遷	0.126	0.143	0.11	0.109	0.328	0.116	0.12	0.108	0.108	1
杭州	0.309	0.266	0.346	0.221	0.413	0.173	0.155	0.301	0.193	1
寧波	0.265	0.261	0.241	0.179	0.378	0.166	0.162	0.229	0.168	0.945
溫州	0.17	0.182	0.193	0.177	0.293	0.122	0.118	0.166	0.154	0.807
嘉興	0.154	0.151	0.151	0.138	0.289	0.136	0.128	0.176	0.154	0.995
湖州	0.129	0.132	0.125	0.119	0.281	0.13	0.129	0.157	0.142	0.919
紹興	0.159	0.157	0.17	0.145	0.262	0.136	0.128	0.197	0.16	0.893
金華	0.147	0.154	0.157	0.148	0.279	0.126	0.123	0.17	0.158	0.897
衢州	0.113	0.127	0.113	0.109	0.238	0.119	0.135	0.138	0.128	0.979
舟山	0.118	0.127	0.115	0.109	0.35	0.151	0.181	0.196	0.156	1
台州	0.15	0.157	0.151	0.14	0.258	0.125	0.121	0.155	0.142	0.911
麗水	0.112	0.135	0.115	0.114	0.257	0.118	0.15	0.146	0.145	0.885
合肥	0.18	0.184	0.164	0.128	0.355	0.142	0.14	0.175	0.129	1
蕪湖	0.128	0.135	0.116	0.11	0.319	0.139	0.145	0.147	0.129	1
蚌埠	0.112	0.127	0.109	0.108	0.256	0.111	0.118	0.114	0.114	1
淮南	0.115	0.119	0.111	0.109	0.319	0.119	0.118	0.129	0.124	1
馬鞍山	0.12	0.12	0.11	0.107	0.321	0.148	0.147	0.153	0.137	0.639
淮北	0.108	0.115	0.107	0.106	0.245	0.111	0.115	0.119	0.116	1
銅陵	0.109	0.112	0.105	0.103	0.28	0.144	0.162	0.151	0.138	0.532
安慶	0.114	0.14	0.116	0.116	0.2	0.107	0.114	0.114	0.116	0.922
黃山	0.108	0.117	0.106	0.105	0.367	0.12	0.137	0.127	0.126	1
滁州	0.114	0.132	0.11	0.109	0.274	0.11	0.117	0.111	0.111	1
阜陽	0.111	0.14	0.113	0.117	0.221	0.103	0.105	0.104	0.109	1
宿州	0.107	0.127	0.109	0.11	0.163	0.102	0.104	0.104	0.108	1
六安	0.112	0.138	0.111	0.11	0.242	0.105	0.111	0.106	0.107	1
亳州	0.106	0.124	0.107	0.108	0.181	0.102	0.104	0.101	0.106	1
池州	0.108	0.115	0.104	0.103	0.381	0.119	0.132	0.118	0.117	1
宣城	0.114	0.124	0.107	0.106	0.35	0.117	0.123	0.114	0.114	1
福州	0.176	0.168	0.186	0.155	0.297	0.132	0.12	0.181	0.149	1
廈門	0.189	0.182	0.163	0.133	0.507	0.178	0.171	0.224	0.162	0.887
莆田	0.113	0.118	0.109	0.11	0.217	0.114	0.112	0.118	0.122	1
三明	0.114	0.123	0.11	0.108	0.199	0.117	0.122	0.122	0.12	1
泉州	0.155	0.16	0.147	0.145	0.199	0.119	0.112	0.133	0.133	0.905
漳州	0.126	0.138	0.115	0.113	0.237	0.116	0.115	0.114	0.114	0.996
南平	0.11	0.12	0.11	0.108	0.206	0.112	0.117	0.121	0.119	0.952
龍岩	0.119	0.127	0.11	0.108	0.256	0.123	0.127	0.122	0.12	0.949
寧德	0.111	0.12	0.108	0.105	0.213	0.112	0.114	0.115	0.11	1
南昌	0.144	0.16	0.16	0.133	0.253	0.126	0.129	0.179	0.141	1
景德鎮	0.111	0.118	0.105	0.105	0.313	0.121	0.133	0.117	0.12	1
萍鄉	0.111	0.12	0.104	0.104	0.296	0.119	0.13	0.112	0.115	1
九江	0.121	0.143	0.115	0.113	0.261	0.112	0.12	0.115	0.114	1
新餘	0.114	0.118	0.105	0.104	0.297	0.14	0.152	0.13	0.129	1
鷹潭	0.108	0.112	0.104	0.103	0.319	0.123	0.135	0.124	0.119	1
贛州	0.123	0.162	0.121	0.121	0.267	0.107	0.112	0.109	0.111	0.789
吉安	0.116	0.14	0.111	0.113	0.297	0.109	0.117	0.109	0.113	1
宜春	0.119	0.143	0.113	0.114	0.286	0.11	0.115	0.109	0.113	1
撫州	0.116	0.135	0.108	0.109	0.327	0.111	0.119	0.108	0.112	1
上饒	0.121	0.149	0.113	0.114	0.301	0.108	0.113	0.106	0.11	1
濟南	0.182	0.19	0.208	0.152	0.258	0.136	0.133	0.209	0.149	1
青島	0.24	0.242	0.211	0.17	0.299	0.148	0.144	0.185	0.151	0.884
淄博	0.149	0.151	0.135	0.13	0.219	0.133	0.128	0.149	0.143	1
棗莊	0.122	0.132	0.111	0.111	0.218	0.118	0.119	0.115	0.116	1
東營	0.131	0.135	0.122	0.116	0.177	0.148	0.152	0.174	0.152	1
煙臺	0.173	0.184	0.157	0.15	0.212	0.131	0.13	0.152	0.145	1
濰坊	0.162	0.176	0.147	0.143	0.25	0.119	0.116	0.129	0.127	1
濟寧	0.151	0.165	0.132	0.13	0.253	0.118	0.115	0.12	0.12	1

表 4.3.1 2012 年城市財政金融競爭力三級指標分值

城市	財政預算內收入	財政預算內支出	年末儲蓄總餘額	年末貸款總餘額	財政收入占 GDP 比重	人均財政預算內收入	人均財政預算內支出	人均年末儲蓄額	人均年末貸款額	人均財政收入增長率
泰安	0.135	0.146	0.119	0.119	0.22	0.118	0.116	0.117	0.118	1
威海	0.135	0.143	0.122	0.122	0.234	0.139	0.144	0.151	0.152	0.773
日照	0.116	0.123	0.113	0.11	0.211	0.117	0.118	0.128	0.121	1
萊蕪	0.109	0.111	0.107	0.106	0.247	0.124	0.124	0.139	0.133	0.601
臨沂	0.135	0.162	0.129	0.133	0.19	0.109	0.108	0.112	0.117	1
德州	0.121	0.138	0.118	0.118	0.176	0.11	0.111	0.115	0.118	1
聊城	0.12	0.135	0.116	0.117	0.175	0.11	0.108	0.112	0.115	1
濱州	0.131	0.14	0.115	0.111	0.255	0.125	0.126	0.121	0.116	1
菏澤	0.125	0.149	0.115	0.118	0.277	0.108	0.107	0.104	0.109	1
鄭州	0.22	0.214	0.215	0.17	0.354	0.141	0.133	0.189	0.151	1
開封	0.11	0.13	0.109	0.11	0.162	0.105	0.109	0.105	0.11	1
洛陽	0.143	0.16	0.129	0.125	0.235	0.119	0.119	0.124	0.122	0.837
平頂山	0.124	0.138	0.115	0.116	0.236	0.114	0.114	0.114	0.118	0.756
安陽	0.119	0.135	0.113	0.114	0.194	0.11	0.111	0.11	0.114	0.832
鶴壁	0.105	0.113	0.103	0.103	0.202	0.111	0.121	0.109	0.112	0.954
新鄉	0.12	0.14	0.115	0.116	0.228	0.11	0.112	0.11	0.114	1
焦作	0.118	0.13	0.11	0.111	0.199	0.115	0.118	0.112	0.117	0.797
濮陽	0.108	0.121	0.107	0.109	0.158	0.106	0.109	0.107	0.114	0.861
許昌	0.116	0.13	0.111	0.112	0.174	0.111	0.112	0.11	0.114	0.93
漯河	0.107	0.116	0.105	0.105	0.156	0.108	0.111	0.107	0.11	1
三門峽	0.114	0.123	0.108	0.108	0.22	0.119	0.126	0.12	0.123	0.879
南陽	0.12	0.165	0.121	0.122	0.146	0.104	0.108	0.105	0.109	0.952
商丘	0.112	0.146	0.112	0.115	0.154	0.103	0.108	0.103	0.108	0.92
信陽	0.109	0.143	0.115	0.118	0.132	0.103	0.112	0.109	0.115	0.922
周口	0.11	0.149	0.112	0.117	0.131	0.102	0.105	0.101	0.107	0.98
駐馬店	0.11	0.143	0.113	0.116	0.143	0.103	0.107	0.104	0.109	0.984
武漢	0.221	0.255	0.259	0.187	0.265	0.137	0.143	0.211	0.157	0.964
黃石	0.109	0.124	0.109	0.108	0.194	0.111	0.125	0.121	0.119	1
十堰	0.112	0.154	0.111	0.111	0.229	0.11	0.146	0.117	0.118	1
宜昌	0.12	0.151	0.126	0.116	0.18	0.115	0.133	0.14	0.124	1
襄陽	0.114	0.146	0.118	0.119	0.138	0.107	0.116	0.115	0.118	1
鄂州	0.103	0.108	0.102	0.102	0.161	0.112	0.125	0.116	0.117	0.769
荆門	0.106	0.123	0.109	0.109	0.134	0.106	0.117	0.115	0.119	1
孝感	0.109	0.132	0.11	0.112	0.171	0.105	0.111	0.107	0.112	1
荆州	0.107	0.124	0.113	0.116	0.138	0.102	0.101	0.108	0.114	0.964
黃岡	0.111	0.146	0.113	0.115	0.18	0.104	0.113	0.106	0.112	0.91
咸寧	0.106	0.123	0.105	0.105	0.179	0.107	0.122	0.108	0.111	1
隨州	0.101	0.112	0.105	0.106	0.106	0.102	0.11	0.111	0.117	1
長沙	0.197	0.206	0.192	0.152	0.262	0.141	0.14	0.188	0.147	1
株洲	0.123	0.14	0.115	0.115	0.235	0.117	0.125	0.12	0.123	0.817
湘潭	0.113	0.127	0.11	0.111	0.207	0.114	0.124	0.12	0.124	0.939
衡陽	0.122	0.154	0.118	0.122	0.208	0.108	0.113	0.109	0.115	1
邵陽	0.108	0.14	0.113	0.115	0.173	0.102	0.106	0.104	0.109	0.97
岳陽	0.159	0.151	0.11	0.111	0.455	0.132	0.12	0.105	0.109	0.816
常德	0.12	0.146	0.113	0.115	0.186	0.11	0.115	0.108	0.113	1
張家界	0.103	0.112	0.102	0.102	0.227	0.107	0.121	0.106	0.11	0.855
益陽	0.106	0.13	0.108	0.109	0.143	0.103	0.112	0.105	0.109	0.857
郴州	0.118	0.14	0.112	0.114	0.224	0.111	0.119	0.112	0.117	1
永州	0.109	0.135	0.109	0.112	0.172	0.104	0.111	0.105	0.11	0.958
懷化	0.11	0.138	0.109	0.11	0.206	0.105	0.115	0.105	0.11	1
婁底	0.108	0.127	0.108	0.109	0.176	0.105	0.113	0.108	0.112	0.571
廣州	0.372	0.365	0.448	0.326	0.297	0.165	0.16	0.294	0.22	0.981
韶關	0.113	0.124	0.112	0.112	0.265	0.114	0.119	0.124	0.127	0.823
深圳	0.446	0.453	0.389	0.263	0.422	0.202	0.208	0.298	0.205	1
珠海	0.137	0.143	0.138	0.123	0.379	0.175	0.192	0.277	0.202	0.948
汕頭	0.121	0.13	0.126	0.13	0.231	0.111	0.106	0.128	0.134	0.979

表 4.3.1 2012 年城市財政金融競爭力三級指標分值

城市	財政預算內收入	財政預算內支出	年末儲蓄總餘額	年末貸款總餘額	財政收入占 GDP 比重	人均財政預算內收入	人均財政預算內支出	人均年末儲蓄額	人均年末貸款額	人均財政收入增長率
佛山	0.194	0.195	0.222	0.209	0.211	0.139	0.134	0.217	0.202	0.886
江門	0.131	0.132	0.131	0.135	0.253	0.121	0.113	0.143	0.151	0.993
湛江	0.119	0.138	0.122	0.122	0.186	0.107	0.105	0.114	0.116	1
茂名	0.115	0.13	0.113	0.117	0.144	0.106	0.104	0.108	0.115	0.99
肇慶	0.122	0.132	0.115	0.114	0.268	0.117	0.117	0.12	0.121	1
惠州	0.14	0.149	0.128	0.123	0.285	0.126	0.125	0.137	0.13	1
梅州	0.111	0.13	0.111	0.113	0.243	0.107	0.112	0.111	0.116	1
汕尾	0.107	0.112	0.103	0.104	0.218	0.106	0.103	0.102	0.106	1
河源	0.106	0.123	0.106	0.106	0.206	0.106	0.116	0.108	0.111	0.984
陽江	0.107	0.114	0.107	0.108	0.168	0.108	0.111	0.114	0.12	1
清遠	0.121	0.132	0.113	0.113	0.254	0.117	0.119	0.119	0.12	1
東莞	0.186	0.176	0.184	0.182	0.249	0.131	0.119	0.167	0.165	0.887
中山	0.142	0.138	0.136	0.133	0.283	0.141	0.132	0.18	0.171	1
潮州	0.106	0.112	0.108	0.11	0.167	0.106	0.105	0.116	0.122	1
揭陽	0.11	0.123	0.113	0.116	0.156	0.104	0.1	0.107	0.113	1
雲浮	0.106	0.116	0.106	0.107	0.226	0.107	0.113	0.112	0.117	1
南寧	0.147	0.168	0.157	0.133	0.323	0.121	0.123	0.154	0.129	1
柳州	0.122	0.14	0.121	0.114	0.219	0.117	0.126	0.133	0.123	0.918
桂林	0.119	0.146	0.119	0.118	0.233	0.111	0.122	0.121	0.121	0.921
梧州	0.109	0.121	0.106	0.106	0.217	0.109	0.115	0.108	0.11	1
北海	0.107	0.114	0.105	0.105	0.26	0.115	0.125	0.121	0.123	1
防城港	0.105	0.111	0.103	0.102	0.268	0.123	0.144	0.128	0.125	0.949
欽州	0.117	0.119	0.106	0.105	0.41	0.116	0.11	0.106	0.107	1
貴港	0.105	0.122	0.106	0.107	0.16	0.103	0.106	0.103	0.107	0.643
玉林	0.11	0.132	0.11	0.112	0.175	0.104	0.108	0.105	0.11	0.891
百色	0.109	0.135	0.106	0.105	0.227	0.107	0.124	0.105	0.106	0.85
賀州	0.102	0.113	0.102	0.102	0.165	0.104	0.115	0.103	0.106	0.806
河池	0.106	0.13	0.106	0.105	0.193	0.104	0.119	0.105	0.106	0.626
來賓	0.106	0.121	0.103	0.102	0.236	0.109	0.126	0.105	0.104	0.924
崇左	0.107	0.12	0.103	0.103	0.254	0.11	0.127	0.106	0.109	1
海口	0.114	0.118	0.131	0.117	0.305	0.122	0.122	0.206	0.158	1
三亞	0.112	0.111	0.108	0.104	0.625	0.158	0.161	0.187	0.154	1
重慶	0.418	0.589	0.288	0.24	0.467	0.132	0.146	0.138	0.127	1
成都	0.264	0.31	0.317	0.223	0.351	0.134	0.139	0.205	0.156	1
自貢	0.105	0.119	0.107	0.108	0.14	0.106	0.114	0.112	0.117	1
攀枝花	0.111	0.117	0.107	0.105	0.279	0.129	0.145	0.14	0.133	0.674
瀘州	0.113	0.132	0.111	0.111	0.253	0.109	0.115	0.111	0.114	1
德陽	0.113	0.157	0.119	0.115	0.195	0.11	0.144	0.131	0.126	1
綿陽	0.113	0.192	0.125	0.118	0.186	0.107	0.159	0.132	0.123	1
廣元	0.104	0.157	0.109	0.104	0.203	0.104	0.172	0.121	0.109	1
遂寧	0.104	0.121	0.106	0.107	0.148	0.103	0.111	0.107	0.112	1
內江	0.105	0.122	0.107	0.109	0.126	0.103	0.109	0.107	0.113	1
樂山	0.113	0.13	0.111	0.111	0.236	0.111	0.121	0.119	0.12	1
南充	0.108	0.149	0.115	0.117	0.158	0.103	0.114	0.108	0.113	1
眉山	0.106	0.123	0.108	0.109	0.178	0.106	0.116	0.112	0.118	1
宜賓	0.116	0.135	0.113	0.11	0.244	0.11	0.115	0.112	0.111	1
廣安	0.105	0.123	0.108	0.11	0.16	0.104	0.114	0.111	0.119	1
達州	0.108	0.138	0.112	0.115	0.153	0.103	0.111	0.107	0.114	1
雅安	0.103	0.118	0.105	0.104	0.212	0.108	0.135	0.122	0.118	1
巴中	0.101	0.124	0.104	0.104	0.12	0.1	0.114	0.101	0.105	1
資陽	0.106	0.124	0.108	0.11	0.152	0.104	0.111	0.109	0.115	1
貴陽	0.141	0.151	0.142	0.125	0.442	0.128	0.13	0.164	0.137	1
六盤水	0.114	0.127	0.106	0.104	0.363	0.115	0.122	0.108	0.106	1
遵義	0.116	0.149	0.116	0.113	0.242	0.107	0.115	0.111	0.109	0.987
安順	0.105	0.118	0.104	0.103	0.317	0.106	0.118	0.106	0.105	0.1
昆明	0.178	0.192	0.195	0.155	0.436	0.136	0.138	0.2	0.155	1

表 4.3.1 2012 年城市財政金融競爭力三級指標分值

城市	財政預算內收入	財政預算內支出	年末儲蓄總餘額	年末貸款總餘額	財政收入占 GDP 比重	人均財政預算內收入	人均財政預算內支出	人均年末儲蓄額	人均年末貸款額	人均財政收入增長率
曲靖	0.121	0.146	0.113	0.111	0.272	0.11	0.115	0.108	0.108	0.756
玉溪	0.119	0.127	0.111	0.108	0.327	0.125	0.131	0.128	0.12	0.871
保山	0.105	0.114	0.104	0.103	0.306	0.106	0.109	0.105	0.106	1
昭通	0.106	0.138	0.106	0.104	0.256	0.102	0.113	0.1	0.1	0.958
麗江	0.104	0.113	0.103	0.102	0.419	0.111	0.132	0.116	0.114	1
普洱	0.108	0.127	0.104	0.103	0.452	0.11	0.127	0.105	0.105	1
臨滄	0.103	0.122	0.102	0.101	0.254	0.104	0.121	0.1	0.101	1
拉薩	0.103	0.111	0.1	0.104	0.313	0.124	0.175	0.107	0.159	0.412
西安	0.174	0.198	0.23	0.189	0.281	0.126	0.127	0.204	0.169	1
銅川	0.103	0.111	0.102	0.102	0.276	0.114	0.148	0.122	0.124	1
寶雞	0.111	0.132	0.115	0.115	0.161	0.108	0.119	0.121	0.123	1
咸陽	0.112	0.138	0.115	0.116	0.16	0.106	0.114	0.114	0.118	1
渭南	0.109	0.138	0.113	0.114	0.17	0.104	0.112	0.11	0.114	0.892
延安	0.131	0.149	0.109	0.108	0.433	0.145	0.17	0.126	0.122	0.795
漢中	0.104	0.132	0.11	0.111	0.15	0.103	0.122	0.115	0.118	1
榆林	0.138	0.162	0.121	0.116	0.27	0.134	0.155	0.138	0.129	1
安康	0.103	0.127	0.106	0.106	0.163	0.103	0.125	0.109	0.112	1
商洛	0.102	0.121	0.104	0.105	0.169	0.103	0.122	0.107	0.111	1
蘭州	0.121	0.138	0.145	0.13	0.252	0.117	0.125	0.185	0.155	1
嘉峪關	0.101	0.1	0.101	0.1	0.18	0.133	0.136	0.169	0.15	0.681
金昌	0.102	0.103	0.101	0.101	0.191	0.119	0.136	0.129	0.13	0.664
白銀	0.102	0.116	0.104	0.103	0.155	0.104	0.126	0.112	0.112	0.866
天水	0.103	0.127	0.105	0.106	0.189	0.102	0.117	0.105	0.109	1
武威	0.1	0.117	0.103	0.104	0.121	0.101	0.125	0.109	0.113	1
張掖	0.101	0.113	0.102	0.102	0.147	0.104	0.133	0.113	0.116	0.884
平涼	0.102	0.12	0.103	0.103	0.217	0.104	0.125	0.107	0.109	1
酒泉	0.102	0.113	0.106	0.105	0.125	0.108	0.138	0.137	0.137	0.962
慶陽	0.108	0.127	0.104	0.104	0.313	0.111	0.133	0.107	0.11	1
定西	0.101	0.121	0.103	0.103	0.184	0.1	0.117	0.1	0.103	1
隴南	0.101	0.135	0.104	0.103	0.214	0.101	0.138	0.106	0.105	0.823
西寧	0.109	0.127	0.122	0.113	0.1	0.113	0.133	0.168	0.138	0.944
銀川	0.118	0.13	0.122	0.114	0.313	0.129	0.143	0.176	0.147	1
石嘴山	0.105	0.113	0.104	0.104	0.274	0.127	0.168	0.14	0.143	1
吳忠	0.103	0.118	0.103	0.102	0.281	0.11	0.145	0.112	0.113	1
固原	0.1	0.118	0.1	0.1	0.198	0.102	0.147	0.1	0.101	1
中衛	0.101	0.113	0.102	0.101	0.197	0.105	0.137	0.109	0.11	1
烏魯木齊	0.145	0.14	0.151	0.128	0.405	0.144	0.135	0.215	0.16	1
克拉瑪依	0.112	0.112	0.11	0.103	0.229	0.204	0.223	0.308	0.182	1
香港	0.969	0.786	0.968	1	0.651	0.478	0.435	1	1	0.426
澳門	0.26	0.238	0.128	0.125	1	1	1	0.48	0.429	0.652
新北	0.161	0.158	0.268	0.309	0.162	0.148	0.141	0.412	0.476	0.414
臺北	0.216	0.195	0.214	0.241	0.407	0.236	0.219	0.412	0.476	0.414
台中	0.152	0.144	0.214	0.242	0.195	0.16	0.148	0.412	0.476	0.414
台南	0.139	0.136	0.18	0.199	0.209	0.166	0.16	0.412	0.476	0.414
高雄	0.17	0.167	0.219	0.247	0.243	0.178	0.176	0.412	0.476	0.414
基隆	0.109	0.107	0.115	0.119	0.264	0.188	0.184	0.412	0.476	0.414
新竹	0.108	0.106	0.117	0.121	0.232	0.172	0.162	0.412	0.476	0.414
嘉義	0.106	0.103	0.11	0.113	0.267	0.188	0.173	0.412	0.476	0.414

表 4.3.2 2012 年城市財政金融競爭力三級指標分值（續）

城市	人均年末存款增長率	資本使用率	資本充裕指數	獲得銀行貸款便利度	獲得證券市場資本便利度	獲得民間及風險資本便利度	金融業從業人數	金融從業人員每萬人擁有量
北京	0.733	0.402	1	0.737	0.446	0.922	1	0.512
天津	0.648	0.485	0.31	0.397	0.247	0.36	0.326	0.246
石家莊	0.753	0.624	0.166	0.295	0.178	0.228	0.243	0.215

表 4.3.2 2012 年城市財政金融競爭力三級指標分值（續）

城市	人均年末存款增長率	資本使用率	資本充裕指數	獲得銀行貸款便利度	獲得證券市場資本便利度	獲得民間及風險資本便利度	金融業從業人數	金融從業人員每萬人擁有量
唐山	0.634	0.756	0.136	0.238	0.178	0.176	0.221	0.234
秦皇島	0.692	0.739	0.115	0.305	0.17	0.163	0.149	0.248
邯鄲	0.589	0.834	0.116	0.208	0.141	0.157	0.178	0.163
邢臺	0.661	0.857	0.112	0.227	0.145	0.142	0.149	0.15
保定	0.789	0.86	0.12	0.238	0.154	0.141	0.192	0.16
張家口	0.63	0.82	0.111	0.205	0.145	0.15	0.141	0.176
承德	0.915	0.761	0.111	0.21	0.134	0.137	0.146	0.216
滄州	0.578	0.871	0.114	0.188	0.144	0.142	0.16	0.164
廊坊	0.986	0.761	0.118	0.198	0.147	0.151	0.137	0.167
衡水	0.89	0.889	0.109	0.194	0.137	0.118	0.141	0.177
太原	0.777	0.478	0.194	0.275	0.18	0.217	0.181	0.269
大同	0.617	0.715	0.117	0.195	0.157	0.145	0.137	0.196
陽泉	1	0.676	0.111	0.175	0.14	0.133	0.118	0.232
長治	0.954	0.674	0.116	0.169	0.135	0.15	0.145	0.217
晉城	0.727	0.617	0.116	0.166	0.15	0.147	0.129	0.216
朔州	0.819	0.744	0.109	0.188	0.13	0.143	0.114	0.181
晉中	0.559	0.834	0.11	0.189	0.136	0.112	0.153	0.245
運城	0.631	0.865	0.108	0.164	0.149	0.123	0.138	0.156
忻州	0.799	0.846	0.109	0.176	0.149	0.141	0.125	0.17
臨汾	0.766	0.829	0.111	0.188	0.145	0.127	0.144	0.184
呂梁	0.821	0.781	0.111	0.184	0.148	0.12	0.127	0.157
呼和浩特	1	0.479	0.138	0.205	0.167	0.199	0.162	0.295
包頭	0.59	0.586	0.121	0.178	0.125	0.146	0.158	0.301
烏海	0.956	0.61	0.107	0.172	0.131	0.141	0.106	0.266
赤峰	0.897	0.776	0.109	0.155	0.143	0.133	0.134	0.163
通遼	1	0.697	0.107	0.163	0.129	0.125	0.12	0.153
鄂爾多斯	1	0.461	0.127	0.177	0.151	0.123	0.122	0.205
呼倫貝爾	0.708	0.752	0.109	0.109	0.121	0.115	0.131	0.208
巴彥淖爾	0.699	0.507	0.108	0.108	0.122	0.112	0.119	0.208
烏蘭察布	0.911	0.792	0.106	0.1	0.123	0.118	0.121	0.188
瀋陽	0.88	0.549	0.198	0.308	0.222	0.292	0.238	0.244
大連	0.951	0.541	0.204	0.334	0.225	0.279	0.263	0.313
鞍山	0.584	0.738	0.118	0.21	0.15	0.171	0.14	0.194
撫順	0.674	0.834	0.109	0.197	0.17	0.162	0.128	0.221
本溪	0.707	0.809	0.108	0.198	0.172	0.167	0.126	0.245
丹東	0.851	0.878	0.108	0.222	0.163	0.128	0.118	0.165
錦州	0.753	0.86	0.109	0.226	0.16	0.136	0.137	0.204
營口	0.632	0.796	0.109	0.207	0.159	0.143	0.125	0.193
阜新	0.851	0.791	0.106	0.152	0.159	0.142	0.121	0.208
遼陽	0.817	0.803	0.108	0.17	0.135	0.155	0.113	0.166
盤錦	0.658	0.782	0.109	0.225	0.128	0.142	0.125	0.274
鐵嶺	0.447	0.864	0.106	0.206	0.137	0.139	0.126	0.182
朝陽	0.91	0.876	0.107	0.191	0.148	0.144	0.143	0.224
葫蘆島	0.784	0.812	0.108	0.196	0.13	0.14	0.124	0.181
長春	0.678	0.563	0.16	0.292	0.194	0.234	0.208	0.216
吉林	0.462	0.854	0.111	0.188	0.161	0.159	0.142	0.178
四平	0.597	0.895	0.105	0.185	0.135	0.149	0.125	0.16
遼源	0.83	0.82	0.104	0.186	0.13	0.168	0.109	0.188
通化	0.726	0.847	0.106	0.167	0.142	0.174	0.127	0.206
白山	0.509	0.844	0.105	0.192	0.149	0.16	0.114	0.209
松原	0.762	0.765	0.106	0.204	0.122	0.157	0.122	0.165
白城	0.713	0.775	0.105	0.18	0.128	0.169	0.115	0.168
哈爾濱	0.793	0.577	0.17	0.312	0.266	0.252	0.254	0.219
齊齊哈爾	0.629	0.851	0.108	0.173	0.178	0.189	0.145	0.166
雞西	0.673	0.887	0.106	0.172	0.156	0.155	0.118	0.191
鶴崗	0.591	0.901	0.104	0.145	0.16	0.156	0.11	0.203
雙鴨山	0.629	0.887	0.105	0.174	0.143	0.162	0.112	0.181

表 4.3.2 2012 年城市財政金融競爭力三級指標分值（續）

城市	人均年末存款增長率	資本使用率	資本充裕指數	獲得銀行貸款便利度	獲得證券市場資本便利度	獲得民間及風險資本便利度	金融業從業人數	金融從業人員每萬人擁有量
大慶	0.746	0.719	0.116	0.197	0.201	0.177	0.141	0.224
伊春	0.819	0.877	0.104	0.167	0.138	0.151	0.109	0.188
佳木斯	0.669	0.869	0.106	0.203	0.173	0.171	0.121	0.173
七台河	0.727	0.862	0.104	0.162	0.103	0.166	0.115	0.272
牡丹江	0.627	0.906	0.107	0.161	0.118	0.17	0.157	0.285
黑河	0.596	0.883	0.105	0.153	0.107	0.176	0.118	0.202
綏化	0.699	0.941	0.105	0.184	0.104	0.178	0.126	0.131
上海	0.695	0.439	0.82	0.778	0.599	0.865	0.88	0.399
南京	0.799	0.397	0.292	0.423	0.224	0.321	0.199	0.201
無錫	0.74	0.502	0.21	0.311	0.239	0.265	0.183	0.208
徐州	0.808	0.651	0.128	0.208	0.177	0.167	0.172	0.163
常州	0.897	0.579	0.154	0.285	0.14	0.165	0.149	0.189
蘇州	1	0.47	0.288	0.401	0.274	0.329	0.218	0.189
南通	0.993	0.707	0.146	0.283	0.187	0.156	0.192	0.203
連雲港	0.786	0.596	0.116	0.204	0.157	0.184	0.144	0.183
淮安	1	0.641	0.115	0.21	0.166	0.152	0.142	0.171
鹽城	0.876	0.706	0.12	0.202	0.176	0.183	0.18	0.188
揚州	0.68	0.697	0.124	0.203	0.155	0.199	0.137	0.166
鎮江	0.936	0.596	0.127	0.234	0.172	0.177	0.15	0.242
泰州	0.892	0.675	0.124	0.203	0.178	0.168	0.152	0.194
宿遷	1	0.671	0.11	0.21	0.164	0.151	0.116	0.12
杭州	0.784	0.424	0.342	0.423	0.314	0.395	0.345	0.348
寧波	0.781	0.471	0.232	0.398	0.237	0.306	0.27	0.294
溫州	0.872	0.642	0.168	0.438	0.154	0.286	0.192	0.178
嘉興	0.962	0.589	0.142	0.344	0.248	0.201	0.16	0.213
湖州	1	0.602	0.122	0.387	0.192	0.162	0.139	0.219
紹興	0.761	0.527	0.162	0.399	0.221	0.227	0.16	0.203
金華	0.971	0.651	0.142	0.297	0.183	0.187	0.17	0.209
衢州	1	0.598	0.113	0.289	0.161	0.197	0.138	0.264
舟山	0.695	0.51	0.116	0.246	0.13	0.185	0.118	0.268
台州	0.915	0.62	0.14	0.298	0.133	0.308	0.209	0.256
麗水	0.726	0.741	0.112	0.291	0.121	0.195	0.129	0.225
合肥	0.837	0.394	0.168	0.229	0.162	0.195	0.175	0.21
蕪湖	1	0.541	0.117	0.169	0.149	0.15	0.124	0.196
蚌埠	0.924	0.705	0.109	0.186	0.124	0.114	0.126	0.168
淮南	0.806	0.638	0.111	0.159	0.142	0.157	0.124	0.191
馬鞍山	0.744	0.582	0.111	0.17	0.133	0.146	0.116	0.218
淮北	0.856	0.66	0.108	0.182	0.125	0.144	0.108	0.132
銅陵	0.746	0.61	0.107	0.176	0.139	0.138	0.106	0.217
安慶	1	0.752	0.112	0.184	0.133	0.134	0.131	0.141
黃山	1	0.709	0.107	0.171	0.127	0.141	0.117	0.226
滁州	1	0.693	0.11	0.162	0.135	0.127	0.121	0.139
阜陽	0.684	0.915	0.108	0.156	0.144	0.128	0.149	0.145
宿州	0.956	0.839	0.107	0.186	0.128	0.123	0.127	0.134
六安	0.944	0.716	0.11	0.18	0.134	0.13	0.121	0.121
亳州	0.982	0.855	0.106	0.169	0.152	0.145	0.127	0.139
池州	1	0.695	0.106	0.187	0.132	0.142	0.116	0.212
宣城	1	0.708	0.108	0.193	0.125	0.153	0.115	0.149
福州	1	0.522	0.176	0.291	0.225	0.268	0.197	0.213
廈門	1	0.45	0.162	0.304	0.213	0.261	0.142	0.202
莆田	0.857	0.819	0.107	0.244	0.157	0.168	0.124	0.176
三明	0.794	0.68	0.11	0.243	0.159	0.201	0.131	0.21
泉州	0.87	0.734	0.13	0.299	0.206	0.244	0.158	0.151
漳州	1	0.701	0.112	0.231	0.171	0.216	0.138	0.161
南平	0.866	0.68	0.11	0.226	0.188	0.197	0.133	0.212
龍岩	0.589	0.665	0.11	0.256	0.156	0.207	0.139	0.237
寧德	1	0.56	0.11	0.195	0.142	0.175	0.129	0.191

表 4.3.2 2012 年城市財政金融競爭力三級指標分值（續）

城市	人均年末存款增長率	資本使用率	資本充裕指數	獲得銀行貸款便利度	獲得證券市場資本便利度	獲得民間及風險資本便利度	金融業從業人數	金融從業人員每萬人擁有量
南昌	1	0.467	0.158	0.274	0.217	0.232	0.17	0.217
景德鎮	1	0.788	0.105	0.185	0.16	0.169	0.112	0.177
萍鄉	1	0.778	0.105	0.196	0.165	0.177	0.115	0.177
九江	1	0.681	0.113	0.212	0.159	0.169	0.133	0.153
新餘	0.675	0.715	0.106	0.164	0.14	0.145	0.107	0.169
鷹潭	1	0.62	0.106	0.156	0.132	0.152	0.105	0.159
贛州	1	0.768	0.114	0.196	0.145	0.121	0.148	0.138
吉安	0.936	0.83	0.108	0.174	0.134	0.149	0.126	0.139
宜春	1	0.823	0.109	0.163	0.137	0.127	0.132	0.141
撫州	0.907	0.834	0.107	0.19	0.132	0.135	0.119	0.136
上饒	1	0.83	0.109	0.164	0.141	0.149	0.134	0.134
濟南	0.743	0.423	0.208	0.272	0.205	0.237	0.293	0.351
青島	0.899	0.515	0.198	0.331	0.231	0.195	0.226	0.219
淄博	0.695	0.673	0.126	0.248	0.172	0.192	0.138	0.166
棗莊	0.422	0.738	0.11	0.229	0.151	0.159	0.124	0.151
東營	0.927	0.582	0.12	0.26	0.165	0.168	0.12	0.189
煙臺	0.808	0.678	0.14	0.18	0.13	0.148	0.218	0.244
濰坊	0.837	0.701	0.132	0.211	0.184	0.143	0.157	0.142
濟寧	0.868	0.722	0.122	0.198	0.167	0.148	0.187	0.185
泰安	0.654	0.745	0.114	0.198	0.159	0.134	0.143	0.161
威海	0.671	0.754	0.115	0.21	0.16	0.125	0.137	0.218
日照	0.934	0.607	0.113	0.17	0.174	0.13	0.129	0.191
萊蕪	0.276	0.66	0.108	0.185	0.153	0.134	0.107	0.161
臨沂	0.79	0.834	0.116	0.179	0.179	0.15	0.182	0.16
德州	0.8	0.786	0.112	0.224	0.15	0.139	0.15	0.17
聊城	0.521	0.788	0.111	0.176	0.165	0.155	0.148	0.164
濱州	0.812	0.611	0.114	0.208	0.166	0.143	0.13	0.166
菏澤	0.908	0.901	0.108	0.17	0.157	0.139	0.141	0.13
鄭州	0.903	0.499	0.204	0.303	0.249	0.209	0.233	0.228
開封	0.806	0.861	0.107	0.16	0.132	0.15	0.11	0.108
洛陽	0.896	0.677	0.122	0.193	0.137	0.141	0.162	0.174
平頂山	0.562	0.831	0.11	0.159	0.144	0.141	0.151	0.185
安陽	0.571	0.805	0.11	0.168	0.145	0.139	0.151	0.18
鶴壁	0.468	0.784	0.105	0.171	0.141	0.147	0.106	0.143
新鄉	0.708	0.821	0.11	0.179	0.149	0.149	0.13	0.135
焦作	0.578	0.834	0.107	0.192	0.155	0.118	0.152	0.229
濮陽	0.541	0.921	0.105	0.188	0.146	0.126	0.122	0.147
許昌	1	0.817	0.108	0.158	0.139	0.141	0.114	0.118
漯河	0.775	0.782	0.106	0.147	0.137	0.128	0.111	0.137
三門峽	0.957	0.782	0.107	0.163	0.135	0.116	0.122	0.191
南陽	1	0.805	0.113	0.171	0.138	0.15	0.16	0.138
商丘	0.985	0.92	0.107	0.19	0.139	0.138	0.13	0.122
信陽	0.955	0.881	0.109	0.157	0.137	0.127	0.137	0.142
周口	0.725	1	0.106	0.157	0.126	0.126	0.155	0.142
駐馬店	0.902	0.906	0.108	0.177	0.145	0.135	0.128	0.121
武漢	1	0.46	0.25	0.284	0.222	0.275	0.278	0.254
黃石	0.874	0.682	0.109	0.202	0.173	0.173	0.113	0.146
十堰	0.957	0.727	0.11	0.191	0.17	0.16	0.121	0.149
宜昌	0.769	0.523	0.126	0.19	0.163	0.181	0.127	0.152
襄陽	0.949	0.795	0.112	0.159	0.161	0.181	0.142	0.159
鄂州	1	0.735	0.105	0.16	0.163	0.152	0.107	0.18
荊門	1	0.802	0.107	0.172	0.16	0.174	0.122	0.164
孝感	1	0.839	0.108	0.194	0.165	0.19	0.129	0.145
荊州	0.661	0.893	0.108	0.168	0.165	0.162	0.133	0.14
黃岡	0.968	0.88	0.108	0.183	0.161	0.149	0.134	0.137
咸寧	0.959	0.792	0.106	0.191	0.162	0.159	0.113	0.145
隨州	0.918	0.868	0.105	0.173	0.137	0.164	0.106	0.122

表 4.3.2 2012 年城市財政金融競爭力三級指標分值（續）

城市	人均年末存款增長率	資本使用率	資本充裕指數	獲得銀行貸款便利度	獲得證券市場資本便利度	獲得民間及風險資本便利度	金融業從業人數	金融從業人員每萬人擁有量
長沙	0.826	0.479	0.186	0.414	0.169	0.18	0.272	0.314
株洲	0.691	0.771	0.111	0.245	0.162	0.137	0.128	0.158
湘潭	0.564	0.806	0.108	0.223	0.144	0.147	0.124	0.175
衡陽	0.721	0.896	0.11	0.187	0.137	0.145	0.159	0.162
邵陽	0.759	0.9	0.108	0.226	0.151	0.138	0.142	0.14
岳陽	0.612	0.834	0.108	0.202	0.131	0.145	0.146	0.166
常德	0.863	0.857	0.108	0.191	0.137	0.147	0.132	0.139
張家界	0.791	0.818	0.104	0.163	0.124	0.13	0.107	0.151
益陽	0.759	0.858	0.106	0.205	0.13	0.149	0.139	0.173
郴州	0.754	0.862	0.108	0.23	0.152	0.135	0.118	0.124
永州	0.668	0.915	0.106	0.16	0.148	0.124	0.131	0.143
懷化	0.871	0.861	0.107	0.214	0.139	0.148	0.13	0.148
婁底	0.567	0.801	0.107	0.18	0.142	0.128	0.117	0.131
廣州	0.625	0.527	0.396	0.553	0.407	0.428	0.36	0.274
韶關	0.602	0.785	0.109	0.311	0.149	0.195	0.125	0.176
深圳	0.751	0.469	0.368	0.428	0.432	0.514	0.456	0.405
珠海	1	0.5	0.137	0.17	0.121	0.138	0.157	0.448
汕頭	0.714	0.854	0.114	0.194	0.175	0.162	0.143	0.161
佛山	0.743	0.683	0.182	0.379	0.27	0.245	0.187	0.198
江門	0.64	0.851	0.116	0.219	0.138	0.167	0.155	0.205
湛江	0.907	0.747	0.116	0.205	0.151	0.172	0.138	0.136
茂名	0.723	0.926	0.107	0.221	0.143	0.192	0.128	0.132
肇慶	0.854	0.751	0.111	0.207	0.147	0.171	0.122	0.142
惠州	0.651	0.651	0.122	0.209	0.196	0.247	0.158	0.206
梅州	0.819	0.86	0.108	0.188	0.152	0.167	0.135	0.165
汕尾	0.746	0.868	0.104	0.188	0.152	0.159	0.107	0.115
河源	0.895	0.783	0.106	0.196	0.167	0.153	0.115	0.14
陽江	0.756	0.867	0.106	0.195	0.168	0.163	0.115	0.154
清遠	0.88	0.75	0.111	0.222	0.148	0.168	0.124	0.152
東莞	0.759	0.735	0.152	0.238	0.255	0.207	0.171	0.165
中山	0.834	0.693	0.126	0.406	0.239	0.167	0.14	0.213
潮州	0.706	0.879	0.106	0.207	0.162	0.169	0.11	0.131
揭陽	0.749	0.915	0.107	0.191	0.166	0.172	0.118	0.115
雲浮	0.852	0.864	0.105	0.187	0.156	0.178	0.112	0.143
南寧	0.956	0.485	0.154	0.246	0.183	0.173	0.183	0.202
柳州	0.954	0.577	0.119	0.173	0.149	0.152	0.136	0.179
桂林	1	0.714	0.115	0.198	0.153	0.178	0.134	0.155
梧州	0.944	0.752	0.106	0.197	0.133	0.165	0.115	0.143
北海	0.828	0.761	0.106	0.165	0.128	0.174	0.111	0.174
防城港	1	0.668	0.105	0.163	0.14	0.148	0.101	0.133
欽州	1	0.709	0.107	0.192	0.138	0.182	0.107	0.114
貴港	0.811	0.856	0.106	0.181	0.126	0.157	0.111	0.113
玉林	0.886	0.872	0.107	0.158	0.142	0.168	0.125	0.13
百色	0.77	0.683	0.107	0.155	0.128	0.169	0.109	0.116
賀州	1	0.761	0.104	0.121	0.151	0.108	0.105	0.122
河池	0.798	0.733	0.106	0.129	0.1	0.122	0.112	0.125
來賓	1	0.614	0.106	0.133	0.117	0.135	0.106	0.125
崇左	0.97	0.775	0.105	0.147	0.131	0.143	0.11	0.145
海口	1	0.485	0.131	0.23	0.225	0.204	0.137	0.269
三亞	1	0.526	0.11	0.199	0.181	0.16	0.101	0.147
重慶	0.781	0.591	0.246	0.318	0.237	0.312	0.419	0.184
成都	0.849	0.474	0.3	0.334	0.203	0.362	0.269	0.195
自貢	0.616	0.847	0.106	0.192	0.142	0.174	0.128	0.193
攀枝花	0.673	0.641	0.108	0.158	0.132	0.157	0.115	0.228
瀘州	0.937	0.79	0.109	0.174	0.127	0.161	0.122	0.138
德陽	0.651	0.643	0.117	0.2	0.13	0.188	0.136	0.183
綿陽	0.75	0.589	0.122	0.197	0.141	0.18	0.147	0.183

表 4.3.2 2012 年城市財政金融競爭力三級指標分值（續）

城市	人均年末存款增長率	資本使用率	資本充裕指數	獲得銀行貸款便利度	獲得證券市場資本便利度	獲得民間及風險資本便利度	金融業從業人數	金融從業人員每萬人擁有量
廣元	0.748	0.467	0.112	0.217	0.133	0.166	0.123	0.181
遂寧	0.705	0.862	0.106	0.205	0.147	0.149	0.108	0.114
內江	0.754	0.908	0.106	0.153	0.134	0.173	0.118	0.136
樂山	1	0.758	0.109	0.168	0.131	0.155	0.12	0.149
南充	0.798	0.851	0.109	0.16	0.151	0.172	0.16	0.175
眉山	0.886	0.864	0.106	0.187	0.146	0.154	0.107	0.114
宜賓	1	0.645	0.112	0.171	0.143	0.17	0.138	0.168
廣安	1	0.926	0.106	0.154	0.137	0.176	0.116	0.139
達州	0.743	0.92	0.107	0.167	0.14	0.155	0.133	0.143
雅安	0.608	0.638	0.107	0.174	0.129	0.157	0.116	0.205
巴中	0.802	0.855	0.105	0.166	0.131	0.165	0.111	0.123
資陽	0.818	0.873	0.106	0.169	0.138	0.169	0.122	0.146
貴陽	0.9	0.504	0.14	0.166	0.155	0.192	0.154	0.207
六盤水	0.745	0.607	0.108	0.123	0.148	0.13	0.108	0.121
遵義	1	0.651	0.114	0.135	0.132	0.136	0.129	0.13
安順	1	0.62	0.106	0.125	0.122	0.1	0.113	0.148
昆明	0.562	0.484	0.188	0.225	0.194	0.226	0.194	0.222
曲靖	0.807	0.662	0.112	0.185	0.148	0.142	0.118	0.115
玉溪	0.721	0.597	0.111	0.185	0.145	0.145	0.119	0.175
保山	1	0.698	0.106	0.177	0.106	0.137	0.108	0.124
昭通	1	0.587	0.108	0.111	0.146	0.147	0.112	0.109
麗江	1	0.651	0.105	0.114	0.138	0.141	0.104	0.145
普洱	1	0.651	0.106	0.102	0.133	0.139	0.107	0.121
臨滄	0.925	0.651	0.105	0.107	0.132	0.112	0.104	0.111
拉薩	0.1	0.1	0.1	0.251	0.168	0.153	0.105	0.242
西安	0.807	0.553	0.208	0.368	0.259	0.292	0.291	0.296
銅川	0.856	0.761	0.104	0.178	0.142	0.157	0.11	0.243
寶雞	0.838	0.761	0.111	0.176	0.151	0.176	0.125	0.154
咸陽	0.731	0.811	0.11	0.213	0.144	0.184	0.139	0.163
渭南	0.749	0.816	0.109	0.182	0.127	0.16	0.153	0.18
延安	0.572	0.658	0.11	0.19	0.125	0.174	0.118	0.175
漢中	0.757	0.788	0.108	0.173	0.151	0.177	0.134	0.185
榆林	1	0.614	0.118	0.237	0.14	0.2	0.117	0.14
安康	1	0.765	0.106	0.161	0.136	0.169	0.119	0.161
商洛	0.775	0.825	0.105	0.122	0.125	0.135	0.118	0.17
蘭州	0.895	0.547	0.14	0.191	0.166	0.146	0.165	0.26
嘉峪關	0.463	0.591	0.104	0.159	0.122	0.117	0.1	0.254
金昌	0.313	0.746	0.104	0.15	0.122	0.13	0.103	0.22
白銀	0.528	0.698	0.106	0.165	0.103	0.128	0.113	0.172
天水	0.789	0.842	0.105	0.187	0.107	0.124	0.109	0.116
武威	0.912	0.857	0.104	0.13	0.15	0.118	0.112	0.162
張掖	0.866	0.778	0.104	0.141	0.137	0.146	0.113	0.214
平涼	0.824	0.767	0.105	0.136	0.11	0.111	0.111	0.148
酒泉	0.758	0.742	0.106	0.138	0.127	0.117	0.113	0.23
慶陽	0.851	0.824	0.105	0.134	0.127	0.112	0.11	0.138
定西	1	0.793	0.104	0.137	0.125	0.11	0.102	0.1
隴南	0.608	0.608	0.107	0.13	0.123	0.11	0.107	0.119
西寧	0.929	0.499	0.123	0.164	0.165	0.154	0.137	0.255
銀川	1	0.534	0.122	0.193	0.159	0.153	0.151	0.34
石嘴山	0.691	0.78	0.105	0.182	0.134	0.141	0.104	0.186
吳忠	1	0.712	0.105	0.16	0.135	0.121	0.107	0.162
固原	0.24	0.639	0.104	0.142	0.131	0.12	0.103	0.132
中衛	1	0.706	0.104	0.143	0.127	0.123	0.102	0.137
烏魯木齊	0.915	0.467	0.15	0.199	0.159	0.164	0.153	0.252
克拉瑪依	1	0.379	0.114	0.184	0.119	0.133	0.104	0.278
香港	0.37	0.778	0.56	1	1	1	0.793	1
澳門	0.626	0.688	0.121	0.152	0.247	0.249	0.12	0.487

表 4.3.2 2012 年城市財政金融競爭力三級指標分值（續）

城市	人均年末存款增長率	資本使用率	資本充裕指數	獲得銀行貸款便利度	獲得證券市場資本便利度	獲得民間及風險資本便利度	金融業從業人數	金融從業人員每萬人擁有量
新北	0.29	0.91	0.164	0.31	0.301	0.188	0.336	0.654
臺北	0.29	0.91	0.144	0.526	0.493	0.548	0.258	0.654
台中	0.29	0.91	0.144	0.279	0.262	0.173	0.259	0.654
台南	0.29	0.91	0.132	0.263	0.238	0.16	0.211	0.654
高雄	0.29	0.91	0.146	0.283	0.266	0.177	0.266	0.654
基隆	0.29	0.91	0.108	0.223	0.199	0.151	0.119	0.654
新竹	0.29	0.91	0.109	0.225	0.2	0.148	0.121	0.654
嘉義	0.29	0.91	0.107	0.222	0.196	0.152	0.112	0.654

4.4 城市商業貿易競爭力三級指標分值

表 4.4.1 2012 年城市商業貿易競爭力三級指標分值

城市	商品銷售總額	社會消費品零售額	人均商品銷售額	人均社會消費品零售額	外貿依存度	進出口總額	進出口總額增長率	實際利用外資金額	批發零售企業數
北京	1	1	1	0.7	0.437	0.43	1	0.205	1
天津	0.43	0.518	0.597	0.519	0.233	0.19	0.871	0.28	0.482
石家莊	0.131	0.302	0.158	0.357	0.147	0.112	1	0.104	0.13
唐山	0.129	0.262	0.173	0.378	0.124	0.108	0.816	0.114	0.137
秦皇島	0.113	0.146	0.182	0.306	0.158	0.104	0.616	0.108	0.119
邯鄲	0.114	0.201	0.127	0.241	0.12	0.103	0.719	0.108	0.14
邢臺	0.105	0.164	0.112	0.216	0.122	0.102	0.924	0.104	0.116
保定	0.114	0.222	0.122	0.239	0.142	0.106	1	0.108	0.129
張家口	0.104	0.144	0.118	0.234	0.104	0.1	0.1	0.102	0.116
承德	0.104	0.135	0.123	0.234	0.105	0.1	0.976	0.101	0.115
滄州	0.107	0.181	0.116	0.247	0.111	0.102	0.82	0.104	0.12
廊坊	0.106	0.158	0.125	0.275	0.152	0.105	1	0.108	0.115
衡水	0.103	0.143	0.112	0.232	0.139	0.102	1	0.102	0.109
太原	0.165	0.217	0.404	0.468	0.122	0.109	0.931	0.105	0.135
大同	0.105	0.141	0.131	0.266	0.105	0.101	1	0.103	0.117
陽泉	0.109	0.12	0.236	0.316	0.104	0.1	1	0.101	0.108
長治	0.116	0.137	0.196	0.248	0.102	0.1	0.924	0.102	0.13
晉城	0.107	0.125	0.163	0.252	0.106	0.101	1	0.102	0.116
朔州	0.105	0.117	0.16	0.247	0.101	0.1	0.665	0.102	0.113
晉中	0.109	0.137	0.154	0.255	0.102	0.1	1	0.101	0.118
運城	0.105	0.149	0.118	0.224	0.106	0.101	0.859	0.101	0.118
忻州	0.105	0.122	0.132	0.198	0.102	0.1	0.815	0.1	0.114
臨汾	0.109	0.142	0.139	0.227	0.104	0.101	1	0.101	0.119
呂梁	0.106	0.129	0.131	0.206	0.105	0.101	1	0.103	0.112
呼和浩特	0.116	0.207	0.21	0.596	0.112	0.102	1	0.114	0.124
包頭	0.115	0.203	0.207	0.618	0.112	0.102	1	0.118	0.126
烏海	0.102	0.108	0.181	0.348	0.1	0.1	0.266	0.1	0.104
赤峰	0.103	0.146	0.112	0.24	0.104	0.1	0.138	0.101	0.11
通遼	0.101	0.132	0.104	0.24	0.102	0.1	1	0.1	0.111
鄂爾多斯	0.117	0.152	0.274	0.465	0.102	0.1	0.507	0.118	0.115
呼倫貝爾	0.106	0.14	0.144	0.313	0.137	0.103	0.629	0.101	0.122
巴彥淖爾	0.102	0.115	0.119	0.234	0.113	0.101	1	0.101	0.103
烏蘭察布	0.101	0.12	0.107	0.233	0.102	0.1	1	0.101	0.101
瀋陽	0.233	0.397	0.422	0.58	0.124	0.109	0.77	0.184	0.238
大連	0.161	0.335	0.279	0.561	0.251	0.157	0.823	0.266	0.207
鞍山	0.124	0.172	0.226	0.362	0.128	0.104	1	0.115	0.162
撫順	0.106	0.146	0.158	0.391	0.117	0.101	0.723	0.107	0.123
本溪	0.102	0.125	0.122	0.307	0.16	0.104	1	0.105	0.112
丹東	0.104	0.137	0.129	0.309	0.159	0.103	1	0.112	0.12
錦州	0.105	0.143	0.13	0.287	0.137	0.103	0.918	0.108	0.117

表 4.4.1 2012 年城市商業貿易競爭力三級指標分值

城市	商品銷售總額	社會消費品零售額	人均商品銷售額	人均社會消費品零售額	外貿依存度	進出口總額	進出口總額增長率	實際利用外資金額	批發零售企業數
營口	0.104	0.133	0.129	0.289	0.143	0.103	1	0.114	0.119
阜新	0.103	0.119	0.128	0.248	0.105	0.1	0.86	0.102	0.108
遼陽	0.103	0.127	0.132	0.306	0.125	0.101	0.707	0.106	0.109
盤錦	0.104	0.124	0.157	0.346	0.108	0.101	0.864	0.115	0.116
鐵嶺	0.103	0.13	0.121	0.252	0.111	0.101	0.849	0.104	0.115
朝陽	0.103	0.129	0.119	0.228	0.111	0.101	0.656	0.102	0.113
葫蘆島	0.102	0.131	0.117	0.262	0.137	0.101	0.917	0.104	0.109
長春	0.126	0.284	0.165	0.413	0.159	0.114	1	0.112	0.125
吉林	0.112	0.196	0.15	0.388	0.107	0.101	0.668	0.107	0.124
四平	0.103	0.139	0.114	0.254	0.105	0.1	1	0.101	0.113
遼源	0.101	0.113	0.111	0.266	0.102	0.1	0.532	0.103	0.106
通化	0.104	0.133	0.134	0.295	0.112	0.101	0.473	0.103	0.114
白山	0.1	0.117	0.109	0.297	0.108	0.1	0.916	0.102	0.101
松原	0.102	0.145	0.114	0.311	0.101	0.1	0.713	0.102	0.105
白城	0.101	0.121	0.113	0.244	0.103	0.1	0.541	0.101	0.103
哈爾濱	0.133	0.354	0.16	0.41	0.118	0.105	0.916	0.112	0.162
齊齊哈爾	0.118	0.142	0.166	0.201	0.115	0.101	0.905	0.101	0.109
雞西	0.101	0.114	0.114	0.214	0.125	0.101	1	0.101	0.104
鶴崗	0.101	0.108	0.113	0.221	0.105	0.1	1	0.1	0.105
雙鴨山	0.1	0.107	0.107	0.177	0.136	0.101	1	0.1	0.103
大慶	0.116	0.183	0.209	0.48	0.107	0.102	0.998	0.106	0.116
伊春	0.1	0.105	0.109	0.186	0.122	0.1	0.958	0.101	0.101
佳木斯	0.101	0.129	0.111	0.254	0.188	0.103	1	0.102	0.104
七台河	0.1	0.105	0.112	0.205	0.103	0.1	0.977	0.1	0.1
牡丹江	0.109	0.136	0.165	0.274	0.274	0.11	1	0.102	0.122
黑河	0.101	0.109	0.114	0.181	0.258	0.103	1	0.102	0.101
綏化	0.101	0.134	0.102	0.18	0.102	0.1	1	0.101	0.105
上海	0.805	0.977	0.699	0.596	0.439	0.503	0.92	0.284	0.656
南京	0.265	0.429	0.502	0.639	0.231	0.15	0.945	0.147	0.251
無錫	0.235	0.362	0.515	0.64	0.257	0.167	0.993	0.155	0.356
徐州	0.119	0.236	0.141	0.305	0.121	0.105	1	0.117	0.164
常州	0.14	0.25	0.27	0.531	0.21	0.124	1	0.144	0.178
蘇州	0.348	0.445	0.563	0.531	0.551	0.399	0.955	0.241	0.458
南通	0.129	0.282	0.176	0.427	0.191	0.123	0.882	0.134	0.187
連雲港	0.109	0.16	0.141	0.279	0.164	0.106	0.904	0.118	0.131
淮安	0.105	0.165	0.119	0.279	0.123	0.102	1	0.117	0.119
鹽城	0.111	0.208	0.127	0.294	0.125	0.104	0.973	0.122	0.156
揚州	0.111	0.202	0.145	0.403	0.155	0.109	1	0.143	0.13
鎮江	0.112	0.179	0.172	0.439	0.162	0.109	0.945	0.127	0.132
泰州	0.116	0.178	0.166	0.322	0.163	0.109	1	0.123	0.135
宿遷	0.106	0.139	0.124	0.209	0.116	0.101	1	0.103	0.116
杭州	0.348	0.408	0.659	0.564	0.229	0.157	0.882	0.172	0.414
寧波	0.236	0.344	0.449	0.52	0.337	0.191	0.959	0.138	0.311
溫州	0.143	0.314	0.191	0.406	0.186	0.119	0.873	0.103	0.222
嘉興	0.128	0.213	0.22	0.431	0.249	0.125	0.917	0.127	0.181
湖州	0.113	0.172	0.191	0.433	0.18	0.108	1	0.115	0.131
紹興	0.127	0.221	0.205	0.424	0.241	0.13	0.908	0.116	0.172
金華	0.122	0.23	0.18	0.419	0.194	0.114	1	0.106	0.153
衢州	0.107	0.139	0.163	0.354	0.136	0.102	1	0.101	0.117
舟山	0.108	0.128	0.247	0.455	0.344	0.112	1	0.101	0.118
台州	0.126	0.236	0.183	0.399	0.205	0.119	1	0.102	0.162
麗水	0.106	0.136	0.156	0.332	0.134	0.102	0.978	0.101	0.12
合肥	0.163	0.219	0.316	0.373	0.15	0.111	1	0.124	0.159
蕪湖	0.108	0.139	0.17	0.335	0.129	0.103	1	0.112	0.12
蚌埠	0.103	0.136	0.118	0.255	0.113	0.101	1	0.105	0.114
淮南	0.102	0.124	0.117	0.245	0.103	0.1	0.553	0.102	0.107
馬鞍山	0.107	0.119	0.204	0.299	0.144	0.103	1	0.112	0.108

表 4.4.1 2012 年城市商業貿易競爭力三級指標分值

城市	商品銷售總額	社會消費品零售額	人均商品銷售額	人均社會消費品零售額	外貿依存度	進出口總額	進出口總額增長率	實際利用外資金額	批發零售企業數
淮北	0.105	0.115	0.144	0.205	0.106	0.1	1	0.103	0.104
銅陵	0.102	0.112	0.162	0.354	0.205	0.104	1	0.105	0.105
安慶	0.103	0.146	0.11	0.214	0.11	0.101	0.962	0.104	0.117
黃山	0.101	0.115	0.121	0.269	0.115	0.1	1	0.103	0.108
滁州	0.103	0.128	0.115	0.196	0.119	0.101	0.918	0.102	0.116
阜陽	0.109	0.145	0.122	0.174	0.107	0.1	1	0.101	0.114
宿州	0.101	0.125	0.102	0.161	0.103	0.1	1	0.102	0.108
六安	0.103	0.138	0.11	0.187	0.11	0.1	0.97	0.102	0.114
亳州	0.102	0.13	0.108	0.179	0.107	0.1	1	0.103	0.11
池州	0.101	0.11	0.116	0.216	0.11	0.1	0.632	0.103	0.108
宣城	0.101	0.125	0.106	0.239	0.119	0.101	1	0.103	0.112
福州	0.155	0.333	0.251	0.529	0.217	0.127	0.975	0.12	0.187
廈門	0.201	0.197	0.659	0.463	0.508	0.162	0.906	0.128	0.223
莆田	0.105	0.139	0.131	0.292	0.159	0.104	1	0.104	0.112
三明	0.106	0.133	0.15	0.279	0.119	0.101	1	0.101	0.127
泉州	0.122	0.276	0.151	0.382	0.147	0.112	0.973	0.125	0.159
漳州	0.108	0.166	0.131	0.28	0.176	0.108	1	0.112	0.126
南平	0.103	0.135	0.124	0.281	0.121	0.101	0.897	0.101	0.114
龍岩	0.107	0.142	0.15	0.325	0.122	0.102	1	0.103	0.125
寧德	0.103	0.131	0.117	0.251	0.124	0.101	1	0.101	0.112
南昌	0.122	0.208	0.185	0.381	0.135	0.106	1	0.133	0.138
景德鎮	0.101	0.118	0.112	0.261	0.125	0.101	1	0.102	0.104
萍鄉	0.101	0.12	0.109	0.255	0.112	0.1	1	0.103	0.104
九江	0.103	0.138	0.11	0.207	0.126	0.102	1	0.111	0.108
新餘	0.101	0.114	0.123	0.281	0.183	0.104	1	0.109	0.104
鷹潭	0.102	0.11	0.145	0.239	0.264	0.104	1	0.102	0.103
贛州	0.103	0.152	0.105	0.177	0.122	0.102	0.938	0.114	0.107
吉安	0.102	0.127	0.105	0.172	0.123	0.101	1	0.107	0.108
宜春	0.104	0.136	0.112	0.186	0.111	0.101	1	0.106	0.108
撫州	0.102	0.131	0.109	0.204	0.113	0.101	0.743	0.103	0.114
上饒	0.103	0.145	0.107	0.188	0.127	0.102	1	0.108	0.111
濟南	0.153	0.358	0.252	0.598	0.129	0.108	0.903	0.12	0.195
青島	0.174	0.381	0.265	0.522	0.252	0.162	0.856	0.147	0.208
淄博	0.128	0.243	0.218	0.516	0.136	0.107	0.985	0.107	0.169
棗莊	0.107	0.159	0.135	0.308	0.11	0.101	1	0.104	0.15
東營	0.111	0.154	0.204	0.457	0.153	0.109	1	0.103	0.13
煙臺	0.135	0.302	0.198	0.48	0.258	0.148	0.861	0.119	0.214
濰坊	0.139	0.273	0.181	0.347	0.158	0.113	1	0.112	0.186
濟寧	0.121	0.243	0.15	0.329	0.127	0.105	1	0.108	0.205
泰安	0.122	0.197	0.176	0.331	0.112	0.102	1	0.102	0.199
威海	0.112	0.196	0.183	0.558	0.215	0.115	0.899	0.109	0.135
日照	0.109	0.142	0.16	0.304	0.295	0.115	1	0.106	0.115
萊蕪	0.105	0.124	0.182	0.36	0.177	0.103	1	0.102	0.111
臨沂	0.126	0.265	0.149	0.312	0.13	0.105	0.994	0.105	0.191
德州	0.111	0.191	0.137	0.313	0.118	0.102	0.952	0.102	0.193
聊城	0.112	0.178	0.139	0.276	0.134	0.104	1	0.102	0.153
濱州	0.109	0.16	0.144	0.312	0.149	0.106	1	0.105	0.143
菏澤	0.115	0.194	0.133	0.245	0.121	0.102	1	0.102	0.184
鄭州	0.156	0.34	0.226	0.463	0.119	0.106	1	0.131	0.214
開封	0.114	0.15	0.156	0.241	0.104	0.1	0.696	0.102	0.135
洛陽	0.111	0.214	0.131	0.328	0.11	0.102	0.975	0.12	0.158
平頂山	0.113	0.148	0.149	0.228	0.105	0.1	0.11	0.103	0.134
安陽	0.107	0.147	0.126	0.219	0.119	0.102	1	0.103	0.131
鶴壁	0.101	0.111	0.112	0.205	0.105	0.1	1	0.104	0.11
新鄉	0.106	0.153	0.12	0.222	0.114	0.101	0.647	0.105	0.138
焦作	0.104	0.144	0.12	0.266	0.122	0.102	1	0.105	0.12
濮陽	0.102	0.131	0.112	0.214	0.11	0.101	0.808	0.101	0.117

表 4.4.1 2012 年城市商業貿易競爭力三級指標分值

城市	商品銷售總額	社會消費品零售額	人均商品銷售額	人均社會消費品零售額	外貿依存度	進出口總額	進出口總額增長率	實際利用外資金額	批發零售企業數
許昌	0.104	0.148	0.118	0.247	0.115	0.101	0.731	0.104	0.13
漯河	0.109	0.129	0.17	0.254	0.109	0.1	0.995	0.105	0.116
三門峽	0.103	0.127	0.126	0.265	0.103	0.1	0.83	0.107	0.119
南陽	0.111	0.212	0.118	0.239	0.108	0.101	1	0.103	0.156
商丘	0.11	0.155	0.124	0.196	0.102	0.1	1	0.102	0.122
信陽	0.103	0.16	0.109	0.227	0.105	0.1	1	0.103	0.126
周口	0.105	0.167	0.108	0.195	0.105	0.1	0.756	0.103	0.136
駐馬店	0.105	0.152	0.111	0.191	0.103	0.1	1	0.102	0.151
武漢	0.246	0.47	0.391	0.595	0.147	0.12	1	0.155	0.212
黃石	0.103	0.141	0.126	0.328	0.13	0.102	0.904	0.105	0.115
十堰	0.105	0.142	0.13	0.267	0.106	0.1	0.902	0.101	0.121
宜昌	0.108	0.177	0.139	0.351	0.115	0.102	1	0.103	0.144
襄陽	0.106	0.18	0.118	0.29	0.106	0.101	1	0.105	0.14
鄂州	0.101	0.117	0.12	0.338	0.107	0.1	0.75	0.102	0.102
荊門	0.103	0.134	0.121	0.26	0.106	0.1	0.891	0.103	0.115
孝感	0.104	0.153	0.114	0.245	0.107	0.1	1	0.103	0.116
荊州	0.103	0.166	0.109	0.25	0.113	0.101	0.942	0.101	0.111
黃岡	0.104	0.156	0.111	0.218	0.105	0.1	0.1	0.102	0.117
咸寧	0.102	0.127	0.116	0.251	0.105	0.1	1	0.103	0.121
隨州	0.102	0.126	0.121	0.267	0.128	0.101	1	0.101	0.107
長沙	0.15	0.367	0.239	0.599	0.108	0.107	1	0.137	0.188
株洲	0.107	0.159	0.134	0.303	0.107	0.102	0.857	0.107	0.122
湘潭	0.103	0.134	0.118	0.27	0.113	0.102	1	0.107	0.109
衡陽	0.104	0.166	0.11	0.218	0.103	0.101	0.554	0.107	0.115
邵陽	0.103	0.138	0.106	0.167	0.103	0.1	0.921	0.101	0.11
岳陽	0.105	0.171	0.115	0.269	0.102	0.1	0.781	0.103	0.116
常德	0.103	0.165	0.109	0.249	0.101	0.1	0.925	0.104	0.11
張家界	0.101	0.109	0.11	0.199	0.101	0.1	0.758	0.101	0.103
益陽	0.103	0.135	0.11	0.207	0.103	0.1	1	0.102	0.11
郴州	0.106	0.156	0.123	0.262	0.106	0.101	1	0.109	0.127
永州	0.104	0.132	0.113	0.181	0.101	0.1	1	0.107	0.122
懷化	0.103	0.131	0.11	0.186	0.1	0.1	0.788	0.101	0.109
婁底	0.103	0.129	0.112	0.202	0.111	0.102	1	0.102	0.112
廣州	0.472	0.746	0.673	0.766	0.247	0.214	0.95	0.166	0.46
韶關	0.103	0.145	0.119	0.315	0.134	0.102	0.909	0.104	0.103
深圳	0.258	0.532	0.398	0.646	0.623	0.479	0.87	0.171	0.26
珠海	0.121	0.168	0.368	0.687	0.643	0.148	0.732	0.12	0.153
汕頭	0.109	0.218	0.133	0.386	0.202	0.108	0.799	0.104	0.127
佛山	0.213	0.342	0.406	0.54	0.246	0.156	0.941	0.133	0.218
江門	0.11	0.192	0.144	0.374	0.239	0.116	0.886	0.118	0.132
湛江	0.11	0.196	0.126	0.277	0.137	0.104	0.839	0.101	0.117
茂名	0.111	0.199	0.136	0.323	0.108	0.101	0.767	0.101	0.136
肇慶	0.106	0.145	0.129	0.254	0.16	0.105	0.938	0.115	0.115
惠州	0.112	0.182	0.151	0.334	0.396	0.137	0.742	0.124	0.121
梅州	0.103	0.143	0.114	0.234	0.13	0.101	1	0.101	0.106
汕尾	0.101	0.148	0.108	0.321	0.167	0.102	0.746	0.105	0.104
河源	0.101	0.121	0.108	0.196	0.184	0.103	0.798	0.103	0.103
陽江	0.101	0.151	0.11	0.385	0.143	0.102	0.861	0.103	0.102
清遠	0.103	0.151	0.116	0.283	0.164	0.104	1	0.105	0.114
東莞	0.134	0.258	0.18	0.35	0.539	0.233	0.883	0.145	0.176
中山	0.126	0.191	0.262	0.489	0.353	0.134	0.855	0.112	0.164
潮州	0.104	0.133	0.131	0.267	0.205	0.104	0.968	0.102	0.112
揭陽	0.112	0.162	0.138	0.237	0.153	0.104	0.793	0.102	0.184
雲浮	0.102	0.117	0.118	0.203	0.15	0.101	1	0.101	0.11
南寧	0.127	0.229	0.178	0.352	0.118	0.102	0.318	0.106	0.15
柳州	0.114	0.167	0.172	0.336	0.102	0.1	0.127	0.101	0.127
桂林	0.104	0.154	0.115	0.249	0.112	0.101	0.811	0.1	0.11

表 4.4.1 2012 年城市商業貿易競爭力三級指標分值

城市	商品銷售總額	社會消費品零售額	人均商品銷售額	人均社會消費品零售額	外貿依存度	進出口總額	進出口總額增長率	實際利用外資金額	批發零售企業數
梧州	0.101	0.125	0.109	0.219	0.116	0.101	0.72	0.103	0.104
北海	0.112	0.113	0.249	0.226	0.151	0.101	1	0.102	0.102
防城港	0.101	0.105	0.117	0.206	0.223	0.103	0.877	0.101	0.102
欽州	0.102	0.1	0.111	0.103	0.138	0.101	1	0.102	0.106
貴港	0.101	0.128	0.104	0.189	0.105	0.1	0.79	0.103	0.105
玉林	0.103	0.142	0.11	0.199	0.108	0.1	0.858	0.101	0.11
百色	0.102	0.114	0.108	0.154	0.11	0.1	0.613	0.1	0.104
賀州	0.101	0.109	0.107	0.169	0.105	0.1	0.175	0.101	0.102
河池	0.118	0.125	0.202	0.2	0.119	0.101	0.997	0.1	0.104
來賓	0.1	0.109	0.1	0.164	0.106	0.1	0.135	0.1	0.102
崇左	0.1	0.106	0.105	0.15	0.232	0.104	0.891	0.1	0.103
海口	0.123	0.145	0.321	0.398	0.195	0.104	0.59	0.112	0.145
三亞	0.101	0.106	0.148	0.27	0.172	0.101	1	0.103	0.103
重慶	0.235	0.514	0.19	0.283	0.123	0.114	1	0.205	0.359
成都	0.18	0.448	0.21	0.421	0.159	0.125	1	0.18	0.187
自貢	0.102	0.133	0.111	0.266	0.113	0.101	0.646	0.1	0.111
攀枝花	0.103	0.118	0.155	0.313	0.107	0.1	1	0.103	0.108
瀘州	0.103	0.135	0.111	0.21	0.103	0.1	0.529	0.101	0.118
德陽	0.106	0.141	0.129	0.25	0.136	0.102	0.911	0.103	0.112
綿陽	0.104	0.158	0.116	0.266	0.124	0.102	1	0.102	0.11
廣元	0.101	0.118	0.109	0.201	0.109	0.1	0.679	0.1	0.105
遂寧	0.101	0.126	0.107	0.207	0.108	0.1	1	0.1	0.108
內江	0.102	0.127	0.109	0.196	0.104	0.1	0.899	0.101	0.109
樂山	0.102	0.133	0.113	0.239	0.119	0.101	0.708	0.102	0.109
南充	0.102	0.145	0.105	0.193	0.105	0.1	0.983	0.1	0.108
眉山	0.102	0.123	0.111	0.209	0.103	0.1	0.1	0.102	0.11
宜賓	0.103	0.143	0.112	0.227	0.111	0.101	0.89	0.101	0.119
廣安	0.101	0.124	0.108	0.202	0.108	0.1	1	0.1	0.123
達州	0.117	0.142	0.158	0.201	0.101	0.1	0.362	0.101	0.107
雅安	0.1	0.111	0.107	0.215	0.101	0.1	1	0.101	0.101
巴中	0.101	0.114	0.102	0.158	0.103	0.1	0.676	0.1	0.103
資陽	0.101	0.128	0.105	0.203	0.103	0.1	0.566	0.1	0.109
貴陽	0.117	0.167	0.178	0.306	0.13	0.102	0.839	0.102	0.13
六盤水	0.102	0.116	0.113	0.18	0.109	0.1	0.373	0.1	0.105
遵義	0.107	0.139	0.122	0.182	0.103	0.1	0.615	0.1	0.112
安順	0.101	0.107	0.11	0.15	0.108	0.1	0.663	0.1	0.102
昆明	0.148	0.236	0.244	0.376	0.172	0.111	1	0.117	0.173
曲靖	0.106	0.131	0.12	0.168	0.103	0.1	1	0.1	0.116
玉溪	0.11	0.118	0.185	0.209	0.106	0.1	1	0.101	0.111
保山	0.1	0.109	0.102	0.156	0.111	0.1	1	0.101	0.104
昭通	0.102	0.113	0.106	0.13	0.101	0.1	1	0.1	0.105
麗江	0.101	0.104	0.121	0.162	0.104	0.1	0.1	0.1	0.103
普洱	0.102	0.108	0.112	0.146	0.11	0.1	1	0.101	0.105
臨滄	0.101	0.108	0.107	0.149	0.106	0.1	1	0.1	0.102
拉薩	0.102	0.11	0.163	0.395	0.173	0.101	1	0.1	0.102
西安	0.152	0.334	0.219	0.461	0.148	0.111	1	0.126	0.145
銅川	0.1	0.104	0.108	0.196	0.1	0.1	0.19	0.1	0.103
寶雞	0.109	0.141	0.146	0.248	0.109	0.101	0.899	0.1	0.108
咸陽	0.108	0.14	0.132	0.207	0.104	0.1	0.884	0.101	0.117
渭南	0.108	0.101	0.129	0.1	0.103	0.1	1	0.101	0.114
延安	0.102	0.113	0.115	0.189	0.1	0.1	0.553	0.1	0.107
漢中	0.102	0.12	0.11	0.18	0.101	0.1	0.647	0.1	0.111
榆林	0.121	0.127	0.224	0.208	0.101	0.1	1	0.1	0.14
安康	0.101	0.113	0.109	0.172	0.101	0.1	0.526	0.1	0.111
商洛	0.108	0.109	0.163	0.156	0.115	0.1	1	0.102	0.102
蘭州	0.134	0.176	0.282	0.38	0.115	0.101	1	0.1	0.126
嘉峪關	0.101	0.101	0.222	0.29	0.16	0.101	1	0.1	0.102

表 4.4.1 2012 年城市商業貿易競爭力三級指標分值

城市	商品銷售總額	社會消費品零售額	人均商品銷售額	人均社會消費品零售額	外貿依存度	進出口總額	進出口總額增長率	實際利用外資金額	批發零售企業數
金昌	0.105	0.103	0.316	0.244	0.455	0.105	1	0.1	0.102
白銀	0.101	0.11	0.108	0.188	0.122	0.1	0.882	0.1	0.103
天水	0.101	0.115	0.108	0.165	0.111	0.1	1	0.1	0.107
武威	0.1	0.108	0.104	0.171	0.101	0.1	1	0.1	0.103
張掖	0.101	0.107	0.113	0.2	0.102	0.1	0.962	0.1	0.103
平涼	0.102	0.11	0.123	0.173	0.101	0.1	1	0.1	0.101
酒泉	0.134	0.11	0.712	0.244	0.102	0.1	0.458	0.102	0.106
慶陽	0.101	0.111	0.105	0.172	0.102	0.1	0.472	0.1	0.101
定西	0.101	0.105	0.104	0.129	0.101	0.1	0.626	0.1	0.102
隴南	0.101	0.103	0.104	0.122	0.1	0.1	0.246	0.1	0.103
西寧	0.108	0.131	0.17	0.292	0.122	0.101	1	0.1	0.113
銀川	0.112	0.13	0.22	0.307	0.119	0.101	1	0.101	0.123
石嘴山	0.101	0.106	0.129	0.254	0.129	0.101	1	0.1	0.104
吳忠	0.1	0.105	0.103	0.169	0.116	0.1	1	0.1	0.103
固原	0.1	0.102	0.104	0.142	0.1	0.1	0.1	0.1	0.101
中衛	0.1	0.102	0.111	0.15	0.105	0.1	1	0.1	0.103
烏魯木齊	0.161	0.179	0.487	0.438	0.164	0.107	1	0.102	0.143
克拉瑪依	0.101	0.102	0.172	0.262	0.106	0.1	1	0.1	0.105
香港	0.158	0.448	0.259	0.744	1	1	0.819	1	0.241
澳門	0.109	0.136	0.408	1	0.483	0.148	1	0.127	0.115
新北	0.122	0.169	0.209	0.335	0.379	0.197	0.924	0.108	0.154
臺北	0.115	0.146	0.209	0.335	0.379	0.166	0.924	0.105	0.136
台中	0.115	0.146	0.209	0.335	0.379	0.166	0.924	0.105	0.136
台南	0.11	0.132	0.209	0.335	0.379	0.147	0.924	0.104	0.125
高雄	0.115	0.148	0.209	0.335	0.379	0.169	0.924	0.106	0.138
基隆	0.102	0.104	0.209	0.335	0.379	0.109	0.924	0.101	0.104
新竹	0.102	0.105	0.209	0.335	0.379	0.11	0.924	0.101	0.105
嘉義	0.101	0.102	0.209	0.335	0.379	0.107	0.924	0.101	0.103

表 4.4.2 2012 年城市商業貿易競爭力三級指標分值（續）

城市	批發零售企業每萬人擁有量	批發零售貿易業從業人數	住宿餐飲業從業人數	租賃和商業服務業從業人數	商貿從業者萬人擁有量	人均消費支出	人均消費支出增長率	居民消費傾向	社會消費品零售額增長率
北京	1	0.674	1	1	0.474	0.226	0.755	0.751	0.862
天津	0.67	0.228	0.255	0.18	0.182	0.192	0.764	0.747	0.899
石家莊	0.141	0.163	0.141	0.11	0.134	0.131	0.638	0.638	0.882
唐山	0.179	0.142	0.12	0.11	0.131	0.161	1	0.758	0.88
秦皇島	0.214	0.107	0.11	0.103	0.116	0.136	1	0.708	0.879
邯鄲	0.169	0.123	0.111	0.105	0.113	0.12	0.69	0.596	0.88
邢臺	0.129	0.113	0.111	0.102	0.109	0.13	0.375	0.773	0.878
保定	0.133	0.125	0.114	0.106	0.111	0.122	0.695	0.703	0.88
張家口	0.158	0.115	0.109	0.103	0.118	0.124	0.447	0.739	0.878
承德	0.172	0.107	0.105	0.105	0.115	0.12	0.1	0.711	0.879
滄州	0.14	0.115	0.109	0.103	0.11	0.128	0.81	0.701	0.88
廊坊	0.155	0.108	0.108	0.107	0.114	0.153	1	0.711	0.878
衡水	0.127	0.11	0.105	0.102	0.111	0.118	0.557	0.697	0.88
太原	0.254	0.136	0.161	0.117	0.172	0.147	0.611	0.768	0.81
大同	0.191	0.122	0.109	0.121	0.156	0.127	0.695	0.693	0.81
陽泉	0.21	0.109	0.103	0.105	0.143	0.128	0.91	0.662	0.683
長治	0.264	0.114	0.106	0.106	0.126	0.134	0.645	0.696	0.755
晉城	0.232	0.116	0.106	0.103	0.139	0.131	0.762	0.672	0.685
朔州	0.247	0.112	0.105	0.106	0.148	0.143	0.599	0.732	0.704
晉中	0.196	0.115	0.113	0.105	0.13	0.146	0.731	0.754	0.756
運城	0.154	0.111	0.105	0.102	0.11	0.116	0.566	0.667	0.695
忻州	0.181	0.115	0.109	0.104	0.128	0.123	0.595	0.719	1
臨汾	0.173	0.115	0.108	0.103	0.119	0.122	0.541	0.659	0.774

表 4.4.2 2012 年城市商業貿易競爭力三級指標分值（續）

城市	批發零售企業每萬人擁有量	批發零售貿易業從業人數	住宿餐飲業從業人數	租賃和商業服務業從業人數	商貿從業者萬人擁有量	人均消費支出	人均消費支出增長率	居民消費傾向	社會消費品零售額增長率
呂梁	0.149	0.112	0.106	0.102	0.116	0.107	0.558	0.591	0.783
呼和浩特	0.255	0.111	0.122	0.111	0.141	0.193	0.778	0.725	0.874
包頭	0.285	0.112	0.122	0.103	0.135	0.237	0.744	0.884	0.88
烏海	0.276	0.101	0.1	0.101	0.115	0.193	0.757	0.919	0.868
赤峰	0.133	0.107	0.106	0.105	0.111	0.129	0.776	0.801	0.862
通遼	0.155	0.105	0.105	0.101	0.109	0.13	0.803	0.797	0.887
鄂爾多斯	0.248	0.102	0.101	0.102	0.107	0.253	0.966	0.971	0.881
呼倫貝爾	0.262	0.109	0.108	0.104	0.126	0.145	0.938	0.871	0.894
巴彥淖爾	0.132	0.104	0.102	0.101	0.113	0.13	0.841	0.789	0.806
烏蘭察布	0.102	0.106	0.104	0.101	0.116	0.134	0.747	0.835	0.832
瀋陽	0.423	0.158	0.166	0.153	0.167	0.196	0.645	0.898	0.841
大連	0.405	0.137	0.175	0.122	0.151	0.192	0.697	0.849	0.863
鞍山	0.425	0.112	0.111	0.109	0.127	0.163	0.795	0.813	0.873
撫順	0.308	0.106	0.104	0.103	0.118	0.126	0.694	0.718	0.528
本溪	0.229	0.106	0.102	0.102	0.12	0.147	0.695	0.79	0.818
丹東	0.251	0.11	0.11	0.102	0.125	0.139	0.714	0.849	0.884
錦州	0.196	0.109	0.104	0.104	0.117	0.144	0.718	0.745	0.873
營口	0.248	0.105	0.107	0.106	0.121	0.148	0.697	0.742	0.876
阜新	0.18	0.105	0.102	0.103	0.119	0.116	0.692	0.779	0.869
遼陽	0.186	0.103	0.104	0.103	0.113	0.136	0.655	0.733	0.87
盤錦	0.326	0.107	0.108	0.121	0.188	0.165	0.608	0.727	0.874
鐵嶺	0.195	0.102	0.101	0.106	0.111	0.129	0.734	0.821	0.867
朝陽	0.172	0.104	0.102	0.104	0.11	0.119	0.692	0.786	0.883
葫蘆島	0.159	0.103	0.105	0.103	0.11	0.135	0.714	0.695	0.866
長春	0.149	0.146	0.16	0.136	0.153	0.17	0.683	0.875	0.876
吉林	0.192	0.108	0.105	0.102	0.109	0.158	0.69	0.851	0.877
四平	0.166	0.103	0.102	0.101	0.103	0.134	0.59	0.723	0.885
遼源	0.195	0.101	0.1	0.101	0.105	0.142	0.659	0.763	0.888
通化	0.214	0.104	0.103	0.102	0.11	0.135	0.562	0.719	0.89
白山	0.11	0.102	0.101	0.105	0.123	0.133	0.454	0.72	0.875
松原	0.119	0.108	0.105	0.101	0.114	0.151	0.628	0.813	0.901
白城	0.123	0.107	0.105	0.102	0.121	0.131	0.358	0.725	0.886
哈爾濱	0.199	0.205	0.179	0.131	0.163	0.165	0.78	0.865	0.863
齊齊哈爾	0.117	0.109	0.101	0.103	0.108	0.126	0.685	0.82	0.55
雞西	0.132	0.11	0.108	0.101	0.131	0.131	0.978	0.88	0.582
鶴崗	0.193	0.109	0.11	0.1	0.153	0.119	0.791	0.85	0.871
雙鴨山	0.14	0.111	0.112	0.101	0.148	0.123	0.6	0.751	0.821
大慶	0.196	0.117	0.106	0.101	0.128	0.156	0.786	0.716	0.861
伊春	0.122	0.101	0.101	0.1	0.106	0.107	0.706	0.864	0.884
佳木斯	0.117	0.113	0.11	0.102	0.13	0.131	0.635	0.943	0.941
七台河	0.102	0.101	0.1	0.102	0.112	0.119	1	0.686	1
牡丹江	0.246	0.106	0.106	0.103	0.115	0.132	0.711	0.906	0.76
黑河	0.109	0.11	0.114	0.1	0.137	0.132	1	0.906	0.899
綏化	0.102	0.109	0.103	0.103	0.107	0.132	1	0.906	0.792
上海	0.564	0.373	0.475	0.316	0.21	0.259	0.739	0.797	0.862
南京	0.46	0.19	0.225	0.146	0.192	0.201	0.724	0.699	0.879
無錫	0.886	0.134	0.152	0.119	0.145	0.197	0.717	0.677	0.88
徐州	0.231	0.126	0.109	0.103	0.113	0.131	0.767	0.693	0.887
常州	0.425	0.113	0.119	0.107	0.122	0.198	0.723	0.73	0.879
蘇州	0.766	0.13	0.157	0.111	0.121	0.215	0.73	0.683	0.883
南通	0.323	0.115	0.111	0.109	0.114	0.161	0.792	0.681	0.878
連雲港	0.228	0.112	0.107	0.103	0.114	0.125	0.74	0.696	0.887
淮安	0.162	0.111	0.106	0.107	0.115	0.136	0.86	0.757	0.889
鹽城	0.236	0.118	0.113	0.114	0.119	0.146	0.836	0.777	0.89
揚州	0.219	0.109	0.114	0.105	0.116	0.154	0.771	0.722	0.884
鎮江	0.293	0.114	0.113	0.104	0.129	0.159	0.716	0.634	0.887
泰州	0.236	0.117	0.111	0.11	0.126	0.149	0.729	0.67	0.889

表 4.4.2 2012 年城市商業貿易競爭力三級指標分值（續）

城市	批發零售企業每萬人擁有量	批發零售貿易業從業人數	住宿餐飲業從業人數	租賃和商業服務業從業人數	商貿從業者萬人擁有量	人均消費支出	人均消費支出增長率	居民消費傾向	社會消費品零售額增長率
宿遷	0.153	0.105	0.101	0.1	0.102	0.111	0.815	0.734	0.891
杭州	0.806	0.233	0.361	0.186	0.246	0.229	0.777	0.738	0.89
寧波	0.637	0.152	0.157	0.161	0.17	0.221	0.734	0.708	0.896
溫州	0.349	0.124	0.14	0.115	0.122	0.225	0.753	0.796	0.882
嘉興	0.443	0.125	0.13	0.125	0.153	0.192	0.69	0.664	0.822
湖州	0.3	0.11	0.112	0.104	0.124	0.188	0.753	0.697	0.849
紹興	0.378	0.122	0.124	0.114	0.136	0.209	0.73	0.667	0.888
金華	0.281	0.119	0.126	0.116	0.132	0.2	0.725	0.761	0.862
衢州	0.252	0.104	0.105	0.102	0.113	0.175	0.641	0.747	0.842
舟山	0.416	0.104	0.113	0.115	0.184	0.194	0.725	0.7	0.856
台州	0.292	0.12	0.125	0.116	0.129	0.206	0.719	0.724	0.864
麗水	0.274	0.103	0.105	0.105	0.118	0.18	0.719	0.796	0.809
合肥	0.289	0.147	0.141	0.112	0.153	0.166	0.737	0.804	0.897
蕪湖	0.268	0.105	0.109	0.101	0.116	0.156	0.732	0.759	0.892
蚌埠	0.173	0.105	0.103	0.102	0.109	0.138	0.823	0.799	0.89
淮南	0.15	0.106	0.107	0.114	0.138	0.133	0.751	0.761	0.868
馬鞍山	0.21	0.103	0.101	0.104	0.121	0.168	0.754	0.675	0.866
淮北	0.132	0.101	0.102	0.101	0.103	0.123	0.679	0.704	0.883
銅陵	0.256	0.102	0.102	0.101	0.121	0.155	1	0.755	0.879
安慶	0.15	0.109	0.106	0.102	0.108	0.136	0.804	0.796	0.867
黃山	0.209	0.102	0.116	0.101	0.124	0.136	0.561	0.766	0.858
滁州	0.165	0.105	0.103	0.101	0.105	0.141	0.909	0.831	0.856
阜陽	0.119	0.115	0.105	0.103	0.108	0.137	0.744	0.871	0.834
宿州	0.113	0.108	0.102	0.101	0.105	0.119	0.584	0.699	0.833
六安	0.134	0.107	0.102	0.101	0.104	0.133	0.712	0.807	0.889
亳州	0.124	0.111	0.103	0.101	0.109	0.128	1	0.726	0.851
池州	0.204	0.101	0.104	0.102	0.114	0.133	0.745	0.739	0.823
宣城	0.18	0.101	0.102	0.1	0.102	0.141	0.859	0.829	0.847
福州	0.327	0.14	0.167	0.171	0.175	0.184	0.763	0.761	0.934
廈門	0.784	0.134	0.183	0.123	0.2	0.226	0.747	0.748	0.928
莆田	0.175	0.105	0.109	0.107	0.12	0.152	0.715	0.727	0.873
三明	0.306	0.105	0.105	0.107	0.121	0.149	0.696	0.74	0.889
泉州	0.228	0.123	0.142	0.106	0.12	0.186	0.723	0.698	0.856
漳州	0.194	0.11	0.109	0.102	0.111	0.153	0.713	0.751	0.876
南平	0.195	0.107	0.112	0.104	0.122	0.139	0.718	0.715	0.844
龍岩	0.287	0.108	0.108	0.12	0.147	0.171	0.716	0.858	0.895
寧德	0.174	0.106	0.106	0.102	0.113	0.137	0.733	0.724	0.841
南昌	0.233	0.115	0.11	0.109	0.12	0.165	0.767	0.83	0.92
景德鎮	0.139	0.111	0.103	0.102	0.135	0.14	0.706	0.755	0.882
萍鄉	0.133	0.101	0.102	0.1	0.103	0.144	0.754	0.786	0.88
九江	0.12	0.106	0.108	0.111	0.115	0.134	0.83	0.752	0.876
新餘	0.169	0.101	0.101	0.1	0.105	0.153	0.602	0.8	0.888
鷹潭	0.159	0.101	0.105	0.101	0.113	0.135	0.749	0.766	0.896
贛州	0.1	0.106	0.107	0.103	0.103	0.132	0.692	0.82	0.88
吉安	0.116	0.106	0.105	0.102	0.106	0.114	0.677	0.632	0.885
宜春	0.113	0.107	0.106	0.102	0.107	0.127	0.582	0.771	0.872
撫州	0.157	0.108	0.101	0.101	0.107	0.1	0.759	0.575	0.835
上饒	0.116	0.115	0.104	0.102	0.109	0.127	0.576	0.714	0.903
濟南	0.363	0.172	0.183	0.133	0.181	0.186	0.697	0.694	0.783
青島	0.331	0.14	0.166	0.118	0.136	0.202	0.712	0.768	0.79
淄博	0.389	0.13	0.122	0.106	0.139	0.163	0.697	0.693	0.853
棗莊	0.354	0.11	0.105	0.114	0.127	0.14	0.887	0.711	0.87
東營	0.385	0.107	0.121	0.115	0.157	0.174	0.702	0.682	0.912
煙臺	0.411	0.128	0.129	0.114	0.129	0.184	0.705	0.744	0.843
濰坊	0.272	0.144	0.122	0.104	0.124	0.164	0.742	0.769	1
濟寧	0.342	0.123	0.113	0.105	0.114	0.151	0.751	0.694	0.887
泰安	0.445	0.126	0.118	0.104	0.126	0.16	0.711	0.738	0.948

表 4.4.2 2012 年城市商業貿易競爭力三級指標分值（續）

城市	批發零售企業每萬人擁有量	批發零售貿易業從業人數	住宿餐飲業從業人數	租賃和商業服務業從業人數	商貿從業者萬人擁有量	人均消費支出	人均消費支出增長率	居民消費傾向	社會消費品零售額增長率
威海	0.34	0.12	0.122	0.104	0.145	0.18	0.662	0.756	0.887
日照	0.196	0.111	0.108	0.101	0.121	0.149	0.783	0.766	0.871
萊蕪	0.266	0.103	0.103	0.1	0.112	0.162	0.7	0.714	0.79
臨沂	0.263	0.12	0.109	0.105	0.109	0.149	0.594	0.647	0.891
德州	0.42	0.119	0.11	0.102	0.116	0.142	0.809	0.733	0.799
聊城	0.265	0.112	0.107	0.104	0.111	0.154	0.727	0.781	0.853
濱州	0.314	0.11	0.104	0.101	0.112	0.157	0.742	0.733	0.953
菏澤	0.285	0.113	0.107	0.104	0.107	0.123	0.827	0.743	0.86
鄭州	0.345	0.153	0.193	0.125	0.151	0.154	0.881	0.742	0.855
開封	0.236	0.122	0.122	0.105	0.129	0.14	0.788	0.904	1
洛陽	0.261	0.123	0.123	0.111	0.124	0.146	0.717	0.75	0.891
平頂山	0.222	0.121	0.115	0.111	0.13	0.141	0.752	0.777	0.879
安陽	0.205	0.115	0.117	0.106	0.119	0.131	0.703	0.708	0.875
鶴壁	0.216	0.104	0.104	0.101	0.116	0.125	0.806	0.724	0.852
新鄉	0.218	0.122	0.113	0.105	0.121	0.138	0.815	0.782	0.865
焦作	0.2	0.112	0.113	0.102	0.12	0.138	0.716	0.779	0.947
濮陽	0.18	0.108	0.106	0.117	0.129	0.127	0.84	0.733	0.859
許昌	0.225	0.107	0.108	0.105	0.112	0.133	0.733	0.775	0.867
漯河	0.212	0.109	0.103	0.106	0.125	0.135	0.746	0.807	0.88
三門峽	0.262	0.117	0.109	0.104	0.144	0.138	0.789	0.813	0.873
南陽	0.191	0.157	0.129	0.116	0.132	0.137	0.83	0.804	0.849
商丘	0.144	0.119	0.109	0.102	0.111	0.113	0.707	0.678	1
信陽	0.168	0.132	0.117	0.106	0.128	0.119	0.722	0.764	0.835
周口	0.162	0.132	0.108	0.102	0.115	0.125	0.773	0.858	0.855
駐馬店	0.224	0.127	0.111	0.104	0.118	0.127	0.799	0.812	0.882
武漢	0.312	0.227	0.251	0.124	0.186	0.171	0.802	0.763	0.888
黃石	0.216	0.116	0.133	0.102	0.15	0.136	0.693	0.818	0.859
十堰	0.211	0.158	0.122	0.107	0.192	0.118	0.254	0.796	0.919
宜昌	0.305	0.146	0.137	0.113	0.173	0.142	0.731	0.817	0.858
襄陽	0.229	0.117	0.115	0.102	0.116	0.135	0.683	0.807	0.804
鄂州	0.134	0.11	0.112	0.103	0.167	0.129	0.602	0.766	0.669
荊門	0.192	0.122	0.113	0.108	0.15	0.13	0.516	0.749	0.74
孝感	0.151	0.132	0.136	0.106	0.142	0.131	0.651	0.773	0.871
荊州	0.124	0.108	0.111	0.103	0.109	0.131	0.825	0.787	1
黃岡	0.139	0.116	0.117	0.101	0.113	0.118	0.846	0.791	0.907
咸寧	0.255	0.103	0.108	0.103	0.113	0.123	0.841	0.824	0.975
隨州	0.157	0.104	0.104	0.1	0.109	0.144	0.814	0.842	0.712
長沙	0.334	0.168	0.241	0.125	0.183	0.187	0.679	0.772	0.951
株洲	0.2	0.108	0.115	0.112	0.124	0.149	0.698	0.687	0.858
湘潭	0.154	0.118	0.11	0.102	0.135	0.148	0.656	0.742	0.819
衡陽	0.125	0.11	0.123	0.107	0.112	0.142	0.798	0.814	0.885
邵陽	0.112	0.106	0.104	0.105	0.104	0.107	0.656	0.765	0.878
岳陽	0.141	0.117	0.129	0.108	0.124	0.148	0.672	0.77	0.868
常德	0.119	0.109	0.11	0.114	0.116	0.138	0.804	0.794	0.835
張家界	0.128	0.101	0.11	0.101	0.112	0.118	0.666	0.797	0.887
益陽	0.13	0.104	0.108	0.108	0.111	0.138	0.726	0.801	0.853
郴州	0.203	0.109	0.116	0.105	0.115	0.129	0.723	0.742	0.854
永州	0.17	0.108	0.108	0.103	0.108	0.125	0.799	0.726	0.893
懷化	0.124	0.103	0.109	0.105	0.108	0.116	0.651	0.787	0.863
婁底	0.148	0.105	0.107	0.102	0.108	0.119	0.638	0.685	1
廣州	0.649	0.226	0.425	0.215	0.213	0.277	0.723	0.888	0.978
韶關	0.106	0.105	0.112	0.108	0.123	0.155	0.776	0.784	0.883
深圳	0.39	0.242	0.328	0.244	0.244	0.255	0.657	0.771	0.853
珠海	0.772	0.122	0.141	0.111	0.224	0.23	0.793	0.874	0.913
汕頭	0.185	0.12	0.118	0.104	0.121	0.158	0.791	0.946	1
佛山	0.411	0.112	0.134	0.107	0.116	0.247	0.802	0.879	0.906
江門	0.23	0.11	0.124	0.103	0.119	0.182	0.714	0.804	0.85

表 4.4.2 2012 年城市商業貿易競爭力三級指標分值（續）

城市	批發零售企業每萬人擁有量	批發零售貿易業從業人數	住宿餐飲業從業人數	租賃和商業服務業從業人數	商貿從業者萬人擁有量	人均消費支出	人均消費支出增長率	居民消費傾向	社會消費品零售額增長率
湛江	0.132	0.115	0.114	0.109	0.115	0.144	0.783	0.843	0.935
茂名	0.207	0.108	0.108	0.106	0.109	0.127	0.627	0.776	0.897
肇慶	0.162	0.105	0.117	0.104	0.113	0.147	0.735	0.79	0.916
惠州	0.176	0.111	0.125	0.108	0.123	0.224	0.734	0.911	0.885
梅州	0.112	0.106	0.103	0.102	0.107	0.136	0.662	0.816	0.867
汕尾	0.113	0.104	0.103	0.102	0.108	0.126	0.813	0.787	0.997
河源	0.104	0.104	0.109	0.105	0.115	0.109	0.621	0.699	0.789
陽江	0.107	0.109	0.108	0.103	0.125	0.13	0.798	0.779	0.942
清遠	0.16	0.103	0.111	0.101	0.107	0.132	0.686	0.737	0.947
東莞	0.269	0.106	0.102	0.103	0.102	0.285	0.659	0.789	0.83
中山	0.494	0.103	0.11	0.106	0.114	0.215	0.697	0.811	0.872
潮州	0.181	0.102	0.105	0.102	0.106	0.145	0.745	0.947	0.867
揭陽	0.369	0.108	0.104	0.103	0.107	0.147	0.843	0.888	1
雲浮	0.171	0.109	0.104	0.101	0.119	0.131	0.416	0.788	0.841
南寧	0.233	0.146	0.146	0.137	0.16	0.149	0.72	0.75	0.904
柳州	0.232	0.115	0.116	0.126	0.149	0.139	0.68	0.701	0.905
桂林	0.127	0.111	0.126	0.113	0.126	0.141	0.634	0.703	0.88
梧州	0.115	0.103	0.104	0.102	0.107	0.136	0.737	0.735	0.767
北海	0.117	0.102	0.108	0.102	0.117	0.143	0.61	0.763	0.788
防城港	0.159	0.101	0.103	0.101	0.115	0.133	0.764	0.662	0.808
欽州	0.125	0.104	0.105	0.102	0.108	0.132	0.783	0.673	0.1
貴港	0.109	0.105	0.1	0.102	0.104	0.129	0.739	0.733	0.833
玉林	0.12	0.11	0.108	0.105	0.111	0.133	0.948	0.669	0.853
百色	0.112	0.106	0.105	0.102	0.109	0.129	0.712	0.708	0.861
賀州	0.11	0.101	0.102	0.102	0.106	0.123	0.799	0.682	0.804
河池	0.11	0.106	0.105	0.103	0.11	0.123	0.629	0.721	1
來賓	0.108	0.102	0.101	0.102	0.108	0.14	0.739	0.726	0.89
崇左	0.124	0.103	0.102	0.103	0.111	0.12	0.754	0.666	0.807
海口	0.53	0.123	0.147	0.11	0.2	0.15	0.662	0.81	0.873
三亞	0.21	0.102	0.167	0.101	0.26	0.157	1	0.805	1
重慶	0.261	0.215	0.237	0.15	0.128	0.17	1	0.896	0.84
成都	0.206	0.19	0.2	0.134	0.145	0.17	0.726	0.792	0.982
自貢	0.171	0.104	0.103	0.101	0.106	0.133	0.714	0.806	0.9
攀枝花	0.235	0.102	0.102	0.101	0.11	0.153	0.836	0.821	0.867
瀘州	0.169	0.109	0.103	0.101	0.109	0.139	0.792	0.796	0.94
德陽	0.154	0.104	0.103	0.101	0.105	0.153	0.793	0.855	0.945
綿陽	0.13	0.106	0.107	0.102	0.107	0.149	0.821	0.862	0.964
廣元	0.131	0.103	0.102	0.102	0.107	0.117	0.817	0.796	0.845
遂寧	0.137	0.104	0.101	0.102	0.105	0.137	0.774	0.878	0.731
內江	0.135	0.101	0.102	0.1	0.1	0.138	0.882	0.855	0.886
樂山	0.142	0.106	0.106	0.104	0.114	0.136	0.755	0.793	0.672
南充	0.108	0.109	0.104	0.104	0.107	0.122	0.765	0.832	0.799
眉山	0.155	0.101	0.1	0.1	0.1	0.129	0.784	0.776	0.875
宜賓	0.17	0.105	0.109	0.102	0.107	0.143	0.731	0.835	0.987
廣安	0.233	0.102	0.1	0.101	0.101	0.121	0.758	0.714	0.651
達州	0.111	0.107	0.101	0.103	0.106	0.125	0.79	0.861	0.977
雅安	0.107	0.102	0.103	0.101	0.108	0.135	0.797	0.799	0.824
巴中	0.104	0.104	0.105	0.101	0.107	0.122	0.708	0.851	0.916
資陽	0.134	0.101	0.103	0.1	0.101	0.151	0.898	0.893	0.912
貴陽	0.225	0.153	0.156	0.122	0.189	0.155	0.772	0.85	0.864
六盤水	0.123	0.104	0.102	0.101	0.107	0.109	0.672	0.662	0.882
遵義	0.123	0.113	0.103	0.104	0.11	0.134	0.833	0.776	0.889
安順	0.108	0.105	0.103	0.102	0.112	0.129	0.715	0.777	0.885
昆明	0.311	0.173	0.191	0.142	0.193	0.158	0.842	0.768	0.741
曲靖	0.139	0.108	0.106	0.102	0.106	0.135	0.684	0.751	0.955
玉溪	0.182	0.118	0.109	0.102	0.142	0.132	0.724	0.1	0.957
保山	0.124	0.104	0.104	0.102	0.111	0.12	0.685	0.7	0.93

表 4.4.2 2012 年城市商業貿易競爭力三級指標分值（續）

城市	批發零售企業每萬人擁有量	批發零售貿易業從業人數	住宿餐飲業從業人數	租賃和商業服務業從業人數	商貿從業者萬人擁有量	人均消費支出	人均消費支出增長率	居民消費傾向	社會消費品零售額增長率
昭通	0.102	0.104	0.102	0.101	0.103	0.109	0.728	0.746	0.915
麗江	0.146	0.102	0.119	0.102	0.135	0.116	0.713	0.725	0.987
普洱	0.13	0.104	0.103	0.101	0.107	0.114	0.616	0.721	0.889
臨滄	0.106	0.102	0.102	0.1	0.103	0.118	0.743	0.806	0.949
拉薩	0.192	0.102	0.105	0.102	0.138	0.143	0.648	0.772	0.847
西安	0.188	0.164	0.234	0.119	0.162	0.138	0.162	0.771	0.884
銅川	0.167	0.101	0.101	0.102	0.116	0.159	1	0.765	0.591
寶雞	0.126	0.117	0.11	0.101	0.123	0.164	0.914	0.8	0.858
咸陽	0.153	0.109	0.11	0.105	0.113	0.127	0.203	0.7	0.879
渭南	0.139	0.112	0.11	0.103	0.113	0.142	1	0.715	0.1
延安	0.149	0.105	0.111	0.101	0.118	0.121	0.488	0.72	0.876
漢中	0.153	0.107	0.111	0.104	0.116	0.129	0.821	0.649	0.929
榆林	0.325	0.106	0.103	0.103	0.11	0.13	0.833	0.782	0.967
安康	0.168	0.104	0.104	0.101	0.109	0.117	0.564	0.682	0.877
商洛	0.11	0.103	0.104	0.101	0.107	0.163	1	0.678	0.708
蘭州	0.228	0.119	0.122	0.114	0.145	0.147	1	0.789	0.839
嘉峪關	0.297	0.1	0.101	0.1	0.123	0.168	1	0.874	0.863
金昌	0.202	0.101	0.1	0.1	0.115	0.132	0.193	0.817	0.824
白銀	0.131	0.103	0.101	0.101	0.108	0.108	0.304	0.789	0.834
天水	0.127	0.106	0.107	0.101	0.11	0.108	0.744	0.789	0.812
武威	0.119	0.102	0.101	0.103	0.11	0.115	0.709	0.844	0.84
張掖	0.151	0.103	0.102	0.101	0.116	0.127	0.655	0.697	0.878
平涼	0.103	0.104	0.103	0.1	0.11	0.1	0.782	0.701	0.887
酒泉	0.205	0.103	0.107	0.102	0.127	0.147	0.762	0.875	0.829
慶陽	0.101	0.101	0.101	0.1	0.101	0.122	0.703	0.849	0.902
定西	0.102	0.102	0.103	0.101	0.104	0.106	0.671	0.817	0.863
隴南	0.108	0.102	0.101	0.1	0.102	0.102	0.568	0.794	0.865
西寧	0.203	0.114	0.112	0.106	0.144	0.12	0.695	0.734	0.819
銀川	0.324	0.108	0.107	0.112	0.145	0.162	0.743	0.879	0.935
石嘴山	0.222	0.101	0.101	0.102	0.121	0.134	0.71	0.769	0.867
吳忠	0.146	0.101	0.102	0.102	0.11	0.123	0.713	0.771	0.858
固原	0.105	0.102	0.1	0.1	0.105	0.114	0.762	0.743	0.728
中衛	0.157	0.101	0.101	0.101	0.108	0.122	0.825	0.753	0.892
烏魯木齊	0.361	0.121	0.133	0.115	0.161	0.128	0.788	0.778	0.893
克拉瑪依	0.374	0.103	0.103	0.109	0.245	0.186	1	1	0.868
香港	0.481	1	0.946	0.37	0.977	1	0.55	0.896	0.55
澳門	0.659	0.142	0.237	0.13	1	0.613	0.55	0.767	0.55
新北	0.359	0.409	0.499	0.1	0.591	0.521	0.584	0.88	0.55
臺北	0.358	0.301	0.361	0.1	0.574	0.713	0.598	0.831	0.55
台中	0.359	0.308	0.369	0.1	0.587	0.478	0.563	0.909	0.55
台南	0.362	0.252	0.296	0.1	0.605	0.443	0.498	0.866	0.55
高雄	0.362	0.315	0.378	0.1	0.584	0.495	0.613	0.816	0.55
基隆	0.367	0.129	0.138	0.1	0.582	0.546	0.669	0.922	0.55
新竹	0.358	0.132	0.142	0.1	0.584	0.623	0.497	0.865	0.55
嘉義	0.362	0.12	0.126	0.1	0.565	0.455	0.519	0.835	0.55

4.5 城市基礎設施競爭力三級指標分值

表 4.5.1 2012 年城市基礎設施競爭力三級指標分值

城市	固定資產投資水準	房地產開發水準	年供水總量	人均生活用水量	年用電總量	人均生活用電量	煤氣液化氣供應水準	家庭用煤氣液化氣普及率	市民居住條件	住宅投資總額
北京	0.812	1	0.553	0.296	0.649	0.399	0.435	0.873	0.457	1
天津	0.945	0.368	0.3	0.183	0.569	0.289	0.174	0.522	0.511	0.437
石家莊	0.48	0.266	0.18	0.125	0.191	0.145	0.107	0.312	0.504	0.346

表 4.5.1 2012 年城市基礎設施競爭力三級指標分值

城市	固定資產投資水準	房地產開發水準	年供水總量	人均生活用水量	年用電總量	人均生活用電量	煤氣液化氣供應水準	家庭用煤氣液化氣普及率	市民居住條件	住宅投資總額
唐山	0.442	0.204	0.184	0.145	0.424	0.127	0.134	0.329	0.415	0.251
秦皇島	0.16	0.136	0.129	0.137	0.133	0.154	0.106	0.366	0.479	0.159
邯鄲	0.333	0.169	0.148	0.121	0.138	0.119	0.11	0.243	0.474	0.198
邢臺	0.227	0.118	0.12	0.111	0.137	0.117	0.11	0.174	0.565	0.133
保定	0.286	0.184	0.129	0.112	0.138	0.12	0.104	0.183	0.527	0.234
張家口	0.212	0.153	0.123	0.117	0.148	0.121	0.103	0.247	0.461	0.182
承德	0.192	0.128	0.115	0.122	0.136	0.119	0.102	0.231	0.45	0.142
滄州	0.283	0.134	0.11	0.105	0.136	0.115	0.102	0.167	0.551	0.156
廊坊	0.212	0.176	0.112	0.116	0.125	0.127	0.104	0.201	0.562	0.224
衡水	0.156	0.123	0.11	0.107	0.122	0.118	0.101	0.17	0.521	0.141
太原	0.211	0.174	0.186	0.205	0.24	0.245	0.138	0.788	0.369	0.21
大同	0.164	0.127	0.123	0.143	0.143	0.156	0.104	0.397	0.408	0.142
陽泉	0.133	0.112	0.118	0.158	0.135	0.146	0.127	0.483	0.43	0.121
長治	0.167	0.109	0.123	0.153	0.128	0.126	0.106	0.253	0.488	0.116
晉城	0.15	0.109	0.104	0.117	0.111	0.115	0.107	0.224	0.518	0.116
朔州	0.142	0.105	0.107	0.121	0.123	0.121	0.102	0.235	0.391	0.106
晉中	0.158	0.108	0.107	0.114	0.114	0.124	0.102	0.203	0.509	0.114
運城	0.17	0.109	0.104	0.108	0.125	0.121	0.1	0.172	0.556	0.114
忻州	0.149	0.105	0.105	0.11	0.106	0.112	0.104	0.175	0.504	0.11
臨汾	0.163	0.109	0.106	0.109	0.115	0.124	0.11	0.191	0.512	0.115
呂梁	0.15	0.105	0.103	0.103	0.103	0.11	0.101	0.142	0.426	0.11
呼和浩特	0.209	0.178	0.134	0.15	0.188	0.215	0.114	0.552	0.513	0.215
包頭	0.329	0.162	0.176	0.158	0.233	0.262	0.116	0.659	0.515	0.184
烏海	0.125	0.107	0.13	0.382	0.182	0.209	0.101	0.73	0.522	0.114
赤峰	0.203	0.125	0.128	0.115	0.132	0.127	0.1	0.27	0.526	0.141
通遼	0.184	0.117	0.158	0.111	0.141	0.127	0.1	0.22	0.469	0.126
鄂爾多斯	0.342	0.186	0.106	0.121	0.153	0.157	0.102	0.328	0.611	0.195
呼倫貝爾	0.178	0.114	0.106	0.109	0.106	0.112	0.1	0.161	0.46	0.118
巴彥淖爾	0.167	0.116	0.104	0.121	0.108	0.119	0.1	0.237	0.485	0.128
烏蘭察布	0.129	0.11	0.108	0.107	0.107	0.126	0.102	0.255	0.414	0.12
瀋陽	0.635	0.549	0.252	0.193	0.241	0.248	0.115	0.628	0.515	0.699
大連	0.623	0.338	0.218	0.148	0.239	0.21	0.114	0.489	0.453	0.443
鞍山	0.249	0.172	0.19	0.135	0.21	0.159	0.107	0.463	0.458	0.192
撫順	0.183	0.125	0.146	0.146	0.174	0.172	0.104	0.629	0.408	0.132
本溪	0.152	0.117	0.166	0.135	0.187	0.18	0.102	0.509	0.392	0.118
丹東	0.182	0.135	0.111	0.12	0.117	0.142	0.102	0.328	0.436	0.158
錦州	0.166	0.128	0.143	0.141	0.135	0.127	0.104	0.373	0.527	0.141
營口	0.222	0.155	0.129	0.133	0.162	0.165	0.101	0.433	0.486	0.181
阜新	0.139	0.109	0.122	0.146	0.123	0.148	0.102	0.373	0.433	0.114
遼陽	0.149	0.118	0.146	0.135	0.153	0.15	0.101	0.439	0.413	0.124
盤錦	0.184	0.126	0.12	0.16	0.134	0.169	0.101	0.519	0.497	0.14
鐵嶺	0.213	0.153	0.111	0.114	0.107	0.122	0.102	0.24	0.466	0.177
朝陽	0.165	0.122	0.108	0.11	0.111	0.119	0.101	0.225	0.457	0.133
葫蘆島	0.146	0.115	0.116	0.118	0.138	0.129	0.101	0.218	0.48	0.126
長春	0.438	0.268	0.191	0.141	0.189	0.184	0.12	0.452	0.528	0.355
吉林	0.301	0.142	0.174	0.139	0.17	0.153	0.104	0.345	0.513	0.168
四平	0.155	0.107	0.107	0.104	0.127	0.12	0.101	0.231	0.486	0.114
遼源	0.153	0.105	0.106	0.125	0.111	0.153	0.1	0.632	0.453	0.111
通化	0.182	0.123	0.112	0.118	0.115	0.127	0.101	0.237	0.479	0.137
白山	0.139	0.102	0.106	0.12	0.115	0.163	0.1	0.303	0.44	0.104
松原	0.191	0.117	0.113	0.137	0.114	0.119	0.103	0.232	0.491	0.125
白城	0.133	0.101	0.11	0.116	0.103	0.118	0.1	0.197	0.518	0.103
哈爾濱	0.44	0.211	0.209	0.155	0.192	0.162	0.115	0.44	0.404	0.272
齊齊哈爾	0.158	0.117	0.121	0.116	0.131	0.14	0.108	0.269	0.445	0.128
雞西	0.115	0.108	0.122	0.215	0.121	0.145	0.101	0.39	0.42	0.113
鶴崗	0.114	0.102	0.113	0.133	0.116	0.209	0.101	0.329	0.41	0.104
雙鴨山	0.13	0.106	0.107	0.128	0.113	0.122	0.1	0.257	0.403	0.11

表 4.5.1 2012 年城市基礎設施競爭力三級指標分值

城市	固定資產投資水準	房地產開發水準	年供水總量	人均生活用水量	年用電總量	人均生活用電量	煤氣液化氣供應水準	家庭用煤氣液化氣普及率	市民居住條件	住宅投資總額
大慶	0.229	0.136	0.187	0.2	0.215	0.157	0.11	0.496	0.638	0.151
伊春	0.114	0.102	0.111	0.158	0.112	0.191	0.1	0.604	0.444	0.106
佳木斯	0.129	0.117	0.122	0.15	0.109	0.139	0.101	0.254	0.465	0.128
七台河	0.119	0.101	0.108	0.128	0.119	0.208	0.101	0.43	0.466	0.103
牡丹江	0.163	0.119	0.226	0.124	0.123	0.121	0.101	0.289	0.446	0.126
黑河	0.117	0.107	0.101	0.104	0.104	0.113	0.1	0.147	0.461	0.114
綏化	0.139	0.13	0.106	0.105	0.104	0.121	0.101	0.154	0.352	0.15
上海	0.789	0.714	1	0.375	1	0.431	0.379	1	0.576	0.834
南京	0.526	0.331	0.427	0.288	0.346	0.318	1	0.918	0.477	0.44
無錫	0.484	0.289	0.233	0.217	0.274	0.25	0.12	0.528	0.551	0.357
徐州	0.361	0.163	0.158	0.126	0.204	0.14	0.108	0.315	0.489	0.201
常州	0.368	0.226	0.187	0.226	0.249	0.26	0.122	0.364	0.557	0.267
蘇州	0.566	0.39	0.252	0.206	0.287	0.233	0.13	0.285	0.555	0.499
南通	0.377	0.184	0.161	0.142	0.176	0.146	0.103	0.295	0.551	0.222
連雲港	0.255	0.14	0.128	0.114	0.123	0.134	0.104	0.305	0.566	0.16
淮安	0.288	0.173	0.148	0.166	0.148	0.151	0.104	0.463	0.544	0.201
鹽城	0.341	0.15	0.119	0.113	0.125	0.124	0.103	0.231	0.522	0.174
揚州	0.268	0.15	0.136	0.126	0.142	0.154	0.104	0.305	0.619	0.182
鎮江	0.267	0.135	0.148	0.159	0.159	0.176	0.11	0.447	0.581	0.148
泰州	0.295	0.146	0.115	0.115	0.128	0.126	0.11	0.398	0.519	0.169
宿遷	0.226	0.145	0.114	0.109	0.124	0.122	0.102	0.253	0.606	0.163
杭州	0.453	0.396	0.255	0.225	0.373	0.304	0.124	0.439	0.524	0.503
寧波	0.38	0.272	0.226	0.186	0.276	0.216	0.116	0.289	0.516	0.293
溫州	0.215	0.183	0.175	0.154	0.181	0.173	0.103	0.232	0.52	0.215
嘉興	0.288	0.183	0.127	0.12	0.151	0.148	0.103	0.218	0.533	0.206
湖州	0.188	0.143	0.125	0.152	0.141	0.176	0.104	0.354	0.539	0.159
紹興	0.256	0.192	0.13	0.119	0.134	0.133	0.107	0.223	0.501	0.219
金華	0.195	0.15	0.116	0.118	0.125	0.136	0.101	0.191	0.586	0.172
衢州	0.156	0.119	0.129	0.123	0.137	0.137	0.101	0.215	0.637	0.131
舟山	0.148	0.117	0.113	0.164	0.122	0.232	0.101	0.513	0.516	0.123
台州	0.218	0.16	0.138	0.138	0.153	0.156	0.102	0.245	0.649	0.185
麗水	0.135	0.114	0.111	0.122	0.11	0.125	0.1	0.232	0.548	0.121
合肥	0.494	0.353	0.185	0.214	0.159	0.221	0.112	0.477	0.462	0.435
蕪湖	0.253	0.189	0.144	0.182	0.137	0.176	0.109	0.568	0.486	0.248
蚌埠	0.163	0.122	0.143	0.134	0.12	0.137	0.105	0.317	0.432	0.132
淮南	0.146	0.123	0.131	0.16	0.133	0.174	0.104	0.462	0.437	0.138
馬鞍山	0.19	0.125	0.164	0.212	0.168	0.178	0.106	0.495	0.477	0.14
淮北	0.141	0.112	0.115	0.124	0.121	0.135	0.102	0.426	0.461	0.119
銅陵	0.141	0.122	0.138	0.16	0.132	0.182	0.105	0.608	0.467	0.126
安慶	0.199	0.128	0.12	0.114	0.123	0.124	0.11	0.186	0.496	0.141
黃山	0.153	0.138	0.108	0.13	0.107	0.135	0.1	0.29	0.592	0.142
滁州	0.188	0.14	0.108	0.109	0.111	0.113	0.105	0.168	0.507	0.151
阜陽	0.139	0.115	0.117	0.109	0.117	0.113	0.103	0.152	0.565	0.123
宿州	0.147	0.114	0.118	0.111	0.114	0.118	0.101	0.163	0.54	0.126
六安	0.161	0.118	0.11	0.106	0.112	0.122	0.101	0.169	0.608	0.127
亳州	0.138	0.113	0.106	0.106	0.106	0.116	0.101	0.134	0.643	0.121
池州	0.14	0.12	0.107	0.125	0.111	0.137	0.1	0.253	0.603	0.119
宣城	0.189	0.125	0.106	0.112	0.108	0.123	0.101	0.175	0.506	0.135
福州	0.396	0.307	0.172	0.161	0.165	0.231	0.105	0.344	0.484	0.329
廈門	0.226	0.222	0.192	0.341	0.208	0.571	0.106	0.804	0.542	0.224
莆田	0.158	0.126	0.117	0.135	0.13	0.192	0.11	0.414	0.655	0.127
三明	0.204	0.128	0.12	0.121	0.123	0.123	0.101	0.173	0.471	0.127
泉州	0.257	0.162	0.144	0.13	0.149	0.154	0.102	0.215	0.777	0.161
漳州	0.203	0.149	0.112	0.119	0.119	0.135	0.101	0.172	0.513	0.15
南平	0.175	0.12	0.107	0.114	0.124	0.135	0.1	0.165	0.524	0.124
龍岩	0.17	0.124	0.112	0.11	0.124	0.153	0.1	0.197	0.58	0.117
寧德	0.142	0.117	0.105	0.115	0.106	0.12	0.1	0.166	0.597	0.122

表 4.5.1 2012 年城市基礎設施競爭力三級指標分值

城市	固定資產投資水準	房地產開發水準	年供水總量	人均生活用水量	年用電總量	人均生活用電量	煤氣液化氣供應水準	家庭用煤氣液化氣普及率	市民居住條件	住宅投資總額
南昌	0.349	0.171	0.219	0.204	0.17	0.183	0.111	0.528	0.488	0.202
景德鎮	0.151	0.107	0.117	0.156	0.113	0.153	0.111	0.337	0.505	0.113
萍鄉	0.181	0.104	0.113	0.128	0.126	0.151	0.108	0.264	0.589	0.108
九江	0.208	0.113	0.125	0.121	0.128	0.139	0.101	0.127	0.542	0.123
新餘	0.18	0.107	0.113	0.168	0.144	0.184	0.101	0.392	0.527	0.111
鷹潭	0.128	0.103	0.105	0.121	0.104	0.126	0.1	0.175	0.554	0.107
贛州	0.196	0.13	0.114	0.11	0.111	0.11	0.101	0.165	0.57	0.141
吉安	0.193	0.109	0.108	0.109	0.105	0.108	0.1	0.153	0.61	0.115
宜春	0.181	0.114	0.109	0.112	0.108	0.112	0.101	0.163	0.583	0.124
撫州	0.178	0.122	0.11	0.121	0.108	0.118	0.1	0.209	0.572	0.14
上饒	0.217	0.128	0.109	0.106	0.104	0.107	0.101	0.135	0.545	0.141
濟南	0.353	0.249	0.178	0.174	0.232	0.236	0.114	0.468	0.508	0.317
青島	0.489	0.286	0.201	0.164	0.23	0.198	0.122	0.38	0.477	0.369
淄博	0.262	0.151	0.177	0.147	0.279	0.197	0.134	0.403	0.549	0.178
棗莊	0.188	0.123	0.124	0.128	0.137	0.167	0.104	0.307	0.513	0.141
東營	0.27	0.13	0.128	0.138	0.171	0.152	0.112	0.369	0.557	0.149
煙臺	0.447	0.218	0.143	0.122	0.168	0.144	0.107	0.28	0.504	0.278
濰坊	0.395	0.213	0.126	0.113	0.174	0.127	0.108	0.218	0.568	0.262
濟寧	0.281	0.141	0.131	0.108	0.154	0.117	0.104	0.166	0.524	0.159
泰安	0.26	0.122	0.119	0.114	0.125	0.129	0.108	0.193	0.535	0.134
威海	0.246	0.183	0.117	0.122	0.13	0.162	0.103	0.283	0.606	0.241
日照	0.195	0.119	0.117	0.116	0.167	0.147	0.101	0.293	0.517	0.131
萊蕪	0.136	0.105	0.11	0.15	0.168	0.175	0.108	0.602	0.543	0.105
臨沂	0.278	0.148	0.144	0.119	0.184	0.134	0.107	0.246	0.569	0.171
德州	0.243	0.127	0.119	0.113	0.127	0.118	0.104	0.192	0.538	0.141
聊城	0.21	0.117	0.113	0.114	0.13	0.12	0.105	0.181	0.57	0.126
濱州	0.209	0.129	0.116	0.122	0.139	0.123	0.104	0.263	0.58	0.141
菏澤	0.17	0.132	0.12	0.108	0.124	0.114	0.109	0.121	0.455	0.154
鄭州	0.454	0.34	0.209	0.201	0.301	0.218	0.125	0.553	0.503	0.431
開封	0.16	0.117	0.12	0.113	0.125	0.13	0.103	0.233	0.561	0.126
洛陽	0.325	0.155	0.139	0.132	0.295	0.129	0.116	0.215	0.523	0.193
平頂山	0.187	0.116	0.128	0.121	0.149	0.127	0.112	0.237	0.556	0.123
安陽	0.21	0.13	0.132	0.114	0.19	0.134	0.131	0.213	0.505	0.151
鶴壁	0.14	0.107	0.113	0.142	0.119	0.132	0.101	0.286	0.555	0.111
新鄉	0.252	0.136	0.116	0.116	0.141	0.133	0.104	0.208	0.575	0.153
焦作	0.22	0.121	0.123	0.12	0.191	0.132	0.105	0.269	0.609	0.14
濮陽	0.163	0.112	0.113	0.112	0.126	0.122	0.102	0.193	0.526	0.123
許昌	0.202	0.121	0.111	0.108	0.115	0.119	0.101	0.176	0.576	0.132
漯河	0.146	0.108	0.128	0.123	0.117	0.142	0.101	0.272	0.606	0.116
三門峽	0.182	0.113	0.105	0.113	0.12	0.121	0.1	0.157	0.558	0.122
南陽	0.275	0.121	0.118	0.106	0.144	0.114	0.102	0.167	0.632	0.136
商丘	0.204	0.127	0.114	0.109	0.16	0.118	0.101	0.162	0.599	0.143
信陽	0.228	0.141	0.111	0.105	0.121	0.117	0.101	0.157	0.584	0.169
周口	0.2	0.138	0.105	0.102	0.108	0.104	0.102	0.115	0.681	0.17
駐馬店	0.181	0.132	0.112	0.104	0.117	0.108	0.101	0.123	0.563	0.158
武漢	0.584	0.415	0.391	0.29	0.317	0.276	0.145	0.59	0.538	0.455
黃石	0.155	0.111	0.137	0.178	0.144	0.143	0.106	0.36	0.533	0.116
十堰	0.147	0.112	0.133	0.141	0.126	0.13	0.101	0.31	0.494	0.12
宜昌	0.218	0.132	0.128	0.133	0.154	0.148	0.106	0.257	0.487	0.146
襄陽	0.203	0.132	0.148	0.14	0.128	0.135	0.105	0.279	0.504	0.149
鄂州	0.133	0.103	0.12	0.229	0.138	0.196	0.102	0.407	0.54	0.106
荊門	0.152	0.111	0.122	0.133	0.116	0.119	0.103	0.241	0.568	0.117
孝感	0.168	0.114	0.108	0.111	0.107	0.119	0.1	0.141	0.552	0.126
荊州	0.172	0.11	0.121	0.117	0.119	0.123	0.103	0.196	0.512	0.116
黃岡	0.19	0.118	0.108	0.106	0.104	0.106	0.101	0.14	0.809	0.137
咸寧	0.151	0.118	0.109	0.118	0.116	0.131	0.101	0.202	0.594	0.123
隨州	0.132	0.106	0.109	0.123	0.11	0.139	0.101	0.218	0.636	0.11

表 4.5.1 2012 年城市基礎設施競爭力三級指標分值

城市	固定資產投資水準	房地產開發水準	年供水總量	人均生活用水量	年用電總量	人均生活用電量	煤氣液化氣供應水準	家庭用煤氣液化氣普及率	市民居住條件	住宅投資總額
長沙	0.511	0.311	0.235	0.261	0.166	0.245	0.12	0.488	0.525	0.408
株洲	0.199	0.145	0.147	0.161	0.145	0.15	0.106	0.281	0.546	0.161
湘潭	0.176	0.119	0.13	0.144	0.152	0.156	0.154	0.383	0.527	0.132
衡陽	0.177	0.119	0.149	0.124	0.137	0.122	0.109	0.222	0.444	0.131
邵陽	0.171	0.114	0.121	0.113	0.108	0.113	0.101	0.138	0.502	0.121
岳陽	0.202	0.121	0.147	0.147	0.138	0.127	0.104	0.246	0.652	0.135
常德	0.174	0.118	0.118	0.117	0.113	0.124	0.105	0.203	0.586	0.129
張家界	0.112	0.106	0.105	0.123	0.105	0.128	0.1	0.189	0.828	0.111
益陽	0.151	0.119	0.111	0.115	0.112	0.12	0.101	0.196	0.513	0.129
郴州	0.191	0.12	0.125	0.126	0.124	0.132	0.1	0.182	0.515	0.133
永州	0.202	0.122	0.126	0.122	0.113	0.123	0.1	0.167	0.554	0.136
懷化	0.143	0.113	0.114	0.116	0.115	0.114	0.1	0.14	0.518	0.122
婁底	0.137	0.108	0.113	0.133	0.119	0.11	0.101	0.177	0.518	0.112
廣州	0.52	0.405	0.656	0.508	0.491	0.473	0.157	0.983	0.394	0.427
韶關	0.15	0.119	0.119	0.142	0.132	0.147	0.102	0.219	0.567	0.128
深圳	0.348	0.241	0.555	0.886	0.561	1	0.13	1	0.472	0.315
珠海	0.159	0.155	0.191	0.442	0.171	0.462	0.107	0.935	0.493	0.173
汕頭	0.141	0.114	0.182	0.201	0.186	0.254	0.108	0.903	0.493	0.121
佛山	0.318	0.25	0.225	0.267	0.422	0.448	0.11	0.336	0.632	0.338
江門	0.176	0.134	0.169	0.165	0.161	0.149	0.102	0.31	0.509	0.159
湛江	0.153	0.122	0.127	0.129	0.128	0.142	0.105	0.269	0.497	0.127
茂名	0.125	0.111	0.117	0.114	0.128	0.114	0.102	0.164	0.544	0.118
肇慶	0.163	0.127	0.13	0.129	0.123	0.125	0.103	0.205	0.467	0.14
惠州	0.21	0.182	0.169	0.185	0.182	0.216	0.102	0.38	0.567	0.218
梅州	0.119	0.107	0.111	0.114	0.108	0.119	0.101	0.171	0.67	0.114
汕尾	0.141	0.105	0.109	0.112	0.106	0.294	0.101	0.173	0.54	0.109
河源	0.125	0.106	0.113	0.128	0.115	0.125	0.101	0.176	0.532	0.112
陽江	0.137	0.115	0.116	0.14	0.112	0.131	0.105	0.219	0.837	0.124
清遠	0.224	0.138	0.129	0.138	0.132	0.127	0.101	0.208	0.522	0.159
東莞	0.239	0.192	0.582	0.728	0.49	0.989	0.122	0.214	0.906	0.249
中山	0.18	0.174	0.121	0.262	0.23	0.593	0.103	0.24	0.57	0.21
潮州	0.117	0.105	0.113	0.141	0.11	0.187	0.202	0.359	0.511	0.11
揭陽	0.167	0.109	0.119	0.113	0.123	0.198	0.101	0.201	0.597	0.117
雲浮	0.134	0.105	0.106	0.115	0.106	0.117	0.1	0.168	0.529	0.109
南寧	0.287	0.198	0.209	0.207	0.159	0.175	0.104	0.388	0.557	0.236
柳州	0.225	0.15	0.214	0.194	0.15	0.167	0.104	0.416	0.547	0.158
桂林	0.212	0.136	0.129	0.138	0.116	0.138	0.101	0.237	0.5	0.155
梧州	0.155	0.118	0.114	0.125	0.114	0.123	0.1	0.223	0.447	0.124
北海	0.157	0.129	0.114	0.151	0.109	0.166	0.101	0.289	0.868	0.14
防城港	0.143	0.127	0.107	0.143	0.11	0.176	0.1	0.239	0.672	0.145
欽州	0.153	0.119	0.108	0.123	0.11	0.112	0.1	0.163	0.759	0.13
貴港	0.144	0.113	0.131	0.117	0.124	0.122	0.1	0.16	0.724	0.12
玉林	0.174	0.125	0.114	0.115	0.115	0.116	0.101	0.182	1	0.146
百色	0.177	0.119	0.113	0.118	0.129	0.115	0.1	0.124	0.458	0.137
賀州	0.141	0.103	0.105	0.121	0.119	0.135	0.1	0.153	0.876	0.107
河池	0.141	0.107	0.11	0.113	0.11	0.106	0.1	0.142	0.769	0.11
來賓	0.134	0.107	0.106	0.123	0.14	0.127	0.1	0.156	0.701	0.109
崇左	0.134	0.109	0.103	0.111	0.104	0.11	0.1	0.147	0.499	0.113
海口	0.14	0.131	0.15	0.307	0.127	0.198	0.105	0.577	0.535	0.149
三亞	0.133	0.14	0.124	0.29	0.111	0.314	0.102	0.399	0.564	0.174
重慶	1	0.602	0.353	0.148	0.425	0.16	0.218	0.399	0.479	0.751
成都	0.65	0.496	0.35	0.292	0.251	0.201	0.203	0.357	0.481	0.58
自貢	0.135	0.116	0.116	0.13	0.119	0.134	0.126	0.316	0.499	0.125
攀枝花	0.137	0.11	0.135	0.21	0.166	0.168	0.173	0.621	0.47	0.114
瀘州	0.154	0.116	0.126	0.121	0.118	0.128	0.133	0.237	0.503	0.126
德陽	0.172	0.114	0.115	0.12	0.119	0.126	0.122	0.185	0.571	0.123
綿陽	0.201	0.132	0.122	0.127	0.12	0.131	0.117	0.261	0.612	0.153

表 4.5.1 2012 年城市基礎設施競爭力三級指標分值

城市	固定資產投資水準	房地產開發水準	年供水總量	人均生活用水量	年用電總量	人均生活用電量	煤氣液化氣供應水準	家庭用煤氣液化氣普及率	市民居住條件	住宅投資總額
廣元	0.156	0.105	0.107	0.117	0.122	0.128	0.103	0.186	0.543	0.108
遂寧	0.158	0.12	0.107	0.113	0.107	0.123	0.104	0.205	0.557	0.131
內江	0.139	0.112	0.11	0.113	0.107	0.123	0.103	0.183	0.552	0.12
樂山	0.16	0.117	0.112	0.125	0.154	0.144	0.107	0.215	0.555	0.127
南充	0.179	0.131	0.12	0.117	0.114	0.119	0.104	0.203	0.541	0.153
眉山	0.148	0.114	0.108	0.109	0.116	0.126	0.105	0.203	0.597	0.125
宜賓	0.163	0.118	0.114	0.123	0.128	0.122	0.105	0.184	0.521	0.121
廣安	0.144	0.108	0.103	0.104	0.108	0.105	0.101	0.158	0.64	0.115
達州	0.172	0.118	0.11	0.11	0.114	0.112	0.103	0.148	0.581	0.128
雅安	0.142	0.103	0.109	0.144	0.104	0.128	0.101	0.18	0.524	0.106
巴中	0.127	0.107	0.104	0.107	0.102	0.113	0.101	0.167	0.588	0.114
資陽	0.146	0.122	0.106	0.107	0.106	0.112	0.103	0.153	0.67	0.133
貴陽	0.227	0.195	0.163	0.214	0.202	0.322	0.111	0.576	0.401	0.198
六盤水	0.137	0.107	0.106	0.112	0.118	0.126	0.102	0.172	0.45	0.11
遵義	0.166	0.113	0.113	0.11	0.125	0.144	0.101	0.3	0.547	0.117
安順	0.108	0.107	0.105	0.107	0.118	0.128	0.1	0.133	0.484	0.109
昆明	0.376	0.236	0.191	0.174	0.164	0.259	0.114	0.573	0.526	0.331
曲靖	0.185	0.131	0.111	0.111	0.177	0.112	0.101	0.25	0.485	0.146
玉溪	0.136	0.117	0.106	0.12	0.125	0.126	0.1	0.145	0.66	0.129
保山	0.121	0.108	0.106	0.126	0.104	0.119	0.1	0.116	0.753	0.11
昭通	0.14	0.104	0.103	0.103	0.108	0.107	0.1	0.113	0.521	0.106
麗江	0.12	0.107	0.104	0.12	0.103	0.117	0.101	0.195	0.778	0.111
普洱	0.124	0.106	0.103	0.108	0.104	0.113	0.101	0.178	0.496	0.114
臨滄	0.124	0.105	0.102	0.107	0.102	0.107	0.1	0.111	0.554	0.109
拉薩	0.111	0.103	0.116	0.542	0.1	0.1	0.1	1	0.1	0.1
西安	0.518	0.361	0.213	0.2	0.213	0.242	0.148	0.457	0.495	0.5
銅川	0.109	0.103	0.104	0.128	0.14	0.162	0.102	0.412	0.361	0.106
寶雞	0.203	0.119	0.12	0.132	0.122	0.128	0.106	0.282	0.481	0.131
咸陽	0.231	0.128	0.11	0.113	0.111	0.124	0.108	0.241	0.569	0.154
渭南	0.191	0.112	0.119	0.104	0.104	0.139	0.102	0.151	0.43	0.122
延安	0.188	0.102	0.104	0.11	0.108	0.124	0.103	0.23	0.485	0.104
漢中	0.134	0.111	0.106	0.109	0.106	0.117	0.1	0.1	0.474	0.12
榆林	0.238	0.11	0.103	0.105	0.108	0.112	0.105	0.125	0.479	0.117
安康	0.141	0.104	0.11	0.112	0.108	0.126	0.1	0.162	0.511	0.108
商洛	0.131	0.102	0.104	0.112	0.102	0.113	0.1	0.132	0.523	0.104
蘭州	0.18	0.136	0.172	0.21	0.202	0.196	0.134	0.543	0.438	0.142
嘉峪關	0.1	0.103	0.119	0.182	0.141	0.347	0.104	0.948	0.523	0.106
金昌	0.108	0.101	0.125	0.161	0.1	0.1	0.1	0.269	0.524	0.102
白銀	0.118	0.103	0.129	0.178	0.153	0.132	0.101	0.195	0.458	0.106
天水	0.126	0.106	0.11	0.118	0.115	0.132	0.1	0.208	0.453	0.112
武威	0.118	0.102	0.106	0.124	0.109	0.115	0.1	0.197	0.434	0.105
張掖	0.11	0.102	0.104	0.122	0.114	0.126	0.1	0.236	0.555	0.104
平涼	0.128	0.104	0.102	0.106	0.106	0.114	0.1	0.153	0.513	0.108
酒泉	0.151	0.103	0.107	0.129	0.105	0.138	0.101	0.35	0.523	0.108
慶陽	0.157	0.103	0.101	0.105	0.102	0.109	0.1	0.163	0.55	0.104
定西	0.119	0.105	0.101	0.101	0.101	0.102	0.1	0.119	0.52	0.105
隴南	0.126	0.1	0.1	0.1	0.101	0.106	0.1	0.107	0.55	0.102
西寧	0.146	0.129	0.133	0.181	0.144	0.197	0.125	0.46	0.453	0.138
銀川	0.178	0.149	0.13	0.228	0.129	0.199	0.14	0.574	0.5	0.169
石嘴山	0.129	0.109	0.11	0.137	0.179	0.155	0.105	0.553	0.505	0.114
吳忠	0.122	0.108	0.106	0.12	0.115	0.12	0.102	0.204	0.506	0.114
固原	0.108	0.102	0.101	0.106	0.103	0.116	0.101	0.3	0.534	0.104
中衛	0.117	0.104	0.1	0.104	0.106	0.117	0.101	0.161	0.504	0.107
烏魯木齊	0.159	0.144	0.186	0.3	0.179	0.25	0.131	0.903	0.457	0.169
克拉瑪依	0.117	0.102	0.134	0.228	0.129	0.245	0.102	0.902	0.589	0.104
香港	0.466	0.481	0.377	0.638	0.388	0.525	0.176	1	0.32	0.584
澳門	0.105	0.112	0.117	0.53	0.125	0.403	0.114	1	0.306	0.115

表 4.5.1 2012 年城市基礎設施競爭力三級指標分值

城市	固定資產投資水準	房地產開發水準	年供水總量	人均生活用水量	年用電總量	人均生活用電量	煤氣液化氣供應水準	家庭用煤氣液化氣普及率	市民居住條件	住宅投資總額
新北	0.208	0.227	0.197	0.444	0.232	0.512	0.114	0.683	0.529	0.15
臺北	0.171	0.185	0.272	1	0.213	0.684	0.11	0.683	0.545	0.133
台中	0.172	0.186	0.166	0.444	0.24	0.512	0.11	0.683	0.77	0.134
台南	0.149	0.161	0.147	0.444	0.237	0.512	0.107	0.683	0.777	0.124
高雄	0.176	0.191	0.17	0.444	0.287	0.512	0.11	0.683	0.742	0.135
基隆	0.105	0.112	0.109	0.444	0.11	0.512	0.101	0.683	0.563	0.105
新竹	0.106	0.113	0.11	0.444	0.163	0.512	0.102	0.683	0.795	0.105
嘉義	0.102	0.108	0.106	0.444	0.108	0.512	0.101	0.683	0.849	0.104

表 4.5.2 2012 年城市基礎設施競爭力三級指標分值（續 1）

城市	房價收入比（逆）	地區客運總量	地區貨運總量	人均鋪路面積	每萬人擁有公共汽電車數	每萬人擁有計程車數	年末實有鋪裝道路面積	路網設施指數	港口設施指數	航空設施指數
北京	0.492	0.909	0.342	0.184	0.256	1	0.951	0.714	0.1	0.779
天津	0.761	0.242	0.546	0.22	0.175	0.751	0.93	0.431	0.209	0.14
石家莊	0.881	0.17	0.317	0.28	0.257	0.351	0.476	0.259	0.1	0.127
唐山	0.89	0.168	0.429	0.202	0.155	0.262	0.37	0.306	0.109	0.1
秦皇島	0.824	0.116	0.171	0.314	0.202	0.481	0.259	0.164	0.108	0.102
邯鄲	0.91	0.175	0.382	0.313	0.257	0.3	0.37	0.297	0.1	0.101
邢臺	0.93	0.14	0.213	0.289	0.374	0.245	0.216	0.181	0.1	0.1
保定	0.916	0.185	0.263	0.271	0.263	0.247	0.255	0.229	0.1	0.1
張家口	0.913	0.122	0.177	0.246	0.218	0.406	0.212	0.179	0.1	0.1
承德	0.886	0.128	0.163	0.225	0.194	0.544	0.163	0.155	0.1	0.1
滄州	0.912	0.152	0.32	0.273	0.29	0.36	0.18	0.217	0.111	0.1
廊坊	0.84	0.134	0.204	0.213	0.151	0.462	0.178	0.165	0.1	0.1
衡水	0.947	0.117	0.148	0.238	0.273	0.231	0.158	0.152	0.1	0.1
太原	0.675	0.126	0.253	0.206	0.165	0.645	0.358	0.279	0.1	0.149
大同	0.919	0.119	0.291	0.22	0.143	0.497	0.26	0.325	0.1	0.102
陽泉	0.948	0.114	0.183	0.189	0.175	0.4	0.153	0.19	0.1	0.1
長治	0.948	0.12	0.2	0.169	0.149	0.243	0.143	0.194	0.101	0.104
晉城	0.932	0.114	0.203	0.215	0.174	0.269	0.134	0.22	0.1	0.1
朔州	0.978	0.118	0.294	0.179	0.122	0.242	0.144	0.373	0.1	0.1
晉中	0.956	0.12	0.221	0.209	0.155	0.173	0.156	0.222	0.1	0.1
運城	0.974	0.134	0.168	0.153	0.14	0.193	0.13	0.163	0.1	0.105
忻州	0.954	0.123	0.226	0.148	0.116	0.162	0.122	0.229	0.1	0.1
臨汾	0.943	0.127	0.235	0.164	0.13	0.214	0.146	0.208	0.1	0.1
呂梁	0.937	0.11	0.201	0.192	0.181	0.132	0.122	0.194	0.104	0.1
呼和浩特	0.946	0.113	0.206	0.252	0.235	0.613	0.258	0.182	0.1	0.115
包頭	0.958	0.111	0.413	0.266	0.18	0.687	0.304	0.38	0.1	0.105
烏海	0.939	0.102	0.187	0.248	0.164	0.571	0.167	0.177	0.1	0.102
赤峰	0.893	0.126	0.222	0.171	0.131	0.347	0.174	0.19	0.1	0.103
通遼	0.954	0.117	0.255	0.219	0.127	0.349	0.178	0.287	0.1	0.101
鄂爾多斯	0.937	0.112	0.608	1	0.209	0.398	0.301	0.558	0.1	0.107
呼倫貝爾	0.929	0.117	0.225	0.214	0.187	0.321	0.127	0.252	0.1	0.108
巴彥淖爾	0.935	0.112	0.137	0.234	0.114	0.249	0.165	0.121	0.1	0.1
烏蘭察布	0.972	0.108	0.158	0.235	0.131	0.446	0.135	0.137	0.1	0.1
瀋陽	0.84	0.275	0.291	0.217	0.182	0.662	0.617	0.342	0.1	0.141
大連	0.77	0.201	0.443	0.244	0.232	0.503	0.475	0.321	0.341	0.137
鞍山	0.896	0.135	0.296	0.192	0.187	0.49	0.216	0.235	0.1	0.1
撫順	0.861	0.118	0.181	0.191	0.172	0.61	0.208	0.156	0.1	0.1
本溪	0.916	0.126	0.191	0.203	0.165	0.603	0.184	0.234	0.1	0.1
丹東	0.886	0.13	0.169	0.228	0.178	0.461	0.187	0.154	0.113	0.101
錦州	0.899	0.125	0.222	0.208	0.153	0.523	0.186	0.186	0.101	0.101
營口	0.904	0.128	0.253	0.183	0.161	0.627	0.165	0.213	0.104	0.1
阜新	0.903	0.106	0.151	0.162	0.137	0.472	0.142	0.144	0.1	0.1
遼陽	0.901	0.126	0.195	0.24	0.16	0.61	0.19	0.177	0.1	0.1

表 4.5.2 2012 年城市基礎設施競爭力三級指標分值（續 1）

城市	房價收入比（逆）	地區客運總量	地區貨運總量	人均鋪路面積	每萬人擁有公共汽電車數	每萬人擁有計程車數	年末實有鋪裝道路面積	路網設施指數	港口設施指數	航空設施指數
盤錦	0.929	0.118	0.179	0.27	0.157	0.716	0.189	0.147	0.1	0.1
鐵嶺	0.895	0.131	0.208	0.293	0.176	0.313	0.174	0.186	0.1	0.1
朝陽	0.926	0.121	0.146	0.168	0.128	0.39	0.134	0.143	0.1	0.1
葫蘆島	0.897	0.133	0.196	0.148	0.133	0.39	0.141	0.17	0.113	0.1
長春	0.804	0.173	0.22	0.259	0.204	0.685	0.596	0.238	0.107	0.123
吉林	0.906	0.163	0.187	0.175	0.143	0.4	0.217	0.204	0.13	0.1
四平	0.961	0.129	0.157	0.161	0.137	0.316	0.132	0.159	0.104	0.1
遼源	0.971	0.108	0.118	0.243	0.161	0.346	0.159	0.116	0.1	0.1
通化	0.959	0.145	0.134	0.161	0.155	0.258	0.123	0.155	0.104	0.1
白山	0.964	0.127	0.123	0.162	0.146	0.443	0.132	0.13	0.102	0.1
松原	0.941	0.145	0.146	0.19	0.173	0.3	0.145	0.148	0.107	0.1
白城	0.98	0.113	0.12	0.153	0.136	0.33	0.123	0.128	0.101	0.1
哈爾濱	0.792	0.174	0.211	0.174	0.193	0.458	0.399	0.281	0.104	0.133
齊齊哈爾	0.886	0.138	0.208	0.164	0.151	0.251	0.177	0.223	0.1	0.101
雞西	0.886	0.124	0.163	0.165	0.168	0.546	0.149	0.176	0.1	0.101
鶴崗	0.926	0.102	0.136	0.155	0.151	0.543	0.132	0.135	0.105	0.1
雙鴨山	0.928	0.103	0.141	0.166	0.154	0.299	0.128	0.134	0.1	0.1
大慶	0.902	0.114	0.152	0.313	0.269	0.372	0.344	0.155	0.103	0.103
伊春	0.926	0.106	0.116	0.226	0.123	0.904	0.187	0.123	0.1	0.101
佳木斯	0.89	0.119	0.136	0.16	0.136	0.755	0.142	0.137	0.11	0.102
七台河	0.913	0.107	0.137	0.178	0.155	0.388	0.138	0.142	0.1	0.1
牡丹江	0.873	0.123	0.148	0.204	0.174	0.348	0.179	0.162	0.1	0.103
黑河	0.907	0.107	0.119	0.185	0.141	0.251	0.114	0.125	0.107	0.101
綏化	0.929	0.118	0.13	0.369	0.124	0.234	0.308	0.14	0.1	0.1
上海	0.639	0.199	0.994	0.176	0.211	0.675	0.981	0.466	0.642	1
南京	0.75	0.327	0.438	0.284	0.196	0.436	0.968	0.347	0.205	0.242
無錫	0.819	0.21	0.239	0.347	0.212	0.21	0.606	0.223	0.112	0.115
徐州	0.874	0.218	0.389	0.183	0.157	0.216	0.324	0.406	0.123	0.105
常州	0.868	0.268	0.244	0.24	0.194	0.247	0.374	0.241	0.142	0.104
蘇州	0.818	0.371	0.249	0.358	0.213	0.191	0.637	0.31	0.138	0.1
南通	0.874	0.197	0.324	0.193	0.127	0.146	0.27	0.216	0.144	0.123
連雲港	0.884	0.176	0.24	0.285	0.151	0.197	0.249	0.205	0.121	0.104
淮安	0.872	0.155	0.204	0.179	0.124	0.15	0.289	0.152	0.138	0.103
鹽城	0.885	0.169	0.255	0.187	0.121	0.137	0.222	0.161	0.17	0.102
揚州	0.849	0.141	0.203	0.239	0.194	0.209	0.246	0.147	0.146	0.1
鎮江	0.867	0.154	0.215	0.286	0.184	0.207	0.265	0.182	0.106	0.1
泰州	0.868	0.15	0.236	0.28	0.148	0.142	0.228	0.141	0.179	0.1
宿遷	0.896	0.151	0.171	0.184	0.125	0.143	0.215	0.141	0.117	0.1
杭州	0.61	0.293	0.386	0.215	0.245	0.385	0.531	0.328	0.331	0.202
寧波	0.699	0.3	0.447	0.213	0.233	0.234	0.316	0.342	0.252	0.15
溫州	0.577	0.297	0.229	0.27	0.22	0.208	0.312	0.232	0.151	0.127
嘉興	0.867	0.168	0.276	0.223	0.202	0.151	0.188	0.177	0.191	0.1
湖州	0.846	0.156	0.3	0.283	0.151	0.175	0.271	0.153	0.213	0.1
紹興	0.836	0.202	0.2	0.296	0.199	0.149	0.209	0.188	0.142	0.1
金華	0.342	0.271	0.23	0.258	0.183	0.139	0.226	0.248	0.104	0.107
衢州	0.838	0.164	0.2	0.199	0.166	0.158	0.17	0.177	0.102	0.101
舟山	0.725	0.186	0.258	0.179	0.175	0.349	0.147	0.15	1	0.103
台州	0.822	0.272	0.3	0.26	0.125	0.164	0.312	0.221	0.25	0.103
麗水	0.777	0.133	0.181	0.212	0.14	0.151	0.137	0.15	0.118	0.1
合肥	0.799	0.213	0.308	0.312	0.204	0.49	0.492	0.262	0.113	0.119
蕪湖	0.836	0.155	0.283	0.345	0.209	0.51	0.334	0.176	0.168	0.1
蚌埠	0.825	0.17	0.275	0.235	0.17	0.291	0.207	0.196	0.141	0.1
淮南	0.853	0.13	0.227	0.162	0.137	0.473	0.196	0.227	0.11	0.1
馬鞍山	0.906	0.113	0.241	0.26	0.16	0.545	0.188	0.182	0.184	0.1
淮北	0.903	0.134	0.202	0.183	0.18	0.303	0.179	0.213	0.1	0.1
銅陵	0.864	0.144	0.187	0.212	0.156	0.679	0.143	0.156	0.104	0.1
安慶	0.904	0.137	0.316	0.234	0.135	0.156	0.185	0.208	0.125	0.101

表 4.5.2 2012 年城市基礎設施競爭力三級指標分值（續 1）

城市	房價收入比（逆）	地區客運總量	地區貨運總量	人均鋪路面積	每萬人擁有公共汽電車數	每萬人擁有計程車數	年末實有鋪裝道路面積	路網設施指數	港口設施指數	航空設施指數
黃山	0.887	0.112	0.157	0.232	0.147	0.202	0.149	0.132	0.141	0.103
滁州	0.878	0.145	0.21	0.256	0.139	0.184	0.172	0.168	0.105	0.1
阜陽	0.86	0.215	0.364	0.159	0.123	0.163	0.204	0.265	0.124	0.101
宿州	0.907	0.135	0.271	0.126	0.109	0.164	0.142	0.192	0.101	0.1
六安	0.867	0.223	0.378	0.125	0.113	0.187	0.141	0.25	0.147	0.1
亳州	0.921	0.131	0.223	0.163	0.101	0.154	0.187	0.167	0.105	0.1
池州	0.896	0.127	0.188	0.204	0.118	0.213	0.159	0.137	0.123	0.1
宣城	0.892	0.155	0.219	0.166	0.115	0.177	0.149	0.167	0.124	0.1
福州	0.74	0.208	0.264	0.23	0.263	0.316	0.311	0.214	0.177	0.167
廈門	0.69	0.17	0.211	0.275	0.261	0.443	0.371	0.177	0.415	0.249
莆田	0.86	0.154	0.127	0.138	0.108	0.177	0.171	0.132	0.164	0.1
三明	0.861	0.12	0.186	0.224	0.184	0.136	0.13	0.158	0.108	0.1
泉州	0.894	0.179	0.23	0.219	0.237	0.192	0.205	0.182	0.144	0.123
漳州	0.869	0.13	0.154	0.246	0.172	0.172	0.169	0.131	0.146	0.1
南平	0.86	0.12	0.134	0.15	0.131	0.124	0.121	0.133	0.146	0.103
龍岩	0.868	0.122	0.201	0.171	0.14	0.139	0.136	0.159	0.118	0.101
寧德	0.801	0.139	0.123	0.168	0.159	0.209	0.126	0.128	0.207	0.1
南昌	0.852	0.16	0.191	0.216	0.2	0.31	0.311	0.207	0.105	0.118
景德鎮	0.952	0.113	0.119	0.253	0.18	0.199	0.161	0.118	0.1	0.103
萍鄉	0.94	0.133	0.191	0.173	0.13	0.196	0.154	0.168	0.1	0.1
九江	0.907	0.16	0.206	0.319	0.168	0.189	0.221	0.186	0.125	0.101
新餘	0.957	0.11	0.2	0.197	0.136	0.223	0.174	0.159	0.113	0.1
鷹潭	0.894	0.134	0.154	0.234	0.153	0.164	0.127	0.149	0.12	0.1
贛州	0.88	0.158	0.273	0.213	0.158	0.122	0.163	0.225	0.147	0.103
吉安	0.938	0.122	0.192	0.179	0.136	0.121	0.137	0.156	0.12	0.102
宜春	0.93	0.135	0.219	0.161	0.119	0.12	0.155	0.159	0.118	0.1
撫州	0.921	0.123	0.199	0.185	0.117	0.122	0.183	0.154	0.101	0.1
上饒	0.928	0.188	0.273	0.282	0.147	0.121	0.162	0.222	0.132	0.1
濟南	0.848	0.194	0.355	0.279	0.204	0.444	0.635	0.427	0.106	0.137
青島	0.832	0.236	0.398	0.326	0.245	0.39	0.634	0.344	0.637	0.155
淄博	0.923	0.329	0.413	0.195	0.161	0.572	0.329	0.342	0.1	0.1
棗莊	0.916	0.141	0.374	0.183	0.133	0.157	0.259	0.25	0.119	0.1
東營	0.936	0.122	0.177	0.335	0.161	0.522	0.268	0.148	0.104	0.101
煙臺	0.92	0.292	0.315	0.279	0.182	0.184	0.375	0.274	0.331	0.115
濰坊	0.948	0.227	0.34	0.279	0.151	0.163	0.38	0.267	0.108	0.104
濟寧	0.948	0.153	0.366	0.279	0.176	0.145	0.272	0.254	0.162	0.1
泰安	0.919	0.129	0.222	0.181	0.134	0.162	0.21	0.182	0.104	0.1
威海	0.921	0.189	0.154	0.393	0.221	0.244	0.263	0.157	0.273	0.107
日照	0.883	0.124	0.291	0.234	0.128	0.191	0.241	0.256	0.143	0.1
萊蕪	0.947	0.116	0.172	0.214	0.128	0.426	0.224	0.141	0.103	0.1
臨沂	0.96	0.248	0.42	0.286	0.168	0.172	0.437	0.316	0.137	0.105
德州	0.942	0.158	0.259	0.299	0.197	0.214	0.211	0.2	0.1	0.1
聊城	0.921	0.148	0.257	0.262	0.132	0.165	0.261	0.191	0.1	0.1
濱州	0.988	0.137	0.225	0.292	0.15	0.15	0.205	0.168	0.101	0.1
菏澤	0.917	0.192	0.41	0.295	0.119	0.142	0.356	0.28	0.102	0.1
鄭州	0.846	0.272	0.327	0.165	0.179	0.424	0.386	0.361	0.1	0.141
開封	0.888	0.138	0.171	0.225	0.153	0.274	0.192	0.159	0.107	0.1
洛陽	0.919	0.18	0.258	0.205	0.165	0.272	0.25	0.225	0.104	0.103
平頂山	0.951	0.147	0.275	0.198	0.148	0.212	0.187	0.235	0.1	0.1
安陽	0.962	0.143	0.288	0.187	0.157	0.17	0.181	0.214	0.1	0.1
鶴壁	0.935	0.135	0.159	0.203	0.144	0.214	0.155	0.143	0.1	0.1
新鄉	0.958	0.133	0.19	0.202	0.186	0.162	0.189	0.163	0.1	0.1
焦作	0.941	0.123	0.262	0.233	0.165	0.205	0.196	0.198	0.1	0.1
濮陽	0.943	0.123	0.143	0.184	0.144	0.228	0.149	0.134	0.1	0.1
許昌	0.927	0.132	0.272	0.237	0.206	0.185	0.149	0.191	0.1	0.1
漯河	0.951	0.121	0.143	0.157	0.146	0.214	0.169	0.135	0.101	0.1
三門峽	0.949	0.122	0.151	0.175	0.17	0.157	0.119	0.152	0.1	0.1

表 4.5.2 2012 年城市基礎設施競爭力三級指標分值（續 1）

城市	房價收入比（逆）	地區客運總量	地區貨運總量	人均鋪路面積	每萬人擁有公共汽電車數	每萬人擁有計程車數	年末實有鋪裝道路面積	路網設施指數	港口設施指數	航空設施指數
南陽	0.958	0.198	0.275	0.161	0.119	0.139	0.199	0.228	0.124	0.102
商丘	0.949	0.173	0.296	0.143	0.137	0.202	0.165	0.23	0.101	0.1
信陽	0.945	0.16	0.183	0.156	0.112	0.183	0.171	0.171	0.139	0.1
周口	0.947	0.154	0.246	0.224	0.132	0.127	0.157	0.198	0.146	0.1
駐馬店	0.97	0.179	0.28	0.236	0.129	0.157	0.179	0.215	0.108	0.1
武漢	0.821	0.231	0.545	0.25	0.215	0.479	0.771	0.569	0.182	0.188
黃石	0.89	0.121	0.164	0.287	0.205	0.201	0.215	0.141	0.107	0.1
十堰	0.884	0.129	0.141	0.246	0.235	0.155	0.168	0.134	0.116	0.1
宜昌	0.872	0.154	0.213	0.216	0.167	0.22	0.224	0.173	0.186	0.107
襄陽	0.921	0.162	0.209	0.166	0.129	0.182	0.227	0.191	0.129	0.101
鄂州	0.893	0.109	0.12	0.176	0.117	0.201	0.171	0.117	0.117	0.1
荊門	0.935	0.135	0.186	0.199	0.152	0.146	0.158	0.167	0.104	0.1
孝感	0.957	0.142	0.148	0.161	0.142	0.143	0.15	0.178	0.101	0.1
荊州	0.912	0.146	0.154	0.171	0.183	0.174	0.168	0.136	0.112	0.1
黃岡	0.954	0.155	0.145	0.313	0.123	0.125	0.167	0.154	0.113	0.1
咸寧	0.933	0.129	0.129	0.174	0.123	0.171	0.138	0.126	0.136	0.1
隨州	0.944	0.125	0.123	0.156	0.162	0.193	0.131	0.123	0.113	0.1
長沙	0.9	0.295	0.352	0.258	0.226	0.336	0.428	0.303	0.138	0.204
株洲	0.949	0.174	0.255	0.285	0.257	0.295	0.228	0.218	0.105	0.1
湘潭	0.938	0.126	0.182	0.239	0.201	0.266	0.203	0.15	0.112	0.1
衡陽	0.95	0.2	0.281	0.253	0.17	0.155	0.23	0.248	0.106	0.1
邵陽	0.937	0.165	0.252	0.218	0.14	0.129	0.17	0.195	0.121	0.1
岳陽	0.964	0.158	0.394	0.197	0.173	0.18	0.191	0.259	0.177	0.1
常德	0.955	0.173	0.208	0.171	0.13	0.152	0.186	0.173	0.123	0.103
張家界	0.939	0.133	0.115	0.172	0.132	0.23	0.131	0.122	0.152	0.109
益陽	0.96	0.15	0.192	0.149	0.122	0.153	0.156	0.154	0.136	0.1
郴州	0.953	0.145	0.288	0.147	0.174	0.207	0.129	0.212	0.203	0.1
永州	0.985	0.147	0.182	0.152	0.131	0.128	0.154	0.166	0.181	0.1
懷化	0.961	0.148	0.146	0.182	0.184	0.145	0.125	0.167	0.131	0.101
婁底	0.974	0.211	0.3	0.217	0.15	0.185	0.147	0.542	0.109	0.1
廣州	0.741	0.459	0.726	0.255	0.249	0.496	0.982	0.725	0.297	0.714
韶關	0.917	0.161	0.181	0.17	0.137	0.169	0.156	0.172	0.118	0.1
深圳	0.497	1	0.389	0.463	1	0.466	0.91	0.588	0.257	0.452
珠海	0.671	0.209	0.177	0.441	0.212	0.414	0.407	0.167	0.294	0.109
汕頭	0.814	0.115	0.134	0.151	0.115	0.16	0.326	0.121	0.106	0.121
佛山	0.807	0.245	0.316	0.164	0.184	0.223	0.304	0.238	0.166	0.101
江門	0.87	0.203	0.182	0.248	0.147	0.129	0.276	0.159	0.193	0.1
湛江	0.834	0.174	0.206	0.211	0.13	0.147	0.246	0.196	0.423	0.104
茂名	0.898	0.139	0.155	0.139	0.111	0.109	0.144	0.147	0.114	0.1
肇慶	0.857	0.136	0.131	0.271	0.146	0.16	0.179	0.123	0.107	0.1
惠州	0.885	0.176	0.225	0.249	0.174	0.195	0.271	0.165	0.166	0.1
梅州	0.914	0.125	0.149	0.329	0.18	0.137	0.163	0.138	0.109	0.1
汕尾	0.884	0.141	0.113	0.147	0.491	0.1	0.122	0.121	0.1	0.1
河源	0.884	0.118	0.124	0.206	0.159	0.144	0.128	0.117	0.113	0.1
陽江	0.884	0.122	0.12	0.148	0.115	0.158	0.128	0.118	0.102	0.1
清遠	0.831	0.156	0.179	0.191	0.147	0.126	0.151	0.152	0.156	0.1
東莞	0.89	0.545	0.202	0.1	0.167	0.347	0.1	0.305	0.128	0.1
中山	0.886	0.181	0.208	0.228	0.222	0.226	0.264	0.168	0.16	0.1
潮州	0.864	0.111	0.132	0.219	0.141	0.187	0.136	0.116	0.11	0.1
揭陽	0.925	0.127	0.122	0.163	0.115	0.132	0.138	0.122	0.1	0.1
雲浮	0.858	0.127	0.125	0.13	0.122	0.127	0.108	0.118	0.105	0.1
南寧	0.814	0.157	0.312	0.225	0.181	0.291	0.39	0.232	0.118	0.129
柳州	0.889	0.116	0.188	0.25	0.185	0.223	0.235	0.166	0.109	0.102
桂林	0.897	0.188	0.154	0.197	0.176	0.208	0.163	0.169	0.185	0.125
梧州	0.94	0.124	0.123	0.205	0.149	0.17	0.146	0.117	0.496	0.101
北海	0.838	0.117	0.143	0.228	0.129	0.201	0.168	0.126	0.143	0.106
防城港	0.941	0.112	0.209	0.199	0.124	0.135	0.146	0.18	0.114	0.1

表 4.5.2 2012 年城市基礎設施競爭力三級指標分值（續 1）

城市	房價收入比（逆）	地區客運總量	地區貨運總量	人均鋪路面積	每萬人擁有公共汽電車數	每萬人擁有計程車數	年末實有鋪裝道路面積	路網設施指數	港口設施指數	航空設施指數
欽州	0.917	0.122	0.289	0.154	0.116	0.143	0.164	0.191	0.117	0.1
貴港	0.91	0.135	0.18	0.14	0.107	0.124	0.165	0.125	0.152	0.1
玉林	0.937	0.135	0.229	0.182	0.116	0.129	0.171	0.176	0.102	0.1
百色	0.956	0.134	0.225	0.193	0.123	0.141	0.128	0.168	0.104	0.1
賀州	0.975	0.118	0.111	0.121	0.108	0.157	0.121	0.113	0.1	0.1
河池	0.944	0.138	0.189	0.149	0.132	0.124	0.114	0.156	0.108	0.1
來賓	0.977	0.119	0.143	0.122	0.112	0.146	0.12	0.129	0.104	0.1
崇左	0.95	0.115	0.135	0.154	0.106	0.12	0.117	0.126	0.102	0.1
海口	0.602	0.28	0.188	0.204	0.158	0.374	0.242	0.186	0.362	0.243
三亞	0.1	0.119	0.12	0.171	0.165	0.518	0.135	0.116	0.197	0.12
重慶	0.858	0.829	1	0.168	0.14	0.229	1	0.799	0.676	0.172
成都	0.795	0.681	0.587	0.228	0.208	0.364	0.685	1	0.114	0.242
自貢	0.891	0.15	0.145	0.156	0.141	0.208	0.172	0.141	0.139	0.1
攀枝花	0.954	0.132	0.227	0.187	0.168	0.422	0.151	0.199	0.113	0.102
瀘州	0.913	0.154	0.158	0.157	0.141	0.194	0.171	0.144	0.162	0.103
德陽	0.89	0.157	0.182	0.185	0.135	0.162	0.148	0.163	0.1	0.1
綿陽	0.868	0.157	0.158	0.228	0.17	0.162	0.234	0.174	0.111	0.105
廣元	0.835	0.128	0.161	0.143	0.12	0.167	0.134	0.141	0.132	0.101
遂寧	0.926	0.13	0.135	0.144	0.111	0.137	0.157	0.132	0.193	0.1
內江	0.907	0.199	0.186	0.123	0.136	0.15	0.127	0.179	0.193	0.1
樂山	0.883	0.143	0.192	0.163	0.12	0.167	0.162	0.17	0.196	0.1
南充	0.856	0.199	0.152	0.153	0.122	0.141	0.187	0.168	0.308	0.101
眉山	0.881	0.135	0.147	0.156	0.113	0.138	0.141	0.142	0.1	0.1
宜賓	0.903	0.181	0.168	0.134	0.148	0.158	0.124	0.177	0.155	0.103
廣安	0.933	0.136	0.13	0.124	0.1	0.13	0.126	0.127	0.247	0.1
達州	0.878	0.155	0.231	0.141	0.127	0.149	0.115	0.192	0.281	0.101
雅安	0.93	0.112	0.129	0.165	0.109	0.212	0.119	0.117	0.1	0.1
巴中	0.916	0.131	0.128	0.108	0.105	0.126	0.109	0.123	0.171	0.1
資陽	0.943	0.134	0.147	0.133	0.111	0.119	0.13	0.134	0.148	0.1
貴陽	0.662	0.274	0.214	0.164	0.181	0.3	0.222	0.257	0.166	0.161
六盤水	0.924	0.241	0.215	0.168	0.166	0.214	0.129	0.245	0.1	0.1
遵義	0.934	0.203	0.171	0.147	0.149	0.149	0.134	0.179	0.186	0.1
安順	0.949	0.141	0.122	0.135	0.123	0.172	0.126	0.131	0.133	0.1
昆明	0.909	0.166	0.264	0.186	0.278	0.36	0.293	0.246	0.126	0.278
曲靖	0.943	0.129	0.217	0.206	0.176	0.172	0.163	0.207	0.1	0.1
玉溪	0.903	0.116	0.153	0.134	0.119	0.136	0.115	0.132	0.1	0.1
保山	0.909	0.108	0.116	0.128	0.117	0.148	0.121	0.11	0.1	0.101
昭通	0.904	0.111	0.13	0.131	0.112	0.129	0.122	0.121	0.103	0.101
麗江	0.922	0.109	0.108	0.192	0.199	0.267	0.112	0.106	0.1	0.119
普洱	0.951	0.114	0.126	0.197	0.133	0.126	0.125	0.116	0.128	0.102
臨滄	0.918	0.103	0.116	0.149	0.112	0.133	0.114	0.108	0.1	0.101
拉薩	0.889	0.1	0.104	0.242	0.151	0.379	0.126	0.102	0.1	0.115
西安	0.815	0.278	0.479	0.2	0.208	0.5	0.584	0.396	0.1	0.273
銅川	0.971	0.107	0.128	0.161	0.12	0.414	0.14	0.115	0.1	0.1
寶雞	0.947	0.146	0.172	0.266	0.135	0.226	0.303	0.149	0.1	0.1
咸陽	0.903	0.16	0.155	0.198	0.136	0.171	0.176	0.147	0.1	0.1
渭南	1	0.158	0.197	0.211	0.125	0.14	0.193	0.164	0.1	0.1
延安	0.897	0.137	0.146	0.141	0.14	0.185	0.116	0.133	0.1	0.101
漢中	0.948	0.143	0.147	0.152	0.123	0.167	0.124	0.145	0.1	0.1
榆林	0.838	0.135	0.172	0.199	0.132	0.179	0.144	0.144	0.1	0.107
安康	0.916	0.14	0.16	0.149	0.106	0.153	0.143	0.14	0.204	0.1
商洛	0.987	0.177	0.187	0.134	0.107	0.136	0.116	0.517	0.1	0.1
蘭州	0.846	0.121	0.188	0.209	0.187	0.593	0.296	0.179	0.1	0.118
嘉峪關	0.941	0.114	0.133	0.262	0.134	0.799	0.13	0.13	0.1	0.101
金昌	0.977	0.103	0.119	0.306	0.183	0.391	0.136	0.113	0.1	0.1
白銀	0.871	0.109	0.148	0.217	0.141	0.584	0.15	0.141	0.1	0.1
天水	0.895	0.116	0.12	0.148	0.117	0.212	0.154	0.121	0.1	0.1

表 4.5.2 2012 年城市基礎設施競爭力三級指標分值（續 1）

城市	房價收入比（逆）	地區客運總量	地區貨運總量	人均鋪路面積	每萬人擁有公共汽電車數	每萬人擁有計程車數	年末實有鋪裝道路面積	路網設施指數	港口設施指數	航空設施指數
武威	0.966	0.119	0.11	0.14	0.112	0.555	0.135	0.111	0.1	0.1
張掖	0.849	0.113	0.112	0.165	0.127	0.379	0.129	0.113	0.1	0.1
平涼	0.972	0.117	0.136	0.183	0.139	0.17	0.136	0.138	0.1	0.1
酒泉	0.937	0.134	0.12	0.212	0.156	0.296	0.139	0.121	0.1	0.102
慶陽	0.848	0.146	0.135	0.158	0.183	0.256	0.118	0.132	0.1	0.1
定西	0.898	0.111	0.124	0.136	0.11	0.15	0.115	0.116	0.1	0.1
隴南	0.913	0.106	0.116	0.112	0.101	0.159	0.106	0.109	0.1	0.1
西寧	0.862	0.127	0.132	0.177	0.264	0.761	0.167	0.138	0.1	0.107
銀川	0.866	0.124	0.216	0.284	0.227	0.762	0.25	0.166	0.101	0.213
石嘴山	0.955	0.111	0.155	0.208	0.135	0.927	0.142	0.128	0.1	0.1
吳忠	0.892	0.118	0.161	0.204	0.166	0.316	0.134	0.134	0.1	0.1
固原	0.922	0.112	0.131	0.194	0.124	0.691	0.136	0.119	0.1	0.1
中衛	0.94	0.113	0.124	0.193	0.134	0.373	0.132	0.122	0.115	0.101
烏魯木齊	0.798	0.121	0.267	0.191	0.233	0.776	0.282	0.218	0.1	0.142
克拉瑪依	0.949	0.102	0.125	0.332	0.167	0.763	0.175	0.112	0.1	0.1
香港	0.702	0.122	0.242	0.161	0.311	0.786	0.46	0.18	0.628	0.734
澳門	0.59	0.105	0.1	0.161	0.193	0.577	0.152	0.1	0.104	0.111
新北	0.788	0.269	0.213	0.191	0.222	0.786	0.401	0.277	0.1	0.171
臺北	0.788	0.213	0.176	0.181	0.222	0.786	0.281	0.22	0.128	0.537
台中	0.788	0.214	0.176	0.337	0.222	0.786	0.637	0.22	0.919	0.109
台南	0.788	0.181	0.154	0.427	0.222	0.786	0.627	0.185	0.1	0.102
高雄	0.788	0.22	0.18	0.365	0.222	0.786	0.729	0.224	0.467	0.139
基隆	0.788	0.116	0.111	0.282	0.222	0.786	0.161	0.116	0.169	0.1
新竹	0.788	0.117	0.111	0.221	0.222	0.786	0.143	0.118	0.1	0.1
嘉義	0.788	0.111	0.107	0.458	0.222	0.786	0.184	0.112	0.1	0.1

表 4.5.3 2012 年城市基礎設施競爭力三級指標分值（續 2）

城市	郵政網點設施指數	市民郵政消費	市民通信消費	固定電話用戶普及率	移動電話普及率	互聯網用戶普及率	電氣水生產供應從業人數	建築業從業人數	交通倉儲郵電通信業從業人數	基礎設施從業者每萬人擁有量
北京	0.211	0.814	0.744	1	1	0.851	1	0.846	1	0.62
天津	0.267	0.82	0.471	0.842	0.828	0.462	0.532	0.293	0.32	0.297
石家莊	0.133	0.301	0.174	0.548	0.661	0.448	0.451	0.185	0.199	0.216
唐山	0.131	0.25	0.18	0.657	0.639	0.418	0.465	0.197	0.168	0.248
秦皇島	0.129	0.27	0.185	0.732	0.794	0.456	0.259	0.12	0.162	0.293
邯鄲	0.133	0.198	0.143	0.324	0.463	0.275	0.458	0.171	0.142	0.185
邢臺	0.129	0.167	0.141	0.385	0.453	0.283	0.362	0.125	0.117	0.145
保定	0.128	0.23	0.156	0.454	0.538	0.33	0.449	0.286	0.139	0.222
張家口	0.109	0.225	0.158	0.449	0.527	0.33	0.275	0.133	0.118	0.183
承德	0.107	0.235	0.16	0.388	0.502	0.298	0.235	0.114	0.123	0.176
滄州	0.119	0.215	0.156	0.491	0.606	0.292	0.332	0.192	0.133	0.21
廊坊	0.173	0.327	0.192	0.722	0.787	0.425	0.217	0.154	0.113	0.191
衡水	0.132	0.191	0.142	0.668	0.552	0.335	0.226	0.112	0.121	0.149
太原	0.163	0.442	0.238	1	1	0.716	0.307	0.253	0.235	0.53
大同	0.123	0.268	0.166	0.408	0.676	0.3	0.286	0.123	0.117	0.199
陽泉	0.136	0.453	0.319	0.733	0.734	0.487	0.21	0.118	0.114	0.289
長治	0.124	0.222	0.155	0.539	0.557	0.342	0.237	0.125	0.118	0.191
晉城	0.129	0.319	0.297	0.555	0.717	0.313	0.194	0.111	0.111	0.175
朔州	0.111	0.365	0.183	0.355	0.471	0.222	0.205	0.126	0.105	0.237
晉中	0.122	0.275	0.168	0.702	0.56	0.354	0.247	0.14	0.114	0.216
運城	0.135	0.214	0.249	0.451	0.562	0.309	0.195	0.127	0.108	0.135
忻州	0.116	0.264	0.156	0.675	0.571	0.365	0.157	0.123	0.113	0.166
臨汾	0.114	0.431	0.268	0.473	0.65	0.445	0.218	0.126	0.153	0.214
呂梁	0.109	0.304	0.266	0.456	0.587	0.293	0.145	0.114	0.109	0.127

表 4.5.3 2012 年城市基礎設施競爭力三級指標分值（續 2）

城市	郵政網點設施指數	市民郵政消費	市民通信消費	固定電話用戶普及率	移動電話普及率	互聯網用戶普及率	電氣水生產供應從業人數	建築業從業人數	交通倉儲郵電通信業從業人數	基礎設施從業者每萬人擁有量
呼和浩特	0.115	0.368	0.425	0.725	0.958	0.366	0.294	0.128	0.125	0.246
包頭	0.109	0.285	0.427	0.537	1	0.328	0.268	0.139	0.123	0.274
烏海	0.149	0.479	0.231	0.677	1	0.438	0.162	0.13	0.103	0.547
赤峰	0.106	0.225	0.266	0.411	1	0.218	0.271	0.133	0.115	0.178
通遼	0.105	0.179	0.262	0.259	0.633	0.23	0.203	0.13	0.11	0.183
鄂爾多斯	0.104	0.238	0.219	0.357	1	0.228	0.207	0.101	0.105	0.146
呼倫貝爾	0.101	0.242	0.17	0.589	0.965	0.334	0.263	0.124	0.136	0.276
巴彥淖爾	0.104	0.271	0.367	0.391	0.629	0.257	0.185	0.124	0.107	0.236
烏蘭察布	0.107	0.229	0.158	0.514	0.402	0.225	0.218	0.112	0.112	0.195
瀋陽	0.138	0.276	0.245	1	1	0.553	0.525	0.204	0.288	0.34
大連	0.147	0.326	0.249	1	1	0.568	0.325	0.19	0.193	0.271
鞍山	0.135	0.359	0.188	0.926	0.75	0.499	0.268	0.175	0.121	0.273
撫順	0.116	0.266	0.18	1	0.795	0.501	0.279	0.138	0.114	0.293
本溪	0.122	0.273	0.173	0.795	0.639	0.464	0.209	0.138	0.117	0.324
丹東	0.133	0.393	0.349	0.896	0.715	0.433	0.218	0.132	0.119	0.246
錦州	0.123	0.232	0.165	0.907	0.621	0.437	0.296	0.127	0.121	0.225
營口	0.132	0.244	0.184	0.754	0.689	0.436	0.201	0.12	0.121	0.218
阜新	0.115	0.228	0.16	0.873	0.643	0.42	0.206	0.116	0.107	0.206
遼陽	0.148	0.349	0.178	0.868	0.652	0.413	0.153	0.14	0.105	0.247
盤錦	0.145	0.55	0.19	0.978	0.774	0.421	0.176	0.13	0.109	0.29
鐵嶺	0.118	0.297	0.157	0.688	0.505	0.33	0.218	0.128	0.11	0.2
朝陽	0.119	0.352	0.153	0.78	0.533	0.311	0.221	0.124	0.11	0.179
葫蘆島	0.124	0.265	0.163	0.737	0.557	0.34	0.288	0.111	0.113	0.197
長春	0.122	0.28	0.189	0.703	0.722	0.304	0.449	0.199	0.159	0.239
吉林	0.115	0.359	0.162	0.563	0.955	0.333	0.29	0.128	0.117	0.175
四平	0.121	0.231	0.145	0.431	0.57	0.288	0.189	0.111	0.109	0.138
遼源	0.121	0.275	0.16	0.596	0.633	0.309	0.152	0.102	0.103	0.147
通化	0.12	0.335	0.157	0.676	0.809	0.325	0.194	0.118	0.111	0.189
白山	0.108	0.387	0.155	0.947	0.615	0.412	0.184	0.111	0.105	0.211
松原	0.11	0.22	0.145	0.287	0.885	0.259	0.162	0.119	0.106	0.15
白城	0.107	0.229	0.147	0.553	0.543	0.316	0.154	0.11	0.109	0.159
哈爾濱	0.115	0.337	0.19	0.932	0.901	0.408	0.601	0.317	0.291	0.347
齊齊哈爾	0.113	0.121	0.148	0.476	0.626	0.283	0.294	0.134	0.179	0.238
雞西	0.117	0.864	0.2	0.73	0.621	0.335	0.213	0.119	0.115	0.242
鶴崗	0.11	0.428	0.228	0.336	0.718	0.312	0.161	0.108	0.11	0.238
雙鴨山	0.112	0.388	0.156	0.539	0.857	0.26	0.209	0.112	0.119	0.271
大慶	0.117	0.482	0.201	0.636	1	0.453	0.408	0.213	0.127	0.45
伊春	0.105	0.43	0.188	0.617	0.561	0.922	0.184	0.111	0.105	0.23
佳木斯	0.114	0.452	0.216	0.461	0.788	0.332	0.206	0.134	0.122	0.246
七台河	0.114	0.25	0.213	0.355	0.599	0.341	0.12	0.112	0.104	0.21
牡丹江	0.111	0.548	0.213	0.759	0.436	0.38	0.241	0.109	0.113	0.172
黑河	0.103	0.318	0.185	0.763	0.523	0.261	0.19	0.112	0.119	0.241
綏化	0.115	0.217	0.102	0.295	0.117	0.197	0.191	0.138	0.118	0.155
上海	0.321	0.815	0.597	1	1	1	0.816	0.315	0.74	0.33
南京	0.167	0.387	0.236	1	1	0.598	0.335	0.291	0.256	0.362
無錫	0.195	0.39	0.254	1	1	0.661	0.29	0.2	0.141	0.234
徐州	0.16	0.295	0.161	0.607	0.68	0.321	0.333	0.132	0.207	0.201
常州	0.19	0.477	0.23	1	1	0.56	0.194	0.122	0.13	0.166
蘇州	0.171	0.585	0.278	1	1	0.586	0.288	0.16	0.14	0.151
南通	0.194	0.38	0.186	1	0.802	0.408	0.231	0.197	0.132	0.199
連雲港	0.144	0.308	0.165	0.667	0.677	0.372	0.221	0.156	0.135	0.227
淮安	0.142	0.261	0.15	0.616	0.557	0.266	0.203	0.156	0.118	0.188
鹽城	0.134	0.28	0.157	1	0.281	0.318	0.214	0.223	0.121	0.208
揚州	0.17	0.4	0.19	1	0.912	0.515	0.153	0.232	0.115	0.282
鎮江	0.172	0.349	0.187	1	0.885	0.475	0.203	0.135	0.125	0.223
泰州	0.174	0.358	0.178	0.967	0.717	0.395	0.181	0.138	0.117	0.164

表 4.5.3 2012 年城市基礎設施競爭力三級指標分值（續 2）

城市	郵政網點設施指數	市民郵政消費	市民通信消費	固定電話用戶普及率	移動電話普及率	互聯網用戶普及率	電氣水生產供應從業人數	建築業從業人數	交通倉儲郵電通信業從業人數	基礎設施從業者每萬人擁有量
宿遷	0.138	0.247	0.146	0.641	0.604	0.277	0.148	0.144	0.105	0.149
杭州	0.142	0.538	0.28	1	1	0.776	0.389	1	0.254	0.813
寧波	0.176	0.382	0.44	1	1	0.71	0.332	0.604	0.181	0.553
溫州	0.131	0.288	0.237	0.908	1	0.611	0.282	0.483	0.152	0.373
嘉興	0.19	0.407	0.275	1	1	0.568	0.301	0.152	0.12	0.211
湖州	0.128	0.31	0.207	1	0.991	0.553	0.177	0.188	0.112	0.304
紹興	0.132	0.324	0.21	1	1	0.523	0.252	0.974	0.125	0.398
金華	0.148	0.436	0.231	1	1	0.56	0.221	0.291	0.13	0.338
衢州	0.117	0.241	0.277	0.894	0.79	0.393	0.157	0.115	0.108	0.17
舟山	0.19	0.4	0.243	1	1	0.65	0.166	0.129	0.121	0.401
台州	0.141	0.34	0.223	0.894	1	0.49	0.238	0.457	0.123	0.468
麗水	0.125	0.329	0.204	0.718	1	0.419	0.205	0.117	0.111	0.201
合肥	0.145	0.287	0.201	0.84	0.69	0.354	0.217	0.37	0.179	0.455
蕪湖	0.171	0.402	0.32	0.86	0.718	0.401	0.164	0.17	0.131	0.366
蚌埠	0.138	0.225	0.149	0.622	0.614	0.272	0.174	0.116	0.119	0.167
淮南	0.179	0.248	0.157	0.593	0.498	0.299	0.304	0.155	0.116	0.332
馬鞍山	0.173	0.296	0.179	1	0.816	0.47	0.149	0.116	0.105	0.207
淮北	0.147	0.235	0.167	0.587	0.48	0.286	0.165	0.105	0.107	0.14
銅陵	0.165	0.342	0.179	0.915	0.754	0.466	0.137	0.138	0.103	0.462
安慶	0.13	0.371	0.137	0.671	0.369	0.237	0.266	0.123	0.113	0.145
黃山	0.123	0.307	0.251	0.916	0.582	0.392	0.125	0.121	0.107	0.217
滁州	0.127	0.188	0.145	0.562	0.465	0.24	0.141	0.124	0.116	0.149
阜陽	0.141	0.281	0.145	0.379	0.365	0.178	0.197	0.157	0.123	0.152
宿州	0.132	0.217	0.133	0.473	0.365	0.201	0.168	0.136	0.11	0.141
六安	0.122	0.219	0.207	0.487	0.457	0.187	0.189	0.177	0.111	0.184
亳州	0.124	0.2	0.133	0.431	0.33	0.185	0.132	0.123	0.104	0.118
池州	0.119	0.277	0.152	0.74	0.52	0.316	0.123	0.107	0.101	0.132
宣城	0.123	0.227	0.174	0.734	0.673	0.322	0.149	0.105	0.105	0.12
福州	0.143	0.442	0.24	0.92	0.913	1	0.313	0.371	0.169	0.384
廈門	0.229	0.453	0.28	1	1	1	0.202	0.343	0.171	0.625
莆田	0.133	0.417	0.188	0.725	0.684	1	0.173	0.138	0.107	0.199
三明	0.117	0.407	0.182	0.718	0.729	0.349	0.229	0.124	0.112	0.208
泉州	0.154	0.35	0.223	0.926	0.814	1	0.279	0.503	0.129	0.406
漳州	0.125	0.254	0.18	0.645	0.74	0.311	0.241	0.164	0.111	0.195
南平	0.119	0.429	0.175	0.693	0.654	1	0.217	0.115	0.111	0.178
龍岩	0.115	0.387	0.187	0.671	0.707	0.363	0.213	0.197	0.111	0.362
寧德	0.123	0.352	0.188	0.628	0.754	1	0.246	0.125	0.112	0.201
南昌	0.147	0.386	0.199	0.96	0.931	0.535	0.313	0.352	0.238	0.572
景德鎮	0.167	0.26	0.185	0.68	0.194	0.29	0.157	0.123	0.107	0.221
萍鄉	0.214	0.436	0.158	0.377	0.712	0.298	0.156	0.11	0.104	0.153
九江	0.124	0.216	0.125	0.531	0.533	0.276	0.266	0.195	0.114	0.243
新餘	0.145	0.312	0.151	0.524	0.62	0.368	0.161	0.108	0.103	0.188
鷹潭	0.133	0.369	0.149	0.486	0.513	0.316	0.148	0.114	0.102	0.201
贛州	0.121	0.269	0.142	0.364	0.459	0.238	0.283	0.135	0.115	0.133
吉安	0.121	0.286	0.141	0.342	0.438	0.216	0.234	0.12	0.117	0.149
宜春	0.125	0.269	0.132	0.322	0.345	0.219	0.223	0.12	0.117	0.139
撫州	0.122	0.236	0.125	0.263	0.323	0.244	0.194	0.145	0.108	0.179
上饒	0.122	0.227	0.115	0.33	0.407	0.191	0.209	0.13	0.11	0.13
濟南	0.161	0.329	0.203	0.937	1	0.565	0.349	0.62	0.256	0.691
青島	0.151	0.301	0.212	0.52	1	0.683	0.38	0.226	0.211	0.268
淄博	0.155	0.268	0.166	0.584	0.791	0.421	0.305	0.243	0.116	0.322
棗莊	0.15	0.219	0.256	0.45	0.688	0.326	0.209	0.144	0.113	0.194
東營	0.125	0.3	0.205	0.644	1	0.507	0.136	0.125	0.124	0.24
煙臺	0.149	0.355	0.234	0.743	0.925	0.439	0.307	0.181	0.15	0.216
濰坊	0.138	0.239	0.184	0.661	0.575	0.31	0.312	0.188	0.12	0.168
濟寧	0.145	0.23	0.139	0.435	0.589	0.253	0.351	0.16	0.123	0.165

表 4.5.3 2012 年城市基礎設施競爭力三級指標分值（續 2）

城市	郵政網點設施指數	市民郵政消費	市民通信消費	固定電話用戶普及率	移動電話普及率	互聯網用戶普及率	電氣水生產供應從業人數	建築業從業人數	交通倉儲郵電通信業從業人數	基礎設施從業者每萬人擁有量
泰安	0.142	0.212	0.262	0.544	0.783	0.321	0.238	0.248	0.122	0.28
威海	0.141	0.38	0.179	0.951	0.836	0.532	0.248	0.146	0.117	0.258
日照	0.134	0.265	0.184	0.411	0.678	0.326	0.164	0.117	0.123	0.186
萊蕪	0.146	0.272	0.155	0.48	0.785	0.38	0.157	0.116	0.102	0.201
臨沂	0.134	0.202	0.153	0.388	0.714	0.266	0.271	0.181	0.115	0.149
德州	0.153	0.347	0.253	0.667	0.624	0.263	0.267	0.129	0.109	0.145
聊城	0.148	0.232	0.134	0.345	0.519	0.258	0.231	0.126	0.123	0.148
濱州	0.129	0.237	0.158	0.671	0.803	0.319	0.186	0.127	0.104	0.147
菏澤	0.177	0.203	0.136	0.312	0.592	0.216	0.264	0.134	0.119	0.134
鄭州	0.182	0.337	0.213	0.914	1	0.552	0.511	0.471	0.152	0.403
開封	0.141	0.246	0.137	0.423	0.394	0.283	0.193	0.154	0.113	0.18
洛陽	0.128	0.283	0.157	0.585	0.561	0.372	0.584	0.172	0.131	0.233
平頂山	0.139	0.259	0.146	0.321	0.453	0.3	0.242	0.153	0.119	0.19
安陽	0.137	0.293	0.146	0.456	0.711	0.313	0.21	0.359	0.115	0.404
鶴壁	0.125	0.23	0.143	0.564	0.473	0.37	0.144	0.14	0.103	0.266
新鄉	0.143	0.303	0.148	0.65	0.744	0.369	0.227	0.203	0.116	0.219
焦作	0.166	0.331	0.149	0.423	0.716	0.325	0.268	0.133	0.11	0.19
濮陽	0.153	0.246	0.143	0.314	0.411	0.242	0.187	0.215	0.115	0.312
許昌	0.154	0.251	0.145	0.487	0.468	0.335	0.187	0.146	0.111	0.174
漯河	0.151	0.253	0.143	0.423	0.454	0.259	0.138	0.139	0.107	0.201
三門峽	0.117	0.302	0.156	0.445	0.715	0.343	0.205	0.144	0.11	0.262
南陽	0.124	0.227	0.135	0.226	0.307	0.211	0.311	0.229	0.138	0.191
商丘	0.145	0.269	0.135	0.306	0.632	0.201	0.201	0.177	0.118	0.166
信陽	0.128	0.245	0.141	0.34	0.349	0.261	0.284	0.206	0.127	0.232
周口	0.136	0.232	0.131	0.207	0.294	0.196	0.264	0.192	0.116	0.165
駐馬店	0.13	0.255	0.133	0.195	0.342	0.198	0.268	0.215	0.119	0.207
武漢	0.19	0.32	0.237	0.968	1	0.685	0.364	0.795	0.363	0.678
黃石	0.132	0.332	0.167	0.564	0.597	0.319	0.185	0.227	0.117	0.455
十堰	0.138	0.26	0.14	0.588	0.669	0.296	0.286	0.142	0.117	0.231
宜昌	0.116	0.228	0.161	0.525	0.676	0.373	0.49	0.237	0.153	0.435
襄陽	0.121	0.24	0.142	0.374	0.509	0.278	0.23	0.177	0.122	0.205
鄂州	0.154	0.281	0.156	0.586	0.615	0.623	0.133	0.165	0.107	0.511
荊門	0.117	0.251	0.147	0.355	0.456	0.286	0.185	0.144	0.114	0.224
孝感	0.134	0.238	0.131	0.365	0.409	0.232	0.203	0.366	0.12	0.442
荊州	0.127	0.264	0.149	0.337	0.525	0.259	0.205	0.158	0.117	0.172
黃岡	0.122	0.231	0.135	0.442	0.438	0.242	0.215	0.223	0.111	0.222
咸寧	0.137	0.358	0.156	0.462	0.51	0.501	0.162	0.118	0.109	0.167
隨州	0.116	0.403	0.141	0.388	0.572	0.269	0.116	0.129	0.104	0.177
長沙	0.272	0.358	0.233	0.893	1	0.448	0.312	0.422	0.149	0.412
株洲	0.123	0.234	0.169	0.61	0.574	0.329	0.21	0.181	0.114	0.248
湘潭	0.145	0.337	0.296	0.631	0.567	0.286	0.164	0.241	0.11	0.418
衡陽	0.129	0.268	0.233	0.418	0.351	0.223	0.233	0.307	0.122	0.281
邵陽	0.124	0.227	0.134	0.369	0.365	0.174	0.226	0.228	0.125	0.221
岳陽	0.121	0.246	0.154	0.47	0.436	0.243	0.198	0.247	0.129	0.282
常德	0.124	0.217	0.151	0.414	0.425	0.13	0.206	0.243	0.11	0.25
張家界	0.116	0.213	0.303	0.344	0.465	0.27	0.144	0.115	0.105	0.19
益陽	0.121	0.22	0.143	0.363	0.382	0.209	0.152	0.16	0.105	0.179
郴州	0.116	0.269	0.151	0.394	0.472	0.236	0.275	0.137	0.112	0.174
永州	0.121	0.204	0.136	0.27	0.373	0.208	0.235	0.163	0.114	0.188
懷化	0.118	0.214	0.145	0.441	0.359	0.222	0.283	0.13	0.122	0.176
婁底	0.122	0.204	0.151	0.447	0.42	0.24	0.164	0.167	0.11	0.213
廣州	0.142	0.629	0.351	1	1	0.631	0.422	0.377	0.498	0.419
韶關	0.118	0.44	0.379	0.678	0.739	0.352	0.282	0.153	0.122	0.291
深圳	1	1	1	1	1	0.781	0.347	0.346	0.387	0.407
珠海	0.203	0.85	0.361	1	1	0.677	0.158	0.136	0.125	0.347
汕頭	0.187	0.224	0.2	0.778	0.934	0.434	0.185	0.159	0.118	0.176

表 4.5.3 2012 年城市基礎設施競爭力三級指標分值（續 2）

城市	郵政網點設施指數	市民郵政消費	市民通信消費	固定電話用戶普及率	移動電話普及率	互聯網用戶普及率	電氣水生產供應從業人數	建築業從業人數	交通倉儲郵電通信業從業人數	基礎設施從業者每萬人擁有量
佛山	0.223	0.1	0.1	1	1	0.59	0.248	0.148	0.129	0.16
江門	0.135	0.43	0.448	0.883	0.996	0.487	0.205	0.167	0.115	0.208
湛江	0.131	0.333	0.289	0.356	0.525	0.245	0.231	0.174	0.141	0.192
茂名	0.127	0.319	0.27	0.513	0.542	0.239	0.194	0.19	0.115	0.198
肇慶	0.119	0.242	0.169	0.558	0.496	0.161	0.177	0.117	0.113	0.143
惠州	0.139	0.24	0.232	0.908	1	0.497	0.195	0.141	0.121	0.178
梅州	0.123	0.366	0.141	0.503	0.541	0.26	0.251	0.13	0.109	0.163
汕尾	0.121	0.215	0.289	0.494	0.349	0.221	0.162	0.115	0.105	0.138
河源	0.117	0.199	0.154	0.521	0.312	0.247	0.193	0.12	0.111	0.169
陽江	0.12	0.312	0.165	0.606	0.488	0.278	0.161	0.16	0.11	0.271
清遠	0.12	0.28	0.177	0.455	0.485	0.813	0.215	0.108	0.111	0.136
東莞	0.635	0.428	0.316	1	1	0.605	0.199	0.104	0.111	0.1
中山	0.304	0.554	0.823	0.968	1	0.675	0.154	0.105	0.117	0.139
潮州	0.146	0.23	0.175	0.799	0.778	0.349	0.198	0.115	0.106	0.157
揭陽	0.139	0.232	0.195	0.479	0.618	0.251	0.217	0.138	0.108	0.143
雲浮	0.126	0.382	0.26	0.687	0.343	0.542	0.16	0.111	0.104	0.139
南寧	0.121	0.291	0.19	0.525	0.709	0.468	0.246	0.228	0.155	0.26
柳州	0.118	0.251	0.171	0.503	0.559	0.392	0.187	0.143	0.127	0.212
桂林	0.117	0.259	0.161	0.53	0.506	0.371	0.244	0.128	0.118	0.163
梧州	0.117	0.266	0.143	0.42	0.356	0.271	0.198	0.12	0.109	0.169
北海	0.126	0.273	0.182	0.572	0.637	0.371	0.133	0.113	0.108	0.179
防城港	0.115	0.234	0.189	0.491	0.67	0.381	0.127	0.12	0.12	0.393
欽州	0.115	0.195	0.141	0.374	0.305	0.241	0.145	0.132	0.111	0.174
貴港	0.117	0.264	0.134	0.42	0.298	0.211	0.152	0.112	0.113	0.127
玉林	0.12	0.239	0.142	0.419	0.343	0.234	0.19	0.166	0.117	0.182
百色	0.111	0.205	0.148	0.385	0.372	0.267	0.223	0.107	0.113	0.144
賀州	0.114	0.218	0.139	0.289	0.347	0.234	0.162	0.107	0.104	0.141
河池	0.112	0.232	0.144	0.358	0.369	0.254	0.21	0.121	0.111	0.163
來賓	0.115	0.218	0.146	0.274	0.417	0.229	0.176	0.106	0.103	0.136
崇左	0.113	0.305	0.151	0.288	0.469	0.217	0.176	0.107	0.108	0.159
海口	0.221	0.479	0.717	1	1	0.623	0.153	0.203	0.145	0.53
三亞	0.14	0.347	0.163	0.795	0.515	0.428	0.124	0.106	0.108	0.245
重慶	0.15	0.321	0.166	0.593	0.549	1	0.95	0.921	0.337	0.318
成都	0.183	0.322	0.464	0.791	1	0.418	0.385	0.924	0.195	0.476
自貢	0.193	0.28	0.144	0.539	0.613	0.316	0.152	0.148	0.114	0.233
攀枝花	0.115	0.333	0.237	0.797	1	0.432	0.161	0.121	0.106	0.254
瀘州	0.144	0.258	0.144	0.434	0.58	0.231	0.177	0.26	0.115	0.335
德陽	0.166	0.258	0.153	0.479	0.726	0.328	0.144	0.199	0.109	0.265
綿陽	0.148	0.261	0.161	0.466	0.821	0.299	0.214	0.163	0.116	0.2
廣元	0.134	0.265	0.162	0.537	0.72	0.251	0.141	0.119	0.106	0.156
遂寧	0.156	0.217	0.131	0.308	0.436	0.227	0.178	0.198	0.103	0.28
內江	0.196	0.203	0.136	0.376	0.443	0.213	0.162	0.198	0.109	0.261
樂山	0.136	0.272	0.288	0.607	0.794	0.324	0.38	0.161	0.115	0.288
南充	0.199	0.237	0.135	0.429	0.447	0.229	0.211	0.171	0.114	0.174
眉山	0.18	0.216	0.141	0.45	0.564	0.232	0.158	0.125	0.111	0.168
宜賓	0.145	0.244	0.264	0.43	0.526	0.238	0.258	0.177	0.117	0.233
廣安	0.149	0.276	0.136	0.38	0.468	0.208	0.161	0.122	0.105	0.145
達州	0.159	0.217	0.137	0.352	0.463	0.212	0.268	0.163	0.114	0.187
雅安	0.111	0.192	0.16	0.492	0.788	0.255	0.168	0.113	0.104	0.187
巴中	0.158	0.226	0.135	0.376	0.438	0.202	0.173	0.159	0.106	0.214
資陽	0.207	0.284	0.132	0.446	0.445	0.207	0.127	0.146	0.106	0.168
貴陽	0.153	0.276	0.209	0.669	1	0.417	0.287	0.418	0.142	0.6
六盤水	0.11	0.181	0.145	0.33	0.468	0.193	0.173	0.113	0.102	0.133
遵義	0.121	0.203	0.149	0.311	0.526	0.894	0.231	0.129	0.124	0.149
安順	0.122	0.18	0.14	0.337	0.57	0.211	0.169	0.11	0.106	0.148
昆明	0.133	0.287	0.216	0.817	0.868	1	0.303	0.377	0.245	0.493

表 4.5.3 2012 年城市基礎設施競爭力三級指標分值（續 2）

城市	郵政網點設施指數	市民郵政消費	市民通信消費	固定電話用戶普及率	移動電話普及率	互聯網用戶普及率	電氣水生產供應從業人數	建築業從業人數	交通倉儲郵電通信業從業人數	基礎設施從業者每萬人擁有量
曲靖	0.112	0.174	0.133	0.173	0.586	0.201	0.251	0.154	0.108	0.163
玉溪	0.111	0.206	0.153	0.285	0.712	0.343	0.166	0.12	0.105	0.169
保山	0.109	0.177	0.115	0.205	0.501	0.165	0.141	0.16	0.104	0.244
昭通	0.114	0.16	0.104	0.1	0.256	0.157	0.176	0.119	0.108	0.122
麗江	0.106	0.227	0.112	0.353	0.583	0.231	0.13	0.112	0.103	0.178
普洱	0.106	0.185	0.152	0.396	0.596	0.218	0.154	0.117	0.106	0.154
臨滄	0.109	0.161	0.135	0.255	0.478	0.172	0.146	0.105	0.105	0.122
拉薩	0.1	0.274	0.157	1	0.76	0.1	0.173	0.111	0.107	0.414
西安	0.171	0.331	0.245	0.924	1	0.566	0.527	0.32	0.276	0.399
銅川	0.126	0.333	0.116	0.383	0.754	0.433	0.14	0.116	0.102	0.257
寶雞	0.124	0.27	0.15	0.545	0.755	0.293	0.221	0.139	0.134	0.225
咸陽	0.131	0.239	0.15	0.325	0.73	0.268	0.25	0.161	0.113	0.194
渭南	0.141	0.225	0.147	0.474	0.593	0.26	0.313	0.133	0.113	0.164
延安	0.108	0.271	0.117	0.644	0.969	0.726	0.157	0.113	0.109	0.163
漢中	0.115	0.304	0.145	0.523	0.546	0.272	0.187	0.131	0.114	0.179
榆林	0.109	0.254	0.193	0.374	0.981	0.246	0.356	0.11	0.12	0.198
安康	0.111	0.27	0.143	0.468	0.647	0.263	0.162	0.112	0.105	0.139
商洛	0.111	0.479	0.129	0.498	0.299	0.208	0.13	0.124	0.11	0.176
蘭州	0.129	0.286	0.203	0.798	0.932	0.43	0.301	0.265	0.13	0.442
嘉峪關	0.112	0.365	0.204	1	1	0.711	0.112	0.1	0.1	0.154
金昌	0.104	0.281	0.163	0.476	0.96	0.435	0.138	0.108	0.101	0.274
白銀	0.108	0.189	0.15	0.433	0.465	0.219	0.177	0.107	0.106	0.166
天水	0.122	0.2	0.125	0.557	0.771	0.209	0.164	0.143	0.107	0.187
武威	0.108	0.204	0.125	0.718	0.298	0.163	0.149	0.107	0.107	0.152
張掖	0.105	0.209	0.144	0.697	0.81	0.273	0.17	0.106	0.104	0.186
平涼	0.125	0.161	0.126	0.276	0.405	0.196	0.154	0.114	0.104	0.154
酒泉	0.1	0.286	0.186	0.564	0.714	0.325	0.146	0.107	0.105	0.187
慶陽	0.111	0.217	0.163	0.387	0.69	0.21	0.142	0.102	0.102	0.11
定西	0.112	0.157	0.126	0.311	0.1	0.137	0.148	0.112	0.105	0.132
隴南	0.11	0.158	0.125	0.28	0.289	0.143	0.173	0.107	0.107	0.136
西寧	0.124	0.274	0.364	0.852	0.899	0.392	0.166	0.164	0.141	0.386
銀川	0.127	0.29	0.134	0.611	0.903	0.373	0.427	0.131	0.115	0.352
石嘴山	0.119	0.39	0.182	0.753	0.898	0.354	0.182	0.117	0.101	0.325
吳忠	0.104	0.178	0.119	0.359	0.604	0.245	0.158	0.104	0.102	0.153
固原	0.109	0.193	0.11	0.306	0.461	0.166	0.105	0.102	0.104	0.121
中衛	0.105	0.169	0.14	0.372	0.463	0.201	0.108	0.102	0.103	0.116
烏魯木齊	0.131	0.422	0.26	1	0.768	1	0.243	0.206	0.202	0.519
克拉瑪依	0.108	0.619	0.401	1	1	0.753	0.1	0.124	0.103	0.509
香港	0.112	0.319	0.574	1	1	0.704	0.284	0.604	0.662	1
澳門	0.582	0.319	0.455	1	1	0.654	0.111	0.151	0.131	0.979
新北	0.113	0.319	0.733	0.584	0.71	0.383	0.337	0.358	0.223	0.705
臺北	0.201	0.319	0.733	0.825	0.761	0.444	0.254	0.269	0.18	0.684
台中	0.112	0.319	0.733	0.55	0.658	0.345	0.259	0.274	0.183	0.7
台南	0.112	0.319	0.733	0.499	0.604	0.335	0.216	0.227	0.16	0.723
高雄	0.109	0.319	0.733	0.512	0.669	0.345	0.265	0.28	0.186	0.696
基隆	0.307	0.319	0.733	0.497	0.664	0.337	0.121	0.124	0.111	0.694
新竹	0.364	0.319	0.733	0.622	0.724	0.462	0.124	0.127	0.112	0.697
嘉義	0.558	0.319	0.733	0.733	0.64	0.319	0.114	0.117	0.107	0.673

4.6 城市社會體制競爭力三級指標分值

表 4.6.1 2012 年城市社會體制競爭力三級指標分值

城市	失業率(逆)	基尼指數(逆)	社會保障補助支出	社會保障覆蓋率	社會服務業人力資本規模	人均社會保障補助支出	社會服務業從業者每萬人擁有量
北京	0.993	0.966	0.784	0.481	1	0.374	0.453
天津	0.863	0.923	0.439	0.645	0.488	0.299	0.305
石家莊	0.858	0.915	0.154	0.563	0.266	0.118	0.179
唐山	0.834	0.911	0.208	0.602	0.245	0.197	0.207
秦皇島	0.848	0.933	0.131	0.55	0.174	0.17	0.268
邯鄲	0.838	0.875	0.158	0.433	0.22	0.128	0.149
邢臺	0.9	0.897	0.141	0.234	0.188	0.124	0.145
保定	0.856	0.869	0.181	0.225	0.269	0.135	0.167
張家口	0.821	0.879	0.158	0.377	0.18	0.194	0.205
承德	0.771	0.865	0.129	0.29	0.171	0.152	0.228
滄州	0.921	0.867	0.137	0.247	0.221	0.119	0.187
廊坊	0.951	0.837	0.134	0.632	0.165	0.145	0.172
衡水	0.871	0.641	0.124	0.152	0.161	0.125	0.164
太原	0.889	0.933	0.17	0.403	0.224	0.222	0.308
大同	0.718	0.835	0.133	0.39	0.156	0.166	0.195
陽泉	0.917	0.968	0.114	0.425	0.125	0.184	0.228
長治	0.939	0.82	0.126	0.303	0.158	0.148	0.198
晉城	0.941	0.796	0.124	0.238	0.141	0.177	0.21
朔州	0.944	0.962	0.114	0.472	0.117	0.162	0.143
晉中	0.952	0.921	0.138	0.541	0.166	0.181	0.225
運城	0.898	0.988	0.142	0.585	0.175	0.147	0.167
忻州	0.916	0.98	0.141	0.407	0.159	0.197	0.218
臨汾	0.905	0.944	0.155	0.364	0.174	0.188	0.192
呂梁	0.973	0.939	0.125	0.109	0.153	0.137	0.166
呼和浩特	0.869	0.917	0.146	0.628	0.168	0.22	0.261
包頭	0.882	0.905	0.172	0.637	0.15	0.319	0.217
烏海	0.886	0.903	0.115	0.563	0.108	0.373	0.251
赤峰	0.827	0.901	0.161	0.455	0.181	0.2	0.208
通遼	0.855	0.909	0.15	0.541	0.151	0.219	0.19
鄂爾多斯	0.923	0.968	0.17	0.498	0.129	0.398	0.187
呼倫貝爾	0.811	0.899	0.171	0.533	0.175	0.326	0.317
巴彥淖爾	0.916	0.889	0.14	0.355	0.132	0.299	0.23
烏蘭察布	0.634	0.816	0.156	0.243	0.132	0.312	0.184
瀋陽	0.869	0.869	0.332	0.507	0.359	0.323	0.327
大連	0.914	0.923	0.326	0.723	0.275	0.368	0.273
鞍山	0.9	0.798	0.201	0.637	0.202	0.319	0.296
撫順	0.782	0.849	0.213	0.511	0.141	0.328	0.225
本溪	0.751	0.786	0.15	0.563	0.153	0.344	0.34
丹東	0.791	0.419	0.157	0.264	0.151	0.286	0.236
錦州	0.915	0.746	0.171	0.563	0.172	0.278	0.252
營口	0.887	0.835	0.161	0.537	0.149	0.304	0.231
阜新	0.849	0.808	0.151	0.589	0.143	0.334	0.269
遼陽	0.913	0.806	0.153	0.373	0.134	0.334	0.22
盤錦	0.943	0.937	0.135	0.524	0.125	0.315	0.227
鐵嶺	0.87	0.83	0.134	0.667	0.147	0.192	0.201
朝陽	0.895	0.83	0.167	0.645	0.157	0.272	0.212
葫蘆島	0.863	0.929	0.152	0.637	0.141	0.255	0.187
長春	0.833	0.935	0.223	0.727	0.3	0.213	0.271
吉林	0.873	0.804	0.201	0.559	0.19	0.276	0.224
四平	0.847	0.859	0.151	0.533	0.177	0.21	0.248
遼源	0.833	0.744	0.13	0.494	0.125	0.321	0.265
通化	0.896	0.828	0.148	0.204	0.154	0.264	0.259
白山	0.858	0.873	0.145	0.563	0.128	0.398	0.265
松原	0.923	0.909	0.129	0.502	0.144	0.17	0.181
白城	0.793	0.923	0.138	0.667	0.154	0.248	0.295
哈爾濱	0.863	0.968	0.202	0.554	0.373	0.155	0.266
齊齊哈爾	0.812	0.879	0.168	0.373	0.193	0.186	0.193
雞西	0.826	0.927	0.13	0.468	0.129	0.226	0.193

表 4.6.1 2012 年城市社會體制競爭力三級指標分值

城市	失業率(逆)	基尼指數(逆)	社會保障補助支出	社會保障覆蓋率	社會服務業人力資本規模	人均社會保障補助支出	社會服務業從業者每萬人擁有量
鶴崗	0.841	0.917	0.109	0.576	0.122	0.175	0.265
雙鴨山	0.931	0.956	0.123	0.541	0.13	0.231	0.248
大慶	0.886	0.905	0.135	0.377	0.18	0.185	0.295
伊春	0.723	0.828	0.13	0.52	0.113	0.329	0.171
佳木斯	0.859	0.1	0.133	0.533	0.155	0.196	0.243
七台河	0.927	0.885	0.108	0.546	0.107	0.18	0.15
牡丹江	0.908	0.875	0.134	0.52	0.163	0.188	0.248
黑河	0.954	0.958	0.116	0.52	0.134	0.175	0.239
綏化	0.891	0.941	0.144	0.455	0.175	0.146	0.16
上海	0.869	0.901	1	0.485	0.827	0.411	0.319
南京	0.929	0.927	0.211	0.481	0.301	0.193	0.263
無錫	0.948	0.925	0.183	0.641	0.239	0.188	0.233
徐州	0.925	0.911	0.189	0.576	0.269	0.164	0.212
常州	0.95	0.909	0.158	0.58	0.201	0.187	0.237
蘇州	0.97	0.871	0.255	0.719	0.3	0.201	0.205
南通	0.906	0.911	0.166	0.662	0.246	0.153	0.216
連雲港	0.917	0.885	0.129	0.779	0.179	0.134	0.2
淮安	0.93	0.871	0.153	0.511	0.18	0.172	0.187
鹽城	0.952	0.907	0.16	0.429	0.211	0.145	0.171
揚州	0.909	0.891	0.136	0.697	0.184	0.146	0.209
鎮江	0.951	0.927	0.118	0.476	0.176	0.131	0.265
泰州	0.934	0.917	0.139	0.658	0.197	0.151	0.228
宿遷	0.945	0.911	0.144	0.585	0.139	0.158	0.11
杭州	0.97	0.923	0.255	0.632	0.435	0.228	0.387
寧波	0.936	0.909	0.182	0.693	0.295	0.167	0.268
溫州	0.97	0.96	0.141	0.593	0.271	0.111	0.202
嘉興	0.931	0.915	0.122	0.498	0.205	0.118	0.25
湖州	0.951	0.935	0.115	0.65	0.161	0.127	0.237
紹興	0.943	0.911	0.132	0.68	0.213	0.133	0.247
金華	0.95	0.889	0.135	0.68	0.22	0.132	0.241
衢州	0.919	0.929	0.115	0.615	0.142	0.149	0.228
舟山	0.933	0.917	0.109	0.593	0.135	0.171	0.354
台州	0.935	0.956	0.131	0.624	0.229	0.12	0.232
麗水	0.905	0.824	0.116	0.459	0.157	0.152	0.296
合肥	0.875	0.871	0.146	0.654	0.237	0.145	0.255
蕪湖	0.938	0.847	0.127	0.585	0.15	0.189	0.251
蚌埠	0.816	0.841	0.127	0.65	0.152	0.154	0.189
淮南	0.844	0.889	0.122	0.485	0.146	0.167	0.225
馬鞍山	0.911	0.897	0.113	0.693	0.122	0.176	0.207
淮北	0.856	0.881	0.116	0.295	0.13	0.153	0.178
銅陵	0.822	0.873	0.115	0.438	0.111	0.296	0.236
安慶	0.827	0.889	0.139	0.593	0.176	0.139	0.165
黃山	0.889	0.903	0.117	0.502	0.126	0.201	0.238
滁州	0.925	0.879	0.131	0.628	0.153	0.146	0.161
阜陽	0.935	0.966	0.16	0.468	0.187	0.142	0.135
宿州	0.883	0.937	0.115	0.489	0.157	0.1	0.131
六安	0.854	0.931	0.133	0.628	0.167	0.126	0.142
亳州	0.968	0.95	0.131	0.775	0.146	0.131	0.119
池州	0.886	0.915	0.112	0.567	0.119	0.166	0.185
宣城	0.937	0.883	0.119	0.611	0.142	0.149	0.194
福州	0.928	0.95	0.161	0.52	0.265	0.149	0.245
廈門	0.963	0.95	0.154	0.563	0.174	0.211	0.231
莆田	0.946	0.958	0.112	0.624	0.138	0.12	0.166
三明	0.937	0.871	0.116	0.455	0.15	0.138	0.228
泉州	0.992	0.974	0.138	0.65	0.184	0.114	0.124
漳州	0.944	0.921	0.134	0.688	0.16	0.138	0.147
南平	0.896	0.879	0.125	0.342	0.16	0.165	0.251

表 4.6.1 2012 年城市社會體制競爭力三級指標分值

城市	失業率(逆)	基尼指數(逆)	社會保障補助支出	社會保障覆蓋率	社會服務業人力資本規模	人均社會保障補助支出	社會服務業從業者每萬人擁有量
龍岩	0.91	0.905	0.124	0.58	0.159	0.165	0.257
寧德	0.911	0.814	0.123	0.442	0.153	0.151	0.214
南昌	0.853	0.907	0.174	0.524	0.227	0.203	0.267
景德鎮	0.876	0.824	0.124	0.463	0.124	0.224	0.192
萍鄉	0.922	0.792	0.124	0.489	0.129	0.203	0.196
九江	0.912	0.79	0.154	0.528	0.179	0.175	0.188
新餘	0.641	0.943	0.115	0.65	0.114	0.212	0.176
鷹潭	0.85	0.879	0.113	0.606	0.111	0.204	0.156
贛州	0.92	0.978	0.193	0.533	0.216	0.17	0.157
吉安	0.901	0.82	0.139	0.45	0.167	0.146	0.163
宜春	0.653	0.913	0.162	0.654	0.181	0.175	0.169
撫州	0.855	0.929	0.144	0.42	0.145	0.175	0.142
上饒	0.928	0.818	0.15	0.472	0.183	0.141	0.147
濟南	0.933	0.921	0.201	0.723	0.298	0.203	0.3
青島	0.92	0.968	0.186	0.758	0.287	0.159	0.228
淄博	0.895	0.903	0.156	0.541	0.204	0.184	0.246
棗莊	0.894	0.915	0.128	0.498	0.163	0.142	0.193
東營	0.958	0.98	0.119	0.472	0.142	0.168	0.237
煙臺	0.892	0.895	0.206	0.55	0.252	0.206	0.233
濰坊	0.907	0.909	0.147	0.645	0.292	0.118	0.225
濟寧	0.85	0.939	0.141	0.489	0.22	0.117	0.166
泰安	0.891	0.847	0.144	0.619	0.199	0.146	0.2
威海	0.971	0.937	0.168	0.476	0.17	0.293	0.271
日照	0.888	0.877	0.123	0.511	0.141	0.154	0.175
萊蕪	0.912	0.946	0.111	0.485	0.121	0.172	0.207
臨沂	0.943	0.941	0.163	0.394	0.257	0.127	0.172
德州	0.876	0.946	0.142	0.658	0.173	0.14	0.153
聊城	0.825	0.948	0.133	0.641	0.202	0.124	0.195
濱州	0.904	0.895	0.152	0.567	0.158	0.199	0.179
菏澤	0.892	0.915	0.161	0.494	0.239	0.138	0.184
鄭州	0.945	0.937	0.205	0.498	0.326	0.178	0.271
開封	0.822	0.806	0.143	0.524	0.197	0.157	0.226
洛陽	0.879	0.81	0.149	0.524	0.231	0.14	0.216
平頂山	0.875	0.954	0.143	0.507	0.184	0.153	0.192
安陽	0.907	0.8	0.133	0.533	0.178	0.132	0.173
鶴壁	0.886	0.828	0.112	0.524	0.121	0.16	0.175
新鄉	0.862	0.948	0.13	0.537	0.216	0.12	0.219
焦作	0.895	0.82	0.125	0.489	0.169	0.14	0.218
濮陽	0.936	0.794	0.132	0.502	0.153	0.155	0.173
許昌	0.648	0.889	0.123	0.502	0.177	0.124	0.199
漯河	0.967	0.95	0.118	0.645	0.146	0.146	0.21
三門峽	0.915	0.917	0.119	0.585	0.137	0.16	0.199
南陽	0.89	0.919	0.18	0.528	0.267	0.14	0.179
商丘	0.851	0.95	0.156	0.701	0.231	0.14	0.194
信陽	0.96	0.915	0.145	0.611	0.203	0.139	0.188
周口	0.889	0.921	0.159	0.714	0.225	0.13	0.158
駐馬店	0.936	0.964	0.155	0.442	0.224	0.14	0.188
武漢	0.89	0.919	0.325	0.489	0.38	0.273	0.294
黃石	0.806	0.81	0.137	0.225	0.142	0.215	0.204
十堰	0.863	0.8	0.148	0.264	0.177	0.206	0.251
宜昌	0.937	0.893	0.149	0.515	0.194	0.183	0.25
襄陽	0.835	0.895	0.187	0.593	0.216	0.213	0.228
鄂州	0.837	0.738	0.108	0.407	0.118	0.169	0.224
荊門	0.897	0.891	0.13	0.805	0.155	0.173	0.218
孝感	0.945	0.941	0.119	0.619	0.192	0.111	0.209
荊州	0.75	0.816	0.168	0.58	0.234	0.179	0.25
黃岡	0.865	0.837	0.166	0.589	0.204	0.167	0.187

表 4.6.1 2012 年城市社會體制競爭力三級指標分值

城市	失業率(逆)	基尼指數(逆)	社會保障補助支出	社會保障覆蓋率	社會服務業人力資本規模	人均社會保障補助支出	社會服務業從業者每萬人擁有量
咸寧	0.826	0.72	0.126	0.563	0.164	0.175	0.284
隨州	0.995	0.929	0.122	0.554	0.134	0.174	0.19
長沙	0.926	0.915	0.202	0.593	0.345	0.2	0.354
株洲	0.861	0.831	0.158	0.169	0.171	0.208	0.207
湘潭	0.861	0.867	0.154	0.412	0.151	0.253	0.212
衡陽	0.915	0.802	0.19	0.2	0.238	0.183	0.208
邵陽	0.861	0.956	0.168	0.446	0.206	0.158	0.169
岳陽	0.935	0.816	0.171	0.71	0.194	0.188	0.19
常德	0.8	0.919	0.189	0.559	0.198	0.211	0.191
張家界	0.86	0.937	0.117	0.675	0.125	0.191	0.213
益陽	0.841	0.859	0.158	0.671	0.175	0.195	0.196
郴州	0.859	0.913	0.156	0.386	0.191	0.183	0.218
永州	0.849	0.972	0.16	0.727	0.195	0.177	0.203
懷化	0.869	0.818	0.163	0.593	0.194	0.192	0.218
婁底	0.795	0.855	0.138	0.459	0.16	0.166	0.183
廣州	0.764	0.944	0.381	0.615	0.585	0.264	0.382
韶關	0.715	0.97	0.127	0.65	0.164	0.164	0.249
深圳	0.998	0.966	0.251	0.528	0.33	0.199	0.234
珠海	0.972	0.96	0.128	0.593	0.142	0.25	0.307
汕頭	0.857	0.954	0.12	0.511	0.181	0.108	0.172
佛山	0.88	0.956	0.158	0.572	0.275	0.144	0.256
江門	0.954	0.822	0.14	0.563	0.194	0.155	0.23
湛江	0.888	0.939	0.147	0.701	0.21	0.132	0.175
茂名	0.81	0.893	0.141	0.502	0.188	0.137	0.172
肇慶	0.93	0.931	0.132	0.442	0.18	0.149	0.225
惠州	0.988	0.966	0.142	0.567	0.176	0.156	0.187
梅州	0.866	0.929	0.144	0.641	0.188	0.167	0.228
汕尾	0.877	0.879	0.115	0.654	0.128	0.127	0.129
河源	0.923	0.893	0.129	0.719	0.147	0.166	0.186
陽江	0.541	0.514	0.116	0.502	0.146	0.141	0.219
清遠	0.928	0.943	0.131	0.758	0.158	0.152	0.181
東莞	1	0.966	0.162	0.498	0.215	0.139	0.158
中山	1	0.978	0.123	0.662	0.16	0.144	0.216
潮州	0.916	0.909	0.114	0.546	0.132	0.127	0.152
揭陽	0.981	0.937	0.123	0.468	0.154	0.109	0.116
雲浮	0.97	0.875	0.114	0.572	0.135	0.135	0.179
南寧	0.935	0.944	0.196	0.723	0.289	0.199	0.294
柳州	0.868	0.905	0.141	0.567	0.199	0.173	0.28
桂林	0.879	0.915	0.133	0.412	0.209	0.136	0.247
梧州	0.861	0.905	0.127	0.528	0.153	0.164	0.212
北海	0.923	0.962	0.104	0.632	0.131	0.115	0.242
防城港	0.923	0.917	0.113	0.615	0.115	0.242	0.244
欽州	0.925	0.863	0.114	0.624	0.153	0.12	0.198
貴港	0.892	0.939	0.111	0.559	0.157	0.102	0.163
玉林	0.862	0.933	0.125	0.667	0.19	0.115	0.183
百色	0.918	0.907	0.133	0.606	0.162	0.161	0.203
賀州	0.876	0.946	0.11	0.468	0.133	0.13	0.206
河池	0.875	0.925	0.125	0.546	0.163	0.143	0.211
來賓	0.954	0.943	0.116	0.403	0.139	0.152	0.22
崇左	0.929	0.921	0.122	0.541	0.136	0.182	0.217
海口	0.973	0.944	0.119	0.463	0.161	0.167	0.326
三亞	0.947	0.962	0.105	0.749	0.11	0.183	0.231
重慶	0.931	0.927	0.469	0.515	0.572	0.181	0.176
成都	0.962	0.933	0.192	0.425	0.476	0.129	0.275
自貢	0.788	0.865	0.132	0.485	0.151	0.187	0.217
攀枝花	0.875	0.909	0.124	0.745	0.122	0.273	0.231
瀘州	0.863	0.873	0.144	0.554	0.156	0.167	0.157

表 4.6.1 2012 年城市社會體制競爭力三級指標分值

城市	失業率(逆)	基尼指數(逆)	社會保障補助支出	社會保障覆蓋率	社會服務業人力資本規模	人均社會保障補助支出	社會服務業從業者每萬人擁有量
德陽	0.876	0.919	0.144	0.494	0.164	0.184	0.2
綿陽	0.868	0.826	0.155	0.637	0.18	0.18	0.194
廣元	0.88	0.901	0.138	0.585	0.145	0.218	0.209
遂寧	0.846	0.861	0.134	0.606	0.137	0.171	0.142
內江	0.793	0.857	0.137	0.784	0.147	0.165	0.154
樂山	0.841	0.923	0.143	0.589	0.152	0.196	0.187
南充	0.847	0.891	0.156	0.589	0.173	0.152	0.138
眉山	0.843	0.887	0.129	0.714	0.139	0.166	0.163
宜賓	0.886	0.857	0.143	0.701	0.16	0.161	0.158
廣安	0.843	0.673	0.13	0.632	0.135	0.162	0.14
達州	0.861	0.982	0.166	0.554	0.181	0.18	0.17
雅安	0.682	0.95	0.12	0.386	0.125	0.205	0.212
巴中	0.857	0.935	0.134	0.52	0.138	0.169	0.144
資陽	0.811	0.909	0.135	0.684	0.149	0.162	0.159
貴陽	0.923	0.937	0.138	0.481	0.217	0.154	0.286
六盤水	0.834	0.948	0.118	0.524	0.122	0.135	0.11
遵義	0.914	0.907	0.14	0.442	0.182	0.132	0.155
安順	0.888	0.917	0.119	0.758	0.134	0.157	0.18
昆明	0.942	0.948	0.198	0.58	0.279	0.207	0.289
曲靖	0.848	0.95	0.152	0.736	0.148	0.153	0.107
玉溪	0.965	0.875	0.131	0.533	0.139	0.2	0.201
保山	0.861	0.841	0.127	0.377	0.126	0.175	0.137
昭通	0.832	0.849	0.144	0.429	0.139	0.15	0.1
麗江	0.86	0.968	0.115	0.52	0.112	0.201	0.155
普洱	0.899	0.901	0.134	0.541	0.134	0.2	0.165
臨滄	0.893	0.861	0.126	0.537	0.121	0.176	0.124
拉薩	0.893	0.865	0.1	0.58	0.114	0.137	0.379
西安	0.825	0.905	0.226	0.745	0.339	0.203	0.291
銅川	0.939	0.804	0.112	0.598	0.113	0.24	0.223
寶雞	0.879	0.798	0.153	0.572	0.182	0.202	0.241
咸陽	0.865	0.976	0.134	0.567	0.193	0.136	0.209
渭南	0.883	0.859	0.142	0.481	0.185	0.145	0.182
延安	0.924	0.96	0.132	0.585	0.155	0.213	0.28
漢中	0.891	0.883	0.134	0.637	0.174	0.167	0.238
榆林	0.93	1	0.138	0.554	0.161	0.178	0.207
安康	0.873	0.909	0.128	0.489	0.147	0.177	0.207
商洛	0.1	0.974	0.116	0.438	0.137	0.144	0.189
蘭州	0.926	0.964	0.133	0.624	0.181	0.158	0.244
嘉峪關	0.87	0.895	0.1	0.485	0.1	0.22	0.233
金昌	0.876	0.875	0.104	0.619	0.102	0.221	0.172
白銀	0.878	0.933	0.121	0.537	0.111	0.196	0.11
天水	0.873	0.742	0.149	0.507	0.138	0.209	0.146
武威	0.877	0.952	0.121	0.593	0.127	0.187	0.188
張掖	0.905	0.935	0.118	0.701	0.119	0.225	0.209
平涼	0.482	0.837	0.131	0.866	0.128	0.215	0.17
酒泉	0.887	0.847	0.115	1	0.117	0.218	0.208
慶陽	0.748	0.859	0.134	1	0.12	0.217	0.129
定西	0.882	0.925	0.126	0.502	0.132	0.164	0.152
隴南	0.885	0.861	0.129	0.399	0.13	0.18	0.149
西寧	0.752	0.909	0.13	0.546	0.172	0.204	0.348
銀川	0.868	0.933	0.113	0.541	0.155	0.143	0.301
石嘴山	0.415	0.881	0.104	0.476	0.119	0.167	0.337
吳忠	0.815	0.939	0.107	0.481	0.115	0.144	0.168
固原	0.772	0.903	0.109	0.619	0.115	0.164	0.174
中衛	0.913	0.968	0.105	0.481	0.115	0.138	0.195
烏魯木齊	0.888	0.944	0.141	0.65	0.222	0.194	0.404
克拉瑪依	0.967	0.962	0.103	0.572	0.106	0.222	0.294

表 4.6.1 2012 年城市社會體制競爭力三級指標分值

城市	失業率(逆)	基尼指數(逆)	社會保障補助支出	社會保障覆蓋率	社會服務業人力資本規模	人均社會保障補助支出	社會服務業從業者每萬人擁有量
香港	0.837	0.812	0.856	0.182	0.838	1	1
澳門	0.904	0.905	0.139	0.208	0.127	0.746	0.558
新北	0.803	0.885	0.177	0.104	0.301	0.249	0.513
臺北	0.803	0.911	0.281	0.13	0.234	0.675	0.513
台中	0.803	0.893	0.137	0.139	0.235	0.203	0.513
台南	0.807	0.907	0.132	0.143	0.193	0.236	0.513
高雄	0.803	0.956	0.187	0.1	0.241	0.354	0.513
基隆	0.803	0.855	0.109	0.156	0.115	0.357	0.513
新竹	0.803	0.964	0.107	0.143	0.117	0.288	0.513
嘉義	0.807	0.859	0.102	0.126	0.109	0.246	0.513

表 4.6.2 2012 年城市社會體制競爭力三級指標分值（續 1）

城市	刑事案件發生率(逆)	刑事案件偵破率	社會安全民眾滿意度	平均預期壽命	嬰兒死亡率(逆)	每十萬人擁有醫生數	每十萬人擁有醫院病床數
北京	0.721	0.873	0.684	0.894	0.263	0.226	0.31
天津	0.689	0.665	0.508	0.884	0.452	0.171	0.244
石家莊	0.768	0.653	0.588	0.58	0.339	0.168	0.257
唐山	0.713	0.603	0.614	0.985	0.535	0.165	0.284
秦皇島	0.662	0.832	0.584	0.585	0.301	0.167	0.261
邯鄲	0.611	0.35	0.383	0.51	0.452	0.132	0.223
邢臺	0.61	0.311	0.293	0.504	0.607	0.134	0.211
保定	0.592	0.411	0.455	0.55	0.242	0.135	0.196
張家口	0.566	0.487	0.527	0.596	0.242	0.138	0.233
承德	0.567	0.412	0.47	0.469	0.397	0.165	0.264
滄州	0.563	0.406	0.466	0.601	0.452	0.147	0.214
廊坊	0.633	0.669	0.553	0.874	0.556	0.149	0.231
衡水	0.645	0.272	0.208	0.237	0.247	0.143	0.196
太原	0.625	0.291	0.306	0.631	0.59	0.247	0.426
大同	0.648	0.302	0.331	0.545	0.1	0.186	0.281
陽泉	0.669	0.14	0.1	0.51	0.28	0.201	0.332
長治	0.672	0.139	0.16	0.525	0.263	0.168	0.272
晉城	0.695	0.132	0.169	0.287	0.238	0.186	0.242
朔州	0.718	0.316	0.423	0.515	0.372	0.164	0.243
晉中	0.696	0.306	0.422	0.596	0.64	0.16	0.252
運城	0.768	0.336	0.322	0.515	0.577	0.248	0.308
忻州	0.81	0.33	0.372	0.57	0.427	0.161	0.254
臨汾	0.812	0.229	0.308	0.601	0.636	0.138	0.25
呂梁	0.71	0.271	0.362	0.464	0.703	0.228	0.234
呼和浩特	0.765	0.41	0.259	0.52	0.313	0.182	0.283
包頭	0.768	0.221	0.256	0.585	0.531	0.194	0.305
烏海	0.734	0.258	0.275	0.596	0.272	0.18	0.379
赤峰	0.722	0.292	0.304	0.55	0.351	0.16	0.255
通遼	0.737	0.231	0.33	0.55	0.305	0.154	0.186
鄂爾多斯	0.736	0.155	0.114	0.484	0.234	0.2	0.348
呼倫貝爾	0.68	0.178	0.112	0.57	0.326	0.203	0.297
巴彥淖爾	0.734	0.226	0.13	0.52	0.506	0.177	0.256
烏蘭察布	0.687	0.191	0.153	0.479	0.309	0.238	0.159
瀋陽	0.633	0.628	0.465	0.56	0.506	0.189	0.37
大連	0.622	0.567	0.501	0.874	0.941	0.179	0.319
鞍山	0.652	0.255	0.263	0.656	0.393	0.14	0.313
撫順	0.715	0.227	0.415	0.545	0.619	0.167	0.275
本溪	0.648	0.248	0.311	0.449	0.326	0.15	0.365
丹東	0.652	0.258	0.294	0.479	0.397	0.155	0.339
錦州	0.634	0.379	0.308	0.378	0.372	0.146	0.264

表 4.6.2 2012 年城市社會體制競爭力三級指標分值（續 1）

城市	刑事案件發生率(逆)	刑事案件偵破率	社會安全民眾滿意度	平均預期壽命	嬰兒死亡率(逆)	每十萬人擁有醫生數	每十萬人擁有醫院病床數
營口	0.587	0.368	0.368	0.874	0.372	0.185	0.268
阜新	0.584	0.376	0.293	0.388	0.527	0.168	0.281
遼陽	0.495	0.294	0.3	0.388	0.38	0.167	0.371
盤錦	0.678	0.378	0.339	0.474	0.427	0.188	0.332
鐵嶺	0.686	0.387	0.267	0.651	0.138	0.164	0.207
朝陽	0.651	0.323	0.353	0.545	0.556	0.129	0.237
葫蘆島	0.662	0.428	0.412	0.479	0.502	0.15	0.253
長春	0.696	0.822	0.56	0.52	0.523	0.176	0.324
吉林	0.689	0.32	0.292	0.484	0.301	0.191	0.304
四平	0.689	0.379	0.403	0.565	0.184	0.157	0.244
遼源	0.73	0.258	0.28	0.737	0.594	0.167	0.268
通化	0.704	0.261	0.286	0.54	0.519	0.173	0.278
白山	0.804	0.339	0.257	0.914	0.276	0.234	0.349
松原	0.859	0.412	0.405	0.57	0.56	0.139	0.15
白城	0.892	0.324	0.242	0.515	0.38	0.167	0.218
哈爾濱	0.862	0.597	0.499	0.504	0.15	0.163	0.31
齊齊哈爾	0.839	0.451	0.285	0.535	0.489	0.26	0.229
雞西	0.801	0.424	0.275	0.59	0.519	0.17	0.306
鶴崗	0.804	0.344	0.409	0.58	0.2	0.208	0.404
雙鴨山	0.786	0.328	0.363	0.601	0.301	0.139	0.305
大慶	0.818	0.223	0.4	1	0.51	0.181	0.302
伊春	0.813	0.397	0.395	0.545	0.623	0.19	0.352
佳木斯	0.847	0.392	0.238	0.58	0.188	0.161	0.285
七台河	0.88	0.359	0.243	0.676	0.46	0.127	0.247
牡丹江	0.83	0.259	0.317	0.601	0.255	0.141	0.293
黑河	0.836	0.38	0.354	0.606	0.334	0.252	0.264
綏化	0.85	0.406	0.339	0.606	0.514	0.151	0.16
上海	0.795	0.944	0.92	0.611	0.452	0.155	0.317
南京	0.788	0.983	0.662	0.565	0.163	0.167	0.238
無錫	0.812	0.666	0.652	0.59	0.276	0.154	0.254
徐州	0.825	0.386	0.441	0.575	0.372	0.134	0.234
常州	0.818	0.662	0.581	0.59	0.385	0.149	0.231
蘇州	0.815	0.884	1	0.636	1	0.149	0.252
南通	0.781	0.672	0.631	0.747	0.565	0.154	0.252
連雲港	0.86	0.587	0.509	0.535	0.636	0.135	0.185
淮安	0.863	0.673	0.45	0.545	0.251	0.126	0.201
鹽城	0.915	0.593	0.482	0.555	0.364	0.127	0.191
揚州	0.836	0.652	0.505	0.596	0.213	0.151	0.237
鎮江	0.83	0.575	0.5	0.707	0.263	0.15	0.204
泰州	0.923	0.574	0.52	0.621	0.339	0.151	0.215
宿遷	0.903	0.612	0.496	0.631	0.38	0.109	0.205
杭州	0.859	0.785	0.686	0.565	0.452	0.199	0.303
寧波	0.874	0.768	0.684	0.54	0.761	0.174	0.231
溫州	0.828	0.821	0.632	0.596	0.59	0.16	0.178
嘉興	0.85	0.837	0.665	0.828	0.217	0.15	0.226
湖州	0.889	0.935	0.711	0.525	0.263	0.163	0.24
紹興	0.907	0.788	0.688	0.742	0.242	0.159	0.23
金華	0.979	0.575	0.505	0.585	0.435	0.162	0.212
衢州	0.926	0.588	0.485	0.504	0.544	0.198	0.222
舟山	1	0.638	0.606	0.843	0.694	0.173	0.259
台州	0.976	0.569	0.446	0.575	0.46	0.158	0.197
麗水	0.703	0.39	0.427	0.525	0.385	0.185	0.244
合肥	0.95	0.588	0.467	0.803	0.146	0.157	0.308
蕪湖	0.942	0.387	0.412	0.56	0.188	0.172	0.312
蚌埠	0.894	0.364	0.389	0.575	0.682	0.142	0.275
淮南	0.906	0.274	0.226	0.565	0.242	0.154	0.279
馬鞍山	0.871	0.39	0.385	0.762	0.226	0.159	0.21

表 4.6.2 2012 年城市社會體制競爭力三級指標分值（續 1）

城市	刑事案件發生率(逆)	刑事案件偵破率	社會安全民眾滿意度	平均預期壽命	嬰兒死亡率(逆)	每十萬人擁有醫生數	每十萬人擁有醫院病床數
淮北	0.704	0.396	0.37	0.53	0.23	0.163	0.305
銅陵	0.803	0.422	0.387	0.575	0.343	0.187	0.332
安慶	0.795	0.434	0.242	0.914	0.226	0.114	0.19
黃山	0.771	0.31	0.292	0.57	0.385	0.151	0.256
滁州	0.813	0.291	0.319	0.484	0.531	0.125	0.182
阜陽	0.818	0.342	0.327	0.611	0.439	0.116	0.164
宿州	0.801	0.427	0.35	0.51	0.594	0.113	0.148
六安	0.789	0.251	0.306	0.575	0.59	0.192	0.187
亳州	0.73	0.373	0.403	0.656	0.435	0.101	0.142
池州	0.768	0.376	0.329	0.59	0.615	0.132	0.208
宣城	0.762	0.413	0.418	0.54	0.573	0.138	0.213
福州	0.73	0.587	0.529	0.58	0.242	0.161	0.234
廈門	0.812	0.836	0.714	0.828	0.527	0.168	0.205
莆田	0.698	0.489	0.487	0.676	0.636	0.138	0.166
三明	0.719	0.415	0.442	0.52	0.343	0.154	0.271
泉州	0.841	0.73	0.495	0.646	0.498	0.121	0.175
漳州	0.85	0.451	0.486	0.54	0.556	0.112	0.157
南平	0.81	0.462	0.542	0.671	0.531	0.124	0.255
龍岩	0.88	0.519	0.455	0.55	0.418	0.149	0.288
寧德	0.818	0.541	0.438	0.601	0.502	0.13	0.207
南昌	0.783	0.72	0.488	0.671	0.447	0.138	0.25
景德鎮	0.593	0.38	0.429	0.156	0.234	0.106	0.205
萍鄉	0.554	0.364	0.429	0.161	0.485	0.136	0.244
九江	0.681	0.396	0.456	0.606	0.673	0.138	0.185
新餘	0.677	0.468	0.486	0.651	0.59	0.15	0.216
鷹潭	0.589	0.488	0.495	0.596	0.573	0.152	0.182
贛州	0.601	0.471	0.522	0.51	0.213	0.107	0.163
吉安	0.624	0.44	0.499	0.504	0.673	0.117	0.174
宜春	0.58	0.545	0.481	0.54	0.498	0.125	0.178
撫州	0.607	0.51	0.458	0.575	0.464	0.118	0.178
上饒	0.526	0.548	0.488	0.489	0.577	0.116	0.176
濟南	0.578	0.92	0.799	0.712	0.519	0.189	0.31
青島	0.596	1	0.834	0.58	0.732	0.163	0.273
淄博	0.584	0.64	0.437	0.58	0.548	0.149	0.325
棗莊	0.583	0.557	0.487	0.444	0.59	0.156	0.214
東營	0.523	0.622	0.516	0.575	0.611	0.17	0.336
煙臺	0.505	0.659	0.614	0.869	0.368	0.172	0.301
濰坊	0.482	0.573	0.516	0.737	0.376	0.172	0.269
濟寧	0.467	0.661	0.465	0.58	0.209	0.141	0.241
泰安	0.528	0.653	0.53	0.853	0.506	0.156	0.255
威海	0.466	0.62	0.502	0.828	0.205	0.19	0.407
日照	0.473	0.633	0.501	0.515	0.267	0.144	0.219
萊蕪	0.451	0.651	0.49	0.823	0.406	0.17	0.253
臨沂	0.525	0.545	0.518	0.596	0.247	0.125	0.237
德州	0.514	0.6	0.482	0.52	0.523	0.129	0.184
聊城	0.587	0.623	0.552	0.596	0.544	0.13	0.222
濱州	0.581	0.573	0.451	0.616	0.544	0.15	0.307
菏澤	0.528	0.588	0.464	0.555	0.489	0.135	0.215
鄭州	0.517	0.541	0.51	0.697	0.707	0.149	0.358
開封	0.534	0.267	0.322	0.621	0.422	0.132	0.233
洛陽	0.396	0.303	0.299	0.393	0.221	0.156	0.275
平頂山	0.413	0.371	0.265	0.555	0.205	0.153	0.297
安陽	0.399	0.296	0.228	0.601	0.355	0.155	0.25
鶴壁	0.388	0.335	0.408	0.793	0.431	0.147	0.258
新鄉	0.495	0.239	0.361	0.494	0.368	0.132	0.274
焦作	0.464	0.234	0.231	0.1	0.653	0.165	0.256
濮陽	0.472	0.21	0.201	0.146	0.602	0.139	0.238

表 4.6.2 2012 年城市社會體制競爭力三級指標分值（續 1）

城市	刑事案件發生率(逆)	刑事案件偵破率	社會安全民眾滿意度	平均預期壽命	嬰兒死亡率(逆)	每十萬人擁有醫生數	每十萬人擁有醫院病床數
許昌	0.514	0.355	0.23	0.53	0.456	0.148	0.227
漯河	0.51	0.389	0.369	0.798	0.46	0.119	0.208
三門峽	0.504	0.381	0.364	0.535	0.309	0.137	0.268
南陽	0.502	0.309	0.255	0.565	0.489	0.157	0.185
商丘	0.832	0.632	0.656	0.863	0.74	0.132	0.197
信陽	0.496	0.437	0.357	0.535	0.607	0.119	0.17
周口	0.419	0.346	0.355	0.56	0.385	0.125	0.182
駐馬店	0.394	0.373	0.208	0.51	0.535	0.134	0.219
武漢	0.404	0.507	0.482	0.828	0.255	0.188	0.325
黃石	0.39	0.312	0.228	0.348	0.221	0.149	0.274
十堰	0.396	0.263	0.23	0.525	0.226	0.167	0.313
宜昌	0.472	0.403	0.402	0.798	0.41	0.162	0.265
襄陽	0.411	0.218	0.347	0.626	0.288	0.15	0.234
鄂州	0.489	0.363	0.373	0.636	0.506	0.152	0.245
荊門	0.463	0.383	0.417	0.54	0.661	0.139	0.224
孝感	0.485	0.239	0.263	0.565	0.577	0.126	0.15
荊州	0.478	0.358	0.252	0.621	0.355	0.127	0.204
黃岡	0.479	0.386	0.26	0.479	0.163	0.12	0.172
咸寧	0.482	0.452	0.28	0.54	0.184	0.139	0.229
隨州	0.437	0.342	0.415	0.606	0.414	0.161	0.187
長沙	0.413	0.389	0.383	0.661	0.686	0.189	0.396
株洲	0.114	0.279	0.266	0.596	0.221	0.162	0.283
湘潭	0.152	0.326	0.296	0.59	0.326	0.162	0.264
衡陽	0.1	0.25	0.24	0.378	0.263	0.162	0.222
邵陽	0.188	0.323	0.326	0.59	0.372	0.155	0.187
岳陽	0.384	0.25	0.378	0.884	0.372	0.137	0.184
常德	0.387	0.398	0.342	0.54	0.322	0.198	0.215
張家界	0.376	0.406	0.403	0.287	0.46	0.141	0.242
益陽	0.317	0.363	0.232	0.51	0.644	0.126	0.184
郴州	0.353	0.284	0.24	0.504	0.347	0.149	0.268
永州	0.382	0.336	0.354	0.575	0.301	0.113	0.21
懷化	0.429	0.371	0.347	0.474	0.493	0.176	0.229
婁底	0.47	0.431	0.409	0.601	0.213	0.141	0.175
廣州	0.455	0.759	0.65	0.545	0.937	0.192	0.316
韶關	0.476	0.633	0.73	0.57	0.406	0.161	0.282
深圳	0.446	0.714	0.889	0.798	0.196	0.167	0.154
珠海	0.448	0.721	0.603	0.601	0.468	0.207	0.278
汕頭	0.417	0.542	0.507	0.575	0.318	0.116	0.159
佛山	0.399	0.659	0.548	0.565	0.376	0.145	0.218
江門	0.463	0.528	0.661	0.545	0.309	0.138	0.203
湛江	0.373	0.358	0.387	0.57	0.397	0.124	0.209
茂名	0.338	0.464	0.366	0.621	0.247	0.133	0.181
肇慶	0.381	0.446	0.416	0.545	0.242	0.125	0.177
惠州	0.297	0.553	0.588	0.858	0.682	0.137	0.175
梅州	0.281	0.414	0.387	0.55	0.489	0.155	0.186
汕尾	0.308	0.447	0.322	0.929	0.736	0.122	0.144
河源	0.356	0.358	0.342	0.525	0.305	0.13	0.151
陽江	0.352	0.436	0.426	0.676	0.493	0.227	0.176
清遠	0.36	0.387	0.373	0.585	0.468	0.12	0.187
東莞	0.302	0.738	0.766	0.838	0.623	0.143	0.18
中山	0.331	0.831	0.724	0.828	0.56	0.149	0.234
潮州	0.311	0.379	0.354	0.58	0.46	0.126	0.1
揭陽	0.279	0.382	0.346	0.616	0.632	0.114	0.115
雲浮	0.229	0.423	0.322	0.51	0.644	0.119	0.16
南寧	0.176	0.375	0.362	0.555	0.464	0.168	0.282
柳州	0.18	0.35	0.355	0.525	0.205	0.162	0.297
桂林	0.203	0.438	0.371	0.904	0.305	0.151	0.217

表 4.6.2 2012 年城市社會體制競爭力三級指標分值（續 1）

城市	刑事案件發生率(逆)	刑事案件偵破率	社會安全民眾滿意度	平均預期壽命	嬰兒死亡率(逆)	每十萬人擁有醫生數	每十萬人擁有醫院病床數
梧州	0.167	0.427	0.414	0.585	0.23	0.137	0.189
北海	0.141	0.326	0.371	0.535	0.309	0.146	0.205
防城港	0.12	0.431	0.333	0.408	0.443	0.116	0.199
欽州	0.238	0.496	0.538	0.54	0.435	0.115	0.191
貴港	0.214	0.41	0.404	0.631	0.711	0.114	0.15
玉林	0.265	0.335	0.356	0.585	0.431	0.124	0.185
百色	0.296	0.328	0.392	0.424	0.175	0.177	0.216
賀州	0.32	0.293	0.378	0.631	0.41	0.13	0.191
河池	0.284	0.318	0.406	0.752	0.523	0.128	0.181
來賓	0.288	0.324	0.4	0.879	0.506	0.156	0.201
崇左	0.288	0.32	0.389	0.98	0.439	0.13	0.181
海口	0.231	0.606	0.492	0.889	0.485	0.194	0.308
三亞	0.287	0.421	0.406	0.848	0.498	0.161	0.224
重慶	0.217	0.83	0.606	0.596	0.481	0.141	0.24
成都	0.17	0.766	0.665	0.798	0.552	0.186	0.32
自貢	0.183	0.448	0.39	0.636	0.221	0.133	0.274
攀枝花	0.212	0.379	0.246	0.545	0.644	0.197	0.388
瀘州	0.232	0.371	0.3	0.525	0.498	0.128	0.208
德陽	0.208	0.437	0.312	0.626	0.602	0.137	0.267
綿陽	0.265	0.391	0.321	0.515	0.54	0.156	0.297
廣元	0.258	0.427	0.237	0.616	0.385	0.161	0.316
遂寧	0.262	0.412	0.379	0.616	0.447	0.134	0.214
內江	0.305	0.435	0.268	0.59	0.431	0.119	0.237
樂山	0.218	0.275	0.255	0.636	0.322	0.126	0.28
南充	0.227	0.272	0.254	0.54	0.544	0.124	0.218
眉山	0.252	0.336	0.289	0.53	0.519	0.119	0.213
宜賓	0.3	0.279	0.25	0.57	0.632	0.132	0.266
廣安	0.329	0.288	0.275	0.575	0.556	0.197	0.204
達州	0.356	0.312	0.3	0.565	0.263	0.151	0.186
雅安	0.347	0.235	0.32	0.489	0.598	0.159	0.323
巴中	0.331	0.3	0.282	0.525	0.113	0.14	0.197
資陽	0.316	0.246	0.247	0.545	0.548	0.141	0.255
貴陽	0.337	0.516	0.413	0.616	0.594	0.186	0.315
六盤水	0.305	0.39	0.359	0.464	0.473	0.11	0.214
遵義	0.326	0.251	0.251	0.575	0.69	0.122	0.2
安順	0.332	0.412	0.261	0.51	0.678	0.102	0.178
昆明	0.353	0.748	0.839	0.737	0.673	0.305	0.328
曲靖	0.335	0.688	0.764	0.717	0.473	0.113	0.217
玉溪	0.282	0.26	0.282	0.555	0.33	0.15	0.297
保山	0.247	0.396	0.374	0.575	0.163	0.104	0.193
昭通	0.264	0.269	0.291	0.55	0.598	0.1	0.149
麗江	0.243	0.262	0.212	0.56	0.213	0.105	0.199
普洱	0.2	0.267	0.304	0.504	0.414	0.122	0.174
臨滄	0.118	0.31	0.617	0.515	0.59	0.109	0.162
拉薩	0.124	0.229	0.298	0.221	0.108	0.244	0.189
西安	0.224	0.66	0.545	0.52	0.682	0.151	0.307
銅川	0.268	0.33	0.292	0.57	0.514	0.134	0.368
寶雞	0.262	0.206	0.298	0.54	0.15	0.141	0.268
咸陽	0.264	0.246	0.239	0.535	0.234	0.125	0.256
渭南	0.196	0.317	0.31	0.56	0.334	0.132	0.194
延安	0.221	0.339	0.236	0.57	0.38	0.137	0.262
漢中	0.234	0.244	0.211	0.671	0.439	0.139	0.277
榆林	0.253	0.278	0.326	0.585	0.519	0.136	0.278
安康	0.281	0.318	0.267	0.601	0.401	0.132	0.213
商洛	0.288	0.134	0.123	0.328	0.427	0.126	0.208
蘭州	0.316	0.684	0.477	0.661	0.318	0.2	0.48
嘉峪關	0.323	0.278	0.33	0.601	0.602	0.215	0.406

表 4.6.2 2012 年城市社會體制競爭力三級指標分值（續 1）

城市	刑事案件發生率(逆)	刑事案件偵破率	社會安全民眾滿意度	平均預期壽命	嬰兒死亡率(逆)	每十萬人擁有醫生數	每十萬人擁有醫院病床數
金昌	0.322	0.29	0.336	0.474	0.477	0.18	0.274
白銀	0.372	0.303	0.287	0.555	0.238	0.135	0.238
天水	0.329	0.446	0.337	0.413	0.673	0.139	0.191
武威	0.349	0.1	0.194	0.58	0.238	0.2	0.241
張掖	0.325	0.154	0.196	0.651	0.38	0.151	0.297
平涼	0.352	0.153	0.226	0.596	0.418	0.13	0.25
酒泉	0.366	0.133	0.201	0.555	0.464	0.16	0.317
慶陽	0.401	0.135	0.163	0.687	0.213	0.121	0.163
定西	0.399	0.18	0.346	0.681	0.154	0.106	0.199
隴南	0.355	0.156	0.337	0.545	0.309	0.113	0.152
西寧	0.425	0.518	0.376	0.499	0.293	0.182	0.349
銀川	0.542	0.497	0.564	0.545	0.301	0.158	0.311
石嘴山	0.432	0.242	0.275	0.525	0.703	0.19	0.345
吳忠	0.416	0.293	0.23	0.51	0.272	0.132	0.227
固原	0.356	0.262	0.233	0.52	0.632	0.138	0.206
中衛	0.352	0.254	0.224	0.282	0.247	0.125	0.163
烏魯木齊	0.411	0.484	0.371	0.585	0.251	0.232	0.536
克拉瑪依	0.42	0.228	0.282	0.798	0.535	0.192	0.313
香港	0.404	0.415	0.484	0.636	0.343	0.151	0.351
澳門	0.408	0.403	0.475	0.641	0.565	0.227	0.164
新北	0.378	0.488	0.474	0.676	0.527	0.391	0.291
臺北	0.384	0.495	0.487	0.671	0.581	0.874	0.635
台中	0.384	0.477	0.484	0.646	0.56	0.615	0.51
台南	0.378	0.493	0.479	0.641	0.527	0.546	0.448
高雄	0.37	0.487	0.476	0.641	0.51	0.612	0.521
基隆	0.384	0.479	0.482	0.666	0.544	0.493	0.472
新竹	0.375	0.489	0.478	0.661	0.569	0.596	0.423
嘉義	0.391	0.491	0.479	0.646	0.523	1	1

表 4.6.3 2012 年城市社會體制競爭力三級指標分值（續 2）

城市	政府機構規模指數	地方法規條例健全程度	政策法規透明度	政府執法能力	政府辦事效率	民眾對政府的滿意度
北京	0.538	0.785	0.711	0.723	0.409	0.692
天津	0.262	0.574	0.238	0.54	0.377	0.517
石家莊	0.271	0.503	0.446	0.496	0.355	0.496
唐山	0.272	0.346	0.23	0.36	0.175	0.371
秦皇島	0.33	0.428	0.213	0.386	0.224	0.403
邯鄲	0.229	0.222	0.229	0.311	0.267	0.311
邢臺	0.241	0.24	0.187	0.188	0.155	0.248
保定	0.224	0.242	0.221	0.2	0.204	0.289
張家口	0.377	0.221	0.335	0.291	0.141	0.293
承德	0.351	0.219	0.179	0.231	0.187	0.248
滄州	0.251	0.222	0.196	0.234	0.157	0.25
廊坊	0.324	0.234	0.322	0.24	0.19	0.456
衡水	0.238	0.208	0.177	0.223	0.192	0.203
太原	0.344	0.241	0.347	0.276	0.233	0.253
大同	0.429	0.29	0.319	0.255	0.189	0.273
陽泉	0.407	0.158	0.159	0.161	0.123	0.1
長治	0.364	0.215	0.16	0.15	0.222	0.211
晉城	0.323	0.223	0.163	0.182	0.16	0.193
朔州	0.523	0.2	0.217	0.216	0.169	0.299
晉中	0.352	0.267	0.212	0.202	0.186	0.311
運城	0.341	0.255	0.291	0.185	0.15	0.299
忻州	0.441	0.272	0.324	0.233	0.176	0.321
臨汾	0.425	0.286	0.28	0.261	0.178	0.274

表 4.6.3 2012 年城市社會體制競爭力三級指標分值（續 2）

城市	政府機構規模指數	地方法規條例健全程度	政策法規透明度	政府執法能力	政府辦事效率	民眾對政府的滿意度
呂梁	0.483	0.274	0.216	0.235	0.191	0.268
呼和浩特	0.404	0.39	0.31	0.305	0.23	0.299
包頭	0.251	0.253	0.158	0.251	0.201	0.296
烏海	0.414	0.367	0.163	0.209	0.17	0.279
赤峰	0.266	0.24	0.213	0.178	0.186	0.351
通遼	0.233	0.265	0.152	0.25	0.203	0.283
鄂爾多斯	0.459	0.241	0.1	0.134	0.137	0.169
呼倫貝爾	0.352	0.181	0.141	0.142	0.104	0.199
巴彥淖爾	0.418	0.151	0.113	0.117	0.162	0.143
烏蘭察布	0.472	0.172	0.178	0.121	0.16	0.193
瀋陽	0.27	0.537	0.349	0.358	0.277	0.488
大連	0.223	0.6	0.322	0.492	0.314	0.419
鞍山	0.246	0.24	0.183	0.292	0.158	0.329
撫順	0.308	0.418	0.267	0.319	0.195	0.333
本溪	0.298	0.241	0.181	0.188	0.207	0.269
丹東	0.297	0.234	0.164	0.182	0.195	0.288
錦州	0.265	0.376	0.133	0.216	0.211	0.331
營口	0.295	0.304	0.233	0.314	0.203	0.362
阜新	0.305	0.307	0.245	0.233	0.205	0.275
遼陽	0.298	0.214	0.19	0.18	0.168	0.243
盤錦	0.436	0.308	0.249	0.327	0.179	0.321
鐵嶺	0.296	0.316	0.194	0.328	0.195	0.344
朝陽	0.32	0.385	0.269	0.316	0.21	0.315
葫蘆島	0.303	0.389	0.234	0.319	0.193	0.334
長春	0.243	0.37	0.269	0.531	0.13	0.379
吉林	0.243	0.309	0.251	0.294	0.118	0.284
四平	0.2	0.263	0.263	0.264	0.129	0.331
遼源	0.251	0.277	0.23	0.31	0.125	0.275
通化	0.33	0.264	0.167	0.212	0.11	0.257
白山	0.524	0.303	0.185	0.285	0.137	0.274
松原	0.243	0.258	0.278	0.296	0.129	0.364
白城	0.383	0.258	0.217	0.211	0.1	0.315
哈爾濱	0.249	0.418	0.485	0.431	0.223	0.534
齊齊哈爾	0.172	0.309	0.194	0.292	0.204	0.252
雞西	0.32	0.249	0.233	0.311	0.134	0.387
鶴崗	0.341	0.318	0.375	0.343	0.165	0.344
雙鴨山	0.403	0.232	0.242	0.31	0.21	0.283
大慶	0.305	0.233	0.257	0.281	0.187	0.304
伊春	0.292	0.244	0.257	0.327	0.159	0.428
佳木斯	0.295	0.254	0.319	0.244	0.189	0.316
七台河	0.305	0.294	0.245	0.174	0.193	0.264
牡丹江	0.262	0.239	0.206	0.306	0.152	0.33
黑河	0.415	0.25	0.178	0.316	0.206	0.338
綏化	0.204	0.318	0.28	0.242	0.177	0.41
上海	0.198	0.899	0.853	0.84	0.556	0.896
南京	0.253	0.414	0.874	0.671	0.359	0.845
無錫	0.188	0.522	0.452	0.74	0.368	0.592
徐州	0.191	0.36	0.342	0.47	0.22	0.495
常州	0.181	0.563	0.343	0.645	0.231	0.528
蘇州	0.168	0.987	0.973	1	0.93	0.987
南通	0.161	0.485	0.347	0.509	0.36	0.629
連雲港	0.215	0.332	0.245	0.415	0.211	0.437
淮安	0.246	0.413	0.31	0.392	0.256	0.422
鹽城	0.174	0.336	0.188	0.457	0.227	0.352
揚州	0.211	0.392	0.283	0.376	0.278	0.431
鎮江	0.246	0.346	0.245	0.415	0.228	0.411
泰州	0.202	0.343	0.297	0.342	0.218	0.385
宿遷	0.156	0.433	0.198	0.342	0.282	0.374

表 4.6.3 2012 年城市社會體制競爭力三級指標分值（續 2）

城市	政府機構規模指數	地方法規條例健全程度	政策法規透明度	政府執法能力	政府辦事效率	民眾對政府的滿意度
杭州	0.335	0.56	0.638	0.512	0.414	0.522
寧波	0.237	0.594	0.684	0.776	0.356	0.815
溫州	0.207	0.467	0.627	0.746	0.568	0.824
嘉興	0.221	0.676	0.569	0.815	0.419	0.63
湖州	0.252	0.542	0.653	0.411	0.244	0.535
紹興	0.193	0.631	0.715	0.679	0.483	0.797
金華	0.294	0.421	0.157	0.335	0.221	0.393
衢州	0.34	0.413	0.315	0.374	0.252	0.341
舟山	0.529	0.63	0.45	0.542	0.356	0.427
台州	0.221	0.416	0.111	0.49	0.245	0.321
麗水	0.396	0.37	0.15	0.306	0.237	0.234
合肥	0.256	0.447	0.325	0.476	0.313	0.507
蕪湖	0.254	0.379	0.318	0.289	0.238	0.363
蚌埠	0.169	0.325	0.318	0.28	0.251	0.404
淮南	0.178	0.384	0.257	0.3	0.216	0.285
馬鞍山	0.249	0.245	0.246	0.308	0.261	0.327
淮北	0.184	0.358	0.194	0.314	0.198	0.356
銅陵	0.426	0.309	0.231	0.237	0.214	0.277
安慶	0.194	0.341	0.279	0.226	0.239	0.337
黃山	0.381	0.394	0.181	0.354	0.269	0.304
滁州	0.2	0.376	0.179	0.324	0.251	0.425
阜陽	0.144	0.304	0.221	0.284	0.164	0.294
宿州	0.135	0.252	0.269	0.265	0.202	0.291
六安	0.158	0.312	0.226	0.206	0.176	0.265
亳州	0.115	0.262	0.197	0.26	0.183	0.345
池州	0.261	0.278	0.204	0.251	0.139	0.321
宣城	0.261	0.372	0.236	0.261	0.218	0.328
福州	0.219	0.644	0.431	0.505	0.294	0.487
廈門	0.19	0.648	0.527	0.532	0.367	0.754
莆田	0.143	0.258	0.284	0.205	0.306	0.421
三明	0.329	0.263	0.251	0.198	0.298	0.36
泉州	0.136	0.249	0.316	0.227	0.326	0.314
漳州	0.163	0.235	0.31	0.232	0.311	0.357
南平	0.252	0.322	0.223	0.322	0.322	0.412
龍岩	0.282	0.325	0.306	0.233	0.341	0.455
寧德	0.252	0.327	0.298	0.36	0.282	0.405
南昌	0.271	0.343	0.475	0.419	0.447	0.586
景德鎮	0.307	0.306	0.239	0.237	0.214	0.306
萍鄉	0.333	0.339	0.201	0.249	0.205	0.309
九江	0.256	0.227	0.256	0.316	0.238	0.319
新餘	0.276	0.287	0.267	0.35	0.257	0.387
鷹潭	0.28	0.261	0.253	0.363	0.188	0.358
贛州	0.209	0.344	0.328	0.204	0.247	0.384
吉安	0.215	0.255	0.175	0.258	0.177	0.275
宜春	0.227	0.304	0.329	0.367	0.183	0.274
撫州	0.265	0.408	0.286	0.315	0.227	0.323
上饒	0.212	0.29	0.258	0.319	0.152	0.277
濟南	0.462	0.674	0.529	0.798	0.423	0.861
青島	0.217	0.581	0.472	0.631	0.413	0.929
淄博	0.281	0.49	0.334	0.311	0.229	0.526
棗莊	0.327	0.458	0.357	0.289	0.255	0.503
東營	0.421	0.447	0.323	0.283	0.194	0.543
煙臺	0.24	0.492	0.42	0.573	0.369	0.564
濰坊	0.242	0.448	0.356	0.308	0.267	0.413
濟寧	0.283	0.46	0.275	0.249	0.165	0.364
泰安	0.209	0.459	0.311	0.398	0.281	0.526
威海	0.249	0.411	0.462	0.558	0.328	0.522
日照	0.212	0.316	0.275	0.32	0.197	0.374

表 4.6.3 2012 年城市社會體制競爭力三級指標分值（續 2）

城市	政府機構規模指數	地方法規條例健全程度	政策法規透明度	政府執法能力	政府辦事效率	民眾對政府的滿意度
萊蕪	0.269	0.338	0.31	0.35	0.257	0.287
臨沂	0.215	0.36	0.365	0.292	0.219	0.328
德州	0.317	0.375	0.354	0.297	0.17	0.399
聊城	0.279	0.373	0.367	0.447	0.396	0.517
濱州	0.311	0.35	0.325	0.291	0.205	0.321
菏澤	0.269	0.363	0.316	0.287	0.153	0.297
鄭州	0.349	0.377	0.443	0.515	0.152	0.304
開封	0.358	0.272	0.288	0.172	0.162	0.307
洛陽	0.271	0.244	0.167	0.19	0.153	0.278
平頂山	0.299	0.277	0.275	0.227	0.197	0.307
安陽	0.221	0.239	0.206	0.28	0.19	0.254
鶴壁	0.285	0.234	0.166	0.241	0.156	0.248
新鄉	0.297	0.235	0.273	0.252	0.179	0.33
焦作	0.325	0.234	0.17	0.26	0.171	0.297
濮陽	0.267	0.258	0.153	0.162	0.166	0.237
許昌	0.276	0.284	0.152	0.229	0.102	0.28
漯河	0.274	0.247	0.255	0.259	0.11	0.327
三門峽	0.327	0.276	0.246	0.259	0.113	0.259
南陽	0.201	0.23	0.226	0.193	0.124	0.347
商丘	0.319	0.503	0.54	0.465	0.321	0.612
信陽	0.276	0.292	0.17	0.198	0.16	0.329
周口	0.271	0.256	0.16	0.205	0.135	0.255
駐馬店	0.227	0.283	0.27	0.263	0.152	0.333
武漢	0.247	0.569	0.383	0.517	0.337	0.46
黃石	0.257	0.222	0.341	0.242	0.207	0.276
十堰	0.279	0.215	0.322	0.228	0.228	0.265
宜昌	0.209	0.387	0.334	0.247	0.265	0.356
襄陽	0.267	0.367	0.188	0.215	0.193	0.346
鄂州	0.226	0.328	0.244	0.256	0.228	0.279
荊門	0.208	0.411	0.337	0.218	0.226	0.366
孝感	0.226	0.311	0.315	0.177	0.265	0.402
荊州	0.251	0.268	0.23	0.245	0.205	0.281
黃岡	0.213	0.247	0.188	0.285	0.169	0.261
咸寧	0.352	0.322	0.233	0.314	0.184	0.413
隨州	0.176	0.272	0.354	0.267	0.157	0.276
長沙	0.305	0.569	0.338	0.556	0.211	0.317
株洲	0.252	0.369	0.296	0.31	0.182	0.275
湘潭	0.295	0.35	0.286	0.311	0.177	0.337
衡陽	0.282	0.236	0.155	0.173	0.167	0.203
邵陽	0.225	0.375	0.306	0.338	0.205	0.303
岳陽	0.335	0.368	0.348	0.225	0.192	0.355
常德	0.238	0.38	0.311	0.223	0.162	0.33
張家界	0.326	0.278	0.367	0.261	0.195	0.305
益陽	0.323	0.347	0.273	0.312	0.197	0.316
郴州	0.331	0.288	0.326	0.343	0.144	0.268
永州	0.31	0.365	0.223	0.267	0.168	0.268
懷化	0.338	0.256	0.252	0.366	0.19	0.315
婁底	0.286	0.291	0.368	0.247	0.178	0.27
廣州	0.309	0.767	0.582	0.739	0.371	0.693
韶關	0.344	0.55	0.564	0.55	0.375	0.603
深圳	0.285	1	1	0.922	1	1
珠海	0.516	0.68	0.534	0.626	0.365	0.601
汕頭	0.162	0.418	0.42	0.405	0.328	0.534
佛山	0.165	0.497	0.507	0.639	0.335	0.637
江門	0.23	0.491	0.487	0.463	0.338	0.501
湛江	0.154	0.336	0.237	0.279	0.213	0.383
茂名	0.165	0.336	0.303	0.297	0.242	0.431
肇慶	0.224	0.315	0.318	0.323	0.254	0.383

表 4.6.3 2012 年城市社會體制競爭力三級指標分值（續 2）

城市	政府機構規模指數	地方法規條例健全程度	政策法規透明度	政府執法能力	政府辦事效率	民眾對政府的滿意度
惠州	0.283	0.467	0.446	0.403	0.405	0.414
梅州	0.234	0.387	0.251	0.34	0.204	0.383
汕尾	0.198	0.356	0.31	0.298	0.237	0.402
河源	0.26	0.314	0.348	0.33	0.215	0.421
陽江	0.287	0.401	0.286	0.348	0.231	0.429
清遠	0.241	0.329	0.36	0.365	0.225	0.377
東莞	0.122	0.887	0.889	0.805	0.738	0.65
中山	0.176	0.625	0.522	0.583	0.459	0.537
潮州	0.134	0.333	0.357	0.323	0.261	0.403
揭陽	0.127	0.362	0.312	0.351	0.285	0.422
雲浮	0.283	0.342	0.336	0.363	0.213	0.343
南寧	0.361	0.346	0.301	0.354	0.246	0.33
柳州	0.225	0.308	0.185	0.266	0.177	0.306
桂林	0.238	0.254	0.256	0.233	0.2	0.365
梧州	0.183	0.257	0.157	0.219	0.169	0.335
北海	0.212	0.265	0.223	0.268	0.209	0.267
防城港	0.384	0.225	0.221	0.18	0.201	0.311
欽州	0.143	0.262	0.258	0.273	0.194	0.348
貴港	0.136	0.253	0.211	0.272	0.171	0.314
玉林	0.119	0.223	0.234	0.241	0.184	0.287
百色	0.254	0.246	0.204	0.277	0.189	0.332
賀州	0.225	0.205	0.185	0.305	0.185	0.353
河池	0.225	0.202	0.199	0.261	0.211	0.387
來賓	0.197	0.2	0.193	0.274	0.225	0.389
崇左	0.27	0.18	0.111	0.289	0.244	0.352
海口	0.44	0.52	0.417	0.456	0.252	0.43
三亞	0.273	0.352	0.304	0.285	0.256	0.402
重慶	0.198	0.634	0.531	0.544	0.338	0.594
成都	0.271	0.557	0.396	0.506	0.334	0.463
自貢	0.183	0.386	0.289	0.363	0.23	0.348
攀枝花	0.352	0.322	0.304	0.302	0.223	0.388
瀘州	0.155	0.353	0.332	0.311	0.234	0.354
德陽	0.208	0.348	0.308	0.343	0.228	0.433
綿陽	0.219	0.39	0.348	0.315	0.231	0.417
廣元	0.333	0.356	0.317	0.318	0.231	0.374
遂寧	0.162	0.373	0.163	0.34	0.207	0.34
內江	0.178	0.302	0.27	0.247	0.134	0.341
樂山	0.268	0.243	0.275	0.202	0.196	0.313
南充	0.193	0.304	0.269	0.268	0.159	0.35
眉山	0.268	0.258	0.265	0.264	0.191	0.267
宜賓	0.222	0.301	0.219	0.265	0.173	0.279
廣安	0.19	0.274	0.172	0.244	0.184	0.352
達州	0.182	0.311	0.166	0.223	0.167	0.352
雅安	0.416	0.305	0.227	0.236	0.144	0.304
巴中	0.186	0.271	0.224	0.215	0.194	0.326
資陽	0.155	0.235	0.226	0.225	0.189	0.335
貴陽	0.359	0.431	0.187	0.369	0.191	0.314
六盤水	0.263	0.404	0.22	0.359	0.188	0.261
遵義	0.262	0.302	0.171	0.324	0.223	0.302
安順	0.29	0.334	0.236	0.336	0.168	0.294
昆明	0.376	0.705	0.648	0.713	0.652	0.629
曲靖	0.151	0.687	0.588	0.52	0.424	0.457
玉溪	0.285	0.378	0.167	0.176	0.184	0.333
保山	0.185	0.356	0.204	0.299	0.161	0.277
昭通	0.221	0.191	0.151	0.132	0.173	0.211
麗江	0.34	0.216	0.133	0.106	0.148	0.229
普洱	0.243	0.232	0.161	0.114	0.179	0.26
臨滄	0.236	0.222	0.167	0.134	0.176	0.256

表 4.6.3 2012 年城市社會體制競爭力三級指標分值（續 2）

城市	政府機構規模指數	地方法規條例健全程度	政策法規透明度	政府執法能力	政府辦事效率	民眾對政府的滿意度
拉薩	0.279	0.254	0.211	0.216	0.31	0.334
西安	0.279	0.392	0.443	0.638	0.353	0.459
銅川	0.589	0.357	0.318	0.326	0.208	0.329
寶雞	0.23	0.301	0.147	0.253	0.221	0.3
咸陽	0.288	0.378	0.26	0.251	0.245	0.341
渭南	0.277	0.308	0.206	0.273	0.182	0.343
延安	0.666	0.264	0.334	0.321	0.248	0.318
漢中	0.327	0.236	0.19	0.348	0.223	0.294
榆林	0.486	0.307	0.217	0.351	0.211	0.298
安康	0.347	0.311	0.349	0.304	0.165	0.26
商洛	0.282	0.142	0.199	0.1	0.169	0.212
蘭州	0.428	0.335	0.316	0.465	0.297	0.542
嘉峪關	0.463	0.215	0.171	0.285	0.184	0.377
金昌	0.377	0.281	0.205	0.272	0.232	0.358
白銀	0.378	0.23	0.221	0.312	0.244	0.393
天水	0.288	0.24	0.251	0.287	0.171	0.293
武威	0.182	0.1	0.146	0.163	0.152	0.242
張掖	0.413	0.151	0.171	0.154	0.173	0.213
平涼	0.265	0.165	0.142	0.126	0.157	0.171
酒泉	0.365	0.196	0.188	0.146	0.16	0.196
慶陽	0.409	0.254	0.126	0.169	0.208	0.165
定西	0.267	0.255	0.106	0.252	0.193	0.305
隴南	0.322	0.265	0.104	0.176	0.218	0.172
西寧	0.317	0.414	0.285	0.342	0.247	0.363
銀川	0.398	0.515	0.269	0.316	0.254	0.476
石嘴山	0.453	0.362	0.246	0.177	0.205	0.28
吳忠	0.314	0.362	0.233	0.201	0.214	0.257
固原	0.25	0.395	0.276	0.22	0.178	0.238
中衛	0.196	0.343	0.243	0.202	0.194	0.212
烏魯木齊	0.415	0.407	0.272	0.29	0.272	0.422
克拉瑪依	0.552	0.26	0.299	0.342	0.165	0.287
香港	0.401	0.953	0.935	0.908	0.999	0.79
澳門	1	0.74	0.794	0.637	0.48	0.661
新北	0.1	0.639	0.611	0.44	0.374	0.541
臺北	0.223	0.644	0.613	0.452	0.384	0.552
台中	0.112	0.638	0.618	0.438	0.376	0.547
台南	0.128	0.633	0.615	0.442	0.381	0.545
高雄	0.151	0.652	0.602	0.442	0.383	0.545
基隆	0.163	0.641	0.612	0.448	0.383	0.533
新竹	0.12	0.641	0.608	0.435	0.383	0.551
嘉義	0.159	0.634	0.606	0.444	0.38	0.541

4.7 城市環境、資源、區位競爭力三級指標分值

表 4.7.1 2012 年城市環境、資源、區位競爭力三級指標分值

城市	自然區位優勢度	交通區位優勢度	經濟區位優勢度	政治區位優勢度	文化區位優勢度	土地資源絕對豐富度	土地資源相對豐富度	農產品絕對自給度	農產品相對自給度	礦產能源絕對豐富度
北京	0.8	1	0.8	1	1	0.193	0.116	0.346	0.196	0.199
天津	0.9	0.8	0.3	0.8	0.6	0.26	0.142	0.439	0.287	0.194
石家莊	0.4	0.6	0.2	0.6	0.3	0.171	0.123	0.77	0.634	0.197
唐山	0.3	0.3	0.2	0.2	0.1	0.164	0.129	0.86	0.848	0.375
秦皇島	0.8	0.6	0.2	0.2	0.1	0.125	0.129	0.29	0.583	0.465
邯鄲	0.3	0.3	0.2	0.2	0.1	0.173	0.127	0.654	0.58	0.56
邢臺	0.3	0.3	0.2	0.2	0.1	0.16	0.128	0.559	0.558	0.462

表 4.7.1 2012 年城市環境、資源、區位競爭力三級指標分值

城市	自然區位優勢度	交通區位優勢度	經濟區位優勢度	政治區位優勢度	文化區位優勢度	土地資源絕對豐富度	土地資源相對豐富度	農產品絕對自給度	農產品相對自給度	礦產能源絕對豐富度
保定	0.3	0.5	0.2	0.2	0.1	0.195	0.129	0.68	0.507	0.288
張家口	0.3	0.4	0.2	0.2	0.1	0.146	0.136	0.39	0.615	0.374
承德	0.3	0.3	0.1	0.2	0.1	0.134	0.133	0.268	0.519	0.461
滄州	0.3	0.4	0.1	0.2	0.1	0.161	0.129	0.583	0.609	0.47
廊坊	0.3	0.3	0.1	0.2	0.1	0.133	0.125	0.422	0.718	0.642
衡水	0.3	0.2	0.1	0.2	0.1	0.14	0.131	0.532	0.844	0.563
太原	0.4	0.4	0.3	0.5	0.3	0.151	0.141	0.146	0.195	0.555
大同	0.3	0.4	0.2	0.2	0.1	0.25	0.252	0.157	0.227	0.647
陽泉	0.3	0.2	0.2	0.2	0.1	0.127	0.168	0.108	0.15	0.565
長治	0.3	0.2	0.2	0.2	0.1	0.239	0.241	0.15	0.236	0.293
晉城	0.3	0.2	0.2	0.2	0.1	0.177	0.215	0.137	0.241	0.384
朔州	0.3	0.3	0.2	0.2	0.1	0.247	0.39	0.171	0.382	0.466
晉中	0.3	0.3	0.1	0.2	0.1	0.246	0.252	0.207	0.39	0.738
運城	0.3	0.2	0.1	0.2	0.1	0.321	0.245	0.404	0.533	0.555
忻州	0.3	0.2	0.1	0.2	0.1	0.361	0.388	0.15	0.226	0.552
臨汾	0.3	0.2	0.1	0.2	0.1	0.299	0.256	0.193	0.276	0.563
呂梁	0.3	0.2	0.1	0.2	0.1	0.312	0.292	0.156	0.213	0.56
呼和浩特	0.3	0.4	0.3	0.4	0.2	0.327	0.368	0.401	0.626	0.652
包頭	0.2	0.2	0.1	0.2	0.1	0.27	0.316	0.281	0.487	0.468
烏海	0.2	0.2	0.1	0.2	0.1	0.103	0.122	0.106	0.187	0.284
赤峰	0.2	0.2	0.1	0.2	0.1	0.666	0.541	0.358	0.591	0.562
通遼	0.2	0.2	0.1	0.2	0.1	0.642	0.684	0.384	0.812	0.467
鄂爾多斯	0.2	0.2	0.3	0.2	0.1	0.264	0.384	0.199	0.439	0.29
呼倫貝爾	0.2	0.3	0.1	0.2	0.1	0.104	0.105	0.392	0.812	0.292
巴彥淖爾	0.2	0.2	0.1	0.2	0.1	0.383	0.672	0.363	1	0.288
烏蘭察布	0.2	0.2	0.1	0.2	0.1	0.468	0.68	0.252	0.589	0.287
瀋陽	0.6	0.8	0.5	0.6	0.6	0.135	0.115	0.42	0.421	0.286
大連	0.9	0.8	0.5	0.4	0.2	0.138	0.119	0.551	0.486	0.115
鞍山	0.3	0.4	0.2	0.2	0.1	0.122	0.12	0.231	0.419	0.652
撫順	0.3	0.5	0.2	0.2	0.1	0.111	0.117	0.142	0.265	0.283
本溪	0.3	0.4	0.2	0.2	0.1	0.106	0.112	0.127	0.234	0.66
丹東	0.3	0.4	0.2	0.2	0.1	0.118	0.124	0.225	0.419	0.374
錦州	0.3	0.5	0.2	0.2	0.1	0.124	0.126	0.363	0.747	0.559
營口	0.4	0.4	0.2	0.2	0.1	0.118	0.125	0.226	0.43	0.469
阜新	0.3	0.5	0.2	0.2	0.1	0.114	0.126	0.327	0.932	0.477
遼陽	0.3	0.4	0.2	0.2	0.1	0.114	0.125	0.164	0.378	0.563
盤錦	0.3	0.3	0.1	0.2	0.1	0.108	0.12	0.19	0.564	0.658
鐵嶺	0.3	0.5	0.1	0.2	0.1	0.125	0.131	0.396	0.993	0.645
朝陽	0.3	0.3	0.1	0.2	0.1	0.13	0.134	0.295	0.672	0.291
葫蘆島	0.3	0.2	0.1	0.2	0.1	0.123	0.13	0.301	0.643	0.284
長春	0.4	0.7	0.3	0.6	0.3	0.592	0.317	0.501	0.556	0.738
吉林	0.3	0.4	0.2	0.3	0.1	0.335	0.28	0.321	0.532	0.835
四平	0.2	0.4	0.2	0.2	0.1	0.442	0.441	0.414	0.854	0.46
遼源	0.2	0.2	0.1	0.2	0.1	0.172	0.308	0.149	0.463	0.182
通化	0.2	0.2	0.1	0.2	0.1	0.214	0.265	0.185	0.415	0.65
白山	0.2	0.2	0.1	0.2	0.1	0.119	0.148	0.116	0.209	0.554
松原	0.2	0.3	0.1	0.2	0.1	0.484	0.55	0.379	0.84	0.563
白城	0.2	0.2	0.1	0.2	0.1	0.419	0.631	0.276	0.673	0.558
哈爾濱	0.5	0.7	0.3	0.6	0.3	0.835	0.333	0.598	0.453	0.384
齊齊哈爾	0.2	0.5	0.2	0.2	0.1	1	0.667	0.465	0.593	0.649
雞西	0.2	0.2	0.2	0.2	0.1	0.292	0.448	0.166	0.381	0.467
鶴崗	0.2	0.2	0.1	0.2	0.1	0.188	0.381	0.124	0.276	0.646
雙鴨山	0.2	0.2	0.2	0.2	0.1	0.423	0.845	0.178	0.536	0.653
大慶	0.2	0.2	0.2	0.2	0.1	0.423	0.476	0.379	0.725	1
伊春	0.2	0.3	0.1	0.2	0.1	0.204	0.407	0.138	0.371	0.832
佳木斯	0.2	0.3	0.1	0.2	0.1	0.597	0.758	0.265	0.626	0.74
七台河	0.2	0.2	0.1	0.2	0.1	0.17	0.359	0.125	0.325	0.555

表 4.7.1 2012 年城市環境、資源、區位競爭力三級指標分值

城市	自然區位優勢度	交通區位優勢度	經濟區位優勢度	政治區位優勢度	文化區位優勢度	土地資源絕對豐富度	土地資源相對豐富度	農產品絕對自給度	農產品相對自給度	礦產能源絕對豐富度
牡丹江	0.2	0.2	0.1	0.2	0.1	0.362	0.416	0.2	0.394	0.647
黑河	0.2	0.2	0.1	0.2	0.1	0.546	1	0.175	0.448	0.288
綏化	0.2	0.1	0.1	0.2	0.1	0.816	0.546	0.575	0.763	0.555
上海	1	1	1	0.8	0.8	0.181	0.112	0.331	0.177	0.104
南京	0.7	0.8	0.4	0.6	0.5	0.126	0.111	0.257	0.245	0.189
無錫	0.7	0.8	0.3	0.1	0.2	0.131	0.117	0.182	0.2	0.202
徐州	0.6	0.8	0.2	0.1	0.1	0.174	0.129	0.638	0.624	0.191
常州	0.8	0.6	0.3	0.1	0.1	0.132	0.123	0.185	0.232	0.111
蘇州	0.8	0.8	0.3	0.4	0.4	0.142	0.114	0.23	0.187	0.195
南通	0.8	0.6	0.2	0.1	0.1	0.186	0.14	0.534	0.482	0.198
連雲港	0.5	0.5	0.2	0.1	0.1	0.137	0.128	0.367	0.517	0.194
淮安	0.5	0.5	0.2	0.1	0.1	0.14	0.128	0.326	0.471	0.281
鹽城	0.5	0.3	0.2	0.1	0.1	0.175	0.135	0.886	0.892	0.284
揚州	0.5	0.4	0.2	0.1	0.1	0.138	0.129	0.265	0.358	0.286
鎮江	0.5	0.4	0.2	0.1	0.1	0.123	0.125	0.17	0.262	0.193
泰州	0.5	0.4	0.2	0.1	0.1	0.148	0.135	0.307	0.424	0.286
宿遷	0.5	0.3	0.2	0.1	0.1	0.143	0.131	0.333	0.503	0.284
杭州	0.8	0.7	0.4	0.6	0.5	0.153	0.121	0.294	0.275	0.196
寧波	0.8	0.7	0.2	0.4	0.2	0.173	0.132	0.375	0.321	0.104
溫州	0.7	0.5	0.2	0.1	0.1	0.173	0.127	0.243	0.193	0.185
嘉興	0.6	0.4	0.2	0.1	0.1	0.129	0.122	0.281	0.419	0.294
湖州	0.6	0.5	0.2	0.1	0.1	0.125	0.129	0.206	0.347	0.116
紹興	0.7	0.4	0.2	0.1	0.1	0.154	0.137	0.237	0.329	0.196
金華	0.4	0.4	0.2	0.1	0.1	0.167	0.142	0.219	0.266	0.1
衢州	0.4	0.4	0.2	0.1	0.1	0.125	0.139	0.219	0.53	0.378
舟山	0.9	0.7	0.2	0.1	0.1	0.109	0.129	0.254	0.528	0.294
台州	0.7	0.3	0.2	0.1	0.1	0.166	0.137	0.377	0.339	0.285
麗水	0.4	0.2	0.2	0.1	0.1	0.124	0.138	0.164	0.356	0.384
合肥	0.5	0.5	0.3	0.6	0.3	0.188	0.152	0.315	0.359	0.552
蕪湖	0.2	0.4	0.1	0.2	0.1	0.133	0.15	0.174	0.324	0.467
蚌埠	0.2	0.3	0.1	0.2	0.1	0.218	0.226	0.373	0.708	0.372
淮南	0.2	0.3	0.1	0.2	0.1	0.146	0.167	0.17	0.331	0.375
馬鞍山	0.2	0.4	0.1	0.2	0.1	0.119	0.148	0.14	0.275	0.468
淮北	0.2	0.4	0.1	0.2	0.1	0.155	0.187	0.155	0.308	0.384
銅陵	0.2	0.4	0.1	0.2	0.1	0.109	0.144	0.12	0.275	0.382
安慶	0.2	0.4	0.1	0.2	0.1	0.22	0.176	0.391	0.453	0.637
黃山	0.2	0.3	0.1	0.2	0.1	0.119	0.148	0.137	0.314	0.391
滁州	0.2	0.4	0.1	0.2	0.1	0.263	0.239	0.351	0.548	0.288
阜陽	0.2	0.3	0.1	0.2	0.1	0.331	0.203	0.412	0.449	0.564
宿州	0.2	0.3	0.1	0.2	0.1	0.294	0.222	0.497	0.645	0.463
六安	0.2	0.3	0.1	0.1	0.1	0.274	0.205	0.357	0.432	0.381
亳州	0.2	0.3	0.1	0.1	0.1	0.301	0.24	0.329	0.485	0.383
池州	0.2	0.2	0.1	0.1	0.1	0.133	0.18	0.185	0.476	0.376
宣城	0.2	0.3	0.1	0.1	0.1	0.162	0.182	0.217	0.425	0.112
福州	0.8	0.5	0.3	0.6	0.3	0.178	0.137	0.423	0.336	0.195
廈門	0.9	0.8	0.3	0.4	0.2	0.108	0.108	0.126	0.162	0.199
莆田	0.6	0.4	0.2	0.1	0.1	0.13	0.137	0.239	0.358	0.375
三明	0.6	0.3	0.2	0.1	0.1	0.177	0.204	0.244	0.569	0.293
泉州	0.8	0.6	0.2	0.1	0.1	0.159	0.125	0.305	0.235	0.382
漳州	0.8	0.4	0.1	0.1	0.1	0.172	0.151	0.474	0.545	0.474
南平	0.5	0.4	0.2	0.1	0.1	0.195	0.221	0.255	0.562	0.375
龍岩	0.5	0.2	0.1	0.1	0.1	0.166	0.187	0.229	0.539	0.562
寧德	0.5	0.3	0.1	0.1	0.1	0.155	0.166	0.231	0.351	0.472
南昌	0.5	0.6	0.2	0.6	0.3	0.127	0.118	0.267	0.324	0.654
景德鎮	0.2	0.3	0.1	0.2	0.1	0.111	0.123	0.145	0.334	0.483
萍鄉	0.2	0.3	0.1	0.2	0.1	0.114	0.125	0.149	0.312	0.384
九江	0.3	0.5	0.1	0.2	0.1	0.136	0.125	0.35	0.417	0.566

表 4.7.1 2012 年城市環境、資源、區位競爭力三級指標分值

城市	自然區位優勢度	交通區位優勢度	經濟區位優勢度	政治區位優勢度	文化區位優勢度	土地資源絕對豐富度	土地資源相對豐富度	農產品絕對自給度	農產品相對自給度	礦產能源絕對豐富度
新餘	0.2	0.4	0.1	0.2	0.1	0.109	0.125	0.136	0.332	0.283
鷹潭	0.2	0.5	0.1	0.2	0.1	0.108	0.125	0.142	0.384	0.279
贛州	0.2	0.5	0.1	0.2	0.1	0.168	0.127	0.396	0.369	0.556
吉安	0.2	0.4	0.1	0.2	0.1	0.138	0.127	0.318	0.443	0.645
宜春	0.2	0.4	0.1	0.2	0.1	0.142	0.126	0.358	0.446	0.462
撫州	0.2	0.4	0.1	0.2	0.1	0.13	0.126	0.302	0.488	0.378
上饒	0.2	0.4	0.1	0.2	0.1	0.158	0.13	0.301	0.302	0.289
濟南	0.5	0.8	0.4	0.6	0.3	0.245	0.172	0.436	0.508	0.56
青島	0.9	0.8	0.4	0.4	0.2	0.306	0.18	0.638	0.506	0.198
淄博	0.5	0.3	0.1	0.1	0.1	0.183	0.162	0.271	0.4	0.464
棗莊	0.4	0.3	0.1	0.1	0.1	0.197	0.188	0.297	0.556	0.56
東營	0.4	0.3	0.1	0.1	0.1	0.188	0.247	0.368	0.937	0.468
煙臺	0.8	0.5	0.2	0.1	0.1	0.279	0.187	0.782	0.654	0.558
濰坊	0.4	0.3	0.1	0.1	0.1	0.415	0.217	0.849	0.754	0.193
濟寧	0.4	0.4	0.1	0.1	0.1	0.342	0.201	0.722	0.687	0.738
泰安	0.4	0.3	0.1	0.1	0.1	0.238	0.185	0.462	0.638	0.471
威海	0.8	0.5	0.2	0.1	0.1	0.177	0.193	0.501	0.71	0.649
日照	0.3	0.2	0.1	0.1	0.1	0.192	0.211	0.279	0.466	0.384
萊蕪	0.3	0.3	0.1	0.1	0.1	0.128	0.172	0.14	0.377	0.193
臨沂	0.3	0.3	0.1	0.1	0.1	0.439	0.214	0.696	0.527	0.467
德州	0.3	0.3	0.1	0.1	0.1	0.349	0.251	0.57	0.762	0.289
聊城	0.3	0.4	0.1	0.1	0.1	0.328	0.233	0.613	0.827	0.738
濱州	0.3	0.2	0.1	0.1	0.1	0.28	0.262	0.485	0.804	0.56
菏澤	0.2	0.2	0.1	0.1	0.1	0.434	0.236	0.839	0.758	0.73
鄭州	0.6	0.9	0.3	0.6	0.3	0.143	0.117	0.316	0.278	0.287
開封	0.2	0.3	0.1	0.1	0.1	0.138	0.128	0.492	0.734	0.551
洛陽	0.2	0.5	0.1	0.1	0.1	0.151	0.127	0.308	0.335	0.379
平頂山	0.2	0.2	0.1	0.1	0.1	0.141	0.128	0.275	0.381	0.653
安陽	0.2	0.2	0.1	0.1	0.1	0.147	0.131	0.382	0.545	0.652
鶴壁	0.2	0.2	0.1	0.1	0.1	0.111	0.124	0.179	0.491	0.384
新鄉	0.2	0.2	0.1	0.1	0.1	0.143	0.126	0.372	0.448	0.281
焦作	0.2	0.3	0.1	0.1	0.1	0.125	0.124	0.252	0.44	0.378
濮陽	0.2	0.2	0.1	0.1	0.1	0.129	0.127	0.268	0.471	0.379
許昌	0.2	0.2	0.1	0.1	0.1	0.135	0.127	0.263	0.42	0.291
漯河	0.1	0.2	0.1	0.1	0.1	0.121	0.128	0.236	0.542	0.285
三門峽	0.1	0.3	0.1	0.1	0.1	0.117	0.126	0.234	0.544	0.374
南陽	0.1	0.2	0.1	0.1	0.1	0.196	0.132	0.833	0.613	0.465
商丘	0.1	0.2	0.1	0.1	0.1	0.177	0.135	0.697	0.735	0.468
信陽	0.1	0.2	0.1	0.1	0.1	0.172	0.14	0.493	0.555	0.281
周口	0.1	0.3	0.1	0.1	0.1	0.195	0.136	0.685	0.62	0.188
駐馬店	0.1	0.3	0.1	0.1	0.1	0.175	0.135	0.61	0.597	0.201
武漢	0.5	0.8	0.4	0.6	0.6	0.183	0.129	0.383	0.322	0.101
黃石	0.1	0.2	0.2	0.1	0.1	0.136	0.15	0.176	0.303	0.461
十堰	0.1	0.3	0.2	0.1	0.1	0.198	0.2	0.21	0.352	0.557
宜昌	0.1	0.3	0.1	0.1	0.1	0.193	0.177	0.444	0.72	0.827
襄陽	0.1	0.3	0.1	0.1	0.1	0.276	0.208	0.466	0.596	0.471
鄂州	0.1	0.2	0.1	0.1	0.1	0.116	0.153	0.194	0.634	0.826
荊門	0.1	0.3	0.1	0.1	0.1	0.204	0.222	0.396	0.763	0.461
孝感	0.1	0.2	0.1	0.1	0.1	0.205	0.174	0.373	0.507	0.384
荊州	0.1	0.3	0.1	0.1	0.1	0.287	0.211	0.671	0.698	0.644
黃岡	0.1	0.2	0.1	0.1	0.1	0.252	0.183	0.483	0.506	0.195
咸寧	0.1	0.1	0.1	0.1	0.1	0.163	0.186	0.231	0.51	0.732
隨州	0.1	0.1	0.1	0.1	0.1	0.158	0.191	0.22	0.535	0.193
長沙	0.4	0.3	0.3	0.6	0.4	0.152	0.125	0.35	0.412	0.289
株洲	0.4	0.5	0.2	0.1	0.1	0.131	0.127	0.235	0.399	0.649
湘潭	0.2	0.2	0.2	0.1	0.1	0.125	0.131	0.217	0.472	0.388
衡陽	0.2	0.3	0.2	0.1	0.1	0.165	0.131	0.448	0.475	0.384

表 4.7.1 2012 年城市環境、資源、區位競爭力三級指標分值

城市	自然區位優勢度	交通區位優勢度	經濟區位優勢度	政治區位優勢度	文化區位優勢度	土地資源絕對豐富度	土地資源相對豐富度	農產品絕對自給度	農產品相對自給度	礦產能源絕對豐富度
邵陽	0.2	0.2	0.2	0.1	0.1	0.173	0.135	0.345	0.379	0.651
岳陽	0.2	0.3	0.2	0.1	0.1	0.149	0.13	0.427	0.527	0.554
常德	0.2	0.1	0.2	0.1	0.1	0.159	0.135	0.601	0.671	0.279
張家界	0.1	0.1	0.1	0.1	0.1	0.117	0.139	0.158	0.39	0.551
益陽	0.1	0.2	0.1	0.1	0.1	0.143	0.134	0.37	0.537	0.472
郴州	0.2	0.3	0.2	0.1	0.1	0.145	0.133	0.286	0.434	0.739
永州	0.1	0.2	0.1	0.1	0.1	0.154	0.135	0.402	0.587	0.283
懷化	0.1	0.2	0.1	0.1	0.1	0.146	0.133	0.276	0.377	0.376
婁底	0.1	0.2	0.1	0.1	0.1	0.138	0.134	0.21	0.339	0.382
廣州	0.8	0.8	0.6	0.6	0.6	0.141	0.111	0.282	0.207	0.112
韶關	0.6	0.3	0.2	0.1	0.1	0.189	0.206	0.208	0.392	0.562
深圳	0.9	0.8	0.8	0.6	0.2	0.1	0.1	0.109	0.106	0.197
珠海	0.8	0.6	0.2	0.1	0.2	0.106	0.113	0.136	0.217	0.282
汕頭	0.7	0.3	0.2	0.1	0.1	0.135	0.122	0.202	0.224	0.11
佛山	0.7	0.5	0.3	0.1	0.1	0.115	0.107	0.229	0.212	0.374
江門	0.5	0.3	0.3	0.1	0.1	0.153	0.141	0.26	0.315	0.288
湛江	0.7	0.3	0.2	0.1	0.1	0.279	0.186	0.458	0.418	0.286
茂名	0.5	0.4	0.2	0.1	0.1	0.191	0.153	0.466	0.522	0.557
肇慶	0.5	0.3	0.2	0.1	0.1	0.144	0.138	0.306	0.483	0.46
惠州	0.5	0.5	0.2	0.1	0.1	0.146	0.134	0.224	0.311	0.283
梅州	0.4	0.4	0.2	0.1	0.1	0.107	0.105	0.249	0.38	0.471
汕尾	0.4	0.4	0.2	0.1	0.1	0.138	0.144	0.212	0.306	0.2
河源	0.4	0.3	0.2	0.1	0.1	0.144	0.151	0.167	0.268	0.375
陽江	0.4	0.4	0.2	0.1	0.1	0.142	0.159	0.291	0.502	0.291
清遠	0.4	0.4	0.2	0.1	0.1	0.189	0.181	0.232	0.379	0.571
東莞	0.8	0.8	0.3	0.1	0.1	0.106	0.102	0.123	0.119	0.291
中山	0.7	0.2	0.2	0.1	0.1	0.122	0.124	0.162	0.204	0.193
潮州	0.7	0.1	0.1	0.1	0.1	0.122	0.128	0.148	0.212	0.198
揭陽	0.4	0.1	0.2	0.1	0.1	0.135	0.12	0.211	0.25	0.472
雲浮	0.4	0.2	0.2	0.1	0.1	0.14	0.157	0.204	0.425	0.378
南寧	0.5	0.5	0.2	0.6	0.2	0.152	0.126	0.377	0.432	0.377
柳州	0.4	0.4	0.3	0.1	0.1	0.243	0.228	0.201	0.326	0.285
桂林	0.3	0.4	0.2	0.1	0.1	0.214	0.181	0.391	0.592	0.65
梧州	0.2	0.5	0.1	0.1	0.1	0.156	0.166	0.198	0.384	0.281
北海	0.6	0.4	0.2	0.1	0.1	0.15	0.21	0.246	0.524	0.376
防城港	0.4	0.3	0.1	0.1	0.1	0.137	0.244	0.16	0.396	0.201
欽州	0.3	0.4	0.1	0.1	0.1	0.132	0.135	0.285	0.499	0.379
貴港	0.3	0.4	0.1	0.1	0.1	0.23	0.207	0.208	0.286	0.548
玉林	0.3	0.5	0.1	0.1	0.1	0.197	0.16	0.307	0.421	0.567
百色	0.2	0.2	0.1	0.1	0.1	0.13	0.129	0.21	0.366	0.473
賀州	0.2	0.2	0.1	0.1	0.1	0.149	0.184	0.183	0.447	0.371
河池	0.2	0.2	0.1	0.1	0.1	0.25	0.251	0.181	0.301	0.194
來賓	0.2	0.2	0.1	0.1	0.1	0.121	0.133	0.171	0.373	0.288
崇左	0.2	0.2	0.1	0.1	0.1	0.309	0.454	0.176	0.394	0.28
海口	0.8	0.5	0.3	0.6	0.2	0.119	0.131	0.14	0.253	0.195
三亞	0.7	0.5	0.2	0.1	0.1	0.104	0.122	0.132	0.416	0.279
重慶	0.3	0.8	0.4	0.8	0.3	0.394	0.134	1	0.364	0.564
成都	0.4	0.7	0.3	0.6	0.6	0.243	0.135	0.321	0.219	0.55
自貢	0.1	0.3	0.2	0.1	0.1	0.154	0.168	0.155	0.263	0.373
攀枝花	0.1	0.3	0.2	0.1	0.1	0.116	0.145	0.12	0.237	0.648
瀘州	0.1	0.3	0.1	0.1	0.1	0.184	0.168	0.151	0.199	0.461
德陽	0.1	0.2	0.2	0.1	0.1	0.174	0.17	0.187	0.271	0.649
綿陽	0.1	0.2	0.2	0.1	0.1	0.213	0.183	0.226	0.272	0.466
廣元	0.1	0.2	0.1	0.1	0.1	0.167	0.191	0.183	0.324	0.376
遂寧	0.1	0.3	0.1	0.1	0.1	0.162	0.165	0.163	0.223	0.204
內江	0.1	0.2	0.1	0.1	0.1	0.166	0.16	0.169	0.24	0.292
樂山	0.1	0.3	0.1	0.1	0.1	0.16	0.163	0.144	0.2	0.568

表 4.7.1 2012 年城市環境、資源、區位競爭力三級指標分值

城市	自然區位優勢度	交通區位優勢度	經濟區位優勢度	政治區位優勢度	文化區位優勢度	土地資源絕對豐富度	土地資源相對豐富度	農產品絕對自給度	農產品相對自給度	礦產能源絕對豐富度
南充	0.1	0.3	0.1	0.1	0.1	0.221	0.165	0.266	0.277	0.56
眉山	0.1	0.3	0.1	0.1	0.1	0.169	0.179	0.194	0.306	0.553
宜賓	0.1	0.2	0.1	0.1	0.1	0.198	0.174	0.18	0.238	0.747
廣安	0.1	0.2	0.1	0.1	0.1	0.17	0.174	0.177	0.29	0.648
達州	0.1	0.2	0.1	0.1	0.1	0.221	0.175	0.229	0.27	0.289
雅安	0.1	0.3	0.1	0.1	0.1	0.122	0.149	0.132	0.258	0.558
巴中	0.1	0.3	0.1	0.1	0.1	0.161	0.163	0.148	0.201	0.645
資陽	0.1	0.2	0.1	0.1	0.1	0.209	0.2	0.208	0.295	0.383
貴陽	0.2	0.6	0.4	0.6	0.3	0.139	0.131	0.178	0.258	0.654
六盤水	0.1	0.3	0.2	0.1	0.1	0.143	0.151	0.138	0.22	0.457
遵義	0.1	0.2	0.1	0.1	0.1	0.257	0.187	0.319	0.394	0.645
安順	0.1	0.3	0.1	0.1	0.1	0.143	0.163	0.153	0.297	0.643
昆明	0.6	0.6	0.5	0.6	0.3	0.163	0.133	0.233	0.281	0.648
曲靖	0.1	0.4	0.1	0.1	0.1	0.213	0.165	0.378	0.515	0.739
玉溪	0.1	0.5	0.2	0.1	0.1	0.143	0.164	0.183	0.414	0.562
保山	0.1	0.3	0.1	0.1	0.1	0.163	0.184	0.184	0.371	0.736
昭通	0.1	0.2	0.1	0.1	0.1	0.232	0.185	0.216	0.292	0.561
麗江	0.1	0.1	0.1	0.1	0.1	0.138	0.205	0.132	0.314	0.192
普洱	0.1	0.1	0.1	0.1	0.1	0.183	0.21	0.15	0.255	0.2
臨滄	0.1	0.1	0.1	0.1	0.1	0.197	0.235	0.192	0.36	0.197
拉薩	0.2	0.4	0.4	0.6	0.6	0.11	0.162	0.115	0.305	0.372
西安	0.2	0.5	0.5	0.6	0.6	0.203	0.141	0.298	0.276	0.38
銅川	0.1	0.3	0.2	0.1	0.1	0.125	0.202	0.139	0.428	0.47
寶雞	0.1	0.2	0.2	0.1	0.1	0.223	0.212	0.264	0.408	0.56
咸陽	0.1	0.2	0.1	0.1	0.1	0.244	0.2	0.522	0.723	0.643
渭南	0.1	0.3	0.1	0.1	0.1	0.31	0.234	0.424	0.535	0.285
延安	0.1	0.3	0.1	0.1	0.1	0.194	0.246	0.255	0.619	0.463
漢中	0.1	0.2	0.1	0.1	0.1	0.182	0.181	0.236	0.412	0.464
榆林	0.1	0.2	0.1	0.1	0.1	0.331	0.333	0.201	0.328	0.287
安康	0.1	0.2	0.1	0.1	0.1	0.179	0.201	0.196	0.39	0.379
商洛	0.1	0.2	0.1	0.1	0.1	0.153	0.177	0.142	0.255	0.281
蘭州	0.2	0.4	0.2	0.6	0.2	0.184	0.179	0.162	0.257	0.641
嘉峪關	0.1	0.2	0.1	0.1	0.1	0.101	0.116	0.104	0.26	0.202
金昌	0.1	0.2	0.1	0.1	0.1	0.127	0.298	0.124	0.509	0.292
白銀	0.1	0.1	0.1	0.1	0.1	0.221	0.34	0.154	0.38	0.471
天水	0.1	0.1	0.1	0.1	0.1	0.253	0.259	0.209	0.369	0.378
武威	0.1	0.2	0.1	0.1	0.1	0.202	0.291	0.203	0.558	0.465
張掖	0.1	0.1	0.1	0.1	0.1	0.194	0.366	0.183	0.645	0.466
平涼	0.1	0.1	0.1	0.1	0.1	0.25	0.345	0.197	0.455	0.372
酒泉	0.1	0.1	0.1	0.1	0.1	0.163	0.295	0.191	0.711	0.292
慶陽	0.1	0.1	0.1	0.1	0.1	0.279	0.374	0.185	0.383	0.281
定西	0.1	0.1	0.1	0.1	0.1	0.307	0.359	0.146	0.245	0.287
隴南	0.1	0.1	0.1	0.1	0.1	0.216	0.252	0.146	0.245	0.198
西寧	0.2	0.5	0.3	0.6	0.2	0.159	0.19	0.155	0.269	0.466
銀川	0.2	0.4	0.3	0.6	0.2	0.152	0.188	0.19	0.423	0.638
石嘴山	0.1	0.1	0.1	0.1	0.1	0.131	0.246	0.138	0.517	0.283
吳忠	0.1	0.2	0.1	0.1	0.1	0.237	0.461	0.193	0.559	0.281
固原	0.1	0.1	0.1	0.1	0.1	0.243	0.493	0.152	0.452	0.463
中衛	0.1	0.1	0.1	0.1	0.1	0.193	0.39	0.188	0.685	0.283
烏魯木齊	0.2	0.4	0.3	0.5	0.2	0.122	0.124	0.128	0.175	0.56
克拉瑪依	0.1	0.1	0.1	0.1	0.1	0.109	0.176	0.114	0.314	0.457
香港	1	0.8	1	0.7	1	0.1	0.1	0.1	0.1	0.102
澳門	0.8	0.3	0.4	0.3	0.2	0.1	0.1	0.1	0.1	0.184
新北	0.6	0.5	0.4	0.2	0.2	0.113	0.111	0.121	0.135	0.105
臺北	0.8	1	0.6	0.7	1	0.101	0.102	0.113	0.134	0.106
台中	0.4	0.5	0.4	0.2	0.2	0.121	0.126	0.113	0.135	0.108
台南	0.4	0.5	0.4	0.2	0.2	0.138	0.168	0.116	0.144	0.107

表 4.7.1 2012 年城市環境、資源、區位競爭力三級指標分值

城市	自然區位優勢度	交通區位優勢度	經濟區位優勢度	政治區位優勢度	文化區位優勢度	土地資源絕對豐富度	土地資源相對豐富度	農產品絕對自給度	農產品相對自給度	礦產能源絕對豐富度
高雄	0.7	0.7	0.4	0.2	0.2	0.119	0.124	0.14	0.16	0.105
基隆	0.6	0.6	0.4	0.2	0.2	0.1	0.103	0.107	0.168	0.108
新竹	0.4	0.5	0.4	0.2	0.2	0.101	0.108	0.103	0.138	0.105
嘉義	0.4	0.5	0.4	0.2	0.2	0.101	0.11	0.101	0.134	0.109

表 4.7.2 2012 年城市環境、資源、區位競爭力三級指標分值（續 1）

城市	礦產能源相對豐富度	城市綠化絕對量	城市綠化相對量	氣候環境舒適度	自然災害少發率	山水環境優美度	建成區綠化覆蓋率	生活汙水處理率	生活垃圾處理率	空氣品質指數
北京	0.119	0.553	0.229	0.433	0.543	0.395	0.8	0.812	0.968	0.1
天津	0.107	0.239	0.158	0.612	0.677	0.402	0.504	0.832	1	0.325
石家莊	0.109	0.164	0.187	0.571	0.729	0.164	0.644	0.953	1	0.1
唐山	0.193	0.168	0.173	0.521	0.437	0.197	0.683	0.942	1	0.775
秦皇島	0.38	0.135	0.236	0.844	0.655	0.747	0.737	0.922	1	0.775
邯鄲	0.287	0.152	0.219	0.571	0.532	0.356	0.696	0.918	1	0.325
邢臺	0.549	0.127	0.229	0.515	0.527	0.298	0.613	0.847	1	0.325
保定	0.2	0.137	0.216	0.558	0.515	0.364	0.666	0.9	1	0.325
張家口	0.295	0.121	0.178	0.523	0.511	0.303	0.587	0.876	0.791	0.325
承德	0.559	0.128	0.26	0.569	0.469	0.306	0.628	0.868	0.99	0.325
滄州	0.545	0.112	0.173	0.512	0.568	0.348	0.634	0.852	1	0.325
廊坊	0.553	0.131	0.229	0.553	0.558	0.296	0.697	0.862	0.948	0.55
衡水	0.815	0.111	0.178	0.492	0.475	0.296	0.617	0.866	1	0.55
太原	0.199	0.159	0.17	0.426	0.343	0.291	0.551	0.664	0.945	0.325
大同	0.384	0.133	0.173	0.307	0.325	0.341	0.573	0.8	0.458	0.1
陽泉	0.554	0.113	0.165	0.392	0.357	0.418	0.598	0.832	1	0.1
長治	0.279	0.119	0.187	0.356	0.374	0.328	0.712	0.921	1	0.325
晉城	0.819	0.111	0.204	0.49	0.409	0.291	0.589	0.957	0.929	0.325
朔州	0.559	0.111	0.158	0.33	0.441	0.305	0.651	0.98	1	0.55
晉中	0.904	0.11	0.156	0.363	0.437	0.411	0.609	0.901	0.184	0.55
運城	0.545	0.107	0.136	0.42	0.307	0.341	0.399	0.901	0.947	0.325
忻州	0.644	0.103	0.122	0.39	0.357	0.382	0.315	0.747	0.643	0.325
臨汾	0.468	0.11	0.139	0.456	0.371	0.379	0.64	0.466	0.495	0.325
呂梁	0.464	0.104	0.151	0.42	0.36	0.399	0.559	0.416	0.316	0.325
呼和浩特	0.379	0.119	0.153	0.347	0.368	0.326	0.551	0.96	0.978	0.55
包頭	0.288	0.157	0.233	0.338	0.465	0.295	0.607	0.84	0.92	0.325
烏海	0.378	0.115	0.197	0.36	0.38	0.322	0.528	0.898	0.806	0.325
赤峰	0.38	0.119	0.151	0.307	0.294	0.333	0.532	0.82	0.581	0.55
通遼	0.376	0.114	0.161	0.331	0.249	0.381	0.497	0.848	0.153	0.1
鄂爾多斯	0.554	0.155	0.806	0.208	0.194	0.231	1	0.846	0.843	0.325
呼倫貝爾	0.553	0.106	0.18	0.162	0.105	0.269	0.505	0.626	0.443	0.325
巴彥淖爾	0.562	0.107	0.146	0.171	0.123	0.229	0.513	0.723	0.753	0.325
烏蘭察布	0.554	0.107	0.178	0.158	0.1	0.219	0.427	0.494	0.931	0.325
瀋陽	0.114	0.288	0.221	0.55	0.728	0.363	0.632	0.782	1	0.325
大連	0.1	0.231	0.246	1	1	0.775	0.672	0.943	0.853	0.55
鞍山	0.369	0.143	0.199	0.481	0.653	0.336	0.588	0.709	1	0.55
撫順	0.197	0.144	0.209	0.458	0.603	0.437	0.601	0.766	1	0.325
本溪	0.455	0.135	0.224	0.392	0.589	0.481	0.692	0.847	0.842	0.325
丹東	0.38	0.114	0.161	0.38	0.611	0.311	0.581	0.1	1	0.325
錦州	0.464	0.119	0.168	0.292	0.578	0.479	0.596	0.46	0.86	0.325
營口	0.457	0.127	0.202	0.712	0.601	0.345	0.626	0.802	0.779	0.55
阜新	0.371	0.12	0.185	0.483	0.591	0.466	0.615	0.802	0.842	0.325
遼陽	0.473	0.125	0.214	0.432	0.674	0.476	0.591	0.787	0.654	0.325
盤錦	0.815	0.115	0.182	0.409	0.571	0.451	0.585	0.633	1	0.55
鐵嶺	0.989	0.111	0.185	0.298	0.604	0.341	0.596	0.743	0.844	0.55
朝陽	0.366	0.106	0.139	0.482	0.651	0.376	0.316	0.501	0.842	0.1

表 4.7.2 2012 年城市環境、資源、區位競爭力三級指標分值（續 1）

城市	礦產能源相對豐富度	城市綠化絕對量	城市綠化相對量	氣候環境舒適度	自然災害少發率	山水環境優美度	建成區綠化覆蓋率	生活汙水處理率	生活垃圾處理率	空氣品質指數
葫蘆島	0.201	0.12	0.168	0.596	0.637	0.409	0.585	0.431	0.779	0.55
長春	0.193	0.197	0.19	0.441	0.728	0.192	0.601	0.896	0.868	0.325
吉林	0.369	0.147	0.185	0.331	0.485	0.191	0.678	0.916	0.79	0.325
四平	0.554	0.111	0.163	0.322	0.485	0.181	0.499	0.729	1	0.1
遼源	0.198	0.112	0.182	0.4	0.482	0.271	0.546	0.835	0.905	0.325
通化	0.82	0.111	0.18	0.413	0.523	0.218	0.621	0.518	0.998	0.325
白山	0.829	0.107	0.141	0.282	0.527	0.23	0.476	0.229	0.856	0.1
松原	0.643	0.11[illegible]	0.163	0.469	0.533	0.22	0.607	0.817	0.801	0.1
白城	0.635	0.108	0.153	0.407	0.498	0.233	0.497	0.116	0.779	0.325
哈爾濱	0.202	0.192	0.165	0.473	0.604	0.366	0.585	0.609	0.737	0.1
齊齊哈爾	0.376	0.135	0.182	0.326	0.389	0.328	0.481	0.678	0.484	0.55
雞西	0.379	0.118	0.168	0.252	0.448	0.321	0.596	0.505	0.822	0.55
鶴崗	0.644	0.117	0.185	0.219	0.295	0.367	0.637	0.527	0.779	0.55
雙鴨山	0.815	0.116	0.207	0.186	0.258	0.337	0.639	0.527	0.53	0.325
大慶	0.644	0.248	0.474	0.21	0.422	0.365	0.601	0.919	0.475	0.55
伊春	0.643	0.138	0.255	0.258	0.45	0.263	0.426	0.792	0.796	0.55
佳木斯	0.64	0.126	0.207	0.262	0.446	0.202	0.607	0.669	0.444	0.55
七台河	0.646	0.118	0.209	0.242	0.304	0.239	0.553	0.181	0.684	0.55
牡丹江	0.553	0.137	0.238	0.205	0.303	0.198	0.588	0.672	1	0.325
黑河	0.554	0.103	0.158	0.205	0.258	0.237	0.443	0.851	0.599	0.325
綏化	0.464	0.105	0.122	0.251	0.411	0.261	0.596	0.851	0.779	0.325
上海	0.1	0.969	0.316	0.855	0.855	0.686	0.657	0.812	0.841	0.325
南京	0.11	0.658	0.442	0.704	0.941	0.631	0.662	0.596	0.789	0.55
無錫	0.109	0.224	0.275	0.655	0.93	1	0.64	0.843	1	0.55
徐州	0.1	0.193	0.199	0.523	0.465	0.535	0.622	0.711	0.459	0.325
常州	0.119	0.152	0.178	0.846	0.792	0.695	0.633	0.747	1	0.55
蘇州	0.115	0.201	0.241	0.881	0.931	0.862	0.641	0.715	1	0.55
南通	0.208	0.134	0.153	0.846	0.722	0.581	0.615	0.832	1	0.55
連雲港	0.196	0.13	0.209	0.613	0.547	0.579	0.589	0.605	0.993	0.55
淮安	0.114	0.131	0.139	0.633	0.549	0.535	0.601	0.594	0.653	0.55
鹽城	0.284	0.126	0.153	0.683	0.573	0.497	0.593	0.494	0.412	0.55
揚州	0.203	0.124	0.168	0.526	0.515	0.491	0.652	0.692	0.868	0.55
鎮江	0.186	0.147	0.253	0.478	0.53	0.517	0.631	0.663	1、	0.55
泰州	0.279	0.117	0.17	0.516	0.497	0.541	0.616	0.526	1	0.55
宿遷	0.554	0.152	0.209	0.552	0.57	0.583	0.613	0.717	0.299	0.325
杭州	0.116	0.209	0.185	0.847	0.594	0.946	0.605	0.933	1	0.55
寧波	0.107	0.171	0.207	0.868	0.458	0.708	0.581	0.707	1	0.55
溫州	0.2	0.125	0.158	0.762	0.446	0.571	0.373	0.661	0.739	0.55
嘉興	0.283	0.129	0.219	0.713	0.54	0.468	0.641	0.85	1	0.55
湖州	0.115	0.127	0.182	0.693	0.519	0.512	0.731	0.849	1	0.55
紹興	0.196	0.125	0.229	0.784	0.602	0.858	0.61	0.801	1	0.55
金華	0.113	0.119	0.17	0.712	0.51	0.585	0.603	0.705	0.993	0.55
衢州	0.554	0.115	0.163	0.76	0.541	0.538	0.634	0.751	1	0.55
舟山	0.293	0.113	0.163	0.608	0.347	0.586	0.613	0.577	1	0.775
台州	0.203	0.137	0.18	0.72	0.599	0.688	0.661	0.763	0.968	0.55
麗水	0.562	0.108	0.173	0.752	0.409	0.5	0.621	0.672	0.996	0.55
合肥	0.29	0.184	0.231	0.682	0.664	0.405	0.59	0.853	1	0.55
蕪湖	0.459	0.137	0.212	0.487	0.376	0.37	0.583	0.711	1	0.55
蚌埠	0.37	0.124	0.187	0.458	0.34	0.319	0.566	0.863	0.64	0.55
淮南	0.197	0.128	0.151	0.445	0.306	0.439	0.606	0.851	0.327	0.55
馬鞍山	0.557	0.136	0.289	0.439	0.255	0.338	0.644	0.859	0.811	0.55
淮北	0.379	0.127	0.185	0.443	0.46	0.429	0.646	0.851	0.881	0.325
銅陵	0.556	0.133	0.352	0.352	0.335	0.365	0.606	0.691	0.956	0.55
安慶	0.647	0.12	0.19	0.404	0.419	0.431	0.588	0.895	0.779	0.55
黃山	0.555	0.19	0.789	0.456	0.404	0.441	0.718	0.939	0.4	0.55
滁州	0.379	0.121	0.233	0.432	0.429	0.42	0.558	0.825	0.237	0.55
阜陽	0.281	0.123	0.136	0.308	0.267	0.447	0.519	0.668	0.779	0.55

表 4.7.2 2012 年城市環境、資源、區位競爭力三級指標分值（續 1）

城市	礦產能源相對豐富度	城市綠化絕對量	城市綠化相對量	氣候環境舒適度	自然災害少發率	山水環境優美度	建成區綠化覆蓋率	生活汙水處理率	生活垃圾處理率	空氣品質指數
宿州	0.286	0.111	0.119	0.426	0.27	0.398	0.582	0.832	0.432	0.55
六安	0.208	0.116	0.129	0.391	0.318	0.426	0.614	0.941	0.941	0.55
亳州	0.203	0.107	0.115	0.378	0.374	0.469	0.413	0.875	0.86	0.55
池州	0.377	0.109	0.149	0.398	0.292	0.323	0.595	0.6	0.457	0.55
宣城	0.12	0.121	0.182	0.379	0.453	0.295	0.543	0.762	1	0.55
福州	0.105	0.159	0.204	0.798	0.459	0.675	0.61	0.836	0.982	0.55
廈門	0.1	0.218	0.321	0.919	0.47	0.782	0.611	0.91	0.968	0.775
莆田	0.2	0.115	0.124	0.767	0.378	0.703	0.644	0.822	0.985	0.55
三明	0.55	0.107	0.19	0.74	0.459	0.708	0.609	0.733	0.907	0.55
泉州	0.283	0.143	0.241	0.747	0.455	0.89	0.611	0.765	0.958	0.55
漳州	0.555	0.115	0.19	0.788	0.316	0.68	0.626	0.802	0.96	0.55
南平	0.467	0.106	0.144	0.725	0.296	0.695	0.605	0.689	0.319	0.775
龍岩	0.647	0.111	0.163	0.707	0.423	0.71	0.633	0.822	0.971	0.55
寧德	0.738	0.105	0.139	0.708	0.328	0.69	0.613	0.697	0.626	0.55
南昌	0.283	0.159	0.192	0.595	0.608	0.448	0.624	0.921	1	0.55
景德鎮	0.724	0.127	0.296	0.567	0.582	0.421	0.78	0.999	1	0.55
萍鄉	0.375	0.113	0.153	0.527	0.58	0.411	0.693	0.838	1	0.325
九江	0.641	0.135	0.282	0.535	0.662	0.316	0.82	0.957	1	0.325
新餘	0.282	0.118	0.17	0.589	0.635	0.285	0.723	0.957	1	0.325
鷹潭	0.89	0.107	0.202	0.501	0.673	0.338	0.589	0.861	1	0.55
贛州	0.65	0.122	0.216	0.587	0.638	0.294	0.673	0.386	1	0.325
吉安	0.823	0.113	0.18	0.541	0.633	0.379	0.714	0.802	1	0.325
宜春	0.382	0.114	0.146	0.5	0.626	0.344	0.637	0.839	1	0.325
撫州	0.281	0.116	0.149	0.479	0.582	0.416	0.807	0.752	0.474	0.325
上饒	0.38	0.114	0.219	0.556	0.59	0.418	0.717	0.903	1	0.325
濟南	0.207	0.184	0.182	0.562	0.743	0.502	0.568	0.897	0.838	0.55
青島	0.106	0.22	0.246	0.919	0.87	0.655	0.65	0.854	1	0.775
淄博	0.197	0.209	0.231	0.683	0.639	0.528	0.633	0.923	1	0.55
棗莊	0.296	0.129	0.144	0.616	0.635	0.507	0.601	0.921	0.721	0.55
東營	0.369	0.141	0.265	0.669	0.659	0.563	0.588	0.883	1	0.55
煙臺	0.291	0.175	0.241	0.839	0.725	0.591	0.633	0.907	1	0.55
濰坊	0.116	0.158	0.207	0.622	0.579	0.56	0.607	0.72	0.858	0.55
濟寧	0.46	0.134	0.202	0.668	0.625	0.554	0.652	0.944	0.998	0.55
泰安	0.299	0.137	0.178	0.598	0.594	0.483	0.654	0.871	0.896	0.55
威海	0.82	0.141	0.316	0.888	0.663	0.658	0.697	0.925	1	0.775
日照	0.282	0.125	0.168	0.611	0.655	0.533	0.619	0.882	1	0.55
萊蕪	0.201	0.121	0.156	0.625	0.593	0.553	0.66	0.897	1	0.325
臨沂	0.206	0.165	0.204	0.65	0.642	0.566	0.689	0.902	0.694	0.325
德州	0.379	0.116	0.182	0.644	0.647	0.573	0.441	0.893	0.781	0.325
聊城	0.46	0.116	0.146	0.688	0.623	0.537	0.66	0.821	1	0.55
濱州	0.558	0.12	0.209	0.612	0.675	0.546	0.584	0.901	0.848	0.325
菏澤	0.379	0.122	0.149	0.641	0.608	0.546	0.605	0.876	0.924	0.325
鄭州	0.2	0.18	0.153	0.392	0.532	0.341	0.54	0.972	0.861	0.325
開封	0.47	0.121	0.182	0.411	0.339	0.187	0.533	0.864	0.779	0.325
洛陽	0.198	0.137	0.175	0.335	0.282	0.244	0.515	0.944	0.653	0.325
平頂山	0.473	0.118	0.158	0.41	0.268	0.229	0.581	0.959	0.865	0.55
安陽	0.561	0.118	0.156	0.319	0.271	0.261	0.573	0.848	0.944	0.775
鶴壁	0.462	0.113	0.173	0.462	0.28	0.239	0.606	0.827	0.9	0.325
新鄉	0.281	0.127	0.19	0.453	0.269	0.238	0.622	0.896	0.958	0.55
焦作	0.377	0.124	0.195	0.336	0.364	0.207	0.628	0.898	0.842	0.55
濮陽	0.472	0.11	0.151	0.438	0.303	0.273	0.503	0.861	0.979	1
許昌	0.377	0.121	0.267	0.464	0.364	0.236	0.593	0.97	0.956	0.325
漯河	0.368	0.113	0.132	0.347	0.295	0.229	0.584	0.975	0.895	0.55
三門峽	0.817	0.108	0.199	0.32	0.357	0.202	0.65	0.813	0.945	0.55
南陽	0.293	0.117	0.132	0.344	0.381	0.241	0.498	0.627	0.747	0.55
商丘	0.292	0.114	0.127	0.318	0.364	0.289	0.582	0.984	0.663	0.325
信陽	0.205	0.128	0.163	0.403	0.425	0.219	0.636	0.812	0.927	0.325

表 4.7.2 2012 年城市環境、資源、區位競爭力三級指標分值（續 1）

城市	礦產能源相對豐富度	城市綠化絕對量	城市綠化相對量	氣候環境舒適度	自然災害少發率	山水環境優美度	建成區綠化覆蓋率	生活汙水處理率	生活垃圾處理率	空氣品質指數
周口	0.287	0.115	0.195	0.487	0.449	0.189	0.582	0.843	0.399	0.325
駐馬店	0.202	0.113	0.165	0.314	0.285	0.177	0.621	0.921	0.937	0.1
武漢	0.111	0.212	0.173	0.681	0.521	0.49	0.554	0.95	0.842	0.55
黃石	0.472	0.118	0.185	0.64	0.46	0.562	0.604	0.586	0.496	0.55
十堰	0.639	0.19	0.663	0.625	0.482	0.564	0.675	0.802	0.789	0.55
宜昌	0.462	0.124	0.163	0.678	0.494	0.578	0.618	0.897	1	0.775
襄陽	0.203	0.126	0.139	0.605	0.491	0.545	0.516	0.826	0.795	0.55
鄂州	0.549	0.111	0.134	0.626	0.46	0.518	0.543	0.718	1	0.55
荊門	0.373	0.112	0.161	0.601	0.539	0.497	0.61	0.598	0.853	0.55
孝感	0.282	0.111	0.139	0.619	0.543	0.503	0.669	0.449	0.342	0.775
荊州	0.372	0.117	0.151	0.693	0.515	0.521	0.606	0.803	0.428	0.55
黃岡	0.288	0.109	0.187	0.66	0.497	0.524	0.402	0.564	0.756	0.55
咸寧	0.907	0.117	0.197	0.642	0.527	0.507	0.572	0.555	0.324	0.55
隨州	0.112	0.204	0.634	0.645	0.545	0.558	0.549	0.901	0.863	0.55
長沙	0.194	0.162	0.187	0.446	0.46	0.35	0.557	0.921	1	0.55
株洲	0.551	0.128	0.216	0.504	0.53	0.449	0.585	0.814	1	0.55
湘潭	0.365	0.126	0.202	0.515	0.561	0.376	0.613	0.604	1	0.55
衡陽	0.282	0.129	0.199	0.586	0.487	0.386	0.593	0.554	1	0.55
邵陽	0.644	0.111	0.151	0.538	0.542	0.379	0.509	0.508	1	0.55
岳陽	0.467	0.128	0.187	0.547	0.336	0.291	0.642	0.862	1	0.55
常德	0.194	0.121	0.151	0.577	0.528	0.391	0.65	0.595	1	0.55
張家界	0.643	0.111	0.175	0.523	0.496	0.986	0.689	0.449	0.368	0.775
益陽	0.29	0.115	0.139	0.569	0.569	0.362	0.608	0.709	1	0.55
郴州	0.728	0.115	0.17	0.566	0.477	0.678	0.567	0.622	0.489	0.55
永州	0.201	0.112	0.134	0.575	0.499	0.427	0.505	0.458	0.634	0.55
懷化	0.546	0.114	0.229	0.484	0.529	0.285	0.495	0.694	0.318	0.55
婁底	0.554	0.116	0.219	0.531	0.54	0.409	0.685	0.507	1	0.55
廣州	0.11	1	0.554	0.732	0.668	0.868	0.608	0.889	0.779	0.55
韶關	0.637	0.125	0.192	0.61	0.66	0.628	0.713	0.713	1	0.775
深圳	0.112	0.797	1	0.764	0.728	0.862	0.67	0.889	0.943	0.55
珠海	0.291	0.142	0.233	0.819	0.336	0.807	0.735	0.79	0.919	0.55
汕頭	0.106	0.15	0.132	0.775	0.367	0.767	0.594	0.708	1	0.55
佛山	0.2	0.138	0.134	0.759	0.663	0.28	0.567	0.792	0.954	0.55
江門	0.194	0.136	0.187	0.619	0.415	0.373	0.615	0.827	1	0.55
湛江	0.2	0.124	0.153	0.609	0.448	0.283	0.972	0.499	0.973	0.775
茂名	0.384	0.121	0.153	0.599	0.332	0.498	0.66	0.61	0.163	0.55
肇慶	0.545	0.136	0.323	0.678	0.331	0.456	0.555	0.708	0.982	0.55
惠州	0.367	0.145	0.212	0.577	0.34	0.286	0.5	0.718	0.612	0.55
梅州	0.985	0.112	0.226	0.533	0.336	0.419	0.695	0.653	0.641	0.55
汕尾	0.196	0.104	0.127	0.524	0.402	0.424	0.635	0.521	0.779	0.55
河源	0.808	0.24	0.25	0.548	0.409	0.419	0.658	0.894	1	0.775
陽江	0.386	0.113	0.163	0.572	0.376	0.293	0.581	0.568	1	0.55
清遠	0.643	0.114	0.175	0.519	0.34	0.341	0.517	0.572	0.524	0.55
東莞	0.208	0.339	0.542	0.714	0.596	0.283	0.589	0.911	0.34	0.55
中山	0.112	0.11	0.124	0.916	0.659	0.71	0.596	0.901	1	0.775
潮州	0.286	0.111	0.212	0.574	0.456	0.322	0.636	0.341	1	0.55
揭陽	0.469	0.12	0.197	0.495	0.54	0.379	0.544	0.341	0.779	0.55
雲浮	0.822	0.107	0.182	0.527	0.47	0.484	0.594	0.635	0.895	0.55
南寧	0.202	0.368	0.432	0.501	0.498	0.536	0.611	0.847	0.716	0.55
柳州	0.201	0.143	0.238	0.498	0.486	0.474	0.582	0.352	0.821	0.55
桂林	0.641	0.118	0.18	0.579	0.482	0.889	0.661	0.817	0.552	0.55
梧州	0.374	0.114	0.195	0.575	0.464	0.588	0.506	1	0.935	0.55
北海	0.46	0.115	0.182	0.588	0.553	0.569	0.575	0.452	0.863	0.775
防城港	0.197	0.106	0.139	0.505	0.481	0.507	0.521	0.364	0.228	0.55
欽州	0.296	0.11	0.124	0.529	0.495	0.558	0.123	0.495	0.692	0.55
貴港	0.287	0.11	0.117	0.519	0.524	0.539	0.428	0.83	0.473	0.55
玉林	0.455	0.114	0.146	0.549	0.529	0.547	0.514	0.891	0.935	0.775

表 4.7.2 2012 年城市環境、資源、區位競爭力三級指標分值（續 1）

城市	礦產能源相對豐富度	城市綠化絕對量	城市綠化相對量	氣候環境舒適度	自然災害少發率	山水環境優美度	建成區綠化覆蓋率	生活汙水處理率	生活垃圾處理率	空氣品質指數
百色	0.727	0.11	0.197	0.558	0.508	0.559	0.563	0.437	0.24	0.775
賀州	0.29	0.104	0.112	0.512	0.485	0.535	0.382	0.802	1	0.775
河池	0.369	0.104	0.136	0.551	0.472	0.565	0.452	0.77	1	0.55
來賓	0.204	0.104	0.112	0.522	0.513	0.578	0.48	0.349	1	0.55
崇左	0.375	0.104	0.141	0.545	0.532	0.512	0.475	0.194	0.311	0.55
海口	0.196	0.126	0.156	0.768	0.608	0.564	0.619	0.954	0.956	1
三亞	0.369	0.109	0.153	0.802	0.603	0.706	0.714	0.8	1	1
重慶	0.112	0.398	0.165	0.615	0.734	0.536	0.613	0.832	0.937	0.55
成都	0.193	0.219	0.175	0.84	0.918	0.683	0.894	0.914	1	0.55
自貢	0.295	0.119	0.144	0.488	0.468	0.407	0.584	0.662	0.676	0.55
攀枝花	0.649	0.115	0.173	0.584	0.537	0.313	0.609	0.269	0.907	0.55
瀘州	0.287	0.125	0.156	0.597	0.5	0.319	0.591	0.451	0.442	0.55
德陽	0.645	0.113	0.165	0.525	0.513	0.446	0.583	0.662	0.731	0.55
綿陽	0.286	0.126	0.173	0.496	0.494	0.397	0.578	0.517	0.675	0.55
廣元	0.281	0.11	0.136	0.518	0.556	0.446	0.547	0.631	0.743	0.55
遂寧	0.103	0.113	0.129	0.58	0.481	0.388	0.576	0.78	0.867	0.55
內江	0.198	0.109	0.122	0.514	0.518	0.312	0.543	0.635	0.305	0.55
樂山	0.372	0.114	0.144	0.519	0.548	0.41	0.577	0.562	0.552	1
南充	0.289	0.12	0.134	0.53	0.532	0.434	0.582	0.484	0.574	0.55
眉山	0.472	0.108	0.132	0.504	0.488	0.333	0.504	0.514	0.628	0.55
宜賓	0.639	0.113	0.156	0.517	0.509	0.337	0.548	0.234	0.1	0.55
廣安	0.374	0.107	0.119	0.565	0.498	0.457	0.627	0.787	1	0.55
達州	0.38	0.11	0.18	0.494	0.553	0.312	0.738	0.213	0.113	0.55
雅安	0.811	0.105	0.151	0.544	0.534	0.461	0.629	0.367	0.405	0.55
巴中	0.383	0.104	0.112	0.55	0.499	0.392	0.529	0.532	0.749	0.55
資陽	0.291	0.109	0.129	0.52	0.553	0.379	0.546	0.892	0.951	0.55
貴陽	0.291	0.148	0.173	0.87	0.746	0.602	0.635	0.837	0.96	0.55
六盤水	0.731	0.101	0.11	0.588	0.642	0.56	0.405	0.669	0.629	0.55
遵義	0.647	0.115	0.161	0.685	0.632	0.583	0.748	0.562	1	0.55
安順	0.55	0.116	0.161	0.661	0.588	0.557	0.507	0.723	0.909	0.55
昆明	0.282	0.165	0.182	0.88	0.935	0.689	0.538	0.837	0.842	1
曲靖	0.724	0.114	0.168	0.409	0.269	0.429	0.592	0.439	0.986	0.55
玉溪	0.822	0.107	0.149	0.459	0.468	0.419	0.621	0.89	0.865	0.55
保山	0.553	0.105	0.119	0.314	0.416	0.444	0.478	0.313	1	0.55
昭通	0.466	0.102	0.11	0.274	0.311	0.291	0.434	0.54	0.779	0.55
麗江	0.549	0.105	0.214	0.346	0.357	0.284	0.485	0.912	0.842	0.55
普洱	0.55	0.11	0.221	0.301	0.256	0.288	0.812	0.664	1	0.662
臨滄	0.545	0.103	0.136	0.324	0.273	0.305	0.501	0.664	0.779	0.662
拉薩	0.476	0.115	0.33	0.336	0.411	0.343	0.61	0.664	0.779	0.775
西安	0.117	0.179	0.146	0.429	0.724	0.236	0.61	0.726	0.973	0.1
銅川	0.374	0.112	0.151	0.318	0.473	0.396	0.644	0.703	0.842	0.1
寶雞	0.564	0.125	0.161	0.406	0.344	0.351	0.601	0.865	1	0.325
咸陽	0.545	0.117	0.163	0.405	0.325	0.47	0.505	0.702	0.51	0.55
渭南	0.203	0.11	0.134	0.46	0.386	0.431	0.481	0.676	0.832	0.325
延安	0.734	0.108	0.161	0.444	0.36	0.348	0.429	0.871	0.81	0.325
漢中	0.545	0.107	0.146	0.37	0.471	0.445	0.578	0.544	0.789	0.55
榆林	0.38	0.108	0.153	0.352	0.388	0.319	0.418	0.901	0.904	0.325
安康	0.289	0.106	0.122	0.297	0.315	0.372	0.539	0.126	0.779	0.55
商洛	0.375	0.103	0.122	0.151	0.162	0.172	0.371	0.544	0.779	0.325
蘭州	0.281	0.132	0.151	0.2	0.413	0.244	0.414	0.705	0.792	0.325
嘉峪關	0.551	0.112	0.294	0.11	0.273	0.17	0.538	0.833	1	0.55
金昌	0.556	0.108	0.231	0.158	0.307	0.1	0.504	0.939	1	0.325
白銀	0.55	0.108	0.153	0.106	0.348	0.12	0.385	0.525	0.585	0.325
天水	0.297	0.109	0.124	0.1	0.26	0.133	0.547	0.654	1	0.325
武威	0.37	0.106	0.119	0.315	0.161	0.14	0.502	0.861	0.947	0.325
張掖	0.548	0.106	0.136	0.322	0.148	0.164	0.432	0.508	0.402	0.325
平涼	0.461	0.108	0.151	0.329	0.165	0.137	0.1	0.378	1	0.325

表 4.7.2 2012 年城市環境、資源、區位競爭力三級指標分值（續 1）

城市	礦產能源相對豐富度	城市綠化絕對量	城市綠化相對量	氣候環境舒適度	自然災害少發率	山水環境優美度	建成區綠化覆蓋率	生活汙水處理率	生活垃圾處理率	空氣品質指數
酒泉	0.384	0.109	0.175	0.305	0.179	0.123	0.614	0.378	0.798	0.325
慶陽	0.381	0.102	0.122	0.314	0.135	0.157	0.272	0.334	0.438	0.325
定西	0.367	0.105	0.134	0.307	0.169	0.13	0.425	0.576	0.263	0.325
隴南	0.283	0.1	0.1	0.289	0.169	0.122	0.113	0.206	0.779	0.325
西寧	0.282	0.119	0.163	0.316	0.339	0.325	0.618	0.591	0.7	0.55
銀川	0.64	0.139	0.238	0.202	0.205	0.187	0.643	0.919	1	0.325
石嘴山	0.383	0.149	0.459	0.143	0.157	0.232	0.611	0.837	0.962	0.325
吳忠	0.552	0.108	0.17	0.153	0.241	0.288	0.59	0.897	0.994	0.325
固原	0.558	0.109	0.165	0.145	0.228	0.298	0.456	0.604	1	0.325
中衛	0.284	0.107	0.158	0.158	0.249	0.288	0.426	0.78	0.422	0.325
烏魯木齊	0.287	0.213	0.263	0.49	0.323	0.429	0.539	0.578	0.867	0.325
克拉瑪依	1	0.116	0.243	0.313	0.267	0.372	0.743	0.922	0.946	0.55
香港	0.109	0.15	0.124	0.89	0.649	0.791	0.349	1	1	0.775
澳門	0.113	0.109	0.155	0.893	0.564	0.674	0.349	1	1	0.775
新北	0.107	0.103	0.103	0.88	0.135	0.68	0.349	1	1	0.325
臺北	0.106	0.105	0.107	0.876	0.144	0.68	0.349	1	1	0.775
台中	0.109	0.107	0.109	0.881	0.143	0.687	0.349	1	1	0.55
台南	0.11	0.106	0.11	0.881	0.143	0.687	0.349	1	1	0.325
高雄	0.105	0.109	0.112	0.88	0.141	0.685	0.349	1	1	0.55
基隆	0.106	0.101	0.109	0.874	0.139	0.68	0.349	1	1	0.55
新竹	0.111	0.101	0.109	0.88	0.137	0.686	0.349	1	1	0.325
嘉義	0.112	0.1	0.108	0.878	0.139	0.685	0.349	1	1	0.325

表 4.7.3 2012 年城市環境、資源、區位競爭力三級指標分值（續 2）

城市	工業廢水排放達成率	工業固體廢物綜合利用率	工業二氧化硫去除率	工業煙塵去除率	三廢綜合利用產品產值	環保從業人數	環保從業者每萬人擁有量
北京	0.978	0.678	0.739	0.991	0.117	1	0.513
天津	0.999	0.987	0.681	0.991	0.196	0.463	0.352
石家莊	0.987	0.937	0.77	0.994	0.13	0.271	0.253
唐山	0.969	0.817	0.681	0.991	0.318	0.268	0.302
秦皇島	1	0.619	0.639	0.995	0.117	0.176	0.338
邯鄲	0.949	0.905	0.714	0.992	0.251	0.251	0.25
邢臺	0.946	0.949	0.483	0.976	0.143	0.149	0.166
保定	0.969	0.724	0.712	0.992	0.122	0.19	0.174
張家口	0.966	0.371	0.67	0.995	0.112	0.174	0.259
承德	0.984	0.172	0.466	0.981	0.11	0.166	0.278
滄州	0.969	0.996	0.799	0.996	0.119	0.173	0.196
廊坊	0.996	0.994	0.512	0.978	0.11	0.161	0.231
衡水	1	1	0.615	0.968	0.104	0.129	0.166
太原	0.954	0.55	0.771	0.991	0.167	0.262	0.452
大同	0.872	0.707	0.697	0.848	0.14	0.164	0.281
陽泉	1	0.278	0.688	0.979	0.108	0.121	0.255
長治	1	0.697	0.626	0.986	0.122	0.166	0.286
晉城	1	0.766	0.509	0.962	0.122	0.141	0.274
朔州	0.994	0.513	0.566	0.998	0.102	0.118	0.208
晉中	0.835	0.914	0.714	0.973	0.109	0.153	0.253
運城	0.907	0.725	0.777	0.984	0.131	0.143	0.181
忻州	0.143	0.893	0.507	0.992	0.104	0.143	0.235
臨汾	0.937	0.821	0.714	0.948	0.119	0.179	0.271
呂梁	0.839	0.921	0.637	0.955	0.116	0.134	0.189
呼和浩特	1	0.421	0.927	0.9	0.1	0.257	0.598
包頭	0.969	0.821	0.661	0.994	0.118	0.187	0.403
烏海	0.99	0.706	0.206	0.991	0.123	0.126	0.584
赤峰	0.957	0.419	0.786	0.998	0.112	0.151	0.211
通遼	0.85	0.868	0.63	0.985	0.116	0.172	0.315

表 4.7.3 2012 年城市環境、資源、區位競爭力三級指標分值（續 2）

城市	工業廢水排放達成率	工業固體廢物綜合利用率	工業二氧化硫去除率	工業煙塵去除率	三廢綜合利用產品產值	環保從業人數	環保從業者每萬人擁有量
鄂爾多斯	0.918	0.793	0.663	0.981	0.116	0.185	0.503
呼倫貝爾	0.717	0.295	0.189	0.995	0.105	0.151	0.289
巴彥淖爾	0.873	0.972	0.647	0.989	0.113	0.164	0.46
烏蘭察布	0.96	0.768	0.71	0.994	0.107	0.155	0.342
瀋陽	0.935	0.959	0.588	0.977	0.108	0.422	0.459
大連	0.917	0.961	0.815	0.991	0.12	0.242	0.295
鞍山	0.927	0.237	0.335	0.99	0.103	0.24	0.452
撫順	0.943	0.471	0.697	0.998	0.143	0.173	0.42
本溪	0.707	0.414	0.419	0.925	0.104	0.164	0.451
丹東	0.557	0.981	0.565	0.999	0.102	0.179	0.402
錦州	0.904	0.647	0.583	0.946	0.107	0.153	0.26
營口	0.999	0.994	0.485	0.974	0.113	0.162	0.34
阜新	0.399	0.965	0.588	0.984	0.108	0.138	0.303
遼陽	0.996	1	0.734	0.928	0.109	0.169	0.448
盤錦	0.897	0.95	0.486	0.982	0.101	0.184	0.658
鐵嶺	0.842	0.692	0.546	0.992	0.138	0.156	0.294
朝陽	0.367	0.567	0.377	0.912	0.103	0.146	0.246
葫蘆島	0.614	0.671	0.905	0.996	0.105	0.154	0.294
長春	0.934	0.996	0.437	0.945	0.144	0.365	0.413
吉林	0.946	0.462	0.62	0.992	0.115	0.186	0.28
四平	0.702	0.881	0.225	0.989	0.129	0.185	0.332
遼源	0.277	1	0.664	0.987	0.101	0.116	0.249
通化	0.669	0.863	0.443	0.984	0.183	0.155	0.323
白山	0.908	0.466	0.492	0.991	0.113	0.145	0.435
松原	0.782	0.995	0.145	0.96	0.101	0.14	0.235
白城	0.257	0.819	0.242	0.911	0.101	0.247	0.764
哈爾濱	0.964	0.903	0.421	0.984	0.134	0.395	0.351
齊齊哈爾	0.82	0.69	0.183	0.877	0.108	0.234	0.329
雞西	0.833	0.668	0.25	0.975	0.103	0.147	0.343
鶴崗	0.904	0.846	0.263	0.924	0.104	0.154	0.58
雙鴨山	0.662	0.764	0.14	0.936	0.102	0.159	0.479
大慶	1	0.724	0.281	0.995	0.138	0.132	0.208
伊春	0.977	0.802	0.133	0.932	0.113	0.119	0.269
佳木斯	0.892	0.721	0.162	0.981	0.103	0.191	0.429
七台河	0.874	0.876	0.445	0.987	0.117	0.115	0.281
牡丹江	0.98	0.966	0.16	0.923	0.103	0.151	0.272
黑河	0.88	0.963	0.432	0.989	0.101	0.16	0.437
綏化	0.887	1	0.318	1	0.114	0.172	0.224
上海	0.965	0.964	0.663	0.993	0.185	0.701	0.335
南京	0.916	0.895	0.872	0.991	0.205	0.279	0.304
無錫	0.987	0.973	0.699	0.991	0.181	0.192	0.233
徐州	0.982	1	0.785	0.998	0.135	0.232	0.241
常州	1	0.952	0.609	0.988	0.332	0.181	0.265
蘇州	0.991	0.988	0.344	0.99	0.42	0.228	0.212
南通	0.989	0.983	0.749	0.979	0.144	0.174	0.195
連雲港	0.968	0.924	0.501	0.992	0.105	0.174	0.258
淮安	1	0.997	0.658	0.991	0.131	0.224	0.337
鹽城	0.87	0.934	0.487	0.964	0.247	0.189	0.213
揚州	0.971	0.976	0.727	0.922	0.113	0.165	0.237
鎮江	0.974	0.933	0.794	0.993	0.133	0.174	0.322
泰州	0.954	0.998	0.585	0.811	0.127	0.157	0.216
宿遷	0.907	1	0.514	0.922	0.119	0.156	0.212
杭州	0.945	0.945	0.568	0.973	1	0.548	0.565
寧波	0.92	0.902	0.898	0.997	0.215	0.23	0.257
溫州	0.928	0.953	0.593	0.996	0.12	0.142	0.145
嘉興	0.975	0.977	0.629	0.985	0.179	0.172	0.25
湖州	0.931	0.967	0.488	0.989	0.144	0.152	0.269
紹興	0.972	0.935	0.488	0.946	0.197	0.175	0.243

表 4.7.3 2012 年城市環境、資源、區位競爭力三級指標分值（續 2）

城市	工業廢水排放達成率	工業固體廢物綜合利用率	工業二氧化硫去除率	工業煙塵去除率	三廢綜合利用產品產值	環保從業人數	環保從業者每萬人擁有量
金華	0.922	0.987	0.691	0.983	0.163	0.225	0.314
衢州	0.866	0.974	0.696	0.978	0.121	0.114	0.174
舟山	0.941	0.998	0.418	0.941	0.107	0.126	0.331
台州	0.829	0.977	0.915	0.997	0.173	0.17	0.21
麗水	0.933	0.953	0.264	0.923	0.113	0.136	0.266
合肥	0.934	0.988	0.478	0.995	0.119	0.205	0.27
蕪湖	0.988	0.968	0.539	0.953	0.139	0.14	0.271
蚌埠	0.995	0.999	0.639	0.984	0.117	0.145	0.237
淮南	0.969	0.918	0.623	0.996	0.122	0.153	0.314
馬鞍山	0.971	0.672	0.549	0.997	0.124	0.114	0.215
淮北	0.966	0.967	0.428	0.991	0.107	0.109	0.152
銅陵	0.992	0.774	0.987	0.994	0.141	0.11	0.266
安慶	0.965	0.993	0.867	0.991	0.123	0.136	0.166
黃山	1	0.883	0.169	0.658	0.1	0.123	0.27
滁州	0.99	0.977	0.33	0.616	0.116	0.144	0.208
阜陽	0.984	0.933	0.779	0.999	0.124	0.146	0.158
宿州	0.977	0.914	0.662	0.991	0.102	0.132	0.159
六安	0.837	0.736	0.125	0.955	0.108	0.165	0.209
亳州	0.995	0.999	0.204	0.694	0.105	0.124	0.149
池州	0.917	0.87	0.371	0.966	0.105	0.116	0.225
宣城	0.954	1	0.657	0.928	0.107	0.109	0.144
福州	0.916	0.982	0.601	0.996	0.115	0.235	0.274
廈門	1	0.88	0.427	0.999	0.102	0.165	0.273
莆田	0.953	0.96	0.584	0.975	0.101	0.114	0.157
三明	0.963	0.622	0.25	0.985	0.155	0.137	0.244
泉州	0.997	0.939	0.649	0.98	0.114	0.124	0.13
漳州	0.984	0.987	0.858	0.994	0.103	0.147	0.194
南平	0.852	0.774	0.101	0.976	0.103	0.153	0.289
龍岩	0.972	0.88	0.395	0.994	0.197	0.122	0.187
寧德	0.862	0.897	0.801	0.1	0.1	0.132	0.211
南昌	0.899	0.94	0.679	0.955	0.114	0.263	0.394
景德鎮	0.922	0.922	0.26	0.99	0.121	0.11	0.176
萍鄉	0.882	0.888	0.303	0.979	0.108	0.133	0.274
九江	0.86	0.626	0.599	0.981	0.12	0.144	0.19
新餘	0.847	0.859	0.525	0.996	0.163	0.119	0.27
鷹潭	0.982	0.929	1	0.997	0.183	0.121	0.289
贛州	0.935	0.831	0.408	0.906	0.125	0.187	0.196
吉安	0.869	0.968	0.586	0.984	0.105	0.149	0.198
宜春	0.99	0.972	0.508	0.995	0.137	0.146	0.182
撫州	0.963	0.876	0.337	0.181	0.103	0.136	0.19
上饒	0.711	0.109	0.753	0.996	0.117	0.134	0.151
濟南	0.994	0.977	0.725	0.993	0.173	0.233	0.279
青島	0.966	0.987	0.744	0.997	0.172	0.254	0.261
淄博	1	0.911	0.764	0.99	0.296	0.157	0.218
棗莊	0.987	0.999	0.677	0.994	0.13	0.161	0.253
東營	1	0.93	0.824	0.997	0.168	0.131	0.25
煙臺	1	0.892	0.727	0.994	0.131	0.213	0.25
濰坊	0.977	0.905	0.733	0.994	0.146	0.181	0.183
濟寧	0.979	0.947	0.766	0.997	0.163	0.203	0.218
泰安	0.967	0.976	0.784	0.992	0.162	0.156	0.196
威海	1	0.959	0.502	0.986	0.104	0.145	0.255
日照	1	1	0.72	0.996	0.176	0.115	0.159
萊蕪	0.991	0.962	0.827	0.996	0.147	0.1	0.121
臨沂	0.971	0.968	0.631	0.988	0.114	0.169	0.164
德州	0.88	1	0.713	0.993	0.146	0.153	0.19
聊城	0.981	0.897	0.769	0.999	0.188	0.153	0.186
濱州	0.935	1	0.683	0.995	0.119	0.122	0.159
菏澤	0.994	1	0.659	0.99	0.115	0.194	0.205

表 4.7.3 2012 年城市環境、資源、區位競爭力三級指標分值（續 2）

城市	工業廢水排放達成率	工業固體廢物綜合利用率	工業二氧化硫去除率	工業煙塵去除率	三廢綜合利用產品產值	環保從業人數	環保從業者每萬人擁有量
鄭州	0.967	0.854	0.381	0.99	0.132	0.277	0.287
開封	0.916	1	0.178	0.959	0.102	0.18	0.26
洛陽	0.983	0.389	0.507	0.973	0.143	0.202	0.244
平頂山	0.948	0.82	0.479	0.988	0.122	0.172	0.238
安陽	0.968	0.901	0.572	0.982	0.157	0.161	0.211
鶴壁	0.94	0.925	0.451	0.994	0.102	0.129	0.282
新鄉	0.967	1	0.717	0.991	0.12	0.152	0.186
焦作	0.966	0.786	0.482	0.978	0.147	0.164	0.27
濮陽	0.914	0.896	0.424	0.965	0.109	0.141	0.21
許昌	0.991	0.984	0.775	0.997	0.118	0.142	0.194
漯河	1	1	0.636	0.969	0.103	0.145	0.27
三門峽	0.678	0.429	0.704	0.981	0.111	0.116	0.179
南陽	0.971	0.852	0.637	0.997	0.127	0.232	0.218
商丘	1	0.999	0.6	0.991	0.124	0.159	0.175
信陽	0.92	1	0.585	0.98	0.113	0.193	0.241
周口	0.902	0.988	0.264	0.931	0.118	0.152	0.155
駐馬店	0.86	0.972	0.654	0.983	0.103	0.162	0.181
武漢	0.986	0.987	0.686	0.997	0.226	0.335	0.318
黃石	0.978	0.646	0.886	0.997	0.164	0.149	0.294
十堰	0.978	0.732	0.212	0.99	0.119	0.127	0.18
宜昌	0.995	0.503	0.531	0.976	0.132	0.151	0.218
襄陽	0.927	0.946	0.674	0.967	0.127	0.226	0.31
鄂州	0.986	0.986	0.641	0.994	0.117	0.124	0.329
荊門	0.907	0.965	0.731	0.994	0.159	0.142	0.241
孝感	0.925	0.991	0.638	0.971	0.11	0.151	0.2
荊州	0.916	1	0.71	0.87	0.131	0.169	0.214
黃岡	0.869	0.82	0.825	0.966	0.116	0.151	0.178
咸寧	0.848	0.986	0.721	0.991	0.102	0.163	0.34
隨州	0.832	0.975	0.102	0.598	0.103	0.135	0.258
長沙	0.846	0.997	0.531	0.805	0.134	0.274	0.326
株洲	0.934	0.836	0.88	0.987	0.14	0.141	0.203
湘潭	0.947	0.971	0.595	0.977	0.125	0.123	0.184
衡陽	0.928	0.816	0.528	0.959	0.13	0.174	0.197
邵陽	0.897	0.922	0.434	0.948	0.106	0.149	0.167
岳陽	0.945	0.963	0.626	0.988	0.13	0.163	0.208
常德	0.99	0.938	0.692	0.95	0.113	0.175	0.223
張家界	0.926	0.934	0.774	0.944	0.103	0.135	0.331
益陽	0.892	1	0.431	0.788	0.129	0.145	0.201
郴州	0.787	0.725	0.82	0.985	0.196	0.153	0.209
永州	0.814	0.943	0.226	0.489	0.104	0.163	0.214
懷化	0.782	0.415	0.491	0.842	0.119	0.169	0.236
婁底	0.96	0.992	0.605	0.955	0.19	0.154	0.234
廣州	0.939	0.928	0.838	0.996	0.1	0.443	0.344
韶關	0.939	0.833	0.604	0.999	0.119	0.162	0.306
深圳	0.937	1	0.597	1	0.115	0.284	0.261
珠海	0.966	0.983	0.683	0.992	0.106	0.18	0.579
汕頭	0.734	0.952	0.765	0.992	0.103	0.162	0.208
佛山	0.92	0.995	0.561	0.969	0.13	0.164	0.183
江門	0.905	0.961	0.713	0.987	0.109	0.158	0.222
湛江	0.738	0.918	0.359	0.893	0.119	0.181	0.208
茂名	0.75	0.887	0.911	0.876	0.15	0.162	0.2
肇慶	0.965	0.736	0.191	0.841	0.102	0.151	0.223
惠州	0.983	0.937	0.374	0.972	0.11	0.171	0.245
梅州	0.949	0.995	0.705	0.994	0.107	0.163	0.239
汕尾	0.1	0.898	0.674	0.915	0.106	0.12	0.169
河源	0.977	0.723	0.601	0.894	0.1	0.122	0.175
陽江	0.543	0.993	0.313	0.922	0.104	0.135	0.241
清遠	0.795	0.886	0.312	0.983	0.105	0.135	0.192

表 4.7.3 2012 年城市環境、資源、區位競爭力三級指標分值（續 2）

城市	工業廢水排放達成率	工業固體廢物綜合利用率	工業二氧化硫去除率	工業煙塵去除率	三廢綜合利用產品產值	環保從業人數	環保從業者每萬人擁有量
東莞	0.935	0.953	0.621	0.958	0.121	0.104	0.108
中山	0.948	0.861	0.126	0.942	0.115	0.11	0.138
潮州	0.805	0.994	0.789	0.987	0.104	0.125	0.193
揭陽	0.852	0.997	0.619	0.984	0.101	0.131	0.152
雲浮	0.946	0.836	0.594	0.987	0.107	0.118	0.178
南寧	0.921	0.944	0.347	0.952	0.139	0.253	0.309
柳州	0.885	0.832	0.544	0.925	0.1	0.216	0.385
桂林	0.927	0.914	0.634	0.984	0.115	0.214	0.322
梧州	0.957	0.449	0.136	0.449	0.103	0.133	0.212
北海	0.922	0.753	0.346	0.99	0.105	0.13	0.292
防城港	0.925	1	0.647	0.985	0.104	0.118	0.313
欽州	0.962	0.928	0.405	0.956	0.107	0.121	0.169
貴港	0.895	0.913	0.628	0.942	0.188	0.14	0.194
玉林	0.95	0.943	0.126	0.149	0.104	0.161	0.204
百色	0.903	0.294	0.536	0.953	0.111	0.137	0.204
賀州	0.928	0.715	0.147	0.502	0.102	0.115	0.185
河池	0.998	0.48	0.808	0.94	0.122	0.131	0.191
來賓	0.934	0.93	0.672	0.976	0.113	0.129	0.236
崇左	0.932	0.94	0.161	0.913	0.114	0.127	0.234
海口	1	0.971	0.544	0.871	0.1	0.184	0.479
三亞	1	0.995	0.544	0.925	0.1	0.149	0.788
重慶	0.907	0.815	0.676	0.975	0.246	0.445	0.208
成都	0.955	0.996	0.557	0.963	0.132	0.343	0.257
自貢	0.633	0.929	0.333	0.904	0.102	0.123	0.186
攀枝花	0.951	0.216	0.281	0.991	0.119	0.124	0.298
瀘州	0.915	0.778	0.23	0.993	0.103	0.129	0.168
德陽	0.956	0.821	0.332	0.986	0.123	0.153	0.238
綿陽	0.99	0.887	0.531	0.984	0.112	0.176	0.254
廣元	0.94	0.934	0.112	0.783	0.102	0.174	0.379
遂寧	1	1	0.428	0.841	0.115	0.121	0.165
內江	0.983	0.908	0.709	0.972	0.111	0.115	0.145
樂山	0.978	0.941	0.317	0.983	0.168	0.156	0.263
南充	0.829	0.997	0.315	0.194	0.102	0.158	0.187
眉山	0.987	0.997	0.206	0.854	0.102	0.129	0.197
宜賓	0.856	0.925	0.653	0.99	0.119	0.128	0.162
廣安	0.944	0.992	0.819	0.998	0.1	0.121	0.166
達州	0.926	0.998	0.451	0.996	0.116	0.154	0.193
雅安	0.94	0.663	0.885	0.986	0.102	0.114	0.204
巴中	0.979	0.943	0.1	0.111	0.101	0.127	0.182
資陽	0.982	1	0.102	0.77	0.102	0.135	0.193
貴陽	0.926	0.587	0.845	0.99	0.122	0.204	0.322
六盤水	0.852	0.472	0.836	0.996	0.124	0.102	0.116
遵義	0.884	0.679	0.764	0.998	0.118	0.167	0.202
安順	0.856	0.779	0.622	0.988	0.105	0.141	0.273
昆明	0.992	0.963	0.901	0.996	0.206	0.222	0.274
曲靖	0.989	0.542	0.726	0.999	0.166	0.142	0.169
玉溪	0.99	0.557	0.919	0.954	0.117	0.118	0.18
保山	0.913	0.696	0.559	0.903	0.11	0.128	0.211
昭通	0.875	0.473	0.789	0.782	0.102	0.128	0.153
麗江	0.96	0.758	0.295	0.533	0.1	0.128	0.325
普洱	0.865	0.829	0.423	0.962	0.109	0.128	0.209
臨滄	0.945	0.934	0.244	0.964	0.105	0.11	0.149
拉薩	0.885	0.832	0.544	0.925	0.1	0.108	0.1
西安	0.927	0.982	0.502	0.989	0.106	0.331	0.348
銅川	0.989	0.833	0.813	0.982	0.106	0.121	0.355
寶雞	0.994	0.31	0.57	0.991	0.112	0.149	0.227
咸陽	1	0.991	0.682	0.991	0.131	0.222	0.328
渭南	0.893	0.505	0.687	0.996	0.145	0.204	0.282

表 4.7.3 2012 年城市環境、資源、區位競爭力三級指標分值（續 2）

城市	工業廢水排放達成率	工業固體廢物綜合利用率	工業二氧化硫去除率	工業煙塵去除率	三廢綜合利用產品產值	環保從業人數	環保從業者每萬人擁有量
延安	0.957	0.884	0.654	0.928	0.11	0.143	0.29
漢中	0.953	0.472	0.757	0.939	0.114	0.156	0.254
榆林	0.982	0.976	0.45	0.982	0.115	0.224	0.439
安康	0.976	0.937	0.898	0.991	0.102	0.105	0.128
商洛	0.965	0.1	0.904	0.768	0.104	0.124	0.203
蘭州	0.915	0.801	0.609	0.994	0.139	0.189	0.327
嘉峪關	0.993	0.373	0.362	0.941	0.102	0.109	0.578
金昌	0.672	0.231	0.956	0.978	0.136	0.112	0.399
白銀	0.749	0.385	0.791	0.983	0.105	0.119	0.213
天水	0.752	0.823	0.615	0.699	0.101	0.119	0.159
武威	0.988	0.755	0.219	0.79	0.101	0.133	0.278
張掖	0.377	0.738	0.568	0.926	0.114	0.123	0.292
平涼	0.526	0.799	0.63	0.996	0.111	0.121	0.203
酒泉	0.871	0.906	0.298	0.869	0.101	0.137	0.429
慶陽	0.893	0.965	0.17	0.325	0.1	0.114	0.171
定西	0.408	0.768	0.157	0.655	0.101	0.114	0.158
隴南	0.8	0.828	0.292	0.995	0.1	0.108	0.14
西寧	0.807	0.845	0.353	0.979	0.116	0.164	0.372
銀川	0.991	0.768	0.608	0.987	0.115	0.169	0.423
石嘴山	0.127	0.564	0.662	0.996	0.122	0.121	0.392
吳忠	0.732	0.906	0.127	0.961	0.109	0.141	0.41
固原	0.468	0.992	0.213	0.874	0.1	0.111	0.205
中衛	0.772	0.629	0.381	0.995	0.105	0.126	0.339
烏魯木齊	0.859	0.7	0.488	0.969	0.113	0.152	0.257
克拉瑪依	1	0.656	0.417	0.579	0.102	0.106	0.313
香港	0.864	0.822	0.499	0.928	0.1	0.811	1
澳門	0.864	0.822	0.499	0.928	0.1	0.122	0.498
新北	0.864	0.822	0.499	0.928	0.1	0.224	0.392
臺北	0.864	0.822	0.499	0.928	0.1	0.183	0.392
台中	0.864	0.822	0.499	0.928	0.1	0.184	0.392
台南	0.864	0.822	0.499	0.928	0.1	0.158	0.392
高雄	0.864	0.822	0.499	0.928	0.1	0.187	0.392
基隆	0.864	0.822	0.499	0.928	0.1	0.109	0.392
新竹	0.864	0.822	0.499	0.928	0.1	0.111	0.392
嘉義	0.864	0.822	0.499	0.928	0.1	0.106	0.392

4.8 城市人力教育競爭力三級指標分值

表 4.8.1 2012 年城市人力教育競爭力三級指標分值

城市	人力資本規模	高素質人力資本儲備量	其他人力資本儲備量	教育支出絕對規模	教育支出相對規模	城市就業率	人力資本基本成本
北京	1	0.69	0.387	0.898	0.244	0.993	0.572
天津	0.45	0.538	0.327	0.507	0.201	0.863	0.457
石家莊	0.203	0.481	0.408	0.222	0.175	0.858	0.261
唐山	0.202	0.2	0.27	0.205	0.132	0.834	0.313
秦皇島	0.132	0.19	0.159	0.136	0.191	0.848	0.3
邯鄲	0.19	0.162	0.393	0.2	0.2	0.838	0.267
邢臺	0.154	0.148	0.308	0.162	0.23	0.9	0.231
保定	0.184	0.266	0.391	0.196	0.213	0.856	0.23
張家口	0.151	0.146	0.208	0.149	0.232	0.821	0.253
承德	0.128	0.139	0.186	0.151	0.255	0.771	0.247
滄州	0.159	0.147	0.26	0.186	0.187	0.921	0.275
廊坊	0.153	0.201	0.209	0.159	0.207	0.951	0.313

表 4.8.1 2012 年城市人力教育競爭力三級指標分值

城市	人力資本規模	高素質人力資本儲備量	其他人力資本儲備量	教育支出絕對規模	教育支出相對規模	城市就業率	人力資本基本成本
衡水	0.143	0.118	0.212	0.137	0.223	0.871	0.208
太原	0.203	0.437	0.223	0.161	0.173	0.889	0.328
大同	0.155	0.135	0.202	0.156	0.337	0.718	0.288
陽泉	0.124	0.111	0.133	0.118	0.215	0.917	0.36
長治	0.143	0.138	0.201	0.147	0.234	0.939	0.278
晉城	0.122	0.108	0.163	0.131	0.206	0.941	0.339
朔州	0.12	0.1	0.164	0.126	0.195	0.944	0.27
晉中	0.137	0.159	0.186	0.139	0.234	0.952	0.239
運城	0.123	0.119	0.261	0.148	0.256	0.898	0.19
忻州	0.121	0.119	0.197	0.142	0.393	0.916	0.196
臨汾	0.137	0.139	0.229	0.152	0.257	0.905	0.184
呂梁	0.128	0.117	0.225	0.157	0.289	0.973	0.262
呼和浩特	0.162	0.32	0.181	0.146	0.14	0.869	0.317
包頭	0.192	0.186	0.152	0.147	0.12	0.882	0.351
烏海	0.115	0.104	0.104	0.111	0.165	0.886	0.337
赤峰	0.139	0.115	0.223	0.18	0.308	0.827	0.259
通遼	0.128	0.137	0.16	0.153	0.21	0.855	0.212
鄂爾多斯	0.122	0.103	0.129	0.175	0.151	0.923	0.457
呼倫貝爾	0.14	0.112	0.149	0.15	0.241	0.811	0.259
巴彥淖爾	0.123	0.108	0.129	0.126	0.213	0.916	0.25
烏蘭察布	0.124	0.119	0.136	0.129	0.24	0.634	0.256
瀋陽	0.271	0.456	0.253	0.234	0.143	0.869	0.356
大連	0.324	0.351	0.231	0.231	0.139	0.914	0.38
鞍山	0.151	0.137	0.17	0.135	0.112	0.9	0.274
撫順	0.152	0.143	0.134	0.121	0.141	0.782	0.294
本溪	0.131	0.116	0.128	0.125	0.161	0.751	0.264
丹東	0.127	0.125	0.141	0.13	0.201	0.791	0.21
錦州	0.15	0.182	0.161	0.128	0.167	0.915	0.242
營口	0.148	0.117	0.147	0.128	0.155	0.887	0.253
阜新	0.13	0.142	0.132	0.115	0.221	0.849	0.205
遼陽	0.131	0.12	0.126	0.118	0.145	0.913	0.266
盤錦	0.157	0.106	0.126	0.12	0.132	0.943	0.229
鐵嶺	0.136	0.117	0.155	0.13	0.206	0.87	0.229
朝陽	0.141	0.104	0.184	0.134	0.24	0.895	0.247
葫蘆島	0.137	0.107	0.154	0.122	0.21	0.863	0.211
長春	0.227	0.473	0.282	0.2	0.157	0.833	0.299
吉林	0.146	0.192	0.195	0.156	0.161	0.873	0.256
四平	0.138	0.155	0.172	0.134	0.21	0.847	0.178
遼源	0.112	0.109	0.119	0.114	0.185	0.833	0.193
通化	0.124	0.111	0.147	0.126	0.203	0.896	0.193
白山	0.122	0.104	0.121	0.118	0.215	0.858	0.215
松原	0.133	0.103	0.154	0.127	0.142	0.923	0.241
白城	0.121	0.118	0.135	0.123	0.246	0.793	0.162
哈爾濱	0.282	0.592	0.3	0.221	0.165	0.863	0.269
齊齊哈爾	0.151	0.151	0.195	0.157	0.281	0.812	0.221
雞西	0.128	0.111	0.136	0.117	0.207	0.826	0.237
鶴崗	0.125	0.103	0.118	0.112	0.245	0.841	0.242
雙鴨山	0.13	0.102	0.122	0.115	0.202	0.931	0.131
大慶	0.17	0.166	0.149	0.139	0.1	0.886	0.39
伊春	0.119	0.102	0.117	0.11	0.267	0.723	0.12
佳木斯	0.137	0.131	0.151	0.127	0.244	0.859	0.22

表 4.8.1 2012 年城市人力教育競爭力三級指標分值

城市	人力資本規模	高素質人力資本儲備量	其他人力資本儲備量	教育支出絕對規模	教育支出相對規模	城市就業率	人力資本基本成本
七台河	0.115	0.102	0.111	0.11	0.195	0.927	0.236
牡丹江	0.146	0.155	0.148	0.126	0.18	0.908	0.224
黑河	0.13	0.11	0.146	0.12	0.343	0.954	0.158
綏化	0.133	0.11	0.204	0.144	0.266	0.891	0.16
上海	0.732	0.627	0.389	0.845	0.199	0.869	0.629
南京	0.334	0.91	0.221	0.233	0.141	0.929	0.418
無錫	0.311	0.212	0.212	0.244	0.137	0.948	0.402
徐州	0.215	0.223	0.317	0.206	0.176	0.925	0.286
常州	0.246	0.206	0.183	0.17	0.131	0.95	0.377
蘇州	0.401	0.281	0.234	0.311	0.129	0.97	0.389
南通	0.202	0.184	0.237	0.213	0.164	0.906	0.333
連雲港	0.154	0.135	0.23	0.152	0.206	0.917	0.282
淮安	0.182	0.17	0.333	0.162	0.209	0.93	0.273
鹽城	0.216	0.158	0.249	0.185	0.178	0.952	0.252
揚州	0.194	0.179	0.196	0.162	0.149	0.909	0.297
鎮江	0.177	0.188	0.15	0.145	0.133	0.951	0.317
泰州	0.181	0.148	0.192	0.166	0.167	0.934	0.288
宿遷	0.155	0.116	0.255	0.169	0.288	0.945	0.226
杭州	0.418	0.544	0.279	0.293	0.162	0.97	0.418
寧波	0.324	0.244	0.252	0.256	0.155	0.936	0.37
溫州	0.284	0.176	0.312	0.239	0.214	0.97	0.317
嘉興	0.197	0.153	0.195	0.174	0.163	0.931	0.305
湖州	0.16	0.125	0.163	0.142	0.167	0.951	0.306
紹興	0.236	0.155	0.226	0.178	0.148	0.943	0.294
金華	0.229	0.178	0.235	0.183	0.189	0.95	0.334
衢州	0.129	0.11	0.157	0.136	0.223	0.919	0.375
舟山	0.117	0.123	0.113	0.119	0.164	0.933	0.372
台州	0.2	0.13	0.253	0.189	0.179	0.935	0.344
麗水	0.123	0.136	0.155	0.14	0.268	0.905	0.384
合肥	0.215	0.48	0.269	0.163	0.134	0.875	0.332
蕪湖	0.152	0.237	0.145	0.127	0.14	0.938	0.307
蚌埠	0.131	0.155	0.187	0.128	0.212	0.816	0.236
淮南	0.134	0.164	0.162	0.12	0.178	0.844	0.392
馬鞍山	0.117	0.143	0.13	0.119	0.14	0.911	0.365
淮北	0.131	0.131	0.159	0.116	0.189	0.856	0.366
銅陵	0.111	0.126	0.114	0.109	0.135	0.822	0.308
安慶	0.148	0.137	0.276	0.161	0.269	0.827	0.229
黃山	0.11	0.115	0.128	0.112	0.211	0.889	0.253
滁州	0.142	0.14	0.218	0.134	0.227	0.925	0.234
阜陽	0.138	0.127	0.359	0.152	0.308	0.935	0.213
宿州	0.128	0.122	0.255	0.147	0.311	0.883	0.235
六安	0.126	0.135	0.275	0.152	0.322	0.854	0.221
亳州	0.136	0.11	0.256	0.134	0.294	0.968	0.218
池州	0.115	0.125	0.137	0.115	0.244	0.886	0.259
宣城	0.132	0.105	0.151	0.124	0.224	0.937	0.279
福州	0.24	0.388	0.291	0.197	0.159	0.928	0.291
廈門	0.251	0.231	0.163	0.175	0.178	0.963	0.341
莆田	0.129	0.117	0.189	0.147	0.248	0.946	0.227
三明	0.132	0.118	0.16	0.134	0.179	0.937	0.253
泉州	0.262	0.216	0.309	0.204	0.153	0.992	0.237
漳州	0.144	0.161	0.222	0.148	0.171	0.944	0.243

表 4.8.1 2012 年城市人力教育競爭力三級指標分值

城市	人力資本規模	高素質人力資本儲備量	其他人力資本儲備量	教育支出絕對規模	教育支出相對規模	城市就業率	人力資本基本成本
南平	0.131	0.122	0.166	0.129	0.197	0.896	0.232
龍岩	0.134	0.114	0.171	0.138	0.189	0.91	0.255
寧德	0.124	0.108	0.174	0.132	0.208	0.911	0.259
南昌	0.204	0.601	0.255	0.159	0.146	0.853	0.293
景德鎮	0.121	0.128	0.134	0.115	0.178	0.876	0.186
萍鄉	0.14	0.109	0.152	0.114	0.159	0.922	0.205
九江	0.161	0.184	0.246	0.14	0.19	0.912	0.2
新餘	0.107	0.113	0.131	0.112	0.131	0.641	0.26
鷹潭	0.113	0.104	0.133	0.108	0.152	0.85	0.188
贛州	0.212	0.18	0.372	0.17	0.269	0.92	0.189
吉安	0.151	0.119	0.222	0.142	0.259	0.901	0.185
宜春	0.121	0.134	0.257	0.148	0.249	0.653	0.191
撫州	0.148	0.147	0.217	0.133	0.245	0.855	0.169
上饒	0.201	0.121	0.319	0.162	0.291	0.928	0.185
濟南	0.327	0.756	0.269	0.187	0.129	0.933	0.319
青島	0.306	0.391	0.303	0.251	0.142	0.92	0.318
淄博	0.171	0.205	0.221	0.169	0.136	0.895	0.283
棗莊	0.151	0.122	0.244	0.143	0.164	0.894	0.251
東營	0.148	0.154	0.149	0.142	0.115	0.958	0.349
煙臺	0.225	0.249	0.244	0.198	0.129	0.892	0.286
濰坊	0.216	0.224	0.312	0.227	0.193	0.907	0.281
濟寧	0.175	0.183	0.294	0.197	0.183	0.85	0.3
泰安	0.16	0.197	0.228	0.152	0.141	0.891	0.256
威海	0.148	0.161	0.156	0.154	0.149	0.971	0.265
日照	0.128	0.12	0.165	0.134	0.171	0.888	0.279
萊蕪	0.115	0.111	0.124	0.119	0.186	0.912	0.308
臨沂	0.179	0.158	0.357	0.19	0.181	0.943	0.263
德州	0.144	0.141	0.246	0.148	0.155	0.876	0.195
聊城	0.139	0.139	0.236	0.151	0.164	0.825	0.209
濱州	0.139	0.149	0.194	0.152	0.17	0.904	0.229
菏澤	0.148	0.133	0.382	0.164	0.246	0.892	0.174
鄭州	0.258	0.763	0.391	0.217	0.151	0.945	0.273
開封	0.138	0.175	0.267	0.132	0.179	0.822	0.194
洛陽	0.176	0.184	0.342	0.177	0.166	0.879	0.247
平頂山	0.146	0.163	0.239	0.141	0.164	0.875	0.265
安陽	0.157	0.149	0.256	0.154	0.196	0.907	0.218
鶴壁	0.119	0.11	0.156	0.114	0.183	0.886	0.21
新鄉	0.15	0.218	0.289	0.152	0.206	0.862	0.174
焦作	0.152	0.17	0.212	0.132	0.146	0.895	0.214
濮陽	0.132	0.112	0.259	0.135	0.215	0.936	0.221
許昌	0.134	0.135	0.249	0.14	0.16	0.648	0.217
漯河	0.119	0.126	0.178	0.117	0.149	0.967	0.166
三門峽	0.123	0.116	0.171	0.13	0.175	0.915	0.252
南陽	0.193	0.168	0.439	0.178	0.19	0.89	0.186
商丘	0.145	0.179	0.459	0.175	0.28	0.851	0.195
信陽	0.151	0.155	0.404	0.169	0.271	0.96	0.199
周口	0.177	0.139	0.545	0.178	0.272	0.889	0.187
駐馬店	0.155	0.131	0.374	0.16	0.251	0.936	0.17
武漢	0.385	1	0.329	0.231	0.132	0.89	0.332
黃石	0.15	0.142	0.186	0.124	0.18	0.806	0.19
十堰	0.158	0.145	0.187	0.129	0.195	0.863	0.199

表 4.8.1 2012 年城市人力教育競爭力三級指標分值

城市	人力資本規模	高素質人力資本儲備量	其他人力資本儲備量	教育支出絕對規模	教育支出相對規模	城市就業率	人力資本基本成本
宜昌	0.189	0.151	0.177	0.145	0.155	0.937	0.181
襄陽	0.172	0.138	0.243	0.149	0.165	0.835	0.197
鄂州	0.118	0.11	0.124	0.109	0.15	0.837	0.1
荊門	0.143	0.12	0.155	0.118	0.145	0.897	0.23
孝感	0.19	0.127	0.235	0.138	0.224	0.945	0.17
荊州	0.164	0.22	0.259	0.133	0.196	0.75	0.198
黃岡	0.157	0.147	0.332	0.16	0.294	0.865	0.175
咸寧	0.129	0.132	0.207	0.121	0.206	0.826	0.171
隨州	0.14	0.109	0.155	0.114	0.194	0.995	0.188
長沙	0.244	0.619	0.277	0.193	0.122	0.926	0.323
株洲	0.147	0.17	0.16	0.137	0.155	0.861	0.278
湘潭	0.14	0.214	0.148	0.124	0.151	0.861	0.223
衡陽	0.208	0.196	0.27	0.15	0.176	0.915	0.226
邵陽	0.161	0.126	0.248	0.147	0.281	0.861	0.201
岳陽	0.183	0.138	0.206	0.145	0.156	0.935	0.207
常德	0.15	0.137	0.22	0.15	0.171	0.8	0.231
張家界	0.106	0.113	0.128	0.111	0.237	0.86	0.216
益陽	0.126	0.129	0.188	0.133	0.218	0.841	0.214
郴州	0.148	0.121	0.211	0.154	0.227	0.859	0.246
永州	0.14	0.126	0.249	0.151	0.286	0.849	0.225
懷化	0.165	0.133	0.194	0.141	0.268	0.869	0.236
婁底	0.14	0.126	0.19	0.126	0.192	0.795	0.144
廣州	0.514	0.962	0.391	0.293	0.111	0.764	0.47
韶關	0.143	0.132	0.2	0.13	0.215	0.715	0.264
深圳	0.599	0.169	0.279	0.311	0.126	0.998	0.434
珠海	0.18	0.21	0.139	0.144	0.18	0.972	0.288
汕頭	0.122	0.11	0.324	0.151	0.202	0.857	0.227
佛山	0.142	0.141	0.253	0.22	0.125	0.88	0.312
江門	0.203	0.124	0.211	0.144	0.152	0.954	0.316
湛江	0.156	0.191	0.382	0.16	0.201	0.888	0.218
茂名	0.144	0.128	0.393	0.153	0.177	0.81	0.209
肇慶	0.138	0.157	0.252	0.145	0.199	0.93	0.248
惠州	0.247	0.115	0.237	0.155	0.164	0.988	0.244
梅州	0.126	0.121	0.208	0.143	0.3	0.866	0.217
汕尾	0.121	0.105	0.216	0.121	0.225	0.877	0.207
河源	0.143	0.112	0.195	0.133	0.302	0.923	0.214
陽江	0.126	0.106	0.17	0.121	0.174	0.541	0.19
清遠	0.147	0.109	0.206	0.146	0.2	0.928	0.272
東莞	0.175	0.139	0.233	0.214	0.144	1	0.398
中山	0.202	0.136	0.169	0.165	0.175	1	0.344
潮州	0.121	0.117	0.176	0.117	0.172	0.916	0.198
揭陽	0.189	0.109	0.368	0.141	0.198	0.981	0.18
雲浮	0.132	0.107	0.18	0.12	0.245	0.97	0.2
南寧	0.237	0.382	0.294	0.174	0.194	0.935	0.311
柳州	0.161	0.165	0.208	0.147	0.178	0.868	0.314
桂林	0.153	0.231	0.198	0.157	0.233	0.879	0.255
梧州	0.123	0.112	0.192	0.135	0.271	0.861	0.231
北海	0.111	0.123	0.15	0.118	0.229	0.923	0.23
防城港	0.107	0.1	0.118	0.108	0.166	0.923	0.246
欽州	0.129	0.123	0.197	0.132	0.275	0.925	0.223
貴港	0.121	0.102	0.252	0.143	0.337	0.892	0.213

表 4.8.1 2012 年城市人力教育競爭力三級指標分值

城市	人力資本規模	高素質人力資本儲備量	其他人力資本儲備量	教育支出絕對規模	教育支出相對規模	城市就業率	人力資本基本成本
玉林	0.134	0.114	0.305	0.158	0.296	0.862	0.232
百色	0.122	0.126	0.184	0.145	0.331	0.918	0.24
賀州	0.114	0.111	0.152	0.122	0.336	0.876	0.232
河池	0.124	0.113	0.187	0.144	0.386	0.875	0.225
來賓	0.123	0.106	0.164	0.123	0.268	0.954	0.251
崇左	0.113	0.121	0.139	0.122	0.261	0.929	0.194
海口	0.159	0.206	0.159	0.123	0.189	0.973	0.286
三亞	0.106	0.137	0.116	0.112	0.259	0.947	0.279
重慶	0.61	0.678	1	0.525	0.233	0.931	0.296
成都	0.422	0.73	0.413	0.271	0.157	0.962	0.326
自貢	0.118	0.132	0.158	0.12	0.169	0.788	0.24
攀枝花	0.121	0.122	0.126	0.118	0.185	0.875	0.306
瀘州	0.13	0.136	0.23	0.14	0.252	0.863	0.208
德陽	0.13	0.148	0.169	0.126	0.158	0.876	0.333
綿陽	0.163	0.186	0.219	0.139	0.198	0.868	0.27
廣元	0.124	0.104	0.175	0.129	0.385	0.88	0.241
遂寧	0.121	0.11	0.184	0.125	0.24	0.846	0.216
內江	0.118	0.121	0.181	0.127	0.194	0.793	0.215
樂山	0.135	0.138	0.173	0.127	0.185	0.841	0.222
南充	0.148	0.156	0.307	0.164	0.324	0.847	0.21
眉山	0.116	0.116	0.171	0.124	0.211	0.843	0.229
宜賓	0.14	0.122	0.229	0.142	0.226	0.886	0.205
廣安	0.118	0.106	0.225	0.132	0.268	0.843	0.24
達州	0.137	0.119	0.288	0.145	0.248	0.861	0.216
雅安	0.115	0.139	0.128	0.111	0.215	0.682	0.21
巴中	0.118	0.1	0.221	0.129	0.436	0.857	0.199
資陽	0.116	0.1	0.198	0.131	0.224	0.811	0.214
貴陽	0.194	0.362	0.227	0.16	0.24	0.923	0.258
六盤水	0.117	0.11	0.203	0.139	0.33	0.834	0.284
遵義	0.145	0.151	0.307	0.174	0.334	0.914	0.274
安順	0.111	0.112	0.173	0.124	0.434	0.888	0.239
昆明	0.24	0.376	0.262	0.156	0.144	0.942	0.266
曲靖	0.16	0.122	0.302	0.177	0.319	0.848	0.271
玉溪	0.13	0.112	0.162	0.132	0.21	0.965	0.25
保山	0.11	0.109	0.17	0.121	0.351	0.861	0.181
昭通	0.122	0.106	0.291	0.156	0.571	0.832	0.236
麗江	0.103	0.116	0.124	0.115	0.461	0.86	0.242
普洱	0.124	0.108	0.147	0.128	0.471	0.899	0.221
臨滄	0.112	0.106	0.157	0.127	0.507	0.893	0.214
拉薩	0.116	0.127	0.107	0.113	0.351	0.893	0.397
西安	0.309	0.85	0.386	0.192	0.15	0.825	0.319
銅川	0.105	0.104	0.117	0.111	0.304	0.939	0.257
寶雞	0.141	0.128	0.2	0.144	0.213	0.879	0.264
咸陽	0.145	0.216	0.264	0.159	0.24	0.865	0.227
渭南	0.135	0.117	0.263	0.158	0.308	0.883	0.235
延安	0.128	0.125	0.166	0.151	0.256	0.924	0.323
漢中	0.134	0.124	0.183	0.136	0.307	0.891	0.249
榆林	0.132	0.115	0.197	0.185	0.22	0.93	0.344
安康	0.115	0.117	0.172	0.137	0.463	0.873	0.274
商洛	0.115	0.114	0.163	0.133	0.473	0.1	0.194
蘭州	0.18	0.383	0.202	0.15	0.212	0.926	0.283

表 4.8.1 2012 年城市人力教育競爭力三級指標分值

城市	人力資本規模	高素質人力資本儲備量	其他人力資本儲備量	教育支出絕對規模	教育支出相對規模	城市就業率	人力資本基本成本
嘉峪關	0.1	0.103	0.1	0.1	0.101	0.87	0.402
金昌	0.103	0.1	0.108	0.104	0.153	0.876	0.341
白銀	0.111	0.1	0.161	0.125	0.347	0.878	0.285
天水	0.12	0.13	0.235	0.134	0.464	0.873	0.192
武威	0.113	0.103	0.158	0.121	0.406	0.877	0.175
張掖	0.108	0.118	0.133	0.113	0.299	0.905	0.184
平涼	0.111	0.107	0.169	0.127	0.489	0.482	0.259
酒泉	0.108	0.106	0.124	0.113	0.185	0.887	0.273
慶陽	0.108	0.112	0.183	0.131	0.372	0.748	0.234
定西	0.113	0.105	0.194	0.13	0.75	0.882	0.227
隴南	0.109	0.105	0.175	0.126	0.614	0.885	0.21
西寧	0.127	0.162	0.151	0.137	0.138	0.752	0.268
銀川	0.145	0.171	0.168	0.129	0.19	0.868	0.337
石嘴山	0.112	0.107	0.117	0.114	0.24	0.415	0.286
吳忠	0.107	0.102	0.137	0.123	0.455	0.815	0.284
固原	0.107	0.106	0.147	0.127	1	0.772	0.279
中衛	0.1	0.1	0.135	0.116	0.429	0.913	0.256
烏魯木齊	0.172	0.238	0.178	0.145	0.17	0.888	0.344
克拉瑪依	0.112	0.104	0.103	0.118	0.149	0.967	0.325
香港	0.399	0.41	0.227	1	0.251	0.837	0.985
澳門	0.121	0.123	0.105	0.184	0.212	0.904	0.779
新北	0.252	0.284	0.171	0.266	0.165	0.803	0.664
臺北	0.197	0.365	0.148	0.323	0.276	0.803	1
台中	0.2	0.225	0.156	0.21	0.163	0.803	0.585
台南	0.172	0.189	0.133	0.172	0.155	0.807	0.568
高雄	0.204	0.232	0.15	0.256	0.2	0.803	0.663
基隆	0.109	0.118	0.102	0.117	0.186	0.803	0.647
新竹	0.11	0.12	0.105	0.118	0.183	0.803	0.839
嘉義	0.104	0.113	0.101	0.11	0.171	0.807	0.604

表 4.8.2 2012 年城市人力教育競爭力三級指標分值（續 1）

城市	人力資本教育成本	高素質人力資本相對儲備量	成人識字率	大專以上人口比重	創業人員指數	各類專業技術人員數	專業技術人員比重
北京	0.308	0.71	0.871	1	0.688	1	0.667
天津	0.251	0.501	0.844	0.396	0.523	0.359	0.346
石家莊	0.136	0.413	0.773	0.246	0.209	0.168	0.182
唐山	0.147	0.331	0.924	0.244	0.241	0.132	0.152
秦皇島	0.14	0.187	0.88	0.375	0.226	0.12	0.184
邯鄲	0.13	0.382	0.802	0.394	0.257	0.126	0.134
邢臺	0.116	0.316	0.922	0.305	0.233	0.112	0.121
保定	0.115	0.445	0.754	0.314	0.18	0.143	0.147
張家口	0.134	0.229	0.754	0.325	0.294	0.109	0.125
承德	0.154	0.202	0.776	0.339	0.202	0.105	0.116
滄州	0.137	0.317	0.737	0.249	0.223	0.102	0.103
廊坊	0.147	0.23	0.729	0.251	0.314	0.109	0.125
衡水	0.117	0.229	0.817	0.252	0.319	0.104	0.111
太原	0.154	0.225	0.822	0.431	0.369	0.123	0.167
大同	0.169	0.197	0.854	0.263	0.311	0.248	0.649
陽泉	0.154	0.136	0.863	0.27	0.323	0.117	0.256
長治	0.152	0.198	0.734	0.252	0.262	0.106	0.123

表 4.8.2 2012 年城市人力教育競爭力三級指標分值（續 1）

城市	人力資本教育成本	高素質人力資本相對儲備量	成人識字率	大專以上人口比重	創業人員指數	各類專業技術人員數	專業技術人員比重
晉城	0.151	0.164	0.722	0.196	0.18	0.106	0.13
朔州	0.162	0.147	0.724	0.185	0.309	0.121	0.252
晉中	0.139	0.195	0.727	0.189	0.235	0.102	0.107
運城	0.121	0.254	0.707	0.225	0.113	0.102	0.105
忻州	0.149	0.189	0.712	0.195	0.177	0.104	0.117
臨汾	0.138	0.229	0.685	0.195	0.192	0.101	0.102
呂梁	0.158	0.21	0.829	0.226	0.169	0.101	0.103
呼和浩特	0.164	0.183	0.729	0.227	0.539	0.105	0.12
包頭	0.176	0.176	0.715	0.236	0.923	0.149	0.329
烏海	0.21	0.11	0.685	0.239	0.852	0.101	0.118
赤峰	0.177	0.229	0.702	0.244	0.231	0.15	0.243
通遼	0.169	0.191	0.71	0.232	0.233	0.1	0.101
鄂爾多斯	0.303	0.154	0.785	0.475	0.31	0.101	0.106
呼倫貝爾	0.186	0.173	0.69	0.249	0.284	0.149	0.336
巴彥淖爾	0.166	0.145	0.693	0.246	0.419	0.1	0.102
烏蘭察布	0.151	0.16	0.688	0.239	0.328	0.107	0.14
瀋陽	0.164	0.348	0.851	0.728	0.411	0.249	0.327
大連	0.183	0.303	0.915	0.679	0.8	0.249	0.375
鞍山	0.125	0.207	0.871	0.381	0.289	0.121	0.171
撫順	0.129	0.16	0.844	0.368	0.588	0.112	0.169
本溪	0.16	0.146	0.844	0.388	0.397	0.118	0.23
丹東	0.142	0.17	0.851	0.219	0.283	0.106	0.13
錦州	0.122	0.191	0.89	0.4	0.455	0.107	0.129
營口	0.139	0.169	0.868	0.237	0.583	0.106	0.13
阜新	0.122	0.15	0.859	0.148	0.458	0.104	0.127
遼陽	0.128	0.151	0.841	0.159	0.483	0.107	0.144
盤錦	0.158	0.136	0.815	0.153	0.575	0.113	0.211
鐵嶺	0.135	0.178	0.751	0.348	0.368	0.101	0.105
朝陽	0.135	0.188	0.802	0.1	0.374	0.102	0.108
葫蘆島	0.12	0.175	0.795	0.117	0.378	0.1	0.1
長春	0.143	0.334	0.895	0.44	0.307	0.236	0.319
吉林	0.142	0.232	0.922	0.455	0.268	0.138	0.207
四平	0.127	0.199	0.844	0.246	0.336	0.101	0.105
遼源	0.145	0.13	0.78	0.265	0.369	0.107	0.169
通化	0.136	0.166	0.81	0.252	0.28	0.104	0.12
白山	0.159	0.133	0.788	0.235	0.42	0.101	0.108
松原	0.124	0.183	0.741	0.228	0.326	0.103	0.112
白城	0.139	0.157	0.741	0.104	0.267	0.103	0.116
哈爾濱	0.132	0.427	0.839	0.44	0.306	0.164	0.174
齊齊哈爾	0.129	0.262	0.312	0.361	0.217	0.162	0.244
雞西	0.125	0.151	0.866	0.194	0.264	0.155	0.462
鶴崗	0.144	0.126	0.859	0.2	0.358	0.101	0.106
雙鴨山	0.135	0.139	0.832	0.188	0.286	0.104	0.136
大慶	0.149	0.184	0.846	0.436	0.437	0.205	0.547
伊春	0.13	0.129	0.8	0.197	0.335	0.1	0.1
佳木斯	0.131	0.173	0.834	0.237	0.332	0.155	0.365
七台河	0.147	0.122	0.985	0.198	0.442	0.104	0.156
牡丹江	0.125	0.181	0.915	0.249	0.46	0.121	0.194
黑河	0.143	0.145	0.1	0.189	0.318	0.1	0.1
綏化	0.114	0.263	0.602	0.197	0.2	0.1	0.1
上海	0.257	0.817	0.829	0.661	0.499	0.67	0.406

表 4.8.2 2012 年城市人力教育競爭力三級指標分值（續 1）

城市	人力資本教育成本	高素質人力資本相對儲備量	成人識字率	大專以上人口比重	創業人員指數	各類專業技術人員數	專業技術人員比重
南京	0.164	0.345	0.763	0.467	0.619	0.353	0.491
無錫	0.2	0.293	0.807	0.477	0.826	0.246	0.384
徐州	0.138	0.363	0.834	0.359	0.35	0.16	0.186
常州	0.157	0.237	0.778	0.363	0.923	0.215	0.41
蘇州	0.185	0.422	0.771	0.539	0.696	0.376	0.426
南通	0.158	0.322	0.846	0.468	0.334	0.203	0.275
連雲港	0.137	0.231	0.802	0.265	0.321	0.122	0.161
淮安	0.144	0.244	0.768	0.337	0.458	0.119	0.148
鹽城	0.135	0.321	0.959	0.286	0.438	0.141	0.169
揚州	0.149	0.233	0.805	0.291	0.563	0.169	0.292
鎮江	0.155	0.191	0.963	0.331	0.619	0.177	0.404
泰州	0.151	0.238	0.81	0.324	0.476	0.14	0.208
宿遷	0.153	0.241	0.78	0.322	0.39	0.11	0.125
杭州	0.197	0.367	0.793	0.655	0.565	0.305	0.39
寧波	0.188	0.332	0.79	0.288	0.557	0.271	0.377
溫州	0.155	0.38	0.8	0.297	0.444	0.139	0.152
嘉興	0.164	0.234	0.812	0.31	0.345	0.119	0.151
湖州	0.155	0.184	0.8	0.305	0.471	0.108	0.136
紹興	0.16	0.247	0.776	0.296	0.426	0.109	0.123
金華	0.158	0.261	0.81	0.291	0.632	0.109	0.12
衢州	0.171	0.159	0.788	0.296	0.408	0.1	0.1
舟山	0.178	0.128	0.759	0.325	0.358	0.109	0.197
台州	0.154	0.281	0.805	0.178	0.348	0.119	0.138
麗水	0.183	0.159	0.737	0.151	0.314	0.102	0.111
合肥	0.131	0.272	0.839	0.686	0.427	0.124	0.151
蕪湖	0.14	0.164	0.666	0.231	0.601	0.133	0.279
蚌埠	0.12	0.192	0.71	0.262	0.317	0.111	0.141
淮南	0.121	0.166	0.898	0.299	0.25	0.118	0.197
馬鞍山	0.156	0.136	0.724	0.326	0.34	0.118	0.259
淮北	0.116	0.159	0.766	0.286	0.385	0.105	0.128
銅陵	0.159	0.115	0.698	0.179	0.397	0.1	0.1
安慶	0.135	0.26	0.661	0.173	0.292	0.1	0.1
黃山	0.127	0.135	0.637	0.173	0.289	0.1	0.1
滁州	0.117	0.217	0.632	0.169	0.36	0.103	0.11
阜陽	0.105	0.332	0.678	0.179	0.182	0.101	0.102
宿州	0.118	0.261	0.685	0.35	0.187	0.101	0.103
六安	0.12	0.269	0.678	0.182	0.172	0.101	0.103
亳州	0.108	0.246	0.683	0.198	0.289	0.102	0.106
池州	0.136	0.137	0.676	0.179	0.433	0.104	0.131
宣城	0.126	0.172	0.71	0.18	0.444	0.1	0.102
福州	0.146	0.316	0.749	0.419	0.346	0.125	0.143
廈門	0.194	0.204	0.856	0.364	0.785	0.166	0.332
莆田	0.17	0.18	0.727	0.247	0.222	0.107	0.13
三明	0.151	0.171	0.763	0.262	0.352	0.106	0.129
泉州	0.141	0.348	0.815	0.255	0.29	0.106	0.109
漳州	0.126	0.244	0.712	0.235	0.21	0.104	0.111
南平	0.134	0.176	0.632	0.253	0.306	0.104	0.117
龍岩	0.158	0.173	0.741	0.263	0.275	0.108	0.14
寧德	0.135	0.181	0.712	0.244	0.28	0.1	0.101
南昌	0.136	0.252	0.817	0.327	0.411	0.127	0.167
景德鎮	0.128	0.143	0.829	0.273	0.333	0.107	0.155

表 4.8.2 2012 年城市人力教育競爭力三級指標分值（續 1）

城市	人力資本教育成本	高素質人力資本相對儲備量	成人識字率	大專以上人口比重	創業人員指數	各類專業技術人員數	專業技術人員比重
萍鄉	0.116	0.151	0.905	0.29	0.683	0.106	0.142
九江	0.116	0.242	0.788	0.225	0.35	0.105	0.113
新餘	0.14	0.129	0.798	0.226	0.212	0.126	0.38
鷹潭	0.117	0.128	0.907	0.325	0.389	0.112	0.237
贛州	0.114	0.356	0.822	0.232	0.408	0.143	0.164
吉安	0.118	0.244	0.671	0.23	0.356	0.1	0.1
宜春	0.119	0.263	0.841	0.237	0.108	0.114	0.132
撫州	0.118	0.216	0.863	0.239	0.381	0.103	0.109
上饒	0.121	0.3	0.817	0.236	0.489	0.116	0.13
濟南	0.141	0.307	0.837	0.548	0.672	0.271	0.409
青島	0.168	0.367	0.832	0.529	0.48	0.305	0.39
淄博	0.157	0.235	0.727	0.367	0.258	0.147	0.227
棗莊	0.135	0.21	0.68	0.173	0.325	0.109	0.129
東營	0.194	0.157	0.89	0.187	0.411	0.117	0.205
煙臺	0.149	0.312	0.876	0.394	0.339	0.1	0.1
濰坊	0.148	0.379	0.7	0.245	0.301	0.125	0.133
濟寧	0.136	0.347	0.705	0.165	0.201	0.112	0.118
泰安	0.122	0.266	0.91	0.254	0.2	0.1	0.1
威海	0.183	0.181	0.885	0.388	0.329	0.122	0.196
日照	0.14	0.181	0.739	0.159	0.288	0.11	0.142
萊蕪	0.163	0.134	0.756	0.156	0.322	0.114	0.236
臨沂	0.117	0.409	0.732	0.173	0.217	0.12	0.125
德州	0.117	0.268	0.746	0.171	0.195	0.104	0.11
聊城	0.118	0.275	0.732	0.168	0.176	0.126	0.156
濱州	0.15	0.211	0.695	0.163	0.205	0.1	0.1
菏澤	0.11	0.354	0.737	0.169	0.184	0.105	0.107
鄭州	0.145	0.365	0.946	0.402	0.362	0.167	0.196
開封	0.107	0.24	0.788	0.219	0.202	0.103	0.107
洛陽	0.135	0.299	0.795	0.296	0.268	0.146	0.186
平頂山	0.116	0.247	0.954	0.297	0.168	0.124	0.159
安陽	0.128	0.255	0.91	0.308	0.26	0.1	0.1
鶴壁	0.126	0.142	0.895	0.264	0.304	0.104	0.132
新鄉	0.12	0.272	0.941	0.302	0.193	0.113	0.128
焦作	0.121	0.204	0.929	0.229	0.369	0.11	0.134
濮陽	0.125	0.206	0.776	0.325	0.198	0.108	0.128
許昌	0.121	0.228	0.766	0.261	0.198	0.108	0.122
漯河	0.108	0.173	0.749	0.25	0.17	0.108	0.14
三門峽	0.149	0.163	0.756	0.26	0.224	0.102	0.111
南陽	0.109	0.416	0.846	0.222	0.215	0.115	0.117
商丘	0.125	0.324	0.8	0.229	0.172	0.101	0.102
信陽	0.132	0.285	0.712	0.208	0.21	0.101	0.102
周口	0.116	0.374	0.754	0.227	0.255	0.101	0.102
駐馬店	0.114	0.32	0.812	0.221	0.214	0.103	0.105
武漢	0.144	0.4	0.734	0.578	0.535	0.228	0.261
黃石	0.127	0.169	0.776	0.419	0.326	0.106	0.133
十堰	0.119	0.198	0.732	0.299	0.349	0.112	0.144
宜昌	0.133	0.22	0.861	0.3	0.468	0.113	0.138
襄陽	0.119	0.266	0.702	0.259	0.311	0.127	0.161
鄂州	0.129	0.126	0.785	0.29	0.357	0.105	0.156
荊門	0.104	0.183	0.798	0.259	0.344	0.104	0.116
孝感	0.113	0.244	0.949	0.241	0.399	0.119	0.15

表 4.8.2 2012 年城市人力教育競爭力三級指標分值（續 1）

城市	人力資本教育成本	高素質人力資本相對儲備量	成人識字率	大專以上人口比重	創業人員指數	各類專業技術人員數	專業技術人員比重
荊州	0.1	0.272	0.854	0.239	0.269	0.129	0.163
黃岡	0.123	0.287	0.924	0.256	0.248	0.101	0.102
咸寧	0.12	0.17	0.756	0.162	0.331	0.131	0.254
隨州	0.109	0.161	0.707	0.162	0.645	0.101	0.108
長沙	0.144	0.314	0.932	0.335	0.349	0.613	1
株洲	0.123	0.214	0.837	0.348	0.281	0.176	0.344
湘潭	0.12	0.179	0.839	0.313	0.33	0.103	0.112
衡陽	0.106	0.318	0.766	0.259	0.408	0.167	0.215
邵陽	0.104	0.315	0.873	0.166	0.266	0.101	0.102
岳陽	0.115	0.265	0.883	0.266	0.341	0.243	0.422
常德	0.118	0.272	0.817	0.201	0.228	0.151	0.211
張家界	0.116	0.139	0.72	0.119	0.221	0.114	0.215
益陽	0.111	0.228	0.937	0.194	0.18	0.133	0.195
郴州	0.136	0.237	0.859	0.132	0.298	0.101	0.103
永州	0.124	0.256	0.851	0.148	0.227	0.159	0.24
懷化	0.117	0.242	0.812	0.146	0.422	0.101	0.103
婁底	0.107	0.212	0.817	0.159	0.283	0.103	0.11
廣州	0.155	0.492	0.846	0.622	0.576	0.128	0.127
韶關	0.133	0.182	0.91	0.356	0.334	0.12	0.187
深圳	0.186	0.419	1	0.54	1	0.619	0.718
珠海	0.24	0.142	0.893	0.341	0.766	0.134	0.37
汕頭	0.122	0.262	0.851	0.292	0.1	0.115	0.133
佛山	0.165	0.319	0.902	0.485	0.1	0.226	0.317
江門	0.125	0.233	0.873	0.344	0.606	0.222	0.438
湛江	0.116	0.313	0.888	0.234	0.221	0.114	0.126
茂名	0.119	0.276	0.873	0.286	0.222	0.106	0.113
肇慶	0.135	0.216	0.839	0.215	0.265	0.1	0.1
惠州	0.137	0.237	0.912	0.157	0.69	0.118	0.148
梅州	0.126	0.226	0.849	0.21	0.185	0.106	0.119
汕尾	0.111	0.185	0.805	0.224	0.246	0.1	0.1
河源	0.134	0.186	0.856	0.217	0.401	0.1	0.1
陽江	0.12	0.169	0.873	0.341	0.281	0.101	0.103
清遠	0.14	0.209	0.839	0.207	0.351	0.1	0.1
東莞	0.147	0.351	0.868	0.218	0.341	0.15	0.174
中山	0.193	0.191	0.934	0.194	0.96	0.155	0.316
潮州	0.107	0.177	0.873	0.211	0.3	0.103	0.114
揭陽	0.107	0.278	0.863	0.22	0.52	0.1	0.1
雲浮	0.121	0.167	0.934	0.221	0.423	0.102	0.111
南寧	0.131	0.302	0.856	0.325	0.492	0.129	0.154
柳州	0.141	0.211	0.78	0.153	0.382	0.124	0.179
桂林	0.138	0.242	0.917	0.264	0.307	0.117	0.145
梧州	0.141	0.183	0.878	0.247	0.269	0.106	0.126
北海	0.145	0.141	0.854	0.238	0.254	0.102	0.119
防城港	0.138	0.12	0.849	0.164	0.327	0.1	0.106
欽州	0.13	0.19	0.841	0.153	0.338	0.102	0.109
貴港	0.129	0.222	0.893	0.162	0.207	0.102	0.107
玉林	0.129	0.265	0.868	0.153	0.193	0.105	0.111
百色	0.145	0.202	0.707	0.148	0.216	0.103	0.112
賀州	0.139	0.154	0.846	0.163	0.301	0.102	0.113
河池	0.145	0.199	0.737	0.148	0.231	0.101	0.104
來賓	0.137	0.159	0.79	0.148	0.383	0.101	0.105

表 4.8.2 2012 年城市人力教育競爭力三級指標分值（續 1）

城市	人力資本教育成本	高素質人力資本相對儲備量	成人識字率	大專以上人口比重	創業人員指數	各類專業技術人員數	專業技術人員比重
崇左	0.136	0.155	0.72	0.148	0.225	0.101	0.105
海口	0.136	0.157	0.941	0.405	0.675	0.116	0.2
三亞	0.193	0.114	0.807	0.307	0.392	0.117	0.406
重慶	0.151	1	0.829	0.404	0.43	0.222	0.152
成都	0.137	0.535	0.883	0.329	0.511	0.222	0.207
自貢	0.113	0.177	0.844	0.253	0.208	0.116	0.175
攀枝花	0.165	0.131	0.737	0.224	0.412	0.123	0.335
瀘州	0.123	0.225	0.768	0.224	0.205	0.105	0.114
德陽	0.111	0.206	0.851	0.263	0.219	0.114	0.148
綿陽	0.117	0.238	0.971	0.371	0.364	0.1	0.1
廣元	0.139	0.171	0.827	0.24	0.321	0.102	0.11
遂寧	0.113	0.195	0.768	0.21	0.228	0.188	0.434
內江	0.11	0.209	0.707	0.263	0.151	0.133	0.21
樂山	0.117	0.194	0.846	0.377	0.259	0.102	0.107
南充	0.126	0.29	0.754	0.151	0.256	0.1	0.101
眉山	0.115	0.186	0.763	0.25	0.197	0.101	0.105
宜賓	0.123	0.233	0.785	0.252	0.224	0.115	0.142
廣安	0.127	0.194	0.724	0.271	0.241	0.102	0.108
達州	0.115	0.265	0.741	0.273	0.221	0.101	0.102
雅安	0.118	0.14	0.744	0.262	0.354	0.119	0.254
巴中	0.121	0.196	0.741	0.267	0.214	0.1	0.101
資陽	0.118	0.208	0.741	0.259	0.171	0.102	0.108
貴陽	0.149	0.229	0.793	0.537	0.389	0.287	0.634
六盤水	0.15	0.182	0.527	0.181	0.171	0.101	0.103
遵義	0.137	0.286	0.532	0.177	0.23	0.117	0.134
安順	0.131	0.165	0.5	0.172	0.19	0.101	0.103
昆明	0.117	0.295	0.905	0.312	0.405	0.119	0.137
曲靖	0.144	0.277	0.607	0.166	0.297	0.1	0.1
玉溪	0.153	0.165	0.634	0.161	0.377	0.117	0.191
保山	0.118	0.172	0.663	0.154	0.155	0.111	0.153
昭通	0.13	0.257	0.598	0.165	0.171	0.1	0.1
麗江	0.148	0.131	0.573	0.143	0.148	0.105	0.147
普洱	0.135	0.173	0.568	0.188	0.324	0.1	0.102
臨滄	0.135	0.169	0.551	0.191	0.231	0.1	0.1
拉薩	0.233	0.11	0.524	0.202	0.279	0.1	0.1
西安	0.129	0.359	0.82	0.224	0.431	0.322	0.423
銅川	0.163	0.119	0.685	0.216	0.209	0.101	0.111
寶雞	0.138	0.21	0.741	0.2	0.27	0.18	0.365
咸陽	0.138	0.247	0.734	0.198	0.219	0.105	0.112
渭南	0.131	0.259	0.776	0.2	0.153	0.102	0.105
延安	0.21	0.162	0.529	0.189	0.306	0.1	0.101
漢中	0.13	0.2	0.734	0.209	0.268	0.114	0.15
榆林	0.22	0.198	0.746	0.202	0.252	0.117	0.163
安康	0.154	0.175	0.741	0.229	0.227	0.1	0.102
商洛	0.154	0.166	0.683	0.205	0.186	0.115	0.177
蘭州	0.149	0.207	0.776	0.417	0.467	0.158	0.297
嘉峪關	0.132	0.1	0.51	0.226	0.378	0.107	0.49
金昌	0.145	0.107	0.517	0.199	0.28	0.107	0.297
白銀	0.158	0.146	0.534	0.211	0.182	0.106	0.145
天水	0.13	0.195	0.522	0.222	0.192	0.11	0.138
武威	0.142	0.15	0.51	0.148	0.293	0.101	0.108

表 4.8.2 2012 年城市人力教育競爭力三級指標分值（續 1）

城市	人力資本教育成本	高素質人力資本相對儲備量	成人識字率	大專以上人口比重	創業人員指數	各類專業技術人員數	專業技術人員比重
張掖	0.14	0.13	0.476	0.152	0.247	0.102	0.116
平涼	0.15	0.158	0.571	0.173	0.168	0.102	0.11
酒泉	0.15	0.127	0.527	0.158	0.271	0.101	0.108
慶陽	0.155	0.162	0.551	0.159	0.183	0.101	0.105
定西	0.134	0.178	0.549	0.192	0.218	0.105	0.123
隴南	0.128	0.174	0.522	0.176	0.173	0.1	0.1
西寧	0.171	0.162	0.407	0.18	0.207	0.102	0.11
銀川	0.156	0.156	0.8	0.51	0.497	0.1	0.1
石嘴山	0.2	0.116	0.602	0.253	0.434	0.1	0.1
吳忠	0.18	0.133	0.61	0.244	0.255	0.101	0.11
固原	0.205	0.131	0.559	0.218	0.306	0.101	0.114
中衛	0.168	0.127	0.522	0.246	0.172	0.102	0.121
烏魯木齊	0.153	0.191	0.839	0.627	0.474	0.192	0.463
克拉瑪依	0.378	0.105	0.873	0.497	0.507	0.1	0.1
香港	0.825	0.316	0.976	0.778	0.188	0.381	0.588
澳門	1	0.11	0.941	0.722	0.173	0.114	0.403
新北	0.321	0.216	0.783	0.506	0.472	0.166	0.308
臺北	0.573	0.176	0.912	0.575	0.489	0.201	0.571
台中	0.317	0.177	0.805	0.481	0.603	0.122	0.204
台南	0.301	0.152	0.72	0.55	0.603	0.116	0.205
高雄	0.406	0.18	0.676	0.571	0.577	0.124	0.205
基隆	0.381	0.105	0.89	0.555	0.463	0.103	0.208
新竹	0.36	0.106	0.82	0.508	0.468	0.104	0.203
嘉義	0.342	0.101	0.829	0.555	0.558	0.102	0.206

表 4.8.3 2012 年城市人力教育競爭力三級指標分值（續 2）

城市	移民化程度指數	吸引人才指數	高校畢業生求職選擇	高校數	高校老師數	每萬人中小學校數	中小學老師學生比	中小學校密度
北京	0.304	1	1	1	1	0.134	0.545	0.125
天津	0.248	0.8	0.811	0.656	0.533	0.161	0.534	0.131
石家莊	0.18	0.6	0.621	0.565	0.429	0.262	0.307	0.133
唐山	0.181	0.4	0.432	0.191	0.187	0.259	0.534	0.129
秦皇島	0.182	0.4	0.432	0.171	0.177	0.266	0.667	0.121
邯鄲	0.162	0.4	0.337	0.151	0.154	0.321	0.344	0.15
邢臺	0.167	0.4	0.337	0.14	0.138	0.296	0.378	0.134
保定	0.165	0.4	0.337	0.242	0.237	0.284	0.376	0.131
張家口	0.158	0.4	0.289	0.151	0.141	0.216	0.465	0.104
承德	0.157	0.3	0.242	0.151	0.133	0.277	0.464	0.105
滄州	0.168	0.3	0.242	0.171	0.136	0.292	0.606	0.13
廊坊	0.183	0.3	0.242	0.211	0.187	0.282	0.519	0.138
衡水	0.17	0.3	0.242	0.12	0.115	0.313	0.485	0.131
太原	0.173	0.6	0.621	0.525	0.422	0.246	0.353	0.129
大同	0.173	0.3	0.337	0.11	0.134	0.444	0.521	0.122
陽泉	0.173	0.3	0.289	0.12	0.113	0.384	0.548	0.124
長治	0.173	0.3	0.242	0.161	0.135	0.564	0.461	0.13
晉城	0.173	0.3	0.242	0.12	0.106	0.484	0.469	0.125
朔州	0.173	0.3	0.242	0.1	0.1	0.387	0.443	0.112
晉中	0.173	0.3	0.242	0.181	0.151	0.395	0.52	0.116
運城	0.173	0.3	0.242	0.14	0.116	0.388	0.53	0.13
忻州	0.173	0.3	0.242	0.14	0.127	0.879	0.501	0.124

表 4.8.3 2012 年城市人力教育競爭力三級指標分值（續 2）

城市	移民化程度指數	吸引人才指數	高校畢業生求職選擇	高校數	高校老師數	每萬人中小學校數	中小學老師學生比	中小學校密度
臨汾	0.173	0.3	0.242	0.14	0.141	0.492	0.523	0.123
呂梁	0.173	0.2	0.195	0.12	0.112	0.647	0.496	0.125
呼和浩特	0.173	0.5	0.526	0.322	0.287	0.216	0.239	0.106
包頭	0.173	0.3	0.432	0.181	0.166	0.151	0.463	0.102
烏海	0.173	0.2	0.195	0.11	0.103	0.145	0.759	0.107
赤峰	0.173	0.2	0.195	0.12	0.12	0.243	0.513	0.102
通遼	0.173	0.2	0.195	0.13	0.126	0.286	0.85	0.103
鄂爾多斯	0.173	0.2	0.242	0.12	0.104	0.141	0.674	0.1
呼倫貝爾	0.173	0.2	0.195	0.12	0.111	0.2	0.853	0.1
巴彥淖爾	0.173	0.2	0.195	0.11	0.108	0.153	0.631	0.1
烏蘭察布	0.173	0.2	0.195	0.13	0.118	0.188	0.835	0.101
瀋陽	0.203	0.7	0.716	0.515	0.453	0.136	0.412	0.113
大連	0.206	0.8	0.858	0.413	0.365	0.193	0.385	0.119
鞍山	0.182	0.4	0.195	0.13	0.13	0.273	0.494	0.121
撫順	0.166	0.4	0.147	0.161	0.132	0.192	0.628	0.106
本溪	0.198	0.4	0.195	0.12	0.122	0.124	0.697	0.104
丹東	0.176	0.4	0.195	0.13	0.122	0.294	0.563	0.109
錦州	0.177	0.4	0.195	0.191	0.17	0.235	0.441	0.114
營口	0.181	0.4	0.195	0.12	0.112	0.176	0.391	0.114
阜新	0.161	0.3	0.195	0.12	0.146	0.228	0.847	0.107
遼陽	0.177	0.3	0.195	0.14	0.124	0.241	0.736	0.118
盤錦	0.187	0.3	0.147	0.12	0.108	0.139	0.518	0.107
鐵嶺	0.148	0.3	0.147	0.14	0.117	0.277	0.529	0.111
朝陽	0.149	0.3	0.147	0.11	0.107	0.339	0.498	0.111
葫蘆島	0.157	0.2	0.147	0.11	0.11	0.347	0.705	0.118
長春	0.176	0.5	0.621	0.464	0.454	0.284	0.47	0.121
吉林	0.177	0.4	0.432	0.181	0.175	0.256	0.487	0.108
四平	0.172	0.3	0.337	0.13	0.131	0.397	0.535	0.12
遼源	0.162	0.3	0.195	0.12	0.111	0.427	0.85	0.121
通化	0.18	0.3	0.195	0.11	0.113	0.281	0.602	0.108
白山	0.175	0.3	0.147	0.11	0.104	0.324	0.826	0.105
松原	0.172	0.3	0.195	0.11	0.105	0.351	0.707	0.11
白城	0.174	0.3	0.147	0.13	0.115	0.447	0.831	0.107
哈爾濱	0.19	0.6	0.716	0.596	0.575	0.25	0.607	0.11
齊齊哈爾	0.16	0.4	0.337	0.151	0.145	0.318	0.568	0.108
雞西	0.17	0.3	0.147	0.11	0.106	0.158	0.734	0.102
鶴崗	0.166	0.3	0.195	0.11	0.103	0.195	0.647	0.102
雙鴨山	0.165	0.3	0.147	0.11	0.102	0.255	1	0.103
大慶	0.182	0.5	0.526	0.181	0.15	0.263	0.666	0.107
伊春	0.151	0.2	0.147	0.11	0.103	0.208	0.85	0.101
佳木斯	0.176	0.2	0.195	0.13	0.122	0.26	0.701	0.104
七台河	0.171	0.2	0.147	0.11	0.103	0.201	0.761	0.105
牡丹江	0.183	0.2	0.147	0.171	0.143	0.229	0.636	0.103
黑河	0.165	0.2	0.147	0.11	0.107	0.305	0.515	0.101
綏化	0.156	0.2	0.147	0.11	0.107	0.436	0.824	0.114
上海	0.321	1	1	0.767	0.704	0.111	0.601	0.158
南京	0.236	0.8	0.811	0.525	0.871	0.115	0.518	0.12
無錫	0.259	0.7	0.716	0.211	0.187	0.106	0.492	0.12
徐州	0.146	0.6	0.432	0.181	0.199	0.186	0.508	0.126
常州	0.237	0.6	0.479	0.191	0.178	0.122	0.416	0.119
蘇州	0.324	0.8	0.716	0.302	0.25	0.1	0.566	0.116

表 4.8.3 2012 年城市人力教育競爭力三級指標分值（續 2）

城市	移民化程度指數	吸引人才指數	高校畢業生求職選擇	高校數	高校老師數	每萬人中小學校數	中小學老師學生比	中小學校密度
南通	0.163	0.6	0.526	0.161	0.167	0.127	0.482	0.118
連雲港	0.146	0.5	0.337	0.13	0.128	0.19	0.462	0.12
淮安	0.148	0.4	0.337	0.161	0.153	0.171	0.1	0.114
鹽城	0.148	0.4	0.242	0.151	0.145	0.154	0.581	0.111
揚州	0.167	0.4	0.242	0.151	0.165	0.136	0.441	0.115
鎮江	0.209	0.4	0.242	0.151	0.179	0.122	0.503	0.115
泰州	0.154	0.4	0.242	0.13	0.138	0.122	0.587	0.115
宿遷	0.142	0.4	0.242	0.11	0.111	0.169	0.346	0.116
杭州	0.235	0.8	0.811	0.474	0.485	0.129	0.4	0.11
寧波	0.25	0.8	0.716	0.242	0.21	0.153	0.395	0.12
溫州	0.211	0.7	0.716	0.161	0.203	0.175	0.426	0.124
嘉興	0.248	0.6	0.432	0.161	0.14	0.127	0.332	0.123
湖州	0.2	0.5	0.432	0.13	0.119	0.139	0.368	0.111
紹興	0.201	0.5	0.337	0.171	0.141	0.176	0.307	0.118
金華	0.208	0.5	0.242	0.181	0.16	0.176	0.303	0.115
衢州	0.137	0.4	0.242	0.12	0.108	0.193	0.331	0.108
舟山	0.21	0.5	0.242	0.13	0.116	0.146	0.566	0.119
台州	0.179	0.4	0.242	0.14	0.124	0.183	0.327	0.121
麗水	0.13	0.4	0.242	0.13	0.118	0.218	0.442	0.105
合肥	0.209	0.6	0.621	0.545	0.413	0.206	0.206	0.131
蕪湖	0.17	0.4	0.242	0.201	0.193	0.191	0.386	0.124
蚌埠	0.144	0.3	0.242	0.151	0.143	0.376	0.356	0.142
淮南	0.163	0.3	0.242	0.151	0.15	0.3	0.379	0.155
馬鞍山	0.187	0.3	0.242	0.161	0.137	0.192	0.336	0.128
淮北	0.165	0.3	0.242	0.13	0.126	0.291	0.374	0.145
銅陵	0.168	0.3	0.242	0.13	0.119	0.25	0.443	0.132
安慶	0.141	0.3	0.242	0.14	0.125	0.44	0.335	0.133
黃山	0.154	0.3	0.242	0.11	0.11	0.515	0.465	0.115
滁州	0.144	0.3	0.242	0.14	0.13	0.275	0.331	0.116
阜陽	0.115	0.3	0.242	0.14	0.12	0.419	0.287	0.17
宿州	0.135	0.3	0.242	0.12	0.115	0.313	0.391	0.135
六安	0.126	0.3	0.147	0.151	0.126	0.45	0.333	0.13
亳州	0.129	0.2	0.147	0.12	0.109	0.401	0.32	0.149
池州	0.144	0.2	0.147	0.13	0.116	0.414	0.386	0.115
宣城	0.152	0.2	0.147	0.11	0.103	0.226	0.554	0.109
福州	0.197	0.6	0.621	0.413	0.356	0.287	0.364	0.131
廈門	0.398	0.7	0.811	0.272	0.234	0.156	0.342	0.16
莆田	0.14	0.5	0.242	0.12	0.114	0.361	0.499	0.151
三明	0.154	0.5	0.242	0.13	0.114	0.236	0.67	0.105
泉州	0.217	0.5	0.337	0.272	0.193	0.27	0.391	0.14
漳州	0.177	0.5	0.337	0.171	0.144	0.357	0.458	0.128
南平	0.136	0.3	0.242	0.14	0.115	0.309	0.638	0.106
龍岩	0.142	0.3	0.242	0.12	0.115	0.309	0.538	0.108
寧德	0.134	0.3	0.242	0.12	0.107	0.359	0.569	0.115
南昌	0.173	0.5	0.621	0.545	0.55	0.308	0.287	0.143
景德鎮	0.173	0.3	0.242	0.13	0.124	0.424	0.58	0.127
萍鄉	0.173	0.3	0.147	0.11	0.108	0.338	0.356	0.134
九江	0.173	0.3	0.147	0.171	0.17	0.396	0.321	0.121
新餘	0.173	0.2	0.147	0.11	0.11	0.226	0.342	0.115
鷹潭	0.173	0.2	0.147	0.11	0.104	0.427	0.297	0.129
贛州	0.173	0.2	0.147	0.181	0.177	0.413	0.322	0.118

表 4.8.3 2012 年城市人力教育競爭力三級指標分值（續 2）

城市	移民化程度指數	吸引人才指數	高校畢業生求職選擇	高校數	高校老師數	每萬人中小學校數	中小學老師學生比	中小學校密度
吉安	0.173	0.2	0.147	0.11	0.115	0.371	0.422	0.115
宜春	0.173	0.2	0.147	0.12	0.125	0.384	0.341	0.123
撫州	0.173	0.2	0.147	0.14	0.128	0.445	0.386	0.12
上饒	0.173	0.2	0.147	0.13	0.117	0.453	0.355	0.128
濟南	0.203	0.7	0.716	0.767	0.555	0.171	0.357	0.125
青島	0.207	0.8	0.811	0.353	0.362	0.182	0.443	0.126
淄博	0.19	0.4	0.242	0.191	0.181	0.168	0.395	0.122
棗莊	0.163	0.3	0.242	0.13	0.134	0.239	0.215	0.138
東營	0.197	0.3	0.242	0.151	0.145	0.176	0.552	0.108
煙臺	0.19	0.3	0.337	0.201	0.225	0.162	0.566	0.114
濰坊	0.183	0.3	0.242	0.211	0.192	0.202	0.577	0.121
濟寧	0.164	0.3	0.242	0.171	0.169	0.241	0.477	0.133
泰安	0.17	0.3	0.242	0.171	0.179	0.201	0.461	0.126
威海	0.198	0.3	0.337	0.171	0.151	0.132	0.597	0.11
日照	0.167	0.3	0.242	0.12	0.116	0.238	0.498	0.124
萊蕪	0.179	0.3	0.242	0.12	0.113	0.218	0.917	0.124
臨沂	0.159	0.3	0.242	0.13	0.165	0.245	0.531	0.128
德州	0.168	0.3	0.242	0.14	0.14	0.256	0.454	0.127
聊城	0.166	0.2	0.242	0.13	0.133	0.216	0.453	0.127
濱州	0.172	0.2	0.195	0.13	0.142	0.204	0.468	0.115
菏澤	0.142	0.2	0.147	0.13	0.126	0.299	0.346	0.141
鄭州	0.216	0.6	0.763	0.585	0.832	0.207	0.289	0.145
開封	0.156	0.3	0.242	0.13	0.164	0.415	0.276	0.164
洛陽	0.164	0.3	0.242	0.13	0.168	0.457	0.25	0.142
平頂山	0.156	0.2	0.242	0.14	0.144	0.404	0.413	0.153
安陽	0.152	0.2	0.195	0.13	0.142	0.396	0.361	0.159
鶴壁	0.171	0.2	0.147	0.11	0.108	0.392	0.241	0.16
新鄉	0.166	0.2	0.147	0.201	0.203	0.409	0.346	0.161
焦作	0.168	0.2	0.147	0.151	0.16	0.293	0.318	0.152
濮陽	0.16	0.2	0.147	0.11	0.11	0.451	0.238	0.182
許昌	0.151	0.2	0.147	0.13	0.128	0.348	0.376	0.162
漯河	0.159	0.2	0.147	0.13	0.152	0.301	0.382	0.158
三門峽	0.172	0.2	0.147	0.11	0.113	0.338	0.367	0.115
南陽	0.147	0.2	0.147	0.14	0.156	0.467	0.304	0.139
商丘	0.133	0.2	0.147	0.161	0.166	0.469	0.264	0.17
信陽	0.108	0.2	0.147	0.14	0.145	0.514	0.306	0.136
周口	0.127	0.2	0.147	0.13	0.129	0.563	0.223	0.193
駐馬店	0.131	0.2	0.147	0.12	0.126	0.36	0.367	0.136
武漢	0.213	0.7	0.716	0.889	0.891	0.151	0.327	0.129
黃石	0.158	0.4	0.242	0.13	0.13	0.349	0.244	0.138
十堰	0.165	0.4	0.242	0.14	0.137	0.325	0.469	0.109
宜昌	0.178	0.2	0.147	0.151	0.149	0.176	0.426	0.106
襄陽	0.157	0.2	0.147	0.14	0.132	0.233	0.421	0.112
鄂州	0.166	0.2	0.147	0.11	0.109	0.352	0.47	0.148
荊門	0.164	0.2	0.147	0.11	0.114	0.194	0.512	0.108
孝感	0.152	0.2	0.147	0.12	0.122	0.231	0.378	0.124
荊州	0.142	0.2	0.147	0.191	0.176	0.181	0.263	0.113
黃岡	0.133	0.2	0.147	0.14	0.132	0.297	0.227	0.121
咸寧	0.137	0.2	0.147	0.13	0.141	0.305	0.142	0.115
隨州	0.138	0.2	0.147	0.11	0.107	0.185	0.362	0.107
長沙	0.192	0.7	0.668	0.585	0.558	0.233	0.261	0.127

表 4.8.3 2012 年城市人力教育競爭力三級指標分值（續 2）

城市	移民化程度指數	吸引人才指數	高校畢業生求職選擇	高校數	高校老師數	每萬人中小學校數	中小學老師學生比	中小學校密度
株洲	0.171	0.4	0.242	0.181	0.155	0.223	0.638	0.114
湘潭	0.162	0.3	0.242	0.191	0.196	0.292	0.576	0.132
衡陽	0.151	0.3	0.242	0.181	0.183	0.366	0.45	0.136
邵陽	0.148	0.3	0.147	0.13	0.122	0.35	0.51	0.125
岳陽	0.166	0.3	0.242	0.14	0.13	0.28	0.595	0.12
常德	0.154	0.3	0.195	0.14	0.131	0.224	0.491	0.113
張家界	0.149	0.3	0.147	0.12	0.111	0.232	0.49	0.107
益陽	0.151	0.2	0.147	0.14	0.126	0.239	0.624	0.116
郴州	0.152	0.4	0.242	0.12	0.116	0.422	0.458	0.121
永州	0.138	0.2	0.147	0.13	0.125	0.202	0.464	0.108
懷化	0.157	0.2	0.147	0.13	0.122	0.42	0.618	0.115
婁底	0.144	0.2	0.147	0.13	0.122	0.367	0.514	0.136
廣州	0.309	1	1	0.879	0.851	0.162	0.381	0.148
韶關	0.141	0.7	0.337	0.12	0.128	0.209	0.322	0.106
深圳	0.875	1	1	0.181	0.155	0.106	0.398	0.177
珠海	0.289	0.9	0.716	0.201	0.182	0.162	0.32	0.126
汕頭	0.18	0.8	0.621	0.11	0.111	0.243	0.172	0.225
佛山	0.394	0.9	0.716	0.13	0.122	0.129	0.327	0.138
江門	0.205	0.6	0.337	0.13	0.117	0.166	0.398	0.113
湛江	0.15	0.6	0.337	0.13	0.156	0.397	0.288	0.145
茂名	0.122	0.5	0.337	0.12	0.122	0.445	0.25	0.149
肇慶	0.157	0.5	0.242	0.14	0.132	0.284	0.302	0.114
惠州	0.259	0.6	0.526	0.11	0.111	0.242	0.351	0.119
梅州	0.132	0.3	0.337	0.11	0.114	0.412	0.692	0.123
汕尾	0.139	0.3	0.242	0.11	0.104	0.373	0.261	0.144
河源	0.132	0.3	0.242	0.11	0.108	0.542	0.457	0.122
陽江	0.14	0.3	0.242	0.11	0.104	0.285	0.455	0.117
清遠	0.149	0.3	0.242	0.11	0.106	0.311	0.445	0.112
東莞	1	0.9	0.716	0.151	0.134	0.108	0.377	0.151
中山	0.43	0.9	0.716	0.14	0.136	0.145	0.356	0.142
潮州	0.179	0.4	0.242	0.11	0.112	0.35	0.33	0.162
揭陽	0.147	0.3	0.242	0.12	0.108	0.326	0.169	0.175
雲浮	0.135	0.3	0.242	0.11	0.106	0.417	0.362	0.127
南寧	0.16	0.5	0.621	0.413	0.335	0.328	0.331	0.12
柳州	0.175	0.5	0.242	0.171	0.155	0.354	0.276	0.115
桂林	0.153	0.5	0.242	0.191	0.189	0.357	0.539	0.112
梧州	0.146	0.4	0.242	0.11	0.113	0.408	0.319	0.12
北海	0.155	0.4	0.242	0.14	0.113	0.358	0.267	0.134
防城港	0.162	0.2	0.147	0.1	0.1	0.775	0.445	0.124
欽州	0.125	0.2	0.147	0.12	0.113	0.445	0.3	0.127
貴港	0.123	0.2	0.147	0.11	0.103	0.384	0.291	0.131
玉林	0.13	0.2	0.147	0.11	0.112	0.369	0.271	0.133
百色	0.151	0.2	0.147	0.151	0.1	0.507	0.581	0.11
賀州	0.135	0.2	0.147	0.11	0.109	0.415	0.436	0.114
河池	0.137	0.2	0.147	0.12	0.11	0.548	0.519	0.112
來賓	0.136	0.2	0.147	0.11	0.105	0.432	0.339	0.114
崇左	0.131	0.2	0.147	0.13	0.115	0.486	0.596	0.112
海口	0.238	0.5	0.526	0.201	0.184	0.253	0.322	0.144
三亞	0.221	0.4	0.242	0.151	0.127	0.318	0.366	0.123
重慶	0.144	0.8	0.716	0.666	0.579	0.284	0.311	0.12
成都	0.226	0.8	0.716	0.606	0.692	0.116	0.322	0.12

表 4.8.3 2012 年城市人力教育競爭力三級指標分值（續 2）

城市	移民化程度指數	吸引人才指數	高校畢業生求職選擇	高校數	高校老師數	每萬人中小學校數	中小學老師學生比	中小學校密度
自貢	0.132	0.3	0.242	0.11	0.122	0.26	0.334	0.131
攀枝花	0.195	0.3	0.147	0.12	0.118	0.148	0.446	0.104
瀘州	0.136	0.3	0.147	0.14	0.131	0.164	0.227	0.11
德陽	0.157	0.4	0.337	0.151	0.14	0.163	0.446	0.117
綿陽	0.138	0.5	0.432	0.181	0.18	0.198	0.404	0.108
廣元	0.126	0.2	0.147	0.11	0.104	0.221	0.46	0.106
遂寧	0.139	0.2	0.147	0.11	0.109	0.165	0.389	0.117
內江	0.143	0.2	0.147	0.12	0.119	0.199	0.42	0.125
樂山	0.154	0.2	0.147	0.13	0.132	0.272	0.409	0.113
南充	0.135	0.2	0.147	0.14	0.147	0.17	0.295	0.115
眉山	0.137	0.2	0.147	0.12	0.116	0.194	0.383	0.114
宜賓	0.133	0.2	0.147	0.12	0.12	0.427	0.364	0.131
廣安	0.1	0.2	0.147	0.11	0.104	0.215	0.213	0.12
達州	0.126	0.2	0.147	0.12	0.116	0.177	0.25	0.11
雅安	0.167	0.2	0.147	0.12	0.131	0.288	0.504	0.105
巴中	0.137	0.2	0.147	0.1	0.1	0.182	0.178	0.108
資陽	0.11	0.2	0.147	0.1	0.1	0.205	0.331	0.117
貴陽	0.211	0.5	0.526	0.353	0.289	0.295	0.283	0.132
六盤水	0.148	0.2	0.147	0.12	0.11	0.442	0.26	0.127
遵義	0.127	0.2	0.147	0.161	0.133	0.469	0.452	0.12
安順	0.132	0.2	0.147	0.12	0.115	0.529	0.424	0.129
昆明	0.173	0.5	0.621	0.484	0.377	0.303	0.363	0.119
曲靖	0.158	0.3	0.147	0.13	0.116	0.382	0.357	0.116
玉溪	0.191	0.4	0.337	0.12	0.11	0.35	0.426	0.111
保山	0.173	0.2	0.147	0.13	0.108	0.6	0.405	0.117
昭通	0.152	0.2	0.147	0.11	0.105	0.472	0.316	0.123
麗江	0.171	0.2	0.147	0.12	0.112	0.548	0.811	0.107
普洱	0.179	0.2	0.147	0.12	0.107	0.403	0.634	0.104
臨滄	0.182	0.2	0.147	0.11	0.105	0.753	0.504	0.117
拉薩	0.173	0.4	0.337	0.151	0.129	0.257	0.797	0.101
西安	0.193	0.7	0.526	0.606	0.749	0.28	0.211	0.147
銅川	0.168	0.2	0.147	0.11	0.105	0.382	0.623	0.117
寶雞	0.168	0.2	0.147	0.13	0.127	0.359	0.476	0.115
咸陽	0.16	0.2	0.147	0.231	0.186	0.428	0.46	0.144
渭南	0.16	0.2	0.147	0.11	0.121	0.38	0.449	0.132
延安	0.162	0.2	0.147	0.12	0.119	0.288	0.541	0.103
漢中	0.149	0.2	0.147	0.11	0.124	0.4	0.521	0.11
榆林	0.155	0.2	0.147	0.13	0.114	0.314	0.683	0.105
安康	0.142	0.2	0.147	0.12	0.115	0.467	0.515	0.111
商洛	0.163	0.2	0.147	0.12	0.106	0.824	0.483	0.122
蘭州	0.201	0.5	0.432	0.353	0.34	0.301	0.337	0.117
嘉峪關	0.224	0.2	0.147	0.11	0.103	0.18	0.398	0.102
金昌	0.177	0.2	0.147	0.1	0.1	0.379	0.453	0.104
白銀	0.161	0.2	0.147	0.1	0.1	0.603	0.537	0.11
天水	0.148	0.2	0.147	0.13	0.122	0.68	0.298	0.134
武威	0.162	0.2	0.147	0.11	0.103	0.766	0.531	0.109
張掖	0.154	0.2	0.147	0.12	0.112	0.606	0.459	0.103
平涼	0.15	0.2	0.147	0.11	0.105	0.76	0.449	0.131
酒泉	0.195	0.2	0.147	0.11	0.105	0.395	0.464	0.1
慶陽	0.139	0.2	0.147	0.11	0.108	0.746	0.435	0.113
定西	0.15	0.2	0.147	0.11	0.104	0.693	0.449	0.12

表 4.8.3 2012 年城市人力教育競爭力三級指標分值（續 2）

城市	移民化程度指數	吸引人才指數	高校畢業生求職選擇	高校數	高校老師數	每萬人中小學校數	中小學老師學生比	中小學校密度
隴南	0.153	0.1	0.1	0.11	0.105	1	0.374	0.121
西寧	0.203	0.4	0.384	0.191	0.158	0.261	0.433	0.115
銀川	0.173	0.4	0.384	0.221	0.177	0.188	0.171	0.107
石嘴山	0.173	0.1	0.147	0.11	0.105	0.235	0.432	0.106
吳忠	0.173	0.1	0.147	0.11	0.102	0.389	0.435	0.105
固原	0.173	0.1	0.147	0.11	0.107	0.889	0.429	0.123
中衛	0.173	0.1	0.1	0.1	0.1	0.498	0.339	0.106
烏魯木齊	0.239	0.4	0.384	0.282	0.242	0.139	0.331	0.105
克拉瑪依	0.269	0.2	0.242	0.11	0.104	0.171	0.752	0.101
香港	0.173	1	1	0.403	0.327	0.218	0.659	0.351
澳門	0.173	0.8	0.763	0.201	0.13	0.243	0.653	1
新北	0.173	0.5	0.526	0.332	0.115	0.125	0.607	0.137
臺北	0.173	1	1	0.373	0.267	0.145	0.745	0.337
台中	0.173	0.5	0.526	0.258	0.11	0.175	0.62	0.138
台南	0.173	0.5	0.526	0.212	0.107	0.209	0.593	0.134
高雄	0.173	0.5	0.526	0.266	0.111	0.174	0.601	0.129
基隆	0.173	0.5	0.526	0.123	0.101	0.212	0.654	0.215
新竹	0.173	0.5	0.526	0.125	0.102	0.177	0.617	0.228
嘉義	0.173	0.5	0.526	0.116	0.101	0.179	0.537	0.246

4.9 城市科技競爭力三級指標分值

表 4.9.1 2012 年城市科技競爭力三級指標分值

城市	科技經費絕對投入量	人均科技經費擁有量	科技經費相對投入量	專業技術人員擁有量	科技服務人員擁有量	專業技術人員相對擁	科技服務人員相對擁	電腦人才擁有量	電腦人才相對擁有量
北京	0.91	0.641	0.995	1	1	0.667	1	1	1
天津	0.294	0.295	0.421	0.359	0.227	0.346	0.289	0.148	0.17
石家莊	0.12	0.124	0.184	0.168	0.144	0.182	0.181	0.119	0.135
唐山	0.121	0.135	0.166	0.132	0.108	0.152	0.117	0.114	0.133
秦皇島	0.103	0.113	0.15	0.12	0.109	0.184	0.16	0.107	0.148
邯鄲	0.109	0.112	0.155	0.126	0.118	0.134	0.136	0.111	0.121
邢臺	0.103	0.105	0.139	0.112	0.108	0.121	0.119	0.108	0.12
保定	0.109	0.109	0.165	0.143	0.139	0.147	0.165	0.12	0.132
張家口	0.105	0.114	0.178	0.109	0.108	0.125	0.133	0.109	0.142
承德	0.104	0.115	0.173	0.105	0.106	0.116	0.129	0.109	0.148
滄州	0.105	0.108	0.128	0.102	0.107	0.103	0.116	0.117	0.144
廊坊	0.11	0.13	0.215	0.109	0.121	0.125	0.194	0.108	0.133
衡水	0.103	0.107	0.151	0.104	0.104	0.111	0.117	0.109	0.138
太原	0.121	0.164	0.277	0.123	0.162	0.167	0.388	0.123	0.208
大同	0.104	0.114	0.181	0.248	0.111	0.649	0.164	0.108	0.147
陽泉	0.103	0.129	0.208	0.117	0.103	0.256	0.142	0.102	0.128
長治	0.106	0.124	0.203	0.106	0.106	0.123	0.131	0.106	0.134
晉城	0.105	0.131	0.214	0.106	0.103	0.13	0.122	0.105	0.141
朔州	0.103	0.123	0.167	0.121	0.102	0.252	0.119	0.105	0.154
晉中	0.104	0.116	0.184	0.102	0.111	0.107	0.163	0.107	0.141
運城	0.104	0.11	0.182	0.102	0.106	0.105	0.118	0.108	0.128
忻州	0.104	0.115	0.234	0.104	0.104	0.117	0.124	0.108	0.151
臨汾	0.104	0.112	0.173	0.101	0.106	0.102	0.127	0.105	0.119
呂梁	0.105	0.116	0.188	0.101	0.103	0.103	0.111	0.105	0.127
呼和浩特	0.108	0.137	0.163	0.105	0.127	0.12	0.281	0.118	0.221
包頭	0.113	0.163	0.174	0.149	0.113	0.329	0.191	0.113	0.194
烏海	0.103	0.184	0.23	0.101	0.102	0.118	0.162	0.102	0.2

表 4.9.1 2012 年城市科技競爭力三級指標分值

城市	科技經費絕對投入量	人均科技經費擁有量	科技經費相對投入量	專業技術人員擁有量	科技服務人員擁有量	專業技術人員相對擁	科技服務人員相對擁	電腦人才擁有量	電腦人才相對擁有量
赤峰	0.103	0.109	0.142	0.15	0.108	0.243	0.132	0.107	0.13
通遼	0.107	0.131	0.195	0.1	0.106	0.101	0.136	0.107	0.144
鄂爾多斯	0.112	0.184	0.167	0.101	0.104	0.106	0.134	0.106	0.16
呼倫貝爾	0.107	0.135	0.21	0.149	0.106	0.336	0.147	0.109	0.167
巴彥淖爾	0.103	0.128	0.19	0.1	0.104	0.102	0.143	0.104	0.148
烏蘭察布	0.102	0.113	0.16	0.107	0.106	0.14	0.149	0.106	0.156
瀋陽	0.169	0.21	0.306	0.249	0.19	0.327	0.316	0.132	0.176
大連	0.219	0.333	0.454	0.249	0.131	0.375	0.189	0.152	0.25
鞍山	0.108	0.13	0.155	0.121	0.12	0.171	0.207	0.107	0.139
撫順	0.105	0.13	0.182	0.112	0.11	0.169	0.191	0.103	0.132
本溪	0.105	0.137	0.184	0.118	0.104	0.23	0.149	0.105	0.156
丹東	0.103	0.119	0.174	0.106	0.114	0.13	0.211	0.109	0.17
錦州	0.105	0.121	0.187	0.107	0.115	0.129	0.193	0.106	0.14
營口	0.109	0.147	0.232	0.106	0.106	0.13	0.144	0.104	0.132
阜新	0.1	0.105	0.132	0.104	0.105	0.127	0.152	0.105	0.155
遼陽	0.106	0.144	0.231	0.107	0.105	0.144	0.146	0.103	0.131
盤錦	0.104	0.139	0.164	0.113	0.11	0.211	0.236	0.105	0.167
鐵嶺	0.108	0.138	0.272	0.101	0.109	0.105	0.166	0.105	0.133
朝陽	0.104	0.117	0.196	0.102	0.106	0.108	0.138	0.106	0.136
葫蘆島	0.104	0.119	0.215	0.1	0.107	0.1	0.148	0.104	0.132
長春	0.115	0.125	0.165	0.236	0.179	0.319	0.3	0.146	0.214
吉林	0.11	0.13	0.184	0.138	0.109	0.207	0.138	0.105	0.123
四平	0.101	0.104	0.124	0.101	0.11	0.105	0.158	0.106	0.137
遼源	0.101	0.113	0.143	0.107	0.102	0.169	0.139	0.102	0.129
通化	0.108	0.147	0.309	0.104	0.106	0.12	0.151	0.106	0.151
白山	0.102	0.122	0.176	0.101	0.103	0.108	0.144	0.126	0.496
松原	0.1	0.101	0.1	0.103	0.105	0.112	0.134	0.105	0.132
白城	0.102	0.111	0.164	0.103	0.106	0.116	0.161	0.105	0.145
哈爾濱	0.14	0.147	0.262	0.164	0.184	0.174	0.253	0.149	0.188
齊齊哈爾	0.106	0.114	0.209	0.162	0.112	0.244	0.14	0.11	0.136
雞西	0.101	0.108	0.146	0.155	0.105	0.462	0.15	0.104	0.142
鶴崗	0.102	0.124	0.22	0.101	0.101	0.106	0.126	0.103	0.153
雙鴨山	0.101	0.111	0.15	0.104	0.102	0.136	0.126	0.105	0.163
大慶	0.105	0.123	0.121	0.205	0.199	0.547	0.771	0.112	0.179
伊春	0.101	0.115	0.21	0.1	0.103	0.1	0.147	0.105	0.193
佳木斯	0.101	0.108	0.148	0.155	0.106	0.365	0.142	0.104	0.13
七台河	0.1	0.105	0.116	0.104	0.102	0.156	0.151	0.102	0.157
牡丹江	0.109	0.142	0.281	0.121	0.106	0.194	0.137	0.106	0.141
黑河	0.101	0.109	0.177	0.1	0.104	0.1	0.143	0.101	0.117
綏化	0.102	0.105	0.152	0.1	0.107	0.1	0.122	0.107	0.125
上海	1	0.612	0.919	0.67	0.557	0.406	0.488	0.244	0.22
南京	0.174	0.22	0.317	0.353	0.186	0.491	0.307	0.152	0.226
無錫	0.185	0.274	0.321	0.246	0.123	0.384	0.169	0.117	0.151
徐州	0.12	0.129	0.199	0.16	0.116	0.186	0.133	0.113	0.126
常州	0.139	0.21	0.292	0.215	0.115	0.41	0.16	0.108	0.134
蘇州	0.26	0.3	0.363	0.376	0.114	0.426	0.123	0.123	0.141
南通	0.144	0.179	0.293	0.203	0.108	0.275	0.119	0.113	0.132
連雲港	0.119	0.155	0.342	0.122	0.11	0.161	0.141	0.108	0.135
淮安	0.12	0.153	0.318	0.119	0.104	0.148	0.113	0.105	0.12
鹽城	0.127	0.147	0.272	0.141	0.108	0.169	0.118	0.111	0.128
揚州	0.13	0.188	0.305	0.169	0.109	0.292	0.137	0.111	0.146
鎮江	0.123	0.197	0.276	0.177	0.11	0.404	0.161	0.105	0.128
泰州	0.119	0.154	0.245	0.14	0.107	0.208	0.127	0.111	0.144
宿遷	0.114	0.138	0.312	0.11	0.102	0.125	0.105	0.105	0.119
杭州	0.229	0.294	0.432	0.305	0.267	0.39	0.476	0.24	0.413
寧波	0.199	0.27	0.392	0.271	0.126	0.377	0.164	0.119	0.148
溫州	0.13	0.141	0.251	0.139	0.113	0.152	0.125	0.111	0.122

表 4.9.1 2012 年城市科技競爭力三級指標分值

城市	科技經費絕對投入量	人均科技經費擁有量	科技經費相對投入量	專業技術人員擁有量	科技服務人員擁有量	專業技術人員相對擁	科技服務人員相對擁	電腦人才擁有量	電腦人才相對擁有量
嘉興	0.133	0.197	0.321	0.119	0.114	0.151	0.159	0.109	0.139
湖州	0.116	0.173	0.289	0.108	0.108	0.136	0.15	0.106	0.139
紹興	0.143	0.213	0.331	0.109	0.111	0.123	0.141	0.11	0.139
金華	0.134	0.181	0.342	0.109	0.109	0.12	0.13	0.113	0.146
衢州	0.112	0.174	0.346	0.1	0.104	0.1	0.131	0.104	0.139
舟山	0.11	0.227	0.357	0.109	0.105	0.197	0.183	0.105	0.184
台州	0.125	0.155	0.258	0.119	0.113	0.138	0.139	0.113	0.139
麗水	0.111	0.166	0.35	0.102	0.105	0.111	0.144	0.106	0.159
合肥	0.18	0.284	0.559	0.124	0.151	0.151	0.273	0.12	0.169
蕪湖	0.145	0.359	0.726	0.133	0.11	0.279	0.184	0.104	0.132
蚌埠	0.115	0.162	0.473	0.111	0.112	0.141	0.17	0.103	0.117
淮南	0.105	0.13	0.238	0.118	0.106	0.197	0.153	0.102	0.12
馬鞍山	0.111	0.204	0.303	0.118	0.105	0.259	0.17	0.101	0.118
淮北	0.103	0.121	0.217	0.105	0.102	0.128	0.117	0.102	0.117
銅陵	0.105	0.196	0.272	0.1	0.102	0.1	0.166	0.101	0.144
安慶	0.111	0.125	0.267	0.1	0.11	0.1	0.134	0.108	0.126
黃山	0.106	0.159	0.411	0.1	0.103	0.1	0.142	0.104	0.159
滁州	0.105	0.118	0.225	0.103	0.104	0.11	0.115	0.104	0.117
阜陽	0.102	0.102	0.148	0.101	0.103	0.102	0.106	0.105	0.112
宿州	0.102	0.105	0.162	0.101	0.106	0.103	0.12	0.105	0.116
六安	0.103	0.107	0.179	0.101	0.104	0.103	0.111	0.104	0.113
亳州	0.101	0.102	0.139	0.102	0.102	0.106	0.105	0.105	0.117
池州	0.104	0.141	0.33	0.104	0.102	0.131	0.132	0.101	0.121
宣城	0.11	0.152	0.399	0.1	0.103	0.102	0.118	0.103	0.122
福州	0.118	0.133	0.185	0.125	0.16	0.143	0.263	0.125	0.168
廈門	0.143	0.259	0.418	0.166	0.11	0.332	0.156	0.124	0.233
莆田	0.105	0.124	0.192	0.107	0.103	0.13	0.117	0.104	0.13
三明	0.105	0.128	0.182	0.106	0.104	0.129	0.132	0.104	0.132
泉州	0.121	0.132	0.184	0.106	0.104	0.109	0.107	0.113	0.128
漳州	0.108	0.12	0.179	0.104	0.105	0.111	0.119	0.107	0.128
南平	0.104	0.12	0.188	0.104	0.107	0.117	0.148	0.108	0.156
龍岩	0.106	0.132	0.196	0.108	0.106	0.14	0.148	0.106	0.146
寧德	0.104	0.118	0.182	0.1	0.105	0.101	0.129	0.106	0.139
南昌	0.116	0.139	0.204	0.127	0.129	0.167	0.21	0.114	0.153
景德鎮	0.102	0.12	0.18	0.107	0.106	0.155	0.177	0.102	0.129
萍鄉	0.103	0.125	0.205	0.106	0.103	0.142	0.126	0.103	0.138
九江	0.103	0.108	0.144	0.105	0.113	0.113	0.15	0.107	0.128
新餘	0.104	0.154	0.211	0.126	0.102	0.38	0.13	0.102	0.138
鷹潭	0.101	0.114	0.155	0.112	0.105	0.237	0.193	0.1	0.112
贛州	0.104	0.105	0.153	0.143	0.11	0.164	0.12	0.107	0.114
吉安	0.103	0.107	0.166	0.1	0.106	0.1	0.122	0.107	0.127
宜春	0.105	0.11	0.182	0.114	0.104	0.132	0.112	0.107	0.125
撫州	0.103	0.111	0.186	0.103	0.103	0.109	0.114	0.106	0.128
上饒	0.105	0.108	0.181	0.116	0.103	0.13	0.105	0.11	0.129
濟南	0.127	0.152	0.202	0.271	0.149	0.409	0.238	0.137	0.204
青島	0.144	0.165	0.213	0.305	0.135	0.39	0.176	0.113	0.127
淄博	0.121	0.161	0.209	0.147	0.105	0.227	0.117	0.108	0.131
棗莊	0.106	0.122	0.17	0.109	0.105	0.129	0.124	0.102	0.11
東營	0.109	0.156	0.151	0.117	0.134	0.205	0.424	0.111	0.203
煙臺	0.147	0.188	0.262	0.1	0.121	0.1	0.157	0.108	0.12
濰坊	0.132	0.145	0.255	0.125	0.113	0.133	0.126	0.11	0.12
濟寧	0.123	0.136	0.236	0.112	0.106	0.118	0.111	0.106	0.113
泰安	0.112	0.128	0.187	0.1	0.111	0.1	0.138	0.109	0.129
威海	0.125	0.216	0.294	0.122	0.103	0.196	0.121	0.105	0.133
日照	0.104	0.118	0.155	0.11	0.102	0.142	0.114	0.102	0.11
萊蕪	0.105	0.157	0.258	0.114	0.101	0.236	0.108	0.101	0.116
臨沂	0.114	0.117	0.187	0.12	0.108	0.125	0.112	0.108	0.114

表 4.9.1 2012 年城市科技競爭力三級指標分值

城市	科技經費絕對投入量	人均科技經費擁有量	科技經費相對投入量	專業技術人員擁有量	科技服務人員擁有量	專業技術人員相對擁	科技服務人員相對擁	電腦人才擁有量	電腦人才相對擁有量
德州	0.109	0.119	0.176	0.104	0.103	0.11	0.106	0.107	0.123
聊城	0.109	0.119	0.181	0.126	0.103	0.156	0.106	0.104	0.113
濱州	0.11	0.136	0.199	0.1	0.103	0.1	0.115	0.105	0.123
菏澤	0.108	0.111	0.203	0.105	0.104	0.107	0.107	0.103	0.104
鄭州	0.142	0.163	0.256	0.167	0.158	0.196	0.229	0.121	0.146
開封	0.105	0.113	0.183	0.103	0.107	0.107	0.129	0.106	0.125
洛陽	0.114	0.128	0.191	0.146	0.144	0.186	0.229	0.104	0.11
平頂山	0.107	0.118	0.178	0.124	0.108	0.159	0.128	0.103	0.11
安陽	0.111	0.126	0.223	0.1	0.106	0.1	0.119	0.105	0.119
鶴壁	0.102	0.117	0.174	0.104	0.102	0.132	0.119	0.101	0.118
新鄉	0.111	0.124	0.243	0.113	0.114	0.128	0.145	0.103	0.108
焦作	0.112	0.145	0.249	0.11	0.105	0.134	0.125	0.103	0.117
濮陽	0.104	0.116	0.189	0.108	0.103	0.128	0.113	0.102	0.108
許昌	0.105	0.116	0.16	0.108	0.105	0.122	0.122	0.102	0.107
漯河	0.102	0.108	0.137	0.108	0.102	0.14	0.112	0.102	0.115
三門峽	0.107	0.141	0.221	0.102	0.104	0.111	0.135	0.102	0.121
南陽	0.115	0.118	0.218	0.115	0.125	0.117	0.145	0.113	0.123
商丘	0.105	0.108	0.167	0.101	0.105	0.102	0.11	0.105	0.112
信陽	0.105	0.109	0.165	0.101	0.118	0.102	0.155	0.108	0.125
周口	0.106	0.107	0.17	0.101	0.104	0.102	0.105	0.109	0.118
駐馬店	0.108	0.113	0.211	0.103	0.111	0.105	0.126	0.106	0.115
武漢	0.152	0.169	0.239	0.228	0.213	0.261	0.324	0.147	0.193
黃石	0.104	0.123	0.198	0.106	0.11	0.133	0.176	0.104	0.13
十堰	0.104	0.115	0.184	0.112	0.107	0.144	0.142	0.118	0.205
宜昌	0.113	0.14	0.222	0.113	0.116	0.138	0.173	0.111	0.152
襄陽	0.108	0.117	0.173	0.127	0.122	0.161	0.175	0.105	0.118
鄂州	0.101	0.116	0.149	0.105	0.103	0.156	0.148	0.102	0.137
荊門	0.103	0.113	0.16	0.104	0.107	0.116	0.145	0.109	0.165
孝感	0.104	0.111	0.184	0.119	0.109	0.15	0.136	0.11	0.139
荊州	0.102	0.104	0.139	0.129	0.11	0.163	0.132	0.106	0.118
黃岡	0.109	0.118	0.261	0.101	0.105	0.102	0.113	0.105	0.113
咸寧	0.104	0.121	0.221	0.131	0.109	0.254	0.167	0.102	0.117
隨州	0.102	0.114	0.192	0.101	0.102	0.108	0.114	0.101	0.11
長沙	0.16	0.21	0.297	0.613	0.175	1	0.306	0.136	0.199
株洲	0.109	0.13	0.206	0.176	0.11	0.344	0.151	0.109	0.143
湘潭	0.109	0.145	0.264	0.103	0.104	0.112	0.126	0.102	0.115
衡陽	0.105	0.108	0.152	0.167	0.114	0.215	0.134	0.108	0.121
邵陽	0.102	0.103	0.151	0.101	0.106	0.102	0.113	0.108	0.12
岳陽	0.108	0.117	0.173	0.243	0.108	0.422	0.127	0.109	0.132
常德	0.104	0.108	0.139	0.151	0.105	0.211	0.115	0.11	0.132
張家界	0.1	0.106	0.154	0.114	0.102	0.215	0.128	0.103	0.148
益陽	0.103	0.108	0.161	0.133	0.106	0.195	0.123	0.105	0.12
郴州	0.11	0.128	0.242	0.101	0.106	0.103	0.123	0.106	0.125
永州	0.103	0.107	0.168	0.159	0.109	0.24	0.133	0.106	0.122
懷化	0.102	0.106	0.156	0.101	0.108	0.103	0.129	0.108	0.133
婁底	0.103	0.112	0.182	0.103	0.104	0.11	0.119	0.103	0.116
廣州	0.243	0.246	0.295	0.128	0.251	0.127	0.331	0.214	0.273
韶關	0.106	0.128	0.237	0.12	0.106	0.187	0.143	0.105	0.136
深圳	0.549	0.667	0.824	0.619	0.207	0.718	0.299	0.212	0.309
珠海	0.125	0.314	0.422	0.134	0.108	0.37	0.201	0.119	0.336
汕頭	0.106	0.114	0.175	0.115	0.107	0.133	0.123	0.109	0.132
佛山	0.151	0.191	0.232	0.226	0.111	0.317	0.126	0.122	0.159
江門	0.113	0.138	0.225	0.222	0.105	0.438	0.117	0.109	0.138
湛江	0.102	0.103	0.12	0.114	0.107	0.126	0.118	0.107	0.118
茂名	0.101	0.102	0.111	0.106	0.103	0.113	0.108	0.106	0.118
肇慶	0.11	0.132	0.239	0.1	0.105	0.1	0.123	0.106	0.131
惠州	0.116	0.144	0.236	0.118	0.108	0.148	0.132	0.107	0.129

表 4.9.1 2012 年城市科技競爭力三級指標分值

城市	科技經費絕對投入量	人均科技經費擁有量	科技經費相對投入量	專業技術人員擁有量	科技服務人員擁有量	專業技術人員相對擁	科技服務人員相對擁	電腦人才擁有量	電腦人才相對擁有量
梅州	0.104	0.112	0.205	0.106	0.106	0.119	0.127	0.108	0.136
汕尾	0.101	0.106	0.151	0.1	0.101	0.1	0.106	0.105	0.136
河源	0.103	0.114	0.208	0.1	0.104	0.1	0.124	0.103	0.12
陽江	0.103	0.117	0.178	0.101	0.103	0.103	0.12	0.106	0.147
清遠	0.105	0.119	0.176	0.1	0.103	0.1	0.115	0.105	0.128
東莞	0.135	0.155	0.223	0.15	0.104	0.174	0.106	0.105	0.11
中山	0.13	0.225	0.346	0.155	0.104	0.316	0.124	0.106	0.135
潮州	0.102	0.108	0.146	0.103	0.103	0.114	0.12	0.106	0.146
揭陽	0.102	0.103	0.124	0.1	0.103	0.1	0.106	0.105	0.116
雲浮	0.105	0.126	0.291	0.102	0.102	0.111	0.111	0.104	0.133
南寧	0.112	0.123	0.202	0.129	0.15	0.154	0.244	0.119	0.154
柳州	0.109	0.131	0.202	0.124	0.113	0.179	0.164	0.11	0.152
桂林	0.108	0.121	0.212	0.117	0.115	0.145	0.16	0.108	0.132
梧州	0.101	0.103	0.123	0.106	0.104	0.126	0.126	0.104	0.128
北海	0.1	0.106	0.127	0.102	0.105	0.119	0.162	0.103	0.135
防城港	0.1	0.107	0.12	0.1	0.102	0.106	0.141	0.1	0.111
欽州	0.1	0.102	0.12	0.102	0.104	0.109	0.124	0.101	0.108
貴港	0.1	0.1	0.111	0.102	0.105	0.107	0.12	0.101	0.104
玉林	0.102	0.104	0.139	0.105	0.107	0.111	0.123	0.107	0.122
百色	0.103	0.109	0.173	0.103	0.106	0.112	0.133	0.106	0.135
賀州	0.101	0.107	0.16	0.102	0.102	0.113	0.122	0.102	0.123
河池	0.102	0.109	0.188	0.101	0.107	0.104	0.139	0.105	0.127
來賓	0.101	0.106	0.144	0.101	0.106	0.105	0.155	0.103	0.125
崇左	0.102	0.112	0.175	0.101	0.106	0.105	0.162	0.102	0.122
海口	0.104	0.126	0.201	0.116	0.119	0.2	0.28	0.111	0.205
三亞	0.107	0.25	0.602	0.117	0.101	0.406	0.136	0.101	0.134
重慶	0.18	0.134	0.249	0.222	0.206	0.152	0.169	0.155	0.134
成都	0.148	0.143	0.226	0.222	0.235	0.207	0.285	0.128	0.136
自貢	0.103	0.113	0.166	0.116	0.105	0.175	0.131	0.105	0.135
攀枝花	0.103	0.135	0.192	0.123	0.102	0.335	0.132	0.102	0.139
瀘州	0.102	0.107	0.155	0.105	0.105	0.114	0.119	0.104	0.116
德陽	0.104	0.113	0.162	0.114	0.105	0.148	0.124	0.103	0.114
綿陽	0.108	0.122	0.23	0.1	0.139	0.1	0.264	0.106	0.123
廣元	0.102	0.11	0.202	0.102	0.103	0.11	0.118	0.123	0.285
遂寧	0.101	0.106	0.152	0.188	0.102	0.434	0.111	0.102	0.114
內江	0.101	0.103	0.122	0.133	0.103	0.21	0.113	0.102	0.107
樂山	0.104	0.117	0.192	0.102	0.113	0.107	0.177	0.103	0.116
南充	0.103	0.105	0.16	0.1	0.106	0.101	0.117	0.106	0.116
眉山	0.101	0.105	0.135	0.101	0.102	0.105	0.112	0.102	0.11
宜賓	0.106	0.118	0.216	0.115	0.105	0.142	0.119	0.11	0.143
廣安	0.101	0.103	0.127	0.102	0.102	0.108	0.109	0.104	0.123
達州	0.103	0.106	0.153	0.101	0.106	0.102	0.12	0.11	0.134
雅安	0.101	0.115	0.195	0.119	0.102	0.254	0.125	0.104	0.156
巴中	0.101	0.103	0.17	0.1	0.103	0.101	0.114	0.103	0.12
資陽	0.103	0.111	0.176	0.102	0.102	0.108	0.108	0.104	0.119
貴陽	0.116	0.147	0.317	0.287	0.133	0.634	0.247	0.124	0.208
六盤水	0.102	0.111	0.177	0.101	0.103	0.103	0.121	0.103	0.12
遵義	0.106	0.111	0.199	0.117	0.111	0.134	0.134	0.106	0.117
安順	0.102	0.111	0.25	0.101	0.105	0.103	0.142	0.103	0.123
昆明	0.119	0.139	0.238	0.119	0.17	0.137	0.311	0.138	0.213
曲靖	0.106	0.112	0.192	0.1	0.106	0.1	0.116	0.103	0.108
玉溪	0.105	0.131	0.213	0.117	0.103	0.191	0.125	0.101	0.108
保山	0.101	0.106	0.181	0.111	0.103	0.153	0.118	0.102	0.117
昭通	0.103	0.108	0.253	0.1	0.104	0.1	0.111	0.103	0.111
麗江	0.102	0.12	0.314	0.105	0.102	0.147	0.128	0.102	0.128
普洱	0.103	0.117	0.33	0.1	0.105	0.102	0.138	0.103	0.125
臨滄	0.101	0.106	0.195	0.1	0.101	0.1	0.108	0.102	0.119

表 4.9.1 2012 年城市科技競爭力三級指標分值

城市	科技經費絕對投入量	人均科技經費擁有量	科技經費相對投入量	專業技術人員擁有量	科技服務人員擁有量	專業技術人員相對擁	科技服務人員相對擁	電腦人才擁有量	電腦人才相對擁有量
拉薩	0.11	0.363	1	0.1	0.112	0.1	0.563	0.108	0.402
西安	0.119	0.128	0.185	0.322	0.278	0.423	0.511	0.206	0.344
銅川	0.101	0.114	0.174	0.101	0.102	0.111	0.143	0.102	0.158
寶雞	0.105	0.118	0.182	0.18	0.11	0.365	0.149	0.107	0.136
咸陽	0.103	0.108	0.143	0.105	0.114	0.112	0.152	0.107	0.125
渭南	0.102	0.104	0.138	0.102	0.113	0.105	0.145	0.105	0.118
延安	0.107	0.143	0.224	0.1	0.105	0.101	0.142	0.106	0.157
漢中	0.103	0.11	0.187	0.114	0.11	0.15	0.155	0.106	0.135
榆林	0.114	0.155	0.22	0.117	0.107	0.163	0.14	0.104	0.121
安康	0.102	0.108	0.192	0.1	0.105	0.102	0.136	0.103	0.124
商洛	0.101	0.109	0.198	0.115	0.103	0.177	0.126	0.102	0.118
蘭州	0.109	0.131	0.219	0.158	0.151	0.297	0.374	0.111	0.16
嘉峪關	0.1	0.126	0.133	0.107	0.1	0.49	0.13	0.1	0.17
金昌	0.101	0.13	0.176	0.107	0.1	0.297	0.121	0.1	0.124
白銀	0.101	0.108	0.157	0.106	0.103	0.145	0.13	0.102	0.126
天水	0.103	0.111	0.255	0.11	0.109	0.138	0.153	0.105	0.129
武威	0.1	0.104	0.154	0.101	0.104	0.108	0.143	0.101	0.111
張掖	0.101	0.114	0.199	0.102	0.107	0.116	0.216	0.102	0.129
平涼	0.101	0.109	0.212	0.102	0.107	0.11	0.164	0.102	0.121
酒泉	0.102	0.122	0.169	0.101	0.104	0.108	0.174	0.102	0.132
慶陽	0.102	0.113	0.203	0.101	0.103	0.105	0.123	0.102	0.116
定西	0.102	0.111	0.356	0.105	0.102	0.123	0.114	0.101	0.108
隴南	0.101	0.103	0.184	0.1	0.102	0.1	0.111	0.1	0.1
西寧	0.102	0.115	0.12	0.102	0.128	0.11	0.344	0.112	0.208
銀川	0.105	0.132	0.198	0.1	0.118	0.1	0.278	0.108	0.184
石嘴山	0.1	0.113	0.135	0.1	0.101	0.1	0.118	0.101	0.138
吳忠	0.101	0.114	0.205	0.101	0.102	0.11	0.133	0.101	0.123
固原	0.101	0.116	0.352	0.101	0.101	0.114	0.122	0.101	0.117
中衛	0.101	0.113	0.207	0.102	0.1	0.121	0.1	0.1	0.108
烏魯木齊	0.109	0.139	0.204	0.192	0.139	0.463	0.342	0.111	0.169
克拉瑪依	0.104	0.248	0.189	0.1	0.101	0.1	0.156	0.102	0.205
香港	0.587	1	0.591	0.381	0.424	0.518	0.994	0.143	0.216
澳門	0.119	0.555	0.257	0.114	0.111	0.403	0.493	0.101	0.135
新北	0.214	0.483	0.448	0.166	0.164	0.308	0.42	0.108	0.139
臺北	0.177	0.481	0.448	0.201	0.143	0.571	0.418	0.188	0.752
台中	0.178	0.483	0.448	0.122	0.144	0.204	0.42	0.105	0.139
台南	0.155	0.487	0.448	0.116	0.131	0.205	0.423	0.104	0.139
高雄	0.182	0.486	0.448	0.124	0.146	0.205	0.423	0.106	0.139
基隆	0.111	0.496	0.448	0.103	0.106	0.208	0.431	0.1	0.14
新竹	0.112	0.479	0.448	0.104	0.107	0.203	0.417	0.1	0.138
嘉義	0.108	0.49	0.448	0.102	0.104	0.206	0.426	0.1	0.14

表 4.9.2 2012 年城市科技競爭力三級指標分值(續)

城市	科研人員吸引指數	大學科研院所指數	大學科研院所相對擁有量	科研環境指數	專利總數	論文發表數	科技成果數	科技成果轉換率	科技進步對 GDP 貢獻率
北京	1	1	0.328	1	1	1	1	1	0.996
天津	0.621	0.656	0.312	0.719	0.447	0.367	0.828	0.482	0.856
石家莊	0.337	0.565	0.327	0.438	0.282	0.178	0.299	0.384	0.771
唐山	0.147	0.191	0.16	0.156	0.139	0.118	0.189	0.384	0.801
秦皇島	0.147	0.171	0.217	0.156	0.143	0.145	0.173	0.454	0.831
邯鄲	0.147	0.151	0.127	0.156	0.126	0.118	0.13	0.381	0.707
邢臺	0.147	0.14	0.128	0.156	0.144	0.135	0.17	0.375	0.746
保定	0.147	0.242	0.163	0.156	0.141	0.118	0.162	0.382	0.761
張家口	0.147	0.151	0.158	0.156	0.123	0.115	0.182	0.376	0.776
承德	0.147	0.151	0.172	0.156	0.138	0.131	0.128	0.381	0.771

表 4.9.2 2012 年城市科技競爭力三級指標分值(續)

城市	科研人員吸引指數	大學科研院所指數	大學科研院所相對擁有量	科研環境指數	專利總數	論文發表數	科技成果數	科技成果轉換率	科技進步對GDP 貢獻率
滄州	0.147	0.171	0.149	0.156	0.135	0.117	0.163	0.399	0.767
廊坊	0.147	0.211	0.226	0.156	0.121	0.125	0.155	0.374	0.768
衡水	0.1	0.12	0.123	0.109	0.16	0.133	0.131	0.389	0.536
太原	0.289	0.525	0.601	0.391	0.214	0.14	0.142	0.372	0.743
大同	0.147	0.11	0.115	0.156	0.171	0.153	0.179	0.376	0.723
陽泉	0.147	0.12	0.173	0.156	0.141	0.115	0.158	0.395	0.51
長治	0.147	0.161	0.19	0.156	0.125	0.12	0.131	0.395	0.724
晉城	0.147	0.12	0.144	0.156	0.127	0.124	0.128	0.392	0.515
朔州	0.147	0.1	0.1	0.156	0.14	0.128	0.142	0.36	0.676
晉中	0.147	0.181	0.223	0.156	0.13	0.126	0.151	0.36	0.61
運城	0.147	0.14	0.139	0.156	0.132	0.118	0.139	0.392	0.562
忻州	0.147	0.14	0.165	0.156	0.144	0.131	0.161	0.381	0.605
臨汾	0.1	0.14	0.146	0.109	0.145	0.124	0.151	0.368	0.586
呂梁	0.1	0.12	0.127	0.109	0.131	0.13	0.551	0.37	0.61
呼和浩特	0.242	0.322	0.484	0.344	0.15	0.151	0.17	0.377	0.624
包頭	0.1	0.181	0.251	0.109	0.136	0.134	0.145	0.394	0.583
烏海	0.1	0.11	0.194	0.109	0.133	0.123	0.157	0.375	0.59
赤峰	0.1	0.12	0.123	0.109	0.13	0.107	0.161	0.384	0.581
通遼	0.1	0.13	0.148	0.109	0.11	0.116	0.144	0.385	0.596
鄂爾多斯	0.1	0.12	0.151	0.109	0.143	0.119	0.141	0.365	0.837
呼倫貝爾	0.1	0.12	0.139	0.109	0.126	0.145	0.131	0.393	0.599
巴彥淖爾	0.1	0.11	0.13	0.109	0.126	0.117	0.129	0.381	0.61
烏蘭察布	0.1	0.13	0.17	0.109	0.138	0.127	0.129	0.38	0.606
瀋陽	0.621	0.515	0.354	0.719	0.419	0.28	0.323	0.525	0.806
大連	0.811	0.413	0.332	0.859	0.222	0.218	0.385	0.53	0.8
鞍山	0.147	0.13	0.141	0.156	0.154	0.14	0.161	0.448	0.718
撫順	0.147	0.161	0.241	0.156	0.148	0.134	0.159	0.418	0.718
本溪	0.147	0.12	0.159	0.156	0.127	0.15	0.196	0.461	0.698
丹東	0.147	0.13	0.162	0.156	0.135	0.14	0.155	0.465	0.715
錦州	0.147	0.191	0.244	0.156	0.123	0.141	0.175	0.446	0.68
營口	0.147	0.12	0.141	0.156	0.162	0.136	0.185	0.468	0.707
阜新	0.1	0.12	0.155	0.109	0.131	0.123	0.168	0.432	0.656
遼陽	0.1	0.14	0.208	0.109	0.131	0.148	0.15	0.442	0.675
盤錦	0.1	0.12	0.172	0.109	0.143	0.151	0.151	0.46	0.657
鐵嶺	0.1	0.14	0.174	0.109	0.121	0.141	0.166	0.413	0.77
朝陽	0.1	0.11	0.116	0.109	0.13	0.14	0.162	0.435	0.669
葫蘆島	0.1	0.11	0.119	0.109	0.139	0.15	0.142	0.426	0.193
長春	0.621	0.464	0.335	0.813	0.246	0.233	0.199	0.376	0.805
吉林	0.147	0.181	0.191	0.156	0.145	0.142	0.127	0.385	0.994
四平	0.147	0.13	0.144	0.156	0.1	0.144	0.152	0.373	0.574
遼源	0.147	0.12	0.185	0.156	0.139	0.135	0.151	0.358	0.536
通化	0.147	0.11	0.122	0.156	0.13	0.128	0.132	0.344	0.595
白山	0.147	0.11	0.139	0.156	0.122	0.132	0.146	0.378	0.624
松原	0.147	0.11	0.117	0.156	0.116	0.143	0.141	0.343	0.569
白城	0.1	0.13	0.174	0.109	0.142	0.139	0.131	0.367	0.59
哈爾濱	0.716	0.596	0.331	0.813	0.255	0.304	0.286	0.481	0.807
齊齊哈爾	0.147	0.151	0.147	0.156	0.147	0.128	0.169	0.397	0.629
雞西	0.1	0.11	0.127	0.109	0.158	0.127	0.152	0.398	0.501
鶴崗	0.1	0.11	0.147	0.109	0.166	0.154	0.164	0.369	0.515
雙鴨山	0.1	0.11	0.134	0.109	0.144	0.137	0.166	0.385	0.493
大慶	0.242	0.181	0.238	0.438	0.126	0.151	0.163	0.401	0.514
伊春	0.1	0.11	0.144	0.109	0.151	0.136	0.13	0.397	0.502
佳木斯	0.1	0.13	0.159	0.109	0.146	0.132	0.162	0.409	0.512
七台河	0.1	0.11	0.154	0.109	0.13	0.131	0.147	0.368	0.348
牡丹江	0.1	0.171	0.225	0.109	0.116	0.125	0.162	0.377	0.636
黑河	0.1	0.11	0.13	0.109	0.125	0.144	0.154	0.366	0.57
綏化	0.1	0.11	0.109	0.109	0.153	0.125	0.15	0.404	0.498

表 4.9.2 2012 年城市科技競爭力三級指標分值(續)

城市	科研人員吸引指數	大學科研院所指數	大學科研院所相對擁有量	科研環境指數	專利總數	論文發表數	科技成果數	科技成果轉換率	科技進步對GDP 貢獻率
上海	1	0.767	0.244	1	0.666	0.636	0.99	0.995	1
南京	0.905	0.525	0.363	0.953	0.367	0.442	0.457	0.623	0.8
無錫	0.526	0.211	0.187	0.484	0.165	0.155	0.18	0.753	0.79
徐州	0.242	0.181	0.147	0.297	0.154	0.163	0.186	0.392	0.789
常州	0.195	0.191	0.198	0.203	0.154	0.134	0.196	0.527	0.812
蘇州	0.811	0.302	0.196	0.887	0.16	0.182	0.248	0.875	0.8
南通	0.432	0.161	0.141	0.456	0.135	0.142	0.169	0.526	0.806
連雲港	0.147	0.13	0.134	0.156	0.154	0.132	0.173	0.413	0.619
淮安	0.147	0.161	0.163	0.156	0.134	0.129	0.178	0.414	0.437
鹽城	0.147	0.151	0.135	0.156	0.129	0.136	0.159	0.38	0.395
揚州	0.147	0.151	0.156	0.156	0.154	0.148	0.159	0.413	0.611
鎮江	0.195	0.151	0.181	0.297	0.139	0.144	0.153	0.401	0.84
泰州	0.147	0.13	0.133	0.156	0.137	0.15	0.14	0.41	0.607
宿遷	0.147	0.11	0.111	0.156	0.148	0.152	0.174	0.385	0.614
杭州	0.905	0.474	0.313	0.906	0.273	0.214	0.282	0.698	0.764
寧波	0.811	0.242	0.192	0.859	0.192	0.167	0.441	0.656	0.799
溫州	0.337	0.161	0.133	0.362	0.171	0.15	0.251	0.613	0.681
嘉興	0.242	0.161	0.167	0.259	0.145	0.142	0.163	0.619	0.504
湖州	0.195	0.13	0.152	0.203	0.131	0.114	0.131	0.259	0.669
紹興	0.195	0.171	0.171	0.203	0.14	0.139	0.151	0.672	0.655
金華	0.195	0.181	0.175	0.203	0.126	0.124	0.126	0.403	0.671
衢州	0.195	0.12	0.147	0.203	0.125	0.127	0.142	0.381	0.689
舟山	0.195	0.13	0.234	0.203	0.129	0.128	0.133	0.462	0.694
台州	0.195	0.14	0.134	0.203	0.124	0.105	0.152	0.467	0.655
麗水	0.147	0.13	0.171	0.156	0.112	0.125	0.121	0.299	0.613
合肥	0.716	0.545	0.487	0.766	0.249	0.224	0.373	0.486	0.804
蕪湖	0.147	0.201	0.322	0.156	0.131	0.123	0.16	0.368	0.639
蚌埠	0.147	0.151	0.179	0.156	0.127	0.136	0.158	0.387	0.623
淮南	0.147	0.151	0.207	0.156	0.128	0.154	0.134	0.381	0.623
馬鞍山	0.147	0.161	0.32	0.156	0.147	0.131	0.155	0.401	0.798
淮北	0.1	0.13	0.171	0.109	0.158	0.144	0.15	0.415	0.615
銅陵	0.1	0.13	0.308	0.109	0.143	0.15	0.135	0.365	0.59
安慶	0.1	0.14	0.138	0.109	0.132	0.121	0.166	0.388	0.555
黃山	0.1	0.11	0.137	0.109	0.14	0.151	0.136	0.377	0.574
滁州	0.1	0.14	0.151	0.109	0.131	0.122	0.147	0.402	0.571
阜陽	0.1	0.14	0.126	0.109	0.128	0.125	0.157	0.374	0.56
宿州	0.1	0.12	0.119	0.109	0.135	0.145	0.147	0.38	0.583
六安	0.1	0.151	0.145	0.109	0.126	0.155	0.18	0.372	0.577
亳州	0.1	0.12	0.121	0.109	0.137	0.117	0.158	0.388	0.582
池州	0.1	0.13	0.207	0.109	0.114	0.13	0.116	0.383	0.576
宣城	0.1	0.11	0.12	0.109	0.149	0.126	0.15	0.381	0.588
福州	0.621	0.413	0.319	0.709	0.206	0.185	0.242	0.541	0.75
廈門	0.811	0.272	0.342	0.822	0.248	0.191	0.274	0.688	0.761
莆田	0.147	0.12	0.136	0.156	0.137	0.125	0.128	0.402	0.463
三明	0.147	0.13	0.16	0.156	0.133	0.119	0.131	0.409	0.483
泉州	0.195	0.272	0.205	0.203	0.131	0.134	0.155	0.539	0.1
漳州	0.195	0.171	0.173	0.203	0.132	0.144	0.129	0.395	0.489
南平	0.147	0.14	0.176	0.156	0.14	0.107	0.135	0.418	0.571
龍岩	0.147	0.12	0.139	0.156	0.142	0.134	0.12	0.377	0.485
寧德	0.147	0.12	0.136	0.156	0.137	0.114	0.143	0.395	0.481
南昌	0.432	0.545	0.537	0.484	0.197	0.185	0.2	0.439	0.583
景德鎮	0.195	0.13	0.195	0.203	0.148	0.135	0.13	0.397	0.568
萍鄉	0.147	0.11	0.127	0.156	0.13	0.119	0.124	0.395	0.887
九江	0.147	0.171	0.174	0.156	0.114	0.136	0.11	0.398	0.561
新餘	0.147	0.11	0.144	0.156	0.13	0.123	0.116	0.397	0.562
鷹潭	0.147	0.11	0.145	0.156	0.152	0.135	0.156	0.379	0.214
贛州	0.147	0.181	0.148	0.156	0.129	0.133	0.15	0.394	0.542

表 4.9.2 2012 年城市科技競爭力三級指標分值(續)

城市	科研人員吸引指數	大學科研院所指數	大學科研院所相對擁有量	科研環境指數	專利總數	論文發表數	科技成果數	科技成果轉換率	科技進步對GDP貢獻率
吉安	0.147	0.11	0.11	0.156	0.129	0.119	0.122	0.389	0.564
宜春	0.147	0.12	0.119	0.156	0.149	0.121	0.132	0.389	0.57
撫州	0.147	0.14	0.151	0.156	0.139	0.132	0.151	0.374	0.558
上饒	0.147	0.13	0.123	0.156	0.137	0.125	0.143	0.379	0.555
濟南	0.621	0.767	0.586	0.775	0.237	0.22	0.245	0.729	0.799
青島	0.811	0.353	0.244	0.887	0.223	0.219	0.333	0.758	0.842
淄博	0.147	0.191	0.2	0.156	0.148	0.147	0.144	0.46	0.776
棗莊	0.147	0.13	0.14	0.156	0.146	0.132	0.136	0.491	0.765
東營	0.147	0.151	0.223	0.156	0.147	0.123	0.128	0.498	0.725
煙臺	0.147	0.201	0.172	0.156	0.152	0.145	0.213	0.489	0.832
濰坊	0.147	0.211	0.161	0.156	0.149	0.146	0.155	0.455	0.758
濟寧	0.147	0.171	0.143	0.156	0.135	0.154	0.12	0.448	0.796
泰安	0.147	0.171	0.164	0.156	0.132	0.133	0.125	0.449	0.849
威海	0.147	0.171	0.225	0.156	0.122	0.123	0.19	0.538	0.894
日照	0.147	0.12	0.136	0.156	0.143	0.14	0.112	0.457	0.794
萊蕪	0.147	0.12	0.177	0.156	0.131	0.136	0.15	0.458	0.738
臨沂	0.147	0.13	0.115	0.156	0.121	0.133	0.138	0.457	0.795
德州	0.147	0.14	0.136	0.156	0.138	0.109	0.126	0.469	0.795
聊城	0.147	0.13	0.126	0.156	0.161	0.125	0.17	0.451	0.776
濱州	0.1	0.13	0.14	0.109	0.148	0.118	0.103	0.456	0.77
菏澤	0.1	0.13	0.118	0.109	0.137	0.131	0.15	0.47	0.786
鄭州	0.526	0.585	0.378	0.559	0.204	0.194	0.236	0.494	0.624
開封	0.147	0.13	0.132	0.156	0.125	0.116	0.145	0.388	0.586
洛陽	0.147	0.13	0.123	0.156	0.144	0.129	0.134	0.377	0.613
平頂山	0.147	0.14	0.141	0.156	0.127	0.116	0.116	0.411	0.623
安陽	0.1	0.13	0.129	0.109	0.113	0.127	0.124	0.398	0.606
鶴壁	0.1	0.11	0.132	0.109	0.153	0.129	0.128	0.4	0.633
新鄉	0.1	0.201	0.188	0.109	0.131	0.128	0.149	0.399	0.633
焦作	0.1	0.151	0.171	0.109	0.141	0.128	0.129	0.393	0.471
濮陽	0.1	0.11	0.114	0.109	0.144	0.131	0.115	0.409	0.592
許昌	0.1	0.13	0.135	0.109	0.118	0.13	0.155	0.396	0.615
漯河	0.1	0.13	0.159	0.109	0.142	0.121	0.122	0.406	0.571
三門峽	0.1	0.11	0.122	0.109	0.132	0.132	0.121	0.405	0.594
南陽	0.1	0.14	0.12	0.109	0.138	0.122	0.116	0.398	0.629
商丘	0.1	0.161	0.141	0.109	0.127	0.125	0.132	0.392	0.589
信陽	0.1	0.14	0.133	0.109	0.16	0.118	0.149	0.385	0.601
周口	0.1	0.13	0.117	0.109	0.136	0.126	0.139	0.395	0.602
駐馬店	0.1	0.12	0.114	0.109	0.144	0.128	0.115	0.407	0.586
武漢	0.811	0.889	0.5	0.859	0.341	0.361	0.476	0.486	0.812
黃石	0.147	0.13	0.162	0.156	0.145	0.124	0.14	0.376	0.794
十堰	0.242	0.14	0.16	0.391	0.126	0.125	0.151	0.403	0.735
宜昌	0.147	0.151	0.162	0.156	0.142	0.147	0.141	0.373	0.583
襄陽	0.147	0.14	0.136	0.156	0.137	0.113	0.153	0.377	0.671
鄂州	0.147	0.11	0.148	0.156	0.146	0.131	0.12	0.374	0.592
荊門	0.147	0.11	0.117	0.156	0.14	0.135	0.11	0.368	0.664
孝感	0.147	0.12	0.121	0.156	0.124	0.115	0.139	0.381	0.795
荊州	0.147	0.191	0.179	0.156	0.148	0.146	0.144	0.384	0.585
黃岡	0.147	0.14	0.133	0.156	0.126	0.118	0.142	0.38	0.718
咸寧	0.1	0.13	0.161	0.109	0.126	0.125	0.152	0.375	0.674
隨州	0.1	0.11	0.123	0.109	0.14	0.139	0.117	0.366	0.669
長沙	0.716	0.585	0.442	0.803	0.251	0.228	0.249	0.298	0.814
株洲	0.195	0.181	0.204	0.203	0.123	0.149	0.136	0.256	0.627
湘潭	0.147	0.191	0.264	0.156	0.172	0.155	0.143	0.127	0.618
衡陽	0.147	0.181	0.156	0.156	0.122	0.112	0.134	0.181	0.66
邵陽	0.147	0.13	0.121	0.156	0.129	0.128	0.141	0.235	0.612
岳陽	0.147	0.14	0.137	0.156	0.137	0.143	0.104	0.24	0.546
常德	0.147	0.14	0.135	0.156	0.135	0.127	0.117	0.235	0.615

表 4.9.2 2012 年城市科技競爭力三級指標分值(續)

城市	科研人員吸引指數	大學科研院所指數	大學科研院所相對擁有量	科研環境指數	專利總數	論文發表數	科技成果數	科技成果轉換率	科技進步對GDP 貢獻率
張家界	0.1	0.12	0.168	0.109	0.146	0.127	0.125	0.259	0.48
益陽	0.147	0.14	0.147	0.156	0.146	0.125	0.151	0.186	0.564
郴州	0.147	0.12	0.122	0.156	0.131	0.125	0.147	0.152	0.602
永州	0.1	0.13	0.129	0.109	0.126	0.135	0.116	0.1	0.606
懷化	0.1	0.13	0.132	0.109	0.148	0.152	0.129	0.191	0.604
婁底	0.1	0.13	0.14	0.109	0.129	0.14	0.14	0.192	0.617
廣州	0.905	0.879	0.404	0.906	0.328	0.345	0.237	0.761	0.844
韶關	0.242	0.12	0.135	0.306	0.13	0.126	0.108	0.585	0.827
深圳	1	0.181	0.139	1	0.319	0.263	0.272	0.527	0.832
珠海	0.289	0.201	0.421	0.391	0.16	0.114	0.163	0.53	0.727
汕頭	0.242	0.11	0.109	0.269	0.136	0.109	0.174	0.504	0.727
佛山	0.337	0.13	0.121	0.419	0.149	0.129	0.155	0.552	0.737
江門	0.195	0.13	0.134	0.203	0.128	0.128	0.122	0.491	0.735
湛江	0.195	0.13	0.121	0.203	0.127	0.128	0.109	0.469	0.72
茂名	0.195	0.12	0.117	0.203	0.134	0.143	0.156	0.48	0.614
肇慶	0.147	0.14	0.151	0.156	0.155	0.136	0.117	0.503	0.729
惠州	0.526	0.11	0.111	0.438	0.133	0.126	0.151	0.737	0.762
梅州	0.195	0.11	0.112	0.203	0.125	0.121	0.148	0.467	0.745
汕尾	0.147	0.11	0.117	0.156	0.145	0.132	0.121	0.494	0.737
河源	0.147	0.11	0.117	0.156	0.126	0.135	0.129	0.493	0.73
陽江	0.147	0.11	0.121	0.156	0.158	0.125	0.141	0.488	0.6
清遠	0.147	0.11	0.114	0.156	0.137	0.124	0.143	0.502	0.739
東莞	0.716	0.151	0.13	0.794	0.158	0.125	0.183	0.815	0.729
中山	0.716	0.14	0.164	0.756	0.166	0.134	0.164	0.731	0.738
潮州	0.147	0.11	0.119	0.156	0.149	0.137	0.128	0.483	0.725
揭陽	0.147	0.12	0.117	0.156	0.14	0.118	0.16	0.482	0.725
雲浮	0.147	0.11	0.121	0.156	0.151	0.126	0.116	0.451	0.73
南寧	0.432	0.413	0.333	0.484	0.195	0.214	0.189	0.381	0.864
柳州	0.147	0.171	0.193	0.156	0.137	0.124	0.115	0.388	0.856
桂林	0.147	0.191	0.195	0.156	0.136	0.132	0.14	0.374	0.87
梧州	0.1	0.11	0.117	0.109	0.134	0.131	0.146	0.35	0.657
北海	0.1	0.14	0.23	0.109	0.149	0.15	0.141	0.371	0.645
防城港	0.1	0.1	0.1	0.109	0.138	0.151	0.139	0.383	0.596
欽州	0.1	0.12	0.133	0.109	0.148	0.14	0.158	0.397	0.607
貴港	0.1	0.11	0.112	0.109	0.127	0.138	0.149	0.378	0.579
玉林	0.1	0.11	0.109	0.109	0.126	0.129	0.126	0.401	0.59
百色	0.1	0.151	0.172	0.109	0.136	0.118	0.112	0.378	0.577
賀州	0.1	0.11	0.126	0.109	0.134	0.115	0.116	0.379	0.581
河池	0.1	0.12	0.13	0.109	0.126	0.123	0.115	0.38	0.598
來賓	0.1	0.11	0.124	0.109	0.12	0.113	0.135	0.367	0.579
崇左	0.1	0.13	0.175	0.109	0.114	0.127	0.123	0.381	0.58
海口	0.337	0.201	0.345	0.381	0.161	0.131	0.162	0.43	0.589
三亞	0.1	0.151	0.466	0.109	0.123	0.13	0.137	0.457	0.58
重慶	0.526	0.666	0.197	0.616	0.308	0.22	0.309	0.554	0.804
成都	0.621	0.606	0.279	0.691	0.289	0.205	0.246	0.198	0.811
自貢	0.1	0.11	0.119	0.109	0.125	0.127	0.13	0.314	0.664
攀枝花	0.1	0.12	0.183	0.109	0.136	0.14	0.14	0.319	0.614
瀘州	0.1	0.14	0.148	0.109	0.131	0.142	0.152	0.338	0.607
德陽	0.1	0.151	0.169	0.109	0.136	0.141	0.119	0.321	0.633
綿陽	0.337	0.181	0.187	0.438	0.144	0.118	0.151	0.32	0.707
廣元	0.1	0.11	0.12	0.109	0.14	0.143	0.121	0.343	0.349
遂寧	0.1	0.11	0.115	0.109	0.16	0.133	0.149	0.317	0.63
內江	0.1	0.12	0.127	0.109	0.127	0.133	0.16	0.339	0.614
樂山	0.1	0.13	0.147	0.109	0.129	0.127	0.151	0.32	0.754
南充	0.1	0.14	0.132	0.109	0.121	0.128	0.153	0.319	0.623
眉山	0.1	0.12	0.134	0.109	0.137	0.128	0.139	0.328	0.631
宜賓	0.1	0.12	0.122	0.109	0.131	0.138	0.148	0.321	0.621

表 4.9.2 2012 年城市科技競爭力三級指標分值(續)

城市	科研人員吸引指數	大學科研院所指數	大學科研院所相對擁有量	科研環境指數	專利總數	論文發表數	科技成果數	科技成果轉換率	科技進步對GDP 貢獻率
廣安	0.1	0.11	0.116	0.109	0.148	0.129	0.115	0.33	0.613
達州	0.1	0.12	0.118	0.109	0.132	0.118	0.119	0.312	0.605
雅安	0.1	0.12	0.167	0.109	0.128	0.132	0.144	0.342	0.629
巴中	0.1	0.1	0.1	0.109	0.121	0.128	0.118	0.327	0.607
資陽	0.1	0.1	0.1	0.109	0.13	0.104	0.121	0.36	0.611
貴陽	0.384	0.353	0.39	0.391	0.21	0.19	0.199	0.296	0.65
六盤水	0.1	0.12	0.135	0.109	0.145	0.13	0.122	0.285	0.649
遵義	0.1	0.161	0.149	0.109	0.132	0.126	0.129	0.278	0.661
安順	0.1	0.12	0.144	0.109	0.156	0.12	0.134	0.282	0.661
昆明	0.432	0.484	0.396	0.522	0.216	0.191	0.194	0.541	0.713
曲靖	0.1	0.13	0.126	0.109	0.137	0.133	0.135	0.388	0.63
玉溪	0.147	0.12	0.144	0.156	0.137	0.12	0.14	0.385	0.619
保山	0.1	0.13	0.16	0.109	0.151	0.13	0.123	0.365	0.626
昭通	0.1	0.11	0.11	0.109	0.12	0.118	0.121	0.329	0.63
麗江	0.1	0.12	0.182	0.109	0.115	0.119	0.1	0.345	0.629
普洱	0.1	0.12	0.139	0.109	0.13	0.108	0.123	0.365	0.643
臨滄	0.1	0.11	0.121	0.109	0.132	0.115	0.121	0.382	0.756
拉薩	0.147	0.151	0.549	0.156	0.125	0.125	0.125	0.366	0.752
西安	0.716	0.606	0.396	0.784	0.221	0.214	0.222	0.362	0.812
銅川	0.1	0.11	0.16	0.109	0.138	0.117	0.124	0.394	0.498
寶雞	0.1	0.13	0.14	0.109	0.121	0.148	0.121	0.402	0.802
咸陽	0.1	0.231	0.233	0.109	0.132	0.11	0.115	0.403	0.502
渭南	0.1	0.11	0.109	0.109	0.131	0.1	0.138	0.382	0.515
延安	0.1	0.12	0.146	0.109	0.126	0.145	0.139	0.387	0.51
漢中	0.1	0.11	0.115	0.109	0.111	0.14	0.121	0.402	0.681
榆林	0.1	0.13	0.145	0.109	0.145	0.125	0.138	0.391	0.508
安康	0.1	0.12	0.138	0.109	0.128	0.114	0.153	0.401	0.501
商洛	0.1	0.12	0.143	0.109	0.141	0.114	0.151	0.386	0.51
蘭州	0.526	0.353	0.447	0.531	0.222	0.217	0.183	0.337	0.74
嘉峪關	0.1	0.11	0.316	0.109	0.133	0.122	0.151	0.332	0.676
金昌	0.1	0.1	0.1	0.109	0.124	0.117	0.127	0.306	0.657
白銀	0.1	0.1	0.1	0.109	0.138	0.13	0.111	0.337	0.687
天水	0.1	0.13	0.146	0.109	0.147	0.142	0.114	0.318	0.657
武威	0.1	0.11	0.128	0.109	0.12	0.141	0.144	0.307	0.673
張掖	0.1	0.12	0.184	0.109	0.11	0.119	0.139	0.319	0.674
平涼	0.1	0.11	0.124	0.109	0.114	0.1	0.14	0.333	0.698
酒泉	0.1	0.11	0.146	0.109	0.129	0.116	0.137	0.312	0.683
慶陽	0.1	0.11	0.123	0.109	0.126	0.11	0.136	0.293	0.66
定西	0.1	0.11	0.119	0.109	0.123	0.109	0.13	0.108	0.615
隴南	0.1	0.11	0.12	0.1	0.118	0.133	0.125	0.124	0.644
西寧	0.337	0.191	0.304	0.4	0.14	0.139	0.123	0.325	0.667
銀川	0.289	0.221	0.4	0.297	0.155	0.144	0.147	0.379	0.721
石嘴山	0.1	0.11	0.169	0.109	0.116	0.112	0.134	0.333	0.685
吳忠	0.1	0.11	0.139	0.109	0.128	0.128	0.128	0.334	0.662
固原	0.1	0.11	0.141	0.109	0.131	0.111	0.117	0.306	0.675
中衛	0.1	0.1	0.1	0.1	0.123	0.115	0.117	0.301	0.66
烏魯木齊	0.337	0.282	0.39	0.344	0.13	0.117	0.144	0.333	0.8
克拉瑪依	0.147	0.11	0.228	0.156	0.143	0.133	0.123	0.327	0.765
香港	1	0.403	0.312	0.859	0.55	0.964	0.928	0.751	0.818
澳門	0.242	0.201	1	0.203	0.19	0.163	0.153	0.718	0.632
新北	0.147	0.333	0.395	0.156	0.209	0.193	0.367	0.446	0.696
臺北	0.811	0.373	0.611	0.813	0.723	0.904	0.843	0.689	0.812
台中	0.147	0.262	0.401	0.156	0.16	0.144	0.299	0.439	0.655
台南	0.147	0.211	0.394	0.156	0.192	0.192	0.276	0.41	0.719
高雄	0.147	0.262	0.389	0.156	0.166	0.165	0.321	0.352	0.658
基隆	0.147	0.12	0.364	0.156	0.163	0.183	0.337	0.398	0.736
新竹	0.147	0.12	0.339	0.156	0.182	0.219	0.332	0.366	0.671

表 4.9.2 2012 年城市科技競爭力三級指標分值(續)

城市	科研人員吸引指數	大學科研院所指數	大學科研院所相對擁有量	科研環境指數	專利總數	論文發表數	科技成果數	科技成果轉換率	科技進步對GDP 貢獻率
嘉義	0.147	0.12	0.47	0.156	0.152	0.204	0.3	0.381	0.726

4.10 城市文化形象競爭力三級指標分值

表 4.10.1 2013 年城市文化形象競爭力三級指標分值

城市	劇院數	公共藏書總量	每百萬人影劇院數	每百人公共圖書數	誠信意識指數	競爭意識指數	重商意識指數	創新意識指數	寬容意識指數
北京	1	0.709	0.63	0.472	0.627	0.847	0.636	0.643	0.633
天津	0.234	0.265	0.219	0.228	0.522	0.302	0.457	0.281	0.29
石家莊	0.263	0.162	0.285	0.147	0.349	0.388	0.374	0.318	0.313
唐山	0.174	0.123	0.213	0.122	0.301	0.17	0.272	0.182	0.317
秦皇島	0.12	0.111	0.176	0.13	0.506	0.301	0.52	0.359	0.366
邯鄲	0.194	0.117	0.218	0.112	0.289	0.191	0.211	0.193	0.314
邢臺	0.219	0.11	0.293	0.11	0.213	0.247	0.247	0.28	0.216
保定	0.189	0.121	0.192	0.112	0.254	0.264	0.327	0.215	0.3
張家口	0.164	0.114	0.271	0.123	0.179	0.202	0.284	0.216	0.326
承德	0.159	0.109	0.297	0.118	0.244	0.265	0.297	0.257	0.28
滄州	0.159	0.109	0.196	0.108	0.267	0.196	0.248	0.228	0.311
廊坊	0.164	0.117	0.27	0.131	0.235	0.284	0.34	0.211	0.224
衡水	0.135	0.105	0.192	0.108	0.227	0.276	0.318	0.199	0.25
太原	0.149	0.151	0.236	0.208	0.208	0.2	0.204	0.239	0.258
大同	0.154	0.107	0.289	0.117	0.165	0.168	0.222	0.162	0.139
陽泉	0.115	0.106	0.225	0.144	0.144	0.154	0.186	0.159	0.151
長治	0.154	0.114	0.288	0.134	0.198	0.181	0.185	0.153	0.194
晉城	0.159	0.102	0.401	0.11	0.129	0.148	0.146	0.133	0.147
朔州	0.14	0.103	0.366	0.117	0.107	0.157	0.152	0.163	0.138
晉中	0.154	0.238	0.293	0.434	0.158	0.16	0.166	0.159	0.167
運城	0.164	0.114	0.244	0.121	0.153	0.14	0.165	0.129	0.192
忻州	0.174	0.109	0.379	0.123	0.17	0.118	0.147	0.135	0.175
臨汾	0.209	0.115	0.391	0.126	0.161	0.16	0.208	0.154	0.124
呂梁	0.14	0.107	0.223	0.115	0.162	0.154	0.211	0.143	0.148
呼和浩特	0.14	0.135	0.259	0.22	0.242	0.247	0.289	0.224	0.27
包頭	0.184	0.139	0.466	0.238	0.15	0.152	0.146	0.135	0.251
烏海	0.11	0.104	0.314	0.177	0.135	0.117	0.185	0.136	0.206
赤峰	0.11	0.108	0.126	0.113	0.11	0.115	0.151	0.158	0.256
通遼	0.13	0.109	0.209	0.123	0.122	0.134	0.189	0.195	0.207
鄂爾多斯	0.125	0.107	0.246	0.141	0.364	0.336	0.414	0.38	0.298
呼倫貝爾	0.169	0.107	0.414	0.122	0.14	0.148	0.116	0.119	0.175
巴彥淖爾	0.13	0.104	0.305	0.119	0.131	0.148	0.102	0.103	0.168
烏蘭察布	0.159	0.105	0.42	0.115	0.15	0.145	0.1	0.128	0.162
瀋陽	0.327	0.243	0.424	0.252	0.391	0.325	0.49	0.388	0.363
大連	0.13	0.237	0.151	0.279	0.37	0.299	0.516	0.401	0.438
鞍山	0.154	0.126	0.272	0.159	0.315	0.224	0.297	0.235	0.276
撫順	0.174	0.112	0.501	0.146	0.315	0.203	0.239	0.247	0.194
本溪	0.125	0.111	0.267	0.161	0.235	0.233	0.243	0.204	0.245
丹東	0.145	0.116	0.31	0.152	0.298	0.255	0.342	0.29	0.21
錦州	0.135	0.115	0.228	0.139	0.235	0.258	0.321	0.271	0.207
營口	0.12	0.112	0.194	0.14	0.194	0.209	0.316	0.254	0.227
阜新	0.12	0.104	0.226	0.119	0.257	0.182	0.351	0.25	0.216
遼陽	0.11	0.112	0.161	0.153	0.323	0.235	0.317	0.254	0.284
盤錦	0.115	0.105	0.223	0.134	0.267	0.171	0.264	0.254	0.208
鐵嶺	0.11	0.107	0.142	0.119	0.193	0.225	0.257	0.231	0.314
朝陽	0.13	0.107	0.213	0.117	0.232	0.201	0.283	0.264	0.25
葫蘆島	0.115	0.107	0.165	0.122	0.226	0.191	0.298	0.248	0.243
長春	0.214	0.189	0.271	0.189	0.519	0.343	0.484	0.317	0.491

表 4.10.1 2013 年城市文化形象競爭力三級指標分值

城市	劇院數	公共藏書總量	每百萬人影劇院數	每百人公共圖書數	誠信意識指數	競爭意識指數	重商意識指數	創新意識指數	寬容意識指數
吉林	0.12	0.125	0.152	0.144	0.248	0.239	0.268	0.205	0.334
四平	0.125	0.107	0.184	0.118	0.288	0.265	0.234	0.254	0.205
遼源	0.105	0.114	0.149	0.193	0.261	0.249	0.273	0.25	0.204
通化	0.11	0.109	0.149	0.133	0.272	0.183	0.297	0.211	0.229
白山	0.12	0.105	0.276	0.138	0.275	0.205	0.279	0.229	0.186
松原	0.105	0.105	0.12	0.116	0.247	0.198	0.244	0.284	0.221
白城	0.159	0.104	0.437	0.118	0.278	0.185	0.216	0.278	0.234
哈爾濱	0.446	0.192	0.476	0.17	0.479	0.436	0.44	0.413	0.456
齊齊哈爾	0.14	0.122	0.185	0.13	0.339	0.237	0.275	0.259	0.217
雞西	0.11	0.103	0.161	0.115	0.307	0.217	0.253	0.194	0.245
鶴崗	0.115	0.103	0.262	0.129	0.337	0.25	0.291	0.248	0.334
雙鴨山	0.105	0.103	0.138	0.118	0.338	0.262	0.249	0.221	0.313
大慶	0.179	0.139	0.414	0.208	0.319	0.22	0.262	0.168	0.229
伊春	0.14	0.107	0.498	0.146	0.326	0.261	0.278	0.273	0.228
佳木斯	0.174	0.108	0.436	0.127	0.364	0.184	0.281	0.225	0.206
七台河	0.115	0.101	0.286	0.12	0.334	0.285	0.284	0.216	0.213
牡丹江	0.115	0.108	0.161	0.124	0.308	0.244	0.22	0.268	0.248
黑河	0.13	0.103	0.305	0.117	0.353	0.223	0.228	0.203	0.292
綏化	0.164	0.112	0.237	0.116	0.362	0.183	0.287	0.19	0.266
上海	0.525	1	0.313	0.59	0.634	0.557	0.418	0.437	0.489
南京	0.238	0.276	0.3	0.314	0.406	0.526	0.526	0.402	0.547
無錫	0.337	0.146	0.53	0.176	0.572	0.511	0.664	0.484	0.655
徐州	0.145	0.134	0.16	0.125	0.413	0.416	0.453	0.336	0.317
常州	0.323	0.131	0.66	0.166	0.425	0.41	0.424	0.343	0.315
蘇州	0.243	0.205	0.258	0.226	0.871	0.854	0.692	0.806	0.771
南通	0.145	0.136	0.171	0.136	0.567	0.46	0.546	0.37	0.587
連雲港	0.135	0.121	0.191	0.133	0.385	0.392	0.445	0.358	0.281
淮安	0.14	0.116	0.195	0.122	0.414	0.368	0.414	0.312	0.256
鹽城	0.154	0.123	0.186	0.12	0.36	0.322	0.376	0.311	0.291
揚州	0.13	0.128	0.177	0.147	0.341	0.328	0.408	0.29	0.258
鎮江	0.337	0.125	0.98	0.172	0.438	0.355	0.431	0.325	0.292
泰州	0.145	0.12	0.211	0.13	0.426	0.343	0.412	0.303	0.3
宿遷	0.135	0.107	0.185	0.109	0.454	0.328	0.401	0.324	0.331
杭州	0.308	0.265	0.376	0.283	0.591	0.516	0.607	0.441	0.569
寧波	0.219	0.196	0.28	0.228	0.435	0.413	0.547	0.429	0.403
溫州	0.204	0.142	0.231	0.139	0.527	0.445	0.668	0.458	0.447
嘉興	0.308	0.154	0.633	0.223	0.482	0.375	0.561	0.476	0.438
湖州	0.12	0.126	0.179	0.18	0.352	0.354	0.587	0.422	0.406
紹興	0.253	0.133	0.46	0.158	0.558	0.499	0.634	0.483	0.476
金華	0.199	0.122	0.313	0.136	0.353	0.294	0.385	0.301	0.339
衢州	0.149	0.114	0.369	0.146	0.35	0.317	0.392	0.309	0.362
舟山	0.13	0.109	0.406	0.178	0.338	0.397	0.485	0.321	0.284
台州	0.278	0.122	0.444	0.129	0.375	0.401	0.636	0.467	0.557
麗水	0.169	0.116	0.478	0.149	0.321	0.238	0.37	0.304	0.35
合肥	0.145	0.14	0.19	0.161	0.398	0.406	0.486	0.345	0.291
蕪湖	0.12	0.107	0.201	0.125	0.224	0.209	0.277	0.17	0.282
蚌埠	0.149	0.104	0.28	0.109	0.301	0.183	0.294	0.236	0.241
淮南	0.105	0.103	0.124	0.111	0.206	0.206	0.318	0.278	0.222
馬鞍山	0.125	0.106	0.309	0.141	0.204	0.176	0.301	0.257	0.243
淮北	0.115	0.102	0.181	0.109	0.158	0.204	0.319	0.269	0.199
銅陵	0.115	0.106	0.337	0.174	0.175	0.234	0.256	0.252	0.28
安慶	0.159	0.111	0.229	0.113	0.231	0.235	0.25	0.286	0.248
黃山	0.12	0.105	0.268	0.131	0.194	0.254	0.252	0.25	0.323
滁州	0.125	0.106	0.172	0.11	0.205	0.241	0.327	0.237	0.205
阜陽	0.115	0.104	0.123	0.101	0.183	0.217	0.255	0.193	0.287
宿州	0.13	0.101	0.164	0.1	0.263	0.171	0.323	0.211	0.204
六安	0.159	0.105	0.222	0.104	0.249	0.193	0.295	0.249	0.225
亳州	0.12	0.103	0.147	0.103	0.309	0.242	0.317	0.207	0.268

表 4.10.1 2013 年城市文化形象競爭力三級指標分值

城市	劇院數	公共藏書總量	每百萬人影劇院數	每百人公共圖書數	誠信意識指數	競爭意識指數	重商意識指數	創新意識指數	寬容意識指數
池州	0.14	0.102	0.426	0.114	0.283	0.278	0.327	0.183	0.262
宣城	0.14	0.107	0.28	0.121	0.323	0.281	0.28	0.243	0.285
福州	0.229	0.173	0.309	0.186	0.473	0.436	0.483	0.39	0.379
廈門	0.125	0.143	0.181	0.287	0.527	0.294	0.438	0.393	0.392
莆田	0.115	0.101	0.162	0.103	0.32	0.281	0.422	0.297	0.382
三明	0.125	0.117	0.214	0.149	0.27	0.301	0.397	0.278	0.303
泉州	0.412	0.133	0.543	0.136	0.314	0.518	0.503	0.36	0.409
漳州	0.154	0.112	0.231	0.119	0.295	0.308	0.415	0.305	0.324
南平	0.145	0.116	0.294	0.141	0.244	0.334	0.4	0.297	0.347
龍岩	0.145	0.109	0.301	0.123	0.277	0.308	0.467	0.322	0.383
寧德	0.135	0.106	0.242	0.114	0.23	0.321	0.453	0.293	0.348
南昌	0.145	0.157	0.202	0.187	0.378	0.34	0.486	0.391	0.451
景德鎮	0.125	0.107	0.28	0.137	0.26	0.225	0.326	0.217	0.231
萍鄉	0.14	0.108	0.346	0.138	0.285	0.237	0.222	0.219	0.289
九江	0.135	0.12	0.184	0.13	0.191	0.219	0.278	0.195	0.206
新餘	0.11	0.106	0.2	0.145	0.289	0.225	0.255	0.23	0.266
鷹潭	0.13	0.103	0.404	0.123	0.177	0.282	0.244	0.2	0.24
贛州	0.204	0.123	0.243	0.118	0.295	0.201	0.297	0.211	0.236
吉安	0.169	0.125	0.266	0.138	0.215	0.216	0.247	0.198	0.315
宜春	0.189	0.119	0.29	0.126	0.22	0.238	0.215	0.185	0.255
撫州	0.194	0.111	0.377	0.12	0.21	0.201	0.326	0.232	0.295
上饒	0.174	0.112	0.23	0.111	0.288	0.256	0.335	0.262	0.307
濟南	0.159	0.223	0.201	0.256	0.565	0.416	0.482	0.484	0.474
青島	0.298	0.157	0.362	0.157	0.478	0.357	0.475	0.494	0.407
淄博	0.14	0.128	0.201	0.151	0.451	0.26	0.429	0.36	0.361
棗莊	0.12	0.112	0.161	0.124	0.421	0.239	0.439	0.373	0.342
東營	0.189	0.108	0.605	0.137	0.366	0.283	0.399	0.387	0.34
煙臺	0.219	0.166	0.297	0.178	0.451	0.243	0.431	0.447	0.396
濰坊	0.273	0.126	0.32	0.122	0.402	0.24	0.41	0.367	0.374
濟寧	0.347	0.121	0.453	0.118	0.397	0.206	0.457	0.339	0.372
泰安	0.12	0.113	0.142	0.117	0.366	0.212	0.407	0.353	0.379
威海	0.11	0.114	0.141	0.145	0.443	0.289	0.561	0.344	0.361
日照	0.11	0.103	0.141	0.11	0.446	0.255	0.234	0.264	0.36
萊蕪	0.149	0.104	0.54	0.128	0.446	0.212	0.217	0.231	0.39
臨沂	0.174	0.171	0.185	0.15	0.436	0.277	0.31	0.272	0.388
德州	0.169	0.111	0.243	0.114	0.377	0.251	0.267	0.195	0.364
聊城	0.159	0.17	0.218	0.19	0.457	0.303	0.421	0.338	0.395
濱州	0.154	0.114	0.267	0.13	0.403	0.22	0.277	0.227	0.203
菏澤	0.243	0.134	0.3	0.126	0.434	0.267	0.258	0.185	0.252
鄭州	0.169	0.172	0.192	0.156	0.328	0.393	0.423	0.286	0.335
開封	0.14	0.109	0.198	0.112	0.292	0.28	0.272	0.212	0.338
洛陽	0.243	0.116	0.353	0.117	0.228	0.279	0.258	0.255	0.26
平頂山	0.14	0.109	0.193	0.113	0.31	0.25	0.318	0.274	0.305
安陽	0.145	0.111	0.199	0.114	0.294	0.218	0.216	0.234	0.227
鶴壁	0.11	0.104	0.173	0.123	0.242	0.274	0.222	0.297	0.297
新鄉	0.154	0.112	0.21	0.115	0.239	0.289	0.309	0.229	0.25
焦作	0.149	0.108	0.261	0.117	0.217	0.249	0.266	0.18	0.267
濮陽	0.135	0.107	0.211	0.114	0.262	0.257	0.301	0.181	0.228
許昌	0.13	0.112	0.18	0.118	0.269	0.21	0.214	0.221	0.323
漯河	0.105	0.104	0.122	0.111	0.183	0.267	0.305	0.185	0.341
三門峽	0.13	0.108	0.253	0.128	0.165	0.204	0.211	0.194	0.214
南陽	0.164	0.117	0.172	0.109	0.192	0.186	0.279	0.28	0.208
商丘	0.14	0.107	0.162	0.104	0.398	0.395	0.492	0.476	0.418
信陽	0.145	0.108	0.184	0.105	0.298	0.238	0.211	0.236	0.283
周口	0.149	0.104	0.164	0.101	0.219	0.281	0.289	0.276	0.251
駐馬店	0.164	0.107	0.203	0.104	0.278	0.256	0.244	0.277	0.218
武漢	0.416	0.236	0.474	0.224	0.371	0.505	0.475	0.407	0.402
黃石	0.125	0.113	0.218	0.139	0.288	0.241	0.303	0.282	0.232

表 4.10.1 2013 年城市文化形象競爭力三級指標分值

城市	劇院數	公共藏書總量	每百萬人影劇院數	每百人公共圖書數	誠信意識指數	競爭意識指數	重商意識指數	創新意識指數	寬容意識指數
十堰	0.12	0.112	0.168	0.128	0.271	0.205	0.231	0.251	0.241
宜昌	0.204	0.121	0.395	0.14	0.208	0.267	0.221	0.194	0.239
襄陽	0.145	0.132	0.193	0.141	0.263	0.265	0.273	0.301	0.266
鄂州	0.11	0.103	0.209	0.132	0.264	0.246	0.267	0.193	0.285
荊門	0.13	0.107	0.219	0.118	0.28	0.251	0.323	0.27	0.328
孝感	0.125	0.109	0.159	0.112	0.236	0.248	0.222	0.201	0.255
荆州	0.12	0.113	0.14	0.114	0.279	0.219	0.246	0.261	0.239
黃岡	0.164	0.12	0.221	0.119	0.229	0.284	0.25	0.223	0.251
咸寧	0.11	0.107	0.146	0.121	0.288	0.283	0.278	0.277	0.324
隨州	0.135	0.128	0.285	0.185	0.212	0.18	0.267	0.256	0.287
長沙	0.14	0.182	0.165	0.196	0.239	0.385	0.357	0.377	0.514
株洲	0.11	0.114	0.13	0.128	0.287	0.246	0.303	0.274	0.269
湘潭	0.159	0.109	0.349	0.126	0.269	0.228	0.333	0.17	0.207
衡陽	0.125	0.119	0.14	0.117	0.269	0.253	0.324	0.206	0.31
邵陽	0.145	0.117	0.173	0.115	0.254	0.201	0.291	0.264	0.215
岳陽	0.149	0.125	0.204	0.134	0.238	0.188	0.251	0.268	0.269
常德	0.145	0.116	0.19	0.119	0.213	0.201	0.194	0.205	0.27
張家界	0.135	0.101	0.371	0.109	0.27	0.16	0.328	0.254	0.282
益陽	0.13	0.11	0.18	0.116	0.232	0.232	0.277	0.244	0.245
郴州	0.13	0.11	0.175	0.114	0.29	0.214	0.233	0.228	0.281
永州	0.154	0.11	0.221	0.112	0.268	0.223	0.261	0.216	0.252
懷化	0.164	0.112	0.257	0.117	0.214	0.253	0.231	0.173	0.295
婁底	0.13	0.109	0.191	0.117	0.199	0.218	0.248	0.211	0.265
廣州	0.214	0.336	0.203	0.325	0.734	0.856	0.724	0.671	0.743
韶關	0.179	0.109	0.423	0.123	0.509	0.475	0.532	0.447	0.463
深圳	0.179	0.402	0.188	1	0.592	1	0.847	0.53	0.67
珠海	0.105	0.11	0.137	0.182	0.468	0.371	0.553	0.355	0.472
汕頭	0.199	0.131	0.312	0.144	0.275	0.341	0.459	0.348	0.278
佛山	0.278	0.138	0.386	0.179	0.441	0.387	0.489	0.453	0.479
江門	0.145	0.12	0.215	0.14	0.445	0.47	0.482	0.429	0.455
湛江	0.12	0.113	0.133	0.112	0.447	0.35	0.439	0.328	0.3
茂名	0.125	0.107	0.149	0.105	0.304	0.383	0.46	0.29	0.253
肇慶	0.273	0.113	0.61	0.123	0.41	0.341	0.458	0.318	0.307
惠州	0.159	0.111	0.249	0.126	0.244	0.407	0.607	0.401	0.323
梅州	0.154	0.115	0.251	0.122	0.281	0.366	0.432	0.306	0.292
汕尾	0.189	0.101	0.45	0.102	0.202	0.388	0.408	0.334	0.285
河源	0.135	0.106	0.235	0.113	0.199	0.325	0.44	0.323	0.287
陽江	0.11	0.107	0.147	0.119	0.177	0.357	0.437	0.305	0.271
清遠	0.145	0.109	0.226	0.118	0.197	0.342	0.373	0.295	0.243
東莞	0.327	0.191	0.419	0.491	0.451	0.555	0.492	0.414	0.403
中山	0.199	0.113	0.466	0.171	0.443	0.427	0.648	0.439	0.409
潮州	0.115	0.104	0.164	0.114	0.404	0.371	0.456	0.329	0.391
揭陽	0.174	0.107	0.246	0.107	0.277	0.337	0.428	0.329	0.301
雲浮	0.219	0.107	0.68	0.121	0.277	0.378	0.442	0.31	0.268
南寧	0.154	0.165	0.194	0.169	0.342	0.266	0.409	0.3	0.397
柳州	0.11	0.116	0.13	0.132	0.188	0.177	0.203	0.207	0.303
桂林	0.204	0.147	0.353	0.17	0.186	0.174	0.219	0.184	0.248
梧州	0.13	0.111	0.219	0.127	0.198	0.21	0.275	0.207	0.226
北海	0.11	0.105	0.174	0.128	0.256	0.178	0.268	0.229	0.223
防城港	0.12	0.102	0.364	0.125	0.23	0.204	0.208	0.169	0.266
欽州	0.115	0.105	0.156	0.11	0.288	0.262	0.261	0.219	0.298
貴港	0.115	0.105	0.142	0.107	0.18	0.197	0.266	0.163	0.313
玉林	0.145	0.121	0.194	0.122	0.26	0.233	0.242	0.191	0.307
百色	0.169	0.114	0.331	0.126	0.151	0.183	0.225	0.153	0.232
賀州	0.149	0.106	0.392	0.122	0.163	0.174	0.227	0.168	0.249
河池	0.12	0.108	0.168	0.116	0.178	0.214	0.228	0.17	0.251
來賓	0.1	0.105	0.1	0.115	0.225	0.213	0.19	0.162	0.262
崇左	0.13	0.107	0.272	0.126	0.13	0.207	0.181	0.157	0.252

表 4.10.1 2013 年城市文化形象競爭力三級指標分值

城市	劇院數	公共藏書總量	每百萬人影劇院數	每百人公共圖書數	誠信意識指數	競爭意識指數	重商意識指數	創新意識指數	寬容意識指數
海口	0.149	0.104	0.379	0.125	0.403	0.28	0.486	0.445	0.468
三亞	0.11	0.101	0.267	0.133	0.352	0.234	0.427	0.299	0.363
重慶	0.263	0.235	0.165	0.129	0.431	0.453	0.477	0.444	0.477
成都	0.174	0.259	0.161	0.205	0.321	0.432	0.498	0.482	0.518
自貢	0.115	0.104	0.164	0.109	0.204	0.289	0.309	0.267	0.222
攀枝花	0.11	0.106	0.194	0.149	0.217	0.274	0.234	0.267	0.323
瀘州	0.12	0.111	0.154	0.117	0.262	0.257	0.217	0.24	0.19
德陽	0.145	0.107	0.242	0.114	0.179	0.256	0.249	0.279	0.243
綿陽	0.12	0.115	0.15	0.121	0.256	0.23	0.292	0.279	0.234
廣元	0.179	0.109	0.468	0.122	0.257	0.271	0.26	0.272	0.232
遂寧	0.12	0.103	0.17	0.107	0.22	0.206	0.305	0.257	0.304
內江	0.145	0.104	0.239	0.107	0.314	0.225	0.29	0.209	0.267
樂山	0.105	0.105	0.118	0.111	0.209	0.187	0.347	0.202	0.218
南充	0.115	0.111	0.127	0.11	0.3	0.192	0.255	0.272	0.214
眉山	0.13	0.101	0.216	0.103	0.238	0.19	0.321	0.209	0.295
宜賓	0.13	0.113	0.177	0.118	0.211	0.233	0.301	0.23	0.28
廣安	0.12	0.121	0.171	0.135	0.201	0.171	0.208	0.278	0.294
達州	0.154	0.11	0.215	0.11	0.21	0.254	0.288	0.283	0.252
雅安	0.12	0.106	0.247	0.135	0.178	0.236	0.227	0.228	0.316
巴中	0.135	0.104	0.222	0.108	0.251	0.275	0.32	0.239	0.22
資陽	0.14	0.106	0.225	0.109	0.303	0.229	0.333	0.267	0.319
貴陽	0.12	0.128	0.153	0.164	0.447	0.251	0.413	0.401	0.388
六盤水	0.12	0.103	0.18	0.108	0.209	0.211	0.258	0.255	0.214
遵義	0.194	0.115	0.277	0.114	0.193	0.185	0.242	0.208	0.236
安順	0.105	0.103	0.125	0.111	0.28	0.197	0.237	0.194	0.24
昆明	0.278	0.122	0.419	0.128	0.48	0.399	0.511	0.435	0.424
曲靖	0.149	0.112	0.198	0.114	0.49	0.444	0.51	0.416	0.471
玉溪	0.204	0.121	0.62	0.171	0.23	0.196	0.239	0.27	0.218
保山	0.105	0.105	0.123	0.119	0.189	0.175	0.24	0.172	0.297
昭通	0.1	0.101	0.1	0.1	0.1	0.121	0.211	0.159	0.147
麗江	0.115	0.103	0.239	0.124	0.105	0.11	0.213	0.141	0.139
普洱	0.1	0.107	0.1	0.124	0.107	0.112	0.205	0.141	0.165
臨滄	0.105	0.106	0.123	0.122	0.115	0.1	0.21	0.139	0.159
拉薩	0.11	0.103	0.322	0.169	0.344	0.221	0.209	0.2	0.217
西安	0.253	0.158	0.309	0.155	0.368	0.421	0.459	0.423	0.43
銅川	0.125	0.106	0.442	0.169	0.298	0.216	0.244	0.204	0.259
寶雞	0.174	0.114	0.33	0.129	0.177	0.238	0.233	0.21	0.244
咸陽	0.159	0.112	0.24	0.118	0.307	0.188	0.248	0.242	0.302
渭南	0.174	0.11	0.262	0.113	0.172	0.233	0.241	0.293	0.301
延安	0.149	0.106	0.361	0.122	0.248	0.24	0.213	0.193	0.235
漢中	0.154	0.106	0.284	0.112	0.244	0.178	0.299	0.275	0.262
榆林	0.164	0.112	0.321	0.125	0.296	0.26	0.286	0.242	0.276
安康	0.13	0.105	0.23	0.113	0.173	0.176	0.286	0.201	0.313
商洛	0.154	0.105	0.368	0.117	0.128	0.161	0.142	0.122	0.223
蘭州	0.135	0.155	0.21	0.231	0.45	0.336	0.341	0.291	0.388
嘉峪關	0.154	0.1	0.371	0.151	0.19	0.254	0.192	0.194	0.32
金昌	0.12	0.1	0.592	0.128	0.182	0.243	0.299	0.251	0.281
白銀	0.13	0.105	0.3	0.127	0.299	0.24	0.221	0.209	0.211
天水	0.13	0.11	0.205	0.122	0.172	0.166	0.317	0.256	0.249
武威	0.1	0.103	0.1	0.116	0.186	0.145	0.157	0.129	0.133
張掖	0.13	0.107	0.385	0.146	0.185	0.175	0.169	0.116	0.134
平涼	0.14	0.104	0.321	0.116	0.197	0.16	0.135	0.1	0.143
酒泉	0.135	0.105	0.464	0.145	0.147	0.165	0.154	0.12	0.143
慶陽	0.154	0.106	0.384	0.12	0.148	0.154	0.135	0.103	0.1
定西	0.135	0.107	0.248	0.119	0.16	0.144	0.133	0.115	0.137
隴南	0.14	0.107	0.278	0.12	0.152	0.143	0.146	0.1	0.11
西寧	0.11	0.137	0.152	0.23	0.378	0.229	0.278	0.251	0.286
銀川	0.12	0.133	0.214	0.264	0.381	0.35	0.343	0.34	0.289

表 4.10.1 2013 年城市文化形象競爭力三級指標分值

城市	劇院數	公共藏書總量	每百萬人影劇院數	每百人公共圖書數	誠信意識指數	競爭意識指數	重商意識指數	創新意識指數	寬容意識指數
石嘴山	0.105	0.103	0.179	0.148	0.271	0.161	0.233	0.22	0.235
吳忠	0.125	0.107	0.323	0.145	0.273	0.178	0.242	0.213	0.258
固原	0.145	0.105	0.517	0.13	0.219	0.166	0.19	0.189	0.276
中衛	0.115	0.105	0.258	0.137	0.259	0.162	0.187	0.178	0.264
烏魯木齊	0.115	0.127	0.155	0.187	0.302	0.273	0.272	0.274	0.297
克拉瑪依	0.11	0.105	0.392	0.222	0.2	0.229	0.241	0.231	0.254
香港	0.654	0.271	1	0.288	1	1	1	1	1
澳門	0.135	0.114	0.817	0.314	0.404	0.481	0.486	0.434	0.44
新北	0.234	0.161	0.494	0.221	0.28	0.203	0.282	0.201	0.217
臺北	0.288	0.175	0.919	0.324	0.372	0.315	0.456	0.377	0.342
台中	0.189	0.141	0.486	0.221	0.291	0.215	0.277	0.201	0.222
台南	0.164	0.129	0.496	0.221	0.28	0.213	0.284	0.204	0.231
高雄	0.194	0.123	0.491	0.221	0.28	0.211	0.279	0.205	0.221
基隆	0.115	0.105	0.551	0.221	0.28	0.21	0.288	0.211	0.226
新竹	0.115	0.105	0.508	0.221	0.273	0.207	0.279	0.202	0.227
嘉義	0.11	0.103	0.521	0.221	0.285	0.212	0.267	0.198	0.216

表 4. 10. 2 2012 年城市文化形象競爭力三級指標分值

城市	城市歷史文化指數	藝術家和文化組織指數	名勝古跡指數	教育文化人力資本指數	城市文化影響指數	城市功能定位指數	城市建築景觀和諧程度	城市知名度	城市推廣度
北京	1	1	1	1	1	0.801	0.856	1	1
天津	0.824	0.393	0.541	0.542	0.658	0.444	0.387	0.777	0.764
石家莊	0.605	0.322	0.254	0.526	0.532	0.487	0.295	0.596	0.526
唐山	0.434	0.254	0.186	0.498	0.259	0.178	0.212	0.352	0.325
秦皇島	0.481	0.169	0.613	0.552	0.403	0.176	0.415	0.396	0.391
邯鄲	0.546	0.282	0.266	0.488	0.235	0.183	0.22	0.256	0.273
邢臺	0.303	0.22	0.194	0.432	0.348	0.167	0.157	0.23	0.252
保定	0.428	0.326	0.246	0.495	0.383	0.139	0.227	0.247	0.241
張家口	0.442	0.197	0.215	0.539	0.283	0.1	0.183	0.268	0.233
承德	0.468	0.177	0.17	0.533	0.337	0.159	0.154	0.233	0.199
滄州	0.382	0.241	0.223	0.485	0.362	0.181	0.17	0.248	0.275
廊坊	0.437	0.197	0.188	0.536	0.216	0.177	0.209	0.217	0.275
衡水	0.439	0.187	0.182	0.492	0.207	0.176	0.187	0.186	0.226
太原	0.429	0.245	0.408	0.776	0.292	0.268	0.368	0.297	0.378
大同	0.336	0.179	0.228	0.567	0.195	0.15	0.229	0.264	0.291
陽泉	0.275	0.133	0.173	0.567	0.171	0.157	0.26	0.282	0.262
長治	0.303	0.181	0.182	0.577	0.184	0.173	0.293	0.199	0.197
晉城	0.306	0.147	0.208	0.504	0.14	0.146	0.232	0.239	0.299
朔州	0.362	0.133	0.16	0.479	0.168	0.158	0.252	0.235	0.193
晉中	0.33	0.178	0.194	0.571	0.158	0.175	0.242	0.246	0.265
運城	0.302	0.202	0.189	0.488	0.153	0.166	0.236	0.262	0.2
忻州	0.329	0.173	0.184	0.567	0.193	0.175	0.296	0.216	0.265
臨汾	0.269	0.196	0.235	0.536	0.16	0.11	0.259	0.25	0.269
呂梁	0.268	0.191	0.244	0.58	0.148	0.115	0.278	0.247	0.251
呼和浩特	0.394	0.19	0.449	0.716	0.252	0.27	0.326	0.365	0.361
包頭	0.234	0.155	0.18	0.511	0.16	0.118	0.198	0.159	0.26
烏海	0.242	0.112	0.176	0.555	0.187	0.135	0.186	0.255	0.212
赤峰	0.198	0.211	0.23	0.599	0.174	0.168	0.203	0.21	0.255
通遼	0.238	0.173	0.244	0.555	0.131	0.132	0.161	0.246	0.206
鄂爾多斯	0.313	0.145	0.227	0.548	0.216	0.312	0.289	0.465	0.564
呼倫貝爾	0.207	0.168	0.37	0.621	0.197	0.137	0.131	0.279	0.21
巴彥淖爾	0.219	0.134	0.237	0.498	0.1	0.145	0.139	0.238	0.192
烏蘭察布	0.201	0.149	0.252	0.552	0.124	0.12	0.122	0.237	0.182
瀋陽	0.608	0.312	0.661	0.612	0.334	0.452	0.342	0.773	0.642

表4.10.2 2012年城市文化形象競爭力三級指標分值

城市	城市歷史文化指數	藝術家和文化組織指數	名勝古跡指數	教育文化人力資本指數	城市文化影響指數	城市功能定位指數	城市建築景觀和諧程度	城市知名度	城市推廣度
大連	0.577	0.239	0.573	0.507	0.33	0.36	0.663	0.777	0.996
鞍山	0.418	0.171	0.264	0.482	0.158	0.207	0.235	0.366	0.341
撫順	0.468	0.141	0.276	0.479	0.179	0.197	0.333	0.447	0.315
本溪	0.258	0.137	0.344	0.523	0.158	0.211	0.217	0.321	0.306
丹東	0.452	0.145	0.245	0.457	0.187	0.198	0.364	0.378	0.309
錦州	0.409	0.159	0.255	0.473	0.154	0.224	0.322	0.309	0.331
營口	0.457	0.149	0.335	0.498	0.159	0.25	0.338	0.488	0.386
阜新	0.448	0.143	0.278	0.567	0.204	0.192	0.374	0.383	0.38
遼陽	0.455	0.131	0.325	0.425	0.155	0.234	0.358	0.287	0.295
盤錦	0.38	0.128	0.285	0.492	0.187	0.179	0.269	0.403	0.316
鐵嶺	0.364	0.15	0.257	0.463	0.176	0.225	0.371	0.298	0.293
朝陽	0.392	0.171	0.287	0.558	0.155	0.202	0.338	0.461	0.379
葫蘆島	0.3	0.148	0.323	0.46	0.19	0.257	0.293	0.313	0.328
長春	0.605	0.33	0.16	0.684	0.337	0.358	0.333	0.596	0.515
吉林	0.303	0.189	0.106	0.492	0.196	0.221	0.259	0.423	0.389
四平	0.405	0.167	0.101	0.488	0.215	0.252	0.285	0.328	0.255
遼源	0.277	0.124	0.1	0.492	0.181	0.206	0.234	0.288	0.26
通化	0.448	0.145	0.113	0.479	0.158	0.189	0.348	0.327	0.256
白山	0.387	0.131	0.161	0.567	0.217	0.255	0.216	0.311	0.194
松原	0.435	0.155	0.139	0.473	0.159	0.307	0.344	0.332	0.236
白城	0.347	0.155	0.133	0.631	0.134	0.279	0.226	0.296	0.216
哈爾濱	0.697	0.388	0.569	0.631	0.344	0.444	0.377	0.666	0.541
齊齊哈爾	0.307	0.184	0.312	0.406	0.162	0.32	0.307	0.374	0.231
雞西	0.353	0.134	0.335	0.454	0.165	0.211	0.29	0.261	0.22
鶴崗	0.417	0.124	0.289	0.545	0.224	0.316	0.254	0.196	0.189
雙鴨山	0.316	0.131	0.27	0.514	0.197	0.299	0.344	0.226	0.201
大慶	0.361	0.172	0.303	0.583	0.197	0.283	0.312	0.495	0.223
伊春	0.29	0.112	0.324	0.305	0.143	0.313	0.361	0.221	0.282
佳木斯	0.313	0.15	0.32	0.488	0.207	0.204	0.288	0.176	0.272
七台河	0.344	0.114	0.277	0.406	0.209	0.3	0.334	0.249	0.196
牡丹江	0.354	0.149	0.229	0.444	0.204	0.225	0.271	0.184	0.191
黑河	0.338	0.133	0.185	0.492	0.18	0.222	0.248	0.23	0.253
綏化	0.291	0.196	0.171	0.447	0.145	0.185	0.329	0.274	0.209
上海	0.949	0.597	0.616	0.523	0.777	0.993	0.683	0.999	0.991
南京	0.758	0.314	0.987	0.624	0.51	0.271	0.489	0.651	0.517
無錫	0.595	0.212	0.797	0.444	0.326	0.473	0.58	0.51	0.498
徐州	0.598	0.274	0.526	0.495	0.326	0.179	0.395	0.496	0.485
常州	0.403	0.181	0.495	0.447	0.264	0.284	0.37	0.452	0.481
蘇州	0.524	0.235	0.758	0.353	0.738	0.822	0.73	0.764	0.894
南通	0.476	0.221	0.484	0.425	0.34	0.538	0.324	0.433	0.476
連雲港	0.467	0.187	0.484	0.485	0.24	0.271	0.248	0.316	0.371
淮安	0.41	0.2	0.465	0.507	0.283	0.239	0.277	0.257	0.204
鹽城	0.301	0.225	0.352	0.438	0.224	0.233	0.211	0.157	0.195
揚州	0.32	0.183	0.403	0.463	0.25	0.222	0.228	0.151	0.269
鎮江	0.413	0.16	0.393	0.473	0.237	0.28	0.296	0.227	0.272
泰州	0.432	0.184	0.25	0.457	0.273	0.303	0.364	0.229	0.278
宿遷	0.275	0.196	0.33	0.498	0.232	0.22	0.264	0.212	0.222
杭州	0.815	0.365	0.907	0.697	0.605	0.591	0.609	0.653	0.627
寧波	0.509	0.236	0.668	0.451	0.326	0.586	0.599	0.487	0.481
溫州	0.39	0.253	0.428	0.428	0.373	0.477	0.418	0.51	0.519
嘉興	0.439	0.185	0.567	0.469	0.399	0.481	0.384	0.477	0.481
湖州	0.339	0.148	0.477	0.428	0.362	0.444	0.342	0.48	0.447
紹興	0.599	0.19	0.662	0.457	0.428	0.627	0.499	0.593	0.572
金華	0.387	0.195	0.308	0.444	0.338	0.283	0.276	0.289	0.277
衢州	0.493	0.139	0.294	0.46	0.341	0.205	0.312	0.335	0.276
舟山	0.458	0.125	0.561	0.539	0.298	0.486	0.401	0.396	0.429
台州	0.442	0.201	0.432	0.432	0.326	0.457	0.249	0.272	0.381

表 4.10.2 2012 年城市文化形象競爭力三級指標分值

城市	城市歷史文化指數	藝術家和文化組織指數	名勝古跡指數	教育文化人力資本指數	城市文化影響指數	城市功能定位指數	城市建築景觀和諧程度	城市知名度	城市推廣度
麗水	0.442	0.148	0.311	0.545	0.34	0.215	0.381	0.363	0.328
合肥	0.683	0.24	0.448	0.58	0.444	0.276	0.36	0.573	0.492
蕪湖	0.349	0.142	0.26	0.466	0.245	0.206	0.264	0.346	0.201
蚌埠	0.29	0.154	0.339	0.432	0.305	0.194	0.333	0.404	0.195
淮南	0.401	0.145	0.276	0.473	0.289	0.217	0.246	0.248	0.277
馬鞍山	0.396	0.124	0.334	0.447	0.299	0.215	0.231	0.177	0.258
淮北	0.463	0.134	0.287	0.413	0.305	0.191	0.376	0.187	0.198
銅陵	0.352	0.115	0.321	0.492	0.311	0.183	0.339	0.22	0.246
安慶	0.403	0.199	0.317	0.466	0.266	0.258	0.291	0.206	0.218
黃山	0.446	0.125	0.326	0.457	0.291	0.221	0.281	0.173	0.221
滁州	0.355	0.164	0.284	0.416	0.281	0.217	0.317	0.171	0.19
阜陽	0.447	0.213	0.284	0.391	0.3	0.27	0.323	0.228	0.23
宿州	0.443	0.189	0.312	0.425	0.235	0.154	0.302	0.226	0.257
六安	0.33	0.189	0.342	0.409	0.241	0.179	0.302	0.227	0.229
亳州	0.382	0.175	0.314	0.4	0.239	0.154	0.351	0.233	0.262
池州	0.442	0.125	0.272	0.441	0.261	0.121	0.349	0.232	0.289
宣城	0.421	0.137	0.254	0.391	0.247	0.12	0.331	0.252	0.3
福州	0.698	0.277	0.612	0.586	0.465	0.387	0.36	0.537	0.494
廈門	0.569	0.169	0.485	0.482	0.413	0.488	0.499	0.468	0.482
莆田	0.394	0.164	0.364	0.552	0.282	0.212	0.351	0.295	0.31
三明	0.323	0.158	0.332	0.558	0.251	0.175	0.3	0.286	0.305
泉州	0.567	0.244	0.621	0.447	0.408	0.19	0.327	0.412	0.393
漳州	0.421	0.182	0.361	0.435	0.283	0.143	0.362	0.282	0.306
南平	0.321	0.16	0.4	0.545	0.229	0.174	0.241	0.289	0.346
龍岩	0.342	0.163	0.435	0.58	0.281	0.122	0.339	0.367	0.353
寧德	0.343	0.163	0.501	0.533	0.255	0.135	0.309	0.372	0.326
南昌	0.718	0.237	0.67	0.631	0.422	0.447	0.35	0.53	0.483
景德鎮	0.357	0.132	0.422	0.492	0.201	0.204	0.28	0.381	0.382
萍鄉	0.359	0.134	0.376	0.454	0.242	0.318	0.335	0.356	0.272
九江	0.401	0.184	0.411	0.447	0.13	0.187	0.276	0.414	0.258
新餘	0.41	0.121	0.421	0.46	0.212	0.309	0.303	0.28	0.273
鷹潭	0.3	0.12	0.373	0.451	0.168	0.267	0.257	0.268	0.299
贛州	0.465	0.25	0.401	0.451	0.221	0.191	0.281	0.257	0.175
吉安	0.457	0.176	0.421	0.409	0.223	0.254	0.235	0.186	0.204
宜春	0.435	0.181	0.371	0.394	0.223	0.328	0.334	0.194	0.192
撫州	0.354	0.171	0.389	0.457	0.173	0.267	0.308	0.198	0.217
上饒	0.482	0.214	0.44	0.438	0.192	0.276	0.301	0.189	0.281
濟南	0.787	0.293	0.77	0.656	0.51	0.375	0.546	0.79	0.753
青島	0.66	0.295	0.762	0.539	0.454	0.307	0.581	0.744	0.802
淄博	0.41	0.201	0.404	0.536	0.26	0.177	0.23	0.309	0.346
棗莊	0.322	0.173	0.461	0.482	0.245	0.144	0.289	0.34	0.307
東營	0.378	0.152	0.376	0.599	0.311	0.167	0.327	0.378	0.342
煙臺	0.576	0.251	0.309	0.526	0.403	0.363	0.414	0.58	0.654
濰坊	0.329	0.273	0.27	0.473	0.227	0.165	0.231	0.36	0.31
濟寧	0.482	0.243	0.259	0.444	0.309	0.16	0.298	0.364	0.369
泰安	0.327	0.2	0.343	0.457	0.269	0.372	0.303	0.363	0.398
威海	0.459	0.152	0.355	0.463	0.4	0.38	0.512	0.519	0.582
日照	0.334	0.151	0.244	0.454	0.279	0.192	0.268	0.334	0.331
萊蕪	0.465	0.127	0.313	0.507	0.272	0.167	0.245	0.296	0.312
臨沂	0.396	0.268	0.274	0.425	0.27	0.132	0.287	0.297	0.343
德州	0.36	0.194	0.289	0.432	0.272	0.144	0.228	0.363	0.339
聊城	0.447	0.193	0.352	0.416	0.313	0.465	0.374	0.48	0.576
濱州	0.376	0.158	0.335	0.403	0.299	0.152	0.259	0.299	0.279
菏澤	0.406	0.243	0.286	0.438	0.268	0.126	0.282	0.437	0.348
鄭州	0.68	0.34	0.249	0.643	0.415	0.445	0.2	0.696	0.525
開封	0.286	0.194	0.222	0.492	0.209	0.126	0.267	0.476	0.23
洛陽	0.889	0.225	0.978	0.476	0.244	0.141	0.276	0.417	0.23

表 4. 10. 2 2012 年城市文化形象競爭力三級指標分值

城市	城市歷史文化指數	藝術家和文化組織指數	名勝古跡指數	教育文化人力資本指數	城市文化影響指數	城市功能定位指數	城市建築景觀和諧程度	城市知名度	城市推廣度
平頂山	0.362	0.193	0.221	0.469	0.139	0.139	0.29	0.261	0.215
安陽	0.417	0.194	0.211	0.457	0.174	0.172	0.276	0.265	0.212
鶴壁	0.347	0.129	0.23	0.457	0.202	0.176	0.226	0.261	0.276
新鄉	0.373	0.215	0.227	0.495	0.227	0.106	0.265	0.224	0.228
焦作	0.433	0.167	0.245	0.469	0.183	0.185	0.284	0.179	0.249
濮陽	0.331	0.172	0.194	0.495	0.172	0.148	0.281	0.224	0.257
許昌	0.366	0.179	0.213	0.457	0.181	0.152	0.259	0.217	0.245
漯河	0.32	0.15	0.242	0.482	0.206	0.141	0.283	0.209	0.245
三門峽	0.262	0.148	0.216	0.517	0.167	0.143	0.223	0.197	0.215
南陽	0.353	0.305	0.201	0.492	0.225	0.149	0.246	0.219	0.239
商丘	0.647	0.257	0.179	0.517	0.399	0.365	0.483	0.416	0.422
信陽	0.316	0.256	0.212	0.602	0.179	0.133	0.252	0.169	0.21
周口	0.456	0.277	0.239	0.488	0.175	0.152	0.231	0.267	0.243
駐馬店	0.406	0.237	0.226	0.473	0.201	0.139	0.276	0.219	0.222
武漢	0.798	0.406	0.624	0.713	0.475	0.543	0.438	0.684	0.581
黃石	0.267	0.155	0.272	0.539	0.293	0.302	0.3	0.348	0.329
十堰	0.452	0.172	0.331	0.523	0.279	0.278	0.261	0.373	0.475
宜昌	0.343	0.169	0.305	0.435	0.232	0.156	0.332	0.194	0.267
襄陽	0.444	0.204	0.297	0.469	0.231	0.137	0.342	0.154	0.224
鄂州	0.338	0.123	0.508	0.529	0.243	0.134	0.346	0.241	0.221
荊門	0.372	0.153	0.451	0.463	0.289	0.165	0.367	0.228	0.298
孝感	0.433	0.192	0.298	0.476	0.314	0.171	0.249	0.181	0.212
荊州	0.453	0.189	0.418	0.406	0.274	0.144	0.337	0.244	0.264
黃岡	0.4	0.204	0.254	0.428	0.251	0.202	0.256	0.189	0.269
咸寧	0.486	0.156	0.264	0.545	0.286	0.126	0.289	0.214	0.294
隨州	0.306	0.133	0.283	0.4	0.317	0.165	0.257	0.181	0.241
長沙	0.697	0.308	0.388	0.678	0.441	0.52	0.305	0.585	0.57
株洲	0.456	0.162	0.219	0.416	0.249	0.204	0.256	0.379	0.346
湘潭	0.283	0.15	0.264	0.46	0.4	0.216	0.255	0.346	0.3
衡陽	0.459	0.231	0.395	0.46	0.298	0.195	0.233	0.184	0.282
邵陽	0.262	0.201	0.401	0.378	0.291	0.192	0.242	0.265	0.299
岳陽	0.446	0.193	0.42	0.432	0.269	0.12	0.283	0.363	0.412
常德	0.361	0.189	0.272	0.406	0.404	0.186	0.288	0.347	0.326
張家界	0.472	0.127	0.799	0.454	0.27	0.189	0.258	0.709	0.708
益陽	0.469	0.165	0.241	0.397	0.254	0.137	0.212	0.255	0.239
郴州	0.334	0.178	0.269	0.435	0.307	0.165	0.271	0.403	0.383
永州	0.481	0.197	0.362	0.466	0.242	0.113	0.287	0.248	0.285
懷化	0.297	0.186	0.194	0.454	0.359	0.119	0.265	0.206	0.277
婁底	0.276	0.165	0.19	0.438	0.345	0.137	0.227	0.214	0.245
廣州	0.876	0.453	0.704	0.643	0.617	0.629	0.522	1	0.788
韶關	0.4	0.165	0.46	0.548	0.554	0.555	0.531	0.585	0.625
深圳	0.368	0.251	0.249	0.384	0.997	1	0.753	0.99	0.994
珠海	0.452	0.144	0.213	0.646	0.514	0.437	0.538	0.578	0.513
汕頭	0.39	0.198	0.201	0.457	0.319	0.256	0.356	0.75	0.476
佛山	0.435	0.219	0.483	0.422	0.46	0.363	0.352	0.551	0.429
江門	0.415	0.175	0.33	0.432	0.535	0.41	0.474	0.477	0.515
湛江	0.281	0.248	0.229	0.514	0.386	0.158	0.321	0.486	0.395
茂名	0.302	0.247	0.179	0.593	0.366	0.121	0.274	0.441	0.473
肇慶	0.319	0.18	0.219	0.501	0.218	0.141	0.273	0.415	0.4
惠州	0.379	0.172	0.236	0.406	0.334	0.308	0.256	0.455	0.386
梅州	0.361	0.197	0.23	0.548	0.291	0.164	0.267	0.315	0.354
汕尾	0.39	0.15	0.298	0.428	0.283	0.147	0.243	0.273	0.332
河源	0.299	0.162	0.233	0.511	0.38	0.155	0.295	0.337	0.344
陽江	0.275	0.151	0.21	0.511	0.295	0.134	0.244	0.299	0.282
清遠	0.272	0.169	0.208	0.463	0.251	0.128	0.241	0.274	0.28
東莞	0.378	0.145	0.255	0.207	0.431	0.679	0.457	0.678	0.419
中山	0.694	0.143	0.715	0.368	0.419	0.5	0.604	0.579	0.483

表 4. 10. 2 2012 年城市文化形象競爭力三級指標分值

城市	城市歷史文化指數	藝術家和文化組織指數	名勝古跡指數	教育文化人力資本指數	城市文化影響指數	城市功能定位指數	城市建築景觀和諧程度	城市知名度	城市推廣度
潮州	0.284	0.145	0.204	0.428	0.338	0.144	0.259	0.418	0.442
揭陽	0.289	0.2	0.188	0.435	0.242	0.155	0.263	0.251	0.224
雲浮	0.291	0.15	0.18	0.517	0.348	0.147	0.268	0.214	0.27
南寧	0.5	0.276	0.342	0.618	0.378	0.307	0.331	0.531	0.372
柳州	0.357	0.177	0.28	0.501	0.285	0.211	0.23	0.423	0.412
桂林	0.275	0.206	0.73	0.536	0.192	0.207	0.224	0.639	0.474
梧州	0.283	0.16	0.331	0.507	0.216	0.286	0.291	0.267	0.235
北海	0.3	0.134	0.276	0.536	0.153	0.191	0.261	0.487	0.32
防城港	0.326	0.119	0.31	0.529	0.144	0.211	0.308	0.25	0.234
欽州	0.365	0.161	0.306	0.492	0.288	0.406	0.302	0.254	0.385
貴港	0.324	0.182	0.232	0.488	0.172	0.224	0.264	0.246	0.255
玉林	0.36	0.215	0.22	0.511	0.19	0.244	0.359	0.218	0.26
百色	0.281	0.168	0.218	0.482	0.168	0.17	0.319	0.21	0.219
賀州	0.249	0.137	0.225	0.476	0.189	0.183	0.323	0.118	0.231
河池	0.294	0.17	0.214	0.507	0.162	0.186	0.32	0.114	0.221
來賓	0.281	0.143	0.204	0.498	0.18	0.198	0.324	0.119	0.226
崇左	0.275	0.14	0.22	0.492	0.179	0.195	0.304	0.133	0.218
海口	0.498	0.176	0.39	0.829	0.399	0.475	0.444	0.82	0.601
三亞	0.277	0.113	0.25	0.46	0.186	0.274	0.471	0.595	0.391
重慶	0.696	0.684	0.674	0.495	0.426	0.486	0.478	0.721	0.503
成都	0.684	0.393	0.71	0.507	0.441	0.454	0.474	0.68	0.516
自貢	0.33	0.141	0.383	0.397	0.24	0.234	0.278	0.285	0.238
攀枝花	0.36	0.123	0.403	0.473	0.26	0.205	0.211	0.344	0.255
瀘州	0.365	0.166	0.297	0.406	0.253	0.263	0.252	0.313	0.223
德陽	0.276	0.156	0.287	0.403	0.243	0.204	0.333	0.354	0.224
綿陽	0.271	0.184	0.296	0.454	0.326	0.31	0.401	0.419	0.378
廣元	0.317	0.151	0.331	0.498	0.258	0.152	0.334	0.235	0.234
遂寧	0.288	0.149	0.333	0.397	0.261	0.178	0.283	0.197	0.233
內江	0.352	0.158	0.317	0.406	0.298	0.173	0.289	0.24	0.224
樂山	0.34	0.151	0.158	0.406	0.251	0.147	0.297	0.23	0.251
南充	0.245	0.198	0.209	0.406	0.257	0.152	0.305	0.234	0.236
眉山	0.261	0.143	0.18	0.384	0.265	0.161	0.35	0.239	0.203
宜賓	0.193	0.179	0.208	0.447	0.188	0.181	0.319	0.227	0.19
廣安	0.201	0.151	0.21	0.413	0.143	0.171	0.307	0.265	0.26
達州	0.149	0.188	0.178	0.413	0.158	0.171	0.29	0.204	0.27
雅安	0.243	0.129	0.21	0.482	0.185	0.148	0.255	0.203	0.262
巴中	0.178	0.152	0.177	0.406	0.217	0.155	0.304	0.193	0.271
資陽	0.182	0.157	0.187	0.406	0.187	0.137	0.354	0.254	0.245
貴陽	0.581	0.21	0.493	0.599	0.407	0.297	0.524	0.585	0.457
六盤水	0.211	0.148	0.19	0.428	0.172	0.185	0.349	0.369	0.242
遵義	0.441	0.218	0.204	0.479	0.226	0.18	0.31	0.455	0.22
安順	0.145	0.145	0.165	0.488	0.183	0.106	0.281	0.263	0.224
昆明	0.601	0.275	0.573	0.634	0.421	0.4	0.551	0.864	0.822
曲靖	0.5	0.213	0.525	0.479	0.395	0.43	0.503	0.632	0.64
玉溪	0.197	0.147	0.401	0.501	0.237	0.148	0.333	0.332	0.42
保山	0.246	0.143	0.52	0.438	0.192	0.124	0.351	0.266	0.23
昭通	0.245	0.183	0.22	0.413	0.114	0.112	0.14	0.138	0.189
麗江	0.255	0.128	0.21	0.539	0.13	0.107	0.134	0.121	0.184
普洱	0.242	0.143	0.213	0.432	0.125	0.113	0.145	0.114	0.193
臨滄	0.248	0.142	0.205	0.435	0.164	0.117	0.135	0.138	0.193
拉薩	0.908	0.1	0.544	0.1	0.488	0.161	0.297	0.576	0.276
西安	0.996	0.401	0.997	0.795	0.717	0.392	0.412	0.88	0.723
銅川	0.266	0.118	0.348	0.52	0.153	0.154	0.227	0.173	0.211
寶雞	0.204	0.175	0.383	0.495	0.195	0.173	0.269	0.201	0.246
咸陽	0.721	0.222	0.819	0.586	0.19	0.164	0.301	0.263	0.297
渭南	0.229	0.216	0.485	0.529	0.169	0.14	0.254	0.25	0.221
延安	0.253	0.161	0.786	0.646	0.174	0.121	0.285	0.205	0.257

表 4.10.2 2012 年城市文化形象競爭力三級指標分值

城市	城市歷史文化指數	藝術家和文化組織指數	名勝古跡指數	教育文化人力資本指數	城市文化影響指數	城市功能定位指數	城市建築景觀和諧程度	城市知名度	城市推廣度
漢中	0.182	0.168	0.457	0.488	0.214	0.155	0.265	0.264	0.283
榆林	0.277	0.18	0.513	0.571	0.188	0.175	0.241	0.211	0.289
安康	0.23	0.155	0.47	0.511	0.182	0.194	0.269	0.256	0.187
商洛	0.241	0.151	0.216	0.526	0.16	0.117	0.223	0.138	0.181
蘭州	0.561	0.209	0.484	0.687	0.408	0.282	0.394	0.456	0.421
嘉峪關	0.329	0.105	0.319	0.482	0.158	0.148	0.207	0.239	0.176
金昌	0.386	0.107	0.215	0.394	0.171	0.141	0.259	0.229	0.272
白銀	0.29	0.145	0.19	0.618	0.152	0.164	0.25	0.251	0.2
天水	0.349	0.167	0.259	0.504	0.215	0.189	0.238	0.25	0.269
武威	0.222	0.132	0.35	0.441	0.169	0.218	0.131	0.224	0.145
張掖	0.201	0.129	0.33	0.567	0.142	0.222	0.108	0.214	0.14
平涼	0.207	0.151	0.346	0.58	0.161	0.218	0.114	0.232	0.145
酒泉	0.197	0.124	0.345	0.523	0.152	0.223	0.111	0.2	0.143
慶陽	0.168	0.153	0.269	0.567	0.118	0.182	0.1	0.113	0.109
定西	0.195	0.154	0.354	0.488	0.137	0.205	0.119	0.2	0.149
隴南	0.185	0.15	0.33	0.482	0.138	0.195	0.103	0.1	0.1
西寧	0.436	0.154	0.374	0.58	0.325	0.186	0.347	0.367	0.265
銀川	0.593	0.151	0.365	0.596	0.426	0.419	0.363	0.417	0.377
石嘴山	0.238	0.114	0.218	0.482	0.222	0.122	0.244	0.118	0.107
吳忠	0.174	0.121	0.188	0.419	0.213	0.181	0.226	0.155	0.16
固原	0.163	0.133	0.18	0.621	0.17	0.163	0.224	0.117	0.117
中衛	0.169	0.121	0.19	0.476	0.156	0.147	0.209	0.121	0.115
烏魯木齊	0.296	0.193	0.285	0.684	0.3	0.208	0.341	0.424	0.291
克拉瑪依	0.1	0.11	0.171	0.608	0.147	0.177	0.264	0.121	0.176
香港	0.87	0.398	0.322	0.921	0.681	1	1	1	1
澳門	0.46	0.12	0.347	0.814	0.681	0.546	0.532	0.727	0.782
新北	0.125	0.273	0.221	0.965	0.242	0.209	0.254	0.187	0.187
臺北	0.382	0.215	0.32	0.949	0.584	0.65	0.479	0.579	0.777
台中	0.135	0.216	0.212	0.949	0.246	0.233	0.252	0.194	0.199
台南	0.13	0.184	0.221	0.978	0.242	0.217	0.249	0.189	0.18
高雄	0.129	0.219	0.226	0.94	0.239	0.222	0.247	0.199	0.186
基隆	0.124	0.116	0.215	0.915	0.246	0.223	0.261	0.184	0.194
新竹	0.119	0.118	0.212	0.946	0.245	0.216	0.244	0.198	0.19
嘉義	0.126	0.111	0.214	0.889	0.242	0.211	0.241	0.198	0.192

第五篇 2012 年度中國城市成長競爭力二級指標及排名

5.1 城市潛力指數二級指標分值及排名①

城市潛力指數包括居民消費潛力指數、金融資本潛力指數、人力資本潛力指數、市場潛力指數、區位指數、自然資源指數、環境品質指數與可持續發展指數 7 個二級指標，它反映了城市成長競爭力方面城市在未來或在潛在競爭中可持續發展的能力。

居民消費潛力指數。居民消費潛力從城市居民的收入水準、收入增長水準以及居民消費水準、消費增長水準來衡量一個城市居民的消費潛力，城市是創造財富、分配財富、消費財富的集中地，而居民消費是城市生態鏈條中最重要的環節。因爲實物只有經過消費領域才能成爲真正意義上的財富，繼而開啓下一個創造、分配、消費財富的過程。一個城市居民的消費水準越高意味著進入下一個財富創造過程的資源越多，這個城市就具有越強的財富創造能力。因此居民的消費潛力指數是衡量城市未來發展潛力的有效衡量指標。城市居民消費水準的高低不僅體現了城市在創造財富方面的能力，而且具有較高居民消費水準的城市也爲自身的產業創造了一個更具潛力的大市場，因此適當的提高居民的消費能力和消費水準可以使城市的發展處於一個良性的循環當中。

金融資本潛力指數。金融資本潛力指數從支援城市發展的資金鏈的可獲得性來考察城市的發展潛力。資本作爲社會化大生產的直接參與要素，在價值的創造過程中發揮著重要作用。資本獲得便利性極大地決定著城市產業規模擴張的程度。而資本是非常稀缺的和零散的，所以金融業發達的城市能夠靈活高效的完成資金的供給，使其產品成本低廉，市場佔有率擴大，有利於該城市價值體系的擴大。城市經濟得以健康發展，順利運行。許多城市和地區發展緩慢在很大程度上是由於遇到了“資本”瓶頸，金融業不發達，企業融資困難，融資成本高，因此城市金融資本潛力將會對城市未來的發展起著決定性的作用。

人力資本潛力指數。人力資本潛力指數從勞動力與人才未來的可獲得性來考察城市的發展潛力。在當今“知識經濟”的年代，科學文化技術是經濟發展和社會進步的核心推動力，而科學文化技術的承載體、創造主體和應用主體就是人才，因此城市在人才上的吸引潛力將會對城市未來的發展起著舉足輕重的作用。高品質的人力資源可以加快城市產業技術發明和技術創新的步伐，使城市的產業獲得資源和產品的競爭優勢，擁有更高的市場佔有率。所以在其他條件充分的的情況下，一個城市的人力資本投入越多，城市產業規模就越大。而城市人力資本潛力決定於教育，所以城市的教育規模、品質、教育體系的健全性可以有效地反映城市的人力資本潛力。

市場潛力指數。市場潛力指數反映了城市產業在佔領市場方面的潛力和經濟輻射潛力。現今中國已經由賣方市場步入買方市場，市場競爭日益激烈，因此對市場的控制能力與潛力將會對城市產業的發展起著非常重要的作用，如果說“中國製造”能夠體現出中國“世界工廠”的地位，那麼，城市產業對市場的佔有率將會體現城市產業在競爭中的相對優勢，經濟輻射力更是城市競爭力的體現。

區位指數、自然資源指數與環境品質指數。區位指數自然資源指數和環境品質指數這三項指數是城市在區位水準、自然資源豐富度和環境資源豐富度的刻畫，人類的經濟活動都是在一定的自然條件下進行的，良好的自然條件，如優良的區位水準、豐富的自然資源和良好

① 實力指數(即整體實力競爭力)在前面的章節中已有詳述，在此略去。讀者可以參閱第 1 篇。

的環境品質將會大大地促進城市經濟發展和社會進步。而城市經濟的發展和社會進步也會改善區位水準和環境品質。需要注意的是，區位水準中的自然區位便利度是城市競爭力重要的影響力量，但經濟區位、行政區爲等也發揮著越來越重的作用。城市處於較大的市場規模之內將有利於該城市企業的擴大生產規模；高行政級別的城市擁有著更強的資源配置能力。

可持續發展指數。城市的可持續發展是城市在整合各種資源，如人力資源、資本資源、資訊資源、技術資源、自然資源、環境資源使城市生態系統、經濟系統、社會系統處於良性循環發展的系統工程。資源具有稀缺的天然特性，並且許多自然資源和環境資源具有不可再生性，因此城市在發展的過程當中，應當制定自身可持續發展的戰略，轉化生產方式，由原來的“粗放型”生產方式轉變爲“集約節約型”生產方式。從而保持自身在市場競爭中的長遠發展態勢。如果城市經濟的增長是以犧牲更多的環境爲代價，這樣城市的收益將會打折扣。所以可持續發展能力是表現城市競爭力的重要方面。

通過資料分析我們發現潛力指數得分有 141 個城市處於平均水準之上，占 47. 64%, 並比 2011 年增加 6 個城市。潛力指數得分的標準差爲 0. 147，高於 2011 年的 0.138，這說明城市之間的潛力指數的差異可能有逐步加大的趨勢。

潛力指數二級指標的分值與排名見表 5. 1. 1、表 5. 1. 2。

表 5. 1. 1 2012 年城市潛力指數二級指標分值及排名

城市	居民消費潛力指數	排名	金融資本潛力指數	排名	人力資本潛力指數	排名	市場潛力指數	排名
北京	0.723	143	0.973	2	0.905	5	0.68	3
天津	0.771	51	0.654	7	0.716	10	0.455	8
石家莊	0.649	262	0.396	27	0.518	38	0.262	50
唐山	0.991	3	0.331	55	0.368	64	0.29	39
秦皇島	0.782	41	0.331	55	0.363	66	0.21	101
邯鄲	0.832	20	0.313	111	0.333	78	0.241	65
邢臺	0.245	292	0.312	119	0.329	79	0.217	82
保定	0.716	157	0.318	83	0.328	80	0.23	72
張家口	0.401	289	0.312	119	0.3	93	0.205	117
承德	0.1	296	0.307	162	0.245	138	0.158	179
滄州	0.854	16	0.309	148	0.255	126	0.177	147
廊坊	0.984	6	0.312	119	0.265	117	0.168	154
衡水	0.502	286	0.302	234	0.236	155	0.154	207
太原	0.662	251	0.393	28	0.527	34	0.273	44
大同	0.68	232	0.312	119	0.302	92	0.205	117
陽泉	0.876	14	0.303	218	0.282	101	0.203	127
長治	0.663	250	0.305	190	0.255	126	0.212	95
晉城	0.753	75	0.306	176	0.259	123	0.208	110
朔州	0.682	229	0.304	200	0.263	119	0.205	117
晉中	0.738	108	0.3	244	0.243	140	0.155	198
運城	0.632	271	0.301	240	0.237	152	0.157	187
忻州	0.706	191	0.306	176	0.239	150	0.148	244
臨汾	0.656	258	0.304	200	0.24	146	0.159	172
呂梁	0.609	280	0.358	42	0.203	180	0.16	169
呼和浩特	0.762	66	0.371	36	0.449	52	0.206	112
包頭	0.772	49	0.304	200	0.337	76	0.153	211
烏海	0.769	56	0.302	234	0.205	176	0.149	235
赤峰	0.738	108	0.301	240	0.189	196	0.158	179
通遼	0.702	199	0.297	256	0.178	207	0.165	161
鄂爾多斯	0.914	9	0.304	200	0.268	112	0.282	41
呼倫貝爾	0.822	22	0.287	282	0.181	202	0.151	220
巴彥淖爾	0.752	76	0.286	285	0.181	202	0.151	220
烏蘭察布	0.72	151	0.286	285	0.193	193	0.121	295
瀋陽	0.711	177	0.51	16	0.599	25	0.466	7
大連	0.735	114	0.523	14	0.691	15	0.436	9
鞍山	0.758	68	0.318	83	0.259	123	0.228	76
撫順	0.71	181	0.316	95	0.239	150	0.215	85

表 5. 1. 1 2012 年城市潛力指數二級指標分值及排名

城市	居民消費潛力指數	排名	金融資本潛力指數	排名	人力資本潛力指數	排名	市場潛力指數	排名
本溪	0.739	107	0.318	83	0.26	121	0.198	138
丹東	0.743	98	0.312	119	0.243	140	0.206	112
錦州	0.729	130	0.313	111	0.251	128	0.215	85
營口	0.733	120	0.312	119	0.26	121	0.223	79
阜新	0.73	125	0.304	200	0.203	180	0.201	131
遼陽	0.709	183	0.305	190	0.22	171	0.214	88
盤錦	0.693	211	0.308	155	0.2	184	0.162	165
鐵嶺	0.752	76	0.306	176	0.189	196	0.17	152
朝陽	0.707	187	0.308	155	0.199	186	0.154	207
葫蘆島	0.726	138	0.304	200	0.153	259	0.138	289
長春	0.721	147	0.486	22	0.477	47	0.316	28
吉林	0.689	219	0.313	111	0.352	71	0.214	88
四平	0.626	274	0.305	190	0.263	119	0.206	112
遼源	0.665	246	0.307	162	0.204	179	0.149	235
通化	0.62	276	0.309	148	0.205	176	0.152	214
白山	0.566	284	0.311	138	0.194	191	0.15	229
松原	0.668	242	0.306	176	0.227	168	0.157	187
白城	0.494	287	0.307	162	0.185	200	0.146	263
哈爾濱	0.748	91	0.507	17	0.547	31	0.244	60
齊齊哈爾	0.704	194	0.32	74	0.309	89	0.205	117
雞西	0.839	18	0.309	148	0.194	191	0.185	143
鶴崗	0.743	98	0.306	176	0.211	173	0.144	276
雙鴨山	0.653	259	0.308	155	0.169	218	0.2	135
大慶	0.726	138	0.326	63	0.464	50	0.24	66
伊春	0.685	225	0.303	218	0.122	295	0.145	266
佳木斯	0.688	222	0.319	80	0.178	207	0.147	252
七台河	0.794	32	0.299	250	0.167	226	0.148	244
牡丹江	0.707	187	0.303	218	0.158	249	0.148	244
黑河	1	1	0.301	240	0.141	288	0.144	276
綏化	1	1	0.304	200	0.145	282	0.147	252
上海	0.75	86	1	1	0.906	4	1	1
南京	0.723	143	0.541	10	0.698	13	0.404	13
無錫	0.716	157	0.375	34	0.622	21	0.393	16
徐州	0.744	95	0.323	70	0.426	56	0.257	53
常州	0.721	147	0.329	59	0.479	46	0.332	24
蘇州	0.737	111	0.416	23	0.671	17	0.536	6
南通	0.75	86	0.336	52	0.47	49	0.275	43
連雲港	0.736	113	0.32	74	0.357	69	0.219	80
淮安	0.797	30	0.316	95	0.312	87	0.224	78
鹽城	0.792	33	0.324	67	0.272	111	0.242	63
揚州	0.75	86	0.324	67	0.275	108	0.263	49
鎮江	0.693	211	0.326	63	0.294	95	0.243	62
泰州	0.717	154	0.322	71	0.279	103	0.252	56
宿遷	0.776	47	0.314	107	0.28	102	0.209	104
杭州	0.801	29	0.676	5	0.702	12	0.419	10
寧波	0.732	122	0.533	12	0.654	19	0.32	26
溫州	0.756	71	0.376	32	0.609	23	0.244	60
嘉興	0.707	187	0.361	40	0.447	53	0.256	54
湖州	0.718	152	0.346	49	0.4	59	0.228	76
紹興	0.74	104	0.37	37	0.362	67	0.27	45
金華	0.709	183	0.341	50	0.34	75	0.235	68
衢州	0.692	213	0.332	53	0.298	94	0.209	104
舟山	0.699	205	0.32	74	0.341	74	0.206	112
台州	0.73	125	0.354	47	0.304	90	0.237	67
麗水	0.724	142	0.325	65	0.304	90	0.209	104
合肥	0.729	130	0.375	34	0.533	32	0.293	35
蕪湖	0.728	133	0.307	162	0.285	98	0.168	154

表 5.1.1 2012 年城市潛力指數二級指標分值及排名

城市	居民消費潛力指數	排名	金融資本潛力指數	排名	人力資本潛力指數	排名	市場潛力指數	排名
蚌埠	0.79	35	0.297	256	0.24	146	0.152	214
淮南	0.702	199	0.305	190	0.277	106	0.131	291
馬鞍山	0.752	76	0.303	218	0.266	114	0.16	169
淮北	0.676	237	0.303	218	0.276	107	0.154	207
銅陵	0.834	19	0.303	218	0.249	129	0.158	179
安慶	0.764	63	0.303	218	0.23	164	0.159	172
黃山	0.66	254	0.301	240	0.234	158	0.147	252
滁州	0.818	23	0.299	250	0.234	158	0.155	198
阜陽	0.721	147	0.3	244	0.231	163	0.151	220
宿州	0.65	261	0.3	244	0.24	146	0.15	229
六安	0.716	157	0.302	234	0.193	193	0.152	214
亳州	0.814	24	0.306	176	0.149	272	0.147	252
池州	0.734	117	0.303	218	0.165	234	0.146	263
宣城	0.807	25	0.305	190	0.164	236	0.155	198
福州	0.752	76	0.413	24	0.519	37	0.299	32
廈門	0.756	71	0.505	18	0.689	16	0.292	36
莆田	0.698	206	0.321	72	0.319	84	0.211	98
三明	0.691	215	0.327	62	0.314	86	0.211	98
泉州	0.704	194	0.355	45	0.364	65	0.266	48
漳州	0.711	177	0.331	55	0.356	70	0.165	161
南平	0.682	229	0.329	59	0.236	155	0.204	122
龍岩	0.728	133	0.329	59	0.242	143	0.157	187
寧德	0.709	183	0.312	119	0.237	152	0.153	211
南昌	0.743	98	0.398	26	0.481	45	0.229	73
景德鎮	0.703	197	0.313	111	0.249	129	0.151	220
萍鄉	0.721	147	0.317	89	0.2	184	0.155	198
九江	0.752	76	0.318	83	0.206	175	0.161	167
新餘	0.671	240	0.303	218	0.178	207	0.158	179
鷹潭	0.714	166	0.302	234	0.171	216	0.16	169
贛州	0.691	215	0.305	190	0.163	239	0.158	179
吉安	0.661	253	0.304	200	0.161	244	0.157	187
宜春	0.639	268	0.3	244	0.162	241	0.158	179
撫州	0.681	231	0.303	218	0.155	256	0.151	220
上饒	0.64	267	0.304	200	0.169	218	0.157	187
濟南	0.712	174	0.491	21	0.595	26	0.339	22
青島	0.734	117	0.5	19	0.671	17	0.402	15
淄博	0.722	145	0.331	55	0.283	100	0.234	69
棗莊	0.792	33	0.316	95	0.248	133	0.148	244
東營	0.711	177	0.325	65	0.267	113	0.213	91
煙臺	0.706	191	0.31	142	0.278	104	0.285	40
濰坊	0.761	67	0.321	72	0.249	129	0.231	71
濟寧	0.728	133	0.316	95	0.259	123	0.182	144
泰安	0.731	123	0.31	142	0.237	152	0.18	145
威海	0.691	215	0.311	138	0.275	108	0.163	164
日照	0.74	104	0.308	155	0.246	137	0.124	293
萊蕪	0.7	203	0.306	176	0.248	133	0.157	187
臨沂	0.659	255	0.315	102	0.241	144	0.194	140
德州	0.742	103	0.312	119	0.233	160	0.177	147
聊城	0.731	123	0.312	119	0.197	189	0.191	141
濱州	0.737	111	0.314	107	0.177	210	0.178	146
菏澤	0.771	51	0.307	162	0.161	244	0.173	150
鄭州	0.771	51	0.599	9	0.578	28	0.32	26
開封	0.756	71	0.302	234	0.24	146	0.123	294
洛陽	0.704	194	0.308	155	0.247	135	0.189	142
平頂山	0.714	166	0.303	218	0.216	172	0.129	292
安陽	0.689	219	0.304	200	0.18	204	0.172	151
鶴壁	0.73	125	0.304	200	0.166	229	0.154	207

表 5.1.1 2012 年城市潛力指數二級指標分值及排名

城市	居民消費潛力指數	排名	金融資本潛力指數	排名	人力資本潛力指數	排名	市場潛力指數	排名
新鄉	0.752	76	0.308	155	0.149	272	0.168	154
焦作	0.703	197	0.304	200	0.16	246	0.174	149
濮陽	0.743	98	0.303	218	0.168	222	0.161	167
許昌	0.718	152	0.302	234	0.159	247	0.17	152
漯河	0.716	157	0.297	256	0.15	266	0.162	165
三門峽	0.75	86	0.296	260	0.171	216	0.168	154
南陽	0.767	60	0.306	176	0.168	222	0.167	158
商丘	0.691	215	0.305	190	0.149	272	0.159	172
信陽	0.701	202	0.299	250	0.156	252	0.155	198
周口	0.744	95	0.296	260	0.146	280	0.159	172
駐馬店	0.747	93	0.304	200	0.141	288	0.145	266
武漢	0.778	45	0.512	15	0.603	24	0.392	17
黃石	0.641	266	0.319	80	0.266	114	0.212	95
十堰	0.245	292	0.315	102	0.275	108	0.209	104
宜昌	0.716	157	0.32	74	0.142	287	0.167	158
襄陽	0.687	223	0.314	107	0.154	257	0.166	160
鄂州	0.649	262	0.307	162	0.13	294	0.15	229
荆門	0.606	281	0.313	111	0.157	250	0.157	187
孝感	0.664	248	0.32	74	0.152	262	0.155	198
荆州	0.748	91	0.312	119	0.141	288	0.153	211
黃岡	0.787	38	0.311	138	0.148	278	0.152	214
咸寧	0.768	58	0.312	119	0.149	272	0.149	235
隨州	0.787	38	0.307	162	0.149	272	0.149	235
長沙	0.727	136	0.401	25	0.582	27	0.298	33
株洲	0.714	166	0.316	95	0.29	97	0.215	85
湘潭	0.695	208	0.312	119	0.23	164	0.213	91
衡陽	0.764	63	0.306	176	0.23	164	0.218	81
邵陽	0.657	256	0.312	119	0.19	195	0.204	122
岳陽	0.686	224	0.306	176	0.233	160	0.229	73
常德	0.757	69	0.307	162	0.208	174	0.21	101
張家界	0.677	236	0.296	260	0.199	186	0.144	276
益陽	0.722	145	0.307	162	0.151	264	0.152	214
郴州	0.714	166	0.312	119	0.278	104	0.213	91
永州	0.745	94	0.3	244	0.157	250	0.149	235
懷化	0.695	208	0.31	142	0.166	229	0.151	220
婁底	0.671	240	0.303	218	0.135	293	0.156	196
廣州	0.764	63	0.658	6	0.877	6	0.561	5
韶關	0.735	114	0.332	53	0.431	55	0.205	117
深圳	0.716	157	0.771	3	1	1	0.736	2
珠海	0.779	44	0.306	176	0.696	14	0.232	70
汕頭	0.767	60	0.319	80	0.577	29	0.214	88
佛山	0.785	40	0.386	31	0.714	11	0.404	13
江門	0.727	136	0.316	95	0.41	57	0.292	36
湛江	0.757	69	0.317	89	0.4	59	0.212	95
茂名	0.646	264	0.32	74	0.349	72	0.203	127
肇慶	0.729	130	0.315	102	0.322	82	0.216	84
惠州	0.752	76	0.34	51	0.486	43	0.242	63
梅州	0.705	193	0.312	119	0.265	117	0.201	131
汕尾	0.744	95	0.31	142	0.241	144	0.201	131
河源	0.623	275	0.313	111	0.244	139	0.204	122
陽江	0.752	76	0.315	102	0.236	155	0.204	122
清遠	0.68	232	0.317	89	0.249	129	0.229	73
東莞	0.696	207	0.355	45	0.849	7	0.34	21
中山	0.714	166	0.358	42	0.73	9	0.251	57
潮州	0.734	117	0.317	89	0.266	114	0.149	235
揭陽	0.802	28	0.317	89	0.233	160	0.217	82
雲浮	0.579	282	0.314	107	0.229	167	0.201	131

表 5.1.1 2012 年城市潛力指數二級指標分值及排名

城市	居民消費潛力指數	排名	金融資本潛力指數	排名	人力資本潛力指數	排名	市場潛力指數	排名
南寧	0.71	181	0.376	32	0.483	44	0.211	98
柳州	0.685	225	0.309	148	0.336	77	0.277	42
桂林	0.633	270	0.317	89	0.318	85	0.206	112
梧州	0.716	157	0.309	148	0.284	99	0.151	220
北海	0.664	248	0.306	176	0.294	95	0.199	136
防城港	0.714	166	0.303	218	0.201	183	0.148	244
欽州	0.712	174	0.312	119	0.179	205	0.148	244
貴港	0.717	154	0.304	200	0.172	214	0.149	235
玉林	0.797	30	0.307	162	0.179	205	0.151	220
百色	0.683	228	0.304	200	0.172	214	0.149	235
賀州	0.735	114	0.292	277	0.166	229	0.145	266
河池	0.666	245	0.286	285	0.162	241	0.147	252
來賓	0.714	166	0.293	273	0.169	218	0.147	252
崇左	0.708	186	0.298	254	0.15	266	0.146	263
海口	0.679	235	0.387	30	0.457	51	0.253	55
三亞	0.899	11	0.318	83	0.312	87	0.196	139
重慶	0.853	17	0.618	8	0.622	21	0.409	12
成都	0.75	86	0.539	11	0.639	20	0.315	29
自貢	0.73	125	0.312	119	0.243	140	0.209	104
攀枝花	0.789	37	0.303	218	0.222	169	0.209	104
瀘州	0.781	42	0.305	190	0.195	190	0.155	198
德陽	0.78	43	0.315	102	0.321	83	0.213	91
綿陽	0.79	35	0.316	95	0.387	62	0.208	110
廣元	0.772	49	0.312	119	0.156	252	0.147	252
遂寧	0.776	47	0.31	142	0.149	272	0.15	229
內江	0.807	25	0.305	190	0.15	266	0.159	172
樂山	0.771	51	0.304	200	0.148	278	0.157	187
南充	0.765	62	0.311	138	0.15	266	0.151	220
眉山	0.755	74	0.309	148	0.15	266	0.152	214
宜賓	0.751	85	0.31	142	0.143	286	0.158	179
廣安	0.74	104	0.307	162	0.153	259	0.149	235
達州	0.777	46	0.305	190	0.146	280	0.143	286
雅安	0.77	55	0.304	200	0.156	252	0.147	252
巴中	0.73	125	0.304	200	0.144	284	0.145	266
資陽	0.828	21	0.308	155	0.145	282	0.157	187
貴陽	0.738	108	0.364	39	0.439	54	0.291	38
六盤水	0.612	279	0.296	260	0.174	212	0.203	127
遵義	0.752	76	0.297	256	0.168	222	0.15	229
安順	0.68	232	0.286	285	0.151	264	0.145	266
昆明	0.806	27	0.392	29	0.472	48	0.382	18
曲靖	0.714	166	0.307	162	0.221	170	0.155	198
玉溪	0.627	273	0.307	162	0.323	81	0.204	122
保山	0.662	251	0.296	260	0.153	259	0.144	276
昭通	0.692	213	0.298	254	0.186	199	0.134	290
麗江	0.512	285	0.295	266	0.165	234	0.144	276
普洱	0.644	265	0.293	273	0.164	236	0.144	276
臨滄	0.715	165	0.287	282	0.164	236	0.144	276
拉薩	0.665	246	0.497	20	0.391	61	0.302	31
西安	0.167	295	0.526	13	0.528	33	0.294	34
銅川	0.991	3	0.307	162	0.166	229	0.199	136
寶雞	0.855	15	0.313	111	0.174	212	0.21	101
咸陽	0.323	290	0.318	83	0.162	241	0.159	172
渭南	0.981	8	0.306	176	0.166	229	0.155	198
延安	0.423	288	0.309	148	0.198	188	0.158	179
漢中	0.895	12	0.312	119	0.156	252	0.148	244
榆林	0.613	278	0.324	67	0.202	182	0.165	161
安康	0.711	177	0.306	176	0.168	222	0.145	266

表 5.1.1 2012 年城市潛力指數二級指標分值及排名

城市	居民消費潛力指數	排名	金融資本潛力指數	排名	人力資本潛力指數	排名	市場潛力指數	排名
商洛	0.984	6	0.293	273	0.15	266	0.145	266
蘭州	0.99	5	0.36	41	0.404	58	0.202	130
嘉峪關	0.914	9	0.294	269	0.205	176	0.15	229
金昌	0.222	294	0.294	269	0.188	198	0.156	196
白銀	0.263	291	0.293	273	0.183	201	0.148	244
天水	0.768	58	0.295	266	0.154	257	0.145	266
武威	0.702	199	0.295	266	0.144	284	0.144	276
張掖	0.618	277	0.299	250	0.152	262	0.144	276
平涼	0.707	187	0.287	282	0.169	218	0.145	266
酒泉	0.733	120	0.292	277	0.177	210	0.147	252
慶陽	0.717	154	0.29	279	0.167	226	0.147	252
定西	0.668	242	0.29	279	0.163	239	0.143	286
隴南	0.651	260	0.289	281	0.1	296	0.144	276
西寧	0.668	242	0.356	44	0.348	73	0.26	52
銀川	0.695	208	0.313	111	0.36	68	0.25	58
石嘴山	0.689	219	0.303	218	0.141	288	0.1	296
吳忠	0.685	225	0.296	260	0.167	226	0.147	252
固原	0.712	174	0.294	269	0.159	247	0.143	286
中衛	0.725	140	0.294	269	0.138	292	0.145	266
烏魯木齊	0.725	140	0.365	38	0.369	63	0.268	47
克拉瑪依	0.881	13	0.3	244	0.247	135	0.159	172
香港	0.769	56	0.719	4	0.994	2	0.591	4
澳門	0.657	256	0.135	292	0.795	8	0.248	59
新北	0.675	239	0.157	289	0.523	35	0.332	24
臺北	0.743	98	0.353	48	0.978	3	0.416	11
台中	0.637	269	0.136	291	0.505	41	0.345	20
台南	0.578	283	0.123	293	0.495	42	0.337	23
高雄	0.7	203	0.139	290	0.521	36	0.374	19
基隆	0.716	157	0.101	294	0.515	39	0.262	50
新竹	0.676	237	0.101	294	0.571	30	0.313	30
嘉義	0.631	272	0.1	296	0.506	40	0.27	45

表 5.1.2 2012 年城市潛力指數二級指標分值及排名（續）

城市	區位指數	排名	自然資源指數	排名	環境品質指數	排名	可持續發展指數	排名
北京	1	1	0.248	264	0.644	144	0.706	16
天津	0.737	5	0.32	234	0.682	124	0.672	23
石家莊	0.451	31	0.454	124	0.679	126	0.589	192
唐山	0.232	109	0.594	44	0.922	6	0.512	264
秦皇島	0.407	40	0.442	135	0.898	8	0.283	295
邯鄲	0.232	109	0.547	64	0.759	66	0.56	229
邢臺	0.232	109	0.555	62	0.668	130	0.502	269
保定	0.276	74	0.454	124	0.709	105	0.503	267
張家口	0.254	91	0.441	136	0.547	209	0.466	281
承德	0.21	124	0.469	116	0.521	230	0.465	282
滄州	0.232	109	0.575	52	0.761	64	0.559	231
廊坊	0.21	124	0.596	43	0.813	34	0.485	274
衡水	0.188	158	0.705	22	0.813	34	0.547	242
太原	0.407	40	0.3	246	0.575	194	0.432	289
大同	0.254	91	0.449	131	0.39	274	0.296	294
陽泉	0.21	124	0.371	194	0.482	257	0.525	257
長治	0.21	124	0.329	228	0.714	101	0.59	189
晉城	0.21	124	0.454	124	0.641	149	0.56	229
朔州	0.232	109	0.534	71	0.745	80	0.562	227
晉中	0.21	124	0.653	27	0.619	164	0.615	121
運城	0.188	158	0.625	36	0.588	183	0.533	255

表5.1.2 2012年城市潛力指數二級指標分值及排名（續）

城市	區位指數	排名	自然資源指數	排名	環境品質指數	排名	可持續發展指數	排名
忻州	0.188	158	0.57	56	0.282	287	0.5	270
臨汾	0.188	158	0.488	100	0.51	236	0.575	213
呂梁	0.188	158	0.477	111	0.415	270	0.463	284
呼和浩特	0.341	57	0.672	25	0.732	89	0.576	212
包頭	0.166	185	0.504	90	0.666	132	0.468	280
烏海	0.166	185	0.243	265	0.508	238	0.481	276
赤峰	0.166	185	0.8	12	0.595	175	0.537	250
通遼	0.166	185	0.876	6	0.349	281	0.609	138
鄂爾多斯	0.21	124	0.513	85	0.794	45	0.711	13
呼倫貝爾	0.188	158	0.51	86	0.225	291	0.573	216
巴彥淖爾	0.166	185	0.83	8	0.576	192	0.555	234
烏蘭察布	0.166	185	0.729	17	0.52	233	0.534	253
瀋陽	0.671	8	0.322	232	0.683	123	0.67	25
大連	0.605	12	0.327	229	0.842	18	0.751	8
鞍山	0.254	91	0.426	151	0.544	210	0.444	288
撫順	0.276	74	0.227	269	0.595	175	0.387	291
本溪	0.254	91	0.37	195	0.485	253	0.454	286
丹東	0.254	91	0.359	205	0.449	264	0.578	207
錦州	0.276	74	0.544	66	0.496	247	0.537	250
營口	0.276	74	0.405	167	0.731	90	0.61	133
阜新	0.276	74	0.534	71	0.541	214	0.477	277
遼陽	0.254	91	0.402	169	0.638	150	0.519	261
盤錦	0.21	124	0.56	60	0.697	113	0.55	239
鐵嶺	0.254	91	0.767	15	0.642	146	0.418	290
朝陽	0.21	124	0.422	155	0.116	294	0.321	293
葫蘆島	0.188	158	0.37	195	0.583	188	0.609	138
長春	0.495	25	0.726	18	0.637	151	0.671	24
吉林	0.276	74	0.645	29	0.596	174	0.639	64
四平	0.232	109	0.79	13	0.389	275	0.533	255
遼源	0.166	185	0.337	222	0.53	225	0.493	271
通化	0.166	185	0.604	42	0.521	230	0.593	183
白山	0.166	185	0.444	134	0.259	289	0.539	249
松原	0.188	158	0.876	6	0.428	269	0.547	242
白城	0.166	185	0.811	10	0.193	293	0.448	287
哈爾濱	0.517	22	0.724	19	0.443	266	0.709	14
齊齊哈爾	0.254	91	1	1	0.403	272	0.563	226
雞西	0.188	158	0.522	77	0.517	234	0.561	228
鶴崗	0.166	185	0.539	67	0.573	196	0.1	296
雙鴨山	0.188	158	0.893	5	0.34	283	0.476	278
大慶	0.188	158	0.911	4	0.589	181	0.569	220
伊春	0.188	158	0.626	35	0.525	228	0.473	279
佳木斯	0.188	158	0.944	3	0.484	255	0.483	275
七台河	0.166	185	0.517	82	0.498	245	0.6	163
牡丹江	0.166	185	0.634	32	0.554	207	0.523	260
黑河	0.166	185	0.807	11	0.497	246	0.33	292
綏化	0.144	214	0.967	2	0.585	185	0.487	273
上海	1	1	0.205	277	0.693	117	0.812	6
南京	0.649	9	0.209	274	0.751	76	0.716	11
無錫	0.451	31	0.186	280	0.831	26	0.645	53
徐州	0.385	45	0.418	157	0.616	166	0.616	119
常州	0.407	40	0.177	283	0.788	52	0.617	115
蘇州	0.583	13	0.197	278	0.736	86	0.829	3
南通	0.385	45	0.392	173	0.829	30	0.613	126
連雲港	0.298	65	0.336	223	0.705	109	0.545	246
淮安	0.298	65	0.316	236	0.692	118	0.555	234
鹽城	0.254	91	0.617	38	0.538	220	0.585	198
揚州	0.276	74	0.296	249	0.767	63	0.584	200

表 5.1.2 2012 年城市潛力指數二級指標分值及排名（續）

城市	區位指數	排名	自然資源指數	排名	環境品質指數	排名	可持續發展指數	排名
鎮江	0.276	74	0.215	271	0.8	42	0.613	126
泰州	0.276	74	0.347	214	0.694	114	0.594	180
宿遷	0.254	91	0.438	141	0.494	248	0.54	247
杭州	0.649	9	0.241	266	0.79	50	0.816	5
寧波	0.495	25	0.258	260	0.793	48	0.68	18
溫州	0.341	57	0.235	267	0.593	177	0.624	98
嘉興	0.298	65	0.332	226	0.816	32	0.627	89
湖州	0.32	62	0.21	273	0.814	33	0.592	186
紹興	0.32	62	0.266	255	0.747	79	0.621	105
金華	0.254	91	0.207	276	0.772	61	0.578	207
衢州	0.254	91	0.436	143	0.782	57	0.558	233
舟山	0.429	35	0.351	211	0.786	55	0.514	263
台州	0.298	65	0.331	227	0.831	26	0.597	173
麗水	0.21	124	0.382	182	0.669	129	0.517	262
合肥	0.473	27	0.42	156	0.76	65	0.654	42
蕪湖	0.21	124	0.379	185	0.739	83	0.628	88
蚌埠	0.188	158	0.531	74	0.725	95	0.606	152
淮南	0.188	158	0.302	244	0.651	139	0.627	89
馬鞍山	0.21	124	0.378	186	0.703	110	0.629	86
淮北	0.21	124	0.349	212	0.657	137	0.607	148
銅陵	0.21	124	0.346	215	0.797	44	0.645	53
安慶	0.21	124	0.591	45	0.81	36	0.623	101
黃山	0.188	158	0.367	200	0.566	202	0.552	238
滁州	0.21	124	0.487	102	0.485	253	0.612	132
阜陽	0.188	158	0.532	73	0.709	105	0.537	250
宿州	0.188	158	0.571	55	0.667	131	0.574	214
六安	0.166	185	0.432	145	0.624	162	0.591	188
亳州	0.166	185	0.458	121	0.56	206	0.59	189
池州	0.144	214	0.386	178	0.543	211	0.566	222
宣城	0.166	185	0.263	257	0.752	73	0.588	195
福州	0.539	21	0.299	247	0.782	57	0.637	70
廈門	0.561	16	0.149	286	0.848	14	0.751	8
莆田	0.298	65	0.311	238	0.789	51	0.585	198
三明	0.276	74	0.469	116	0.606	169	0.593	183
泉州	0.385	45	0.325	231	0.777	59	0.632	78
漳州	0.32	62	0.547	64	0.845	16	0.534	253
南平	0.276	74	0.481	109	0.543	211	0.577	210
龍岩	0.21	124	0.539	67	0.734	87	0.622	104
寧德	0.232	109	0.483	105	0.509	237	0.59	189
南昌	0.473	27	0.392	173	0.804	40	0.605	154
景德鎮	0.188	158	0.427	150	0.806	38	0.623	101
萍鄉	0.188	158	0.313	237	0.637	151	0.64	62
九江	0.254	91	0.508	88	0.716	99	0.631	80
新餘	0.21	124	0.266	255	0.709	105	0.609	138
鷹潭	0.232	109	0.43	147	0.867	10	0.6	163
贛州	0.232	109	0.518	81	0.541	214	0.607	148
吉安	0.21	124	0.572	54	0.711	103	0.599	168
宜春	0.21	124	0.43	147	0.699	112	0.589	192
撫州	0.21	124	0.376	189	0.415	270	0.634	73
上饒	0.21	124	0.342	217	0.561	205	0.618	112
濟南	0.561	16	0.494	97	0.787	53	0.68	18
青島	0.583	13	0.452	128	0.939	4	0.866	2
淄博	0.232	109	0.377	187	0.848	14	0.61	133
棗莊	0.21	124	0.483	105	0.776	60	0.614	124
東營	0.21	124	0.607	41	0.839	19	0.606	152
煙臺	0.363	49	0.653	27	0.834	24	0.669	27
濰坊	0.21	124	0.616	39	0.755	72	0.573	216

表 5.1.2 2012 年城市潛力指數二級指標分值及排名（續）

城市	區位指數	排名	自然資源指數	排名	環境品質指數	排名	可持續發展指數	排名
濟寧	0.232	109	0.758	16	0.865	12	0.546	245
泰安	0.21	124	0.536	69	0.835	23	0.617	115
威海	0.363	49	0.719	20	0.923	5	0.651	45
日照	0.166	185	0.416	158	0.844	17	0.613	126
萊蕪	0.188	158	0.257	261	0.784	56	0.603	157
臨沂	0.188	158	0.618	37	0.689	119	0.613	126
德州	0.188	158	0.627	33	0.609	168	0.608	143
聊城	0.21	124	0.772	14	0.834	24	0.586	197
濱州	0.166	185	0.708	21	0.689	119	0.596	175
菏澤	0.144	214	0.825	9	0.714	101	0.6	163
鄭州	0.583	13	0.286	252	0.601	172	0.777	7
開封	0.166	185	0.577	50	0.531	224	0.625	96
洛陽	0.21	124	0.327	229	0.472	259	0.653	44
平頂山	0.144	214	0.463	118	0.718	96	0.666	31
安陽	0.144	214	0.555	62	0.839	19	0.655	41
鶴壁	0.144	214	0.386	178	0.631	158	0.582	203
新鄉	0.144	214	0.364	201	0.831	26	0.651	45
焦作	0.166	185	0.373	192	0.715	100	0.677	22
濮陽	0.144	214	0.411	164	0.867	10	0.634	73
許昌	0.144	214	0.354	209	0.756	71	0.65	48
漯河	0.122	251	0.369	197	0.805	39	0.663	33
三門峽	0.144	214	0.501	94	0.642	146	0.658	37
南陽	0.122	251	0.587	47	0.637	151	0.654	42
商丘	0.122	251	0.579	48	0.662	134	0.613	126
信陽	0.122	251	0.416	158	0.682	124	0.62	109
周口	0.144	214	0.483	105	0.475	258	0.626	93
駐馬店	0.144	214	0.434	144	0.604	170	0.613	126
武漢	0.627	11	0.263	257	0.787	53	0.707	15
黃石	0.144	214	0.377	187	0.631	158	0.63	84
十堰	0.166	185	0.5	95	0.642	146	0.603	157
宜昌	0.144	214	0.663	26	0.794	45	0.656	40
襄陽	0.144	214	0.522	77	0.707	108	0.638	67
鄂州	0.122	251	0.568	57	0.757	70	0.607	148
荊門	0.144	214	0.567	58	0.727	91	0.608	143
孝感	0.122	251	0.441	136	0.694	114	0.634	73
荊州	0.144	214	0.689	23	0.66	136	0.619	110
黃岡	0.122	251	0.441	136	0.591	179	0.61	133
咸寧	0.1	279	0.638	31	0.584	187	0.614	124
隨州	0.1	279	0.31	240	0.542	213	0.608	143
長沙	0.429	35	0.333	225	0.717	98	0.678	21
株洲	0.276	74	0.472	113	0.8	42	0.632	78
湘潭	0.166	185	0.375	190	0.738	85	0.615	121
衡陽	0.188	158	0.424	153	0.666	132	0.617	115
邵陽	0.166	185	0.535	70	0.616	166	0.605	154
岳陽	0.188	158	0.515	83	0.81	36	0.65	48
常德	0.144	214	0.462	120	0.768	62	0.631	80
張家界	0.1	279	0.449	131	0.718	96	0.489	272
益陽	0.122	251	0.437	142	0.679	126	0.596	175
郴州	0.188	158	0.566	59	0.582	189	0.602	159
永州	0.122	251	0.393	172	0.379	277	0.61	133
懷化	0.122	251	0.415	160	0.37	279	0.608	143
婁底	0.122	251	0.39	175	0.752	73	0.639	64
廣州	0.737	5	0.191	279	0.792	49	0.826	4
韶關	0.276	74	0.509	87	0.871	9	0.574	214
深圳	0.715	7	0.128	289	0.818	31	1	1
珠海	0.407	40	0.234	268	0.838	21	0.608	143
汕頭	0.298	65	0.176	284	0.742	81	0.626	93

表 5. 1. 2 2012 年城市潛力指數二級指標分值及排名（續）

城市	區位指數	排名	自然資源指數	排名	環境品質指數	排名	可持續發展指數	排名
佛山	0.363	49	0.257	261	0.739	83	0.582	203
江門	0.276	74	0.291	251	0.801	41	0.667	29
湛江	0.298	65	0.424	153	0.831	26	0.604	156
茂名	0.276	74	0.524	76	0.573	196	0.601	160
肇慶	0.254	91	0.47	115	0.576	192	0.6	163
惠州	0.298	65	0.319	235	0.589	181	0.733	10
梅州	0.254	91	0.519	80	0.74	82	0.595	178
汕尾	0.254	91	0.252	263	0.499	244	0.601	160
河源	0.232	109	0.431	146	0.849	13	0.547	242
陽江	0.254	91	0.396	170	0.57	200	0.616	119
清遠	0.254	91	0.507	89	0.488	250	0.465	282
東莞	0.451	31	0.184	281	0.651	139	0.554	237
中山	0.276	74	0.18	282	0.759	66	0.68	18
潮州	0.232	109	0.224	270	0.711	103	0.641	59
揭陽	0.188	158	0.364	201	0.603	171	0.646	52
雲浮	0.21	124	0.484	103	0.689	119	0.61	133
南寧	0.429	35	0.368	199	0.662	134	0.638	67
柳州	0.276	74	0.339	219	0.574	195	0.663	33
桂林	0.232	109	0.627	33	0.703	110	0.524	259
梧州	0.21	124	0.345	216	0.454	261	0.634	73
北海	0.298	65	0.45	130	0.657	137	0.598	170
防城港	0.21	124	0.295	250	0.506	240	0.623	101
欽州	0.21	124	0.382	182	0.401	273	0.599	168
貴港	0.21	124	0.406	166	0.577	191	0.619	110
玉林	0.232	109	0.484	103	0.564	204	0.624	98
百色	0.144	214	0.458	121	0.454	261	0.627	89
賀州	0.144	214	0.362	204	0.53	225	0.588	195
河池	0.144	214	0.357	207	0.651	139	0.617	115
來賓	0.144	214	0.273	254	0.636	154	0.589	192
崇左	0.144	214	0.488	100	0.343	282	0.57	218
海口	0.517	22	0.209	274	0.967	3	0.559	231
三亞	0.341	57	0.303	242	1	1	0.525	257
重慶	0.561	16	0.613	40	0.748	78	0.712	12
成都	0.561	16	0.375	190	0.914	7	0.683	17
自貢	0.166	185	0.308	241	0.529	227	0.505	266
攀枝花	0.166	185	0.429	149	0.432	268	0.506	265
瀘州	0.144	214	0.321	233	0.464	260	0.626	93
德陽	0.144	214	0.48	110	0.601	172	0.645	53
綿陽	0.144	214	0.373	192	0.619	164	0.638	67
廣元	0.122	251	0.339	219	0.516	235	0.578	207
遂寧	0.144	214	0.212	272	0.686	122	0.618	112
內江	0.122	251	0.263	257	0.59	180	0.633	77
樂山	0.144	214	0.357	207	0.752	73	0.649	50
南充	0.144	214	0.405	167	0.375	278	0.629	86
眉山	0.144	214	0.425	152	0.507	239	0.64	62
宜賓	0.122	251	0.502	93	0.437	267	0.635	72
廣安	0.122	251	0.415	160	0.836	22	0.618	112
達州	0.122	251	0.353	210	0.502	243	0.621	105
雅安	0.144	214	0.458	121	0.57	200	0.583	202
巴中	0.144	214	0.381	184	0.358	280	0.55	239
資陽	0.122	251	0.359	205	0.629	160	0.642	58
貴陽	0.451	31	0.364	201	0.758	68	0.641	59
六盤水	0.166	185	0.413	162	0.521	230	0.609	138
遵義	0.122	251	0.576	51	0.751	76	0.625	96
安順	0.144	214	0.44	139	0.65	142	0.594	180
昆明	0.561	16	0.389	177	0.982	2	0.651	45
曲靖	0.166	185	0.642	30	0.644	144	0.644	57

表 5. 1. 2 2012 年城市潛力指數二級指標分值及排名（續）

城市	區位指數	排名	自然資源指數	排名	環境品質指數	排名	可持續發展指數	排名
玉溪	0.21	124	0.525	75	0.758	68	0.621	105
保山	0.144	214	0.504	90	0.537	222	0.549	241
昭通	0.122	251	0.451	129	0.488	250	0.639	64
麗江	0.1	279	0.34	218	0.522	229	0.577	210
普洱	0.1	279	0.349	212	0.794	45	0.555	234
臨滄	0.1	279	0.396	170	0.622	163	0.54	247
拉薩	0.473	27	0.336	223	0.734	87	0.67	25
西安	0.517	22	0.311	238	0.553	208	0.663	33
銅川	0.166	185	0.39	175	0.58	190	0.567	221
寶雞	0.144	214	0.522	77	0.566	202	0.647	51
咸陽	0.122	251	0.683	24	0.649	143	0.645	53
渭南	0.144	214	0.471	114	0.487	252	0.641	59
延安	0.144	214	0.591	45	0.572	198	0.668	28
漢中	0.122	251	0.463	118	0.592	178	0.592	186
榆林	0.122	251	0.448	133	0.586	184	0.666	31
安康	0.122	251	0.369	197	0.628	161	0.601	160
商洛	0.122	251	0.302	244	0.333	285	0.596	175
蘭州	0.341	57	0.385	180	0.506	240	0.657	39
嘉峪關	0.122	251	0.281	253	0.585	185	0.624	98
金昌	0.122	251	0.44	139	0.536	223	0.631	80
白銀	0.1	279	0.503	92	0.33	286	0.621	105
天水	0.1	279	0.412	163	0.505	242	0.609	138
武威	0.122	251	0.491	99	0.49	249	0.584	200
張掖	0.1	279	0.574	53	0.247	290	0.565	223
平涼	0.1	279	0.497	96	0.277	288	0.607	148
酒泉	0.1	279	0.475	112	0.446	265	0.6	163
慶陽	0.1	279	0.453	127	0.1	296	0.615	121
定西	0.1	279	0.411	164	0.102	295	0.503	267
隴南	0.1	279	0.303	242	0.194	292	0.582	203
西寧	0.385	45	0.338	221	0.572	198	0.66	36
銀川	0.363	49	0.514	84	0.694	114	0.658	37
石嘴山	0.1	279	0.385	180	0.45	263	0.667	29
吳忠	0.122	251	0.556	61	0.538	220	0.631	80
固原	0.1	279	0.579	48	0.387	276	0.57	218
中衛	0.1	279	0.482	108	0.339	284	0.456	285
烏魯木齊	0.341	57	0.299	247	0.484	255	0.627	89
克拉瑪依	0.1	279	0.494	97	0.674	128	0.564	225
香港	0.978	3	0.1	296	0.726	92	0.565	223
澳門	0.429	35	0.121	291	0.726	92	0.636	71
新北	0.407	40	0.122	290	0.541	214	0.598	170
臺北	0.89	4	0.113	295	0.726	92	0.63	84
台中	0.363	49	0.129	288	0.633	155	0.597	173
台南	0.363	49	0.152	285	0.541	214	0.595	178
高雄	0.473	27	0.138	287	0.633	155	0.598	170
基隆	0.429	35	0.121	291	0.633	155	0.581	206
新竹	0.363	49	0.114	294	0.541	214	0.594	180
嘉義	0.363	49	0.115	293	0.541	214	0.593	183

5.2 城市活力指數二級指標分值及排名

城市活力指數包括文化力指數、學習力指數、創新力指數、法制力指數、應變力指數、開放力指數與營銷力指數 7 個二級指數。它反映了城市成長競爭力方面城市在文化、學習、創新、法制等方面軟環境的活力。一個充滿活力、富有創造力的城市軟環境將會大大提升城市的綜合競爭力。

文化力指數。文化力指數反映了城市居民的精神風貌，在我們的框架下，它主要是反映了城市居民的市場經濟意識，如居民的誠信意識、參與競爭意識、經商意識、創新意識等等。城市的商業氣氛濃郁，商人在商業上取得成功被社會認可，將會使人們更傾向于從商發展實業。同時城市市場經濟意識的增強能對居民形成強烈的創業激勵，從而極大地提高了勞動者的積極性。資源向實際產業的流入，將會擴大城市的產業規模，促進城市經濟的發展。文化力作爲一種軟環境活力的體現，它在提升城市形象、進行招商引資、提高城市居民的自豪感乃至提升城市綜合競爭力方面起著非常重要的作用。

學習力指數。學習力指數體現了城市居民的學習意識、學習能力及整個城市的學習氛圍，二十一世紀是“知識經濟”的時代，而“知識經濟”的特點就是資訊的爆炸性、幾何級數的增長與科學文化技術知識以前所未有的速度更新。因此，城市要保持不被在知識競爭中淘汰，就要形成學習的緊迫感和危機感，城市良好的學習氛圍、城市居民良好的學習意識與學習能力將大大促進城市的經濟發展和社會進步。

創新力指數。創新力指數包括兩個方面，一是制度的創新，二是科學技術文化知識的創新，二者都是舉足輕重、缺一不可的。科技的創新可以提高企業的生產技術、工藝水準，從而提高勞動生產率。不僅如此，科技的創新還可以通過產品品質的改善來擴大市場佔有率。制度創新也是生產力，中國的改革開放過程也就是一個制度創新的過程，中國改革開放的“窗口”城市——深圳就是制度創新的產物，改革開放以前，它只是一個邊陲小漁村，而如今卻成了中國重要的制度創新和科技創新的現代化大都市。

法制力指數。法制力指數反映了城市在市場經濟條件下法制的健全程度和政府的執行力。市場經濟從某種意義上來說就是“法制經濟”，它是在一系列健全的法律和規章制度下，各經濟主體公平競爭的經濟。城市法規條例的健全和連續，是經濟健康平穩運行的前提，同時是城市吸引外資的重要方面。哪個城市法制越健全，政府在法律與規章制度下的執行力越強、越透明，哪個城市的經濟就會越有活力。

應變力指數。應變力指數是城市作爲一個整體應對其所處環境的突發性變化的能力。未來世界具有很強的不確定性，時時刻刻都可能出現一些影響經濟發展和社會進步的突發性事件，如 2003 年中國爆發的“SARS”、2005 年全球爆發的“禽流感”以及 2007 年至 2008 年全球爆發的“甲型 H1N1 流感”對中國經濟發展造成了巨大的影響，提升對突發事件的應變力已經成爲許多城市政府亟待解決的課題。

開放力指數。開放力指數反映了城市對內對外的開放度。城市的開放程度高，生產要素的流動性高，城市企業能根據利潤最大化原則迅速合理地配置生產要素，有效地降低生產成本和交易成本，提高產品競爭力。隨著全球化進程的加快，人們越來越意識到參與區域性、全球性資源分配和競爭的必要性與緊迫性，人爲的封閉政策只會使自已走入死胡同。就中國的國情而言，由於歷史上的原因，許多城市還停留在“條條塊塊”的經濟思維中，由此形成了所謂的“諸侯經濟”與“大而全”經濟，這不利於城市功能的分工，更談不上共同發展。在目前的發展條件下，應該打破所謂的“條條塊塊”，加強區域經濟的合作，從而達到“雙贏”乃至“多贏”的局面。

營銷力指數。營銷力指數反映了城市在經營城市、提高城市形象方面的意識與能力。城市的營銷力直接影響其城市對跨國、跨區域資源的吸引，繼而影響城市產業的聚集，最終影響城市創造價值的能力。在市場經濟的環境中，城市與城市之間的競爭日益加劇，城市之間的資源配置已由原來的行政計畫分配轉爲由市場配置。爲了在日趨激烈的競爭中贏得相對有利的地位，許多城市加大了對自身形象的營銷力度，其中北京、大連、上海、青島、深圳、昆明等城市便是這方面的先行者，並且取得令人矚目的成就。

通過資料分析我們發現活力指數得分有 95 個城市處於平均水準之上，占 32.09%，並比 2011 年增加 4 個城市。活力指數得分的標準差爲 0.149，與 2011 年持平，這說明城市之間的活力指數的差異比較穩定。

活力指數的二級指標分值與排名見表 5.2.1、表 5.2.2。

表 5.2.1 2012 年城市活力指數二級指標分值及排名

城市	文化力指數	排名	學習力指數	排名	創新力指數	排名	法制力指數	排名
北京	1	1	0.908	5	1	1	1	1
天津	0.301	19	0.69	23	0.631	17	0.834	21
石家莊	0.242	39	0.575	32	0.434	67	0.693	48
唐山	0.166	117	0.49	54	0.177	174	0.908	12
秦皇島	0.133	235	0.52	48	0.177	174	0.769	33
邯鄲	0.169	109	0.339	118	0.216	114	0.441	189
邢臺	0.185	82	0.345	112	0.127	276	0.384	241
保定	0.165	121	0.341	117	0.151	227	0.519	130
張家口	0.165	121	0.328	128	0.221	106	0.607	91
承德	0.162	127	0.346	111	0.157	218	0.481	159
滄州	0.145	189	0.345	112	0.121	281	0.55	115
廊坊	0.169	109	0.369	96	0.204	131	0.849	19
衡水	0.132	238	0.351	103	0.143	238	0.183	292
太原	0.199	61	0.445	63	0.355	93	0.451	183
大同	0.158	139	0.375	91	0.199	140	0.419	211
陽泉	0.139	210	0.316	139	0.112	290	0.234	288
長治	0.167	115	0.338	119	0.199	140	0.267	285
晉城	0.171	105	0.348	105	0.165	205	0.136	294
朔州	0.16	131	0.344	114	0.175	181	0.447	186
晉中	0.321	16	0.285	160	0.212	119	0.487	151
運城	0.161	128	0.368	97	0.219	109	0.413	219
忻州	0.182	85	0.389	86	0.208	124	0.461	174
臨汾	0.202	58	0.304	148	0.154	223	0.41	220
呂梁	0.142	200	0.223	248	0.294	96	0.374	253
呼和浩特	0.192	71	0.322	132	0.376	86	0.419	211
包頭	0.247	35	0.255	196	0.146	234	0.376	247
烏海	0.158	139	0.338	119	0.201	138	0.405	228
赤峰	0.116	281	0.27	175	0.195	147	0.406	226
通遼	0.139	210	0.309	145	0.196	146	0.392	233
鄂爾多斯	0.146	182	0.315	140	0.136	257	0.232	289
呼倫貝爾	0.183	84	0.327	129	0.219	109	0.289	280
巴彥淖爾	0.148	177	0.103	294	0.185	161	0.289	280
烏蘭察布	0.177	97	0.169	275	0.156	219	0.261	287
瀋陽	0.364	10	0.534	45	0.474	51	0.619	80
大連	0.247	35	0.574	33	0.472	55	0.784	29
鞍山	0.178	96	0.403	79	0.191	153	0.433	199
撫順	0.207	54	0.426	67	0.129	271	0.422	208
本溪	0.157	144	0.304	148	0.139	247	0.335	275
丹東	0.171	105	0.287	158	0.131	270	0.347	271
錦州	0.152	162	0.285	160	0.16	215	0.348	268
營口	0.139	210	0.296	153	0.208	124	0.645	62
阜新	0.133	235	0.282	165	0.221	106	0.347	271
遼陽	0.134	230	0.288	156	0.168	198	0.315	277
盤錦	0.135	226	0.275	170	0.165	205	0.414	218
鐵嶺	0.119	273	0.285	160	0.222	104	0.487	151
朝陽	0.137	220	0.319	138	0.228	98	0.437	195
葫蘆島	0.125	259	0.322	132	0.132	265	0.468	170
長春	0.247	35	0.427	66	0.443	61	0.717	43
吉林	0.142	200	0.253	199	0.184	163	0.376	247
四平	0.131	243	0.347	108	0.19	155	0.492	148
遼源	0.142	200	0.265	183	0.155	222	0.485	154
通化	0.125	259	0.293	155	0.132	265	0.38	244
白山	0.146	182	0.258	192	0.212	119	0.609	88
松原	0.112	287	0.324	131	0.185	161	0.51	135
白城	0.179	94	0.265	183	0.173	188	0.374	253

表 5.2.1 2012 年城市活力指數二級指標分值及排名

城市	文化力指數	排名	學習力指數	排名	創新力指數	排名	法制力指數	排名
哈爾濱	0.37	8	0.365	98	0.436	63	0.59	102
齊齊哈爾	0.149	170	0.333	122	0.135	259	0.456	180
雞西	0.118	278	0.312	141	0.169	196	0.472	167
鶴崗	0.138	214	0.303	150	0.228	98	0.49	150
雙鴨山	0.114	284	0.296	153	0.175	181	0.474	164
大慶	0.229	46	0.306	147	0.177	174	0.669	55
伊春	0.189	77	0.266	180	0.142	239	0.484	156
佳木斯	0.19	74	0.312	141	0.189	157	0.438	193
七台河	0.138	214	0.274	172	0.129	271	0.479	163
牡丹江	0.126	254	0.321	136	0.207	126	0.426	204
黑河	0.147	180	0.288	156	0.209	123	0.495	145
綏化	0.157	144	0.278	168	0.137	254	0.5	140
上海	0.952	2	1	1	0.95	2	0.97	3
南京	0.345	13	0.883	7	0.734	9	0.853	18
無錫	0.307	18	0.743	18	0.632	16	0.731	39
徐州	0.153	156	0.727	20	0.607	20	0.517	131
常州	0.308	17	0.767	17	0.516	37	0.699	46
蘇州	0.276	22	0.971	2	0.811	6	0.993	2
南通	0.159	134	0.728	19	0.65	15	0.812	24
連雲港	0.148	177	0.787	15	0.563	24	0.607	91
淮安	0.145	189	0.502	52	0.544	30	0.624	75
鹽城	0.153	156	0.401	80	0.485	49	0.609	88
揚州	0.152	162	0.438	64	0.554	27	0.666	57
鎮江	0.357	12	0.387	87	0.511	38	0.694	47
泰州	0.154	153	0.419	71	0.511	38	0.654	59
宿遷	0.132	238	0.446	62	0.543	32	0.665	58
杭州	0.37	8	0.877	8	0.656	14	0.78	32
寧波	0.265	25	0.851	9	0.727	12	0.759	34
溫州	0.196	68	0.797	12	0.815	5	0.79	27
嘉興	0.327	14	0.659	25	0.474	51	0.94	10
湖州	0.156	148	0.55	39	0.457	58	0.832	22
紹興	0.25	31	0.563	36	0.553	28	0.881	14
金華	0.194	70	0.567	35	0.474	51	0.628	73
衢州	0.179	94	0.544	41	0.532	34	0.58	108
舟山	0.182	85	0.558	38	0.54	33	0.841	20
台州	0.244	38	0.546	40	0.526	36	0.596	98
麗水	0.205	57	0.54	43	0.527	35	0.484	156
合肥	0.171	105	0.559	37	0.474	51	0.739	36
蕪湖	0.133	235	0.343	115	0.224	103	0.496	144
蚌埠	0.151	165	0.245	210	0.148	231	0.485	154
淮南	0.11	290	0.24	220	0.162	212	0.375	250
馬鞍山	0.154	153	0.236	226	0.204	131	0.6	95
淮北	0.121	270	0.248	205	0.192	152	0.466	172
銅陵	0.163	123	0.267	179	0.141	242	0.51	135
安慶	0.153	156	0.222	250	0.142	239	0.643	66
黃山	0.143	196	0.266	180	0.173	188	0.419	211
滁州	0.126	254	0.208	260	0.152	225	0.375	250
阜陽	0.111	288	0.204	265	0.199	140	0.47	169
宿州	0.122	267	0.226	244	0.138	251	0.459	178
六安	0.146	182	0.253	199	0.229	97	0.403	230
亳州	0.117	279	0.229	235	0.163	209	0.54	122
池州	0.167	115	0.236	226	0.161	213	0.474	164
宣城	0.151	165	0.279	167	0.167	200	0.5	140
福州	0.248	32	0.525	47	0.546	29	0.641	68
廈門	0.198	63	0.788	14	0.729	10	0.96	7
莆田	0.116	281	0.371	95	0.503	44	0.636	69
三明	0.15	169	0.358	101	0.478	50	0.498	142

表 5.2.1 2012 年城市活力指數二級指標分值及排名

城市	文化力指數	排名	學習力指數	排名	創新力指數	排名	法制力指數	排名
泉州	0.322	15	0.409	77	0.507	42	0.724	42
漳州	0.153	156	0.48	56	0.562	26	0.543	119
南平	0.166	117	0.241	218	0.416	73	0.645	62
龍岩	0.158	139	0.222	250	0.399	78	0.564	112
寧德	0.141	205	0.227	239	0.429	69	0.594	99
南昌	0.189	77	0.404	78	0.435	64	0.73	40
景德鎮	0.149	170	0.217	254	0.132	265	0.275	282
萍鄉	0.166	117	0.27	175	0.137	254	0.271	283
九江	0.145	189	0.277	169	0.147	232	0.544	117
新餘	0.134	230	0.26	189	0.183	165	0.612	84
鷹潭	0.163	123	0.227	239	0.219	109	0.593	100
贛州	0.181	89	0.223	248	0.225	102	0.549	116
吉安	0.177	97	0.227	239	0.128	275	0.524	128
宜春	0.182	85	0.229	235	0.174	186	0.581	107
撫州	0.19	74	0.246	209	0.217	112	0.576	109
上饒	0.159	134	0.257	193	0.199	140	0.556	113
濟南	0.252	30	0.608	28	0.495	47	0.967	4
青島	0.268	24	0.806	11	0.672	13	0.942	9
淄博	0.161	128	0.424	68	0.116	283	0.624	75
棗莊	0.13	245	0.348	105	0.174	186	0.535	124
東營	0.223	49	0.309	145	0.222	104	0.647	61
煙臺	0.236	44	0.326	130	0.159	217	0.867	16
濰坊	0.224	48	0.32	137	0.205	129	0.716	44
濟寧	0.27	23	0.311	143	0.14	246	0.645	62
泰安	0.126	254	0.342	116	0.198	144	0.821	23
威海	0.13	245	0.322	132	0.139	247	0.781	31
日照	0.114	284	0.333	122	0.203	134	0.611	86
萊蕪	0.192	71	0.349	104	0.139	247	0.786	28
臨沂	0.197	66	0.348	105	0.154	223	0.627	74
德州	0.159	134	0.372	93	0.22	108	0.592	101
聊城	0.206	55	0.322	132	0.141	242	0.674	53
濱州	0.163	123	0.303	150	0.194	149	0.621	79
菏澤	0.214	51	0.332	124	0.152	225	0.6	95
鄭州	0.198	63	0.536	44	0.438	62	0.678	52
開封	0.138	214	0.233	230	0.135	259	0.443	188
洛陽	0.209	52	0.214	255	0.122	280	0.321	276
平頂山	0.138	214	0.225	245	0.156	219	0.426	204
安陽	0.143	196	0.211	259	0.175	181	0.404	229
鶴壁	0.123	264	0.263	186	0.136	257	0.603	94
新鄉	0.149	170	0.251	204	0.217	112	0.377	245
焦作	0.152	162	0.247	208	0.147	232	0.1	296
濮陽	0.138	214	0.257	193	0.114	287	0.103	295
許昌	0.135	226	0.242	215	0.213	116	0.39	235
漯河	0.11	290	0.271	174	0.17	193	0.612	84
三門峽	0.146	182	0.252	203	0.205	129	0.46	176
南陽	0.149	170	0.255	196	0.146	234	0.401	231
商丘	0.13	245	0.242	215	0.435	64	0.87	15
信陽	0.136	223	0.254	198	0.138	251	0.481	159
周口	0.132	238	0.285	160	0.163	209	0.456	180
駐馬店	0.146	182	0.23	232	0.129	271	0.377	245
武漢	0.396	7	0.57	34	0.505	43	0.725	41
黃石	0.145	189	0.382	88	0.169	196	0.27	284
十堰	0.132	238	0.365	98	0.135	259	0.348	268
宜昌	0.208	53	0.194	270	0.17	193	0.631	71
襄陽	0.161	128	0.272	173	0.116	283	0.436	196
鄂州	0.13	245	0.24	220	0.146	234	0.513	133
荊門	0.138	214	0.248	205	0.123	279	0.486	153

表 5.2.1 2012 年城市活力指數二級指標分值及排名

城市	文化力指數	排名	學習力指數	排名	創新力指數	排名	法制力指數	排名
孝感	0.127	252	0.204	265	0.166	203	0.375	250
荊州	0.124	262	0.262	187	0.172	190	0.452	182
黃岡	0.16	131	0.259	191	0.133	263	0.387	238
咸寧	0.12	272	0.208	260	0.151	227	0.457	179
隨州	0.18	92	0.232	231	0.165	205	0.505	138
長沙	0.199	61	0.483	55	0.497	46	0.542	120
株洲	0.124	262	0.42	69	0.141	242	0.41	220
湘潭	0.172	102	0.372	93	0.175	181	0.439	190
衡陽	0.131	243	0.236	226	0.167	200	0.266	286
邵陽	0.143	196	0.257	193	0.18	171	0.45	184
岳陽	0.159	134	0.264	185	0.132	265	0.606	93
常德	0.145	189	0.275	170	0.1	296	0.461	174
張家界	0.155	151	0.286	159	0.146	234	0.348	268
益陽	0.134	230	0.23	232	0.203	134	0.384	241
郴州	0.132	238	0.33	125	0.197	145	0.35	267
永州	0.149	170	0.26	189	0.212	119	0.46	176
懷化	0.16	131	0.248	205	0.226	100	0.415	214
婁底	0.135	226	0.253	199	0.106	293	0.537	123
廣州	0.358	11	0.914	4	0.852	4	0.743	35
韶關	0.19	74	0.579	30	0.618	18	0.738	37
深圳	0.568	4	0.944	3	0.857	3	0.966	5
珠海	0.135	226	0.701	21	0.582	21	0.738	37
汕頭	0.201	59	0.699	22	0.579	22	0.609	88
佛山	0.258	27	0.689	24	0.577	23	0.671	54
江門	0.157	144	0.577	31	0.544	30	0.652	60
湛江	0.123	264	0.544	41	0.45	59	0.48	162
茂名	0.122	267	0.53	46	0.51	40	0.544	117
肇慶	0.258	27	0.59	29	0.468	56	0.515	132
惠州	0.159	134	0.644	27	0.563	24	0.807	25
梅州	0.158	139	0.417	72	0.356	92	0.491	149
汕尾	0.187	81	0.447	61	0.378	85	0.69	51
河源	0.14	207	0.459	60	0.351	94	0.436	196
陽江	0.119	273	0.472	57	0.383	82	0.588	103
清遠	0.146	182	0.42	69	0.396	79	0.494	146
東莞	0.402	5	0.768	16	0.798	7	0.947	8
中山	0.22	50	0.794	13	0.609	19	0.962	6
潮州	0.121	270	0.41	73	0.51	40	0.481	159
揭陽	0.157	144	0.378	89	0.435	64	0.498	142
雲浮	0.241	40	0.395	84	0.348	95	0.446	187
南寧	0.192	71	0.438	64	0.382	83	0.468	170
柳州	0.126	254	0.41	73	0.141	242	0.438	193
桂林	0.225	47	0.465	58	0.202	137	0.692	50
梧州	0.143	196	0.281	166	0.156	219	0.528	126
北海	0.125	259	0.24	220	0.163	209	0.439	190
防城港	0.153	156	0.269	177	0.177	174	0.397	232
欽州	0.119	273	0.266	180	0.215	115	0.584	104
貴港	0.117	279	0.244	212	0.194	149	0.542	120
玉林	0.149	170	0.241	218	0.18	171	0.465	173
百色	0.176	99	0.214	255	0.172	190	0.388	237
賀州	0.171	105	0.24	220	0.183	165	0.483	158
河池	0.126	254	0.245	210	0.16	215	0.572	111
來賓	0.107	294	0.214	255	0.133	263	0.643	66
崇左	0.148	177	0.2	268	0.19	155	0.693	48
海口	0.169	109	0.352	102	0.416	73	0.805	26
三亞	0.137	220	0.311	143	0.172	190	0.669	55
重慶	0.262	26	0.511	50	0.493	48	0.783	30
成都	0.258	27	0.51	51	0.5	45	0.893	13

表 5.2.1 2012 年城市活力指數二級指標分值及排名

城市	文化力指數	排名	學習力指數	排名	創新力指數	排名	法制力指數	排名
自貢	0.119	273	0.285	160	0.118	282	0.555	114
攀枝花	0.134	230	0.224	247	0.138	251	0.415	214
瀘州	0.127	252	0.262	187	0.181	169	0.423	207
德陽	0.146	182	0.396	83	0.113	289	0.512	134
綿陽	0.13	245	0.46	59	0.408	76	0.436	196
廣元	0.196	68	0.23	232	0.166	203	0.471	168
遂寧	0.122	267	0.239	224	0.191	153	0.524	128
內江	0.142	200	0.229	235	0.226	100	0.473	166
樂山	0.11	290	0.244	212	0.193	151	0.427	203
南充	0.119	273	0.194	270	0.2	139	0.372	255
眉山	0.13	245	0.225	245	0.203	134	0.408	222
宜賓	0.136	223	0.237	225	0.182	167	0.389	236
廣安	0.14	207	0.202	267	0.168	198	0.406	226
達州	0.147	180	0.242	215	0.17	193	0.421	209
雅安	0.142	200	0.227	239	0.188	158	0.356	264
巴中	0.136	223	0.244	212	0.177	174	0.386	239
資陽	0.14	207	0.227	239	0.207	126	0.36	258
貴陽	0.149	170	0.392	85	0.404	77	0.582	105
六盤水	0.123	264	0.213	258	0.127	276	0.421	209
遵義	0.176	99	0.196	269	0.129	271	0.381	243
安順	0.11	290	0.166	277	0.107	292	0.415	214
昆明	0.24	43	0.493	53	0.426	70	0.925	11
曲靖	0.145	189	0.253	199	0.448	60	0.858	17
玉溪	0.248	32	0.347	108	0.134	262	0.386	239
保山	0.113	286	0.159	279	0.213	116	0.493	147
昭通	0.1	296	0.219	253	0.103	295	0.391	234
麗江	0.134	230	0.207	263	0.175	181	0.36	258
普洱	0.111	288	0.113	293	0.177	174	0.37	256
臨滄	0.115	283	0.145	284	0.179	173	0.526	127
拉薩	0.156	148	0.208	260	0.211	122	0.194	291
西安	0.241	40	0.514	49	0.423	71	0.644	65
銅川	0.181	89	0.236	226	0.181	169	0.428	202
寶雞	0.18	92	0.229	235	0.137	254	0.362	257
咸陽	0.156	148	0.269	177	0.111	291	0.351	266
渭南	0.163	123	0.222	250	0.149	229	0.424	206
延安	0.166	117	0.169	275	0.164	208	0.408	222
漢中	0.155	151	0.13	291	0.177	174	0.415	214
榆林	0.172	102	0.103	294	0.116	283	0.429	200
安康	0.137	220	0.157	281	0.182	167	0.429	200
商洛	0.168	113	0.132	288	0.132	265	0.14	293
蘭州	0.197	66	0.399	82	0.387	80	0.705	45
嘉峪關	0.175	101	0.205	264	0.114	287	0.439	190
金昌	0.185	82	0.186	272	0.106	293	0.376	247
白銀	0.151	165	0.175	274	0.125	278	0.407	225
天水	0.139	210	0.132	288	0.142	239	0.408	222
武威	0.106	295	0.181	273	0.187	160	0.296	279
張掖	0.169	109	0.134	286	0.116	283	0.359	261
平涼	0.154	153	0.151	282	0.139	247	0.341	274
酒泉	0.181	89	0.158	280	0.188	158	0.3	278
慶陽	0.172	102	0.145	284	0.167	200	0.357	263
定西	0.144	195	0.132	288	0.161	213	0.45	184
隴南	0.151	165	0.134	286	0.206	128	0.36	258
西寧	0.168	113	0.374	92	0.419	72	0.502	139
銀川	0.189	77	0.329	126	0.434	67	0.598	97
石嘴山	0.128	251	0.16	278	0.204	131	0.358	262
吳忠	0.158	139	0.15	283	0.213	116	0.353	265
固原	0.188	80	0.123	292	0.184	163	0.347	271

表 5.2.1 2012 年城市活力指數二級指標分值及排名

城市	文化力指數	排名	學習力指數	排名	創新力指數	排名	法制力指數	排名
中衛	0.141	205	0.1	296	0.195	147	0.207	290
烏魯木齊	0.153	156	0.41	73	0.41	75	0.534	125
克拉瑪依	0.182	85	0.297	152	0.149	229	0.508	137
香港	0.608	3	0.906	6	0.771	8	0.582	105
澳門	0.283	20	0.649	26	0.465	57	0.574	110
新北	0.279	21	0.347	108	0.385	81	0.629	72
臺北	0.399	6	0.824	10	0.729	10	0.636	69
台中	0.248	32	0.41	73	0.363	90	0.613	83
台南	0.232	45	0.4	81	0.365	89	0.615	82
高雄	0.241	40	0.329	126	0.367	88	0.61	87
基隆	0.206	55	0.376	90	0.371	87	0.623	78
新竹	0.2	60	0.337	121	0.38	84	0.624	75
嘉義	0.198	63	0.365	98	0.361	91	0.617	81

表 5.2.2 2012 年活力指數二級指標分值及排名（續）

城市	應變力指數	排名	開放力指數	排名	營銷力指數	排名
北京	0.627	9	0.361	252	0.983	3
天津	0.645	8	0.628	6	0.627	13
石家莊	0.505	43	0.389	113	0.497	28
唐山	0.233	230	0.409	74	0.254	126
秦皇島	0.311	125	0.428	48	0.353	62
邯鄲	0.244	220	0.406	76	0.219	193
邢臺	0.254	215	0.411	72	0.216	201
保定	0.285	166	0.398	92	0.234	167
張家口	0.288	163	0.365	228	0.197	246
承德	0.338	85	0.364	238	0.2	239
滄州	0.277	184	0.384	122	0.234	167
廊坊	0.244	220	0.413	68	0.203	227
衡水	0.156	279	0.379	148	0.179	269
太原	0.419	66	0.384	122	0.315	74
大同	0.347	81	0.373	172	0.211	216
陽泉	0.24	226	0.368	205	0.212	213
長治	0.273	190	0.373	172	0.193	254
晉城	0.305	132	0.392	104	0.195	248
朔州	0.317	109	0.361	252	0.184	267
晉中	0.3	145	0.376	158	0.201	233
運城	0.323	98	0.365	228	0.186	264
忻州	0.298	147	0.356	266	0.214	208
臨汾	0.314	115	0.372	181	0.193	254
呂梁	0.289	161	0.396	96	0.191	260
呼和浩特	0.321	102	0.416	65	0.308	76
包頭	0.285	166	0.381	137	0.16	277
烏海	0.288	163	0.343	285	0.177	270
赤峰	0.284	172	0.354	273	0.185	266
通遼	0.148	282	0.392	104	0.156	280
鄂爾多斯	0.291	156	0.473	28	0.368	59
呼倫貝爾	0.267	199	0.368	205	0.173	271
巴彥淖爾	0.363	74	0.389	113	0.142	285
烏蘭察布	0.312	123	0.364	238	0.136	289
瀋陽	0.587	17	0.452	36	0.52	26
大連	0.762	4	0.537	15	0.648	8
鞍山	0.296	150	0.378	153	0.25	134
撫順	0.267	199	0.372	181	0.285	92
本溪	0.285	166	0.417	64	0.229	173
丹東	0.273	190	0.402	83	0.278	104
錦州	0.316	114	0.392	104	0.257	123

表 5.2.2 2012 年活力指數二級指標分值及排名（續）

城市	應變力指數	排名	開放力指數	排名	營銷力指數	排名
營口	0.32	105	0.418	63	0.319	73
阜新	0.241	224	0.378	153	0.299	81
遼陽	0.314	115	0.382	130	0.255	125
盤錦	0.157	277	0.371	191	0.26	119
鐵嶺	0.215	239	0.369	202	0.262	117
朝陽	0.238	228	0.357	265	0.299	81
葫蘆島	0.307	130	0.369	202	0.266	113
長春	0.445	57	0.486	26	0.432	47
吉林	0.281	178	0.368	205	0.289	91
四平	0.288	163	0.377	156	0.256	124
遼源	0.368	72	0.359	261	0.22	191
通化	0.251	216	0.356	266	0.243	147
白山	0.314	115	0.374	167	0.225	176
松原	0.262	208	0.368	205	0.265	114
白城	0.222	237	0.368	205	0.215	203
哈爾濱	0.476	49	0.402	83	0.483	35
齊齊哈爾	0.31	126	0.381	137	0.269	110
雞西	0.282	177	0.382	130	0.215	203
鶴崗	0.356	78	0.364	238	0.222	181
雙鴨山	0.303	135	0.368	205	0.241	153
大慶	0.285	166	0.373	172	0.294	87
伊春	0.271	193	0.375	161	0.253	129
佳木斯	0.314	115	0.398	92	0.214	208
七台河	0.314	115	0.36	258	0.245	144
牡丹江	0.263	207	0.398	92	0.199	243
黑河	0.302	140	0.384	122	0.212	213
綏化	0.277	184	0.38	143	0.214	208
上海	0.875	3	0.779	3	0.936	4
南京	0.535	33	0.416	65	0.497	28
無錫	0.572	21	0.553	14	0.486	34
徐州	0.432	64	0.4	88	0.376	57
常州	0.587	17	0.487	24	0.369	58
蘇州	0.892	2	1	1	0.828	5
南通	0.557	27	0.514	19	0.426	49
連雲港	0.521	37	0.424	56	0.28	102
淮安	0.523	36	0.402	83	0.24	154
鹽城	0.59	15	0.42	58	0.187	263
揚州	0.514	42	0.445	40	0.209	220
鎮江	0.448	56	0.463	29	0.251	133
泰州	0.474	51	0.44	43	0.281	98
宿遷	0.431	65	0.373	172	0.215	203
杭州	0.515	41	0.609	8	0.639	10
寧波	0.59	15	0.59	9	0.506	27
溫州	0.581	20	0.395	97	0.466	37
嘉興	0.543	30	0.487	24	0.45	42
湖州	0.56	25	0.43	47	0.418	51
紹興	0.534	34	0.456	33	0.559	18
金華	0.476	49	0.4	88	0.284	95
衢州	0.563	24	0.38	143	0.285	92
舟山	0.587	17	0.404	80	0.404	52
台州	0.524	35	0.406	76	0.333	68
麗水	0.517	39	0.371	191	0.32	72
合肥	0.437	59	0.428	48	0.433	46
蕪湖	0.298	147	0.413	68	0.24	154
蚌埠	0.314	115	0.391	111	0.277	105
淮南	0.299	146	0.364	238	0.243	147
馬鞍山	0.247	218	0.395	97	0.222	181
淮北	0.303	135	0.371	191	0.239	158

表 5.2.2 2012 年活力指數二級指標分值及排名（續）

城市	應變力指數	排名	開放力指數	排名	營銷力指數	排名
銅陵	0.349	80	0.392	104	0.248	138
安慶	0.303	135	0.371	191	0.235	164
黃山	0.27	195	0.368	205	0.223	178
滁州	0.294	151	0.387	118	0.221	186
阜陽	0.266	201	0.372	181	0.26	119
宿州	0.302	140	0.371	191	0.22	191
六安	0.278	183	0.384	122	0.222	181
亳州	0.362	75	0.363	246	0.235	164
池州	0.358	76	0.361	252	0.238	160
宣城	0.225	235	0.38	143	0.237	162
福州	0.462	53	0.51	21	0.455	40
廈門	0.463	52	0.579	10	0.478	36
莆田	0.232	231	0.44	43	0.281	98
三明	0.309	128	0.381	137	0.252	131
泉州	0.407	69	0.554	11	0.342	66
漳州	0.438	58	0.481	27	0.265	114
南平	0.301	143	0.385	120	0.244	145
龍岩	0.303	135	0.405	79	0.284	95
寧德	0.323	98	0.376	158	0.27	109
南昌	0.356	78	0.428	48	0.452	41
景德鎮	0.291	156	0.374	167	0.281	98
萍鄉	0.285	166	0.365	228	0.297	84
九江	0.284	172	0.392	104	0.24	154
新餘	0.325	96	0.428	48	0.265	114
鷹潭	0.222	237	0.375	161	0.239	158
贛州	0.317	109	0.428	48	0.21	217
吉安	0.274	189	0.4	88	0.205	223
宜春	0.268	198	0.389	113	0.242	151
撫州	0.34	84	0.372	181	0.218	196
上饒	0.261	211	0.392	104	0.235	164
濟南	0.538	32	0.392	104	0.615	14
青島	0.605	11	0.529	18	0.596	15
淄博	0.389	71	0.404	80	0.253	129
棗莊	0.313	121	0.378	153	0.254	126
東營	0.26	212	0.393	103	0.297	84
煙臺	0.279	179	0.513	20	0.492	31
濰坊	0.317	109	0.42	58	0.247	139
濟寧	0.258	213	0.397	95	0.292	89
泰安	0.338	85	0.375	161	0.337	67
威海	0.302	140	0.46	31	0.488	33
日照	0.317	109	0.425	55	0.271	108
萊蕪	0.331	90	0.374	167	0.247	139
臨沂	0.269	197	0.406	76	0.254	126
德州	0.327	94	0.379	148	0.258	122
聊城	0.338	85	0.372	181	0.447	43
濱州	0.275	187	0.385	120	0.246	142
菏澤	0.305	132	0.38	143	0.283	97
鄭州	0.437	59	0.491	23	0.463	38
開封	0.266	201	0.359	261	0.25	134
洛陽	0.273	190	0.375	161	0.25	134
平頂山	0.321	102	0.359	261	0.192	258
安陽	0.19	262	0.367	219	0.204	225
鶴壁	0.122	293	0.368	205	0.213	211
新鄉	0.133	290	0.377	156	0.194	251
焦作	0.149	281	0.382	130	0.2	239
濮陽	0.164	273	0.367	219	0.201	233
許昌	0.201	249	0.365	228	0.194	251
漯河	0.209	241	0.395	97	0.201	233

表 5.2.2 2012 年活力指數二級指標分值及排名（續）

城市	應變力指數	排名	開放力指數	排名	營銷力指數	排名
三門峽	0.191	261	0.384	122	0.17	272
南陽	0.204	244	0.373	172	0.2	239
商丘	0.413	68	0.365	228	0.42	50
信陽	0.153	280	0.367	219	0.17	272
周口	0.181	267	0.372	181	0.197	246
駐馬店	0.159	275	0.373	172	0.195	248
武漢	0.392	70	0.462	30	0.559	18
黃石	0.27	195	0.408	75	0.308	76
十堰	0.433	63	0.453	35	0.328	70
宜昌	0.275	187	0.384	122	0.222	181
襄陽	0.242	223	0.411	72	0.202	231
鄂州	0.298	147	0.366	226	0.223	178
荊門	0.303	135	0.372	181	0.259	121
孝感	0.29	159	0.382	130	0.21	217
荊州	0.328	92	0.382	130	0.24	154
黃岡	0.329	91	0.356	266	0.219	193
咸寧	0.192	257	0.383	129	0.228	175
隨州	0.203	247	0.384	122	0.218	196
長沙	0.52	38	0.394	101	0.494	30
株洲	0.338	85	0.379	148	0.277	105
湘潭	0.322	101	0.381	137	0.296	86
衡陽	0.271	193	0.364	238	0.225	176
邵陽	0.313	121	0.365	228	0.246	142
岳陽	0.301	143	0.371	191	0.28	102
常德	0.279	179	0.381	137	0.303	80
張家界	0.285	166	0.367	219	0.431	48
益陽	0.245	219	0.376	158	0.204	225
郴州	0.279	179	0.379	148	0.299	81
永州	0.323	98	0.382	130	0.221	186
懷化	0.291	156	0.362	249	0.232	169
婁底	0.294	151	0.368	205	0.219	193
廣州	0.68	5	0.674	5	0.742	6
韶關	0.517	39	0.402	83	0.588	16
深圳	1	1	0.999	2	1	1
珠海	0.554	29	0.554	11	0.528	24
汕頭	0.542	31	0.419	60	0.436	44
佛山	0.559	26	0.534	16	0.435	45
江門	0.599	14	0.504	22	0.491	32
湛江	0.557	27	0.445	40	0.346	63
茂名	0.484	48	0.368	205	0.331	69
肇慶	0.492	46	0.45	37	0.281	98
惠州	0.646	7	0.554	11	0.344	64
梅州	0.262	208	0.413	68	0.268	111
汕尾	0.305	132	0.439	46	0.244	145
河源	0.265	203	0.44	43	0.294	87
陽江	0.265	203	0.416	65	0.238	160
清遠	0.312	123	0.46	31	0.221	186
東莞	0.648	6	0.707	4	0.547	20
中山	0.564	23	0.532	17	0.53	23
潮州	0.326	95	0.426	54	0.314	75
揭陽	0.306	131	0.404	80	0.212	213
雲浮	0.283	175	0.428	48	0.237	162
南寧	0.436	62	0.373	172	0.383	55
柳州	0.294	151	0.4	88	0.306	78
桂林	0.262	208	0.374	167	0.344	64
梧州	0.343	83	0.394	101	0.247	139
北海	0.251	216	0.421	57	0.273	107
防城港	0.318	108	0.447	38	0.215	203

表 5.2.2 2012 年活力指數二級指標分值及排名（續）

城市	應變力指數	排名	開放力指數	排名	營銷力指數	排名
欽州	0.319	107	0.395	97	0.322	71
貴港	0.292	155	0.387	118	0.218	196
玉林	0.283	175	0.413	68	0.242	151
百色	0.29	159	0.36	258	0.201	233
賀州	0.309	128	0.361	252	0.193	254
河池	0.202	248	0.373	172	0.183	268
來賓	0.179	268	0.365	228	0.193	254
崇左	0.12	295	0.419	60	0.189	262
海口	0.235	229	0.402	83	0.563	17
三亞	0.276	186	0.389	113	0.383	55
重慶	0.451	54	0.447	38	0.536	21
成都	0.498	44	0.445	40	0.525	25
自貢	0.284	172	0.364	238	0.243	147
攀枝花	0.226	234	0.371	191	0.243	147
瀘州	0.224	236	0.353	275	0.249	137
德陽	0.414	67	0.381	137	0.261	118
綿陽	0.494	45	0.375	161	0.365	60
廣元	0.204	244	0.362	249	0.229	173
遂寧	0.166	271	0.368	205	0.216	201
內江	0.159	275	0.368	205	0.232	169
樂山	0.209	241	0.363	246	0.221	186
南充	0.122	293	0.367	219	0.223	178
眉山	0.14	286	0.351	280	0.23	171
宜賓	0.192	257	0.369	202	0.206	221
廣安	0.243	222	0.368	205	0.215	203
達州	0.139	287	0.347	283	0.203	227
雅安	0.138	288	0.368	205	0.194	251
巴中	0.198	252	0.352	276	0.213	211
資陽	0.21	240	0.352	276	0.221	186
貴陽	0.491	47	0.374	167	0.461	39
六盤水	0.241	224	0.356	266	0.252	131
遵義	0.239	227	0.354	273	0.268	111
安順	0.321	102	0.359	261	0.195	248
昆明	0.437	59	0.391	111	0.633	12
曲靖	0.571	22	0.371	191	0.533	22
玉溪	0.231	232	0.367	219	0.285	92
保山	0.31	126	0.375	161	0.218	196
昭通	0.1	296	0.456	33	0.115	292
麗江	0.19	262	0.345	284	0.112	294
普洱	0.124	292	0.373	172	0.114	293
臨滄	0.177	269	0.365	228	0.127	290
拉薩	0.142	284	0.364	238	0.357	61
西安	0.164	273	0.419	60	0.648	8
銅川	0.338	85	0.356	266	0.165	276
寶雞	0.325	96	0.372	181	0.201	233
咸陽	0.293	154	0.388	117	0.23	171
渭南	0.289	161	0.371	191	0.19	261
延安	0.264	206	0.351	280	0.192	258
漢中	0.328	92	0.356	266	0.222	181
榆林	0.227	233	0.367	219	0.205	223
安康	0.128	291	0.356	266	0.202	231
商洛	0.134	289	0.361	252	0.143	284
蘭州	0.317	109	0.372	181	0.393	54
嘉峪關	0.265	203	0.363	246	0.167	275
金昌	0.279	179	0.379	148	0.198	245
白銀	0.32	105	0.371	191	0.186	264
天水	0.171	270	0.365	228	0.218	196
武威	0.146	283	0.361	252	0.158	278

表 5.2.2 2012 年活力指數二級指標分值及排名（續）

城市	應變力指數	排名	開放力指數	排名	營銷力指數	排名
張掖	0.196	253	0.364	238	0.144	283
平涼	0.2	251	0.36	258	0.154	281
酒泉	0.209	241	0.351	280	0.145	282
慶陽	0.141	285	0.352	276	0.1	296
定西	0.201	249	0.352	276	0.141	287
隴南	0.204	244	0.34	286	0.103	295
西寧	0.346	82	0.382	130	0.29	90
銀川	0.358	76	0.38	143	0.402	53
石嘴山	0.366	73	0.37	201	0.142	285
吳忠	0.157	277	0.365	228	0.168	274
固原	0.192	257	0.337	287	0.137	288
中衛	0.166	271	0.366	226	0.127	290
烏魯木齊	0.451	54	0.372	181	0.306	78
克拉瑪依	0.258	213	0.362	249	0.158	278
香港	0.604	13	0.623	7	0.988	2
澳門	0.614	10	0.177	289	0.679	7
新北	0.194	256	0.123	290	0.2	239
臺北	0.605	11	0.234	288	0.635	11
台中	0.186	264	0.114	292	0.21	217
台南	0.196	253	0.11	293	0.199	243
高雄	0.192	257	0.115	291	0.203	227
基隆	0.184	266	0.101	294	0.206	221
新竹	0.196	253	0.101	294	0.203	227
嘉義	0.185	265	0.1	296	0.201	233

5.3 城市能力指數二級指標分值及排名

能力指數包括經濟增長能力、社會保障能力、城市吸引能力、城市流通能力 4 個二級指標，它反映了城市通過整合各種資源實現經濟發展和社會進步方面的能力。經濟增長能力是城市在提升自身競爭力最重要的能力之一，是一個城市可持續競爭力的重要表現。沒有經濟增長就不可能有社會進步，城市經濟增長能力是城市發展的物質保證，也是城市綜合競爭力提升的引擎。沒有經濟增長，城市的充分就業、教育、醫療、娛樂甚至城市形象都得不到相應的改善。當然在關注經濟增長時還必須考慮成本的投入。當經濟增長帶來更多的擁擠、污染、存貨增加時，反而會阻礙社會的進步，因此要追求可持續的經濟增長。

經濟增長能力體現了城市的效率，而城市的社會保障能力則體現了城市的公平，社會的發展不僅僅是追求高效率的發展，並且要兼顧社會公平的實現。現代社會，公平的概念在人們的意識中變得愈加的清晰和重要，任何不公平的現象都會遭到人們的鄙視和譴責，甚至引起一定程度的社會矛盾，不利於社會的和諧發展。所以社會公平的實現是社會進步的重要標誌。社會公平的含義之一是機會平等，也就是說城市居民應在教育、就業等方面具有相同的機會，這可以通過適齡兒童入學率和就業率來體現，另外就是結果均等，也就是說社會中的貧富差距不應過大，社會保障覆蓋率及醫療保障覆蓋率要高。但是，社會公平並不是不允許任何差距的存在，它承認個人的天賦能力的差別、承認後天努力的差別等一切合理合法的差別。

城市吸引能力體現了城市集聚各種資源的能力，這些資源不僅包括國內資源，同時包括國外的資源。現代城市之間的競爭是人才的競爭、資本的競爭、市場的競爭，誰能在競爭中獲取更多的資源，誰就能在競爭中脫穎而出。而城市只有在其充滿各種創業的機會、富有競爭力的時候才會集聚各種資源。所以城市起初都是充分利用本區域的優勢資源發展優勢產業，繼而再通過集聚域外資源發展壯大，並且這種集聚能力又會提升它的競爭力，這是一個良性循環的過程。

城市流通能力是城市在人流、物流、資金流與資訊流樞紐作用的實現能力，具有區域經濟中心或國際經濟中心的城市就是人流、物流、資金流與資訊流的區域中心或國際中心，它其實也是資源集聚的體現。這樣城市的企業可以降低交易、生產要素運輸、產品運輸、資訊的獲得等費用，有利於城市產業規模的擴大。

通過資料分析我們發現能力指數得分有 167 個城市處於平均水準之上，占 56.42%，並比 2011 年增加 28 個城市。能力指數得分的標準差爲 0.126，低於 2011 年的 0.162，這說明城市之間的能力指數的差異有縮小趨勢。

能力指數的二級指標分值與排名見表 5.3。

表 5.3 城市 2012 年能力指數二級指標分值及排名

城市	經濟增長	排名	社會保障	排名	城市吸引	排名	城市流通	排名
北京	0.679	103	0.84	3	0.636	4	1	1
天津	0.782	15	0.595	4	0.447	12	0.722	4
石家莊	0.592	211	0.328	159	0.253	61	0.807	2
唐山	0.571	228	0.387	51	0.252	62	0.723	3
秦皇島	0.642	152	0.335	142	0.246	73	0.564	6
邯鄲	0.61	186	0.261	259	0.222	178	0.545	8
邢臺	0.541	249	0.189	289	0.228	160	0.242	84
保定	0.597	206	0.21	281	0.221	184	0.399	11
張家口	0.548	245	0.265	256	0.212	205	0.368	15
承德	0.5	270	0.198	285	0.214	198	0.364	16
滄州	0.629	163	0.203	283	0.229	152	0.353	23
廊坊	0.624	169	0.339	135	0.252	62	0.294	42
衡水	0.586	215	0.1	296	0.233	116	0.356	20
太原	0.521	264	0.338	138	0.24	83	0.355	22
大同	0.436	279	0.218	277	0.233	116	0.331	25
陽泉	0.732	56	0.291	219	0.233	116	0.282	49
長治	0.68	101	0.215	279	0.232	123	0.302	39
晉城	0.613	184	0.196	287	0.232	123	0.37	14
朔州	0.857	5	0.287	226	0.231	130	0.217	111
晉中	0.566	233	0.346	118	0.232	123	0.318	32
運城	0.747	40	0.344	123	0.234	106	0.324	28
忻州	0.872	3	0.305	196	0.23	138	0.236	89
臨汾	0.727	61	0.281	239	0.231	130	0.222	107
呂梁	0.665	120	0.161	293	0.231	130	0.378	13
呼和浩特	0.542	248	0.385	55	0.234	106	0.277	53
包頭	0.629	163	0.424	28	0.234	106	0.257	72
烏海	0.825	8	0.394	45	0.233	116	0.249	80
赤峰	0.743	42	0.303	201	0.229	152	0.258	70
通遼	0.712	71	0.335	142	0.229	152	0.213	114
鄂爾多斯	0.76	29	0.41	32	0.232	123	0.253	76
呼倫貝爾	0.663	125	0.397	40	0.231	130	0.271	60
巴彥淖爾	0.571	228	0.304	200	0.229	152	0.197	134
烏蘭察布	0.634	159	0.2	284	0.229	152	0.289	45
瀋陽	0.608	191	0.485	9	0.309	28	0.359	19
大連	0.655	136	0.571	5	0.326	24	0.399	11
鞍山	0.572	226	0.441	22	0.249	66	0.274	58
撫順	0.663	125	0.367	86	0.228	160	0.247	83
本溪	0.665	120	0.375	73	0.255	59	0.305	36
丹東	0.669	115	0.168	292	0.239	88	0.213	114
錦州	0.648	148	0.368	84	0.24	83	0.196	138
營口	0.674	109	0.368	84	0.246	73	0.262	66
阜新	0.669	115	0.388	50	0.222	178	0.239	86
遼陽	0.659	134	0.31	188	0.238	92	0.321	30
盤錦	0.671	113	0.382	61	0.249	66	0.23	99
鐵嶺	0.678	105	0.355	107	0.208	220	0.278	52
朝陽	0.668	117	0.396	42	0.207	225	0.275	55

表 5.3 城市 2012 年能力指數二級指標分值及排名

城市	經濟增長	排名	社會保障	排名	城市吸引	排名	城市流通	排名
葫蘆島	0.618	179	0.386	53	0.219	190	0.256	73
長春	0.654	137	0.471	16	0.242	80	0.329	26
吉林	0.66	133	0.378	68	0.238	92	0.301	40
四平	0.761	27	0.334	145	0.23	138	0.268	63
遼源	0.681	99	0.323	165	0.225	168	0.242	84
通化	0.762	25	0.233	272	0.237	95	0.285	46
白山	0.741	46	0.41	32	0.231	130	0.27	61
松原	0.618	179	0.305	196	0.23	138	0.27	61
白城	0.758	31	0.398	38	0.23	138	0.174	186
哈爾濱	0.617	181	0.402	36	0.269	49	0.356	20
齊齊哈爾	0.643	151	0.263	257	0.213	199	0.261	69
雞西	0.716	68	0.298	208	0.227	164	0.233	96
鶴崗	0.706	80	0.324	164	0.225	168	0.204	129
雙鴨山	0.734	52	0.359	99	0.223	174	0.196	138
大慶	0.558	241	0.286	227	0.24	83	0.234	92
伊春	0.447	277	0.311	184	0.213	199	0.227	102
佳木斯	0.666	119	0.181	291	0.232	123	0.224	104
七台河	0.38	284	0.301	203	0.23	138	0.182	167
牡丹江	0.75	38	0.326	161	0.242	80	0.185	155
黑河	0.523	260	0.332	151	0.223	174	0.253	76
綏化	0.653	141	0.286	227	0.206	228	0.276	54
上海	0.52	266	0.843	2	0.797	3	0.593	5
南京	0.571	228	0.383	59	0.36	18	0.364	16
無錫	0.573	225	0.416	30	0.373	15	0.303	38
徐州	0.68	101	0.381	62	0.193	262	0.224	104
常州	0.602	199	0.376	71	0.327	23	0.234	92
蘇州	0.578	222	0.476	13	0.519	8	0.364	16
南通	0.62	173	0.393	46	0.239	88	0.275	55
連雲港	0.628	166	0.397	40	0.21	213	0.23	99
淮安	0.671	113	0.32	170	0.208	220	0.265	65
鹽城	0.65	143	0.295	214	0.198	249	0.256	73
揚州	0.628	166	0.376	71	0.248	70	0.234	92
鎮江	0.62	173	0.306	194	0.285	36	0.211	118
泰州	0.607	193	0.38	66	0.223	174	0.208	123
宿遷	0.65	143	0.326	161	0.196	256	0.225	103
杭州	0.535	255	0.521	7	0.365	16	0.484	9
寧波	0.528	257	0.438	23	0.363	17	0.308	35
溫州	0.457	276	0.366	90	0.306	29	0.32	31
嘉興	0.556	243	0.308	191	0.333	21	0.233	96
湖州	0.538	252	0.361	96	0.266	51	0.255	75
紹興	0.545	246	0.386	53	0.277	43	0.281	50
金華	0.521	264	0.384	57	0.284	39	0.238	87
衢州	0.54	251	0.344	123	0.201	240	0.213	114
舟山	0.588	214	0.364	93	0.268	50	0.238	87
台州	0.446	278	0.367	86	0.248	70	0.236	89
麗水	0.566	233	0.282	237	0.195	258	0.219	110
合肥	0.734	52	0.372	78	0.293	33	0.249	80
蕪湖	0.773	20	0.346	118	0.24	83	0.215	112
蚌埠	0.732	56	0.323	165	0.207	225	0.212	117
淮南	0.609	187	0.285	230	0.234	106	0.232	98
馬鞍山	0.523	260	0.367	86	0.255	59	0.202	133
淮北	0.629	163	0.198	285	0.234	106	0.192	142
銅陵	0.523	260	0.301	203	0.237	95	0.203	131
安慶	0.662	131	0.312	180	0.189	267	0.21	119
黃山	0.59	213	0.311	184	0.222	178	0.194	140
滁州	0.719	64	0.335	142	0.199	245	0.272	59
阜陽	0.6	202	0.305	196	0.124	294	0.17	196
宿州	0.639	153	0.26	263	0.181	276	0.187	151

表 5.3 城市 2012 年能力指數二級指標分值及排名

城市	經濟增長	排名	社會保障	排名	城市吸引	排名	城市流通	排名
六安	0.609	187	0.325	163	0.159	287	0.171	195
亳州	0.665	120	0.395	43	0.175	280	0.187	151
池州	0.623	170	0.311	184	0.212	205	0.206	125
宣城	0.706	80	0.333	148	0.213	199	0.185	155
福州	0.682	97	0.357	104	0.285	36	0.291	44
廈門	0.687	93	0.381	62	0.461	10	0.327	27
莆田	0.712	71	0.334	145	0.209	215	0.208	123
三明	0.714	69	0.276	246	0.213	199	0.197	134
泉州	0.636	155	0.363	94	0.319	26	0.228	101
漳州	0.71	75	0.365	91	0.243	79	0.223	106
南平	0.603	198	0.248	266	0.195	258	0.184	161
龍岩	0.634	159	0.343	126	0.201	240	0.176	182
寧德	0.741	46	0.261	259	0.192	264	0.206	125
南昌	0.654	137	0.359	99	0.249	66	0.262	66
景德鎮	0.623	170	0.283	233	0.235	103	0.18	173
萍鄉	0.686	94	0.289	223	0.237	95	0.185	155
九江	0.678	105	0.309	190	0.237	95	0.235	91
新餘	0.663	125	0.317	174	0.236	101	0.182	167
鷹潭	0.625	168	0.32	170	0.233	116	0.173	190
贛州	0.569	232	0.36	97	0.236	101	0.161	212
吉安	0.648	148	0.261	259	0.234	106	0.191	145
宜春	0.62	173	0.33	156	0.234	106	0.165	203
撫州	0.635	157	0.266	255	0.232	123	0.184	161
上饒	0.607	193	0.276	246	0.235	103	0.16	214
濟南	0.527	258	0.478	11	0.29	35	0.322	29
青島	0.541	249	0.46	19	0.317	27	0.316	33
淄博	0.622	172	0.351	111	0.263	53	0.266	64
棗莊	0.595	209	0.294	216	0.23	138	0.192	142
東營	0.65	143	0.318	173	0.252	62	0.162	208
煙臺	0.612	185	0.384	57	0.27	47	0.221	109
濰坊	0.58	217	0.377	70	0.258	56	0.21	119
濟寧	0.557	242	0.288	225	0.226	166	0.173	190
泰安	0.566	233	0.341	131	0.238	92	0.177	177
威海	0.495	272	0.389	48	0.263	53	0.185	155
日照	0.663	125	0.286	227	0.233	116	0.184	161
萊蕪	0.42	281	0.298	208	0.242	80	0.176	182
臨沂	0.608	191	0.29	221	0.209	215	0.177	177
德州	0.673	111	0.354	108	0.23	138	0.174	186
聊城	0.673	111	0.342	129	0.23	138	0.193	141
濱州	0.577	223	0.343	126	0.234	106	0.157	221
菏澤	0.711	74	0.315	176	0.178	278	0.168	199
鄭州	0.682	97	0.393	46	0.323	25	0.294	42
開封	0.657	135	0.293	217	0.22	187	0.203	131
洛陽	0.635	157	0.305	196	0.228	160	0.21	119
平頂山	0.579	219	0.314	177	0.217	194	0.209	122
安陽	0.549	244	0.285	230	0.211	208	0.188	148
鶴壁	0.663	125	0.276	246	0.239	88	0.157	221
新鄉	0.793	11	0.316	175	0.23	138	0.172	192
焦作	0.545	246	0.277	244	0.239	88	0.178	175
濮陽	0.537	253	0.282	237	0.227	164	0.187	151
許昌	0.729	59	0.241	269	0.215	196	0.181	169
漯河	0.661	132	0.365	91	0.233	116	0.169	197
三門峽	0.609	187	0.33	156	0.231	130	0.205	128
南陽	0.562	239	0.34	133	0.176	279	0.181	169
商丘	0.536	254	0.389	48	0.167	285	0.204	129
信陽	0.601	200	0.359	99	0.118	295	0.161	212
周口	0.572	226	0.385	55	0.14	293	0.156	224
駐馬店	0.597	206	0.31	188	0.159	287	0.165	203

表 5.3 城市 2012 年能力指數二級指標分值及排名

城市	經濟增長	排名	社會保障	排名	城市吸引	排名	城市流通	排名
武漢	0.667	118	0.469	17	0.333	21	0.316	33
黃石	0.734	52	0.187	290	0.224	172	0.258	70
十堰	0.498	271	0.226	274	0.222	178	0.185	155
宜昌	0.78	16	0.343	126	0.237	95	0.181	169
襄陽	0.764	23	0.378	68	0.212	205	0.183	165
鄂州	0.689	89	0.218	277	0.235	103	0.133	274
荊門	0.705	83	0.418	29	0.223	174	0.172	192
孝感	0.709	77	0.346	118	0.209	215	0.186	154
荊州	0.689	89	0.331	154	0.188	269	0.189	147
黃岡	0.689	89	0.337	140	0.17	282	0.188	148
咸寧	0.743	42	0.298	208	0.199	245	0.159	216
隨州	0.798	10	0.339	135	0.201	240	0.162	208
長沙	0.686	94	0.445	21	0.277	43	0.234	92
株洲	0.649	147	0.192	288	0.232	123	0.168	199
湘潭	0.677	107	0.299	207	0.229	152	0.19	146
衡陽	0.69	88	0.222	276	0.199	245	0.168	199
邵陽	0.693	86	0.3	206	0.191	265	0.164	207
岳陽	0.632	162	0.398	38	0.225	168	0.165	203
常德	0.748	39	0.353	109	0.206	228	0.158	220
張家界	0.663	125	0.367	86	0.216	195	0.146	249
益陽	0.579	219	0.371	79	0.207	225	0.16	214
郴州	0.653	141	0.281	239	0.208	220	0.135	270
永州	0.689	89	0.412	31	0.184	273	0.137	268
懷化	0.718	65	0.348	114	0.211	208	0.153	231
婁底	0.515	268	0.261	259	0.202	239	0.169	197
廣州	0.566	233	0.567	6	0.55	7	0.349	24
韶關	0.564	237	0.345	121	0.201	240	0.185	155
深圳	0.474	273	0.437	24	1	1	0.406	10
珠海	0.616	182	0.408	34	0.346	19	0.251	78
汕頭	0.597	206	0.283	233	0.281	40	0.249	80
佛山	0.527	258	0.37	82	0.508	9	0.279	51
江門	0.679	103	0.333	148	0.28	42	0.283	48
湛江	0.681	99	0.38	66	0.198	249	0.197	134
茂名	0.523	260	0.28	243	0.153	291	0.184	161
肇慶	0.718	65	0.296	213	0.219	190	0.206	125
惠州	0.752	35	0.358	102	0.334	20	0.275	55
梅州	0.615	183	0.369	83	0.182	274	0.183	165
汕尾	0.664	123	0.313	179	0.203	237	0.152	234
河源	0.58	217	0.381	62	0.19	266	0.159	216
陽江	0.747	40	0.155	294	0.204	235	0.175	184
清遠	0.469	274	0.402	36	0.206	228	0.177	177
東莞	0.413	282	0.337	140	0.949	2	0.3	41
中山	0.604	197	0.387	51	0.45	11	0.222	107
潮州	0.654	137	0.291	219	0.249	66	0.197	134
揭陽	0.742	45	0.273	250	0.208	220	0.177	177
雲浮	0.598	204	0.312	180	0.198	249	0.133	274
南寧	0.65	143	0.476	13	0.213	199	0.214	113
柳州	0.563	238	0.351	111	0.234	106	0.156	224
桂林	0.606	195	0.277	244	0.211	208	0.153	231
梧州	0.724	62	0.307	193	0.205	233	0.141	257
北海	0.867	4	0.342	129	0.222	178	0.141	257
防城港	0.774	19	0.374	75	0.224	172	0.146	249
欽州	0.838	6	0.322	167	0.181	276	0.149	241
貴港	0.326	285	0.293	217	0.17	282	0.188	148
玉林	0.519	267	0.345	121	0.169	284	0.178	175
百色	0.384	283	0.347	116	0.206	228	0.148	245
賀州	0.535	255	0.271	252	0.198	249	0.155	227
河池	0.167	288	0.312	180	0.189	267	0.15	238

表 5. 3 城市 2012 年能力指數二級指標分值及排名

城市	經濟增長	排名	社會保障	排名	城市吸引	排名	城市流通	排名
來賓	0.644	150	0.275	249	0.198	249	0.145	253
崇左	0.504	269	0.329	158	0.194	260	0.152	234
海口	0.591	212	0.331	154	0.294	31	0.172	192
三亞	0.753	33	0.408	34	0.27	47	0.141	257
重慶	0.819	9	0.52	8	0.1	296	0.304	37
成都	0.776	18	0.374	75	0.383	14	0.285	46
自貢	0.787	13	0.281	239	0.196	256	0.139	263
攀枝花	0.706	80	0.426	27	0.246	73	0.149	241
瀘州	0.722	63	0.308	191	0.186	270	0.129	285
德陽	0.792	12	0.312	180	0.221	184	0.159	216
綿陽	0.778	17	0.351	111	0.186	270	0.18	173
廣元	0.717	67	0.352	110	0.185	272	0.149	241
遂寧	0.71	75	0.314	177	0.201	240	0.146	249
內江	0.752	35	0.371	79	0.205	233	0.144	254
樂山	0.708	78	0.341	131	0.213	199	0.138	264
南充	0.732	56	0.32	170	0.174	281	0.135	270
眉山	0.698	84	0.358	102	0.197	255	0.146	249
宜賓	0.766	22	0.362	95	0.182	274	0.127	286
廣安	0.751	37	0.283	233	0.148	292	0.165	203
達州	0.571	228	0.348	114	0.161	286	0.192	142
雅安	0.743	42	0.237	271	0.225	168	0.155	227
巴中	0.76	29	0.297	212	0.193	262	0.132	279
資陽	0.736	51	0.347	116	0.156	289	0.162	208
貴陽	0.827	7	0.332	151	0.277	43	0.175	184
六盤水	0.761	27	0.27	253	0.208	220	0.135	270
遵義	0.762	25	0.273	250	0.155	290	0.133	274
安順	0.429	280	0.383	59	0.194	260	0.125	287
昆明	0.686	94	0.427	25	0.24	83	0.181	169
曲靖	0.577	223	0.373	77	0.209	215	0.174	186
玉溪	0.598	204	0.332	151	0.245	76	0.159	216
保山	0.619	176	0.225	275	0.23	138	0.132	279
昭通	0.734	52	0.233	272	0.203	237	0.154	230
麗江	0.768	21	0.306	194	0.231	130	0.15	238
普洱	0.601	200	0.321	169	0.234	106	0.15	238
臨滄	0.712	71	0.29	221	0.237	95	0.174	186
拉薩	0.906	2	0.328	159	0.23	138	0.168	199
西安	0.619	176	0.478	11	0.285	36	0.251	78
銅川	0.755	32	0.344	123	0.228	160	0.134	273
寶雞	0.708	78	0.34	133	0.226	166	0.132	279
咸陽	0.609	187	0.334	145	0.219	190	0.143	255
渭南	0.674	109	0.284	232	0.221	184	0.131	283
延安	0.459	275	0.381	62	0.219	190	0.138	264
漢中	0.664	123	0.36	97	0.204	235	0.156	224
榆林	0.739	49	0.356	105	0.21	213	0.14	262
安康	0.729	59	0.298	208	0.199	245	0.149	241
商洛	0.753	33	0.129	295	0.222	178	0.147	248
蘭州	0.764	23	0.375	73	0.259	55	0.162	208
嘉峪關	0.713	70	0.295	214	0.256	58	0.138	264
金昌	0.582	216	0.333	148	0.23	138	0.132	279
白銀	0.579	219	0.301	203	0.22	187	0.141	257
天水	0.599	203	0.281	239	0.206	228	0.152	234
武威	0.633	161	0.339	135	0.22	187	0.148	245
張掖	0.605	196	0.395	43	0.215	196	0.131	283
平涼	0.693	86	0.356	105	0.211	208	0.117	291
酒泉	0.74	48	0.481	10	0.244	78	0.142	256
慶陽	0.784	14	0.45	20	0.198	249	0.137	268
定西	0.636	155	0.289	223	0.209	215	0.133	274
隴南	0.56	240	0.246	268	0.211	208	0.113	292

表 5.3 城市 2012 年能力指數二級指標分值及排名

城市	經濟增長	排名	社會保障	排名	城市吸引	排名	城市流通	排名
西寧	0.593	210	0.338	138	0.257	57	0.138	264
銀川	0.619	176	0.322	167	0.231	130	0.111	293
石嘴山	0.654	137	0.211	280	0.23	138	0.141	257
吳忠	0.639	153	0.257	264	0.229	152	0.153	231
固原	0.695	85	0.303	201	0.23	138	0.123	288
中衛	0.677	107	0.283	233	0.229	152	0.121	290
烏魯木齊	0.738	50	0.427	25	0.293	33	0.152	234
克拉瑪依	0.296	286	0.371	79	0.281	40	0.123	288
香港	0.29	287	1	1	0.636	4	0.551	7
澳門	1	1	0.473	15	0.583	6	0.155	227
新北	0.11	291	0.268	254	0.265	52	0.177	177
臺北	0.1	296	0.464	18	0.39	13	0.262	66
台中	0.11	291	0.239	270	0.251	65	0.157	221
台南	0.11	291	0.247	267	0.245	76	0.133	274
高雄	0.12	289	0.311	184	0.248	70	0.148	245
基隆	0.108	294	0.263	257	0.275	46	0.102	295
新竹	0.105	295	0.252	265	0.294	31	0.103	294
嘉義	0.112	290	0.209	282	0.303	30	0.1	296

第六篇　2012 中國城市分項競爭力特徵分析

6.1　2012 中國城市綜合競爭力及分項競爭力特徵分析

城市作爲人口集聚和政治、經濟、文化中心，歷來都在區域和國家發展中發揮著重要作用。中國作爲一個發展中國家，城市在區域和國家發展中的中心地位和引擎作用更加突出。城市綜合競爭力指一個城市在一定區域範圍內集散資源、提供產品和服務的能力，是城市經濟、社會、科技、環境等綜合發展能力的集中體現。城市綜合競爭力，既針對他所包含的各種發展要素所綜合形成的整體實力，發展效率以及未來的發展趨勢，同時也包括城市在整個社會中的作用和影響力。

一般地說，城市綜合競爭力主要包括城市的經濟發展競爭力、社會發展競爭力和環境發展競爭力和文化發展競爭力，此爲城市發展的四維競爭力。在目前階段，經濟發展競爭力仍然是城市綜合競爭力的最主要方面。如在新世紀加入 WTO 以及迎接經濟市場化、全球化發展的挑戰，城市綜合競爭力仍然將主要表現爲城市經濟發展的競爭力。但城市的經濟發展競爭力必須以社會發展競爭力爲前提，因爲社會發展競爭力可以爲城市維持及增強經濟發展競爭力提供良好的社會環境和原動力。如教育發展、科技進步形成的社會發展競爭力，可以進一步增強城市經濟發展的競爭力。穩定的社會環境、良好的生活品質和社會保障水準，也是維持城市經濟發展競爭力的重要條件。環境發展競爭力則不僅是形成和維持城市經濟發展競爭力及社會發展競爭力的重要條件，而且由於創造自然優美、舒適宜人的城市環境，是現代城市發展所追求的更高層次的目標。未來城市發展的競爭將主要表現爲城市環境建設與發展的競爭，所以未來城市的綜合競爭力將更加依賴於城市環境發展競爭力。廣義地理解，城市的環境建設與發展，也包括城市的城區規模及設施建設等，而這些方面又構成城市發展以及維持和增強城市經濟、社會發展競爭力的物質基礎。可以說，沒有足夠的城區規模、先進的設施水準、優美的自然環境，就難以形成和維持更強的經濟發展競爭力及社會發展競爭力。文化作爲城市軟實力的主要來源，對城市的綜合競爭力有著意義非凡的影響。它不僅可以爲城市綜合競爭力的發展提供強大的精神動力，也爲其提供智力支援。同時，文化創造經濟價值也塑造了城市形象，它逐漸成爲城市綜合競爭力的重要組成部分和標誌。只有城市的經濟、社會、環境這三方面的硬實力和文化軟實力四維有機結合，才能形成和增強城市發展的綜合競爭力。

綜上所述，《中國城市綜合競爭力比較評估體系》（以下如未作特殊說明，都簡稱《比較評估體系》）包含經濟、社會、環境和文化四大體系，體現了整個城市系統發展的規模、效率和增長，反應了城市在經營管理、創新、學習、合理資源配置以創造經濟價值和文化價值的能力。《比較評估體系》包含一級指標 10 個，二級指標 50 個，三級指標 216 個。

按照 296 個城市的統計資料及調查資料，並根據中國城市競爭力研究會所構建的《中國城市競爭力比較評估指標體系》[①]計算分析，我們得出了中國城市綜合競爭力及十大分項競爭力排名[②]。在對中國城市綜合競爭力進行統計分析我們發現，中國 296 個城市的綜合競爭力得分是否服從正態性分佈的 JB 檢驗統計量爲 3426.1，在 1%的統計性顯著水準下拒絕了

[①]《中國城市競爭力比較評估指標體系》的詳細情況請參見附錄 1。中國城市競爭力研究會 2002 年對 265 個城市，2003 年對 269 個城市，2004 年對 281 個城市，2005 年對 287 個城市，2006 年至 2008 年分別對 289 個城市，2009 年與 2010 年對 290 個城市、2011 年對 297 個城市、2012 年對 296 個城市進行了城市競爭力的排行研究。

[②]具體請參見本年鑒第一篇、第二篇。

原假設，即說明中國城市綜合競爭力不服從正態分佈。並且偏度爲 3.34，峰度爲 18.27，說明中國城市綜合競爭力呈尖峰厚尾分佈，並且具有右偏性質（圖 6.1.1）。進一步分析發現，綜合競爭力的地區性不平衡現象依然存在，呈東強西弱格局，在 86 個綜合競爭力水準在平均水準之上的城市中，東部[①]地區城市有 66 個，占 76.74%，而中部地區有 12 個，占 13.95%，西部地區僅有 8 個，僅占 9.30%。同時，東部、中部、西部地區城市綜合競爭力的均值比較表明，東部地區的城市綜合競爭力的均值(10.84)明顯要高於中部(-6.94)、西部地區(-9.6)城市綜合競爭力均值，但是中部地區城市綜合競爭力均值與西部地區城市綜合競爭力均值無統計上的顯著差異，說明從城市綜合競爭力的平均水準來看，中國城市綜合競爭力呈現出東部地區要高於中部地區與西部地區，而中部地區與西部地區卻無差異，說明中國城市綜合競爭力從平均水準來看呈二級格局。進一步地，由不同地區城市綜合競爭力方差的比較分析可以得出，東部地區最高，爲 29.76，其次爲西部地區，爲 15.51，中部地區最低，爲 10.44，並且它們之間存在統計上的顯著差異。由此可見，中國中部地區的城市綜合競爭力離散程度及差異程度要低一些。而西部地區綜合競爭力的差異性要高於中部地區，東部地區雖然整體看來綜合競爭力較高，但是其內部的不平衡性最大（表 6.1.1）。

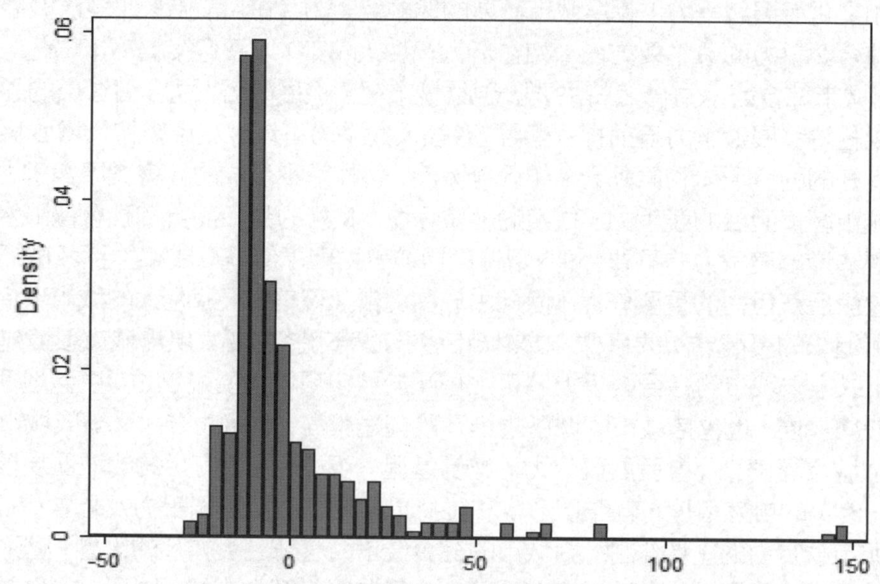

圖 6. 1. 1 城市綜合競爭力得分直方圖

表 6. 1. 1 城市綜合競爭力東、中、西部地區比較

A			
	東部	中部	西部
均值	10.84	-6.94	-9.65
方差	29.76	10.44	15.51
B			
	東中	東西	中西
均值比較檢驗	0	0	0.18

[①]我們國家東、中、西部地區的劃分如下：東部地區包括北京市、天津市、河北省、山東省、遼寧省、江蘇省、上海市、浙江省、福建省、廣東省、廣西壯族自治區、海南省及港澳臺 共 15 個省、市、自治區；中部地區包括吉林省、黑龍江省、內蒙古自治區、山西省、河南省、安徽省、江西省、湖北省、湖南省共 9 個省、市、自治區；西部地區包括重慶市、四川省、貴州省、雲南省、西藏自治區、陝西省、甘肅省、青海省、寧夏回族自治區、新疆維吾爾自治區、共 10 個省、市、自治區。

方差比較檢驗	0	0	0
樣本數	125	109	62

注：A 部分為實際值，B 部分為相應檢驗的 P 值。

我們還進一步分析了上述 10 項指標對綜合競爭力的相對重要性，即由綜合競爭力原始得分[①]關於上述 10 項分項競爭力指數做 OLS 回歸，看哪個指標的係數最大。結果表明（表 6.1.2），所有變數的係數都在 1%的顯著性水準下統計顯著。同時，當經濟競爭力得分每增加 0.01，綜合競爭力得分增加 0.43。當產業競爭力得分每增加 0.01，綜合競爭力得分增加 0.22。當財政金融競爭力得分每增加 0.01，綜合競爭力得分增加 0.13。當商業貿易競爭力得分每增加 0.01，綜合競爭力得分增加 0.32。當基礎設施競爭力得分每增加 0.01，綜合競爭力得分增加 0.22。當社會體制競爭力得分每增加 0.01，綜合競爭力得分增加 0.18。當環境資源區位競爭力得分每增加 0.01，綜合競爭力得分增加 0.22。當人力資本競爭力得分每增加 0.01，綜合競爭力得分增加 0.17。當科技競爭力得分每增加 0.01，綜合競爭力得分增加 0.32。當文化競爭力得分每增加 0.01，綜合競爭力得分增加 0.26。因此，對綜合競爭力而言，所有二級競爭力指標的重要性依次為經濟競爭力、科技競爭力、商業貿易競爭力、文化競爭力、產業競爭力、基礎設施競爭力、環境資源區位競爭力、社會體制競爭力、人力資本競爭力、財政金融競爭力（圖 6.1.2）。

表 6.1.2 城市綜合競爭力 OLS 回歸方程

變數	係數	t 值	P 值
經濟競爭力	43.49	13.01	0
產業競爭力	22.03	15.92	0
財政金融競爭力	13.37	4.4	0
商業貿易競爭力	31.8	9.5	0
基礎設施競爭力	21.81	13.48	0
社會體制競爭力	18.16	22.19	0
環境資源區位競爭力	21.79	19.32	0
人力資本競爭力	17.1	9.19	0
科技競爭力	32.11	12.48	0
文化競爭力	25.8	12.88	0
常數	-59.64	-129.31	0
F 統計量	12088	F 統計量 P 值	0
R 方	1	VIF	9.53

注：VIF 為膨脹因數，當其大於 10 時，表明引數存在嚴重多重共線性。

① 本篇當中所有分析都是用原始得分計算而得。

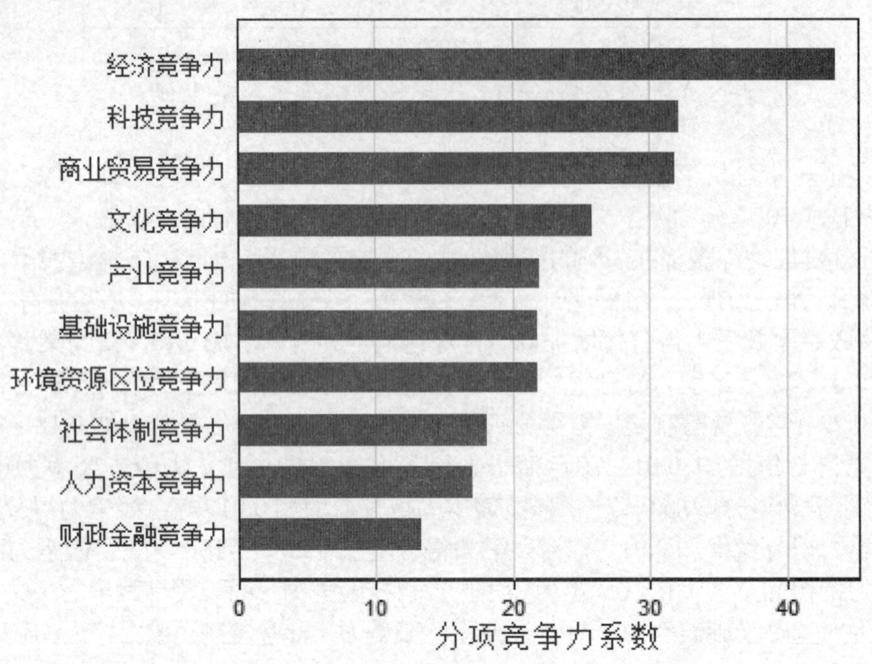

圖 6. 1. 2 各分項競爭力對綜合競爭力的影響大小

下文我們進一步分析各分項競爭力及其二項指標的特徵①：

6.1.1 經濟實力競爭力特徵分析

城市是一個經濟實體，是現代生產力的載體，是人類經濟活動在空間上的投影。城市經濟發展是城市居民生活水準提高的物質基礎，也是城市物質文明建設和發展的保證。城市經濟競爭力反映了城市工業化程度，是城市綜合競爭力的基礎，表明一個城市的總體經濟發展水準和經濟發展階段。城市經濟競爭力強，意味著該城市的經濟整體實力雄厚，經濟運轉有效，經濟正穩定、健康、高速、有序的發展，經濟水準發展階段有利於改善人民生活。

我們在對中國城市經濟競爭力進行統計分析發現，城市經濟競爭力的分佈特徵與綜合競爭力分佈特徵類似。具體地，中國 296 個城市的經濟競爭力得分也不服從正態分佈，同樣呈尖峰厚尾分佈，並且具有右偏性質（圖 6.1.3）。進一步分析發現，經濟競爭力的地區性不平衡現象如綜合競爭力一樣呈東強西弱格局，在 78 個經濟競爭力水準在平均水準之上的城市中，東部地區城市有 57 個，占 73.08%，而中部地區有 15 個，占 19.23%，西部地區僅有 6 個，僅占 7.69%。同時，東部、中部、西部地區城市經濟競爭力的均值比較表明，東部地區的城市經濟競爭力的均值(1.54)明顯要高於中部(-1.04)、西部地區(-1.28)城市經濟競爭力的均值。進一步地，由不同地區城市經濟競爭力方差的比較分析可以得出，東部地區最高，為 5.62，其次為西部地區，為 2.1，中部地區最低，為 1.5。由此可見，中國中部地區的城市經濟競爭力離散程度及差異程度要低一些，而東部地區的差異化程度要更高一點（表 6.1.3）。

①在此我們只是列出了排名前後 30 名的城市，並且對某項指數排名並列的城市並未加以特別地注明，詳細資料及排名見第 1 篇及本節後的有關內容。

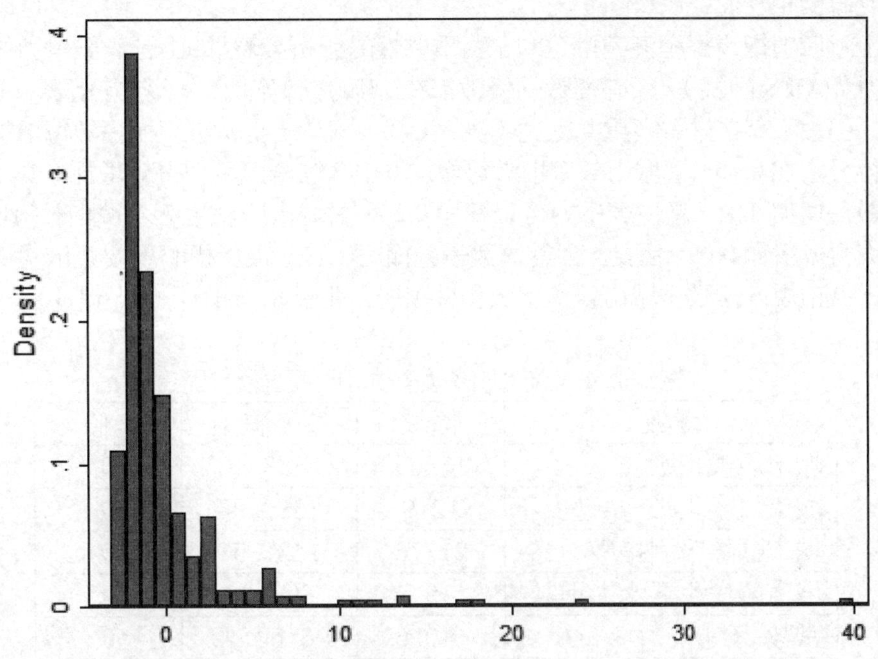

圖 6.1.3 城市經濟競爭力得分直方圖

表 6.1.3 城市經濟競爭力東、中、西部地區比較

A			
	東部	中部	西部
均值	1.54	-1.04	-1.28
方差	5.62	1.5	2.1
B			
	東中	東西	中西
均值比較檢驗	0	0	0.38
方差比較檢驗	0	0	0
樣本數	125	109	62

注：A 部分爲實際值，B 部分爲相應檢驗的 P 值。

經濟競爭力由城市規模指數、城市效率指數、城市國際吸引指數、城市居民生活指數四個維度分別體現。其中，城市規模是指每個城市的人口數量、用地面積和社會經濟實力。其中又以城市的人口規模作爲城市規模的主要衡量標準，它體現了城市對人流、物流的集聚能力。城市規模的擴大能在一定程度上由於集聚效應而極大促進城市在各方面的發展，但是到一定規模之後又不可避免的帶來城市病等負面效應。城市效率是指城市在單位時間內的人力、物力和財力投入創造或增殖的物質產品或精神產品的價值量。在中國當前的城市化水準下，城市的效率已經影響到的城市生產力的發展水準，對城市的經濟發展起著至關重要的作用。它直接體現了城市的發展是否處於一個積極的趨勢當中，關係著城市未來經濟的走向。城市國際吸引指數度量的是城市獲得國外資源的能力，如今的城市發展不僅僅要依靠城市本身，在經濟全球化的環境下，與國際合作，引進外資也成爲增強城市經濟競爭力的主流手段。城市通過引進外資彌補資金短缺，通過吸引國際旅遊發展旅遊業宣揚城市文化，提高城市的綜合競爭力。城市的發展最主要的目的在於提高居民的生活水準和生活品質，提升居民的財富分享能力，優化居民的消費結構及提升居民的消費水準。城市居民生活的提高與城市經濟的發展相互聯繫相互促進。

關於上述四項指標對經濟競爭力的相對重要性的分析發現(即由經濟競爭力得分關於上述 4 項指數做 OLS 回歸)。所有變數的係數都在 1%的顯著性水準下統計顯著，並且由 VIF 可以看出，引數不存在嚴重多重共線性（表 6.1.4）。同時，當城市規模指數每增加 0.01，經濟競爭力得分增加 0.18。當城市效率指數每增加 0.01，經濟競爭力得分增加 0.13。當城市國際吸引指數每增加 0.01，經濟競爭力得分增加 0.22。當城市居民生活水準指數每增加 0.01，經濟競爭力得分增加 0.09。因此，對經濟競爭力而言，其二級指標的重要性依次爲城市國際吸引指數、城市規模指數、城市效率指數和城市居民生活水準指數（圖 6.1.4）。

表 6.1.4 城市經濟競爭力 OLS 回歸方程

變數	係數	t 值	P 值
城市規模指數	17.64	2423.13	0
城市效率指數	12.9	1380.96	0
城市國際吸引指數	21.76	1427.57	0
城市居民生活水準指數	9	896.36	0
常數	-10.6	-6153.19	0
F 統計量	13311234	F 統計量 P 值	0
調整 R 方	1	VIF	2.25

注：VIF 爲膨脹因數，當其大於 10 時，表明引數存在嚴重多重共線性。

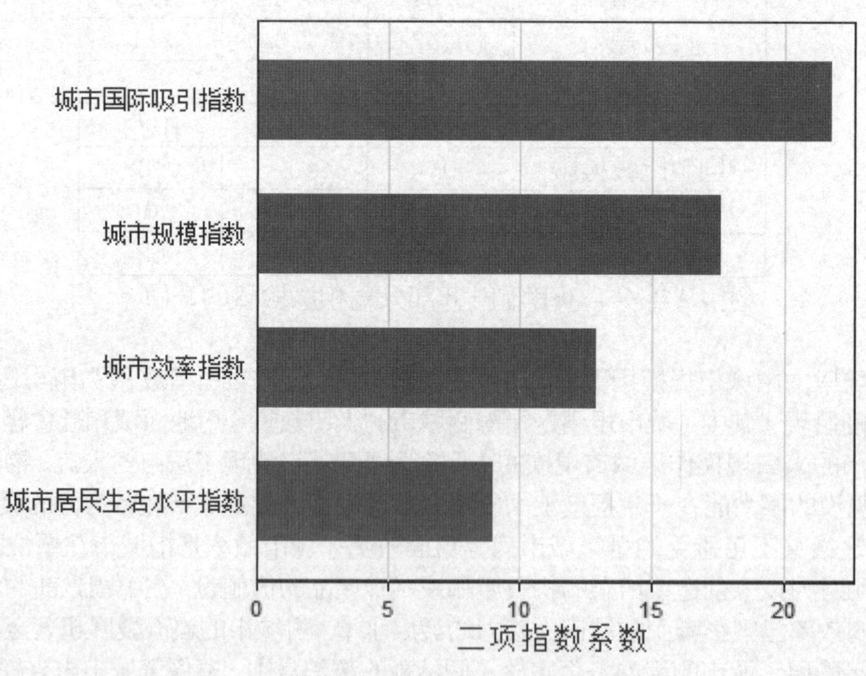

圖 6.1.4 各二級指數對經濟競爭力的影響大小

我們同時還進一步的分析了城市經濟競爭力四項二級指標的分佈特徵，結果顯示，所有二級指標都不服從正態分佈，並呈尖峰厚尾分佈，且具有右偏性質[①]。另外，上述二級指標的東、中、西部地區均值比較與方差比較表明（表 6.1.5），中國城市居民生活水準的平均水準存在明顯的區域性差異，並呈東部地區、中部地區、西部地區由高及低依次排列的三級階梯狀特徵。但是城市規模、城市效率、城市國際吸引的平均水準雖然也存在區域性差異，但是僅僅是呈東部地區明顯高於中西部地區的二級階梯狀特徵，而中部地區和西部地區在上述指標上並不存在統計顯著的差異。另外，從區域內部的差異性來看，東部地區雖然從整體來看各項指數的水準比較高，但是其內部的離散程度比較大。

表 6.1.5 城市經濟競爭力二級指標東、中、西部地區比較

	城市規模指數			城市效率指數			城市國際吸引指數			城市居民生活水準指數		
A	東部	中部	西部	東部	中部	西部	東部	中部	西部	東部	中部	西部
均值	0.25	0.2	0.18	0.21	0.17	0.17	0.13	0.11	0.1	0.24	0.18	0.19
方差	0.14	0.06	0.09	0.1	0.05	0.05	0.09	0.01	0.01	0.11	0.03	0.04
B	東中	東西	中西	東中	東西	中西	東中	東西	中西	東中	東西	中西
均值比較檢驗	0	0	0.1	0	0	0.69	0	0.01	0.51	0	0	0
方差比較檢驗	0	0	0	0	0	0.5	0	0	0	0	0	0.57
樣本數	125	109	62	125	109	62	125	109	62	125	109	62

注：A 部分為實際值，B 部分為相應檢驗的 P 值。

6.1.2 產業競爭力特徵分析

城市競爭力的競爭主體表現為城市地方政府之間的競爭，根本在於城市產業發展能力的競爭。城市產業競爭力是指某個城市特定產業在國內外市場競爭中優於其他城市或地區同一產業所具有的生存、發展以及獲取收益的能力。城市產業競爭力是指城市整體產業通過對生產要素和資源的高效配置及轉換，穩定持續地生產出比競爭對手更多財富的能力。也就是在地域空間分異規律作用下，城市產業所具有的綜合運用當地生產要素和區位優勢獲得最大效益的能力。城市產業競爭力具有中觀性、綜合性、相對穩定性及動態性的特點。

在對中國城市產業競爭力進行統計分析我們發現，中國 296 個城市的產業競爭力得分也不服從正態分佈。並且同樣呈具有右偏性質的尖峰厚尾分佈（圖 6.1.5）。進一步分析發現，產業競爭力的地區性不平衡現象依然表現為東強西弱，在 113 個產業競爭力水準在平均水準之上的城市中，東部地區城市有 71 個，占 62.83%，而中部地區有 30 個，占 26.55%，西部地區僅有 12 個，僅占 10.62%。同時，東部、中部、西部地區城市產業競爭力的均值比較表明，東部地區的城市產業競爭力的均值(3.66)明顯要高於中部(-1.97)、西部地區(-3.92)城市產業競爭力的均值，中部地區城市產業競爭力均值要高於西部地區城市產業競爭力均值，並存在統計上的顯著差異。說明從城市競爭力的平均水準來看，中國城市產業競爭力呈現出東部地區、中部地區、西部地區由高到低的階梯狀格局。進一步地，由不同地區城市產業競爭力方差的比較分析可以得出，東部地區最高，為 10.21，並且明顯高於中西部地區，但是中西部地區城市產業競爭力方差並不存在顯著差異。由此可見，中國東部地區的城市產業競爭力離散程度及差異程度要相對高一些，但是中西部地區並無差別（表 6.1.6）。

① 由於篇幅所限，此處或下文中並未給出一些檢驗相應檢驗結果。如讀者有興趣，可向編者索取。

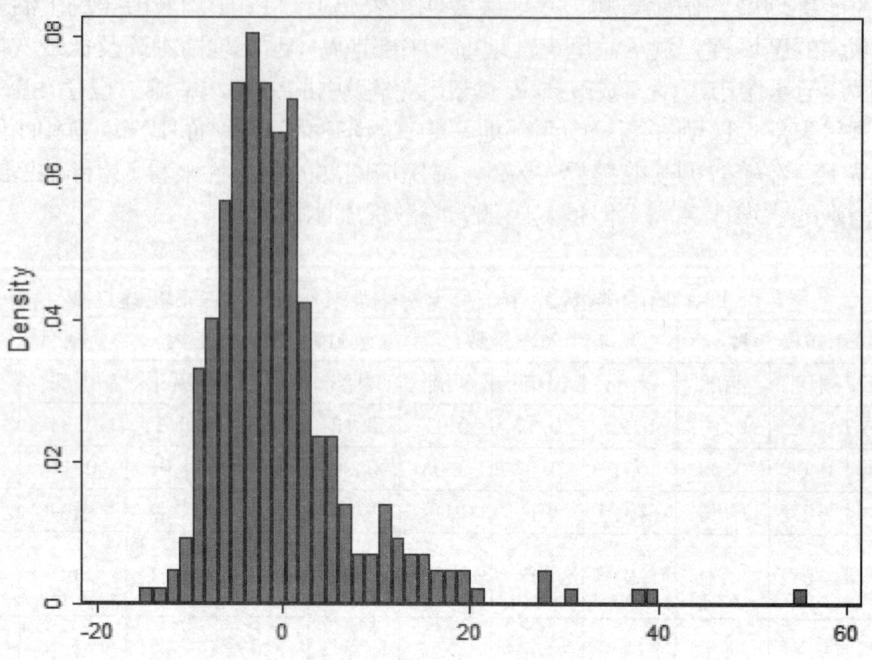

圖 6.1.5 城市產業競爭力得分直方圖

表 6.1.6 城市產業競爭力東、中、西部地區比較

A			
	東部	中部	西部
均值	3.66	-1.97	-3.92
方差	10.21	4.78	5.19
B			
	東中	東西	中西
均值比較檢驗	0	0	0.01
方差比較檢驗	0	0	0.45
樣本數	125	109	62

注：A 部分爲實際值，B 部分爲相應檢驗的 P 值。

產業競爭力是由產業規模指數、產業貢獻指數、產業效率指數、產業結構指數、產業國際化指數、產業集群水準指數分別體現。產業規模指數體現產業創造財富的規模，隨著規模的擴大，產業創造的價值在一定程度上有所增長，然而過大的規模也會導致規模不經濟，因此，評價產業的規模成爲評價產業競爭力的一項重要指標。產業貢獻指數是對城市產業的市場影響力和其利稅的貢獻能力的綜合反映。市場影響力提升產業創造價值的能力，成爲產業軟實力的重要組成部分，對提高企業的利稅貢獻能力有輔助作用。而產業的利稅能力則是評價這個產業是否能成爲城市主要發展產業的標準。產業效率反映了城市產業的生產經營狀況以及價值的創造積累效率，效率創造價值，產業的效率對產業的規模和貢獻有直接影響。他成爲衡量一個產業價值多少的重要標準。產業結構是指各產業的構成及各產業之間的聯繫和比例關係。在經濟發展過程中，由於分工越來越細，因而產生了越來越多的生產部門。不同的生產部門，受到不同因素的影響和制約，會在增長速度、就業人數、在經濟總量中的比重、對經濟增長的推動作用等方面表現出很大的差異。好的產業結構，能促使城市經濟穩定有序高效運行。城市產業國際化指數顯示了城市吸收國際資本能力及外資企業對城市的貢獻度。在城市產業結構當中，外資企業佔有越來越多的比重，外資企業促進城市經濟和產業發展，為城市引入更多外資和先進的技術和管理理論，影響城市的競爭力。產業集群是指在一個特定區域的一個特別領域，一組相互關聯的公司、供應商、關聯產業和專門化的制度和協會集聚起來，通過這種區域集聚形成有效的市場競爭，構建出專業化生產要素優化集聚窪地，使企業共用區域公共設施、市場環境和外部經濟，降低資訊交流和物流成本，形成區域集聚效應、規模效應、外部效應和區域競爭力。產業集群指數則反映了城市產業的集聚水準。

我們還進一步分析了上述 6 項指標對產業競爭力的相對重要性，即由產業競爭力得分關於上述 6 項指數做 OLS 回歸。結果表明（表 6.1.7），所有變數的係數都在 1%的顯著性水準下統計顯著，並且由 VIF 可以看出，引數也不存在嚴重多重共線性。同時，當產業規模指數每增加 0.01，產業競爭力得分增加 0.13。當產業貢獻指數每增加 0.01，產業競爭力得分增加 0.16。當產業效率指數每增加 0.01，產業競爭力得分增加 0.14。當產業結構指數每增加 0.01，產業競爭力得分增加 0.16。當產業國際化指數每增加 0.01，產業競爭力得分增加 0.14。當企業集群指數每增加 0.01，產業競爭力得分增加 0.16。所以，對產業競爭力而言，其二級指標的重要性依次為產業結構指數、企業集群指數、產業貢獻指數、產業效率指數、產業國際化指數、產業規模指數（圖 6. 1. 6）。

表 6. 1. 7 城市產業競爭力 OLS 回歸方程

變數	係數	t 值	P 值
產業規模指數	13.42	1132.69	0
產業貢獻指數	16.04	1031.08	0
產業效率指數	14.16	2733.8	0
產業結構指數	16.18	2090.41	0
產業國際化指數	14.02	1592.56	0
產業集群水準指數	16.11	1847.39	0
常數	-27.47	-8519.39	0
F 統計量	34446363	F 統計量 P 值	0
R 方	1	VIF	3.81

注：VIF 為膨脹因數，當其大於 10 時，表明引數存在嚴重多重共線性。

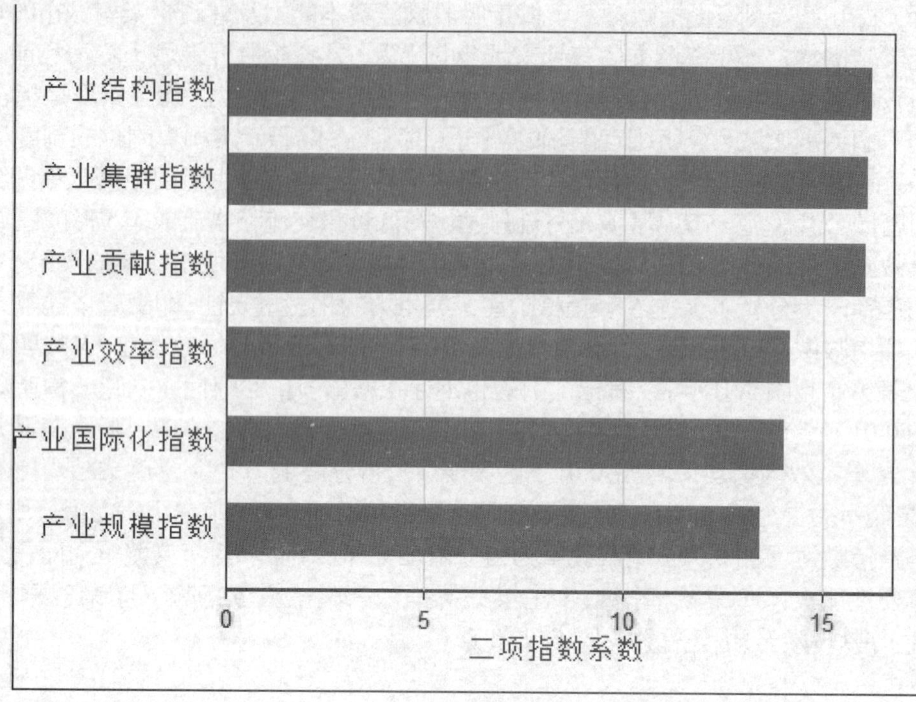

圖 6.1.6 各二級指數對產業競爭力的影響大小

我們還進一步的分析了城市產業競爭力六項二級指標的分佈特徵，結果顯示，所有二級指標也都不服從正態分佈，並同樣呈尖峰厚尾分佈，且具有右偏性質①。另外，上述二級指標的東、中、西部地區均值比較與方差比較表明（表 6.1.8），從平均水準來看，中國產業規模指數、產業結構指數與城市國際吸引指數也存在區域性差異，並呈東部地區比中西部地區高的二級階梯狀特徵。而產業貢獻指數、產業國際化指數卻呈現東部地區、中部地區、西部地區從高及低的三級階梯狀特徵，而產業效率指數則是東部與中部地區無顯著差異，但是都比西部地區高。另外，從區域內部的差異性來看，東部地區雖然從整體來看各項指數的水準比較高，但是除產業效率指數之外其他二級指數內部的離散程度比較大。

表 6.1.8 城市產業競爭力二級指標東、中、西部地區比較

	產業規模指數			產業貢獻指數			產業效率指數		
A	東部	中部	東部	東部	中部	西部	東部	中部	西部
均值	0.25	0.17	0.15	0.23	0.17	0.15	0.47	0.47	0.39
方差	0.15	0.05	0.08	0.13	0.05	0.04	0.1	0.14	0.12
B	東中	東西	中西	東中	東西	中西	東中	東西	中西
均值比較檢驗	0	0	0.06	0	0	0.02	0.73	0	0
方差比較檢驗	0	0	0	0	0	0.4	0	0.14	0.18
樣本數	125	109	62	125	109	62	125	109	62
	產業結構指數			產業國際化指數			城市國際吸引指數		
A	東部	中部	西部	東部	中部	西部	東部	中部	西部
均值	0.58	0.51	0.5	0.24	0.14	0.12	0.29	0.23	0.24
方差	0.13	0.1	0.1	0.15	0.04	0.02	0.14	0.08	0.08
B	東中	東西	中西	東中	東西	中西	東中	東西	中西
均值比較檢驗	0	0	0.73	0	0	0	0	0	0.55

① 由于篇幅所限，此处或下文中并未给出一些检验相应检验结果。如读者有兴趣，可向编者索取。

方差比較檢驗	0.02	0.06	0.93	0	0	0	0	0	0.57
樣本數	125	109	62	125	109	62	125	109	62

注：A 部分爲實際值，B 部分爲相應檢驗的 P 值。

6.1.3 財政金融競爭力特徵分析

城市財政，是在城市範圍內利用價值形式對社會產品和國民收入進行分配與再分配的工具。城市財政促進城市建設及各項社會事業的發展，爲城市人民的生活水準提供保障。城市金融競爭力表現爲城市所擁有、控制或可利用的金融資源的數量，獲得的便利性、成本以及城市金融產業的發展狀況，金融基礎設施的建設程度，金融人才的競爭力，以及其制度環境因素和開放程度等。城市金融競爭力評價以能夠全面、客觀地反映城市金融產業現狀和城市金融業發展潛力爲目標，可以深入客觀地分析一個城市金融業發展的優勢及不足之處，對一個城市更好地發展金融業有著重要的意義。

在對中國城市財政金融競爭力進行統計分析我們發現，中國 296 個城市的財政金融競爭力得分是否服從正態性分佈的 JB 檢驗統計量爲 32532.7，在 1%的統計性顯著水準下拒絕了原假設，即說明中國城市財政金融競爭力不服從正態分佈。並且偏度爲 6.26，峰度爲 52.81，說明中國城市財政金融競爭力呈尖峰厚尾分佈，並且具有右偏性質（圖 6.1.7）。進一步分析發現，財政金融競爭力的地區性不平衡現象依然存在，呈東強西弱格局，在 69 個財政金融競爭力水準在平均水準之上的城市中，東部地區城市有 56 個，占 81.16%，而中部地區有 9 個，占 13.04%，西部地區僅有 4 個，僅占 5.8%。同時，東部、中部、西部地區城市財政金融競爭力的均值比較表明，東部地區的城市財政金融競爭力的均值(2.19)明顯要高於中部(-1.26)、西部地區(-2.19)城市財政金融競爭力的均值，中部地區城市財政金融競爭力均值要高於西部地區城市財政金融競爭力均值，說明從城市財政金融競爭力的平均水準來看，中國城市財政金融競爭力呈現出東部地區、中部地區、西部地區由高到低的階梯狀格局。進一步地，由不同地區城市財政金融競爭力方差的比較分析可以得出，東部地區最高，爲 8.82，其次爲西部地區，爲 2.9，中部地區最低，爲 1.42（圖 6.1.9）。

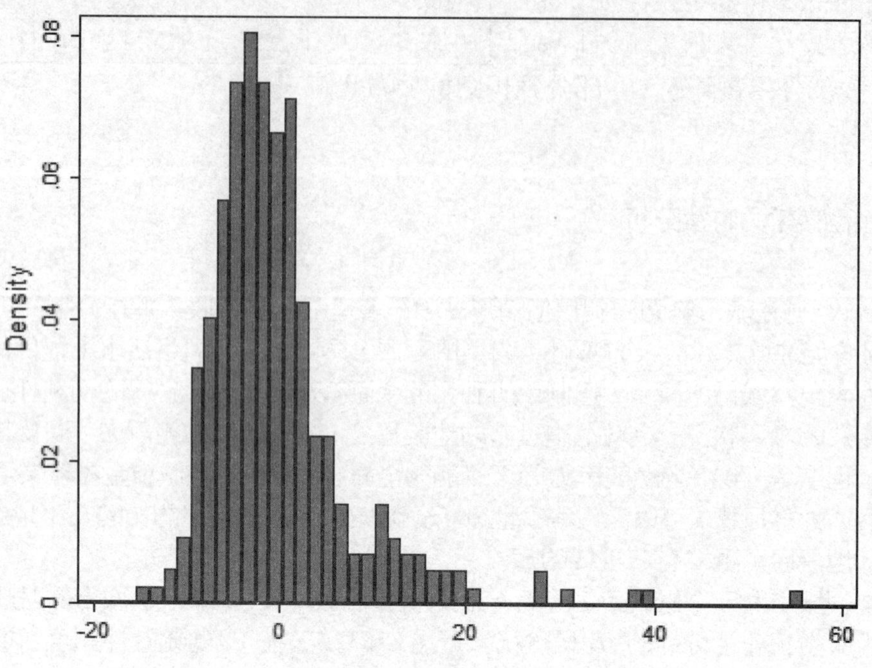

圖 6.1.7 城市財政金融競爭力得分直方圖

表 6.1.9 城市財政金融競爭力東、中、西部地區比較

A			
	東部	中部	西部
均值	2.19	-1.26	-2.19
方差	8.82	1.42	2.9
B			
	東中	東西	中西
均值比較檢驗	0	0	0.01
方差比較檢驗	0	0	0
樣本數	125	109	62

注：A 部分為實際值，B 部分為相應檢驗的 P 值。

財政金融競爭力由財政金融規模指數、財政金融效率指數、金融資本品質指數、金融資本可獲得指數、金融業人力資本指數綜合而成。財政金融規模指數，反映城市的財政實力和財政收入、支出能力，體現了城市財政資金供應總量和資本使用規模。同時，他也反映了城市金融業的發展規模，主要為金融機構的交易量。相對于財政金融規模指數，財政金融效率指數更關注財政實力和金融現金流量的人均水準和人均增長率。因此，通過對財政金融效率的分析，更能體現城市在財政金融方面真實情況和發展趨勢。金融資本品質指數，意在分析城市資本使用率和資本充裕指數，反應城市資本使用的品質。資本使用率的提高有利於提高財政金融規模，為金融機構獲取更多的經濟利益。而資本充裕指數則反應金融機構佔有的資本規模，同時也是金融機構可持續發展的保障。金融資本可獲得指數反應了城市企業與居民獲得資本的難易程度，其中的資本包含銀行資本，證劵市場資本和民間及風險資本。高的金融資本可獲得指數促進企業的發展，提高人民的生活和消費水準，是城市金融業活力的體現。同時，過高的資本可獲得指數又提高了金融機構的資本風險。金融業人力資本指數反應了金融業的從業人數以及其占城市總人口的比重。它反應了城市金融業的活力和發達程度以及其對金融產業的重視程度。

表 6.1.10 城市財政金融競爭力 OLS 回歸方程

變數	係數	t 值	P 值
財政金融規模指數	16.48	806.23	0
財政金融效率指數	18.51	1826.6	0
金融資本品質指數	15.77	2384.81	0
金融資本可獲得指數	19.68	1029.68	0
金融業人力資本指數	16.68	802.67	0
常數	-21.55	-5237.46	0
F 統計量	19982536	F 統計量 P 值	0
R 方	1	VIF	5.88

注：VIF 爲膨脹因數，當其大於 10 時，表明引數存在嚴重多重共線性。

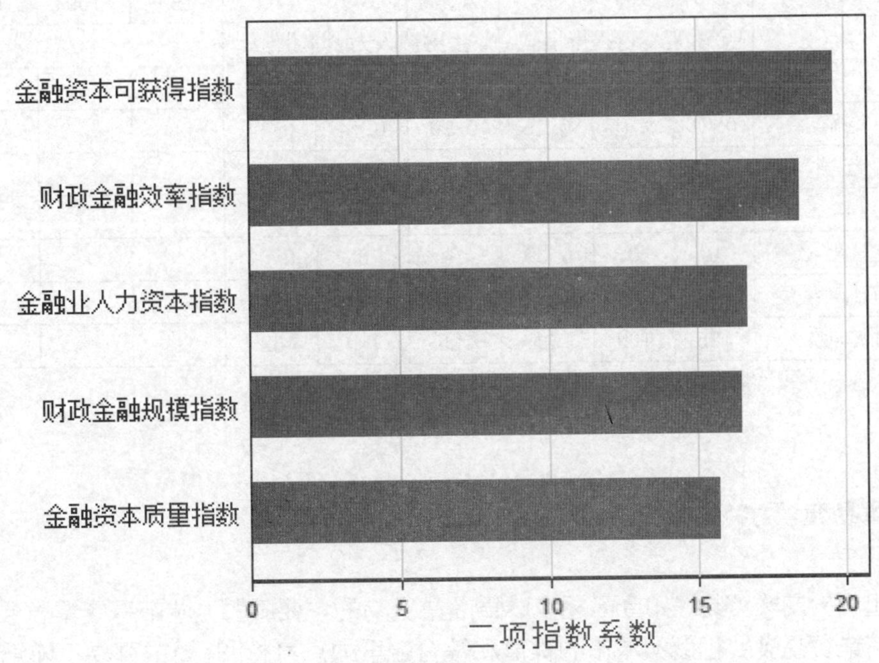

圖 6.1.8 各二級指數對財政金融競爭力的影響大小

我們還分析上述 5 項指標對財政金融競爭力相對重要性時發現（表 6.1.10），所有變數的係數都在 1%的顯著性水準下統計顯著，並且由 VIF 可以看出，引數不存在嚴重多重共線性。同時，當財政金融規模指數每增加 0.01，財政金融競爭力增加 0.16。當財政金融效率指數每增加 0.01，財政金融競爭力增加 0.19。當金融資本品質指數每增加 0.01，財政金融競爭力增加 0.16。當金融資本可獲得指數每增加 0.01，財政金融競爭力增加 0.20。當金融業人力資本指數每增加 0.01，財政金融競爭力增加 0.17。所以，對財政金融競爭力而言，其二級指標的重要性依次爲金融資本可獲得指數、財政金融效率指數、金融業人力資本指數、財政金融規模指數、金融資本品質指數（圖 6.1.8）。

我們進一步的分析了城市財政金融競爭力 5 項二級指標的分佈特徵，結果顯示，所有二級指標也都不服從正態分佈，並同樣呈尖峰厚尾分佈，且具有右偏性質。另外，上述二級指標的東、中、西部地區均值比較與方差比較表明（表 6.1.11），從平均水準來看，中國財政金融規模指數、財政金融效率指數、金融資本可獲得指數、金融業人力資本指數也存在區域性差異，並呈東部地區比中西部地區高的二級階梯狀特徵。而金融資本品質指數則是東部與中部地區無顯著差異，但是都比西部地區高。另外，從區域內部的差異性來看，東部地區雖然從整體來看各項指數的水準比較高，但是財政金融規模指數、財政金融效率指數、金融資本可獲得指數、金融業人力資本指數內部的離散程度比較大。

表 6.1.11 城市財政金融競爭力二級指標東、中、西部地區比較

	財政金融規模指數			財政金融效率指數			金融資本品質指數		
A	東部	中部	東部	東部	中部	西部	東部	中部	西部
均值	0.18	0.13	0.14	0.22	0.17	0.18	0.59	0.61	0.55
方差	0.14	0.02	0.05	0.11	0.03	0.04	0.1	0.09	0.11
B	東中	東西	中西	東中	東西	中西	東中	東西	中西
均值比較檢驗	0	0.01	0.68	0	0	0.72	0.31	0.01	0
方差比較檢驗	0	0	0	0	0	0.03	0.12	0.65	0.08
樣本數	125	109	62	125	109	62	125	109	62
	金融資本可獲得指數			金融業人力資本指數					
A	東部	中部	西部	東部	中部	西部			
均值	0.21	0.15	0.15	0.19	0.14	0.14			
方差	0.12	0.03	0.04	0.13	0.03	0.05			
B	東中	東西	中西	東中	東西	中西			
均值比較檢驗	0	0	0.39	0	0	0.61			
方差比較檢驗	0	0	0.01	0	0	0			
樣本數	125	109	62	125	109	62			

注：A 部分爲實際值，B 部分爲相應檢驗的 P 值。

6.1.4 商業貿易競爭力特徵分析

城市起源於商業貿易，如今已逐步成爲商業貿易的主要載體。城市是商業貿易中心，一個城市的商業貿易發展程度與城市的經濟和綜合競爭力息息相關。商業貿易不僅爲城市帶來經濟利益，也提高了城市居民的消費水準和幸福指數，帶動其他產業的發展的同時增加了城市的就業人數。因此，提高城市的商業貿易競爭力對提高城市的競爭力有著至關重要的作用。

在對中國城市商業貿易競爭力進行統計分析我們發現，中國 296 個城市的商業貿易競爭力得分是否服從正態性分佈的 JB 檢驗統計量爲 22213.8，在 1%的統計性顯著水準下拒絕了原假設，即說明中國城市商業貿易競爭力不服從正態分佈。並且偏度爲 5.48，峰度爲 44，說明中國城市商業貿易競爭力也呈尖峰厚尾分佈，並且具有右偏性質（圖 6.1.9）。進一步分析發現，商業貿易競爭力的地區性不平衡現象依然存在，也呈東強西弱格局，在 72 個商業貿易競爭力水準在平均水準之上的城市中，東部地區城市有 54 個，占 75%，而中部地區有 11 個，占 15.28%，西部地區僅有 7 個，僅占 9.72%。同時，東部、中部、西部地區城市商業貿易競爭力的均值比較表明，東部地區的城市商業貿易競爭力的均值(2.59)明顯要高於中部(-1.74)、西部地區(-2.17)城市商業貿易競爭力的均值，中部地區城市商業貿易競爭力均值

和西部地區城市商業貿易競爭力均值並不存在顯著差異。進一步地，由不同地區城市商業貿易競爭力方差的比較分析可以得出，東部地區最高，爲 9.17，其次爲西部地區，爲 2.29，中部地區最低，爲 1.72（表 6.1.12）。

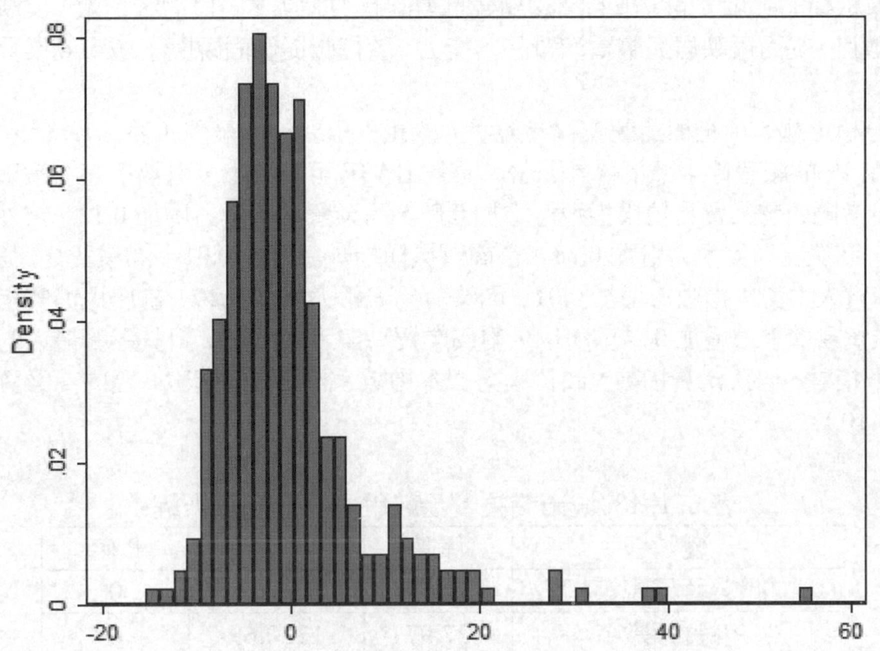

圖 6. 1. 9 城市商業貿易競爭力得分直方圖

表 6. 1. 12 城市商業貿易競爭力東、中、西部地區比較

A			
	東部	中部	西部
均值	2.59	-1.74	-2.17
方差	9.17	1.72	2.29
B			
	東中	東西	中西
均值比較檢驗	0	0	0.17
方差比較檢驗	0	0	0.01
樣本數	125	109	62

注：A 部分爲實際值，B 部分爲相應檢驗的 P 值。

商業貿易競爭力是由國內商貿規模指數、外貿指數、商貿機構指數、商貿人力資本指數、居民消費指數 5 項二級指標綜合而成。貿易規模是評價城市商業貿易的首要因素。國內商貿規模指數體現城市的批發零售貿易業商品和社會消費品的消費總額及人均水準。批發零售業是社會化大生產過程中的重要環節，是決定經濟運行速度、品質和效益的引導性力量，是中國市場化程度最高、競爭最爲激烈的行業之一。目前，從宏觀經濟走勢來看，居民收入水準整體上處於較快上升階段。從長遠來看，中國居民消費無論是從總量上，還是從結構上都有相當大的發展空間，這爲中國批發零售行業的發展提供了良好的中長期宏觀環境。對外貿易是城市商業貿易的重要組成部分，是城市與國際連接的手段和紐帶。對外貿易有利於對資源進行優化配置，節約社會勞動力，有利於吸收和引進先進的科學技術成果，提高勞動生產率和國際化水準。對外貿易指數反映了城市對外貿的依存程度和外貿規模及水準。商貿機構指數意在分析城市中企業的總數量及平均水準，體現限額以上批發零售業的規模。貿易機構的增長在一定程度上反映城市商業貿易水準的進步及創業者數目的增多。商貿人力資本指數體現了城市批發零售貿易業及住宿餐飲業的從業人員數量，指數的高低反映著城市商業貿易的規模和商業機構的數量，是城市商業貿易競爭力的有力說明。居民消費指數，反映居民可支配的收入數目，從而反映居民購買消費品的能力。該指數從側面說明了城市商業貿易的發展程度。

我們分析上述 5 項指標對商業貿易競爭力的相對重要性時發現（表 6.1.13），所有變數的係數都在 1%的顯著性水準下統計顯著，並且由 VIF 可以看出，引數不存在嚴重多重共線性。同時，當國內商業貿易規模指數每增加 0.01，商業貿易競爭力增加 0.13。當外貿指數每增加 0.01，商業貿易競爭力增加 0.28。當商貿機構指數每增加 0.01，商業貿易競爭力增加 0.15。當商貿人力資本指數每增加 0.01，商業貿易競爭力增加 0.20。當居民消費指數每增加 0.01，商業貿易競爭力增加 0.24。所以，對商業貿易競爭力而言，對其影響最大的二級指標依次爲外貿指數、居民消費指數、商貿人力資本指數、商貿機構指數、國內商業貿易規模指數（圖 6.1.10）。

表 6. 1. 13 城市商業貿易競爭力 OLS 回歸方程

變數	係數	t 值	P 值
國內商業貿易規模指數	12.59	460.03	0
外貿指數	27.97	1220.69	0
商貿機構指數	14.51	461.23	0
商貿人力資本指數	20.32	969.82	0
居民消費指數	24.38	1750.01	0
常數	-16.17	-5734.86	0
F 統計量	12195849	F 統計量 P 值	0
R 方	1	VIF	5.65

注：VIF 爲膨脹因數，當其大於 10 時，表明引數存在嚴重多重共線性。

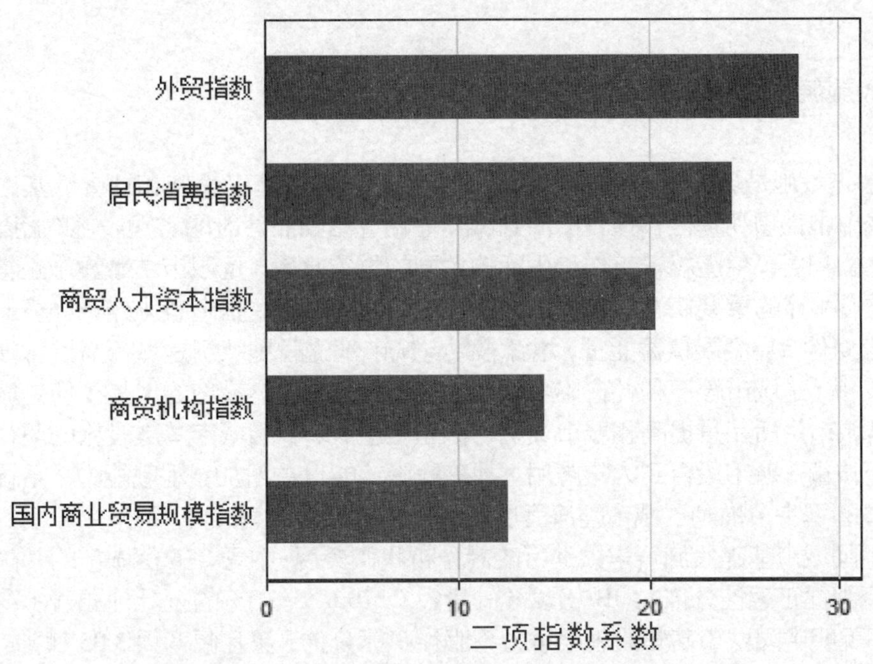

圖 6.1.10 各二級指數對商業貿易競爭力的影響大小

我們還進一步的分析了城市商業貿易競爭力 5 項二級指標的分佈特徵，結果顯示，所有二級指標也都不服從正態分佈，並同樣呈尖峰厚尾分佈，且具有右偏性質。另外，上述二級指標的東、中、西部地區均值比較與方差比較表明（表 6.1.14），從平均水準來看，中國國內商業貿易規模指數、外貿指數、商貿機構指數、商貿人力資本指數、居民消費指數也存在區域性差異，並呈東部地區比中西部地區高的二級階梯狀特徵。另外，從區域內部的差異性來看，東部地區雖然從整體來看各項指數的水準比較高，但是各個二級指標的離散程度比較大。

表 6.1.14 城市商業貿易競爭力二級指標東、中、西部地區比較

	國內商業貿易規模指數			外貿指數			商貿機構指數		
A	東部	中部	西部	東部	中部	西部	東部	中部	西部
均值	0.2	0.14	0.14	0.18	0.14	0.14	0.18	0.12	0.12
方差	0.13	0.04	0.05	0.09	0.01	0.02	0.12	0.02	0.03
B	東中	東西	中西	東中	東西	中西	東中	東西	中西
均值比較檢驗	0	0	0.26	0	0	0.08	0	0	0.39
方差比較檢驗	0	0	0.13	0	0	0	0	0	0
樣本數	125	109	62	125	109	62	125	109	62
	商貿人力資本指數			居民消費指數					
A	東部	中部	西部	東部	中部	西部			
均值	0.15	0.11	0.11	0.23	0.18	0.18			
方差	0.12	0.02	0.02	0.12	0.03	0.03			
B	東中	東西	中西	東中	東西	中西			
均值比較檢驗	0	0.01	0.46	0	0	0.43			
方差比較檢驗	0	0	0.05	0	0	0.57			
樣本數	125	109	62	125	109	62			

注：A 部分爲實際值，B 部分爲相應檢驗的 P 值。

6.1.5 基礎設施競爭力特徵分析

城市基礎設施是城市生存和發展所必須具備的工程性基礎設施和社會性基礎設施的總稱，也是城市中爲順利進行各種經濟活動和其他社會活動而建設的各類設施的總稱。它是一切企業，單位和居民生產經營工作和生活的共同的物質基礎，是城市主體設施正常運行的保證，既是物質生產的重要條件也是勞動力再生產的重要條件。基礎設施作爲經濟社會發展的基礎和必備條件，爲發展積蓄能量、增添後勁。城市基礎設施狀況是城市發展水準和文明程度的重要支撐，是城市經濟和社會協調發展的物質條件。基礎設施的增長不僅是城市容量的基礎，更是城市生活品質提高和城市文明的保證。近年來中國城市基礎設施的現代化程度顯著提高，新技術、新手段得到大量應用，基礎設施功能日益增加，承載能力、系統性和效率都有了顯著的進步，推動了城市經濟發展和居民生活條件改善。

在對中國城市基礎設施競爭力進行統計分析我們發現，中國 296 個城市的基礎設施競爭力得分是否服從正態性分佈的 JB 檢驗統計量爲 2270.6，在 1%的統計性顯著水準下拒絕了原假設，即說明中國城市基礎設施競爭力不服從正態分佈。並且偏度爲 3.05，峰度爲 15.12，說明中國城市基礎設施競爭力呈尖峰厚尾分佈，並且具有右偏性質（圖 6.1.13）。進一步分析發現，基礎設施競爭力的地區性不平衡現象依然存在，呈東強西弱格局，在 91 個基礎設施競爭力水準在平均水準之上的城市中，東部地區城市有 62 個，占 68.13%，而中部地區有 18 個，占 19.78%，西部地區僅有 11 個，僅占 12.09%。同時，東部、中部、西部地區城市基礎設施競爭力的均值比較表明，東部地區的城市基礎設施競爭力的均值(3.35)明顯要高於中部(-2.25)、西部地區(-2.81)城市基礎設施競爭力的均值，但是中部地區城市基礎設施競爭力均值與西部地區城市基礎設施競爭力均值無顯著差異。進一步地，由不同地區城市基礎設施競爭力方差的比較分析可以得出，東部地區最高，爲 11.81，其次爲西部地區，爲 9.72，中部地區最低，爲 5.55。由此可見，中國中部地區的城市基礎設施競爭力離散程度及差異程度要低一些（表 6.1.15）。

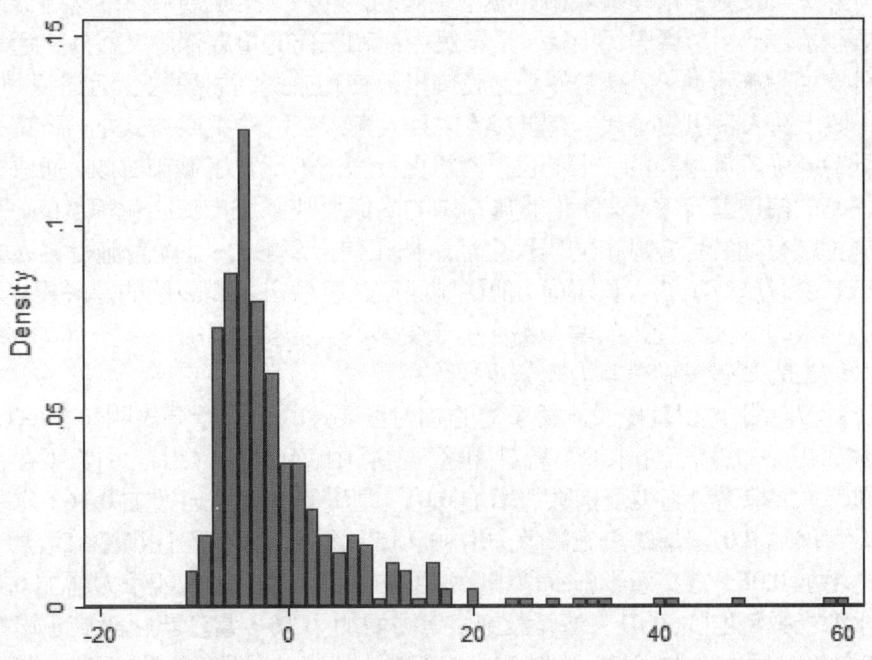

圖 6. 1. 13 城市基礎設施競爭力得分直方圖

表 6. 1. 15 城市基礎設施競爭力東、中、西部地區比較

A			
	東部	中部	西部
均值	3.35	-2.25	-2.81
方差	11.81	5.55	9.72
B			
	東中	東西	中西
均值比較檢驗	0	0	0.63
方差比較檢驗	0	0.09	0
樣本數	125	109	62

注：A 部分爲實際值，B 部分爲相應檢驗的 P 值。

基礎設施競爭力是由基礎設施投資指數、基礎設施供應指數、居民居住指數、交通設施指數、對外交通設施指數、資訊化設施指數、基礎設施行業人力資本指數 7 項二級指標綜合而成。基礎設施投資指數反映了城市固定資產投資水準和房地產開發水準。指數的高低說明了城市基礎設施建設的發展程度和發展規模。基礎設施的增長不僅是城市容量的基礎，更是城市生活品質提高和城市文明的保障。基礎設施的建設在一定程度上反映了當地的經濟發展水準和對人民生活水準的重視程度。基礎設施供應指數體現了與居民生活息息相關的水、電、氣的供應水準和普及水準。反映了社會的居民生活保障程度。是居民生活福利的一部分。高的基礎設施供應指數，從一方面體現了社會的發展和進步程度。居民居住指數著重反映居民的住房問題，體現居民的居住條件，包括居民的人均住房使用面積，居住投資量和購房的難易程度。居民居住指數的高低影響居民的社會保障，社會福利，同時也對社會的穩定性和城市的競爭力有著深遠的影響。居民居住指數從側面反映了城市房價的高低。交通設施指數反映了城市的交通設施水準。隨著人口的增長和城市人口流動性的增加，好的交通設施爲方便市民工作、購物、娛樂、交流提供了物質條件。同樣爲城市社會的和諧，高效和穩定提供了保障。對外交通設施是指連接城市與城市之間的路，海，空交通。對外交通作爲城市基礎設施的重要組成部分，影響居民出行，是居民生活和工作的重要保障。對外交通設施指數反映城市對外交通設施水準。提高對外交通設施指數有利於提高居民的生活福利，也有利於城市的發展。城市進入資訊化時代，資訊交流成爲人與人交流的主要方式之一，資訊化設施也隨之成爲社會基礎設施建設的主要方面。資訊化設施指數反映了城市郵政、通信設施水準以及電腦和網路的使用普及率。資訊化設施指數的高低反映了城市資訊化程度的好壞。較高的資訊化設施指數有利於提升城市的居民生活水準和綜合競爭力。基礎設施行業人力資本指數是城市從事基礎設施行業的人員規模，他從側面反映了城市基礎設施的建設規模和水準。城市基礎設施規模的擴大和投入的增多勢必引起更多的人力資本需求。提升人才的品質和數量，對提升城市的基礎設施競爭力起著重要作用。

關於上述 7 項指標對基礎設施競爭力的相對重要性的分析結果表明（表 6.1.16），所有變數的係數都在 1%的顯著性水準下統計顯著，並且由 VIF 可以看出，引數不存在嚴重多重共線性。同時，當基礎設施投資指數每增加 0.01，基礎設施競爭力增加 0.16。當基礎設施供應水準指數每增加 0.01，基礎設施競爭力增加 0.15。當城市居民居住指數每增加 0.01，基礎設施競爭力增加 0.06。當交通設施水準指數每增加 0.01，基礎設施競爭力增加 0.17。當對外交通設施水準指數每增加 0.01，基礎設施競爭力增加 0.16。當資訊化設施水準指數每增加 0.01，基礎設施競爭力增加 0.13。當基礎設施行業人力資本指數每增加 0.01，基礎設施競爭力增加 0.20。從而我們可以看出，對基礎設施競爭力影響從大到小的二級指標依次爲基礎設施行業人力資本指數、交通設施水準指數、對外交通設施水準指數、基礎設施投資指數、基礎設施供應水準指數、資訊化設施水準指數、城市居民居住指數（圖 6.1.12）。

表 6. 1. 16 城市基礎設施競爭力 OLS 回歸方程

變數	係數	t 值	P 值
基礎設施投資指數	15.85	1494.52	0
基礎設施供應水準指數	15.46	1172.05	0
城市居民居住指數	6.3	653.59	0
交通設施水準指數	16.64	1248.68	0
對外交通設施水準指數	15.89	1430.27	0
資訊化設施水準指數	13.08	1511.71	0
基礎設施行業人力資本指數	19.74	1490.46	0
常數	-26.64	-2939.72	0
F 統計量	28346494	F 統計量 P 值	0
R 方	1	VIF	3.6

注：VIF 爲膨脹因數，當其大於 10 時，表明引數存在嚴重多重共線性。

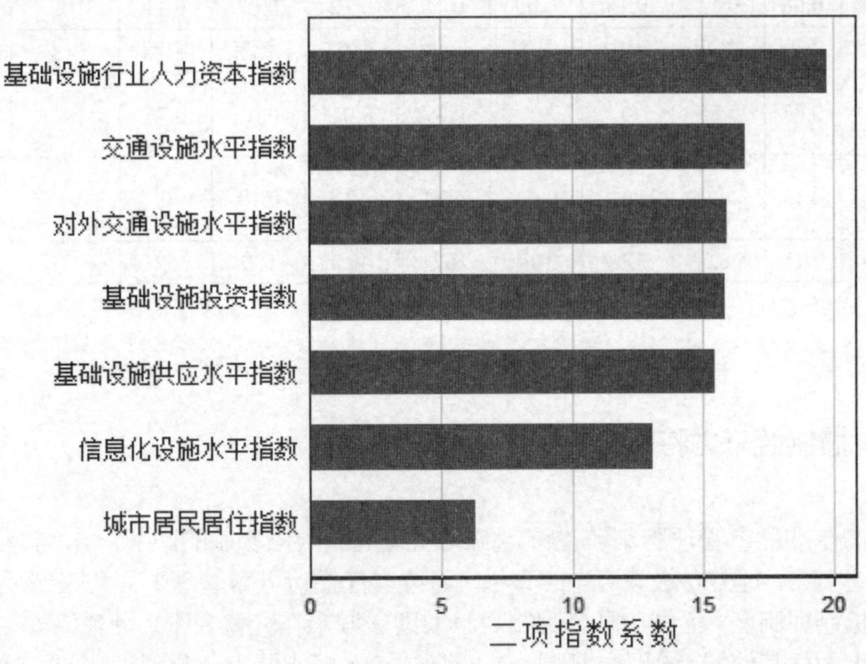

圖 6.1.12 各二級指數對基礎設施競爭力的影響大小

關於城市基礎設施競爭力 7 項二級指標的分佈特徵的分析表明，所有二級指標也都不服從正態分佈，並同樣呈尖峰厚尾分佈，且具有右偏性質。另外，上述二級指標的東、中、西部地區均值比較與方差比較表明（表 6.1.17），從平均水準來看，中國城市基礎設施投資指數、基礎設施供應水準指數、交通設施水準指數、對外交通設施水準指數、資訊化設施水準指數、基礎設施行業人力資本指數也存在區域性差異，並也呈東部地區比中西部地區高的二級階梯狀特徵，不過由於東部地區由於高房價問題，城市居民居住指數卻是中西部地區要高於東部地區，這也是不多的中西部地區要高於東部地區的指標之一。另外，從區域內部的差異性來看，東部地區雖然從整體來看各項指數的水準比較高，但是各個二級指標的離散程度比較大，而中部地區各個二級指標的離散程度基本上卻比較小。

表 6.1.17 城市基礎設施競爭力二級指標東、中、西部地區比較

	基礎設施投資指數			基礎設施供應水準指數			城市居民居住指數			交通設施水準指數		
A	東部	中部	西部	東部	中部	西部	東部	中部	西部	東部	中部	西部
均值	0.25	0.19	0.17	0.22	0.16	0.16	0.79	0.84	0.82	0.28	0.22	0.2
方差	0.16	0.09	0.14	0.15	0.05	0.07	0.11	0.05	0.06	0.14	0.07	0.12
B	東中	東西	中西	東中	東西	中西	東中	東西	中西	東中	東西	中西
均值比較檢驗	0	0	0.5	0	0	0.89	0	0.06	0.06	0	0	0.4
方差比較檢驗	0	0.38	0	0	0	0.01	0	0	0.17	0	0.18	0
樣本數	125	109	62	125	109	62	125	109	62	125	109	62
	對外交通設施水準指數			資訊化設施水準指數			基礎設施行業人力資本指數					
A	東部	中部	西部	東部	中部	西部	東部	中部	西部			
均值	0.22	0.16	0.17	0.41	0.3	0.3	0.22	0.18	0.18			

方差	0.15	0.06	0.13	0.15	0.09	0.11	0.12	0.07	0.11			
B	東中	東西	中西	東中	東西	中西	東中	東西	中西			
均值比較檢驗	0	0.03	0.85	0	0	0.87	0.01	0.03	0.73			
方差比較檢驗	0	0.13	0	0	0.04	0.04	0	0.19	0			
樣本數	125	109	62	125	109	62	125	109	62			

注：A 部分爲實際值，B 部分爲相應檢驗的 P 值。

6.1.6 社會體制競爭力特徵分析

社會體制即社會管理體制，在特定的國家或地區內以明確的政府、市場與社會組織職能，清晰的中央、地方各級政府之間事權、財權責任進行社會管理、公共服務、解決社會糾紛的一組機制與制度。而城市社會體制競爭力則是城市在社會公平，社會治安，醫療保健，社會管理方面與其他城市相比的所具有的優勢之處。好的城市社會體制需要好的政府管理，包括政府實施的行爲和制定的政策。社會體制的完善和發展將有利於城市經濟的發展，有利於城市居民生活水準和品質的提高，有利於城市社會穩定。

在對中國城市社會體制競爭力進行統計分析我們發現，中國 296 個城市的社會體制競爭力得分是否服從正態性分佈的 JB 檢驗統計量爲 131.8，在 1%的統計性顯著水準下拒絕了原假設，即說明中國城市社會體制競爭力不服從正態分佈。並且偏度爲 1.11，峰度爲 5.4，說明中國城市社會體制競爭力呈尖峰厚尾分佈，並且具有右偏性質（圖 6.1.13）。進一步分析發現，社會體制競爭力的地區性不平衡現象依然存在，同樣呈東強西弱格局，在 124 個社會體制競爭力水準在平均水準之上的城市中，東部地區城市有 80 個，占 64.52%，而中部地區有 29 個，占 23.39%，西部地區僅有 15 個，僅占 12.1%。同時，東部、中部、西部地區城市社會體制競爭力的均值比較表明，東部地區的城市社會體制競爭力的均值(1.63)明顯要高於中部(-1.15)、西部地區(-1.26)城市社會體制競爭力的均值，但是中部地區城市社會體制競爭力均值與西部地區城市社會體制競爭力均值並無顯著差異。進一步地，由不同地區城市社會體制競爭力方差的比較分析可以得出，東部地區最高，爲 4.01，其次爲西部地區，爲 2.89，中部地區最低，爲 2.41。由此可見，中國中部地區的城市社會體制競爭力離散程度及差異程度要低一些（表 6.1.18）。

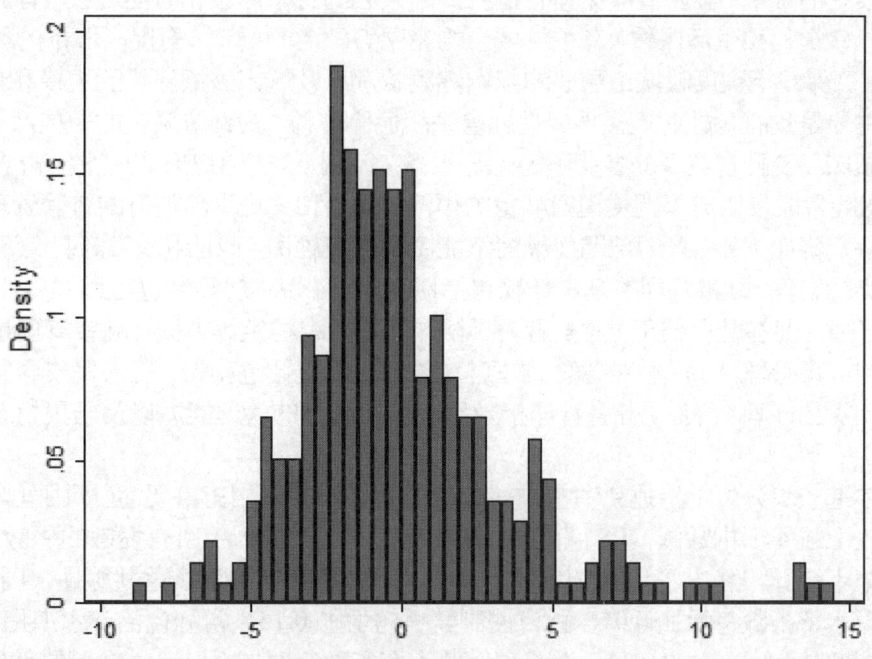

圖 6. 1. 13 城市社會體制競爭力競爭力得分直方圖

表 6. 1. 18 城市社會體制競爭力施競爭力東、中、西部地區比較

A			
	東部	中部	西部
均值	1.63	-1.15	-1.26
方差	4.01	2.41	2.89
B			
	東中	東西	中西
均值比較檢驗	0	0	0.78
方差比較檢驗	0	0	0.1
樣本數	125	109	62

注：A 部分爲實際值，B 部分爲相應檢驗的 P 值。

社會體制競爭力由社會公平保障指數、社會治安指數、醫療保健指數、社會管理指數 4 項二級指標綜合而成。社會公平是社會主義市場經濟體制得以確立和正常運行的基本原則之一。社會保障作爲實現社會公平的重要手段，它確保機會公平，保證起點公平，維護過程公平，縮小結果的不公平。社會公平保障要保證社會成員所獲得的機會平等，在獲取權益的過程中的平等以及最終獲得的收入和回報平等。是否建立完善的社會保障體系，是好的市場經濟與壞的市場經濟的分水嶺；是否促進實現社會公平，是強的社會保障制度與弱的社會保障制度的分水嶺。社會公平保障指數從失業率、基尼指數、社會保障覆蓋率等方面來考察城市社會公平保障機制的完善程度。社會治安狀況，是當前社會治安表現的現狀，它是一種客觀的治安現象，同時也是一種複雜的社會現象。社會治安目的在於維護城市的穩定，保障居民的安全。社會治安作爲社會制度的重要組成部分，是城市發展的基本環節和重中之重。沒有安全的社會環境，就沒有穩定的城市發展。社會治安指數從刑事案件發生率、刑事案件偵破率和社會安全民眾滿意度來考察城市的社會治安水準。醫療保健已成爲社會的關注話題，是社會保障的重要內容，是社會制度的重要組成部分。在當前醫療改革的形勢下，爲了不斷提高人民健康生活水準，發展醫療保健有益於提高人們的身體健康和心理健康，有益於提高城市居民的社會福利和生活保障，有益於城市的發展與社會的穩定。對提高城市的競爭力起促進作用。醫療保健指數反映城市居民的基本健康狀況以及城市醫療建設的規模和發展狀況。社會管理主要是政府和社會組織爲促進社會系統協調運轉，對社會系統的組成部分、社會生活的不同領域以及社會發展的各個環節進行組織、協調、監督和控制的過程。社會管理在廣義上，是由社會成員組成專門機構對社會的經濟、政治和文化事務進行的統籌管理；在狹義上僅指在特定條件下，由權力部門授權對不能劃歸已有經濟、政治和文化部門管理的公共事務進行的專門管理。社會管理的基本任務包括協調社會關係、規範社會行爲、解決社會問題、化解社會矛盾、促進社會公正、應對社會風險、保持社會穩定等方面。社會管理是人類社會必不可少的一項管理活動。社會管理維護社會秩序、促進社會和諧、爲人民安居樂業提供保障，是城市發展的基本條件。社會管理指數反映城市政府的管理能力以及居民對政府的滿意程度。

我們還進一步分析了上述 4 項指標對社會體制競爭力的相對重要性（即由社會體制競爭力得分關於上述 4 項指數做 OLS 回歸）。結果表明（表 6.1.19），所有變數的係數都在 1%的顯著性水準下統計顯著，並且由 VIF 可以看出，引數不存在嚴重多重共線性。同時，當社會公平保障水準指數每增加 0.01，社會體制競爭力增加 0.15。當社會治安水準指數每增加 0.01，社會體制競爭力增加 0.04。當醫療保健水準指數每增加 0.01，社會體制競爭力增加 0.14。當政府社會管理水準指數每增加 0.01，社會體制競爭力增加 0.07。這樣，對社會體制競爭力來說，其二級指標的重要性依次爲社會公平保障水準指數、醫療保健水準指數、政府社會管理水準指數、社會治安水準指數（圖 6.1.14）。

表 6.1.19 城市社會體制競爭力 OLS 回歸方程

變數	係數	t 值	P 值
社會公平保障水準指數	15	3050.77	0
社會治安水準指數	4.17	1459.96	0
醫療保健水準指數	14.04	4189.12	0
政府社會管理水準指數	6.91	1677.02	0
常數	-14.92	-7854.82	0
F 統計量	22386076	F 統計量 P 值	0
R 方	1	VIF	1.7

注：VIF 爲膨脹因數，當其大於 10 時，表明引數存在嚴重多重共線性。

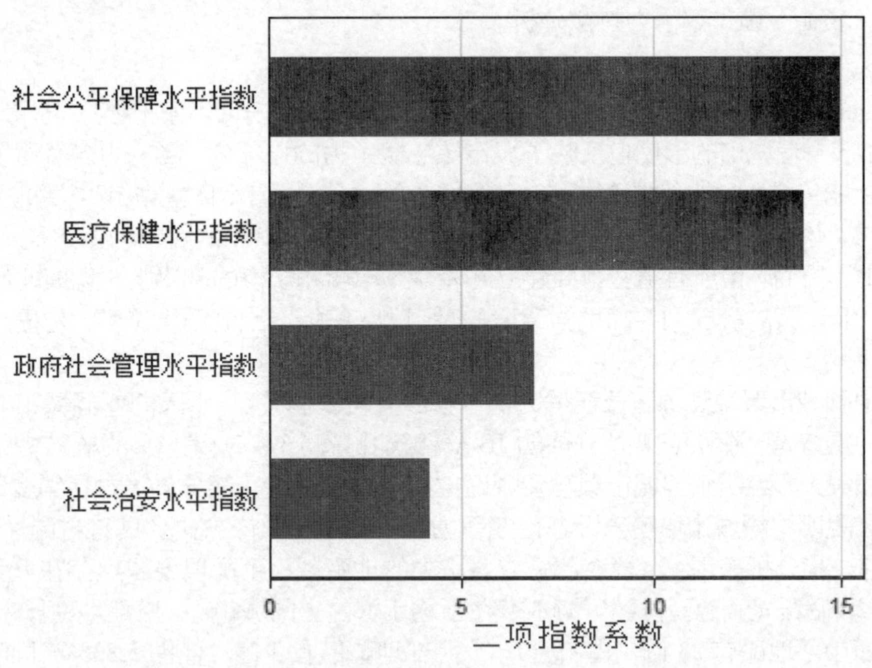

圖 6.1.14 各二級指數對社會體制競爭力的影響大小

我們對城市社會體制競爭力 7 項二級指標的分佈特徵進行分析時發現，所有二級指標也都不服從正態分佈，並同樣呈尖峰厚尾分佈，且具有右偏性質。另外，上述二級指標的東、中、西部地區均值比較與方差比較表明（表 6.1.20），從平均水準來看，中國城市醫療保健水準指數、政府社會管理水準指數也存在區域性差異，並也呈東部地區比中西部地區高的二級階梯狀特徵，不過中國社會公平保障的平均水準卻不存在區域性差異。而中國城市社會治安水準指數卻也同樣呈現東部地區、中部地區、西部地區由高到低的三級階梯狀差異。另外，從區域內部的差異性來看，東部地區雖然從整體來看各項指數的水準比較高，但是各個二級指標的離散程度也同樣比較大，而中部地區各個二級指標的離散程度基本上卻比較小。

表 6.1.20 城市社會體制競爭力二級指標東、中、西部地區比較

	社會公平保障水準指數			社會治安水準指數			醫療保健水準指數			政府社會管理水準指數		
A	東部	中部	西部	東部	中部	西部	東部	中部	西部	東部	中部	西部
均值	0.36	0.32	0.33	0.53	0.41	0.28	0.46	0.41	0.42	0.36	0.23	0.24
方差	0.12	0.06	0.07	0.18	0.12	0.12	0.14	0.1	0.11	0.17	0.06	0.1
B	東中	東西	中西	東中	東西	中西	東中	東西	中西	東中	東西	中西
均值比較檢驗	0	0.11	0.2	0	0	0	0	0.01	0.68	0	0	0.13
方差比較檢驗	0	0	0.53	0	0	0.75	0	0.04	0.66	0	0	0
樣本數	125	109	62	125	109	62	125	109	62	125	109	62

注：A 部分爲實際值，B 部分爲相應檢驗的 P 值。

6.1.7 環境、資源、區位競爭力特徵分析

高水準的環境品質是城市一筆不可多得的財富。環境是一項比較優勢，它作爲發展經濟的重要支撐，一個城市的環境也反映了城市核心競爭力的一部分。優美的自然環境不僅能提升城市的功能，而且會拉動經濟增長，帶來城市的增值。保護和改善城市環境的投資，其實質是爲城市“增值”的戰略性投資，是一種高增值的投資。城市的競爭力還包括科技、人才、教育、文化等方面，但所有這些都要建立在產業、環境和規模的基礎上。規模的發展要靠發達的產業，而產業的發展則要靠增強環境的吸引力，打造突出的環境優勢，是提高城市競爭力的重要手段。

在對中國城市環境資源區位競爭力進行統計分析我們發現，中國 296 個城市的環境資源區位競爭力得分是否服從正態性分佈的 JB 檢驗統計量爲 324.3，在 1%的統計性顯著水準下拒絕了原假設，即說明中國城市環境資源區位競爭力不服從正態分佈。並且偏度爲 1.52，峰度爲 7.13，說明中國城市環境資源區位競爭力呈尖峰厚尾分佈，並且具有右偏性質（圖 6.1.15）。進一步分析發現，環境資源區位競爭力的地區性不平衡現象依然存在，呈東強西弱格局，在 120 個環境資源區位競爭力水準在平均水準之上的城市中，東部地區城市有 90 個，占 75%，而中部地區有 23 個，占 19.17%，西部地區僅有 7 個，僅占 5.83%。同時，東部、中部、西部地區城市環境資源區位競爭力的均值比較表明，東部地區的城市環境資源區位競爭力的均值(2.51)明顯要高於中部(-1.33)、西部地區(-2.73)城市環境資源區位競爭力的均值，中部地區城市環境資源區位競爭力均值要高於西部地區城市環境資源區位競爭力均值，說明從城市環境資源區位競爭力的平均水準來看，中國城市環境資源區位競爭力呈現出東部地區、中部地區、西部地區由高到低的階梯狀格局。進一步地，由不同地區城市環境資源區位競爭力方差的比較分析可以得出，東部地區與西部地區比較高，並不存在顯著性差異，而中部地區比較低，爲 2.33。由此可見，中國中部地區的城市環境資源區位競爭力離散程度及差異程度要低一些，而東西部地區卻存在比較大的差異（表 6.1.21）。

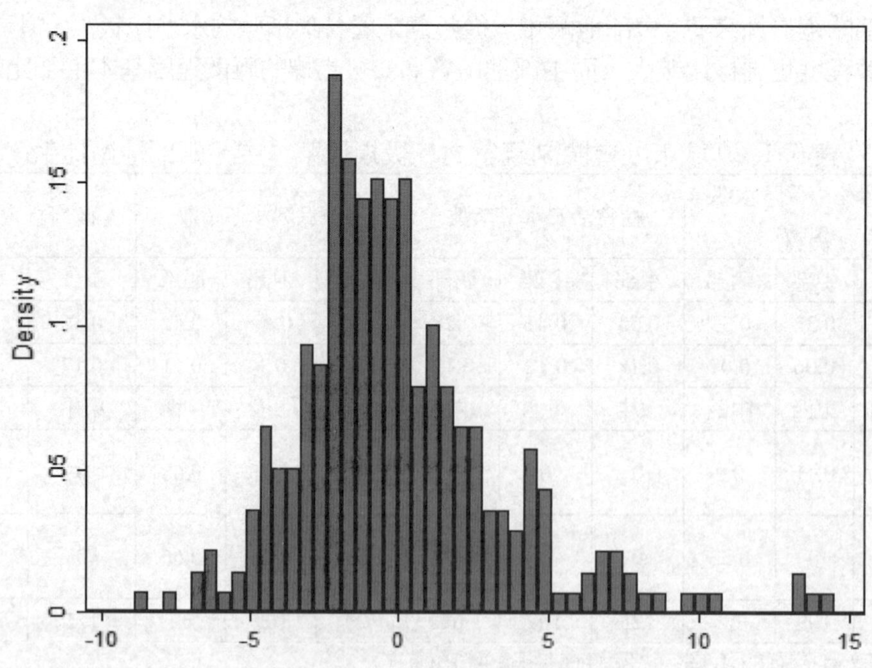

圖 6. 1. 15 城市環境資源區位競爭力競爭力得分直方圖

表 6. 1. 21 城市環境資源區位競爭力施競爭力東、中、西部地區比較

A			
	東部	中部	西部
均值	2.51	-1.33	-2.73
方差	4.55	2.33	4.04
B			
	東中	東西	中西
均值比較檢驗	0	0	0
方差比較檢驗	0	0.3	0
樣本數	125	109	62

注：A 部分爲實際值，B 部分爲相應檢驗的 P 值。

環境、資源、區位競爭力由區位指數、自然資源指數、環境資源指數、環境品質指數、環境改善投入指數五項二級指標綜合而成。區域競爭力是一個區域通過競爭獲取優勢，合理的配置資源，使經濟得到發展。區域競爭力的本質是資源優化配置能力。因此區域競爭力要體現在資源優化配置上，包括內容戰略資源有效安排，外部稀缺資源的有效吸納，內外資源的有效協調配合。區域競爭力分析的戰略目標是如何通過對區域內外資源的優化配置，確保區域經濟運行和發展，以保證區域經濟發展目標的達成。根據聯合國環境規劃署對自然資源的定義，自然資源是指在一定條件下，能夠產生經濟價值，以提高人類當前和未來福利的自然環境因素的綜合。自然環境是經濟發展的先天性基礎，也是社會財富的來源。良好的城市環境區位競爭力是城市在自然環境，自然資源和區位水準上的相對優勢。

我們還進一步分析了上述 5 項指標對環境資源區位競爭力的相對重要性(即由環境資源區位競爭力得分關於上述 5 項指數做 OLS 回歸)。結果表明（表 6.1.22），所有變數的係數都在 1%的顯著性水準下統計顯著，並且由 VIF 可以看出，引數不存在嚴重多重共線性。同時，當區位水準指數每增加 0.01，環境資源區位競爭力增加 0.11。當自然資源水準指數每增加 0.01，環境資源區位競爭力增加 0.03。當環境資源水準指數每增加 0.01，環境資源區位競爭力增加 0.12。當環境品質水準指數每增加 0.01，環境資源區位競爭力增加 0.07。當環境改善投入指數每增加 0.01，環境資源區位競爭力增加 0.16。因此，對環境資源區位競爭力而言，其二級指標的重要性依次爲環境改善投入指數、環境資源水準指數、區位水準指數、環境品質水準指數、自然資源水準指數（圖 6.1.16）。

表 6. 1. 22 城市社會環境資源區位競爭力 OLS 回歸方程

變數	係數	t 值	P 值
區位水準指數	10.64	2714.26	0
自然資源水準指數	2.54	1003.71	0
環境資源水準指數	11.56	2910.85	0
環境品質水準指數	7.36	2635.21	0
環境改善投入指數	16.11	2564.39	0
常數	-15.61	-7226.89	0
F 統計量	26782765	F 統計量 P 值	0
R 方	1	VIF	1.84

注：VIF 爲膨脹因數，當其大於 10 時，表明引數存在嚴重多重共線性。

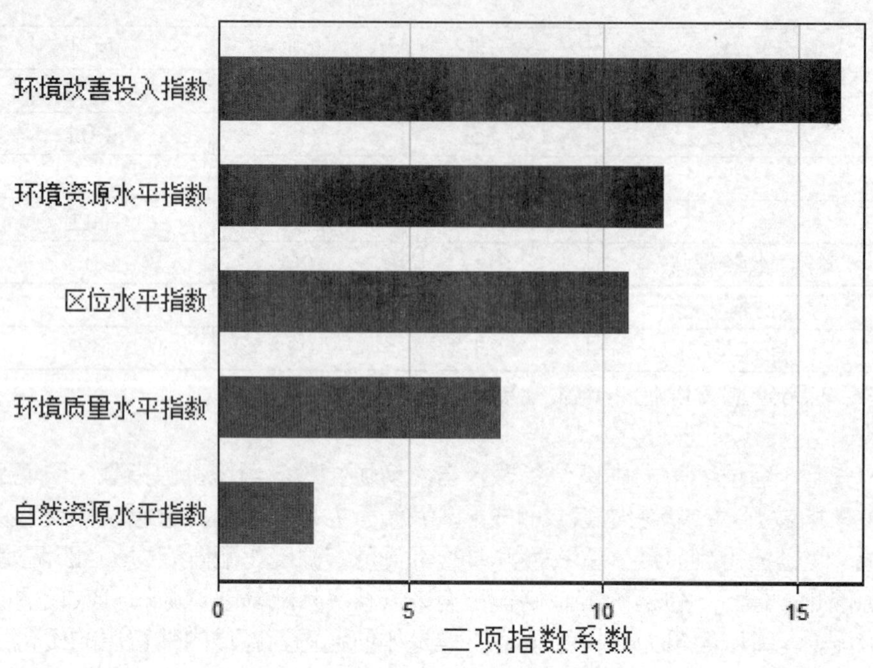

圖 6. 1. 16 各二級指數對環境資源區位競爭力的影響大小

我們對城市環境資源區位競爭力 5 項二級指標的分佈特徵進行分析時發現，所有二級指標也都不服從正態分佈，並同樣呈尖峰厚尾分佈，且具有右偏性質。另外，上述二級指標的東、中、西部地區均值比較與方差比較表明（表 6.1.23），從平均水準來看，中國城市區位水準指數、環境資源水準指數、環境改善投入指數也存在區域性差異，並也呈東部地區比中西部地區高的二級階梯狀特徵，城市環境品質水準指數呈現東部地區、中部地區、西部地區由高到低的三級階梯狀差異。

表 6. 1. 23 城市環境資源區位競爭力二級指標東、中、西部地區比較

	區位水準指數			自然資源水準指數			環境資源水準指數		
A	東部	中部	西部	東部	中部	西部	東部	中部	西部
均值	0.33	0.2	0.18	0.38	0.51	0.43	0.46	0.32	0.29
方差	0.18	0.1	0.13	0.17	0.17	0.1	0.12	0.09	0.13
B	東中	東西	中西	東中	東西	中西	東中	東西	中西
均值比較檢驗	0	0	0.25	0	0.06	0	0	0	0.18
方差比較檢驗	0	0.01	0.01	0.88	0	0	0	0.53	0
樣本數	125	109	62	125	109	62	125	109	62
	環境品質水準指數			環境改善投入指數					
A	東部	中部	西部	東部	中部	西部			
均值	0.69	0.61	0.55	0.2	0.17	0.15			
方差	0.14	0.15	0.17	0.11	0.04	0.05			
B	東中	東西	中西	東中	東西	中西			
均值比較檢驗	0	0	0.01	0.01	0	0.06			
方差比較檢驗	0.72	0.05	0.11	0	0	0.1			
樣本數	125	109	62	125	109	62			

注：A 部分爲實際值，B 部分爲相應檢驗的 P 值。

6.1.8 人力資本競爭力特徵分析

城市人力資本對城市競爭力提升作用顯著，對實施人才強市戰略意義重大。人力資本理論強調人力資源的資本性，認爲人力資源有投資和收益性，具有再生和創造價值。衡量一個城市人力資本競爭力，人才數量是規模經濟基礎，品質是效率競爭力保障，資源配置反映資源的利用效率、管理水準和所處發展階段，人力資本教育則展現了可持續性和再生創造性。研究發現，對城市競爭力的提升起決定性作用的並非產業集群，而是人才因素。人才的聚集存在"乘數效應"和"規模效應"，城市將會因爲擁有豐富的人才而獲得人力資源的規模效益，最終實現城市競爭力的提升。城市文化教育的發展、人的素質的提高，對經濟發展具有重要促進作用。現代社會的一切競爭最終取決於人才的數量和品質競爭。很多國家城市飛速發展的成功經驗表明，重視教育、發展科技，注重開發人力資源、提高人口素質，走科教興國、科教興市之路是一條有效的途徑。二十一世紀的競爭是人才的競爭，而人才的競爭力和一個國家和地區教育水準的高低密切相關。一個國家和地區人才素質和教育水準的高低直接影響它的競爭力。在當今全球化進程逐步加快的過程中，人才的流動不僅僅是國內範圍的流動，而且全球範圍內的人才流動也逐漸加快。世界各國對人才資源的開發和利用的競爭也日趨激烈。對於城市而言，人才資源已經成爲最爲稀缺的資源之一，如何開發和利用人才資源已成爲每個城市在激烈的區域性和國際性競爭中能否居於優勢地位的關鍵因素。城市要想提升自身的競爭力，就必須加強人才資源的開發和利用，也就是要營造吸引人才的環境和提升培養人才的教育水準。

在對中國城市人力資本競爭力進行統計分析我們發現，中國 296 個城市的人力資本競爭力得分是否服從正態性分佈的 JB 檢驗統計量爲 1219.3，在 1%的統計性顯著水準下拒絕了原假設，即說明中國城市人力資本競爭力不服從正態分佈。並且偏度爲 2.62，峰度爲 11.45，說明中國城市人力資本競爭力呈尖峰厚尾分佈，並且具有右偏性質（圖 6.1.17）。進一步分析發現，人力資本競爭力的地區性不平衡現象依然存在，呈東強西弱格局，在 86 個人力資本競爭力水準在平均水準之上的城市中，東部地區城市有 58 個，占 67.44%，而中部地區有 17 個，占 19.77%，西部地區僅有 11 個，僅占 12.79%。同時，東部、中部、西部地區城市人力資本競爭力的均值比較表明（表 6.1.24），東部地區的城市人力資本競爭力的均值及方差明顯要高於中部、西部地區城市人力資本競爭力的均值和方差，而中部地區城市人力資本競爭力均值與方差與西部地區城市人力資本競爭力均值和方差並無顯著差異，說明從城市人力資本競爭力的平均水準及離散程度來看，東部地區都要高於中部地區、西部地區。而中西部地區卻無明顯差異，這也在一定程度上進一步表明了中國人才資本過於集中於一線城市和東部沿海城市的事實。

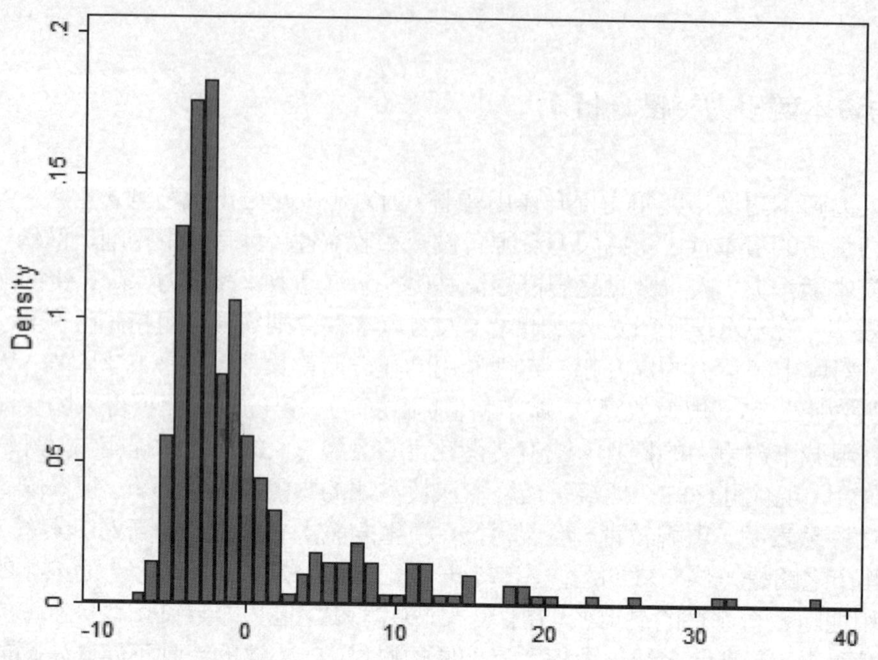

圖 6.1.17 城市環人力資本競爭力競爭力得分直方圖

表 6.1.24 城市人力資本競爭力施競爭力東、中、西部地區比較

A			
	東部	中部	西部
均值	2.56	-1.7	-2.17
方差	8.02	4.13	4.8
B			
	東中	東西	中西
均值比較檢驗	0	0	0.51
方差比較檢驗	0	0	0.17
樣本數	125	109	62

注：A 部分爲實際值，B 部分爲相應檢驗的 P 值。

城市人力資本教育競爭力比較評估指標體系包括人力資本規模指數、人力資本投入指數、人力資本素質指數、人力資本吸引指數和人力資本設施指數 5 個二級指標。人力資本規模指數是指人力資本在一定區域內活動的人及其技能的總稱；人力資本投入指數是指通過增加人的資源而影響未來貨幣和物質收入的各種活動，表現爲人力資本構成中的普通教育程度，以及爲獲得發展從事某種職業所需要的知識、技能與技巧所發生的投入；人力資本吸引指數是指爲滿足對人力資本的要求，推動城市的不斷發展，爲來到城市發展的人員提供和創造的各種發展機會，出臺優厚的人才政策，吸引人才加盟；人力資本素質指數是指該區域內的人所擁有的體力、健康、資歷、經驗、知識等素質要素的總存量。

我們進一步分析了上述 5 項指標對人力資本競爭力的相對重要性，即由人力資本競爭力得分關於上述 5 項指數做 OLS 回歸。結果表明（表 6.1.25），所有變數的係數都在 1%的顯著性水準下統計顯著，並且由 VIF 可以看出，引數不存在嚴重多重共線性。同時，當人力資本規模指數每增加 0.01，人力資本競爭力增加 0.12。當人力資本投入指數每增加 0.01，人力資本競爭力增加 0.18。當人力資源素質指數每增加 0.01，人力資本競爭力增加 0.15。當人力資本吸引水準指數每增加 0.01，人力資本競爭力增加 0.09。當人力資本教育設施指數每增加 0.01，人力資本競爭力增加 0.13。由此我們可以看出，對城市人力資本競爭力而言，其重要性排序依次爲人力資本投入指數、人力資源素質指數、人力資本教育設施指數、人力資本規模指數、人力資本吸引水準指數（圖 6.2.18）。

表 6. 1. 26 城市人力資本競爭力 OLS 回歸方程

變數	係數	t 值	P 值
人力資本規模指數	11.64	1141.26	0
人力資本投入指數	18.47	2895.89	0
人力資源素質指數	15.33	1534.23	0
人力資本吸引水準指數	8.57	1434.31	0
人力資本教育設施指數	12.95	1738.43	0
常數	-19.06	-8217.76	0
F 統計量	29272005	F 統計量 P 值	0
R 方	1	VIF	3.21

注：VIF 爲膨脹因數，當其大於 10 時，表明引數存在嚴重多重共線性。

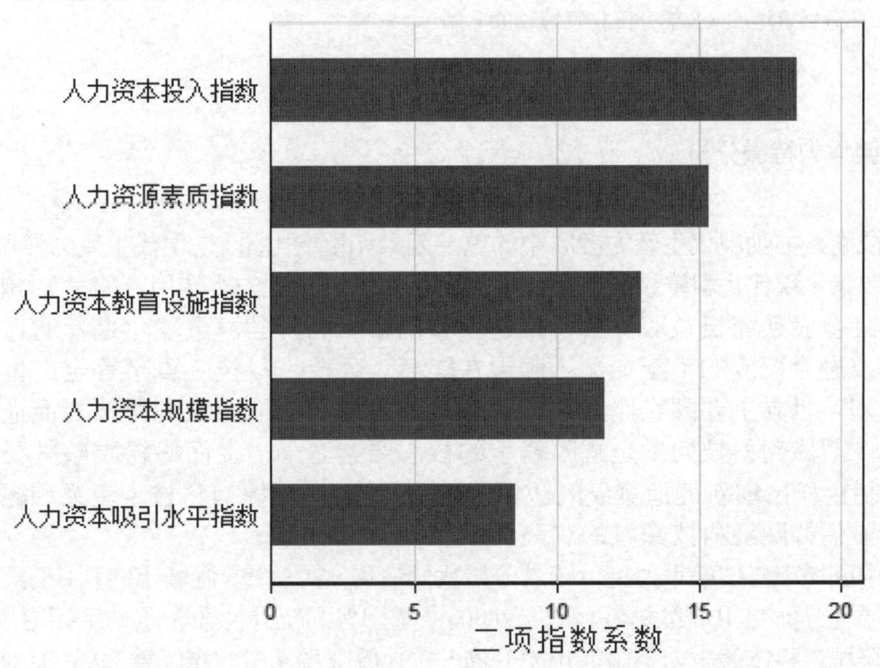

圖 6. 1. 18 各二級指數對人力資本競爭力的影響大小

我們對城市人力資本競爭力 5 項二級指標的分佈特徵進行分析時發現，所有二級指標也都不服從正態分佈，並同樣呈尖峰厚尾分佈，且具有右偏性質。另外，上述二級指標的東、中、西部地區均值比較與方差比較表明（表 6.1.26），從平均水準來看，中國城市人力資本吸引水準指數、人力資本教育設施指數存在區域性差異，並也呈東部地區比中西部地區高的二級階梯狀特徵，而人力資本投入指數、人力資源素質指數卻呈現出東部地區、中部地區、西部地區由高到低的三級階梯狀差異。但是人力資本規模指數平均水準來看三個地區卻無明顯差異。

表 6.1.26 城市人力資本競爭力二級指標東、中、西部地區比較

	人力資本規模指數			人力資本投入指數			人力資源素質指數		
A	東部	中部	西部	東部	中部	西部	東部	中部	西部
均值	0.27	0.22	0.23	0.3	0.22	0.24	0.38	0.33	0.29
方差	0.13	0.08	0.11	0.15	0.06	0.05	0.11	0.07	0.09
B	東中	東西	中西	東中	東西	中西	東中	東西	中西
均值比較檢驗	0	0.06	0.69	0	0	0.01	0	0	0
方差比較檢驗	0	0.13	0	0	0	0.2	0	0.06	0
樣本數	125	109	62	125	109	62	125	109	62
	人力資本吸引水準指數			人力資本教育設施指數					
A	東部	中部	西部	東部	中部	西部			
均值	0.39	0.24	0.22	0.3	0.29	0.27			
方差	0.2	0.11	0.13	0.14	0.11	0.1			
B	東中	東西	中西	東中	東西	中西			
均值比較檢驗	0	0	0.35	0.5	0.2	0.38			
方差比較檢驗	0	0	0.14	0	0.01	0.96			
樣本數	125	109	62	125	109	62			

注：A 部分爲實際值，B 部分爲相應檢驗的 P 值。

6.1.9 科技競爭力特徵分析

科學技術是推動現代生產力發展中的重要因素和重要力量。是現代生產力發展和經濟增長的第一要素。現代化科學技術的超前性對生產力發展具有先導作用。隨著知識經濟的到來，經濟社會發展將日益取決於科技進步和創新。面對經濟全球化進程的日益加快，經濟與科技融合程度的不斷加深，體現在經濟、政治、科技、軍事等全方位的國際競爭日益激烈。世界主要國家比以往任何時候都更加深刻地認識到科技對促進經濟增長的重要性，認識到科技競爭是國際競爭的核心要素之一，從而紛紛調整其科技創新發展戰略，制定科技創新促進發展的政策，力爭在 21 世紀擁有科技、產業和經濟的國際競爭優勢並佔據關鍵科技領域的制高點。

在對中國城市科技競爭力進行統計分析我們發現，中國 296 個城市的科技競爭力得分是否服從正態性分佈的 JB 檢驗統計量爲 9800.4，在 1%的統計性顯著水準下拒絕了原假設，即說明中國城市科技競爭力不服從正態分佈。並且偏度爲 4.37，峰度爲 29.8，說明中國城市科技競爭力呈尖峰厚尾分佈，並且具有右偏性質（圖 6.1.19）。進一步分析發現，科技競爭力的地區性不平衡現象依然存在，也呈東強西弱格局，在 77 個科技競爭力水準在平均水準之上的城市中，東部地區城市有 54 個，占 70.13%，而中部地區有 14 個，占 18.18%，西部地區僅有 9 個，僅占 11.69%。同時，東部、中部、西部地區城市科技競爭力的均值比較表明，東部地區的城市科技競爭力的均值(2.97)明顯要高於中部(-2.07)、西部地區(-2.35)城市科技競爭力的均值。進一步地，由不同地區城市科技競爭力方差的比較分析可以得出，東部地區最高，爲 9.94，要明顯高於西部地區的 3.71 與中部地區的 3.79。另外，無論是均值還是方差，中西部地區並不存在統計學意義上的差異。由此可見，中國中西部地區的城市科技競爭力的平均水準與離散程度具有一定的相似性（表 6.1.27）。

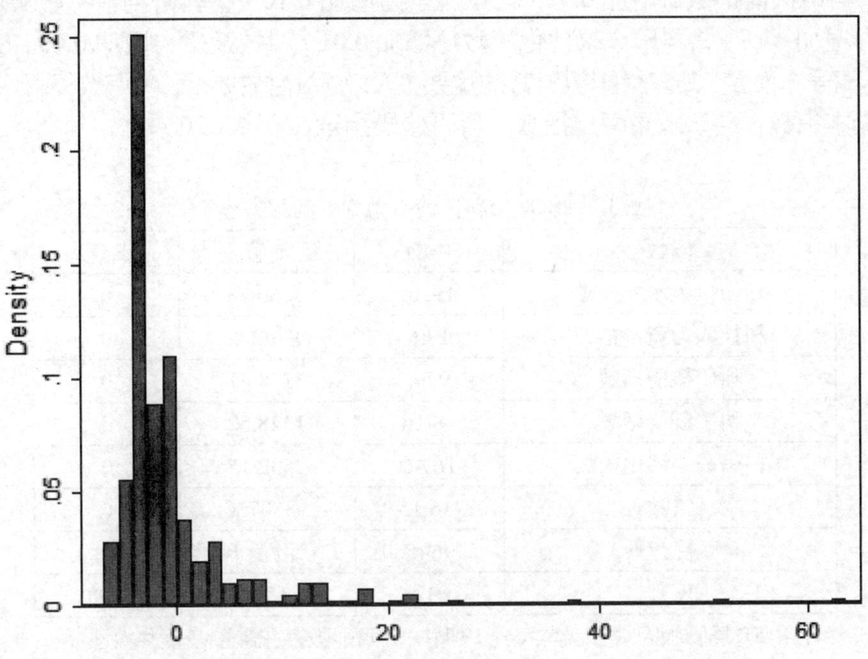

圖 6. 1. 19 城市科技競爭力得分直方圖

表 6. 1. 27 城市科技競爭力東、中、西部地區比較

A			
	東部	中部	西部
均值	2.97	-2.07	-2.35
方差	9.94	3.79	3.71
B			
	東中	東西	中西
均值比較檢驗	0	0	0.63
方差比較檢驗	0	0	0.88
樣本數	東部	中部	西部

注：A 部分爲實際值，B 部分爲相應檢驗的 P 值。

科技競爭力由科技投入指數、科技人力資本指數、科研機構指數、科技創新指數、科技轉化指數五項二級指標綜合而成。科技投入指數是指支持開展科技活動的投入，它包括：研究與發展活動、科技成果的轉化和應用活動、科技服務活動三大部分；科技人力資本指數是指一定區域內的科技人員及其自身所具備的資歷、經驗、知識等要素的總存量；科研機構指數是指一定區域內的研發機構及其擁有的品牌、專利等要素的總存量；科技創新指數是指創造和應用新知識和新技術，採用新的生產方式和經營管理模式，開發新產品，提高產品品質，提供新服務的過程。科技轉化指數是指爲提高生產力水準而對科學研究與技術開發所產生的具有使用價值的科技成果所進行的後續試驗、開發、應用，直至形成新產品，發展新產業的能力。

我們還進一步分析了上述 5 項指標對科技競爭力的相對重要性，即由科技競爭力得分關於上述 5 項指數做 OLS 回歸。結果表明（表 6.1.28），所有變數的係數都在 1%的顯著性水準下統計顯著，並且由 VIF 可以看出，引數不存在嚴重多重共線性。同時，當科技投入水準指數每增加 0.01，科技競爭力增加 0.19。當科技人力資本指數每增加 0.01，科技競爭力增加 0.18。當科研機構指數每增加 0.01，科技競爭力增加 0.10。當科研創新指數每增加 0.01，科技競爭力增加 0.18。當科研成果轉化指數每增加 0.01，科技競爭力增加 0.16。由此可以認爲，對科技競爭力而言，其二級指標對其的重要性依次爲科技投入水準指數、科研創新指數、科技人力資本指數、科研成果轉化指數、科研機構指數（圖 6.1.20）。

表 6. 1. 28 城市科技競爭力 OLS 回歸方程

變數	係數	t 值	P 值
科技投入水準指數	19.46	1360.33	0
科技人力資本指數	17.6	974.54	0
科研機構指數	9.54	1188.41	0
科研創新指數	18.16	1328.52	0
科研成果轉化指數	16.46	2532.15	0
常數	-16.15	-8507.8	0
F 統計量	29964580	F 統計量 P 值	0
R 方	1	VIF	4.38

注：VIF 爲膨脹因數，當其大於 10 時，表明引數存在嚴重多重共線性。

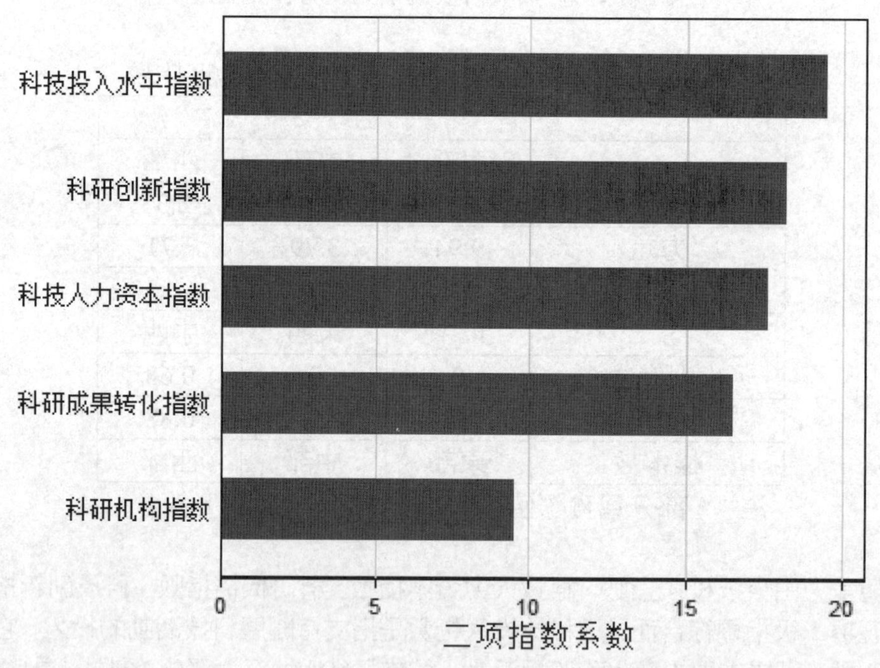

圖 6. 1. 20 各二級指數對科技競爭力的影響大小

我們對城市科技競爭力 5 項二級指標的分佈特徵進行分析時發現，所有二級指標也都不服從正態分佈，並同樣呈尖峰厚尾分佈，且具有右偏性質。另外，上述二級指標的東、中、西部地區均值比較與方差比較表明（表 6.1.29），從平均水準來看，中國城市科技投入水準指數、科技人力資本指數、科研機構指數、科研創新指數、科研成果轉化指數都存在區域性差異，並也呈東部地區比中西部地區高的二級階梯狀特徵，同時東部地區雖然各項二級指數的平均水準比較高，但是離散程度也比其他地區高。

表 6.1.29 城市科技競爭力二級指標東、中、西部地區比較

	科技投入水準指數			科技人力資本指數			科研機構指數		
A	東部	中部	西部	東部	中部	西部	東部	中部	西部
均值	0.16	0.12	0.12	0.18	0.14	0.14	0.23	0.18	0.17
方差	0.13	0.02	0.02	0.12	0.05	0.06	0.17	0.14	0.13
B	東中	東西	中西	東中	東西	中西	東中	東西	中西
均值比較檢驗	0	0.01	0.54	0	0.01	0.94	0.02	0.03	0.81
方差比較檢驗	0	0	0.73	0	0	0.48	0.02	0.03	0.86
樣本數	125	109	62	125	109	62	125	109	62
	科研創新指數			科研成果轉化指數					
A	東部	中部	西部	東部	中部	西部			
均值	0.18	0.14	0.13	0.45	0.31	0.31			
方差	0.14	0.04	0.03	0.14	0.08	0.07			
B	東中	東西	中西	東中	東西	中西			
均值比較檢驗	0	0.01	0.25	0	0	0.75			
方差比較檢驗	0	0	0.08	0	0	0.26			
樣本數	125	109	62	125	109	62			

注：A 部分爲實際值，B 部分爲相應檢驗的 P 值。

6.1.10 文化形象競爭力特徵分析

文化是社會文明的精華，城市文化是城市在發展過程中創造和形成的獨具特色的價值觀、城市精神、行爲規範等精神財富的總和。它是城市發展過程中形成的，植根于全體市民中的價值觀念。

城市形象是指城市以其自然的地理環境、經濟貿易水準、社會安全狀況、建築物的景觀、商業、交通、教育等公共設施的完善程度、法律制度、政府治理模式、歷史文化傳統以及市民的價值觀念、生活品質和行爲方式等要素作用於社會公眾並使社會公眾形成對某城市認知的印象總和。城市形象也克解釋爲能夠激發人們思想感情活動的城市形態和特徵，是城市內部與外部公眾對城市內在實力、外顯活力和發展前景的具體感知、總體看法和綜合評價。它涵蓋物質文明、精神文明、政治文明三個領域，包括政治、經濟、文化、生態以及市容市貌、市民素質、社會秩序、歷史文化等諸多方面。城市實體形象的外在直觀性決定了城市形象具有很好的對外傳播作用。對實體形象加以選擇地烘托渲染之後，其傳播功能更加強化。通過傳播，可以產生兩個層面的效應:一是促進開放，加深合作與交流;二是提高城市在市場經濟中的競爭能力。城市通過自我形象魅力的展示，使外部公眾對其產生良好的心理感受。具有這種心理感受的外部公眾，在進行與該城市有關的活動時，會做出有利於該城市的行爲選擇，無形之中提高了城市的競爭能力。

在對中國城市文化競爭力進行統計分析我們發現，中國 296 個城市的文化競爭力得分是否服從正態性分佈的 JB 檢驗統計量爲 2967.6，在 1%的統計性顯著水準下拒絕了原假設，即說明中國城市文化競爭力不服從正態分佈。並且偏度爲 3.11，峰度爲 17.21，說明中國城市文化競爭力呈尖峰厚尾分佈，並且具有右偏性質（圖 6.1.21）。進一步分析發現，文化競爭力的地區性不平衡現象依然存在，呈東強西弱格局，在 88 個文化競爭力水準在平均水準之上的城市中，東部地區城市有 63 個，占 71.59%，而中部地區有 15 個，占 17.05%，西部

地區僅有 10 個，僅占 11.36%。同時，東部、中部、西部地區城市文化競爭力的均值比較表明，東部地區的城市文化競爭力的均值(2.43)明顯要高於中部(-1.69)、西部地區(-1.93)城市文化競爭力的均值，但是中部地區城市文化競爭力均值與西部地區城市文化競爭力均值並無顯著差異。進一步地，由不同地區城市文化競爭力方差的比較分析可以得出，東部地區最高，爲 6.75，其次爲西部地區，爲 4.05，中部地區最低，爲 2.86。由此可見，中國中部地區的城市文化競爭力離散程度及差異程度要低一些，而東部地區的城市文化競爭力的差異程度要相對大一些（表 6.1.30）。

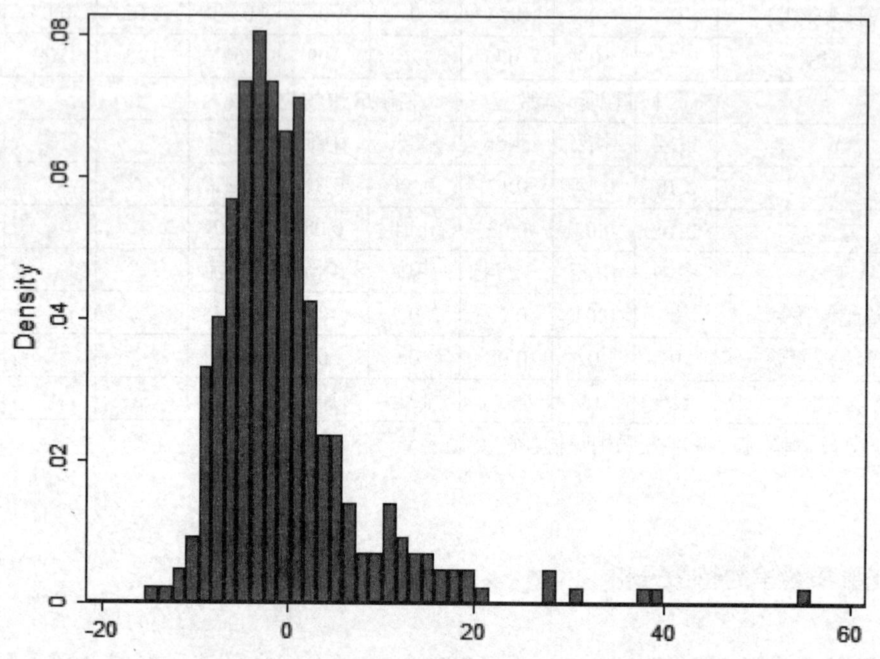

圖 6. 1. 21 城市文化競爭力得分直方圖

表 6. 1. 30 城市文化競爭力東、中、西部地區比較

A			
	東部	中部	西部
均值	2.43	-1.69	-1.93
方差	6.75	2.86	4.05
B			
	東中	東西	中西
均值比較檢驗	0	0	0.66
方差比較檢驗	0	0	0
樣本數	東部	中部	西部

注：A 部分爲實際值，B 部分爲相應檢驗的 P 值。

文化形象競爭力由文化設施指數、文化意識指數、文化資源指數、城市行銷能力指數四項二級指標綜合而成。文化設施指數是爲了不斷滿足廣大人民日益增長的精神文化生活需求，各地各級政府對公共文化設施的建設力度，爲開展群眾性文體娛樂活動提供良好的條件，以及豐富活躍群眾文化生活的精神文明建設；文化意識指數則刻畫了城市居民的精神風貌、市場意識，既有歷史的繼承性，也有城市居民在市場經濟條件下所形成的市場意識，它體現了城市的精神氛圍和整體氣質；文化資源指數是指人們從事一切與文化活動有關的生產和生活內容，主要以精神狀態的形式存在；城市行銷能力指數是指綜合考慮城市的社會經濟、歷史文化、自然環境等諸多因素，從市場經濟的觀點出發，研究城市在總體環境中的位置、作用，以及競爭、目標受眾等方面的情況，對眾多要素進行整合，通過傳遞和溝通，創造價值。

我們還進一步分析了上述 4 項指標對文化競爭力的相對重要性，即由文化競爭力得分關於上述 4 項指數做 OLS 回歸。結果表明（表 6.1.31），所有變數的係數都在 1%的顯著性水準下統計顯著，並且由 VIF 可以看出，引數不存在嚴重多重共線性。同時，當文化設施指數每增加 0.01，文化競爭力增加 0.21。當文化意識指數每增加 0.01，文化競爭力增加 0.12。當文化資源指數每增加 0.01，文化競爭力增加 0.14。當城市行銷能力指數每增加 0.01，文化競爭力增加 0.10。。由此可以看出，對文化競爭力而言，其二級指標對其的重要性依次爲文化設施指數、文化資源指數、文化意識指數、城市行銷能力指數（圖 6.1.22）。

表 6.1.31 城市文化競爭力 OLS 回歸方程

變數	係數	t 值	P 值
文化設施指數	21.21	2637.34	0
文化意識指數	11.87	1318.48	0
文化資源指數	13.73	1903.75	0
城市行銷能力指數	9.76	1179.39	0
常數	-13.23	-9104.49	0
F 統計量	29693178	F 統計量 P 值	0
R 方	1	VIF	3.67

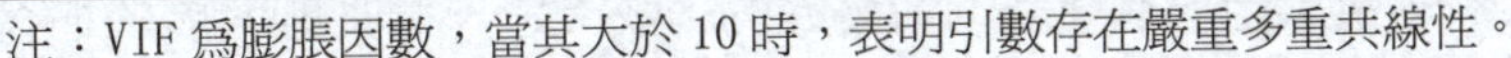

注：VIF 爲膨脹因數，當其大於 10 時，表明引數存在嚴重多重共線性。

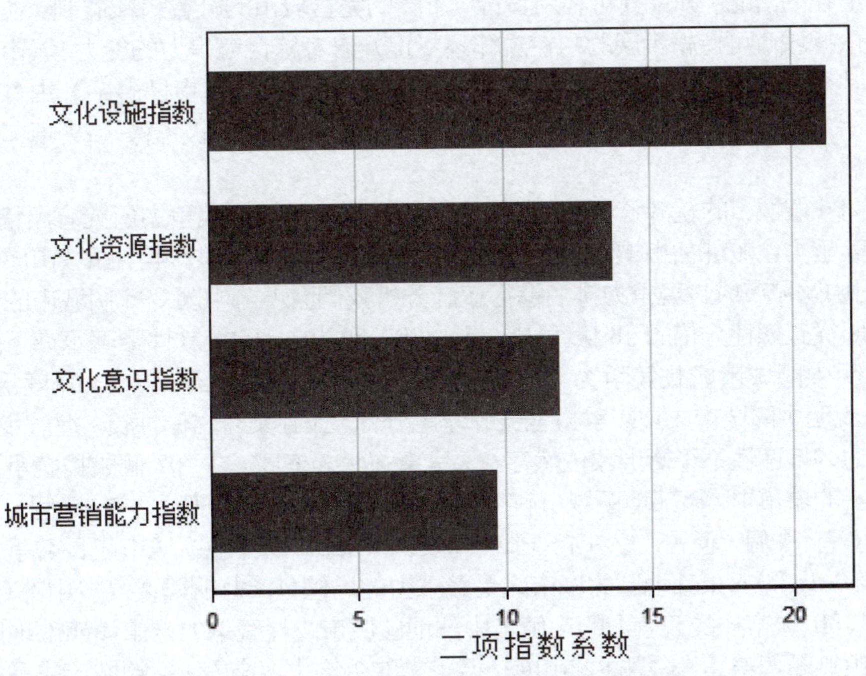

圖 6.1.22 各二級指數對文化競爭力的影響大小

我們對城市文化競爭力 4 項二級指標的分佈特徵進行分析時發現，所有二級指標也都不服從正態分佈，並同樣呈尖峰厚尾分佈，且具有右偏性質。另外，上述二級指標的東、中、西部地區均值比較與方差比較表明（表 6.1.32），從平均水準來看，中國城市文化設施指數、文化意識指數、文化資源指數、城市行銷能力指數都存在區域性差異，並也呈東部地區比中西部地區高的二級階梯狀特徵，同時東部地區雖然各項二級指數的平均水準比較高，但是離散程度也比其他地區高。

表 6.1.32 城市文化競爭力二級指標東、中、西部地區比較

	文化設施指數			文化意識指數			文化資源指數			城市行銷能力指數		
A	東部	中部	西部	東部	中部	西部	東部	中部	西部	東部	中部	西部
均值	0.21	0.16	0.16	0.33	0.22	0.22	0.27	0.23	0.22	0.36	0.25	0.24
方差	0.13	0.04	0.04	0.13	0.06	0.08	0.12	0.08	0.12	0.18	0.08	0.12
B	東中	東西	中西	東中	東西	中西	東中	東西	中西	東中	東西	中西
均值比較檢驗	0	0	0.74	0	0	0.87	0	0	0.64	0	0	0.64
方差比較檢驗	0	0	0.11	0	0	0.02	0	0.93	0	0	0	0
樣本數	125	109	62	125	109	62	125	109	62	125	109	62

注：A 部分爲實際值，B 部分爲相應檢驗的 P 值。

6.2 2012 年中國城市成長競爭力及分項競爭力特徵分析

城市作爲人類的聚集地，本身是不斷發展的，城市是一個動態發展的概念，城市成長競爭力是一個衡量城市動態發展的概念，城市成長競爭力就是城市在動態發展的過程中，要充分挖掘其潛在的潛能，利用其可利用資源，不斷的完善城市的社會組織體制，並展示其創新活力且可依據城市可持續發展的內在規律逐步提升自身綜合競爭力的能力。城市的發展不是靜態的，其是一個動態多維的過程。《中國城市成長競爭力評價指標體系》由實力指數、潛力指數、活力指數、能力指數四大指標綜合而成，包括 4 項一級指標，29 項二級指標，67 项三级指标。

按照 296 個城市的統計資料及調查資料，並根據中國城市競爭力研究會所構建的《中國城市成長競爭力比較評估指標體系》[①]計算分析，我們得出了 2012 年中國城市成長競爭力排名[②]。在對中國城市成長競爭力排名進行統計分析我們發現，中國 296 個城市的成長競爭力得分是否服從正態性分佈的 JB 檢驗統計量爲 657. 30，在 1%的統計性顯著水準下拒絕了原假設，即說明中國城市成長競爭力不服從正態分佈。並且偏度爲 2. 05，峰度爲 9. 04（圖 6. 1. 23），說明中國城市成長競爭力呈尖峰厚尾分佈，並且具有右偏性質。進一步分析發現，成長競爭力的地區性不平衡現象依然存在，呈東強西弱格局，在 107 個成長競爭力水準在平均水準之上的城市中，東部地區城市有 76 個，占 71. 03%，而中部地區有 19 個，占 17. 76%，西部地區僅有 12 個，僅占 11. 21%。同時，東部、中部、西部地區城市成長競爭力的均值比較表明（表 6. 1. 33），東部地區的城市成長競爭力的均值（1. 64）明顯要高於中部（-0. 98）、西部地區（-1. 56）城市成長競爭力的均值，中部地區城市成長競爭力均值與西部地區城市成長競爭力均值無顯著差異，說明從城市成長競爭力的平均水準來看，中國城市成長競爭力呈現出東部地區高於中部地區、西部地區的二級階梯狀格局。由不同地區城市成長競爭力方差的進一步地比較分析可以得出，東部地區最高，爲 4. 72，其次爲西部地區，爲 3. 94，中部地

① 具體請參見附錄 1。
② 詳見第二篇。

區最低，爲 2.24。由此可見，中國中部地區的城市成長競爭力離散程度及差異程度要低一些。而東西部要高一些。

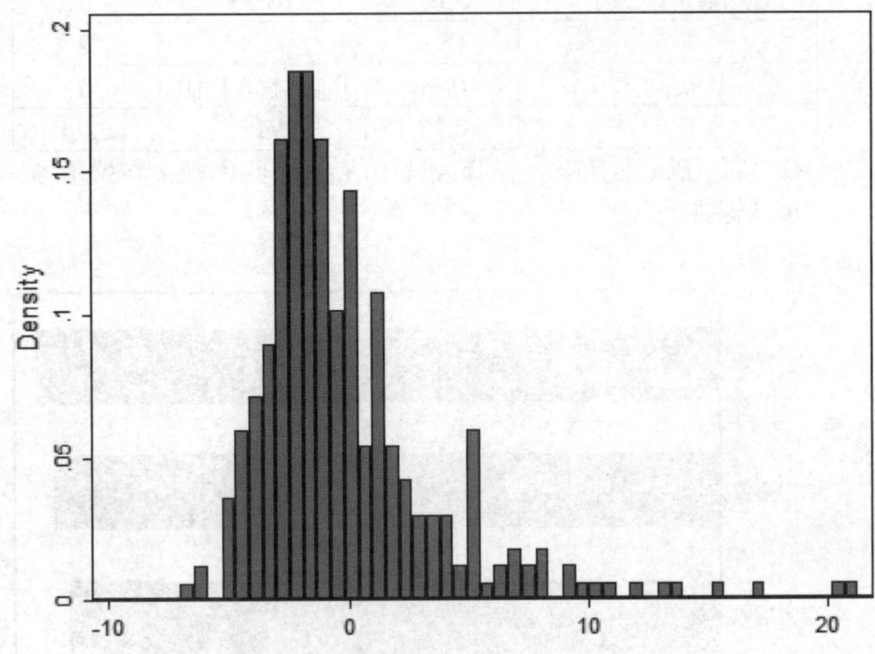

圖 6.1.23 城市成長競爭力得分直方圖

表 6.1.33 城市成長競爭力東、中、西部地區比較

A			
	東部	中部	西部
均值	1.64	-0.98	-1.56
方差	4.72	2.24	3.94
B			
	東中	東西	中西
均值比較檢驗	0	0	0.22
方差比較檢驗	0	0.12	0
樣本數	125	109	62

注：A 部分爲實際值，B 部分爲相應檢驗的 P 值。

我們還進一步分析了上述 4 項指標對成長競爭力的相對重要性，即由成長競爭力得分關於上述 4 項指數做 OLS 回歸。結果表明（表 6.1.34），所有變數的係數都在 1%的顯著性水準下統計顯著，並且由 VIF 可以看出，引數不存在嚴重多重共線性。同時，當實力指數得分每增加 0.01，成長競爭力得分增加 0.104。當潛力指數得分每增加 0.01，成長競爭力得分增加 0.1013。當活力指數得分每增加 0.01，成長競爭力得分增加 0.10。當能力指數得分每增加 0.01，成長競爭力得分增加 0.0807。因此可以得出，對成長競爭力而言，其二級指標的 重要性依次爲實力指數、活力指數、潛力指數、能力指數（圖 6.1.24）。

表 6.1.34 城市成長競爭力 OLS 回歸方程

變數	係數	t 值	P 值
實力指數	10.4	9.99	0

潛力指數	9.91	16.57	0
活力指數	10.13	12.87	0
能力指數	8.07	16.25	0
常數	-15.33	-42.45	0
F 統計量	1036	F 統計量 P 值	0
R 方	0.93	VIF	2.74

注：VIF 爲膨脹因數，當其大於 10 時，表明引數存在嚴重多重共線性。

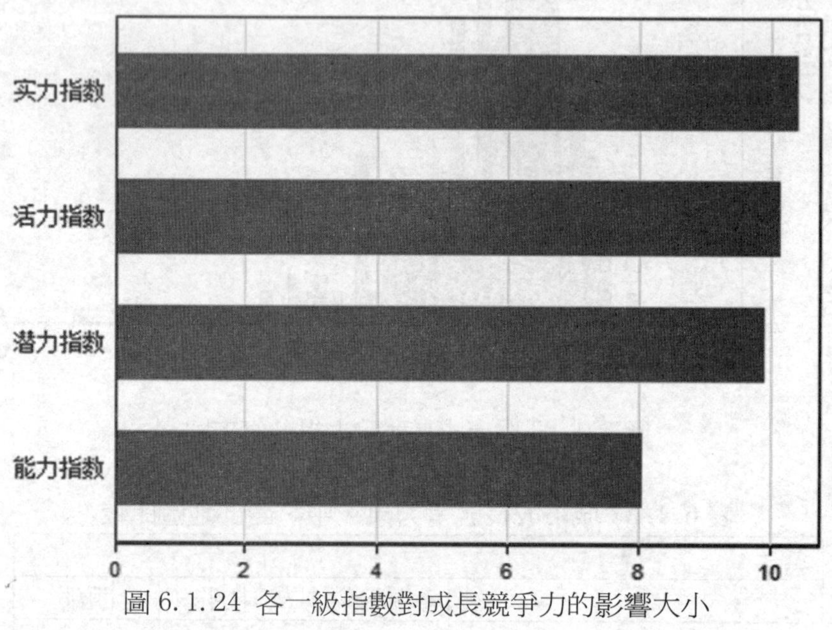

圖 6. 1. 24 各一級指數對成長競爭力的影響大小

下面我們來繼續分析潛力指數、活力指數與能力指數的特徵[①]。

6.2.1 潛力指數特徵分析

潛力指數包括居民消費潛力、金融資本潛力、人力資本潛力、市場潛力、區位、自然資源、環境品質、可持續發展這八項指數，它從居民消費、金融資本、人力資本、市場、區位自然資源、環境品質及可持續發展這八個維度來度量一個城市的發展潛力。其中，金融資本潛力考慮城市金融條件，反映城市財富，顯示城市財政基礎的潛力。人力資本潛力，由於人力資本具有創新性、創造性，具有有效配置資源性，人力資本潛力在反映城市在資源配置方面的潛力的同時，反映城市的創新性、創造性。市場潛力反映城市的投資潛力，市場潛力通過八個維度來反映城市成長競爭力。區位，自然資源，環境品質是發展之本，只有佔有著合適的區位，充分的利用城市的自然資源，並且堅持可持續發展，城市才能長久穩定健康的發展。

我們分析發現，中國 296 個城市的潛力指數得分的 JB 檢驗統計量爲 21.87，在 1%的統計性顯著水準下拒絕了原假設，即說明中國城市潛力指數不服從正態分佈。另外，潛力指數的方差爲，並且偏度爲 0.51，峰度爲 3.86，說明中國城市潛力指數也呈尖峰厚尾分佈，並且具有右偏性質。進一步分析發現，潛力指數的地區性不平衡現象依然存在，呈東強西弱格局，

[①]实力指数的指标与综合实力竞争力一致，此处略去，请参照 6. 1 节。

同時，東部、中部、西部地區城市潛力指數的均值比較表明（表 6.1.35），東部地區的城市潛力指數的均值(0.55)明顯要高於中部(0.49)、西部地區(0.43)城市潛力指數的均值，中部地區城市潛力指數均值要高於西部地區潛力指數均值，說明從城市潛力指數的平均水準來看，中國城市潛力指數呈現出東部地區、中部地區、西部地區由高到低的階梯狀格局。進一步地，由不同地區城市潛力指數方差的比較分析可以得出，中部地區最低，爲 0.11，並且顯著低於東部、西部地區的方差，同時東部、西部地區的方差無顯著差異。由此可見，中國中部地區的城市潛力指數離散程度及差異程度要低一些，而東部地區的城市潛力指數離散程度及差異程度則非常高。

表 6. 1. 34 城市潛力指數東、中、西部地區比較

A			
	東部	中部	西部
均值	0.55	0.49	0.43
方差	0.16	0.11	0.15
B			
	東中	東西	中西
均值比較檢驗	0	0	0
方差比較檢驗	0	0.62	0.02
樣本數	125	109	62

注：A 部分爲實際值，B 部分爲相應檢驗的 P 值。

潛力指數由居民消費潛力、金融資本潛力、人力資本潛力、市場潛力、區位、自然資源、環境品質、可持續發展這八項三級指數進一步構成。居民消費潛力指數由人均可支配收入，人均可支配收入年增長率，人均消費支出，人均消費支出增長率及居民消費傾向來衡量。城市是創造、分配、消費財富的集中地，只有消費才能帶動增長，而居民消費在整個消費體系中占絕大比重，是城市生態鏈條中至關重要的一環。城市居民消費水準的高低在反映城市創造財富能力的同時，也反映爲城市自身產業的市場潛力的大小。以消費帶動發展，適度的提高居民消費能力和水準，有助於城市的穩定、健康、長久的發展。消費結構是指人們在生活消費過程中所耗費的各種消費物件的比例關係及協調程度。消費結構及其變化是衡量居民生活水準的重要標誌，它反映居民的消費特徵及消費趨勢，反映居民生活水準提高程度及社會經濟發展狀況。

資本的流向先導於一個國家、地區的經濟起飛，而一個國家、地區的真正崛起，很大程度上取決於其金融體系的效率和資本市場的發達程度。區域經濟的快速發展必將帶動資本市場發展，並對資本市場提出更高要求。金融資本潛力指數由年末儲蓄總餘額、獲得銀行貸款的便利程度、獲得證券市場資本的便利程度、獲得民間資本的便利程度、獲得國家財政支持的程度、外資金融機構指數等指標來衡量。

城市人力資本的規模及其變動影響城市價值體系。與其他城市相比，城市人口、從業人員、專業技術人員和創業人員，爲城市價值創造提供了生產和消費基礎。在其他條件充分的情況下，一個城市人力資本潛力越大，城市產業規模越大，產業綜合規模變動越快，城市價值體系越大。人力資本潛力指數由人力資本投入指數、人力資本吸引水準指數、勞動力的自然增長率等構成。

市場潛力指數由市場認同度、市場認同度遞增程度、經濟輻射區域指數來度量，反映了城市在市場方面的認同潛力及經濟輻射潛力。由於 2008 年美國次貸危機引發的全球性的金

融危機，使中國市場結構發生改變，已經開始步入買方市場，市場競爭激烈，因此，對市場的控制能力對城市整體的發展起著重要的作用。

可持續發展是中國經濟發展的長期目標，在整合各種資源時，爲了使城市的生態系統、經濟系統、社會系統運行良好，我們要注重可持續的發展。由於資源具有稀缺性，且有很大一部分的資源爲一次使用，不可再生資源，這就要求城市在發展過程中，注重資源的合理分配，合理使用，經濟生產模式由粗放型逐漸向集約型轉型。可持續發展指數通過資源和能源的耗速率(逆)、城市發展的可持續發展戰略、生態環境的退化速率(逆)、城市可持續發展的能源供給、工業化發展水準、產業製造能力、GDP 產值每億元耗電量（逆）來衡量。可持續發展指數與科技發展程度息息相關，合理的規劃、整合資源，有助於城市的可持續發展。

對城市潛力指數的三級指標進行統計分析時我們發現，所有八個三級指標的 JB 檢驗表明所有三級指標都不服從正態分佈。並且進一步地分析表明（表 6. 1. 35），從平均水準來看，城市居民消費潛力指數、城市金融資本潛力指數和可持續發展指數並不存在明顯的區域性差異。而城市人力資本潛力指數、城市市場潛力指數與區位水準指數的平均水準呈現出東部高於中西部地區的二級階梯格局。而自然資源水準指數、環境品質水準指數卻呈現出東部、中部、西部由高到低的三級階梯格局。

表 6.1.35 城市潛力指數二級指標東、中、西部地區比較

	城市居民消費潛力指數			城市金融資本潛力指數			城市人力資本潛力指數			城市市場潛力指數		
A	東部	中部	西部	東部	中部	西部	東部	中部	西部	東部	中部	西部
均值	0.71	0.72	0.71	0.35	0.32	0.32	0.39	0.23	0.22	0.26	0.18	0.18
方差	0.1	0.08	0.16	0.13	0.05	0.06	0.21	0.11	0.12	0.13	0.04	0.06
B	東中	東西	中西	東中	東西	中西	東中	東西	中西	東中	東西	中西
均值比較檢驗	0.85	0.93	0.84	0.03	0.17	0.54	0	0	0.6	0	0	0.68
方差比較檢驗	0.17	0	0	0	0	0	0	0	0.26	0	0	0.01
樣本數	125	109	62	125	109	62	125	109	62	125	109	62
	區位水準指數			自然資源水準指數			環境品質水準指數			可持續發展指數		
A	東部	中部	西部	東部	中部	西部	東部	中部	西部	東部	中部	西部
均值	0.33	0.2	0.18	0.38	0.51	0.43	0.69	0.61	0.55	0.6	0.59	0.61
方差	0.18	0.1	0.13	0.17	0.17	0.1	0.14	0.15	0.17	0.09	0.09	0.05
B	東中	東西	中西	東中	東西	中西	東中	東西	中西	東中	東西	中西
均值比較檢驗	0	0	0.25	0	0.06	0	0	0	0.01	0.28	0.31	0.03
方差比較檢驗	0	0.01	0.01	0.88	0	0	0.72	0.05	0.11	0.37	0	0
樣本數	125	109	62	125	109	62	125	109	62	125	109	62

注：A 部分爲實際值，B 部分爲相應檢驗的 P 值。

6.2.2 活力指數特徵分析

一個充滿活力、富有創造性的城市軟環境將會大幅度的提高城市的綜合競爭能力。一個城市具有活力，必然能吸引來更多的人力、資本的投入。世界城市的發展史告訴我們，那些快速發展的城市必然是充滿活力的城市。城市活力指數包括文化力、學習力、創新力、法制力、應變力、開放力、及行銷力指數。其衡量城市文化、學習、創新、法制等軟環境的活力。

學習力體現了一個城市在接受新理念、新思維的能力，良好的城市學習力將使城市在科技與觀念日新月異的現代社會中充滿活力，從而提升城市競爭力。

創新是打造國際化城市的根本要求，創新是打造國際化城市的核心競爭力，致力於建設現代化國際化的城市，應該轉變城市發展理念，加大創新力度，以可持續的發展理念引領城市發展各項事業。

法制力指數，反映了法制的健全程度和執行力。市場經濟需要一系列的健全的法律和規章制度來保障公平公正。城市的法制力與政府的執行力相關。法制建設對發揮城市的環境優勢具有基本意義，因爲法制力不僅僅是信用、機關效能的保證，還是戰略的制度基礎。創造一個穩定有序的社會環境，是落實科學發展觀的迫切需要。法制力指數由地方法規條例健全程度，政策法規透明度，政府執法能力共同衡量。

應變力考驗一個城市對突發事件的應對能力。這個世界充滿了偶然性，未來充滿了不確定性。一個城市只有具備對突發事件很好的應對能力，才能不斷發展。例如，面對 2008 年發生的經濟危機，許多城市採取了有效的應對措施。應變力指數由城市根據外部環境的變化及時調整自身發展戰略能力和應對緊急事件能力兩方面共同度量。

開放力指數反映城市的開放程度。隨著時代的進步，城市開放已經成爲不可逆轉的趨勢，只有打破條條框框，城市才能更好的發展。城市的開放力很好的衡量了城市的經濟發展潛力。開放力指數由外貿指數、產業國際化指數、對內對外政策、國際吸引指數共同衡量。

經過統計分析發現，中國 296 個城市的活力指數得分 JB 檢驗統計量爲 420.05，在 1% 的統計性顯著水準下拒絕了原假設，即說明中國城市活力指數不服從正態分佈。另外，活力指數的方差爲 0.15，並且偏度爲 1.93，峰度爲 7.38，說明中國城市活力指數呈尖峰厚尾分佈，並且具有右偏性質。進一步分析發現，活力指數的地區性不平衡現象依然存在，呈東強西弱格局，同時，東部、中部、西部地區城市活力指數的均值比較表明，東部地區的城市活力指數的均值(0.38)明顯要高於中部、西部地區城市活力指數的均值，而中部地區城市活力指數與西部地區活力指數均值無顯著的差異，說明從城市活力指數的平均水準來看，中國城市活力指數呈現出東部地區高於中部地區、西部地區的二級階梯狀格局。進一步地，由不同地區城市活力指數方差的比較分析可以得出，東部地區最高，爲 0.18，其次爲西部地區，爲 0.09，中部地區最低，爲 0.06。由此可見，中國中部地區的城市活力指數離散程度及差異程度要低一些，而東部地區的城市活力指數離散程度及差異程度則較高。

表 6. 1. 36 城市活力指數東、中、西部地區比較

A			
	東部	中部	西部
均值	0.38	0.23	0.21
方差	0.18	0.06	0.09
B			
	東中	東西	中西
均值比較檢驗	0	0	0.16

方差比較檢驗	0	0	0
樣本數	125	109	62

注：A 部分爲實際值，B 部分爲相應檢驗的 P 值。

對城市活力指數的三級指標進行統計分析時我們發現，所有七個三級指標的 JB 檢驗表明所有三級指標都不服從正態分佈。並且進一步地分析表明（表 6.1.37），從平均水準來看，城市文化力指數、城市創新力指數、城市法治力指數和城市行銷力指數的平均水準呈現出東部高於中西部地區的二級階梯格局。而城市學習力指數、城市應變力指數和城市開放力卻呈現出東部、中部、西部由高到低的三級階梯格局。

表 6.1.37 城市活力指數三級指標東、中、西部地區比較

	文化力			學習力			創新力			法治力		
A	東部	中部	西部	東部	中部	西部	東部	中部	西部	東部	中部	西部
均值	0.21	0.16	0.16	0.47	0.29	0.24	0.39	0.19	0.21	0.63	0.46	0.44
方差	0.13	0.04	0.04	0.2	0.07	0.11	0.22	0.09	0.11	0.17	0.13	0.15
B	東中	東西	中西	東中	東西	中西	東中	東西	中西	東中	東西	中西
均值比較檢驗	0	0	0.74	0	0	0	0	0	0.29	0	0	0.62
方差比較檢驗	0	0	0.11	0	0	0	0	0	0.03	0.01	0.25	0.24
樣本數	125	109	62	125	109	62	125	109	62	125	109	62
	應變力			開放力			行銷力					
A	東部	中部	西部	東部	中部	西部	東部	中部	西部			
均值	0.4	0.29	0.25	0.42	0.38	0.37	0.36	0.25	0.24			
方差	0.17	0.07	0.11	0.13	0.03	0.02	0.18	0.08	0.12			
B	東中	東西	中西	東中	東西	中西	東中	東西	中西			
均值比較檢驗	0	0	0.01	0	0	0	0	0	0.64			
方差比較檢驗	0	0	0	0	0	0.2	0	0	0			
樣本數	125	109	62	125	109	62	125	109	62			

注：A 部分爲實際值，B 部分爲相應檢驗的 P 值。

6.2.3 能力指數特徵分析

能力指數包括經濟增長能力、社會保障能力、城市吸引能力、城市流通能力 4 個二級指標，經濟增長能力反映城市在充分利用其可利用資源，合理規劃城市整體發展條件下，城市經濟發展的能力。社會保障能力體現了城市經濟發展在追求效率的同時兼顧公平的能力，而吸引能力如同城市活力一樣，體現了城市對人才和投資的吸引能力。流通能力體現了各種資源的配置的有效程度，是資源積聚的體現。

經濟增長能力是城市經濟發展過程中利用優勢，提高自身競爭力最重要的能力之一，沒有經濟增長就不可能有社會進步，只有城市經濟增長才能爲城市發展的提供物質保證，只有

保證穩定的經濟增長，才能有效保證城市的發展。社會保障，是指國家和社會在通過立法對國民收入進行分配和再分配，對社會成員特別是生活有特殊困難的人們的基本生活權利給予保障的制度。社會保障的本質是維護社會公平進而促進社會穩定發展。城市的社會保障能力則體現了城市的公平，社會經濟的發展在追求高效率的同時通過社會保障對社會財富進行再分配，適當縮小各階層社會成員之間的收入差距，避免貧富懸殊，使社會成員的基本生活得到保障，協調社會關係，維護社會穩定。城市的發展，在某種程度上就是城市吸引力不斷增強的過程，由此可以吸引更多的人流、物流、資金流、資訊流等，從而推動城市實力的不斷提升。城市實力的提升與影響範圍的擴大，本質上仍然是一種吸引力，儘管其流動的方向從表像上看是相反的，但其影響力的擴展本身就表明了其對外部環境的吸引力在擴大。城市吸引能力體現了城市集聚各種國內資源和國外資源的能力。正由於城市具有多元性，其對外的輸出能力和可擴散的範圍也就越大，這又支持了整個城市實力的進一步擴展，從而使其發展得更快。

流通能力決定城市競爭力，只有好的周轉實現能力才能保證城市在經濟發展中的實現能力。城市流通能力是城市在人流、物流、資金流與資訊流樞紐作用的實現能力，也是資源集聚的體現。城市流通能力強的城市在人流、物流、資金流、資訊流的競爭優勢，使其能力指數排在前面。一般而言，城市流通能力與城市發展程度，經濟增長速度相關。

統計分析發現，中國 296 個城市的能力指數得分 JB 檢驗統計量爲 508.71，在 1%的統計性顯著水準下拒絕了原假設，即說明中國城市能力指數不服從正態分佈。另外，能力指數的方差爲 0.13，並且偏度爲-1.70，峰度爲 8.45，說明中國城市能力指數呈尖峰厚尾分佈，並且具有左偏性質。進一步分析發現，東部地區的城市能力指數的均值(0.56)明顯要低於中部(0.62)、西部地區(0.65)城市能力指數的均值，而中部地區與西部地區城市能力指數的均值卻無明顯差異，說明從城市能力指數的平均水準來看，由於中西部地區的後發優勢，中國城市能力指數呈現出中部地區、西部地區高於東部地區的格局。進一步地，由不同地區城市能力指數方差的比較分析可以得出，東部地區最高，爲 0.15，而中西部地區無統計上的差異。由此可見，中國中部地區與西部的城市能力指數離散程度及差異程度要低一些，而東部地區的城市能力指數離散程度及差異程度則較高。

表 6. 1. 38 城市能力指數東、中、西部地區比較

A			
	東部	中部	西部
均值	0.56	0.62	0.65
方差	0.15	0.08	0.1
B			
	東中	東西	中西
均值比較檢驗	0	0	0.07
方差比較檢驗	0	0	0.23
樣本數	125	109	62

注：A 部分爲實際值，B 部分爲相應檢驗的 P 值。

對城市能力指數的三級指標進行統計分析時我們發現，所有四個三級指標的 JB 檢驗表明所有三級指標都不服從正態分佈。並且進一步地分析表明（表 6.1.39），從平均水準來看，由於西部、中部地區的後發優勢，城市經濟增長能力的平均水準呈現出西部、中部、東部地區由高及低的三級階梯格局。而城市流通能力卻呈現出東部、中部、西部由高到低的三級階梯格局，城市吸引能力呈東部高於中西部的二級階梯格局，城市社會保障能力由於全國

存在統一的體制，因而不存在顯著的統計性差異。

表 6.1.39 城市能力指數三級指標東、中、西部地區比較

	經濟增長能力			社會保障能力			城市吸引能力			城市流通能力		
A	東部	中部	西部	東部	中部	西部	東部	中部	西部	東部	中部	西部
均值	0.58	0.66	0.69	0.36	0.32	0.33	0.28	0.22	0.22	0.26	0.22	0.15
方差	0.16	0.09	0.1	0.12	0.06	0.07	0.14	0.03	0.04	0.14	0.06	0.03
B	東中	東西	中西	東中	東西	中西	東中	東西	中西	東中	東西	中西
均值比較檢驗	0	0	0.04	0.08	0.11	0.2	0	0	0.47	0	0	0
方差比較檢驗	0	0	0.19	0	0	0.53	0	0	0.02	0	0	0
樣本數	125	109	62	125	109	62	125	109	62	125	109	62

注：A 部分爲實際值，B 部分爲相應檢驗的 P 值。

第七篇　中國 30 個最具綜合競爭力城市點評分析

7.1 香港城市競爭力點評分析

香港是一個充滿誘惑感的城市，它是全球最富裕、經濟最發達和生活水準最高的地區之一，是“亞洲四小龍”之一，是亞太區乃至國際的金融中心、國際航運中心、地區貿易中心，擁有鄰近很多國家和地區不可替代的優越區位。除此之外，香港還有著 150 年驚心動魄的巨變，有著中西合璧的豐富文化，有著一顆容納不同種族、語言、地域的包容之心。香港總面積約 1095 平方公里，總人口七百多萬，人口密度爲每平　方公里 6420 人，是世界上人口最密集的城市之一。香港經濟和社會發展迅速，是繼紐約、倫敦之後的世界第三大金融中心，連續 19 年被評爲全球最自由經濟體系，經濟自由度指數排名第一，素有“東方之珠”、“美食天堂”和“購物天堂”等美譽。在亞洲，香港以廉潔的政府、良好的治安、自由的經濟體系以及完善的法治而聞名於世。

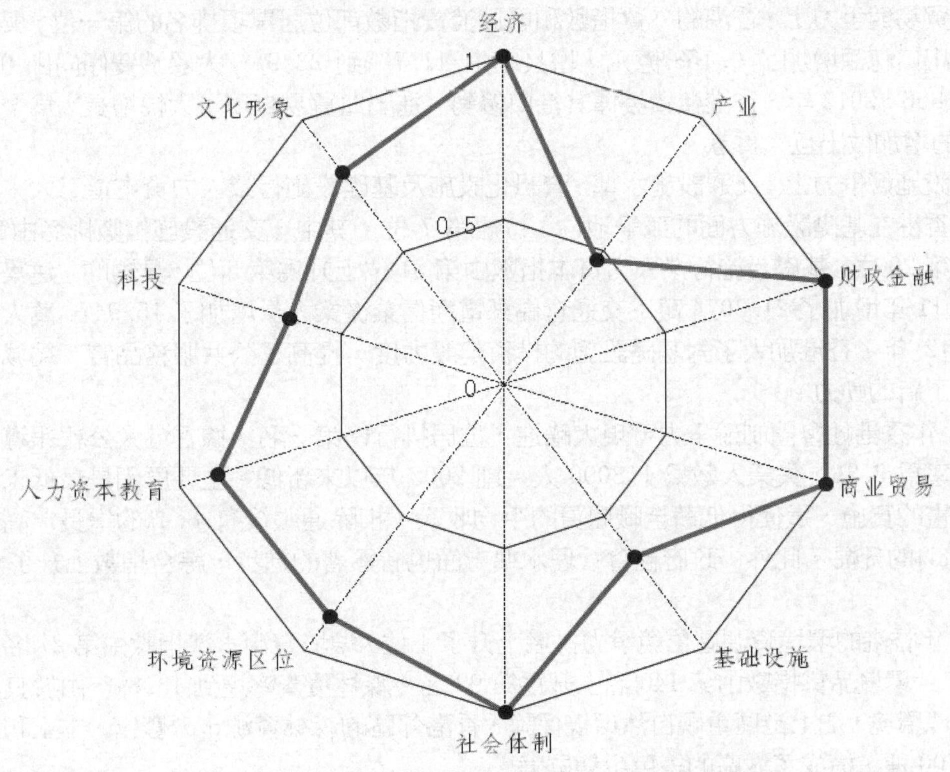

圖 7.1.1　2012 年香港分項競爭力雷達圖

由 2011 年及 2012 年中國城市競爭力排名，我們可以得出香港 2012 年城市競爭力的基本情況如下：經濟競爭力得分爲 4001.55，排名第 1 位，與上年持平；產業競爭力得分爲 1347.37，排名第 18 位，比 2011 年排名下降了 5 位；財政金融競爭力得分爲 6172.75，排名第 1 位，與上年持平；商業貿易競爭力得分爲 6334.32，排名第 1 位，與上年持平；基礎設施競爭力得分爲 3289.05，排名第 7 位，比 2011 年排名上升了 2 位；社會體制競爭力得分爲 1451.19，排名第 1 位，比 2011 年排名上升了 4 位；環境資源區位競爭力得分爲 1687.34，排名第 3 位，比 2011 年排名上升了 1 位；人力資本教育競爭力得分爲 3239.77，排名第 2 位，與上年持平；科技競爭力得分爲 3695.97，排名第 3 位，與上年持平；城市文化形象競爭力得分爲 2902.94，排名第 3 位，與上年持平；綜合競爭力得分爲 14879.20，排名第 1 位，與上年持平。

從經濟競爭力的二級指標排名來看，香港在城市規模指數排名位居第三，城市效率指數位居第二，城市國際吸引力指數和城市居民生活水準指數位居第一，與 2011 年的排名相同。具體來看，城市人口規模由 700.37 萬人增加到 710.81 萬人，GDP 規模增加了 466.11 萬元，人均 GDP 和地均 GDP 分別增加了 2924.4 元，3939.4 萬元/平方公里。此外，作爲著名的旅遊城市，香港每年都會吸引大批國外遊客，從而帶動本地消費需求增長，增加居民收入，2012 年香港的人均國際旅遊收入爲 1936.688 元，居全國城市國際吸引力排名前列。

產業競爭力方面，香港的排名下降了 5 位，主要原因是產業貢獻指數下降明顯，由 0.409 到 0.228，排名由 2011 年的第 15 名下降爲第 52 名。具體來看，產品市場認同度下降了 2.1 個百分點，企業市場認同感遞增程度下降了 11.8 個百分點，企業利稅貢獻度下降了 0.184，企業增值稅貢獻度由 0.639 降低爲 0.261。

財政金融競爭力與上年持平，財政金融規模指數和財政金融效率指數排名上升了 1 位，其餘指標排名與 2011 年相同。2012 年香港的人均年末儲蓄額增加了 416707.1 元，人均年末貸款額增加了 104470.7 元，人均財政增長率和人均年末存款總餘額增長率都實現了由負增長到正增長的轉變，支撐了香港在財政金融方面的競爭優勢。

商業貿易競爭力上，香港的外貿指數和居民消費指數都位居單項排名的第一位，與上年相同，進出口總額增加了 0.158 億元，增長率由-11.76%到 23.9%；大眾消費傾向由 0.761 增加到 0.896。2012 年，香港繼續發揮其港口優勢，進出口貿易實現了大幅增長，爲全年的 GDP 總值的增加做出巨大貢獻。

基礎設施競爭力上，交通設施水準、資訊化設施及基礎設施行業人力資本這三大主要動力拉升了香港在基礎設施方面的競爭地位，位居第 7 位。其中，交通設施指數排名由第 28 位上升爲第 20 位，基礎設施行業人力資本指數由第 31 位上升爲第 5 位，具體的，建築從業人數較 2011 年增加了 21.3074 萬；交通倉儲郵電通信業從業人員增加了 15.9476 萬人。總體上，2012 年，香港加大了對基礎設施的投資建設力度，提高了公共服務品質，爲城市競爭力注入了新的動力。

2012 年香港社會體制競爭力實現大躍進，位居排行榜第一名。據香港大公報報導，一月份失業率爲 3.2%，失業人數爲 118000 人，創 2008 年以來新低。主要原因是最低工資社會保障計畫的實施，這使得低薪全職雇員的平均收入，扣除通脹後有 8.4%的增長，高於整體雇員 6.3%的升幅。此外，政府社會管理水準方面也有顯著的進步，綜合指數上升了 9 個百分點。

2012 年香港的環境資源區位競爭力排名上升了 1 位，環境資源水準指數由第 27 名上升爲第 16 名，環境品質指數由第 140 名上升爲第 92 名。森林覆蓋率達到 13.8%，由於良好的氣候和地理環境，加上港區重視自然環境保護，香港郊區的森林資源十分豐富，本土和外來植物約 2700 種，構成了城區的綠色生態屏障。

人力資本教育競爭力、科技競爭力、城市文化形象競爭力三大方面，香港均位居排行榜前三名。其中較爲突出的方面如下：高素質人力資本儲備量增加了 98036 人，；科技服務人員擁有量由 14.24 萬人增加爲 16.4641 萬人，人均科技經費擁有量相對值從 0.532 增加爲 1.0；藝術家和文化組織指數增加了 17.77。

綜合來看，香港在經濟、社會、文化、環境方面的競爭力非常突出，大部分排名都位居全國首位，是各城市中發展最均衡的城市。

7.2 上海城市競爭力點評分析

上海市，簡稱滬，位於中國大陸海岸線中部的長江口，擁有中國最大的外貿港口、最大的工業基地，是中國大陸第一大城市和四個中央直轄市之一，有超過 2000 萬人居住和生活在上海地區。與此同時，上海又以其深厚的近代城市文化底蘊和眾多歷史古跡而成爲新興的旅遊勝地，是 2010 年世界博覽會舉辦城市。如今，上海已經發展成爲一個閃耀全球的國際化大都市，是全國經的濟、金融、貿易和航運中心，並致力於在 2020 年建設成爲國際金融中心和航運中心。

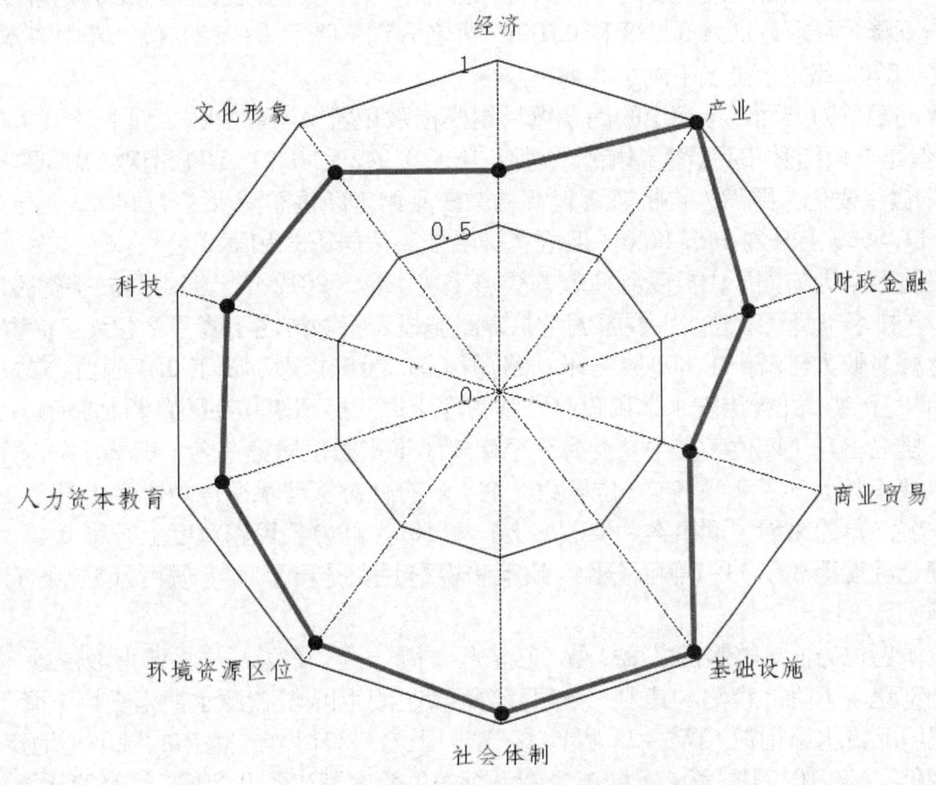

圖 7.2.1　2012 年上海分項競爭力雷達圖

結合上海分項競爭力雷達圖，我們得到上海 2012 年城市競爭力的基本情況如下：經濟競爭力得分爲 2402.86，排名第 2 位，與上年持平；產業競爭力得分爲 5577.19，排名第 1 位，與上年持平；財政金融競爭力得分爲 4397.79，排名第 3 位，比 2011 年排名下降了 1 位；商業貿易競爭力得分爲 3222.07，排名第 3 位，與上年持平；基礎設施競爭力得分爲 5879.73，排名第 2 位，比 2011 年排名下降了 1 位；社會體制競爭力得分爲 1376.95，排名第 2 位，比 2011 年排名上升了 4 位；環境資源區位競爭力得分爲 1893.07，排名第 2 位，比 2011 年排名下降了 1 位；人力資本教育競爭力得分爲 3158.80，排名第 3 位，與上年持平；科技競爭力得分爲 5177.65，排名第 2 位，與上年持平；城市文化形象競爭力得分爲 3001.00，排名第 2 位，與上年持平；綜合競爭力得分爲 14606.90，排名第 2 位，與上年持平。

經濟競爭力方面，從排名上看，2012 年上海市城市規模指數與 2011 年相同，排名仍位居第 1 名；城市效率指數排名下滑一位；城市國際吸引力指數排名未發生變化；城市居民生活水準指數排名下降了一位，列居第 15 名。從資料上分析，2012 年，上海的城市居民生活水準和城市國際吸引力都有所提升，這彌補了其在城市效率方面的小幅退步，使其在總體上依舊保持了第 2 名的排名成績。其中，城市人口規模增加了 32.97 萬人，人均 GDP 增加了

2440 元，單項排名爲第 2 名；城市經營率下降了 0.14%；實際利用外資總額增加了 58308 萬元，國際旅遊收入減少了 25300 萬美元；人均消費支出增加了 2208 元，恩格爾係數提高了 2.8633%。總之，一年中上海市經濟總體表現良好。

產業競爭方面，2012 年上海市佔據了產業規模指數、產業貢獻指數和產業國際化指數三項排名第一的位置，與 2011 年水準相同；產業效率指數位居 67 名，下降了 26 個名次；產業結構指數位居第 2 名，與 2011 年相同。從資料上看，銷售毛利率提高了 1.68%，排名由第 167 名上升爲第 135 名；銷售額與固定資產的比例提升了 0.85 個百分點，排名由 91 上升爲 59；外資企業產出規模貢獻率由 59.38%提升爲 61.13%，排名與 2011 年相比無變化。

2012 年，上海市在財政金融競爭力方面表現欠佳，財政金融規模指數和財政金融效率指數都有所下降，降幅分別爲 0.028 和 0.165，排名分別下降了 1 位和 8 位。其中資本使用規模減少了 13700 萬元，排名下降了 2 名。

商業貿易競爭力方面，上海市的商業貿易規模指數和居民消費指數分別下降了 0.052 和 0.011，但是外貿指數和商貿機構指數分別上升了 0.042 和 0.01，四個指數的單項排名較 2011 年均未發生變化。雖然人均批發零售貿易業商品銷售額售額減少了 41348.2 元，外貿依存度由 111.5989 上升爲 145.4346，但兩者排名依舊位居第 3 和第 9 名。

基礎設施競爭力方面，由於受到疲軟的經濟環境影響，2012 年上海市對於基礎設施投資有所減少，排名下降了 2 位，主要原因是基礎設施投資指數排名下降了 2 位元，從資料上看，年供水總量較去年減少了 600 立方米，路網和港口設施指數下降了 0.4 個百分點。

2012 年，上海市社會治安水準和政府社會管理水準的提高使其在社會體制競爭力方面表現突出，排名上升了四位。其中，社會公平保障水準指數位居第 2 名，與 2011 年相同；社會治安水準指數上升了 9 個名次，位居第 2 名；政府社會管理水準指數排名上升了 5 位，現位居第 4 名。具體來看，刑事案件偵破率上升了 10%，社會公眾滿意度上升了 0.2；地方法規條例健全程度提高了 11.1 個百分點，政策法規透明度提升了 11.8 個百分點，政府執法能力指數達到了 84%。

環境資源區位方面，總體排名第 2 位，較去年下降一位。除了區位水準指數依舊，其他二級指標全部呈現下降的趨勢。其中，自然資源水準指數和環境資源水準指數均下降了 2 個名次，環境品質水準指數下降了 22 個名次。資料上看，2012 年上海市的城市土地資源相對豐富度降低了 57.16 公頃/萬人，城市農產品相對供給度減少了 0.296；工業廢水達成率由 98.77%下降爲 98.01%，工業二氧化硫去除率由 61.64%下降爲 61.23%。

人力資本教育競爭力方面，人力資本規模指數仍位居第 2 名，人力資本投入指數上升了 3 個名次，人力資源素質指數上升了 8 個名次，人力資本吸引力指數下降了一位。雖然 2012 年上海市人力資本吸引水準小幅降低，但是人力資本規模和人力資本投入都有所增加，因而對整體人力資本教育競爭力排名未造成實質影響。2012 年上海市人力資本規模由 735.25 萬人增加到 763.75 萬人，教育支出絕對規模增加了 730480 元。

科技競爭力方面，2012 年上海市保持了科技優勢，排名位居第 2 名，與上年持平。在各二級指標中，科技投入水準指數、科研機構指數和科研創新指數的排名都與 2011 年相同，科技人力資本指數的排名上升了 2 位。從資料上能清楚的看出，2012 年上海市的科技人力資本指數和科研成果轉化指數有明顯上升趨勢，其中專業技術人員擁有量增加了 103173 人，排名由 2011 年 23 名上升至第 3 名；科技服務人員擁有量增加了 23400 人，排名由第 5 名上升爲第 2 名。

城市文化形象競爭力方面，文化設施指數下降一位，城市經營能力排名與 2011 年相同，文化意識和文化資源指數分別上升 1 位和 2 位。總體上，雖然文化設施指數有所下降，但是文化意識指數保持了原有水準，文化資源指數和城市營銷能力指數有小幅上升。其中，名勝古跡指數排名提高了 47 位，城市推廣度由第 1 名下滑到第 3 名。

綜合來看，2012 年面對複雜的國內外環境，上海市政府加強經濟運行調節，積極落實各項穩增長措施，加大對實體經濟的支援力度，保持住了地區經濟的持續發展，經濟總量依舊位居全國城市地區生產總量的前列，並且從環境、教育、人力資本等多方面下手，鞏固上海的傳統優勢。最終，上海市綜合競爭力與上年持平，位居全國第二位。

7.3 北京城市競爭力點評分析

北京——中國的首都，不僅是中國最重要的政治、經濟、文化中心，也是國際政治中心和經濟交往中心。北京以其巨大的輻射力影響著中國乃至全球經濟政治格局。今日的北京已經集傳統與現代於一身。作爲曾經的六朝的都城，北京成爲中國擁有帝王宮殿、園林、廟壇和陵墓數量最多、內容最豐富的城市。北京故宮曾作爲明、清兩代王朝的皇宮，圓明園是世界上最大的皇家園林，還有天壇、長城、四合院、京劇等等，使北京成爲一座歷史悠久的文化古城。同時，北京也是一座現代化的國際大都市，作爲第一個國家級高新技術產業開發區的中關村已經發展成爲中國領先的 IT 資訊、生物工程等高技術產業群的集聚區，北京商務中心區已建設成爲重要的國際金融功能區和現代服務業的聚集地，中國國家大劇院、中央電視臺總部大樓、“鳥巢”等建築也成了新北京的現代符號。

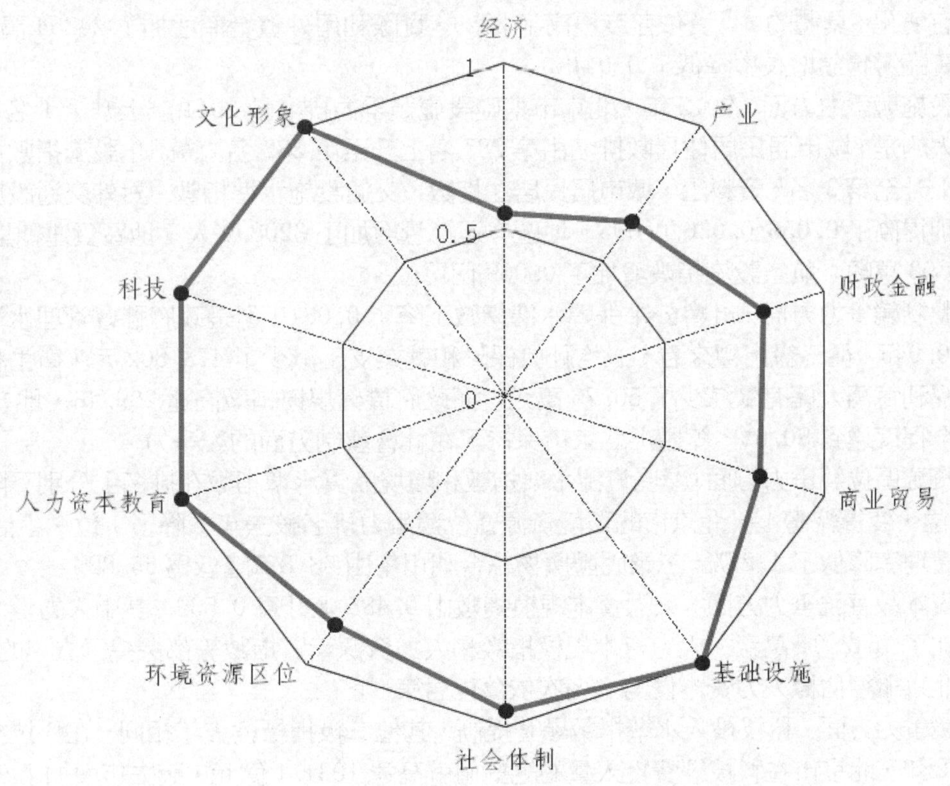

圖 7.3.1　2012 年北京分項競爭力雷達圖

北京 2012 年城市競爭力的基本情況如下：經濟競爭力得分爲 1837.89，排名第 3 位，與上年持平；產業競爭力得分爲 2772.33，排名第 6 位，與上年持平；財政金融競爭力得分爲 4646.28，排名第 2 位，比 2011 年排名上升了 1 位；商業貿易競爭力得分爲 4812.54，排名第 2 位，與上年持平；基礎設施競爭力得分爲 6068.62，排名第 1 位，比 2011 年排名上升了 1 位；社會體制競爭力得分爲 1327.37，排名第 3 位，與上年持平；環境資源區位競爭力得分爲 1628.32，排名第 4 位，比 2011 年排名下降了 1 位；人力資本教育競爭力得分爲 3838.06，排名第 1 位，與上年持平；科技競爭力得分爲 6379.32，排名第 1 位，與上年持平；城市文化形象競爭力得分爲 3922.18，排名第 1 位，與上年持平；綜合競爭力得分爲 14491.80，排名第 3 位，與上年持平。

經濟競爭力方面，2012 年北京市城市效率指數排名上升了一位，城市居民生活指數排名下降了 5 位元，城市規模指數和城市國際吸引力指數排名與 2011 年相同。城市人口規模增加了 50.7 萬人，人均 GDP 增加了 6697 元，城市化率上升了 0.1%，國際旅遊收入增加了 27000 萬美元。

產業競爭力方面，產業規模指數排名依舊位居第 2 名，產業貢獻指數排名上升了 1 名，產業效率指數排名由 138 名下降爲 163 名，產業結構指數排名由第 8 名下降爲第 9 名。具體的，限額以上的工業企業減少了 6 個，產品市場認可度減少了 12198.5 萬元，外資企業貢獻度降低了 1.78%；銷售毛利率增長了 0.79%，工業化發展水準上升了 0.51%。

財政金融競爭力方面，財政金融規模指數增加了 1.6 個百分點，仍爲單項指標排名的第 3 名，金融資本可獲得指數增長了 31.8%，指標排名由 2011 年的第 12 名上升爲 2012 年的第 3 名，成果最爲顯著，對於北京市的財政金融競爭力的提高提供了重要動力源。具體來看，2012 年，北京市財政預算內收入和支出分別增加了 320 萬元和 380 萬元，年末金融機構存款總額增加了 93000 萬元；獲得銀行貸款便利程度提高了 29.8%，獲得證券市場資本便利程度提升了 5.4%。

商業貿易競爭力方面，外貿指數有所提升，居民消費指數有所下降，其餘二級指數指標較去年沒有變化。具體的，外貿依存度提高了 39.9，實際利用外資金額增加了 24264 萬元；而社會消費品零售額增長率降低了 0.041%。

基礎設施競爭力方面，2012 年，北京市基礎設施競爭力排名較 2011 年上升了 1 名，其中貢獻最大的是，城市居民居住指數排名由第 287 名上升至第 282 名，資訊化設施指數排名由第 5 名上升至第 3 名。資料上，城市居民居住指數、交通設施水準指數、對外交通設施水準指數分別提高了 0.056,0.036,0.095。地區客運總量增加了 3208.2 人，地區貨運總量增加了 1399.93 萬噸；航空設施指數增加了 0.069 個單位。

社會體制競爭力方面，社會公平保障水準指數下降了 0.081，但是政府社會管理水準指數上升了 0.045。從三級指標來看，人均社會保障和就業支出減少了 473.802 元，衛生和保險用社會福利每萬人擁有量減少了 56.26 萬元；而政府機構規模指數高達 209.46，地方法規條例健全程度達到 80.6%，總體上北京市保持了在社會體制方面的競爭力。

環境資源區位競爭力方面，環境資源水準指數和環境品質水準指數在排名上分別下降了 23 位和 4 位，使得總體上，北京市的環境資源區位競爭力排名較去年下降了 1 位。生活垃圾無害化處理率降低了 1.27%，工業固體廢物綜合利用率由 68.87%降低爲 65.82%。

人力資本教育競爭力方面，人力資本規模指數由 0.485 上升爲 0.539，其中人力資本基本成本增加了 7542.31 萬元。人力資本規模指數和人力資源素質指數等都保持了去年的水準，這使北京繼續佔據人力資本優勢，名次依舊位居第一名。

科技競爭力方面，科技投入水準指數顯著提高，其他二級指標與去年相同。在科技投入方面，2012 年，北京市在科技經費投入量的絕對值就高達 1031.1 億元，比去年增加了 98.6 億元，較上年增長 10.1%；人均科技經費擁有量達到 917.8 元。北京市以中關村領頭，科技進步顯著，技術更新發展迅速，排名持續第一的成績實至名歸。

城市文化形象競爭力方面，2012 年，北京的文化形象競爭力仍然處於全國首位，這不僅僅是歷史文化的積累，也是大力發展現代文化產業的結果。從資料上來看，2012 年北京市文化設施指數提高爲 1，城市營銷能力指數上升了 0.053 個單位。具體來看，全年內北京市新增 32 個戲院，公共圖書總藏量 4613 萬冊，每百人大致擁有 366 本公共圖書；城市功能定位指數達到 0.814，城市建築景觀和諧程度增長了 0.4%。北京是有著三千年歷史的國家歷史文化名城，不但有胡同、城池、廟宇、更有舉世聞名的故宮、天壇、頤和園、長城，名勝古跡數量居全國首位。同時藝術家、收藏家、藝術愛好者也是全國最多，大多年青的文藝青年選擇來北京實現自己的理想，不斷地爲這個城市輸入新鮮的血液。

總之，作爲中國政治經濟中心的北京在 2012 年內繼續發揮優勢，積極發展新型產業，保證了綜合競爭力名列前三。

7.4 廣州城市競爭力點評分析

廣州地處華南，廣東省的東南部，珠江三角洲北緣，西江、北江、東江三江匯合處，瀕臨南中國海，隔海與香港、澳門特別行政區相望，地理位置優越，是“海上絲綢之路”的起點之一，被稱爲中國的“南大門”。同時，廣州也是於上海、北京之後的中國大陸經濟規模第三大的城市，與北京、上海合稱北上廣。在《中國城市生活品質指數報告》中，廣州被評爲中國大陸生活品質最好的城市。廣州是中國最主要的對外開放城市之一，中國南方最大、歷史最悠久的對外通商口岸、世界著名的港口城市之一，作爲對外貿易的視窗，在廣州的外國人士眾多；近年來自非洲和中東的外籍人士急劇增加，被稱爲“第三世界首都”，是全國著名的華僑之鄉，也是全國華僑最多的大城市。

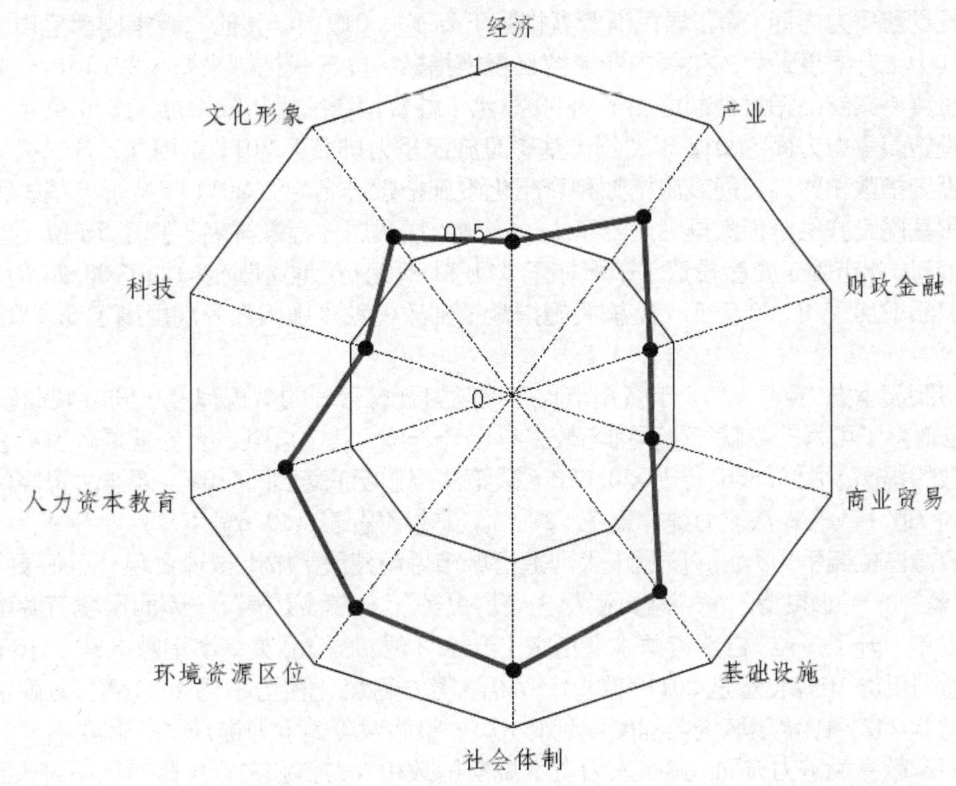

圖 7.4.1　2012 年廣州分項競爭力雷達圖

廣州 2012 年城市競爭力的基本情況如下：經濟競爭力得分爲 1403. 33，排名第 5 位，與上年持平；產業競爭力得分爲 2870. 58，排名第 5 位，比 2011 年排名下降了 1 位；財政金融競爭力得分爲 1576. 95，排名第 7 位，比 2011 年排名下降了 1 位；商業貿易競爭力得分爲 2018. 29，排名第 4 位，比 2011 年排名上升了 1 位；基礎設施競爭力得分爲 3953. 41，排名第 5 位，與上年持平；社會體制競爭力得分爲 1002. 57，排名第 6 位，比 2011 年排名上升了 1 位；環境資源區位競爭力得分爲 1413. 04，排名第 5 位，比 2011 年排名上升了 1 位；人力資本教育競爭力得分爲 2327. 39，排名第 5 位，與上年持平；科技競爭力得分爲

2099.13，排名第 7 位，與上年持平；城市文化形象競爭力得分爲 1836.98，排名第 5 位，與上年持平；綜合競爭力得分爲 8406.35，排名第 4 位，比 2011 年排名上升了 1 位。

經濟競爭力方面，城市規模指數排名與 2011 年相同，仍然是第 5 名；城市效率指數排名下降了 3 位；城市國際吸引指數排名上升了 1 位；城市居民生活水準指數排名下降了 1 位。2012 年，廣州市雖然 GDP 增長率下降了 0.5 個百分點，但是實際利用外資總額增加了 3.05 億美元，國際旅遊收入增加了 2.92 億美元，同時城鎮居民人均可支配收入增加了 3616 元。

2012 年廣州市在產業競爭力方面表現欠佳，名次下降一位。從二級指標上看，產業結構指數、產業規模指數和產業貢獻指數排名均未發生變化，產業效率指數排名由第 22 名下降爲第 50 名。在產業效率上，農業財富創造能力減少了 19.8 萬元,工業財富創造能力減少了 100 萬元，服務業創造能力減少了 130 萬元。

財政金融競爭力方面，2012 年廣州市的財政金融效率指數和金融資本可獲得指數下降較爲明顯，排名分別下降了 9 名和 1 名。具體來看，人均財政預算內收入和支出分別減少了 1976.79 元和 2230.3 元，人均年末存貸款額分別減少了 74747.2 元和 101149.5 元；獲得銀行貸款便利程度下降了 13.1%，獲得證券市場資本便利程度下降了 10.9%，獲得民間及風險資本便利程度下降了 11.9%。

商業貿易競爭力方面，除了居民消費者指數下降了 0.019 外，其他二級指標都呈現上升的趨勢，其中上升幅度最大的是國內商業貿易規模指數。從三級指標來看，2012 年，廣州市批發零售貿易業商品銷售總額增加了 3900 萬元，社會消費品零售額增加了 860 萬元。

基礎設施競爭力方面，2012 年廣州市基礎設施競爭力排名與 2011 年相同。各二級指標中，交通設施指數和對外交通設施指數和資訊化設施指數排名均與 2011 年持平，基礎設施投資指數和基礎設施供應指數排名上升了 1 位，城市居民居住指數排名下降了 15 位。資料上來看，全年廣州市固定資產投資水準增加了 344.81 萬元，房地產開發增加了 63.71 億元；住宅投資總額增加了 46.80 億元；路網設施指數、郵政網點設施指數分別提高了 5.4 和 14 個百分點。

社會體制競爭力方面，2012 年廣州市政府提高對社會管理的重視程度，同時兼顧效率和公平，並獲得了可喜的成就，單項排名較去年上升一位，其中貢獻最大的就是政府社會管理水準指數的提高，由 0.566 上升爲 0.678。政策法規透明底達到 64.6%，地方法規條例健全程度達到 79%，政府執法能力提升爲 77.2%，辦事效率提高爲 40.6%。

環境資源區位競爭力方面，廣州市大力進行城市環境建設，城市環境實現“五個更”，即“天更藍”、“水更清”、“路更暢”、“房更美”、“城更美”，因而環境資源區位競爭力較去年上升了 1 位。自然資源水準指數上升了 2 位，環境品質水準指數上升了 16 位。2012 年，廣州市城市綠化量是 2011 年的 1.87 倍，建成區綠化覆蓋率爲 40.15%，氣候環境舒適度高達 0.742，山水環境優美程度達到 0.873，整體環境競爭力提升了一個臺階。

人力資本教育競爭力方面，雖然人力資本規模指數和人力資源素質指數有所下降，但是人力資本投入指數和人力資本吸引力水準指數的提高有利的支撐了人力資本教育競爭力排名。2012 年，廣州市人力資本基本成本達到 54494.1 元，較去年增加了 4975.9 元；移民化程度指數達到 1.57，較去年增加了 0.57。

科技競爭力方面，科技人力資本指數和科研成果轉化指數有所下降，但是科技投入水準指數和科研機構指數呈上升趨勢。

城市文化形象競爭力方面，文化設施指數和文化資源指數下降，但是文化意識指數和城市營銷能力指數上升。具體來看，全年，廣州市戲院數減少了 6 個；名勝古跡指數降低了 0.4%；誠信意識指數增加了 0.003，達到 0.751，競爭意識指數和重商意識指數均增加了 0.005；城市文化影響指數增加了 0.006，城市功能定位指數達到了 0.653。

廣州市作爲國家級中心城市，其輻射功能不斷增強。2012 年，由於廣州市在商業貿易和基礎設施等方面表現突出，而經濟和產業方面又維持住了與去年持平的競爭力，因而綜合競爭力整體增強，排名上升一名。

7.5 深圳城市競爭力點評分析

深圳，又稱爲“鵬城”，位於珠江三角洲東岸，與香港一水之隔。全市面積 1953 平方公里，屬亞熱帶海洋性氣候區，四季溫潤、陽光充沛，盛產水果。2010 年 7 月，深圳經濟特區正式擴容至全市。經過 30 年的改革開放建設，深圳由一個昔日的邊陲小鎮發展成爲有一定國際影響力的新興現代化城市，創造了舉世矚目的“深圳速度”。深圳是中國最早的經濟特區和計畫單列市，副省級城市，中央政府將其視爲改革開放的“試驗田”及展示改革開放成果的視窗。在國家政策支持下，深圳已發展成爲國際化城市，創造了世界城市化、工業化和現代化的奇跡。深圳是中國與世界交往的主要門戶之一，有著強勁的經濟支撐與現代化的城市基礎設施。深圳是中國的移民城市，外來人口增長快、比例高，語言、文化複雜、多樣，治安、社會問題也非常突出。該市的文化、體育等硬體設施水準可與北京、上海、廣州看齊， 2011 年 8 月舉辦了第 26 屆世界大學生夏季運動會。

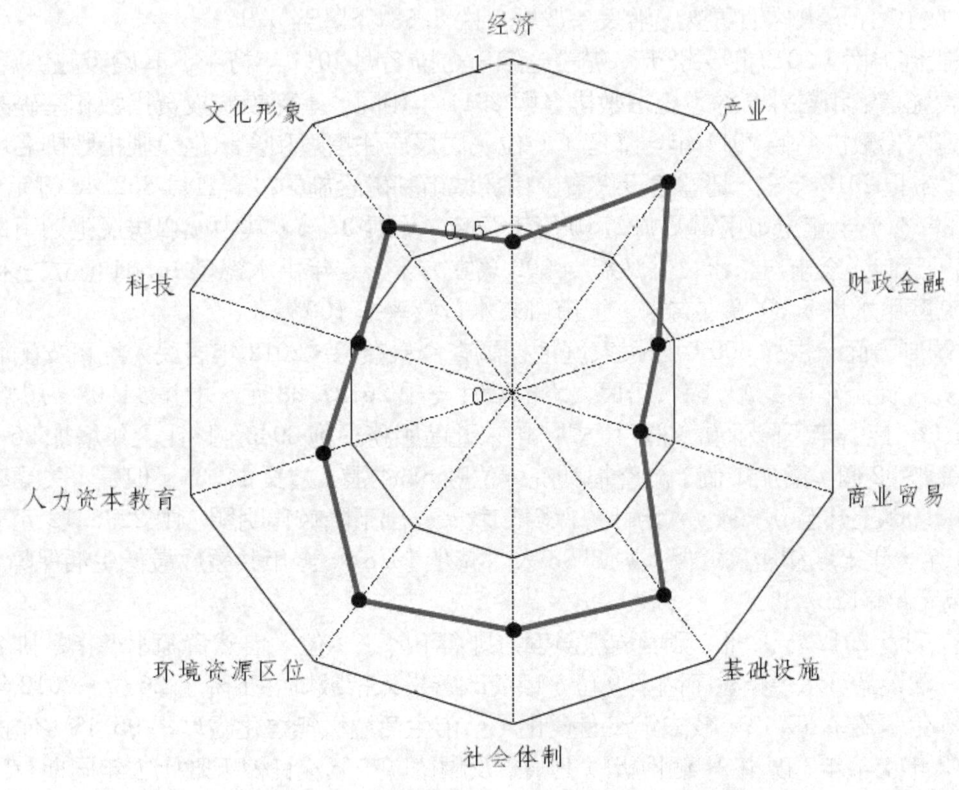

圖 7.5.1　2012 年深圳分項競爭力雷達圖

深圳 2012 年城市競爭力的基本情況如下：經濟競爭力得分爲 1372.08，排名第 6 位，與上年持平；產業競爭力得分爲 3836.81，排名第 3 位，與上年持平；財政金融競爭力得分爲 1769.77，排名第 4 位，與上年持平；商業貿易競爭力得分爲 1737.74，排名第 6 位，比 2011 年排名下降了 2 位；基礎設施競爭力得分爲 4144.13，排名第 4 位，與上年持平；社會體制競爭力得分爲 710.93，排名第 14 位，比 2011 年排名下降了 12 位；環境資源區位競爭力得分爲 1352.32，排名第 6 位，比 2011 年排名下降了 1 位；人力資本教育競爭力得分爲 1719.96，排名第 11 位，與上年持平；科技競爭力得分爲 2279.94，排名第 5 位，與上年持平；城市文化形象競爭力得分爲 1980.11，排名第 4 位，與上年持平；綜合競爭力得分爲 8362.43，排名第 5 位，比 2011 年排名下降了 1 位。

2012 年，深圳的經濟實力排名第 6 名，其中，城市規模指數排名第 7，較上一年上升 1 個名次；城市效率指數排名第 6，較去年上升 5 個名次；城市吸引力指數排名第 5，下降了 1 名；城市居民生活指數排名第 12，上升了 1 個名次。2012 年全年深圳市生產總值 12950.08 億元，比上年增長 10.0%。

產業競爭力排名第 3 名，與 2011 年持平。從二級指標上看，產業規模指數和產業結構指數排名沒有變化，產業貢獻指數排名上升了 1 位，產業效率指數排名下降了 31 位。2012 年深圳市三大產業產能分別爲：第一產業增加值 5.56 億元，下降 18.2%；第二產業增加值 5737.64 億元，增長 7.3%；第三產業增加值 7206.88 億元，增長 12.3%。

財政收支與金融方面，2012 年深圳市財政金融規模指數排名由第 4 名下降爲第 5 名，財政金融效率指數排名由第 2 名下降爲第 14 名，金融可獲得資本指數排名由第 8 名上升爲第 6 名。據統計，全年完成公共財政預算收入共 1482.08 億元，比上年增長 10.6%，其中稅收收入 1329.98 億元，增長 11.3%。公共財政預算支出共 1565.71 億元，下降 1.6%。其中，教育支出 246.21 億元，增長 25.1%。

商業貿易方面，2012 年全年社會消費品零售總額 4008.78 億元，其中，批發和零售業零售額 3526.29 億元，住宿和餐飲業零售額 482.49 億元。人均消費支出由 2011 年的 21516.1 元上升至 22807 元，人均消費支出增長率放緩，由 8.83%下降至 5.95%。

基礎設施方面，2012 年深圳市基礎設施競爭力排名與 2011 年持平。基礎設施供應指數、交通設施指數和對外交通設施指數排名與 2011 年相同，基礎設施投資指數和基礎設施行業人力資本指數排名較 2011 年均降低了 6 位，居民居住指數和資訊化設施指數排名均上升了 1 位。截止 2012 年末，基本建設投資中用於城市基礎設施的投資量爲 552.46 億元，比上年下降 26.3%。全年全市用電量 722.10 億千瓦時，增長 3.7%，其中城鄉居民生活用電 104.30 億千瓦時。全市自來水日供應能力 692 萬立方米，全年供水總量 16.04 億立方米，其中居民家庭用水量 5.39 億立方米。全市自來水普及率達 100%。

社會體制方面，根據 600 戶居民家庭抽樣調查資料顯示，2012 年居民人均可支配收入 40741.88 元，比上年增長 11.6%。居民人均消費性支出 26727.68 元，增長 11.0%。恩格爾係數爲 36.3%，比去年下降了 0.4 個百分點，年末社區服務設施 6943 個，比上年增加 26 個。社會福利院數 32 個，增加 1 個；社會福利院床位數 5894 張，增長 11.3%。但是，失業率由 2011 年的 0.96%上升至 0.99%，人均社會保障和就業支出下降較爲明顯，由 2235.72 元下降爲 597.76 元，年末城鎮居民低保人數 8598 人，減少 19.8%，全年共發放最低生活保障金 4154.10 萬元，下降 9.1%。

環境方面，2012 年深圳市環境資源競爭力排名下降了 1 位，自然資源水準指數排名下降了 1 位，環境品質水準指數下降了 9 位，環境改善投入指數排名下降了 26 位。2012 年全市建成區綠化覆蓋率 45.1%，較去年沒有變化，全市生活垃圾無害化處理率 95.1%，僅提升 0.1%。2012 年上半年，廣東 21 個地級以上城市及順德區空氣優良總天數比去年同期有所增加；但全省酸雨頻率卻從去年的 37%增加到 38.2%，韶關、清遠、佛山、深圳和順德被列爲五大“重酸雨區”。

深圳的人力資本教育競爭力排名第 11 位。至 2012 年底，全市各級各類學校總數達 1856 所，比上年增加 99 所；畢業生 34.64 萬人，招生數 44.27 萬人，在校學生數 151.84 萬人，分別增長 11.2%、4.2%和 5.8%。全市各類專業技術人員 115.66 萬人，其中具有中級技術職稱及以上的專業技術人員 37.63 萬人，分別比上年增長 6.3%和 2.6%。年末三項專利申請受理量 73130 件，增長 15.1%。專利授權量 48662 件，增長 23.6%。各級各類教育協調性進一步增強，城市教育體系更適應城市人口和經濟社會發展。

城市文化形象方面，雖然文化意識指數和文化資源指數有所降低，但是文化設施指數和城市營銷能力指數上升。從三級指標來看，2012 年，深圳市新增公共圖書 204.3 萬冊（件），每百人公共圖書數量達到 255.58 本，城市知名度達到 99.1%，城市功能定位指數爲 1，與去年相同。

綜合以上指標分析，受到個別指標表現欠佳的影響，2012 年深圳市的綜合競爭力排名下降了一位。

7.6 天津城市競爭力點評分析

天津，簡稱津，地處華北平原，自古因漕運而興起，經歷 600 餘年，特別是近代百年的發展，造就天津中西合璧、古今相容的獨特城市風貌。“近代百年看天津”，成爲世人共識。天津是中國第三大城市，四大直轄市之一，中國國家中心城市，中國北方經濟中心、中國北方國際航運中心、中國北方國際物流中心、國際港口城市和生態城市。天津位於華北平原海河五大支流匯流處，東臨渤海，北依燕山，海河在城中蜿蜒而過，海河是天津的母親河。天津是中國近代工業的發源地，五大道素有“萬國建築博覽會”之稱。2006 年 3 月 22 日，國務院常務會議完整定位爲“環渤海地區經濟中心，國際港口城市，北方經濟中心，生態城市”。天津被譽爲“中國經濟第三增長極”，經濟增速連續多年位於全國領先位置。天津將承辦 2013 年第六屆東亞運動會和 2017 年第十三屆全國運動會，且是夏季達沃斯論壇常駐舉辦城市。

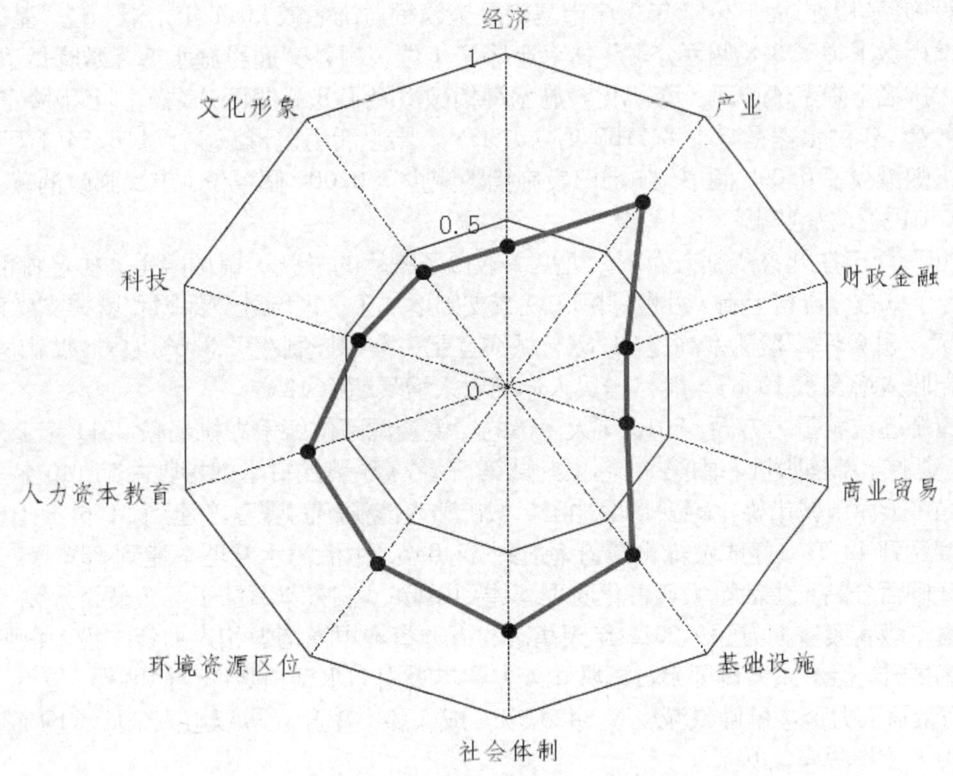

圖 7.6.1　2012 年天津分項競爭力雷達圖

天津 2012 年城市競爭力的基本情況如下：經濟競爭力得分爲 1231.24，排名第 7 位，與上年持平；產業競爭力得分爲 3052.85，排名第 4 位，比 2011 年排名上升了 1 位；財政金融競爭力得分爲 1124.32，排名第 10 位，比 2011 年排名下降了 1 位；商業貿易競爭力得分爲 1546.23，排名第 10 位，比 2011 年排名下降了 1 位；基礎設施競爭力得分爲 3100.14，排名第 8 位，比 2011 年排名下降了 1 位；社會體制競爭力得分爲 765. 76，排名第 11 位，比 2011 年排名上升了 9 位；環境資源區位競爭力得分爲 962. 28，排名第 14 位，比 2011 年排名上升了 3 位；人力資本教育競爭力得分爲 1907. 35，排名第 7 位，比 2011 年排名下降了 1 位；科技競爭力得分爲 2158. 80，排名第 6 位，與上年持平；城市文化形象競爭力得分爲 997. 31，排名第 17 位，比 2011 年排名下降了 4 位；綜合競爭力得分爲 6759. 60，排名第 6 位，比 2011 年排名上升了 1 位。

經濟競爭力方面，2012 年天津的城市規模指數和城市效率指數排名與 2011 年相同，城市居民生活水準指數排名由第 49 名上升爲第 44 名，城市國際吸引力指數排名由第 8 名上升爲第 6 名。全年，天津市實現實際利用外資總額達到 150. 16 億美元，較去年增加了 19. 16 億美元元；簽訂外資合同 592 份，國際旅遊收入 21. 47 億美元，同比增長 22. 3%。

產業競爭力方面，2012 年天津市產業貢獻指數和產業結構指數分別上升了 0. 014 和 0. 059，產業效率指數排名由第 74 名上升爲 68 名。從三級指標來看，企業市場認同感遞增速度由 10. 92 上升至 25，上升 14. 08 個單位；在三大產業中，第三產業進步明顯，發展水準指數增加了 0. 68，就業水準指數增加了 0. 19，產業製造能力增加了 2. 4。

財政金融競爭力方面，2012 年天津市財政金融規模指數排名下降了 1 名，財政金融效率指數下降了 2 名，金融資本品質指數下降了 171 名。資料上顯示爲，資本使用率較去年下降了 45. 3%；人均財政預算內收入減少了 163 元，人均財政預算內支出減少了 699. 07 元，人均年末儲蓄額和貸款額分別減少了 18585. 1 元和 70716. 27 元。

商業貿易競爭力方面，2012 年影響天津市商貿表現力的主要指標是居民消費指數，下降了 0. 023。

基礎設施競爭力方面，2012 年天津市基礎設施競爭力排名較 2011 年下滑一位。基礎設施供應水準指數下降了 3. 8 個百分點，排名下降了 1 位，對外交通設施水準指數降低了 2 個百分點，排名下降了 4 位元，資訊化設施水準指數下降了 8. 9 個百分點，排名下降了 5 位。具體來看，年供水總量減少了 1168 萬立方米，人均生活用電量減少了 118. 54 千瓦時；路網設施指數減少了 0. 092 個單位，港口設施指數減少了 0. 004 個單位；市民郵政消費下降了 26. 8%，市民通信消費下降了 14. 6%。

2012 年天津市在社會體制方面下大力度，取得了矚目的成就，單項競爭力排名實現大躍進，上升了 9 位。資料上看，社會保障和就業支出增加了，人均社會保障和就業支出達到 1060. 109 元，社會保障覆蓋率高達 91. 8%。城鎮登記失業率控制在了 3. 6%以內，城市居民人均可支配收入增長了 10. 8%，農村居民人均純收入增長超過 12%。

環境資源區位競爭力方面，2012 年天津市的環境資源區位競爭力排名較 2011 年上升了 3 位。環境資源水準指數排名由第 94 名上升爲第 57 名，環境品質水準指數由第 140 名上升爲第 124 名。天津市城市綠化絕對量增加了，城市礦產能源絕對豐富度達到 11. 6%，山水環境優美程度達到 42. 7%，建成區綠化覆蓋率達到 32. 04%，生活污水處理率達到 83%，較去年上升了 2. 9 個百分點，生活垃圾無害化處理率達到 100%，較去年增加了 5. 7 個百分點。

人力資本教育競爭力方面，2012 年天津市的人力資本規模指數和人力資本投入指數單項指標排名提升，但是人力資源素質指數和人力資本吸引力水準指數卻下降明顯，拉低了總體成績。高素質人力資本儲備量減少了 54227 人，成人識字率和大專以上人口比重均下降了 0. 1%；吸引人才指數僅爲 0. 8。

科技競爭力方面，天津市在各二級指標上表現一般，科技人力資本指數下降了 0. 144 個單位，但是其他指標都有小幅增長，彌補了前者下降帶來的不利影響。具體來看，科技經費絕對投入量增加了 92577 元，科技服務人員擁有量爲 6. 47 萬人，科技人員吸引指數達到 0. 6，總體上保持住了與去年相同的排名。

城市文化形象競爭力方面，受到文化資源和文化設施的減少的拖累，2012 年天津市城市文化形象欠佳。城市歷史文化指數下降了 0.001 個單位，名勝古跡指數僅爲 0.518。

2012 年，雖然國內外經濟環境複雜嚴峻，但在天津市政府的堅強領導下，深入貫徹落實科學發展觀，堅持穩中求進的工作總基調，深入開展“調結構、惠民生、上水準”活動，積極推進轉型發展，努力克服國內外市場需求不足的困難，全市經濟保持平穩較快增長，各項社會事業協調發展，城市綜合競爭力排名上升一位。

7.7 蘇州城市競爭力點評分析

蘇州，中國城市，古稱吳，現簡稱蘇，擁有姑蘇、吳都、吳中、東吳、吳門和平江等多個古稱和別稱。蘇州自有文字記載以來的歷史已有 4000 多年，西元前 514 年建城，是中國首批 24 個歷史文化名城之一，中國重點風景旅遊城市，也是 4 個中國重點環境保護城市之一、長江三角洲重要的中心城市之一。蘇州物華天寶，人傑地靈，被譽爲“人間天堂”，素來以山水秀麗、園林典雅而聞名天下，有“江南園林甲天下，蘇州園林甲江南”的美稱，又因其小橋流水人家的水鄉古城特色，而有“東方威尼斯”美譽。蘇州是中國的特大城市，是江蘇省的經濟、對外貿易、工商業和物流中心，也是重要的文化、藝術、教育和交通中心。蘇州是江蘇人口最多的城市，同時也是經濟總量最大、現代化程度最高的城市。蘇州位於太湖之濱，長江南岸的入海口處，京滬鐵路、京滬高鐵、滬甯城際高鐵和多條高速公路貫穿全境。下轄的常熟市、昆山市、吳江市、太倉市和張家港市這五個縣級市的經濟實力均列全國百強縣（市）前五位，昆山市、常熟市、張家港市並列第一，吳江市位居第二，太倉市排名第四。

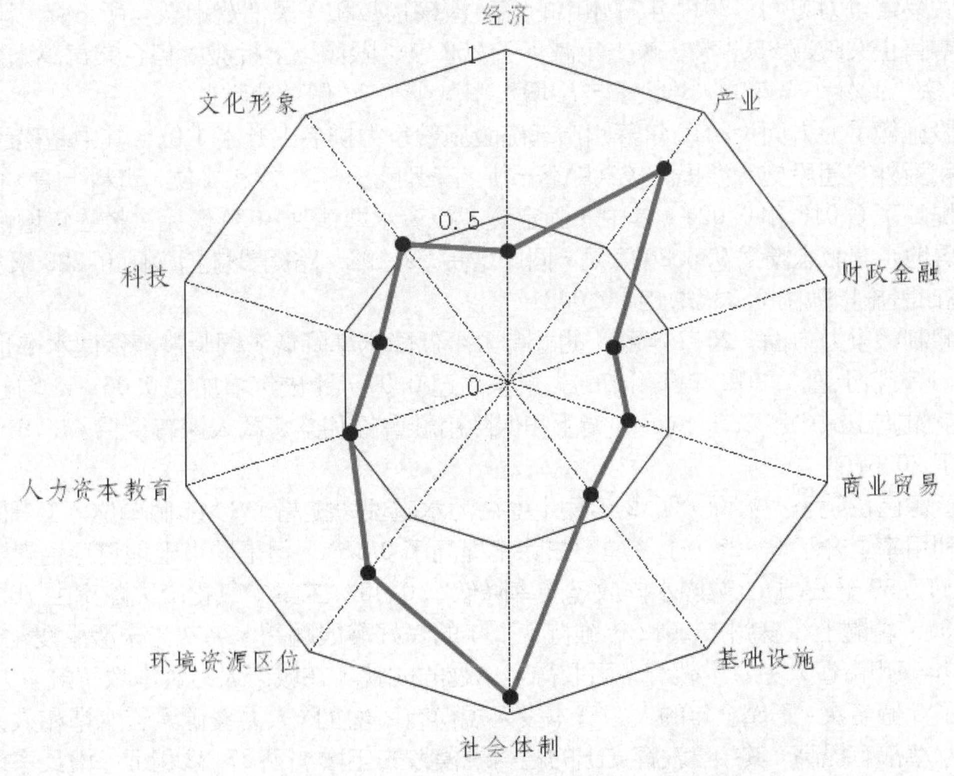

圖 7.7.1　2012 年蘇州分項競爭力雷達圖

蘇州 2012 年城市競爭力的基本情況如下：經濟競爭力得分爲 1097.64，排名第 8 位，與上年持平；產業競爭力得分爲 3931.28，排名第 2 位，與上年持平；財政金融競爭力得分爲 786.02，排名第 14 位，比 2011 年排名下降了 3 位；商業貿易競爭力得分爲 1587.72，排名第 9 位，比 2011 年排名下降了 1 位；基礎設施競爭力得分爲 1441.51，排名第 21 位，比 2011 年排名上升了 1 位；社會體制競爭力得分爲 1310.81，排名第 4 位，比 2011 年排名下降了 3 位；環境資源區位競爭力得分爲 1126.32，排名第 7 位，與上年持平；人力資本教育競爭力得分爲 1215.52，排名第 19 位，比 2011 年排名上升了 5 位；科技競爭力得分爲 1633.97，排名第 11 位，比 2011 年排名上升了 1 位；城市文化形象競爭力得分爲 1472.00，排名第 7 位，比 2011 年排名下降了 1 位；綜合競爭力得分爲 6758.72，排名第 7 位，比 2011 年排名下降了 1 位。

經濟競爭力方面，城市規模指數排名下降了 1 位，城市效率指數排名下降了 3 位，城市吸引力指數排名下降了 1 位，城市居民生活指數上升了 5 位。全市地區生產總值達到 12011.65 億元，按可比價計算比上年增長 10.1%，人均 GDP 達到 114029 元；城市化率爲 72.31%，較去年增長了 10 個百分點。

產業競爭力方面，2012 年蘇州市繼續發展優勢產業，扶植新興產業，成果顯著，排名依舊位居第二位。其中產業規模指數、產業貢獻指數和產業結構指數排名都沒變化，分別位居第 3 名、第 2 名和第 4 名。全年的產業效率提高了 0.6%，產業結構得到優化，結構指數達到 0.893，較去年增加了 0.07 個單位。企業利稅增值稅占 GDP 比重增加了 16.46%，從業者生產效率提高了 1329.7，銷售毛利率提升了 0.92；工業化發展水準達到 56.93，產業製造能力爲 90.06%，比去年提高了 9.13 個百分點。

財政金融競爭力方面，2012 年蘇州市加大了財政金融規模，1-12 月全市開發區實現地方一般預算收入 616.27 億元，同比增長 22.78%。但是，資金使用效率和金融資本品質不如 2011 年，致使排名倒退一名。資本使用效率降低了 44.1%，獲得銀行貸款便利程度降低了 13.9 個百分點，獲得證券市場資本便利程度降低了 9.1 個百分點。

商業貿易競爭力方面，2012 年蘇州市的商貿機構指數和居民消費指數有所下降。限額以上批發零售企業數爲 3563 家，較去年減少了 262 家；限額以上批發零售企業每萬人擁有量爲 3.40 家；此外，全年的人均消費支出增長率減少了 77 個百分點。

基礎設施競爭力方面，2012 年蘇州市基礎設施競爭力排名上升了 1 位。其中基礎設施投資水準和對外交通設施水準提高較爲顯著，排名分別上升了 1 位和 4 位。資料上看，兩個指數分別提高了 0.016 和 0.024。其中，固定資產投資水準達到 3620 億元，較去年增幅爲 17.95%；房地產開發水準爲 935.80 億元，同比增長 29.19%。路網設施指數由 0.223 增加到 0.234，港口設施指數由 0.03 增加到 0.042。

社會體制競爭力方面，2012 年蘇州的社會公平保障水準降低，同時醫療保健水準也不如 2011 年。資料上看，2012 年蘇州市的失業率高達 0.97，比去年增加了 0.05；人均社會保障障和就業支出減少了 356.46 元，衛生和保險用社會福利業每萬人擁有量爲 44.79，比去年減少了 20.57。

環境資源區位競爭力方面，2012 年蘇州生活污水處理率提高了 1.44 個單位，工業固體廢物綜合利用率上升了 0.12%，工業煙塵去除率提高了 0.15%，但是城市土地資源絕對豐富度減少了 117.59 千公頃，工業廢水排放達成率降低了 0.43%，工業二氧化硫去除率由 76.31% 降爲 26.55%。總體上，蘇州市 2012 年維持了上年的良好發展趨勢，名次尚未發生變化。

2012 年蘇州市在人力資本教育方面取得了卓越的成就，在城市人力資本教育競爭力排名中前進了 5 個名次。不僅全年的人力資本投入規模有所增加，人力資源素質水準和人力資本吸引力水準都有提高。其中，教育支出的絕對規模較去年增加了 37.22 億元，增長率達到 18%，城市就業率突破 98%，人力資本基本成本爲 45567.6 萬元，教育成本 1146 萬元；高素質人力資本相對儲備量爲 1046.9，成人識字率達到 90.6%；移民化程度創新高，達到 1.64.

科技競爭力方面，隨著蘇州政府加大對科技水準的投入規模和重視程度，2012 年蘇州市的科技競爭力有了小幅提升。其中，高新技術產業產值增長 17.6%，占規模以上工業產值的比重達到 37.3%，比上年提高 0.7 個百分點。全市研究與試驗發展經費支出占地區生產總值的比重達到 2.45%，比上年提高 0.11 個百分點。爲了促進科技與金融結合，增加科技型企業信貸風險準備金，蘇州市發放“科貸通”專項貸款 21.7 億元。

城市文化形象競爭力方面，2012 年蘇州市在文化設施建設和文化資源方面表現不如 2011 年。從三級指標來看，每萬人擁有教育藝術廣播影視業從業人數僅爲 80 人，較去年減少了 50 人。

2012 年蘇州市雖然穩定住了經濟產業方面的優勢，但是在金融、商貿等方面不敵 2011 年取得的成就，導致綜合競爭力排名下滑一位。

7.8 杭州城市競爭力點評分析

杭州位於中國東南沿海北部，是中國八大古都之一，浙江省的省會：這裏也是旅遊的勝地“東南第一州”；這裏，江流襟帶，山色藏幽，湖光翠秀；這裏，史脈悠遠，文風熾盛，魚米之鄉、絲綢之府、文物之邦，宋以後享有″人間天堂″的美譽，是浙江經濟文化中心之一。杭州歷史源遠流長，自秦設縣治以來，已有 2200 多年歷史。“上有天堂、下有蘇杭”，表達了古往今來的人們對於這座美麗城市的由衷讚美。元朝時曾被義大利旅行家馬可·波羅贊爲“世界上最美麗華貴之城”。2011 年 6 月 24 日，杭州西湖文化景觀被正式列入《世界遺產名錄》， 2011 年 12 月被評爲全國文明城市。

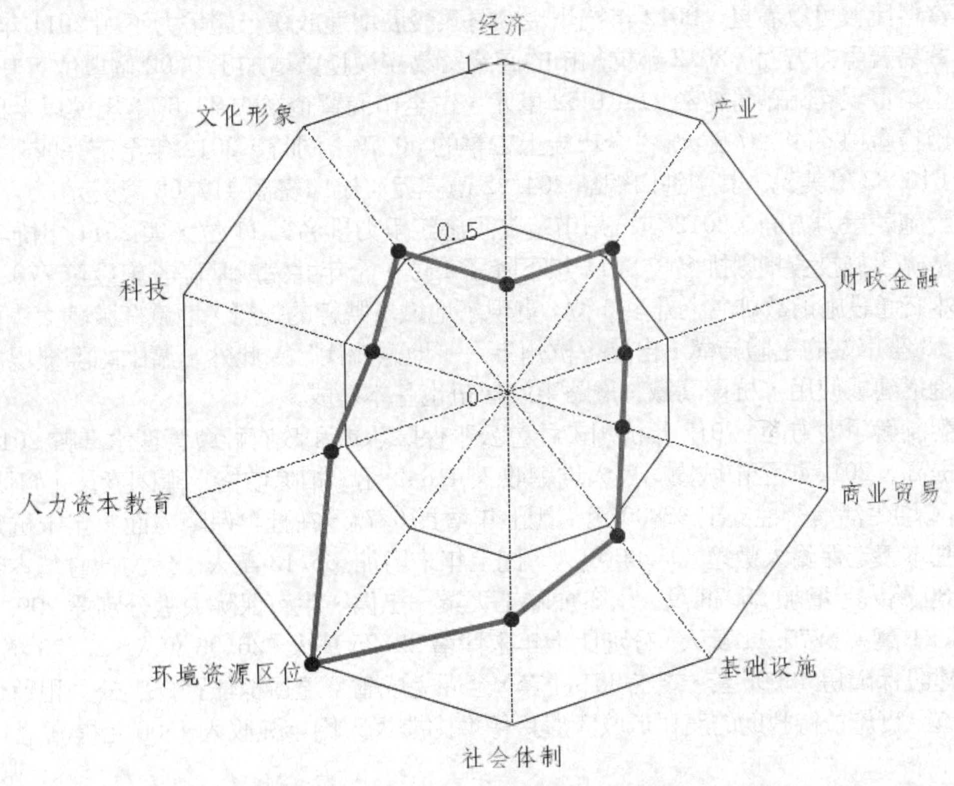

圖 7.8.1　2012 年杭州分項競爭力雷達圖

杭州 2012 年城市競爭力的基本情況如下：經濟競爭力得分爲 764.40，排名第 10 位，比 2011 年排名上升了 2 位；產業競爭力得分爲 1876.95，排名第 10 位，與上年持平；財政金融競爭力得分爲 1090.67，排名第 11 位，比 2011 年排名下降了 3 位；商業貿易競爭力得分爲 1415. 32，排名第 11 位，與上年持平；基礎設施競爭力得分爲 2411. 69，排名第 11 位，與上年持平；社會體制競爭力得分爲 628. 38，排名第 19 位，比 2011 年排名上升了 2 位；環境資源區位競爭力得分爲 2124. 35，排名第 1 位，比 2011 年排名上升了 1 位；人力資本教育競爭力得分爲 1531. 48，排名第 12 位，與上年持平；科技競爭力得分爲 1786. 02，排名第 9 位，比 2011 年排名上升了 1 位；城市文化形象競爭力得分爲 1544. 58，排名第 6 位，比 2011 年排名上升了 1 位；綜合競爭力得分爲 6481. 38，排名第 8 位，與上年持平。

經濟競爭力方面，2012 年杭州市城市規模指數排名與 2011 年持平，城市效率指數排名下降了 1 名，城市國際吸引力指數下降了 1 名，城市居民生活指數排名上升了 4 名。2012 年杭州市實現地區生產總值（GDP）7803. 98 億元，按可比價格計算，比上年增長 9. 0%。按常住人口計算的人均 GDP 達到 88985 元，增長 8. 4%。受益於此，2012 年杭州市經濟競爭力排名上升兩位。

產業競爭力方面，2012 年杭州市的產業規模有所擴大，產業效率小幅提升，產業結構不斷優化，產業國際化趨勢愈加明顯。從二級指標排名上看，產業規模指數排名與 2011 年持平，產業貢獻指數排名較去年下降了 1 位，產業效率指數排名由第 93 名下降爲第 143 名，產業結構指數排名較去年上升了 2 位。從資料上看，全市農業財富創造能力、工業財富創造能力及服務業財富創造能力達到 255. 93 億元，3626. 88 億元和 3921. 17 億元，與去年不相上下。

財政金融競爭力方面，受到國內外經濟形勢影響，2012 年杭州財政金融競爭力排名第 11 位，比 2011 年排名下降了 3 位。2011 年全年完成財政總收入 1488. 92 億元，比上年增長 19. 6%，其中地方財政一般預算收入 785. 15 億元，增長 17. 0%。2012 年全年完成財政總收入 1627. 89 億元，比上年增長 9. 3%，其中地方財政一般預算收入 859. 99 億元，增長 9. 5%。通過近兩年資料比較可以看見，2012 年杭州金融財政發展增速放緩，競爭力不如 2011 年。

商業貿易競爭力方面，2012 年杭州市的商業貿易規模指數增加了 0. 02 個單位，其中，民營商貿企業實現商品銷售總額 11481. 52 億元，占全市商貿企業的 73. 5%；規模以上民營工業實現銷售產值 6448. 87 億元，占全市規上工業的 50. 7%。同時，2012 年全市完成外貿進出口總額 616. 83 億美元，其中進口總額 204. 22 億美元；出口總額 412. 62 億美元。

基礎設施競爭力方面，2012 年杭州市基礎設施競爭力排名第 11 位，與 2011 年排名相同。其中基礎設施投資指數排名較 2011 年下降了 1 位，全年共完成基礎設施投資 778. 52 億元。對外交通設施指數排名上升了 6 位，實現了地鐵 1 號線的運營，地鐵 2 號線東南段工程已完成 13 座車站的主體結構，自此，杭州步入“地鐵時代”。此外，蕭山國際機場航站樓和第二跑道建成使用，杭甯高鐵、鐵路東站樞紐也基本建成。

社會體制競爭力方面，2012 年杭州市社會公平保障水準和政府社會管理水準較 2011 年都有明顯提高。2012 年全市城鎮居民人均總收入 41842 元，扣除價格上漲因素後，實際增長 7. 4%；人均生活消費性支出 22800 元，比上年增長 0. 7%。在社會保障方面，年末杭州市參加社會基本養老保險人數達 605. 60 萬人，比上年末增加 65. 13 萬人；參加社會基本醫療保險 804. 80 萬人，增加 25. 78 萬人；參加職工失業、工傷、生育保險人數分別達 299. 78 萬人、382. 21 萬人、277. 11 萬人，分別比上年末淨增 22. 25 萬人、26. 93 萬人、22. 73 萬人。全市開工建設保障房 43095 套，竣工 35144 套，全面完成省下達目標任務推出公共租賃住房房源 2161 套。實施扶持救助的農村低收入農戶標準由農民人均年純收入 4500 元提高至 6000 元。

環境資源區位競爭力，杭州作爲我國著名的江南水鄉，是中國最著名的風景旅遊城市之一，俗話“上有天堂、下有蘇杭”印證了杭州之美，同時杭州也是有著 2200 年建縣史的中國古都，因此，杭州的環境優勢明顯。2012 年杭州市環境資源競爭力排名較去年上升了 1

位，其中環境資源水準指數排名上升了 3 位。2012 年杭州市建成區綠化覆蓋率達到 39.91%，山水環境優美度爲 0.948，生活垃圾無害化處理率爲 100%，均與 2011 年相同。

人力資本教育競爭力方面，2012 年杭州市人力資本規模較上年有小規模減少，規模指數下降了 0.019，但人力資本投入指數上升了 0.037 個單位，彌補了前者對總體競爭力的影響，使得排名與 2011 年相同。從資料上看，2012 年，杭州市城市就業率達到 98.75%，人力教育成本爲 1263.6 萬元，成人識字率突破 91%。

科技競爭力方面，經濟的發展需要科技的帶動，因而伴隨經濟競爭力的提升，杭州市科技競爭力也有所提高。杭州市擁有杭州經濟技術開發區、杭州高新技術產業開發區、蕭山經濟技術開發區和杭州之江國家旅遊度假區等 4 個國家級開發區，其中的杭州高新技術產業開發區是杭州市的一個新城區，始終圍繞著"構築天堂矽谷，建設科技新城"目標而建設。從二級指標上看，2012 年杭州市科技投入水準指數爲 0.265，比去年增加了 0.052，單項排名上升了 3 個名次；科技人力資本指數爲 0.457，較去年增加了 0.051，單項排名上升了 2 個名次；科研成果轉化指數爲 0.646，比上年增加了 0.002，單項排名與上年持平。

城市文化形象競爭力方面，2012 年杭州市加大對文化設施建設和城市營銷能力培養，截止到 2012 年末，新建成的劇院數爲 8 個，公共圖書總藏量 1254 萬冊，較去年增加了 33 萬冊；城市文化影響指數達到 0.633，城市功能定位指數達到 0.618，城市建築景觀和諧程度達到 0.617，較去年增加了 0.006 個單位。隨著對文化產業的重視和扶植，杭州市的城市文化形象競爭力將越來越強。

綜合競爭力上，2012 年，在杭州市政府的正確領導下，杭州無論是在經濟還是民生上，抑或在科技文化上都取得了不錯的成績，綜合所有指標來看，雖然 2012 年未能實現自我突破，依舊排名第 8 位，但杭州市的城市發展潛力還是很大的。

7.9 臺北城市競爭力點評分析

臺北市作爲臺灣省省會城市，是臺灣第一大城市，位於臺灣島北部的臺北盆地，四周均與新北市接壤，是臺灣人口最多的城市，也是臺灣政治、文化、商業與傳播等中心。臺北市是臺灣近代歷史的發展舞臺，集臺灣文化與人文地景之大成。臺北城市競爭力各項指標基本上排在全國前列，其在整個亞太地區是具有較強經濟影響力的城市，2017 年的世界大學運動會將在臺北市舉辦。

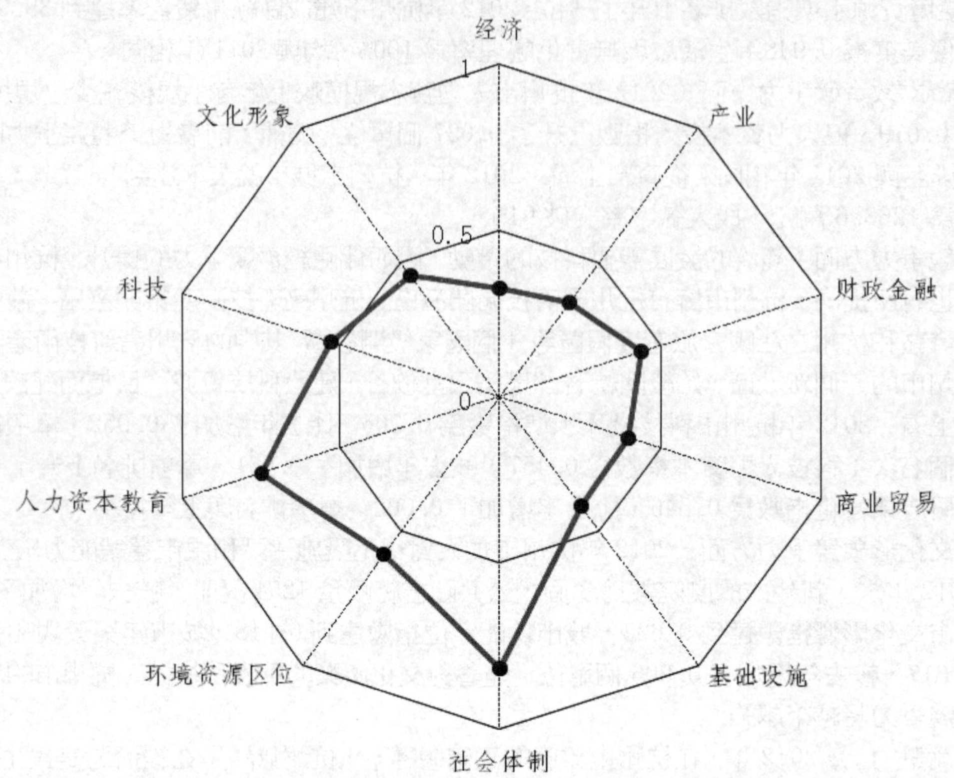

圖 7.9.1　2012 年臺北分項競爭力雷達圖

臺北 2012 年城市競爭力的基本情況如下：經濟競爭力得分爲 756.72，排名第 11 位，比 2011 年排名下降了 1 位；產業競爭力得分爲 436.30，排名第 54 位，比 2011 年排名下降了 7 位；財政金融競爭力得分爲 1673.25，排名第 6 位，比 2011 年排名下降了 1 位；商業貿易競爭力得分爲 1780.29，排名第 5 位，比 2011 年排名上升了 1 位；基礎設施競爭力得分爲 1341.53，排名第 22 位，比 2011 年排名上升了 2 位；社會體制競爭力得分爲 971.02，排名第 7 位，比 2011 年排名上升了 8 位；環境資源區位競爭力得分爲 714.78，排名第 18 位，比 2011 年排名上升了 23 位；人力資本教育競爭力得分爲 2560.27，排名第 4 位，與上年持平；科技競爭力得分爲 2674.84，排名第 4 位，與上年持平；城市文化形象競爭力得分爲 1113.06，排名第 11 位，比 2011 年排名上升了 7 位；綜合競爭力得分爲 5921.37，排名第 9 位，與上年持平。

經濟競爭力方面，2012 年臺北市城市規模指數排名下降了 7 名，城市國際吸引力指數下降了 3 位，城市效率指數和城市居民生活指數排名未發生變化。從三級指標上來看，2012 年臺北市的 GDP 規模爲 5185.48 億元，GDP 增長率爲 4%較去年減少了 6.6%，降幅較大；人均可支配收入爲 89329.3 元，人均消費支出爲 68008.9 元，比去年減少了 715.8 元。

產業競爭力方面，2012 年臺北市在產業貢獻和產業效率兩方面表現與 2011 年相比差距較大，排名分別下降了 60 名和 3 名。工業發展水準爲 31.1%，較去年增加了 1.31%，但第三產業發展水準爲 67.2%，減少了 1.46%，可見，2012 臺北市的產業發展不均衡問題在一定程度上減弱了原有競爭優勢，因而，排名下滑了一位。

財政金融競爭力方面，2012 年臺北市在金融資本可獲得指數表現欠佳，排名由第 2 名下降爲第 4 名。企業或個人獲得銀行貸款便利程度、獲得證券市場資本便利程度及獲得民間及風險資本便利程度分別由 2011 年的 0.866、0.758、0.753 降爲 0.509、0.459 和 0.529。

商業貿易競爭力方面，2012 年臺北市的外貿指數、商貿機構指數和居民消費指數上升明顯。其中，外貿依存度較 2011 年上升了 33.63%，進出口總額增長率高達 33.2%，限額以上批發零售企業數達到 365 家，與去年數量相同；人均消費支出爲 68008.9 元，增長率爲 2.69%，大眾消費傾向爲 76.13%。

基礎設施競爭力方面，2012 年，臺北市基礎設施競爭力排名較 2011 年上升了 2 位。其中基礎設施供應指數排名由第 12 位上升至第 8 位，全年供水總量達到 59188.6 萬立方米。同時，臺北市著力改善交通設施現狀，交通設施指數排名由第 57 名上升至第 30 名，每萬人擁有公共汽車、電車數量達到 14.23 輛，年末實有鋪裝道路面積爲 1993 萬平方米。對外交通指數排名與 2011 年持平，直至年末，路網設施指數達到 13.4%，港口設施指數達到 3.1%。

社會體制競爭力方面，社會治安和醫療保健水準上與 2011 年相差不多，而社會公平保障水準顯著提高，政府社會管理不斷完善。2012 年臺北市社會保障和就業支出爲 74.02 萬元，社會保障覆蓋率接近 80%，人均社會保障和就業支出爲 2792.2 元，較上年增加了 381.4 元。在社會管理上，刑事案件發生率下降爲 0.594，偵破率爲 0.558，社會安全民眾滿意度接近 55%，地方法規條例健全指數達到 0.679，政策法規透明度達到 0.672，政府執法能力，辦事效率較上年都有所提高。

環境資源區位競爭力方面，臺北的環境資源競爭力較 2011 年上升了 23 個名次。其中環境資源水準指數排名由第 268 名上升爲第 101 名，環境品質指數排名由第 100 名上升爲第 92 名。臺北市是臺灣北部的遊覽中心，比較著名的自然風景區有陽明山、北投風景區、臺北公園和規模最大的木柵動物園。2012 年，臺北市山水環境優美程度達到 69.3%，建成區綠化覆蓋率爲爲 20%，氣候環境舒適度由 58%提高爲 88%；生活污水處理率高達 100%，工業廢水排放達成率也突破了 90%。

人力資本教育競爭力方面，2012 年臺北市的人力規模指數、人力資源素質指數下降，但是人力資本教育設施指數和人力資本投入指數上升。從具體資料上看，高素質人力資本儲備量變化不大，但其他人力資本儲備量減少 38949 人；城市就業率達到 94.8%，比去年增長了 0.6%。

科技競爭力方面，2012 年臺北市加大了科技研究的資金投入，實現了科研機構 27 家，科研環境指數達到 0.8。與此同時，臺北的科研創新指數和科研成果轉化指數也有小幅增長。

城市文化形象競爭力方面，臺北市名勝古跡頗多，其中臺北城門、龍山寺、保安宮、孔廟、指南宮、圓山文化遺址等處，均爲風景優美，適宜遊覽勝地。同時臺北市擁有大量的人文建築和博物館，比如說臺北故宮博物院、總統府、國父紀念館。2012 年，臺北市增加了文化設施的維護和建設，加強向民眾灌輸優秀文化意識，加大力度保護現有文化資源，加快城市營銷能力的提升步伐。臺北市共有劇院數爲 38 家，公共圖書總藏量達到 578.47 萬冊，城市歷史文化指數爲 0.429，較去年增加了 0.006 個單位，藝術家和文化組織指數爲 7.13，較去年增加了 0.74。

臺北市在臺灣經濟體系中，扮演金融、媒體、電信營運中心的關鍵性的角色。隨著經濟快速發展、隨著高所得而來的高消費能力及產業結構變遷，統稱爲服務業的第三級產業占臺北市整體產業比重近達九成，這讓臺北市成爲一座生活必需品獲取相當便利的城市。同時臺北也是個高科技的城市，在科技服務人員包括電腦人才的數量在全國各大城市中都是絕對領先的。正是優勢產業和高端科技的支撐，臺北市的綜合競爭力排名才有了保障。

7.10 重慶城市競爭力點評分析

重慶市，簡稱“渝”或“巴”，典型組團式城市，下轄 19 區 17 縣 4 自治縣，是中國五大中心城市之一，也是國家歷史文化名城，長江上游地區經濟中心、國家重要的現代製造業基地，西南地區綜合交通樞紐。位於重慶主城區北部的兩江新區是截至目前中國內陸唯一的國家級新區，亦是國家統籌城鄉綜合配套改革試驗區的先行區、內陸重要的先進製造業和現代服務業基地、長江上游地區金融中心、創新中心和內陸地區對外開放的重要門戶、科學發展的示範視窗。2011 年中國城市競爭力研究會在香港發佈《第十屆中國城市競爭力排行榜》，重慶首次躋身全國前十強。重慶是中國汽車名城，中國摩托車之都，長江上游航運中心，西南地區交通樞紐，中國政府實行西部大開發的開發地區，中國最具幸福感城市。重慶曾爲戰時陪都，遠東反法西斯指揮中心，國家歷史文化名城之一。

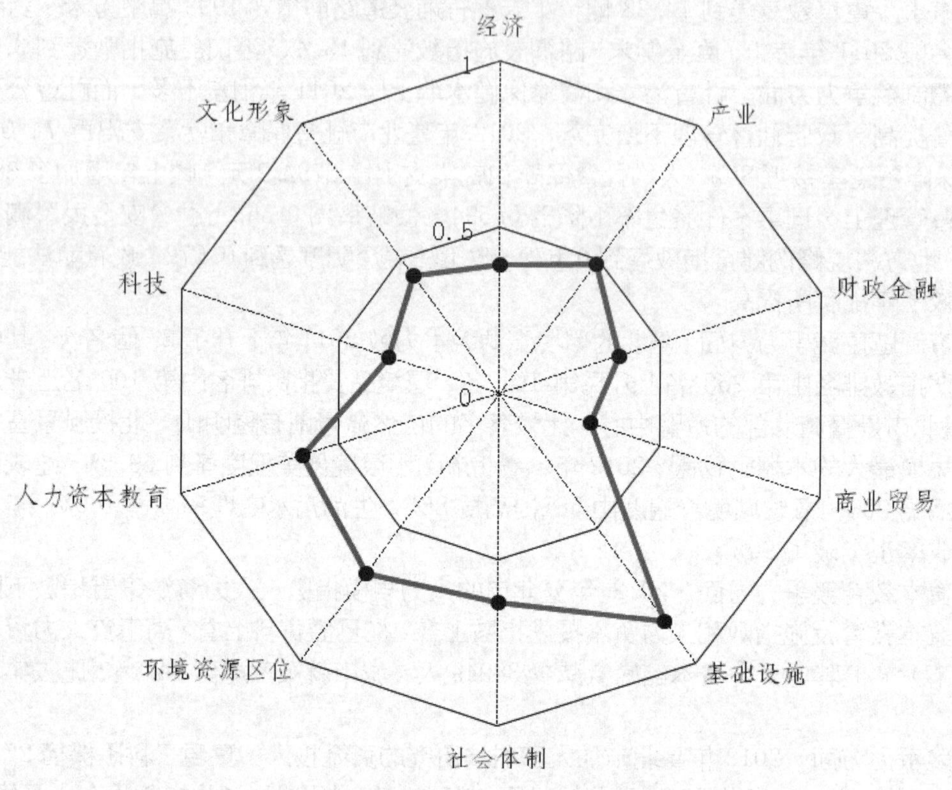

圖 7.10.1　2012 年重慶分項競爭力雷達圖

重慶 2012 年城市競爭力的基本情況如下：經濟競爭力得分爲 1061.82，排名第 9 位，與上年持平；產業競爭力得分爲 1500.30，排名第 16 位，與上年持平；財政金融競爭力得分爲 1137.79，排名第 9 位，比 2011 年排名上升了 3 位；商業貿易競爭力得分爲 905.74，排名第 17 位，比 2011 年排名上升了 8 位；基礎設施競爭力得分爲 4820.04，排名第 3 位，與上年持平；社會體制競爭力得分爲 484.85，排名第 26 位，比 2011 年排名上升了 9 位；環境資源區位競爭力得分爲 1014.94，排名第 11 位，比 2011 年排名下降了 1 位；人力資本教育競爭力得分爲 1854.95，排名第 8 位，比 2011 年排名上升了 5 位；科技競爭力得分爲 1236.67，排名第 18 位，比 2011 年排名上升了 1 位；城市文化形象競爭力得分爲 1049.65，排名第 14 位，比 2011 年排名上升了 7 位；綜合競爭力得分爲 5853.09，排名第 10 位，與上年持平。

經濟競爭力方面，城市規模指數依舊位居第 4 名，城市效率指數排名由第 81 名上升爲第 78 名，城市國際吸引力指數由第 15 名上升至第 11 名，城市居民生活指數由第 108 名上升爲第 79 名。2012 年重慶市全年地區生產總值 11459.00 億元，比上年增長 13.6%。其中，第一產業增加值 940.01 億元，增長 5.3%；第二產業增加值 6172.33 億元，增長 15.6%；第三產業增加值 4346.66 億元，比上年增長 12.4%。城鎮居民人均消費支出爲 16573 元，比去年增加了 1598.5 元，在單項指標排名中名次上升了 29 位。

產業競爭力方面，2012 年重慶市雖然在產業貢獻率上有下降趨勢，排名上下降了 2 位元，但是從產業規模，產業效率和產業結構方面都有突破。截止 2012 年末，農業財富創造能力和工業財富創造能力分別爲 685.6 萬元和 4360 萬元；資產/固定資產比例由 82.6%降爲 82.2%。

財政金融競爭力方面，2012 年重慶市地方財政一般預算收入 1703.49 億元，比上年增長 14.5%。在單項二級指標排名中，金融資本可獲得指數上升了 27 個名次，財政金融效率指數上升了 12 個名次。具體來看，2012 年重慶市獲得銀行貸款、證券市場資本、民間及風險資本便利程度分別爲 0.294、0.185 和 0.284，其中民間及風險資本便利程度增幅最大，爲 1.8%。

商業貿易競爭力方面，2012 年重慶市全年的社會消費品零售總額達到 3961.19 億元，比上年增長 16.0%，扣除價格因素，實際增長 14.2%。按行業統計，批發和零售業零售額 3360.93 億元，增長 16.1%；住宿和餐飲業零售額 600.26 億元，增長 15.1%。年貨物進出口總額 532.04 億美元，比上年增長 82.2%。其中，出口 385.71 億美元，增長 94.5%；進口 146.33 億美元，增長 56.1%，實現貿易順差 239.38 億美元，比上年增加 134.80 億美元。

基礎設施競爭力方面，2012 年重慶市基礎設施競爭力排名與 2011 年相同。其中，基礎設施投資指數排名上升了 2 位，固定資產投資水準達到了 9380 億元。交通設施水準指數提高了 0.117 個單位，排名與 2011 年持平，對外交通指數增加了 0.157 個單位，排名較上一年上升了 1 位。

社會體制競爭力方面，2012 年重慶市在政府社會管理水準和社會治安水準上表現優於 2011 年。政府機構規模指數提高了由 71.37 上升爲 81.05，增加了 9.68；政府法規透明度達到 60.2%。

環境資源區位競爭力方面，2012 年重慶市環境資源競爭力排名下降了 1 位，從二級指標來看，2012 年重慶市自然資源水準指數和環境資源水準指數下降最爲顯著。城市土地資源絕對豐富度較前一年減少了 1315.9 千公頃，相對豐富度減少 375.0 公頃/萬人；城市綠化絕對量較 2011 年減少了 51207 平方米，城市綠化相對量同比降低了 46%。

人力資本教育競爭力方面，重慶市 2012 年人力資源規模有所擴張，人力資本投入增加，人力資源素質進一步提升，人力資本教育設施建設逐漸加大。2012 年重慶市教育支出絕對規模達到 240 萬元，較去年增加了 49.7 萬元；城市就業率突破了 97%；人力資本基本成本同比增長了 31.06%，人力資本教育成本同比增長了 43.21%。

科技競爭力方面，2012 年重慶市科技投入水準指數和科研機構指數上升趨勢明顯，僅科技經費絕對投入量就較 2011 年增加了 23424 元，平均每個人的科技經費擁有量達到 62.04 元，擁有專業技術人員 71295 人，同比增加了 13.7%；截止年末，大學、科研院所指數由 51 變爲 56。

城市文化形象競爭力方面，重慶地區是中華民族文物古跡的高密集區，早在 1998 年就已探明的三峽工程淹沒區文物古跡的總體情況，其中屬於重慶境內的有 833 處，占總數的 72%。此外，重慶市有著歷史悠久的巴渝文化，因此重慶市政府選擇了文化產業這一突破口，寄希望于以文化軟實力來提升城市形象。2012 年重慶市歷史文化指數達到 0.719，名勝古跡指數爲 0.658，城市文化影響指數達到 0.467，城市文化形象競爭力得分爲 1049.65，排名第 14 位，比 2011 年排名上升了 7 位。

由於全球經濟下滑風險不斷加大、國內經濟由政策刺激增長向自主增長穩步轉變，經濟實現平穩回調。在此背景下，重慶加快建設內陸開放高地，深入推進“五個重慶”建設，促進城鄉統籌發展，努力縮小三個差距，兩江新區開發開放取得重大進展，全市經濟發展活力不斷增強，民生情況不斷得到改善，科技發展逐步增速，城市綜合競爭力依舊位居第 10 名。

7.11 南京城市競爭力點評分析

南京，戰國時楚威王始置金陵邑、以爲“王之地也”，簡稱“寧”，現爲江蘇省省會、副省級城市。南京是“中國四大古都”之一，有“六朝古都”之稱，千百年來，奔騰不息的長江不僅孕育了長江的文明，也催生了南京這座江南城市。南京襟江帶河，依山傍水，鐘山龍蟠，石頭虎踞，山川秀美，古跡眾多，是國務院確定的首批中國歷史文化名城和全國重點風景旅遊城市。南京位於長江下游沿岸，是長江下游地區重要的產業城市和經濟中心，中國重要的文化教育中心之一，也是華東地區重要的交通樞紐。南京是一座充滿魅力、充滿活力、充滿潛力的現代化城市，先後榮獲中國首批歷史文化名城、全國文明城市、全國衛生城市、國家園林城市、聯合國人居特別榮譽獎、全國首家軟體名城等稱號。南京是全國重要的綜合性工業生產基地。經過多年的發展，南京已形成電子資訊、石油化工、汽車製造、鋼鐵爲支柱，以軟體和服務外包、智慧電網、風電光伏、軌道交通等新興產業爲支撐，先進製造業和現代服務協調發展的產業格局。

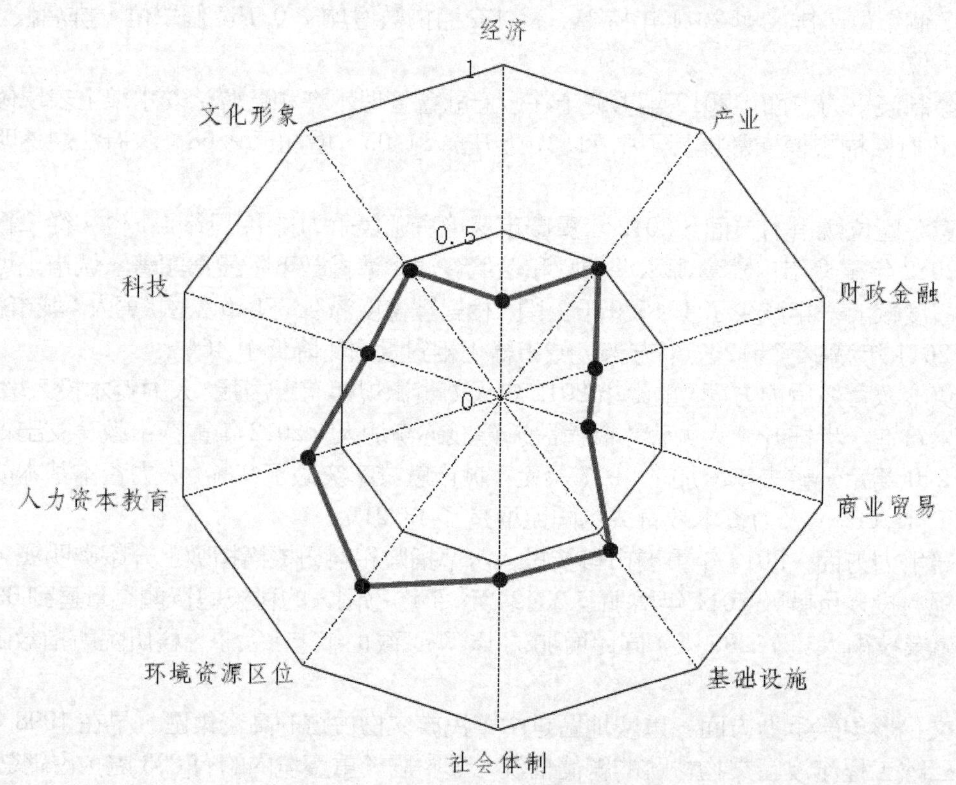

圖 7. 11. 1　2012 年南京分項競爭力雷達圖

南京 2012 年城市競爭力的基本情況如下：經濟競爭力得分爲 598. 35，排名第 15 位，與上年持平；產業競爭力得分爲 1505. 11，排名第 15 位，與上年持平；財政金融競爭力得分爲 500. 18，排名第 20 位，比 2011 年排名下降了 7 位；商業貿易競爭力得分爲 817. 85，排名第 20 位，比 2011 年排名下降了 3 位；基礎設施競爭力得分爲 2573. 85，排名第 10 位，與上年持平；社會體制競爭力得分爲 269. 53，排名第 50 位，比 2011 年排名下降了 13 位；環境資源區位競爭力得分爲 1122. 13，排名第 8 位，比 2011 年排名上升了 3 位；人力資本教育競爭力得分爲 1817. 35，排名第 9 位，比 2011 年排名下降了 1 位；科技競爭力得分爲 1847. 35，排名第 8 位，比 2011 年排名上升了 1 位；城市文化形象競爭力得分爲 1223. 50，排名第 10 位，比 2011 年排名下降了 2 位；綜合競爭力得分爲 4896.88，排名第 11 位，與上年持平。

2012 年南京市經濟競爭力和產業競爭力排名均爲第 15 位。經濟方面，城市規模指數和城市國際吸引力指數排名與上年持平，城市效率指數排名下降了 1 位，城市居民生活指數排名上升了 2 位。產業方面，產業規模指數和產業貢獻指數排名均與 2011 年持平，產業效率指數排名較去年下降了 4 位，產業結構指數排名上升了 3 位。2012 年南京市共完成地區生產總值 7201.57 億元，比上年增長 11.7%，人均地區生產總值達到 88525 元。其中，第一產業增加值爲 184.64 億元，增長 4.9%；第二產業增加值爲 3170.78 億元，增長 11.9%；第三產業增加值爲 3846.15 億元，增長 11.8%。三次產業增加值比例爲 2.6:44.0:53.4。

財政金融競爭力方面，2012 年南京市財政金融規模縮小，金融資本品質降低，兩項指標排名分別下降了 1 位和 242 位。資料上分析，財政預算內收入和支出分別爲 733.02 億元和 769.81 億元，比去年增加了 97.82 億元和 103.88 億元，財政收入占 GDP 比重由 21.13% 下降爲 19.82%；資本使用率下降了比例接近 50%。

商業貿易競爭力方面，2012 年南京市的商貿機構指數和居民消費指數均呈下降趨勢。限額以上批發零售企業數量爲 1508 家，較去年減少了 477 家，相應的每萬人擁有的限額以上批發零售企業數量減少了約 1 個，每萬人擁有的商貿從業人員數量爲 207 人，較去年減少了 45 人；人均消費支出爲 17409 元，支出增長率爲 9.67%，同比減少了 23 個百分點。

基礎設施競爭力方面，2012 年南京市在基礎設施建設和維護方面表現與 2011 年差距不大，個別指標保持了穩步增長的趨勢。例如，固定資產投資增長了 24.9%，房地產開發水準提升了 25.6%，年供水總量增加了 3591 萬立方米。

社會體制競爭力方面，2012 年南京市政府社會管理水準大幅提高。政府法規透明度達到 89.3%，執法能力達到 71.3%，辦事效率接近 40%，居民對政府的滿意度爲 85.3%。2012 年南京社會體制競爭力得分爲 269.53，較 2011 年的 452.45 下降幅度較大，排名由 2011 年的第 37 位下降到 2012 年的第 50 位。在過去的一年裏，“勤政、廉潔、爲民”和善政良治，始終是政府努力的方向。政府的決策始終與城市長遠發展、群眾的根本利益緊密結合在一起，在服務百姓、惠及民眾方面實事實辦。

環境資源區位競爭力方面，2012 年南京市的環境資源競爭力排名較 2011 年上升了 3 位。二氧化硫去除率排名由第 18 名上升爲第 16 名，生活垃圾無害化處理率排名由第 221 名上升爲第 197 名。全年共完成 162 家“三高兩低”企業的整治工作，空氣品質優良天數爲 317 天，優良率達到 87%。南京市擁有全國環境優美鎮 20 個，國家級生態村 6 個，省級生態村 119 個。城鎮綠化覆蓋率爲 44.6%，林木覆蓋率爲 27.26%，人均公園綠地面積達到 14.2 平方米。橋北、鐵北 2 個汙水處理廠建設基本完成，新增汙水處理能力 15 萬噸。

人力資本教育競爭力方面，人力資本規模指數、人力資源素質指數下降。從三級指標上看，高素質人力資本儲備量減少了 149980 人，其他人力資本儲備量減少了 19059 人；成人識字率爲 90.3%，比去年下降了 0.1%，創業人員指數由 54.95 降低爲 19.39。

科技競爭力方面，截止 2012 年底，南京市累計引進領軍型科技創業人才 1441 人，引進世界 500 強企業研發機構 8 家，中國 500 強企業研發機構 11 家；全市共有各級工程技術研究中心 307 家，擁有省市科技公共服務平臺 112 家；全年南京地區共有 34 項成果獲得國家科學技術獎勵。2012 年共完成專利申請量爲 42732 件，比上年增長 52.4%，其中發明專利申請量 16409 件，增長 41.5%。全年完成專利授權量 18612 件，比上年增長 50%，其中發明專利授權量 4437 件，增長 28.5%。

城市文化形象競爭力方面， 主要受文化資源指數的降低，2012 年南京市城市文化競爭裏不敵 2011 年，排名下滑了 2 位。南京市文化資源指數由 2011 年的 1 降低爲 0.986，每萬人擁有教育文藝廣播影視業從業人數爲 166 人，較去年減少了 43 人，平均每百人擁有的公用圖書數量降低了 12.9%。

在經濟快速發展的同時，南京也清醒地看到，對照率先基本實現現代化的目標，城鄉居民收入增長、城鄉統籌發展、環境保護、節能減排等仍是的弱項，產業結構優化的任務很重；對比城鄉居民的期盼，社會保障、醫療、住房、教育等需要解決的問題還有很多；對比先進城市的發展，南京經濟社會發展的規模和水準，還有一定的差距。這些都是政府繼續努力突破的難點，也是今後工作的重點。

7.12 武漢城市競爭力點評分析

武漢，簡稱“漢”，湖北省省會，中部六省唯一的副省級城市。它是武昌、漢口、漢陽三鎮統稱武漢，世界第三大河長江及其最長支流漢江橫貫市區，將武漢一分爲三，形成武昌、漢口、漢陽，三鎮跨江鼎立的格局。唐朝詩人李白在此寫下“黃鶴樓中吹玉笛，江城五月落梅花”，因此武漢自古又稱“江城”。如今，武漢已成爲華中地區最大的中心城市，是長江中下游重要的產業城市和經濟中心，也是中國重要的文化教育中心。憑藉著其優越的地理位置，武漢成爲中部乃至中國極爲重要的交通樞紐。武漢是中國人口第四大城市，其中常駐人口 979 萬，有著豐富的人力資源優勢。

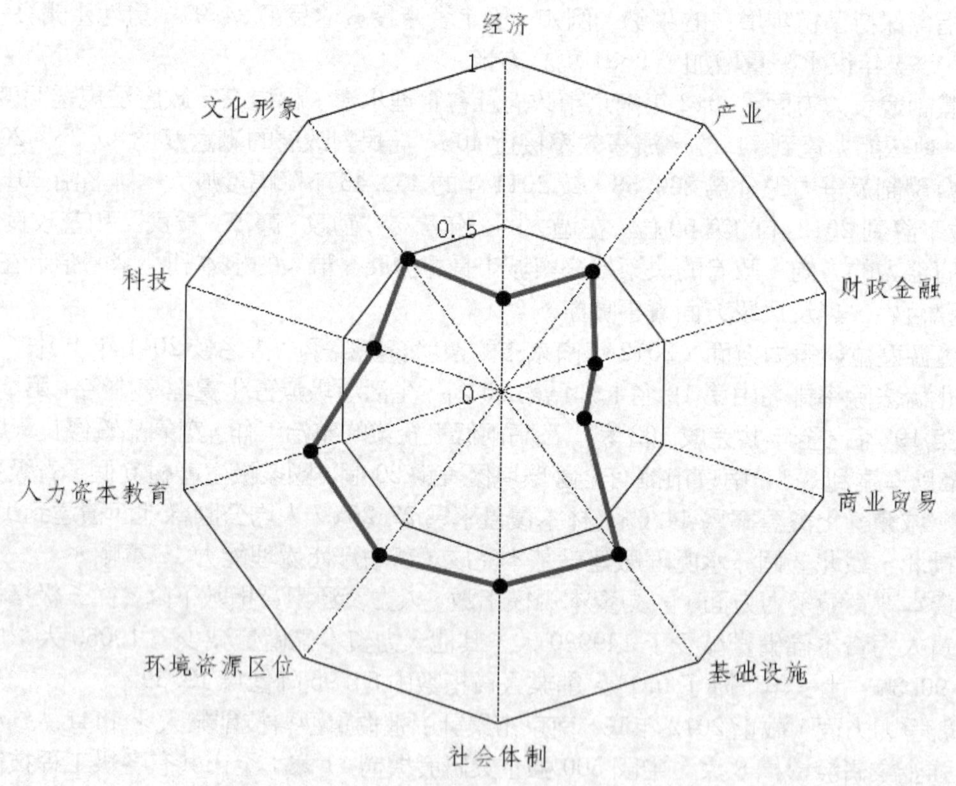

圖 7.12.1　2012 年武漢分項競爭力雷達圖

武漢 2012 年城市競爭力的基本情況如下：經濟競爭力得分爲 549.98，排名第 20 位，比 2011 年排名下降了 1 位；產業競爭力得分爲 1225.05，排名第 21 位，比 2011 年排名下降了 1 位；財政金融競爭力得分爲 451.20，排名第 26 位，比 2011 年排名下降了 7 位；商業貿易競爭力得分爲 682.80，排名第 23 位，比 2011 年排名上升了 5 位；基礎設施競爭力得分爲 2877.20，排名第 9 位，比 2011 年排名下降了 1 位；社會體制競爭力得分爲 376.27，排名第 39 位，比 2011 年排名上升了 12 位；環境資源區位競爭力得分爲 818.72，排名第 15

位，比 2011 年排名上升了 5 位；人力資本教育競爭力得分爲 1789.52，排名第 10 位，比 2011 年排名下降了 1 位；科技競爭力得分爲 1720.97，排名第 10 位，比 2011 年排名下降了 2 位；城市文化形象競爭力得分爲 1316.13，排名第 8 位，比 2011 年排名上升了 1 位；綜合競爭力得分爲 4667.63，排名第 12 位，與上年持平。

2012 年武漢市在經濟競爭力和產業競爭力上排名均下降一名，分別位居第 20 和 21 名。經濟競爭力方面，武漢市城市規模指數排名下降了 1 位，城市效率指數排名下降了 2 名，城市居民生活指數下降了 18 名。2012 年，武漢市共有 978.5 萬人口，全年的 GDP 總額爲 6756.7 萬元，增長率爲 12.5%，較 2011 年降低了 7.5 個百分點。產業競爭力方面，產業貢獻指數排名下降了 6 位，產業效率指數排名下降了 3 位。在資料上表現爲，2012 年農業財富創造能力減少了 9.462 萬元，工業財富創造能力減少了 50 萬元。從產業貢獻上看，企業市場認同感遞增程度爲 25%，產品的市場認可度爲 7639.32 萬元，下降了 9.9%。

財政金融競爭力方面，2012 年武漢市的財政金融規模指數排名下降了 2 位，財政金融品質指數由第 26 名下降爲第 258 名。資料上表現爲，資本使用規模由 2011 年的 0.75 億元減少爲 0.36 億元，人均財政預算內支出爲 5927.4 元，同比降低了 1.65%。截至年末，人均貸款總額增加了 13013 元，人均財政收入僅增加了 9.7 元。同時，資本使用率由 86%下降爲 32%，數值不到 2011 年的一半，可見，資金使用效率低成了最大的瓶頸。

商業貿易競爭力方面，2012 年，武漢市大力發展新型商貿流通業，商品市場繁榮活躍，社會消費品零售額達到 3432.43 億元，比上年增長 16%；限額以上企業零售額增長較快，完成零售額 2252.27 億元，增長 19.0%，占零售總額的比重 65.6%。一般貿易出口額 44.51 億美元，增長 2.2%；高新技術產品出口額 40.01 億美元，增長 10.8%。全年實際利用外資 44.44 億美元，增長 18.2%，吸引來武漢進行投資的世界 500 強企業達到 101 家，比上年增加 17 家。

基礎設施競爭力方面，2012 年武漢市基礎設施投資指數和基礎設施供應指數排名與 2011 年持平，據統計，2012 年武漢市人均生活用水量爲 48.05 立方米，較去年下降了 58%；人均生活用電量爲 640.8 千瓦時，比去年同比下降了 31.8%。此外，對外交通設施指數較上一年下降了 1 位，基礎設施人力資本指數排名下降了 2 位。

社會體制競爭力方面 ，2012 年，武漢市城鎮新增就業人數 15.90 萬人，幫助失業人員再就業 4.6 萬人，登記失業率 3.81%，比上年下降 0.13 個百分點。截止年末，城市居民最低生活保障人數 16.67 萬人，農村居民最低生活保障人數 10.87 萬人，基本實現了“應保盡保”。此外，社會養老保險覆蓋率達到 97.60%，失業保險覆蓋率達到 93.93%，城鎮職工基本醫療保險覆蓋率 99%，工傷保險覆蓋率 97%，生育保險覆蓋率 98%，新型農村合作醫療覆蓋率達到 99.4%。

環境資源區位競爭力方面，2012 年武漢市環境品質水準明顯提高，排名較去年上升了 5 位。其中，環境資源水準指數排名上升了 5 位，環境品質水準指數排名上升了 22 位。截止 2012 年末，平均每人城市綠化面積爲 30 平方米/人，較去年增加了 0.36 平方米/人，建成區綠化覆蓋率爲 35.98%，與去年的 37.46%相比，減少了 1.48 個百分點。

人力資本教育競爭力方面，武漢市在 2012 年內，人力資本規模有小幅縮減，人力資源素質呈現降低趨勢。其中，高素質人力資本存儲量較去年減少了 141158 人，人力資本教育成本同比降低了 3.3%，專業技術人員比重降低了 8.32 個百分點。

科技競爭力方面，2012 年武漢市人均科技經費擁有量由 121.5 元減少爲 119.6 元，降幅爲 1.6%。在科技人力資本方面，專業技術人員相對擁有量減少了 8.32 人/萬人，科技服務人員相對擁有量減少了 9.4 人/萬人。每百萬人擁有的大學科研院所指數有 9.33 下降爲 7.97。

城市文化形象競爭力方面，城市文化也是武漢市靚麗的名片之一。以水文化、學院文化、工業文化爲代表的武漢文化深入人心。自 2011 年武漢在城市文化形象競爭力方面一舉躍入前十後，2012 年又向前跨越兩位，排名第 8 位。武漢市擁有眾多名勝古跡，除了傳統的名勝古跡像天下第一樓黃鶴樓、中國最大城中湖東湖、佛教聖地歸元寺外，秀美的洛迦山、桂子山、喻子山下，一縷書香氤氳著整個武漢的人文氣息，這也爲新武漢文化輸入了新鮮的血液，近年來櫻花季武漢大學校園內攢動的人頭正是武漢這座城市文化欣欣向榮的標誌。

綜合所有一級指標來看，武漢市在社會體制、環境和城市文化形象方面的競爭優勢保證了綜合排名的名次與 2011 年持平，並未出現波動。

7.13 澳門城市競爭力點評分析

同香港一樣，澳門也是中華人民共和國的一個特別行政區，經過四百多年歐洲文明的洗禮，東西文化的融和共存使澳門成爲一個風貌獨特的城市，擁有大量的歷史文化遺跡。澳門北鄰珠海，西與珠海市的灣仔和橫琴對望，東與香港相距 60 公里，由澳門半島、冰仔島、路環島和路冰城四部分組成，在總面積共 32. 8 平方公里生活了 50 余萬人，這也使澳門成爲全球人口密度最高的地區。澳門是一個自由港，也是世界四大賭城之一。1999 年 12 月 20 日澳門回歸中國之後，經濟迅速增長，比往日更繁榮，是一國兩制的成功典範。其著名的輕工業、美食、旅遊業、酒店和娛樂場使澳門長盛不衰，澳門成爲亞洲最富裕的地區。

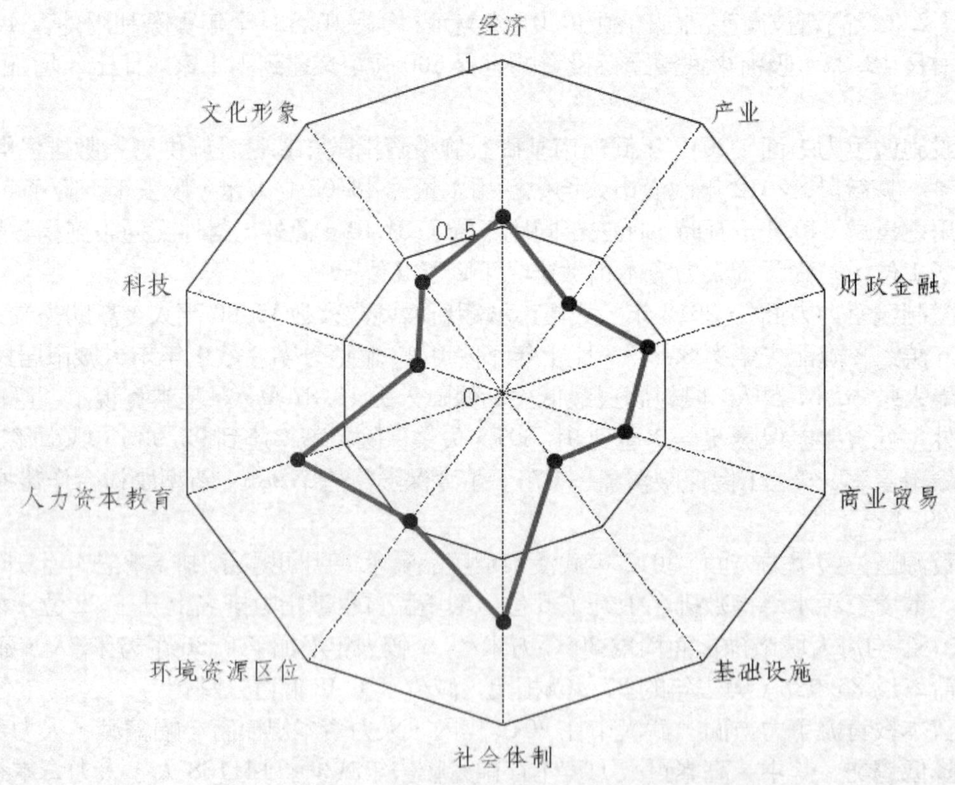

圖 7. 13. 1　2012 年澳門分項競爭力雷達圖

澳門 2012 年城市競爭力的基本情況如下：經濟競爭力得分爲 1735. 49，排名第 4 位，與上年持平；產業競爭力得分爲 300. 44，排名第 63 位，比 2011 年排名下降了 13 位；財政金融競爭力得分爲 1736. 99，排名第 5 位，比 2011 年排名上升了 2 位；商業貿易競爭力得分爲 1602. 71，排名第 8 位，比 2011 年排名上升了 2 位；基礎設施競爭力得分爲 143. 32，排名第 73 位，比 2011 年排名上升了 76 位；社會體制競爭力得分爲 643. 92，排名第 18 位，與上年持平；環境資源區位競爭力得分爲 343.27，排名第 45 位，比 2011 年排名上升了 11 位；人力資本教育競爭力得分爲 2046.51，排名第 6 位，比 2011 年排名上升了 1 位；科技競爭力得分爲 652.08，排名第 32 位，比 2011 年排名下降了 4 位；城市文化形象競爭力得分爲 926.31，排名第 19 位，比 2011 年排名上升了 3 位；綜合競爭力得分爲 4631.25，排名第 13 位，與上年持平。

經濟競爭力方面，2012 年澳門經濟運行態勢穩定，在以博彩爲主的服務出口拉動下經濟強勁復蘇，中期內增長態勢將得到延續，經濟競爭力排名未變化。其中，城市規模指數排名上升了 21 個名次，城市國際吸引力指數排名下降 1 位，城市居民生活指數和城市效率指數排名與 2011 年持平。截至年末，澳門本地生產總值爲 3482 億澳門元，同比實際增長 9.9%，低於 2011 年的經濟增長率。

產業競爭力方面，2012 年澳門的產業規模和產業貢獻下降幅度很大，並且產業結構惡化。全年限以工業企業數量銳減爲 400 家，就業人數減少爲 33.63 萬人；工業創造能力由 2580 萬元減少爲 141.65 萬元，服務業財富創造能力由 2810 萬元減少爲 1770 萬元，降幅爲 37.01%。截至年末，企業利稅貢獻額爲 127.02 萬元，較去年降低了 76%，企業增值稅貢獻額爲 49.4 萬元，降低了 74%，企業利稅增值稅占 GDP 比重由 13.04%降低爲 9.7%。在產業結構上，第二產業占 GDP 的比重爲 7.4%，較去年減少了 38 個百分點，第二產業就業人數 0.4% 在總就業人數中的比重由 50.4%驟降爲 19.81%。

2012 年澳門市財政金融競爭力和商業貿易競爭力均上升了兩個名次，分別位居第 5 位和第 8 位。在財政金融競爭力方面，2012 年澳門市財政預算內收入支出均較上年增加了 367417 元，人均財政預算內收入達到 92475.8 元，較去年增幅爲 5.1%。在商業貿易競爭力方面，截至年末，批發零售貿易業商品銷售總額較去年上升了 4.7%，社會消費品零售額增長了 31.09%，按常住人口計算的人均批發零售貿易商品銷售額和人均社會消費品零售額分別上漲了 2.26%和 27.9%。

基礎設施競爭力方面，2012 年澳門市在基礎設施上取得了巨大成就，排名上升了 76 位。其中基礎設施供應水準指數排名上升了 34 位，城市居民居住指數排名上升了 1 位，2012 年煤氣及液化氣供應量較 2011 年增加了 15.35 焦耳，每十萬人擁有郵政網點數增長了 14.3%。此外，交通設施水準指數排名由 2011 年的第 194 位降爲第 115 名，目前，澳門、珠海及香港現正規劃建設連接三地的港珠澳大橋，目前工程已進入實施階段，港珠澳大橋全長爲 49.968 公里，主體工程“海中橋隧”長 35.578 公里，將形成連接珠江東西兩岸新的公路運輸通道，建成後將成爲世界上最長的跨海大橋。

社會體制競爭力方面，2012 年澳門市在社會公平保障方面的工作表現欠佳，但是政府的社會管理水準有所提升。2012 年澳門社會保障和就業支出較去年減少了 32.6 萬元；但在社會管理方面，公共管理和社會組織從業人數與總人口的比重增加了 10.8 個百分點，地方法規條例健全程度達到 76.5%，政策法規透明度達到 82.5%，與去年水準持平。

環境資源區位競爭力方面，2012 年澳門市環境資源競爭力排名較 2011 年上升了 11 位，其中，環境資源水準指數排名上升了 11 位，環境品質水準指數排名上升了 8 位。隨著全球發展深化，環境保護工作遇到了更大的挑戰，環保工作成爲了城市可持續發展的必要元素，澳門推動環保產業發展，是貫徹特區政府實施經濟適度多元化發展和培育新興產業的目標之一。在澳門各界大力的配合和支持下，特區環保局完成了各專項環境保護概念性規劃的補充監測、現場勘查、問卷調查及專業訪談等現狀調研及分析工作，對澳門的大氣環境、水環境、固體廢棄物、聲環境、生態、光環境、輻射環境及環境政策管理 7 方面作出了全面而較系統的調研考察。

人力資本教育競爭力方面，澳門已建立高等教育的人力資源資料庫，並將進一步延伸至赴內地和海外升學的澳門學生。在充分利用本地人力資源的同時，爲了補充本地人力資源的不足，根據經濟發展的需要，適當地輸入外地雇員及專業技術人才。2012 年澳門市的高素質人力資本儲備量達到 22289 人，較去年增加了 1372 人，教育支出絕對規模同比增長率高達 29%；城市就業率較去年增加了 0.8 個百分點，到達了 97.2%。

科技競爭力方面，2012 年澳門市在科技方面的競爭力不如 2011 年強勢，科技投入水準下降，人力資本減少，科研成果轉化率降低。據統計，全年澳門市人均科技經費擁有量達到 772.1 元，較去年減少了 18.9 元，專業技術人員擁有量銳減了 15800 人。

城市文化形象競爭力方面，澳門市 2012 年加大對文化設施的投資建設，城市營銷能力顯著提升。全市公共圖書總藏量 115.7 萬冊，平均每百人就有 212 本圖書，市民的誠信意識指數提升了 0.5 個百分點，達到 44.2%，競爭意識指數爲 49.5%，較去年增加了 0.1%。此外，城市文化對市民行爲的影響度達到 7.4%，比上一年增加了 0.4 個百分點。

爲應對複雜的經濟環境，提升澳門中小企業綜合競爭力，把握澳門經濟發展所帶來的商機，“澳門商務促進中心”推出了一系列協助本地中小企業的服務，並設立“中小企業服務中心”，以此促進企業交流合作，引導中小企業把握澳門服務業及會展業所帶來的商機。在澳門政府的正確領導下，澳門各項指標大體上維持了增長趨勢，綜合競爭力排名與 2011 年持平。

7.14 大連城市競爭力點評分析

大連，位於歐亞大陸東岸，中國東北遼東半島最南端，西北瀕臨渤海，東南面向黃海，是中國的副省級城市和計畫單列市，也是中國最早開放的沿海城市之一，是中國遼寧省的一個重要沿海港口城市和第二大城市，是中國東北主要的對外門戶；也是東北亞重要的國際航運中心、國際物流中心、區域性金融中心。2011 年全國兩會，大連被國家定位爲振興東北老工業基地的龍頭及國家級戰略遼寧沿海經濟帶開發開放的核心城市。

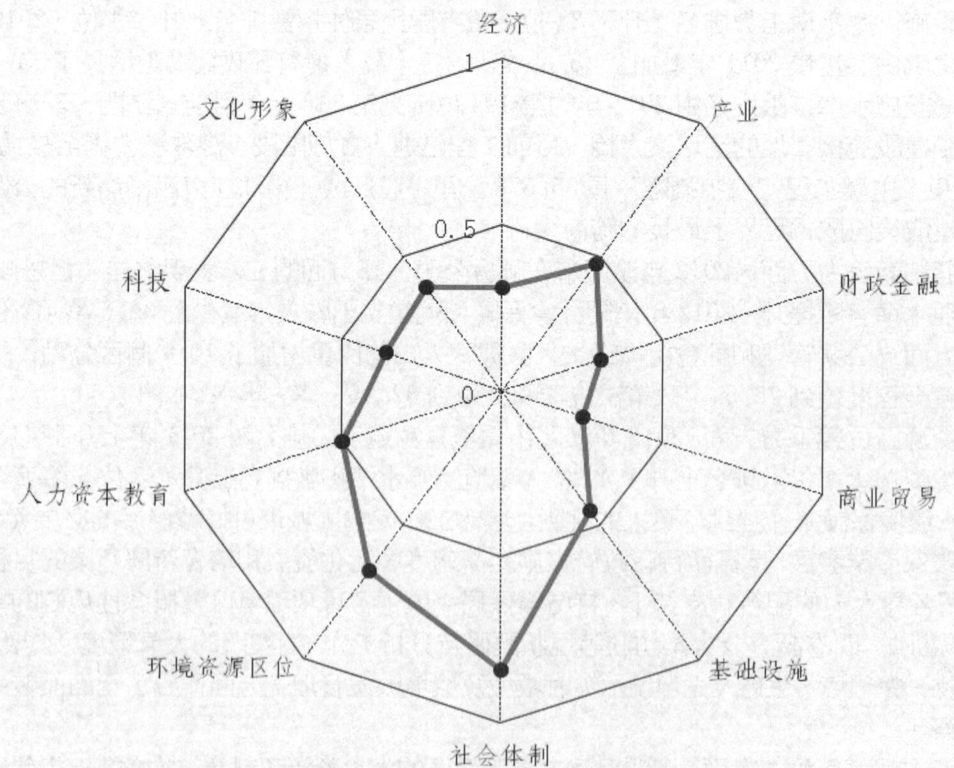

圖 7.14.1　2012 年大連分項競爭力雷達圖

大連 2012 年城市競爭力的基本情況如下：經濟競爭力得分爲 682.17，排名第 12 位，比 2011 年排名上升了 1 位；產業競爭力得分爲 1408.92，排名第 17 位，比 2011 年排名上升了 1 位；財政金融競爭力得分爲 619.10，排名第 17 位，比 2011 年排名上升了 1 位；商業貿易競爭力得分爲 658.24，排名第 25 位，比 2011 年排名上升了 1 位；基礎設施競爭力得分爲 1653.76，排名第 15 位，比 2011 年排名上升了 3 位；社會體制競爭力得分爲 1034.28，排名第 5 位，比 2011 年排名上升了 4 位；環境資源區位競爭力得分爲 1008.36，排名第 12 位，與上年持平；人力資本教育競爭力得分爲 1283.05，排名第 16 位，比 2011 年排名上升了 1 位；科技競爭力得分爲 1389.57，排名第 14 位，比 2011 年排名上升了 1 位；城市文化形象競爭力得分爲 784.77，排名第 23 位，比 2011 年排名上升了 3 位；綜合競爭力得分爲 4614.55，排名第 14 位，比 2011 年排名上升了 1 位。

經濟競爭力方面，2012 年大連市城市規模指數排名上升了 2 位，城市效率指數排名下降了 4 位，城市國際吸引力指數排名上升了 1 位，城市居民生活指數下降了 2 位。2012 年地區生產總值爲 7002.8 億元，比上年增長 10.3%，人均生產總值達到 102216 元，三大產業對經濟增長的貢獻率分別爲 3.1%、54.6%和 42.3%。

2012 年大連市的產業競爭力和財政金融競爭力排名均較去年上升一位，位居第 17 名。產業競爭力方面，2012 年大連市產業貢獻指數排名上升了 2 位，產業效率指數上升了 2 位。資料上表現爲，企業市場認同感遞增程度爲 22.04%，比去年增加了 2.04 個百分點，企業利稅總額爲 7339341 元，同比增長了 56%。財政金融競爭力方面，財政金融效率指數由 2011 年的第 26 名上升爲第 19 名，金融資本品質指數又第 24 名上升爲第 18 名。2012 年大連市人均財政預算內收入和支出分別達到 7486 元和 9118 元，同比增長 9.3%和 13.1%。金融機構存貸差較去年增加了 3120 萬元，足見金融機構防範風險能力的提升。

商業貿易競爭力方面，2012 年大連市的商業貿易規模增幅較大。從絕對值來看，批發零售貿易業商品銷售總額達到 2550 萬元，比去年同比增長了 40.1%；社會消費品零售額達到 1640 萬元，同比增長了 17.1%；從相對值來看，人均批發零售貿易業商品銷售額達到 3.81 萬元，增幅爲 22.2%，人均社會消費品零售額爲 2.45 萬元，增幅爲 2.6%。

基礎設施競爭力方面，2012 年大連市加大了對基礎設施建設的投資力度，基礎設施投資指數排名由第 9 名上升爲第 7 名，城市居民居住指數排名由第 265 名升爲第 251 名。截止 2012 年末，固定資產投資水準達到 4050 萬元，比去年增加了 940 萬元，增幅爲 30.2%；房地產開發水準爲 768.02 萬元，增加了 189.07 萬元，增幅爲 32.6%。年供水總量爲 40730 萬立方米，較去年增幅爲 0.6%，年用電總量爲 1996630 萬千瓦時，增幅爲 10.9%。

社會體制競爭力方面，2012 年大連市社會公平保障水準和社會治安水準有所提升。其中，社會保障和就業支出較去年增加了 15.55 萬元，社會保障覆蓋率達到了 93.6%，衛生保險和社會福利從業人員占總人口數的 4.11%，比去年增加了 0.09%；此外，全市刑事案件偵破率達到 62.1%，社會安全民眾滿意度爲 0.588。

環境區位資源競爭力方面，截止 2012 年年末，大連市完成迎賓路、虹港路、西北路、勝利路等道路綠化改造，升級改造濱海路綠化，改造完成 14 處公園、11 處精品廣場及遊園和 4 個社區公園，人均公共綠地面積達到 13.2 平方米，綠化覆蓋率 45.2%。大連市累計建成 29 座汙水處理廠，污水處理能力達到了 115.8 萬噸/日，中心城區汙水處理率達到 90%以上，縣市區城市污水處理率達到 80%。

人力資本教育競爭力方面，隨著大連市人力資本投入的加大和人力資源素質的提升，大連市的人力資本教育競爭力也在逐步攀升。2012 年大連市的教育支出絕對規模就達到了 75.3 萬元，同比增長了 28.7%；人力資本基本成本爲 44615 元，比 2011 年增加了 5800 元，人力資本教育成本爲 1126.24 元，比去年增加了 124.85 元。截止年末，大連市成人識字率已經達到 96.5%，大專以上人口占總人口數的比重達到了 66.7%。

科技競爭力方面，大連市以其獨特的地理位置優勢吸引了眾多外資企業，同時也引進了眾多擁有先進技術的人力資源，2012 年大連市的科技競爭力繼續保持一路上升的趨勢，排名再上一個臺階。資料上來看，2012 年大連市人均科技經費擁有量爲 397.6 元，比去年增加了 80.9 元，專業技術人員擁有量爲 87275 人，比去年增加了 71145 人，其中科技服務人員數量較去年增長了 14%。

城市文化形象競爭力方面，從二級指標上看，2012 年大連市的文化設施指數和城市營銷能力指數上升趨勢顯著。具體來看，全年，新建劇院一個，公用總藏量 1045.2 萬冊，增幅爲 11.7%，平均每百人擁有 178 本圖書。此外，城市文化對市民行爲的影響程度爲 0.378，城市功能定位指數爲 0.402。

2012 年，大連市堅持產業轉型升級和集約發展取向，加快現代產業聚集區建設，注重科技創新驅動，提高了經濟內生增長能力。同時，作爲生態科技創新城，大連市成爲了國家現代服務業產業化基地、創新型軟體產業基地、科技與金融結合試點城市。

7.15 青島城市競爭力點評分析

青島，簡稱青，別稱膠，又被譽爲琴島和島城，是全國 15 個副省級城市之一（其中省會十個，非省會五個），國家 5 個計畫單列市之一。青島擁有國際性海港和區域性樞紐空港，是 21 個全國性物流節點城市和 42 個全國性綜合交通樞紐（節點城市）之一，因而成爲了世界性區域貿易中心、東北亞國際航運中心、國際濱海旅遊度假勝地、中國優秀旅遊城市、國家園林城市。其所在的山東半島經濟區（8 市）經濟總量高達 2.6 萬億，僅次於長三角、珠三角和京津唐經濟區，居全國第四位，青島周邊有 19 個縣進入全國百強縣。青島擁有海爾、海信等一大批名牌企業，被譽爲：“中國品牌之都”。2008 年北京奧運會、殘奧會和 2009 年濟南全運會分賽場均設於青島，2011 年 1 月，國務院批准山東半島藍色經濟區規劃，青島市成爲核心區域和龍頭城市。2013、2014 年連續兩屆世界盃帆船賽、2014 年世界園藝博覽會也將在青島舉辦。

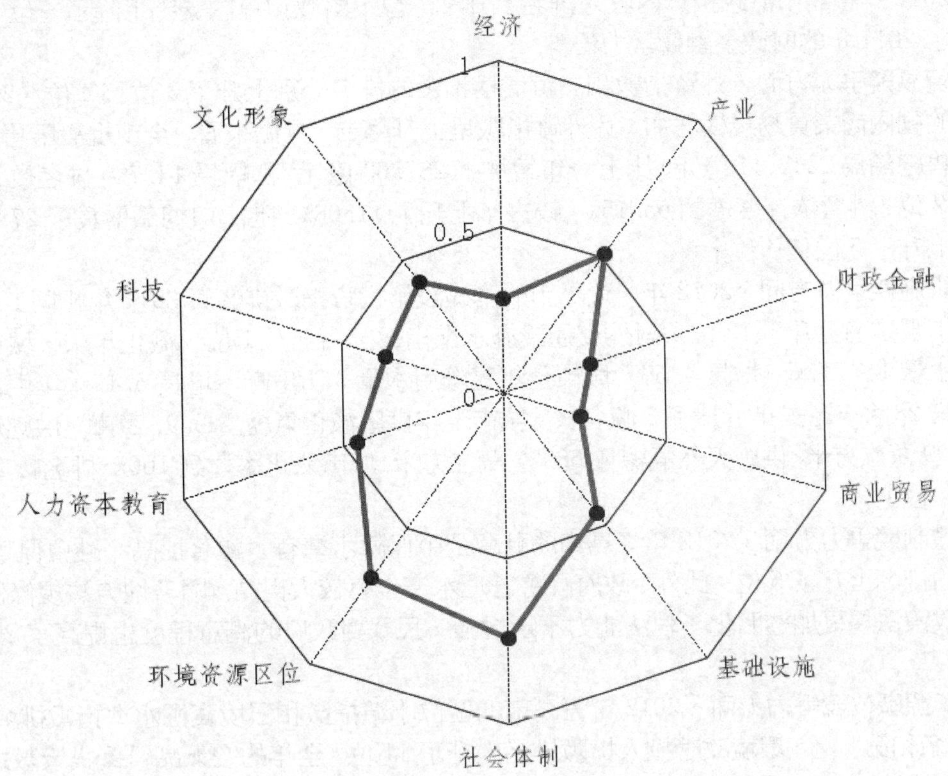

圖 7.15.1　2012 年青島分項競爭力雷達圖

青島 2012 年城市競爭力的基本情況如下：經濟競爭力得分爲 553.01，排名第 18 位，比 2011 年排名上升了 2 位；產業競爭力得分爲 1706.92，排名第 12 位，比 2011 年排名下降了 3 位；財政金融競爭力得分爲 310.90，排名第 29 位，與上年持平；商業貿易競爭力得分爲 529.58，排名第 29 位，比 2011 年排名上升了 1 位；基礎設施競爭力得分爲 1718.49，排名第 14 位，比 2011 年排名上升了 1 位；社會體制競爭力得分爲 777.30，排名第 10 位，比 2011 年排名上升了 3 位；環境資源區位競爭力得分爲 1043.83，排名第 9 位，與上年持平；人力資本教育競爭力得分爲 1077.36，排名第 24 位，比 2011 年排名上升了 3 位；科技競爭力得分爲 1408.27，排名第 13 位，與上年持平；城市文化形象競爭力得分爲 954.20，排名第 18 位，比 2011 年排名下降了 3 位；綜合競爭力得分爲 4321.73，排名第 15 位，比 2011 年排名下降了 1 位。

經濟競爭力方面，2012 年青島市的城市效率指數、城市國際吸引力指數和城市居民生活水準指數和 2011 年排名相同。其中，人均 GDP 達到 7.59 萬元，比去年增長了 16.70%，排名較去年上升了 8 位；地均 GDP 爲 6026 萬元/平方公里，增長率爲 16.75%, 排名較去年上升了 4 位；實際利用外資總額爲 46 億美元，簽訂外資合同數量爲 731 份，增幅分別爲 27.8% 和 12.9%，排名分別上升了 7 名和 1 名。

產業競爭力方面，2012 年青島市在產業貢獻指數和產業國際化指數上表現欠佳，分別下降了 0.093 和 0.022，排名較 2011 年分別下降了 5 位和 1 位。全年青島市產品市場認同感遞增程度下降了 1.33%，排名下降了 137 位，由 2011 年的 143 名下降至 280 名。此外，2012 年青島市的外資企業數量爲 2037 家，較去年減少了 207 家，同時外資企業貢獻度下降了 1.16%，兩項三級指標在排名上分別下降了 1 位和 3 位。

財政金融競爭力方面，從二級指標排名上看，財政金融規模指數下降了 3 位元，財政金融效率指數上升了 3 位，金融資本品質指數下降了 203 位，金融資本可獲得指數上升了 3

個名次。2012 年青島市財政預算內收入排名上升了一位，財政預算內支出下降了一位，總體上維持了 2011 年的財政金融競爭力優勢。

商業貿易競爭力方面，外貿指數和商貿機構指數的排名分別上升了 3 位和 4 位。2012 年青島市的國內商業貿易規模增加，且外貿指數呈上升趨勢。具體來看，全市批發零售貿易業商品銷售總額爲 2242.11 億元，比上一年增加了 287.63 億元，漲幅爲 14.7%，排名較 2011 年上升了 2 位。外貿依存度達到 65.15%，較去年上升了 11.08%，進出口總額增長了 27.2%，排名分別上升了 5 位和 4 位。

基礎設施競爭力方面，2012 年，青島市的基礎設施投資指數排名與 2011 年相同，城市居民居住指數排名上升了 13 位，對外交通設施水準指數排名上升 1 位。截止年末，城市平均每天供水量 117 萬噸，增長 4.5%，城市全年實際用水量 3.7 億噸，增長 5.1%，年供水總量排名居第 28 名，比去年上升了 2 個名次。城市全年供應液化氣總量 5.97 萬噸，供應煤制氣總量 7999 萬立方米，供應天然氣總量 68922 萬立方米，城市氣化率達到 100%，排名較 2011 年上升了 4 位。

社會體制競爭力方面，2012 年青島市的社會公平保障水準有了顯著提高，社會保障和就業支出的排名上升了 5 位。此外，政府社會管理水準也有較大提高。隨著地方法規條例更加完善、政策法規更加透明化、執法能力不斷增強，民眾對政府的滿意程度也提高了 20 個百分點。

環境資源區位競爭力方面，2012 年青島市的區位水準指數和環境資源水準指數排名依舊爲第 13 名和第 8 名，環境改善投入指數排名上升了 11 位。全年的空氣品質優良天數達到 340 天，優良率 92.9%，比上年提高 1.4 個百分點；建成區綠化覆蓋率達到 44.78%，市區園林綠地面積達 21121.44 公頃，增長 4.4%；新增公共綠地面積 147.63 公頃，人均擁有公共綠地面積 14.58 平方米，可見，市容環境整治行動成果豐碩，爲青島創建全國文明城市奠定了堅實基礎。

人力資本教育競爭力方面，人力資本規模排名與 2011 年相同，人力資本投入指數排名由 60 名上升到 54 名，人力資源素質指數排名由 42 名上升爲第 14 名。人力資本投入方面，2012 年青島市教育支出絕對規模上升了 19.6 個百分點，排名較上一年提高了 243 位，躍居第 18 名。在人力資本素質方面，截止年末，青島市的成人識字率爲 93.1%，較去年增加了 0.3 個百分點，排名上升了 169 位。

科技競爭力方面，2012 年青島市科技投入水準指數排名下降了 13 位，科技經費絕對投入量減少了 3.4%；科技人力資本指數排名上升了 10 位，每萬人中有 137 人爲專業技術人員，其中有 20 人爲科技服務人員，比去年增長了 1.14%；科研機構指數排名下降了 1 位。總體上，2012 年的科技競爭力發展平穩，排名上依舊位居 13 名。

城市文化形象競爭力方面，2012 年青島市文化設施指數和城市營銷能力指數增長迅速，排名均上升了 1 位。截至年末，全市共有公共圖書 444.2 萬冊，平均每百人有 58 本書，比去年增長了 4.4 個百分點；城市文化影響指數爲 0.493，城市建築景觀和諧程度爲 0.589，較 2011 年上升了 0.3 個百分點。2012 年青島城市文化競爭力總得分爲 954.20，較 2011 年的 1011.07 下降 56.87，排名較 2011 年下降 3 位。

2012 年青島市加快推進產業轉型發展，落實系統創新、可持續發展和陸海一體化發展的科學理念及戰略。通過制定陸海一體的產業發展規劃，形成合理的產業佈局，實現海洋產業持續發展，同時使沿海和腹地經濟優勢互補、互爲依託，實現共同發展。

7.16 成都城市競爭力點評分析

成都市，簡稱“蓉”，別稱“錦城”，歷史悠久，素有“天府之國”美譽。因位於四川中部，享有“西部之心”美譽。現系西部政治、經濟、文化、交通中心，西南科技中心，西南商貿中心，西南金融中心，中國率先建立社會主義市場經濟體制試點城市，金融對外開放城市。1994 年 2 月 25 日，成都正式獲批副省級市，是中國歷史文化名城。2011 年 7 月 29 日，成都榮獲“中國民生成就典範城市”最高榮譽獎。2011 年 8 月 8 日，成都榮膺“2011 中國十佳優質生活城市”。2011 年 9 月 16 日，成都上榜“最中國文化名城”。2012 年 2 月 21 日，工信部正式授予成都“中國軟體名城”稱號。

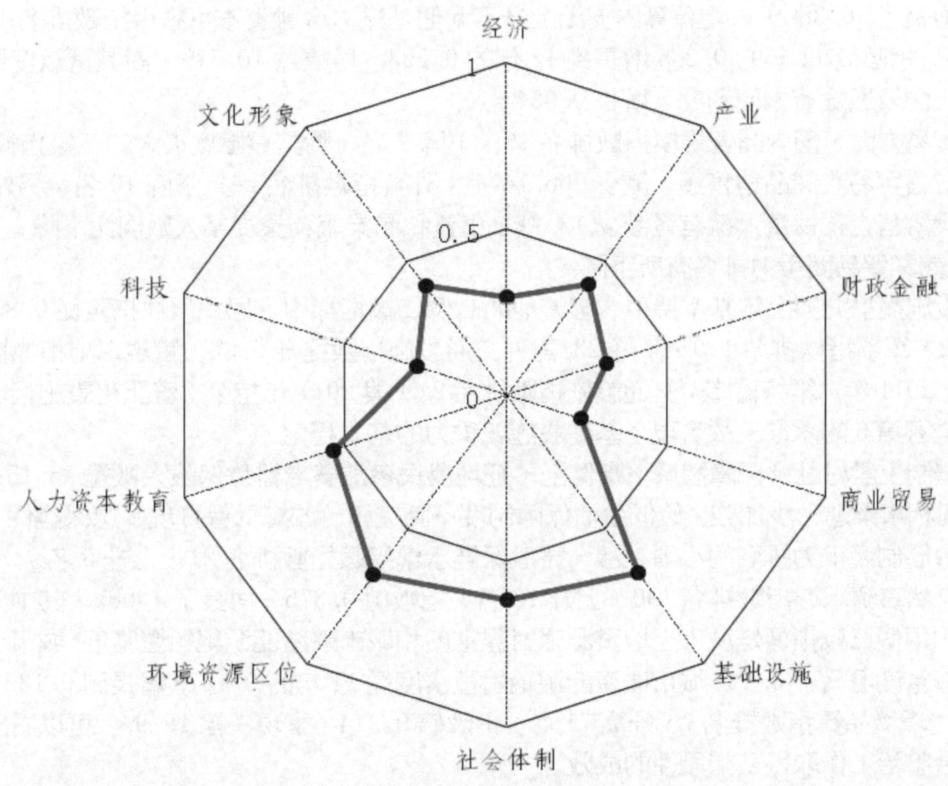

圖 7.16.1　2012 年成都分項競爭力雷達圖

成都 2012 年城市競爭力的基本情況如下：經濟競爭力得分爲 610.29，排名第 14 位，比 2011 年排名上升了 8 位；產業競爭力得分爲 947.80，排名第 32 位，比 2011 年排名下降了 2 位；財政金融競爭力得分爲 655.84，排名第 16 位，比 2011 年排名上升了 4 位；商業貿易競爭力得分爲 524.50，排名第 30 位，比 2011 年排名下降了 3 位；基礎設施競爭力得分爲 3395.33，排名第 6 位，與上年持平；社會體制競爭力得分爲 450.86，排名第 29 位，比 2011 年排名上升了 1 位；環境資源區位競爭力得分爲 992.72，排名第 13 位，比 2011 年排名上升了 2 位；人力資本教育競爭力得分爲 1461.29，排名第 14 位，比 2011 年排名上升了 1 位；科技競爭力得分爲 708.53，排名第 30 位，比 2011 年排名下降了 1 位；城市文化形象競爭力得分爲 897.68，排名第 20 位，比 2011 年排名下降了 1 位；綜合競爭力得分爲 4250.89，排名第 16 位，比 2011 年排名上升了 2 位。

2012 年，全市經濟實現平穩較快增長，對於經濟競爭力，雖然城市規模指數有所下降，但是城市效率指數，城市國際吸引指數和城市居民生活指數不同程度有所上升。城市效率指數爲 0.214, 上升了 3.38%，排名 72，上升 1 名；城市國際吸引指數爲 0.161, 上升了 16.67%，排名 18，上升 7 名；城市居民生活指數增加到 0.234，排名 61，上升 5 名。GDP 規模爲 6950.58 萬元，比 2011 年增長了 15.2%，城市人口規模達到 1404.8 萬人，同比上一年增長 23.3%，人均 GDP 49477.36 元，相比去年的 39518 元增長了 25.2%，實現了實際利用外資總額 485575 萬美元，增幅達 73.6%。人均可支配收入 19920 元，增長 13.3%；

產業貢獻指數排名 34，下降 2 名，指數值由 2011 年的 0.317 降到 2012 年的 0.274，降低了 15.7%，雖然產業結構指數呈現出輕微的上升趨勢，但是它對對應的三級指標卻部分表現出下滑的趨勢，其中第三產業就業水準從 48.57 降到了 47.03，下降了 3.17%，另外，製造業每萬人擁有量和外資企業數都出現了下滑的趨勢，故產業競爭力排名有所下滑。

成都市實現了財政收入穩定增長，金融業發展良好，財政金融效率指數排名 37，上升 3 位，影響其的三級指標裏貢獻程度最大的是人均預算內收入，人均預算內支出。其中人均預算內收入增長了 10.36%，人均預算內支出上升了 5 個基點；金融資本可獲得指數排名 15，上升 34 名，指數從 11 年的 0.265 增長到 12 年的 0.293，增幅爲 10.57%，對其貢獻度最大的是獲得民間及風險資本便利度，增長 0.054。

商業貿易方面，國內商貿規模指數排名 16，下降 2 名，對其貢獻度最大的三級指標是人均批發零售貿易業商品銷售額，減少 966.74 元；外貿指數排名 24，下降 10 名；另外限額以上批發零售企業每萬人擁有量減少 13.7%，租賃和商業服務業從業人數同比下降 12.1%。故商業貿易競爭力排名有所下降。

基礎設施競爭力與上年基本持平，影響他的七個二級指標中，居民居住指數從 0.825 增到 0.842，單項指標排名 110，下降 23，對外交通設施指數提升 9.6%，實現單項指標排名第 5，同比 2011 年，維持穩定；交通設施指數排名 21，與 2011 年持平；資訊化設施指數排名維持在全國第 6 的水準。故實現了基礎設施競爭力的基本穩定。

社會體制上農村社會保障體系不斷健全，征地農民參加養老醫療保險人數達 45.15 萬人，社會福利事業進一步加強。最低生活保障制度不斷完善，城鄉低保實現了應保盡保。故實現了社會體制競爭力排名的小幅上漲。醫療保健水準指數指數排名 21，上升 5 名。

全年自然資源水準指數排名 190，上升 12 名，指數值 0.375，增長了 1.08%，其中對其貢獻最大的兩個三級指標是城市土地資源絕對豐富度和城市礦產能源絕對豐富度，城市土地資源絕對豐富度增長了 3.4%，城市礦產能源絕對豐富度從 11 年的 0.1219 增長到 0.132，增加了 0.01；環境品質指數排名 7，升高 71 名，指數值 0.914，實現漲幅 18.9%。可以看出城鄉環境綜合整治工作取得了階段性的成效。

人力資本投入指數排名 56，上升 2 名，其中人力資本基本成本達到了 38603.1，漲幅達 12.89%；人力資本教育設施指數排名 13，上升 1 名，其中高校數和高校老師數對其貢獻度最大，高校數在 2012 年達到 50 所，比 2011 年增加了 8 所，高校老師數則增加了 1672 人次，體現出成都市在教育方面取得的顯著成就。

科技競爭力方面，科技人力資本指數排名 24，下降 7 名，其中專業技術人員擁有量和科技服務人員相對擁有量的大幅減少是造成科技競爭力下降的主要要因素；科研成果轉化指數排名 239，下滑 1 名，指數值從 2011 年的 0.284 降到了 0.282，降低了 0.7%。

城市文化競爭力，文化設施指數排名 27，下降 3 位，成都按照建設世界現代田園城市的歷史定位和長遠目標，編制完善戰略功能區規劃，強力推進高端產業向功能區集聚，加快建設一批高水準產業功能區。加快區劃調整和資源整合，優化市域資源配置，同步實施功能區基礎設施、公共服務、產業發展和生態建設，實現新型城鎮化、新型工業化與新農村建設良性互動。完善功能區建設推進機制，探索功能區新型管理模式，更加注重資源高效利用，強化節約集約用地，提高資源對經濟社會全面協調可持續發展的保障能力。

綜合來看，2012 年，成都市在經濟競爭力和社會體制競爭力方面都有不同程度的上升，經濟競爭力上升了 11.36%，達到了 0.294，而社會體制競爭力上升了 1.32%，達到了 0.615。

這些数据在中國同類城市中均位居前列，也基本可以看出成都經濟整體規模和良好發展態勢。作爲致力於建設中國中西部創業環境最優、人居環境最佳、綜合競爭力最強的現代特大中心城市，成都具有人居環境比較優良、市場輻射能力較強、產業發展配套較好、基礎設施比較完備、金融服務較爲完善、政府服務規範高效等投資環境比較優勢。

7.17 寧波城市競爭力點評分析

寧波，簡稱甬，有時也稱寧，是全國 15 個副省級城市和 5 個計畫單列市之一，有制定地方性法規權利的較大的市，屬於進一步對外開放的十四個沿海開放城市，又是中華人民共和國文化部批准的全國歷史文化名城，浙江對外開放的門戶和視窗。寧波港是中國貨物吞吐量第一大港口，集裝箱吞吐量則列全國第四大港口。全市總面積 9365 平方公里。位於浙東，長江三角洲南翼，北臨杭州灣，西接紹興，南靠台州，東北與舟山隔海相望。

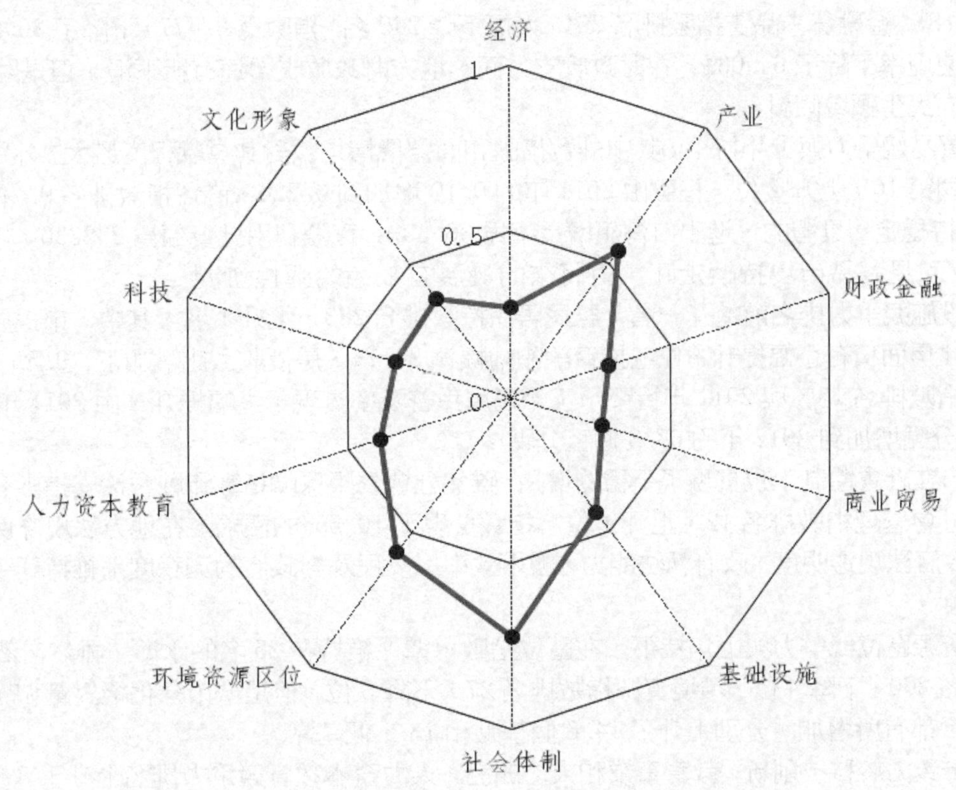

圖 7.17.1　2012 年寧波分項競爭力雷達圖

寧波 2012 年城市競爭力的基本情況如下：經濟競爭力得分爲 502. 62，排名第 22 位，比 2011 年排名上升了 1 位；產業競爭力得分爲 1983. 88，排名第 8 位，比 2011 年排名上升了 3 位；財政金融競爭力得分爲 614. 70，排名第 18 位，比 2011 年排名下降了 8 位；商業貿易競爭力得分爲 897. 01，排名第 18 位，與上年持平；基礎設施競爭力得分爲 1531. 00，排名第 18 位，比 2011 年排名上升了 1 位；社會體制競爭力得分爲 721. 84，排名第 13 位，比 2011 年排名上升了 1 位；環境資源區位競爭力得分爲 668. 55，排名第 21 位，與上年持平；人力資本教育競爭力得分爲 782. 65，排名第 31 位，比 2011 年排名上升了 8 位；科技競爭力得分爲 1325. 42，排名第 16 位，與上年持平；城市文化形象競爭力得分爲 713. 98，排名第 27 位，比 2011 年排名下降了 2 位；綜合競爭力得分爲 4041. 73，排名第 17 位，比 2011 年排名下降了 1 位。

寧波在經濟發展方面取得了良好的成果，排名有小幅提升，城市居民生活水準指數排名19，同比上升3位，其中人均可支配收入增加2928.65元，人均消費支出同比增加10.2%，恩格爾係數（調整後）增加25.3%。

產業競爭力方面，產業效率指數排名105，上升11名，指數值是0.505，增長了17.99%，其中從業者生產效率爲219725，實現同比增長50.19%，企業銷售毛利率爲8.5%，同比增長0.47%；產業結構指數排名12，與11年持平，指數爲0.797，上漲9.03%，其中工業化發展水準增長到55.6，增長1.9%，第三產業就業水準增長1.88%；產業國際化指數排名7，指數爲0.475，增長0.2%，其中外資企業平均產出能力達到15013.1，增長30.6%。可見其工業經濟綜合品質穩步提升，工業轉型升級不斷推進，戰略性、新興、傳統優勢產業領先增長。

財政金融競爭力下降了8位，二級指標中對其影響最大的當數財政金融規模指數和財政金融效率指數。財政金融規模指數排名14，下降1名，其中資本使用規模爲33000000，下降57.3%；財政金融效率指數排名26，下降2位，其中人均預算內收入爲6975.8元，下降了7.96%，人均預算內支出爲7883.33元，下降了11.05%，人均年末儲蓄額爲128761亿元，下降了10.8%；金融資本品質指數排名261，大幅下降249名，指數爲0.477，下降了36.2%，其中資本使用率下降了64.03%。在財政收支方面，地方財政收支增速有所下滑，但是財政支出繼續向民生領域傾斜。

商業貿易競爭力與上年持平，其中外貿指數和商貿機構指數對其貢獻程度最大，外貿指數排名全國第10，上升2位，指數由2011年的0.19增加到0.224，商貿指數排名9，相比11年，維持穩定。具體的，進出口總額增長率爲36.33%，實際利用外資額爲232336，增長了5.35%。可見貿易市場持續走旺，對將來的發展有很大的彈性空間。

基礎設施競爭力排名前進了一名，居民居住指數排名283，上升1名，其中，市民居住條件人均住房面積有小幅提升，住宅投資總額增幅達34.7%，房價收入比增加了，9.5%；資訊化設施指數排名15，與2011年持平，互聯網用戶普及率實現了大幅提升，由2011年的25.8個百分點增加到2012年的67.8個百分點。

寧波市在社會體制上也實現了平穩的增長，雖然社會公平保障指數和社會治安指數有所下滑，但社會管理指數排名12，上升1位，指數實現了10.55%的漲幅。在地方法規條例健全程度，政府法規透明度，政府執法能力，辦事效率以及民眾對政府的滿意度都維持了平穩的增長速度。

環境資源區位競爭力與上年持平，在區位指數水準上維持在25名的水準，雖然自然資源指數排名260，下降4位，環境資源指數排名27，下降5位，但是城市綠化絕對量和城市綠化相對量都有所增加，分別上升了14.6個基點和13.1個基點。

寧波市致力於科技創新，教育事業和人才開發，人力資本教育競爭力排名上升了8位，取得了可喜的成就。人力資本投入指數增加了8.6%，人力資本基本成本增加了11個基點。人力資本教育設施指數增2.5%，其中高校老師數由6933增加到了7146，增加了213人。雖然大專以上人口比重基本保持不變，但是高素質人才資本相對儲備量和專業技術人員擁有量都實現了大幅增長，增幅分別達到132%，163%。這體現出寧波市高層次人才開發計畫已經取得很好的效果並將繼續加速推進。

科技競爭力與上年持平，但科技投入指數，科技人力資本指數，科技創新指數都有不同程度的上升趨勢，科技投入指數排名15，上升1位，科技人力資本指數排名16，上升1位，科技創新指數排名14，上升1位。比較有特色的是由寧波大學爲主完成的“非線性應力波傳播理論及應用”項目獲得國家自然科學二等獎，成爲寧波市首次獲得的國家自然科學獎。

城市文化形象上，文化設施指數排名排名 25，下降 3 名，文化資源指數排名 36，下降 7 名，文化資源指數從 0.423 降到了 0.345，減少了 18.4%， 每萬人擁有教育文藝廣播影視業從業人數下降 21.3%。

綜上，寧波市在經濟競爭力，產業競爭力，商業貿易競爭力，環境資源競爭力都有上升的趨勢，在基礎設施競爭力上與上年基本持平，但是財政金融競爭力，社會體制競爭力，環境資源競爭力，科技競爭力和文化競爭力都不同程度呈現出下降的趨勢，分別下降了 23.6%，2.3%，20.8%，0.8%，0.96%。因此綜合競爭力得分排名下降一位。

7.18 瀋陽城市競爭力點評分析

瀋陽，遼寧省省會，中國 15 個副省級城市之一，中國七大區域中心城市之一，中國特大城市，東北地區最大的國際大都市，東北地區政治，經濟，金融，文化，交通，資訊和旅遊中心。同時也是中國最重要的重工業基地之一，被譽爲共和國長子，素有“東方魯爾”的美譽。2010 年 4 月，瀋陽經濟區獲國務院批准爲國家新型工業化綜合配套改革試驗區，是中國第八個國家綜合配套改革試驗區，標誌著瀋陽經濟區建設上升爲國家戰略。瀋陽位於環渤海經濟圈（中國第三大經濟圈）之內，是環渤海地區與東北地區的重要結合部。

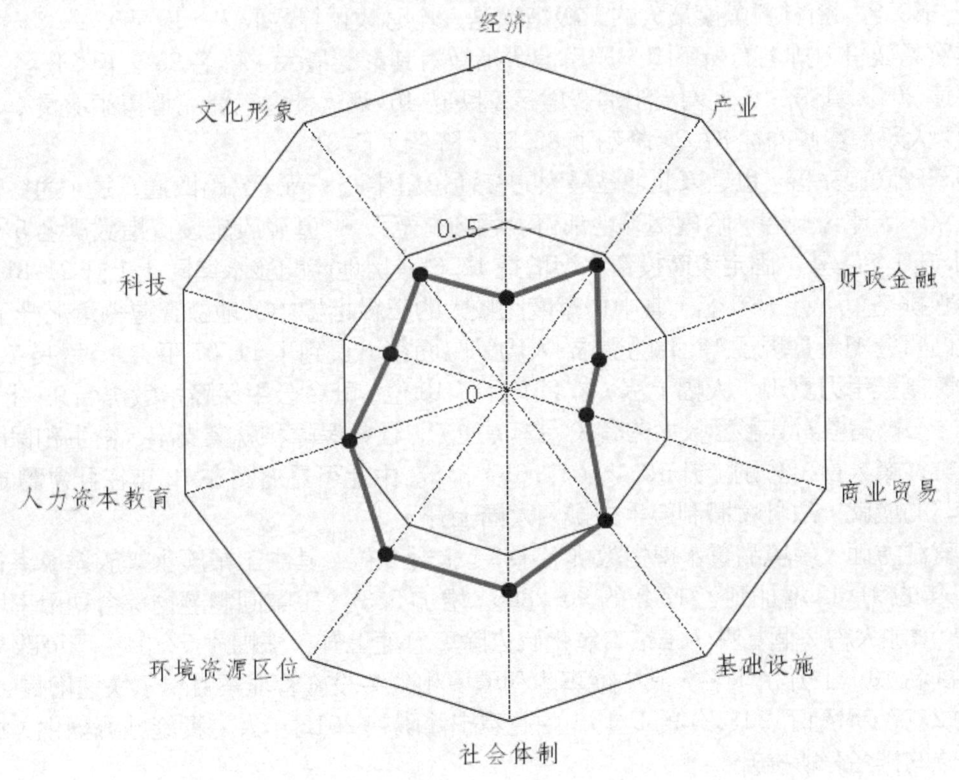

圖 7.18.1　2012 年瀋陽分項競爭力雷達圖

瀋陽 2012 年城市競爭力的基本情況如下：經濟競爭力得分爲 522.10，排名第 21 位，比 2011 年排名下降了 4 位；產業競爭力得分爲 1321.98，排名第 19 位，與上年持平；財政金融競爭力得分爲 458.80，排名第 25 位，比 2011 年排名上升了 1 位；商業貿易競爭力得分爲 641.63，排名第 26 位，比 2011 年排名下降了 4 位；基礎設施競爭力得分爲 2038.80，排名第 12 位，比 2011 年排名上升了 1 位；社會體制競爭力得分爲 428.20，排名第 33 位，比 2011 年排名上升了 13 位；環境資源區位競爭力得分爲 804.62，排名第 16 位，比 2011 年排名上升了 2 位；人力資本教育競爭力得分爲 1205.31，排名第 20 位，比 2011 年排名下降了 4 位；科技競爭力得分爲 1351.88，排名第 15 位，比 2011 年排名下降了 1 位；城市文化形象競爭力得分爲 1015.92，排名第 15 位，比 2011 年排名上升了 5 位；綜合競爭力得分爲 3985.77，排名第 18 位，比 2011 年排名上升了 1 位。

2012 年瀋陽經濟競爭力排名下降了 4 位，城市國際吸引指數，城市居民生活指數都有下降的趨勢。城市國際吸引指數排名 13，下降了 2 名，城市國際吸引指數中對其貢獻度最大的是簽訂外資合同數，同比下降了 33.4%，另實際利用外資總額和人均國際旅遊收入都不同程度有所下降，這促使城市國際吸引指數的下降；城市居民生活指數排名 143，下降 73 名，恩格爾係數下降了 12.4%，這是導致城市居民生活指數下降的直接原因。

產業競爭力與上年持平，產業規模指數排名 17，與 2011 年持平，指數從 0.404 增加到 0.406,實現 0.5%的小幅上漲，其中對其貢獻度比較大的三級指標有限額以上工業數，增幅 0.1%，就業總人數，增幅 15.7%，工業財富創造能力，增幅 1.2%；產業效率指數排名 47，上升 6 名，其中對其貢獻度最大的是企業銷售毛利率和銷售額/總資產，分別增長 31.7%，19.3%。

財政金融方面，對其貢獻度最大的二級指標有財政金融規模指數和財政金融效率指數。財政金融規模指數排名 16，上升 2 位，其中，財政預算內收入實現漲幅 45.3%，年末儲蓄總金額上升 21.6%，財政收入占 GDP 比重增加 23.7%，主要受財政預算內收入，年末儲蓄總金額和財政收入占 GDP 比重的影響，財政金融規模指數呈現上升的趨勢；財政金融效率指數排名 32，上升 9 名，對其貢獻度最大的三級指標是人均財政預算內收入，增長了 28.5%。

商業貿易競爭力排名有所下降，居民消費指數對其影響最大，排名 28，下降 8 名，指數值降幅達 20%，具體的，人均支出消費增長率跌破 46.4%，社會消費品零售額增長率也下降了 11%；大眾消費傾向從 87.21 降到了 82.57，降低了 5.3%。

瀋陽基礎設施完善，也是東北地區最大的交通樞紐中心。高速公路四通八達，通往全省各市和北京、天津、長春、哈爾濱等地都可“朝發夕至”。 基礎設施投資指數排名 5，同比 11 年上升 1 名，其中固定資產投資水準增長 17.6%，房地產開發水準同比上升 21.8%；交通設施指數排名 15，上升 5 名，其中貢獻度比較大的三級指標中，地區客運總量上升了 10.8%，地區貨運總量實現了 14.4%的漲幅，人均鋪路面積增長到了 11.07 平方米，增長 7.8%。

社會體制競爭力實現了大幅上漲，排名上升了 13 位，社會公平保障指數排名 9，上升 9 位，其中，三級指標對其影響較大的有失業率（逆），社會保障和就業支出，衛生和保險和社會福利業從業人員，分別上升 12.1%，11.6%，3.8%,由此可見瀋陽在 12 年在社會體制上取得了顯著的成就，故社會體制競爭力排名大幅上升。

環境資源方面，環境品質水準指數排名 123，上升 5 位，其中工業廢水排放達成率在上升，由 11 年的 91.42 增加到了 12 年的 96.2866，增加 5.3%，工業固體廢物綜合利用率增加到 95.68，增加大約 2 個基點，工業二氧化硫去除率急速上升，漲幅達 52.3%；環境改善投入指數，排名 10，上升了 1 名，其中從事水利環境和公共設施管理業實現了快速增長，從 2011 年的 2.77，增到了 2012 年的 3.15，由此看出瀋陽在 2012 年大力實施城鄉綠化，故環境資源區位的排名有所提升。

人力資本教育方面，二級指標裏，人力資本規模指數排名 21，下降 1 名，影響其的三級指標裏，高素質人力資本儲備量對其貢獻度最大，降幅達 19.9%；人力資本教育設施指數排名 20，下降 2 名，三級指標中每萬人中小學校數和中小學老師學生比對其貢獻度最大，分別下降了 20.3%，11.1%。

瀋陽連續四年成爲全國文化體制改革先進地區，城市文化形象方面，文化設施指數貢獻度最大，排名 10，上升 6 名，指數值從 11 年的 0.311 增加到 12 年的 0.364，漲幅 17%，其中三級指標中，劇院數，公共圖書數，每百萬人影劇院數，每百人公共圖書數不同程度都有上升的趨勢，劇院數和每百萬人影劇院數漲幅最大，分別爲 27.8%，13%；文化資源指數排名 18，提升 5 位，對其貢獻度最大的三級指標是藝術家和文化組織指數。

綜上，瀋陽在基礎設施競爭力，社會體制競爭力，文化競爭力分別增長了 2.3%，11.4%，0.7%，共同使得綜合競爭力實現穩步上升，排名上升了一名。

7.19 濟南城市競爭力點評分析

山東省省會濟南地處山東省中西部，是中國環渤海地區南翼和黃河中下游地區的中心城市，是國家批准的沿海開放城市和十五個副省級城市之一，是國務院公佈的國家歷史文化名城、中國軟體名城、國家創新型城市之一。濟南是山東的政治、經濟、科技、文化、教育、旅遊中心，區域性金融中心，北連京津，南接滬甯，東西連通山東半島與華中地區，是環渤海經濟區和京滬經濟發展軸上的重要交匯點，是全國重要的交通樞紐和物流中心，是中華文明中聞名世界的史前文化——龍山文化的發祥地，是第 11 屆全國運動會和第 7 屆中國國際園林花卉博覽會的主辦城市。

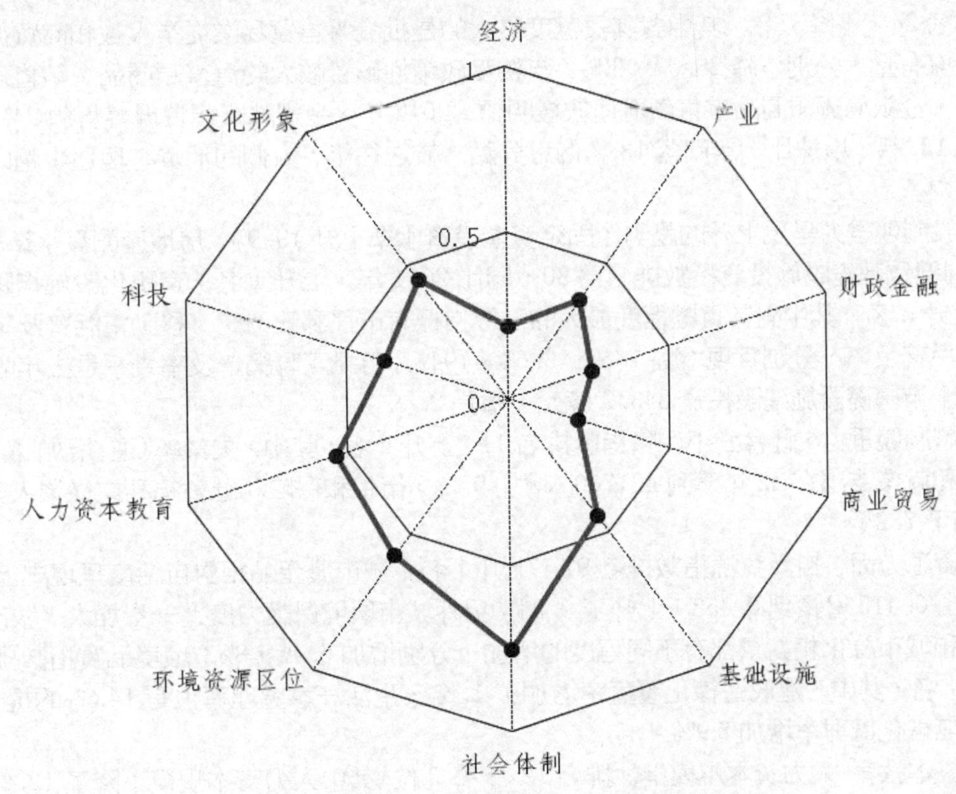

圖 7.19.1　2012 年濟南分項競爭力雷達圖

濟南 2012 年城市競爭力的基本情況如下：經濟競爭力得分爲 250.67，排名第 36 位，比 2011 年排名下降了 2 位；產業競爭力得分爲 552.27，排名第 42 位，比 2011 年排名上升了 3 位；財政金融競爭力得分爲 225.11，排名第 35 位，比 2011 年排名下降了 13 位；商業貿易競爭力得分爲 371.31，排名第 34 位，比 2011 年排名下降了 1 位；基礎設施競爭力得分爲 1598.36，排名第 16 位，比 2011 年排名上升了 5 位；社會體制競爭力得分爲 818.56，排名第 9 位，比 2011 年排名上升了 1 位；環境資源區位競爭力得分爲 684.23，排名第 20 位，比 2011 年排名上升了 6 位；人力資本教育競爭力得分爲 1465.80，排名第 13 位，比 2011 年排名下降了 3 位；科技競爭力得分爲 1519.19，排名第 12 位，比 2011 年排名下降了 1 位；

城市文化形象競爭力得分爲 1089.46，排名第 13 位，比 2011 年排名下降了 3 位；綜合競爭力得分爲 3686.06，排名第 19 位，比 2011 年排名上升了 3 位。

經濟競爭力方面，城市規模指數排名 28，下降 2 位， GDP 增長率由 16.68 減少到 10.58，減少了 36.6%；城市效率指數排名 53，同比下降 5 名，對其貢獻度最大的城市化率下降了 0.2%；城市居民生活指數下降了 3.6%。

2012 年濟南市產業結構更加合理，產業結構指數排名 48，與上年持平，但是其指數值增加了 7.9%，其中第二產業就業水準達到 48.46%，增長 5.9%，第三產業發展水準增加 3%，產業製造能力達到 30.76%，漲幅 6.2%；產業集群指數排名 51，上升 1 位，對其貢獻度比較大的三級指標有企業固定資產集中度和限額以上工業企業總資產，分別增長 1.5%，17.8%。故產業競爭力排名上升了 3 位。

財政金融競爭力大幅下滑，財政金融規模指數排名 31，下降 5 名，對其貢獻度最大的三級指標是資本使用規模，從 2011 年的 57000000 降到了 22000000，同比下降了 61.4%；財政金融效率指數排名 49，下降了 14 名，指數值大幅下降了 70%，對其貢獻度大的三級指標有人均年末貸款額和人均年末存款總餘額增長率，分別下降了 65.9%，10.7%。

商業貿易競爭力有小幅下降，商貿人力資本指數是其排名下降的主要原因，商貿人力資本指數排名 24，下降 7 名，其中對其貢獻度最大的是批發零售貿易業從業人數和商貿從業人員萬人擁有量，分別下降 28.9%，32%。年初受政策性影響較大的汽車類商品，銷售逐步走出低谷，金銀珠寶類商品零售額增速放緩明顯。2012 年，金銀珠寶類實現零售額 24.6 億元，增長 13.2%，增速比上年回落 13.2 個百分點，較之往年，人們的消費心理逐步趨向理性。

基礎設施競爭力呈現上升的趨勢，固定資產投資水準上升 19.9%，房地產開發水準上升 45.7%，則導致基礎設施投資指數排名爲 30，同比 2011 年，上升 1 名；資訊化設施指數排名 41，上升 5 名，其中對其貢獻程度最大的三級指標有市民郵政消費，移動電話普及率，互聯網用戶普及率，分別實現增幅 1.5%，3.6%，194%,，可見互聯網普及率幾乎是去年的二倍。全年全市基礎設施建設投資 343.9 億元，增長 2.4%。

社會體制競爭力，社會公平保障指數排名 11，上升 2 名，其中，失業率(逆)增加了 4%，社會保障和就業支出在 12 年達到 421700，增加 9.2%，衛生和保險和社會福利業從業人員在 12 年增加了 7.2%。

環境資源方面，自然資源指數排名 97，上升 1 名，城市農產品相對自給度呈現出上升的趨勢，由 0.415 增長到 0.453，上升了 9.2%；另外城市環境保護力度進一步加大，城市綠化絕對量和城市綠化相對量都有不同程度的增加，分別增加 6.4%，8%；環境品質指數排名 53 上升 14 名，其中，建成區綠化覆蓋率增加了 1.6%，生活汙水處理率也有 14.6%的提升，生活垃圾無害化處理率增加 8.9%。

人力資本教育，人力資本規模指數排名 12，下降 2 位，其中人力資本規模下降了 12.6% ，高素質人力資本儲備量由 760448 降到了 642541，城市就業率降低了 0.3%，這些共同促使人力資本規模指數的下降；人力資本素質指數排名 12，降低 3 名，對其貢獻度最大的三級指標是高素質人力資本相對儲備量和創業人員指數，其中創業人員指數跌破 64.8%。

科技競爭力排名小幅下降，科技投入水準指數排名 64，下降 6 名；雖然科技人力資本指數有所上升，但科技服務人員相對擁有量減少了 7.8%，電腦人才擁有量減少了 3.7%，另外，每百萬人擁有大學、科研院所指數下降了 11.5%，由此導致科技競爭力排名有所下降。

城市文化形象方面，文化意識指數排名 14，下降 2 名，其中創新意識指數下降了 0.4%；文化資源指數排名 10，下降 2 名，城市歷史文化指數下降了 0.25%，這顯示了城市文化服務水準還不適應人們日益增長的物質文化生活需要等，要在今後的工作中著力加以解決。

綜上，濟南市雖然在產業競爭力，財政金融競爭力，社會體制競爭力，環境資源競爭力等沒有絕對優勢，但經濟競爭力，商業貿易競爭力，基礎設施競爭力都有上升的趨勢，分別上升 0.46%，1.9%，3.3%。可見城市綜合服務功能增強。

7.20 無錫城市競爭力點評分析

無錫市位於江蘇省南部，長江三角洲平原腹地，太湖流域的交通中樞，北倚長江，南瀕太湖，東與蘇州接壤，西與常州交界，京杭大運河從中穿過；運河絕版地、江南水弄堂就位於無錫。無錫自古就是著名的魚米之鄉、中國四大米市之一。無錫也是一座現代化城市，中國民族工業的發源地之一，素有"小上海"、"布碼頭"之稱，是全國 15 個經濟中心城市之一。無錫地處太湖之濱，風景絕美秀麗，歷史千年悠長，是在江南濛濛煙雨中孕育出的一顆璀璨的太湖明珠；無錫憑藉豐富而優越的自然風光和厚重而悠長的歷史文化，成爲全國十大旅遊觀光城市之一。

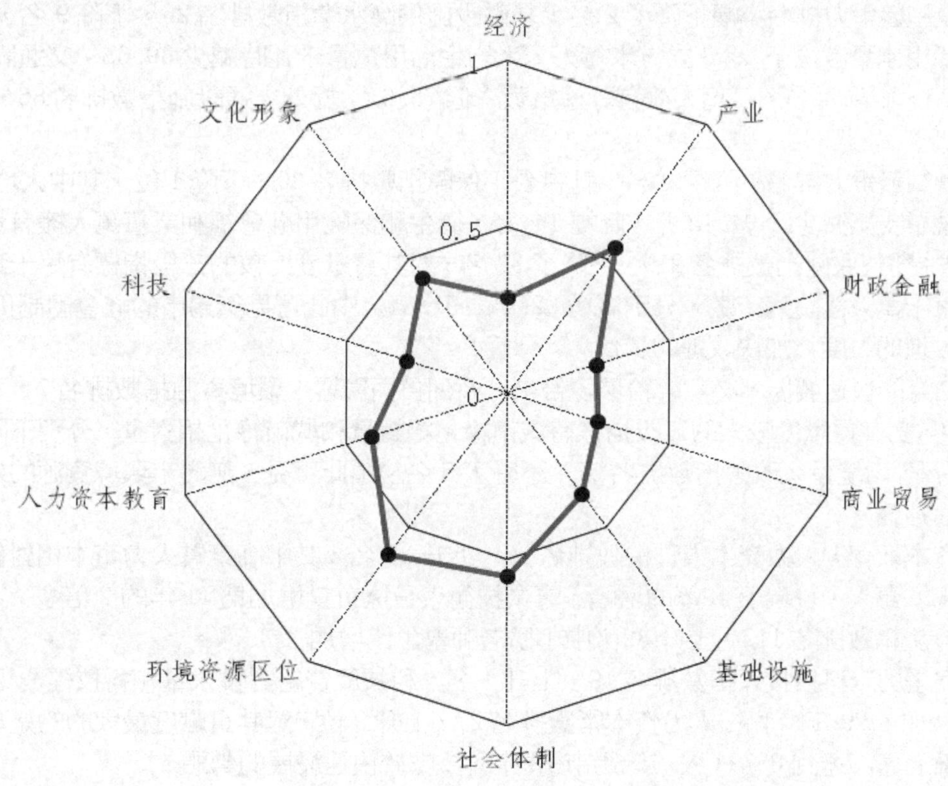

圖 7.20.1　2012 年無錫分項競爭力雷達圖

無錫 2012 年城市競爭力的基本情況如下：經濟競爭力得分爲 590.45，排名第 16 位，比 2011 年排名上升了 2 位；產業競爭力得分爲 1953.42，排名第 9 位，比 2011 年排名下降了 1 位；財政金融競爭力得分爲 353.84，排名第 27 位，比 2011 年排名下降了 3 位；商業貿易競爭力得分爲 872.03，排名第 19 位，比 2011 年排名上升了 5 位；基礎設施競爭力得分爲 1108.71，排名第 28 位，比 2011 年排名下降了 2 位；社會體制競爭力得分爲 282.16，排名第 49 位，比 2011 年排名下降了 9 位；環境資源區位競爭力得分爲 759.95，排名第 17 位，比 2011 年排名下降了 4 位；人力資本教育競爭力得分爲 884.54，排名第 27 位，比 2011 年排名上升了 11 位；科技競爭力得分爲 977.61，排名第 23 位，比 2011 年排名上升了 1 位；

城市文化形象競爭力得分爲1000.79，排名第16位，比2011年排名下降了4位；綜合競爭力得分爲3638.86，排名第20位，比2011年排名上升了1位。

對經濟競爭力，城市居民生活指數排名23，上升5位，其中人均可支配收入和恩格爾係數對其貢獻度最大，分別增長了10.9%，24,.8%。2012年國民經濟保持平穩增長。全市實現地區生產總值7568.15億元，按可比價格計算，比上年增長10.1%。按常住人口計算人均生產總值達到11.74萬元，按現行匯率折算達到1.87萬美元，繼續名列江蘇省首位。

產業結構持續優化，產業效率指數排名77，下降46位，指數值降低到0.53，降幅3.6%，其中從業者生產效率和資產/固定資產比率對其貢獻度最大，分別降低4.6%，10.7%；產業國際化指數排名全國12，下降1名。

財政金融方面，金融資本品質指數排名254，相比2011年，大幅下降了189名；金融資本可獲得指數有上升的趨勢，但是三級指標裏獲得銀行貸款便利程度和獲得證券市場資本便利程度分別下降了32.8%，34.4%。由此可見財政支出結構有待繼續調整。

在商業貿易方面，保持了良好的發展勢頭。國內商貿規模指數排名10，上升6位，其中社會消費品零售額增加18.8%，人均批發零售貿易業商品銷售額對其貢獻度最大，增幅達76%；外貿指數排名15，上升4，其中外貿依存度增加了29.7%,進出口總額增加了39.4%。

基礎設施競爭力排名小幅下降了2名，基礎設施供應水準指數排名26，下降9名，其中人均生活用水量減少至29.8立方米每人，人均生活用電量千瓦時減少39.6%；交通設施指數排名36，下降4名，每萬人擁有計程車數降低75.6%；對外交通設施指數排名85，下降了53位。

社會體制競爭力排名下降了9名，社會公平保障指數排名30，下降1位，其中人均社會保障和就業支出減少了94.12元，降幅14.7%，衛生和保險用社會福利業每萬人擁有量下降了22.3%；醫療保健指數排名219，下降了32名，對其貢獻度比較的三級指標有每十萬人醫生數和每十萬人醫院病床數，分別減少92.4%，91.8%。由此可見無錫市的社會體制仍需繼續加強改進的力度，加快改進的步伐。

由於工業的快速發展，必然會給環境帶來一系列負面影響，環境資源指數排名7，下降1名，其中，對其貢獻度較大的三級指標有城市綠化絕對量和城市綠化相對量，分別下降了4%，44%；另外環境投入改善指數排名37，下降了5名。由此可見，無錫市環境資源的建設工作任重而道遠。

人力資本教育，人力資本素質指數排名16，上升23名，其中高素質人力資本相對儲備量達到637.6萬人，實現了130%的增幅，專業技術人員擁有量增加爲11年的2倍多；人力資本教育設施指數排名112，上升32，中小學老師學生比增加了3.7%。

科技競爭力，科技投入指數排名19，上升1名，科技經費絕對投入量和科技經費相對投入量均增加了29.1%；科技人力資本指數排名27，上升9位，對其貢獻度最大的的是專業技術人員擁有量，達到85794人。無錫市12年科技處於快速發展的勢頭。

城市文化形象方面，文化資源指數排名26，下降了2名，其中名勝古跡指數小幅下降0.1%，每萬人擁有教育文藝廣播影視業從業人數對其貢獻度最大，下降了26.4%；城市營銷能力指數排名排名34，下降1名。故城市文化形象競爭力排名下降了4位。

綜上，無錫市在經濟競爭力同比增長5.9%，商業貿易競爭力增長12.9%，人力資本競爭力提高了6%，經濟社會呈現良好發展態勢，各項工作取得新進展，現代化建設邁出新步伐。

7.21 東莞城市競爭力點評分析

東莞市是中國廣東省下轄的一個地級市，該市西臨珠江口，與廣州市、深圳市、惠州市接壤。東莞爲“廣東四小虎”之一，更是國際加工業的重要一員。東莞1985

年撤縣建市，1988 年升格爲地級市，現轄 28 個鎮、4 個街道辦事處，386 個村委會、205 個居委會。全市總面積 2465 平方公里，截至 2008 年底，常住人口 694.98 萬人，其中本地戶籍人口 174.87 萬人，外來常住人口 520.11 萬人。截至 2011 年，港澳同胞約 100 萬人，海外華僑約 30 萬人，是著名的僑鄉。

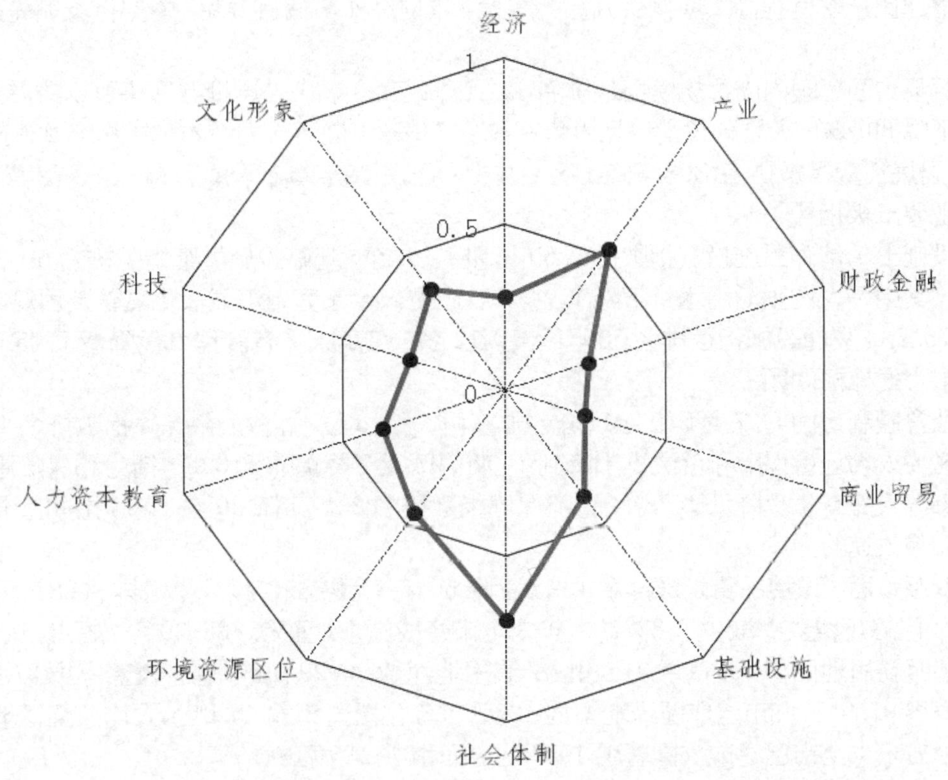

圖 7.21.1　2012 年東莞分項競爭力雷達圖

東莞 2012 年城市競爭力的基本情況如下：經濟競爭力得分爲 551.42，排名第 19 位，比 2011 年排名上升了 5 位；產業競爭力得分爲 1804.80，排名第 11 位，比 2011 年排名上升了 1 位；財政金融競爭力得分爲 231.92，排名第 34 位，比 2011 年排名上升了 3 位；商業貿易競爭力得分爲 641.47，排名第 27 位，比 2011 年排名下降了 6 位；基礎設施競爭力得分爲 1281.29，排名第 24 位，比 2011 年排名下降了 12 位；社會體制競爭力得分爲 655.74，排名第 17 位，比 2011 年排名下降了 13 位；環境資源區位競爭力得分爲 275.24，排名第 54 位，比 2011 年排名下降了 2 位；人力資本教育競爭力得分爲 653.09，排名第 38 位，比 2011 年排名下降了 6 位；科技競爭力得分爲 845.30，排名第 24 位，比 2011 年排名下降了 6 位；城市文化形象競爭力得分爲 728.88，排名第 26 位，比 2011 年排名下降了 12 位；綜合競爭力得分爲 3196.22，排名第 21 位，比 2011 年排名下降了 4 位。

2012 年東莞市經濟呈現穩步回升的態勢，經濟競爭力，城市規模指數排名 26，上升 1 名，其中城市人口規模達到 822.5 萬人；城市國際吸引指數排名維持 14 名，對其貢獻度比較大的三級指標有簽訂外資合同數和國際旅遊收入，簽訂外資合同數增加了 50%，國際旅遊收入達到了 67591.9 萬美元；城市居民生活指數排名 11，上漲 1 位，可見居民生活品質在持續提升。

產業競爭力排名進入前十，產業貢獻指數排名 32，上升 11 位，指數值增長 3.9%，企業利稅貢獻度增長 121%；產業效率指數排名 12，上升 3 位，指數值同比增長 9.7%，其中銷售毛利率增幅達 72.4%，銷售額/固定資產達 41.3%。這與東莞繼續加大力度調整結構，產業轉型邁出了堅實步伐相符。

財政金融方面，財政金融規模指數排名雖然下滑了一位，但是三級指標中，財政預算內收入和財政預算內支出，漲幅分別爲 20.2%，28.4%；金融資本品質指數排名 129，上升 6 位，其中資本充裕指數增長了 20.2%；金融資本可獲得指數排名 40，上升 7 位。全年全市規模以上工業增加值 1733.12 億元，比上年增長 5.6%。從全年走勢看，工業增速逐月走高，全年累計增速比三季度提高 2.4 個百分點，比上半年提高 4.7 個百分點。主要行業與先進工業發展較快。

商業貿易方面，國內商貿規模指數排名 42，下降了 23 名，人均批發零售貿易業商品銷售額大幅下降 80.4%，人均社會消費品零售額減少 74.9%；商貿人力資本指數排名 226，降低 38 名；居民消費指數排名 13，下降 1 名，其中，居民消費傾向降低 1.8%，這是影響商業貿易額的主要三級指標，

基礎設施上，基礎設施投資指數排名 60，下降 15 名；基礎設施供應指數排名 6，同比下降 1 名，其中，人均生活用水量下降了 741.13 立方米，家庭用煤氣液化氣普及用煤氣人口下降了 75.7%；交通設施指數排名 50，下滑了 12 名，每萬人擁有計程車數降低了 75.6%，從資料可出交通擁擠問題。

東莞社會體制方面的成績不如 2011 年，排名下降了 13 位，社會公平保障指數排名 140，下降 117 名，人均社會保障和就業支出降到了 320.97 元，降幅達到 62%，衛生和保險用社會福利業每萬人擁有量也降低了 76%；醫療保健指數排名 23，下降 20 名。東莞在社會體制方面需要加強改進的力度。

環境資源方面，環境品質指數排名 139，下降 50 名，環境改善投入指數排名 287，下降 12 名。建成區綠化覆蓋率減少了 22.7%。年末全市建成區土地面積 888.39 平方公里，公共管理與公共服務用地面積 59.71 平方公里。林業用地面積 90.29 萬畝，森林覆蓋率爲 37.1%，林地綠化率爲 97.0%；城市建成區綠地率爲 42.4%，綠化覆蓋率爲 45.0%，人均公園綠地面積 16.53 平方米；全市已建成公園廣場 1057 個，面積 1.21 萬公頃。

人力資本教育競爭力排名下降了 6 位，人力資本規模指數排名雖然上升了，但其中高素質人力資本儲備量下降幅度最大，跌幅達 30.9%，其他人力資本儲備量也出現了下滑的趨勢，下降了 1.7%；人力資本素質指數排名 70，下降 46 名，其中創業人員指數和專業技術人員數都大幅下降，尤其創業人員指數下降了 88.3%。

科技競爭力，科技投入指數排名 48，下滑了 28 名，科技經費絕對投入量減少了 31.7%，人均科技經費擁有量也同比下降了 85.2%；科技人力資本指數排名 31，下降了 22 名，對其影響比較大的三級指標中，專業技術人員擁有量減少了 81%，電腦人才每萬人擁有量同比下降 78.3%。

城市文化形象方面，東莞市不如去年，排名下降了 12 位，跌出前十，文化設施指數排名雖然保持在 5，但影響它的三級指標裏，劇院數 2012 年減少到 46 家，每百萬人影劇院數下降了 84%；文化資源指數 296，下降 211 名，每萬人擁有教育文藝廣播影視業從業人數下降了 120 人，降幅達 78%。

綜上，東莞市 2012 年整體來看，財政金融競爭力下降 11%，基礎實施競爭力，社會體制競爭力和環境資源競爭力分別下降 19%，21.8%，26.5%，科技競爭力，文化競爭力也不同程度有下降的趨勢，可見經濟發展面臨的不確定因素仍然較多，東莞還處於加快轉型升級的攻堅期。

7.22 西安城市競爭力點評分析

西安古稱“長安”，西北地方第一大城市，陝西第一大城市，是舉世聞名的世界四大文明古都之一，居中國古都之首，是中國歷史上建都時間最長、建都朝代最多、影響力最大的

都城，是中華民族的搖籃、中華文明的發祥地、中華文化的代表。當今西安爲副省級城市，陝西省省會，中國七大區域中心城市之一，亞洲知識技術創新中心，新歐亞大陸橋中國段和黃河流域最大的中心城市，中國大飛機的製造基地，中國中西部地區最大最重要的科研、高等教育、國防科技工業和高新技術產業基地。

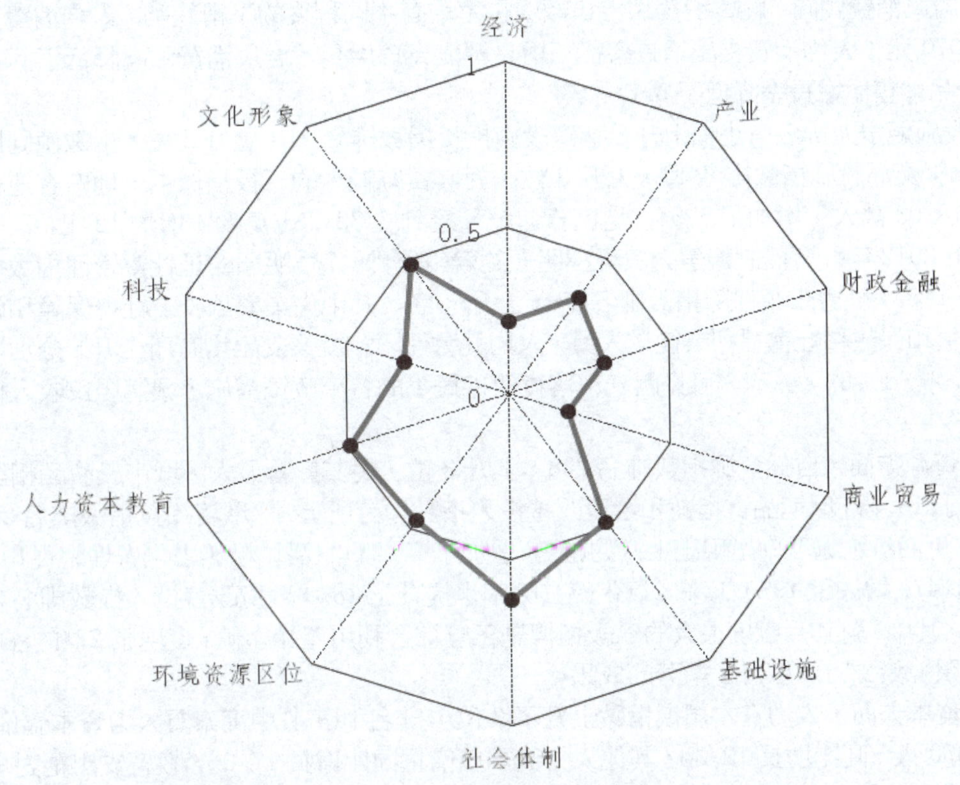

圖 7.22.1　2012 年西安分項競爭力雷達圖

西安 2012 年城市競爭力的基本情況如下：經濟競爭力得分爲 247.46，排名第 38 位，比 2011 年排名上升了 1 位；產業競爭力得分爲 474.41，排名第 49 位，比 2011 年排名下降了 3 位；財政金融競爭力得分爲 536.55，排名第 19 位，比 2011 年排名上升了 9 位；商業貿易競爭力得分爲 134.59，排名第 53 位，比 2011 年排名下降了 21 位；基礎設施競爭力得分爲 1944.66，排名第 13 位，比 2011 年排名上升了 1 位；社會體制競爭力得分爲 460.63，排名第 28 位，比 2011 年排名上升了 14 位；環境資源區位競爭力得分爲 305.82，排名第 50 位，比 2011 年排名上升了 49 位；人力資本教育競爭力得分爲 1243.18，排名第 18 位，比 2011 年排名上升了 3 位；科技競爭力得分爲 1054.04，排名第 22 位，比 2011 年排名上升了 1 位；城市文化形象競爭力得分爲 1280.28，排名第 9 位，比 2011 年排名上升了 2 位；綜合競爭力得分爲 3101.89，排名第 22 位，比 2011 年排名上升了 4 位。

西安 2012 年城市人口規模達到 847.4 萬人，增長 8.4%，經濟競爭力排名小幅提升。城市國際吸引指數排名 31，上升 4 名，國際旅遊收入增加了 21950 萬美元，人均國際旅遊收入增加 57.5%。西安全年經濟保持平穩較快增長，總體呈現“生產保持穩定、內需依然較旺、民生持續改善、物價高位回落”的運行態勢，全市生產總值（GDP）3864.21 億元，按可比價格計算，比上年增長 13.8%，增幅高於全國 4.6 個百分點。

產業競爭方面，產業貢獻指數排名 192，下降 138 名，由 2011 年的 0.261 下降到了 0.247，下降了 43.7%，影響其的三級指標有產品的市場認同度和企業市場認同感遞增程度，產品的市場認同度將近下降 100%，企業市場認同感遞增程度由正增長轉爲負增長；產業集群指數排名 42，下降 3 名，限額以上工業企業總資產降低了 23%，故產業競爭排名下降了 3 名。

財政金融方面 2012 年發展態勢良好，排名上升了 9 名，財政金融規模指數單項指標排名 24，上升 3 位，財政預算內支出和年末金融機構存款總餘額對其貢獻度較大，分別上升了 33.6%，19.7%；金融業人力資本指數排名 14，上升了 2 名，金融業從業人數增加 14%。

商業貿易中居民消費指數排名 269 名，下降 241 位，其中人均消費支出，人均消費支出增長率，居民消費傾向，社會消費品零售額增長率均有不同程度的下滑趨勢，人均消費支出下降了 3070 元；人均消費支出增長率從正增長轉變爲負增長，居民消費傾向降低了 6.3%，社會消費品零售額增長率降低了 5.7%。

基礎設施競爭力排名有小幅上升，基礎設施投資指數排名 11，上升 2 位，指數值同比提高了 5.8%；交通設施指數排名 12，上升 3 位，對其貢獻較大的三級指標中，地區客運總量達到 31118.03 萬人，增加了 5.9%，地區貨運總量達到 34331.81 萬噸，增加 12.1%。

西安市 2012 年社會體制競爭力表現出明顯的競爭優勢，尤爲明顯的是社會管理指數排名 41，上升 1 名；社會公平保障指數排名 11，上升 3 名，其中失業率(逆)，社會保障和就業支出，衛生和保險和社會福利業從業人員，人均社會保障和就業支出均有所上升，分別增加 6.5%，15.4%，11.8%，6.5%。可見西安市落實改善民生的各項政策措施，城鄉居民收入較快增長。

環境資源方面，自然資源指數排名 238，上升 3 位，對其影響最大。城市農產品相對自給度增加了 18.5%；環境品質指數和環境改善投入指數均有所上升。環境品質指數排名 208，上升 3 名，生活污水處理率呈現出上升的趨勢，增加了 15.2%，生活垃圾無害化處理率從 81.85 增加到 94.47，增加了 19%，工業二氧化硫去除率也提升了 18%；環境改善投入指數排名 23，上升 3 位，其中，對其貢獻度最大的三級指標是三廢綜合利用產品產值，實現了 22%的漲幅。西安市在環境資源方面取得了顯著的成果。

人力資本方面，人力資本規模指數上升了 3 位，排名 10，其中高素質人力資本儲備量達到 734350 人，同比增長 12.3%，其他人力資本儲備量同比增長 17.8%，教育支出絕對規模增加 35.3%；人力資本投入指數排名 63，上升 36 位，指數值增加 24.9%，體現在人力資本基本投入和人力資本教育投入，二者分別增加 27.3%，24.8%。

科技競爭力排名實現小幅提升，科研機構指數排名 7，同比 11 年的第 8 上升 1 位；科技人力資本指數排名第 8，上升 3 位，指數值實現同比增長 14.3%，其中專業技術人員擁有量突破 130000 人，增加 67.1%，專業技術人員相對擁有量增加 54.2%。可以看出專業技術人員儲備量的增加是科技競爭力排名小幅提升的主要影響因素。

城市文化形象，文化設施指數大幅上升 83 名，排名 40，指數值實現 74.6%的漲幅，其中劇院數增到 17 家，公共圖書總藏量突破 446.5 萬冊；城市營銷能力指數位居全國第 8，同比去年上升 1 名，對其貢獻較大的三級指標中城市功能定位指數增加了 0.9%，城市建築景觀和諧程度同比增加 1.2%。

綜上，整體來看，2012 年西安市綜合實力排名有所上升，主要體現在經濟競爭力，環境資源競爭力以及科技競爭力上，尤其經濟競爭力上升了 74.6%，經濟是發展的根本，經濟的發展會帶動其他各方面的同步發展。未來一段時期，是西安發展歷史上重要的戰略機遇期。

7.23 長沙城市競爭力點評分析

長沙市，簡稱長，別稱“星城”、“楚漢名城”，國家歷史文化名城，全國文明城市，國家級綜合配套改革試驗區之一（兩型社會試驗區），國家級兩化融合試驗區之一, 國家十二五規劃（2011—2015）確定的重點開發區域，南中國綜合性交通樞紐。長沙市現爲中國湖南省的省會，是湖南省政治、經濟、文化、交通、科技、金融、資訊中心，是中國中西部地區最具競爭力城市，是中國中部重要的中心城市。也是中南部的特大城市。

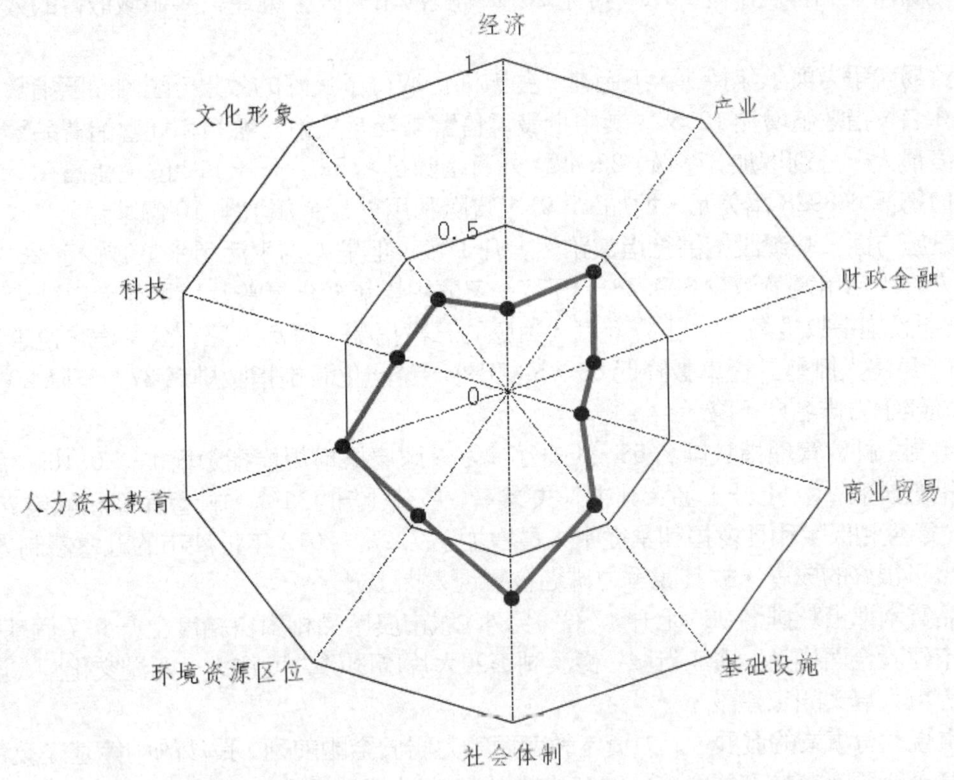

圖 7.23.1　2012 年長沙分項競爭力雷達圖

長沙 2012 年城市競爭力的基本情況如下：經濟競爭力得分爲 392.92，排名第 26 位，比 2011 年排名上升了 1 位；產業競爭力得分爲 1149.02，排名第 24 位，比 2011 年排名上升了 10 位；財政金融競爭力得分爲 300.67，排名第 31 位，比 2011 年排名下降了 16 位；商業貿易競爭力得分爲 466.46，排名第 31 位，與上年持平；基礎設施競爭力得分爲 1515.80，排名第 20 位，比 2011 年排名下降了 3 位；社會體制競爭力得分爲 472.19，排名第 27 位，比 2011 年排名上升了 17 位；環境資源區位競爭力得分爲 282.88，排名第 53 位，比 2011 年排名上升了 13 位；人力資本教育競爭力得分爲 1363.34，排名第 15 位，比 2011 年排名下降了 1 位；科技競爭力得分爲 1224.55，排名第 19 位，比 2011 年排名上升了 2 位；城市文化形象競爭力得分爲 589.17，排名第 34 位，比 2011 年排名下降了 1 位；綜合競爭力得分爲 3090.46，排名第 23 位，比 2011 年排名上升了 6 位。

2012 年長沙經濟穩步發展，城市國際吸引指數排名 28，上升了 2 位，對其貢獻比較大的三級指標國際旅遊收入和國際旅遊收入，分別增加 20.9%，11.9%；城市居民生活指數排名 88，也同比上升了 30 名。故經濟競爭力排名有所上升。2012 年全年實現地區生產總值（GDP）6399.91 億元，比上年增長 13.0%。分產業看，第一產業實現增加值 272.31 億元，增長 4.0%；第二產業實現增加值 3592.52 億元，增長 14.5%。

產業競爭力表現出了明顯的競爭優勢，產業規模指數 21 名，與 2011 年持平，就業總人數增加 21.6 萬，工業財富創造能力增加 6%；產業效率指數位居全國第 2，實現了 49%的漲幅，銷售額/固定資產增加了 72.6%；產業結構指數排名 31，上升 9 名，指數值增長了 3.8%，對其貢獻度比較大的三級指標中，工業化發展水準增加了 6%，製造業每萬人擁有量增加了 8.9%。

財政金融方面，財政金融效率指數排名 45，下降 8 名，對其貢獻最大的是人均年末貸款額，大幅下降 60.9%；金融資本品質指數從 0.776 降到 0.448，降幅達 42.3%，排名 275，大幅下降 264 名，其中資本使用率減少 64.8%；金融資本可獲得指數排名 24，下降 9 名，獲得證券市場資本便利程度下降 30%。可見 2012 年長沙市財政金融在一些領域取得的效果不太顯著。

商業貿易競爭力與上年持平，不過在一些方面仍取得了良好的效果。國內商貿指數排名 18，上升 3 名，指數值增加 12.5%，其中批發零售貿易業商品銷售總額和社會消費品零售額對其貢獻度最大，分別增加 27.4%，22.4%；外貿指數排名 52，上升 112 位，漲幅 37.8%，實現進出口總額 608928 萬美元，增加 47.9%，實際利用外資金額增加 10 個基點。

基礎設施方面，基礎設施供應指數雖然上升 1 名，但是人均生活用水量減少了 28.47 立方米，人均生活用電量減少 899.28 千瓦時，家庭用煤氣液化氣普及用煤氣人口減少了 56.3%；交通設施指數排名 27，下降 6 名，對應的三級指標，每萬人擁有公共汽、電車數降低了 0.3%，每萬人擁有計程車數降低 65.8%；另外，資訊化設施指數排名 37，下降 20 名。故基礎設施競爭力排名會下降。

社會體制，社會管理指數排名 58，上升了 1 名，政府機構規模指數增加了 0.16%；社會公平保障指數排名 21，上升 1 名，其中，失業率(逆)仍上升了 10%，社會保障和就業支出 29700 萬，衛生和保險和社會福利業從業人員增加了 7.9%。2012 年長沙市的社會體制方面的努力取得了很好的成就，故其競爭力排名會實現大幅上升。

環境品質水準指數排名 98，上升 17 位；另外，城市農產品相對自給度上升 9.7 個基點，長沙的城市建設全面推進，濱江新城、梅溪湖等四大片區開發力度加大，西湖文化園、洋湖濕地公園等重大專案開工建設。

長沙重視教育事業的發展，人力資本教育競爭力居於全國前列。長沙的中等基礎教育在湖南省內甚至全國都有較高知名度。2012 年人力資本教育競爭力有小幅下降，人力資本投入指數排名 56，下降 4 名，三級指標中，對其影響最大的是人力資本教育投入指數，下降了 23.1%；人力資本吸引水準指數排名 29，下降 1 名；人力資本教育設施指數排名 17，下降 2 名，其中，三級指標中，每萬人中小學校數下降 10.1%，中小學老師學生比下降 12.5%，中小學校密度下降 2.8%。

科技競爭力，科技投入指數維持在 27，科技經費絕對投入量和人均科技經費擁有量對其貢獻度最大，分別增加 23.6%，14.4%；科技人力資本指數排名 5，上升 2 名，三級指標中，電腦人才擁有量增加 37.4%，電腦人才每萬人擁有量上漲 27.2%。故科技競爭力排名有所上升。

城市形象方面，文化意識指數雖然維持在 52 名，但影響它的三級指標中，重商意識指數和寬容意識指數，分別下降 0.3%，0.56%；故城市文化形象競爭力排名有所下滑，文化設施指數排名 61，下降 6 名。

綜上，2012 長沙市發展態勢良好，對其貢獻度較大的有經濟競爭力，產業競爭力，商業貿易競爭力和社會體制競爭力，分別增加 5%，8.1%，3.7%和 13.2%。

7.24 廈門城市競爭力點評分析

廈門市是中華人民共和國 15 個副省級城市之一，五個計畫單列市之一；既是首批實行對外開放的四個經濟特區之一，又是 11 個國家綜合配套改革試驗區之一；東南沿海重要的中心城市，現代化國際性港口風景旅遊城市；今年來國家明確提出要加快推進兩岸區域性金融服務中心、東南國際航運中心、大陸對台貿易中心建設。

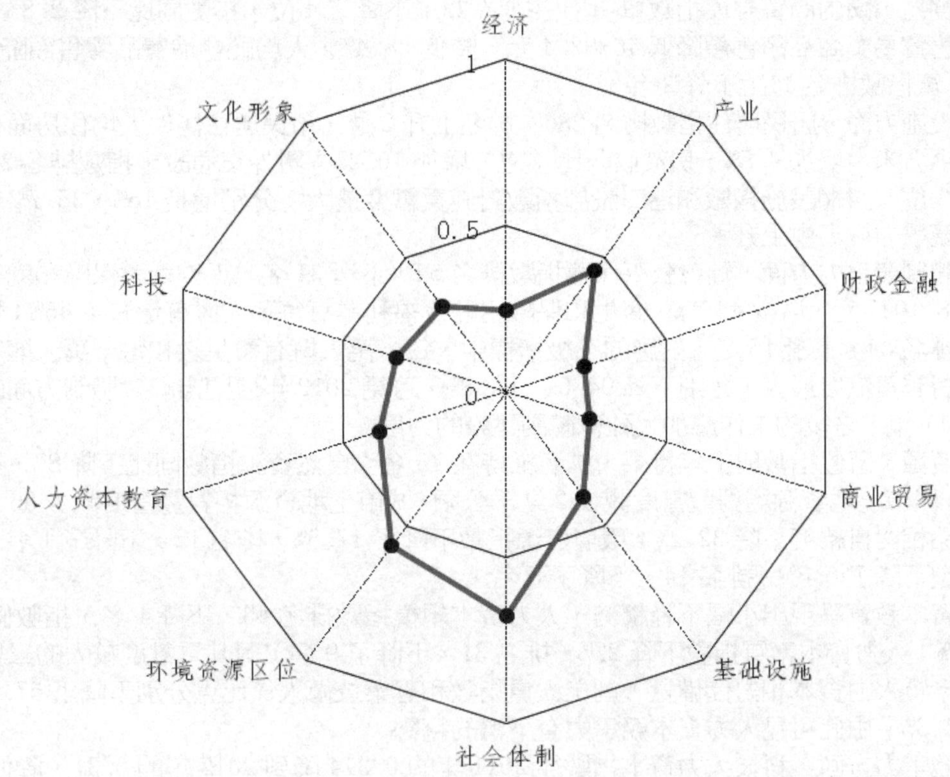

圖 7.24.1　2012 年廈門分項競爭力雷達圖

廈門 2012 年城市競爭力的基本情況如下：經濟競爭力得分爲 369.81，排名第 27 位，比 2011 年排名上升了 1 位；產業競爭力得分爲 1224.52，排名第 22 位，與上年持平；財政金融競爭力得分爲 102.88，排名第 45 位，比 2011 年排名下降了 29 位；商業貿易競爭力得分爲 738.64，排名第 21 位，比 2011 年排名下降了 1 位；基礎設施競爭力得分爲 1229.23，排名第 25 位，比 2011 年排名上升了 3 位；社會體制競爭力得分爲 603.61，排名第 20 位，比 2011 年排名下降了 9 位；環境資源區位競爭力得分爲 667.05，排名第 22 位，比 2011 年排名下降了 8 位；人力資本教育競爭力得分爲 717.70，排名第 35 位，比 2011 年排名下降了 1 位；科技競爭力得分爲 1166.91，排名第 20 位，比 2011 年排名下降了 3 位；城市文化形象競爭力得分爲 444.00，排名第 42 位，比 2011 年排名下降了 12 位；綜合競爭力得分爲 3069.62，排名第 24 位，比 2011 年排名下降了 4 位。

2012 年全年完成生產總值（GDP）2817.07 億元，增長 12.1%。經濟競爭力，城市規模指數排名 69，上升 12 名，其中城市人口規模增加 176.1 萬人；城市效率指數維持 18 名，，三級指標裏，人均 GDP 達 71914.76 元，增加 23.7%，地均 GDP 上升 23.3%；城市居民生活指數維持 16 名，對其貢獻度較大的三級指標裏人均可支配收入增加 11.9%，人均消費支出增加 11%。因此，經濟競爭力排名有小幅提升。

產業競爭力排名與上年基本持平，產業貢獻指數排名 49，上升 28 名，指數值增加了 5%；產業結構指數維持 9 名，其中，三級指標對其貢獻度較大的有工業化發展水準和產業製造能力，分別增加 5.2%，21.7%。故產業指標發展狀況良好。

財政金融方面，2012 年不如 2011 年，財政金融效率指數排名 21，下降 9 名，人均財政預算內支出減少了 6364.837 元，降低 42%，人均年末貸款額同比下降 76.5%；金融資本品質指數排名 291，下降 260，對其貢獻最大的三級指標是資本使用率，減少了 63%；金融資本可獲得指數排名 26，下降 6 名，獲得銀行貸款便利度，獲得證券市場資本便利度和獲得民間及風險資本便利度都對其有一定的影響，獲得銀行貸款便利度和獲得證券市場資本便利度貢獻度最大，分別增加 40.5%和 42.4%。

商業貿易，國內商貿規模指數單項指標排名 22，下降了 4 位，指數同比下降 2.8%，人均批發零售貿易業商品銷售額降低 46882.4 元，降低 28.4%，人均社會消費品零售額降低 39.3%；外貿指數排名 11，下降 2 名。

基礎設施方面，居民居住指數排名 286，排名上升 2 位，市民居住條件人均住房面積達到 32.17 平方米，增加 4.5%，房價收入比（逆）增加 10.2%；對外交通設施指數排名 20，同比上升 3 位，路網設施指數和港口設施指數對其貢獻度最大，分別增長 16%，35.7%。故基礎設施競爭力排名會上升。

社會體制競爭力方面，社會公平保障指數排名 62，下滑 31 名，人均社會保障和就業支出減少 518.1047 元，減少 44.1%，衛生和保險用社會福利業每每萬人擁有量減少 45%；醫療保健指數排名 34，下滑 15 名，對應的三級指標中，每十萬人擁有醫生數和每十萬人擁有醫院病床數對其貢獻度最大，分別下降 94.6%，94.8%，可見 2012 年廈門市社會體制方面的成就不如 2011 年，之後的工作應加大社會體制建設的力度。

環境資源，區位指數與上年持平，排名維持在 16 名；自然資源指數同比下降 8%，排名下降 2 名，城市土地資源絕對豐富度減少 2.9 千公頃，城市土地資源相對豐富度減少 56.8%，城市農產品相對自給度下降 32.2%；環境資源指數下降了 17.6%，排名 12，下降了 1 名；環境品質指數下降了 6.8%，排名 14，下降了 5 名。

人力資本教育呈現出小幅下降趨勢，人力資本規模指數排名 43，下降 1 名，指數值下降了 11.9%；人力資本素質指數下降 22%，排名 31，下降了 9 名，對其貢獻度較大的三級指標裏，高素質人力資本相對儲備量，創業人員指數和專業技術人員比重分別下降了 57.8%，49.3 和 44.3%。由此可見人力資本競爭力有下滑的趨勢。

科技競爭力方面，科技人力資本指數從 2011 年的 0.314 降到 2012 年的 0.31，降低了 1.3%，排名 18，下降了 3 名，其中，對其貢獻比較大的三級指標裏，專業技術人員相對擁有量下降 44.3%，科技服務人員相對擁有量下降了 48%，電腦人才每萬人擁有量降低 34.9%；科研機構指數降低了 6%，排名 30，下降了 3 名，對其貢獻度最大的三級指標是每百萬人擁有大學科研院所指數，降低了 49.9%。因此科技競爭力排名相比上年下降 3 名。

城市文化形象競爭力下降幅度較大，具體體現在文化設施指數和文化資源指數上。文化設施指數下降 9.6%，排名 63，下降 31 名，其中劇院數減少了 8 家，每百萬人影劇院數減少了 80.7%；文化資源指數下降 32%，排名 53，下降 29 名，對其貢獻度最大的三級指標是每萬人擁有教育文藝廣播影視業從業人數，下降了 41%。這些指標共同導致城市文化形象競爭力排名的下降。

綜上，2012 年廈門市整體競爭力呈現下滑趨勢，其中，財政金融競爭力下降 30.3%，社會體制競爭力減少 10.3%，環境資源競爭力下降 25.7%，文化競爭力降低 17.7%，這些指標經濟力的下降共同使得廈門市整體綜合競爭力的下滑。

7.25 昆明城市競爭力點評分析

昆明市，雲南省省會，首批國家級歷史文化名城，中西部地區的中心城市之一，中國內陸城市空氣品質最好的城市，雲南省政治、經濟、文化、科技、交通中心。作爲雲南省唯一的特大城市和西部地區第四大城市（僅次於成都、重慶、西安），是中國重要的旅遊、商貿城市、西部地區重要的中心城市，亦是滇中城市群的核心城市。此外，昆明還是中國面向東南亞、南亞開放的門戶樞紐，是中國唯一面向東盟的大都市。因夏無酷暑、冬無嚴寒、氣候宜人，具有典型的溫帶氣候特點，城區溫度在 0—29℃之間，年溫差爲全國最小，這樣在全球亦少有的氣候特徵使昆明以“春城”而享譽中外。

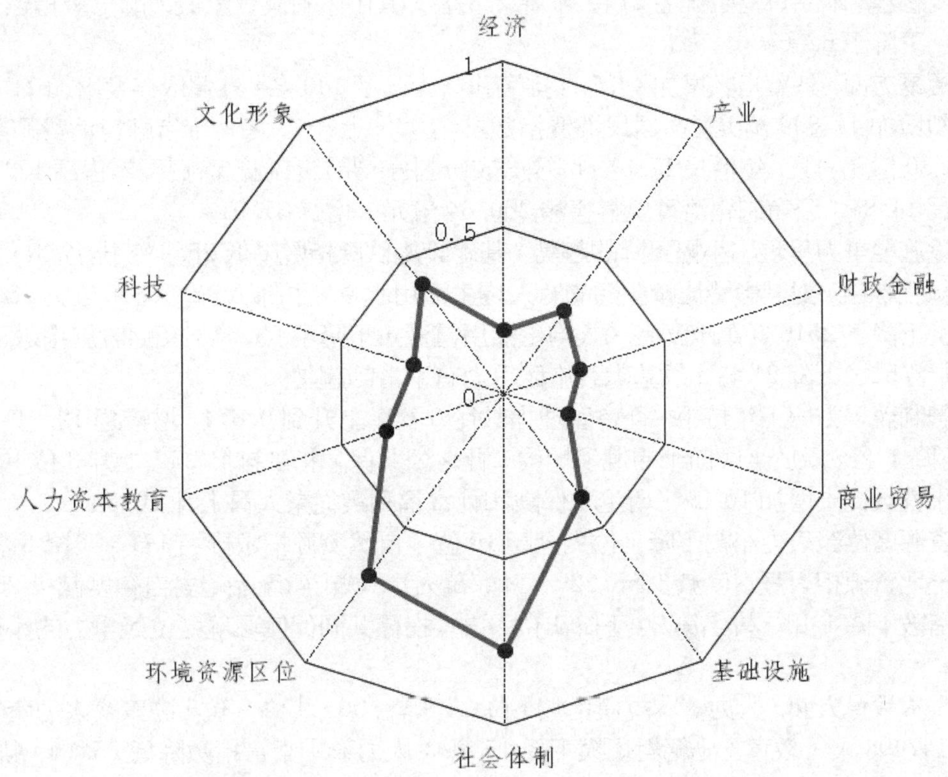

圖 7.25.1　2012 年昆明分項競爭力雷達圖

昆明 2012 年城市競爭力的基本情況如下：經濟競爭力得分爲 120.60，排名第 52 位，比 2011 年排名上升了 4 位；產業競爭力得分爲 94.21，排名第 94 位，比 2011 年排名下降了 16 位；財政金融競爭力得分爲 46.15，排名第 58 位，比 2011 年排名下降了 24 位；商業貿易競爭力得分爲 251.15，排名第 40 位，比 2011 年排名上升了 2 位；基礎設施競爭力得分爲 1183.98，排名第 26 位，比 2011 年排名下降了 1 位；社會體制競爭力得分爲 865.03，排名第 8 位，與上年持平；環境資源區位競爭力得分爲 1030.13，排名第 10 位，比 2011 年排名下降了 2 位；人力資本教育競爭力得分爲 581.08，排名第 41 位，比 2011 年排名下降了 8 位；科技競爭力得分爲 701.40，排名第 31 位，比 2011 年排名下降了 4 位；城市文化形象競爭力得分爲 896.73，排名第 21 位，比 2011 年排名下降了 4 位；綜合競爭力得分爲 2780.44，排名第 25 位，比 2011 年排名下降了 2 位。

改革開放以來，昆明經濟始終保持快速健康發展的良好態勢，綜合經濟實力進入西部地區先進行列。經濟競爭力方面，城市規模指數排名 55，上升 4 位。2012 年，全市實現地區生產總值（GDP）3011.14 億元，突破 3000 億元大關，按可比價計算，同比增長 14.1%。其中，第一產業實現增加值 159.16 億元，同比增長 6.4%；第二產業實現增加值 1378.48 億元，同比增長 16.1%；第三產業實現增加值 1473.50 億元，同比增長 13.0%。

產業競爭方面下降幅度較大，產業規模指數下降 1.8%，排名 66，下降 2 名，其中，影響它的三級指標裏限額以上工業企業數下降 16.5%，農業財富創造能力下降 10.1%；產業貢獻指數下降 2.4%，排名下降 52 名，其中，企業市場認同感遞增程度下降了 57.8%，企業利稅貢獻度減少了 2 1.2%;產業國際化指數排名 139,下降 11 名,其中外資企業數減少了 49157 家，外資企業貢獻度下降 26.4%。

財政金融情況不容樂觀，財政金融效率指數降低 20.6%，排名 61，下降 31 名，人均年末儲蓄額減少 7041.5 元，人均年末貸款額減少 66356.77 元，人均年末存款總餘額增長率降低 35.8%；金融資本品質指數排名 274，下降 258 名，其中，對其貢獻最大的三級指標是資本使用率，下降了 62.6%。

商業貿易方面，外貿指數增加 44.7%，排名 46，上升了 140 名，外貿依存度增加 71.3%，進出口總額增加 447899 萬美元；居民消費指數排名 96，上升 11 名。全市社會消費品零售總額 1493.80 億元，比上年增長 17.5%。按經濟成份劃分，非公有制經濟實現零售額 1233.16 億元，增長 14.8%；公有制經濟實現零售額 260.64 億元，增長 31.9%。

基礎設施競爭力呈現出小幅下降的趨勢，基礎設施供應指數降低 25.9%，排名 48，下降 21 名，三級指標中，對其影響比較明顯的有人均生活用水量，下降了 42.56816 立方米/人，年用電總量下降了 251620 萬千瓦時，人均生活用電量，下降了 53.6%；交通設施指數下降了 21%，排名 52，下降 21 名。故基礎設施競爭力有下滑的趨勢。

社會體制競爭力與上年持平，社會管理指數從 0.601 上升到 0.674，增幅達 12,.1%，排名第 9，下降 1 名，處於全國前十的競爭地位；社會公共保障指數排名 25，上升 3 位，其中社會保障和就業支出增加 10.3%，衛生和保險和社會福利業從業人員上升 10.5%。

環境資源區位競爭力小幅下降，位列全國 10 位，自然資源指數排名 177，下降 8 名，其中城市土地資源相對豐富度減少 55.22（公頃/萬人），城市農產品絕對自給度減少 25%；環境品質指數下降 1.8%，排名第 2，下降 1 位。這些指標共同促使環境區位競爭力的小幅下降。

人力資本教育方面，人力資本規模指數下降 2%，排名 30，下降 9 位，高素質人力資本儲備量減少 147498 人，教育支出絕對規模下降 15.2%；人力資本素質指數降低 25.1%，排名 55，下降 23 名，其中高素質人力資本相對儲備量減少 137.80 萬人，創業人員指數和專業技術人員比重分別下降 74%，7.7%。

科技競爭力，科技創新指數下跌一個百分點，排名 36，與 11 年的排名持平；科研成果轉化指數下降 0.6%，排名 36，下降 1 名，科技進步對 GDP 貢獻率下降了 0.4%；科技投入指數排名 69，下降 3 名；另外，專業技術人員擁有量 10.55 萬人，科技服務人員擁有量降低 3.8%，專業技術人員相對擁有量 1.4429 萬人，科技服務人員相對擁有量減少 20%。因此科技競爭力呈現出下降的趨勢。

城市文化形象競爭力也呈現出下滑趨勢，文化設施指數排名 43，下降 8 名；文化資源指數下降了 10.9%，排名 21，下跌 3 名，名勝古跡指數下降 0.2%，每萬人擁有教育文藝廣播影視業從業人數降低 10.1%。

綜上，昆明市 2012 年綜合競爭力表現出下滑傾向，具體的，對其貢獻大的指標分別是，產業競爭力下降 4.4%，財政金融競爭力下降 20.3%，環境資源競爭力跌破 19.7%，人力資本競爭力減少了 12%，這些指標共同決定了綜合競爭力的下降。

7.26 新北城市競爭力點評分析

新北市，位於中國臺灣本島最北端，其全境環繞臺北市，東北與基隆市爲鄰、東南接宜蘭縣、西南鄰桃園縣，與臺北、基隆共同構成大臺北都會區。其前身爲臺灣省臺北縣，2010 年 12 月 25 日，正式改制升格爲市，並將原臺北縣所轄的 10 市 4 鎮 15 鄉，同時改制爲 29 個市轄區。全市總面積 2052 平方公里，約占臺灣總面積的 6%，爲臺灣人口最多的市。

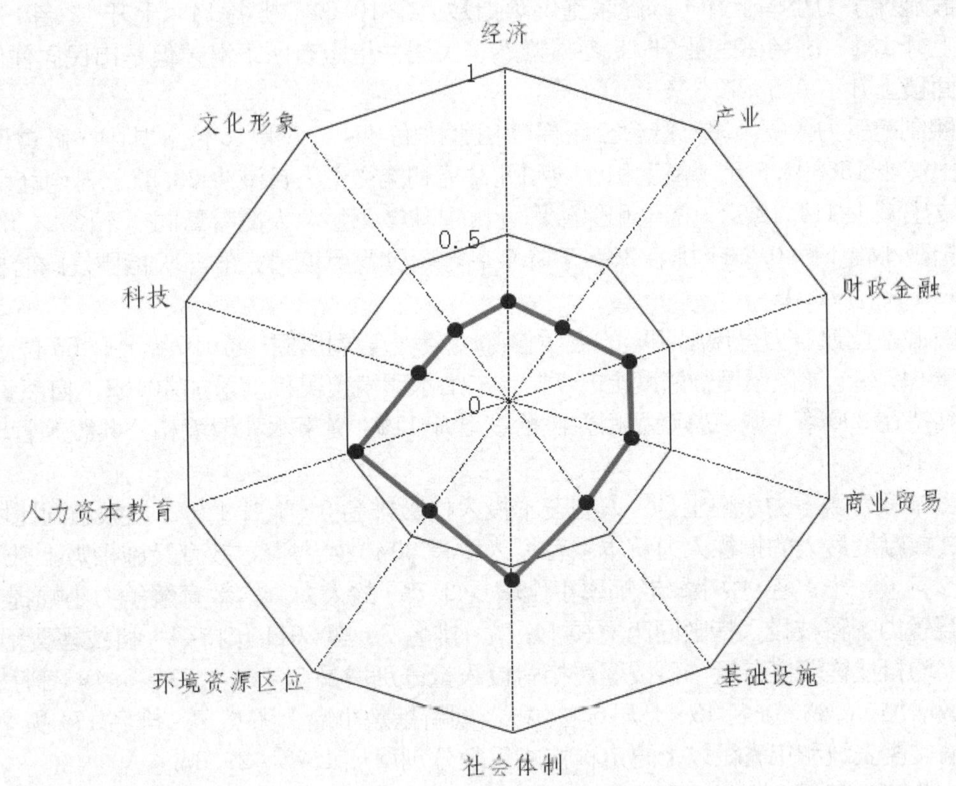

圖 7.26.1　2012 年新北分項競爭力雷達圖

新北 2012 年城市競爭力的基本情況如下：經濟競爭力得分爲 641.02，排名第 13 位，比 2011 年排名下降了 2 位；產業競爭力得分爲-208.87，排名第 158 位，比 2011 年排名下降了 60 位；財政金融競爭力得分爲 1143.85，排名第 8 位，比 2011 年排名上升了 6 位；商業貿易競爭力得分爲 1608.65，排名第 7 位，與上年持平；基礎設施競爭力得分爲 1135.81，排名第 27 位，比 2011 年排名上升了 2 位；社會體制競爭力得分爲 252.49，排名第 54 位，比 2011 年排名下降了 11 位；環境資源區位競爭力得分爲 100.32，排名第 85 位，比 2011 年排名上升了 100 位；人力資本教育競爭力得分爲 1148.76，排名第 21 位，比 2011 年排名上升了 1 位；科技競爭力得分爲 713.02，排名第 29 位，比 2011 年排名上升了 2 位；城市文化形象競爭力得分爲 188.94，排名第 63 位，比 2011 年排名上升了 30 位；綜合競爭力得分爲 2684.86，排名第 26 位，比 2011 年排名上升了 2 位。

經濟競爭力，城市規模指數下降 12%，排名 30，下降了 6 名，GDP 規模減少到 5233.654 萬元，GDP 增長率跌破 62.3%；城市效率指數下降 7%，排名 9，下降 1 名，對其貢獻度最大的三級指標城市經營率下降 2.3%。故經濟競爭力排名有小幅下降。

產業競爭力 2012 年大幅下降，產業貢獻指數下降 28%，排名 70，下降 29 名，產品的市場認同度下降到 3953.505；產業效率指數排名 266，下降 104 名，其中對其貢獻度最大的三級指標是從業者生產效率，減少 38.2%。

財政金融，金融資本品質指數排名 5，上升 48 名，對其貢獻度比較大的兩個三級指標資本使用率和資本充裕指數分別上升了 1.15%，2.3%；金融業人力資本指數上升 2.7%，排名第 6，與上年持平，對其貢獻度比較大的兩個三級指標，金融業從業人數增加了 0.337 萬，金融業從業人員每萬人擁有量增加 37.5%。故財政金融競爭力排名上升 6 位。

商業貿易競爭力與上年持平，但是在一些指標上仍然呈現出其絕對競爭優勢，其中，外貿指數上升了 27.6%，排名 12，上升了 5 位，外貿依存度增加 39%，進出口總額增加 2577509 萬美元。

基礎設施競爭力小幅上升，基礎設施供應指數上升 10.6%，排名 14，上升 19 名；交通設施指數上升 13%，排名 20，上升 15 名；雖然居民居住指數有所下滑，但是市民居住條件人均住房面積上升了 0.53 平方米。

社會體制競爭力大幅下降，社會公平保障指數排名 254，下滑 16 位，其中，社會保障和就業支出減少 156892.8 元，衛生和保險和社會福利業從業人員減少 23.8%，人均社會保障和就業支出減少 414.18 元，衛生和保險用社會福利業每每萬人擁有量同比下降 24.6%；社會管理指數小幅下跌 0.2%，排名 35，下降 7 名，對其貢獻度最大的三級指標是政府機構規模指數，下降了 73.4%。

環境資源區位競爭力呈現出明顯的競爭優勢，環境資源指數排名 107，上升 65 位，指數值漲幅達 61.2%，氣候環境舒適度上升 51.4%，山水環境優美程度增加 40.6%；自然資源指數排名維持在 290 名，城市農產品相對自給度上升 11%；從事水利環境和公共設施管理業也增加了 1.1%。

人力資本教育競爭力小幅上升，人力資本投入指數排名 6，上升 1 位，指數值同比增長 4.2%，對其貢獻度最大的指標人力資本教育投入增長 20%；人力資本教育設施指數上升 6.6%，排名 37，上升 9 名，中小學老師學生比增長 3.7%，故人力資本教育競爭力小幅提升。

科技競爭力，科技投入指數同比增長 14.7%，排名 7，與 2011 年持平，科技經費絕對投入量，人均科技經費擁有量，科技經費相對投入量分別增長 5.4%，4.2%，5.4%；科技人力資本指數增加 11.8%，排名 48，上升 6 名；科技創新指數小幅上漲 0.8%，排名 17，與 2011 年持平，論文發表數和年省級以上認定科技成果數分別增加 1.7%，29.8%。

城市文化形象競爭力取得了顯著的成就，文化設施指數上升 13.9%，排名 21，上升 4 位；文化資源指數漲幅達 50.9%，排名 38，上升 86 位，對其貢獻度較大的三級指標裏，城市歷史文化指數和名勝古跡指數分別增長 2.7%和 1.11%。

綜上，2012 年新北綜合競爭力有小幅上漲，對其貢獻度較大的指標有，財政金融競爭力增長 5%，基礎設施競爭力小幅增長 0.3%，人力資本競爭力增長 1.3%，文化競爭力上升 17.7%，這些指標共同促進新北綜合競爭力的上漲。

7.27 鄭州城市競爭力點評分析

鄭州，河南省省會，地處中華腹地，九州之中，中原地區都會，中國建城區面積和建城區人口第十三大城市。全市總面積 7446.2 平方公里，人口 862.65 萬人。是中國歷史文化名城、中國八大古都之一、中國優秀旅遊城市、國家園林城市、國家衛生城市，中華人文始祖軒轅黃帝故里，商朝都邑，今河南省政治、經濟、教育、科研、文化中心。中國中部地區重要的中心城市和國家重要的綜合交通樞紐。

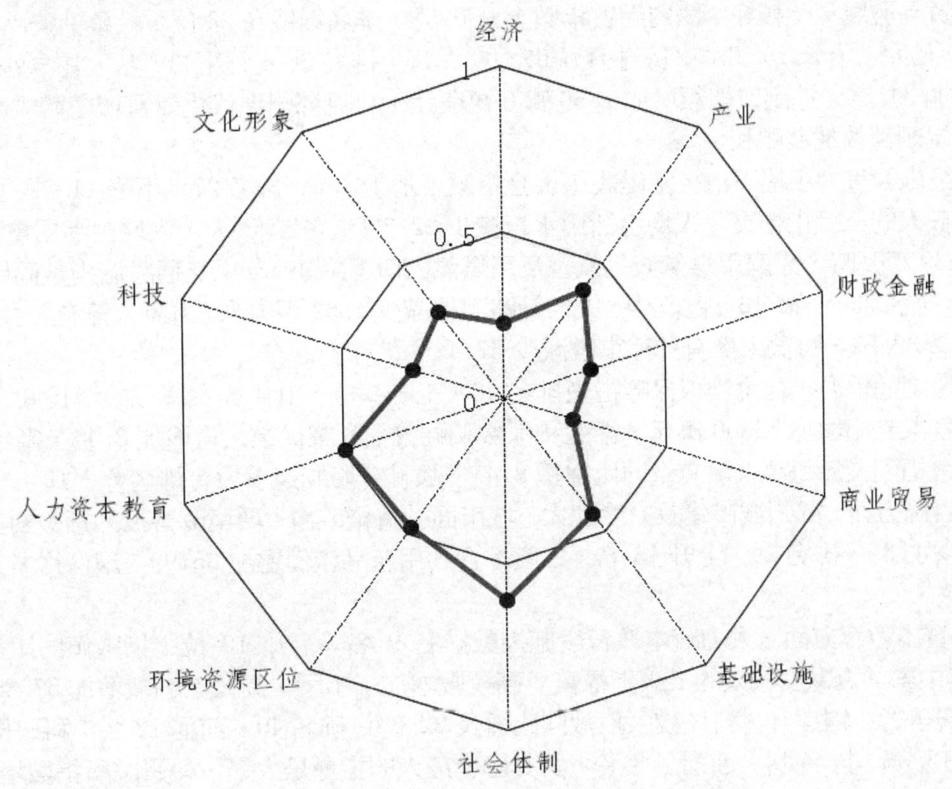

圖 7.27.1　2012 年鄭州分項競爭力雷達圖

鄭州 2012 年城市競爭力的基本情況如下：經濟競爭力得分爲 281.01，排名第 30 位，比 2011 年排名上升了 8 位；產業競爭力得分爲 824.55，排名第 34 位，比 2011 年排名下降了 1 位；財政金融競爭力得分爲 304.03，排名第 30 位，比 2011 年排名上升了 2 位；商業貿易競爭力得分爲 339.58，排名第 36 位，比 2011 年排名上升了 5 位；基礎設施競爭力得分爲 1573.16，排名第 17 位，比 2011 年排名下降了 1 位；社會體制競爭力得分爲 436.79，排名第 32 位，比 2011 年排名上升了 3 位；環境資源區位競爭力得分爲 339.21，排名第 46 位，比 2011 年排名上升了 18 位；人力資本教育競爭力得分爲 1251.64，排名第 17 位，比 2011 年排名上升了 1 位；科技競爭力得分爲 742.57，排名第 28 位，比 2011 年排名上升了 2 位；城市文化形象競爭力得分爲 479.64，排名第 39 位，比 2011 年排名下降了 2 位；綜合競爭力得分爲 2627.05，排名第 27 位，與上年持平。

鄭州 2012 年經濟發展勢頭良好，城市效率指數上升 8.6%，排名 72，上升 2 位，實現人均 GDP 57497.4 元，增加 23.9%，地均 GDP 6687.953（萬元/平方公里），城市化率增加 35%；城市國際吸引指數增長 2.5%，排名 36，上升 1 名，對其貢獻比較大的是實際利用外資總額和國際旅遊收入，分別增加 17%，7.2%。

雖然鄭州全面實施產業調整振興規劃，產業競爭力仍有小幅下降。產業效率指數排名 41，下降 24 名；產業結構指數排名 47，下降 1 名，其中，第二產業就業水準下降 0.02%，第三產業發展水準下降 5%；另外產品的市場認同度下降了將近 100%。

財政金融競爭力有小幅上升，財政金融效率指數排名 38，上升 5 名，其中人均財政預算內收入增加 338.398 元，人均財政收入增長率實現同比增長 77.5%，人均年末存款總餘額增長率增加 11.6%；金融資本可獲得指數排名 31，上升 4 名，對其貢獻度最大的三級指標獲得民間及風險資本便利程度增長 18%；金融業人力資本指數排名 24，上升 1 名，金融業從業人數增加 6.1%。這些指標共同作用于財政金融，故其競爭力有所上升。

商業貿易發展勢頭較好，國內商貿指數上升 6. 5%，排名維持在 23 位，社會消費品零售总額 2290 亿元，增长 15. 2%；外貿指數值增加 38. 1%，排名 56，上升 114 名，其中外貿依存度和增加 34. 3%，進出口總額增加 165074. 8 萬美元。可見鄭州現代化商貿城總體規劃、商業網點規劃都教進展順利。

基礎設施競爭力小幅下滑，基礎設施供應指數下滑 18. 3%，排名 27，下降 11 名，對其貢獻度比較大的三級指標裏，人均生活用水量減少 22. 8004 立方米/人，人均生活用電量減少 520. 8139 千瓦時，家庭用煤氣液化氣普及用煤氣人口下降 49. 3%；交通設施指數同比下降 16. 4%，排名 33，下降 16 名，其中，人均鋪路面積減少 4. 52 平方米，每萬人擁有公共汽、電車數下降 39. 5%，每萬人擁有計程車數減少 67. 4%。

社會體制競爭力，社會公平保障指數排名 46，上升 3 位，其中失業率(逆)增長 8%，社會保障和就業支出增加 73800 萬元，衛生和保險和社會福利業從業人員增加 8. 4%，衛生和保險用社會福利業每每萬人擁有量同比增長 8. 4%。故社會體制競爭力有排名會上升。

環境資源方面，鄭州城市建設力度加大，城市面貌持續改觀。環境改善投入指數對其貢獻最大，增加 3%，排名 29，上升 13 名，三廢綜合利用產品產值增加 35199，環保從業人數增加 17. 4%。

人力資本教育方面，人力資本教育設施指數排名 9 名，上升 10 位，指數值同比上升 28. 2%，其中對其貢獻度較大的三級指標裏，高校數增加了 7 所，高校老師數增加 57. 8%。

科技競爭力小幅提升，科技投入指數同比增長 22. 3%，排名 40，前進 12 名；科研機構指數漲幅 13. 3%，排名 14，前進了 3 名，對其影響最大的指標是大學、科研院所指數增加 17. 1%。

城市文化形象競爭力有小幅下降，文化設施指數排名 63，下降 10 名，對其影響最大三級指標，每百萬人影劇院數下降 15. 4%，每百人公共圖書數下降 19. 9%。

綜上，鄭州 2012 年綜合競爭力與 2011 年持平，其中經濟競爭力增幅 4. 7%，商業貿易競爭力增幅 8. 8%，使其仍然具有一定的競爭優勢。另外鄭州將以國家服務業綜合改革試點爲契機，建設“四中心一名城”，即國際物流中心、全國重要的現代商貿中心、中部會展中心城市、區域性金融中心和國際旅遊名城。

7.28 高雄城市競爭力點評分析

高雄市，臺灣五大院轄市之一，位於臺灣本島西南部，成立於 2010 年 12 月 25 日，由既有的高雄市與臺灣省高雄縣合併而來。合併之後面積達 2947 平方公里，是當前臺灣境內面積最廣的直轄市；人口達 278 萬人，也是臺灣人口第二多的直轄市。

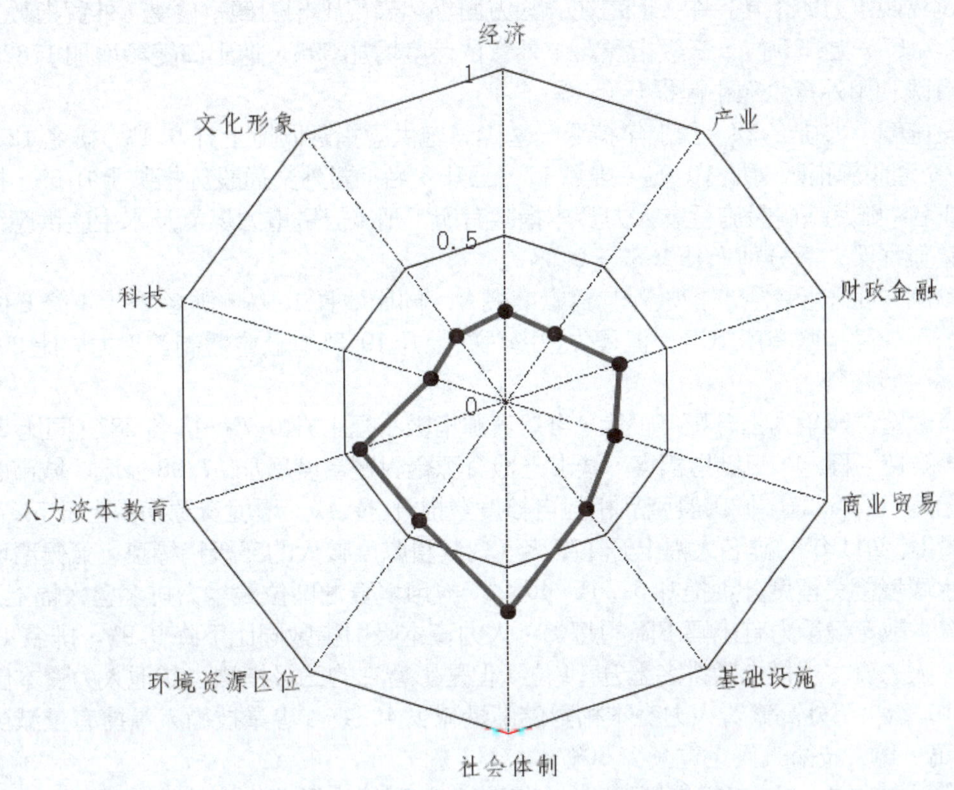

圖 7.28.1　2012 年高雄分項競爭力雷達圖

高雄 2012 年城市競爭力的基本情況如下：經濟競爭力得分爲 500. 48，排名第 23 位，比 2011 年排名下降了 7 位；產業競爭力得分爲-345. 19，排名第 192 位，比 2011 年排名下降了 53 位；財政金融競爭力得分爲 997. 53，排名第 12 位，比 2011 年排名上升了 5 位；商業貿易競爭力得分爲 1300. 32，排名第 12 位，與上年持平；基礎設施競爭力得分爲 1286. 47，排名第 23 位，與上年持平；社會體制競爭力得分爲 490. 51，排名第 24 位，與上年持平；環境資源區位競爭力得分爲 218. 45，排名第 60 位，比 2011 年排名上升了 78 位；人力資本教育競爭力得分爲 1050. 27，排名第 25 位，比 2011 年排名下降了 2 位；科技競爭力得分爲 342. 51，排名第 46 位，比 2011 年排名上升了 1 位；城市文化形象競爭力得分爲 78. 51，排名第 74 位，比 2011 年排名上升了 39 位；綜合競爭力得分爲 2466. 36，排名第 28 位，比 2011 年排名上升了 6 位。

高雄市 2012 年經濟競爭力不如 2011 年，城市規模指數下滑 12. 7%，排名 57，下降了 8 名，其中，GDP 規模減少 35896292 萬元，GDP 增長率下滑 62. 3%；城市效率指數同比下降 6. 6%，排名 11 名，下降 2 名，跌出全國前十，對其貢獻度最大的三級指標城市經營率下跌 2. 9%。故經濟競爭力排名有所下滑。

產業競爭力排名下滑幅度較大，產業貢獻指數降低 18. 1%，排名 50，同比 11 年下降了 10 名，對其貢獻度最大的三級指標產品的市場認同度幾乎下降了 100%，這是導致產業貢獻度下降的最主要原因；產業效率指數排名 283，下滑了 55 名，其中，從業者生產效率降低 40. 7%；另外，產業結構指數排名 174，下降 16 名，主要體現在第三產業發展水準下降 2. 13%。

財政金融方面發展態勢良好，金融資本品質指數上升 24. 7%，排名 6，上升 54 名，影響它的三級指標中資本使用率和資本充裕指數分別小幅上漲 1. 1%，1. 4%；金融業人力資本指數同比上漲 2. 9%，排名 10，上升 1 位，對其貢獻度大的三級指標裏，金融業從業人數小幅上漲 3. 9%，金融業從業人員每萬人擁有量增加 3. 7%。

商業貿易競爭力與上年持平，但是在一些方面仍然表現出相對競爭優勢，外貿指數上漲28.5%，排名17，上升9位，三級指標裏，外貿依存度增加39%，進出口總額增加1782234萬美元，實際利用外資金額小幅提升0.1%。

基礎設施競爭力排名23，與上年持平，基礎設施供應指數同比上升9.4%，排名12，上升14名；交通設施指數增加10.9%，排名11，上升3名；對外交通設施指數上升5%，排名18，下降3名；雖然基礎設施行業人力資本指數有所下滑，但是電力煤氣及水生產供應從業人數和建築業從業人數分別上升1.8%，0.5%。

社會體制方面，社會管理指數對其貢獻度最大，同比增長1.9%，排名28，下降6位；雖然社會公平保障指數有所下滑，但是失業率(逆)上升19.5%，社會體制競爭力同比2011年維持平穩發展趨勢。

環境資源區位競爭力上升幅度很大，自然資源指數小幅上升0.7%，排名287，同比2011年的排名，維持了穩定，三級指標裏，城市土地資源絕對豐富度增加57.98公頃，城市農產品絕對自給度上升6.2%，城市農產品相對自給度業提升24.4%；環境資源指數上升51.4%，排名93，相比2011年的排名大幅上升175名，對其貢獻度較大的三級指標裏，氣候環境舒適度和山水環境優美程度分別提升51.4%，40.2%。故環境資源區位競爭力排名會大幅上升。

人力資本教育競爭力有小幅下降的趨勢，人力資本吸引指數同比下降9.9%，排名47，下降3名。人力資本規模指數排名上升14位，但是影響它的三級指標裏其他人力資本儲備量，下降10.2%；另外高素質人力資本相對儲備量減少40.4%，專業技術人員擁有量減少13854.44萬，專業技術人員比重減少50%。

科技競爭力小幅上升，二級指標裏科技創新指數和科技成果轉化指數都不同幅度有所上升，科技創新指數小幅上升0.5%，排名維持在27，三級指標中，專利總數，論文發表數，年省級以上認定科技成果數分別上升了8.8%，1%，1.2%； 科技成果轉化指數排名維持在163名。

城市文化形象競爭力上升幅度較大，二級指標裏文化設施指數由上一年的43位上升爲40位，城市營銷能力指數分別由228位上升爲227位，文化資源指數則由131位上升到2012年的49位元，上升幅度最大。

2012年高雄市整體綜合競爭力較2011年有上升趨勢，具體體現，財政金融競爭力上升4.1%，商業貿易競爭力小幅上升0.6%，文化競爭力上升15.6%，這些指標共同作用下，使得綜合競爭力加強。

7.29 佛山城市競爭力點評分析

佛山位於亞太經濟發展活躍的東亞和東南亞的交匯處，與廣州地緣相連、歷史相承、文化同源，同處在中國最具經濟實力和發展活力之一的珠江三角洲經濟區中部，共同構建"廣佛都市圈"。佛山市中心區距廣州三大交通樞紐（廣州新白雲機場、廣州新火車站、廣州南沙港）車程均在1小時之內。得天獨厚的地緣優勢，使佛山能夠充分接受廣州的輻射和帶動，與廣州共用基礎設施、交通網絡、金融資本、人才教育、科技資訊和市場服務等資源，實現聯繫緊密、產業聯動和功能互補，加快區域經濟一體化和城市化進程。佛山毗鄰港澳，與香港、澳門分別相距231公里和143公里，車程均在2小時左右，使佛山能夠充分利用港澳的市場優勢和國際性大都市的地位，廣泛參與世界經濟，走向國際化。

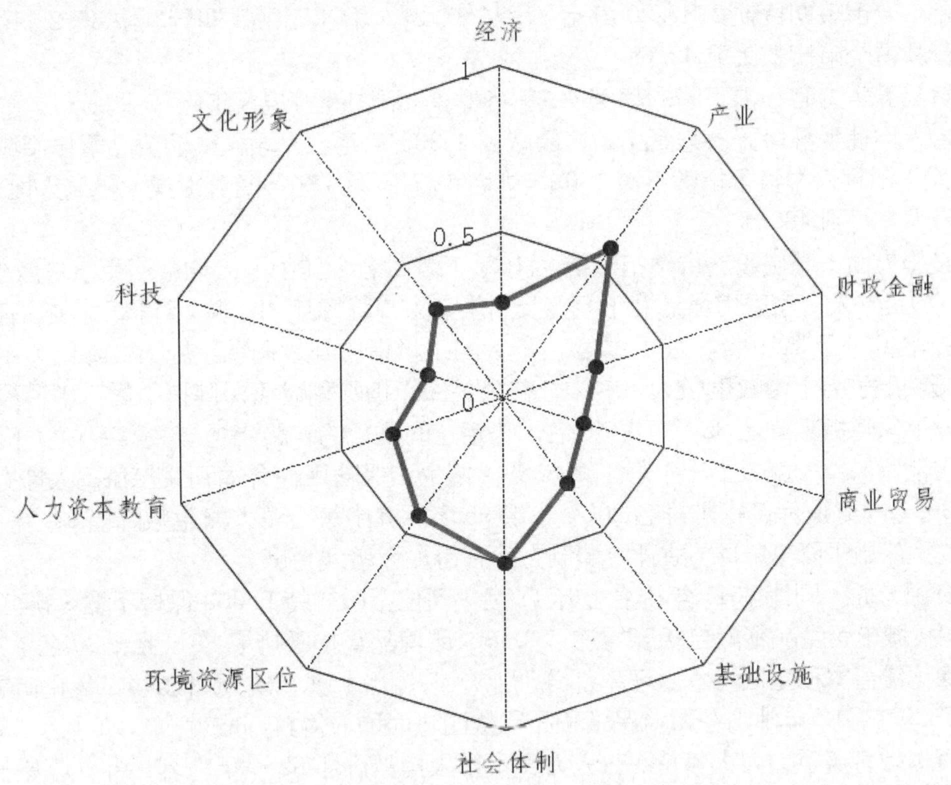

圖 7.29.1　2012 年佛山分項競爭力雷達圖

佛山 2012 年城市競爭力的基本情況如下：經濟競爭力得分爲 588.75，排名第 17 位，比 2011 年排名下降了 3 位；產業競爭力得分爲 2049.49，排名第 7 位，與上年持平；財政金融競爭力得分爲 480.29，排名第 22 位，比 2011 年排名上升了 5 位；商業貿易競爭力得分爲 673.28，排名第 24 位，比 2011 年排名下降了 1 位；基礎設施競爭力得分爲 674.35，排名第 46 位，比 2011 年排名下降了 2 位；社會體制競爭力得分爲 146.02，排名第 77 位，比 2011 年排名下降了 29 位；環境資源區位競爭力得分爲 191.25，排名第 65 位，比 2011 年排名上升了 11 位；人力資本教育競爭力得分爲 462.04，排名第 48 位，與上年持平；科技競爭力得分爲 369.23，排名第 45 位，比 2011 年排名上升了 1 位；城市文化形象競爭力得分爲 531.60，排名第 35 位，比 2011 年排名下降了 7 位；綜合競爭力得分爲 2452.86，排名第 29 位，比 2011 年排名下降了 5 位。

2012 全年完成生產總值 6709.02 億元，比上年增長 8.2%。經濟競爭力方面，城市規模指數下滑 6.4%，排名 16，下降 1 名，地區面積下降 1.3%，GDP 增長率同比下降 34.1%；城市效率指數下降 2.5%,排名 20，下降 5 名，故經濟競爭力比起 11 年略有下滑。

產業競爭力與上年基本持平，二級指標中產業結構指數上升 3.7%，排名 26，下降 4 位，三級指標中第三產業發展水準和第三產業就業水準對其貢獻對最大，分別上升 12.9%，4.3%；產業集群指數上升 2.7%，排名維持在第 7 位，限額以上工業企業總資產增加 19.9%。在這些方面產業競爭力仍然表現出了相對競爭優勢。

財政金融競爭力排名有所上升，財政金融規模指數上升 6%，排名 24，上升 4 名，影響其的三級指標不同程度都有上升的趨勢，其中對其貢獻度最大的是財政預算內收入，財政預算內支出和財政收入占 GDP 比重，分別增長 20.2%，34.8%，17.9%。全年金融機構本外幣存款餘額 10167.55 億元，比年初增長 11.5 %，其中，城鄉居民儲蓄存款餘額 5215.16 億元，比年初增長 10.8%；金融機構本外幣貸款餘額 6391.47 億元，比年初增長 13.8%。貸款結構進一步優化。全市短期貸款 2787.20 億元，增長 31.3%，增速比中長期貸款快 30.2 個百分點，短期貸款占全市貸款比重 43.6%。

商業貿易競爭力有小幅下降的趨勢，二級指標裏，國內商貿規模指數下滑 3%，排名 15，下降 2 名，人均批發零售貿易業商品銷售額減少 35300.7 元，人均社會消費品零售額減少 14884.91 元；商貿人力資本指數下滑 1.6%，排名 69，下降 5 名，商貿從業人員萬人擁有量下降幅度最大，達到 48.6%。

基礎設施方面，基礎設施供應指數排名 16，下滑 1 名，其中，人均生活用水量減少 74.69505 立方米/人，家庭用煤氣液化氣普及用煤氣人口降幅達 48.7%；資訊化設施指數下滑 1.8%，排名 67，下降 10 名，其中貢獻度最大的三級指標郵政網點設施指數降低 7.4%；

社會體制競爭力下滑幅度較大，其中社會公平保障指數和醫療保健指數對其影響最大。社會公平保障指數排名 82，下滑 49 名，決定它的變化的三級指標有失業率(逆)下降 5.5%，人均社會保障和就業支出下降了 208.88，衛生和保險用社會福利業每每萬人擁有量的降幅達 36.2%；醫療保健指數排名 202，下滑 95 名，其中每十萬人醫生數降幅 94.7%，每十萬人醫院病床數下降 94.4%，故社會體制方面有待加大發展力度。

環境資源方面，同比 2011 年排名上升 11 名，區位指數維持 0.363 保持不變，排名也與上年持平，城市農產品絕對自給度增加了 3.9%；環境品質指數排名 83，上升 20 名，表現在建成區綠化覆蓋率和生活污水處理率都分別上升了 1.1%，14.8%；另外工業二氧化硫去除率也上升了 39.4，12 年佛山在環境保護和品質檢測方面均取得良好成就。

人力資本教育競爭力與上年持平，人力資本投入指數排名 62，與 11 年持平，指數值增長 10.3%，其中人力資本投入增長 6037.64 萬，增幅 19.4%；人力資源素質指數排名 34，上升 4 位，其中，成人識字率增長 0.6%，專業技術人員擁有量增加 82%。

科技競爭力排名有小幅上升，佛山成爲國家級電子資訊產業示範基地、國家級資訊化和工業化融合試驗區。二級指標裏科技投入指數上升 13.7%，排名 32，上升 2 名；科技人力資本指數增加 6.6%，排名 37，上升 5 名，專業技術人員擁有量增加 33396 人，科技服務人員擁有量提高 7.8%，故科技競爭力會上升。

城市文化形象競爭力得分有所下滑。二級指標中，文化設施指數，文化資源指數都呈現出下滑趨勢，其中文化設施指數排名 27，下降 8 名，具體表現在，劇院數減少 12 家，每百萬人影劇院數下滑 61.7%；文化資源指數排名 75，下降 39 名，每萬人擁有教育文藝廣播影視業從業人數減少了 45.5%。

綜上，2012 年佛山綜合競爭力呈現出下滑趨勢，表現突出的是產業競爭力下降 10.5%，社會體制競爭力下降 8 個基點，環境資源競爭力下降 25.4%，文化競爭力減少 15.3%，這些二級指標共同作用於佛山市，使得其綜合競爭力有所下滑。從這些百分比可看成，佛山市需要加大一些方面的建設力度，使其更好更快的提升自己在全國的競爭力。

7.30 哈爾濱城市競爭力點評分析

哈爾濱，黑龍江省會城市，是東北三省中重要的經濟文化中心，是中國著名的歷史文化名城和旅遊城市，素有“共和國長子”、“冰城”、“天鵝項上的珍珠”、“東方莫斯科”、“東方小巴黎”以及“冰城夏都”等美稱。在東北振興計畫中，她起到著重要的作用。近年來，其城市建設有很大的發展，承辦 2009 年世界大學生冬季運動會。2010 年 6 月 22 日，哈爾濱被聯合國教科文組織全球創意城市網路認定爲“音樂之都”，成爲中國首個獲此殊榮的城市。

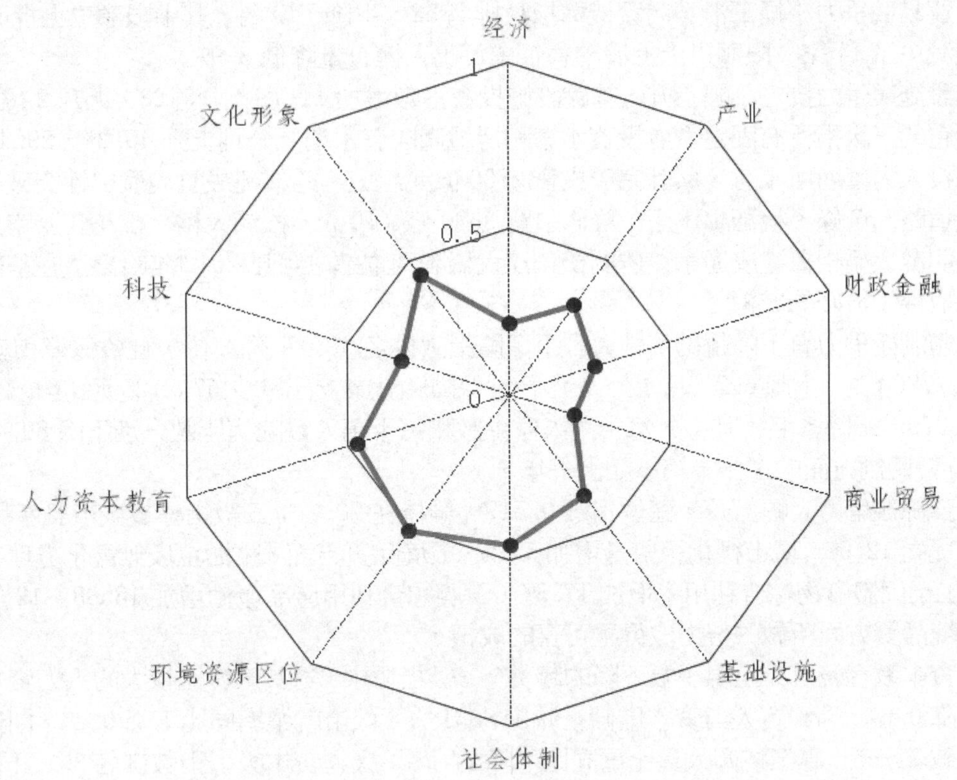

圖 7.30.1　2012 年哈爾濱分項競爭力雷達圖

哈爾濱 2012 年城市競爭力的基本情況如下：經濟競爭力得分爲 233.59，排名第 40 位，比 2011 年排名上升了 1 位；產業競爭力得分爲 279.17，排名第 66 位，比 2011 年排名下降了 9 位；財政金融競爭力得分爲 295.19，排名第 32 位，比 2011 年排名上升了 4 位；商業貿易競爭力得分爲 280.19，排名第 39 位，比 2011 年排名下降了 2 位；基礎設施競爭力得分爲 1102.13，排名第 29 位，比 2011 年排名上升了 1 位；社會體制競爭力得分爲 38.08，排名第 108 位，比 2011 年排名下降了 9 位；環境資源區位競爭力得分爲 443.09，排名第 37 位，比 2011 年排名上升了 56 位；人力資本教育競爭力得分爲 1136.43，排名第 22 位，比 2011 年排名下降了 3 位；科技競爭力得分爲 1136.07，排名第 21 位，比 2011 年排名上升了 1 位；城市文化形象競爭力得分爲 1101.38，排名第 12 位，比 2011 年排名上升了 4 位；綜合競爭力得分爲 2424.29，排名第 30 位，與上年持平。

2012 年全年實現地區生產總值 4550.1 億元，比上年增長 10.0%。經濟體制改革取得重大進展，國有企業改制基本完成，經濟競爭力排名有小幅上升，三級指標中實現人均 GDP 39862.7 元，地均 GDP799.3874（萬元/平方公里），城市經營率增幅達 67%；這些指標共同使得經濟競爭力的上升。

產業競爭力呈現下降趨勢，產業規模指數雖然維持在 28 名，但三級指標農業財富創造能力下降 10.4%，服務業財富創造能力下降 0.5%；產業貢獻指數排名 186，下降 143 名，產品的市場認同度降低幾乎 100%；產業國際化指數排名 83，下降 5 名，其中，外資企業數減少 2 家，下降 10%。故產業競爭力排名有所下滑。

財政金融競爭力方面，二級指標中財政金融規模指數增加 4.1%，排名 29，上升 1 名，其中對其貢獻度比較大的三級指標有財政預算內收入，財政預算內支出，年末金融機構存款總餘額，財政預算內收入增加 447830 萬元，2012 年實現 4500000 萬元，年末金融機構存款總餘額增加 19.3%；金融業人力資本指數上升 4.9%，排名 21，上升 2 名，對其貢獻度最大的三級指標金融業從業人數增加 5.4%。

商業貿易競爭力小幅下滑，商貿機構指數排名 52，下降了 7 名，其中限額以上批發零售企業數減少了 14 家，限額以上批發零售企業每萬人擁有量降低 8.9%。

基礎設施競爭力排名小幅上升，基礎設施投資指數增加 11.7%，排名 23，上升 2 位，其中，影響它的三級指標有固定資產投資水準和房地產開發水準，分別上升 40.2%，29.4%。基礎設施投入力度前所未有，累計完成投資 2700 億元以上。路橋建設實現歷史性突破，新改建各類道路 667 條、橋涵 121 座，維修道路 3686 條（段）。松浦大橋、松花江公路大橋西橋、陽明灘大橋相繼建成通車，依蘭松花江大橋順利推進。可見 2012 年哈爾濱在基礎設施建設上取得了很好的成績。

社會體制競爭力有下降趨勢，社會公平保障指數排名 36，下降 2 位，社會保障和就業支出減少 27800 萬，下降 6.2 個基點，人均社會保障和就業支出減少 57.2128 元；醫療保健指數排名 279，下降 5 名，其中，每十萬人醫生數和每十萬人醫院病床數分別下降 89.4%，90%。故社會體制方面的工作業績不如上一年。

環境資源競爭力大幅上升，區位指數 0.517，維持在 22 名；三級指標裏城市農產品相對自給度提高 12.9%，城市綠化絕對量增加 5.2%，環境品質方面，生活垃圾無害化處理率上升 39%，工業固體廢物綜合利用率增加 17.5%，三廢綜合利用產品產值增加 18588。12 年哈爾濱在環境品質方面所做的努力取得了可喜的成績。

人力資本教育競爭力呈現小幅下降的趨勢，三級指標中，對其影響比較大的人力資本規模小幅下降 0.6%，高素質人力資本儲備量減少 8331 人，城市就業率同比下降 0.4%，創業人員指數跌破 77.6%，專業技術人員比重同比下降 27.7%；人力資本吸引指數排名 30，下降 1 位，這些指標共同決定了人力資本教育競爭力的下滑。

科技競爭力方面，三級指標中，科技經費絕對投入量，人均科技經費擁有量，科技經費相對投入量，分別上升 41.5%，31.85%，41.5%；科研機構指數上升 5.1%，排名維持在 9，大學科研院所指數增加 2%；科技創新指數排名維持 16 名，但是影響它的三級指標裏專利總數增加 2.8%，年省級以上認定科技成果數增加 3.7%。

文化建設取得新進展，覆蓋全市的公共文化服務網路基本形成，哈爾濱大劇院等標誌性文化設施加快建設。城市文化形象競爭力排名相比 2011 年上升 4 名，文化設施指數上升 8.8%，排名 8，上升 3 位，其中公共圖書總藏量增加 33.4 萬冊，每百人公共圖書數增加 4.9%；文化資源指數增加 10.5%，排名 12，上升 15 名，對其貢獻度最大的三級指標藝術家和文化組織指數增加 0.56%。

綜上，2012 年哈爾濱綜合競爭力與上年持平，著力培育資訊服務業。充分發揮專項資金引導作用，加快發展雲計算產業，推進哈南“中國雲穀”和松北“雲飛揚”基地建設。積極推廣資訊服務在農業、物流、安防、交通以及節能環保等領域的應用。抓好國家“三網融合”試點城市建設和電子商務示範城市創建工作。

第八篇　中國 30 個最具成長競爭力城市點評分析

8.1 天津城市成長競爭力點評分析

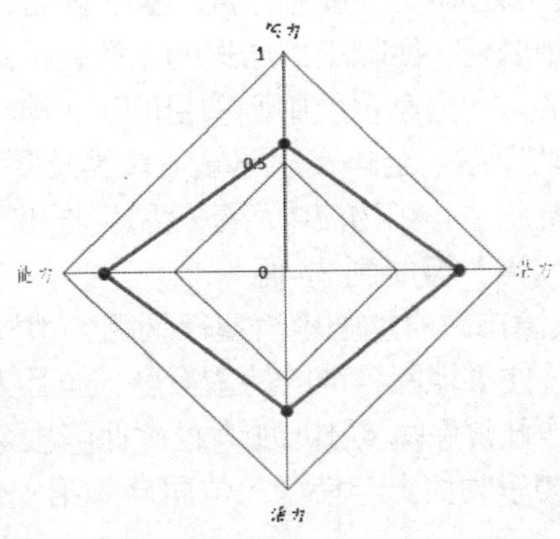

图 8.1.1　2012 年天津成長競爭力雷達圖

2012 年天津市城市成長競爭力基本情況如下：天津城市實力指數爲 0. 588，排名第 6 位，比 2011 年排名上升了 1 位；城市潛力指數爲 0. 787，排名第 15 位，比 2011 年排名下降了 2 位；城市活力指數爲 0. 641，排名第 8 位，比 2011 年排名上升了 5 位；城市能力指數爲 0. 818，排名第 5 位，比 2011 年排名上升了 56 位；城市成長競爭力得分爲 2132. 38，排名第 1 位，與上年持平。

2012 年天津市城市實力指數排名比去年上升了 1 位，其中城市產業競爭力排名從 5 位上升到 4 位，在城市產業競爭力指標中，產業效率指數排名從 2011 年的 74 名上升到 68 名，產業國際化指數和產業集群指數排名基本保持不變。全年對外承包工程新簽合同額 15. 55 億美元，實現營業額 31. 02 億美元，增長 3. 7%。基本情況爲全年新簽服務外包合同 3067 個，增長 62. 8%；協定金額 15. 31 億美元，增長 64. 1%；執行金額 12. 27 億美元，增長 1. 0 倍，其中離岸服務外包執行額增長 90. 1%。

城市潛力指數排名第 15 位，比 2011 年排名下降了 2 位；其中自然資源指數排名從 225 名下降到 234 名，天津市礦產資源具有能源礦產相對豐富、水資源嚴重不足、金屬礦產貧乏的特點。能源礦產在中國沿海大城市中具有得天獨厚的優勢。石油、天然氣的開發在中國具有重要地位，已探明的中低溫地熱資源總量及開發利用程度居全國第一，人均礦產擁有量有所下降，可持續發展指數排名從 20 名下降到 23 名。天津市生態環境不斷改善。第二輪生態城市建設行動計畫進展順利，重點安排實施節能降耗、主要污染物減排、清水、綠化、固體廢物和雜訊治理、農村環境保護、循環經濟工程等 7 大工程。但是可持續發展指數排名有所下降。

城市活力指數排名第 8 位，比 2011 年排名上升了 5 位；其中文化力指數排名從 57 名上升到 19 名，學習力指數排名從 24 名上升到 23 名，法制力指數排名從 49 名上升到 21 名，開放力指數排名從 7 名上升到 6 名。城市居民競爭意識、重　　商意識和創新意識都有所提高，天津文化中心建成並投入使用，全年接待觀眾及讀者近 300 萬人次。年末全市有藝術表演團體 43 個，文化館 18 個，博物館 19 個，公共圖書館 31 個。爲市民創造了良好的學習條件，文化創意取得新發展。國家動漫產業綜合示範園註冊文化創意類企業近 300 家，建成了亞洲最大的動作捕捉室。天津市地方法規條例健全，政策法規透明。

城市能力指數排名第 5 位，比 2011 年排名上升了 56 位。其中經濟增長能力排名從 2011 年的 95 名上升到 2012 年的 15 名，社會保障能力排名從 8 位上升到 4 位，城市流通能力排名從 7 名上升到 4 位。初步核算，全年實現生產總值（GDP）12885. 18 億元，按可比價格計算，比上年增長 13. 8%。財政收入較快增長，全年地方一般預算收入 1760. 02 億元，增長 21. 0%。全年地方稅收收入 1105. 56 億元，增長 10. 1%，占地方一般預算收入的 62. 8%。其中，營業稅增長 13. 6%，增值稅增長 6. 1%，企業所得稅增長 2. 7%。年末全市有各類衛生機構 4551 個，其中，醫院、衛生院 466 個，社區衛生服務中心 97 個，衛生防疫機構 24 個，婦幼保健機構 23 個。在全國率先建立起城鄉一體化的居民基本養老、醫療保險制度和意外傷害附加保險制度，實現了從城鎮到農村、從職工到居民的全覆蓋。商貿流通集散體系不斷完善。10 大電商區域配送中心在津設立，國家會展中心項目開工，津洽會、購物節等 200 個大型展會和全市性商貿節慶活動成功舉辦。全年交通運輸、倉儲及郵政業增加值 721. 04 億元，比上年增長 12. 5%。北方國際航運中心和物流中心建設穩步推進。實現了東疆保稅港區 10 平方公里封關運作，內陸“無水港”發展到 23 個。

綜合看來，2012 年天津市政府加強經濟運行調節，積極落實各項穩增長措施，加大對實體經濟的支援力度，保持住了地區經濟的持續發展，並且天津市加強文化和教育投入，活力指數穩步增長。同時加強社會保障支出，加大社會保障覆蓋程度，商貿流通集散體系不斷完善。最終，天津市成長競爭力與上年持平，位居全國第一位。

8.2 重慶城市成長競爭力點評分析

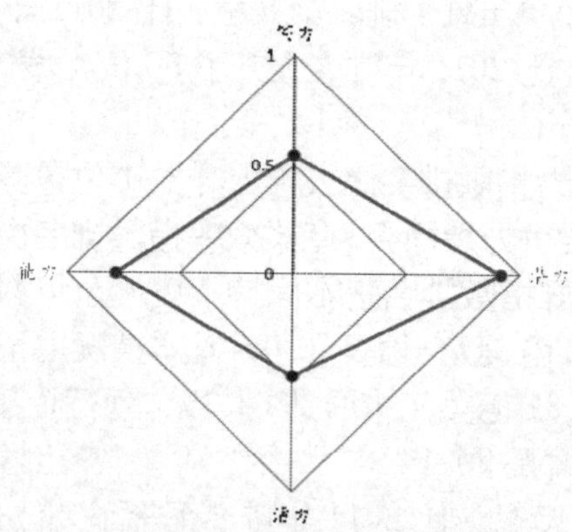

图 8.2.1　2012 年重慶成长竞争力雷达图

2012 年重慶市城市成長競爭力基本情況如下：城市實力指數爲 0. 542，排名第 10 位，與上年持平；城市潛力指數爲 0. 914，排名第 4 位，比 2011 年排名上升了 2 位；城市活力指數爲 0. 472，排名第 35 位，與上年持平；城市能力指數爲 0. 783，排名第 10 位，比 2011 年排名上升了 47 位；城市成長競爭力得分爲 2049. 32，排名第 2 位，與上年持平。

重慶市處於長江和嘉陵江交匯處，構成西南地區的重要經濟中心，是中國重要的離岸金融中心和國際金融結算中心。其 2012 年城市成長競爭力位居第 2 位。其中城市實力指數排名與上年持平，在城市實力指數中，城市規模指數排名與去年相比保持不變，城市效率指數排名從 2011 年的 81 名上升到 2012 年的 78 名，城市國際吸引指數排名從 15 上升到 11 名，城市居民生活指數排名從 2011 年的 108 位上升到 2012 年的 79 位。經初步核算, 全年地區生產總值 11459. 00 億元, 比上年增長 13. 6%。按常住人口計算, 全年人均地區生產總值達到 39083 元, 比上年增長 12. 4%。全年實際利用外資 105. 77 億美元, 其中, 外商投資 105. 33 億美元, 增幅均與上年持平。從企業性質看, 外商獨資企業到位資金 65. 47 億美元, 下降 6. 2%, 占全市總量的 62. 2%; 中外合資企業到位資金 25. 22 億美元, 增長 4. 9%, 占全市總量的 23. 9%。

城市潛力指數排名第 4 位，比 2011 年排名上升了 2 位。其中居民消費潛力指數排名從 2011 年的 291 位上升到 2012 年的 17 位，城鎮居民人均可支配收入 22968 元，增長 13.4%。城鎮居民人均消費支出 16573 元，比上年增長 10.7%。城鎮居民恩格爾係數 41.5%，比上年上升 2.4 個百分點。金融資本潛力指數排名從 2011 年的 9 位上升到 2012 年的 8 位，年末全市金融機構本外幣存款餘額 19423.90 億元，比上年末增長 20.4%。其中，人民幣個人儲蓄存款餘額 8361.64 億元，增長 19.6%。全市金融業增加值 915.65 億元，增長 20.8%，占全市生產總值的 8.0%。中資全國性大型銀行 7 家，中小型銀行 19 家；中資區域性中小型銀行 27 家，其中村鎮銀行 24 家；外資銀行分行 13 家；金融和融資租賃公司 5 家；擔保公司 153 家；小額貸款公司 157 家。提高了全市可獲得資本便利度。人力資本潛力指數排名從 22 位上升到 21 位，市場潛力指數排名從 14 位上升到 12 位，可持續發展指數排名從 29 位上升到 12 位。全年新造綠化林地 20.4 萬公頃，森林覆蓋率 42.1%。主城建成區綠化覆蓋率達 41.5%。全年主城區環境空氣品質滿足優良天數 340 天，比上年增加 16 天，優良天數所占比例爲 92.9%。綜合污染指數爲 1.96，與上年持平。

城市活力指數排名第 35 位，與上年持平；其中文化力指數排名從 2011 年的 21 位下降到 2012 年的 26 位，學習力指數排名從 2011 年的 49 位下降到 50 位，創新力指數與去年保持一致，法制力指數排名從 21 下降到 30 位，應變力指數排名上升 1 位，開放力指數排名從 2011 年的 50 名上升到 2012 年的 38 位，營銷力指數排名保持不變。全市博物館 39 個，文化館 41 個，公共圖書館 43 個。出版發行報紙 33544 萬份、各類期刊 2643 萬冊、圖書 12476 萬冊。有線電視用戶 509.27 萬戶，其中數位電視用戶 297.10 萬戶，電視綜合人口覆蓋率達到 98.8%。鄉鎮綜合文化站 994 個。爲全市提供了良好的學習氛圍。全市法制法規健全，執法透明度有大幅提升。

城市能力指數排名第 10 位，比 2011 年排名上升了 47 位；其中經濟增長能力指數排名從 2011 年的 80 名上升到 2012 年的 9 位，2012 年重慶市經濟增長能力大幅提升。全年 GDP 增速達到 13.6%，按常住人口計算，全年人均地區生產總值達到 39083 元，比上年增長 12.4%。全年地方財政一般預算收入 1703.49 億元，比上年增長 14.5%。其中，稅收收入 970.17 億元，增長 10.1%。地方財政一般預算支出 3055.17 億元，比上年增長 19.9%。其中，民生財政支出 1606 億元，占一般預算支出的 52.6%。全年規模以上工業經濟效益綜合指數達到 262.0，比上年提高 13.5 個百分點；實現利稅總額 1187.77 億元，增長 19.7%；實現利潤 608.29 億元，增長 10.4%；總資產貢獻率 12.3%，提高 0.4 個百分點；產品銷售率 97.5%，下降 0.2 個百分點；全員勞動生產率 255210 元/人年，增長 11.4%。引起成長競爭力顯著提升。

綜合看來，重慶市落實穩步發展政策，保持經濟發展穩步增長，城市效率和國際吸引力有大幅度提高。並且重慶市加強在人力資本、環境的管理和投入，城市可持發展能力顯著提高，同時加強城市開放力程度，全年財政收入支出均有大幅提高。最終重慶市成長競爭力排名第 2 名，與上年持平。

8.3 深圳城市成長競爭力點評分析

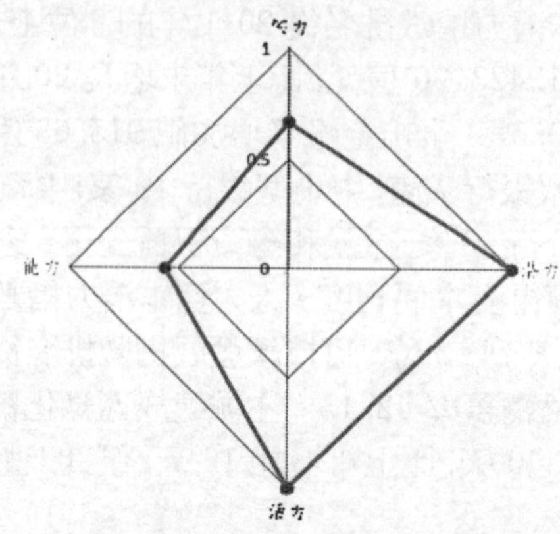

圖8.3.1　2012年深圳成長競爭力雷達圖

2012 年深圳城市成長競爭力基本情況如下：城市實力指數爲 0. 67，排名第 5 位，比 2011 年排名下降了 1 位；城市潛力指數爲 1，排名第 1 位，比 2011 年排名上升了 1 位；城市活力指數爲 1，排名第 1 位，與上年持平；城市能力指數爲 0. 563，排名第 215 位，比 2011 年排名下降了 41 位；城市成長競爭力得分爲 1682. 64，排名第 3 位，與上年持平。

深圳是中國的第一個經濟特區，是中國四大一線城市之一，已發展爲具有一定國際影響力的新興現代化城市，創造了舉世矚目的“深圳速度”。其 2012 年城市成長競爭力位居第 3 位。其中城市實力指數排名比去年下降了 1 位，在城市實力指數中，城市商業貿易競爭力指數排名從 2011 年的 4 位下降到了 2012 年的 6 位。其中國內商貿規模指數排名從 2011 年的 4 位下降到了 2012 年的 7 位，商貿機構指數排名從 10 名下降到了 11 名，商貿人力資本指數排名從 5 名下降到了 9 名，居民消費指數排名從 15 名下降到了 17 名。其具體情況爲全年社會消費品零售總額 4008. 78 億元，比上年增長 16. 5%。其中，批發和零售業零售額 3526. 29 億元，增長 16. 6%；住宿和餐飲業零售額 482. 49 億元，增長 15. 4%。在批發和零售業零售額中，限額以上零售額 2414. 37 億元，增長 19. 0%；限額以下零售額 1111. 92 億元，增長 11. 9%。全年外貿進出口總額 4667. 85 億美元，比上年增長 12. 7%。其中出口總額 2713. 70 億美元，增長 10. 5%，占全國出口總額的 13. 2%，占全省出口總額的 47. 3%；進口總額 1954. 15 億美元，增長 15. 9%。全年居民人均消費性支出 26727. 68 元，增長 11. 0%。

城市潛力指數排名第 1 位，比 2011 年排名上升了 1 位。其中人力資本潛力指數排名從 3 名上升到 1 名，金融資本潛力指數、市場潛力指數和可持續發展指數排名保持一致。全市年末常住人口 1054. 74 萬人，比上年增加 8. 00 萬人，增長 0. 8%。其中戶籍人口 287. 62 萬人，占常住人口比重 27. 3%；非戶籍人口 767. 13 萬人，占比重 72. 7%。全市經濟發達，交通方便，擁有大量的金融機構，人口流動性很大，機會眾多，強烈的吸引了人們在此地工作居住。

城市活力指數爲 1，排名第 1 位，與上年持平。其中文化力指數、學習力指數、創新力指數和應變力指數排名均保持不變，法制力指數排名從 2 名下降到 5 名，營銷力指數排名從 2 名上升到 1 名。全社會研發投入占 GDP 比重提高到 3. 81%，居全國領先水準，PCT 國際專利申請量 8024 件，占全國的 40. 3%，連續 9 年居全國首位。全年高新技術產品產值 12931. 82 億元，比上年增長 8. 9%，其中具有自主知識產權的高新技術產品產值 7888. 41 億元，占高新技術產品產值 61. 0%，比上年提高 0. 2 個百分點。市民受當地經濟環境的影響，具有較強的經商意識和創新意識，地方法規條例健全，政策法規透明度高。

城市能力指數排名第 215 位，比 2011 年排名下降了 41 位。其中經濟增長能力指數排名從 2011 年的 248 位下降到 2012 年的 273 位，城市流通能力排名從 2011 年的 3 名下降到 2012 年的 10 名。具體情況爲全年本地生產總值 12950.08 億元，比上年增長 10.0%。人均生產總值 123247 元/人，增長 9.0%，按 2012 年平均匯率折算爲 19524 美元。全年完成公共財政預算收入 1482.08 億元，比上年增長 10.6%。其中稅收收入 1329.98 億元，增長 11.3%。公共財政預算支出 1565.71 億元，下降 1.6%。社會保障能力從 2011 年的 6 名下降到 24 名，具體情況爲年末全市有衛生醫療機構 2008 間，比上年增加 154 間，其中醫院 115 間，增加 5 間。衛生機構擁有床位 27984 張，增長 16.2%，其中醫院病床 26124 張，增長 17.0%。全市有衛生技術人員 61961 人，增長 6.7%。

綜合看來，深圳市城市實力指數基本保持不變，受國際國內影響商貿指數有所下降。城市繼續加強對人力資本、金融資本和環境的管理和投入，同時繼續保持在創新研發方面的投入，保持了自己的傳統優勢。城市經濟增長能力排名有所下降。最終，深圳市成長競爭力排名與上年持平，位居全國第三。

8.4 上海城市成長競爭力點評分析

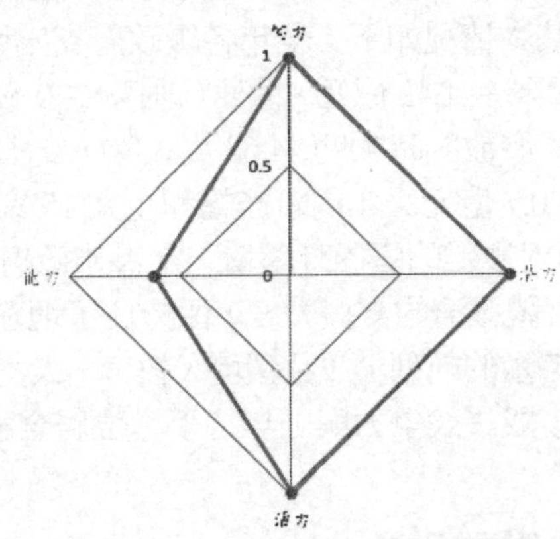

圖 8.4.1　2012 年上海成長競爭力雷達圖

2012 年上海市城市競爭力基本情況如下：上海城市實力指數爲 0.986，排名第 2 位，與上年持平；城市潛力指數爲 1，排名第 1 位，比 2011 年排名上升了 2 位；城市活力指數爲 0.985，排名第 2 位，比 2011 年排名上升了 1 位；城市能力指數爲 0.618，排名第 146 位，比 2011 年排名上升了 54 位；城市成長競爭力得分爲 1549.07，排名第 4 位，比 2011 年排名上升了 1 位。

上海市是中國大陸第一大城市，四大直轄市之一，中國國家四大中心城市，中國的經濟、科技、工業、金融、貿易、會展和航運中心。其 2012 年城市成長競爭力排名上升，由去年的第 5 位上升爲第 4 位。其中城市實力指數排名第 2 位，與上年持平。在城市實力指數中，城市規模指數排名保持不變，城市效率指數排名從 2011 年的 13 位下降到 2012 年的 14 位，城市國際吸引指數排名保持不變，城市居民生活指數排名從 14 名下降到 15 名。其中具體情況爲全年實現上海市生產總值（GDP）20101.33 億元，按可比價格計算，比上年增長 7.5%，按常住人口計算的上海市人均生產總值爲 8.5 萬元。據抽樣調查，城市居民家庭人均年可支配收入 40188 元，比上年增長 10.9%，扣除價格因素，實際增長 7.9%；農村居民家庭人均年可支配收入 17401 元，增長 11.2%，扣除價格因素，實際增長 8.2%。城市居民人均年消費支出 26253 元，增長 4.6%。其中，服務性消費支出 7955 元，占消費支出的比重爲 30.3%。農村居民人均年生活消費支出 12096 元，增長 7.3%。其中，服務性消費支出 3551 元，占消費支出的比重爲 29.4%。

城市潛力指數排名第 1 位，比 2011 年排名上升了 2 位。其中居民消費潛力指數排名從

2011 年的 145 名上升到 2012 年的 86 名，金融資本潛力指數排名從 2 名上升到 1 位，人力資本潛力指數排名從 5 名上升到 4 名，可持續發展指數排名從 2011 年的 9 名上升到 2012 年的 6 名。年末全市中外資金融機構本外幣各項存款餘額 63555.25 億元，比上年增長 9.2%；全年新增各類金融單位 136 家。其中，貨幣金融服務單位 59 家，資本市場服務單位 43 家，保險業單位 14 家。至年末，全市各類金融單位達到 1124 家。其中，貨幣金融服務單位 510 家，資本市場服務單位 193 家，保險業單位 347 家。至年末，在滬經營性外資金融單位數達到 208 家, 外資金融機構代表處 210 家。為獲得資本提供了便利。

城市活力指數排名第 2 位，比 2011 年排名上升了 1 位。其中文化力指數排名從 2011 年的 11 名上升到 2012 年的 2 名，法制力指數排名從 5 位上升到 3 位，學習力指數、應變力指數、開放力指數和營銷力指數排名保持一致。城市市民重商意識、參與競爭意識和創新意識較強，地方法規條例健全，政策法規透明，年內成功地舉辦了 56 次國際級比賽和 74 次全國性比賽。成功舉辦"上海之春"國際音樂節、第十四屆中國上海國際藝術節、第十五屆上海國際電影節、第八屆中國國際動漫遊戲博覽會等重大文化活動，國內外知名度很高。

城市能力指數排名第 146 位，比 2011 年排名上升了 54 位。其中經濟增長能力排名從 2011 年的 278 位上升到 2012 年的 266 位，上海是中國第一大城市，GDP 增長能力較強，全年地方財政收入 3743.71 億元，比上年增長 9.2%。地方財政支出 4184.02 億元，增長 6.9%。社會保障能力指數保持不變。基本情況如下：全年各級政府支出城鎮居民最低生活保障金 13.57 億元，農村居民最低生活保障金 1.42 億元，糧油幫困資金 0.69 億元，醫療救助金 2.15 億元。全年向城鄉低收入困難群眾發放臨時救助 44.68 萬人次，支出資金 2.76 億元；發放臨時價格補貼 80 萬人次，支出資金 0.7 億元。年內新辦福利企業 15 家，新安置 465 名殘疾人就業。

綜合來看，2012 年面對複雜的國內外環境，上海市政府加強經濟運行調節，積極落實各項穩增長措施，加大對實體經濟的支援力度，保持住了地區經濟的持續發展，經濟總量依舊位居全國城市地區生產總量的前列，並且環境，教育，人力資本等多方面下手，鞏固上海的傳統優勢。最終，上海市成長競爭力與上年持平，位居全國第二位。

8.5 北京城市成長競爭力點評分析

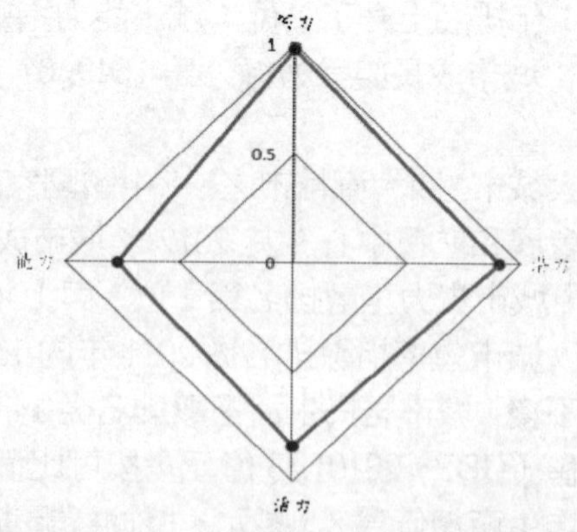

圖 8.5.1　2012 年北京成長競爭力雷達圖

2012 年北京市城市成長競爭力基本情況如下：城市實力指數為 0. 98，排名第 3 位，與上年持平；城市潛力指數為 0. 904，排名第 5 位，與上年持平；城市活力指數為 0. 838，排名第 4 位，比 2011 年排名上升了 2 位；城市能力指數為 0. 773，排名第 11 位，比 2011 年排名上升了 132 位；城市成長競爭力得分為 1373. 84，排名第 5 位，比 2011 年排名上升了 1 位。

北京是中國首都，是全國的政治、文化、科技、資訊、經濟決策中心和國際交往中心。作爲“中國四大古都”之一，薈萃了自元明清以來的中華文化，擁有眾多名勝古跡和人文景觀，是全球擁有世界文化遺產最多的城市。其 2012 年城市成長競爭力比 2011 年上升一位，位居第 5 位。其中城市實力指數排名第 3 位，與上年持平。在城市實力指數中，城市規模指數和城市居民生活指數排名保持不變，城市效率指數排名上升 1 位，城市國際吸引指數排名從 2011 年的 29 名下降到 2012 年的 34 名。經初步核算，全年實現地區生產總值 17801 億元，比上年增長 7.7%。按常住人口計算，全市人均地區生產總值達到 87091 元。全年城鎮居民人均可支配收入達到 36469 元，比上年增長 10.8%；扣除價格因素後，實際增長 7.3%。農村居民人均純收入 16476 元，比上年增長 11.8%；扣除價格因素後，實際增長 8.2%。城鎮居民恩格爾係數爲 31.3%，比上年下降 0.1 個百分點；農村居民恩格爾係數爲 33.2%，比上年提高 0.8 個百分點。

城市潛力指數排名第 5 位，與上年持平。其中居民消費潛力指數排名從 2011 年的 196 位上升到 2012 年的 143 位，金融資本潛力指數排名從 2011 年的 1 名下降到 2 名，人力資本潛力指數排名從 4 名下降到 5 名，環境品質指數排名從 2011 年的 141 位下降到 2012 年的 144 位，可持續發展指數排名從 2011 年的 69 位上升到 2012 年的 16 位。年末全市金融機構（含外資）本外幣存款餘額 84837.3 億元，比年初增加 9843.8 億元，增加額比上年多 1222.5 億元。其中人民幣存款餘額 81389.6 億元，比年初增加 8742.6 億元，增加額比上年多 315.6 億元。城市注重可持續發展戰略，全市污水處理率爲 83%，其中城六區污水處理率達到 96%，分別比上年提高 1 個和 0.5 個百分點。全市生活垃圾無害化處理率爲 99.1%，比上年提高 0.9 個百分點。全市可吸入顆粒物、二氧化硫、二氧化氮年日均值分別比上年下降 4.4%、1.5% 和 5.5%。全年完成造林面積 2.5 萬公頃，比上年增長 2 倍；其中平原造林 1.7 萬公頃。城市綠化覆蓋率達到 46.2%，比上年提高 0.6 個百分點；林木綠化率達到 55.5%，比上年提高 1.5 個百分點。

城市活力指數排名第 4 位，比 2011 年排名上升了 2 位；其中文化力指數排名從 2011 年的 5 位上升到 2012 年的 1 位，法制力指數排名從 2011 年的 6 位上升到 2012 年的 1 位，開放力指數排名從 2011 年的 280 位上升到 2012 年的 252 位。市民具有強烈的競爭意識和創新意識，文化力指數上升到首位，北京是中國的首都，在中央政府的領導下，地方法規條例健全，政策法規透明度很高，政府執法能力很強，將法制力指數提升爲第一位。

城市能力指數排名第 11 位，比 2011 年排名上升了 132 位。其中經濟增長能力指標排名從 246 位上升到 103 位，社會保障能力和城市流通能力指標均保持一致。全年 GDP 增長速度達到 7.7%，全市完成地方公共財政預算收入 3314.9 億元，比上年增長 10.3%。其中，實現增值稅和營業稅 314 億元和 1152.7 億元，分別增長 32.1%和 7.6%；實現企業所得稅和個人所得稅 752.5 億元和 281.5 億元，分別增長 10.1%和 3.1%。

綜合來看，北京市政府加強經濟運行調節，積極落實各項穩增長措施，加大對實體經濟的支援力度，保持住了地區經濟的持續發展，並且在環境、教育、人力資本和法制能力等多方面下手，鞏固北京的傳統優勢。同時城市經濟增長能力大幅度提高。最終，北京市成長競爭力比上年上升一位，位居全國第五位。

8.6 廣州城市成長競爭力點評分析

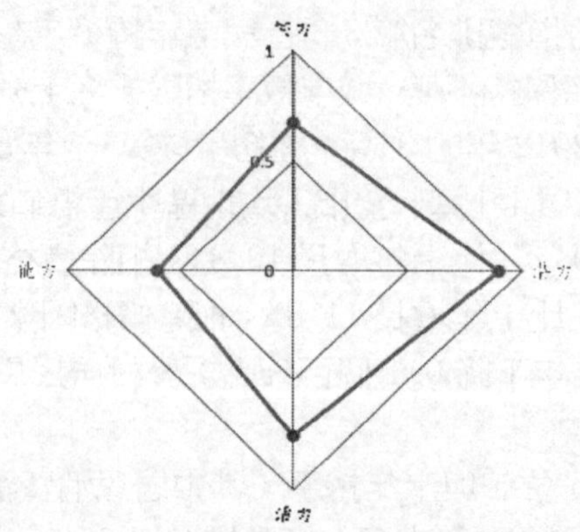

圖 8.6.1　2012 年廣州成長競爭力雷達圖

2012 年廣州市成長競爭力基本情況如下：廣州城市實力指數爲 0.672，排名第 4 位，比 2011 年排名上升了 1 位；城市潛力指數爲 0.894，排名第 6 位，比 2011 年排名上升了 1 位；城市活力指數爲 0.753，排名第 5 位，與上年持平；城市能力指數爲 0.601，排名第 172 位，比 2011 年排名下降了 5 位；城市成長競爭力得分爲 1318.02，排名第 6 位，比 2011 年排名上升了 5 位。

2012 年廣州市實力指數排名第 4 位，比 2011 年排名上升了 1 位。城市規模指數排名與 2011 年相同，仍然是第 5 名；城市效率指數排名下降了 3 位；城市國際吸引指數排名上升了 1 位；城市居民生活水準指數排名下降了 1 位。產業結構指數、產業規模指數和產業貢獻指數排名均未發生變化，產業效率指數排名由第 22 名下降爲第 50 名。在產業效率上，農業財富創造能力減少了 19.8 萬元，工業財富創造能力減少了 100 萬元，服務業創造能力減少了 130 萬元。

城市潛力指數排名第 6 位，比 2011 年排名上升了 1 位，其中，居民消費潛力指數爲 0.764，排名爲第 63 名，較 2011 年排名下降了 5 個名次，2012 年，廣州市批發零售貿易業商品銷售總額增加了 3900 萬元，社會消費品零售額增加了 860 萬元；金融資本潛力指數爲 0.658，排名爲第 6 名，與 2011 年持平，但是 2012 年廣州市企業或個人獲得銀行貸款便利程度下降了 13.1%，獲得證券市場資本便利程度下降了 10.9%，獲得民間及風險資本便利程度下降了 11.9%；環境品質指數爲 0.792，排名爲第 49 名，較 2011 年上升了 6 名。廣州市大力進行城市環境建設，城市環境實現“五個更”，即“天更藍”、“水更清”、“路更暢”、“房更美”、“城更美”。2012 年，廣州市城市綠化量是去年的 1.87 倍，建成區綠化覆蓋率爲 40.15%，氣候環境舒適度高達 0.742，山水環境優美程度達到 0.873，整體環境競爭力提升了一個臺階。

城市活力指數排名第 5 位，與上年持平。其中學習能力指數和創新能力指數與 2011 年排名相同，依舊列居第四位。廣州市大力提高自主創新能力。截止年末，廣州市建設 11 個國家級、23 個省級國際科技合作基地，建成工業技術研究院等 12 個產學研創新平臺，形成了新型顯示、節能環保、移動互聯網等 10 個百億級創新集群。同時，完善了人才政策，發揮廣交會平臺作用，引進 13 個國際領先科研創新團隊和 25 名領軍人才，擁有各類博士後工作站 55 個。2012 年全年創意產業實現營業收入 720.88 億元，同比增長 12.3%，占全區營業收入的 9.43%，比重比上年同期提高 1.56 個百分點。作爲創意產業主要基地的黃花崗科技園區全年實現技工貿總收入 230.39 億元，同比增長 25.8%，實現稅收收入 7.01 億元，同比增長 26.3%。

城市能力指數排名第 172 位，比 2011 年排名下降了 5 位。其中經濟增長能力排名由第 199 名下降爲第 223 名，城市流通能力排名由第 5 名下降爲第 24 名。從 2012 年情況看，受到國內外眾多不利因素的影響，一季度、上半年、1-3 季度和全年 GDP 增速分別同比增長 7.3%、8.3%、9.2%和 10.5%，較 2011 年有所放緩。全國經濟增長呈逐季放緩趨勢，GDP 增速由一季度的 8.1%下滑至上半年的 7.8%，1-3 季度進一步下滑至 7.7%，全年爲 7.8%。廣州市憑藉珠三角雄厚的工業和外向經濟基礎以及發達的製造業集群，爲現代物流業發展提供了良好的基礎。豐富的物流資源、便利的交通運輸條件、毗鄰港澳的區位優勢，爲現代物流業發展提供了有利的環境。然而，廣州市在物流業的市場規模快速增長的同時，物流成本偏高，物流管理水準偏低且發展不平衡，一些物流企企業停留傳統物流經營水準上，規模偏小，經營方式粗放。

綜上所述，廣州市城市成長競爭力排名第 6 位，比去年上升 5 位。廣州市從金融資本、學習力和創新力方面著手，依舊保持自身在此方面的優勢，排名在全國位居前列，並且加強在環境方面的保護，環境有了大幅度提高。受國內外影響城市流通能力有所下降。

8.7 蘇州城市成長競爭力點評分析

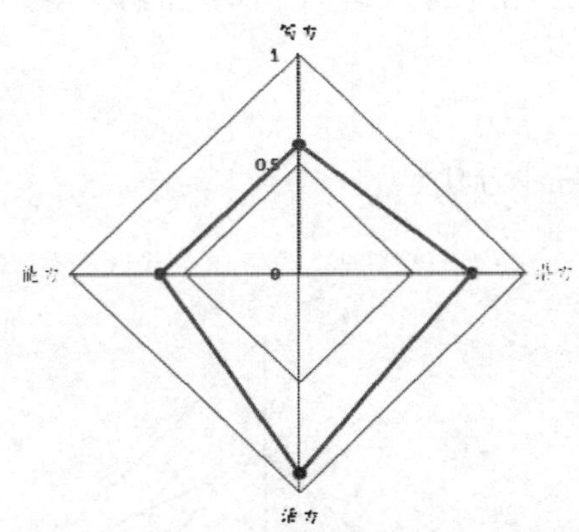

圖 8.7.1　2012 年蘇州成長競爭力雷達圖

2012 年蘇州市成長競爭力基本情況如下：城市實力指數爲 0.588，排名第 7 位，與上年持平；城市潛力指數爲 0.757，排名第 16 位，比 2011 年排名下降了 7 位；城市活力指數爲 0.912，排名第 3 位，比 2011 年排名下降了 1 位；城市能力指數爲 0.604，排名第 161 位，比 2011 年排名上升了 22 位；城市成長競爭力得分爲 1225.26，排名第 7 位，比 2011 年排名下降了 3 位。

2012 年蘇州市城市實力指數排名第 7 位，與上年持平。城市規模指數排名下降了 1 位，城市效率指數排名下降了 3 位，城市居民生活指數上升了 5 位。全市地區生產總值突破 1 萬億元，預計達到 10500 億元，按可比價計算比上年增長 12%，人均 GDP 達到 102368.8 元，同比增長了 16.8%；城市化率爲 38.03%，較去年增長了 10 個百分點。

城市潛力指數排名第 16 位，比 2011 年排名下降了 7 位。其中自然環境指數由 0. 234 降低爲 0. 197，排名由第 272 名下降爲第 278 名；環境品質指數由 0. 88 降低爲 0. 729，排名由第 16 名下降爲第 86 名。城市土地資源相對豐富度由 2011 年的 349 公頃/萬人減少至 99 公頃/萬人；農產品相對自給度由 0. 13 降低爲 0. 09。空氣品質指數爲 0. 6，工業廢水排放達成率爲 99. 5%，較 2011 年降低了 0. 43 個百分點。

城市活力指數排名第 3 位，比 2011 年排名下降了 1 位。其中，文化能力指數由第 2 名下降爲第 22 名，法制力指數由第 1 名下降爲第 2 名。2012 年蘇州市的城市文化形象排名由第 2011 年的第 6 名下落至第 7 名。截止年末，劇院數由 87 家減少爲 29 家，每萬人影劇院數減少了 10.96 個單位；每萬人擁有教育藝術廣播影視業從業人數僅爲 80 人，較去年減少了 50 人。地方法規條例健全程度爲 98.8%，政策法規透明度爲 97.7%。

城市能力指數排名第 161 位，比 2011 年排名上升了 22 位。其中經濟增長能力指數排名由第 230 名上升至第 222 名。在多重不利因素疊加的影響下，蘇州堅持“穩中求進”的總基調，努力克服和化解宏觀經濟運行的下行壓力，圍繞穩增長、快轉型、惠民生等各項工作，有效加強經濟運行調節，積極強化要素保障，在困難中尋求突破，在變化中搶抓機遇，在創新中提升發展。全市實現地區生產總值 12011.65 億元，比上年增長 10.1%。全年實現地方公共財政預算收入 1204.3 億元，比上年增長 9.4%。全社會固定資產投資 5265 億元，增長 17%。工業經濟提檔升級，實現總產值 3.44 萬億元，增長 3.3%；其中規模以上工業產值 2.87 萬億元，增長 5%。製造業領域新興產業實現產值 1.23 萬億元，增長 11%，占規模以上工業的比重達到 43%，比上年提高 5 個百分點。受市場環境制約，工業企業經營效益有所下降，但降幅逐步收窄。全年規模以上工業企業實現主營業務收入 28538.3 億元，比上年增長 3.6%；利稅總額 1742.93 億元，比上年下降 5.7%，其中利潤總額 1217.23 億元，下降 10.4%。提升發展支柱產業，實施萬企升級計畫，技術改造投資占工業投資的比重達到 68.7%。

綜上所述，蘇州市注重經濟發展的增長，經濟穩步發展，保持經濟發展排名，全社會固定資產投資不斷增加，製造業不斷擴展，但是城市環境品質指數和土地資源人均佔有量大幅度下降，並且文化指數和城市文化形象均有所下降。最終，蘇州市成長競爭力排名第 7 位，比去年下降了 3 位。

8.8 青島城市成長競爭力點評分析

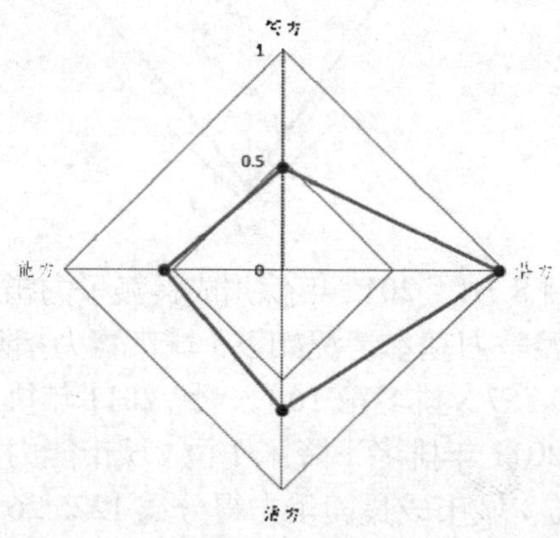

圖 8.8.1　2012 年青島成長競爭力雷達圖

2012 年青島市成長競爭力基本情況如下：城市實力指數爲 0. 465，排名第 15 位，比 2011 年排名下降了 1 位；城市潛力指數爲 0. 972，排名第 3 位，比 2011 年排名下降了 2 位；城市活力指數爲 0. 637，排名第 9 位，比 2011 年排名上升了 1 位；城市能力指數爲 0. 541，排名第 238 位，比 2011 年排名下降了 33 位；城市成長競爭力得分爲 1061. 30，排名第 8 位，與上年持平。

2012 年青島市城市實力指數排名第 15 位，比 2011 年排名下降了 1 位。2012 年青島市在產業貢獻指數和產業國際化指數上表現欠佳，分別下降了 0. 093 和 0. 022，排名較 2011 年分別下降了 5 位和 1 位。全年青島市產品市場認同感程度下降了 1. 33%，排名下降了 137 位，由 2011 年的 143 名下降至 280 名。此外，2012 年青島市的外資企業數量爲 2037，較去年減少了 207 家，同時外資企業貢獻度下降了 1. 16%，兩項三級指標在排名上分別下降了 1

位和 3 位。

城市潛力指數排名第 3 位，比 2011 年排名下降了 2 位。其中，自然資源指數排名由第 126 名下降至第 128 名，環境品質指數排名由第 3 名降爲第 4 名，人力資本潛力指數排名由第 15 名下降爲第 17 名，市場潛力指數由第 10 名下降爲第 15 名。城市土地資源絕對豐富度減少了 30 公頃，相對豐富度減少了 84 公頃/萬人，城市農產品相對自給度降低了 2.4 個百分點。空氣品質指數達到 0.8，工業廢水排放達成率降低了 1.8 個百分點。人力資本規模指數減少了 3.3%，高素質人才資本儲備量減少了 6.4 萬人，創業者人員指數由 45.77 減少至 14.20，每萬人中小學校數由 1.6 個減少爲 1.36 個.

城市活力指數排名第 9 位，比 2011 年排名上升了 1 位。文化力指數排名由第 29 名上升爲第 24 名，法制力指數由第 20 名上升爲第 9 名。2012 年青島市文化設施指數和城市行銷能力指數增長迅速，排名均上升了 1 位。截至年末，全市共有公共圖書 444.2 萬冊，平均每百人有 58 本書，比去年增長了 4.4 個百分點；城市文化影響指數爲 0.493，城市建築景觀和諧程度爲 0.589，較 2011 年上升了 0.3 個百分點。政府社會管理水準也有較大提高，隨著地方法規條例更加完善，政策法規更加透明化，執法能力不斷增強，民眾對政府的滿意程度也提高了 20 個百分點。

城市能力指數爲排名第 238 位，比 2011 年排名下降了 33 位。經濟增長能力排名由第 237 名降至第 249 名，社會保障能力排名由第 15 名降至第 19 名，城市吸引力能力由第 13 名降至第 27 名，城市流通能力排名由第 17 名降至第 33 名。社會失業率由 0.85 上升至 0.91，基尼係數高達 98%。衛生和保險社會福利業每萬人擁有量爲 50.35，較 2011 年增加了 5.09。城市化率由 36.11%下降爲 16.08%，城市化帶動率由 57.45%降至 57.01%，平均每人國際旅遊收入達到 68.91 美元，較 2011 年減少了 0.04 美元。

綜上所述，青島市成長競爭力排名第 8 位，與去年持平。城市經濟保持穩步上升，但排名有所下降，基本保持不變，外資企業數量下降，同時環境品質、人力資本和土地資源均有不同程度下降，城市社會保障和城市吸引力也有不同程度下降。城市文化力指數和法制力指數有大幅度提升，城市加強行銷和文化設施建設，提高了城市競爭力。

8.9 杭州城市成長競爭力點評分析

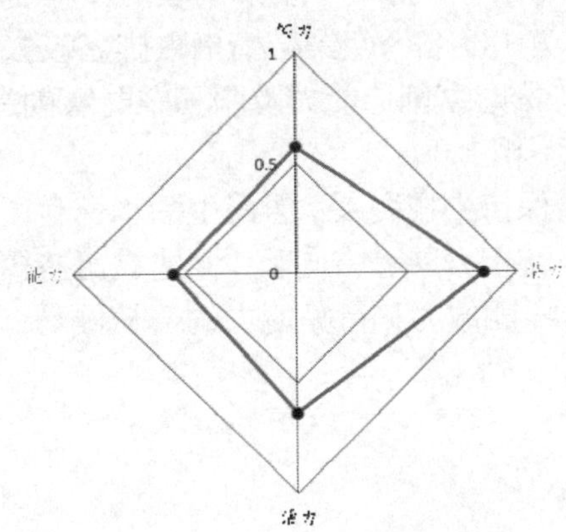

圖 8.9.1　2012 年杭州成長競爭力雷達圖

2012 年杭州市成長競爭力基本情況如下：城市實力指數爲 0.574，排名第 8 位，與上年持平；城市潛力指數爲 0.847，排名第 7 位，比 2011 年排名上升了 1 位；城市活力指數爲 0.637，排名第 9 位，與上年持平；城市能力指數爲 0.555，排名第 224 位，比 2011 年排名下降了 75 位；城市成長競爭力得分爲 1047.46，排名第 9 位，比 2011 年排名上升了 1 位。

2012 年杭州市城市實力指數爲 0.574，排名第 8 位，與上年持平。其中，2012 年杭州市城市規模指數排名與 2011 年持平，城市效率指數排名下降了 1 名，城市國際吸引力指數下降了 1 名，城市居民生活指數排名上升了 4 名。經初步核算，2012 年杭州市實現地區生產總值（GDP）7803.98 億元，按可比價格計算，比上年增長 9.0%。按常住人口計算的人均 GDP 達到 88985 元，增長 8.4%。

城市潛力指數排名第 7 位，比 2011 年排名上升了 1 位。其中，居民消費潛力指數排名由 2011 年的第 64 名上升爲第 29 名，人力資本潛力指數排名由第 14 名上升爲第 12 名，市場潛力指數排名由第 12 名上升爲第 10 名，可持續發展指數排名由第 6 名上升爲第 5 名。2012 年以來，杭州物價總水準總體平穩，漲幅低位運行，全市居民消費價格總水準累計同比上漲 2.5%，比去年同期低 2.3 個百分點。在全球經濟增長放緩的大背景下，市政府預計全年物價漲幅有望控制在 2.5%左右，低於年初確定的漲幅爲 4%的預期調控目標。杭州市城市就業率達到 98.75%，人力教育成本爲 1263.6 萬元，成人識字率突破 91%。全市批發零售貿易業商品銷售總額較上一年上漲了 31.8%，社會消費品零售額上漲了 19.4%。2012 年 6 月底，杭州市上城區國家可持續發展實驗區建設規劃已上報國家科技部，有望成爲杭州市第二個國家可持續發展實驗區，爲全市實現可持續發展、建設“三城三區”起到帶頭示範作用；下城區作爲城區型可持續發展實驗區，把發展生態文明、構建資源節約型和環境友好型城區作爲創建可持續發展實驗區的中心工作，結合發展樓宇經濟，實施中央空調、用電和用水系統等方面的節能及迴圈利用改造。

城市活力指數排名第 9 位，與上年持平。其中，學習能力指數、應變能力指數、開放力指數和影營銷力指數排名與 2011 年相同，文化力指數下降了 1 位，創新能力指數和法制力指數排名分別上升了 1 位和 10 位。2012 年杭州在鼓勵人才創業創新方面出臺了一系列舉措，例如建設青山湖科技城、未來科技城等來吸引創新人才的平臺，公佈了“創新 30 條”，鼓勵科技人員以自主科技成果入股創辦企業，如果以專利、非專利技術出資，最高可占註冊資本的 70%等。杭州在加大政府投入力度的同時，調動社會資本的積極性，形成“科技人才+民營資本”的創業創新模式。在科技投入體制改革和地方金融創新方面，杭州積極探索實踐撥改投、撥改保、撥改貸等方式。截止年底，杭州開展科技金融合作的銀行已達到 7 家，發放貸款 50 億元，有效緩解了科技型中小企業的融資困難。

城市能力指數排名第 224 位，比 2011 年排名下降了 75 位。其中，經濟增長能力指數排名由第 230 名下降爲第 155 名。城市效率指數排名下降了 1 名，城市國際吸引力指數下降了 1 名，產業規模指數排名與 2011 年持平，產業貢獻指數排名較去年下降了 1 位，產業效率指數排名由第 93 名下降爲第 143 名，產業結構指數排名較去年上升了 2 位。從資料上看，全市農業財富創造能力、工業財富創造能力及服務業財富創造能力達到 208.2 萬元，2840 萬元和 2900 萬元，與去年不相上下。

綜上所述，杭州市經濟保持平穩發展，居民生活水準有所提高，居民消費潛力指數大幅提高。城市從人力資本和可持續發展等方向著手，建立可持續發展基地，加強環境空氣品質的治理，保持自身在學習力、開放力和行銷能力的傳統優勢。最終，杭州市城市成長競爭力排名第 9 位，比去年上升了 1 位。

8.10 香港城市成長競爭力點評分析

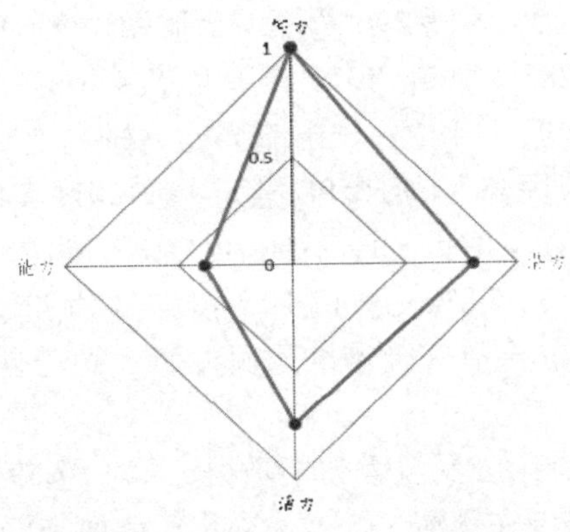

圖 8.10.1　2012 年香港成長競爭力雷達圖

2012 年香港成長競爭力基本情況如下：城市實力指數爲 1，排名爲第 2 名，較 2011 年下降了 1 位；城市潛力指數得分爲 0.799，位居第 12 名，較 2011 年上升了 11 位；城市活力指數得分爲 0.742，位居第 6 名，較 2011 年下降了 2 位；城市能力指數得分爲 0.387，位居第 283 名，較 2011 年下降了 4 位；城市成長競爭力指數得分爲 987.59，排名爲第 10 名，較 2011 年下降了 1 位。

2012 年香港的城市實力指數排名爲第 2 名，較 2011 年下降了 1 位。香港是"亞洲四小龍"之一，是亞洲繁華的大都市。同時，香港也是國際重要的金融、服務業及航運中心，並且以社會廉潔、治安優良、自由的經濟體系以及完備的法制而聞名於世。香港是繼紐約、倫敦之後的世界第三大金融中心。2012 年，據香港商預計，香港私人消費的增幅將較去年放緩，實質增長僅約 6%，繼續是推動經濟增長的一大動力。在內地外貿保持增長的帶動下，預計 2012 年轉口到內地仍有溫和增長，轉口到歐美的表現並不樂觀，轉口到日本大致平穩，轉口到其餘主要亞洲市場相信仍有雙位數增長，全年香港轉口貿易增幅約爲 3-5%。

城市潛力指數位居第 12 名，較 2011 年上升了 11 位。其中，居民消費潛力指數排名較 2011 年上升了 2 位，金融資本潛力指數排名上升了 2 位，自然資源指數排名上升了 1 位，環境品質指數排名上升了 9 位，可持續發展指數排名上升了 61 位。據 2012 年的香港《大公報》報導，萬事達卡國際組織在當年三月底至四月中，訪問了四百名港人，瞭解最新消費者開支傾向。調查發現，58%受訪者將維持現有支出水準，11%人表示將會增加，而 32%人士將會減少花費。前三項最小機會被消費者削減開支的項目，分別是個人進修、餐飲娛樂、時裝首飾及個人旅遊。2012 年 10 月 31 日，總部位於瑞士日內瓦的世界經濟論壇發佈了《2012 年金融發展報告》。該報告通過對全球 62 個領先金融體系和資本市場的廣度、深度和效率進行分析，作出了排名，其中中國香港的金融業發展指數以 5.31 分（總分 7 分）連續第二年拔得頭籌。此外，香港致力提高能源效益、推動綠色建築、提倡節約用電、促進低碳運輸，以及建設轉廢爲能設施等。香港的空氣品質正逐步改善。2012 年空氣品質指數爲 0.8，一般空氣中的主要污染物，例如二氧化硫、懸浮粒子和二氧化氮等，濃度已較 2005 年有了顯著下降。

城市活力指數位居第 6 名，較 2011 年下降了 2 位。文化力指數排名下降了 2 位，法制力指數排名下降了 102 位，應變力指數、開放力指數和營銷能力指數排名均下降 1 位。每百萬人擁有的大學、科研院校數排名由第 2 名下降爲第 15 名，專總數排名下降了 2 位。截止年末，香港刑事案件發生率爲 60.7%，刑事案件偵破率爲 48.8%，地方法規條例健全程度爲 95.8%，政策法規透明度爲 94.5%。香港作爲港口城市， 2012 年香港的港口貨物吞吐量爲

26930 萬噸，比上年下跌 3%。其中，抵港、離港的港口貨物分別爲 15470 萬噸和 11460 萬噸，各自下跌 2%和 4%。2012 年抵港的載貨貨櫃中，進口、抵港轉運比 2011 年各自下降 12%和 1%，分別爲 280 萬標準貨櫃單位、700 萬標準貨櫃單位。離港載貨貨櫃中，出口和離港轉運也分別下跌 11%、3%，爲 290 萬標準貨櫃單位、690 萬標準貨櫃單位。

城市能力指數位居第 283 名，較 2011 年上升了 4 位。經濟增長能力指數排名上升了 8 位，城市吸引力能力排名上升了 4 位，城市流通能力排名上升了 1 位。2012 年香港 GDP 爲 20401.00 億港幣，折算成人民幣大約 16598 億元，較 2011 年增長了 1.4%。此外，香港國際機場 2012 年上半年客運量穩步增長，達 2760 萬人次，同比上升 6.9%。資料顯示，2012 年前半年的飛機起降量同比上升 5.8%，達 17.19 萬架次；貨運量 190 萬噸，與去年同期相同。6 月份客運量增長，主要受訪港旅客及本地居民外遊人數帶動，貨運量增長則主要是往來東南亞的貨運表現較突出。

綜上，2012 年香港的城市成長競爭力指數得分爲 987.59，排名爲第 10 名，較 2011 年下降了 1 位。綜合來看，香港在經濟、社會、文化、環境方面的競爭力非常突出，大部分排名都位居全國首位，是城市榜中發展最均衡的城市。但是香港在創新力和文化力相對有所下降，總體依然保持較高水準。

8.11 大連城市成長競爭力點評分析

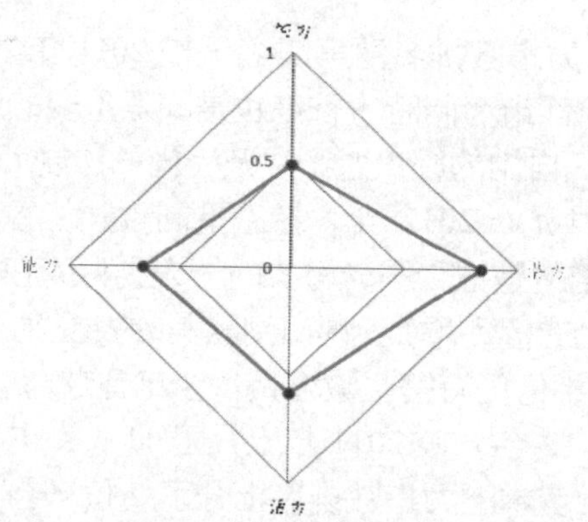

圖 8.11.1　2012 年大連成長競爭力雷達圖

2012 年大連市成長競爭力基本情況如下：大連城市實力指數爲 0. 479，排名第 14 位，比 2011 年排名上升了 1 位；城市潛力指數爲 0. 837，排名第 8 位，比 2011 年排名下降了 4 位；城市活力指數爲 0. 584，排名第 16 位，比 2011 年排名上升了 2 位；城市能力指數爲 0. 662，排名第 90 位，比 2011 年排名上升了 32 位；城市成長競爭力得分爲 937. 84，排名第 11 位，比 2011 年排名下降了 4 位。

大連市實力指數排名第 14 名，較 2011 年小幅上升了 1 名。對其經濟競爭力方面，城市國際吸引指數從 11 年的 0. 191 增加到 12 年的 0. 23，排名第 9 位，上升 1 位，城市居民生活指數也有小幅上升，排名第 48 位。經濟競爭力總得分 682. 17，排名第 12 位。2000 年以來，大連市經濟發展迅速，年增長率基本上都在兩位數。2012 年地區生產總值 7002.8 億元，按可比價格計算比上年增長 10.3%。產業競爭力方面，產業效率指數和產業結構指數對其影響最大，分別上升 6. 7%，7. 9%，產業結構指數從 11 年的 0. 633 增長到 12 年的 0. 686，排名第 25 位，上升 1 名。2012 年地區生產總值 7002.8 億元，按可比價格計算比上年增長 10.3%。其中，第一產業增加值 451.4 億元，增長 5.1%；第二產業增加值 3634.8 億元，增長 10.6%；第三產業增加值 2916.7 億元，增長 10.6%。三次產業構成比例爲 6.4：51.9：41.7，對經濟增長的貢獻率分別爲 3.1%、54.6%和 42.3%。

城市潛力指數排名第 8 位，較 2011 年下滑了 4 位。主要表現爲人力資本潛力指數從 11 年的 0. 71 降到的 0. 681，排名第 15 位，下降 6 名，但是大連有比較先進的教育體系，人才的整體素質較高，且具有一定的提升潛力。12 年市場潛力指數爲 0. 436，下滑幅度最大，排名第 9 位，下降 1 位。自然資源指數從 0. 402 降到 0. 327，下降 0. 075，排名從 14 位大幅降到 229 位。

城市活力指數排名第 16 位，較 2011 年上升了 2 名。創新能力指數 0. 472，比 11 年的 0. 468 上升 0. 85%，排名維持在 55 名，大連市重視科技和創新，實現全年高新技術產業產值 6530 億元，比上年增長 26. 1%，其中規模以上工業高新技術產品產值 4520 億元，增長 25. 1%；高新技術產業增加值 1795 億元，比上年增長 30. 3%，其中規模以上工業企業高新技術產品增加值 1170 億元，增長 28. 6%。新認定高新技術企業 101 家、技術先進型服務企業 22 家，總數分別達到 337 家和 94 家。全年技術交易額首次突破百億元，達到 105. 8 億元，其中吸納技術合同成交額 61. 6 億元，比上年增長 1. 5 倍。大連市被科技部確定爲“國家科技與金融結合試點城市”；法制力指數大幅上漲 0. 742. 排名從 47 上升到 29，這是城市活力指數上升的貢獻度最大的指標；開放力指數也從 18 名上升到 15 名，2011 年,大連在金融上已經和香港、上海建立起金融合作機制，共同推動發展三地的金融中心的建設，被媒體稱爲“沿海金三角”。此外，大連已成爲中國最具開放色彩的城市之一，是中國東北主要的對外門戶，大連經濟技術開發區是中國政府批准興建的第一個國家級經濟技術開發區，也是目前中國開發面積最大的經濟技術開發區。

城市能力指數大幅上升，其中經濟增長能力貢獻度最大，達到 0.655，排名第 136 位，上升 55 名，金融等服務業在經濟中占了很大比重，其金融資本潛力指數在全國排名 14 位，比去年提升一位。大連擁有中國三大期貨交易所之一的大連商品交易所，旅遊塑膠期貨已成爲世界最大交易市場。2011 年 2 月 30 日落戶大連的東北亞現貨商品交易所是中國唯一的國家級現貨商品交易所，還將於大連市東港商務區建一座全國級的總部大廈。

綜上，大連市城市成長競爭力指數排名第 11 位，比去年下降 4 位。大連市經濟發展水準保持穩定增長，城市創新力指數、法制指數和開放力指數均有大幅度提高，主要受城市潛力指數的影響，大連市綜合成長競爭力得分有所下滑，上述分析可以看出雖然綜合競爭力的下降，但是大連仍然具有很高的發展潛力。

8.12 濟南城市成長競爭力點評分析

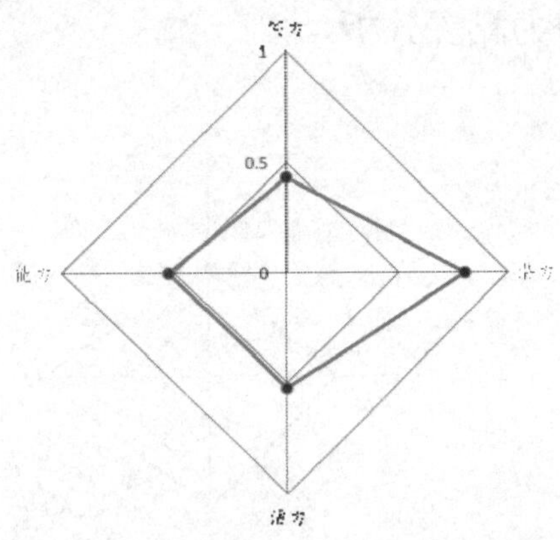

圖8.12.1　2012年濟南成長競爭力雷達圖

2012 年濟南市成長競爭力基本情況如下：濟南城市實力指數爲 0. 432，排名第 19 位，比 2011 年排名上升了 3 位；城市潛力指數爲 0. 804，排名第 11 位，比 2011 年排名上升了 6 位；城市活力指數爲 0. 523，排名第 26 位，比 2011 年排名上升了 1 位；城市能力指數爲 0. 526，排名第 251 位，比 2011 年排名下降了 102 位；城市成長競爭力得分爲 895. 08，排名第 12 位，與上年持平。

2012 年濟南市城市實力指數排名第 19 位，較 11 年上升 3 位，產業競爭力排名第 42 位，比 2011 年排名上升了 3 位，自 1999 年以來，第一產業在地區生產總值中所占比重極低並且逐年遞減至 2012 年的 5.2%，而濟南第三產業蒸蒸日上，進入 19 世紀以來，每年第三產業的比重均略高於第二產業。再者，濟南是中國近代史上第一個自開商埠，商業發達；基礎設施競爭力得分爲 1598. 36，排名第 16 位，比 2011 年排名上升了 5 位元，城市綜合服務功能增強，城市建設力度進一步加大，全年全市基礎設施建設投資 343. 9 億元，增長 2. 4%。現代服務業增加值 1273. 0 億元，增長 10. 5%；社會體制競爭力排名第 9 位，比 2011 年排名上升了 1 位；環境資源區位競爭力得分爲 684. 23，排名第 20 位，比 2011 年排名上升了 6 位。

城市潛力指數排名上升 6 名，居民消費潛力指數排名 174，上升 38 名，全年居民消費價格比上年上漲 2. 4%，漲幅比上年回落 3. 0 個百分點。全年城市居民人均可支配收入 32570 元，增長 12. 7%，扣除價格因素實際增長 10. 1%，增速比上年加快 1. 8 個百分點，高於 GDP 增速 0. 6 個百分點。農民人均純收入 11786 元，增長 13. 2%；金融資本潛力指數 0. 491，排名 21 名，上升 1 名，財政金融運行態勢良好。全年公共財政預算收入完成 380. 8 億元，比上年增長 17. 0%；區位指數上升幅度較大，排名從 212 名上升到 16 名；環境品質指數排名 26，上升 50 名，濟南環境空氣品質持續改善，水環境品質明顯好轉，聲環境品質和生態環境品質保持良好。

城市活力指數小幅上升 1 名，其中，法制力指數 0.967，排名第 4 位，上升 8 名；開放力指數排名第 104 位，上升 6 名，濟南抓住新世紀發展的戰略機遇期，解放思想、幹事創業、加快發展，把濟南建設成爲現代化、國際化的區域中心城市。

城市能力指數排名大幅下降，經濟增長能力，城市吸引能力，城市流通能力排名都有不同程度的下滑趨勢。經濟增長能力排名第 258 位，下降 85 名；城市吸引能力較 11 年排名下降 7 名。因此濟南市要加快工業產業結構調整升級，做大做強工業經濟，加快發展縣域經濟，促進經濟均衡發展，保持投資穩定增長，不斷優化投資結構。實現其能力指數排名的平穩增長。

綜上，濟南市城市成長競爭力指數排名 12 名，與去年持平。濟南市經濟發展能力有所下降，城市吸引力有所下降，而基礎設施建設、居民消費潛力指數均有大幅提高，該市注重可持續發展，環境品質持續改善，城市執法能力增強，開放力度加大。故濟南市要繼續發展 12 年的競爭優勢，改進一些影響發展的不利因素，使濟南市更快更好的發展。

8.13 南京城市成長競爭力點評分析

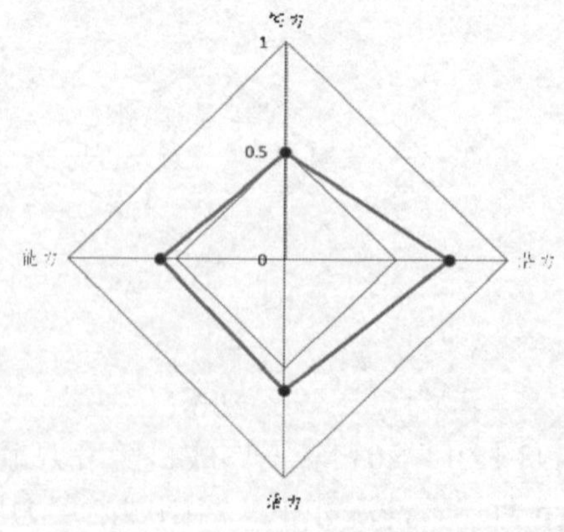

圖8.13.1 2012年南京成長競爭力雷達圖

2012 年南京市成長競爭力基本情況如下：南京城市實力指數爲 0. 494，排名第 11 位，與上年持平；城市潛力指數爲 0. 735，排名第 23 位，比 2011 年排名下降了 2 位；城市活力指數爲 0. 603，排名第 13 位，比 2011 年排名上升了 1 位；城市能力指數爲 0. 573，排名第 203 位，比 2011 年排名下降了 37 位；城市成長競爭力得分爲 826. 27，排名第 13 位，比 2011 年排名上升了 1 位。

南京城市實力指數與上年持平，經濟競爭力排名第 15 位，與上年持平；產業競爭力排名第 15 位，與上年持平；2012 年前三季度，南京市實現地區生產總值 5209.2 億元，在全國主要城市的排名由 2011 年底的第 15 位上升到第 12 位，分別超越了青島市（5165.7 億元）、大連市（5023.2 億元）和佛山市（4926.4 億元）；財政金融競爭力排名第 20 位，比 2011 年排名下降了 7 位九月末，全市金融機構個人消費貸款餘額 678.95 億元，比年初增長 7.6%，增幅低於全市本外幣各項貸款增長幅度 5.6 個百分點，且遠遠低於去年同期 46.1%的增幅；商業貿易競爭力排名第 20 位，比 2011 年排名下降了 3 位；社會體制競爭力排名第 50 位，比 2011 年排名下降了 13 位；環境資源區位競爭力排名第 8 位比 2011 年排名上升了 3 位。

城市潛力指數排名小幅下滑，居民消費潛力指數排名第 143 位，下降 24 位；人力資本潛力指數 0.698，排名第 13 位，相比 11 年下降 1 名，2012 年全市常住人口和戶籍人口增量分別比 2011 年減少 5.25 和 2.12 萬人；自然資源指數排名第 274 位，大幅下降到 262 名；環境品質指數 0.751，排名第 76 位，具體表現在客貨運周轉量保持較快發展，增速進一步提升，旅客運輸總量穩步提高，航空客運增長明顯，機場的旅客吞吐能力走高，港口的外貿貨物和集裝箱吞吐量躍升。

城市活力指數排名第 13 位，較 2011 年小幅上升 1 位。文化力指數排名第 13 位，上升兩位，表現最爲突出的是南京女性從業人員“技能化”水準得到提升，2012 年南京市女性就業人員中具有各類專業技術職稱的有 36.25 萬人，比 2011 年增加 1.5 萬人，占全部女性就業人員的比重爲 18.6%，較上年增加了 1.5 個百分點；創新力指數排名全國第 9，同比 11 年上升 2 位，2012 年，南京市工業企業研發機構建設取得突出成效，科技統計年報資料顯示，規模以上工業有研發機構的達 914 家，占全部規模以上工業的 35.2%。這一比例比 2011 年的 15%上升了 20.2 個百分點。其中大中型工業企業已建研發機構的有 501 家，覆蓋面達 88.8%，比 2011 年的 30.8%的比例提升了 58 個百分點。

城市能力指數排名大幅下降，經濟增長能力，社會保障能力，城市吸引能力和城市流通能力對能力指數有不同程度的影響。經濟增長能力排名第 228 位，下降 23 位；社會保障能力排名第 59 位，下降 6 位；城市吸引能力排名第 18 位，下降 7 位；城市流通能力排名第 16 位，下降 5 位。

綜上，南京城市成長競爭力排名第 13 位，比 2011 年排名上升了 1 位。全市注重經濟和產業發展，一直保持穩步發展，保持自身的優勢，文化力指數和創新力指數均有所提升，而居民消費潛力、人力資本指數均有大幅下降，城市吸引能力和城市流通能力有不同程度的下降。近年來，全市始終堅持有效投入，突出抓好結構調整和科技創新，培育了一批新的增長點，經濟長期持續發展後勁明顯增強。總體上看，2012 年全市經濟仍將保持平穩增長、穩中有進的態勢。

8.14 澳門城市成長競爭力點評分析

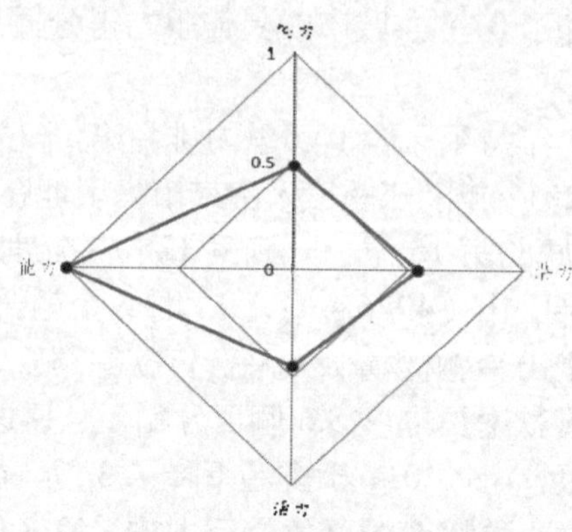

圖 8.14.1　2012 年澳門成長競爭力雷達圖

2012 年澳門市成長競爭力基本情況如下：澳門城市實力指數爲 0. 48，排名第 13 位，比 2011 年排名下降了 1 位；城市潛力指數爲 0. 543，排名第 106 位，比 2011 年排名上升了 34 位；城市活力指數爲 0. 45，排名第 40 位，比 2011 年排名下降了 8 位；城市能力指數爲 1，排名第 1 位，比 2011 年排名上升了 97 位；城市成長競爭力得分爲 824. 14，排名第 14 位，比 2011 年排名上升了 3 位。

澳門實力指數排名下降 1 名，其中產業競爭力排名和科技競爭力排名都呈現下降趨勢。產業競爭力排名第 63 位，比 2011 年排名下降了 13 位，澳門是微型海島經濟，經濟規模無可避免地受市場、資源和結構等方面的局限，2012 年澳門的產業規模和產業貢獻下降幅度很大，並且產業結構惡化。全年限以工業企業數量銳減爲 400 家，就業人數減少爲 33. 63 萬人，工業創造能力由 2580 萬元減少爲 141. 65 萬元，服務業財富創造能力由 2810 萬元減少爲 1770 萬元，降幅爲 37. 01%；科技競爭力得分爲 652. 08，排名第 32 位，比 2011 年排名下降了 4 位， 2012 年澳門市在科技方面的競爭力不如 2011 年強勢，科技投入水準下降，人力資本減少，科研成果轉化率降低。據統計，全年澳門市人均科技經費擁有量達到 772. 1 元，較去年減少了 18. 9 元，專業技術人員擁有量銳減了 15800 人。

城市潛力指數大幅上升 34 位，居民消費潛力指數排名排名第 256 位，上升 2 位，私人消費支出及政府部門最終消費支出分別增加 9. 1%及 6. 9%，2012 年第 3 季私人消費支出按年上升 9. 1%。住戶在本地的最終消費支出增加 8. 6%，在外地的上升 10. 0%，其中內地消費爲 20. 7 億澳門元；區位指數排名第 35 位，上升 223 名。這些指標共同作用使得城市潛力指數排名大幅上升。

城市活力指數排名下降 8 位，法制力指數對其影響最大，排名第 110 位，下降到 103 名，2012 年澳門市在社會公平保障方面的工作表現欠佳，但是政府的社會管理水準有所提升。2012 年澳門的失業率達到了 0. 89，基尼係數爲 0. 95，社會保障和就業支出較去年減少了 32. 6 萬元;但在社會管理方面,公共管理和社會組織從業人數與總人口的比重增加了 10. 8 個百分點，地方法規條例健全程度達到 76. 5%，政策法規透明度達到 82. 5%，與去年水準持平。

城市能力指數方面,經濟增長能力表現最爲突出,排名躍居全國第一,上升 135 名,2012 年全年澳門本地生產總值爲 3482 億澳門元（1 美元約合 8 澳門元），同比實際增長 9. 9%，2012 年，受周邊經濟不景氣影響，澳門經濟前三季度增長有所放緩，但全年仍保持了穩步增長，地區生產總值首次突破了 3000 億澳門元，人均近 60 萬澳門元（100 澳門元約等於 78 元人民幣）；城市吸引能力排名全國第 6 名，上升了 3 名，其中較爲特殊的是“澳門商務促進中心”推出了一系列協助本地中小企業的服務，並設立“中小企業服務中心”，目的是協助本地中小企業開拓海外和本地市場，並結合海外及本地市場需求，促進企業交流合作，引導中小企業把握澳門服務業及會展業所帶來的商機。

綜上，城市成長競爭力排名第 14 位，比 2011 年排名上升了 3 位。澳門 12 年成長力競爭力得分有所上升，各項指標整體上都保持著良好的發展態勢，經濟增長能力位居第一，保持自身第三產業的顯著優勢，與全國大部分城市相比，與世界的距離更近，吸引外資的管道更多。

8.15 瀋陽城市成長競爭力點評分析

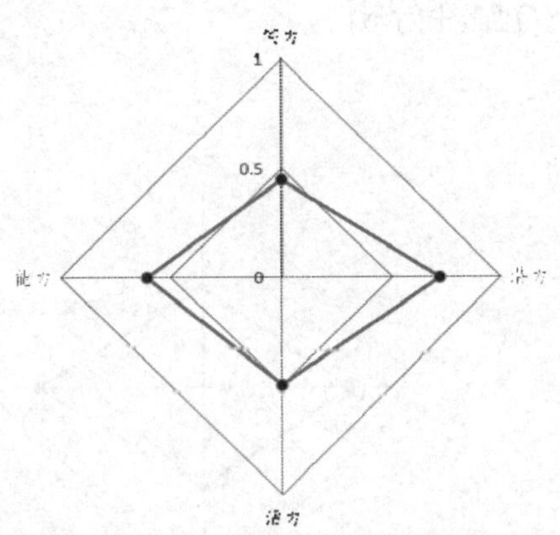

圖 8.15.1　2012 年瀋陽成長競爭力雷達圖

2012 年瀋陽市成長競爭力基本情況如下：瀋陽城市實力指數爲 0. 448，排名第 18 位，比 2011 年排名上升了 1 位；城市潛力指數爲 0. 718，排名第 24 位，比 2011 年排名下降了 12 位；城市活力指數爲 0. 495，排名第 30 位，比 2011 年排名上升了 3 位；城市能力指數爲 0. 608，排名第 157 位，比 2011 年排名上升了 50 位；城市成長競爭力得分爲 795. 51，排名第 15 位，比 2011 年排名下降了 2 位。

城市實力指數排名小幅上升，財政金融競爭力得分爲 458. 80，排名第 25 位，比 2011 年排名上升了 1 位。地方財政一般預算支出 516. 8 億元，增長 8. 6%，其中，環境保護支出增長 32. 0%，教育支出增長 15. 8%，科學技術支出增長 12. 5%，社會保障和就業支出增長 11. 7%；基礎設施競爭力得分爲 2038. 80，排名第 12 位，比 2011 年排名上升了 1 位，瀋陽基礎設施完善，也是東北地區最大的交通樞紐中心。瀋陽有 5 條幹線在此交匯並連接著 8 條支線，通往全國各地，是國際聯運通往朝鮮、俄羅斯的必經之路；社會體制競爭力得分爲 428. 20，排名第 33 位，比 2011 年排名上升了 13 位；環境資源區位競爭力得分爲 804. 62，排名第 16 位，比 2011 年排名上升了 2 位。瀋陽在 12 年的工業廢水排放達成率在上升，由 11 年的 91.42%增加到了 12 年的 96.28%，增加 5.3%，工業固體廢物綜合利用率增加到 95.68%，增加大約 2 個基點，工業二氧化硫去除率急速上升，漲幅達 52.3%。

城市潛力指數下降了 12 位，其中居民消費潛力指數排名第 177 位，下降到 102 名；自然資源指數 0. 322，排名第 232 位，相比 11 年下降了 125 名，環境品質指數排名第 123 位，排名下降了 98 位，可持續發展指數排名第 25 名，下降了 18 名。

城市活力指數排名上升 3 位，文化力指數 0. 364，排名第 10 位，較 11 年上升了 35 名，文化資源指數上升了 0.4%，城市文化影響指數增加 0.5%；應變力指數 0. 587，排名第 11 位，上升了 2 名。

城市能力指數排名大幅上升，主要體現在經濟增長能力和社會保障能力上，其中經濟增長能力排名第 191 位，排名上升了 33 位。全市實現地區生產總值（GDP）5017 億元，比上年增長 14.1%。其中，第一產業增加值 232.4 億元，增長 6.0%；第二產業增加值 2542.4 億元，增長 15.6%；第三產業增加值 2242.2 億元，增長 13.2%。三次產業結構爲 4.6:50.7:44.7。三次產業對經濟增長的貢獻率分別爲 1.8%、55.1%和 43.1%。社會保障能力排名第 9 位，上升了 9 位，社會保障和就業支出增長 11.7%，機械裝備、汽車及零部件、醫藥化工、農副產品加工、航空航天器製造業等八大優勢產業實現增加值 1852.9 億元，增長 18.9%。

綜上，城市成長競爭力排名第 15 位，比 2011 年排名下降了 2 位。瀋陽市整體來看，受城市潛力指數的影響，瀋陽市 12 年成長競爭力排名有所下降，但是城市在實力指數，活力指數以及能力指數都有一定的相對優勢，應當在保持這些優勢的前提下，改進發展中不協調的部分，必將促進瀋陽快速高效的發展。

8.16 武漢城市成長競爭力點評分析

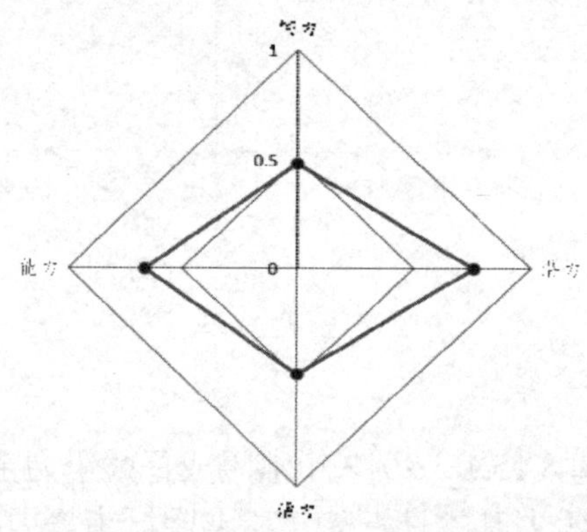

圖 8.16.1　2012 年武漢成長競爭力雷達圖

2012 年武漢市成長競爭力基本情況如下：武漢城市實力指數爲 0.482，排名第 12 位，與上年持平；城市潛力指數爲 0.753，排名第 17 位，比 2011 年排名上升了 7 位；城市活力指數爲 0.483，排名第 33 位，比 2011 年排名上升了 5 位；城市能力指數爲 0.663，排名第 89 位，比 2011 年排名下降了 20 位；城市成長競爭力得分爲 770.37，排名第 16 位，比 2011 年排名上升了 4 位。

2012 年武漢市城市實力指數排名與上年持平，其中經濟競爭力指數爲 549.98，排名從 19 位下降到 20 位，城市規模指數排名從 2011 年的 10 位下降到 2012 年的 11 位，城市效率指數排名從 2011 年的 45 名下降到 2012 年的 47 名，城市國際吸引指數排名從 2011 年的 23 名上升到 21 名，城市居民生活指數排名從 55 名下降到 73 名。2012 年，武漢市地區生產總值初步核算數 8003.82 億元，按實際價格增長，比上年增長 11.4%。全年實際利用外資 44.44 億美元，比上年增長 18.2%。接待海外旅遊人數 150.89 萬人次，增長 30.2%。實現國際旅遊外匯收入 8.52 億美元，增長 40.7%。2012 年，固定資產投資額穩步增長，拉動武漢市固定資產投資價格同比上漲 2.8%，漲幅比上年回落 4.5 個百分點，城市實力指數總體與上年持平。

城市潛力指數排名 17 位，比上年提高 7 位，其中居民消費潛力指數排名從 2011 年的 117 位上升到 2012 年的 45 位，2012 年城市居民人均可支配收入 27061 元，比上年增長 14.0%。人均消費支出 18813.14 元，增長 9.8%。社會消費品零售總額 3432.43 億元，比上年增長 16.0%。居民消費潛力顯著提高。金融資本潛力指數排名從 21 位上升到 15 位元，年末武漢地區金融機構本外幣各項存款餘額 13131.59 億元，比年初增加 1612.03 億元。其中，個人存款 4728.66 億元，增加 692.42 億元。金融機構本外幣各項貸款餘額 11575.84 億元，增加 1418.32 億元。年末武漢地區共有各類金融機構 398 家，其中，銀行業金融機構 29 家（含外資銀行 8 家），村鎮銀行 1 家，證券、期貨業單位 139 家，保險公司 63 家。在武漢設立或正籌建後臺服務中心的金融機構 27 家，新增 3 家。增加了個人、企業和各類社會機構獲得資本的便利度，提高了金融資本潛力。市場潛力指數排名從 18 位上升到 17 位，環境品質指數排名從 2011 年的 75 位上升到 2012 年的 53 位，可持續發展指數排名從 2011 年的 35 位上升到 2012 年的 15 位。城市注重可持續發展能力，全年污水集中處理率 92.3%。城市生活垃圾無害化處理率 95%，比上年提高 5 個百分點。化學需氧量排放量 16.50 萬噸，下降 1.8%；二氧化硫排放量 10.55 萬噸，下降 2.7%；氨氮排放量 1.91 萬噸，下降 1.65%；氮氧化物排放量 12.61 萬噸，下降 3.7%。環境空氣品質優良天數 321 天，增加 15 天。工業固體廢棄物綜合利用率 98%。公園綠地面積 6226.98 公頃，增加 188.5 公頃。人均公園綠地面積 9.91 平方米，增加 0.32 平方米。建成區綠化覆蓋率 38.19%，提高 0.6 個百分點。森林覆蓋率 27.11%，提高 0.31 個百分點。

城市活力指數排名 33 位，比上年上升 5 位。其中文化力指數排名從 2011 年的 31 名上升到 2012 年的 7 名，政府部門不斷增加科研經費的投入，提高科研創新能力，全年研究與試驗發展(R&D)經費支出 212.90 億元，比上年增加 35.90 億元。承擔國家級科技計畫專案 2400 項，實施市級科技計畫專案 840 項。市級登記科技成果 344 項，獲獎科技成果 380 項。其中，國家獎 35 項。專利申請 24105 件，增加 2226 件。發明專利 8071 件，增加 1709 件。專利授權 13698 件，增加 2110 件。其中，發明專利授權 3252 件，增加 667 件。每萬人發明專利擁有量 9.8 件。另外，市直公共圖書館機構數 2 個，藏書 390 萬冊，增加 20 萬冊，接待讀者 293 萬人次，增加 14 萬人次。全市出版報紙 70054.6 億份，出版雜誌 849.98 億冊。全市市民具有較強的學習意識，法制力指數排名從 2011 年的 42 名上升到 2012 年的 41 名，開放力指數排名從 2011 年的 42 位上升到 2012 年的 30 位。應變力指數和營銷力指數排名基本保持不變。城市文化也是武漢市靚麗的名片之一。以水文化、學院文化、工業文化爲代表的武漢文化深入人心。自 2011 年武漢在城市文化形象競爭力方面一舉躍入前十後，2012 年又向前跨越兩位，排名第 8 位。武漢市擁有眾多名勝古跡，除了傳統的名勝古跡像天下第一樓黃鶴樓、中國最大城中湖東湖、佛教聖地歸元寺外，秀美的洛迦山、桂子山、喻子山下，一縷書香氤氳著整個武漢的人文氣息，這也爲新武漢文化輸入了新鮮的血液,近年來櫻花季武漢大學校園內攢動的人頭正是武漢這座城市文化欣欣向榮的標誌。

城市能力指數排名下降 20 名，其中經濟增長能力指數排名從 85 名下降到 118 名，社會保障能力指數排名從 2011 年的 16 位下降到 2012 年的 17 位，城市吸引能力指數排名保持持平，城市流通能力指數排名從 2011 年的 12 名下降到 2012 年的 33 名。社會保障能力下降，年末城鎮基本養老保險參保職工 350.59 萬人，增長幅度從 7.7%下降到 5.2%。基本醫療保險參保職工 389.32 萬人，增長幅度從 10.9%下降到 2.5%。全年城市居民享受低保人數 16.67 萬人，減少 2.48 萬人；發放保障金 5.92 億元，增長 20.8%。農村居民享受低保人數 10.87 萬人，減少 0.36 萬人。交通客貨運輸換算周轉量 3596.01 億噸公里，與上年相比增長幅度從 17.7%下降到 10.4%。全社會貨運量 43892.49 萬噸，增長 4.4%；貨物周轉量 2910.22 億噸公里，增長 12.4%，比去年少增長 4.4%。全社會客運量 27492.40 萬人，增長 6.8%，增長率下降了 5.7%；旅客周轉量 897.34 億人公里，增長率從 16.9%下降到 2.7%。

綜上，2012 年武漢市城市成長競爭力排名第 16 位，比 2011 年排名上升了 4 位。城市經濟保持穩定發展，排名基本保持不變，國際吸引能力不斷上升。居民可支配收入不斷提高，居民消費潛力指數大幅提升，城市文化力指數和創新能力不斷提升，創造了良好的文化環境。但社會保障和社會流通能力指數有不同程度下降。

8.17 合肥城市成長競爭力點評分析

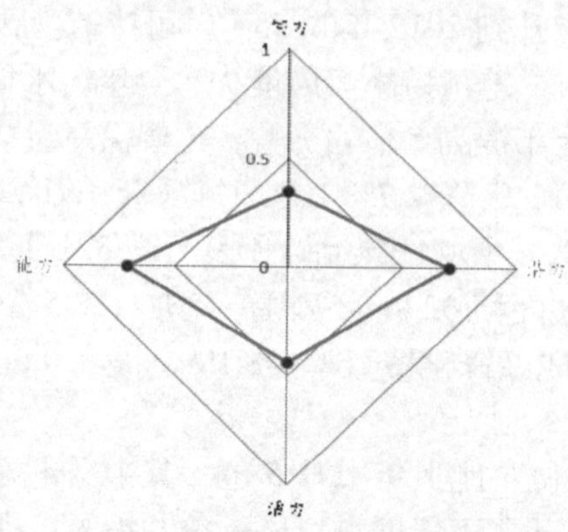

圖 8.17.1　2012 年合肥成長競爭力雷達圖

2012 年合肥市成長競爭力基本情況如下：城市實力指數排名 37 位，比去年下降 7 位，城市潛力指數排名 30 位，比去年上升 6 位，城市活力指數排名 45 位，比去年上升 2 位，城市能力指數排名 40 位，比去年上升 12 位，城市成長競爭力總得分爲 745.49，總排名 17 位，比上年上升 1 位。

2012 年合肥城市實力指數排名比去年下降 7 位，其中城市產業競爭力指數爲 692.89，排名從 2011 年的 38 位下降到 39 位，在城市產業競爭力指數中，產業規模指數排名從 45 位下降到 46 位，第一產業增加值 229.05 億元，增長 5.4%；第二產業增加值 2303.91 億元，增長 15.4%；第三產業增加值 1631.38 億元，增長 12.3%。三次產業結構調整爲 5.5：55.3：39.2，其中工業增加值占 GDP 的比重爲 43.6%，比上年提高 0.7 個百分點。產業效率指數排名從 2011 年的 18 名下降到 2012 年的 33 名，產業國際化指數排名從 2011 年的 56 名下降到 57 名。全年新批外商投資企業 63 戶，實際利用外資 16.56 億美元，與上年持平。其中，外商直接投資 16.01 億美元，增長 23.1%。全年對外經濟合作新簽合同額 12 億美元，完成營業額 22.6 億美元，勞務合作年末在外人員 1.5 萬人。城市財政金融競爭力指數排名從 2011 年的 51 位下降到 2012 年的 201 名，其中財政金融規模指數排名從 31 名下降到 34 名，全年財政收入 694.36 億元，比上年增長 11.3%，其中地方財政收入 389.50 億元，增長 15.1%。財政支出 572.10 億元，比上年增長 20.5%。其中，社會保障與就業支出增長 14.6%，教育支出增長 48.5%。金融資本品質指數排名從 2011 年的 15 位下降到 2012 年的 294 名，金融業人力資本指數排名從 2011 年的 44 位下降到 2012 年的 45 位。年末全市金融機構人民幣各項存款餘額 6913.84 億元，比上年末增加 1157.54 億元，增長 20.1%；其中城鄉居民儲蓄存款餘額 2065.57 億元，增長 22.3%。金融機構人民幣各項貸款餘額 6136.03 億元，比上年末增加 879.1 億元，增長 16.7%。其中，短期貸款餘額 1521.96 億元，增長 12.7%；中長期貸款餘額 4370.36 億元，增長 14.4%，中長期貸款中個人貸款餘額 1306.09 億元，增長 12.9%。

城市潛力指數排名 30 位，比去年上升 6 位，其中金融資本潛力指數排名從 2011 年的 42 位上升到 2012 年的 34 位，年末金融機構人民幣各項存款餘額 5756.30 億元，比年初增長 17.4%。全年實現債券融資 150.50 億元；股票融資 96.65 億元，其中首次公開發行 A 股 6 只，籌資 69.69 億元，5 家上市公司再融資，融資規模 26.96 億元。全市證券營業部 47 個，證券交易 4666.41 億元；期貨營業部 12 個，期貨交易量 21725.62 億元。提高了可獲得資金的能力，增強了金融資本潛力指數。人力資本潛力指數排名從 2011 年的 33 位到上升到 2012 年的 32 位，全年城鎮居民人均可支配收入 25434 元，比上年增長 13.2%，增長率下降 4.7%。人均消費性支出 18758 元，增長 19.5%。城鎮居民家庭恩格爾係數 34.2%，比上年下降 3.8

個百分點。合肥市可持續發展指數排名有所上升，市政府重視合肥市的可持續發展能力，2012年末，全市共建市縣（區）級環境監測站6個。全年有48天空氣品質級別Ⅰ級（優），283天空氣品質級別Ⅱ級（良），空氣品質優良天數達331天，優良率90.4%。二氧化硫、二氧化氮均達到國家環境空氣品質一級標準。年末城市公園48個，占地面積2276公頃，人均公園綠地面積12.8平方米；新增綠地面積990.28公頃，城市綠地率40.3%；綠化覆蓋面積15288公頃，建成區綠化覆蓋率達45.2%。污水集中處理率98.7%，生活垃圾無害化處理率100%。

城市活力指數排名比上年上升2位，其中學習力指數排名從2011年的38名上升到2012年的37名，創新力指數從2011年的53位上升到2012年的51位，法制力指數排名從54位上升到36名，開放力指數排名從58位上升到48位。政府科研投入逐年上升，市民學習意識強，營造了良好的學習氛圍，全市已建國家重點實驗室7家，省部級重點實驗室和工程實驗室120家；國家級工程技術研究中心（含分中心）7家，省級工程技術研究中心87家；國家級企業技術中心18家，省級企業技術中心115家。全年受理專利申請15142件，其中發明專利4748件，增長31.2%；授權專利9639件，其中發明專利1242件，增長63.4%。簽訂各類技術合同5160項，成交金額42.3億元，增長26.9%。全市有6項成果獲國家科技獎，其中國家自然科學二等獎3項、科技進步二等獎3項。

城市能力指數排名上升了12位，位居40名，其中經濟增長能力指數排名從44名下降到52名，社會保障能力指數排名從50名下降到78名，城市流通能力指數排名從33位上升到80位。2012年GDP增長率達到13.6%，增長速度位居前列，全年財政收入694.36億元，比上年增長11.3%，其中地方財政收入389.50億元，增長15.1%。財政支出572.10億元，比上年增長20.5%。年末全市共有衛生機構（含村衛生室）2100個，其中醫院、衛生院260個，婦幼保健院（所、站）12個，衛生防疫和防治機構11個，社區衛生服務機構216個。專業衛生技術人員4.04萬人，每千人擁有衛生技術人員5.33人，城市社區衛生機構覆蓋率達95%，城鄉居民新農合參合率達100.37%。市區最低月工資標準爲1010元。年末全市各類收養性社會福利機構188個，擁有床位3.09萬張，收養人員2.31萬人。城鎮建立各種社區服務中心（站）463個，其中鄉鎮、街道及縣（市、區）級社區服務中心91個。農村五保戶集中供養率爲52.0%，城市“三無”人員全部納入社會救助。城鄉居民最低生活保障對象23.18萬人，其中城市5.43萬人，農村17.75萬人；累計發放城市低保金2.28億元，農村低保金2.95億元。實施城鄉醫療救助31.03萬人次，發放救助金1.01億元。全年銷售社會福利彩票11.72億元，籌集公益金1.23億元，全市慈善組織募集各類善款1652.36萬元。該市在全國同等城市中處於欠發達地位，在全省的人口和經濟聚集能力也較弱，但是靠近長江經濟帶的地理優勢，爲其創造了發展的空間。

綜上，合肥市受城市潛力指數、城市活力指數和城市能力指數影響，城市成長競爭力排名上升一位，城市金融潛力指數、人力資本潛力和可持續發展指數均有所提高。城市實力指數由於產業競爭力和財政金融競爭力的下降影響比去年下降7位。最終，城市成長競爭力總排名17位，比上年上升1位。

8.18 鄂爾多斯城市成長競爭力點評分析

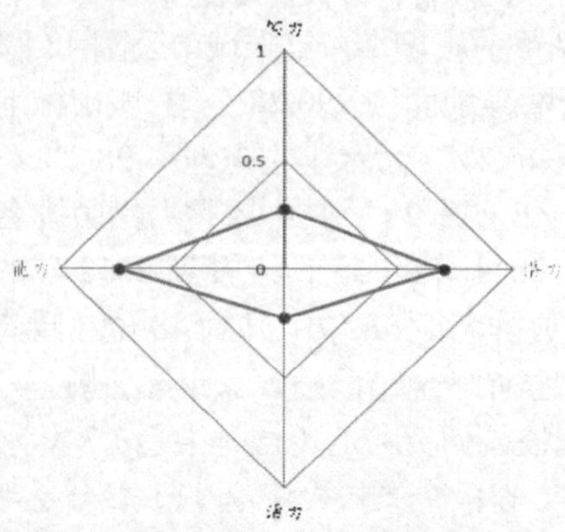

圖 8.18.1　2012 年鄂爾多斯成長競爭力雷達圖

2012 年鄂爾多斯市成長競爭力基本情況如下：城市實力指數排名 66 位，比去年下降 6 位，城市潛力指數排名 31 位，比去年下降 9 位，城市活力指數排名 152 位，比去年下降 49 位，城市能力指數排名 23 位，比去年上升 72 位。2012 年城市成長競爭力排名 18 位，比去年下降 3 位。

2012 年鄂爾多斯市城市實力指數排名 66 位，比去年下降 6 位，在城市實力指數中，城市經濟競爭力指數排名從 42 名下降到 45 名，其中城市規模指數排名從 34 名下降到 38 名，2012 年鄂爾多斯市地區生產總值完成 3656.8 億元，扣除價格因素，比去年增長 13.0%。總體來看，鄂爾多斯市地區生產總值較低，與去年相比增長速度下降 2.1%，其中第二產業完成增加值 2213.13 億元，增長 15.4%，增長率下降 1.4%，對全市經濟增長的貢獻率達到 63.8%，拉動 GDP 增長 8.3 個百分點。第三產業完成增加值 1353.53 億元，增長 9.8%，增長率下降 3.4%，對經濟增長的貢獻率爲 34.6%，拉動 GDP 增長 4.5 個百分點。全市地方財政總收入完成 820.0 億元，同比增長 3.0%。城市效率指數排名從 33 名下降到 38 名，城市國際吸引指數排名從 69 名到 74 名。全年新批准外商投資企業 5 家，利用外資新簽專案數達 13 個。實際使用外商直接投資 15.2 億美元，同比增長 19.7%。城市財政金融競爭力排名從 55 位下降到 208 位，其中金融資本品質指數排名從 32 下降到 292 名，金融資本可獲得指數有所提升。公共財政預算收入完成 375.51 億元，同比增長 8.5%。全市地方財政總收入完成 820.0 億元，同比增長 3.0%，增長率比去年下降 45%，全年公共財政預算支出 485.82 億元,同比增長 8.8%，增長率比去年下降 31.5%。全市共有銀行法人機構 26 家，銀行營業網點 579 個。其中，年內新增 37 家，從業人員 9637 人。年末金融機構各項存款餘額（本外幣）2194.92 億元，同比增長 8.6%。其中，企業存款餘額 1121.56 億元，同比下降 5.7%；城鄉居民儲蓄存款餘額 1031.67 億元，同比增長 32.1%。年末金融機構各項貸款餘額 2218.11 億元，同比增長 12.8%。

城市潛力指數排名 31 位，比 2011 年下降 9 位，其中環境品質指數排名從 2011 年的 56 名下降到 2012 年的 85 名，可持續發展指數排名從 2011 年的 7 名下降到 2012 年的 13 名。鄂爾多斯城市注重可持續發展能力，環境已有大的改善，但與其他的城市相比還有差距，全市二氧化硫均值爲 0.034mg/m3，二氧化氮均值爲 0.033mg/m3，比上年分別下降 26.0%、23.3%。 吸入顆粒物的年平均濃度 0.072mg/m3，比上年上升 24%。擁有豐富的自然資源，擁有各類礦藏 50 多種。全國最大的世界級整裝氣田——蘇裏格氣田位於境內。天然鹼、食鹽、芒硝、石膏、石灰石、高嶺土等資源也極爲豐富，著名的鄂爾多斯品牌也是出於此地。

城市活力指數排名比去年下降 49 位，其中文化力指數排名從 2011 年的 63 名下降到 2012 年的 182 名，市民參與競爭意識、經商意識和創新意識有所下降，學習力指數排名從 139

名下降到 140 名，全市共取得各類科技成果 24 項，全年提交專利申請 404 件，同比增長 31.2%。其中，授權專利 219 件，同比下降 4.37%。該市在科研投入方面相對於其他城市還存在較大差距，在科研創新和制度創新上增長速度較慢。法制力指數排名從 2011 年的 274 名下降到 2012 年的 289 名，法制力指數得分有所上升，但相對其他城市來講排名有所下降。營銷力指數排名從 58 名下降到 59 名，城市國際國內知名度基本不變。

城市能力指數排名 23 位，比去年上升 72 位，其中經濟增長能力排名從 131 位上升到 29 位， 2012 年鄂爾多斯市地區生產總值扣除價格因素，比去年增長 13.0%。公共財政預算收入完成 375.51 億元，同比增長 8.5%。全市地方財政總收入同比增長 3.0%，全年公共財政預算支出 485.82 億元,同比增長 8.8%。社會保障能力排名從 91 位上升到 32 位，城市吸引能力排名從 170 位上升到 123 位。全市參加城鎮職工基本養老保險 24.89 萬人，參加城鎮居民養老保險 2.50 萬人，參加農牧民養老保險 48.63 萬人，參加城鎮基本醫療保險 60.25 萬人，參加新型農村牧區合作醫療保險 90.3 萬人，參加生育保險 20.06 萬人，參加工傷保險 17.63 萬人，參加失業保險 16.10 萬人。年內"城鎮企業職工"、"城鎮居民"和"農牧民"月平均養老金分別提高到 1965 元、550 元和 260 元。城鎮最低生活保障標準提高到每人每年 5916 元，農村最低生活保障標準提高到每人每年 4277 元。全市各類收養性福利事業單位 42 家，床位 3354 張，收養各類人員 2176 人。社會福利企業 8 家，職工 95 人。社區服務單位 141 家，職工人數 568 人。

綜上，2012 年鄂爾多斯經濟競爭力和財政金融指數有不同程度的下降，城市環境保護的努力還有待加強，可持續發展能力排名下降，該市在科研投入和創新力上相對來說有較大差異，城市執法能力相對較差。但經濟增長能力排名有較大上升，財政收入支出均不斷上升。最終，城市成長競爭能力排名 18 位，比去年下降 3 位。

8.19 寧波城市成長競爭力點評分析

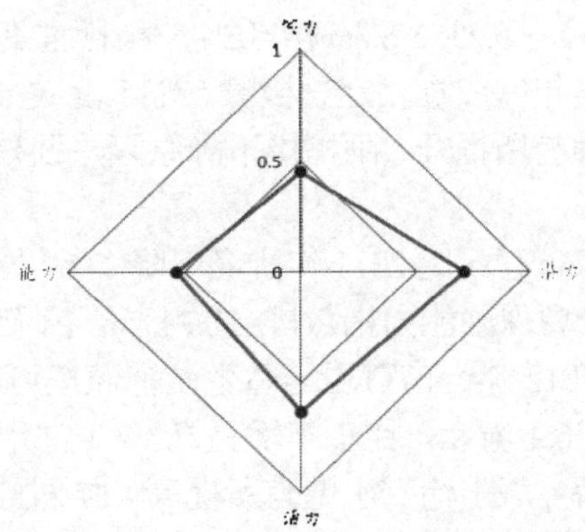

圖 8.19.1　2012 年寧波成長競爭力雷達圖

2012 年寧波城市成長競爭力基本情況如下：城市實力指數爲 0.45，排名第 17 位，比 2011 年排名下降了 1 位；城市潛力指數爲 0.707，排名第 29 位，比 2011 年排名上升了 1 位；城市活力指數爲 0.633，排名第 11 位，比 2011 年排名下降了 3 位；城市能力指數爲 0.533，排名第 246 位，比 2011 年排名下降了 60 位；城市成長競爭力得分爲 668.14，排名第 19 位，比 2011 年排名下降了 3 位。

寧波是長江三角洲南翼重要的經濟中心城市和重化工業基地，是中國華東地區重要工業城市，也是浙江省經濟中心。城市實力指數排名比去年下降 1 位，其中城市財政金融競爭力排名從 2011 年的 10 位下降到 2012 年的 18 位，在城市財政金融競爭力指數中，財政金融規模指數排名從 2011 年的 13 名下降到 2012 年的 14 名，財政金融效率排名從 2011 年的 24 名下降到 2012 年的 26 名，金融資本品質指數排名從 2011 年的 12 名下降到 2012 年的 261 名，金融業人力資本指數排名從 15 名下降到 17 名。2012 年全市完成公共財政預算收入 1536.5 億元，比上年增長 7.3%，增長速度下降 14.9%。全市完成公共財政預算支出 828.4 億元，增長 10.4%，增速同比下降 14.6 個百分點。年末全市金融機構本外幣存款餘額 11980.5 億元，比上年增長 12.4%，增長率比去年有更進一步的提高。其中人民幣存款餘額 11602.3 億元，增長 11.2%；年末金融機構本外幣貸款餘額 11961.0 億元，增長 12.0%。

城市潛力指數排名第 29 位，比 2011 年排名上升了 1 位。其中居民消費潛力指數排名從 2011 年的 175 位上升到 122 位，市場潛力指數排名從 37 名上升到 26 名，全年市區居民人均可支配收入 37902 元，比上年增長 11.3%，扣除價格因素，實際增長 9.4%；農村居民人均純收入 18475 元，增長 11.8%，扣除價格因素，實際增長 10.0%。年末全市金融機構本外幣存款餘額 11980.5 億元，比上年增長 12.4%，其中人民幣存款餘額 11602.3 億元，增長 11.2%；年末金融機構本外幣貸款餘額 11961.0 億元，增長 12.0%。可持續發展指數排名從 2011 年的 51 名上升到 2012 年的 18 位。全年共完成淘汰落後產能任務企業 568 家，其中關停淘汰 64 家；淘汰落後設備 4500 台，節能 42.8 萬噸標煤，累計減少 CO2 排放 107 萬噸、COD 排放 719 噸、SO2 排放 2231 噸、氨氮排放 32 噸、氮氧化物排放 1561 噸。大力開展建築節能和可再生能源推廣應用工作，全年組織實施可再生能源建築應用示範項目 15 個，面積 110 萬平方米；新增節能建築面積 1675 萬平方米；新增太陽能光熱應用面積 100 萬平方米，地源熱泵 60 萬平方米。

城市活力指數排名第 11 位，比 2011 年排名下降了 3 位。其中創新力指數排名從 10 名下降到 12 位，由寧波大學爲主完成的“非線性應力波傳播理論及應用”項目獲得國家自然科學二等獎，成爲寧波市首次獲得的國家自然科學獎。全年獲得省級科學技術獎 26 項，其中一等獎 1 項，二等獎 2 項，三等獎 23 項。全年專利申請量 73647 件，授權量 59175 件，比上年分別增長 54.8%和 58.5%，其中發明專利授權量 2065 件，增長 27.1%。法制力指數從 10 名下降到 34 名，城市法制力指數得分有所上升，但相對與其他城市排名有所下降。2012 年全市共發生各類安全生產事故 3578 起、死亡 778 人、受傷 3136 人、直接經濟損失 4315.7 萬元，比上年分別下降 5.3%、5.2%、8.3%和 8.2%。積極推進食品監管體制建設創新，依法做好食品安全監督工作，全年完成食品定量檢驗 53715 批次，爲全年計畫任務的 127.9%。兩指標已取得較大提升，分值有所提升，兩指標下降原因主要是由於上升相對較慢，導致排名有所下降。

城市能力指數排名第 246 位，比 2011 年排名下降了 60 位。其中經濟增長能力指數排名從 213 位下降到 257 位，社會保障能力指數排名從 17 名下降到 23 名，城市流通能力指數排名從 13 名下降到 35 位。2012 年全市實現地區生產總值按可比價格比上年增長 7.8%。全市完成公共財政預算收入 1536.5 億元，比上年增長 7.3%，當相對與其他城市增長速度有所下降，導致經濟增長能力下降。城市治安水準有所提高，強烈打擊違法犯罪行爲，但社會治安水準還有待提高。城市流通能力增長率有所下降，2012 年完成全社會貨運量 3.26 億噸，比上年增長 4.4%，增長率下降 3.8%。全社會客運量 2.89 億人次，旅客周轉量 143.2 億人公里，分別增長 4.4%和 3.5%；民航旅客吞吐量 526.7 萬人次，增長 5.0%，增長率下降 6%。

綜上，城市成長競爭力排名第 19 位，比 2011 年排名下降了 3 位。主要是受到實力指數、活力指數和能力指數的影響，潛力指數小幅上升，基本保持不變。城市財政金融指數和創新力指數有所下降，但全年依然取得較大的科技創新。城市經濟增長能力和社會保障有大幅下降，城市治安水準有所提高。

8.20 成都城市成長競爭力點評分析

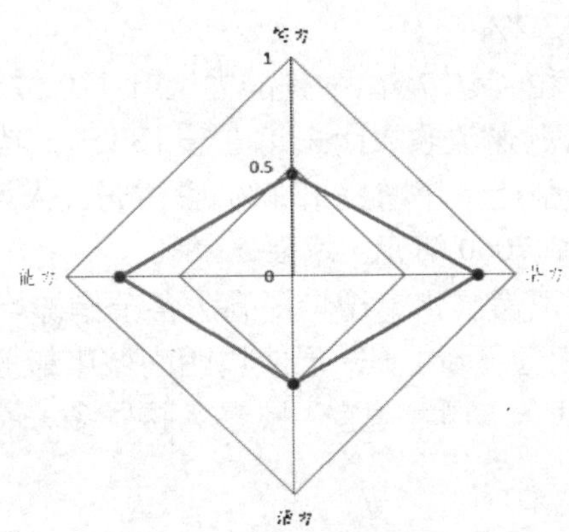

圖 8.20.1　2012 年成都成長競爭力雷達圖

2012 年成都城市競爭力基本情況如下：城市實力指數爲 0.461，排名第 16 位，比 2011 年排名上升了 2 位；城市潛力指數爲 0.83，排名第 9 位，比 2011 年排名上升了 11 位；城市活力指數爲 0.496，排名第 29 位，比 2011 年排名上升了 5 位；城市能力指數爲 0.765，排名第 12 位，比 2011 年排名上升了 83 位；城市成長競爭力得分爲 664.39，排名第 20 位，比 2011 年排名上升了 1 位。

2012 年成都城市實力指數排名比去年上升 2 位，其中成都經濟競爭力上升 8 位，其中城市規模指數和城市效率指數排名繼續保持，城市國際吸引指數上升 7 位，城市居民消費指數上升 5 位。2012 年成都全市實現地區生產總值 8138.9 億元，比上年增長 13.0%。全年接待國內遊客 12246.5 萬人次，比上年增長 26.6%；國內旅遊收入 1010.7 億元，增長 30.2% 。接待入境旅遊人數 158.2 萬人次，增長 28.9%；旅遊外匯收入 6.3 億美元，增長 37.6%。全年新批准外商投資項目 226 個，其中 1000 萬美元以上的項目 65 個。合同外商直接投資 39.5 億美元；實際利用外商直接投資 85.9 億美元，增長 31.1%。城市財政金融競爭力上升 4 位。其中金融資本可獲得指數上升 34 位。年末全部金融機構人民幣存款餘額 20354 億元，比上年末增長 19.0%。全部金融機構人民幣貸款餘額 15630 億元，增長 13.5%。年末有證券營業部 107 個，與上年末持平；證券從業人員 4544 人，下降 16.8%；證券投資者 343 萬人，增加 10 萬人。年末有保險公司 69 家。全年保費收入 369.0 億元。

城市潛力指數排名上升 11 位，其中金融資本潛力指數上升 7 位，市場潛力指數上升 1 位。城市居民人均可支配收入 27194 元，比上年增長 13.6%。居民消費潛力指數排名保持不變，年末全部金融機構人民幣存款餘額 20354 億元，比上年末增長 19.0%。全部金融機構人民幣貸款餘額 15630 億元，增長 13.5%。個人消費貸款餘額 2795 億元，增長 10.8%，全年推薦 2 家公司上市，融資 19.6 億元。至年末，實現上市融資 137.0 億元，比上年末下降 6.7%。成都科技實力雄厚，人力資本投入力度大，已成爲中國西南地區綜合實力第一強市。在資訊技術科學研究領域，IT 領域的電子科技大學、中電集團 10 所、29 所、30 所，郵電 5 所、總參 57 所、航空航太 611 所以及大量承擔資訊科學技術領域科研任務的四川大學、西南交通大學、中科院成都分院、中國工程物理研究院，每年提供的高技術成果數以萬計，爲 IT 產業的發展提供源源不斷的科技資源。市場認同度提高，市場潛力指數上升。

城市活力指數比去年上升 5 位，其中城市一直保持學習力指數和創新力指數的排名，法制力指數排名上升 30 位，開放力指數上升 4 位。城市在 2012 年全年組織實施科技計畫專案 2752 項，年內新上科技專案 1633 項，其中國家級 245 項，省級 496 項，科技專案投入資金

45.5 億元。完成科技攻關 245 項。交通事故 2417 起，比上年下降 14.0%；交通事故直接經濟損失 570.5 萬元，下降 28.6%。實現進出口總額 475.4 億美元，比上年增長 25.5%。其中，出口總額 303.6 億美元，增長 32.4%；進口總額 171.8 億美元，增長 15.0%。一般貿易出口額 99.9 億美元，增長 6.8%；機電產品出口額 220.0 億美元，增長 47.6%；高新技術產品出口額 165.0 億美元，增長 52.2%。

城市能力指數上升 83 位，其中經濟增長能力上升 110 位，城市吸引能力上升 10 位，2012 年實現 GDP 增長 13%，公共財政收入比去年上升 18.9%，其中稅收收入增長 17.3%,城市居民人均可支配收入 27194 元，比上年增長 13.6%；農村居民人均純收入 11501 元，增長 14.2%。年末城鄉居民儲蓄存款餘額 7060 億元，增長 18.8%。

綜上，2012 年成都經濟發展水準穩步提高，各項指標均有不同程度的提高，成都不斷加大人力資本投入，創新能力不斷提升，已成爲西南城市最發達的綜合城市，城市吸引力不斷上升，擁有深厚的文化底蘊，環境適宜，風景名勝眾多。最終，成都市成長競爭力指數排名 20 位，比去年上升 1 位。

8.21 廈門城市成長競爭力點評分析

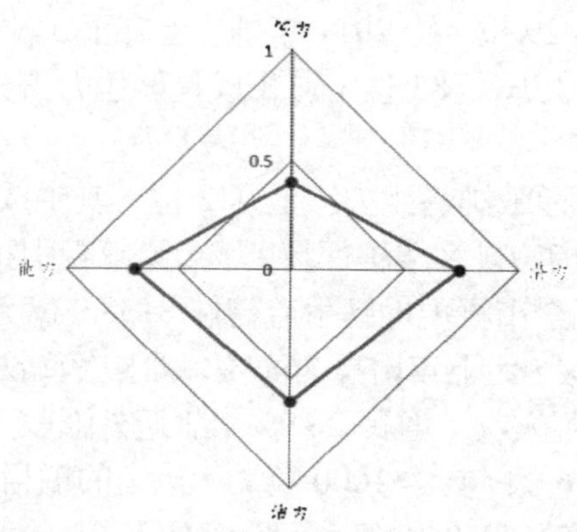

圖 8.21.1　2012 年廈門成長競爭力雷達圖

2012 年廈門城市成長競爭力基本情況如下：城市實力指數爲 0.401，排名第 24 位，比 2011 年排名下降了 5 位；城市潛力指數爲 0.736，排名第 22 位，比 2011 年排名上升了 2 位；城市活力指數爲 0.605，排名第 12 位，比 2011 年排名上升了 4 位；城市能力指數爲 0.693，排名第 57 位，比 2011 年排名上升了 172 位；城市成長競爭力得分爲 649.18，排名第 21 位，比 2011 年排名下降了 2 位。

廈門市是福建省重要的經濟中心及港口，它區位比較特殊，其瀕臨臺灣海峽，自然、交通區位比較優越，其政治、經濟深受兩岸關係的影響。2012 年城市成長競爭力位居第 21 位，相比去年下降兩位。其中城市實力指數排名下降了五位，在城市實力指數中，城市財政金融競爭力排名下降 29 名，其中財政金融效率下降 9 位，其中人均財政預算內收入得分 0.178，人均財政預算內支出得分 0.171，人均年末儲蓄額得分 0.224，人均年末貸款額得分 0.161，金融資本品質指數下降 260 位，其中資本使用率得分 0.45，資本充裕指數得分 0.162.金融資本可獲得指數下降 6 位，其中獲得銀行貸款便利度得分 0.304，獲得證券市場資本便利度得分 0.213，獲得民間及風險資本便利度得分 0.206.金融業人力資本指數下降 23 位，其中金融業從業人員人數得分 0.142，金融業從業人數每萬人擁有量得分 0.202.城市科技競爭力總體下降 3 位，其中科技投入指數下降 2 位，科技人力資本指數下降 3 位，科研機構指數下降 3 位。全市科技競爭力下降的原因主要是因爲各種指標增長率的相對下降。全市高新技術企業 772 家，其中國家火炬計畫重點高新技術企業 25 家；創新型企業 166 家，其中國家級 14 家。國內專利授權量 7477 件，比上年增長 36.3%；其中發明專利授權量 919 件，增長 49.0%。登記技術合同 3109 項，比上年增加 361 項；合同總成交額 59.28 億元，增長 53.1%。

城市潛力指數排名上升了 2 位，其中居民消費潛力指數從 190 位上升到 71 位，城鎮居民人均可支配收入 37576 元，比上年增長 11.9%。其中，人均工薪收入 28618 元，增長 13.6%；人均經營性收入 3398 元，增長 25.7%；人均轉移性收入 8989 元，增長 18.3%。城鎮居民人均消費性支出 24922 元，增長 11.7%，城鎮居民恩格爾係數 35.6%。市場潛力指數從 49 位上升到 36 位，廈門是氣候宜人、風景優美、環境品質良好的海濱城市，環境競爭力很強，從 1996 年到 2011 年連續 15 年獲得國家衛生城市的榮譽稱號。

城市活力指數上升了 4 位，城市法制力指數從 22 位上升到 7 位，而學習力指數、創新力指數、應變力指數和開放力指數排名均基本保持不變。地方法規調理健全，政策法規透明度高，政府執法能力強，全市共有文化館 7 個；公共圖書館 10 個，其中國家一級館 6 個，公共圖書館館藏總量 606 萬冊，借閱量 589 萬冊次，讀者流通量 615 萬人次；公共博物館、紀念館 24 家，館舍面積達 4.7 萬平方米，爲市民提供了良好的學習氛圍。

城市能力指數上升了 172 位，其中經濟增長能力從 241 上升到了 93，2012 年地區生產總值比上年上升 12.1%，全市公共財政預算總收入實現 739.46 億元，比去年增長 13.4%。財政支出 462.7 億元，增長 18.9%。全市戶籍人口 190.92 萬人，常住人口 367 萬人。城鎮居民人均可支配收入比上年增長 11.9%，城鎮居民人均消費性支出 24922 元，增長 11.7%，城鎮居民恩格爾係數 35.6%。城市居民消費增長能力較大。

綜上，廈門市城市成長競爭力排名第 21 位，比 2011 年排名下降了 2 位。其主要原因是由於城市財政金融指數的大幅下降導致的城市實力指數的下降，其他各項指標均有小幅上升，廈門氣候宜人、風景優美、環境品質良好的海濱城市，具有較強環境競爭力，地理位置優越，吸引了眾多名企的到來。

8.22 昆明城市成長競爭力點評分析

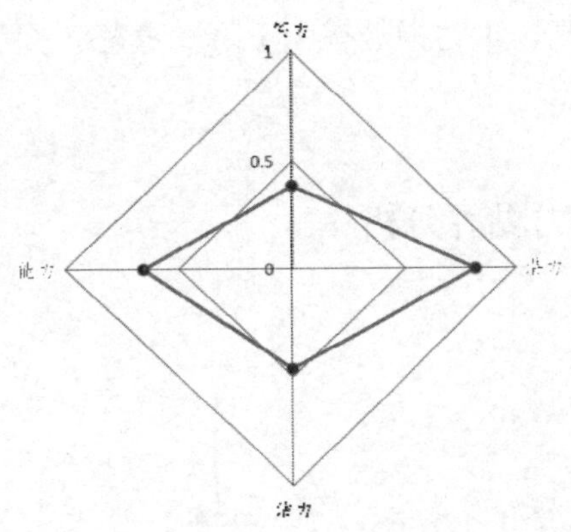

圖 8.22.1　2012 年昆明成長競爭力雷達圖

2012 年昆明市成長競爭力基本情況如下：城市實力指數爲 0.386，排名第 25 位，比 2011 年排名下降了 2 位；城市潛力指數爲 0.819，排名第 10 位，比 2011 年排名上升了 1 位；城市活力指數爲 0.462，排名第 38 位，與上年持平；城市能力指數爲 0.66，排名第 91 位，比 2011 年排名上升了 94 位；城市成長競爭力得分爲 634.01，排名第 22 位，比 2011 年排名上升了 2 位。

昆明是雲南省的政治、經濟、文化、科技及交通中心，其 2012 年成長競爭力位居第 22 位，前進兩位。城市實力指數排名下降 2 位，其中城市經濟競爭力從 56 名上升到 52 名，初步核算，2012 年，全市實現地區生產總值（GDP）3011.14 億元，按可比價計算，同比增長

14.1%，人均生產總值達到 46256 元。城市產業競爭力排名從 78 位下降到 94 位，其中產業貢獻指數從 86 位下降到 138 位，2012 年，全市實現工業增加值 1008.42 億元，比上年增長 15.6%，其中，規模以上工業增加值增長 15.7%。規模以上工業企業實現銷售產值 2844.68 億元，增長 13.6%；實現利稅 422.88 億元，增長 4.3%。產業效率指數從 126 位下降到 167 位，產業國際化指數從 128 位下降到 139 位。全年新批外商投資企業 63 戶，實際利用外資 15.88 億美元，增長 24.6%。城市財政金融競爭力從 34 位下降到 58 位，其中財政金融效率從 30 位下降到 61 位，金融資本品質指數從 14 位下降到 272 位。人均財政預算內收入得分 0.136，人均財政預算內支出得分 0.138，人均年末儲蓄額得分 0.2，人均年末貸款額得分 0.155. 資本使用率得分 0.484，資本充裕指數得分 0.188。

城市潛力指數上升 1 位，2012 年，年末金融機構人民幣各項存款餘額 8839.46 億元，比年初增長 17.01%，其中，單位元存款餘額 5358.42 億元，比年初增長 20.31%；個人存款餘額 3044.9 億元，比年初增長 15.43%。城鎮居民人均可支配收入 25240 元，扣除價格因素，比上年實際增長 12.0%；城鎮居民人均消費性支出 16990 元。農村居民人均純收入 8040 元，扣除價格因素，實際增長 12.8%。

城市活力指數排名保持不變，2012 年，全市實施科技計畫專案 585 項，其中，重大科技計畫專案 16 項。全年受理專利申請 5994 件，獲專利授權 3593 件。公共圖書館 15 個，博物館 110 個。年末電視節目綜合人口覆蓋率 98.94%；廣播節目綜合人口覆蓋率 99.21%。提供了良好的學習氛圍。

城市能力指數排名上升了 94 位，城市經濟增長能力從 185 上升到 94 位，2012 年 GDP 同比增長 14.1%，連續兩年增長率保持在 14%以上。地方公共財政預算收入同比增長 19.1%，地方公共財政預算支出增長 19%。2012 年，全市共有衛生機構 4480 個，其中：醫院 236 個。年末參加基本養老保險人數 110.93 萬人，參加新型農村養老保險人數爲 163.98 萬人，參加原農村養老保險的人數爲 31.10 萬人。參加城鎮居民基本醫療保險人數爲 172.75 萬人，新型農村合作醫療參合率 97.6%。

綜上，2012 年昆明市城市經濟增長能力排名大幅度提升，財政收入支出大幅增長，社會保障制度不斷健全，環境優美，溫度適宜，具有較強的吸引能力，城市潛力指數和城市活力指數均有不同程度的提高，實力指數有所下降。最終，昆明市成長競爭力指數排名第 22 位，比去年排名上升了 2 位。

8.23 無錫城市成長競爭力點評分析

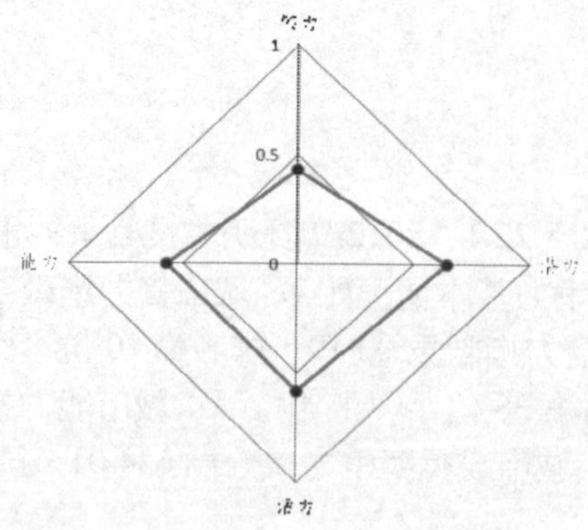

圖8.23.1　2012年無錫成長競爭力雷達圖

2012 年無錫成長競爭力基本情況如下：城市實力指數爲 0.43，排名第 20 位，比 2011 年排名上升了 1 位；城市潛力指數爲 0.646，排名第 42 位，比 2011 年排名上升了 2 位；城市活力指數爲 0.583，排名第 17 位，比 2011 年排名下降了 5 位；城市能力指數爲 0.575，排名第 200 位，比 2011 年排名上升了 39 位；城市成長競爭力得分爲 577.63，排名第 23 位，比 2011 年排名下降了 1 位。

無錫市是中國民族工業和鄉鎮工業的搖籃，其 2012 年城市成長競爭力位居第 23 位，下降一位。城市實力指數比去年上升了 1 位，其中經濟競爭力排名從 18 名上升到 16 位，在經濟競爭力中，城市居民生活指數排名從 28 名上升到 23 位。城鎮居民人均可支配收入 35663 元，比上年增長 12.7%。農民人均純收入 18509 元，比上年增長 12.6%。城鎮居民人均消費性支出 23000 元，比上年增長 16.3%。全年完成協議註冊外資超 3000 萬美元的重大外資專案 54 個。至 2012 年底全球財富 500 強企業中有 87 家在無錫市投資興辦了 157 家外資企業。服務外包產業快速發展。

城市潛力指數排名比去年上升了 2 位，其中居民消費潛力指數從 235 上升到 157 位，金融資本潛力指數從 39 位上升到 34 位，可持續發展指數排名從 115 位上升到 53 位。年末金融機構各項本外幣存款餘額達 10740.38 億元，比上年增長 10.5%；各項本外幣貸款餘額 8024.00 億元，比上年增長 10.2%。存款中，單位存款餘額 6640.90 億元，比上年增長 8.0%；城鄉居民儲蓄存款餘額 3763.82 億元，比上年增長 12.7%。

城市活力指數排名下降了 5 位，其中城市文化力指數從 6 位下降到 18 位，法制力指數從 18 位下降到 39 位，文化事業和文化產業加快發展。舉辦第七屆吳文化節、第十四屆中國上海國際藝術節無錫分會場等重大節慶文化活動年末共有藝術表演團體 43 個，文化館 10 個，公共圖書館 10 個，文化站 82 個，博物館 56 個。無錫市政策法規透明度和政策執法能力相對其他城市有所下降。

城市能力指數比去年上升 39 位，其中經濟增長能力排名從 253 位上升到 225 位，城市吸引能力排名從 20 位上升到 15 位。全市實現地區生產總值按可比價格計算，比上年增長 10.1%。按常住人口計算人均生產總值達到 11.74 萬元，按現行匯率折算達到 1.87 萬美元，繼續名列全省首位。全年實現社會消費品零售總額 2427.94 億元，比上年增長 14.4%。其中，城鎮零售額 2103.63 億元，比上年增長 14.3%，鄉村零售額 324.31 億元，比上年增長 14.6%；公共財政預算收入再創新高，比去年上升 7%。人口規模有序擴大，年末全市戶籍人口爲 470.07 萬人，人口出生率 9.1‰，人口死亡率 7.1‰，人口自然增長率爲 2.0‰。年末全市常住人口 646.55 萬人。社會保障統籌推進，繼續擴大社會保險覆蓋面，五大保險參保人數均超過百萬。其中全市企業職工養老保險參保人數達到 219.61 萬人，淨增繳費人數 10.19 萬人。此外，無錫交通發達，已成爲全國 54 個公路運輸中心之一和全國 34 個港口主樞紐之一，發揮著重要的門戶、紐帶作用。

綜上，2012 年無錫市城市成長競爭力得分爲 577.63，排名第 23 位，比 2011 年排名下降了 1 位。其中城市實力指數排名第 20 位，比 2011 年排名上升了 1 位；城市潛力指數排名第 42 位，比 2011 年排名上升了 2 位；城市活力指數排名第 17 位，比 2011 年排名下降了 5 位；城市能力指數排名第 200 位，比 2011 年排名上升了 39 位。

8.24 長沙城市成長競爭力點評分析

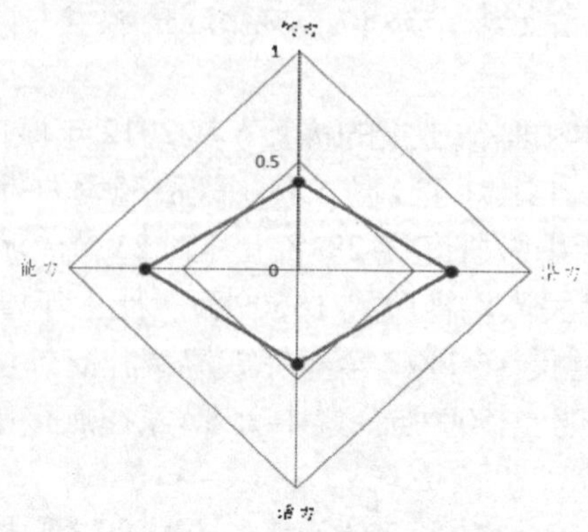

圖8.24.1　2012年長沙成長競爭力雷達圖

2012 年長沙市城市競爭力基本情況如下：城市實力指數爲 0.402，排名第 23 位，比 2011 年排名上升了 6 位；城市潛力指數爲 0.656，排名第 40 位，比 2011 年排名下降了 12 位；城市活力指數爲 0.431，排名第 48 位，比 2011 年排名下降了 7 位；城市能力指數爲 0.668，排名第 87 位，比 2011 年排名下降了 18 位；城市成長競爭力得分爲 545.28，排名第 24 位，比 2011 年排名上升了 1 位。

長沙是湖南省省會，以媒體和娛樂業聞名，其 2012 年成長競爭力位居第 24 位，前進一名。其中城市實力指數排名上升了 6 位，全年該市依然保持經濟競爭力排名基本不變，全年實現地區生產總值 6399.91 億元，比上年增長 13.0%。按常住人口計算，人均 GDP 達 89903 元，比上年增長 12.1%。其中城市產業競爭力從 34 位上升到 24 位，產業競爭力中產業效率指數從 13 位上升到 2 位，從業者生產效率和企業盈利能力顯著提高，初步核算，2012 年全市萬元規模工業增加值能耗比上年下降 16.8%，重點耗能工業企業的單位產品能耗比上年有不同程度的下降。產業結構指數從 40 名上升到 31 名，第二產業和第三產業增加值分別爲 14.5%和 12%，三次產業對 GDP 增長的貢獻率分別爲 1.2%、61.5%、37.3%。第二產業和第三產業依然佔有絕對比重。城市環境區位競爭力從 66 位上升到 53 位，全市擁有國家級生態示範鄉鎮 19 個，國家級自然保護區 1 個，自然保護區面積 0.67 萬公頃。全年空氣品質優良天數 332 天，空氣品質優良率達 90.7%。城市生活垃圾無害化處理率 100%。全年糧食種植面積 37.1 萬公頃，比上年增長 1.3%，主要農產品產量保持穩定。

城市潛力指數排名下降 12 位，其中居民消費潛力指數從 20 位下降到 136 位，自然資源指數從 215 位下降到 225 位，可持續發展指數從 14 位下降到 21 位。2012 年城鎮居民人均可支配收入 30288 元，比上年增長 14.5%，增長率下降 1.4%。其中，人均工資性收入 17699 元，增長 17.5%；人均經營淨收入 4455 元，增長 6.2%。城鎮居民人均消費性支出 19460 元，增加 1678 元，增長 9.4%，增長率下將 1.1%，服務性消費支出 5520 元，增長 10.6%。全年空氣品質優良天數 332 天，空氣品質優良率達 90.7%。城市生活垃圾無害化處理率 100%。與去年的空氣品質優良天數 341 天，空氣品質優良率 93.4%相比，有所惡化，導致可持續發展指數排名下降。

城市活力指數排名下降 7 位，其中文化力指數從 52 位下降到 61 位，得分從 0.357 下降到 0.199，法制力指數從 41 位下降到 120 位，開放力指數有所上升，長沙經濟原本偏重於第三產業，尤以媒體和娛樂業聞名，爲中南地區重要工商業城市。近年來，由於長沙大力推進新型工業化，一大批高新技術產業以及機械重工業產業得到了迅速發展，成爲了經濟增長中最重要的支柱，導致文化競爭力有所下降。現階段，長沙重點發展的主導產業包括工程機械、汽車及零部件、現代物流、服務外包、中成藥及生物制藥。長沙的外貿依存低，但近年來，長沙也逐漸成爲外商投資的熱點，實際利用外資金額也有了突破性的增長，全年進出口總額（海關口徑）86.93 億美元，比上年增長 16.1%。城市法制力指數得分有提高，其下降原因是由於與其他城市的相對下降。

城市能力指數排名下降了 18 位，其中經濟增長能力指標排名從 66 位下降到 94 位，城市吸引能力從 32 位下降到 43 位，城市流通能力從 18 位下降到 92 位。2012 年全年實現 GDP 增長率 13%，與去年相比增長率下降 1.5%，全年財政總收入 796.58 億元，比上年增長 15.6% 增長率下降 19.2%，其中公共財政預算收入 490.65 億元，增長 15.2%增長率下降 20.3%。公共財政預算支出 616.59 億元，增長 18.4%增長率下降 10.7%。2012 年城市全年空氣品質優良天數 332 天，空氣品質優良率達 90.7%。與去年相比都有所下降，全年利用外資項目（企業）94 個。實際使用外商直接投資 29.77 億美元，比上年增長 14.4%。與去年相比利用外資專案數減少 91 個，使用外資增長率也有所下降。全年全社會運輸周轉量 372.04 億噸公里，比上年增長 13.7%，增長率下降 2%；旅客周轉量增長 4.2%，下降 4.8%；貨物周轉量增長 17.3%。全年完成郵電業務總量 114.98 億元，比上年增長 8.9%，增長率下降 9.4%。

綜上，2012 年長沙市調節經濟運行，保持經濟發展穩定增長，城市產業指數排名大幅度上升，空氣品質優良，環境適宜，位居十佳宜居城市之首。開放力有所上升，外貿投資不斷提高。但居民消費潛力指數和可持續發展指數有所下降。最終，長沙市城市成長競爭力指數排名 24 位，比去年上升 1 位。

8.25 煙臺城市成長競爭力點評分析

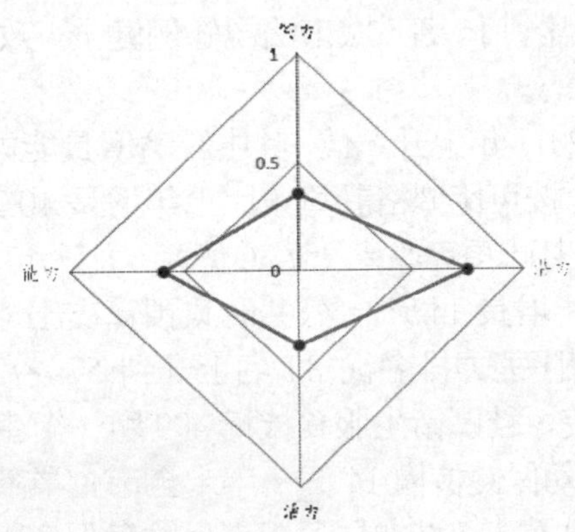

圖 8.25.1　2012 年煙臺成長競爭力雷達圖

2012 年煙臺市城市競爭力基本情況如下：城市實力指數爲 0.357，排名 33 位，比 2011 年下降 8 位，城市潛力指數爲 0.748，排名 19 位，比 2011 年下降 9 位，城市活力指數爲 0.343，排名 74 位，與 2011 年保持持平，城市能力指數爲 0.593，排名 183 位，比 2011 年上升 5 位。城市成長競爭力爲 543.11，排名 25 位，比 2011 年下降 2 位。

煙臺市是環渤海經濟圈內以及東亞地區國際性港城、商城、旅遊城，其 2012 年城市成長競爭力位居第 25 位，後退兩名。其中城市實力指數比 2011 年下降 8 位，在城市實力指數中，經濟競爭力排名從 2011 年的 31 位下降到 2012 年的 34 位，其中城市規模指數排名下降 3 位，城市效率指數下降 6 位，城市居民生活指數下降 51 位，GDP 增長率得分從 0.833 下降到 0.476，人均 GDP 得分從 0.256 下降到 0.237，初步核算，全市實現生產總值（GDP）5281.38 億元，按可比價格計算，比上年增長 10.3%，增長率下降 1.8%。簽訂外資合同書得分從 0.175 下降到 0.156，人均可支配收入指標有所下降，據抽樣調查，全市城市居民人均可支配收入 30045 元，扣除價格因素比上年增長 11.2%。全年農民人均純收入 13298 元，扣除價格因素比上年增長 11.5%。全市新批利用外資專案 209 個，比上年減少 34 個，總投資 3000 萬美元以上項目 38 個，註冊外資 21.14 億美元，增長 26.0%；實際到帳外資 13.39 億美元，增長 24.0%。

城市潛力指數排名比 2011 年下降 9 位，其中居民消費潛力指數排名從 2011 年的 142 名下降到 2012 年的 191 名，全市人均可支配收入指標有所下降，城市居民人均消費支出 20315 元，扣除價格因素增長 8.4%。農村居民人均生活消費支出 6603 元，扣除價格因素增長 10.2%。人力資本潛力指數排名從 98 名下降到 104 名，年末全市公安戶籍總人口爲 650.29 萬人，比上年末減少 14647 人，下降 0.22%，其中市區人口 180.27 萬人，增長 0.35%。全市全年出生人口 5.32 萬人，人口出生率爲 8.17‰，提高 1.35 個千分點；人口死亡率爲 9.89‰，提高 2.92 個千分點，人口自然增長率爲-1.72‰。市場潛力指數排名從 26 名下降到 40 名，可持續發展指數排名從 16 名下降到 27 名。空氣環境品質良好，但是有所下降，市區二氧化硫年均值爲 0.031 毫克/立方米，市區二氧化氮均值爲 0.039 毫克/立方米，可吸入顆粒物年均值爲 0.067 毫克/立方米。將 PM2.5 納入常規監測體系，市區空氣環境品質優良率保持在 90%以上。全市飲用水水源地水質保持穩定，地表飲用水水源地除總氮外，其餘均達到地表水飲用水源水質Ⅲ類標準；地下水水源地均符合地下水Ⅲ類標準。

城市活力指數排名與 2011 年保持持平，其中文化力指數和學習力指數排名保持不變，年末全市文化系統擁有各種藝術表演團體 10 個，藝術表演場所 6 個，公共圖書館 13 個，群眾藝術館、文化館 13 個，博物館 8 個，文物保護管理機構 5 個，爲市民創造了良好的學習氛圍。創新力指數排名從 222 名上升到 217 名，全市共取得各類科技成果 216 項，其中，獲國家科技進步二等獎 3 項，國家技術發明二等獎 1 項；省科技獎 43 項，其中省科技進步一等獎 6 項、二等獎 17 項、三等獎 17 項，省技術發明獎 1 項，省自然科學獎 1 項，省國際科學技術合作獎 1 項。全年專利申請量 9571 件，比上年下降 5.6%，專利授權量 5801 件，比上年增長 26.0%。其中，發明專利申請量 3640 件，增長 38.5%；發明專利授權量 658 件，增長 56.3%。法制力指數排名從 39 名上升到 16 名，城市法規條例健全，政策法規透明，法制力指數有明顯提高。

城市能力指數排名比 2011 年上升 5 位，其中經濟增長能力排名從 225 名上升到 185 名，全市實現生產總值（GDP）按可比價格計算，比上年增長 10.3%。人均生產總值 75672 元，增長 10.2%。全年實現公共財政預算收入 357.36 億元，比上年增加 54.17 億元，增長 17.9%。其中稅收收入 262.83 億元，增長 14.5%。公共財政預算支出 476.87 億元，比上年增加 69.34 億元，增長 17.0%。社會保障能力排名從 80 名上升到 57 名，全市共有醫療衛生機構 5156 所，其中醫院、鄉鎮衛生院、社區衛生服務機構 499 所。衛生技術人員 4.5 萬人，疾病預防控制、監督機構 15 個，婦幼保健機構 14 個。年末全市企業養老保險參保 181.4 萬人，機關事業單位養老保險參保 25.9 萬人，城鄉居民養老保險參保 321.5 萬人；城鎮職工和居民基本醫療保險參保 277.4 萬人；失業保險參保 101.7 萬人；工傷保險參保 124.5 萬人。城市吸引能力上升 8 位，煙臺市地處山東半島東部，瀕臨渤海和黃海，是中國首批沿海開放城市之一，是環渤海經濟圈內以及東北亞地區的國際性港城、商城、旅遊城，是中國最具投資潛力和發展活力的新興經濟強市。

綜上，2012 年煙臺市城市成長競爭力排名 25 位，比 2011 年下降 2 位。其中城市實力指數排名 33 位，比 2011 年下降 8 位，城市潛力指數排名 19 位，比 2011 年下降 9 位，城市活力指數排名 74 位，與 2011 年保持持平，城市能力指數排名 183 位，比 2011 年上升 5 位。煙臺市瀕臨渤海和黃海，是中國首批沿海開放城市之一，是中國最具投資潛力和發展活力的新興經濟強市。

8.26 臺北城市成長競爭力點評分析

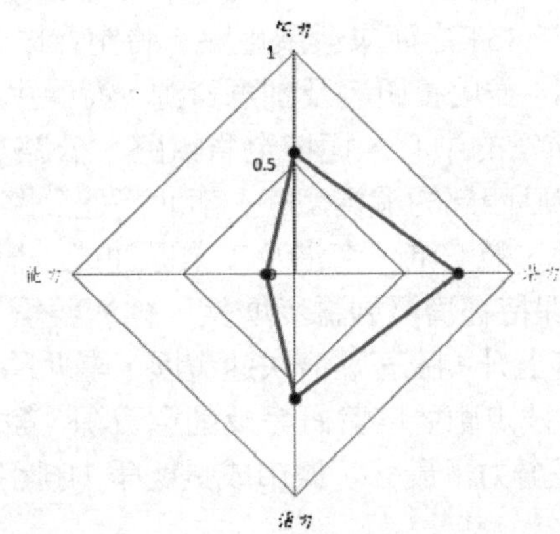

圖8.26.1　2012年臺北成長競爭力雷達圖

2012 年臺北城市競爭力基本情況如下：城市實力指數爲 0.546，排名第 9 位，與上年持平；城市潛力指數爲 0.744，排名第 21 位，比 2011 年排名上升了 10 位；城市活力指數爲 0.564，排名第 18 位，比 2011 年排名上升了 2 位；城市能力指數爲 0.128，排名第 289 位，與上年持平；城市成長競爭力得分爲 543.01，排名第 26 位，與上年持平。

臺北市位於臺灣島北部，臺北盆地的中央，四周與臺北縣緊鄰，是全台的政治、經濟、文化和教育中心，爲臺灣第一大城市，其 2012 年城市成長競爭力位居第 26 位。城市實力指數排名與去年持平，2012 年完成國內生產總值 5108.7 億元（人民幣），位居臺灣各市縣第二位。人均國內生產總值 31079.97 美元，位居臺灣各市縣第一位。其中臺北市經濟競爭力排名下降一位，其中臺北 GDP 規模指數得分從 2011 年的 0.274 下降到 2012 年的 0.261，GDP 增長率得分從 0.307 下降到 0.145，人均 GDP 得分從 2011 年的 0.439 下降到 2012 年的 0.347，城市產業競爭力排名從 47 名下降到 54 名。其中產業貢獻指數從 120 位下降到 180 位，產業效率指數排名從 36 位下降到 112 位，產業結構指數從 153 位元下降到 161 位。企業利稅貢獻程度、企業增值稅貢獻度和企業利稅增值稅占 GDP 比重均有所下降。科技技術競爭力和財政競爭力排名均保持基本不變。

城市潛力指數排名比 2011 年上升 10 位，其中居民消費潛力指數排名從 227 名上升到 98 名，市場潛力指數排名從 15 名上升到 11 名，可持續發展指數排名從 227 名上升到 84 名。以臺北市爲中心，包括臺北縣、桃園縣和基隆市，形成了臺灣最大的工業生產區和商業區。產業方面，隨著經濟快速發展、隨著高所得而來的高消費能力及產業結構變遷，統稱爲服務業的第三級產業占臺北市整體產業比重近達九成。當中包含批發、零售、貿易、餐飲、金融服務、運輸倉儲、通信、工商服務等。服務業的盛行，讓臺北市成爲一座生活必需品相當容易取得的城市。

城市活力指數排名比去年上升了 2 位。其中文化力指數排名從 2011 年的 54 位上升到 6 位，學習力指數和創新力指數基本無變化，法制力指數排名從 24 位下降到 69 位，應變力指數、開放力指數和營銷力指數排名基本保持不變。目前臺北市轄下所有的大學有二所，分別是臺北市立教育大學和臺北市立體育學院，及一百六十餘所的公私立中小學，及九年義務教育，此外還有臺北市立兒童育樂中心、社會教育館及臺北市立動物園，並在各區設立運動中心、社區大學、圖書館等，提供市民休閒育樂與學習進修的機會。臺北是亞洲的流行音樂重鎮，也是華語流行音樂、文化創意、娛樂產業的樞紐中心。民主社會的多元開放風氣促使臺北文化活動活絡的一大優勢。藝術、娛樂等文化創意活動密集頻繁、藝文表演場與展覽場地亦居全國之冠。

城市能力指數排名與上年基本持平，其中經濟增長能力排名基本不變，即人均 GDP 增長能力、人均財政收入增長能力和居民消費增長能力綜合排名不變，社會保障能力排名從 2011 年的 74 位上升到 18 位，城市吸引能力排名下降 9 位，城市流通能力排名從 2011 年的 23 位，下降到 66 位。臺北市未來之產業發展重點，將整合既有資訊科技、軟體、IC 設計發展基礎，打造臺北科技走廊；並培養研發及創意資源，發展生物科技及文化創意產業。臺北市是臺灣陸路交通和省內航空的中心，扼控全省鐵路、公路交通運輸和航空交通業務的樞紐。從基隆至高雄縱貫臺灣島西部的縱貫鐵路、南北高速公路、環島公路均從市區而過，把臺北市和臺灣西部主要市縣、航空港、海港及工業區連成一體。

綜上，2012 年臺北市保持經濟發展穩步增長，經濟競爭力保持不變，居民消費潛力指數和可持續發展指數大幅度上升，隨著經濟快速發展，臺北將整合既有資訊科技、軟體、IC 設計發展基礎，打造臺北科技走廊並培養研發及創意資源，發展生物科技及文化創意產業，此舉將給臺北帶來巨大增長潛力。最終，城市成長競爭力排名第 26 位，與上年持平。

8.27 西安城市成長競爭力點評分析

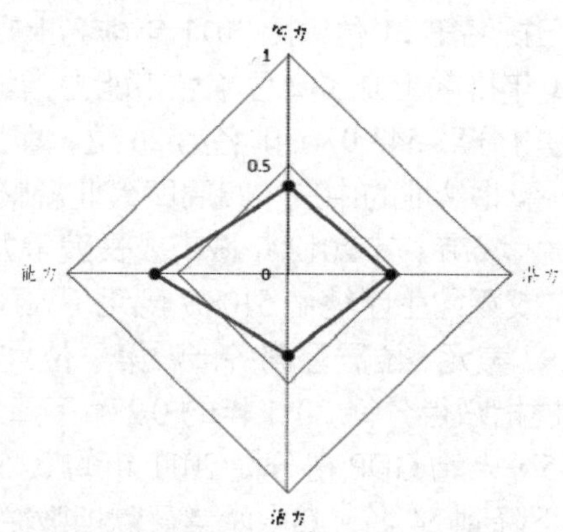

圖 8.27.1　2012 年西安成長競爭力雷達圖

2012 年西安城市競爭力基本情況如下：城市實力指數為 0.403，排名第 22 位，比 2011 年排名上升了 4 位；城市潛力指數為 0.461，排名第 175 位，比 2011 年排名下降了 108 位；城市活力指數為 0.372，排名第 66 位，比 2011 年排名下降了 2 位；城市能力指數為 0.609，排名第 154 位，比 2011 年排名下降了 40 位；城市成長競爭力得分為 534.44，排名第 27 位，比 2011 年排名上升了 2 位。

西安是陝西省省會，世界著名的歷史文化名城，在 2012 年城市競爭力中排 27 位，前進了兩名。其中城市實力指數排名比 2011 年排名上升了 4 位，2012 年全市生產總值 4369.37 億元,比上年增長 11.8%。 分產業看，第一產業增加值 195.59 億元，增長 6.0%；第二產業增加值 1893.79 億元，增長 11.8%；第三產業增加值 2279.99 億元，增長 12.2%。其中財政金融競爭力排名從 28 位上升到 19 位，全年財政收入 753.07 億元，比上年增長 15.9%。地方財政一般預算收入 396.96 億元，增長 24.6%，其中，營業稅、增值稅、企業所得稅和個人所得稅分別增長 18.8%、0.3%、13.8%和-6.3%。地方財政一般預算支出 597.49 億元，比上年增長 20.8%。年末全市金融機構本外幣各項存款餘額 12285.96 億元，比上年增長 16.7%。金融機構本外幣貸款餘額 8808.04 億元，增長 14.4%。全年城鎮居民人均可支配收入 29982 元，扣除價格因素，比上年實際增長 12.3%；農民人均純收入 11442 元，實際增長 13.7%。城鎮居民人均消費性支出 21434 元，比上年增長 11.0%。

城市潛力指數排名 175 位，下降了 108 位，居民消費潛力指數排名從 2011 年第 7 位下降到 295 位，市場潛力指數排名從 11 名下降到 34 名，全年城鎮居民人均可支配收入 29982

元，扣除價格因素，比上年實際增長 12.3%；農民人均純收入 11442 元，實際增長 13.7%。城鎮居民人均消費性支出 21434 元，比上年增長 11.0%；農村居民人均總支出 10964 元，增長 17.0%。全年證券市場各類證券交易總額 8812.15 億元，比上年下降 10.5%。年末全市擁有上市股份公司 29 家，上市總股本 219.02 億股，總市值 1780.31 億元。年末全市共有保險公司 48 家，其中，財產險 23 家，人壽險 25 家。保險專業仲介機構 107 家。全年保費收入 176.78 億元，比上年增長 6.8%，提高了金融資本潛力指數。可持續發展指數有所提高，全年城市環境空氣品質好於國家二級標準（良好）以上的天數 306 天，比上年增加 1 天。二氧化硫年平均濃度爲 0.040 毫克/標立方米，比上年下降 4.8%；二氧化氮年平均濃度爲 0.042 毫克/標立方米，上升 2.4%；可吸入顆粒物年平均濃度爲 0.118 毫克/標立方米，與上年持平。

城市活力指數排名比 2011 年下降兩位，其中文化力指數排名從 2011 年的 36 位下降到 40 位，法制力指數排名從 2011 年的 38 位下降到 65 位，學習力指數和創新力指數排名基本保持不變。城市競爭意識和市民經商意識相對有所下降，全年實施市級科技計畫專案 337 項，其中，高新技術專項 26 項，科技創新和成果轉化項目 216 項。重點扶持高新技術企業 118 家，支援建設農業科技示範園 19 家，實施區縣工業科技引導專案 10 個，申請專利量 15029 件，專利授權量 3475 件。城市法制力指數得分與去年相比有所上升，其排名下降的原因主要是由於其相對於其他城市的法制力指數有所下降。

城市能力指數排名比 2011 年排名下降了 40 位，其中經濟增長能力排名從 2011 年的 104 名下降到 176 名，城鎮居民人均消費性支出 21434 元，比上年增長 11.0%；農村居民人均總支出 10964 元，增長 17.0%。全年實現生產總值 4369.37 億元，比上年增長 11.8%，與 2011 年相比增長率下降 2%。全年財政總收入 753.07 億元，比上年增長 15.9%，比上年增長率下降 11.4%。城市吸引能力排名從 2011 年的 213 名上升到 36 位，在全國區域經濟佈局上，西安具有承東啓西、東聯西進的區位優勢，在西部大開發戰略中具有重要的戰略地位。西安的比較優勢突出地表現在三個層次上：世界級的旅遊觀光資源優勢；國家級的科研教育和高新技術產業基地優勢；區域級的金融、商貿中心和交通、資訊樞紐優勢。城市流通能力排名從 2011 年的 15 位下降到 2012 年 78 位。貨物運輸周轉量 595.87 億噸公里，增長 14.3%，比去年下降 7.1%。旅客運輸總量 3.62 億人次，增長 5.3%，比去年下降 5%，旅客運輸周轉量 338.74 億人公里，增長 4.8%，增長率下降 5%。

綜上，2012 年西安市成長競爭力指數排名 27 位，比去年上升了 2 位。其中主要原因是城市實力指數的上升，各產業生產總值均有較大的增長。但居民消費潛力指數顯著下降，法制力指數和文化力指數均有不同的下降。在全國區域經濟佈局上，西安具有承東啓西、東聯西進的區位優勢，在西部大開發戰略中具有重要的戰略地位。

8.28 長春城市成長競爭力點評分析

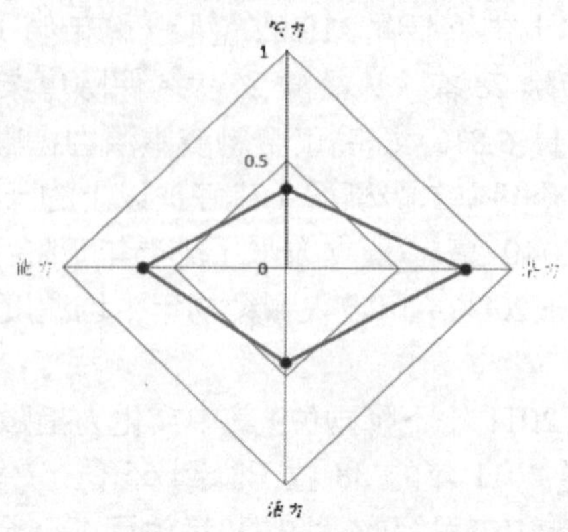

圖8.28.1　2012年長春成長競爭力雷達圖

2012 年長春市城市成長競爭力基本情況如下：城市實力指數爲 0.365，排名 31 位，比去年上升 7 位，城市潛力指數爲 0.795，排名 13 位，比去年上升 3 位，城市活力指數爲 0.434，排名 46 位，比去年上升 3 位，城市能力指數爲 0.642，排名 115 位，比去年上升 142 位。城市成長競爭力爲 533.5，排名 28 位，比去年下降 1 位。

長春是吉林省省會，全省政治、經濟、文化和交通中心，中國建城區面積和建城區人口第九大城市，地處東北腹地核心，是東北地區天然地理中心，東北亞幾何中心，東北亞十字經濟走廊核心之一。2012 年城市成長競爭力位居第 28 位，後退一位。其中城市實力指數排名比去年上升 7 位，2012 年，長春市 GDP 總量完成 4456.6 億元，增長 12%，與全國、全省經濟走勢基本一致，與全省持平，並高於全國 4.2 個百分點。城市人口規模指數從 0.303 上升到 0.334，GDP 規模指數從 0.27 上升到 0.283，城市效率指數從 0.183 上升到 0.212.人均 GDP 指數有所下降。長春市城鎮居民人均可支配收入達到 23089 元，增長 12.7%；農村居民人均現金收入 8570 元，增長 12.1%；城鄉居民收入增幅分別高於 GDP 增幅 0.7 個和 0.1 個百分點。城市科技競爭力指數排名上升 5 位，其中科技人力資本指數排名上升 5 位，科研機構指數上升 8 位，長春科技教育基礎雄厚，擁有普通高等院校三十二所，獨立科研與技術開發機構一百多個，中國科學院和中國工程院院士三十五位，在光學電子、雷射技術、高分子材料、生物工程等方面的研究居全國領先地位，有的已經達到國際先進水準。

城市潛力指數排名比去年上升 3 位，其中居民消費潛力指數排名從 207 位上升到 147 位，長春市城鎮居民人均可支配收入及其增長率前面已經提過，均有較大提高。環境品質指數排名從 181 位上升到 151 位，可持續發展指數排名從 35 位上升到 24 位。長春有森林城的美譽，城市綠化覆蓋率近 40%，綠化度居於亞洲大城市之冠，中國四大園林城市之一，爲城市居民提供了一個優美的生活和工作環境。著名的淨月潭森林旅遊區總面積近二百平方公里，有亞洲最大的人工森林。長春市擁有豐富的土地資源和林業資源。長春還是中國著名的“糧倉”，農業產業化建設初具規模。長春地處世界著名的黃金玉米帶，盛產玉米、大豆、水稻、高粱。

城市活力指數排名比去年上升 3 位，其中學習力指數排名從 2011 年的 70 名上升到 2012 年的 66 名，法制力指數排名從 2011 年的 58 名上升到 2012 年的 43 名，文化力指數和創新力指數基本保持不變。2012 年長春市所有圖書館、文化館、博物館、電子閱覽室都將實現免費開放。長春市人均文化支出將高於吉林省平均水準，公共圖書館人均佔有藏書 1 冊以上，平均每冊藏書年流通率、人均年增新書、人均到館次數達到中部標準以上，80%的鄉鎮、社區建有標準配置的公共電子閱覽室。爲市民創造了良好的學習氛圍，提高了市民學習意識和創新意識。城市法規條例更加健全，政策法規透明度更高。

城市能力指數比去年上升 142 位。其中經濟增長能力指數排名從 262 名上升到 137 名，社會保障能力指數上升 3 位，城市流通能力排名從 42 名上升到 26 名。2012 年財政收入穩定增長，全年長春市實現財政收入 927.7 億元，增長 15.5%。地方財政收入 340.8 億元，增長 18.1%。地方財政支出 555.5 億元，增長 7.1%。居民收入同步增長，城市居民消費增長潛力較大。

綜上，長春是吉林省省會，全省政治、經濟、文化和交通中心，中國建城區面積和建城區人口第九大城市，地處東北腹地核心，是東北地區天然地理中心，東北亞幾何中心，東北亞十字經濟走廊核心之一。2012 年中國最具幸福感城市排行榜，長春位列第五。最終，城市成長競爭力爲 533.5，排名 28 位，比去年下降 1 位。

8.29 鄭州城市成長競爭力點評分析

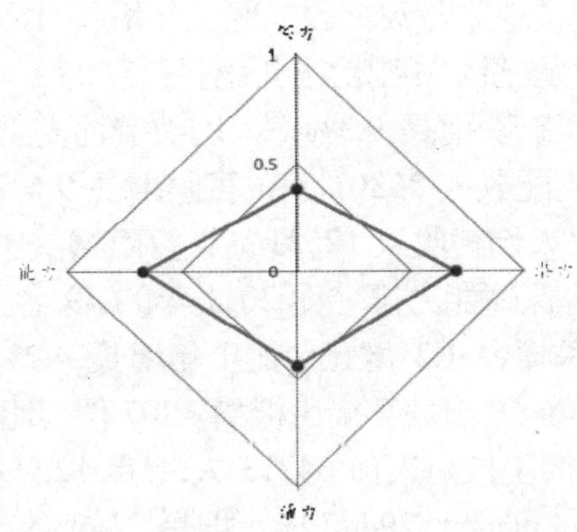

圖 8.29.1　2012 年鄭州成長競爭力雷達圖

2012 年鄭州城市競爭力基本情況如下：城市實力指數爲 0.379，排名第 27 位，與上年持平；城市潛力指數爲 0.696，排名第 31 位，比 2011 年排名下降了 4 位；城市活力指數爲 0.439，排名第 44 位，比 2011 年排名上升了 1 位；城市能力指數爲 0.671，排名第 82 位，比 2011 年排名上升了 66 位；城市成長競爭力得分爲 532.11，排名第 29 位，比 2011 年排名上升了 1 位。

鄭州市是河南省的省會，全省政治、經濟、科技、文化和教育中心，是中國內陸腹地，其 2012 年城市成長競爭力位居第 29 位，前進一名。其中城市實力指數排名與上年持平，在城市實力指數排名中，城市規模指數排名保持不變，城市效率指數排名從 2011 年的 84 位上升到 72 位，城市居民生活指數排名從 2011 年的 178 位下降到 191 位，初步核算，全年完成生產總值 5547 億元，比上年增長 12.0%；人均生產總值 63328 元，比上年增長 9.6%。全年城鎮居民人均可支配收入 24246 元，比上年增長 12.2%，扣除價格因素，比上年實際增長 9.3%；人均消費性支出 16610 元，比上年增長 14.6%，實際增長 11.5%。人均生活消費支出 8967 元，比上年增長 17.6%，實際增長 15.4%。全年新批外資企業 72 個，比上年減少 30 個，下降 29.4%。合同利用外資投資額 20.2 億美元，下降 15.1%；實際利用外商直接投資 34.3 億美元，增長 10.6%。

城市潛力指數排名比 2011 年下降 4 位，其中自然資源指數排名從 230 名下降到 252 名，土地資源絕對豐富度得分從 2011 年的 0.233 下降到 2012 年的 0.143，土地資源相對豐富度得分從 2011 年的 0.184 下降到 2012 年的 0.117,全年完成農林牧漁業增加值 142.4 億元，比上年增長 4.0%。糧食總產量 169.5 萬噸，比上年增長 1.7%；其中夏糧產量 80.7 萬噸，增長 1%；秋糧產量 88.8 萬噸，增長 2.3%。全年棉花產量 0.3 萬噸，下降 37.5%；油料產量 18.7 萬噸，增長 0.4%。環境品質指數從 156 位下降到 172 位，其中城市環境相對量得分從 0.748 下降到 0.153，其他指標基本保持不變，全年新增綠地面積 1098 萬平方米；建成區人均公共綠地 11.3 平方米，建成區綠化覆蓋率 36.1%。

城市活力指數排名上升 1 位，其中文化力指數從 2011 年的 70 位上升到 2012 年的 63 位，學習力指數上升 1 位，城市競爭意識、重商意識和創新意識均有所增加，年末全市共有公共圖書館 14 個，群眾藝術館、文化館 12 個，博物館 15 個，綜合檔案館 14 個，藝術表演團體 18 個，爲市民創造了良好的學習的環境。開放力指數從 2011 年的 27 位上升到 23 位，全年全市直接進出口總額 358.3 億美元，比上年增長 124%。其中進口 155.7 億美元，增長 144.7%；出口 202.6 億美元，增長 110.3%。全年國外經濟合作合同額 13.8 億美元，比上年增長 21.9%；國外經濟合作營業額 14.6 億美元，增長 41.9%。

城市能力指數比 2011 年排名上升了 66 位，其中經濟增長能力排名從 2011 年的 167 名上升到了 97 名，全年完成生產總值 5547 億元，比上年增長 12.0%；人均生產總值 63328 元，比上年增長 9.6%。全市完成地方財政總收入比上年增長 18.8%；地方公共財政預算收入增長 20.8%；全年地方公共財政預算支出比上年增長 23.7%。城鎮居民人均可支配收入 24246 元，扣除價格因素，比上年實際增長 9.3%；人均消費性支出 16610 元，實際增長 11.5%。其中市區城鎮居民人均可支配收入 25301 元，實際增長 9.6%；人均消費性支出 16779 元，實際增長 11.9%。農村居民人均純收入 12531 元，實際增長 11.3%；人均生活消費支出 8967 元，實際增長 15.4%。社會保障能力排名從 2011 年的 49 名上升到了 2012 年的 46 名， 全年發放城鎮居民最低生活保障金 1.3 億元，比上年增長 4.2%；發放農村居民最低生活保障金 2.1 億元，增長 7.0%。年末全市共有衛生機構 3807 個，比上年下降 5.9%；其中醫院、衛生院 278 個，增長 4.9%。衛生技術人員 64213 人,增長 12.9%；其中執業醫師、執業助理醫師 22918 人，增長 6.3%；註冊護士 29443 人，增長 21.6%。

綜上，2012 年鄭州市政府加強經濟運行調節，積極落實各項穩增長措施，加大對實體經濟的支援力度，保持住了地區經濟的持續發展，經濟增長能力顯著提高，全年財政收入支出均增長突出，鄭州市是重要交通樞紐，同時也擁有大量的保險期貨機構，具有較大發展潛力。最終，城市成長競爭力排名第 29 位，比 2011 年排名上升了 1 位。

8.30 佛山城市成長競爭力點評分析

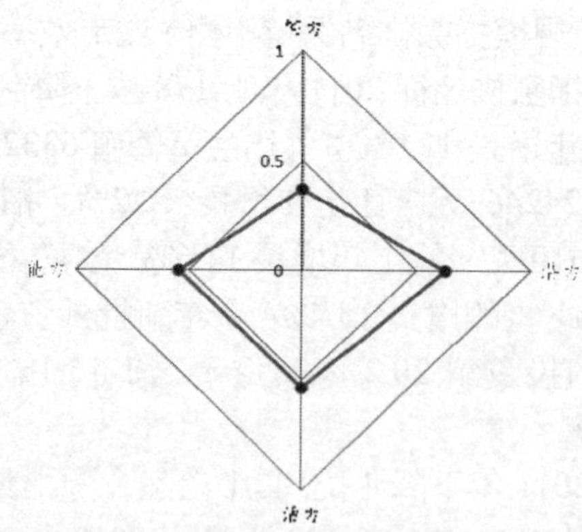

圖 8.30.1　2012 年佛山成長競爭力雷達圖

2012 年佛山城市競爭力基本情況如下：城市實力指數爲 0.37，排名第 29 位，比 2011 年排名下降了 5 位；城市潛力指數爲 0.627，排名第 53 位，比 2011 年排名上升了 39 位；城市活力指數爲 0.535，排名第 22 位，比 2011 年排名下降了 1 位；城市能力指數爲 0.544，排名第 234 位，比 2011 年排名上升了 1 位；城市成長競爭力得分爲 531.44，排名第 30 位，比 2011 年排名下降了 2 位。

佛山市位於亞太經濟發展活躍的東亞和東南亞的交匯處，毗鄰香港、澳門，連接廣州，共同構建“大珠三角”和“廣佛經濟圈”，其 2012 年的城市成長競爭力中排名第 30 位，後退兩名。其中城市實力指數排名比 2011 年排名下降了 5 位，在城市實力指數中，城市經濟競爭力從 14 位下降到了 17 位，其中城市規模指數排名從 2011 年的 15 名下降到 16 名，2012 年全市生產總值 6709.02 億元，比上年增長 8.2%。城市人口規模得分從 2011 年的 0.196 上升到 2012 年的 0.319。城市效率指數排名從 2011 年的 15 位下降到了 2012 年 20 位，人均 GDP 得分從 2011 年的 0.299 下降到 2012 年的 0.272，地均 GDP 得分從 2011 年的 0.121 下降到 2012 年的 0.118，城市國際吸引力指數排名從 20 名下降到 23 名，實際利用外資總額、簽訂外資合同書、國際旅遊收入得分均有所上升，下降原因爲相對其他城市增長率有所下降。

城市潛力指數比 2011 年排名上升了 39 位，其中居民消費潛力指數排名從 2011 年的 80 名上升到 2012 年的 40 名，全年城鎮居民人均可支配收入 34580 元，比上年增長 12.6%；城鎮居民人均消費支出 26164 元，增長 10.0%。全年農村居民人均純收入 15684 元，增長 13.1%；環境品質指數排名從 2011 年的 104 名上升到 2012 年的 83 名，可持續發展指數排名從 2011 年的 264 名上升到 203 名，全年化學需氧量（COD）排放量 15.90 萬噸，比上年下降 5.69%；二氧化硫（SO2）排放量 8.47 萬噸，比上年下降 4.51%。全市擴建污水處理廠 1 間，新增污水處理能力 2.5 萬噸/日。城鎮污水處理率達到 86.34%，飲用水源水質達成率爲 100%，工業廢水排放達成率爲 95.78%，工業固體廢物綜合利用率爲 93.65%，全市城鎮生活垃圾無害化處理率達到 92.50%。全年空氣環境品質達到或優於二級天數爲 355 天。

城市活力指數排名第 22 位，比 2011 年排名下降了 1 位，其中文化力指數排名下降 5 位，其中競爭意識指數、重商意識指數和創新意識指數均有所下降。法制力指數排名從 2011 年的 25 位下降到 2012 年的 54 位，城市法制力指數得分有所上升，但排名有所下降，其主要原因是相對於其他城市相比法制力得分增長率較低。學習力指數和創新力指數基本保持不變。年末共有文化館 6 間，博物館 9 間，縣級以上公共圖書館 6 所，公共圖書館圖書總藏量 401 萬冊。爲市民學習創造了硬件服務。

城市能力指數排名比 2011 年排名上升了 1 位，初步核算，2012 年全市生產總值比上年增長 8.2%。年末共有衛生機構 1215 個，其中醫院 83 個，婦幼保健院 5 個，衛生院 20 個。各類衛生技術人員 37697 人，其中執業醫師和執業助理醫師 13344 人。每千人擁有執業醫師 1.84 人。年末全市常住人口 726.18 萬人，比上年末增加 3.08 萬人，增長 0.43%。據戶籍人口統計，年末全市總戶數 114.06 萬戶，總人口 377.65 萬人，比上年末增加 2.88 萬人。

綜上，城市成長競爭力排名第 30 位，比 2011 年排名下降了 2 位。其中主要原因城市實力指數排名第 29 位，比 2011 年排名下降了 5 位；城市活力指數排名第 22 位，比 2011 年排名下降了 1 位。而城市潛力指數排名第 53 位，比 2011 年排名上升了 39 位；城市能力指數排名第 234 位，比 2011 年排名上升了 1 位。

附錄 1　中國城市(城區)綜合競爭力比較評估指標體系說明

中國城市競爭力研究會構建的城市綜合競爭力比較評估指標體系包涵了表現性指標與結構性指標，其資料的獲取來源於權威的國家統計年鑒、各省市及城市統計年鑒及各城市政府網站所公佈的統計資料、專家評價和普遍的問卷調查。反映了規模（總量）、效率（均量）和增長(動態發展量)，並體現了城市政府、城市企業、城市居民三大主體在整個城市系統中的不同作用。該指標體系涵蓋了經濟、社會、文化、環境四大系統，體現了整個城市系統的經營管理能力、學習能力、創新能力、開放能力、聚集能力、可持續發展能力。它包括一級指標（單項競爭力）10 個，二級指標 50 個，三級指標 216 個。其中一級指標具體情況如下表：

表附錄 1－1

系統	一級指標(單項競爭力)
經濟系統	經濟競爭力
	產業競爭力
	財政金融競爭力
	商業貿易競爭力
	基礎設施競爭力
社會系統	社會體制競爭力
環境系統	環境、資源、區位競爭力
文化系統	人力資本教育競爭力
	科技競爭力
	文化形象競爭力

附錄 1.1　單項競爭力指標體系說明

(一)、經濟系統

1、城市經濟競爭力比較評估指標體系

二級指標 4 個，三級指標 16 個。

表附錄 1.1－1

二級指標	三級指標	指標內涵
城市規模指數	城市人口規模（0.15）	地區人口總數
	城區面積(0.1)	地區面積數（建成區）

	GDP 規模(0.7)	地區 GDP 總量
	GDP 增長率[①](0.05)	地區 GDP 增長能力
城市效率指數	人均 GDP(0.4)	人均創造財富能力
	地均 GDP(0.4)	單位城市面積創造財富的規模
	城市經營率(0.05)	政府財政收入占 GDP 的比重
	城市化率(0.1)	地區非農業人口占地區總人口的比重(%)
	城市帶動率(0.05)	地區 GDP 占地區 GDP 的比重
城市國際吸引指數	實際利用外資總額(0.5)	吸引外資能力
	簽訂外資合同數(0.1)	
	國際旅遊收入(0.3)	地區年國際旅遊收入
	人均國際旅遊收入(0.1)	地區年人均國際旅遊收入
城市居民生活指數	人均可支配收入(0.4)	人均潛在消費能力
	人均消費支出(0.4)	人均實際消費水準
	恩格爾係數（逆）[②](0.2)	居民消費結構

注:三級指標後面括弧中的數字爲其計算二級指標時的權重，以下同。

2、城市產業競爭力比較評估指標體系

二級指標 6 個，三級指標 29 個

表附錄 1.1－2

二級指標	三級指標	指標內涵
產業規模指數	限額以上工業企業數(0.1)	企業整體活力水準
	就業總人數(0.1)	產業人力資本總量
	農業財富創造能力(0.1)	第一產業總產值
	工業財富創造能力(0.4)	第二產業總產值
	服務業財富創造能力(0.3)	第三產業總產值
產業貢獻指數	產品的市場認同度(0.5)	主營業務收入
	企業市場認同感遞增程度 (0.05)	產品銷售收入增長率
	企業利稅貢獻度(0.2)	利稅總額
	企業增值稅貢獻度(0.2)	增值稅總額
	企業利稅增值稅占 GDP 比重(0.05)	企業利稅增值稅對 GDP 的貢獻度
產業效率指數	從業者生產效率(0.4)	從業者人均 GDP
	企業銷售毛利率[③](0.2)	企業盈利能力
	資產/固定資產比率[④](0.2)	企業資產品質

① 對增長類的指標，由於統計資料可能存在的失真性及我國的實際國情，有可能在某項統計指標的年增長率上出現絕對值大於 50%以上的非持續性增長或負增長，對此奇異值，我們做了統一處理，都把其絕對值控制爲 50%，其中大於 50%以上的非持續性增長都視爲 50%，小於 50%以下的非持續性增長都視爲－50%，。

② 三級指標後面的“逆”表示該項指標的實際資料越高，其對系統具有負作用，但是我們已對其作了調整，調整請見附錄 2，並且本年鑒所列出的該類型的資料都是通過調整後使具有“逆”作用的指標具有和其他指標一樣的表示。

③ 銷售毛利率過高一般是煙草企業所在城市，因此爲了消除奇異值，限最高爲 50%。

④ 根據沃爾評分法，標準比率爲 2.5，因此，我們認爲當一個城市該項值爲 2.5 時爲最優，我們令 x 爲該指

	銷售額/總資產(0.2)	
產業結構指數	工業化發展水準(0.3)	二產產值占 GDP 比重
	第二產業就業水準(0.1)	第二產業就業人員比重
	第三產業發展水準(0.2)	三產占 GDP 比重,服務化
	第三產業就業水準(0.1)	第三產業就業人員比重
	產業製造能力(0.2)	綜合製造業總產值及製造業從業人數來獲得該指數值
	製造業人力資本指數(0.1)	製造業從業人員每萬人擁有量
產業國際化指數	外資企業數(0.3)	市外資企業數
	外資企業產出規模(0.4)	外商投資企業總產值
	外資企業貢獻度(0.2)	外資企業總產值占工業總產值百分比
	外資企業平均產出能力(0.05)	外資企業總產值/外資企業數
	外資企業相對量(0.05)	外資企業數占企業數百分比
產業集群指數	工業集中度(0.1)	地區工業總產值占城區工業總產值比重
	企業固定資產集中度(0.1)	地區工業企業固定資產占城區工業企業固定資產比重
	地區工業企業相對量（0.1）	地區工業企業占全市工業企業數的百分比
	企業總資產規模(0.7)	限額以上工業大中型企業總資產規模

3、城市財政金融競爭力比較評估指標體系

二級指標 5 個，三級指標 18 個。

表附錄 1.1－3

二級指標	三級指標	指標內涵
財政金融規模指數	財政預算內收入(0.3)	財政實力
	財政預算內支出(0.3)	財政支出能力
	年末儲蓄總餘額(0.15)	資金供應總量
	年末貸款總餘額(0.15)	資本使用規模
	財政收入占 GDP 比重(0.1)	財政收入/GDP×100%
財政金融效率指數	人均財政預算內收入(0.25)	人均財政實力
	人均財政預算內支出(0.2)	人均財政支出能力
	人均年末儲蓄額（0.25）	年末儲蓄總餘額/地區人口
	人均年末貸款額（0.2）	年末貸款總餘額/地區人口
	人均財政收入增長率（0.05）	人均財政收入年增長率
	人均年末存款增長率（0.05）	人均年末存款年增長率

標指數，則 $x=1-|x-2.5|/2.5$，並且如果 x 小於 0,我們就將其取值爲 0。

金融資本品質指數	資本使用率（0.5）	金融機構貸款總餘額/存款總餘額×100%[①]
	資本充裕指數（0.5）	金融機構存貸差
金融資本可獲得指數	獲得銀行貸款便利度（0.4）	獲得銀行資本的難易
	獲得證券市場資本便利度（0.3）	獲得證券市場資本難易
	獲得民間及風險資本便利度（0.3）	獲得民間和風險資本難易
金融業人力資本指數	金融業從業人數（0.9）	金融業從業人數
	金融業從業人員每萬人擁有量（0.1）	金融從業人員占總人口比重

4、城市商業貿易競爭力比較評估指標體系

二級指標 5 個，三級指標 18 個

表附錄 1.1－4

二級指標	三級指標	指標內涵
國內商貿規模指數	批發零售貿易業商品銷售總額（0.4）	城市批發零售貿易業商品銷售總額
	社會消費品零售額（0.4）	城市社會消費品零售額
	人均批發零售貿易業商品銷售額（0.1）	地區人均批發零售貿易業商品銷售額
	人均社會消費品零售額（0.1）	地區人均社會消費品零售額
外貿指數	外貿依存度（0.1）	進出口總額占 GDP 比重
	進出口總額（0.45）	對外進出口總額
	進出口總額增長率（0.05）	進出口總額年增長率
	實際利用外資金額（0.4）	地區實際利用外資金額
商貿機構指數	限額以上批發零售企業數（0.9）	地區限額以上批發零售企業數
	限額以上批發零售企業每萬人擁有量（0.1）	每萬人擁有限額以上批發零售企業數
商貿人力資本指數	批發零售貿易業從業人數（0.3）	從事批發零售貿易業的從業人員數量
	住宿餐飲業從業人數（0.3）	從事住宿餐飲業的從業人數
	租賃和商業服務業從業人數（0.3）	從事租賃和商業服務業的從業人數
	商貿從業人員萬人擁有量（0.1）	商貿從業人員每萬人擁有量
居民消費指數	人均消費支出（0.8）	地區年人均消費支出
	人均消費支出增長率（0.05）	地區人均消費支出年增長率
	居民消費傾向（0.1）	人均消費支出/人均可支配收入

① 为了消去奇异值的影响，超过 100%则算为 100%。

	社會消費品零售額增長率（0.05）	地區社會消費品零售額年增長率

5、基礎設施競爭力比較評估指標體系

二級指標 7 個，三級指標 30 個

附錄 1.1－5

二級指標	三級指標	指標內涵
基礎設施投資指數	固定資產投資水準（0.7）	固定資產投資完成額
	房地產開發水準（0.3）	房地產開發投資額
基礎設施供應指數	年供水總量（0.25）	城市年供水總量
	人均生活用水量（0.1）	城市人均生活用水量
	年用電總量（0.25）	城市年用電總量
	人均生活用電量（0.1）	城市人均生活用電量
	煤氣液化氣供應水準（0.2）	城市煤氣液化氣供應總量
	家庭用煤氣液化氣普及率（0.1）	使用煤氣液化氣人口/總人口
居民居住指數	市民居住條件（0.2）	人均住房使用面積
	住宅投資總額（0.2）	居住投資量
	房價收入比（逆）（0.6）	購房難易程度
交通設施指數	地區客運總量（0.2）	交通設施水準
	地區貨運總量（0.2）	
	人均鋪路面積（0.1）	
	每萬人擁有公共汽、電車數（0.2）	
	每萬人擁有計程車數（0.15）	
	年末實有鋪裝道路面積（0.15）	
對外交通設施指數	路網設施指數（0.4）	公路鐵路密集程度,公路鐵路客、貨總運量
	港口設施指數（0.3）	吞吐量、噸位數、萬噸以上泊位,水運客貨總運量
	航空設施指數（0.3）	國內外航空線路數、機場等級數,空運客、貨總運量
信息化設施指數	郵政網點設施指數（0.15）	每十萬人擁有郵政網點數
	市民郵政消費（0.2）	人均郵政業務量
	市民通信消費（0.2）	人均通信消費
	固定電話用戶普及率（0.15）	一般資訊設施水準[①]

[①] 固定电话用户普及率最高为 100%，超过 100%则算为 100%。

	移動電話普及率（0.15）	高級資訊設施水準[①]
	國際互聯網普及率（0.15）	
基礎設施行業人力資本指數	交通倉儲郵電通信業從業人數（0.3）	基礎設施行業從業人數
	電氣水生產供應從業人數（0.3）	
	建築業從業人數（0.3）	
	基礎設施行業從業者每萬人擁有量（0.1）	基礎設施行業從業人員每萬人擁有量

(二)、社會系統

1、城市社會體制競爭力比較評估指標體系

二級指標 4 個，三級指標 20 個

附錄 1.1－6

二級指標	三級指標	指標內涵
社會公平保障指數	失業率(逆)（0.1）	登記失業人數/勞動力總數
	基尼指數（逆）（0.1）	社會公平水準
	社會保障和就業支出（0.2）	政府財政中社會保障和就業年支出額
	社會保障覆蓋率（0.2）	市民接受社會保障面
	社會服務業人力資本絕對規模（0.1）	衛生、社會保險和社會福利業從業人員
	人均社會保障和就業支出（0.2）	人均社會保障和就業支出
	社會服務業人力資本相對規模（0.1）	衛生、社會保險和社會福利業從業人員每萬人擁有量（0.1）
社會治安指數	刑事案件發生率(逆)(0.3)	每十萬人發生的各種刑事案件數
	刑事案件偵破率（0.3）	刑事案件偵破數/刑事案件總數
	社會安全民眾滿意度（0.4）	市民對社會安全的滿意程度
醫療保健指數	平均預期壽命（0.3）	城市男、女平均預期壽命平均值
	嬰兒死亡率(逆)（0.3）	城市 1000 名嬰兒死亡數
	每十萬人擁有醫生數（0.2）	城市每十萬人擁有醫生數
	每十萬人擁有醫院病床數（0.2）	城市每十萬人擁有病床數
社會管理指數	政府機構規模指數（0.15）	公共管理和社會組織從業人數/總人口

[①] 移动电话普及率最高为 100%，超过 100%则算为 100%。

	地方法規條例健全程度（0.15）	城市地方法規條例健全程度
	政策法規透明度（0.15）	市民對法制的瞭解程度
	政府執法能力（0.15）	城市政府執行法制能力
	政府辦事效率（0.2）	城市政府辦事環節多少及時滯
	民眾對政府的滿意度（0.2）	市民對政府的滿意程度

(三)、環境系統

1、城市環境、資源、區位競爭力比較評估指標體系

二級指標 5 個，三級指標 27 個

附錄 1.1－7

二級指標	三級指標	指標內涵
區位指數	自然區位優勢度（0.2）	距離河湖的遠近
	交通區位優勢度（0.2）	城市的交通地位
	經濟區位優勢度（0.2）	城市的經濟地位
	政治區位優勢度（0.2）	城市的行政級別
	文化區位優勢度（0.2）	城市的文化影響力
自然資源指數	土地資源絕對豐富度（0.2）	地區耕地面積
	土地資源相對豐富度（0.2）	人均耕地面積
	農產品絕對自給度（0.15）	主要農產品產量
	農產品相對自給度（0.15）	人均農產品產量
	礦產能源絕對豐富度（0.15）	主要礦產能源擁有量
	礦產能源相對豐富度（0.15）	人均主要礦產能源擁有量
環境資源指數	城市綠化絕對量（0.2）	地區綠地面積
	城市綠化相對量（0.2）	人均綠地面積
	氣候環境舒適度（0.2）	氣溫、溫差，城市晴好天數
	自然災害少發率（0.2）	颱風、地震、洪水、風沙爆發頻率及危害程度
	山水環境優美程度（0.2）	山水風光優美程度
環境品質指數	建成區綠化覆蓋率（0.2）	城市建成區綠化覆蓋率
	生活汙水處理率（0.1）	城市生活汙水處理率
	生活垃圾處理率（0.1）	城市生活垃圾無害化處理率
	空氣品質指數（0.2）	地區空氣評價等級
	工業廢水處理率（0.1）	工業廢水排放達成率
	工業二氧化硫去除率（0.1）	工業二氧化硫去除量/總排出量
	工業煙塵去除率（0.1）	工業煙塵去除量/總排出量

	工業固體廢物綜合利用率（0.1）	工業固體廢物綜合利用率
環境改善投入指數	三廢綜合利用產品產值（0. 5）	三廢治理水準
	環保從業人數（0.4）	城市從事水利環境和公共設施管理業的人數
	環保從業者每萬人擁有量（0.1）	環保人數占總人口的比重

(四)、文化系統

1、城市人力資本教育競爭力比較評估指標體系

二級指標 5 個，三級指標 22 個

附錄 1.1－8

二級指標	三級指標	指標內涵
人力資本規模指數	人力資本規模（0.2）	勞動力總數
	高素質人力資本儲備量（0.25）	高等學校在校學生總數
	其他人力資本儲備量（0.1）	其他學校在校學生總數
	教育支出絕對規模（0.25）	教育經費支出
	教育支出相對規模（0.1）	教育支出占 GDP 比重
	城市就業率（0.1）	1-失業率
人力資本投入指數	人力資本基本投入（0.8）	在崗職工平均工資
	人力資本教育投入（0.2）	人均教育經費支出
人力資本素質指數	高素質人力資本相對儲備量（0.2）	每萬人高校學生數
	成人識字率（0.2）	從業人員文化素質
	大專以上人口比重（0.2）	
	創業人員指數（0.1）	創業者占人口比重
	專業技術人員數（0.2）	各類專業技術人員數
	專業技術人員占比重（0.1）	每萬人各類專業技術人員數
人力資本吸引指數	移民化程度指數（0.2）	流動人口占總人口比重
	吸引人才指數（0.4）	城市吸引人才的政策優惠
	高校畢業生求職選擇（0.4）	高校畢業生求職意願
人力資本教育設施指數	高校數（0.3）	高等教育設施水準
	高校老師數（0.2）	高等教育師資力量
	中小學師生比（0.2）	基礎教育師資力量
	每萬人中小學校數（0.1）	初等教育設施水準
	中小學校密度（0.2）	每平方公里中小學校數

2、城市科技競爭力比較評估指標體系

二級指標 5 個，三級指標 18 個

附錄 1.1－9

二級指標	三級指標	指標內涵
科技投入指數	科技經費絕對投入量（0.8）	財政支出中科技經費支出
	人均科技經費擁有量（0.1）	人均科技經費
	科技經費相對投入量（0.1）	科技經費占 GDP 的比重
科技人力資本指數	專業技術人員擁有量（0.2）	專業技術人員數
	科技服務人員擁有量（0.1）	科技服務人員數
	專業技術人員相對擁有量（0.1）	專業技術人員每萬人擁有量
	科技服務人員相對擁有量（0.1）	科技服務人員每萬人擁有量
	電腦人才擁有量（0.2）	電腦從業人員每萬人擁有量
	電腦人才相對擁有量（0.1）	電腦人才每萬人擁有量
	科研人員吸引指數（0.2）	吸引科研人員的政策及環境
科研機構指數	大學科研院所指數（0.7）	科研機構擁有量及級別
	大學科研院所相對擁有量（0.1）	每百萬人擁有大學、科研院所指數
	科研環境指數（0.2）	城市研究環境與配套設施
科技創新指數	專利總數（0.4）	年獲取專利總數
	論文發表數（0.2）	年國內論文發表數
	科技成果數（0.4）	年省級以上認定科技成果數
科研成果轉化指數	科技成果轉換率（0.6）	科技成果轉化數量與總量比
	科技進步對 GDP 貢獻率（0.4）	科技進步作用程度

3、城市文化形象競爭力比較評估指標體系

二級指標 4 個，三級指標 18 個

附錄 1.1－10

二級指標	三級指標	指標內涵
文化設施指數	劇院數（0.3）	市民享有文化設施水準
	公共圖書數（0.4）	
	每百萬人影劇院數（0.1）	
	每百人公共圖書數（0.2）	
文化意識指數	誠信意識指數（0.2）	市民誠實守信程度
	競爭意識指數（0.2）	市民參與競爭的意識
	重商意識指數（0.2）	市民經商意識
	創新意識指數（0.2）	市民創新意識
	寬容意識指數（0.2）	市民寬容意識
文化資源指數	城市歷史文化指數（0.2）	城市歷史悠久度及影響力
	藝術家和文化組織指數（0.3）	各種文化組織活躍程度、從事藝術創作的人數
	名勝古跡指數（0.2）	名勝古跡數量及級別
	文化行業人力資本指數（0.3）	每萬人擁有教育文藝廣播影視業從業人數
城市營銷能力指數	城市文化影響指數（0.2）	城市文化對市民行爲的影

	響度
城市功能定位指數（0.2）	城市定位是否明確、恰當
城市建築景觀和諧程度（0.2）	標誌性建築、商業街、廣場，建築格調
城市知名度（0.2）	城市國際國內知名度
城市推廣度（0.2）	城市營銷程度

附錄 1.2　中國城市綜合競爭力評價的資料獲取及評價賦值方式

(一)、指標資料的採集途徑及方式

根據指標資料形成方式的不同，中國城市競爭力研究會把城市競爭力指標分成客觀指標、主觀指標、主客觀結合指標。其中客觀指標的資料都是來自 2001 至 2011 年《中國城市統計年鑒》、《中國城市年鑒》、《中國統計年鑒》及港、澳、台相關統計年鑒（對於其與大陸統計口徑的差異，我會以大陸統計口徑爲標準作了適當的調整與估算），除此之外，我會還參考了其他的專業年鑒和各個城市的統計年鑒或年鑒及各城市政府網站所公佈的資料,如統計公報等等。

由於城市某些方面的可比資料不夠精確或存在一定的偏差,因此對於這些資料還應該在已有資料的基礎上進行專家評估,基於這類資料所形成的指標,我會稱之爲主客觀結合指標。

主觀指標的原始資料來自問卷調查，通過設計一組可操作的問捲進行問卷調查，取得原始資料，然後在此基礎之上運用模糊綜合判斷法來獲取資料，因而軟性指標的指標具有一定的主觀意向，並不一定完全反映了該城市在該項指標上的真實水準，但我們最大程度地做到客觀。

(二)、指標資料的加工處理

由於城市競爭力各項指數據的量綱不同，因此，要對這些指標進行綜合統一分析，就必須對這些資料進行無量綱化處理。

我們在分析各種資料之前，都對所有的客觀資料、主客觀資料及主觀資料進行以下兩個步驟的加工處理：

1)　指數化處理

對於所有原始指標的資料，包括正向指標（未標記的指標，該指標資料越大越好）和逆向指標（標記爲（逆）的指標，該指標資料越小越好），我們首先運用指數化處理的方式進行第一階段的處理。

對於正向指標，其指數化處理的計算公式如下：

$$X_i = \frac{x_i - \min(x)}{\max(x) - \min(x)}$$

對於逆向指標，爲了使其指數有和正向指標指數有一樣的表示（即越大越好），其指數化處理的計算公式如下：

$$X_i = \frac{\max(x) - x_i}{\max(x) - \min(x)}$$

其中 X_i 是指標 i 的指數，x_i 爲指標 i 的原始值，$\max(x)$ 、$\min(x)$ 分別爲指標 i 中所有樣

本城市中原始資料的最大值和最小值。

另外，爲了避免讀者會將綜合競爭力計算中數值爲零的三級指標其原始資料誤認爲零（有時候也可能存在原始資料爲零的這種情形），我們將上述指數化的 X_i 的數值轉化爲[0.1，1]之間的均勻分佈，具體方法如下：

$$Y_i = 0.9X_i + 0.1$$

2) 標準化處理

經過上述處理後，對指數化後的指標資料再進行標準化處理，標準化的計算公式如下：

$$X_i = \frac{x_i - \bar{x}}{\sigma(x)}$$

其中 X_i 是標準化後的數據，x_i 爲指數化後的資料，$\bar{x}$ 爲該項指標指數化後的平均值，$\sigma(x)$ 爲該項指標指數化後的標準偏差。每一項指數經過標準化處理後其均值爲 0，方差爲 1。

(三)、中國城市競爭力評價賦值方式及程式

對中國城市競爭力的評價我會主要採用的是現階段學術界對城市競爭力評價比較通行的數學處理方式，即主成分分析方法來進行資料的處理並求得最終的評價結果。我們對分項競爭力的計算是基於二級指標的，即先對三級指標進行指數化及標準化處理後，並在此基礎上通過加權（權數爲附錄 1.1 中各三級指標後的數值）得到二級指標的數值，然後再進行指數化處理得到二級指標的相對值，二級指標體現了我們評價分項競爭力所選的視角。另外，對綜合競爭力我們則是基於十大分項競爭力來進行主成分分析的，它體現了城市競爭力是一個多層次的系統概念。

1）主成分分析方法的基本原理

統計學中的主成分分析法原來是用來處理多維隨機變數在線性變換下其分量相關問題的，其方式是通過求協方差陣或相關係數矩陣的特徵值與特徵根運算，按所要求的貢獻率求出集中原來隨機變數主要資訊的、相互無關的主成分。在評價城市競爭力的時，由於我們所選取的統計指標之間或多或少存在一定的相關性，而主成分分析法可以剔除這種相關性，並且在不損失已有信息量的情況下對城市競爭力進行測度。主成分方法的主要原理如下：

設 $X = (X_1, \cdots, X_k)$ 爲 k 維隨機變數，A 爲 X 的協方差矩陣，即

$$A = E[(X - E(X))(X - E(X)^T]$$

顯然，X 的協方差矩陣是非負定的，由對稱矩陣的性質我們可以得出，一定存在正交矩陣 $B(B滿足B^T = B^{-1})$ 使得

$$BAB^T = \Lambda = \begin{pmatrix} \lambda_1 & \dots & 0 & 0 \\ 0 & \lambda_2 & 0 & \vdots \\ \vdots & 0 & \ddots & 0 \\ 0 & \dots & 0 & \lambda_k \end{pmatrix}$$

其中，$\lambda_1 \ge \lambda_2 \ge \lambda_3 \ge \cdots \ge \lambda_k \ge 0$，令 $B^T = (B_1, B_2, \cdots, B_k)$, $C = (B_1, B_2, \cdots, B_k)^T X$,則

$C_1, C_2, \cdots, C_k$ 是互不相關的，而且 C_i 的方差就是 λ_i。我們把 C_i 稱爲 X 的第 i 個主成分，

$\lambda_i / \sum_{j=1}^{k} \lambda_j$ 稱爲主成分 C_i 的貢獻率，$\sum_{i=1}^{n} \lambda_i / \sum_{i=1}^{k} \lambda_i$ 稱爲 $C_1, C_2, \cdots, C_j$ 的累計貢獻率($n \le k$)，

而 $\rho(C_j, C_k)$（相關係數）則稱之爲因數負荷量。

由於 C 的各分量之間相互無關，主成分是一定條件之下解釋隨機變數 X 差異能力最有效的線性組合。由於協方差陣或相關係數矩陣的特徵值之間相差較大，因而根據指定的貢獻率而確定的主成分的數量小於原來分量的數量，因此主成分分析法在壓縮隨機變數的數量（並且不損失原有資訊條件下）方面的作用是顯著的。同時主成分分析法對於剔除觀測資料中的重複相關資訊有著非常的作用。並且由於各分量之間相互無關可以由子系統數學模型合併調整得到整個大的系統的數學模型。因此，國內許多城市競爭力研究的學者都採用這一方法來測量和分析城市競爭力問題。

2）中國城市分項競爭力及城市總體競爭力量化程式

第一步對原始資料進行指數化和標準化，也就是"歸一化"處理。這是爲了解決主成分分析法不具備"尺度不變性"而採取的步驟。我們已有敍述，見"(二)、指標資料的加工處理"。

第二步運用 SPSS 軟體（或者 SAS、Eviews、stata 軟體）編制的主成分分析法程式，對上述處理之後的資料進行主成分分析。

第三步對 SPSS 軟體（或者 SAS、Eviews、stata 軟體）所得的主成分分析的結果，我們可以得到城市總競爭力及城市分項競爭力各構成要素的相關矩陣，通過相關矩陣得到特徵值、累計特徵值及主成分的載荷。然後根據最初的幾個特徵值在全部特徵值的累計百分率大於或等於某一百分率的原則（我們對城市總競爭力定爲 100%，對城市分項競爭力定爲 100%），決定選取主成分的具體數值。假定前 n 個主成分分別爲($n \le k$)：

$$C_{i1} = d_{11}X_{i1} + d_{12}X_{i2} + \cdots + d_{1k}X_{ik}$$
$$C_{i2} = d_{21}X_{i1} + d_{22}X_{i2} + \cdots + d_{2k}X_{ik}$$
$$\cdots\cdots\cdots\cdots\cdots\cdots$$
$$C_{in} = d_{n1}X_{i1} + d_{n2}X_{i2} + \cdots + d_{nk}X_{ik}$$

或者可以寫成矩陣形式：$C = DX$

將某個城市的原始資料經過指數化、標準化處理後的各指標資料代入，可以得到 $C_1, C_2, ..., C_n$ 的數值，然後再根據這 n($n \le k$)個主成分對應的特徵值進行加權累加便可以構造一個城市的總競爭力或分項競爭力指數，其數學運算式如下：

$$V_i = (\lambda_{i1}C_{i1} + \lambda_{i2}C_{i2} + \cdots + \lambda_{in}C_{in}) \times 100$$

其中 V_i 爲總競爭力或分項競爭力指數；$\lambda_{i1}, \lambda_{i2}, \cdots, \lambda_{in}$ 爲前 n 個特徵值。用主成分分析法構建的競爭力指數有一部分爲負值，這些負值說明該城市在被選所有城市中的相對地位，即處於平均水準之下，而不代表其競爭力的爲真正的負值。

附錄 2 中國城市(城區)成長競爭力比較評估指標體系說明[①]

爲了衡量一個城市動態發展的能力，中國城市競爭力研究會提出了成長競爭力的概念，我們認爲城市的發展與增長是一個動態的、多維的系統，它是城市綜合實力、發展潛力、制度活力與實現能力"四位一體"的四維系統。爲此，中國城市競爭力研究會構建了中國城市（城區）成長競爭力比較評估指標體系，該評估體系包含一級指標 4 個，二級指標[②]29 個，三指標 67 個。

一、實力指數[③]

實力指數與綜合競爭力一致，是綜合競爭力的指數化。詳見附錄 1。

表附錄 2－1

二級指標	指標內涵或計量基礎（三級指標）
城市經濟實力指數	經濟競爭力
城市產業實力指數	產業競爭力
城市財政金融實力指數	財政金融競爭力
城市商業貿易實力指數	商業貿易競爭力
城市基礎設施實力指數	基礎設施競爭力
城市社會體制實力指數	社會體制競爭力
城市環境資源區位實力指數	環境資源區位競爭力
城市人力教育實力指數	人力資本教育競爭力
城市科技實力指數	科技競爭力
城市文化形象實力指數	文化形象競爭力

二、潛力指數

共 8 個二級指標，25 個三級指標。

表附錄 2－2

二級指標	指標內涵或計量基礎（三級指標）
居民消費潛力指數（0.1）	人均可支配收入（0.1）
	人均可支配收入年增長率（0.4）
	人均消費支出（0.1）
	人均消費支出增長率（0.3）
	居民消費傾向（0.1）
金融資本潛力指數（0.05）	年末儲蓄總餘額（0.1）
	獲得銀行貸款的便利程度（0.1）
	獲得證券市場資本的便利程度（0.15）

① 中國城市（城區）成長競爭力評價指標體系的資料獲取及評價賦值方式見附錄 1。另外，我們對城市成長競爭力的計算各城市整體實力競爭力的計算一致，即"四力"指數中除"實力"指數外（實力指數則是綜合競爭力的指數化），也是在二級指標的基礎上用加權計算的方法先計算其值，然後再指數化便得其相應的指數值。成長競爭力則是在"四力"指數值的基礎上用主成分的分析方法計算而得。具體方法請參見附錄 1。

② 二級指標也包含了許多統計指標，我們稱之爲三級指標，除實力指數是由前面的分析得出外，二級指標的計算是由四級指標加權計算而來的。具體計算請見附錄 1。

③ 實力指數就是前面所述整體實力競爭力指數化後的指數，具體請見附錄 1。

	獲得民間資本的便利程度（0.15）
	獲得國家財政支持的程度（0.4）
	外資金融機構指數（0.1）
人力資本潛力指數（0.1）	人力資本投入指數（0.2）
	人力資本吸引水準指數（0.75）
	勞動力的自然增長率（0.05）
市場潛力指數（0.05）	市場認同度（0.4）
	市場認同度遞增程度（0.1）
	經濟輻射區域指數（0.5）
區位指數（0.1）	同資源環境區位競爭力中城地區位水準指數
自然資源指數（0.2）	同資源環境區位競爭力中自然資源指數
環境品質指數（0.2）	同資源環境區位競爭力中環境品質指數
可持續發展指數（0.2）	資源和能源的耗速率(逆)（0.1）
	城市發展的可持續發展戰略（0.1）
	生態環境的退化速率(逆)（0.1）
	城市可持續發展的能源供給（0.1）
	工業化發展水準（0.1）
	產業製造能力（0.1）
	GDP 產值每億元耗電量（逆）（0.2）
	工業產值每億元耗電量（逆）（0.2）

注:二級、三級指標後面括弧中的數字分別爲其計算一級、二級指標時的權重，以下同。

三、活力指數

共 7 個二級指標，16 個三級指標。

二級指標	指標內涵或計量基礎（三級指標）
文化力指數（0.1）	同文化形象競爭力文化意識指數
學習力指數（0.1）	城市市民的學習意識（0.3）
	城市市民的學習能力（0.3）
	城市學習氛圍（0.4）
創新力指數（0.2）	制度創新力（0.6）
	科研創新指數（0.4）
法制力指數（0.1）	地方法規條例健全程度（0.3）
	政策法規透明度（0.3）
	政府執法能力（0.4）
應變力指數（0.2）	城市根據外部環境的變化及時調整自身發展戰略的能力(0.5)
	應對緊急事態的能力(0.5)
開放力指數（0.2）	外貿指數（0.25）
	產業國際化指數（0.25）
	對內對外開放政策（引進外資政策、戶口制度等）（0.25）

	國際吸引指數（0.25）
營銷力指數（0.1）	同文化形象競爭力中的城市營銷指數

四、能力指數

共 4 個二級指標，16 個三級指標。

二級指標	指標內涵或計量基礎（三級指標）
經濟增長能力（0.8）	GDP 增長能力（0.5）
	財政收入增長能力（0.075）
	人均 GDP 增長能力（0.075）
	人均財政收入增長能力（0.075）
	城市居民消費增長能力（0.075）
	競爭力提升能力（0.2）
社會保障能力（0.05）	社會公平保障水準（0.4）
	社會治安水準（0.3）
	醫療保健水準（0.3）
城市吸引能力（0.1）	城市國際吸引指數（0.2）
	流動人口指數（0.6）
	人口密度（0.2）
城市流通能力（0.05）	人流（0.25）
	物流（0.25）
	資金流（0.25）
	信息流（0.25）

參考文獻

1. 2012 年 31 省市自治區統計年鑒。
2. 《港澳經濟年鑒》編委會，2004-2012：《港澳經濟年鑒》，港澳經濟年鑒社。
3. 國家統計局城市社會經濟調查總隊編，2000-2012：《中國城市統計年鑒》，中國統計出版社。
4. 愛德溫・S・米爾斯(美)主編，2003：《城市經濟學:第 2 卷 》，經濟科學出版社。
5. 成德寧，2004：《城市化與經濟發展:理論、模式與政策 理論、模式與政策》，科學出版社。
6. 馮雲廷主編，2005：《城市經濟學》，東北財經大學出版社。
7. 付曉東，2004：《經營城市與城市發展》，新華出版社。
8. 付曉東，2005：《中國城市化與可持續發展》，新華出版社。
9. 傅崇蘭, 周明俊主編，2003：《中國特色城市發展理論與實踐》，中國社會科學出版社。
10. 顧朝林等，1999：《經濟全球化與中國城市發展》，商務印書館。
11. 郝壽義、倪鵬飛，1998：《中國城市競爭力研究》，《經濟科學》第 3 期。
12. 紀良綱, 陳曉永等，2005：《城市化與產業集聚互動發展研究 》，冶金工業出版社。
13. 李樹琮，2002：《中國城市化與小城鎮發展》，中國財政經濟出版社。
14. 連玉明主編，2004：《中國城市報告》，中國時代經濟出版社。
15. 劉如海，2000：《上海城市經濟競爭力的比較研究》，《現代城市研究》第 5 期。
16. 盧紋岱，2000：《SPSS for Windows 統計分析》，電子工業出版社。
17. 陸新根、徐斌，2003：《中國城市競爭力研究－－寧波等國內若干大城市的競爭力比較研究》，《浙江萬里學院學報》第 2 期。
18. 呂玉印，2000：《城市發展的經濟學分析 》，生活. 讀書. 新知三聯書店上海分店。
19. 馬傳棟、郭東海、李廣傑等，2002：《可持續城市經濟發展論》，中國環境科學出版社。
20. 倪鵬飛，2001：《中國城市競爭力的分析範式和概念框架》，《經濟學動態》第 6 期。
21. 倪鵬飛，2001：《中國城市競爭力理論研究與實證分析》，中國經濟出版社。
22. 倪鵬飛，2001：《中國城市競爭力與基礎設施關係的實證研究》，《中國工業經濟》第 5 期。
23. 倪鵬飛等，2003：《中國城市競爭力聚類分析》，《中國工業經濟》第 7 期。
24. 桂強芳總編，2002：《中國城市競爭力年鑒》, 中國城市競爭力年鑒出版社。
25. 桂強芳總編，2003：《中國城市競爭力年鑒》, 中國城市競爭力年鑒出版社。
26. 桂強芳總編，2004：《中國城市競爭力年鑒》, 中國城市競爭力年鑒出版社。
27. 桂強芳總編，2005：《2005 中國城市競爭力年鑒》, 中國城市競爭力年鑒出版社。
28. 桂強芳總編，2006：《中國城市競爭力年鑒 2006》, 中國城市競爭力年鑒出版社。
29. 桂強芳總編，2007：《中國城市競爭力年鑒 2007》, 中國城市競爭力年鑒出版社。
30. 桂強芳總編，2008：《中國城市競爭力年鑒 2008》, 中國城市競爭力年鑒出版社。
31. 桂強芳總編，2009：《中國城市競爭力年鑒 2009》, 中國城市競爭力年鑒出版社。
32. 桂強芳總編，2010：《2010 中國城市地產年鑒》, 中國城市競爭力年鑒出版社。
33. 桂強芳總編，2011：《中國城市競爭力年鑒 2011》, 深圳海天出版社。
34. 桂強芳總編，2012：《中國城市競爭力年鑒 2012》中文版, 中國城市競爭力年鑒出版社。
35. 桂強芳總編，2012：《中國城市競爭力年鑒 2012》英文版, 天窗出版社。
36. 甯越敏, 唐禮智，2001：《城市競爭力的概念和指標體系》，《現代城市研究》第 3 期。

37. 邱東，1991：《多指標綜合評價方法的系統分析》，中國統計出版社。
38. 饒會林，1999：《城市經濟學》，東北財經大學出版社。
39. 藤田昌久(日)，雅克-弗朗科斯・蒂斯(比)著，2004：《集聚經濟學:城市產業區位與區域增長》，西南財經大學出版社。
40. 塗文濤，方行明主編，2005：《城市經營學》，西南財經大學出版社。
41. 汪冬梅，2005：《中國城市化問題研究》，中國經濟出版社。
42. 王秉安，等，1999：《區域競爭力理論與實證》，航空工業出版社。
43. 王放，2000：《中國城市化與可持續發展 》，科學出版社。
44. 王福新，1999：《城市內部經濟競爭力分析》，《中國管理科學》第 8 期。
45. 王青雲，2003：《資源型城市經濟轉型研究》，中國經濟出版社。
46. 王雅莉，2004：《城市化經濟運行分析:一個城市化經濟的均衡模型及其應用》，上海三聯出版社。
47. 香港、澳門、臺北市政府網站及中國內地各城市政府網站公佈的相關資料和統計公報。
48. 向德平主編，2005：《城市社會學》，高等教育出版社。
49. 亞瑟・奧沙利文(美)，2002：《城市經濟學:第 4 版 》，中信出版社。
50. 嚴正主編，2004：《21 世紀中國發展問題報告》，中國發展出版社。
51. 楊重光，梁本凡主編，2002：《中國城市經濟創新透視》，中國社會科學出版社。
52. 于濤方，2004：《城市競爭與競爭力 》，東南大學出版社。
53. 趙彥雲，1997：《中國國際競爭力評價》，《經濟研究資料》第 2 期。
54. 趙勇，2004：《城鄉良性互動戰略》，商務印書館。
55. 中國城市發展研究會，2000-2011：《中國城市年鑒》，中國城市年鑒社。
56. 中華人民共和國國家統計局編，2000-2011：《中國統計年鑒》，中國統計出版社。
57. 仲大軍，2003：《中國城市競爭力主要表現在哪里？》，《開放導報》第 3 期。
58. 朱臘雲，2002：《入世後如何提高中國城市競爭力》，《武漢冶金管理幹部學院學報》第 1 期。
59. Douglas Webster and Larissa Muller, 2000: Urban Competitiveness Assessment in Developing Country Urban Regions: The Road Forward. Paper prepared for Urban Group, INFUD The World Bank.
60. Eamonn D' Arcy and Geoffrey Keogh, 1999: The Property Market and Urban Competitiveness:A Review. *Urban Studies*, Vol. 36, No. 5-6, 917-928.
61. Eamonn D' Arcy and Geoffrey Keogh, 1998:Territorial Competition and Property Market Process:An Exploratory Analysis. *Urban Studies*, Vol. 35, No. 81215-1230.
62. Edward *J. Malecki, 2002*:Hard and Soft Networks for Urban Competitiveness. *Urban Studies*, Vol. 39, No. 5-6, 929-945.
63. James Simmie and Peter Wood, 2002: Innovation and Competiti*ve Cities in the Global E*conomy:Introduction to the Special Issue, *European Planning Studies*, Vol. 10, No. 2.
64. Leo van den Berg and Erik Braum, 1999: Urban Competitiveness, Marketing and the Need for Organising Capacity. *Urban Studies*, Vol. 36, No. 5-6, 987-999.
65. Markku Sotarauta and Reija Linnamaa, 1998:Urban Competitiveness and Management of Urban Policy Networks:Some Reflections from Tampere and Oulu. Paper Presented in Conference Cities at the Millenium, 17. 12-19. 12. London. England.
66. Martin Boddy, 1999:Geographical Economics and Urban Competitiveness: A Critique, *Urban Studies, Vol. 36,* No. 5- 6, 811- 842.